新編諸子集成

# 論衡校釋

上

（附劉盼遂集解）

黄暉 撰

中華書局

**圖書在版編目(CIP)數據**

論衡校釋:附劉盼遂集解/黄暉撰. —北京:中華書局,2017.6
(2022.9 重印)
(新編諸子集成)
ISBN 978-7-101-12559-7

Ⅰ.論… Ⅱ.黄… Ⅲ.①古典哲學-中國-東漢時代②《論衡》-校勘 Ⅳ.B234.83

中國版本圖書館 CIP 數據核字(2017)第 094848 號

責任編輯:石 玉
責任印製:管 斌

新編諸子集成
論衡校釋(附劉盼遂集解)
(全三册)
黄 暉 撰
*
中 華 書 局 出 版 發 行
(北京市豐臺區太平橋西里 38 號 100073)
http://www.zhbc.com.cn
E-mail:zhbc@zhbc.com.cn
三河市中晟雅豪印務有限公司印刷
*
920×1250 毫米 1/32 · 50⅞印張 · 6 插頁 · 910 千字
2017 年 6 月第 1 版 2022 年 9 月第 2 次印刷
印數:3001-4000 册 定價:218.00 元

ISBN 978-7-101-12559-7

# 新編諸子集成精裝本出版説明

子書是我國古籍的重要組成部分。最早的一批子書産生在春秋末到戰國時期的百家争鳴中，其中不少是我國古代思想文化的珍貴結晶。秦漢以後，還有不少思想家和學者寫過類似的著作，其中也不乏優秀的作品。

二十世紀五十年代，中華書局修訂重印了由原世界書局出版的諸子集成。這套叢書匯集了清代學者校勘、注釋子書的成果，較爲適合學術研究的需要。但其中未能包括近幾十年特别是一九四九年後一些學者整理子書的新成果，所收的子書種類不够多，斷句、排印尚有不少錯誤，爲此我們從一九八二年開始編輯出版新編諸子集成，至今已出滿四十種。

爲滿足不同讀者的需求，這套書將分批出版精裝本，版面疏朗，裝訂考究，非常適合閱讀與收藏。敬請關注。

中華書局編輯部

二〇一六年三月

# 説　明

到目前爲止，對王充論衡進行全面校注的出版物一共三種：北京大學歷史系論衡注釋，劉盼遂論衡集解，黄暉論衡校釋。前一種通俗易懂，適合廣大讀者閲讀。後兩種考釋較詳，資料豐富，適合研究者使用。現將後兩種合在一起，收入新編諸子集成。

加工要點如下：

一、以校釋爲主，補入集解校注文字、序言及附録。集解校注文字與校釋内容完全重複者八百九十六條全部删去，保留者一千零四十條；附録完全重複者二十七條，「後記二」參考價值不大，亦加芟夷。

二、正文依原用底本（通津草堂本）重加校訂，注文用有關書籍核對，凡有校改，一律出注。

三、全書改用全式標點，在漏標、錯標之處一一補正，不另出注。

由於水平所限，錯誤難免，盼讀者指正。

梁運華　一九八六年

# 目録

## 上册

## 中册

## 第十一卷



## 第十二卷



## 第十三卷



## 第十四卷



## 第十五卷



## 第十六卷

## 第二十四卷



## 第二十五卷



## 第二十六卷



## 第二十七卷



## 第二十八卷



## 第二十九卷



## 第三十卷

# 自序

論衡是中國哲學史上一部劃時代的著作。自從董仲舒治公羊，明天人相感之説，以爲天是有意志的，與人的意識相感應。大小夏侯、眭孟、京房、翼奉、李尋、劉向等都推演其説。儒家到了此時，内部起了質的變化，披着巫祝圖讖的外衣，把天説得太神祕，太聰明，人的行動，是要受他的裁判，這就是一班漢儒所説的陰陽災異的理論。

這種荒謬的迷信的理論，把儒家改裝成爲帶有宗教性的儒教，自漢武帝時起到光武時止，一直支持了一百多年，才能有小小的反動，即鄭興、尹敏、桓譚一班人。但他們只知道攻擊圖讖的荒謬，對這些儒教徒所持天人感應説的原理，還不能根本上擊破，或者還相信這原理。到了仲任，才大膽的有計畫的作正式的攻擊，用道家的自然主義攻擊這儒教的天人感應説，使中古哲學史上揭開一大波瀾。

論衡全書就是披露這天人感應説的妄誕。用自然主義爲其理論的出發點。現在把論衡全書，就他的思想體系，列爲六組：

第一組是說性命的。

甲、性命說所依據的理論：

物勢十四。

乙、說性的：

本性十三。率性八。

丙、說命的：

初稟十二。無形七。偶會十。命祿三。氣壽四。命義六。逢遇一。累害二。幸偶五。

吉驗九。

丁、性和命在骨體上的表徵：

骨相十一。

〔註〕物勢篇說：「天地合氣，人偶自生。」此爲仲任以性命定於初稟自然之氣（初稟篇語。）所據之理。骨相篇說：「非徒命有骨法，性亦有骨法。」是仲任的意思：性命稟於自然，現於骨法。各篇排列的順序，不依原書目次，是以其理論的體系之先後爲據。

第二組是說天人的關係。

四諱六八。調時六九。譏日七十。卜筮七一。辨祟七二。難歲七三。詰術七四。解除七五。

〔註〕人禀天地自然之氣，偶適而生，（見物勢、初禀、無形等篇。）人死則精氣滅，（論死篇語。）故人死不能爲鬼。無鬼，則祭祀只緣生事死而已，無歆享之義。（祀義、祭意篇語。）吉凶禍福，皆遭適偶然，（偶會篇語。）故不信一切禁忌。

第四組論書傳中關於感應之説違自然之義和虚妄之言。

甲、評書傳中關於天人感應説的：

變虚十七。異虚十八。感虚十九。福虚二十。禍虚二一。龍虚二二。雷虚二三。

乙、評書傳中虚妄之言：

奇怪十五。書虚十六。道虚二四。語增二五。儒增二六。藝增二七。問孔二八。非韓二九。刺孟三十。談天三一。説日三二。實知七八。知實七九。定賢八十。正説八一。書解八二。案書八三。

第五組是程量賢佞才知的。

答佞三三。程材三四。量知三五。謝短三六。效力三七。别通三八。超奇三九。

狀留四十。

第六組當作自序和自傳的。

對作八四。自紀八五。

這八十五篇書，今缺招致一篇。反復詰辯，不離其宗，真是一部有體系的著作。可惜這部大著，宋以後的人就忽略它了。

從漢到現在，大家對於這部書的認識，可以分作三期：

1. 從漢到唐　如謝夷吾、蔡邕、王朗、虞翻、抱朴子、劉知幾等，都認爲是一代的偉著。詳後舊評。

2. 宋　帶着道學的習氣，認爲論衡是一部離經叛道的書。如晁公武、高似孫、陳振孫、王應麟、葛勝仲、呂南公、黄震等是。詳後舊評。

3. 明、清　取其辯博，但對於問孔、刺孟仍沿宋人成見，罵他是非聖無法。如熊伯龍、無何集。沈雲楫、虞淳熙、閻光表、施莊、劉光斗、傅巖、見後舊序。劉熙載、陳鱣、周廣業、章太炎先生見後舊評。都是極力表彰此書。四庫全書總目提要、乾隆讀論衡跋、譚宗浚、王鳴盛、梁玉繩等見後舊評。皆詆訾此書，或毁譽參半。

對論衡有真正的認識，還是最近二十多年的事。因爲諸子是研究思想史的寶藏，研究諸子的興趣，不減於經史。治諸子的人，盡革前儒一孔之見，實事求是，作體系的歷史的探討。不因爲他問了孔子，刺了孟子，就減輕他的價值。或者在現代人看來，還要增高他的價值。

四庫全書總目和劉盼遂先生據自紀篇以爲論衡當在百篇以外。見後版本卷帙考。近人張右源據佚文篇云「論衡篇以十數」，疑原本論衡的篇數没有今本這樣多，認爲今本是混合其所著譏俗節義、政務、養性三書而成。（見東南大學國學叢刊二卷三期。）其説非也。佚文篇「十數」爲「百數」之誤。我以爲仲任的手定稿，或者有百篇，但抱朴子、見後舊評。後漢書本傳都只著録八十五篇，蓋論衡最初傳世，是由蔡邕、王朗兩人，據抱朴子、袁山松書。見後舊評。他兩人入吴，都得着百篇全稿。虞翻説：「王充著書垂藻，絡繹百篇。」足爲當時尚存百篇之證。後來因爲蔡邕所得者，被人捉取數卷持去，據抱朴子。故只剩八十五篇。見存的論衡，大概就是根源於蔡邕所存的殘本，史通鑒識篇：「若論衡之未遇伯喈，逝將煙燼火滅，泥沈雨絶，安有歿而不朽，揚名於後世者乎？」所以葛洪、范曄都只能見到八十五篇。劉盼遂先生所引類書中佚文，似乎都只是八十五篇的佚文，未必在八十五篇之外。因爲唐、宋人所見的不能超出范曄、葛洪之外。

自從後漢書著録八十五篇之後，只缺招致一篇。至於各篇的先後排列，大致保存本來面目。據今本各篇的排列與全書理論的體系，及篇中所載的史事的先後，並相符合，可以爲證。那麽，這部書傳到現在，好像是没有經過後人的改編。

未經後人改編，固然保存當時篇章排列順次的本來面目，但流傳到現在一千多年，還没有人加以整理或注釋。近人劉盼遂論衡集解，有自序見古史辯第四集，全書惜未經見。其説見採入者，皆據古史辯。劉叔雅先生三餘札記二論衡斠補云：「校理論衡既畢，付之剞劂，刻垂成矣。」曾面詢之，據云：「全稿存在安慶。」故未獲睹。楊樹達云：「曾校注數卷，以事中輟。」章士釗云：「有意整理箋釋。」（見甲寅週刊一卷四十期、四十一期。）梁玉繩認爲論衡有注，乃是誤説。瞥記一云：「禮記經解引易『差若毫釐，謬以千里』，孫奕示兒編謂王充論衡注云：『出易緯之文。』」按示兒編一云：「經解引易曰：『差若豪釐，繆以千里。』乃出易緯之文也。」自注云：「王充論注，詳見『豪釐』。」卷四「豪釐」條云：「按王充論注，乃易緯之文。」徐鯤曰：「後漢書王充王符仲長統列傳論章懷注引易緯曰：『差以毫釐，失之千里。』此省文作『王充論注』。」據此，則梁氏謂出於論衡注，非也。孫蜀丞先生也認爲有舊注，見亂龍篇、卷十六，頁八一二。指瑞篇、卷十七，頁八七三。死僞篇。卷二十一，頁一〇四二。但據我的意見，前兩者乃是正文，後者乃是兩本異文誤合，不是注語。説具本篇。御覽引舊音一，別通篇卷十三，頁六九〇。舊注五。逢遇篇卷一，頁八。儒增篇卷八，頁四二六。變動篇卷十五，頁七六〇。亂龍篇卷十六，頁八二〇。是應篇卷十七，頁八九〇。篇中衍文，推知其爲舊校者二，儒增篇卷八，頁四三八。藝增篇卷八，頁四五五。似出於舊注者十七。命義篇卷二，頁五八。吉驗篇卷二，頁一一一，又一一二。骨相篇卷三，頁一四五。本性篇卷三，頁一五九。物勢篇卷三，頁一八〇。書虛篇卷四，頁二一五。道虛篇卷七，頁三八四。儒增篇卷八，頁四三八。刺孟篇卷十，頁五四二。説日篇卷十一，頁五八八。答佞篇卷十一，頁六〇七。效力篇卷十三，頁六八一。亂龍篇卷十六，頁八一一。自然篇卷十八，頁九一一。感類篇卷十八，頁九三一。紀妖篇卷二十二，頁一〇八一。但這些，我都疑爲是讀者隨手旁注，不像是出於正式的注文。理由是：若是曾經有人正式的注釋過，不當把許多需要注釋的地方都抹殺去，反來注這些不經意的地方，甚至於不須注的。

宋仁宗慶曆五年，楊文昌刻本序説：「得俗本七，率二十七卷。又得史館本二，各三十卷。改正塗注，凡一萬一千二百五十九字。」現在的各本，都根源於楊刻本。那麽，今本校語，是出自宋楊文昌之手。在楊校之後，展轉刊行，當又加添不少的校語。如問孔篇卷九，頁四七九。「子曰予所鄙者」，「鄙」下舊校曰：「一作否。」宋、元本並無此三字，則此注語當出自明人。但這班翻刻古書的人，不都是通人，不見得備具校勘董理的學力和方法。如無形篇卷二，頁六九。「化爲黄能」，舊校曰「能音奴來反」，朱校元本同。及上面所引問孔篇的校語「鄙」一作「否」，都是顯著的訛誤。說見本篇。

清儒，尤其是乾、嘉時代，校勘古書是一代的偉蹟。但對於論衡，如盧文弨、王念孫等，都是手校羣書二三十種的人，而没有一及此書。莫友芝說：「抱經有校宋本。」未見。因爲他們只把論衡當作一種治漢儒今古文說的材料看。俞樾雖然是校正數十條，想是以餘力致此，所以不像所校他書那樣精當。孫詒讓、孫蜀丞先生對這部書，用力比較多些，諟正若干條，才使這部書稍稍可讀。

我整理這部書，把校勘和解釋分成兩部工作。在校的方面，因爲流傳的善本不多，連類書的援引及見於他書的地方也很稀少。在釋的方面，因爲此書用事沉晦，好多是不經見的故實，加以今古文說的糾紛——這兩方面，都使我經過相當的困難，感覺學力的更貧乏。

論衡的版本有兩個系統：一個是元刊明正德補修本，累害篇不缺一頁，是由慶曆本、乾道本、至元本直傳下來的。一個是由成化本到通津本，到程、何諸本所構成的系統，從成化本起，累害篇並缺一頁。參看論衡版本卷帙考。列表於次：

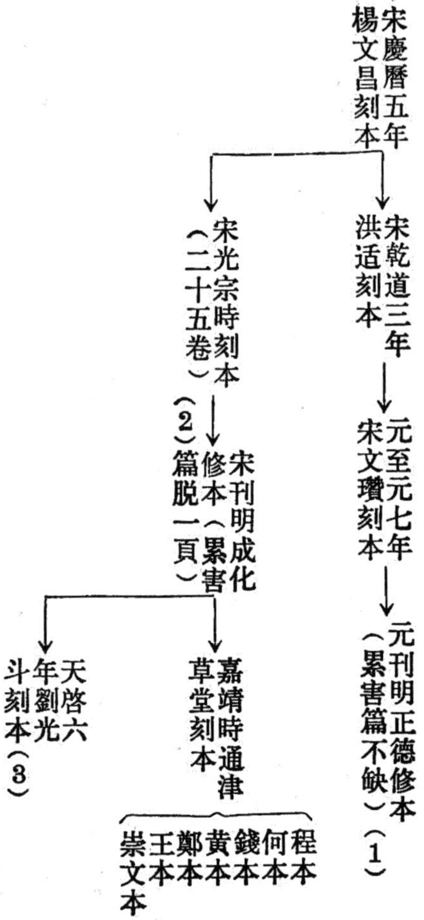


〔註〕1.葉德輝説，正德本累害篇脱一頁，不對。

2.宋光宗時刻本二十五卷，見存日本，疑是根源慶曆本。

3.天啓本的序説，據楊文昌本刻。我想不是直接依據。因爲天啓本也脱去累害篇一頁。明正德補修本是楊文昌本的四傳的本子，還没有脱此一頁，則知其所謂據楊本，不足信。疑出自成化補修本。

我所用的本子，是以通津本作底本。所見宋本，只是十四卷到十七卷的殘卷。其餘的所謂宋、元本，都是借用别人的校録。其中以朱宗萊校元本爲最精詳，楊守敬校宋本太粗疏。我想，一定忽略了一些好的材料。

胡適之先生在陳垣元典章校補釋例序上說：

> 校勘之學，無處不靠善本：必須有善本互校，方才可知謬誤；必須依據善本，方才可以改正謬誤；必須有古本的依據，方才可以證實所改的是非。……王念孫、段玉裁用他們過人的天才與功力，其最大的成就只是一種推理的校勘學而已。推理之最精者，往往可以補版本的不足，但校讎的本義在於用本子互勘，離開本子的搜求，而費精力於推敲，終不是校勘學的正軌。……推理的校勘，不過是校勘學的一個支流，其用力甚勤，而所得終甚微細。

當然，版本是作校勘的唯一的憑依。但是論衡這部書所保存的善本是這樣少，要整理這部書，只靠版本是不够的。勢必於版本之外，另找方法，即取證於本書、他書、類書、古書注的四種方法。

孫詒讓在他的札迻序上說：

> 其諟正文字譌舛，或求之於本書，或旁證之它籍，及援引之類書，而以聲類通轉爲之錧鍵，故能發疑正讀，奄若合符。

本書、它籍、類書，這是揭舉校勘學在離開版本的憑藉時的三大途徑。陳援菴垣。先生元典章校補釋例說得更詳細。他舉出校法有四：

1. 對校法　即以同書之祖本或別本對讀。遇不同之處，則注於其旁。

2. 本校法　以本書前後互證，而抉摘其異同，則知其中之謬誤。

3. 他校法　以他書校本書，凡其書有采自前人者，可以前人之書校之；有爲後人所引用者，可以後人之書校之；其史料有爲同時之書所並載者，可以同時之書校之。

4. 理校法　段玉裁曰：「校書之難，非照本改字，不譌不漏之難，定其是非之難。」所謂理校法也。遇無古本可據，或數本互異，而無所適從之時，則須用此法。

第一種對校法，是用兩本相比，是最容易的工作。只要有相當的學力，就能判斷「某本作某是對的」。第二種本校法，即孫氏所謂求之於本書。第三種他校法，即孫氏所謂旁證之它籍及援引之類書。有時憑據他書注的引用，也屬於此法。第四種理校法，即胡先生所謂推理的校勘。

在没有古本憑依的時候，想對於某一部書，發現它的謬誤，改正它的謬誤，證實所改正的是非，用本校法和他校法，即取證於本書、他書、類書、古書注的四種方法，是有相當徵實性的方法。因爲它的客觀性是與憑藉版本差不多。如唐、宋人的類書或古書注的引用，就可大致的見到唐、宋時這部書的本子。胡先生告訴我說：「依據類書或古書注，也就大致等於依憑古本。」

取證於本書、他書、類書及古書注，這四種方法，在運用時，應當各有相當的精細和警戒，茲就本書舉例於下：

一、取證本書的方法，是求本篇的上下文義，或把本篇與他篇作一種歸納的比較，找出他的句例常語，以相提正。

例一——據上下文義

高祖詔叔孫通制作儀品，十六篇何在？而復定儀禮〔儀〕？ 謝短篇卷十二，頁六五七。

此謂禮經十六篇何在，而庸叔孫通再定儀品也。後漢書曹褒傳論：「漢初朝制無文，叔孫通頗采禮經，參酌秦法，有救崩弊。先王容典，蓋多闕矣。」張揖上廣雅疏曰：「叔孫通撰制禮制，文不違古。」是儀品本於禮經，故仲任詰之曰時「十六篇何在」也。禮儀即謂儀品，司馬遷傳、劉歆移太常博士書、儒林傳、禮樂志、本書率性篇並可證。此作「儀禮」，字誤倒也。程樹德漢律考，以「叔孫通制作儀品十六篇」爲句，（前漢書禮樂志考證，齊召南讀同。）則以「儀禮」爲禮經，非也。據曹褒傳，叔孫通所作，只十二篇，未云「十六」。且此文屢云「禮經十六篇」，則此「十六篇何在」五字爲句，以指禮經，明矣。此句既謂禮經，則下句又云「儀禮」，於義難通。且禮經有儀禮之名，始見後漢書鄭玄傳，（吳承仕經典釋文序録講疏謂始自晉書荀崧傳。）仲任未及稱也。

例二——本篇與他篇句例的比較

今魯所獲麟戴角，即後所見麟未必戴角也。如用魯所獲麟，求知世間之麟，則必不能知也。何則？毛羽骨角不合同也。假令不（合）同，或時似類，未必真是。講瑞篇卷十六，頁八四三。

「不同」當作「合同」，涉上文誤也。此反承上文。仲任意：即有合同者，不過體貌相似，實性自別。下文即申此義。奇怪篇云：「空虛之象，不必實有。假令有之，或時熊羆先化爲人，乃生二卿。」是應篇云：「屈軼之草，或時實有而虛言能指。假令能指，或時草性見人而動，則言能指。」句例正同。

例三——本篇與他篇常語的比較

占大將且入國邑，氣寒，則將且怒；温，則將喜。變動篇卷十五，頁七六六。

據下文「未入界，未見吏民，是非未察」，則州刺史、郡太守之事，非謂大將軍也。「將」謂州牧、郡守，本書屢見，當時常語。「大」字蓋後人不明「將」字之義而妄加者。累害篇：「進者争位，見將相毁。」又曰：「將吏異好，清濁殊操。」答佞篇：「佞人毁人於將前。」程材篇：「職判功立，將尊其能。」又云：「將有煩疑，不能效力。」超奇篇：「周長生在州爲刺史任安舉奏，在郡爲太守孟觀上書，事解憂除，州郡無事，二將以全。」齊世篇：「郡將撾殺非辜。」諸「將」字並與此同。

二、取證他書的方法，是就本書文句出於他書，或本書文句與他書互見的，及被他書徵引的，而爲比較的考察。

例一——本書文句出於他書

齊詹(侯)問於晏子曰：「忠臣之事其君也，若何？」對曰：「有難不死，出亡不送。」詹曰：「列地而予之，疏爵而貴之，君有難不死，出亡不送，可謂忠乎？」定賢篇卷二十七，頁一二八八。

「齊詹」當作「齊侯」，「侯」一作「矦」，與「詹」形近而誤。此事見晏子春秋問上。晏子作「景公問於晏子」，説苑臣術篇作「齊侯問於晏子」，是其證。下文「詹曰」，亦當作「齊侯曰」。「侯」譌爲「詹」又脱「齊」字。晏子作「公不説曰」，説苑作「君曰」。

例二——本書文句與他書互見

德彌盛者文彌縟，德彌彰者人（文）彌明。書解篇卷二十八，頁一一三三。

「人」當作「文」。上下文俱論「文德」，不得轉入「人」也。「人」「文」形近之誤。説苑修文篇「德彌盛者文彌縟，中彌理者文彌章」，句意正同，是其證。

例三——本書文句被他書徵引

廣漢楊翁仲（偉）〔能〕聽鳥獸之音，乘蹇馬之野，〔而〕田間有放眇馬〔者〕，相去〔數里〕，鳴聲相聞。翁仲（偉）謂其御曰：「彼放馬知此馬而目眇。」其御曰：「何以知之？」曰：「罵此轅中馬蹇，此馬亦罵之眇。」其御不信，往視之，目竟眇焉。實知篇卷二十六，頁一一五二。

高似孫緯略一引「仲」並作「偉」，「聽」上有「能」字，「田間有放眇馬」作「而田間有放馬者」，「相去」下有「數里」二字，「彼放馬知此馬而目眇」作「彼放馬目眇」，「目竟眇焉」作「馬目竟眇」。類聚九三、御覽八九七引亦正同。並是也，當據正。

取證於他書的方法，是最艱難而最精當的方法。劉先生告訴我説：「取證於他書的方法，才能够發揮校勘學最大的效能。」校勘學的本義，固然是賴於版本的比校，但版本本身有兩個缺陷，即：一、版本本身的錯誤。現在我們所能見到的本子，不外唐寫本、宋刊本，但遇着這樣事實，在唐、宋以前就已經錯了，則雖有版本，也不能據正。二、善本流傳到現在，委實有限，若必待於版本而後校書，則有些書必致無法去校。取證於他書的方法，正能補救這兩種缺陷。這方法能使用校勘的材料有三，即：一、上溯本書所援據者。二、旁搜本書與他書互見者。三、下及本書被後人引用者。因爲這方法取材的方面這樣多，又沒有版本的那兩種缺陷，所以這方法能够發揮校勘學最大的效能。如荀子堯問篇：「子貢問於孔子曰：『賜爲人下而未知也。』」楊倞注：「下，謙下也。子貢問欲爲人下，未知其益也。」按：「而未知」下當有「爲人下之道」五字。説苑臣術篇：「賜爲人下而未知所以爲臣下之道也。」韓詩外傳七：「請問爲人下之道。」家語困誓篇：「賜既爲人下矣，而未知爲人下之道。」並其證。注：「下，謙下也。」是所見本已脱此五字，而望文生義加「謙」字釋之。這就是取證於他書能救版本之窮之明證。

但取證於他書時，當注意到家法的不同。因爲今古文的章句文字是不一樣的。如別通篇「猶吾大夫高子」，是用魯論，不當據今本論語改「高」作「崔」。氣壽篇「舜徵二十歲在位」，今本作「三十」，即由淺人據僞孔本妄改，而不知仲任是習歐陽尚書的。潛夫論班祿篇引詩皇矣「此惟予度」亦見本書初禀篇。是三家詩，王謨本據毛詩改「度」作「宅」，也是由於不明家法的原故。

三、取證於類書的方法，是不可過信。因爲類書徧引節引，與原書時有出入。要是善於運用，它是最好的材料，因爲它能够使我們的推理得着更確實的證明。最好不信賴類書中一兩條的孤證，能够把類書所引的歸納得數條以上，那就能够使今本比較的近古。且舉孫蜀丞先生誤援類書的例子如次：

例一

立春東耕，爲土象人，男女各二人，秉耒把鋤；或立土牛。〔象人、土牛〕，未必能耕也。亂龍篇卷十六，頁八二〇。

孫曰：「立土牛」當作「立土象牛」，與上文「爲土象人」句意相同。此脫「象」字。「未必能耕也」，當作「土牛未必能耕也」，又脫「土牛」二字。故文義不明。類聚三十九、御覽五百三十八（當作七。）並引作「或立土牛象人，土牛未畢而耕也」。「土牛」二字未脱。「或立土牛」作「或立土牛象人」，亦非也。惟事類賦四（當作五。）引作「或立土象牛」，不誤，當從之。暉按：類聚、御覽引作：「或立土牛，（句）象人土牛，未畢而耕也。」（御覽二十引同。）當據補「象人土牛」句。「未必能耕也」，是承「爲土象人」、「或立土牛」兩層爲文，言土人與土牛並不能耕。下文「與立土人、土牛，同一義也」，亦以「人」、「牛」並舉。「象人、土牛」，「象人」即承「爲土象人」，「土牛」即承「或立土牛」，類聚、御覽所引不誤。今本脱去「象人土牛」四字耳。孫誤以「或立土牛象人」句絶，而信事類賦之孤證，非也。

例二

楊子雲作法言，蜀富〔賈〕人賫錢千（十）萬，願載於書。子雲不聽，〔曰〕：「夫富無仁義之行，〔猶〕圈中之鹿，欄中之牛也，安得妄載？」佚文篇卷二十，頁一〇一三。

孫曰：初學記十八、御覽四七二引此文「富」下並有「賈」字，「千萬」作「十萬」，「聽」下有「曰」字，「之行」二字作「猶」，皆是也。今本脱誤，當據補正。

暉按：孫校補「賈」字、「曰」字，改「千」作「十」，是也。御覽八二九、又八三六引亦有「賈」字，「千」作「十」。又朱校元本、事文類聚別集二引亦作「十」。孫謂「之行」二字當作「猶」，非也。御覽八二九引「之行」下有「正如」二字，又八三六引「之行」下有「猶」字。事文類聚引同。則「之行」二字不誤，當據補「猶」字。

四、取證於古書注的方法，即就唐、宋人注他書時所引本書以與今本兩相比勘，往往可以補缺正誤。如感虛篇：「堯時五十之民擊壤於塗。」卷五，頁二九六。文選注、路史注引「堯時」下有「天下大和，百姓無事有」九字，則知今本脫落。言毒篇：「火困而氣熱，血毒盛，故食走馬之肝殺人。」卷二十三，頁一一〇八。史記儒林傳正義引「血毒盛」作「氣熱而毒盛」，則知今本脫「氣熱」二字，「血」爲「而」字形譌。

我對此書解釋的工作，是用歸納和分類的方法。

關於字義的解釋，是用歸納法。王氏父子就是運用這個方法得着絶大的成功，在經傳釋詞上可以表現。王引之經傳釋詞序說：「凡此者其爲古之語詞，較然可著。揆之本文而協，驗之他卷而通。雖舊說所無，可以心知其意者也。」沒有舊說的根據，爲什麽他能心知其意呢？就是因爲他用的方法正確。歸納各書中同樣的字，找出共通的意義，所以能够「揆之本文而協，驗之他卷而通」。試將本書「嫌」字的用法，歸納於下：

許由讓天下，不嫌貪封侯。書虛篇卷四，頁一九七。

季子能讓吳位，何嫌貪地遺金？頁一九九。

棄其寶劍，何嫌一叱生人取金於地？頁一九九。

人生於天，何嫌天無氣？談天篇卷十一，頁五六二。

能至門庭，何嫌不窺園菜？儒增篇卷八，頁四三六。

材能以其文爲功於人，何嫌不能營衛其身？書解篇卷二八，頁一三四四。

上列各「嫌」字，并當訓作「得」。劉盼遂先生訓爲「貪」，則不能「揆之本文而協，驗之他卷而通」了。說詳書虛篇卷四，頁一九八。

又歸納全書「起」字，審其用法，可以得一通訓。

一、雲雨感龍，龍亦起雲而升天。龍虛篇卷六，頁三三八。

二、禹問難之，淺言復深，略指復分，蓋起問難詘說，激而深切，觸而著明也。問孔篇卷九，頁四六一。

三、蓋起宰予晝寢，更知人之術也。頁四七二。

四、今孔子起宰予晝寢……頁四七三。

五、孔子欲之九夷者，何起乎？頁四八四。

六、起道不行於中國，故欲之九夷。頁四八四。

七、倉頡何感而作書？奚仲何起而作車？謝短篇卷十二，頁六七五。

八、天至明矣，人君失政，不以他氣譴告變易，反隨其誤，就起其氣。譴告篇卷十四，頁七四六。

九、夏末蜻蛚鳴，寒螿啼，感陰氣也；雷動而雉驚，發蟄而蛇出，起陽氣也。變動篇卷十五，頁七六〇。

十、人君起氣而以賞罰。頁七六一。

十一、夫喜怒起事而發。頁七六四。

十二、起水動作，魚以爲真，並來聚會。亂龍篇卷十九，頁八一七。

十三、且瑞物皆起和氣而生。講瑞篇卷十六，頁八五三。

十四、奚仲感飛蓬，而倉頡起鳥跡也。感類篇卷十八，頁九三三。

十五、皆起盛德，爲聖王瑞。驗符篇卷十九，頁九七九。

十六、虎狼之來，應政失也；盜賊之至，起世亂也；然則鬼神之集，爲命絶也。解除篇卷二五，頁一二一〇。

十七、春秋之作，起周道弊也。定賢篇卷二七，頁一三〇二。

十八、如周道不弊，孔子不作者，未必無孔子之才；無所起也。頁一三〇二。

十九、周道弊，孔子起而作之。頁一三〇三。

二十、設孔子不作，猶有遺言；言必有起，猶文之必有爲也。頁一三〇三。

二一、觀文之是非，不顧作之所起，世間爲文者衆矣。頁一三〇三。

二二、儒者不知秦燔書所起，故不審燔書之實。正說篇卷二八，頁一三〇八。

二三、感僞起妄，源流氣烝。書解篇卷二八，頁一三三九。

二四、有鴻材欲作而無起，無細知以閒而能記。頁一三四〇。

二五、故夫賢聖之興文也，起事不空爲，因因不妄作。對作篇卷二九，頁一三六七。

二六、是故論衡之造也，起衆書並失實。頁一三六八。

二七、故論衡者……其本皆起人間有非。頁一三六八。

以上二十七則。二五、「起」與「因」字互用，十六、「起」與「應」字互用，十六、二十、「起」與「爲」字互用，一、七、九、十四、二三、「起」與「感」字互用。據此，這二十七處的「起」字，有「因」、「爲」、「應」、「感」等字的意思。這是不見於字書，而可以由歸納的結果，證明這種解釋是不會錯誤的。

再者，仲任慣用「何等」二字，歸納於下：

一、鑿井而飲，耕田而食，堯何等力？感虚篇卷五，頁二九七。

二、實黄帝者，何等也？道虚篇卷七，頁三三六七。

三、所謂尸解者，何等也？頁三八六。

四、今言男女倮，相逐其間，何等潔者？語增篇卷七，頁四〇九。

五、此何等民者？猶能知之。藝增篇卷八，頁四五三。

六、年五十擊壤於路，與竪子未成人者爲伍，何等賢者？頁四五三。

七、夫法度之功者，謂何等也？非韓篇卷十，頁五〇七。

八、「名世」者，謂何等也？刺孟篇卷十，頁五三四。

九、所謂十日者，何等也？詰術篇卷二五，頁一一九八。

「何等」二字當是漢時常語。孟子公孫丑篇：「敢問夫子惡乎長？」趙注：「丑問孟子才志所長何等？」吕氏春秋愛類篇：「其故何也？」高注：「爲何等故也。」都是以「何等」連文，猶今言「什麽」。

上列「嫌」、「起」、「何等」三例，都是以歸納法來解釋字義的。雖無舊説可憑，但若玩其本文，參之他卷，自覺其爲適當的解釋。

全書故實，也用同樣的歸納法，以便於與其所根據的他書及本書各篇前後互見的相參照。如漢高祖的母親，息大澤之陂，夢與神遇，見吉驗、奇怪、雷虛、感類等篇，此事出史、漢高紀。王鳴盛説，「遇」是「搆精」的意思。據奇怪、雷虛，謂「遇」是龍施氣，則知漢人的意思與王鳴盛説同，而仲任則謂「遇」是「遇會」。又如湯遭大旱，禱於桑林，見感虛、明雩、感類等篇。明雩、感類并説「湯以五過自責」，而感虛篇則説以「六過」，與荀子、説苑、帝王世紀等書正合。則知仲任本云「以六過自責」，其説無異，而一作「五過」者，是出於誤記，未必仲任另有所據而云然。說詳感虛篇卷五，頁二八七。又如桑穀之異，見無形、變虛、異虛、恢國、感類、順鼓等篇。這件故事，有書系之高宗武丁，有書系之中宗太戊，仲任於無形、變虛、異虛、恢國作高宗，於感類作太戊，於順鼓並存兩説。則知這個故事相承有如此異説，不關於今古文説的不同，故仲任隨意出之。說詳無形篇卷二，頁七二。

關於本書援引羣經的地方的解釋，是用分類法。陳奐詩毛氏傳疏序説：

初放爾雅編作義類，分別部居，各爲探索。久乃剗除條例章句，揉成作疏。

可見陳奐作詩毛氏傳疏事前準備的工作，將全書拆開，分成若干類，會集材料，然後會通成書。我也用這種分類的方法。不過陳氏就山川名物學爾雅那樣分類，我則就所引羣經，將各經作一單位，分別鈔集，然後再參照各經的各種注釋，求其家法，探其義藴。如本書所見論語的地方，都輯爲一類，以便於與本書各篇前後參照，及博徵舊説，以求合於本書的原義。如論語雍也篇：「伯牛有疾，孔子自牖執其手，曰：『亡之命矣夫，斯人也而有斯疾也。』」見幸偶、命義、禍虚、問孔、刺孟等篇。據問孔篇，卷九，頁四七五。知「亡」字讀作有無之「無」，不當如集解讀死亡之「亡」。又據禍虚、刺孟，知所謂「惡疾」，所謂「有疾」，是「被厲」。又如語增篇引論語：「巍巍乎！舜、禹之有天下也，而不與焉。」卷七，頁三九八。仲任的意思，「與」是讀「參與」之「與」。但舊説「與」字的意思有四種。具見本篇。結果，可以發現分類的好處：一、就仲任的意思以相解釋，不致前後相違。二、博考舊説，取其當於本書的原義，不致於只憑舊注，使正文與注義不相吻合。

我整理這部書，前後凡七年。在三年前，只就文選李注所引本書及本書見於他書者，互相比勘，成論衡校録若干卷，王充年譜一卷，就正於劉叔雅先生，幸蒙許爲精當。去年，胡適之先生也以爲我的論衡校録有些是處，所以願意出其手校本和楊守敬校宋本借給我。今年，馬幼漁裕藻。先生借給我朱宗萊校元本，吴檢齋先生借給我手校本。因爲增加了這些新的材料，校録的内容也就擴張了。計校釋的時間凡五年，全稿寫定凡二年。其中一部分的稿子，曾經胡先生和高閬仙步瀛。先生看過，改正好多地方。全書既成，友人齊燕銘舉其論衡札記稿本相餉，又抉取約二十餘條。——這些都是幫助我這書能够有成功的人。謹誌其始末，以申謝意。

本書今古文説，大致能説得清楚，是孫星衍、陳喬樅、皮錫瑞一班人的功績。俞樾、孫詒讓和孫蜀丞先生都對此書費些精力，我平易的援用，應當銘感。

中華民國二十四年八月二十日，黄暉序於北平。

# 例略

一、載籍相承，鈔刊婁改，文乖句錯，流失殊多；簡册湮泯，事故莫考，義微訓晦，悠邈難明。頗賴正僞補遺，使歸舊本；摭經拾傳，俾事疏通。或乃牴牾依違，僞真舛雜，緣生訓解，以是爲非，因之句讀紛挐，郢、燕相亂。故必校在釋先，理正粗成，次申訓釋。茲編竊守斯義：研核衆本，考校異同，使知攸適，於是會綜故訓，貫繹羣書，裨補疏遺，免生穿鑿。題曰論衡校釋。

二、所據舊本

宋本殘卷自十四卷至十七卷。版心有刻工姓名。每半頁十行，每行二十字或二十一字。現存北平歷史博物館。簡稱「宋殘卷」。

悼厂姓名未詳。過録楊守敬校宋本據程榮本以通津本互校。現藏胡先生處。簡稱「宋本」。

孫詒讓校元本據程榮本校。見札迻。簡稱「元本」。

朱宗萊校元本據王謨本校。現藏馬幼漁先生處。簡稱「朱校元本」，或「朱校」。

明天啓本序稱：據宋楊文昌本。半頁九行，行二十字。後鐫楊文昌舊序。簡稱「天啓本」。

通津草堂本簡稱「通津本」。

程榮刻本簡稱「程本」。

何鏜刻本簡稱「何本」。

黄嘉惠刻本簡稱「黄本」。

錢震瀧刻本簡稱「錢本」。

潮陽鄭氏刻本倣通津本。簡稱「鄭本」。

湖北崇文局本簡稱「崇文本」。

三、以通津本爲據，其依别本及他書改、補者，則曰「據某本某書當改」，「據某本某書當補」。不敢馮肊擅動，竄亂原書，其諟正補删之字，以符號識别，例如左：

缺——□

例：牖里、陳、蔡可得知，而沈江蹈河□□□也。——累害篇卷一，頁一六。

補——〔　〕

例：命當貧賤，雖富貴之，猶涉禍患，〔失其富貴〕矣。——命禄篇卷一，頁二二。

改——（　）

例：調能定說，審詞（伺）際會。——逢遇篇卷一，頁七。

刪——□

例：皆賫盛糧，或作乾糧——藝增篇卷八，頁四五五。

其訛誤顯著，直加勘正者，則曰：「舊作某，今據某本某書改。或補，或刪。」其義並通者，注其異同。其並難通者，存之俟考。舊本校語，則著「舊校曰」以別之。

四、引據各家校録

俞樾曲園雜纂第二十三讀論衡

孫詒讓札迻

楊守敬論衡校録見校宋本。

朱宗萊論衡校録見校元本。

孫蜀丞人和。先生論衡舉正載吴檢齋、陳世宜說。

吴檢齋承仕。先生論衡校録手校本尚有若干條不見於孫氏舉正者，頗加採摭。

劉叔雅文典。先生三餘札記二論衡斠補

胡適之適。先生論衡校録見手校本。

齊燕銘先生論衡札記稿本。

五、上列諸家，簡著其姓。兩孫相混，則仿「先鄭」例，稱仲容説爲「先孫曰」。其諸説雜廁他書經左右纂集者，各著姓名以别之。如仲容説非出於論衡札迻者，則稱「孫詒讓曰」。其舊説未安，時附微意；或筦闚一得，增演前修者，則著「暉按」或「按」以别之。

六、一篇之中其自成起訖者，提行分段，或間後一行，以清眉目，務便省覽。其依舊本段者，則曰「舊本段」。

七、仲任生當今文盛行之世，古文未立，雖其不守章句，後漢書本傳語。如明雩篇引論語「詠而饋」從古論，别通篇「猶吾大夫高子」又用魯論。然大抵皆今文説。如尚書則本歐陽，論語則魯論，詩則魯詩。今加訓釋，各從家法，舉其舊義。

八、史實義訓，當詳於後者，則略於前，注曰「注見後某篇」，如謝短篇「社稷靈星」注祭意篇。詳見本書者則注曰「見前或後某篇」，如死僞篇「張良行泗水上，老父授書」，事詳紀妖篇，則注曰「見紀妖篇」，省引史記留侯世家文。並務省約耳。

九、全書義理，或前後互相發明，或相牴牾者，並注明以備省覽。如感虛篇言杞梁妻哭城城崩之妄，亦見變動篇，則注曰：「變動篇亦辯其虛。」遭虎篇力辯虎狼食人，非部吏之過，解除篇又謂「虎狼之來，應政失也」，則注曰：「與遭虎篇宗旨相違。」其援引訛誤，則據他書表出之，以示讀者。如講瑞篇「張湯之父五尺，湯長八尺，湯孫長六尺」，據史、漢任敖傳乃張蒼，非張湯也，則注曰：「仲任誤記。」

十、他書徵引者，推究其義，補入本文；其不能附麗者，則都爲一類，成論衡佚文一卷。審其文義，似出某篇，則爲注明。或非本書語，及非仲任時事，而本出他書者，則略加辯正。

十一、後漢書本傳識仲任行事甚略，本書自紀篇稍詳，今參以羣籍及論衡諸篇，成王充年譜一卷。並據本書所見故實，與史傳參驗，以見論衡諸篇屬稿先後。

十二、諸家對仲任或毁或譽，散見羣籍。頗爲撰集，成論衡舊評一卷，以見諸儒對本書價值之歷史上轉變。其概論全書，則入總評，其專論某一事者，則注曰：「此評某篇。」若余允文尊孟辨、守山閣叢書本。郎瑛七修類稿、續稿辨證類曰：「宋劉章有刺刺孟，王乃詞勝理者，因孟而矯之。惜未見其書。」熊伯龍無何集、湖北先正遺書本。謝无量王充哲學，學生叢書本。中華書局出版。皆有專書；政治思想史、哲學史、文學史之類，間有論及，而世多有其書，故並不纂集。

十三、近人對論衡頗加尋繹，揉和全書，序累論列，觀其詞義，信有善者，然所理釋，難免附會今古，穿鑿東西，茲并不取。胡先生王充的論衡一卷，抉要鉤玄，將仲任辯證方法、思想體系、時代背景揭示讀者，故爲轉載。

十四、集録史乘及藏書家經籍目録諸志，成論衡版本卷帙考一卷。諸本先後相承，淵源可考。其善本見存者，幸可得之來日。

十五、諸本前序後跋，並爲迻録，成論衡舊序一卷。雖頗有浮詞，而版本源流，及對仲任毁譽背向，於茲附見，故存之備考。

# 劉盼遂集解自序

敍曰：東漢世祖，應讖中興，芳風所煽，庶草斯偃，虚妄顯於真，實誠亂於僞，世人不悟，是非不定，紫朱雜廁，瓦玉集糅。會稽大儒王充，蒿目當時，惻怛發心，肇造論衡八十五篇，意在褒是抑非，實事忌妄，誠以當時衆書並失實，虚妄之言勝真美也。虚妄之語不除，則華文不見息，華文放流，則實事不見用。論衡乃所以銓輕重之言，立真僞之平，非苟調文飾，空爲奇偉之觀也。其本皆起人間有非，故盡思極心，以譏世俗，明辨然否，冀悟迷惑之心，使知虚實之分。虚實之分定，而後華僞之文滅，華僞之文滅，則純誠之化日孳。九虚、三增，所以使俗務實誠。論死、訂鬼、死僞，所以使俗薄喪葬。至若齊世、宣漢、恢國、驗符、盛褒、須頌之言，無誹謗之辭。凡論衡之所由作，與其文章之鴻美，則對作、自紀二章固亦罄哉其言之矣！（上方諸句，蓋儘量最録論衡原書之辭，期能近真。）

至其居學術思想之重要價值，予别輯古來評品論衡之作，約得百餘條，殆已發揮盡致，綴諸卷末，無事煩絮。

原夫論衡一書，歷來號稱難讀者，約有四因：一曰用事之沈冥。二曰訓詁之奇觚。此二者屬於著作人之本文然也。三曰極多誤衍誤脱之字。四曰極多形誤音誤之文。此二者屬於後代鈔手及梓人之不慎而然也。茲得各舉一二例以甄發之。

一、用事之沈冥。

王氏多見古書，往往爲後代所不傳，故論衡所言故事，多有不知其出典者。如書虛篇云：「吴王夫差殺伍子胥，煮之於鑊。」案周、秦、兩漢現存之書，絶不見子胥鑊煮之事。惟論衡此篇所言，及命義篇云「屈平、子胥，楚放其身，吴烹其尸」，刺孟篇云「比干剖，子胥烹，子路醢」，是必王氏於子胥伏鼎一事，别有承襲，非出壁造，可知矣。俞曲園未能通較前後，遽詆爲仲任誤記，蓋難免誣古之失。

二、訓詁之奇觚。

書虛篇云：「許由讓天下，不嫌貪封侯。伯夷委國飢死，不嫌貪刀鉤。」向來校者通昧于嫌字借義，謂爲誤字。今案嫌、貪係同義駢列之辭，嫌亦貪矣。孟子：「行有不慊於心。」趙注：「慊，快也。」齊策『齊桓公夜半不嗛』，高注：『嗛，快也。』」是嫌與慊、嗛古皆同聲通用。本篇下文：「季子能讓吴國，何嫌貪地遺金。」又云：「季子不負死者，棄其寶劍，何嫌一叱生人取金於地。」儒增篇云：「能至門庭，何嫌不窺園菜。」諸嫌字，義並同，可以決定嫌、貪爲快意之謂。王氏自有其字典也。（世謂西方大學人均有箇人字典，予謂我國周、秦、兩漢諸子亦莫不然。試取一編閱之，即可知。○後見黄暉校釋，謂論衡諸嫌字並訓作得。然談天篇「人生於天，何嫌天無氣」，則仍不可通解。詳見談天篇集解。）

三、誤衍誤脱之例。

甲、誤衍。物勢篇：「氣微爪短誅，膽小距頓。」今案：誅當爲銖之誤字。淮南鴻烈齊俗訓：「其兵戈銖而無刃。」注：「楚人謂刃頓爲銖。」廣雅釋詁：「銖，鈍也。」是爪短與距銖爲駢辭，頓字實讀者所作銖字之傍注，後人誤竄入正文，復譌銖爲誅，所亟宜刊正也。

乙、誤脱。宣漢篇：「講瑞上世爲美，論治則古王爲賢。」今案：講瑞下應有一則字，今脱去，致與下句不勻，而氣亦不貫，所宜補足也。

四、形誤音誤之例。

甲、形誤。須頌篇：「道立國表，路出其下，望國表者，昭然知路。漢德明著，莫立邦表之言。」今案：此文譌誤實甚。邦表實郵表之誤，國表又由誤會王充爲漢避諱而改邦爲國也。郵表者，説文木部：「桓，亭郵表也。」其制詳見崔豹古今注云：「今之華表木，以橫木交柱，狀若花，形如桔槔，大路交衢悉施焉。亦以表識衢路也。秦乃除之，漢始復修焉。今西京謂之交午木。」崔氏説與論衡此文全合。又考阮元揅經室一集有釋郵表畷一文，其要旨謂「郵表畷之古義，皆以立木綴毛裘之物而垂之，分其間界行列遠近，使人可準視望，止行步，而命名者也」。其説亦全與論衡合。知論衡此文是郵表，而非邦表、國表矣。更以論衡本書證之。談天篇説：「二十八宿爲日月舍，猶地有郵亭爲長吏舍矣。郵亭著地，亦如星宿著天也。」郵亭即郵表所在之亭。由是亦可考見兩漢亭表之制焉。

乙、音誤。超奇篇：「山之禿也，孰其茂也？地之瀉也，孰其滋也？」今案：地瀉與山禿對文，蓋瀉爲舄之音誤。舄者，地鹹鹵不生殖也。漢書溝洫志「終古舄鹵兮生稻粱」，文選海賦「襄陽廣舄」，皆其例矣。山禿則無爲之茂，地舄則無爲之滋，所以反比漢家熾盛則文章之人滋茂也。

以上四端，不過舉其千百分之一二而已。瞑眩擿埴，至於此極。故王氏此書向稱無善本，而自蔡伯喈、王景興、葛稚川後，殊少道及之者。至宋孝宗乾道三年，洪适始校刻於會稽蓬萊閣。然适已云：「轉寫既久，舛錯滋甚，殆有不可讀者。以數本參校，猶未能盡善也。」惟洪本後世無傳焉。今通行者，獨明通津草堂本及程榮漢魏叢書本而已。而二本脱文錯簡之憾，亥豕帝虎之嫌，觸目紛如，視洪氏蓬萊閣時，殆尤落葉殞階，遂致此士林極須誦習之書，反成士林極歎榛薉之書，不其惜歟！予自負笈清華園，初有志於修正是書。暇日抽讀，每遇疑難，隨下一籤。計起乙丑訖于今兹，此七年中，銖積寸累，所發正者無慮數百千事。於仲任之語法及字學，尤反覆三致意焉。清藁凡經數易始定，匪敢曰勤劬，蓋鑽仰無匱之情則然爾。今更干流先正及時賢校録論衡之文，彙爲集解三十卷，再以王充事蹟及論衡題跋合爲附録一卷，都三十一卷，付之剞劂氏，布諸藝苑。尚睎海内儒臯文霸，肯振其不逮，錫以匡棐，則尤不勝翹企之殷殷矣。壬申九月。

# 論衡校釋卷第一

## 逢遇篇

操行有常賢，仕宦無常遇。賢不賢，才也；遇不遇，時也。才高行潔，不可保以必尊貴；能薄操濁，不可保以必卑賤。或高才潔行，不遇，退在下流；盼遂案：退字涉下文「退在不遇」而誤衍。下句「薄能濁操，遇，在衆上」，與此爲對文。薄能濁操，遇，在衆上。楊曰：或云「遇」下當有「進」字。世各自有以取士，士亦各自得以進。進在遇，退在不遇。處尊居顯，未必賢，遇也；位卑在下，未必愚，不遇也。故遇，或抱洿行，廣雅釋詁曰：「洿，濁也。」尊於桀之朝；不遇，或持潔節，卑於堯之廷。所以遇不遇非一也：或時賢而輔惡；盼遂案：悼厂云：「時下疑脱君字，下文有『非時君主不用善也』其證。」或時二字連文，本書多有。或以大才從於小才；或俱大才，道有清濁；或無道德，而以技合；或無技能，而以色幸。

伍員、帛喜，舊校曰：宜讀作「伯嚭」字。暉按：越絶書字亦作「帛喜」。梁玉繩人表考云：

「吳越春秋作『白喜』，又作『帛否』，又作『伯喜』。文選廣絕交論注云：『古字通用。』」吳曰：「『嚭』字从『喜』，『否』聲。作『喜』者，『嚭』形之殘。」俱事夫差，帛喜尊重，伍員誅死。此異操而同主也。史記伍子胥傳曰：「夫差立爲王，以伯嚭爲太宰。嚭與子胥有隙，因讒之。王乃賜子胥屬鏤之劍，以死。」或操同而主異，亦有遇不遇，伊尹、箕子是也。伊尹、箕子，才俱也，伊尹爲相，箕子爲奴；論語微子篇集解馬曰：「佯狂爲奴。」尚書泰誓孔傳：「以爲囚奴。」竹書紀年：「帝辛五十一年囚箕子。」庾信周齊王憲神道碑曰：「囚箕子於塞庫。」伊尹遇成湯，箕子遇商紂也。夫以賢事賢君，君欲爲治，臣以賢才輔之，趨舍偶合，其遇固宜；以賢事惡君，君不欲爲治，臣以忠行佐之，操志乖忤，不遇固宜。

或以賢聖之臣，遭欲爲治之君，而終有不遇，孔子、孟軻是也。孔子絕糧陳、蔡，論語衛靈公篇曰：「在陳絕糧，從者病，莫能興。」孟軻困於齊、梁，孟子公孫丑篇曰：「孟子去齊。曰：『於崇，吾得見王，退而有去志。久於齊，非我志也。』」史記六國表：「魏惠王三十五年，孟子來。」魏世家：「三十六年，惠王卒，子襄王立。孟子曰：『望之不似人君。』」是於梁亦未申其志。非時君主不用善也，才下知淺，不能用大才也。夫能御驥騄者，必王良也；能臣禹、稷、皋陶者，必堯、舜也。御百里之手，而以調千里之足，必有摧衡折軛之患；有接具臣之才，楊曰：「『有』字疑衍。」「具臣」，論語先進篇集解孔曰：「言備臣數而已。」而以御大臣之知，必有閉心塞意之變。故至言棄捐，管子侈靡篇：「女言至焉。」注：「至，謂盡理。」聖賢距逆，「距」讀作「拒」。非憎聖賢，不甘至言也，聖賢務高，至言難行也。夫以大才干小才，小才不能受，不遇固宜。

〔或〕以大才之臣，據上「或以賢聖之臣」、下「或以醜面惡色」文例，「以」上當增「或」字。遇大才之主，乃有遇不遇，虞舜、許由、太公、伯夷是也。虞舜、許由，俱聖人也，並生唐世，俱面於堯，廣雅釋詁曰：「面，鄉也。」虞舜紹帝統，許由入山林。呂氏春秋慎人篇：「由虞潁陽。」注：「不屈於堯，養志箕山，山在潁水北。」太公、伯夷俱賢也，並出周國，皆見武王，太公受封，伯夷餓死。夫賢聖道同，志合趨齊，虞舜、太公行耦，許由、伯夷操違者，生非其世，出非其時也。道雖同，同中有異；志雖合，合中有離。何則？道有精麤，志有清濁也。許由，皇者之輔也，生於帝者之時；伯夷，帝者之佐也，出於王者之世。公羊成八年傳何休注：「德合元者稱皇，德合天者稱帝，仁義合者稱王。」桓譚新論曰：「三皇以道治，五帝以德化，三王由仁義，五霸用權智。無制令刑罰謂之皇。有制令，無刑罰，謂之帝。賞善誅惡，諸侯朝事謂之王。」（引據孫馮翼輯本。）白虎通號篇：「德合天地者稱帝，（御覽七十六引無「地」字，是。公羊何注正無「地」字。）仁義合者稱王，別優劣也。禮記謚法曰：『德象天地稱帝，仁義所生稱王。』帝者天號，王者五行之稱也。皇者，何謂也？亦號也。皇，君也，美也，大也，天人之揔，美大之稱也。時質故揔稱之也。號之爲皇者，煌煌人莫違也。煩一夫，擾一士，以勞天下，不爲皇也。不擾匹夫匹婦故爲皇。故黄金棄於山，珠玉捐於淵，巖居穴處，衣皮毛，飲泉液，吮露英，虚無寥廓，與天地通靈也。號言爲帝者何？帝者諦也，象可承也。王者往也，天下所歸往。鉤命決曰：『三皇步，五帝趨，三王馳，五霸鶩。』」並由道德，俱發仁義，主行道德，不清不留；主爲仁義，不高不止，此其所以不遇也。堯溷，舜濁；楚辭哀郢，王注：「溷，亂也。濁，貪也。」武王誅殘，太公討暴，同濁皆麤，舉措鈞齊，此其所以爲遇者也。故舜王天下，臯陶佐政，北人無擇深隱不見；吕氏春秋離俗篇：「舜讓其友北人無擇，無擇自投蒼領之淵。」又見莊子讓王篇、淮南子齊俗訓。禹王天下，伯益輔治，伯成子高委位而耕。堯時，伯成子高爲諸侯，堯授舜，舜授禹，伯成子高辭諸侯而耕。禹往見之，則耕在野。見莊子天地篇、吕氏春秋長利篇、新序節士篇、淮南説山訓。非臯陶才愈無擇，伯益能出子高也，然而臯陶、伯益進用，無擇、子高退隱，進用行耦，退隱操違也。退隱勢異，身雖屈，不願進；人主不須其言，廢之，意亦不恨，是兩不相慕也。

商鞅三説秦孝公，前二説不聽，後一説用者，前二，帝王之論，後一，霸者之議也。史記商鞅傳：孝公見衛鞅，語事良久，孝公時時睡，弗聽。景監讓之。鞅曰：「吾説以帝道。」後復見，仍未中旨，景監又讓之。鞅曰：「吾説以王道。」復見，孝公善之。鞅曰：「吾説以霸道，其意欲用之矣。」夫持帝王之論，説霸者之主，左成二年傳疏鄭云：「霸，把也，言把持王者之政教。」雖精見距；楊曰：一本作「拒」。暉按：朱校元本、程本、天啓本、鄭本同此。何、錢、黄、王及崇文本並作「拒」，字通。更調霸説，雖麤見受。何則？精遇孝公所不得，盼遂案：得當爲須之誤，正承上文「人主不須其言」爲説。麤遇孝公所欲行也。故説者不在善，在所説者善之；才不待賢，在所事者賢之。馬圄之説無方，而野人説之；子貢之説有義，野人不聽。俞曰：吕氏春秋必己篇：「孔子行道而息，馬逸，食人之稼，野人取其馬。子貢請往説之，畢辭，野人不聽。有鄙人始事孔子者，曰：『請往説之。』」淮南子人間篇載此事，則以爲子貢往説之，卑辭而不能得也。孔子乃使馬圉往説之。此云「馬圄」，即「馬圉」也，蓋用淮南子。然文選演連珠：「東野有不釋之辯。」注引吕氏春秋：「孔子行於東野，馬逸，食野人稼，野人留其馬。子貢説而請之，野人終不聽，於是鄙人馬圉乃復往説。」與今本吕氏春秋絶異。且今本吕氏春秋及淮南子均無「東野」二字，而士衡之文，明言「東野有不釋之辯」，則疑唐以前吕氏春秋自與今本殊也。吹籟工爲善聲，因越王不喜，更爲野聲，越王大説。吕氏春秋遇合篇：「客有以吹籟見越王者，羽角宫徵商不繆，越王不善，爲野音而反善之。」注：「籟，二孔籥也。」故爲善於不欲得善之主，雖善不見愛；爲不善於欲得不善之主，雖不善不見憎。此以曲伎合，合則遇，不合則不遇。

或無伎，妄以姦巧合上志，亦有以遇者，竊簪之臣，雞鳴之客是〔也〕。楊曰：據下文籍孺、鄧通、嫫母、無鹽云云，此當脱「也」字。吴説同。竊簪之臣親於子反，淮南道應篇：「楚將子發，好技道之士，有偷者往見，子發禮之。無幾，齊〔一〕伐楚，偷盜齊將軍簪，又以歸之，齊師大駭。」此云「子反」，異文。盼遂案：「是」下脱一「也」字。下文云「籍孺、鄧通是也」，「嫫母、無鹽是也」，皆有「也」字，可證。雞鳴之客幸於孟嘗，見史記本傳。子反好偷臣，孟嘗愛僞客也。以有補於人君，人君賴之，其遇固宜。或無補益，爲上所好，籍孺、鄧通是也。籍孺幸於孝惠，史記佞幸傳：「高祖時則有籍孺，孝惠有閎孺。」與此文異。然史、漢朱建傳並云：「孝惠幸臣閎籍孺。」正與此合。蓋所聞異辭。司馬貞、顔師古謂誤剩「籍」字，然幸偶篇有「閎、籍孺」連文，則難審定。鄧通愛於孝文，見佞幸傳。無細簡之才，微薄之能，偶以形佳骨嫺，宋本作「蕑」。朱校元本同。暉按：梅膺祚字彙艸部引亦作「蕑」，並云：「同妍。」疑「蕑」即「嫺」之俗省字，「嫺」有作「⿰女蕑」者，故省作「蕑」。梅氏以爲同「妍」，恐肊説。盼遂案：宋、元本均作「骨蕑」。「蕑」蓋即「嫺」之别體，非「妍」字。皮媚色稱。爾雅釋詁曰：「稱，好也。」夫好容，人所好也，其遇固宜。或以醜面惡色，稱媚於上，嫫母、無鹽是也。説文：「嫫母，古帝妃，

〔一〕「齊」，原本作「齋」，據淮南子改。

都醜也。」漢書古今人表：「悔母，黄帝妃，生蒼林。」嫫、悔、嫫，字通。武氏石室畫像題曰：「無鹽醜女鍾離春。」山左金石記：「鍾離春，無鹽邑女也。」**嫫母進於黄帝**，吕氏春秋遇合篇：「嫫母執乎黄帝。黄帝曰：屬〔一〕女德而弗忘，與女正而弗衰，雖惡奚傷。」**無鹽納於齊王**。新序雜事篇：「無鹽女行年三十，自詣宣王，言齊有四殆之危。宣王納其言，拜爲后。」**故賢不肖可豫知，遇難先圖。何則？人主好惡無常，人臣所進無豫**，朱校元本「臣」作「主」，非。**偶合爲是，適可爲上。進者未必賢，退者未必愚，合幸得進，不幸失之。**

**世俗之議曰：「賢人可遇，不遇，亦自其咎也：生不希世准主**，「希」讀作「睎」。説文：「睎，望也，海岱之間謂眄曰睎。」漢書公孫弘傳：「希世用事。」師古曰：「希，觀相也。」晉書虞溥傳：「希顔之徒。」亦「睎」之叚字。「准主」二字，先孫屬下讀，非。**觀鑒治内，調能定説，審詞（伺）際會**。胡先生曰：「詞」疑是「伺」字。暉按：東觀漢記：「票駭蓬轉，因遇際會。」又云：「耿況、彭寵，俱遭際會。」並與「審伺際會」句同，蓋漢時常語。朱校元本「詞」作「司」。周禮地官媒氏注云：「司，猶察也。」司、伺字通。朱以「司」爲「詞」之壞字，失之。周禮弁師鄭注：「會，縫中也。」類聚七十引後漢張紘瓌材枕賦云：「會緻密固，絶際無閒。」潛夫論浮侈篇：「不見際會。」本

〔一〕「屬」，原本作「厲」，據吕氏春秋改。

書答佞篇：「際會發見，奸僞覺露。」又：「對鄉失漏，際會不密。」則際會猶言縫隙也。**能進有補贍主，**句有脱文，「能進」二字又倒，當作「進能有益，納説有補」。此文以「進能」、「納説」，「有益」、「有補」，相對爲文。下文「今則不然，進無益之能，納無補之説」，與此反正相承。又「進能有益，納説有補」；「或以不補而得祐，或以有益而獲罪」；「説可轉，能不可易」；「准主而納其説，進身而託其能」，並以「能」與「説」、「益」與「補」對舉爲義。「贍主」二字，未知所當作。朱校元本「主」作「士」，屬下讀，疑是。**何不遇之有？**盼遂案：此文譌誤特甚，今爲正之如下：「生而希世准主，觀鑒治亂，託能定説，審伺際會，進能有補，則主何不遇之有？」古「不」字與「而」形近致譌。「亂」古作「𤔔」，殘刓爲「内」。「託能」即下文「進身而託其能」之意。「託」以音譌爲「調」。「伺」譌爲「詞」。「則主何不遇之有」七字爲句。後學因「則」居「補」下，遂改爲「贍」，難於句讀矣。又案：「准」與「希」同意。抱朴子内篇遐覽云：「先從淺始，以勸進學者，無所准希階由也。」是，准亦希矣。**今則不然，作（進）無益之能，**「作」當作「進」。「進」、「納」對文，説見上。太平御覽七五七引作「推」，可證此原作「進」，初譌爲「推」，再譌爲「作」。**納無補之説，以夏進鑪，以冬奏扇，**御覽二一二引注：「奏亦進也。」晏殊類要三四士未遇類引「奏」作「進」。**爲所不欲得之事，獻所不欲聞之語，**類要引「獻」作「執」。**其不遇禍，幸矣，**御覽引「禍」作「災患」。**何福祐之有乎？」**

**進能有益，納説有補，人之所知也。或以不補而得祐，或以有益而獲罪。且夏**

時鑪以炙濕，冬時扇以翣火。淮南說林注：「楚人謂扇爲翣。」世可希，主不可准也；說可轉，能不可易也。世主好文，己爲文則遇；主好武，己則不遇。主好辯，有口則遇；主不好辯，己則不遇。文王（主）不好武，楊曰：明劉光斗評本「王」作「主」，是也。暉按：即天啓本。盼遂案：以下文例之，此處「王」爲「主」之誤字。武主不好文；天啓本作「主」，各本並譌作「王」。辯主不好行，行主不好辯。文與言，尚可暴習；行與能，不可卒成。學不宿習，無以明名；名不素著，無以遇主。倉猝之業，須臾之名，日力不足。「日」，朱校元本、程本同。各本譌作「曰」。不預聞，何以准主而納其說，進身而託其能哉？昔周人有仕數不遇，年老白首，泣涕於塗者。人或問之：「何爲泣乎？」對曰：「吾仕數不遇，自傷年老失時，是以泣也。」人曰：「仕奈何不一遇也？」對曰：「吾年少之時，學爲文，文德成就，始欲仕宦，人君好用老。用老主亡，後主又用武，吾更爲武，武節始就，〔用〕武主又亡。孫曰：此與上「用老主亡」句意相同，「武」上疑脫「用」字。少主始立，好用少年，吾年又老，是以未嘗一遇。」俞曰：此與顏駟事相似。文選思玄賦注引漢武故事曰：「顏駟不知何許人，漢文帝時爲郎，至武帝嘗輦過郎署，見駟尨眉皓髮。上問曰：『叟何時爲郎？何其老也？』答曰：『臣文帝時爲郎，文帝好文，而臣好武。至景帝好美，而臣貌醜。陛下即位，好少，而臣已老。是以三世不遇，故老於郎署。』」疑古相傳有此說。顏駟事亦出依託也。仕宦有時，不可求也。夫希世准主，尚不可爲，況節高志妙，不爲利動，性定質成，不爲主顧者乎？汪繼培曰：「顧謂委曲承意也。」（潛夫論述赦篇。）

且夫遇也，能不預設，說不宿具，邂逅逢喜，遭觸上意，「觸」，朱校元本作「合」，是。故謂之「遇」。穀梁隱四年傳曰：「遇者志相得也。」如准推主調說，先孫曰：元本無「推」字，蓋誤衍也。上文云：「准主觀鑒。」楊說同。朱校元本亦無「推」字。以取尊貴，盼遂案：「推」字以字形類「准」而衍，宜據上文「希世准主」之例，删「推」字。定賢篇「准主而說」，皆其例。「調說」亦遺辭之意，上文「更調伯說」是也。是名爲「揣」，不名曰「遇」。春種穀生，秋刈穀收，求物得物，盼遂案：「得物」當作「物得」，方與下句一律。作事事成，不名爲「遇」。不求自至，不作自成，是名爲「遇」。猶拾遺於塗，摭棄於野，說文：「拓，拾也。拓或从『庶』。」古音「石」、「庶」同部。方言：「陳、宋間謂取曰摭。」若天授地生，鬼助神輔，禽息之精陰慶（薦），「慶」當作「薦」。吉驗篇：「鳥以翼覆之，慶集其身。」晏子：「慶善（治要引作「薦」。）而不有其善。」並爲「薦」之譌，是其比。漢隸「薦」作「慶」，（史晨後碑、韓勑靈臺、費鳳張公神道各碑。）與「慶」形近，故譌。禽息薦百里奚，見儒增篇及韓詩外傳。鮑叔之魂默舉，若是者，乃「遇」耳。「遇」上疑脫「爲」字。今俗人既不能定遇不遇之論，又就遇而譽之，因不遇而毁之，是據見效，案成事，不能量操審才能也。

# 累害篇

凡人仕宦有稽留不進，行節有毀傷不全，罪過有累積不除，聲名有闇昧不明，才非下，行非悖也，又知非昬，策非昧也，逢遭外禍，累害之也。非唯人行，凡物皆然，生動之類，咸被累害。累害自外，不由其內。夫不本累害所從生起，而徒歸責於被累害者，智不明，闇塞於理者也。物以春生，人保之；以秋成，人必不能保之。卒然牛馬踐根，刀鎌割莖，生者不育，至秋不成。不成之類，遇害不遂，不得生也。夫鼠涉飯中，捐而不食。北堂書鈔一四四引「涉」作「滲」。孔廣陶曰：「『滲』字是古本，近本誤作『涉』」。捐飯之味，與彼不污者鈞，以鼠爲害，棄而不御。荀子禮論篇楊注：「御，進用也。」君子之累害，與彼不育之物，不御之飯，同一實也，淮南精神篇注：「實，等也。」俱由外來，故爲累害。

脩身正行，不能來福；戰栗戒慎，朱校元本作「惧」。不能避禍。禍福之至，幸不幸也。故曰：「得非己力，故謂之福；來不由我，故謂之禍。」未知何出。盼遂案：四語有韻，蓋古格言，惜不審其出典。不由我者，謂之何由？由鄉里與朝廷也。夫鄉里有三累，朝廷有三害，累生於鄉里，害發於朝廷，古今才洪行淑之人，遇此多矣。

何謂三累三害？

凡人操行，不能慎擇友，友盼遂案：「友友」當是「交友」之誤。同心恩篤，說文：「竺，厚也。」經典叚借「篤」字。異心疎薄，「疎」當作「疏」。字从「疋」，非从「足」。疎薄怨恨，毁傷其行，一累也。人才高下，不能鈞同，同時並進，高者得榮，下者慙恚，毁傷其行，二累也。人之交遊，不能常歡，歡則相親，忿則疎遠，疎遠怨恨，毁傷其行，三累也。位少人衆，仕者爭進，進者爭位，見將相毁，將，郡將也。漢書嚴延年傳注：「謂郡爲郡將者，以其兼領武事也。」盼遂案：悼厂云：「將，州將也。」增加傅致，說文：「坿，益也。」「傅」，叚字。將昧不明，然納其言，玉篇：「然，信也。」一害也。將吏異好，清濁殊操，清吏增郁郁之白，史記五帝紀：「其色郁郁。」索隱曰：「郁郁猶穆穆也。」舉涓涓之言，漢書陳勝傳注曰：「涓，潔也。」濁吏懷恚〔怨〕恨，元本「恚」下有「怨」字，朱校同。當據補。徐求其過，因纖微之謗，被以罪罰，謂將罰也。二害也。將或幸佐吏之身，納信其言，「信」，朱校元本作「受」。佐吏非清節，必拔人越次。迕失其意，毁之過度；清正之仕，楊曰：「仕」、「士」同。暉按：「清正之仕」，猶言「清吏」也。讀如字。盼遂案：「仕」讀爲「士」，二字古通。孟子「有仕于此」，俞氏樾古書疑義舉例謂孟子「仕」與下文「夫士」之士爲一字。此正同例。抗行伸志，遂爲所憎，毀傷於將，三害也。夫未進也，身被三累；已用也，身蒙三害，雖孔丘、墨翟不能自免，顏回、曾參不能全身也。

動百行，作萬事，嫉妬之人隨而雲起，枳棘鉤掛容體，枳棘，多刺之木。蠭蠆之黨蠭蠆，含螫之蟲。啄（喙）螫懷操（慘），「啄」當從錢、王、崇文本作「喙」。朱校元本、天啓本、鄭本誤同。「操」當作「慘」，形近而誤。大雅抑篇「我心慘慘」，五經文字作「懆」。墨子耕柱篇：「一人奉水將灌之，一人摻火將益之。」「摻火」即「操火」。「喿」，漢隸作「參」。郙閣頌：「從朝陽之平慘。」校官碑：「德之賓即有殊摻。」皆以「參」作「喿」。寒溫篇「變操易行」，宋、元本「操」誤作「慘」。干禄字書「操」俗作「摻」。故此文「慘」誤作「操」。荀子議兵篇：「慘如蠭蠆。」淮南子俶真篇：「蜂蠆螫指，蚊虻噆膚，蜂蠆之螫毒，而蚊虻之慘怛也。」説文：「慘，毒也。」是其義。若作「啄螫懷操」，則文不可解矣。豈徒六哉？盼遂案：吴承仕曰：「『雲起』以下意難憭，疑有奪誤。」六者章章，世曾不見。夫不原士之操行有三累，仕宦有三害，身完全者謂之潔，被毀謗者謂之辱，官升進者謂之善，位廢退者謂之惡。完全升進，幸也，而稱之；毀謗廢退，不遇也，而訾之，管子地形篇：「毀訾賢者之謂訾。」字本作「呰」。喪服四制鄭注：「口毀曰呰。」用心若此，必爲三累三害也。朱校元本無「三累」二字，非。「爲」下疑脱「不知」二字，下「論者既不知」云云，即承此爲文。

**論者既不知累害〔所從生，又不知被累害〕者行賢潔也，**朱曰：「不知累害」下，初學記二十一引有此九字，當據補。**以塗搏泥，**小雅角弓：「如塗塗附。」毛傳：「塗，泥。附，著也。」朱注：「小人骨肉之恩本薄，王又好讒佞以來之，是如於泥塗之上，加以泥塗附之也。」「以塗搏泥」，即其義。「搏」、「附」字通。**以黑點繒，**朱曰：初學記二十一引「黑」作「墨」，是。楚辭七諫王注：「點，汙也。」**孰有知之？清受塵，白取垢，**御覽九四四、類要二五非罪類引「取」並作「受」。初學記引同今本。**青蠅所汙，常在練素。**初學記引「練」作「絹」。**處顛者危，勢豐者虧，頹墜之類，常在懸垂。屈平潔白，**盼遂案：「邑犬」四句爲屈平九章之文，而「潔白」之說不貫，疑「潔白」爲「辭曰」二字之誤。**邑犬羣吠，吠所怪也，非俊疑傑，固庸能也。**孫曰：「庸能」即「庸態」，此九章懷沙文。**偉士坐以俊傑之才，**舊校曰：「坐」讀爲「生」。暉按：「坐」、「生」聲不相近，無緣讀作「生」。坐，因也，緣也，漢人常語。見助字辯略卷三。盼遂案：漢人注箋例，「讀爲」者，即音以改字也。此「坐」與「生」於聲不相通，某氏之説非也。坐讀坐罪之坐。**招致羣吠之聲。夫如是，豈宜更勉奴下，循不肖哉？**楊曰：「奴」、「駑」同。**不肖奴下，非所勉也，豈宜更偶俗全身以弭謗哉？**宋本「弭」作「彌」。楊曰：漢書王莽傳：「上以彌亂發姦。」師古曰：「『彌』讀曰『弭』。」**偶俗全身，則鄉原也。**論語陽貨篇集解周曰：「所至之鄉，輒原其人情，而爲己意以待之。」**鄉原之人，行全無闕，非之無舉，刺之無刺也。此又孔子之**

**所罪，**孔子曰：「德之賊也。」見論語陽貨篇。**孟軻之所愆也。**孟子曰：「不可與入堯、舜之道。」見孟子盡心下。

**古賢美極，無以衛身，故循性行以俟累害者，果賢潔之人也！極累害之謗，而賢潔之實見焉。立賢潔之跡，毀謗之塵安得不生？絃者思折伯牙之指，**伯牙，楚懷王、頃襄王時人，見汪中述學伯牙事考。**御者願摧王良之手。何則？欲專良善之名，惡彼之勝己也。是故魏女色艷，鄭袖鼻（劓）之；**先孫曰：「鼻」當作「劓」。事見戰國策楚策及韓非子內儲說下六微篇。韓非子：「魏王遺楚王美人，楚王悦之。夫人鄭袖謂新人曰：『王甚愛子，然惡子鼻，見王，常掩鼻，則王常幸子。』於是新人從之。王謂夫人曰：『新人見寡人常掩鼻何？』對曰：『惡王臭。』王怒，因劓之。」**朝吴忠貞，無忌逐之。**左昭十五年傳：「楚費無極害朝吴之在蔡，蔡人逐朝吴，出奔鄭。」杜注：「朝吴，蔡大夫，有功於楚平王，無忌恐其有寵，疾害之。」史記楚世家作「無忌」，同此。**戚施彌妬，蘧除多佞。**詩邶風新臺傳：「蘧篨，不能俯者。戚施，不能仰者。」鄭箋：「蘧篨口柔，常觀人顔色而爲之辭，故不能俯；戚施面柔，下人以色，故不能仰。」爾雅釋訓李巡注：「蘧篨巧言好辭，以口饒人；戚施和顔悦色以誘人。」「蘧」、「除」二字，説文並在「竹」部，云：「粗竹席也。」方言：「簟自關而西其粗者謂之蘧篨。」簟粗不捲，以比希顔不俯之態，則字不得从「艸」。隸書从「艸」从「竹」之字，固多譌溷也。**是故濕堂不灑塵，卑屋不蔽**

**風衝之物不得育，水湍之岸不得峭。〔夫〕如是，牖里、陳、蔡可得知，**「如」上挩「夫」字。此與上「夫如是，豈宜更免奴下」云云，下「夫如是，市虎之訛」云云，「夫如是累害之人」云云，文例同。「牖」、「羑」字通，淮南氾論訓「羑里」，治要引作「牖里」，謂文王拘於羑里，孔子阨於陳、蔡也。**而沈江蹈河□□□也。**以上句例之，此脱三字。謂屈原沉江，申徒狄蹈河也。見書虛篇。盼遂案：「蹈河」下脱三字，故與上句不儷，惜無從參補。**以軼才取容媚於俗，求全功名於將，不遭鄧析之禍，**左定九年傳：「鄭駟歂殺鄧析而用其竹刑。」**取子胥之誅，幸矣。孟賁之尸，**孟子公孫丑孫奭疏引皇甫謐帝王世紀曰：「秦武王好多力之人，齊孟賁之徒並歸焉。孟賁生拔牛角。」史記范雎傳集解引許慎、漢書淮南王傳注引應劭及東方朔傳師古注，並云「孟賁，衛人」，唯皇甫謐作「齊人」。**人不刃者，氣絶也。死灰百斛，人不沃者，光滅也。動身章智，顯光氣於世；**「動」猶「奮」也。**奮志敖黨，立卓異於俗，固常通人所讒嫉也。以方心偶俗之累，**韓非子解老：「所謂方者，内外相應也，言行相稱也。」**求益反損，蓋孔子所以憂心，**謂公伯寮之愬也。**孟軻所以惆悵也。**謂臧倉之毁也。**德鴻者招謗，爲士者多口。**孟子盡心下篇：「士憎茲多口。」趙注：「離於凡人而仕者，亦益多口。」「士」讀作「仕」。潛夫論交際篇：「士貴有辭，亦憎多口。」二王並讀如字，與趙氏異。**以休熾之聲，彌口舌之患，**楊曰：「彌」讀曰「弭」。**求無危傾之害，遠矣。**

**臧倉之毀未嘗絶也，**魯平公嬖人，毀孟子。見孟子梁惠王篇。**公伯寮之遡未嘗滅也，**「遡」，崇文本作「愬」，論語、史記弟子傳同。說文引論語作「訴」，云：「或作『謝』，或作『愬』。」則以作「愬」爲正。偶會篇、治期篇作「愬」。公伯寮愬子路於季孫，見論語憲問篇。盼遂案：「遡」爲「愬」誤。事見論語憲問篇。集解引馬注：「愬，譖也。」偶會篇：「公伯寮愬子路於季孫。」**垤成丘山，汙爲江河矣。**說文曰：「垤，螘封也。汙，小池也。」盼遂案：「汙爲江河」下，各本脱四百字，今據元刻本補入。**夫如是，市虎之訛，**韓非子內儲說上七術篇：「龐恭謂魏王曰：『今一人言市有虎，王信之乎？』曰：『不信。』『二人言市有虎，王信之乎？』曰：『不信。』『三人言市有虎，王信之乎？』王曰：『寡人信之。』龐恭曰：『夫市之無虎，明矣，然而三人言而成虎。今議臣者，過於三人。』」**投杼之誤，**秦策二曰：「曾子處費，費人有與曾子同名族者而殺人。人告曾子母曰：『曾參殺人。』曾子之母曰：『吾子不殺人。』織自若。有頃，人又曰：『曾參殺人。』其母尚織自若。頃之，一人又告之。其母懼，投杼踰牆而走。」**不足怪，則玉變爲石，珠化爲礫，**「化」，御覽八零五、事類賦九引作「變」。**不足詭也。何則？昧心冥冥之知使之然也。**意林、御覽、事類賦引並作「毀謗使然也」。**文王所以爲糞土，而惡來所以爲金玉也，非紂憎聖而好惡也，**史記殷本紀：「紂囚文王於羑里，又用惡來。」帝王世紀：「烹文王長子伯邑考爲羹。」故云：「以爲糞土。」**心知惑蔽。蔽惑不能審，則微子十去，**史記殷本紀：「紂淫亂，微子數諫不聽，乃與太師、少師謀，遂去。」**比干五剖，**史記宋世家：「比干直言諫紂，紂惡，遂殺比干而剖視其心。」**未足痛也。故三監讒聖人，**漢書地理志：「周既滅殷，分其畿内爲三國。邶封武庚；鄘，管叔尹之；衛，蔡叔尹之，以監殷民，謂之三監。」王肅、服虔皆依志爲説。唯鄭玄詩譜以爲管、蔡、霍，獨異耳。周書作雒解、帝王世紀同。詩正義引孫毓、林之奇尚書全解、蔡沈尚書傳、薛季宣書古文訓、黄度書説，並從鄭氏。王引之曰：「鄭説不可通。」見經義述聞，不具出。史記魯世家：「周公代成王行政當國，管叔及其羣弟流言於國曰：『周公將不利於成王。』」**周公奔楚。**此古文家説也。見感類篇。史記魯世家：「成王少時病，周公自揃其指，沉之河，以祝於神，亦藏其策于府。及成王用事，人或譖周公，周公奔楚。」蒙恬傳亦載此事，然不謂奔楚之因，出於三監之譖，與此不同。蓋古文異説。俞正燮據左傳魯襄公適楚，夢周公祖而行，以證周公有奔楚之事。左氏亦古文説也。宋翔鳳書説下曰：「周公欲得管、蔡、商、奄之情，則必居東。奄與淮夷，在兗、徐之間，大抵爲荆羣蠻之地，故史記魯世家及蒙恬傳皆有周公奔楚之説。奔楚與居東實一事，傳記説之各異。」皮錫瑞曰：「西漢今古文家并無此説。鄭注金縢『周公居東』爲『避居東都』，即本此。」**後母毀孝子，伯奇放流。**琴操（御覽五一一。）曰：「尹吉甫子伯奇，母早亡，吉甫更娶後妻，乃譖於吉甫曰：『伯奇見妾美，欲有邪心。』吉甫曰：『伯奇慈仁，豈有此也？』妻曰：『置妾空房中，君登樓察之。』妻乃取毒蜂綴衣領，令伯奇掇之。於是吉甫大怒，放伯奇於野。」古樂府解題：「尹吉甫聽其後妻之言，逐伯奇。伯奇編水荷而衣，採楟花而食，清朝履霜，而自傷無罪見放逐。」**當時周世孰**

有不惑乎？後鴟鴞作，而黍離興，鴟鴞，詩豳風篇名。金縢：「周公居東二年，罪人斯得，公乃爲詩以詒王，名曰鴟鴞。」黍離，詩王風篇名。御覽四六九又八四二引韓詩曰：「黍離，伯封作。」薛君注：「詩人求己兄不得，憂懣不識於物，視彼黍離離然，憂甚之時，反以爲稷之苗。乃自知憂之甚也。」曹植令禽惡鳥論：「昔尹吉甫信後妻之讒，而殺孝子伯奇，其弟伯封求而不得，作黍離之詩。」（詩攷引。）亦用韓詩説也。毛序以爲閔宗周之作。諷詠之者，乃悲傷之。故無雷風之變，周公之惡不滅；此古文説。見感類篇。當夏不隕霜，鄒衍之罪不除。正德本「衍」譌爲「行」。鄒衍呼天隕霜，見淮南子，及感虚篇、變動篇。盼遂案：「行」爲「衍」之壞字。德不能感天，誠不能動變，君子篤信審己也，「也」猶「者」也。安能遏累害於人？

聖賢不治名，害至不免辟，辟，法也。一曰「辟」讀爲「避」。形章墨短，「章」讀「彰」。掩匿白長，不理身寃，不弭流言，受垢取毁，不求潔完，故惡見而善不彰，行缺而跡不顯。郭忠恕曰：干禄書「缺」字从「垩」旁。邪僞之人，治身以巧俗，脩詐以偶衆，猶漆盤盂之工，穿墻不見；弄丸劍之倡，手指不知也。世不見短，故共稱之；將不聞惡，故顯用之。夫如是，世俗之所謂賢潔者，未必非惡；所謂邪污者，未必非善也。

或曰：「言有招患，行有召耻，楊曰：荀子勸學篇：「故言有召禍也，行有招辱也。」亦見大戴禮。暉按：「招」、「召」字義有別，楚詞招魂王注：「以手曰招，以言曰召。」荀子、大戴禮不誤。

此二字當乙。下同。下文「高行招恥」，字从「扌」，蓋仍其舊。所在常由小人。」夫小人性患耻者也，含邪而生，懷僞而遊，沐浴累害之中，何招召之有？故夫火生者不傷濕，盼遂案：「濕」本爲「燥」，淺人誤改之也。「不傷燥」者，猶不灰木火鼠之類是也。「無溺患」者，如魚鰕鮫人是也。作「不傷濕」，果何義焉？下文「火不苦熱」，即此「不傷燥」之意；「水不痛寒」，即此「無溺患」之意也，皆所以證成本文。水居者無溺患，火不苦熱，水不痛寒，氣性自然焉。〔召〕招之，君子也，「招」上當有「召」字。後人不達二字義殊，以爲譌衍而妄删之。下文「以忠言召患，以高行招恥」，即分承此「召」、「招」二字。上文「何招召之有」，亦分承上「言有召患，行有招恥」二句。今本脱「召」字，遂使下文「以忠言召患」句，於文失所繫矣。潛夫論卜列篇云：「行有招召。」此「招召」連文之證。陸心源羣書校補據元至元紹興路總管宋文瓚覆宋十五卷本，「招之」下有「者」字。蔣心煦東湖叢記據元刻十五卷本補録，同影印正德十六年刻本補頁，及島田翰所見宋光宗時刻二十五卷本，並無「者」字。按宋刻覆宋本，每頁二十行，每行二十字，合四百字，若有「者」字，則成四百一矣。即據蔣、陸二氏所録字數計之，亦衍「者」字。蓋寫者誤入，不足徵據。以忠言招患，以高行招耻，何世不然？

然而太山之惡，君子不得名；毛髮之善，「毛」，自通津本以下，并譌作「毫」。島田翰曰：「自通津本佚茲一張，首尾文句不屬，淺人乃不得其意，妄改『毛』字爲『毫』字，以曲成其義耳。」自「矣夫如是市虎之訛」至「君子不得名毛」四百字，據宋刻二五卷本、覆宋十五卷本、影印正德本補頁補。小人不得有也。以玷污言之，清受塵而白取垢；以毀謗言之，貞良見妬，高奇見噪；以遇罪言之，忠言招患，高行招恥；以不純言之，玉有瑕而珠有毁。焦陳留君兄，字有譌奪。盼遂案：悼厂云：「袁宏後漢紀：『鄭弘事博士陳留焦貺，門徒數百人。』范書鄭弘傳云：『師同郡河東太守焦貺。』知此文當是『陳留焦君貺』而譌倒也。」名稱兖州，行完跡潔，無纖芥之毁；及其當爲從事，後漢書虞延傳注：「郡國有從事，主督促文書，察舉非法，皆州自辟除。」刺史焦康絀而不用。「絀」讀作「黜」。夫未進也，被三累；已用也，蒙三害，雖孔丘、墨翟不能自免，顔回、曾參不能全身也。「夫未進」至此，已見上，不當重出，蓋衍文也。下「衆好純譽之人非真賢」，即解上文「行完跡潔」之人，而必絀退之之故。文義相貫。若多此數句，則上下文斷矣。何則？衆好純譽之人，非真賢也。公侯已下，玉石雜糅；此以玉石喻士之善惡，故下以採玉選士並承，「公侯已」三字疑譌。賢士之行，善惡相苞。夫采玉者「采」讀「採」。破石拔玉，選士者棄惡取善，夫如是，累害之人負世以行，「負」猶「背」也，背世遠遁。指擊之者從何往哉？

## 命禄篇

凡人遇偶及遭累害，皆由命也。有死生壽夭之命，亦有貴賤貧富之命。自王公逮庶人，聖賢及下愚，凡有首目之類，含血之屬，莫不有命。命當貧賤，雖富貴之，猶涉禍患，〔失其富貴〕矣；命當富貴，雖貧賤之，猶逢福善，〔離其貧賤〕矣。孫曰：文選劉孝標辯命論注引「猶涉禍患」下有「失其富貴」一句，「猶逢福善」下有「離其貧賤」一句。朱校同。暉按：事文類聚三九、合璧事類五五引同，今據補。故命貴從賤地自達，命賤從富位自危。故夫富貴若有神助，貧賤若有鬼禍。命貴之人，俱學獨達，並仕獨遷；命富之人，俱求獨得，並爲獨成。貧賤反此，難達，難遷，〔難得〕，難成；孫曰：「難遷」下脱「難得」二字。此承上文「獨達」、「獨遷」、「獨得」、「獨成」言之。朱校同。獲過受罪，疾病亡遺，失其富貴，貧賤矣。「貧」上疑脱一字。盼遂案：吴承仕曰：「疑當『失其富貴』爲句，『貧賤矣』爲句。」是故才高行厚，未必(可)保其必富貴；「未必」，宋本作「未可」，朱校元本同。楊曰：作「可」是也。智寡德薄，未可信其必貧賤。或時才高行厚，命惡，廢而不進；知寡德薄，命善，興而超踰。故夫臨事知愚，操行清濁，性與才也；仕宦貴賤，治產貧富，命與時也。命則不可勉，時則不可力，知者歸之於天，故坦蕩恬忽，雖其貧賤。此下有挩文。

使富貴盼遂案：吴承仕曰：「此文語意未足，疑有脱誤。」若鑿溝伐薪，「使」，意林引作「取」。加勉力之趨，致彊健之勢，鑿不休則溝深，斧不止則薪多，無命之人，皆得所願，安得貧賤凶危之患哉？然則，或時溝未通而遇湛，爾雅曰：「久雨謂之淫。」明雩篇：「久雨爲湛。」「湛」、「淫」音義並通。薪未多而遇虎。意林作「逢火」。仕宦不貴，治產不富，鑿溝遇湛，伐薪逢虎之類也。有才不得施，有智不得行；或施而功不立，或行而事不成，雖才智如孔子，猶無成立之功。

世俗見人節行高，則曰：「賢哲如此，何不貴？」見人謀慮深，則曰：「辯慧如此，何不富？」

貴富有命福禄，不在賢哲與辯慧。吴曰：「福」字衍，應删。本篇以「命禄」爲題。下文又云「宦御同才，其貴殊命；治生鈞知，其富異禄」，並以「命」、「禄」對言。故曰：「富不可以籌筴得，「筴」，朱校元本作「策」。顔氏家訓書證篇：「簡策字，『竹』下施『朿』，末代隸書，有『竹』下爲『夾』者。」段玉裁曰：「曲禮『挾』訓『箸』，字林作『筴』，則『筴』不可以代『策』，明矣。」貴不可以才能成。」智慮深而無財，才能高而無官。懷銀紆紫，漢相國、丞相、大尉、公侯、將軍皆紫綬，御史大夫銀印。說文曰：「紆，縈也。」未必稷、契之才；積金累玉，未必陶朱之智。或時下愚而千金，頑魯而典城。典，主也。主城之吏，謂刺史、令、長也。故官(宦)御同才，吳曰：「『官』當作『宦』。曲禮：『宦學事師。』鄭注：『學或爲御。』釋文云：『鄭此注，爲見他本也。』仲任言『宦御』者，其所見曲禮與鄭見或本正同。」劉先生曰：「吳說是。韓非子五蠹篇：『其患御者積於私門。』『患御』即『宦御』。」暉按：淮南修務篇：「官御不厲，心意不精；將相不強，功烈不成。」蓋「官」亦「宦」之誤。其貴殊命；治生鈞知，「治產」二字，上文兩見，疑「生」爲壞字。然義亦通。其富異祿。祿命有貧富，知不能豐殺；「知」讀「智」。性命有貴賤，才不能進退。「祿」下「命」字、「性」字並衍。此文以「祿」、「命」對言，不得以「祿命」、「性命」對舉。上文「貴富有命祿」，即總冒此文；「祿有貧富，知不能豐殺」，承「治生鈞知，其富異祿」爲文；「命有貴賤，才不能進退」，承「宦御同才，其貴殊命」爲文。下文云「貴賤在命，貧富在祿」，則此文「祿」下不當有「命」字，「命」上不當有「性」字，甚明。

成王之才，不如周公；桓公之知，不若管仲，然成、桓受尊命，而周、管稟卑秩也。案古人君希有不學於人臣，知博希有不爲父師，然而人君猶以無能處主位，人臣猶以鴻才爲厮役。故貴賤在命，不在智愚；貧富在祿，不在頑慧。

世之論事者，以才高〔者〕當爲將相，「才」，朱校元本作「能」。楊曰：「高」下當脫「者」

字。孫説同。今據增。能下者宜爲農商。見智能之士，官位不至，怪而訾之曰：「是必毁於行操。」行操之士，亦怪毁之曰：「怪」下當脱「而」字。「是必乏於才知。」

殊不知才知行操雖高，官位富禄有命。當作「官位有命禄」，與上「貴富有命禄」句法一律。校者不審「命禄」之旨，妄乙其文，又意增「富」字。朱校元本正無「富」字。才智之人，以吉盛時舉事而福至，人謂才智明審；凶衰禍來，謂愚闇。「謂愚闇」，即「人謂才智愚闇」字省，見上。不知吉凶之命，盛衰之禄也。白圭、子貢，轉貨致富，積累金玉。見史記貨殖傳。人謂術善學明，〔非也〕。據下「人謂偃之才」云云，「人謂經明」云云，此當脱「非也」二字。主父偃辱賤於齊，排擯不用；赴闕舉疏，遂用於漢，官至齊相。史記本傳：「主父偃，齊臨菑人。游齊諸生間，諸生相與排擯，不容於齊。乃上書闕下，朝奏，暮召入見，拜爲郎中。一歲四遷，後拜爲齊相。」趙人徐樂亦上書，與偃章會，上善其言，徵拜爲郎。獨斷曰：「羣臣書通天子者四：章、奏、表、駁議。」史記主父偃傳：「偃上書，是時趙人徐樂亦上書言世務。上乃拜徐樂爲郎中。」漢書曰：「燕郡無終人。」此據史記。人謂偃之才，樂之慧，非也。儒者明説一經，習之京師，明如匡穉圭，漢書本傳：「匡衡，字稚圭，射策甲科，以不應令，除爲太常掌故，調補平原文學。後爲郎中，遷博士給事中。」深如趙子都，孫曰：「趙子都乃趙廣漢也。廣漢廉吏，漢書本傳無明經之語，亦無郎博士説，未知仲任何據。又儒林傳云：『趙子，河内人，事燕韓生。』蓋通韓詩者也，他事不詳。豈後人誤仞趙子爲廣漢而加『都』字歟？」楊樹達曰：「趙」蓋「鮑」字之誤。漢書鮑宣傳：「宣字子都，好學，明經，舉孝廉，爲郎。」與仲任所言正合。「趙」、「鮑」音近致誤。**初階甲乙之科，遷轉至郎博士。人謂經明才高所得，非也。而說若**宋本「說」作「談」。朱校元本同。暉按：三字有譌。**范雎之干秦明（昭），**「干」，朱校元本、黃、王、崇文本並作「于」。天啓本、程本、鄭本同此。暉按：作「干」是也。先孫曰：「明」當作「昭」，晉人避諱改，而今本沿之。楊曰：「明」字疑衍。暉按：楊說非。**封爲應侯；**史記本傳：「王稽于魏，遂與范雎入咸陽。昭王未信。侍命歲餘，雎乃上書。王大悅，召之，拜爲相。收穰侯印，封以應，號爲應侯。」**蔡澤之說范雎，拜爲客卿。**史記本傳：「蔡澤聞應侯任鄭安平、王稽，皆負重罪於秦，應侯內慚，乃西入秦。應侯召之，與語曰善，延入坐，爲上客。言於昭王，拜爲客卿。」**人謂雎、澤美善所致，非也。皆命祿貴富善至之時也。**

**孔子曰：「死生有命，富貴在天。」**論語顏淵篇子夏之詞。命義篇引作子夏語。問孔篇、辨崇篇則屬之孔子。大戴禮本命篇盧注同。翟灝曰：「上云『商聞之矣』，先儒謂聞之孔子，則以爲孔子語也，亦宜。」按漢書藝文志「小道可觀」，後漢書蔡邕傳「致遠則泥」，並以子夏之言爲孔子。說苑建本篇引有子「君子務本」二句，後漢書章帝紀建初四年詔引子夏「博學而篤志」三句，唐書孔穎達獨孤及傳引曾子「以能問於不能」四句，後語增篇引子貢「紂之不善」二句，皆以爲孔子語。錢大昕曰：「藝文志云：『論語者，孔子應答弟子、時人及弟子相與言而接聞於夫子之語也。』云『接聞於夫子』，則其言皆孔子所取矣，故漢人引論語，雖弟子之言，皆歸之孔子，非由記憶之誤。」魯平公欲見孟子，嬖人臧倉毁孟子而止。見孟子梁惠王篇。趙注：「嬖人，愛幸小人也。平公敬孟子有德，不敢請召，將往就見之。」孟子曰：「天也！」孟子曰：「吾之不遇魯侯，天也，臧氏之子焉能使余不遇哉？」孔子聖人，孟子賢者，誨人安道，不失是非，稱言命者，有命審也。

淮南書曰：「仁鄙在時盼遂案：劉文典曰：「今本淮南子齊俗篇仁作仕，形近之譌。」本書本性篇「陰氣鄙，陽氣仁」，漢書董仲舒傳「性命之情，或夭或壽，或仁或鄙」。堯、舜行德則民仁壽，桀、紂行暴則民鄙夭」，並以仁、鄙對言。作「仕」則非其指矣，當以本篇引文爲是。不在行，利害在命不在智。」淮南齊俗訓文。「仁」，彼譌作「仕」。賈生曰：「天不可與期，道不可與謀，遲速有命，焉識其時？」賈誼鵩鳥賦文。「期」，史、漢並作「慮」。「速」，史作「數」，漢書同此。「與」讀作「預」。高祖擊黥布，爲流矢所中，疾甚。吕后迎良醫，醫曰：「可治。」高祖罵之曰：「吾以布衣提三尺劍取天下，此非天命乎！命乃在天，雖扁鵲何益？」見高祖本紀。韓信與帝論兵，謂高祖曰：「陛下所謂天授，非智力所得。」見淮陰侯傳。揚子雲曰：「遇不遇，命也。」語見漢書本傳。太史公曰：「富貴不違貧賤，貧賤不違富貴。」未知何出。是謂從富貴爲貧賤，從貧賤爲富貴也。

夫富貴不欲爲貧賤，貧賤自至；貧賤不求爲富貴，富貴自得也。春夏囚死，秋冬王相，陰陽家書，謂五行遞旺於四時，如春三月則木旺，火相，土死，金囚，水休；夏三月則火旺，土相，金死，水囚，木休。五行休王論曰：「立秋，坤王，兑相，乾胎，坎没，艮死，震囚，巽廢，離休；立冬，乾王，坎相，艮胎，震没，巽死，離囚，坤廢，兑休。」（見御覽二五及二八。）盼遂案：難歲篇「立春艮王，震相，巽胎，離没，坤死，兑囚，乾廢，坎休」，以言一歲中五行之休王。然就五行大義所言，則八卦各有休王，如春分則震王，立夏則巽王等是也。此言「春夏囚死，秋冬王相」，特互舉以見端耳。非能爲之也；日朝出而暮入，非〔能〕求之也，據上句文例補「能」字。天道自然。盼遂案：悼厂云：「自『太史公曰』至『天道自然』一段，馬國翰取入太史公素王妙論。」代王自代入爲文帝，史記文帝紀：「文帝，高祖中子。高祖破陳豨軍，定代地，立爲代王。高后崩，諸吕危劉氏，大臣誅之，陳平等迎代王，遂即天子位。」周亞夫以庶子爲條侯，史記周勃傳：「勃子勝之代侯六歲，坐殺人，國除。文帝乃擇勃子賢者亞夫，封爲條侯。」此時代王非太子，亞夫非適嗣，逢時遇會，卓然卒至。「卒」讀作「猝」。命貧以力勤致富，富至而死；命賤以才能取貴，貴至而免。才力而致富貴，「而」讀作「能」。命禄不能奉持，猶器之盈量，手之持重也。器受一升，以一升則平，受之如過一升，則滿溢也；手舉一鈞，說文：「三十斤也。」以一鈞則平，舉之過一鈞，則蹎仆矣。盼遂案：「過」字上，依上文例，當補一「如」字。

前世明是非，歸之於命也，命審然也。信命者，御覽八〇三引作「今審知有富貴之命」。則可幽居俟時，御覽引「俟」作「候」。不須勞精苦形求索之也，猶珠玉之在山澤，〔不求貴價於人，人自貴之〕。十字，據御覽引補。

天命難知，人不耐審，雖有厚命，猶不自信，故必求之也。如自知，雖逃富避貴，終不得離。故曰：「力勝貧，慎勝禍。」説苑談叢篇：「力勝貧，謹勝禍，慎勝害。」勉力勤事以致富，砥才明操以取貴；〔農夫力耕得穀多，商賈遠行得利深〕。十四字，據意林引補。廢時失務，欲望富貴，不可得也。雖云有命，當須索之。如信命不求，謂當自至，可不假而自得，不作而自成，不行而自至？「至」下疑脱「乎」字。夫命富之人，筋力自彊，命貴之人，才智自高，若千里之馬，〔氣力自勁〕，四字，據意林引補。頭目蹄足自相副也。有求而不得者矣，未必不求而得之者也。精學不求貴，貴自至矣；力作不求富，富自到矣。

富貴之福，不可求致；貧賤之禍，不可苟除也。由此言之，有富貴之命，不求自得。信命者曰：「自知吉，不待求也。天命吉厚，不求自得；天命凶厚，求之無益。」夫物不求而自生，則人亦有不求貴而〔自〕貴者矣。「自」字，依上下文意增。人情有不教而自善者，有教而終不善者矣，天性猶命也。越王翳逃山中，至誠不願，自冀得代。**越人熏其穴，遂不得免，彊立爲君。**文本淮南原道訓。莊子讓王篇、吕氏春秋貴生篇作王子搜。高誘曰：「王子搜，淮南子云越王翳也。」陶方琦曰：「越世家『不壽生王翁，翁生王翳』，是也。」暉按：此事非越王翳，乃王子搜。王充承淮南之誤，高、陶二氏又沿誤實之，非也。竹書：「周貞定王十年，鹿郢卒，子不壽立。二十年，不壽見弒，朱勾立。威烈王十四年，朱勾卒，子翳立。」是越王翳之先，未有三世見殺者。周安王二十六年，越太子諸咎弒其君翳。十月，越人弒諸咎，立孚錯枝爲君。周顯王四年，越人又弒其君，立無顓。樂資春秋後傳：「王子搜號曰無顓。」是怯於三世之弒而逃丹穴者，乃王子搜而非翳也。**而天命當然，**朱曰：「而」疑當爲「如」。「而」、「如」聲近。**雖逃避之，終不得離，故夫不求自得之貴歟？**盼遂案：「故」當是「非」字之誤。

# 氣壽篇

凡人稟命有二品，命有三品：正命，隨命，遭命。王氏不主隨命，故曰二品。潛夫論論榮篇：「令譽從我興，而二命自天降之。」又卜列篇云：「命有遭、隨。」蓋二王同主二品。仲任不數隨命，節信不數正命，則異耳。一曰所當觸值之命，此遭命也。二曰彊弱壽夭之命。此正命也。所當觸值，謂兵燒壓溺也；彊壽弱夭，此複述上文，當作「彊弱壽夭」。謂稟氣渥薄也。兵燒壓溺，遭以所稟爲命，命義篇曰：「初稟氣時遭凶惡也。」未必有審期也。若夫彊弱夭壽，以百爲數；盼遂案：列子引楊朱之言曰：「百年，壽之大齊。」古詩十九首云：「人生不滿百，常懷千歲憂。」是古人於年壽以百爲數之說也。不至百者，氣自不足也。

夫稟氣渥則其體彊，體彊則其命長；氣薄則其體弱，體弱則命短，命短則多病壽短。始生而死，未產而傷，稟之薄弱也；渥彊之人，不（必）卒其壽。先孫曰：「不」當爲「必」。後命義篇云：「稟得堅彊之性，則氣渥厚而體堅彊，堅彊則壽命長。」此義與彼同。若夫無所遭遇，虛居困劣，孫曰：下文云：「虛劣軟弱，失棄其身。」意與此同。「居」蓋「虧」之借字。說文：「虧，气損也。」「居」、「虧」音同。暉按：孫說非也。「虛居」猶言「平居」，言平居無所遭逢，猶困劣短氣而死。指瑞篇云：「虛居卜筮，前無過客，猶得吉凶。」此「虛居」連文之證。命義篇：「伯牛空居而遭惡疾。」「空居」與「虛居」義同。短氣而死，盼遂案：「居」疑「痞」之誤。說文：「痞，久病也。」通作「痼」。此稟之薄，用之竭也。此與始生而死，未産而傷，一命也，皆由稟氣不足，不自致於百也。人之稟氣，或充實而堅强，或虛劣而軟弱。充實堅强，其年壽；虛劣軟弱，失棄其身。

天地生物，物有不遂；父母生子，子有不就。物有爲實，枯死而墮；人有爲兒，夭命而傷。使實不枯，亦至滿歲；使兒不傷，亦至百年。然爲實、兒而死枯者，稟氣薄，則雖形體完，其虛劣氣少，不能充也。兒生，號啼之聲鴻朗高暢者壽，嘶喝濕下者夭。禮記内則：「鳥沙鳴。」鄭注：「沙猶嘶也。」是嘶，沙也。今語有「沙喉嚨」。玉篇：「喝，嘶聲也。」劉先生曰：「濕」爲「㙴」叚字。說文土部：「㙴，下入也。」「濕」、「㙴」古通用。何則？稟壽夭之命，以氣多少爲主性也。吳曰：「主性」無義。「主」疑應作「生」，謂壽夭之命，以氣多少爲生。生即性也。無形篇云：「用氣爲性，性成命定。」是其義。「性」字當是校者旁注，今本「生」誤爲「主」，又誤以校語入正文。婦人疏字者子活，數乳者子死，〔譬若瓠，華多實少也。〕八字據御覽九七九引補。又「字」作「孕」，「數乳」字倒。何則？疏而氣渥，子堅彊；數而氣薄，子軟弱也。懷子而前已産子死，則謂所懷不活，名之曰懷。「懷」字無義，疑是

「殰」字。説文：「殰，胎敗也。」樂記注：「内敗曰殰。」釋文云：「謂懷任不成也。」與「所懷不活」義近。**其意以爲，已産之子死，故感傷之子失其性矣。**今俗有哭子帶子之忌，亦斯義。**所産子死，所懷子凶者，字乳亟數，氣薄不能成也；雖成人形體，則易感傷，獨先疾病，病獨不治。**

**百歲之命，是其正也。不能滿百者，雖非正，猶爲命也。譬猶人形一丈，正形也，名男子爲丈夫，**説文：「周制八寸爲尺，十尺爲丈。人長八尺，故曰丈夫。」風俗通曰：（意林引。）「禮云十尺曰丈，成人之長也。夫者膚也，言其智膚敏宏教也，故曰丈夫。」大戴禮本命篇曰：「男子者，任天地之道而長養萬物也，故謂之丈夫。丈者長也，夫者扶也，言長萬物也。」與仲任説異。**尊公嫗爲丈人。**公嫗，舅姑也。釋名：「俗謂舅曰妐。」嫗，老婦之通稱。顔氏家訓書證篇：「古樂府歌詞，先述三子，次及三婦，婦是對舅姑之稱。其末章云：『丈人且安坐，調絃未遽安。』古者子婦供事舅姑，與兒女無異，故有此言。」史記刺客傳索隱引韋昭曰：「古者名男子爲丈夫，尊婦嫗爲丈人。」古婦人有丈人之稱，詳盧文弨龍城札記二。**不滿丈者，失其正也，雖失其正，猶乃爲形也。夫形不可以不滿丈之故謂之非形，猶命不可以不滿百之故謂之非命也。非天有長短之命，而人各有禀受也。由此言之，人受氣命於天，卒與不卒，同也。語曰：「圖王不成，其弊可以霸。」**見史記主父偃傳徐樂上書、桓譚新論。（御覽七七引。）漢書

注：「敝，言其敝末之法。」盼遂案：二語見漢書徐樂傳、後漢書隗囂傳、崔實正論及桓譚新論。霸者，王之弊也。義見逢遇篇注。霸本當至於王，猶壽當至於百也。不能成王，退而爲霸；不能至百，消而爲夭。王霸同一業，宋本作「葉」。朱校元本、鄭本同。程本作「葉」。各本並作「業」。優劣異名；壽夭或一氣，「或」，各本同。朱校元本作「同」，當據改。長短殊數。何以知不滿百爲夭者百歲之命也？以其形體小大長短同一等也。百歲之身，五十之體，無以異也；身體不異，血氣不殊；鳥獸與人異形，故其年壽與人殊數。

何以明人年以百爲壽（數）也？「壽」當作「數」，蓋因誤讀上文「何以知不滿百爲夭者」句絶而妄改此。上文「彊弱夭壽，以百爲數」，又云「百歲之命，是其正也」。此設問，即申其旨。下文云：「出入百有餘歲，年命得正數。」又云：「百歲之壽，人年之正數也。」並爲發明斯義。世間有矣。儒者說曰：「太平之時，人民侗長，侗亦長也。史記三王世家廣陵王策曰：「毋侗好佚。」褚少孫釋之曰：「毋長好佚樂也。」廣雅釋詁曰：「筩，長也。」「侗」、「筩」聲近義同。百歲左右，氣和之所生也。」齊世篇亦有此語，文稍異。堯典曰：「朕在位七十載。」求禪得舜，舜徵三（二）十歲在位，「三十」當作「二十」，妄人據僞孔傳改也。下「徵用三十」誤同。江聲、王鳴盛、段玉裁、孫星衍、陳喬樅、皮錫瑞並有辯證，不具出。「舜徵二十在位」，謂徵用二十年而後在位也。堯退而老，八歲而終，至殂落孟子萬章上趙注：「徂落，死也。」皮錫瑞曰：「論衡氣壽篇作『徂』。」按各本皆作「殂」，不作「徂」，皮説誤也。然今文尚書作「徂落」，古文作「殂」，無「落」字。仲任習今文，字當作「徂」。今作「殂」，疑後人依僞孔本妄改。**九十八歲。未在位之時，必已成人。**言「必已成人」者，諸書不言堯即位年也。僞孔傳云：「堯年十六即位。」不足據。論語泰伯篇疏引書傳曰：「堯年十六，以唐侯升爲天子。」蓋即依孔傳爲説。**今計數百有餘矣。**僞孔傳：「堯壽百一十六歲。」皇甫謐曰：「百一十七歲。」仲任已不知，則其説未信。**又曰：**文見堯典，而云堯典又曰者，僞孔本舜典本繫於堯典也。陸氏釋文曰：「王氏注，相承云：從『慎徽五典』以下爲舜典。」顧炎武曰：「古有堯典，無舜典。」是也。**「舜生三十，徵用三(二)十，在位五十載，陟方乃死。」**從鄭玄讀。孔疏引鄭氏曰：「舜生三十，謂生三十年也。登庸二十，謂歷試二十年。在位五十載，陟方乃死，謂攝政至死爲五十年。舜年一百歲也。」僞孔傳：「方，道也。升道南方巡守。」史公亦謂「陟方」爲「巡守」。今文説同。仲任不然其説，以爲舜南治水，死於蒼梧。説詳書虚篇。**適百歲矣。**史記舜本紀集解引皇甫謐曰：「舜以堯之二十一年甲子生，三十一年甲午徵用，七十九年壬午即真，百歲癸卯崩。」御覽八一引帝王世紀：「舜年八十即真，八十三而薦禹，九十五而使禹攝政，攝政五年，有苗氏叛，南征，崩于鳴條，年百歲。」謂舜年百歲，與仲任合，甲子則不足信。僞孔傳曰：「舜壽百一十二歲。」增十二年，與史記五帝紀、大戴禮〔一〕五帝德、孟子萬章篇、仲任、皇甫謐均不合。盼遂案：上文「舜徵三十歲在位」，今又曰「三十在位」，兩「三十」均爲「二十」之誤。尚書堯典鄭注云：「舜生三十，謂生三十也。登庸二十，謂歷試二十年。在位五十載陟方乃死，謂攝位至死爲五十年。舜年一百歲也」。據論衡及鄭注，知古本尚書元作「徵用二十」，後譌傳爲「三十」，淺人遂據誤本尚書改論衡。如是，則堯年得一百八歲，烏得云九十八？舜年得一百十歲，烏得云適百歲哉？ **文王謂武王曰：「我百，爾九十，吾與爾三焉。」文王九十七而薨，武王九十三而崩。** 見禮記文王世子。孟子曰：「文王生於岐周。」竹書曰：「武乙元年壬寅，邠遷於岐周。」又曰：「四十一年西伯薨。」計武乙三十五年，太丁〔二〕十三年，帝乙九年，帝辛四十一年，適得九十七年之數，又與孟子説合。又竹書曰：「武王十七年，王陟，年九十四。」徐位山曰：「據竹書，是年丙申，以甲子計之，則武王生於武乙二十二年之癸亥。」**周公，武王之弟也，兄弟相差，不過十年。武王崩，周公居攝七年，復政退老，出入百歲矣。** 應劭曰：「周公年九十九。」**邵公，周公之兄也，** 穀梁莊三十年傳：「燕，周之分子。」（姚鼐謂當作「別子」。劉寶楠已辯其誤。）史記燕世家：「召公與周同姓。」譙周曰：「周之支族。」（史記集解。）

---

〔一〕「戴」，原本作「載」，形近而誤，今改。

〔二〕「太」，原本作「文」，據史記殷本紀改。

白虎通王者不臣篇：「召公，文王子。」皇甫謐曰：「文王庶子。」（詩甘棠疏。）此文云：「周公之兄。」皮錫瑞曰：「白虎通、論衡皆今文家説。蓋今文家有以召公爲文王子者。而史記云：『召公奭與周同姓。』古今人表亦云：『周同姓。』不以爲文王子。其説不同，蓋亦三家之異。」左暄三餘偶筆一曰：「穀梁傳曰：『燕，周之分子。』『分子』者，猶曲禮之言『支子』，大傳之言『別子』也。逸周書作雒解：『三叔及殷、東徐、奄及熊盈以略，周公、召公内弭父兄，外撫諸侯。』祭公解：『王曰：「我亦維有若文祖周公暨列祖召公。」』此召公爲文王子之確證。白虎通曰：『子得爲父臣者，不遺善之義也。詩云：「文、武受命，召公維翰。」召公，文王子也。』則召公爲文王子，漢人已明言之。皇甫謐帝王世紀以爲文王庶子，蓋本穀梁氏『燕，周之分子』，故云然，非無據也。司馬遷云：『召公與周同姓。』按史記於畢公亦云『與周同姓』，亦可謂畢公非文王子哉？」至康王之時，尚爲太保，尚書顧命：「王不懌，乃同太保奭。」奭，召公也。竹書紀年：「康王元年，王即位，命冢宰召康公總百事。」出入百有餘歲矣。聖人稟和氣，故年命得正數。氣和爲治平，故太平之世，多長壽人。百歲之壽，蓋人年之正數也，猶物至秋而死，物命之正期也。物先秋後秋，則亦如人死，或增百歲，或減百也；先秋後秋爲期，增百減百爲數。物或出地而死，猶人始生而夭也；物或踰秋不死，亦如人年多度百至於三百也。傳稱：老子二百餘歲，史記本傳：「老子百有六十餘歲，或言二百餘歲。」司馬貞已疑其難信，近馬敍倫老子覈詁辯證甚詳。**邵公百八十。**應劭風俗通曰：「召康公壽百九十餘乃卒。」路史作「一百八十」，同此。竹書曰：「康王二十四年，召康公薨。」全祖望經史問答：「康王即位之後，召公不見，則已薨矣。周初諸老，無及昭王之世者。若百八十，則及膠舟之變矣，當是傳聞之語。」**高宗享國百年，**尚書無逸：「肆高宗之享國五十有九年。」僞孔本不足據。史記殷本紀云：「五十五年。」蔡邕石經殘碑：「肆高宗之饗國百年。」漢書杜欽傳：「高宗享百年之壽。」五行志、劉向傳並同，與仲任説合，蓋今文經一作「饗國百年」也。侯康曰：「古文尚書單舉在位之歲，今文統舉壽數言之。太平御覽皇王部引帝王世紀云：『武丁享國五十有九年，年百歲。』正參用今古文。世紀一書不可盡信，此則其可信者。若論衡氣壽篇云：『高宗享國百年，周穆王享國百年，並未享國之時，皆出百三十四十矣。』然仲任説實誤。考吕刑『王享國百年』，傳疏謂從生年數。按周本紀云：『穆王即位，春秋已五十矣。立五十五年，崩。』與傳疏合。傳疏在仲任後，或未足據，司馬固足據也。以吕刑例之，高宗百年，必從生年數。『享國』二字，不必以文害辭。漢書五行志中下云：『高宗攘木鳥之妖，致百年之壽。』杜欽傳：『高宗享百年之壽。』『百年』下系以『壽』字，必是兼舉生年。至論衡則云：『傳稱高宗有桑穀之異，悔過反政，享福百年。』又云：『殷高宗遂享百年之福。』不言『壽』，而言『福』，意謂壽不止此也。」皮錫瑞曰：「侯説非也。王仲任以百年爲單舉在位之年，其説不誤。故無形篇、異虛篇皆不言『壽』，而言『福』。而劉向論星孛山崩疏已云：『故高宗有百年之福。』則不言『壽』而言『福』，亦不始於仲任。周公舉三宗饗國之年，一云『三十三年』，一云『七十五年』，一云『百年』，皆舉在位之年，故云饗國。若高宗并數生年，則與上太宗、中宗不一例；若謂太宗、中宗亦數生年，則太宗壽三十三，何云『克壽』？僞古文云『五十有九年』，與石經及劉子政、杜子夏、班孟堅、王仲任所云『百年』皆不合。皇甫謐即僞造古文者，故世紀獨與之同，豈可爲據？」**周穆王享國百年，並未享國之時，皆出百三十四十歲矣。**「三十四十」，朱校元本作「二十三十」。段玉裁曰：「此用今文尚書毋佚、甫刑也。以連老子、邵公書之，故曰『傳稱』。後儒謂穆王享國百年，謂其壽數，與仲任說異。」孫星衍曰：「此今文說也。周本紀云：『穆王即位，春秋已五十矣。』又云：『立五十五年崩。』是『百年』兼數未即位之年。古文說也。列子周穆王篇云：『穆王幾神人哉！能窮當身之樂，猶百年乃殂。』俱從生年數之。不知充說何據？」皮錫瑞曰：「史記周本紀已以『百年』爲壽數，非始後儒。皇甫謐帝王世紀曰：『穆王修德教，會諸侯於塗山，命呂侯爲相，或謂之甫侯。五十一年，王已百歲老耄，以呂侯有賢能之德，於是乃命呂侯作呂刑之書。五十五年，王年百歲崩於祇宮。』亦同史記之文。然據毋佚篇言殷三宗、周文王饗國百年數，皆數即位以後，不兼數未即位以前。此云『饗國百年』，與毋佚『高宗饗國百年』之文正同，則其義亦當不異，仲任之說似可信。仲任非不見史記者，而說與之異，必別有據。史公與仲任皆用歐陽尚書，不知何以不同。豈史記此文與毋佚『高宗饗國五十五年』之文，皆古文說歟？抑後人改之歟？」暉按：吳汝綸以甫刑「饗國百年」，謂周室饗國百年，非指穆王。竹書自武王至穆王適得百年。姚文田以曆法推之，亦合。然則，謂穆王在位百年，或享壽百年，並爲誤讀經文。其義雖未足確信，存之以備一說。

# 論衡校釋卷第二

## 幸偶篇

凡人操行，有賢有愚，及遭禍福，有幸有不幸。舉事有是有非，及觸賞罰，有偶有不偶。並時遭兵，隱者不中；同日被霜，蔽者不傷。中傷未必惡，隱蔽未必善，隱蔽幸，中傷不幸。俱欲納忠，或賞或罰；並欲有益，或信或疑。賞而信者未必真，罰而疑者未必僞，賞信者偶，罰疑不偶也。

孔子門徒七十有餘，孟子公孫丑下、史記十二諸侯年表、儒林傳、伯夷傳、漢書藝文志、劉歆傳、儒林傳、呂氏春秋遇合篇、淮南子泰族訓、要略、趙岐孟子題辭並言「七十」。史記孔子世家、後漢書蔡邕傳、新序雜事一、禮記檀弓上鄭注、劉向列仙傳、（見續博物志七，下同。）皇甫謐高士傳、陳長文耆舊傳並言「七十二」。史記弟子傳、漢書地理志、孔子家語弟子解並言「七十七」。蓋都以成數舉弟子中達者。顔回蚤夭。「蚤」爲「早」之借字。餘注實知篇。孔子曰：「不幸短命死矣。」見論語雍也篇。短命稱不幸，則知長命者幸也，短命者不幸也。服聖賢之道，講仁義之業，宜蒙福祐。伯牛有疾，見論語雍也篇。史記弟子傳：「冉耕字伯牛。」白水碑作「百牛」，字通。亦復顏回之類，俱不幸也。螻蟻行於地，人舉足而涉之，足所履，螻蟻苲（笮）死；孫曰：「苲」當作「笮」。説文：「笮，迫也。」吴説同。足所不蹈，全活不傷。朱校元本「全」作「生」。火燔野草，車轢所致，火所不燔，俗或喜之，名曰幸草。盼遂案：幸草者，車輪所轢之草，屈伏地面，不易燔燒，故云「幸草」。黄暉本標點，全未達此旨。夫足所不蹈，火所不及，未必善也，舉火行有（道）適然也。吴曰：「舉」上脱「足」字。上文云：「人舉足而涉之。」又云：「火燔野草。」此云「足舉火行」，正承前説。楊説同。暉按：朱校元本「有」作「有」爲「道」字壞字。「舉火」連讀，「行道」連讀，非「舉」上脱「足」字，吴、楊説非。盼遂案：吴承仕曰：「舉」上脱「足」字。上文云：「人舉足而涉之。」又云：「火燔野草。」此云「足舉火行」，正承前説。脱「足」字，則文不成義。由是以論，癰疽之發，亦一實也。氣結閼積，聚爲癰，説文：「癰，腫也。」釋名：「癰，壅也。」潰爲疽，説文：「疽，久癰也。」段曰：「癰久而潰，沮洳然也。」創，流血出膿。説文：「刅，傷也，或作創。」豈癰疽所發，身之善穴哉？「善」上疑有「不」字。營衛之行，謂手足六陰六陽之脈，營衛周行也。遇不通也。史記倉公傳正義：「六府不和，則留爲癰。」蜘蛛結網，蜚蟲過之，或脱或獲；獵者張羅，百獸羣擾，或得或失。漁者罾盼遂案：悼厂云：「『罾』上脱一字。」當是「張」字。江湖之魚，説文：「罾，魚网也。」漢書陳勝傳注：「形如仰繖，蓋四維而舉之。」或存或亡。或姧盜大辟而不知，文王世子注：「辟亦罪也。」或罰贖小罪而發覺。國語韋昭注：「小罪不入于五刑者，以金贖之。」

災氣加人，亦此類也，不幸遭觸而死，幸者免脱而生。不幸者，不徼幸也。説文：「傲，幸也。」「徼」爲「傲」之借字。説文通訓定聲謂經傳皆以「徼」字爲之，是也。「徼幸」駢語，徼亦幸也，故仲任引以爲説。「傲幸」雙聲，故無定字，或作「徼幸」、「僥倖」、「徼倖」。中庸疏、莊子在宥篇釋文、漢書伍被傳師古注，或謂「要求榮幸」，或謂「求利不止之貌」，義並不通於此，蓋皆失之。孔子曰：「人之生也直，罔之生也幸。」論語雍也篇集解馬曰：「人之所以生於世而自終者，以其正直之道。」又包曰：「誣罔正直之道而亦生，是幸而免也。」沈濤銅熨斗齋隨筆曰：「以『幸』字句絶，與何氏所據本不同。」則夫順道而觸者，爲不幸矣。罔道而得生爲幸，則順道遭觸而死爲不幸。立巖墻之下，爲壞所壓；蹈坼岸之上，爲崩所墜。輕遇無端，故爲不幸。魯城門久朽欲頓，左襄四年傳杜注：「頓，壞也。」孔子過之，趨而疾行。左右曰：「久矣！」孔子曰：「惡其久也。」孔子戒慎已甚，如過遭壞，可謂不幸也。

故孔子曰：「君子有不幸而無有幸，小人有幸而無不幸。」未知何出。獨斷引作王仲任語，上句作「君子無幸而有不幸」。論語雍也篇「人之生也直」章，皇疏引李充有此語，蓋亦述傳文。困學紀聞六曰：「韓文公謂：『君子得禍爲不幸，而小人得禍爲常；君子得福爲常，而小人得福爲不幸。』亦仲任之意。」又曰：「君子處易以俟命，小人行險以徼幸。」禮記中庸注：「易，猶平安也。俟命，聽天任命。險，謂傾危之道。」佞幸之徒，閎、籍孺之輩，孺，幼小也。閎、籍並人名。餘見逢遇篇注。無德薄才，以色稱媚，盼遂案：閎謂閎孺也。史記佞幸傳：「漢興，高祖至暴伉也，然籍孺以佞幸。孝惠時有閎孺。」史記宋建傳〔二〕亦稱閎藉孺。孺即頑童之意。又案：「以色媚稱」，疑「色」上脫一「面」字。逢遇篇「皮媚色稱」，定賢篇「面色稱媚」，程材篇「恥降意損崇，以稱媚取進」，皆以「媚稱」連文。不宜愛而受寵，不當親而得附，非道理之宜，故太史公爲之作傳。邪人反道而受恩寵，與此同科，故合其名謂之佞幸。史記有佞幸傳。無德受恩，無過遇禍，同一實也。

俱稟元氣，楚詞王逸九思注：「元氣，天氣也。」或獨爲人，或爲禽獸。並爲人，或貴或賤，或貧或富。富或累金，說文：「絫，增也。」絫積字當作「絫」，隸變作「累」。貧或乞食；貴至封侯，賤至奴僕。非天稟施有左右也，「稟施」疑當作「施氣」。人物受性有厚薄也。俱行道德，禍福不均；並爲仁義，利害不同。晉文脩文德，徐偃行仁義，徐偃王志：（博物志引。）「徐君宮人娠而生卵，以爲不祥，棄之水濱。獨孤（史記秦本紀正義、水經濟水

〔二〕「宋建傳」誤，當爲「酈生陸賈列傳」。

注並作「孤獨」。)母有犬名鵠蒼，獵得所棄卵，銜以東歸。獨孤母以爲異，覆煖之，遂蚺成兒。生時正偃，故以爲名。徐君宮中聞之，乃更録取。長而仁智，襲君徐國，仁義著聞。欲舟行上國，乃通溝陳、蔡之間。以己爲天瑞，遂稱徐偃王。」**文公以賞賜，**晉文公納王而誅叔帶，襄王賜以珪鬯弓矢及河内陽樊之地。見左僖二十八年傳及史記晉世家。**偃王以破滅。**滅徐偃王事，諸說不同。史記秦本紀云：「徐偃王作亂，繆王長驅歸以救亂。」趙世家、潛夫論志氏姓篇同，並謂與周繆王同時。謂楚文王滅之者，韓非子五蠹篇、楚辭七諫沈江、説苑指武篇、淮南説山訓高注。謂周穆王使楚文王滅之者，後漢書東夷傳。謂楚莊王滅之者，淮南人間訓。但言周王使楚滅之者，博物志八、水經濟水注引劉成國徐州地理志。謂周穆王與楚文王爲時相去甚遠，及穆王長驅千里爲不合情事者，譙周古史考。(秦本紀正義、趙世家索隱。)案：譙周蓋以楚文王爲春秋時熊貲。然楚文王事，左傳多載之，亦不見滅徐偃王事。梁玉繩以爲仍韓子之誤，盧召弓亦不以譙周爲是。仲任以爲滅於强楚，(見非韓篇。)蓋從韓非之説，而未明言爲楚文耳。韓愈徐偃王廟碑五百家注引樊汝霖説，以爲穆王所與連謀伐徐者爲熊勝，則從史記也。胡克家通鑑外紀注曰：「古時傳説，不必盡合，楚之文王，或亦如晉之文公，不必衹有一也。」其説最通。**魯人爲父報仇，安行不走，追者捨之；**孫曰：淮南人間篇「安行不走」作「徐行而出門，上車而步馬」。此文「安行」即「徐行」也，漢人常語。漢書蒯通傳：「女安行，我今令而家追女矣。」師古曰：「安，徐也。」「走」讀曰「奏」，急趨也。如淳漢書注曰：「走音奏，趣也。」釋名釋姿容：「疾趣曰走。走，奏也。」**牛缺爲盜所奪，**

和意不恐，盜還殺之。呂氏春秋必己篇：「牛缺之邯鄲，遇盜於耦沙之中。盜求其橐中之載，則與之，求其車馬，則與之，求其衣被，則與之。牛缺出而去。盜相謂曰：『今辱之如此，必愬我於萬乘之主，以國誅我，不若追而殺之。』於是趨行三十里，及而殺之。」又見列子說符篇、淮南人間篇。文德與仁義同，不走與不恐等，然文公、魯人得福，偃王、牛缺得禍者，文公、魯人幸，而偃王、牛缺不幸也。

韓昭侯醉卧而寒，典冠加之以衣，覺而問之，知典冠愛己也，以越職之故，加之以罪。見韓非子二柄篇。衛之驂乘者，見御者之過，從後呼車，有救危之義，不被其罪。亦見對作篇。說苑善說篇：桓司馬者，朝朝其君，舉而晏。御呼車，驂亦呼車。御肘其驂曰：「子何越之爲乎？何爲籍呼車？」驂謂其御曰：「當呼者呼，乃吾事也。子當御，正子之轡銜耳。子今不正轡銜，使馬卒然驚，妄轢道中行人，必逢大敵。下車免劍，涉血履肝者，固吾事也，子寧能辟子之轡，下佐我乎？其禍亦及吾身，與有深憂，吾安得無呼車哉？」夫驂乘之呼車，典冠之加衣，同一意也。加衣恐主之寒，呼車恐君之危，仁惠之情，俱發於心。然而於韓有罪，於衛爲忠，驂乘偶，典冠不偶也。

非唯人行，物亦有之。長數仞之竹，大連抱之木，工技之人，裁而用之，或成器而見舉持，或遺材而遭廢棄。非工伎之人有愛憎也，刀斧〔之〕如（加）有偶然也。吳曰：「加」誤爲「如」，又脱「之」字。下文「手指之調有偶適也」，文例正同。蒸穀爲飯，釀飯爲酒，酒之成也，甘苦異味；飯之熟也，剛柔殊和。説文：「盉，調味也。」「和」乃叚字。非庖廚酒人有意異也，手指之調有偶適也。調飯也殊筐而居，甘酒也異器而處，蟲墮一器，酒棄不飲；鼠涉一筐，意林引「涉」作「殘」。飯捐不食。夫百草之類，皆有補益，遭醫人采掇，成爲良藥；據上下文例，「遭」上疑脱「或」字。或遺枯澤，爲火所爍（燎）。陳世宜曰：此承上文「百草之類」言之，當從元本作「燎」。暉按：朱校元本亦作「燎」，陳説是也。等之金也，或爲劍戟，或爲鋒銛。説文：「鏠，兵耑也。」又曰：「銛，鍤屬也。」同之木也，或梁於宫，或柱於橋。俱之火也，或爍脂燭，或燔枯草。均之土也，或基殿堂，或塗軒户。皆之水也，或溉鼎釜，詩匪風傳：「溉，滌也。」或澡腐臭。物善惡同，遭爲人用，其不幸偶，猶可傷痛，況含精氣之徒乎？淮南精神篇曰：「精氣爲人。」虞舜，聖人也，在世宜蒙全安之福，父頑母嚚，頑，廣雅釋詁曰：「愚也。」嚚，説文：「語聲也。」孫星衍曰：「蓋多言也。」弟象敖狂，趙注孟子曰：「象，舜異母弟也。」「敖」，尚書作「傲」。説文云：「倨也。」皮錫瑞曰：「論衡云：『舜兄狂弟傲。』言舜有兄，乃今文家異説。」按：越絶書有此文，論衡無，皮氏誤記。無過見憎，不惡而得罪，事見吉驗篇。不幸甚矣！孔子，舜之次也，生無尺土，周流應聘，削迹絶糧。儒增篇曰：「在陳絶糧，削迹於衛。」盼遂案：事見莊子山木篇。俱以聖才，並不幸偶。舜尚遭堯受禪，孔子已死於闕里。齊曰：「已」猶「則」也。吕覽本生：「今有聲於此，耳聽之必慊，已聽之。」言耳聽之必快則聽之。韓非難勢：「飛龍乘雲，騰蛇游霧，雲罷霧霽，而龍蛇與螾螘同矣。則失其所乘也。」「則」猶「以」也。墨子貴義：「予子冠履，而斷子之手足，子爲之乎？必不爲。何故？則冠履不若手足之貴也。」「則」亦訓「以」。「以」、「已」字通。事文類聚續集四引漢晉春秋：「闕里在兖州，即孔子所居之故宅也。」水經注二五引從征記：「洙、泗二水交于魯城東北十七里，闕里背洙面泗，南北百二十步，東西六十步，四門各有石閫，北門去洙水百餘步。」盼遂案：「已」字疑誤，與上下不應。以聖人之才，猶不幸偶，庸人之中，被不幸偶，禍必衆多矣！「禍」，疑涉「偶」字譌衍。盼遂案：庸人不幸偶，不必有禍。此「禍」當爲「旤」之假字。説文：「旤，逆惡驚詞也。讀若楚人名多夥。」廣韻三十四果，旤與禍、夥同屬胡火紐。則論衡之「禍」爲「旤」之假，用爲發語之詞，明矣。

# 命義篇

墨家之論，以爲人死無命；義詳墨子非命篇。儒家之議，以爲人死有命。言有命者，見子夏言「死生有命，富貴在天」。注命禄篇。言無命者，聞歷陽之都，一宿沉而爲湖；見淮南俶真篇。高注曰：「歷陽，淮南國之縣名，今屬九江郡。歷陽中有老嫗，常行仁義，有兩諸生告過之，謂曰：『此國當没爲湖，嫗視東城門閫有血，便走上山，勿顧也。』自此，嫗數往視門，門吏問之，嫗對〔一〕如其言。東門吏殺鷄，以血涂門。明日，嫗早往，視門有血，便走上山，國没爲湖。（以上從文選辨命論注引。）與門吏言其事，適一宿耳。」晏殊類要六，淮南路類：「歷陽縣有歷水，故曰歷陽。鷄籠山在縣西北三十里。淮南子云：『麻湖初陷之時，有一老母，提鷄籠以登此山，化爲石。』」（此爲歷陽圖經文，御覽四三引。）搜神記六：「歷陽之郡，一夕淪入地中，乃爲水澤，今麻湖是也，不知何年。」御覽一六九引淮南注：「漢明帝時，歷陽化爲麻湖。」當不足徵。盼遂案：三餘札記卷二朱宗萊云：「都，意林作郡。『沈而爲湖』作『化成湖』。」典案：淮南子俶真篇作

〔一〕「對」下原本有「曰」字，據文選辨命論注删。

「夫歷陽之都，一夕反而爲湖」，與此文正同。意林引文非。秦將白起坑趙降卒於長平之下，楊曰：「坑」，韻補與「坑」同。暉按：「坑」，天啓本作「坑」，鄭本訛作「沉」，各本作「坑」。楚詞七諫洪補注：「『坑』，字書作『坑』，俗作『坑』。」四十萬衆，同時皆死；史記秦本紀：「秦攻韓上黨，上黨降趙，因攻趙。使白起擊，大破趙于長平，四十餘萬，盡殺之。」趙世家：「秦人圍趙括，括以軍降，卒四十餘萬，皆阬之。」春秋之時，敗績之軍，左莊十一年傳：「大崩曰敗績。」死者蔽草，尸且萬數；饑饉之歲，說文：「穀不孰爲饑，蔬不孰爲饉。」餓者滿道；温氣疫癘，楊曰：「温」，「瘟」之正字。暉按：說文歺部有「殟」字，凡从「歺」，皆說死之類。聲類曰：「烏殟，欲死也。」廣韻曰：「殟，病也。」是瘟疫字當作「殟」。「温」爲借字，「瘟」爲俗字。公羊注：「痢者，民疾疫也。」「癘」、「痢」字通。千户滅門，如必有命，何其秦、齊同也？

言有命者曰：

夫天下之大，人民之衆，一歷陽之都，一長平之坑，同命俱死，未可怪也。命當溺死，故相聚於歷陽；命當壓死，故相積於長平。猶高祖初起，相工入豐、沛之邦，孫曰：「邦」字漢人所諱，不當用。意林引作「市」。使原本作「市」，不得誤爲「邦」。「邦」疑爲「鄉」之壞字。意林引書，多以意改，不可盡依。多封侯之人矣，史記高紀：「呂后與兩子居田中，有老父過，相呂后曰：『天下貴人。』相孝惠、魯元，亦皆貴。」未必老少男女俱貴而有相也，卓礫

(躒)時見，先孫曰：「礫」當爲「躒」。文選孔融薦禰衡表云：「英才卓躒。」盼遂案：通作「卓犖」。往往皆然。而歷陽之都，男女俱沒；長平之坑，老少並陷，萬數之中，必有長命未當死之人，遭時衰微，兵革並起，不得終其壽。人命有長短，「人」，疑是「夫」字。時有盛衰，衰則疾病，被災蒙禍之驗也。宋、衛、陳、鄭同日並災，左氏昭十八年傳：「夏五月壬午，宋、衛、陳、鄭災。」四國之民，必有禄盛未當衰之人，孫曰：元本無「盛」字，疑當作「禄命」。元本脱「命」字，此作「盛」者，涉上「盛衰」而誤。上文云「萬數之中，必有長命未當死之人」，與此文正相對。下云「故國命勝人命，壽命勝禄命」，並其證。又按：後文「禄盛」連文，作「盛」亦通。暉按：後説是也。朱校元本正有「盛」字。「必有禄盛未當衰」，與上「必有長命未當死」文法同。下云「壽命勝禄命」，即申此禄盛未衰而俱災之故。然而俱災，國禍陵之也。故國命勝人命，壽命勝禄命。人有壽夭之相，亦有貧富貴賤之法，俱見於體。故壽命脩短，皆稟於天；骨法善惡，皆見於體。命當夭折，雖稟異行，終不得長；禄當貧賤，雖有善性，終不得遂。項羽且死，顧謂其徒曰：「吾敗乃命，非用兵之過。」見史記項羽本紀。此言實也。實者項羽用兵過於高祖，高祖之起，有天命焉。

國命繫於衆星，「繫」，宋本作「吉」。朱校元本同。列宿吉凶，國有禍福；衆星推移，人有盛衰。人之有吉凶，猶歲之有豐耗，命(人)有衰盛，「命」當作「人」。命禄篇曰：「吉凶之命，盛衰之禄。」下文曰：「命者，貧富貴賤；禄者，盛衰興廢。」又曰：「命善禄盛。」是盛衰乃就「禄」言之。仲任言禄，如俗言「時運」，與「命」義有别。是此不得言「命有衰盛」，其證一。「人有衰盛」，與下「物有貴賤」，「人」、「物」二字相對文，則此不當作「命有衰盛」，其證二。又此文乃承上「衆星推移，人有盛衰」，冒下「人之盛衰，不在賢愚」爲文，則此不得言「命有衰盛」，其證三。物有貴賤。一歲之中，一貴一賤；「一」猶「或」也。下並同。一壽之間，一衰一盛。物之貴賤，不在豐耗；人之衰盛，不在賢愚。子夏曰「死生有命，富貴在天」，而不曰「死生在天，富貴有命」者，何則？死生者，無象在天，以性爲主。稟得堅彊之性，則氣渥厚而體堅彊，堅彊則壽命長，壽命長則不夭死。盼遂案：下「壽命」二字誤衍。下文「羸窳則壽命短，短則蚤死」，與此爲對文，不重「壽命」字可證。稟性軟弱者，楊曰：程本作「稟氣」，宋本及别本正與通津本同。氣少泊而性（體）羸窳，羸窳則壽命短，短則蚤死。齊曰：「性」當作「體」。「氣少泊而體羸窳」，與上「氣渥厚而體堅彊」正反爲文。氣壽篇：「稟氣渥則其體彊，體彊則其命長。氣薄則其體弱，體弱則命短，命短則多病壽短。」文意正同，是其證。故言「有命」，命則性也。無形篇：「用氣爲性，性成命定。」至於富貴所稟，猶性所稟之氣，得衆星之精。洪範：「庶民惟星。」許慎曰：（占經七四引。）「衆星，庶民之象。」衆星在天，天有其象，得富貴象則富貴，得貧賤象則貧賤，鹽鐵論論菑篇：「列星於天，而人象其行。常星猶公卿，衆星猶萬民。」盼遂案：詩小弁：「天之生我，我辰安在？」鄭箋云：「此言我生所值之辰安所在乎？爲六物之吉凶。」疏云：「六物，歲、時、日、月、星、辰也。」知人禀星氣之説，自西周已然。又案：抱朴子内篇塞難篇云：「命之修短，實由所值，受氣結胎，各有星宿。天道無爲，任物自然，無親無疏，無彼無此也。命屬生星，則其人必好仙道，好仙道者，求之亦必得也。命屬死星，則其人亦不信仙道，不信仙道，則亦不自修其事也。所樂善否，判於所禀，移易予奪，非天所能。譬猶金石之消於爐冶，瓦器之甄於陶竈，雖由之以成形，而銅鐵之利鈍，甕罌之邪正，適遇所遭，非復爐竈之事也。」又辨問篇云：「玉鈐經：主命原由人之吉凶，制在結胎受氣之日，皆上得列宿之精。其值聖宿則聖，值賢宿則賢，值文宿則文，值武宿則武，值貴宿則貴，值富宿則富，值賤宿則賤，值貧宿則貧，值壽宿則壽，值仙宿則仙。又有神仙聖人之宿，有治世聖人之宿，有兼二聖之宿，有貴而不富之宿，有富而不貴之宿，有兼貴富之宿，有先富後貧之宿，有先貴後賤之宿，有兼貧賤之宿，有富貴不終之宿，有忠孝之宿，有兇惡之宿。如此不可具載，其較略如此。爲人生本有定命，張車子之説是也。苟不受神仙之命，則必無好仙之心，未有心不好之而求其事者也，未有不求而得之者也。自古至今，有高才明達而不信有仙者，有平平許人學而得仙者，甲雖多所鑒識而或蔽於仙，乙則多所不通而偏達其理，此豈非天命之所使然乎？」據抱朴此文，則王氏命關星象之説，至東晉益盛爲道家所推衍矣。**故曰「在天」。在天如何？天有百官，**史記天官書有中、東、南、西、北各官。（本作「宫」，今依錢大昕校改作「官」。）索隱：「星座有尊卑，若人之官曹列位，故曰天官。」

漢天文志：「經星常宿中外官凡百一十八名，積數七百八十三星，皆有州國官宮物類之象。」有衆星，天施氣而衆星布精，張衡靈憲：「衆星列布，體生於地，精成於天。列居錯峙，各有攸屬。在野衆物，在朝衆官。中外之官，常明者百有二十，可名者三百二十，爲星二千五百，微星之數，蓋一萬一千五百二十。庶類蠢蠢，咸得係命。」（天文志注，御覽七引。）天所施氣，衆星之氣在其中矣。人稟氣而生，含氣而長，「含」，舊作「舍」，今據各本正。得貴則貴，得賤則賤。貴或秩有高下，富或貲有多少，皆星位尊卑小大之所授也。俞曰：抱朴子辨問篇引玉鈐云：「人之吉凶修短，於結胎受氣之日，皆上得列宿之精。其值聖宿則聖，值賢宿則賢，值文宿則文，值武宿則武，值貴宿則貴，值富宿則富，值賤宿則賤，值貧宿則貧，值壽宿則壽，值仙宿則仙。」與此文大旨相近，即後世星命之學所權輿也。故天有百官，元本「天」作「人」。朱校同今本。天有衆星，楊曰：據上文，「天」字衍。地有萬民、五帝、三王之精。禮記大傳鄭注：「王者之先祖，皆感太微五帝之精以生，蒼則靈威仰，赤則赤熛怒，黄則含樞紐，白則白招拒，黑則汁光紀。」公羊宣三年傳疏引感精符注：「堯，翼之星精；舜，斗之星精；禹，參之星精；湯，虚之星精；文王，房星之精。」天有王梁、造父，天官書：「漢中四星曰天駟，旁一星曰王良。」春秋合誠圖：「王良主天馬。」晉天文志：「造父騰蛇，王良附路。」「良」，漢志亦作「梁」，字通。人亦有之，左傳哀二年：「郵無邺御簡子。」杜注：「郵無邺，王良也。」梁履繩左通補釋曰：「郵無邺，晉語作『郵無正』，蓋趙簡子之子襄子，亦名無恤，嗣立約在哀廿年前，故更名『無正』。其氏爲郵。其稱爲孫無政者，即因孫陽而誤，故亦稱孫郵。其又稱王良者，王良乃星名，與造父俱屬紫微垣，史記天官書所謂『王良策馬』是也。故以王良爲號。亦曰王梁，『梁』、『良』古字通。其託精天駟之説，與傅説騎箕相似，深所不信。至伯樂別是一人，在秦穆時，而非趙簡子之伯樂。此伯樂即孫明，其氏爲李，翻譯名義集第六云『李伯樂』是也。秦伯樂爲孫陽氏，嬴姓。英賢傳曰：『秦穆公子有孫陽伯樂，善相馬。』則以爲姓孫名陽。又以爲伯樂字孫陽，並非也。伯樂，漢書人表作柏樂，亦作博勞，音相同耳。石氏星經云：『伯樂，星名，主典天馬，孫陽善馭，故以爲名。』可知人特以伯樂爲號。秦伯樂蚤以善相馬得此稱，晉伯樂遂承之。凡書傳中亟舉爲口實者，皆秦之伯樂也。此王良爲號無疑。故傳亦謂之子良，郵良，亦謂之尤良。『尤』、『郵』古字通。或謂王良字子期者，因韓非子喻老篇云『趙襄王學御於王子期』而誤也。愚意趙氏當日招致豪儁，爲衆士所歸，其善御及相馬者，有郵無恤、孫明、王子期，必欲並爲一人，何見之隘乎？人表以郵無恤、王良、伯樂列爲三人，固謬。諸家以爲總一人者，尤謬。斷無一人而有郵無恤、王良、子良、郵良、郵無正、孫無政、孫明、孫陽、伯樂、王子期、劉無止、孫郵十二名，若後世之多爲別號者，古人焉有之乎？」盼遂案：吴承仕曰：「『天有百官』以下數語文意不了。」史記天官書及孟子等書皆作王良，獨此及荀子正論篇作王梁，率性篇又云「王良、造父」，知此王梁仍係誤字也。**稟受其氣，故巧於御。**

**傳曰：「説命有三：一曰正命，二曰隨命，三曰遭命。」**盼遂案：「傳曰」之「曰」，衍字。「傳説命」三字既足。正命，謂本禀之自得吉也。性然骨善，故不假操行以求福而吉自至，故曰正命。隨命者，戮力操行而吉福至，縱情施欲而凶禍到，故曰隨命。遭命者，行善得惡，非所冀望，逢遭於外而得凶禍，故曰遭命。孫曰：三命之説，舊義略同，惟「正命」或稱「大命」，或稱「受命」，或稱「壽命」，蓋壽命爲正命，隨遭爲變命也。春秋繁露重政篇曰：「人始生有大命，是其體也；有變命存其間者，其政也。政不齊，則人有忿怒之志，若將施危難之中，而時有隨遭者，神明之所接，絶續之符也。」白虎通壽命曰：「命有三科，以記驗：有壽命以保度，（祭法疏引援神契作「受命」。暉按：公羊襄二九疏引何氏膏肓作「壽命」。又「度」字膏肓同，援神契作「慶」。）有遭命以遇暴，（暉按：「遇」，膏肓作「摘」，援神契作「謫」。）有隨命以應行。（膏肓、援神契並作「督行」。）壽命者，上命也，若言文王受命唯中，身享國五十年。隨命者，隨行爲命，若言怠棄三正，天用勦絶其命矣。又欲使民務仁立義，無滔天，滔天則司命舉過言，則用以弊之。遭命者，逢世殘賊，若上逢亂君，下必災變暴至，天絶人命，沙鹿崩于受邑是也。冉伯牛危行正言，而遭惡疾，孔子曰：『命矣夫，斯人也而有斯疾也，斯人也而有斯疾也。』」太平御覽三百六十引元命苞曰：「壽命，正命也，起九九八十一。有隨命，隨命者，隨行爲命也。有遭命，遭命者，行正不誤，逢世殘賊，君上逆亂，辜咎下流，災譴並發，陰陽散忤，暴氣雷至，滅日動地，絶人命，（暉按：張本作「暴氣絶人，雷至動地」。）沙鹿襲邑是。」（莊子列禦寇篇：「達大命者隨，達小命者遭。」潛夫論論榮篇：「故論士苟定於志行，勿以遭命。」卜列篇：「行有招召，命有遭隨。」此專論隨遭之命也。）孟子盡心章注曰：「命有三名，行善得善曰受命，行善得惡曰遭命，行惡得惡曰隨命。」是三命之說，義並相近，惟趙岐論隨命略異耳。暉按：仲任於隨命，其說略殊，趙岐於義無別，省舉一端耳。

凡人受命，在父母施氣之時，已得吉凶矣。夫性與命異，或性善而命凶，或性惡而命吉。操行善惡者，性也；禍福吉凶者，命也。或行善而得禍，是性善而命凶；或行惡而得福，是性惡而命吉也。性自有善惡，命自有吉凶。使命吉之人，雖不行善，未必無福；凶命之人，楊曰：「凶命」當互倒。雖勉操行，未必無禍。孟子曰：「求之有道，得之有命。」見孟子盡心篇上。性善乃能求之，命善乃能得之。性善命凶，求之不能得也。行惡者禍隨而至，據隨命言之。而盜跖、莊蹻，漢書賈誼傳注引李奇曰：「跖，秦大盜也。」史記伯夷傳正義：「蹠者，黃帝時大盜名。」莊子盜跖篇：「柳下季之弟名。」三說不一。莊蹻有二，一爲盜，一爲將軍。困學紀聞考史以爲二人同名。方以智通雅以爲一莊王時盜，一莊王裔孫。盧文弨以爲盜者在楚威、懷時。按王滇之莊蹻，似當從華陽國志在頃襄王時。（漢書地理志注、史記西南夷傳正義、類聚舟車部、御覽舟部四引同。今本華陽國志南中志作「威王」，後人依史記、漢書西南夷傳改之耳。）其他言大盜者，似是楚國大盜之通名，不必確定爲一時人也。（韓非子喻老篇以爲莊王時。呂氏春秋介立篇高注：「莊蹻，楚成王之大盜。」「成」或「威」

字之譌。淮南主術篇高注：「莊蕎，楚威王之將軍，能爲大盜。」「蕎」即「蹻」字。）呂氏春秋異用篇注：「企足，莊蹻也，大盜名。」蹻字只見於此。 横行天下，聚黨數千，攻奪人物，斷斬人身，無道甚矣，宜遇其禍，乃以壽終。 夫如是，隨命之説，安所驗乎？ 遭命者，行善於内，遭凶於外也。 若顔淵、伯牛之徒，舊校曰：一有「何謂乎」字。 如何遭凶？ 顔淵、伯牛，行善者也，當得隨命，福祐隨至，何故遭凶？ 顔淵困於學，以才自殺；沈濤曰：他書多言顔子早夭，無自殺之語。蓋猶膏以明自煎，蘭以香自焚，顔子好學以死，不啻以才自殺其身耳，初非謂死於非命也。然宋書文九王傳：「景素秀才劉璡上書曰：『曾子孝於其親，而沉於水。』」曾子沉水，書亦不載，則顔子自殺，或亦於傳有之，而今不傳耳。 伯牛空居而遭惡疾。論語雍也篇包注：「牛有惡疾，不欲見人。」但「惡疾」之義，疏家無説，旁攷載籍，可舉二通。大戴禮本命篇、公羊莊二十七年傳注並云：「世有惡疾不娶，棄於天也。惡疾棄，不可奉宗廟也。」韓詩曰：「芣苢，傷夫有惡疾也。」薛君章句曰：「詩人傷其君子有惡疾，人道不通。」劉孝標辨命論曰：「冉耕歌其芣苢。」是伯牛惡疾，謂其失人道也。此其一。淮南精神篇曰：「伯牛爲厲。」本書書虚篇、刺孟篇同。羣經義證曰：「『厲』、『癩』聲相近。史記豫讓傳：『漆身爲厲。』注：『音賴。』索隱曰：『賴，惡瘡病也。』古以惡疾爲癩。禮，婦人有惡疾去，以其癩也。芣苢草可療癩，見列子注。故辨命論云：『冉耕歌其芣苢。』韓詩云：『芣苢，傷夫有惡疾。』」此其二。是謂惡疾爲厲也。仲任取後説。 及屈平、伍員之徒，盡忠輔上，竭王臣之節，而楚放其身，吳烹其尸。 釋名釋喪制曰：「煮之於鑊曰烹，若烹禽獸之肉也。」行善當得隨命之福，乃觸遭命之禍，何哉？言隨命則無遭命，言遭命則無隨命，儒者三命之説，竟〔一〕何所定？且命在初生，骨表著見。今言隨操行而至，此命在末，不在本也。則富貴貧賤皆在初稟之時，不在長大之後隨操行而至也。「則」字上疑有挩文。

正命者，至百而死。氣壽篇：「百歲之命，是其正也。」隨命者，五十而死。此就舊説三分之。氣壽篇曰：「不能滿百者，雖非正，猶爲命也。百歲之身，五十之體，無以異也。」是仲任納隨命於正命。遭命者，初稟氣時遭凶惡也，謂姙娠之時遭得惡〔物〕也，楊曰：「『惡』下當脱『物』字。」齊曰：「『謂』下九字，疑是注語，誤入正文。」或遭雷雨之變，長大夭死。

此謂三命。亦有三性：有正，有隨，有遭。正者，稟五常之性也；白虎通情性篇：「人生而應八卦之體，得五氣以爲常，仁義禮智信是也。」顧實曰：「説苑修文篇：『常者質。』以五常爲宇宙之五原質。」隨者，隨父母之性〔也〕；楊曰：「『性』下當脱『也』字。」遭者，遭得惡物象之故也。「故」字疑涉下文衍，「象之」二字又倒。故姙婦食兔，子生缺脣。淮南説山訓：「孕婦見兔而子缺脣。」博物志曰：「姙娠者不可啖兔肉，又不可見兔，令兒缺脣。」月令曰：「是

〔一〕「竟」，原本作「意」，據通津草堂本改。

**月也，**仲春之月。**雷將發聲，有不戒其容者，生子不備，必有大凶。**」俞曰：月令「必有凶災」，此云「大凶」，文異而義不殊。月令「不戒其容止」，鄭云：「容止猶動静。」以「動」訓「容」，以「止」訓「静」，字各一義。「容」猶「動」也。説文手部：「搈，動搈也。」「容」與「搈」通，故訓動。此云「不戒其容」，則是容儀之容矣。暉按：吕氏春秋仲春紀、淮南時則訓並與月令文同。此蓋脱譌，非有異文。**瘖聾跛盲，氣遭胎傷，故受性狂悖。**淮南時則訓高注：「以雷電合房室者，生子必有瘖聾（吕氏春秋注作「躄」。）通精癡狂之疾。」釋名釋疾病：「睟子明而不正曰通視。」畢沅疏證曰：「即通精。」此云「盲」，與「通精」義近。産經曰：（葉德輝雙梅景闇叢書輯素女經。）「合陰陽之時，必避九殃。雷電之子，天怒興威，必易服狂。」玉房祕決曰：「人生顛狂，是雷電之子，四月五月大雨霹靂，君子齋戒。小人私合陰陽，生子必顛狂。」**羊舌似我初生之時，**「似」，各本同，王本、崇文本作「食」，本性篇亦作「食」，則此作「似」誤。楊曰：左傳作「楊食我」。暉按：左傳見昭二十八年。杜注云：「楊，叔向邑。」列女傳八亦作「楊食我」，并云：「姓楊氏。」通志氏族略三：「叔向食采揚氏，其地平陽揚氏縣是也。叔向生伯石，字食我，以邑爲氏，曰揚石。」左閔二年傳「羊舌大夫」，杜注：「叔向祖父也。」左昭三年傳：「叔向曰：『肸之宗十一族，唯羊舌氏在。』」正義引世族譜云：「羊舌氏，晉之公族。羊舌，其所食邑名。」又云：「或曰：羊舌氏姓李名果。有人盜羊而遺其頭，不敢不受，而埋之。後盜羊事發，辭連李氏。李氏掘羊頭示之，以明己不食。唯識其舌存，得免，號曰羊舌氏。」梁履繩左通補釋曰：「晉武公子伯僑生文，文生突，羊舌大夫也。晉之公族食邑於羊舌，凡三縣：一曰銅鞮，二曰楊氏，三曰平陽。突生職，職五子：赤、肸、鮒、虎、季夙。（唐書宰相世系表一下。）羊舌氏，靖侯之後，食采於此，故爲羊舌大夫。羊舌，晉邑名，未詳其所。」（通志世族略三。）案：潛夫論志氏姓篇云：「羊舌氏，晉姬姓。」系表、通志所言各異。杜譜唯云公族，疑莫能定也。而列女傳又云：「叔姬者，羊舌子之妻也，叔向、叔魚之母也。羊舌子好正，不容於晉，去而至三室之邑。三室之邑人，相與攘羊而遺之，羊舌子不受。叔姬命其受之。羊舌子受之，曰：『爲肸與鮒亨之。』叔姬曰：『不可。』乃埋之。」是埋羊又爲叔向父羊舌職〔一〕事，傳說不同。盼遂案：「似」爲「食」之聲誤。左氏昭公二十八年、晉語皆作楊食我。論衡本性篇亦作羊舌食我。**聲似豺狼，長大性惡，被禍而死。**見本性篇。**在母身時，遭受此性，丹朱、商均之類是也。性命在本，**謂在初稟之時。**故禮有胎教之法：子在身時，席不正不坐，割不正不食，非正色目不視，非正聲耳不聽。**大戴禮保傅篇：「青史氏之記曰：『古者胎教，王后腹之七月，而就宴室。太師持銅而御户左，太宰持斗〔二〕而御户右。比及三月者，王后所求聲音非禮樂，則太師緼瑟而稱不習。所求滋味者非正味，則太宰倚斗而言曰：「不敢以待王太子。」』」又曰：

〔一〕「羊舌職」，原本作「羊舌之職」，今據左傳删「之」字。
〔二〕「斗」，原本作「升」，據大戴禮改。下同。

「周后妃任成王於身，立而不跂〔二〕，坐而不差，獨處而不倨，雖怒而不詈，胎教之謂也。」及長，置以賢師良傅，教君臣父子之道。大戴禮保傅篇：「傅，傅其德義；師，導之教順。」賢不肖在此時矣。受氣時，母不謹慎，心妄慮邪，「妄」，宋本作「志」。朱校元本同。則子長大，狂悖不善，形體醜惡。素女對黃帝陳五（御）女之法，孫曰：此言男女房中之事，五女之法，於古無徵。「五」當作「御」，聲之誤也。張衡同聲歌：「素女爲我師，儀態盈萬方，衆夫所希見，天姥教軒皇。」雲笈七籤一百軒轅本紀云：「修道養生之法於玄女、素女，受房中之術，能御三百女，授帝如意神方，即藏之崆峒山。」盼遂案：吴承仕曰：「黃帝受圖有五始，見左傳正義引春秋緯及王應麟玉海卷二。」非徒傷父母之身，乃又賊男女之性。

人有命，有禄，有遭遇，有幸偶。

命者，貧富貴賤也；禄者，盛衰興廢也。以命當富貴，遭當盛之禄，常安不危；以命當貧賤，遇當衰之禄，則禍殃乃至，常苦不樂。

遭者，遭逢非常之變，若成湯囚夏臺，史記夏本紀：「桀召湯而囚之夏臺。」索隱：「獄名，夏曰鈞臺。」文王厄牖里矣。淮南道應篇：「崇侯虎曰：『周伯昌行仁義而善謀，若與之從，

〔二〕「跂」，原本作「跛」，據大戴禮改。

則不堪其殃；縱而赦之，身必危亡，及未成請圖之。』屈商乃拘文王於羑里。」高誘氾論篇注云：「羑里〔一〕，今河南湯陰是也。」地理志「河内蕩陰縣西山，羑水所出，至内黄入蕩，有羑里，西伯所拘也」。字又作「牖」。國策趙策：「拘之牖里之庫。」**以聖明之德，而有囚厄之變，可謂遭矣。變雖甚大，命善禄盛，變不爲害，故稱遭逢之禍。晏子所遭，可謂大矣，直兵指胸，白（曲）刃加頸，**「白」當作「曲」，曲直對文。晏子内篇雜上五：「晏子曰：『曲刃鈎之，直兵推之，嬰不革矣。』」呂氏春秋知分篇：「直兵造胸，曲兵鈎頸。」韓詩外傳二：「直兵推之，曲兵鈎之。」新序義勇篇：「直兵將推之，曲兵將勾之。」並作「曲刃」、「曲〔二〕兵」，是其證。以晏子上下文考之，曲刃指戟，直兵指劍。淺人不明「曲刃」之義而妄改之。後漢書臧洪傳：「晏嬰不降志於白刃。」文與此異，不可比。**蹈死亡之地，當劍戟之鋒，執死得生還。**「執」讀作「蟄」。尚書益稷篇：「下民昏蟄。」疏引鄭注云：「昏，没也。蟄，陷也。」韓詩外傳一：「不由禮，則蟄陷生疾。」是「執死」猶言陷死也。莊子徐無鬼篇：「王命相趨射之，狙執死。」「執」亦讀作「蟄」。釋文引司馬云：「見執而死。」非也。晏子春秋曰：「崔杼既弑莊公而立景公，杼與慶封相之。劫諸將軍大夫及顯士庶人於太宫之坎上，令無得不盟者。爲壇三仞，埳其下，以甲千列環其内外。盟者皆脱劍而入，維晏子

〔一〕「羑」，原本作「美」，形近而誤，今改。
〔二〕「曲」，原本作「典」，形近而誤，據引文改。

不肯，崔杼許之。有敢不盟者，戟拘其頸，劍承其心。令自盟曰：『不與崔、慶而與公室者，受其不祥。』言不疾，指不至血者死。所殺七人，次及晏子。晏子奉桮血，仰天歎曰：『嗚呼，崔子爲無道而弑其君，不與公室而與崔、慶者，受此不祥。』俛而飲血。崔杼謂晏子曰：『子變子言，則齊國吾與子共之；子不變子言，戟既在脰，劍既在心，維子圖之矣。』晏子曰：『刦吾以刃而失其志，非勇也。回吾以利而倍其君，非義也。崔子！子獨不爲夫詩乎？詩云：「莫莫葛藟，施於條枚，愷悌君子，求福不回。」今嬰且可以回而求福乎？曲刃鉤之，直兵推之，嬰不革矣。』崔杼將殺之。或曰：『不可，子以子之君無道而殺之。今其臣，有道之士也，又從而殺之，不可以爲教矣。』崔子遂舍之。晏子曰：『若大夫爲大不仁而爲小仁，焉有中乎？』趨出，授綏而乘。其僕將馳，晏子撫其手曰：『徐之。疾不必生，徐不必死。鹿生於野，命縣於廚，嬰命有繫矣。』按之成節而後去。」**命善禄盛，遭逢之禍不能害也。**盼遂案：吴承仕曰：「『生還』二字不辭，疑『還』應作『迺』，古文『乃』，形近之誤也，屬下句。」**歷陽之都，長平之坑，其中必有命善禄盛之人，一宿同填而死，**謂同爲土所填塞而死。**遭逢之禍大，命善禄盛不能卻也。譬猶水火相更也，水盛勝火，火盛勝水。**

**〔遇者〕，遇其主而用也。**吴曰：上文舉「命禄」、「遭遇」、「幸偶」六目，下即依次釋之。此云「遇其主而用也」，依例，當云「遇者，遇其主而用也」。今無更端指事之詞，疑有脱文。暉按：吴說是也。據上「命者」、「禄者」、「遭者」云云文例，補「遇者」二字。雖有善命盛禄，不遇知己之主，不得效驗。

幸者，謂所遭觸得善惡也。獲罪得脱，幸也；無罪見拘，不幸也。執拘未久，蒙令得出，命善禄盛，天災之禍不能傷也。

偶也（者），謂事君（有偶）也。「也」，元本作「有偶」。吴曰：疑當作「偶者，謂事君有偶也」，始與前文一例。「也」當作「者」。楊說同。以道事君，君善其言，遂用其身，偶也；行與主乖，退而遠，不偶也。退遠未久，上官録召，命善禄盛，不偶之害不能留也。

故夫遭、遇、幸、偶，或與命禄并，或與命〔禄〕離。吴曰：「命」下脱「禄」字。下同。遭遇幸偶，遂以成完〔一〕；遭遇不幸偶，遂以敗傷，此二句，當在下「中不遂成」句上。「遭遇不幸偶」，與下「命禄并」之義不合。是與命〔禄〕并者也。中不遂成，善轉爲惡，若是與命禄離者也。楊曰：「若」字衍。故人之在世，有吉凶之性命，有盛衰之禍福〔禄〕，上文云：「性有善惡，命有吉凶。」是性不得言吉凶，「性」字當删。「禍福」二字並爲「禄」字形誤。原文當爲「有吉凶之命，有盛衰之禄」，總結前文「人有命有禄」云云。命禄篇云：「吉凶之命，盛衰之

〔一〕「成完」，原本作「完成」，據通津草堂本乙。

禄。」語意正同。重以遭遇幸偶之逢，獲從生死而卒其善惡之行，得其胸中之志，希矣。「生」下疑脱「至」字。

# 無形篇

人禀元氣於天，各受壽夭之命，以立長短之形，潛夫論敍録篇曰：「禀氣薄厚，以著其形。」猶陶者用土（埴）爲簋廉（㢘），「土」爲「埴」之壞字。下文正作「埴」。考工記注：「埴，黏土也。」俞曰：「廉」字無義，必「㢘」字之誤。「㢘」讀爲「甂」。禮記禮器篇：「君尊瓦甂。」注曰：「瓦甂五斗。」古字每以「㢘」爲之。儀禮既夕禮注：「古文甂皆作㢘。」是其證也。「㢘」、「廉」形似，因而致誤。冶者用銅爲柈杅矣。「柈」，「槃」之俗字。説文云：「槃，承槃也。从木。古文从金。」玉藻：「浴盤名杅。」音義：「杅音雩。」「杅」、「盂」字同。本或誤作「杆」。盼遂案：程榮本「杅」誤作「杆」。宋本與此同。器形已成，不可小大；人體已定，不可減增。用氣爲性，性成命定。體氣與形骸相抱，生死與期節相須。形不可變化，命不可減加。孔子家語五儀解曰：「性命之於形骸，不可易也。」亦此義。以陶冶言之，人命短長，可得論也。

或難曰：陶者用埴爲簋廉（㢘），「埴」，宋本、朱校元本同，各本誤作「填」。簋廉（㢘）壹成，遂至毁敗，不可復變。若夫冶者用銅爲柈杅，柈杅雖已成器，猶可復爍，柈可得爲尊，尊不可爲簋。齊曰：此言銅雖成器，猶可爍成他形。「不可」疑當作「亦可」。「亦」一作「夬」，與「不」形近而誤。左傳：「王亦能軍。」王引之曰：「亦當作不。」盼遂案：此句有誤，當作「杍可得爲簋」，或「尊可得爲簋」，方與本文形可變化之旨相符。**人稟氣於天，雖各受壽夭之命，立以形體，如得善道神藥，形可變化，命可加增。**

**曰：冶者變更成器，須先以火燔爍，乃可大小短長。人冀延年，欲比於銅器，宜有若鑪炭之化乃易形，形易壽亦可增。人何由變易其形，便如火爍銅器乎？禮曰：「水潦降，不獻魚鼈。」**禮記曲禮上文。**何則？雨〔一〕水暴下，蟲蛇變化，化爲魚鼈。離本真暫變之蟲，臣子謹慎，故不敢獻。**俞曰：曲禮鄭注曰：「不饒多也。」正義曰：「天降下水潦，魚鼈難得，故注云不饒多。或解以爲水潦降下，魚鼈豐足，不饒益其多。」是禮家止此二義。論衡所說，又成一義，亦必漢儒舊說也。臧琳經義雜記二六曰：「水潦驟降，魚鼈宜多。注既言不饒益其多，則鄭意當從或解。孔氏以爲難得，非鄭旨也。論衡與注意雖異，然以水潦降爲魚鼈益多同。且於養生之道，事上之理皆精，漢人之言，終勝俗儒也。」**人願身之變，冀若蟲蛇之化乎？夫蟲蛇未化者，不若不化者。**「未」疑當作「之」。「夫蟲蛇之化者」，頂承上句。下文云：「蟲蛇未化，人不食也；化爲魚鼈，人則食之。」即申此「蟲蛇之化不若不化」之義，若作「未」，

〔一〕「雨」，原本作「兩」，形近而誤，據通津草堂本改。

則其義難通矣。**蟲虵未化，人不食也；化爲魚鼈，人則食之。〔見〕食則壽命乃短，**「食」上舊校曰：一有「食」字。吴曰：此文應依原校沾一「見」字，見食於人則壽命短。無「見」字，語意不完。**非所冀也。歲月推移，氣變物類，蝦蟇爲鶉，**墨子經説上：「化，若鼃爲鶉。」鼃，蝦蟆屬也。淮南齊俗篇：「蝦蟇爲鶉。」御覽引注云：「老蝦蟇化爲鶉。」又萬畢術〔一〕曰：「蝦蟆得爪化爲鶉。」淮南高注：「蟾蜍，蝦蟆。」非也。蟾蜍，俗名癩癩蛄，身大背黑，上多痱磊，不能跳，不能鳴，行甚遲緩。蝦蟆身小能跳，解作聲，舉動極急，俗名田鷄是也。爾雅「鼃黽蟾諸」，郭注：「似蝦蟆，居陸地。」是別蟾諸於居水之蝦蟆。蟾諸蝦蟆，截然二物，段玉裁説文注、郝懿行爾雅義疏並有辯證。**雀爲蜄蛤。**説文云：「蜃，大蛤，雉入海〔二〕所化。蛤，蜃屬，有三，皆生於海。牡〔三〕厲，千歲雀所化。海蛤者，百歲燕所化。魁蛤，一名復累，老服翼所化。」月令：「九月，爵〔四〕入大水爲蛤；十月，雉入大水爲蜃。」御覽引淮南時則篇許注：「雀，依屋雀，本飛鳥也，隨陽下藏，故爲蛤。」**人願身之變，冀若鶉與蜄蛤魚鼈之類也？人設捕蜄蛤，得者食之。雖身之不化，壽**

〔一〕「萬畢術」，原本誤爲「畢萬術」，今乙。
〔二〕「海」，原本作「水」，據説文改。
〔三〕「牡」，原本脱，據説文補。
〔四〕「爵」，原本脱，據月令補。

**命不得長，非所冀也。魯公牛哀寢疾，七日變而成虎；**淮南俶真訓：「公牛哀轉病也，七日化爲虎。其兄掩而入覘之，則虎搏而食之。」注：「江、淮之間，（「公牛氏」三字，依吴承仕淮南舊注校理刪。）有易病化爲虎，若中國有狂疾者，發作有時也。其爲虎者，便還食人。食人者，因作真虎也；不食人者，更復化爲人。公牛氏，韓人。」文選思玄賦舊注：「牛哀，魯人牛哀也。」與仲任説同。廣韻一東曰：公，姓。「公牛哀，齊公子牛之後。」古今姓氏書辨證説同。通志氏族略三：「牛氏，子姓，宋微子之後，司寇牛父之子孫以王父字爲氏，淮南子有牛哀。」與廣韻説異。**鯀殛羽山，**説文：「殛，誅也。」虞書曰：「殛鯀于羽山。」地理志東海郡祝其縣注：「禹貢羽山在東南，鯀所殛。」**化爲黄能，**舊校曰：「能」音奴來反。左昭七年傳：「堯殛鯀于羽山，其神化爲黄熊，以入于羽淵。」釋文：「熊音雄，獸名，亦作『能』，如字。一音奴來反，三足鼈也。」孔疏：「諸本皆作『熊』字，賈逵云：『熊，獸也。』梁王云：『鯀之所化，是能鼈也。』若是熊獸，何以能入羽淵？」但以神之所化，不可以常而言之，若是能鼈，何以得入寢門？先儒既以爲獸，今亦以爲熊獸是也。」段玉裁説文注、陳景華内外傳考正、洪亮吉左傳詁并以「能」字爲是。經義述聞十九：「漢、晉人皆作熊羆之『熊』，無三足鼈之謬説。死僞篇載左傳『其神爲黄熊』之文，而解之曰：『熊羆之占，自有所爲。』則其字爲熊羆之『熊』明矣。此文字正作『熊』，與死僞篇同。且以虎熊並言，則其爲『熊』字無疑。今本『熊』作『能』，加雙行小字於下曰：『能音奴來反。』乃後人所爲，非原本也。豈有死僞作『熊』，而此又作『能』者也？」近人高閬仙先生文選李注義疏曰：「説文及字林皆云：『能，熊屬，足似鹿。』則無論傳文作『熊』作『能』，總是獸而非『鼈』。蓋獸之爲『能』，與三足鼈之『能』，同名而異物也。」今按：此文「能」字，雖不必如王説改作「熊」，然仲任以「熊羆」連言，則其謂熊獸，不謂能鼈。注音「奴來反」，誤也。顧身變者，冀〔若〕牛哀之爲虎，「若」字據上文例補。鯀之爲能乎？盼遂案：「冀」下當有「若」字，上文皆作「冀若」。則夫虎能之壽，不能過人，天地之性，人最爲貴，孝經：「子曰：『天地之性人爲貴。』」變人之形，更爲禽獸，非所冀也。凡可冀者，以老翁變爲嬰兒，其次，白髮復黑，齒落復生，身氣丁彊，孫曰：丁亦彊也。見白虎通五行篇云：「丁者，强也。」潛夫論實邊篇云：「譬猶家人遇寇賊者，必使老小羸軟居其中央，丁彊武猛衛其外。」超乘不衰，乃可貴也。徒變其形，壽命不延，其何益哉？

且物之變，隨氣，「隨」，程本作「應」，宋本及各本同此。若應政治，有所象爲，此應政之説，象變在先，與天人感應説象隨人後不同，故與寒温、譴告、自然等篇之旨不違。非天所欲壽長之故，變易其形也，又非得神草珍藥食之而變化也。人恒服藥固壽，能增加本性，益其身年也。遭時變化，非天之正氣，人所受之真性也。天地不變，日月不易，星辰不没，正也。人受正氣，故體不變。時或男化爲女，女化爲男，由高岸爲谷，深谷爲陵也，「由」讀「猶」。應政爲變，爲政變，盼遂案：悼厂云：「御覽八百八十八引，無此三字。」蓋是。非常性也。漢興，老父授張良書，已化爲石，是以石之精爲漢興之瑞也，事見紀妖篇。猶河精爲人持璧與秦使者，秦亡之徵也。水經渭水注、史記始皇紀索隱、漢書五行志注、郡國志注並以爲江神持璧。紀妖篇亦以爲沉璧於江，江不受而還璧，則亦謂江神。此云河精，義稍不同。蠶食桑老，績而爲蠒，説文云：「績，緝也。」楊曰：「蠒」，「繭」俗字。蠒又化而爲蛾，通津本、王本、崇文本作「蛾」，下同。此從程本。説文䖵部：「䖸，蠶化飛䖸。」虫部：「蛾，羅也。」義指蠶蠹。蛾、䖸截然兩物，此當作「䖸」。但郭注爾雅已言蛾羅即蠶䖸，今俗仍作蠶蛾，故因之。蛾有兩翼，變去蠶形。蠐螬化爲復育，廣韻一屋云：「蝮，復蝮，蟬未蛻者。出論衡。」按：今本作「育」。奇怪、道虚、論死同。爾雅釋蟲云：「蟦，蠐螬。」郭注：「在糞土中者。」廣雅作「蟦螬」。又廣雅釋蟲云：「復蝮，蛻也。」衆經音義十三引字林曰：「復蝮，蟬皮也。」段成式酉陽雜俎曰：「未蛻時名復育。」説文云：「蛻，它蟬所解皮。」復育轉而爲蟬，蟬生兩翼，不類蠐螬。凡諸命蠕蜚之類，「命」猶「名」也。御覽九四八引作「凡諸螟類」。多變其形，易其體；至人獨不變者，禀得正也。生爲嬰兒，長爲丈夫，老爲父翁，從生至死，未嘗變更者，天性然也。天性不變者，不可令復變；變者，不可〔令〕不變。楊曰：「不變」上疑脱「令」字。若夫變者之壽，不若不變者。盼遂案：此句當是「若夫不變者之壽，不若變者」。不變者謂人，變者謂蠶蠐螬之類也。人欲變其形，輒增益其年，可也。如徒變其形，而年不增，則蟬之類也，何謂人願之？龍之爲蟲，一存一亡，一短一長；一猶「或」也。龍之爲性也，變化斯須，輒復非常。由此言之，人，物也，受不變之形，〔形〕不可變更，年不可增減。楊曰：「受不變之」下，疑脱「性」字。「形」字屬下讀，與後文一例。孫曰：「形」字當重。上云：「形不可變化，命不可減加。」下云：「形不可變更，年不可減增。」並其證。劉先生説同。暉按：楊説亦通，此從孫説補。

傳稱高宗有桑穀之異，桑穀之祥，或言高宗武丁，或言中宗太戊。言太戊者：竹書、史記殷本紀、封禪書、漢書五行志、郊祀志、孔子家語五儀解、書序、鄭玄商頌烈祖箋、帝王世紀。言武丁者：尚書大傳、五行志引劉向説、説苑敬慎篇。説苑君道篇並存兩説。仲任於變虚篇、異虚篇、恢國篇作高宗，於感類篇作太戊。於順鼓篇作太戊，又曰「或曰高宗」，亦載二説。吕氏春秋制樂篇、韓詩外傳三又云湯時事。陳喬樅、皮錫瑞以爲湯與太戊、武丁皆各見桑穀之祥，傳者異耳，非古文説在太戊時，今文説在武丁時也。悔過反政，享福百年，「百年」，注見氣壽篇。是虚也。辯見異虚篇。傳言宋景公出三善言，熒惑卻三舍，延年二十一載，宋世家曰：「在景公三十七年。」事見吕氏春秋制樂篇、淮南道應訓、新序雜事篇。是又虚也。辯見變虚篇。又言秦繆公有明德，上帝賜之十九年，見墨子明鬼篇。是又虚也。辯見福虚篇。〔傳〕稱赤松、王喬好道爲仙，度世不死，「傳」字據文選盧子諒贈王彪詩注引補。初學記二九引孝經右契：「赤松子時橋，（事類賦引援神契作「時僑」。）名受紀。」搜神記八：「姓赤松，名時喬，字受紀。」淮南齊俗訓作「赤誦子」。誦、松字通。高注：「上谷人也。病癘入山，導引輕舉。」列仙傳：「神農時爲雨師，服水玉，教神農，能入火自燒。至崑山上，常止西王母石室，隨風雨上下。」淮南齊俗訓注：「王喬，蜀武陽人也。爲柏人令，得道而仙。」楚詞遠遊「王喬」，朱子、洪興祖注并以爲王子喬，周靈王太子晉也。與高説異。方以智曰：「漢明帝時葉令王喬，乃飛舄者；周時王子喬，乃吹笙者；神仙傳蜀人王子喬，乃食肉芝者；史記封禪書注，緱氏仙人廟王僑，犍爲武陽人。凡四王喬。」是又虚也。辯見道虚篇。假令人生立形謂之甲，終老至死，常守甲形。如好道爲仙，未有使甲變爲乙者也。夫形不可變更，年不可減增。何則？形、氣、性，天也。「性」宋本作「於」。形爲春，氣爲夏。人以氣爲壽，形隨氣而動。氣性不均，則於體不同。牛壽半馬，馬壽半人，然則牛馬之形與人異矣。禀牛馬之形，當自得牛馬之壽，牛馬之不變爲人，則年壽亦短於人。世稱高宗之徒，不言其身形變異，而徒言其增延年壽，故有信矣。「有」當作「不」字。盼遂案：「有信」爲「不信」之誤。上文言虚，此言不信，故相應也。

形之□血氣也，猶囊之貯粟米也。孫曰：「形之」下脱一字。率性篇：「凡含血氣者，教之所以異化也。」書虚篇：「夫地之有百川也，猶人之有血脈也。」論死篇：「人之精神藏於形體之内，猶粟米在囊橐之中也。」祀義篇：「山猶人之有骨節也，水猶人之有血脈也。」語意並同。一石囊之高大，亦適一石。盼遂案：句首當有「粟米」二字。「粟米一石」四字爲句。如損益粟米，囊亦增減。人以氣爲壽，氣猶粟米，形猶囊也。增減其壽，亦當增減其身，形安得如故？如以人形與囊異，氣與粟米殊，更以苞瓜喻之。「苞」爲「匏」之借字。苞瓜之汁，猶人之血也；其肌，猶肉也。試令人損益苞瓜之汁，令其形如故，耐爲之乎？「耐」、「能」古通，下同。人不耐損益苞瓜之汁，天安耐增減人之年？人年不可增減，高宗之徒，誰益之者，而云增加？如言高宗之徒，形體變易，其年亦增，乃可信也。今言年增，不言其體變，未可信也。何則？人稟氣於天，氣成而形立，則(形)命相須，以至終死，「則」當作「形」。蓋本作「刑」，「形」、「刑」字通，與「則」形近故譌。前文云：「體氣與形骸相抱，生死與期節相須，形不可變化，命不可減增。」即此意。形不可變化，年亦不可增加。以何驗之？人生能行，死則僵仆，死則氣減(滅)，孫曰：「減」當從元本作「滅」。形消而壞。稟〔氣〕生人，「稟」下捝「氣」字。命義篇曰：「人稟氣而生。」上文云：「人稟元氣於天。」又云：「人稟氣於天。」並其證。形不可得變，其年安可增？

人生至老，身變者，髮與膚也。人少則髮黑，老則髮白，白久則黃。髮之變，形非變也。人少則膚白，老則膚黑，釋名釋長幼曰：「八十曰耋。耋，鐵也，皮膚變黑色如鐵也。」黑久則黯，若有垢矣。髮黃而膚爲垢，釋名曰：「九十曰黃耇。黃，鬢髮變黃也；耇，垢也，皮色驪顇恒如有垢者也。」故禮曰：「黄耇無疆。」見儀禮士冠禮。髮〔膚〕變異，陳世宜曰：上文皆髮膚並舉，此句「髮」下疑脱「膚」字。故人老壽遲死，骨肉不可變更，壽極則死矣。五行之物，可變改者，唯土也。埏以爲馬，埏，水和土也。變以爲人，是謂未入陶竈更火者也。史記大宛傳索隱曰：「更，經也。」如使成器，入竈更火，牢堅不可復變。今人以爲天地所陶冶矣，「以」讀作「已」。形已成定，何可復更也？

圖仙人之形，體生毛，臂變爲翼，見存之杕氏壺、羽人壺，圖象若是。行於雲，則年增矣，千歲不死。盼遂案：「臂變爲翼」，佛家所謂飛天。山海經西山經：「英招之神，虎文鳥翼。帝江之神，六足四翼。」知飛天之説其來甚舊。今傳世漢石刻，若武梁祠畫象，大將軍竇武墓門畫象，皆刻羽翼仙人游戲雲中。又仲長統昌言云：「得道者生六翮于臂，長毛羽于腹，飛無階之蒼天，度無窮之世俗。」（意林引。）魏文帝樂府折楊柳行云：「上有兩仙童，不飲亦不食。與我一丸藥，光輝生五色。服藥四五天，身體生羽翼。輕舉乘浮雲，倏忽行萬里。流覽觀四海，芒芒非所識。」（沈約宋書樂志引。）則飛天之説，仍盛於東漢以後，直至唐、宋。敦煌石室壁畫，恒見飛天矣。此虚圖也。世有虚語，亦有虚圖。假使之然，蟬蛾之類，「蛾」各本作「娥」，今正。非真正人也。劉先生曰：古書無以「真正」連文，此疑校者旁注「真」字，而寫者誤入正文。海外三十五國，山海經海外經云：「三十九國。」淮南地形訓云：「三十六國。」見談天篇注。有毛民、羽民，山海經海外東經：「毛民之國，身生毛。」淮南高注：「毛民，其人體半生毛，若矢鏃也，東方國。」海外南經：「羽民國，其爲人長頭，身生羽。」呂氏春秋求人篇注：「羽人，鳥喙，背上有羽翼。」博物志：「羽民國，民有翼，飛不遠，多鸞鳥，民食其卵，去九疑四萬三千里。」啓筮曰：「鳥喙，赤目，白首。」羽則翼矣。毛羽之民，土形所出，淮南地形篇：「土地各以類生人。」非言爲道身生毛羽也。楚詞遠遊王注：「或曰：『人得道，身生羽毛也。』」抱朴子對俗篇：「古之得仙者，或身生羽翼，變化飛行，失人之本，更受異形，有似雀之爲蛤，雉之化蜃。」是俗有此說，故仲任辯之。禹、益見西王母，荀子大略篇：「禹學於西王國。」又見韓詩外傳五、新序雜事五。此文蓋據山海經〔一〕。別通篇謂禹、益以所見聞作山海經，故云然也。西王母，見爾雅釋地「四荒」。山海經西荒經、穆天子傳則以爲人。前漢紀二十九，杜業曰：「西王母，婦人之稱。」司馬相如大人賦、揚雄甘泉賦則以爲女仙人。並非。譙周古史考、胡應麟筆叢、郎瑛七修類稿、畢沅山海經校注均有辯證。此文亦以爲人，則承襲舊説而誤。不言有毛羽。山海經稱其戴勝，虎齒，豹尾。列仙傳稱「人面蓬髮，戴勝，虎爪，豹尾」。不死之民，亦在外國，淮南地形篇：「海外有不死民。」注云：「不死民，不食也。」山海經海外南經曰：「不死民，其爲人黑色，壽不死。」不言有毛羽。毛羽之民，

〔一〕「經」，原本作「紅」，形近而誤，今改。

不言不死；不死之民，不言毛羽。毛羽未可以效不死，效，驗也。仙人之有翼，安足以驗長壽乎？

# 率性篇

率，「衜」之叚字。玉篇：「衜，導也。」盼遂案：性善者勸率無令近惡，性惡者率勉使之爲善，開篇數語，即王氏爲率性篇解題而作。黄暉釋「率」爲「衜」之叚字，疑失之曲。

論人之性，定有善有惡。其善者，固自善矣；其惡者，故可教告率勉，使之爲善。凡人君父審觀臣子之性，善則養育勸率，無令近惡；近惡則輔保禁防，楊曰：下「近」字衍。令漸於善。廣雅釋詁：「漸，漬也。」考工記鍾氏注：「漬，染也。」楚詞七諫：「漸染而不自知兮。」王注：「稍漬爲漸。」善漸於惡，惡化於善，成爲性行。

召公戒成〔王〕曰：「王」字舊脱，宋本同。今據天啓、錢、黄、王、崇文本增。「今王初服厥命，於戲！若生子，罔不在厥初生。」尚書召誥曰：「今王嗣受厥命，我亦惟茲二國命，嗣若功。王乃初服。嗚呼！若生子，罔不在厥初生。」段玉裁曰：「此今文尚書也。『初服厥命』下十四字，蓋節引之。」孫星衍曰：「『王乃初服』，論衡作『今王初服厥命』者，疑並上『今王嗣受厥命』變其詞，非經文異字。」江聲曰：「『王乃初服』，僞孔本若是，王充作『今王初服厥命』。」「生子」謂十五〔生〕子，王鳴盛曰：「『初生』似言嬰孩時亦可，而王充以爲『十五子』者，十五歲太子入太學之期。經言『自貽哲命』，當修賢智之德以祈永命，則非嬰孩所能，故王充以太子入太學之期當之。」孫星衍曰：「十五爲太子入學之年，故王充以釋經。『若生子』，謂若養子教之。『初生』謂情欲初生也。」暉按：王説非也。孫氏又因其説，添字解經，以就己義。「十五子」與「生子」義各不同，不得以「十五子」釋「生子」二字。且以「十五子」謂即十五歲之子，義亦不妥。「十五子」當作「十五生子」，誤脱「生」字。下「十五之子」，義亦不通，「之」爲「生」字之譌。古者人君十二而冠，十五生子。詩衛風芄蘭毛傳所謂「人君治成人之事，雖童子猶佩觿，早成其德」。左襄九年傳云：「國君十五而生子，冠而生子，禮也。」五經異義曰：「春秋左氏説，歲星爲年紀，十二而一周於天，天道備，故人君十二可以冠。自夏、殷天子皆以十二而冠。」又云：「國君十五而生子，禮也。二十而嫁，三十而娶，庶人禮也。」譙周曰：「國不可久無儲二，故天子諸侯十二（穀梁文九年傳注引作「五」。）而冠，十五而娶。」淮南氾論篇高注：「國君十二歲而冠，冠而娶，十五生子，重國嗣也。」淮南氾論篇、樂記正義引大戴禮並云：「文王十五而生武王。」是國君十五生子，禮家舊説，故仲任以之釋經。僞孔傳曰：「言王新即政，始行教化，當如子之初生，習爲善則善矣。」與仲任義合。皮錫瑞曰：「左氏傳曰『國君十五而生子』。故仲任以『十五』爲生子之時。周公攝政，抗世子法於伯禽，蓋奉成王爲太子，故召公舉入學之年以爲戒。不以『生子』爲嬰孩之時者，以『自貽哲命』非嬰孩所能也。」既以「十五」爲生子之年，又謂爲太子入學之年，義自牴牾，蓋亦拘於「自貽哲命」句，故欲革王、孫之説而未盡也。經文既明言「生子」，又言「初生」，則不當以十五歲之子當之。盼遂案：「成」下宜有「王」字。召誥作「王乃初服」，與仲任所引略異。「十五子」者，謂十五歲，爲太子入學之年也，禮學記鄭注、白虎通辟雝篇皆有明文。**初生意於善，終以善；初生意於惡，終以惡。**江聲曰：「此今文書說也。」**詩曰：「彼姝者子，何以與之？」**見鄘風干旄。毛傳：「姝，順貌。」「與」作「予」。三家詩攷盧文弨補曰：「足利本作『與』。」同此。列女傳鄒孟軻母傳：「及孟子長，學六藝卒成大儒之名，君子謂孟母善以漸化。詩云：『彼姝者子，何以予之。』此之謂也。」引詩義與充同。**傳言：「譬猶練絲，**淮南說林篇高注：「練，白也。」**染之藍則青，染之丹則赤。」**俞曰：本性篇文與此同。毛傳無此說，所引傳必三家說也。陳啓源毛詩稽古編附録曰：此與毛序「臣子好善，賢者樂告以善道」意略相符。毛氏無此文，必是三家詩說。然魯詩無傳，齊詩有后氏、孫氏傳，韓詩有內、外傳，而外傳今存。充所謂傳，其齊之后氏、孫氏及韓之內傳乎？陳喬樅魯詩遺說考曰：仲任說關雎用魯詩，則此所引詩傳，亦魯詩傳也。論衡書解篇詩家獨舉魯申公，是仲任治魯詩之明證。孔廣森與陳說同。范家相三家詩拾遺四：此韓詩傳。左傳：（定九年。）「竿旄『何以告之』，取其忠也。」家語：（姓生篇。）「竿旄之忠告，至矣哉。」皆取姝子忠告善道之意。此以素絲染練爲喻，正善道之謂。盼遂案：吴承仕曰：本性篇引此詩，作「彼姝之子」。「者」、「之」聲紐同，皆指事詞。**十五之(生)子，**「之」疑是「生」誤。物勢篇：「蟣虱生於人。」今本「生」譌作「之」，是其比。餘說見前。**其猶絲也。其有所漸化爲善惡，猶藍丹之染**

練絲，使之爲青赤也。青赤一成，真色無異。是故楊子哭歧道，「歧」舊作「岐」，今正。列子説符篇：「楊子之隣人亡羊，既率其黨，又請楊子之竪追之。楊子曰：『嘻！亡一羊，何追者之衆？』鄰人曰：『多歧路。』既反，問獲羊乎？曰：『亡之矣。』曰：『奚亡之？』曰：『歧路之中，又有歧焉，吾不知所之，所以反也。』楊子慼然變色，不言移時，不笑竟日。」荀子王霸篇、淮南説林篇、後藝增篇並云「楊朱」。吕氏春秋疑似篇、賈子新書審微篇作「墨子」，蓋傳聞之異。墨子哭練絲也，墨子所染篇：「墨子見染絲而歎曰：『染於蒼則蒼，染於黄則黄。』」又見吕氏春秋當染篇、淮南説林訓。蓋傷離本，不可復變也。人之性，善可變爲惡，惡可變爲善，猶此類也。蓬生麻間，不扶自直；「生」字舊重。楊曰：「生」字誤重，宋本不誤，程本亦重「生」字。暉按：天啓本、錢本、崇文本「生」字不重。此語本荀子勸學篇、大戴禮曾子制言、説苑談叢篇。風俗通及本書程材篇並不重「生」字，今據删。白紗入緇，説文：「緇，帛黑色也。」不練自黑。華嚴經音義引珠叢：「煑絲令熟曰練。」彼蓬之性不直，紗之質不黑，麻扶緇染，使之直黑。夫人之性猶蓬紗也，在所漸染而善惡變矣。

王良、造父稱爲善御，不能使不良爲良也。劉先生曰：上「不」字衍，下文正謂王良、造父能使不良爲良。若作「不能」，則非其旨矣。如徒能御良，其不良者不能馴服，此則駔工庸師服馴，爾雅釋言郭注：「駔猶麤也。」「粗」、「駔」聲同。技能，何奇而世稱之？故曰：

**「王良登車，馬不罷駑；堯、舜爲政，民無狂愚。」**未知何出，亦見非韓篇。**傳曰：「堯、舜之民，可比屋而封；桀、紂之民，可比屋而誅。」**見陸賈新語無爲篇。亦謂「教化使然也」。**「斯民也，三代所以直道而行也。」**論語衛靈公篇集解引馬曰：「三代，夏、殷、周也。用民如此，無所阿私，所以云直道而行也。」皇疏引郭象曰：「無心而付之天下者，直道也；有心而使天下從己者，曲法。故直道而行者，毀譽不出於區區之身。」是訓「直」爲曲直之「直」。而此義爲率導教化，非韓篇引經同，是其說不通於此。蓋三家義殊也。禮記玉藻：「君羔幦虎犆。」鄭注曰：「犆，讀如『直道而行』之『直』，直謂緣也。」訓「直」爲「緣」，於此義合矣。漢書貨殖傳：「在民上者，道之以德，齊之以禮，故民有恥而且敬，貴誼而賤利，此三代之所以直道而行，不嚴而治。」師古曰：「直道而行，謂以德禮率下，不飾僞也。」景帝紀贊引經，師古注：「言此今時之人，亦夏、殷、周之所馭，以政化淳壹，故能直道而行。」後漢書韋彪傳：「忠孝之人，持心近厚；鍛鍊之吏，持心近薄。三代之所以直道而行者，在其所以磨之故也。」李賢注：「彪引直道而行者，言古之用賢。皆磨礪選鍊，然後用之。」並與仲任說合，而無毀譽阿私之義。毛奇齡論語稽求篇以此經爲「言舉錯之當公」，以韋彪所云「磨」爲「試」義，謂「必試而後用」。蓋拘於漢書薛宣傳引經「如有所譽，其有所試」，作用人解，而曲爲其說。但依上文所引諸家及仲任經解，當自「斯民也」截爲一章，不必拘此，而使漢人舊義不明。**聖主之民如彼，惡主之民如此，竟在化，不在性也。聞伯夷之風者，貪夫廉而懦夫有立志；**「貪」，非韓篇同。知實篇作「頑」。錢大昕養新録三曰：「『廉』與『貪』對，不與『頑』對，兩漢人引孟子皆作『貪』。知實篇作『頑』，此淺人妄改。」臧琳經義雜記十七曰：「以下文『懦夫有立志，鄙夫寬，薄夫敦』，皆以相反者言之，則作『貪』爲是。趙氏以『頑』訓『貪』，未詳其所出，而兩漢及唐人皆引作『貪』，知必非無本。」翟灝四書考異曰：「『貪』與『廉』緊相反對，『頑』稍齟齬。」高閬仙先生孟子集解謂「頑」、「貪」義通。暉按：此文及非韓篇並作「貪夫廉」，知仲任所據孟子確本作「貪」，知實篇作「頑」，必經淺人妄改，錢説得之。**聞柳下惠之風者，**孟子趙注：「柳下惠，魯公族大夫，姓展名禽，字季。進不隱己之賢才，必欲行其道也。」文選陶徵士誄注引鄭玄論語注：「柳下惠，魯大夫展禽，食采柳下，謚曰惠。」梁玉繩瞥記二曰：「柳下惠，氏展，名獲，字禽，又字季，謚惠。」而「柳下」之稱，未知是邑是號。趙岐孟子注以「柳下」爲號，廣韻及唐書宰相表云：「食采柳下，遂爲氏。」故左傳、論語疏謂「柳下，食邑名。」莊子盜跖釋文：「一曰邑名。」而藝文類聚八十九引許慎淮南子注云：「展禽之家樹柳，行惠德，號柳下惠。」莊子釋文、荀子成相、大略注並仝其説，以爲居于柳下也。魯地無名「柳」者，展季卑爲士師，亦未必有食邑，當是因所居號之。如戰國策稱梧下先生，陶靖節稱五柳先生之類。**薄夫敦而鄙夫寬。**見孟子萬章下篇、盡心下篇。趙注：「後世聞其風者，頑貪之夫更思廉絜，懦弱之人更思有立義之志；鄙狹者更寬優，薄淺者更深厚也。」**徒聞風名，猶或變節，況親接形面相敦告乎？**「敦」，疑是「教」字形譌，前文：「教告率勉。」

**孔門弟子七十之徒，皆任卿相之用，**呂氏春秋遇合篇：「七十人者，萬乘之主得一人，用可爲師。」漢儒林傳：「散遊諸侯，爲卿相。」被服聖教，文才雕琢，知能十倍，教訓之功而漸漬之力也。「而」猶「與」也。漢書董仲舒傳師古注：「漸謂浸潤之也。漬謂浸漬也。」未入孔子之門時，閭巷常庸無奇。其尤甚不率者，詩大雅鄭注：「率，循也。」唯子路也。世稱子路無恒之庸人，荀子大略篇：「子貢、季路，故鄙人也。被文學，服禮義，爲天下列士。」亦見尸子勸學篇、韓詩外傳八。未入孔門時，戴雞佩豚，史記弟子傳：「冠雄鷄，佩豭豚。」集解：「冠以雄鷄，佩以豭豚。二物皆勇，子路好勇，故冠帶之。」洪頤煊讀書叢録曰：「莊子盜跖篇：『使子路去其危冠，解其長劍，而受教於子。』『佩豭豚』，謂取豭豚之皮以爲劍飾。」按：抱朴子勗學篇：「仲由冠雞戴豨，簔珥鳴蟬，杖劍而見，拔刃而舞。」是佩豚非謂劍飾也。勇猛無禮；聞誦讀之聲，摇雞奮豚，揚脣吻之音，聒賢聖之耳，聒，聲擾也。惡至甚矣。孔子引而教之，漸漬磨礪，闓導牖進，「闓」，舊譌作「闔」，據宋本改。元本作「聞」，先孫校作「開」，是也。闓、開字同。「導」，鄭本作「道」。牖、羑字同。尚書顧命馬曰：「羑，道也。」盼遂案：「闔」爲「闓」之形誤。此「闓導」與上下文皆駢字也，宋本正作「闓」。古「闓」與「開」通。元本作「聞」，亦誤。猛氣消損，驕節屈折，卒能政事，序在四科。論語先進篇：「政事，冉有、季路。」斯蓋變性使惡爲善之明效也。

夫肥沃墝埆，土地之本性也。肥而沃者性美，樹稼豐茂；墝而埆者性惡，深耕

**細鋤，厚加糞壤，勉致人功，以助地力，其樹稼與彼肥沃者相似類也。地之高下，亦如此焉。以钁鍤鑿地，**淮南精神訓注：「钁，斫也。」說文：「钁，大鉏也。鉏，立薅斫也。」薅者披去田艸。斫者斤也，斤以斫木。此云鑿地，蓋其用亦如鍫銚。郝懿行曰：「插地取土者，今登、萊間謂之钁頭。」與此合。釋名釋用器：「鍤，插地取土也，或曰鏵。」王念孫曰：「今人呼臿爲鏵鍬。」**以埤增下，**說文：「埤，增也。」一曰：當作「以鍤增土」，「埤」「下」二字形譌。廣雅釋器：「鏵謂之銛。」說文：「銛，鍤屬也。」盼遂案：此句當是「以增埤下」。埤，卑隰之地也。**則其下與高者齊。如復增钁鍤，則夫下者不徒齊者也，反更爲高，而其高者反爲下。使人之性有善有惡，彼地有高有下，**「彼」，疑「猶」字形譌。盼遂案：「彼」當是「譬」字聲訛。**勉致其教令，之（不）善則將（與）善者同之矣。**「之」，疑是「不」字，又脱「與」字。此就不善者言，加以教令，則與善者同。下文就善者言，加以教令，則更過於往善。**善以化渥，釀其教令，變更爲善，善則且更宜反過於往善。猶下地增加钁鍤，更崇於高地也。**

**「賜不受命，而貨殖焉。」**「貨殖」有二說：論語先進篇何晏集解曰：「唯財貨是殖。」史記貨殖傳索隱曰：「殖，生也，生資財貨利也。」並以「殖」爲動詞。皇疏：「財物曰貨，種藝曰殖。」則是名詞。下云：「貨財積聚。」是同前說。**賜本不受天之富命，**俞曰：何晏論語集解「不受命」有二說：一謂「賜不受教命，唯貨財是殖」。一謂「雖非天命而偶富」。其後一說即本此也。**所加**

（以）貨財積聚，「加」字無義，疑當作「以」，形近而誤。知實篇：「子貢善居積，意貴賤之期，數得其時，故貨殖多。」正言其所以貨殖多者，得貨殖之術也。爲世富人者，得貨殖之術也。夫得其術，雖不受命，猶自益饒富。性惡之人，亦不稟天善性，得聖人之教，志行變化。

世稱利劍有千金之價，棠谿、魚腸之屬，史記蘇秦傳：「韓之劍戟，皆出棠谿。」集解徐廣曰：「汝南吳房有棠谿亭。」吳越春秋：「越王允常聘歐冶子作名劍五，四曰魚腸。」淮南修務訓注：「文理屈襞若魚腸者。」龍泉、太阿之輩，越絕書外傳紀寶劍：「楚王令風胡子之吳，見歐冶、干將，使之爲鐵劍。歐冶、干將鑿茨山，洩其谿，取鐵英爲三劍，一龍淵，二太阿。」晉太康地理記：「汝南西平有龍淵水，可以淬刀劍，特堅利，故有龍淵之劍。」此作「泉」，沿唐諱未改。其本鋌，衆經音義十一，玄應曰：「鋌，銅鐵之璞，未成器用者也。」山中之恒鐵也，冶工鍛鍊，成爲銛利。銛亦利也。豈利劍之鍛與鍊，乃異質哉？工良師巧，鍊一數至也。試取東下直一金之劍，「東下」未聞。盼遂案：「東」，疑爲「要」之誤。「要」，古「腰」字。篆「要」作𦥔，故與「東」形致混。更熟鍛鍊，足其火，齊其銛，漢書王莽傳注應劭曰：「齊，利也。」銛猶鋒也。猶千金之劍也。夫鐵石天然，尚爲鍛鍊者變易故質，況人含五常之性，賢聖未之熟鍛鍊耳，奚患性之不善哉？古貴良醫者，能知篤劇之病所從生起，而以針藥治而已之。如徒知病之名而坐觀之，何以爲奇？夫人有不善，則乃性命之疾也，無其教治，而欲令變更，豈不難哉?

天道有真僞,「天」,疑當作「夫」。真者固自與天相應,僞者人加知巧,亦與真者無以異也。何以驗之?禹貢曰:「璆琳琅玕。」(璆,玉也。琳,珠也。琅玕,珠之數也。)[者]「璆,玉也」以下十二字,據御覽八〇五引增。「者」字當據御覽引删。仲任於引經文下加以訓釋,(詳儒增篇注。)此其例也。以琳爲珠,故下文以琳與魚蚌之珠、隨侯之珠相較,以琅玕爲珠之數,故下文言真珠不及之。璆琳,舊説並云美玉名。鄭注尚書云「美石」。此謂琳爲珠,未聞。御覽三六引淮南地形篇注:「璆琳琅玕,珠名也。」又與此異。琅玕,珠之數,與説文、郭注爾雅、山海經、尚書僞孔傳、御覽八〇三引淮南地形篇許注説同。此則土地所生真玉珠也。段玉裁曰:真玉謂璆琳,真珠謂琅玕。又於説文玉部注曰:鄭注尚書云:「琅玕,珠也。」出於蚌者爲珠,則出於地中者爲似珠。似珠亦非人爲之,故鄭、王謂之真珠也。暉按:段氏未知此有脱文,故强之説。真玉謂璆,真珠謂琳。然而道人消爍五石,抱朴子引金簡記曰:「五石者,雄黄、丹砂、雌黄、礬石、曾青也。」又金丹篇曰:「五石者,丹沙、雄黄、白礜、(據御覽作「礜」。)曾青、慈石也。一石輒五轉,而各成五色,五石而二十五色。」吴曰:抱朴子言丹,論衡言玉,神仙家亦有服玉之法,則丹、玉類同矣。作五色之玉,比之真玉,光不殊別。兼魚蚌之珠,「兼」,疑涉「魚」字形近譌衍。與禹貢璆琳,皆真玉珠也。段玉裁曰:當云「魚蚌之珠,與禹貢琅玕,皆真珠也」。

今文譌賸不可讀。暉按：段說非也，今本不誤。真玉謂璆，真珠謂琳。段氏於說文注引此文「璆琳」下意增「琅玕」二字，亦非。琅玕，珠之數，非真珠也，故此文不及之。**然而隨侯以藥作珠，**

史記李斯傳正義引說苑曰：「隨侯行遇大蛇中斷，疑其靈，使人以藥封之，蛇乃能去，因號其處爲斷蛇丘。歲餘，蛇銜明珠〔二〕徑寸，絶白而有光。」淮南覽冥篇高注：「隋侯，漢東之國，姬氏諸侯也。隋侯見大蛇傷斷，以藥傅之。後蛇於江中銜大珠以報之。」孟子盡心下篇疏引韓詩：「隋侯姓祝，字元暢，往齊國，見一蛇在沙中，頭上血出，隋侯以杖挑於水中而去。後回到蛇處，乃見此蛇，銜珠來隋侯前，隋侯意不懌。是夜夢脚踏一蛇，驚起，乃得雙珠。」亦見水經溳水注、搜神記二十。並無以藥作珠之說。**精耀如真，道士之教至，知巧之意加也。陽遂取火於天，五月丙午日中之時，消鍊五石，鑄以爲器，磨礪生光，仰以嚮日，則火來至，**御覽二二引「遂」作「燧」。

周禮司烜氏：「以夫遂取明火於日。」鄭注：「夫遂，陽遂也。」淮南天文篇：「陽燧見日，則燃而爲火。」高注：「陽燧，金也，取金杯無緣者熟摩令熱，日中時以當日下，以艾承之，則燃得火也。」藝文類聚火部引淮南舊注曰：「日高三四丈，持以向日，燥艾承之，寸餘，有頃，焦，吹之，即得火。」古今注、搜神記並無鍊五石說。唯太平廣記一六一引淮南許注云：「陽燧，五石之銅精，圓而仰日，即得火。」衆經音義引文同。是與仲任說合。「五石」義見前。抱朴子登涉篇：「以五月丙午日日中，

〔二〕「珠」，原本作「球」，形近而誤，據史記改。

擣五石下其銅，以爲劍。」鑄陽遂，鑄劍，並於五月丙午日鍊銅，蓋相傳有此術也。**此真取火之道也。**「此」，各本並誤作「比」，今從御覽引正。盼遂案：「比」，當是「此」字譌脱。御覽二十二引作「此」。**今妄取**〔一〕**刀劍之鉤〔偃〕月〔之鉤〕**，先孫曰：「月」，疑當爲「刃」。亂龍篇云：「今妄取刀劍偃月之鉤，摩以向日，亦能感天。」（「月」亦當作「刃」。馬融周禮注説削爲偃曲卻刃。見築氏賈疏。）黄氏日鈔所引已作「月」。暉按：先孫説疑非。亂龍篇作「今妄取刀劍偃月之鉤」，不誤。此文當據補正。若作「刀劍之鉤刃」，則義未妥。刃之鉤曲者，不名爲刀劍也。「偃月之鉤」四字連讀。漢書韓延壽傳：「鑄作刀劍鉤鐔。」注曰：「鉤亦兵器，似劍而曲，所以鉤殺人也。」釋名釋兵曰：「鉤鑲，兩頭曰鉤，中央曰鑲，或推鑲，或鉤引，用之便也。」急就篇有「鑲鉤」，注曰：「其刃卻偃而外利，所以推攘而害人也。」是鉤兵器，形卻偃如偃月，故曰「偃月之鉤」。後漢書荀彧傳注引吴録曰：「孫權聞操來，夾水立塢，狀如偃月。」水經沔水注：「七女池東有明月池，狀如偃月。」又江水注：「魯山左即沔水口，沔左有卻月城，亦曰偃月壘。」此文「偃月之鉤」，猶其義也。今本「偃」字脱，「之鉤」二字錯入「月」字上，文遂不可通矣。**摩拭朗白，仰以嚮日，亦得火焉。夫鉤〔偃〕月〔鉤〕，非陽遂也，**「鉤月」當作「偃月鉤」。説見上。**所以耐取火者，**禮記樂記鄭注：

〔一〕「取」，通津草堂本作「以」。

「耐」，古「能」字也。摩拭之所致也。今夫性惡之人，使與性善者同類乎？可率勉之，令其爲善；使之異類乎？亦可令與道人之所鑄玉、「與」猶「如」也。隨侯之所作珠、人之所摩刀劍鉤〔偃〕月〔鉤〕焉，「鉤月」當作「偃月鉤」。亂龍篇有「刀劍偃月鉤」句。教導以學，漸漬以德，亦將日有仁義之操。

黄帝與炎帝争爲天子，教熊羆貔虎以戰于阪泉之野，三戰得志，炎帝敗績。見大戴禮五帝德、史記五帝紀。司馬貞曰：「猛獸可以教戰，周禮有服不氏掌教擾猛獸，即古服牛乘馬，亦其類也。」列子黄帝篇：「黄帝與炎帝戰於阪泉之野，帥熊羆狼豹貙虎爲前驅，雕鶡鷹鳶爲旗幟，此以力使禽獸者也。」劉子閱武篇：「貔貅戾獸，黄帝教之戰。」並與仲任説同。裴駰曰：「言教士卒習戰，以猛獸之名名之，用威敵也。」此説近理。堯以天下讓舜，鮌爲諸侯，欲得三公而堯不聽，怒其猛獸，「其」，王本、崇文本改作「甚」，妄也。「怒」，讀若莊子「怒其臂以當車轍」之怒，謂憤激猛獸爲亂。若作「甚」，則失其義。呂氏春秋行論篇誤同。欲以爲亂，比獸之角可以爲城，呂覽高注：「以爲城池之固。」舉尾〔可〕以爲旌，依上句，「以」上補「可」字。此爲駢句，「舉」下省「獸之」二字。呂氏春秋正作「比獸之角，能以爲城；舉其尾，能以爲旌。」高注：「以爲旌旗之表也。」奮心盛氣，阻戰爲彊。夫禽獸與人殊形，猶可命戰，況人同類乎？推此以論，「百獸率舞」，尚書舜典：「擊石拊石，百獸率舞。」鄭玄注曰：「百獸，服不氏所養者。率舞，言音和也，謂音聲之道，與政通焉。」「潭魚出聽」，「六馬仰秣」，見感虛篇注。**不復疑矣。異類以殊爲同，同類以鈞爲異，所由不在於物，在於人也。**

**凡含血氣者，教之所以異化也。三苗之民，或賢或不肖，堯、舜齊之，恩教加也。**韓詩外傳三：「當舜之時，有苗不服，禹請伐之。舜不許，曰：『吾喻教猶未竭也。』久喻教，有苗氏請服。」亦見大禹謨。（僞孔本。）**楚、越之人，處莊、嶽之間，**孟子趙注：「莊、嶽，齊街里名也。」顧炎武曰：「莊是街名，嶽是里名。左襄二十八年傳：『得慶氏之木百車於莊。』注云：『六軌之道。』『反陳於嶽』注云：『嶽，里名。』」**經歷歲月，變爲舒緩，風俗移也。故曰：「齊舒緩，**地理志：「齊舒緩闊達。」公羊莊十年傳疏引李巡曰：「齊，其氣清舒，受性平均。」又曰：「濟東至海，其氣寬舒，秉性安徐。」**秦慢易，**初學記八引河圖曰：「雍、冀合商羽，端駃烈，人聲捷。」李巡曰：「其氣蔽壅，受性急凶。」**楚促急，**河圖曰：「荆、揚角徵會，氣漂輕，人聲急。」李巡〔一〕曰：「其氣燥剛，稟性彊梁。」**燕戇投。」**楊曰：「投」疑「没」誤。没，貪也。吴曰：意林引「投」作「敢」，是也。今本作「投」者，草書形近之譌。廣雅：「戇，愚也。敢，勇也。」地理志：「燕俗愚悍少慮。」愚悍、戇敢，義正相應。又按：今本作「戇投」，亦通。「投」借爲「豉」。「豉」从「攴」，「豆」聲，「殳」、「豆」同屬

〔一〕「巡」，原本作「逃」，形近而誤，今改。

侯部，聲紐亦同，舊多通假。文選長笛賦：「察變於句投。」李注：「『投』與『逗』古字通。」「戇投」即「戇豉」。廣雅：「逗」、「悍」、「敢」同訓「勇」。「戇投」亦猶愚悍矣。王念孫廣雅疏證「豉」字無説，宜以此文證之。暉按：吴後説是。楊説非。以莊、嶽言之，四國之民，更相出入，久居單處，吴曰：「單」字無義，疑當作「羣」。性必變易。夫性惡者，心比木石，木石猶爲人用，況非木石！在君子之迹，庶幾可見。「況非木石」下，疑有脱文。仲任意：性惡者非木石，若加以率勉，雖惡人可冀其有君子之迹。效力篇曰：「千里之跡，斯須可見。」立文正同。

有癡狂之疾，歌啼於路，不曉東西，不睹燥濕，不覺疾病，不知飢飽，性已毁傷，不可如何，前無所觀，卻無所畏也。是故王法不廢學校之官，不除獄理之吏，欲令凡衆見禮義之教。學校勉其前，法禁防其後，使丹朱之志，亦將可勉。何以驗之？三軍之士，非能制也，勇將率勉，視死如歸。且闔廬嘗試其士於五湖之側，皆加刃於肩，御覽四三七引莊子、吕氏春秋用民篇并作「劍皆加於肩」。此「刃」疑是「劍」字，下同。血流至地。句踐亦試其士於寢宫之庭，赴火死者，不可勝數。見吕氏春秋及韓非子外儲説上。夫刃、火，非人性之所貪也，二主激率，念不顧生。是故軍之法輕刺血，文有譌脱。盼遂案：此處有脱，宜作「教軍之法，輕則刺血，重則決脰」，與下文方合。孟賁勇也，聞軍令懼。是故叔孫通制定禮儀，拔劍争功之臣，奉禮拜伏，史記本傳：「天下已定，羣臣飲酒争功，醉或妄呼，拔劍擊柱。叔孫通起朝儀，諸侯王以下，莫不振恐肅敬，無敢失禮。」初驕倨而後遜順，〔聖〕教威德，據下文補「聖」字。盼遂案：黄暉據下文「教」上補「聖」字，文義較完。變易性也。不患性惡，患其不服聖教，自遇而以生禍也。

豆麥之種，與稻粱殊，崇文本「粱」作「梁」。然食能去飢。小人君子，稟性異類乎？譬諸五穀皆爲用，實不異而效殊者，稟氣有厚泊，楊曰：「泊」、「薄」同。暉按：「薄」借爲「泊」，說文作「洦」，淺水。専、白、百，聲通。故性有善惡也。殘則授（受）不仁之氣泊，而怒則稟勇渥也。吴曰：「授」當作「受」。「不」字衍文。受仁氣泊故殘，稟勇氣渥故怒，文正相對。下文云「仁泊」、「勇渥」，其無「不」字可知。楊曰：「之氣」二字疑衍，與下句一例。暉按：楊說非。「勇」下亦有「之氣」二字，省見上文。仁泊則戾而少愈（慈），莊子天道篇釋文云：「戾，暴也。」「愈」，元本作「慈」。吴曰：作「慈」是。楊曰：「愈」、「俞」同，然也。暉按：吴說是，楊說非。勇渥則猛而無義，而又和氣不足，喜怒失時，計慮輕愚。妄行之人，罪（非）故爲惡。楊曰：「罪」疑「非」訛。「故」與「固」同。人受五常，含五臟，御覽三六三引韓詩外傳：「情藏於腎，神藏於心，魂藏於肝，魄藏於肺，志藏於脾。」皆具於身。稟之泊少，故其操行不及善人，猶〔酒〕或厚或泊也，楊曰：「猶」疑「酒」誤。或脫「酒」字。吴曰：「猶」下當有「酒」字。「猶」、「酒」形近而奪。非厚與泊殊其釀也，麴蘖多少使之然也。「蘖」，舊作

「孽」，各本誤同。今從王本、崇文本正。下同。**是故酒之泊厚，同一麴蘗；人之善惡，共一元氣。氣有少多，**元本作「多少」。**故性有賢愚。西門豹急，佩韋以自緩；**韓詩外傳五：「仁者好韋。」（本作「偉」，從孫詒讓校。）故佩以自緩。**董安于緩，帶弦以自促。**見韓非子觀行篇。又見後譴告篇。漢張遷碑：「晉陽珮瑋，西門帶紘。」顛倒言之，豈別有據，抑誤記也？**急之與緩，俱失中和，然而韋弦附身，成爲完具之人。能納韋弦之教，補接不足，**韓非子曰：「能以有餘補不足，以長續短。」**則豹、安于之名可得參也。貧劣宅屋，不具墻壁宇達，**盼遂案：「達」爲「闥」之壞字。詩齊風「履我闥兮」，傳：「闥，門内也。」説文作「闥」，云：「樓上户也。」**人指訾之。**「達」疑「途」誤。**如財貨富愈，起屋築墻，以自蔽鄣，爲之具宅，**「爲」猶「謂」也。**人弗復非。**

**魏之行田百畝，**漢溝洫志注：「賦田之法，一夫百畝也。」**鄴獨二百，**謂鄴地賦田，一夫二百畝，是田惡也。**西門豹灌以漳水，**史記河渠書：「西門豹引漳水溉鄴，以富魏之河内。」漢溝洫志以引漳水溉鄴，爲史起事，並載起言，西門豹不知用。與史絶異。然褚補滑稽列傳云：「西門豹鑿十二渠，引河水灌民田。」則與史合。蓋此文據史記爲説。括地志曰：「案横渠首接漳水，蓋西門豹、史起所鑿之渠也。」魏都賦曰：「西門溉其前，史起濯其後。」水經濁漳水注亦兼紀之。漢志據吕覽樂成篇。**成爲膏腴，則畝收一鍾。**漢志師古注：「一畝之收，至六解四斗。」吴曰：「畝收一鍾。」書、志皆系之鄭國事下，此文貤以説鄴，亦通。盼遂案：吴承仕曰：「此事本之河渠書，而溝洫志獨歸功於史起。左思魏都賦云：『西門溉其前，史起灌其後。』然則西門發之，而史成之也。又按：『畝收一鍾』，書、志皆系之鄭國事下，此文貤以説鄴，亦通。」夫人之質猶鄴田，道教猶漳水也，「道」讀「導」。患不能化，不患人性之難率也。雒陽城中之道無水，水工激上雒中之水，「雒」，舊作「洛」，今從崇文本正。上文作「雒陽」不誤。洛水在雍州，雒水在豫州，兩水自別，其字亦截然爲二。雒陽居雒水之陽，地在豫州。此作「洛水」者，蓋爲魚豢「漢火德，去水加隹」之説所誤。日夜馳流，藝文類聚八引漢官典職曰：「德陽殿周遊容萬人，激洛水於殿下。」蓋即此文所指。水工之功也。盼遂案：後漢書張讓傳：「又作翻車渴烏，施於橋西，用灑南北郊路，以省百姓灑道之費。」章懷注：「翻車，設機車以引水。渴烏，爲曲筒以氣引水上也。」仲任所言水工激水，殆此類也。由此言之，迫近君子，而仁義之道數加於身，孟母之徙宅，蓋得其驗。列女傳母儀篇：孟母其舍近墓，孟子嬉游爲踴躍築埋。孟母曰：「此非所以居處子。」乃去，舍市旁，其嬉戲爲賈人衒賣之事。復徙，舍學宮之旁，其嬉遊乃設俎豆揖讓進退。孟母曰：「其可以居吾子矣。」

人間之水污濁，在野外者清潔。俱爲一水，源從天涯，或濁或清，所在之勢使之然也。南越王趙他，本漢賢人也，化南夷之俗，背畔王制，史記南越尉佗傳：「自立爲南越王，乘黄屋左纛，稱制與中國侔。」椎髻箕坐，師古曰：「椎髻者，一撮之髻，其形如椎。箕坐，謂伸其兩脚而坐。」曲禮：「坐毋箕。」孔疏：「箕謂舒展兩足，狀如箕舌也。」（箕四星，二爲踵，二爲舌，踵狹而舌廣。）與師古説同。唐子西箕踞軒記曰：「箕踞者，山間之容也。拳腰聳肩，抱膝而危坐，傴僂跼蹐，其圓如箕，故世人謂之箕踞。」非也。甕牖閒評據此以駁師古，失之。好之若性。陸賈説以漢德，懼以聖威，蹶然起坐，師古曰：「蹶然，驚起之貌也。」心覺改悔，奉制稱蕃，其於椎髻箕坐也，惡之若性。前則若彼，後則若此。由此言之，亦在於教，不獨在性也。

# 吉驗篇

凡人禀貴命於天，必有吉驗見於地，見於地，故有天命也。驗見非一，或以人物，或以禎祥，類聚九十八引風角占曰：「福先見曰祥。」或以光氣。

傳言黄帝妊二十月而生，御覽一三五引帝王世紀曰：「附寶孕二十五月生黄帝於壽丘。」（路史後紀五注引世紀作「二十月」。）史記五帝紀正義、路史後紀黄帝紀並云「二十四月」。金樓子興王篇、御覽三六〇引幽明録、北堂書鈔一與此同。生而神靈，弱而能言；見大戴禮五帝德篇。史記索隱曰：「弱，謂幼弱時也。」長大率諸侯，諸侯歸之；教熊羆戰，以伐炎帝，炎帝敗績。注見率性篇。性與人異，故在母之身，留多十月；命當爲帝，故能教物，物爲之使。

堯體，就之如日，望之若雲。史記索隱以爲言堯德化。大戴禮五帝德孔補注：「如日者，其色温也。如雲者，其容盛也。」蓋即據此爲義。洪水滔天，蛇龍爲害，堯使禹治水，竹書：「堯七十五年，司空禹治河。」堯典以堯時用鯀，九載功用不成，至舜時，伯禹作司空，平水土。史記因之。蓋堯七十五年，正舜攝行天子政時，故古書於命禹治水，或言堯，或言舜也。驅蚳龍，水治東流，蚳龍潛處。有殊奇之骨，故有詭異之驗；有神靈之命，故有驗物之效。天命當貴，故從唐侯入嗣帝后之位。帝王世紀：「帝摯登帝位，封異母弟放勛爲唐侯。摯在位九年，政微弱，而唐侯德盛，諸侯歸之。摯服其義，乃率羣臣造唐而致禪。唐侯自知有天命，乃受帝禪。」

舜未逢堯，鰥在側陋，堯典：「明明揚側陋。」師錫帝曰：『有鰥在下，曰虞舜。』」瞽瞍與象謀欲殺之。使之完廩，火燔其下；令之浚井，土掩其上。孟子萬章篇：「父母使舜完廩，捐階，瞽瞍焚廩。使浚井，出，從而揜之。」舜得下廩，不被火災〔一〕；穿井旁出，不觸土害。史記舜本紀：「瞽叟欲殺舜，使舜上塗廩，瞽叟從下縱火焚廩。舜乃以兩笠自扞而下去，得不死。後瞽叟又使舜穿井，舜穿井，爲匿空旁出。」索隱曰：「皇甫謐云：『兩繖。』繖，笠類。列女傳云『二女教舜鳥工上廩』是也。『匿空』，列女傳所謂『龍工入井』是也。」案：劉向列女傳今無此語。金樓子后妃篇：「有虞二妃者，帝堯之二女也。長曰娥皇，次曰女英。瞽瞍使舜塗廩，舜歸告二女：『父母使我塗廩，我其往。』二女曰：『衣鳥工往。』舜既治廩，瞽瞍焚廩，舜飛去。舜入朝，瞽瞍使舜浚井，舜告二女。二女曰：『往哉，衣龍工往。』舜往浚井，石隕於上，舜潛出其旁。」梁武帝通史、

〔一〕「災」，原本作「焚」，據通津草堂本改。

宋書符瑞志並有此說。郭注山海經云：「二女靈達，尚能鳥工龍裳，救井廩之難。」南史江斆辭婚表曰：「何瑀闕龍工之姿，其捐軀於深井。」正用其事。皆怪誕不經之言。堯聞徵用，「堯」上，舊校曰：一有「故」字。試之於職，官治職脩，事無廢亂。五帝紀曰：「堯乃試舜五典，百官皆治。」餘注正説篇。使入大麓之野，虎狼不搏，蝮虵不噬；逢烈風疾雨，行不迷惑。此尚書今文説也。見正説篇注。夫人欲殺之，不能害，之毒螫之野，禽蟲不能傷。卒受帝命，踐天子祚。

后稷之時（母），履大人跡，劉先生曰：「時」當爲「母」，御覽三六〇引正作「后稷之母」。是其確證。案書篇亦作「后稷之母」。楊説同。或言衣帝嚳之服，坐息帝嚳之處，盼遂案：「或言」以下二語，蓋仲任自注之辭。孫仲容云：「論衡本有自注。」信然。姙身。御覽九五四引元命包曰：「姜原游閟宮，其地扶桑，履大人跡而生后稷。」注云：「神始從道，道必有跡，而姜原履之，意感，遂生后稷於扶桑之下。」詩生民疏引河圖曰：「姜嫄履大人跡，生后稷。」鄭箋曰：「時有大神之跡，姜嫄履之，足不能滿，履其拇指之處，心體歆歆然。其左右所止住，如有人道感己者也。於是遂有身，而肅戒不復御，後則生子曰棄。」史記周本紀：「姜嫄出野，見巨人跡，心忻然悦，欲踐之，踐之而身動，如孕者。及期而生棄。」列子天瑞篇曰：「后稷生乎巨跡。」春秋繁露三代改制篇曰：「姜原履天之跡，而生后稷。」列女傳曰：「行見巨人跡，好而履之。」公羊宣三年傳何注、楚辭天問王注說並同。生民毛傳曰：「后稷之母，配高辛氏帝焉，從於帝而見於天，將事齊敬也。」不取履大人跡說。又按：毛傳以姜嫄爲帝嚳之妃，后稷爲嚳之子，蓋本大戴禮帝繫篇。孔子家語、世本說同。史記五帝紀及劉歆、班固、賈逵、馬融、服虔、王肅、皇甫謐皆因其說。鄭箋則以姜嫄非帝嚳之妃，后稷非嚳之子，詩疏引張融，更申其說。經義叢鈔載汪家禧說、李惇羣經識小，皆以爲然。仲任此文，亦不據帝繫爲說也。王肅引馬融云：「任身之月，帝嚳崩，後十月而后稷生，蓋遺腹子也。」（見生民疏。）其說又異。蓋無父生子，母系社會如此，解者拘於後世禮俗，故衆說紛歧。**怪而棄之隘巷，**「怪」疑當作「生」，或「怪」上脱一「生」字。姙，懷孕也，尚未出生，何得怪而棄之？詩生民曰：「居然生子，誕寘之隘巷。」周本紀曰：「踐之而身動如孕者，居期而生子，以爲不祥，棄之隘巷。」列子天瑞篇張注：「姜原見大人跡，履之，遂孕，因生后稷。」宋書符瑞志：「姜原見大人迹，履之，遂有身而生男，以爲不祥，棄之阨巷。」案書篇：「姜嫄見大人跡，履之則姙身，生后稷焉。」是諸書紀此事者，必謂其出生後棄之。此文當有「生」字，於義方足。路史後紀九上注引作「嫄衣帝俈之衣，坐帝所而姙，故怪之」。是宋本已誤。**牛馬不敢踐之；寘之冰上，鳥以翼覆之，慶集其身。**「慶」當作「薦」。隸書「薦」作「⿱艹慶」，與「慶」形近而誤。「集」當作「藉」。蓋「薦」譌爲「慶」，淺人則妄改「藉」爲「集」矣。若作「慶集其身」，於義未妥；若作「薦集其身」，意謂鳥雍集身上，則與上文「鳥以翼覆之」，於義爲複。詩生民：「誕寘之寒冰，鳥覆翼之。」毛傳：「大鳥來，一翼覆之，一翼藉之。」楚辭天問王注：「棄之於冰上，有鳥以翼覆薦溫之。」周本紀：「飛鳥以其翼覆薦之。」是諸書紀此事者，並謂鳥以一翼覆其上，以一翼薦藉其下，不使近冰。則此文當作「薦藉其身」無疑。**母知其神怪，乃收養之。長大佐堯，位至司馬。**詩閟宮鄭箋：「后稷長大，堯登用之，使居稷官，後作司馬。」疏引尚書刑德放曰：「稷爲司馬。」御覽二〇九引尚書中候曰：「稷爲大司馬。」皮錫瑞曰：「虞時無司馬，諸書各以意言之。」吴曰：此文及初禀篇、本性篇並以棄爲堯司馬，此據緯説也。堯時本無此官，造緯書者以周官爲比，漢儒信之，故王充、鄭玄皆據以爲説。盼遂案：稷爲司馬，尚書緯刑德放、詩魯頌鄭康成箋皆曾言之，而屈原天問云：「稷爲元子，帝何竺之？投之于冰上，鳥何燠之？何馮弓挾矢，殊能將之？」亦言稷爲司馬總師旅之事也。予著天問校箋詳其事。

**烏孫王號昆莫，**漢書西域傳曰：「昆莫，王號也，名獵驕靡。」師古曰：「昆莫本是王號，而其人名獵驕靡。」**匈奴攻殺其父，**漢書張騫傳，父名難兜靡，爲大月氏所殺。不言匈奴。**而昆莫生，棄於野，烏銜肉往食之。單于怪之，以爲神，而收長〔之〕。**「之」字據史記大宛傳補。**及壯，使兵，數有功，**史記大宛傳、漢書張騫傳「使」下並有「將」字，疑此文脱。**單于乃復以其父之民予昆莫，命令長守於西城。**「命」字涉「令」字僞衍，當據大宛傳删。大宛傳曰：「昆莫之父，匈奴西邊小國也。」單于復以其父之民予昆莫，故曰「長守西城」。此文據史記爲説。漢書張騫傳：「大月氏攻殺難兜靡，奪其地，人民亡走匈奴。子昆莫新生，傅父布就翎侯抱亡置草中，爲求食還，見狼乳之，又烏銜肉翔其旁，以爲神，遂持歸匈奴，單于愛養之。」與史稍異。

夫后稷不當棄，故牛馬不踐，鳥以羽翼覆愛其身；昆莫不當死，故烏銜肉就而食之。

北夷橐離國王侍婢有娠，王欲殺之。孫曰：藝文類聚九、白孔六帖九引並作「高麗」，與魏志東夷傳注作「槀離」同。後漢書作「索離」，注云：「索或作槀。」又與今本論衡同。疑論衡原文作「槀離」，故彙書引作「高麗」，校者或據後漢書改作「橐離」耳。劉先生曰：御覽七三引亦作「高離」。暉按：初學記七引亦作「高離」。婢對曰：「有氣大如鷄子，從天而下，初學記七引作「有氣如鷄子來，吞之」。疑此文「下」下有「吞之」二字，於義方足。御覽七三引作「有氣如鷄子來下之」。類聚九、白帖九引並作「有氣如鷄子來下」。三國志魏志東夷傳注引魏略文同。又後漢書東夷傳作「前見天上有氣大如鷄子來降，我因以有身」。與論衡文同。我故有娠。」「娠」，類聚、白帖、初學記引並作「身」。後産子，捐於猪溷中，猪以口氣噓之，不死；復徙置馬欄中，欲使馬藉殺之，馬復以口氣噓之，不死。王疑以爲天子，隋書百濟傳曰：「以爲神。」令其母收取，奴畜之，名東明，令牧牛馬。東明善射，王恐奪其國也，類聚、白帖、御覽引「奪」並作「害」，魏志注引魏略與此文同。欲殺之。東明走，南至掩淲水，孫曰：「淲」字當從後漢書東夷傳作「淲」。李注云：「今高麗中有蓋斯水，疑此水是也。」「斯」、「淲」音近。魏志注作「施掩水」，當作「掩施水」，文誤倒也。隋書百濟傳作「掩水」。暉按：白帖引作「淹水」，類聚、御覽引作「掩水」，並無「㴲」字。搜神記作「施掩水」，與魏志誤同。盼遂案：「淲」當爲「㴲」，形之誤也。後漢書東夷傳作「掩㴲水」。魏志注引魏略作「掩施水」，今本誤作「施掩水」。梁書高句麗傳、隋書百濟傳、北史百濟傳作「淹滯水」，「施」、「滯」皆與「㴲」聲近也。傳世晉義熙時高麗好大王碑作「夫餘奄利大水」，「利」亦與「㴲」音近。足證「淲」字爲失。**以弓擊水，魚鱉浮爲橋，東明得渡。魚鱉解散，追兵不得渡。因都王夫餘，故北夷有夫餘國焉。**後漢書東夷傳：「夫餘國在玄菟北千里，南與高句驪，東與挹婁，西與鮮卑接，北有弱水，地方二千里，本濊地也。」盼遂案：此段魏略全録其文，見三國魏志夫餘傳注。惟彼文槖離國作槀離國是也。此作「槖」，非。槀離即高麗之同音字。梁書高句麗傳亦寫作「槖」。後漢書扶餘傳誤作「索」，皆坐不知其爲高麗之音而致耳。又按：東明之事，正史外國傳述各族之始祖往往雷同，惟晉安帝義熙十年高麗所立之廣開土好大王紀功碑，及魏書高句麗傳之説爲至奇，且足與論衡互校。今迻録之如次。碑云：「惟昔始祖鄒牟之創基也，出自北夫餘天帝之子。母河伯女郎，剖卵降出，生子有聖才。□□□□□命駕巡車南下，路由夫餘，奄利大水。王臨津言曰：『我是皇天之子、母河伯女郎鄒牟王，爲我連葭浮龜。』應聲即爲連葭浮龜。然後造渡于沸流谷，忽本西城山上而建都焉。永東□位，因遣黃龍下來迎王。王子忽本東岡，黃龍負升天」云云。魏書云：「高句麗者，出於夫餘，自言先祖朱蒙。朱蒙，母河伯女，爲夫餘王閉於室中，爲日〔一〕所照，引身避之，日影又逐。既而有孕，生一卵，大如五升。夫餘王棄之與犬，犬不食。棄之與豕，豕又不食。棄之於路，牛馬避之。後棄之野，衆鳥以毛茹之。夫餘王割剖之，不能破，遂還其母。以物裹之，置於暖處，有一男破殼而出。及其長也，字之曰朱蒙，其俗言『朱蒙』者，善射也。夫餘人以朱蒙非人所生，將有異志，請除之，王不聽。夫餘之臣又謀殺之。朱蒙母陰知，告朱蒙曰：『國將害汝，以汝才略，宜遠適四方。』朱蒙乃棄夫餘，東南走。中道遇一大水，欲濟無梁，夫餘人追之甚急。朱蒙告水曰：『我是日子，河伯外孫，今日逃走，追兵垂及，如何得濟？』於是魚鱉並浮，爲之成橋，朱蒙得渡，魚鱉乃解，追騎不得渡。朱蒙遂至普述水，遇見三人，其一人著麻衣，一人著納衣，一人著水藻衣，與朱蒙至紇升骨城，遂居焉，號曰高句麗，因以爲氏焉。」**東明之母初妊時，見氣從天下。及生，棄之，猪馬以氣吁之而生之。長大，王欲殺之，以弓擊水，魚鼈爲橋。天命不當死，故有猪馬之救；命當都王夫餘，故有魚鼈爲橋之助也。**

**伊尹且生之時，其母夢人謂己曰：「臼出水，疾東走，毋顧！」**「毋」舊作「母」。楊曰：「母」當作「毋」，程本作「母」誤。暉按：楊說是也。各本誤同，朱校元本字正作「毋」。呂氏春秋本味篇作「毋顧」。楚辭天問王注、列子天瑞篇注並作「無顧」。今據正。**明旦，視臼出水，即**

〔一〕「日」，原本作「月」，據魏書改。下同。

東走十里。楊曰：「即」，坊本訛作「既」。暉按：各本並誤，朱校元本、天啓本作「即」，與此本同。顧其鄉，皆爲水矣。伊尹命不當没，故其母感夢而走。推此以論，歷陽之都，見命義篇。其策命若伊尹之類，「策」疑爲「秉」形譌。必有先時感動在他地之效。「在」當作「去」。「去」一作「厺」，與「在」形近而誤。此蒙上伊尹母感夢去鄉東走爲文，若作「感動在他地」，則文無義矣。

齊襄公之難，見左莊八年傳。桓公爲公子，與子糾争立。管仲輔子糾，鮑叔佐桓公。管仲與桓公争，引弓射之，中其帶鉤。史記齊世家：「魯聞無知死，發兵送公子糾，而使管仲别將兵遮莒道，射中小白帶鉤。小白佯死。」夫人身長七尺，帶約其要，古腰字。鉤挂於帶，在身所掩，不過一寸之内，既微小難中，又滑澤銛靡，鋒刃中鉤者，莫不蹉跌。管仲射之，正中其鉤中，矢觸因落，楊曰：「中矢」之「中」疑衍，或屬上讀。暉按：朱校元本「矢」作「矣」，疑爲「矣」之壞字，屬上讀。不跌中旁肉。命當富貴，有神靈之助，故有射鉤不中之驗。

楚共王有五子：子招、春秋經傳及國語並作「昭」。子圉（圍）、「圉」疑爲「圍」之形誤，下同。左昭四年傳、史記楚世家、諸侯年表並作「圍」。子干、子晳、棄疾。盼遂案：「子圉」爲「子圍」之譌。左昭元年傳及史記楚世家皆作「子圍」。又「子干」當作「子比」，蓋子比字子干也。五人皆有寵，共王無適立，乃望祭山川，請神決之。乃與巴姬埋璧於太室之庭，史記集解引賈逵曰：「巴姬，共王妾。」杜預曰：「太室，祖廟也。」令五子齊而入拜。「齊」音「齋」。康王跨之；集解引服虔曰：「兩足各跨璧一邊。」子圍（圍）肘加焉；子干、子皙皆遠之；棄疾弱，抱而入，再拜皆壓紐。廣雅曰：「紐謂之鼻。」鄭注周禮曰：「紐，小鼻也。」故共王死，招爲康王，至子失之；史記曰：「子員立，圍絞而殺之。」圍（圍）爲靈王，及身而弑；左昭十三年傳：「王縊於芋尹申亥家。」子干爲王，十有餘日；子干立爲初王，聞棄疾至，自殺。子皙不立，又惧（俱）誅死，「惧」宋本作「俱」，朱校元本同。楊曰：程本作「懼」，與此並誤。暉按：楚世家云：「子皙不得立，又俱誅。」即此文所本。宋、元本作「俱」，是也，當據正。盼遂案：「惧」當依史記楚世家改作「俱」字。「俱誅死」者，子招、子圍、子干、子皙皆不得其死也。皆絶無後。棄疾後立，竟續楚祀，如其神符。其王日之長短，與拜去璧遠近相應也。夫璧在地中，五子不知，相隨入拜，遠近不同，壓紐若神將教跽（諰）之矣。先孫曰：「跽」當爲「諰」。說文言部：「諰，誡也。」

晉屠岸賈作難，誅趙盾之子。史記趙世家：「屠岸賈與諸將攻趙氏於下宮，殺趙朔、趙同、趙括、趙嬰齊。」朔死，其妻有遺腹子。趙世家：「趙朔妻成公姊，有遺腹。」考要曰：「同、括死時，已有趙武，無遺腹之說，未知史遷何據。」及岸賈聞之，索於宮。母置兒於袴中，祝曰：「趙氏宗滅乎？若當啼；即不滅，「即」猶「若」也。若無聲。」及索之，而終不啼，遂脱得活。程嬰齊負之，負匿山中，乃程嬰事。同此難者，有趙嬰齊，故誤混耳。「齊」字當據史記趙世家、説苑復恩篇、新序節士篇删。匿於山中。盼遂案：史記趙世家、説苑復恩篇皆作程嬰，則此處「齊」字爲衍文。或古人命名以齊字爲副詞，可增可減，如六朝時之某之、某僧、某道等矣。吴承仕曰：「齊」應作「齎」。食貨志「行者齎」，顔注云：「齎謂將衣食之具以自隨也。」本其義。至景公時，韓厥言於景公，景公乃與韓厥共立趙孤，續趙氏祀，是爲文子。據史記文，趙世家、韓世家以景公三年屠岸賈殺趙朔，程嬰、公孫杵臼匿趙孤十五年。左傳以魯成公五年，即晉景公十四年，爲通莊姬放嬰齊；八年，即景公十七年，莊姬譖討同、括，即以韓厥言立武反田。與史全異。史通申左篇、容齋隨筆十、困學紀聞十一、七修類稿下、方以智通雅並辯其誤。又韓世家、趙世家、年表俱以晉景公三年殺趙同、趙括，十七年復趙武田。晉世家則以景公十七年誅趙同、趙括，以韓厥言復武田。獨與左傳相合。是史遷自有抵牾。劉向、王充俱據之不疑，非也。當趙孤之無聲，若有掩其口者矣。由此言之，趙文子立，命也。

高皇帝母曰劉媪，嘗息大澤之陂，夢與神遇。王鳴盛曰：「毛詩草蟲云：『亦既覯止。』傳云：『覯，遇也。』鄭箋引易：『男女覯精。』夢與神遇，謂此也。」按：奇怪篇、雷虚篇並謂「與龍遇」，爲龍施氣，是漢人讀「遇」爲「覯精」之證。是時雷電晦冥，蛟龍在上。及生而有美

〔質〕。舊校曰：一有「質」字。暉按：有「質」字是也。史記高祖本紀：「高祖爲人，隆準龍顏，美須髯，左股有七十二黑子。」即此所謂有「美質」也。當據補。性好用酒，盼遂案：「用」爲「𠶷」之借字。説文：「𠶷，用也。从亯，从自。自知臭。亯，所食也。」嘗從王媪、武負貰酒，漢書注，如淳曰：「武，姓也。俗謂老大母爲阿負。」章太炎文始八曰：「負即婦字，老母稱婦也。」飲醉止卧，媪、負見其身常有神怪。每留飲醉，「醉」，朱校元本、天啓本、程本並同。錢、黄、王、崇文本並作「酒」。史記云：「每酤留飲。」酒售數倍。後行澤中，手斬大虵，一嫗當道而哭云：朱校元本「哭」作「泣」。「赤帝子殺吾子。」此驗既著聞矣。秦始皇帝常曰：「東南有天子氣。」於是東遊以厭當之。高祖之氣也，盼遂案：宋本「氣」作「起」。與吕后隱於芒、碭山澤間。吕后與人求之，見其上常有氣直起，往求，輒得其處。史記高祖紀：「高祖即自疑，亡匿，隱於芒、碭山澤巖石之間，吕后與人俱求，常得之。」後與項羽約，先入秦關，王之。史記高祖紀：「懷王令沛公西略地，入關，與諸將約，先入定關中者，王之。」韋昭曰：「函谷、武關也。」高祖先至，項羽怨恨。高祖紀：「項羽率諸侯兵西，欲入關，關門閉。聞沛公已定關中，大怒，使黥布等攻破函谷關。」范增曰：「吾令人望其氣，氣皆爲龍，成五采。此皆天子之氣也，急擊之。」語見項羽本紀。御覽八七引楚漢春秋曰：「項王在鴻門，而亞父諫曰：『吾使人望沛公，其氣衝天，五彩相糺，或似雲，或似龍，或似人，此非人臣之氣也，不若殺之。』」高祖往謝項羽，羽與亞父謀殺高祖，使項莊拔劍起舞。項伯知之，因與項莊俱起，每劍加高祖之上，項伯輒以身覆高祖之身，楊曰：「項」，宋本作「者」，屬上讀。朱校元本同。劍遂不得下，殺勢不得成。會有張良、樊噲之救，卒得免脱，事見項羽紀。遂王天下。初妊身，有蛟龍之神；既生，酒舍見雲氣之怪；夜行斬蛇，蛇嫗悲哭；始皇、吕后望見光氣；項羽謀殺，項伯爲蔽，謀遂不成，遭得良、噲，蓋富貴之驗，氣見而物應，人助輔援也。盼遂案：「助」下當有「而」字，與上句一律。

竇太后弟名曰廣國，年四五歲，家貧，爲人所掠賣，其家不知其所在。傳賣十餘家，至宜陽，爲其主人入山作炭。暮寒，史記外戚世家無「暮」字。漢書無「寒」字。卧炭下百餘人，炭崩盡壓死，孫曰：漢書竇皇后傳「炭」並作「岸」。但廣國爲主人入山作「炭」，故卧炭下也。本書刺孟篇云：「竇廣國與百人俱卧積炭之下，炭崩，百人皆死。」可知論衡原文作「炭」，不作「岸」也。疑漢書「岸」字誤。或即傳聞之異。暉案：史記外戚世家字亦作「岸」。廣國獨得脱。自卜數日當爲侯。孫曰：漢書亦作「日」。劉敞、周壽昌並謂「日」當作「月」，是也。此「日」字亦「月」字之誤。暉按：史記亦作「日」字。從其家之長安，謂從其主人家。聞竇皇后新立，家在清河觀津，乃上書自陳。竇太后言於景帝，召見問其故，言問其往事。果是，乃厚賜之。史記外戚世家：「厚賜田宅金錢。」文帝立，拜廣國爲章武侯。孫曰：「景」、

「文」二字當互易。少君見竇后，在文帝時。景帝立，乃封少君爲章武侯。今以文帝後於景帝，其誤殆可知矣。**夫積炭崩，百餘人皆死，廣國獨脱，命當富貴，非徒得活，又封爲侯。**

**虞子大，**虞延字子大，見後漢書本傳。御覽十五引作「陳留虞延字君大」。（此從張本。趙本、明鈔本並作「君人」。）御覽四三三引東觀漢記亦云「字君大」。（今本列傳十二作「子大」。）**陳留東莞（昏）人也。**先孫曰：後漢書云：「虞延字子大，陳留東昏人也。」蔡中郎集陳留索昏庫上里社銘云：「永平之世，虞延子大（今本挩「大」字，據羅以智蔡集舉正校補。）爲太尉司徒。」續漢書郡國志：「東昏屬陳留郡，東莞屬琅邪國。」此云「東莞」，誤也。當據范書及蔡集訂正。**其生時以夜，適免母身，母見其上若一疋練狀，經上天。**孫曰：「經」當作「徑」。御覽十五引正作「徑」。劉先生曰：御覽引作「母見其上，氣如一疋絹」。可據增「氣」字。「經」、「徑」古通。暉案：本傳作「其上有物，若一疋練」，「氣」字蓋御覽引增。**明以問人，人皆曰：「吉。」貴氣與天通，**御覽引無「貴」字。**長大仕宦，位至司徒公。**本傳：「永平八年，代范遷爲司徒。」後漢紀九作「六年」。

**廣文伯，**御覽三六一引「廣」作「唐」。**河東蒲坂人也。其生亦以夜半時，適生，有人從門呼其父名，父出應之，不見人，有（見）一木杖，**「有」當作「見」，各本並誤。「一木」，朱校元本、天啓本同。別本並誤作「大木」。「不見人，見一木杖」，文方相生。御覽三六一引正作「見一木杖」，當據正。**植其門側，好善異於衆。**盼遂案：悼厂云：「此五字不知何處錯簡。」五字所以狀木杖之美也，初非錯簡。**其父持杖入門以示人，人占曰：**御覽引「占」上無「人」字。**「吉。」文伯長大學宦，位至廣漢太守。文伯當富貴，故父得賜杖，其占者若曰〔以〕杖當〔得〕子〔之〕力矣。**劉先生曰：「杖當子力矣」，義不可通。御覽三六一引作「以杖當得子之力矣」，於義爲長，今本「當」下疑脱「得」字。暉按：「其占者若曰」五字，蓋爲「人占曰」注語，誤入正文。「文伯當富貴，故父得賜杖，以杖當得子之力矣」，乃仲任揭明人禀貴命，必有吉驗之旨，（本篇各節文例可證。）非占者之言。御覽三六一引作「入門，以示人。占曰：『吉。』文伯位至廣漢太守，以杖當得子之力矣」。則「杖當子力」，非占者之言，而「其占者若曰」五字爲衍文，明矣。今據删。「以」字、「得」字、「之」字，並依御覽引增。

**光武帝，建平元年十二月甲子生於濟陽宫後殿第二内中，**東觀漢記帝紀一：「濟陽有武帝行過宫，常封閉，帝將生，皇考以令舍下濕，開宫後殿居之。」蔡邕光武濟陽宫碑文同。並與此合。後漢書光武紀論謂生於縣舍。漢書武帝紀注：「内中，謂後庭之室。」**皇考爲濟陽令，時夜無火，室内自明。**東觀漢記：「有赤光照室中，明如晝。」**皇考怪之，即召功曹吏（史）充蘭，使出問卜工。**先孫曰：骨相篇（當作初禀篇。下注同。）亦説此事，「功曹吏」作「功曹史」。**蘭與**攷續漢書百官志云：「郡有功曹史，主選署功勞。縣邑諸曹，略如郡員。」則當作「功曹史」。

**馬下卒蘇永俱之卜王長孫所。**先孫曰：「馬下卒」，骨相篇作「軍下卒」，未知孰是。蔡邕光武濟陽宮碑云：「使卜者王長卜之。」後漢書光武紀論同，皆無「孫」字。宋書符瑞志亦作「王長」。暉按：東觀漢記亦作「王長」，沈濤銅熨斗齋隨筆四曰：論衡作「王長孫」，蓋范書傳寫挩一「孫」字。**長孫卜，謂永、蘭曰：「此吉事也，毋多言。」是歲，有禾生〔屋〕景天備火中，**先孫曰：「景天備火中」，字有挩誤。後漢書作「是歲，縣界有嘉禾生」。「景天」疑即「界內」二字之誤。宋書符瑞志又云：「嘉禾生產屋景天中。」暉按：奇怪篇亦述此事，云：「嘉禾生於屋。」恢國篇云：「嘉禾滋於屋。」是論衡所紀，原與范書不同。宋書蓋即本此。孫氏據范書以改此文，非也。「景天」，草名。「備火」蓋「景天」旁注，誤入正文。通志昆蟲草木略一，草類：「景天曰戒火，曰火母，曰救火，曰據火，曰慎火，今人皆謂之慎火草。植弱而葉〔一〕嫩，種之階庭，能辟火。」宋志作「嘉禾生產屋景天中」，是所見本尚不誤，今據正。**三本一莖九穗，長於禾一二尺，蓋嘉禾也。元帝之初，有鳳凰下濟陽宮，**宋書符瑞志：「哀帝建平元年十二月甲子，光武將產，鳳凰集濟陽。」本書指瑞篇：「光武皇帝生於成、哀之際，鳳凰集於濟陽之地。」則元帝爲哀帝之誤可知矣。**故〔訖〕今濟陽宮有鳳凰廬。**「故」上舊校曰：一有「訖」字。吳曰：原校「訖」字當在「故」字下。東觀漢

〔一〕「葉」，原本作「業」，據通志改。

記：「光武生於濟陽，先是鳳凰集濟陽，故宮中皆盡畫鳳凰。」始與李父等俱起，光武紀：「宛人李通等以圖讖説光武，遂與定謀，乃市兵弩，與李通從弟軼等起於宛。」「父」疑爲「軼」之壞字。東觀漢記曰：「宛大姓李伯玉。」後漢書李通傳：「通士君子相慕也。」又云：「常遣使者以太牢祠通父冢。」此云「李父」，或當時所習稱於通者。盼遂案：「父」爲「公」之誤。李公謂李通、李軼兄弟也。仲任于先烈多稱公，如黄霸亦稱黄公矣。見本書偶會篇。桓譚新論亦稱王莽爲王翁。到柴界中，柴界未聞。盼遂案：「柴」即今俗「寨」字，王維輞川鹿柴是也。遇賊兵惶惑，蓋即甄阜、梁丘賜。走濟陽舊廬。比到，見光若火，正赤，在舊廬道南，光耀憧憧上屬天，有頃，不見。「憧」，王本、崇文本作「幢」，字通。東觀漢記：「帝歸舊廬，望見廬南若火光，以爲人持火，呼之，光遂盛，幢幢上屬天，（此依御覽八七二引，今本作「赫然屬天」。）有頃不見，異之。」盼遂案：後漢書光武紀論云：「及始起兵還舂陵，遠望舍南，火光赫然屬天，有頃不見。」與仲任所説蓋一事，而舂陵之地爲合。此云「濟陽舊廬」，有乖當日情實。王莽時，謁者蘇伯阿能望氣，使過舂陵，「舂」誤作「春」，下同。此據宋本、崇文本改。城郭鬱鬱葱葱。見光武紀論。及光武到河北，東觀漢記：「以帝爲大司馬，遣之河北，安集百姓。」與伯阿見，問曰：「卿前過舂陵，何用知其氣佳也？」伯阿對曰：「見其鬱鬱葱葱耳。」蓋天命當興，聖王當出，前後氣驗，照察明著。盼遂案：「照」當是「昭」之誤。

繼體守文，因據前基，後漢書明帝紀注：「創業之主，則尚武功，以定禍亂。其繼體而立者，則守文德。」穀梁傳曰：「承明繼體，則守文之君也。」稟天光氣，驗不足言。「光」，王本、崇文本作「之」。創業龍興，易乾卦文言曰：「時乘六龍以御天。」東京賦：「乃龍飛於白水。」由微賤起於顛沛，若高祖、光武者，曷嘗無天人神怪光顯之驗乎？

# 論衡校釋卷第三

## 偶會篇

命，吉凶之主也，自然之道，適偶之數，非有他氣旁物厭勝感動使之然也。非有他氣感動，旁物厭勝也。厭讀作「壓」。

世謂子胥伏劍，注見逢遇篇。屈原自沉，注見書虛篇。子蘭、宰嚭誣讒，史記屈原傳：「令尹子蘭使上官大夫短屈原於頃襄王。」伯嚭爲吴太宰，故曰宰嚭。餘注見逢遇。吴、楚之君冤殺之也。冤，謂楚頃襄王放逐屈原。殺，謂夫差殺子胥。偶二子命當絶，盼遂案：「偶」字當在「命」字下。下文「二子之命，偶自不長」，同一語法。子蘭、宰嚭適爲讒，而懷王、夫差適信姦也。屈原初放，是懷王信上官大夫之讒。聽子蘭之言而再放，乃在頃襄王時。此承上子蘭誣讒爲文，而言懷王，失之。君適不明，臣適爲讒，二子之命，偶自不長，二偶三合，「三」讀作「參」。寒温篇：「二偶參合，遭適逢會。」（今誤作「二令參偶」。）似若有之，其實自然，非他爲也。

夏、殷之朝適窮，桀、紂之惡適稔；稔，熟也。商、周之數適起，湯、武之德適豐。關龍逢殺，竹書：「帝癸三十年，殺其大夫關龍逢。」通志曰：「桀有暴臣子辛陵轢諸侯，諛臣左師曹觸龍讒賊忠良。關龍逢引黃圖以諫，桀曰：『子又妖言矣。』於是焚黃圖，殺龍逢。」箕子、比干囚死，箕子爲囚奴。比干諫而死。當桀、紂惡盛之時，亦二子命訖之期也。任伊尹之言，納呂望之議，湯、武且興之會，亦二臣當用之際也。人臣命有吉凶，賢不肖之主與之相逢。文王時當昌，呂望命當貴；高宗治當平，傅說德當遂。墨子尚賢中：「傅說被褐帶索，庸築乎傅巖，武丁得之，舉以爲三公，與接天下之政，治天下之民。」非文王、高宗爲二臣生，呂望、傅說爲兩君出也。君明臣賢，光曜相察，上脩下治，度數相得。度數，謂天之歷數。相得，猶言相中、相合也。漢人常語。下「相得」同。

顏淵死，子曰：「天喪予。」子路死，子曰：「天祝予。」公羊哀十四年傳，何注：「祝，斷也。天生顏淵、子路爲夫子輔佐，皆死者，天將亡夫子之證。」此說仲任不取，故於此及問孔篇並辯之。孔子自傷之辭，非實然之道也。孔子命不王，二子壽不長也。不王不長，所稟不同，度數並放，大戴禮曾子大孝篇注：「放猶至。」盼遂案：吳承仕曰：「『放』字無義，疑當爲『效』，形近之譌也。下文『二龍之祅當效』即其證。」適相應也。二龍之祅當效，周厲適闓櫝；「闓」即「開」字，韋昭曰：「櫝，匱也。」褒姒當喪周國，幽王禀性偶惡。事見國語鄭語及史記周本紀。非二龍使厲王發孽，褒姒令幽王愚惑也，遭逢會遇，自相得也。

僮謡之語當驗，鬬雞之變適生；鸜鵒之占當應，魯昭之惡適成。僮謡之語，見本書異虚篇。左昭二十五年傳：季、郈之雞鬬，季氏介其雞，郈氏爲之金距，平子怒，且讓之，故郈昭伯亦怨平子。又季氏之族有淫妻爲讒，使季平子與族人相惡，皆共譖平子，昭公遂伐季氏，爲所敗，出奔齊。漢五行志曰：「先有鸜鵒之謡，而後有來巢之驗。」穀梁昭二十五年傳注引劉向曰：「去穴而巢，此陰居陽位，臣逐君之象也。」仲任不取此説。非僮謡致鬬競，鸜鵒招君惡也，期數自至，人行偶合也。

堯命當禪舜，丹朱爲無道；虞統當傳夏，商均行不軌。非舜、禹當得天下，能使二子惡也，美惡是非適相逢也。

火星與昴星出入，堯典：「日永星火，以正仲夏。」孔傳：「謂夏至之日，火蒼龍之中星，以正仲夏之氣節。」又曰：「日短星昴，以正仲冬。」孔傳：「冬至之日，昴白虎之中星，以正冬節。」昴星低時火星出，昴星見時火星伏，鄭樵六經奥論曰：「凡言見者，見於辰也。凡言伏者，伏於戌也。不特火星爲然，諸星亦然。」非火之性厭服昴也，「厭」讀「壓」。時偶不並，度轉乖也。

正月建寅，斗魁破申，檀弓上疏引春秋斗運樞曰：「北斗七星，第一天樞，第二旋，第三機，第四權，第五衡，第六開陽，第七摇光。第一至第四爲魁，第五至第七爲杓。」非寅建使申破也，轉運之衡衡，北斗也。即書「璿璣玉衡」之衡。漢書律曆志曰：「衡，平也，其在天也，佐助旋機，（北極也。）斟酌建指，以齊七政，故曰玉衡。」後漢書天文志注引星經曰：「璇璣，謂北極星也。玉衡，謂斗九星也。」偶自應也。淮南子天文訓：「寅爲建，主生。申爲破，主衡。」此爲建除法，由太陰推合日辰，故曰偶自然也。

父殁而子嗣，姑死而婦代，非子婦〔嗣〕代代吴曰：「代代」疑當作「嗣代」。或衍一「代」字。使父姑終殁也，老少年次，自相承也。世謂秋氣擊殺穀草，穀草不任，凋傷而死。此言失實。夫物以春生夏長，秋而熟老，適自枯死，陰氣適盛，與之會遇。何以驗之？物有秋不死者，生性未極也。人生百歲而終，物生一歲而死，〔物〕死謂陰氣殺之，據下文「死」上補「物」字。人終觸何氣而亡？論者猶或謂鬼喪之。夫人終鬼來，物死寒至，皆適遭也。人終見鬼，或見鬼而不死；物死觸寒，或觸寒而不枯。

壞屋所壓，崩崖所墜，非屋精崖氣殺此人也，屋老崖沮，命凶之人，遭㞳適履。

盼遂案：「㞳」即「居」之俗體字。

月毁於天，螺消於淵。注說日篇。盼遂案：大戴禮本命篇「蚌蛤龜珠與月盛虚」，盧辯注：「月者太陰之精，故龜蛤之屬隨之以盛虧。」風從虎，雲從龍。淮南天文訓，高注：「虎，土物也。風，木風也。木生於土，故虎嘯而谷風至。龍，水物也，雲生水，故龍舉而景雲屬。」又許注曰：（文選廣絶交論注引。）「虎，陰中陽獸，與風同類。」又云：（御覽九二九引。）「龍，陽中陰蟲，與雲同類。」楚詞七諫謬諫王注：「虎，陽物也。谷風，陽氣也。虎悲嘯而吟，則谷風至而應其類也。龍，介虫，陰物也，雲亦陰也。神龍將舉陞天，則景雲覆而扶之，輔其類也。」春秋元命苞曰：「猛虎嘯，谷風起，類相動也。龍之言萌也，陰中之陽也，故言龍舉而雲興。」又管輅别傳：「輅言龍者陽精，以潛爲陰，幽靈上通，和氣感神，二物相扶，故能興雲。虎者陰精，而居于陽，依木長嘯，動於巽林，二氣相感，故能運風。」並與許氏義同。同類通氣，性相感動。

若夫物事相遭，吉凶同時，偶適相遇，非氣感也。

殺人者罪至大辟。殺者罪當重，死者命當盡也。故害氣下降，囚（凶）命先中；「囚」當作「凶」，涉下諸「囚」字而誤。「凶命」與下「厚禄」相對成義。聖王德施，厚禄先逢。是故德令降於殿堂，命長之囚，出於牢中。天非爲囚未當死，使聖王出德令也，聖王適下赦，拘囚適當免死。猶人以夜卧晝起矣，夜月（日）光盡，「夜月光盡」，於理不通，「月」爲「日」之形譌。「夜日光盡」，與下「晝日光明」相對成義。不可以作，人力亦倦，欲壹休息；

晝日光明，人卧亦覺，力亦復足。非天以日作之，以夜息之也，作與日相應，息與夜相得也。

鴈鵠集於會稽，説文鳥部：「鴈，鵝也。」隹部：「雁，鳥也。」許義雁爲鴻雁，鴈爲家禽之鵝，即莊子命豎子殺鴈而烹之者。此鴈當作「雁」，然字不分久矣。去避碣石之寒，通鑑地理通釋：「碣石有三：騶衍如燕，昭王築碣石宫，在幽州薊縣西三十里，寧臺之東，是宫名，非山也。秦築長城，所起曰碣石，此在高麗界中，名爲左碣石。其在平州南三十里者，即古大河入海處，爲禹貢之碣石，亦曰右碣石。」來遭民田之畢，説文：「畢，田网也。」又「率」字下曰：「捕鳥畢也。」是畢爲掩鳥器。小雅毛傳以爲掩兔者，蓋可兩用。蹈履民田，啄食草糧。「啄」，通津本及各本並譌作「喙」，先孫曰：當作「啄」。暉按：宋本、朱校元本正作「啄」，今據正。糧盡食索，春雨適作，避熱北去，復之碣石。儀禮士相見禮疏：「鴈以木落南翔，冰泮北徂，隨陽南北。」象耕靈陵，先孫曰：零、靈字通。史記五帝本紀集解引皇覽云：「舜冢在零陵營浦縣。」傳曰：『舜葬蒼梧，象爲之耕。』」亦如此焉。傳曰：「舜葬蒼梧，象爲之耕。禹葬會稽，鳥爲之佃。」「鳥」，朱校元本、鄭本同。天啓、錢、王、崇文本並誤作「烏」。餘注書虚篇。失事之實，虚妄之言也。辯見書虚篇。

丈夫有短壽之相，娶必得早寡之妻；早寡之妻，嫁亦遇夭折之夫也。世曰：

「男女早死者，夫賊妻，妻害夫。」非相賊害，命自然也。使火燃，以水沃之，可謂水賊火。火適自滅，水適自覆，兩名各自敗，陳世宜曰：「名」即「各」字之譌衍。不爲相賊。盼遂案：「名」爲「者」字之誤。「兩者」謂火與水也。孫人和引陳世宜說，謂「名」爲衍字，大非。吴承仕曰：「『名』疑應作『召』。下文云『與此同召』，是其證。」今男女之早夭，非水沃火之比，適自滅覆之類也。賊父之子，妨兄之弟，與此同召。同宅而處，氣相加凌，羸瘠消單，說文：「殫，極盡也。」「單」，「殫」之借字。至於死亡，何（可）謂相賊。「何」當作「可」。「可謂相賊」，與上「可謂水賊火」文例相同，與下「相賊如何」，義正相承。盼遂案：吴承仕曰：「『何』字當作『可』。上文『以水沃〔一〕火，可謂水賊火』，此云『氣相加凌』，『可謂相賊』，文義正同。誤『可』爲『何』，失之遠矣。」或客死千里之外，兵燒厭溺，氣不相犯，相賊如何？王莽姑姊正君，「姊」字衍。骨相篇正作「王莽姑正君」。漢書王莽傳：「王莽，孝元皇后之弟子也。」莽父王曼，曼乃正君之弟。元后傳：「孝元皇后，王莽之姑也。」「正君」，骨相篇同。元后傳作「政君」，字通。許嫁二夫，盼遂案：「姊」字衍文。正君，元后字。莽乃正君兄王曼之子也。下骨相篇云「王莽姑正君」。二夫死，骨相篇：「許嫁，至期當行時，夫輒死，如此者再。」元后傳：「嘗許嫁未行，所許

〔一〕「沃」，原本作「治」，形近而誤，據正文改。

者死。」前漢紀三同，未言「如此者再」。**當適趙而王薨。**元后傳：「後東平王聘政君爲姬，未入，王薨。」此云「趙王」，骨相篇同。與班書異。按：諸侯王表：「東平思王宇，宣帝子，甘露二年十月乙亥立，三十二年薨。」（鴻嘉元年。）元后傳：「政君，宣帝本始三年生。五鳳中，獻政君入掖庭，年十八矣。」甘露在五鳳後，時政君已入宮，而東平王未立，班氏或誤。然以景十三王傳及諸侯王表攷之，趙敬肅王彭祖後，頃王昌、懷王尊及共王充，皆與王政君年歲不相值。即哀王高以地節四年薨，而是年政君甫六歲，亦不能娶爲妃也。此外又無相當之「趙王」。疑漢書「東平王」乃「平干王」之誤。十三王傳曰：「武帝立敬肅王小子偃爲平干王，（孟康曰：「即廣平。」）是爲頃王，十一年薨。子繆王元嗣，二十五年薨。」諸侯王表曰：「五鳳二年薨。」正政君入掖庭之前二年，與論衡所言情形亦合。豈以元爲趙敬肅王孫，故亦謂之「趙王」歟？**氣未相加，遥賊三家，何其痛也！**漢書食貨志注，晉灼曰：「痛，甚也。」**黄〔次〕公取鄰巫之女，**先孫曰：「黄公」當作「黄次公」，漢書循吏傳：「黄霸字次公。」下文及骨相篇並不挩。**卜(世)謂女相貴，**「卜」當作「世」。相者只謂女相貴，未言因女相貴而次公乃貴也。漢書本傳及後骨相篇可證。下文「世謂宅有吉凶」云云，「世謂韓信、張良」云云，「世謂賴倪寬」云云，文例同。朱校元本「卜」作「工」，疑即「世」之壞字。漢書本傳：「霸少爲陽夏游徼，與善相人者共載出，見一婦人，相者言此婦人當富貴，霸推問之，乃其鄉里巫家女，即娶爲妻。」**故次公位至丞相。**本傳：「五鳳三年，代丙吉爲丞相。」盼遂案：吴承仕曰：「意林引此文作『黄次公』，孫失檢。」**其實不然。次公當貴，行與女會；女亦**

自尊，故入次公門。偶適然自相遭遇，時也。文有衍誤。上文「度數並放，適相應也」；「遭逢會遇，自相得也」；「老少年次，自相承也」，疑此句法，當與彼同。

無禄之人，商而無盈，農而無播。非其性賊貨而命妨榖也，干禄字書：「榖，穀俗字。」盧文弨鍾山札記三：「穀」作「榖」，見風俗通皇霸篇、呂氏春秋九月紀高注、齊民要術卷十引海内經字从「殸」，其从「㱿」者，轉寫失之。盼遂案：「穀」作「榖」，乃漢以來別字。史晨後碑「王家穀」，「穀」作「榖」。命貧，居無利之貨；禄惡，殖不滋之榖也。世謂宅有吉凶，徙有歲月，實事則不然。辯見難歲篇、詰術篇。天道難知，假令有〔之〕，命凶之人，當衰之家，治宅遭得不吉之地，移徙適觸歲月之忌。「有」下脱「之」字。奇怪篇：「空虚之象，不必有實。假令有之，或時熊羆先化爲人，乃生二卿。」變虚篇：「此非實事也。假使真然，不能至天。」祭意篇：「實論之以爲人死無知，其精不能爲鬼。假使有之，與人異食。」譏日篇：「天道難知。假令有之，諸神用事之日也。」難歲篇：「地形難審。假令有之，亦一難也。」文例正同。一家犯忌，口以十數，坐而死者，必禄衰命泊之人也。

推此以論，仕宦進退遷徙，可復見也。時適當退，君用讒口；時適當起，賢人薦己。故仕且得官也，楊曰：「仕」讀爲「士」。君子輔善；且失位也，小人毀奇。公伯寮愬子路於季孫，孔子稱命；魯人臧倉讒孟子於平公，孟子言天。論語憲問篇：「子曰：

『道之將行也與，命也。道之將廢也與，命也。公伯寮其如命何？』」餘注累害篇、命祿篇。道未當行，與讒相遇；天未與己，惡人用口。故孔子稱命，不怨公伯寮；孟子言天，不尤臧倉，誠知時命當自然也。「自」字於義未妥，傳寫意增。治期篇：「天地歷數當然也。」句義同。

推此以論，人君治道功化，可復言也。命當貴，時適平；期當亂，祿遭衰。治亂成敗之時，與人興衰吉凶適相遭遇。義詳治期篇。

因此論聖賢迭起，猶此類也。聖主龍興於倉卒，後漢書光武紀注：「倉卒，謂喪亂也。」良輔超拔於際會。世謂韓信、張良輔助漢王，故秦滅漢興，高祖得王。夫高祖命當自王，信、良之輩時當自興，兩相遭遇，若故相求。是故高祖起於豐、沛，豐、沛子弟相多富貴，注見命義篇。非天以子弟助高祖也，命相小大，適相應也。趙簡子廢太子伯魯，立庶子無恤，事詳紀妖篇。無恤遭賢，命盼遂案：「賢」爲「貴」之形誤，上下文言「貴命」多矣。亦當君趙也。世謂伯魯不肖，不如無恤。伯魯命當賤，知慮多泯亂也。泯亦亂也。韓生仕至太傅，世謂賴倪寬，事見骨相篇。實謂不然，太傅當貴，遭與倪寬遇也。趙武藏於袴中，終日不啼，事見吉驗篇。非或掩其口，閼其聲也，命時當生，睡臥遭出也。故軍功之侯，必斬兵死之頭；曲禮：「死寇曰兵。」釋名：「戰死曰兵。」富家之商，必奪貧室之財。盼遂案：「兵死」二字誤倒，「死兵」與「貧室」對文。削土免侯，罷退令相，萬户以上爲令。罪法明白，舊作「曰」，從天啓、錢、黄、鄭、王、崇文本正。禄秩適極。故厲氣所中，盼遂案：「罷退令相」，當是「罷令退相」之譌。上句「削土免侯」，正其偶文。又案：「曰」爲「白」之誤譌。程榮本作「白」。必加命短之人；凶歲所著，朱校元本作「苦」。必饑虚耗之家矣。

# 骨相篇「相」讀作「象」。

**人曰命難知。命甚易知。知之何用？**言何以知之。**用之骨體。人命稟於天，則有表候〔見〕於體。**「表候於體」，文不成義，「候」下當挩「見」字。命義篇：「壽命修短，皆稟於天；骨法善惡，皆見於體。」文義正同。吉驗篇：「人稟貴命於天，必有吉驗見於地。」句法與此一律。是其證。**察表候以知命，猶察斗斛以知容矣。表候者，骨法之謂也。**潛夫論相列篇：「人身體形貌，皆有象類；骨法角肉，各有分部，以著性命之期，顯貴賤之表。」

**傳言黃帝龍顔，**元命苞：「黃帝龍顔，得天庭陽，上法中宿，取象文昌，戴天履陰，乘教制剛。」宋均注：「顔有龍像，似軒轅也。」（御覽七九。）亦見白虎通聖人篇。史記五帝本紀正義：「生日角龍顔。」**顓頊戴午（干），**方以智通雅曰：「『戴午』恐是『戴干』之訛。面額高滿曰戴干。乾鑿度云：『泰表戴干。』鄭氏注：『表者，人形之彰識也。干，盾也。』隋書王劭言：『上有龍顔戴干之表。』禪師有豐干，因貌以爲號。」先孫曰：後講瑞篇及白虎通聖人篇文並同。盧文弨校白虎通改「午」爲「干」，云：「乾鑿度云：『泰表戴干。』宋書符瑞志：『首戴干戈。』即此。」案：盧説是也。鄭注乾鑿度云：「干，楯也。」明不當作「戴午」。此「午」亦「干」之誤。路史史皇紀注引春秋孔演圖云：「顓頊戴干。」字不誤。初學記帝王部引春秋元命苞又云：「帝嚳戴干。」並可證此及白虎通之誤。汪繼培潛夫論五德篇注引王紹蘭云：「元命苞言『厥象招搖』，則「干」當作「斗」，字形相涉而誤。戴斗者，頂方如斗也。」近人孫楷第劉子校釋曰：「王説殊誤。五帝紀黃帝章正義引河圖云：『瑶光如蜺，貫月正白，感女樞於幽房之宮，生顓頊，首戴干戈，有文德也。』宋書符瑞志亦云：『女樞生顓頊於若水，首戴干戈，有聖德。』是干者干戈。天官書云：『杓端有兩星，一内爲矛招搖，一外爲天盾鋒。』集解引孟康曰：『招搖爲天矛。』索隱引詩紀歷樞云：『梗河中招搖爲胡兵。』開元占經石氏中官占引黃帝占曰：『招搖爲矛。』然則象招搖者，取其同類，何得據以爲説，而謂之戴斗乎？講瑞篇云：『以麞戴角，則謂之騏驎，戴角之相，猶戴干也。顓頊戴干，堯、舜未必然，今魯獲麟戴角，即後所見麟未必戴角也。』仲任意蓋亦以『干』爲干戈。」暉案：孫説是。白虎通聖人篇云：「顓頊戴干，是謂清明，發節移度，蓋象招搖。」御覽八十引元命苞（元命苞作帝嚳。）宋均注云：「干，楯也。招搖爲天戈，楯相副戴三象見天下以爲表。」帝王世紀云：「高陽首帶干戈。」（路史後紀八注。）並足證成孫説。吴曰：先孫改「午」爲「干」是也。然緯書怪迂，首戴干戈，言不雅馴，似未足信，疑「戴干」當作「䳒干」。「䳒」爲「鳶」之異文，「干」即「肩」之假字也。晉語「鳶肩而牛腹」，韋注：「鳶肩，肩井斗出也。」淮南書、列女傳、後漢書並有「鳶肩」之説。此「鳶肩」爲古人常語之證。一也。「肩」、「干」同屬寒部，聲紐亦近，得相通假，詩還篇：「并驅從兩肩兮。」毛傳曰：「獸三歲曰肩。」釋文云：「本亦作豣，音同。」説文正作「豣」。又騶虞正義云：「肩、豣字異，音實同。」

此「肩」、「干」音同得相假借。二也。（歙人呼肩甲爲干髆，讀「肩」爲「干」，正與舊音相近。）「戴」、「𢧵」形近多互誤，淮南道應訓「淚注而鳶肩」，論衡道虛篇引作「雁頸而戴肩」。此「鳶」僞「戴」之證。三也。乾鑿度曰：「復表曰角，臨表龍顏，泰表戴干。」劉晝新論命相篇述之則曰：「伏羲日角，黃帝龍顏，帝嚳戴肩。」（「戴」亦「𢧵」之譌字。）三事次序正相應。然則緯書諸子所稱「戴干」者，並應作「𢧵干」。「𢧵干」即「鳶肩」，較然著明矣。鄭玄、宋均雖有「干，楯」（宋均注，見御覽兵部引。）之訓，其所見本已誤，所爲之說，何足據也。暉按：吳謂「戴干」即「鳶肩」，其說確徵。然仲任以戴角之相猶戴干，則仲任義當與鄭玄、宋均説同也。**帝嚳駢齒**，白虎通聖人篇曰：「帝嚳駢齒，上法月參，康度成紀，（御覽三七二引元命苞云「顓頊」，「康度」作「秉度」，是。）配理陰陽。」（白虎通「配」譌作「取」。）鉤命決（御覽三八八。）云：「夫子駢齒。」注曰：「駢齒，象鉤星也。」**堯眉八采**，元命苞：（御覽八十引，亦見白虎通。）「堯眉八彩，是謂通明，歷象日月，璇玉作衡。」尚書大傳曰：「堯八眉。八者，如八字也。」又見淮南修務訓。許注曰：（意林引。）「眉理八字也。」抱朴子祛惑篇：「堯眉八彩，謂直兩眉頭豎似八字耳。」**舜目重瞳**，元命苞：（亦見白虎通。）「舜重瞳子，是謂滋涼，（孔演圖作「重明」。）上應攝提，以象三光。」尸子：「舜兩眸子，是謂重明，作事成法，出言成章。」尚書大傳：「舜四瞳。」荀子非相篇：「舜參眸子。」又見項羽本紀、淮南修務篇、潛夫論五德篇。**禹耳三漏**，白虎通聖人篇引禮説：「禹耳三漏，是謂大通，興利除害，決河疏江。」又見帝王世紀。（類聚十一。）雒書靈準聽曰：「有人大口，兩耳參漏。」注：「謂禹也。」（御覽八二。）淮南修務篇、潛夫論五德篇並作「參漏」。宋書符瑞志作「參鏤」。淮南高注：「參，三也。漏，穴也。」方以智曰：「淮南言『禹耳參漏』，謂『滲漏』，今之漏耳。論衡遂曰『三漏』。」暉按：此乃相承舊說，不始仲任，淮南高注義同，方說非也。**湯臂再肘，**白帖三十引元命苞曰：「湯臂四肘，是謂神剛。（類聚十二引「剛」作「肘」。）象月推移，以綏四方。」禮別名記：「湯臂四肘，是謂神明，探去不義，萬民蕃息。」（白虎通聖人篇「神明」作「柳翼」，「探」作「攘」。）御覽八十三引元命苞作「二肘」，又引雒書靈準聽及北堂書鈔一同。類聚十二引元命苞則作「四肘」，初學記九引帝王世紀同。白虎通聖人篇又作「三肘」，此云「再肘」，各說並異。**文王四乳，**元命苞曰：「文王四乳，是謂含良，蓋法酒旗，布恩舒明。」注：「酒者乳也。能乳天下，布恩之謂也。」（類聚十二。）白虎通聖人篇：「文王四乳，是謂大仁，天下所歸，百姓所親。」又見尸子君治篇、春秋繁露三代改制篇、淮南修務篇、潛夫論五德篇。論語微子篇曰：「周有八士，伯達、伯适、仲突、仲忽、叔夜、叔夏、季隨、季騧。」集解包曰：「周時四乳生八子，皆爲顯仕。」春秋繁露郊祭篇：「周國子多賢，蕃殖至於駢孕男者四，四乳而得八男，皆君子俊雄也。此天之所以興周國也。」此今文家相承之說。文王四乳，蓋即四乳生八子，相傳之訛。初「四乳」義即四產。說文：「乳，字也。」後讀「乳」爲奶乳之乳，則轉爲文王之身有四乳矣。說殊不經。至四乳生八子而興周國者，漢書人表列于周初。晉語：「文王之即位也，詢於八虞。」賈注：「八虞即周八士，皆爲虞官。」是八士爲文王時人，與董仲舒、包咸義合。蓋今文家舊說，展轉爲緯家所承，而生「文王四乳」之說也。（論語釋文引鄭云：「成王時。」劉向、馬融皆以爲宣王時。詩思齊正義引鄭曰：「周公相成王時所生。」並爲古文家説。）尸子曰：「子貢問孔子曰：『古者黄帝四面，信乎？』孔子曰：『黄帝取合己者四人，四方不計而耦，不約而成，此之謂四面也。』」初「文王四乳」之説，當亦如此。**武王望陽**，金樓子立言篇引子思曰：「武王望陽。」字又作「羊」。初稟篇：「以四乳論望羊。」語增篇：「武王之相，望羊而已。」白虎通曰：「武王望羊，是謂攝陽，盱目陳兵，天下富昌。」並作「望羊」。羊、陽古通。爾雅「梟陽」，説文作「梟羊」。釋名釋姿容曰：「望羊，望陽也。言陽氣在上，舉頭高似若望之然也。」家語辨樂篇注：「望羊，遠視也。」莊子秋水篇：「望洋向若。」釋文作「盳洋」，引司馬注云：「盳洋猶望羊，仰視貌。」蘇輿曰：「洪範五行傳鄭注：『羊畜之遠視者屬視。』故望遠取義於羊。」又曰：「望陽，言望視太陽也，望陽即望羊。」郭慶藩曰：「『洋』、『羊』皆叚借字，其正字當作『陽』。言望視太陽也。太陽在天，宜仰而觀，故訓爲仰視。」方以智曰：「今曰『羊眼人』。」**周公背僂**，説文人部：「周公韈僂，或言背僂。」白虎通聖人篇：「周公背僂，是謂强後，成就周道，輔相幼主。」（此依御覽三七一引。今本「後」作「俊」，「相」作「於」。）荀子非相篇：「周公之狀，身如斷菑。」楊注：「爾雅云：『木立死曰椔。』椔與菑同。」説文：「僂，厄也。」人背傴僂，有如木之科厄，蓋即背僂之義。**臯陶馬口**，淮南修務訓：「臯陶馬喙，是謂至信，決獄明白，察於人情。」高注：「喙若馬口。」又見白虎通。初學記十二引元命苞：「堯薨，馬喙子得臯陶，聘爲大理。」蓋此説所由生。**孔子反羽**。孫曰：「羽」當作「頨」。牟子理惑論：「仲尼反頨。」廣韻：「頨，孔子頭也。」本書講瑞篇又作「反宇」。禮緯含文嘉（據古微書。）云：「孔子反宇，是謂尼邱，德澤所興，藏元通流。」史記作「圩頂」。暉按：劉子命相篇亦作「反宇」。「羽」、「宇」字通。劉歆鐘律書曰：「羽者，宇也，宇覆之也。」路史後紀十注引世本云：「圬頂反首。」白虎通姓名篇：「孔子首類魯國尼丘山。」是「反宇」謂孔子首如尼丘山。蓋山形如反覆宇之狀也。說文「頨」無「羽」音，讀若「翩」。蓋因孔子首如反羽，故有以「羽」爲聲，而云孔子頭也。孫云：「字當作頨。」非是。「羽」爲「宇」之借字，字當作「宇」。荀子非相篇：「仲尼之貌，面如蒙倛。」注云：「其首蒙茸然，故曰蒙倛。」方以智曰：「反宇，反唇也。」失之。**斯十二聖者，皆在帝王之位，或輔主憂世，世所共聞，儒所共說，在經傳者，較著可信。**

**若夫短書俗記，**短書注謝短篇。**竹帛胤文，**胤，習也。胤文，謂俗習之文。盼遂案：書虛篇：「桓公用婦人徹胤服，婦人於背，女氣愈瘡。」所云胤服即褻衣，則此胤文殆謂猥褻之文，猶之短書俗記矣。**非儒者所見，衆多非一。蒼頡四目，爲黄帝史。**「蒼」當作「倉」。廣韻：「倉姓，倉頡之後。」春秋時有倉葛，字不从「艸」。蒼頡廟碑亦誤作「蒼」。蒼氏出自蒼舒。路史前紀六注云：「論衡倉頡字盡作倉。」是所見本尚不誤。春秋孔演圖曰：（御覽三六六。）「蒼頡四目，是謂並明。」書傳：（御覽七四九。）「頡首有四目，通於神明。」蒼頡廟碑：「蒼頡，天生德於大聖，四目靈光，爲百王作憲。」**晉公子重耳仳脅，**見左僖二十三年傳、國語晉語。說文作「骿脅」，云：「并幹也。」國語、吴都賦同。御覽三六三引此文作「駢脅」，左傳、史記、本書講瑞篇同。駢、仳並「骿」之借字。說文肉部：「脅，膀也。肋，脅骨也。」廣雅：「幹謂之肋。」**爲諸侯霸。蘇秦骨鼻，**未聞。

爲六國相。張儀佌脅，亦相秦、魏。御覽三七一引「佌」作「駢」。「亦」作「卒」。錢大昕曰：「佌、駢聲相近。」方以智說同。「張儀佌脅」，亦見講瑞篇，他書未見。宋孫奕示兒編十七云：「晉文駢脅，張儀亦駢脅。」蓋即本此。項羽重瞳，云虞舜之後，河圖曰：「怪目勇敢，通瞳大脣，力楚之邦。」（御覽八七。）史記項羽本紀贊，周生曰：「舜目重瞳子，項羽亦重瞳子，羽豈其苗裔。」與高祖分王天下。陳平貧而飲食不足，貌體佼好，「佼」讀爲「姣」。方言：「自關而東，河、濟之間，凡謂好曰姣。」而衆人怪之，曰：「平何食而肥？」史記陳丞相世家：「平少時家貧，有田三十畝，兄伯常耕田，縱平使游學。平爲人長大美色。（據漢書、御覽引增「大」字。）人或謂曰：『貧何食，而肥若是？』」及韓信爲滕公所鑒，免於鈇質，亦以面狀有異。史記本傳：「信坐法當斬，其輩十三人皆已斬，次至信。信乃仰視，適見滕公，滕公壯其貌，釋而不斬。」漢書信傳師古注：「滕公，夏侯嬰。」面壯肥佼，亦一相也。

高祖隆準龍顏美鬚，「準」通作「頔」。廣雅：「顴，頔也。」顴即顴骨也。左股有七十二黑子。師古曰：「中國通呼爲黶子，吳、楚俗謂之誌。誌者，記也。」單父呂公善相，單父，縣名。索隱引漢舊儀曰：「呂公，汝南新蔡人。」又相經云：「魏人呂公，名文，字叔平。」相，視也。視其骨狀，以知吉凶貴賤。見高祖狀貌，奇之，因以其女妻高祖，呂后是也，卒生孝惠王、魯元公主。盼遂案：「王」當是「帝」之誤，漢人通言孝惠帝。高祖爲泗上亭長，當去歸之田，

「去」，史、漢並作「告」。孟康曰：「古者名吏休假曰告。」此作「去」，蓋形近之譌。高祖送徒酈山時，尚爲亭長，則非去官歸田也。與呂后及兩子居田。盼遂案：悼厂云：「『當去』二字依史記作『常告』，此形近之誤。」有一老公過，請飲，因相呂后曰：「夫人，天下貴人也。」令相兩子。見孝惠，曰：「夫人所以貴者，乃此男也。」相魯元，曰：「皆貴。」老公去，高祖從外來，呂后言於高祖。高祖追及老公，止使自相。老公曰：「鄉者夫人嬰兒相皆似君，盼遂案：吴承仕曰：「漢書作『皆以君』，如淳曰：『言并得君之貴相也。以或作似。』師古曰：『如説非也。言夫人兒子以君之故得貴耳，不當作似。』此言呂后、孝惠、魯元三人骨相亦皆自貴，故與高祖相似。若如荀紀云『賴高祖始貴』，然則夫人兒子本無貴相矣。論衡、漢書説同，作『似』是也。顏説失之。」君相貴不可言也。」「似」，漢書作「以」，如淳曰：「『以』或作『似』。」師古曰：「言夫人及兒以君之故因得貴耳，不當作似。」史記正作「似」。梁玉繩以漢書、宋書符瑞志作「以」，謂史「似」當作「以」。前漢紀作「夫人兒子蒙君之力也」。王鳴盛據之以從顏説。按：梁、王説並非。此正作「似」，乃本史文，且著一「相」字，則以作「似」爲長。下文云：「體性法相，固自相似。」明當作「似」，不作「以」也。漢書喜用古字，「以」亦當讀作「似」。仲任，漢人，當足據。後高祖得天下，如老公言。推此以況一室之人，皆有富貴之相矣。盼遂案：「況」猶「推」也。漢書注：「況，譬也。」荀子非十二子篇注：「況，比也。」與此處同用。

類同氣鈞，性體法相固自相似。異氣殊類，亦兩相遇。富貴之男娶得富貴之妻，女亦得富貴之男。

夫二相不鈞而相遇，則有立死；若未相適，有豫亡之禍也。吴曰：「若」讀爲「乃」。言未相適時，已有豫亡之禍，故相遇而立死也。王莽姑正君許嫁，至期當行時，夫輒死。如此者再。乃獻之趙王，趙王未取又薨。注見偶會篇。清河南宮大有清河，地名。南宮姓，大有名，相者。與正君父穉君善者，名禁，字穉君。漢書元后傳作「稚君」，字同。遇相〔正〕君，曰：「正」字據上下文補。太平廣記二百二十四引正作「遇相正君曰」。「貴爲天下母。」元后傳曰：「禁使卜數者相政君，當大貴不可言。」禁心以爲然，迺教書，學鼓琴。」此出相者姓名，可補班書。盼遂案：「遇」疑「偶」之借字。「君」上脱「正」字。正君，元后字也。是時，宣帝世，元帝爲太子，穉君乃因魏郡都尉納之太子，元后傳：「五鳳中，獻政君入掖庭爲家人子。歲餘，會皇太子所愛幸司馬良娣死，皇太后擇可以虞侍太子者，政君與在其中。及太子朝，皇后乃見政君等五人。太子殊無意，彊曰：『此中一人可。』是時政君坐近太子，長御即以爲是。皇后使送政君太子宮。」此云「因魏郡都尉納之」，未聞。太子幸之，生子君上。元后傳：「見丙殿，得御幸，有身。甘露三年，生成帝於甲館畫堂，爲世適皇孫。宣帝愛之，自名曰驁，字太孫。」此云「君上」，未詳。廣記二二四引無「君上」二字。宣帝崩，太子立，正君爲皇后，君上爲太子。廣記引無「君」字。元帝崩，太子立，是爲成帝，盼遂案：班、荀二書成帝紀皆云「帝名驁，字太孫」，不見名字爲「君上」。說者謂「太孫」本非字，乃宣帝寵異成帝之詞。則論衡「君上」之說，足補史闕矣。正君爲皇太后，竟爲天下母。夫正君之相當爲天下母，而前所許二家及趙王，爲無天下父之相，故未行而二夫死，趙王薨。是則二夫、趙王無帝王大命，而正君不當與三家相遇之驗也。

丞相黄次公，故爲陽夏游徼，漢書師古注：「游徼，主徼巡盜賊者也。」與善相者同車俱行，見一婦人，年十七八。相者指之曰：「此婦人當大富貴，爲封侯者夫人。」次公止車，審視之。相者曰：「今此婦人不富貴，卜書不用也。」今，猶「若」也。太平廣記二二四引作「令」。「卜書」，廣記同，漢書黄霸傳作「相書」。次公問之，乃其旁里人巫家子也，即娶以爲妻。其後次公果大富貴，位至丞相，封爲列侯。本傳云：「封建成侯。」餘見偶會篇注。夫次公富(當)貴，婦人當配之，「富」當作「當」。偶會篇：「次公當貴，行與女會，女亦自尊，故入次公門。」文義同。故果相遇，遂俱富貴。使次公命賤，不得婦人爲偶，不宜爲夫婦之時，則有二夫、趙王之禍。

夫舉家皆〔有〕富貴之命，「有」字據朱校元本補。然後乃任富貴之事。骨法形體有不應者，則必別離死亡，不得久享介福。故富貴之家，役使奴僮，育養牛馬，必有與衆不同者矣。僮奴則有不死亡之相，牛馬則有數字乳之性，田則有種孳速熟之穀，商則有居善疾售之貨。是故知命之人，見富貴於貧賤，睹貧賤於富貴。案骨節之法，察皮膚之理，以審人之性命，無不應者。

趙簡子使姑布子卿相諸子，莫吉，司馬彪曰：「姑布，姓。子卿，字。」至翟婢之子無恤而以爲貴。史記趙世家：「姑布子卿見簡子，簡子偏召諸子相之。子卿曰：『無爲將軍者。』簡子曰：『趙氏其滅乎。』子卿曰：『吾嘗見一子於路，殆君之子也。』簡子召子無卹。無卹至，則子卿起曰：『此真將軍矣。』簡子曰：『其母賤，翟婢也。奚道貴哉？』子卿曰：『天所授，雖賤必貴。』」無恤最賢，又有貴相，簡子後廢太子，太子，伯魯。而立無恤，卒爲諸侯，襄子是矣。

相工相黥布，當先刑而乃王，史記本傳：「秦時爲布衣少年，有客相之曰：『當刑而王。』乃壯，坐法，黥布笑曰：『人相我，當刑而王，幾是乎。』」盼遂案：「乃」字涉下句「乃封王」而衍。後竟被刑論決黥面，輸作麗山，是也。乃封王。項羽立爲九江王。高祖立爲淮南王。

衛青父鄭季青冒姓衛氏。與楊信公主家僮衛媪通，先孫曰：「楊」，漢書本傳作「陽」，字通。史記作「與侯妾衛媪通」。漢書師古注：「僮，婢女之總稱。」生青。在建章宮時，晉灼曰：「建章，上林中宮名也。」三輔黃圖曰：「建章宮，漢武帝造，周二十餘里，千門萬户。」史、漢并作「青嘗從入至甘泉居室」。建元二年，青給事建章宮，事在此後，蓋仲任記訛。禍虚篇同。鉗徒相之，曰：漢書高紀注：「鉗，以鐵束頸也。」被刑謂之徒。「貴至封侯。」青曰：「人奴之道，「道」，史、漢並作「生」。得不笞駡足矣，安敢望封侯？」其後青爲軍吏，戰數有功，超封增官，遂爲大將軍，封爲萬户侯。事並詳本傳。

周亞夫未封侯之時，爲河内守時。許負相之，曰：孔衍漢魏春秋曰：「許負，河内温縣之婦人，漢高祖封爲明雉亭侯。」（三國志蜀志劉璋傳注、書鈔四八。）裴松之曰：「今東人呼母爲負，衍以許負爲婦人，如爲有似。然漢高祖時封皆列侯，未有鄉亭之爵，此封爲不然。」按：負即婦字，注吉驗篇。「君後三歲而〔侯〕，〔侯〕入（八）〔歲爲〕將相，孫曰：此有挩誤，文義與事實均不應合。史記、漢書並作「後三歲而侯，侯八歲爲將相」。是也。此文「入」字，或即「八」字之譌，上下又脱落數字。暉按：孫説是也。此文乃據史記周勃世家，唯此二句文事并殊，其爲挩誤，而非異文可知。當據補兩「侯」字，「歲爲」二字。「入」改作「八」。持國秉，「持」下舊校曰：一有「重」字。暉按：「重」字涉下文衍。索隱：「秉音柄。」貴重矣，於人臣無兩。其後九歲而君餓死。」亞夫笑曰：「臣之兄已代侯矣，漢書高紀注，張晏曰：「古人相與語自稱臣。」已代侯，言兄勝之已代父爲絳侯也。有如父卒，子當代，亞夫何説侯乎？然既已貴，如負言，又何説餓死？指示我！」許負指其口，有縱理入口，曰：「此餓死法也。」居三歲，其兄絳侯勝〔之〕有罪，孫曰：史記、漢書並作「勝之」，疑此捝「之」字。史記勃世家：「勝之代侯六歲，尚公主，不相中，坐殺人，國除。」文帝擇絳侯子賢者，推亞夫，迺封條侯，續絳侯後。文帝之後六年，匈奴入邊，乃以亞夫爲將軍。至景帝之時，亞夫爲丞相，後以疾免。其子爲亞夫買工官尚方甲盾五百被可以爲葬者，史記索隱〔一〕：「工官即尚方之工，所作物屬尚方，故云工官尚方。」百官志師古注：「尚方，主作禁器物。」又楚元王傳注：「尚方，主巧作金銀之所，若今之中尚署。」張晏曰：「被，具也，五百具甲楯。」取庸苦之，不與錢。庸知其盜買官器，吴曰：「官器」，史、漢並作「縣官器」，是也。應據補。怨而上告其子。景帝下吏責問，因不食五日，嘔血而死。

當鄧通之幸文帝也，貴在公卿之上，賞賜億萬，與上齊體。史記佞幸傳：「鄧通，文帝尊幸之，賞賜巨萬以十數，官至上大夫。帝時時如鄧通家遊戲。」相工相之曰：「當貧賤餓死。」佞幸傳：「文帝使善相者相通，曰：『當貧餓死。』」金樓子雜事下曰：「鄧通從理入口，相者曰：『必餓死。』」史、漢並未言餓死表候，然此與亞夫相同，未審記訛，抑別有據。文帝崩，景帝立，通有盜鑄錢之罪，鄧通盜出徼外鑄錢。景帝考驗，通亡，寄死人家，不名一錢。索隱

〔一〕「索」，原本誤作「杜」，據史記改。

曰：「始天下名鄧氏錢，今皆没入，卒竟無一錢名之也。」

**韓太傅爲諸生時，**此非韓嬰，嬰以景帝時爲常山太傅，孝文時已爲博士，不得與寬同學。其人未詳。**〔之市〕，**「時」下舊校曰：一有「日之丙」字。（宋本同。程本、王本、崇文本「丙」作「兩」。）暉按：「日」字衍，「丙」爲「市」之壞字，「之丙」當爲「之市」之譌。類要二十二貴相類引「時」下有「之市」二字，是其證。「之市」譌爲「日之丙」，義不可通，校者誤删之。今補正。**借相工五十錢，與之俱入璧雍之中，**類要引「入」作「之」，「璧」作「辟」。下同。**相璧雍弟子誰當貴者。相工指倪寬曰：「彼生當貴，秩至三公。」**類要引「秩」作「後」。齊曰：西漢無璧雍，此云倪寬爲璧雍子弟，誤也。西漢屢欲立璧雍，皆未果。新莽興辟雍，旋亦廢。光武始營立之。詳漢書禮樂志。景十三王傳云：「河間獻王對三雍宮。」是對三雍之制，非召對於三雍宮也。藝文志有獻王對上下三雍宮三篇。倪寬傳：「拜寬爲御史大夫，從東封泰山還，登明堂，寬上壽曰：『間者聖統廢絶，陛下發憤，合指天地，祖立明堂辟雍，宗祀太一。』」似武帝時已立辟雍。然此文自有可疑。據郊祀志，明堂建於元封二年，寬爲御史大夫，時爲元封元年，不得豫言。是並不得謂武帝時有辟雍也。**韓生謝遣相工，通刺倪寬，結膠漆之交，**類要引「交」作「友」。**盡筋力之敬，**

徙舍從寬，深自附納之。寬嘗甚病〔二〕，韓生養視如僕狀，恩深踰於骨肉。後名聞於天下。盼遂案：「名聞於天下」五字，應在下文「舉在本朝」句下，而錯簡在此。倪寬位至御史大夫，州郡丞旨召請，擢用舉在本朝，遂至太傅。

夫鉗徒、許負，及相鄧通、倪寬之工，可謂知命之工矣。故知命之工，察骨體之證，睹富貴貧賤，猶人見盤盂之器，知所設用也。善器必用貴人，惡器必施賤者，尊鼎不在陪廁之側，說文：「尊，酒器也。以待祭祀賓客之禮。鼎，和五味之寶器。」廣韻：「陪，廁也。」盼遂案：廣韻十五灰「陪，廁也」，得仲任此文而明。匏瓜不在堂殿之上，吴曰：「匏瓜」非義，「瓜」常作「瓠」，形之殘也。大雅公劉：「酌之用匏。」毛傳：「儉以質也。」禮記郊特牲：「器用陶匏。」爾雅釋器：「康瓠謂之甈。」注：「瓠，壺也。」廣雅釋器：「瓠、蠡、䔲、瓳，瓢也。」並以「匏瓠」爲爵，乃酒器之質者，正與「尊鼎」對文。此文以「尊鼎」爲善，以「匏瓠」爲惡，「匏瓜繫而不食」，非此所施。暉按：吴說近是。朱校元本「匏」作「瓠」，則知此文初不作「匏瓜」也。明矣。富貴之骨，不遇貧賤之苦；貧賤之相，不遭富貴之樂，亦猶此也。器之盛物，有斗石之量，猶人爵有高下之差也。器過其量，物溢棄遺；爵過其差，死亡不存。論命者如比之

〔二〕「病」，原本作「疾」，據通津草堂本改。

於器，以察骨體之法，則命在於身形，定矣。

非徒富貴貧賤有骨體也，而操行清濁亦有法理。貴賤貧富，命也；操行清濁，性也。非徒命有骨法，性亦有骨法。惟知命有明相，莫知性有骨法，此見命之表證，不見性之符驗也。

范蠡去越，越絶書外傳記：「范蠡其始居楚也，生於宛橐或三户之虚。」（「三」今譌作「伍」，依呂氏春秋當染篇高注、意林引傳子校改。）列仙傳：「徐人也。」史記越世家正義引會稽典録：「范蠡字少伯，越之上將軍也。本是楚宛三户人。」自齊遺大夫種書，左哀元年傳：「使大夫種。」杜注：「文氏姬姓。」風俗通云：「周文王支孫，以謚爲氏。越大夫文種。」（通志氏族略四。）莊子徐无鬼音義：「大夫種姓文氏，字禽。」（文選豪士賦序注引吴越春秋曰：「姓文，字少禽。」今本無此文。）呂氏春秋當染篇高注：「楚之鄒人。」（畢、錢校並云：「『鄒』當作『郢』」。）文選豪士賦序注引吴越春秋曰：「文種者，楚南郢人也。」今吴越春秋無之。史記吴世家索隱曰：「大夫，官也。種，名也。劉氏云『姓大夫』，非也。」曰：「飛鳥盡，良弓藏，狡兔死，走犬烹。越王爲人，長頸鳥喙，可與共患難，不可與共榮樂。子何不去？」大夫種不能去，稱疾不朝，賜劍而死。事見史記越世家。

大梁人尉繚，尉繚有二：漢書藝文志雜家：「尉繚二十九篇。」注：「六國時。」師古注：「尉姓，繚名。」劉向別録云：「繚爲商君學。」兵形勢家：「尉繚三十一篇。」此尉繚當爲雜家尉繚，非梁惠王時之兵家尉繚。（世本魏無哀王，史記有誤。故據竹書紀年，梁惠王末年，即周慎靚王三年，至始皇十年，中隔八十九年。）説秦始皇以并天下之計。史記始皇紀，尉繚曰：「臣恐諸侯合從，翕而出不意。願王毋愛財物，賂其豪臣，以亂其謀，則諸侯可盡。」始皇從其册，與之亢禮，衣服飲食，與之齊同。繚曰：「秦王爲人，隆準長目，「隆」，史作「蜂」。徐廣曰：「一作隆。」鷙膺豺聲，史「鷙」作「摯」，下衍「鳥」字。少恩，虎視狼心。史記作「少恩而虎狼心」。疑「視」字涉「狼」字譌衍。「少恩」以上言相，以下據相定性。居約，易以下人；得志，亦輕視人。「視」，史作「食」。此義較長。我布衣也，然見我，常身自下我。誠使秦王須得志，「須」字無義，疑涉「得」字譌衍。史無「須」字。天下皆爲虜矣。不可與交游。」「交」，史作「久」。乃亡去。

故范蠡、尉繚見性行之證，而以定處來事之實，處猶定也。詳本性篇注。實有其效，如其法相。由此言之，性命繫於形體，明矣。

以尺書所載，尺書見謝短篇注。世所共見，准況古今，或曰：「准」當作「推」。上文「推此以況一室之人」，非韓篇「推治身以況治國」，三國志吴志胡琮傳「願陛下推況古今」，並其證。暉按：「准況」連文，本書常語。「准況」二字不誤。藝增篇：「意從准況之也。」商蟲篇：「准況衆蟲。」講瑞篇：「準況衆瑞。」自然篇：「人以心准況之也。」譏日篇：「以生人之禮准況之。」知實篇：「直以才智准況之工也。」並爲「准況」連文之證。別通篇：「不推類以況之也。」指瑞篇：「推此以況。」死僞篇：「推生況死。」定賢篇：「推此以況爲君要證之吏。」此以「推此以況」爲文者。**不聞者**盼遂案：「准況」二字連文同義，論衡多有。藝增、商蟲、講瑞、自然、譏日、知實均有准況連文之證。又如指瑞、別通、死僞、定賢等篇均有以准況排比用法。是仲任意以准即況、況亦准，原通用也。**必衆多非一，皆有其實。稟氣於天，立形於地，察在地之形，以知在天之命，莫不得其實也。**

**有傳孔子相澹臺子羽、**史記弟子傳：「澹臺滅明，武城人，字子羽。」**唐舉占蔡澤**荀子非相篇：「梁有唐舉。」亦相李兑者。廣雅一下：「占，視也。」占猶瞻也。**不驗之文，**韓非子顯學篇：「澹臺子羽，君子之容也，與久處而行不稱其貌；宰予之辭，雅而文也，與久處而智不充其辯。（「久處」，今作「處久」，下「久」字無，依薛居正孔子集語引說苑校正。）故孔子曰：『以容取人，失之子羽；以言取人，失之宰予。』」史記蔡澤傳：「唐舉相蔡澤，曰：『曷鼻，巨肩，魋顔，蹙齃，膝攣，吾聞聖人不相，殆先生乎？』蔡澤知其戲之，乃曰：『富貴吾所自有。』」唐舉以蔡澤不當貴，後乃相秦，故曰不驗。**此失之不審。何（相）隱匿微妙之表也。**「何」爲「相」形譌。若作「何」，上下文義不接。相之表候，寄於內外形聲，故曰：「相隱匿微妙之表。」**相或在內，或在外，或在形**

體，或在聲氣。潛夫論相列篇：「人之相法，或在面部，或在手足，或在行步，或在聲音。面部欲溥平潤澤，手足欲深細明直，行步欲安穩覆載，聲音欲温和中宮，頭面手足，身形骨節，皆欲相副稱。」察外者，遺其内；在形體者，亡其聲氣。尚書舜典注：「在，察也。」廣雅釋詁：「截，視也。」俞樾湖樓筆談五曰：「截即在字。」孔子適鄭，與弟子相失，孔子獨立鄭東門。史記孔子世家作「郭東門」，白虎通壽命篇作「郭門外」，家語困誓篇作「東郭門外」，字并作「郭」，疑「鄭」爲「郭」字形譌。鄭人或問子貢曰：「鄭人」，韓詩外傳九、家語（今本作「或人謂子貢曰」。此從史記索隱。）并云「姑布子卿」。問猶謂也。孔子世家、白虎通、家語并作「謂」。齊策「或以問孟嘗君」，注：「問，告也。」「東門有人，其頭似堯，其項若皋陶，〔其〕肩類子産。有「其」字，方與上文一律，據史記、白虎通、家語補。然自腰以下，不及禹三寸，傫傫若喪家之狗。」「傫」俗字，當作「儽」。説文：「儽，垂貌。」亦疲憊之義。玉藻「喪容纍纍」，鄭注：「纍纍，羸憊也。」字亦作「儡」，作「傫」。説文：「儡，相敗也。」廣雅：「傫傫，疲也。」老子：「儡儡兮若無所歸。」子貢以告孔子，孔子欣然笑曰：「形狀未也，盼遂案：吴承仕曰：「『未』疑應作『末』，言鄭人見其表，不見其裏也。上文言察外遺内，下文言不見形狀之實，俱與本末之義相應。」如喪家狗，然哉！然哉！」夫孔子之相，鄭人失其實。鄭人不明，法術淺也。孔子之失〔之〕子羽，「之」字當在「失」字下。韓非子顯學篇、薛氏孔子集語引説苑、家語子路初見篇并作「失之子羽」。之猶於也。「孔子失之子羽」，與下「唐舉惑於蔡澤」，文法一律。唐舉惑於蔡澤，猶鄭人相孔子，不能具見形狀之實也。以貌取人，失於子羽；以言取人，失於宰予也。四句於義無屬，當爲「失之子羽」句注語，誤入正文。

## 初禀篇

國語韋昭注曰："禀，受也。"恢國篇曰："初禀以爲，王者生禀天命。"盼遂案：卷十九恢國篇云："論衡初禀以爲，王者生禀天命。"案即此篇之解題也。

**人生性命當富貴者，初禀自然之氣，養育長大，富貴之命效矣。**

**文王得赤雀，**尚書中候我應曰：（據玉函山房輯佚書。）"周文王爲西伯，季秋之月，甲子，赤烏銜丹書，入豐鄗，止於昌户，王乃拜稽首受最曰：『姬昌，蒼帝子，亡殷者紂也。』"又見墨子非攻下、尚書帝命驗。（史周本紀正義引。）呂氏春秋應同篇述此事，作"赤烏"，與武王火流爲烏事相混，蓋"烏"、"烏"字誤。竹書云："在帝辛三十二年。"金樓子興王篇云："四十三年春正月庚子朔。"**武王得白魚赤烏，**泰誓：（據孫星衍輯。）"太子發升於舟，中流，白魚入於王舟，王跪取，出涘以燎之。既渡，至於五日，有火自上復於下，至於王屋，流爲烏，其色赤。"又見尚書璇璣鈐、大傳五行傳、史記周本紀、漢書董仲舒傳、終軍傳、王逸楚辭注。後漢光武紀注引尚書中候云："魚長三尺。"金樓子興王篇〔一〕云："長一尺四寸。"**儒者論之，以爲雀則文王受命，魚烏則武王受命，**漢書董仲舒傳載其對策曰："白魚入於王舟，有火復於王屋，流爲烏，此蓋受命之符也。"鄭注泰誓曰：（詩思文疏。）"白魚入舟，天之瑞也。魚無手足，象紂無助。白者，殷正也。天意若曰：

〔一〕"興"，原本作"與"，形近而誤，今改。

『以殷予武王，當待無助。今尚仁人在位，未可伐也。』得白魚之瑞，即變稱王，應天命定號也。有火爲烏，天報武王以此瑞。書説曰：『烏有孝名，武王卒父大業，故烏瑞臻。』」文、武受命於天，天用雀與魚烏命授之也。天用赤雀命文王，文王不受，天復用魚烏命武王也。元命包曰：「西伯既得丹書，於是稱王，改正朔。」洛誥鄭注：「文王得赤雀，武王俯取白魚，受命皆七年而崩。」皮錫瑞曰：「仲任所引，乃今文家博士之説，雖仲任不取其義，然可見今文家説與鄭説同。」

若此者，謂本無命於天，脩己行善，善行聞天，天乃授以帝王之命也，故雀與魚烏，天使爲王之命也，王所奉以行誅者也。如實論之，非命也。如儒者言，是隨操行而至，此命在末，不在本也，故曰非命。命，謂初所禀得而生也。人生受性，則受命矣。性命俱禀，同時並得，非先禀性，後乃受命也。何以明之？

棄事堯爲司馬，注見吉驗篇。居稷官，故爲后稷。史記周紀：「舜曰：『棄，爾居稷。』」（今史記、周語「居」並依譌孔尚書誤改作「后」，今據列女傳改。詩思文疏引鄭曰「汝居稷官」，與論衡句同，並可證譌孔之妄。）號曰后稷。」五經異義曰：「稷是田正。」漢百官表注應劭曰：「后，主也。爲此稷官之主也。」曾孫公劉居邰，公劉爲稷曾孫，史周紀、大雅鄭箋説同，但古今人表有

「慶節」，云「公劉子，湯時人」。鬻子曰：「湯得慶詛。」慶詛即慶節〔一〕。吳越春秋亦以公劉爲夏時人，則其與遠距堯、舜時稷，不止三四代也。**後徙居邠。**史周紀：「公劉子慶節國於豳。」**後孫古公亶甫三子：**孟子趙注、呂氏春秋審爲篇高注并云：「亶父號古公。」詩疏引中候稷起法〔二〕曰：「亶父以字爲號。」是亶父本無號。惠棟曰：「古公，故公也。說文：『古，故也。』穀梁傳云：『踰年不即位，是有故公也。』猶言先王先公。」下文云「太王古公」，仲任蓋亦以爲號。**太伯、仲雍、季歷。季歷生文王昌。昌在襁褓之中，**張華博物志曰：「襁，織縷爲之，廣八寸，長丈二，以約小兒於背上。」韋昭漢書注：「緥，若今時小兒腹衣。」**聖瑞見矣。**史記周紀正義曰：「尚書帝命驗云『季秋之月，甲子，赤爵銜丹書入酆，止昌戶，其書』云云。此蓋聖瑞。」按：此說未確，赤爵之瑞，在文王爲西伯時。周本紀云：「太任生昌，有聖瑞。」則瑞在初生，故仲任據以爲說。蓋即雒書靈準聽云「蒼帝姬昌，日角鳥鼻」，帝王世紀云「龍顏，虎眉，四乳」之義。（并見史正義。）**故古公曰：「我世當有興者，其在昌乎！」於是太伯知之，**知古公欲立王季以傳昌。**乃辭之吳，文身斷髮，**說苑奉使篇：「剪髮文身，爛然成章，以像龍子者，將避水神也。」淮南泰族篇注：「越人以箴刺皮爲龍文，所以爲尊榮之也。」又原道篇注：「文身刻畫其體，納墨其中，爲蛟龍

〔一〕「慶」，原本作「誌」，據上文改。
〔二〕「法」，原本作「注」，據詩疏改。

之狀也。」以讓王季。事詳四諱篇。文王受命，謂此時也，天命在人本矣，謂在初生之時。太王古公見之早也。

此猶爲未，當作「末」。盼遂案：「未」爲「末」之誤字。異虛篇「此尚爲近」與此同一文法。末者，晚也。言文王昌在襁褓之中，聖瑞見，太王古公知之已晚，實則文王在母體之中早已受命也。骨相篇云「形狀末也」，「末」亦譌作「未」。文王在母身之中已受命也。謂受命母體中，即四乳、龍顏之瑞。王者一受命，內以爲性，外以爲體。體者，面輔骨法，説文：「酺，頰也。」「輔」借字。廣雅：「輔謂之頰。」生而稟之。吏秩百石以上，續漢書百官志：「三老游徼，秩百石。」百官表師古注：「漢制，一百石者，月俸十六斛穀。」王侯以下，百官志：「皇子封王。」又云：「列侯承秦爵，以賞有功。後諸王得推恩分衆子土，國家爲封，亦爲列侯。」郎將大夫，百官表：「郎掌守門户，出充車騎，有議郎、中郎、侍郎、郎中。」又曰：「中郎有五官、左、右三將，郎中有車、户、騎三將。」又曰：「郎中令屬官有大夫，有太中大夫、中大夫、諫大夫。」以至元士，百官志：「公府掾，比古元士，三命者也。」外及刺史太守，百官表：「監御史，秦官，掌監郡，漢省。丞相遣史分刺州，武帝置部刺史。」又曰：「郡守，秦官，掌治其郡，景帝時更名太守。」居祿秩之吏，稟富貴之命，生而有表見於面，有骨法之表候。故許負、姑布子卿輒見其驗。見骨相篇。仕者隨秩遷轉，遷轉之人，或至公卿，命祿尊貴，位望高大。王者尊貴之率，漢人「率」通作「帥」。高大之最也。生有高大之命，其時身有尊貴之奇，初生之時。古公知之，見四乳之怪也。文王四乳，見骨相篇。夫四乳，聖人證也，在母身中，禀天聖命，豈長大之後，脩行道德，四乳乃生？以四乳論望羊，武王望羊，見骨相篇。亦知爲胎之時已受之矣。劉媼息於大澤，夢與神遇，遂生高祖，見吉驗篇。此時已受命也。光武生於濟陽宮，夜半無火，内中光明。吉驗篇云：「室内自明。」軍下卒蘇永「軍」，吉驗篇作「馬」。謂公（功）曹史充蘭曰：朱曰：「公」，當從吉驗篇作「功」，各本並誤。「此吉事也，毋多言！」事見吉驗篇。「此吉事也」，吉驗篇以爲王長孫語。後漢光武紀論、蔡邕濟陽宮碑、東觀漢記並同。此文系之充蘭，失之。此時已受命〔也〕。「也」字據上文例增。獨謂文王、武王得赤雀魚烏乃受命，非也。

上天壹命，王者乃興，不復更命也。得富貴大命，自起王矣。何以驗之？富家之翁，貲累千金，生有富骨，治生積貨，下「生」疑當作「産」。命禄篇：「治産貧富。」「治産不富。」至於年老，成爲富翁矣。夫王者，天下之翁也，禀命定於身中，猶鳥之别雄雌於卵殼之中也。卵殼孕而雌雄生，盼遂案：「孕」爲「孚」之誤字。日月至而骨節彊，彊則雄，自率將雌。雄非生長之後，或教使爲雄，然後乃敢將雌，盼遂案：「雄非」之「雄」爲衍字。此言雄彊自能將雌，非待生長之後也。世人熟於雌雄成言，遂沾「雄」字耳。此氣性剛彊自爲之矣。夫王者，天下之雄也〔一〕，其命當王，王命定於懷姙，猶富貴骨生，有鳥雄卵成也。孫曰：「有」字衍。非唯人、鳥也，萬物皆然。草木生於實核，出土爲栽櫱，爾雅釋詁：「哉，始也。」「哉」與「栽」同，故出土萌芽爲栽。芽米謂之櫱。稍生莖葉，成爲長短巨細，皆由實核。王者，長巨之最也。依上文例，「王」上疑挩「夫」字。朱草之莖如鍼，續博物志曰：「朱草狀如小桑，栽長三四尺，枝葉皆丹，汁如血，朔望生落如蓂莢，周而復始，可以染絳，黼黻成文章。」抱朴子金丹篇：「朱草狀似小棗，長三四尺，枝葉皆赤，莖似珊瑚。喜生名山岩石之下，刻之，汁流如血。」援神契曰：「德至草木〔二〕，則朱草生。」（禮運孔疏。）紫芝之栽如豆，成爲瑞矣。王者稟氣而生，亦猶此也。

或曰：「王者生稟天命，及其將王，天復命之。猶公卿以下，詔書封拜，乃敢即位。赤雀魚烏，上天封拜之命也。天道人事，有相命使之義。」

自然無爲，天之道也。命文以赤雀，武以白魚，是有爲也。管仲與鮑叔分財取多，事見史記管晏列傳。鮑叔不與，管仲不求，謂不求其同意。内有以相知，視彼猶我，

〔一〕「也」，原本作「矣」，據通津草堂本改。

〔二〕「木」，原本作「未」，據孔疏改。

取之不疑。聖人起王，猶管之取財也。「管」下疑有「仲」字。朋友彼我無有授與之義，「有」字疑寫者誤增。「無授與之義」，與下「有命使之驗」相對爲文。上天自然，有命使之驗，是則天道有爲，朋友自然也。當漢〔高〕祖斬大虵之時，「高」字今以意增。斬大虵，已見吉驗篇。誰使斬者？豈有天道先至，而乃敢斬之哉？勇氣奮發，性自然也。夫斬大虵，誅秦殺項，說文：「殊，斷也。」字通作「誅」。謂斷絶秦祀也。高祖未殺降王子嬰，訓誅殺，非。同一實也。荀子正名篇：「狀變而實無别，而爲異者，謂之化。有化而無别，謂之一實。」周之文、武受命伐殷，亦一義也。高祖不受命使之將，說文：「將，帥也。」「帥」、「達」字通。達，先導也。獨謂文、武受雀魚之命，誤矣。

難曰：「康叔之誥曰：各本作「康王之誥」，今從崇文本校改。段玉裁曰：「『王之』二字衍。或云『王』當作『叔』。」皮錫瑞曰：「今文尚書『康王之誥』有但作『康誥』二字者。（據史記周本紀。）此引康誥之文，作「康王之誥」，自屬誤衍二字，然亦當以二篇皆云『康誥』，故致誤也。」暉案：康誥，周公戒康叔而作。此引即周公誥語，非出於康叔。「康叔之誥」四字，知目其篇。變康誥爲康叔之誥者，嫌與另一康誥不别。彼變稱康王之誥，此變稱康叔之誥，義正同。後人不審，妄改「叔」作「王」耳，非衍「王之」二字也。『冒聞于上帝，帝休，天乃大命文王。』尚書康誥之詞。蔡沈傳「冒」字上屬「怙」字爲句，妄也。趙岐孟子盡心下篇注引書亦以「冒聞於上帝」爲句。書君奭篇亦有此語。胡廣侍中箴：「勖聞上帝，賴茲四臣。」譌孔傳亦以「冒聞」連讀。戴鈞衡曰：「『冒聞』猶『上聞』、『升聞』之義。」休，喜也。**如無命史（使）**，「史」爲「使」之壞字。上文云：「有相命使之義，」又云：「有命使之驗。」**經何爲言『天乃大命文王』？」**

**所謂「大命」者，非天乃命文王也，聖人動作，天命之意也，與天合同，若天使之矣。** 尚書大傳曰：「天之命文王，非啍啍然有聲音也。文王在位，而天下大服，施政而物皆聽，令則行，禁則止，動搖不逆天之道，故曰天乃大命文王。」爲仲任所本，今文說也。**書方激勸康叔，勉使爲善，故言文王行道，上聞於天，天乃大命之也。詩曰「乃眷西顧，此惟予度」，** 大雅皇矣文。 劉先生曰：「度」，毛作「宅」。仲任引今文作「度」。漢書韋玄成傳臣瓚注：「古文宅、度同。」潛夫論班祿篇引「宅」亦作「度」。暉按：潛夫論宋、元本作「度」，王謨本誤作「宅」。「予」，毛作「與」。 馮登府曰：「齊、魯詩並作予。」詩大東毛傳：「睠，反視也。」睠、眷字同。毛傳：「宅，居也。」陳奐曰：「『宅居』與『度居』同。西土有安居下民之道，故天眷而與之。」其說非也。古文作「與宅」，今文作「予度」，字別義殊。予，天自謂。度，究度。周書祭公解：「皇皇上帝度其心。」是其義。 潛夫論班祿篇引詩釋之曰：「究度而使之居。」則「度」不訓「居」。朱彬經傳考證曰：「言天睠焉西顧，惟此爲帝所度。所謂簡在帝心，與有虞殷自天，帝度其心，義并同。」其說是也。二王並習今文，所引蓋三家詩遺說也。**與此同義。天無頭面，眷顧如何？人有顧**

睆，睆，衺視也。以人效天，事易見，故曰「眷顧」。「天乃大命文王」，眷顧之義，實天不命也。何以驗之？「夫大人與天地合其德，與日月合其明，與四時合其序，與鬼神合其吉凶，先天而天不違，後天而奉天時。」自「大人」至此，易乾卦文言之詞。如必須天有命，乃以從事，安得先天而後天乎？「而」猶「與」也。以其不待天命，直以心發，故有先天後天之勤；「勤」，疑「動」之誤。言合天時，故有不違奉天之文。盼遂案：此文當是以其不待天命，直以心發，故有先天後天之言；動合天時，故有不違奉天之文。後人誤「動」作「勤」，又誤與「言」字互倒，遂拮据鮮通矣。論語曰：「大哉！堯之爲君！唯天爲大，唯堯則之。」泰伯篇述孔子之詞。集解引孔曰：「則，法也。美堯能法天而行化。」王者則天不違，奉天之義也。推自然之性，與天合同，是則所謂「大命文王」也。自文王意，「自」字疑在「意」上，與下句一律。文王自爲，非天驅赤雀，使告文王，云當爲王，乃敢起也。然則文王赤雀，及武王白魚，非天之命，昌熾祐也。仲任以初興之瑞爲祐。見宣漢篇、恢國篇。

吉人舉事，無不利者。人徒不召而至，瑞物不招而來，黯然諧合，若或使之。出門聞告(吉)，孫曰：「告」爲「吉」形誤。卜筮篇云：「猶吉人行道逢吉事，顧睆見祥物。」與此意同。吴説同。顧睆見善，自然道也。文王當興，赤雀適來；魚躍烏飛，武王偶見，非天使雀至、白魚來也，吉物動飛，而聖遇也。「聖」下疑挩「人」字。指瑞篇云：「聖人聖物，生於盛衰，聖王遭出，聖物遭見，（今本挩誤，校見彼篇。）猶吉命之人，逢吉祥之類也，其實相遇，非相爲出也。」與此意同。白魚入于王舟，王陽曰：「偶適也。」漢書：「王吉，字子陽。」時人稱爲王陽。漢書王尊傳、楊泉物理論（意林引。）並云「王陽」。此述王陽語，不見本傳。白魚入于王舟，爲武王伐紂之瑞，豈子陽論其事歟？光禄大夫劉琨，後漢書儒林傳、陳留耆舊傳（御覽八六八。）并作「昆」。前爲弘農太守，虎渡河，光武皇帝曰：「偶適自然，非或使之也。」俞曰：後漢書本傳：「詔問昆曰：『前在江陵，反風滅火，後守弘農，虎北渡河，行何德政，而致是事？』昆對曰：『偶然耳。』」此以昆對光武語爲光武之言，蓋傳聞之失，當以史爲正。故夫王陽之言「適」，光武之曰「偶」，可謂合於自然也。

## 本性篇

章炳麟辨性上篇：「儒者言性有五家：無善無不善，是告子也。善，是孟子也。惡，是孫卿也。善惡混，是楊子也。善惡以人異殊上中下，是漆雕開、世碩、公孫尼、王充也。」

**情性者，人治之本，禮樂所由生也。故原情性之極，禮爲之防，樂爲之節。**白虎通禮樂篇：「禮所以防淫佚，節其侈靡；樂所以崇和順，比物飾節。」**性有卑謙辭讓，故制禮以適其宜；情有好惡喜怒哀樂，故作樂以通其敬。**盼遂案：悼厂云：「『敬』疑是『和』字之訛。莊子天下篇『樂以德和』，又荀子樂論篇於樂與和之説尤多，不應王氏獨異也。」**禮所以制，樂所爲作者，情與性也。**孫曰：此承上制禮作樂而言，疑當作「禮所以爲制，樂所以爲作者，情與性也」。今本殘脱，文義不明。暉按：孫説非也。玉篇：「以，爲也。」爲，亦猶「以」也。詳經傳釋詞。上言「所以」，下言「所爲」，互文也。此承上爲文，意謂所以制禮作樂者，因欲適性之宜，通情之敬也。文義甚明。若依孫説，以禮因性故曰制，樂因情故曰作，殊失王氏之旨。須頌篇：「禮者上所制，故曰制；樂者下所作，故曰作。」是禮所以爲制，樂所以爲作者，初非因「性」與「情」也。盼遂案：「所爲」猶「所以」也，爲、以古通用。「樂所爲作」，即樂所以作也。孫氏改爲「禮所以爲制，樂所以爲作」，失辭矣。**昔儒舊生，著作篇章，莫不論説，莫能實定。**

**周人世碩**藝文志：「世子二十一篇，名碩，陳人也。七十子之弟子。」此云周人，與漢志異。

以爲「人性有善有惡，舉人之善性，養而致之則善長；舊校曰：一有「無固」字。〔惡〕性，[惡]養而致之則惡長」。孫曰：本作「惡性，養而致之則惡長」，與上「善性，養而致之則善長」對文。今作「性惡」，蓋誤倒也。王應麟漢書藝文志考證引此，正作「惡性」，知宋本尚未倒也。暉按：孫説是也。玉海五三引亦作「惡性」。又按：以下文例之，此文蓋述世子語。如此，則〔情〕性各有陰陽，「性」上舊校曰：一有「情」字。陳世宜曰：玉海五三引正有「情」字。暉按：王應麟漢書藝文志考證引無「情」字，豈與揖玉海時所據本不同邪？善惡在所養焉。故世子作養〔性〕書一篇。陳世宜曰：玉海五三引「養」下有「性」字，當據補。暉按：王應麟漢書藝文志考證卷五引無「性」字。密子賤、漆雕開、公孫尼子之徒，藝文志：「宓子十六篇。」注：名不齊，字賤。孔子弟子。」趙策作服子。顏氏家訓書證篇：「虙子賤，俗字爲『宓』，或復加『山』。」史記弟子傳：「漆雕開，字子開。」鄭玄曰：「魯人。」家語弟子解云：「蔡人，字子若。」藝文志、人表並作「漆雕啟」，蓋名啓，字子開。史公避景帝諱，家語不足據。漢志儒家：「漆雕子十三篇。」注：孔子弟子漆雕啓後。」云其後者，蓋書爲後人記啓説也。又：「公孫尼子二十八篇。」注：七十子之弟子。」隋志注：「似孔子弟子。」三書並佚，馬國翰有輯本。亦論情性，與世子相出入，皆言性有善有惡。孟子告子篇：「或曰：『有性善，有性不善。』」蓋即謂此輩。近人陳鐘凡諸子通誼下、論性篇以世碩之倫謂性善惡混，非也。揚雄主善惡混，世碩主有善有惡，兩者自異。故仲任以世碩頗得其正，而揚雄未盡性之理。

**孟子作性善之篇，**孟子外書有性善篇，趙岐以爲後世依託者。**以爲「人性皆善，及其不善，物亂之也」。**以下文孫卿「作性惡之篇，以爲『人性惡，其善者，僞也』」例之，知此述孟子語。**謂人生於天地，皆稟善性，長大與物交接者，**舊校曰：一有「欲」字。**放縱悖亂，不善日以生矣。**

**若孟子之言，人幼小之時，無有不善也。微子曰：「我舊云孩子，王子不出。」**尚書微子篇「孩」作「刻」。此作「孩」者，今文經也。示兒編十三以爲仲任誤引經文，失之。**紂爲孩子之時，微子睹其不善之性，性惡不出衆庶，長大爲亂不變，故云也。**劉先生曰：陳喬樅云：「論衡稱『微子曰』者，目尚書之篇名，非以此爲微子之言也。『微子睹其不善之性』句，『微子』下脱一『父』字。」魏源云：「『微子睹其不善之性』句，『微子』字誤，當作『父師』。」他若王氏尚書後案、江氏尚書集注、劉氏尚書集解，并斥仲任此説爲謬。段玉裁云：「此今文尚書，『刻』字作『孩』，其説如此。但古文尚書，此語出父師口，仲任系諸微子，疑今文尚書多『微子若曰』四字。」孫星衍云：「充時猶見古文尚書章句，當本歐陽、夏侯之義。」愚以爲仲任今文經師，本書所引尚書説，多本之夏侯、歐陽舊義，至可寶貴。既釋云「紂爲孩子之時，微子睹其不善之性」，則「微子」二字不誤，亦非尚書篇名，孫説得其誼，餘并臆説，不可從也。孫星衍曰：「『性惡不出衆庶』者，釋名云：『出，推也，推而前也。』言其資質不能在衆庶之前。」**羊舌食我初生之時，**左昭二十八年傳，羊舌食我作「楊食我」。杜預曰：「食我，叔向子，伯石也。」晉語八韋注同。列女傳作「伯碩」。「石」、「碩」古通。**叔姬視之，**列女傳八：「叔姬，羊舌子之妻，叔向、叔魚之母。」俞曰：左昭三年傳正義曰：「世族譜云：『羊舌氏，晉之公族也。羊舌，其所食邑名。』」唯言晉之公族，不言出何公也。今以此文證之，叔向之母姬姓，則羊舌氏非晉公族。洪亮吉曰：世族譜云：「叔向，晉之公族。」今論衡云向母姬姓，是向之父取于同姓也。列女傳、潛夫論〔二〕并云叔向母爲叔姬。**及堂，聞其啼聲而還，曰：「其聲，豺狼之聲也，野心無親。非是莫滅羊舌氏。」遂不肯見。及長，祁勝爲亂，食我與焉。**盼遂案：一本「祁」上有「與」字，非也。下文明有「與」字，讀去聲，參與也。淺人不察，因誤於上句沾「與」字，有牀上安牀之嫌矣。**國人殺食我，羊舌氏由是滅矣。**左昭二十八年傳：「祁勝與鄔臧通室，祁盈執之。勝使人言於晉侯，晉侯執祁盈。盈之臣乃殺勝。晉殺祁盈，及食我。食我，祁盈之黨，助亂，故殺之。」此文似謂食我爲祁勝黨，列女傳同，與左氏違異。「祁」上舊校曰：一有「與」字。暉案：列女傳八，正作「及長，與祁勝爲亂，晉人殺食我」。爲此文所本。「食我與焉」句，疑爲注語，誤入正文，校者則刪此「與」字。**紂之惡，在孩子之時；**

〔二〕「論」，原本作「傳」，涉上「傳」字誤，今改。

食我之亂，見始生之聲。孩子始生，未與物接，誰令悖者？丹朱生於唐宮，「生」，通津本誤作「土」，此從天啓本、錢、黃、鄭、王各本改。堯封於唐，故曰唐宮。見吉驗篇注。商均生於虞室，堯典：「釐降二女于嬀汭，嬪于虞。」疏引皇甫謐曰：「今河東太陽山西虞地是也。」水經河水注四：「軨橋東北有虞原，原上道東，有虞城，堯妻舜以嬪于虞者也。」嬀汭與虞，於地爲一，道元既前載嬀汭出于歷山，此紀誤也。盼遂案：「土」爲「出」之誤字。草書「出」字作土，故易相淆。程榮本作「生」，亦通。唐、虞之時，可比屋而封，見率性篇注。所與接者，必多善矣，二帝之旁，必多賢矣，然而丹朱傲，商均虐，並失帝統，歷世爲戒。且孟子相人以眸子焉，心清而眸子瞭，心濁而眸子眊。孟子離婁篇：「存乎人者，莫良于眸子。眸子不能掩其惡，胸中正則眸子瞭，胸中不正則眸子眊焉。」趙注：「眸子，目瞳子也。瞭，明也。眊者，蒙蒙目不明之貌。」人生目輒眊瞭，眊瞭禀之於天，不同氣也，非幼小之時瞭，長大與人接乃更眊也。更，變也。黃震曰：「孟子以眸子觀人正否。眸子禀於天不同，與性善說自異。」性本自然，善惡有質，孟子之言情性，未爲實也。

然而性善之論，亦有所緣。或仁或義，性術乖也；動作趨翔，性識詭也。面色或白或黑，身形或長或短，至老極死，不可變易，天性然也。皆知水土物器形性不同，而莫知善惡稟之異也。劉先生曰：「或仁或義」上，疑脱「人稟天地之性，懷五常之氣」十一字。「動作趨翔」下，疑敓「或重或輕」四字。下文可證。暉按：「或仁」以下五十九字，原爲下文，誤奪在此。「性善之論，亦有所緣」，乃就孟子之説，推原其義。下「一歲嬰兒」云云，正證成性善之論。下「告子之言，亦有緣也」，舉「詩曰」以證之；「性惡之言，亦有緣也」，舉嬰兒無推讓之心以證之，與此文例正同。此五十九字，乃謂人本有善惡之質，以水土物器身形爲比，與孟子善性之説，義正相反。則與「亦有所緣」義不相貫，其證一。下文自「人稟天地之性」，至「天性然也」，與此文全同。一篇之中，重出如許文字，而義又别無所託，文理不通，其證二。「皆知水土物器形性不同」句，與上句義不相屬。仁義動作，只言及性，白黑長短，只言及形，所云「水土」無指。下文有「九州田土之性，水潦清濁之流」，故以「水土」承之。則知當次於彼，而錯於此也，其證三。一歲嬰兒，句上舊校曰：一有「告子曰」字。暉案：不當有，説已見上。無爭奪之心，長大之後，或漸利色，「漸」義，見率性篇注。狂心悖行，由此生也。

告子與孟子同時，墨子公孟篇有告子。孟子告子篇趙注：「名不害，兼治儒墨之道者，嘗學於孟子。」趙氏蓋隱據墨子而以兩者爲一人。王應麟、洪頤煊説并同。孫詒讓曰：「以年代校之，墨子書告子，自與墨子同時。後與孟子問答者，當另爲一人。」閻若璩、毛奇齡并謂浩生不害非告子，趙注自相矛盾，而云名不害。朱子亦沿其誤。其論性無善惡之分，譬之湍水，決之東則東，決之西則西。夫水無分於東西，猶人〔性〕無分於善惡也。「人」下當有「性」字。此文正論人性。下文「夫告子之言，謂人之性與水同也。使性若水，可以水喻性」。明此文正以性喻水，非以人喻水也。今本此文「人」下脱「性」字，則仲任之論，失所據矣。孟子告子篇：「人性之無分於善不善也，猶水之無分於東西也。」正作「人性」，是其切證。「決之東則東，決之西則西」，孟子告子篇作「決諸東方則東流，決諸西方則西流」。世説新語卷下之下注引孟子同此。疑所見本若是。趙注：「湍者，圜也。謂湍湍瀠水也。」

夫告子之言，謂人之性與水同也。使性若水，可以水喻性，猶金之爲金，木之爲木也。人善因（固）善，惡亦因（固）惡，兩「因」字並爲「固」字形近而誤。「人善固善，惡亦固惡」，乃仲任所謂上下兩品者。下文「極善極惡，非復在習，聖化賢教，不能復移」，即此人有固善固惡之義。若作「因」，則失其旨。上文：「性本自然，善惡有質。」下文：「而莫知善惡稟之異也。」是善惡之質，乃稟受不同，故人性有固善固惡。初稟天然之姿，受純壹之質，故生而兆見，善惡可察。無分於善惡，可推移者，謂中人也，不善不惡，須教成者也。故孔子曰：「中人以上，可以語上也；中人以下，不可以語上也。」論語雍也篇。告子之以決水喻者，徒謂中人，不指極善極惡也。孔子曰：「性相近也，習相遠也。」論語陽貨篇。夫中人之性，在所習焉，習善而爲善，習惡而爲惡也。至於極善極惡，非復在習，故孔子曰：「惟上智與下愚不移。」論語陽貨篇。性有善不善，聖化賢教，不能復移易也。孔子，道德之祖，諸子之中最卓者也，説文：「卓，高也。」而曰「上智下愚不移」，故知告子之言，未得實也。

夫告子之言，亦有緣也。詩曰：「彼姝之子，何以與之。」亦見率性篇，上「之」字，作「者」。其傳曰：「譬猶練絲，染之藍則青，染之朱則赤。」已注率性篇。夫決水使之東西，猶染絲令之青赤也。丹朱、商均已染於唐、虞之化矣，然而丹朱傲而商均虐者，至惡之質，不受藍朱變也。

孫卿有反孟子，作性惡之篇，漢避宣帝諱，改「荀」爲「孫」，名況，時人尊號曰「卿」。以爲「人性惡，其善者，僞也」。見荀子性惡篇。性惡者，以爲人生皆得惡性也；僞者，長大之後，勉使爲善也。荀子正名篇：「慮積焉，能習焉，而後成，謂之僞。」此義正合。楊注以「僞」爲「矯」，失之甚也。

若孫卿之言，人幼小無有善也。「小」下疑有「之時」二字。上文「若孟子之言，人幼小之時，無有不善也」，與此文法一律。〔后〕稷爲兒，劉先生曰：意林、御覽八二三引「稷」上有「后」字。今據增。以種樹爲戲；種，殖。樹，蒔也。史記周紀：「棄爲兒時，其游戲好種樹麻菽，及長，遂好耕農。」孔子能行，以俎豆爲弄。史記孔子世家：「孔子爲兒嬉戲，常陳俎豆，設禮容。」

石生而堅，蘭生而香。〔生〕稟善氣，長大就成，孫曰：「稟」上脱「生」字。「長大」之義，即承「生」字言之。意林引有「生」字。當據補。朱、吴説同。故種樹之戲，爲唐司馬；注見吉驗篇。俎豆之弄，爲周聖師。稟蘭石之性，故有堅香之驗。夫孫卿之言，未爲得實。

然而性惡之言，〔亦〕有緣也。孫曰：「有」上當有「亦」字。上云：「孟子之言情性，未爲實也。然而性善之論，亦有所緣。」又云：「故知告子之言，未得實也。夫告子之言，亦有緣也。」並有「亦」字。一歲嬰兒，無推讓之心，見食，號欲食之；睹好，啼欲玩之。長大之後，禁情割欲，勉厲爲善矣。劉子政非之曰：「如此，則天無氣也。陰陽善惡不相當，則人之爲善，安從生？」未知何出。義亦不明。

陸賈曰：「天地生人也，以禮義之性。人能察己所以受命則順，順之謂道。」嚴可均鐵橋漫稿五：「今新語十二篇無此文。論衡但云陸賈，不云新語，或當在漢志之二十三篇中。」暉案：案書篇：「新語皆言君臣政治得失。」是新語乃政務之書，今存見者正如是。此引，則論性命，故不在其中。

夫陸賈知人禮義爲性，人亦能察己所以受命。以上下文例求之，此二句，乃複述引語，揭明其義。下「性善者不待察而自善」云云，則抒己見。是此文當作「夫陸賈之言，謂人禮義爲性」，與下文「若仲舒之言，謂孟子見其陽，孫卿見其陰也」；「夫子政之言，謂性在身而不發，情接於物」，文同一律。蓋「之」以聲誤爲「知」，校者則妄删「言謂」二字，遂使此文無複述引語之句，而與前後文例不符矣。性善者，不待察而自善；性惡者，雖能察之，猶背禮畔義。「畔」、「叛」字通。義挹於善，義不明。不能爲也。盼遂案：次「義」字涉上文而衍。「挹於善不能爲」，即下「性惡不爲，何益於善」之意，加「義」字則不通。故貪者能言廉，亂者能言治。盜跖非人之竊也，莊蹻刺人之濫也，非，亦刺也，讀作「誹」。明能察己，口能論賢，性惡不爲，何益於善？陸賈之言，未能得實。陸賈所云，只爲知善，不足明性善。性善、知善自異。方苞原人上明性善之説〔一〕，舉元兇劭、柳璨臨刑時語以證之。不知人智類能明善惡之分，故性惡之口，時出善言。其義早爲陸生所發，亦早爲仲任所破。

董仲舒覽孫、孟之書，作情性之説曰：「天之大經，一陰一陽；人之大經，一情一性。性生於陽，情生於陰。孝經援神契：「性生於陽以理執，情生於陰以繫念。」（御覽八八一。）説文：「情，人之陰氣，有欲者；性，人之陽氣，性善者也。」白虎通情性篇：「性者陽之施，情者陰之化。人稟陰陽氣而生，故内懷五性六情。」並與董氏義同。陰氣鄙，陽氣仁。文選東京賦注引廣雅曰：「鄙，固陋不惠。」鹽鐵論鍼石篇：「争而不讓，則入於鄙。」師古曰：「鄙，謂不通。」非

〔一〕此句有誤，疑當爲：「方苞，上元人，明性善之説。」方苞寄籍上元。

也。鉤命決曰：「情生於陰，欲以時念也。性生於陽，以就理也。陽氣者仁，陰氣者貪，故情有利欲，性有仁也。」（白虎通引。）曰性善者，是見其陽也；謂惡者，是見其陰者也。」情性篇未見，今傳春秋繁露已佚其大半矣。一曰：「非篇名。」繁露深察名號篇、實性篇尚見其旨。深察名號篇曰：「人之誠有貪有仁，仁貪之氣，兩在於身。天有陰陽之施，身亦有貪仁之性，與天道一也。」又曰：「身之有性情也，若天之有陰陽也。」又漢書董仲舒傳：「性命之情，或夭或壽，或仁或鄙。」師古曰：「仁鄙，性也。」

若仲舒之言，謂孟子見其陽，孫卿見其陰也。處二家各有見，可也；處，猶審度辨察也。見經義述聞卷三十一、俞樾讀法言。不處人情性［情性］有善有惡，未也。「情性」二字不當重出。仲舒正論「性生於陽，情生於陰」，非「不處人情性」也。「情性有善有惡」，正仲任所主，非爲「未也」。是二字重出，則文義不通。「不處人情性有善有惡未也」十一字爲句。奇怪篇：「言其不感動母體，可也；言其開母背而出，妄也。」與此文例正同。夫人情性，同生於陰陽，其生於陰陽，有渥有泊。玉生於石，有純有駁；情性〔生〕於陰陽，安能純善？劉先生曰：「情性於陰陽」，義不可通。「情性」下疑脱「生」字。上文：「夫人情性，同生於陰陽，其生於陰陽，有渥有泊。」「情性」下並有「生」字，是其證也。盼遂案：「性」下當有「生」字。仲舒之言，未能得實。

劉子政曰：「性，生而然者也，告子曰：「生之謂性。」荀子正名篇曰：「生之所以然謂之性。」中庸曰：「天命之謂性。」王制疏引孝經説曰：「性者，生之質。」義與子政并同。定性之質，衆説同歸；其質若何，所見紛矣。在於身而不發；情，接於物而然者也，出形〔出〕於外。孫曰：「出形」當作「形出」，下文并作「形出」可證。樂記曰：「人生而静，天之性也；感於物而動，性之欲也。」爲子政所本。形外，則謂之陽；不發者，則謂之陰。」

夫子政之言，謂性在身而不發。情接於物，形出於外，故謂之陽；性不發，不與物接，故謂之陰。夫如子政之言，乃謂情爲陽，性爲陰也。與仲舒義違。不據本所生起，不依據性所禀受者。苟以形出與不發見定陰陽也。「苟」猶「但」也。見經傳釋詞。「形出」與「不發」，并承述上文，「見」字疑傳寫誤增。必以形出爲陽，性亦與物接，造次必於是，顛沛必於是。論語里仁集解引馬曰：「造次，急遽也。顛沛，僵仆也。」謂雖急遽僵仆，不離於性也。惻隱不忍，不忍仁之氣也；「不忍」二字，衍文，蓋寫者重出也。「惻隱不忍，仁之氣也」，與下「卑謙辭讓，性之發也」文法一律。下「惻隱卑謙，形出於外」，正分承此文。若「不忍」二字未衍，則「惻隱」二字乃成副詞。當以「不忍」承之，而不當以「惻隱」也。是其證。卑謙辭讓，性之發也，有與接會，故惻隱卑謙，形出於外。謂性在内，不與物接，恐非其實。不論性之善惡，徒議外内陰陽，理難以知。且從子政之言，以性爲陰，情爲陽，夫人禀情

（性），「情」當作「性」，人性稟受於天，本書時見此義。命義篇「稟得堅强之性」，「稟性軟弱者」，率性篇「君子小人，稟性異類乎」，本篇下文「稟性受命」，「人稟天地之性」，并作「稟性」，是其證。竟有善惡不也？「不」讀作「否」。

自孟子以下，至劉子政，鴻儒博生，聞見多矣，然而論情性竟無定是。唯世碩、儒公孫尼子之徒，先孫曰：「儒」字衍。漢書藝文志儒家云：「世子二十一篇，名碩。公孫尼子二十八篇。」上文亦云：「周人世碩以爲人性有善有惡。」頗得其正。由此言之，事易知，道難論也。酆文茂記，楊曰：「酆」讀作「豐」。繁如榮華；恢諧劇談，漢書揚雄傳晉灼注：「劇，疾也。」劇談，疾言也。甘如飴蜜，未必得實。

實者，人性有善有惡，猶人才有高有下也，高不可下，下不可高。謂性無善惡，是謂人才無高下也。稟性受命，同一實也。無形篇：「用氣爲性，性成命定。」命有貴賤，性有善惡。謂性無善惡，是謂人命無貴賤也。九州田土之性，禹貢鄭注曰：「地當陰陽之中，能吐生萬物者曰土，據人工作力競得而田之則曰田。」爾雅釋文引李曰：「田，陳也，謂陳列種穀之處。」善惡不均，故有黄赤黑之别，上中下之差；禹貢曰：「兖州，厥土黑墳，厥田爲中下。徐州，厥土赤埴，厥田爲上中。雍州，厥土惟黄壤，厥田爲上上。」水潦不同，故有清濁之流，東西南北之趨。人稟天地之性，懷五常之氣，注見物勢篇。或仁或義，性術乖也；

動作趨翔，或重或輕，性識詭也。禮記樂記：「聲音動静，性術之變。」疏：「性術，性之道路。」後漢書馬融傳論：「識能匡欲者鮮矣。」李注：「識，性也。」面色或白或黑，身形或長或短，至老極死，不可變易，天性然也。〔皆知水土物器形性不同，而莫知善惡稟之異也〕。此十九字，據上文補。自「九州田土」以下，正論水土物器形性不同，故以此文結之。今奪入上文，遂使此義未足。率性篇曰：「稟氣有厚泊，故性有善惡。」即「善惡稟異」之義。

余固以孟軻言人性善者，「固」讀作「故」。中人以上者也；孫卿言人性惡者，中人以下者也；揚雄言人性善惡混者，法言修身篇曰：「人之性也，善惡混。修其善，則爲善人；修其惡，則爲惡人。」中人也。韓愈原性全襲此義。若反經合道，經，常也。公羊桓十一年傳：「權者，反於經，然後有善者也。行權有道。」陸淳春秋微旨序曰：「事或反經，而志協於道。」則可以爲教；盡性之理，則未也。

# 物勢篇

儒者論曰：「天地故生人。」如鄭注易坤靈圖云：「天故生聖君。」此言妄也。夫天地合氣，人偶自生也；猶夫婦合氣，子則自生也。夫婦合氣，非當時欲得生子，情欲動而合，合而生子〔一〕矣。後漢書孔融傳，融與禰衡曰：「父之於子，當有何親？論其本意，實爲情欲發耳。子之於母，亦復奚爲？譬如寄物瓶中，出則離矣。」持論正同。盼遂案：吴承仕曰：「問孔篇云：『猶人之娶也，主爲欲也，禮義之言，爲供親也。』」後漢書孔融傳路粹奏融曰：「融云『父之於子，當有何親？論其本意，實爲情欲發耳。子之於母，亦復奚爲？譬如物寄缻中，出則離矣。』」今考文舉之放言，殆本諸仲任斯論歟？且夫婦不故生子，以知天地不故生人也。然則人生於天地也，猶魚之（生）於淵，蟣虱之（生）於人也，劉先生曰：御覽九一一引作「猶魚生泉，蟣虱生於人也」。兩「之」字並作「生」，正與上句「人生於天地」之義相承，疑當從之。因氣而生，種類相產。朱校元本「種」作「衆」。萬物生天地之間，皆一實也。

〔一〕「生子」，原本作「子生」，據通津草堂本乙。

傳(或)曰：天地不故生人，人偶自生，劉先生曰：此仲任設論之辭，非所謂儒者傳書語也。「傳」當作「或」，字之誤耳。若此，論事者何故云盼遂案：自此至「文不稱實，未可謂是也」凡十五句，皆難者相駁詰之辭，主「天地故生人」之論也。「若」字上脱「難曰」二字。論衡於論辯之文，例不省曰字。「天地爲鑪，萬物爲銅，陰陽爲火，造化爲工」乎？賈誼語，見漢書本傳。義本莊子大宗師。案陶冶者之用火爍銅燔器，故爲之也；盼遂案：吴承仕曰：「賈誼鵩鳥賦曰：『天地爲鑪，造化爲工，陰陽爲炭，萬物爲銅。』論衡雖本於彼，要亦相承之舊物，故李善注引莊子語釋之。」而云天地不故生人，人偶自生耳，可謂陶冶者不故爲器，而器偶自成乎？夫比不應事，未可謂喻；文不稱實，未可謂是也。

曰：是喻人稟氣不能純一，若爍銅之下形，「形」讀作「型」。雷虚篇曰：「冶工之消鐵，以土爲形，燥則鐵下。」淮南修務篇曰：「純鈞、魚腸之始下型，擊則不能斷，刺則不能入。」盼遂案：吴承仕曰：「形假爲型。説文：『型，鑄器之法也。』下文云『模範爲形』正同。」燔器之得火也，非謂天地生人與陶冶同也。興喻人皆引人事。「興」字於義無取，疑涉上文「與」字僞衍。盼遂案：興、喻同意。周禮大司徒曰皆興注〔一〕：「興者，託事於物。」論語「詩可以興」注：「引

〔一〕此句有誤，當作「周禮大師『曰興』注」。

譬連類也。」此興、喻同類之證。黄氏謂「興」爲衍字，失之。**人事有體，不可斷絶。**陶冶一事，有「可故作」與「不可故生」二象，不可剖截爲二，故曰「不可斷絶」。下文「頭目手足」，即喻此義。**以目視頭，頭不得不動；以手相足，**「相」亦視也。**足不得不摇。目與頭同形，手與足同體。今夫陶冶者，初埏埴作器，**老子注：「埏，和也。」又釋文：「埴，黏土也。」**必模範爲形，**「範」，「笵」之叚字。說文：「笵，法也。」衆經音義二玄應曰：「以土曰型，以金曰鎔，以木曰模，以竹曰笵。一物材别也。」**故作之也；燃炭生火，必調和鑪竈，故爲之也。及銅爍不能皆成，器燔不能盡善，不能故生也。**

**夫天不能故生人，則其生萬物，亦不能故也。天地合氣，物偶自生矣。夫耕耘播種，故爲之也；及其成與不熟，偶自然也。何以驗之？如天故生萬物，當令其相親愛，不當令之相賊害也。**招魂王注：「賊亦害也。」

**或曰：五行之氣，**春秋繁露五行相生篇：「天地之氣，合而爲一，分爲陰陽，判爲四時，列爲五行。行者行也，其行不同，故謂之五行。」白虎通五行：「行者，欲言爲天行氣之義也。」淮南本經篇注：「五行，金木水火土也。水屬陰行，火爲陽行，木爲燠行，金爲寒行，土爲風行。五氣常行，故曰五行。」三說義同。洪範孔疏：「謂之行者，在天則五氣流行，在地世所行用也。」於「氣行」之外，又備「用行」之義。而於左昭二十五年傳疏則曰：「五物爲世所用行，故謂之五行。」是廢「氣行」舊説，非也。天生萬物。謂天行氣生物。白虎通五行篇：「水位在北方，北方者，陰氣在黃泉之下，任養萬物。水之爲言準也，養萬物平均有準則也。木在東方，東方者，陽氣始動，萬物始生。木之爲言觸也，陽氣動躍，觸地而出也。火在南方，南方者，陽在上，萬物垂枝。火之爲言委隨也，言萬物布施；火之爲言化也，陽氣用事，萬物變化也。金在西方，西方者，陰氣始起。金之爲言禁也，言秋時萬物陰氣所禁止也。土在中央，土之爲言吐也，主吐含萬物。」（今本白虎通多脱誤，此依月令疏引正。）以萬物含五行之氣，五行之氣，更相賊害。萬物各稟一行。月令鄭注曰：「麥實有孚甲，屬木。（呂覽孟春紀、淮南時則篇注，并云屬金。）菽實孚甲堅合，屬水。（淮南注屬火。）稷，五穀之長，屬土。麻實有文理，屬金。黍秀舒散，屬火。」又云：「羊，火畜也。（呂覽、淮南注土畜。）鷄，木畜。（淮南注屬火。）牛，土畜。犬，金畜。彘，水畜。」洪範五行傳行、畜配象與鄭同。孔穎達曰：「陰陽取象多塗，故午爲馬，酉爲鷄，不可一定。」水、火、金、木、土，即相刻之次。白虎通五行篇：「五行所以相害者，天地之性。衆勝寡，故水勝火也；精勝堅，故火勝金；剛勝柔，故金勝木；專勝散，故木勝土；實勝虚，故土勝水也。」

曰：天自當以一行之氣生萬物，令之相親愛，不當令五行之氣反使相賊害也。

或曰：欲爲之用，故令相賊害；賊害相成也。故天用五行之氣生萬物，人用萬物作萬事。不能相制，不能相使；不相賊害，不成爲用。金不賊木，木不成用；火不爍金，金不成器，故諸物相賊相利。含血之蟲，相勝服，相齧噬，相啖食者，皆五行

**〔之〕氣使之然也。**「行」下意增「之」字。上下文並作「五行之氣」可證。

**曰：天生萬物，欲令相爲用，不得不相賊害也，則生虎狼蝮虵及蜂蠆之蟲，**衆經音義二引三蒼曰：「蝮蛇色如綬文，文間有鬐鬛，鼻上有針，大者長七八尺，有牙，最毒。」廣雅釋蟲：「蠆，蠍也。」毒蟲。**皆賊害人，天又欲使人爲之用邪？且一人之身，含五行之氣，故一人之行，有五常之操。五常，五行之道也。**「五行」舊作「五常」，各本誤同。吴曰：崇文局本改作「五行之道」是也。樂記「道五常之行」，鄭注云：「五常，五行也。」正義以木仁、金義等釋之，此論義同。暉按：朱校元本正作「五行之道」，今據正。易乾鑿度：「孔子曰：『八卦之序成立，則五氣變形，故人生而應八卦之體，得五氣以爲五常。』」按：五氣即五行之氣。潛夫論相列篇曰：「一人之身，而五行八卦之氣具焉。」盼遂案：「五常，五常之道也」，無義，疑當是「五藏，五行之道也」。五經異義引今文尚書歐陽說：「肝，木也。心，火也。脾，土也。肺，金也。腎，水也。」又引古文尚書說：「脾，木也。肺，火也。心，土也。肝，金也。腎，水也。」此五藏與五行相關之道。仲任治今文歐陽、夏侯尚書，故應有是論議。下文云：「五藏在內，五行氣俱。」正與此語相承。**五藏在內，五行氣俱。**白虎通情性篇：「人生而應八卦之體，得五氣以爲常，仁義禮智信是也。人本含六律五行氣而生，故內有五藏六府。五藏，肝心肺腎脾也。元命苞曰：『肝者木之精，肺者金之精，心者火之精，腎者水之精，脾者土之精。』」此今文歐陽尚書說。鄭注月令、高注淮南時則訓同。五經異義載古尚書說：「脾，木也。肺，火也。心，土也。肝，金也。腎，水也。」仲任今文家，知主前說。如論者之言，含血之蟲，懷五行之氣，輒相賊害；一人之身，胸懷五藏，自相賊也？一人之操，行義之心，自相害也？「行」疑爲「仁」字形譌。且五行之氣相賊害，含血之蟲相勝服，其驗何在？

曰：「曰」上疑有「或」字，方與前文一律，此乃或者之言。寅，木也，其禽虎也。戌，土也，其禽犬也。丑、未，亦土也，丑禽牛，未禽羊也。木勝土，故犬與牛羊爲虎所服也。亥，水也，其禽豕也。巳，火也，其禽虵也。子亦水也，其禽鼠也。午亦火也，其禽馬也。水勝火，故豕食虵；火爲水所害，故馬食鼠屎而腹脹。蔡中郎集月令問答云：「凡十二辰之禽，五時所食者，必家人所畜，丑牛，未羊，戌犬，酉鷄，亥豕而已。其餘龍虎以下，非食也。」王應麟曰：「『吉日庚午，既差我馬』，午爲馬之證也。『季冬出土牛』，丑爲牛之證也。」困學紀聞集證曰：「乾鑿度，孔子曰：『復表日角。』鄭注云：『表者，人體之章識也。名復者，初震爻也。震之體在卯，日出於陽，又初應在六四，於辰在丑爲牛，牛有角，復入表象。』是丑爲牛之證。史記陳世家，周太史筮敬仲完，卦得觀之否，云：『若在異國，必姜姓。』正義曰：『六四變此爻是辛未，觀上體巽，未爲羊，巽爲女，女乘羊，故爲姜。』是未爲羊之證。九家易注説卦曰：『犬近奎星，蓋戌宿值奎也。』是戌爲犬之證。易林坤之震亦云：『三年生狗，以成戌母。』」吳越春秋闔閭内傳曰：「吳在辰位龍，故小城南門上作龍。越在巳地，其位虵也，故南大門上有木虵。」以上皆十二生肖配辰見諸傳籍者。間有出於漢前。趙氏陔餘叢考據論衡此文，謂始自後漢。陳樹德曰：「書史：『相如作凡將篇，妙辯六律，測尋二氣，采日辰之禽，屈伸其體，升伏其勢，像四時之氣，爲之興降，曰氣候直時書。後漢東陽公徐安子，搜諸史籀，得十二時書，皆像神形也。』許慎說文解支幹之字，皆以陰陽之氣說之，蓋因氣候直時書義也。日辰之禽，屈伸其體以像之，只『巳』、『亥』可見，餘則遞變而不可究矣。」楊慎曰：「子鼠丑牛十二屬之說，自然之理，非後所能爲。觀篆字『巳』作蛇形，『亥』作豕形，餘可推矣。」方以智曰：「以十二生肖配十二辰，爲人命所屬，或曰皆不全之物。子鼠，目少光，齒利。丑牛，少齒，四蹄，足生骨四岐，實兩交剪蹄也。寅虎，短項，五爪最利。卯兔，缺脣，四蹄，耳長。辰龍，虧聰，五爪，小耳。巳蛇，無足，雙舌。午馬，虧膽，獨蹄，圓蹄也。未羊，乙木上視，虧瞳，四蹄。申猴，虧脾，五爪。酉鷄，隱形，無外腎，虧小腸，四爪。戌犬，虧大腸，善走。亥猪，無筋，謂强筋也。」又引王逵曰：「子爲陰極，幽潛隱晦，配鼠，藏跡。午爲陽極，顯陽剛健，配馬快行。丑爲陰，俯而慈愛，配牛舐犢。未爲陽，仰而秉禮，配羊跪乳。寅三陽，陽勝則暴，配虎性暴。申三陰，陰勝則黠，配猴性黠。卯酉爲日月二門，二肖皆一竅。兔舐雄毛則孕，感而不交也。鷄合踏而無形，交而不感也。辰巳陽極而變化，龍爲盛，蛇次之，故龍蛇配辰巳，龍蛇者，變化之物也。戌亥陰斂而拘守，狗爲盛，豬次之，故狗豬配戌亥，狗豬者，圈守之物也。」近人郭沫若甲骨文字研究，釋支干曰：「十二辰文字，其義可知者，如『子』當作『兇』，丑爲爪，寅爲矢，辰爲蓐，『巳』當作『子』，午爲索，未爲穗，酉爲壺尊，戌爲戉。其不可知者，則『卯』當讀『劉』，申有重義，當屬孳乳，亥象異獸之形，但不知『二首六身』爲何物。辰龍巳蛇之説，爲在十二肖獸輸入之後。十二肖獸，始見論衡物勢、言毒、譏日三篇。新莽嘉量銘『巳』已作「[illegible]」，酷似蛇形，則西漢時已有之。印度、巴比倫、埃及均有之。殆漢時西域諸國仿巴比倫之十二宮而制定，再向四周傳播。其入中國，當在漢武帝通西域時。」

**曰：審如論者之言，含血之蟲，亦有不相勝之効。**廣雅釋言：「效，驗也。」「效」、「効」字通。此書效多訓驗，後不再出。**午，馬也。子，鼠也。酉，雞也。卯，兔也。水勝火，鼠何不逐馬？金勝木，雞何不啄兔？亥，豕也。未，羊也。丑，牛也。土勝水，牛羊何不殺豕？巳，虵也。申，猴也。火勝金，虵何不食獼猴？**「獼猴」即「猕猴」。廣雅釋獸：「猱狙，猕猴也。」「獼」轉爲「母」，説文：「爲，母猴也。」「母」又音轉爲「馬」。猶呼「母」爲「媽」也。馬猴今語猶存。馬有大義，如馬藍、馬薊之類。初學記引孫炎爾雅注：「猱，母猴也。」吳都賦劉逵注：「猱似猴而長尾。」**獼猴者，畏鼠也。齧獼猴者，犬也。鼠，水。獼猴，金也。水不勝金，獼猴何故畏鼠也？戌，土也。申，猴也。**盼遂案：當是「申，金也」，與上下文義方合。星禽之説，非此所施。**土不勝金，猴何故畏犬？**閻若璩曰：「獨不及辰之禽龍。」今按十二生肖，此見十一，龍見言毒篇。彼文曰：「辰爲龍，巳爲蛇。」

**東方，木也，其星倉龍也；**占經二三引淮南天文訓許注：「木冒地而生也。」説文：「木冒地而生，東方之行。」高誘注：「木色蒼，龍順其色也。」盼遂案：「倉」當爲「蒼」之譌脱。**西方，金也，其星白虎也；南方，火也，其星朱鳥也；**高注：「朱鳥，朱雀也。」夢溪筆談曰：「朱雀，或謂鳥朱者，或謂之長離，或云鳥即鳳也。」朱亦棟羣書札記曰：「謂朱鳥即鳳鳥者是。」**北方，水也，其星玄武也。**玄武，龜也。**天有四星之精，**文耀鉤曰：「東宮蒼帝，其精爲龍。南宮赤帝，其精爲朱鳥。西宮白帝，其精白虎。北宮黑帝，其精玄武。」（史記天官書索隱。）李巡曰：「大辰，蒼龍宿。」史記正義曰：「柳八星爲朱鳥。南斗六星，牽牛六星，並玄武之宿。」天官書：「參爲白虎。」**降生四獸之體，含血之蟲，以四獸爲長。**大戴禮易本命及樂緯（禮運疏。）曰：「羽蟲三百六十，鳳凰爲長。毛蟲三百六十，麟爲之長。甲蟲三百六十，龜爲之長。鱗蟲三百六十，龍爲之長。」禮運曰：「麟鳳龜龍，謂之四靈。」並以麟屬西方金。此云「白虎」者，五經異義曰：「公羊説，麟木精。左氏説，麟中央軒轅大角之獸。陳欽説，麟是西方毛蟲。許慎謹按，禮運云：『麟鳳龜龍，謂之四靈。』龍，東方也。虎，西方也。鳳，南方也。龜，北方也。麟，中央也。鄭駮云：古者聖賢言事，亦有効，三者取象天地人，四者取象四時，五者取象五行，今云四靈，則當四時，明矣。虎不在靈中，空言西方虎，麟中央，得無近誣乎。」仲任則同許説。取象於天，虎爲金行，故屬西方，乃本淮南天文訓。其義較鄭氏取象四時爲長。又按：蒼龍、朱鳥、玄武並言獸。上文云：「其禽虎也。」遭虎篇云：「虎亦諸禽之雄也。」講瑞篇云：「野禽並角。」指瑞篇云：「鳳凰麒麟，仁聖禽也。」是應篇云：「一角之羊，何能聖於兩角之禽。」譏日篇云：「子之禽鼠。」是於毛蟲之獸，而謂之禽。所以然者，曲禮「鸚鵡能言，不離飛鳥；猩猩能言，不離禽獸」。正義曰：「爾雅云：『二足而羽謂之禽，四足而毛謂之獸。』今鸚鵡是羽曰禽，猩猩四足而毛，正可是獸，今並云『禽獸』者，凡語有通別，別而言之，羽則曰禽，毛則曰獸。所以然者，禽者，擒也，言鳥力小，可擒捉而取之。獸者，守也，言其力多，不易可擒，先須圍守，然後乃獲，故曰獸也。通而爲説，鳥不可曰獸，獸亦可曰禽。故鸚鵡不曰獸，而猩猩通曰禽也。故易云：『王用三驅失前禽。』則驅走者亦曰禽也。又周禮司馬職云：『大獸公之，小禽私之。』以此而言，則禽不必皆鳥也。又康成注周禮（冢宰庖人。）云：『凡鳥獸未孕曰禽。』周禮又云：『以禽作六摯，卿羔，大夫鴈。』白虎通云：『禽者，鳥獸之總名。』（今本佚，御覽九一四亦引。）以此諸經證禽名通獸者，以其小獸可擒，故得通名禽也。」按：孔疏以獸可通名禽，是也。説文云：「禽，走獸總名。」謂禽不可通名獸，則非。曲禮朱鳥、玄武、青龍、白虎，鄭注謂之四獸，正與仲任此文同，可證。孔氏於彼疏云：「朱雀是禽，而總言獸者，通言耳。」其説得之。蓋獸爲鳥獸昆蟲之通稱。考工記云：「天下之大獸五：脂者，膏者，臝者，羽者，鱗者。」**四獸含五行之氣最較著，案龍虎交不相賊，鳥龜會不相害。**

**以四獸驗之，以十二辰之禽效之，五行之蟲以氣性相刻，則尤不相應。**

**凡萬物相刻賊，含血之蟲則相〔勝〕服，**「服」上疑脱「勝」字。上文云：「含血之蟲，相勝服，相齧噬。」又云：「五行之氣相賊害，含血之蟲相勝服。」並其證也。**至於相啖食者，自以齒牙頓利，**頓讀作「鈍」。**䈥力優劣，**「䈥」，俗「筋」字。**動作巧便，**巧便，捷速也。**氣勢勇桀。**桀猶强也。説文：「棄，从入、桀。桀，黠也。軍法入桀曰棄。」段注：「凡黠者必强。入桀者以弱勝强。」是桀有强義。儒增篇：「人桀於刺虎，怯於擊人。」桀亦猶强也。若人之在世，勢不與適，適讀作「敵」。力不均等，自相勝服。以力相服，則以刃相賊矣。夫人以刃相賊，猶物以齒角爪牙相觸刺也。力强角利，勢烈牙長，則能勝；氣微爪短，誅膽小距頓（銖），楊曰：「誅」恐是「咮」字。劉盼遂曰：「誅」爲「銖」之誤字。淮南鴻烈齊俗訓：「其兵戈銖而無刃。」注：「楚人謂刀頓爲銖。」廣雅釋詁：「銖，鈍也。」是「爪短」與「距銖」爲駢辭，「頓」字實「銖」字之旁注，後人誤羼入正文，復譌「銖」爲「誅」。暉按：楊説非，劉説是也。盼遂案：吳承仕曰：「『誅』當作『咮』。咮，鳥口也。此句仍有誤文，無可據校。」「誅」爲「銖」之誤字。淮南子齊俗訓：「其兵戈銖而無刃。」注：「楚人謂刃頓爲銖。」廣雅釋詁：「銖，鈍也。」是「爪銖」與「距頓」爲駢辭，「短」字自「銖」之旁注，後人誤羼正文耳，亟宜刊去。楊守敬校云：「誅爲咮之誤字。」誤與吳同。則服畏也。人有勇怯，故戰有勝負，勝者未必受金氣，負者未必得木精也。孔子畏陽虎，却行流汗，未知何出。亦見言毒篇。盼遂案：畏陽虎事，各書無考，疑仲任用莊子盜跖篇事，而誤記爲陽虎也。盜跖篇曰：「孔子再拜趨走，出門上車，執轡三失，目茫然無見，色若死灰，據軾低頭，不能出氣。」與仲任此文甚爲吻合也。陽虎未必色白，孔子未必面青也。白，西方色，金也。青，東方色，木也。金刻木，故云。鷹之擊鳩雀，鴞之啄鵠鴈，莊子齊物論釋文司馬彪曰：「鶚，小鳩。」毛詩草木疏云：「大如班鳩，緑色。」未必鷹鶚生於南方，而鳩雀鵠鴈產於西方也，南方火，西方金。火刻金，故云。自是筋力勇怯相勝服也。劉先生曰：勇可以相勝服，而怯不可以相勝服，御覽九二六引此文「怯」作「壯」，於義爲長，疑當從之。暉按：今本不誤。相者，兼辭也。相勝服，「相勝」、「相服」也。對承「勇怯」二字，怯者服，而勇者勝也。上文「力不均等，自相勝服」，勇怯即力不均之義。御覽誤也。

一堂之上，必有論者；一鄉之中，必有訟者。訟必有曲直，論必有是非，非而曲者爲負，是而直者爲勝。亦或辯口利舌，辭喻横出爲勝；或詘弱綴跆，蹥蹇不比者爲負。孫曰：「綴」蓋「躓」之借字。説文：「躓，跆也。」綴、躓聲紐同。暉案：「綴」爲「䟾」之借字。「綴」、「䟾」并从「叕」聲。廣雅釋詁二：「䟾、蹶，跳也。」釋詁三：「蹷，敗也。」莊子人間世：「爲顛而滅，爲崩而蹶。」説文：「蹶，僵也。」曲禮鄭注：「蹶，行遽貌。」蹶、蹷并从「欮」聲，與「叕」并在古音十五部，音同義通，並爲遽行皃，義轉爲仆躓。不必讀作「躓」也。禮記中庸：「言前定則不跆。」即此「綴跆」之義。鄭注：「跆，躓也。」正義曰：「字林云：『跆，躓也。』」躓謂倒蹶也。將欲發言，豫前思定，然後出口，則言得流行，不有躓蹶也。」「綴跆」與「蹥蹇」義稍違異，「綴跆」爲言不前定而敗，猶遽行而仆也。「蹥蹇」則爲口吃而不能遽談。易蹇卦六四爻：「往蹇來連。」釋文：「蹇，序卦皆云『難也』。連，馬云：『亦難也。』鄭云：『遲久之義。』」漢書序傳：「紛屯亶與蹇連兮。」屯亶、蹇連，並艱險義。倒言則爲「連蹇」。漢書揚雄傳解嘲曰：「孟軻雖連蹇，猶爲萬乘師。」「連蹇」

謂口吃也。（此从王先謙説。）口吃亦爲言之難。衆經音義一引通俗文曰：「言不通利謂之謇吃。」列子力命篇：「謇極淩誶。」張注：「謇極，訥澀之貌。」方言：「譾，吃也。或謂譅。」郭注：「語譅難也。」蹇、謇、謇、譾字並通。「比」，漢書諸侯王表注云：「相接次也。」「不比」，謂話斷續不接。盼遂案：「綴」爲「黜」之借字。方言：「黜，短也。」郭注：「蹶黜，短小貌。」廣雅亦云：「黜，短也。」故與「跆」爲同類。孫氏謂「綴」爲「躓」借，於音理違矣。吴承仕曰：「『綴』讀爲無尾屈之屈，短也，亦以『叕』爲之。淮南子人間訓：『愚人之思叕。』高注：『叕，短也。』正本此。」**以舌論訟，猶以劍戟鬭也。利劍長戟，手足健疾者勝；頓刀短矛，手足緩留者負。**

**夫物之相勝，**「夫」舊作「天」，今據各本正。**或以筋力，或以氣勢，或以巧便。小有氣勢，口足有便，則能以小而制大；大無骨力，**「骨力」於義未安，疑爲「筋力」之誤，上文並作「筋力」。説文：「力，筋也，治功曰力。」**角翼不勁，則以大而服小。鵲食蝟皮，**史記龜筴傳：「蝟辱於鵲。」説苑辨物篇曰：「鵲食蝟。」續博物志云：「蝟能跳入虎耳，見鵲便自仰腹受啄。」淮南説山篇曰：「鵲矢中蝟。」「中」，殺也。未驗實否。**博勞食蛇，**方以智曰：「伯勞，苦吻鳥也。字又作『伯鷯』、『伯趙』、『博勞』，即鵙鳺姑苦也。夏小正作『伯鷯』，詩疏作『博勞』。郭璞注爾雅曰：『鵙，似鶷鶡而大。』張華曰：『伯勞形似鴝鵒，鴝鵒喙黃，伯勞喙黑。』許慎曰：『鸜鵒似鵙有幘。』張、許説則似百舌，郭説則似苦鳥。鵙單栖鳴則蛇結，而百舌不能制蛇，當以郭説爲正。則今之苦吻子也。如鳩黑色，以四月鳴曰苦苦，又名姑惡，俗以婦被姑苦死而化。」暉按：伯勞喜食蟲，食蛇未驗。呂氏春秋仲夏紀高注：「伯勞夏至後，應陰而殺蛇，磔之於棘，而鳴於上。」與仲任說同。蝟、虵不便也。蚊虻之力，不如牛馬，意林、御覽九四五引並作「蚊蝱不如牛馬之力」。較今本義長。蚊虻無力可言也。牛馬困於蚊虻，說文䖵部：「蟁，齧人飛蟲，以昏時出，俗作蚊。蝱，齧牛蟲。」「虻」，「蝱」俗字。國語楚語：「譬如牛馬處暑之既至，蝱䗌之既多，而不能掉其尾。」說苑曰：「蚊蝱走牛羊。」蚊虻乃有勢也。鹿之角，足以觸犬，獼猴之手，足以搏鼠，廣雅釋詁：「搏，擊也。」然而鹿制於犬，獼猴服於鼠，角爪不利也。燕山録曰：（續博物志。）「猿有手可以捕鼠，而制於鼠，鹿有角可以觸犬，而制於犬。」故十年（圍）之牛，孫曰：「十年」於義無取，「十年」當作「十圍」，蓋圍殘爲韋，又誤爲年。意林，御覽八九九、事類賦二二引並作「圍」。劉先生曰：御覽八九〇引亦作「圍」。爲牧豎所驅；長仞之象，意林引「長」作「數」。爲越僮所鉤，盼遂案：「長仞」，意林引作「數仞」是也。「長」與「數」草書形近。無便故也。故夫得其便也，則以小能勝大；無其便也，則以彊服於羸也。羸，弱也。

# 奇怪篇

**儒者稱聖人之生，不因人氣，更禀精於天。**詩生民疏引五經異義：「詩齊、魯、韓，春秋公羊說，聖人皆無父，感天而生。左氏說，聖人皆有父。謹案：堯典『以親九族』，即堯母慶都感赤龍而生堯，堯安得九族而親之。禮讖云：『唐五廟。』知不感天而生。玄之聞也，諸言感生得無父，有父則不感生，此皆偏見之說也。商頌曰：『天命玄鳥，降而生商。』謂娀簡吞鳦子生契，是聖人感生，見於經之明文。劉媪是漢太上皇之妻，感赤龍而生高祖，是非有父感神而生者也？天氣因人之精，就而神之，又何多怪？」許慎於說文亦主感生說，曰：「古之神聖人母，感天而生子。」此稱儒者，三家詩及公羊說也。**禹母吞薏苡而生禹，故夏姓曰姒；**御覽皇親部一、續博物志引禮含文嘉曰：「禹母脩己吞薏苡而生禹，因姓姒氏。」路史後紀十二注引書帝命驗云：「白帝以星感。脩紀山行，見流星貫昴，感生姒戎文命禹。」孝經鉤命訣云：「命星貫昴，脩紀夢接生禹。」**卨母吞燕卵（子）而生卨，**「燕卵」當作「燕子」。下諸「燕卵」字并同。因吞薏苡而生則姓苡，（此從詰術篇。作「姒」，疑非其舊。）因吞燕子而生則姓子，取意正同。下文云：「以周『姬』況夏、殷，亦知『子』之與『姒』，非燕子、薏苡也。」正作「燕子」。若作「燕卵」，則當有「卵者，子也」之訓，而殷姓子之義乃明；今無「卵者，子也」之文，則知此文原作「燕卵」，不作「燕子」。詰術篇、講瑞篇、恢國篇述此事，並作「燕子」。日鈔引此文及下文「燕卵，鳥也」，又「遭吞薏苡、燕卵、履大人跡也」，并作「燕子」，俱爲切證。**故殷姓曰子；**史記殷本紀：「簡狄行浴，見玄鳥墮其卵，簡狄取吞之，因孕生契。姓子氏。」集解引禮緯曰：「祖以玄鳥生子也。」御覽八三引尚書中候云：「玄鳥翔水，遺卵於流，娀簡食吞，生契封商。」注：「玄鳥，燕也。」「卨」，古「契」字。漢書古今人表作「卨」。**后稷母履大人跡而生后稷，故周姓曰姬。**褚少孫續三代世表引詩傳（索隱謂即詩緯。）曰：「湯之先爲契，無父而生。契母與姊妹浴於玄丘水，有燕銜卵墮之，契母吞之生契，姓曰子氏。子者茲，茲益大也。后稷無父而生，姜嫄出見大人蹟而履踐之，生后稷，姓曰姬氏，姬者本也。」餘見吉驗篇注。盼遂案：此說本之春秋繁露三代改制篇。實則「跡」古音在支部，「姬」古音在之部，絶不相通。漢文支、之不分，故仲任得附會之，謂「姬」之音出於「跡」矣。吴承仕曰：「周本紀號曰后稷，別姓姬氏。集解引禮緯曰：『祖以履大跡而生。』裴駰引禮緯以說姬姓，然則論衡亦本緯文矣。」

**詩曰「不坼不副」，是生后稷。**大雅生民文。毛傳：「言易也。凡人在母，母則疾，生則坼副菑害其母，横逆人道。」說文引詩作「不㘸不疈」，云：「㘸，裂也。副，判也，籀文作疈。」林義光詩經通解曰：「『坼』讀爲『屰』。『坼』篆作『㘸』，从『屰』得聲。『副』讀爲『幅』，幅者横也。『不屰不幅』，謂子生不逆不横，而毛詩誤作『不坼不副』。凡子在胞中，以頭向下爲順，而俗見則謂頭本居上，以孕滿十月，始轉向下。后稷未及期而生，宜有逆生横生之事，今不然者，故爲周人所驚。」趙氏吾亦盧稿義同。許慎訓「㛪」爲「裂」，與毛詩同。並古文説也。下引説云：「后稷順生。」是讀「㛪」爲「逆」，蓋三家義也。**說者又曰：「禹、卨逆生，闓母背而出；**淮南修務篇高注「禹母脩己感石而生。禹折胸而出。契母有娀氏之女簡翟吞燕卵而生契，愊背而出。」路史後紀十二注引蜀王本紀：「禹母吞珠孕禹，坼（路史誤「拆」，此从初學記。）副而生於塗山。」御覽八二引世紀：「脩己吞神珠薏苡，胸坼而生禹。」又三七一引世紀：「簡狄浴玄丘之水，燕遺卵，吞之，剖背生契。」春秋繁露三代改制篇：「禹生發於背，契生發於胸。」（「生」誤「先」，从孫詒讓校。）盼遂案：春秋繁露三代改制質文篇：「禹主地法夏而王，祖錫姓爲姒氏。至禹〔一〕生發於背。」又云：「契先發於胸。」毛詩生民傳：「生則坼副，災害其母，橫逆人道。」知此説盛行於東、西漢矣。**后稷順生，不坼不副。不感動母體，故曰『不坼不副』。逆生者，子孫逆死；順生者，子孫順亡。故桀、紂誅死，赧王奪邑。」言之有頭足，故人信其說；明事以驗證，故人然其文。**

**讖書又言：「堯母慶都野出，赤龍感己，遂生堯。」**蒼頡篇曰：「讖書，河、洛書也。」讖文曰：「讖，驗也。」（文選思玄賦舊注。）春秋合誠圖曰：「堯母慶都，蓋大帝之女，生於斗維之野，常在三河之南。天地大雷電，有血流潤大石之中，生慶都。身形長丈，有似大帝，常有黃雲覆蓋之。夢食不飢。（路史「夢」作「蔑」。）及年二十，寄伊長孺家，出觀三河之首，常若有神隨之者。有

〔一〕「禹」，原本作「於」，據春秋繁露改。

赤龍負圖出，慶都讀之，云：『赤受天運。』下有圖人，衣赤衣，面光，八彩，鬢鬚尺餘，長七尺二寸，鋭上豐下，足履翼星，署曰：『赤帝起，成天下寶。』」（淮南修務篇注引作「成元寶」。）奄然陰雨，赤龍與慶都合婚，有娠，龍消不見。既乳，視貌，堯如圖表。及堯有知，慶都以圖與堯。」（御覽八十引，文多誤。據路史後紀十注引正。）初學記九引詩含神霧曰：「慶都與金龍合婚，生赤帝伊祁堯。」隸釋帝堯碑云：「帝堯者，其先出自塊隗翼火之精，有神龍首出於常羊，（下缺）爰嗣八九，慶都與赤龍交而生伊堯。」成陽靈臺碑云：「昔者慶都，兆舍穹精，氏姓曰伊，游觀河濱，感赤龍交，始生堯。」又見御覽一三五引河圖。高祖本紀言：「劉媪嘗息大澤之陂，夢與神遇。是時雷電晦冥，太公往視，見蛟龍於上。廣雅釋魚：「有鱗曰蛟龍。」天問王注同。王念孫曰：「蛟龍爲二物，此非確訓。」案：此文所辯，不及於蛟，明是一物。吴汝綸曰：「上林賦『蛟龍赤螭』并舉，是一物也。」其説甚是。已而有身，盼遂案：「於」疑「居」之聲誤，下文「蛟龍居上」其證也。遂生高祖。」史記文。其言神驗，文又明著，世儒學者，莫謂不然。如實論之，虚妄言也。

彼詩言「不坼不副」，言其不感動母體，可也；言其闓母背而出，妄也。夫蟬之生〔於〕復育也，闓背而出。無形篇曰：「蠐螬化爲復育，復育轉而爲蟬。」論死篇曰：「蟬之未蜕也爲復育。」是蟬由復育而生。亦見廣雅釋蟲。此云：「蟬之生復育。」其次正先後相反。御覽九五一引作「蟬生於復育」。「生」下當據補「於」字。「出」，御覽引同，王本、崇文本誤作「生」。王引之廣雅疏證曰：「今樹上蟬皮皆背裂，知其闓背而出。」**天之生聖子，與復育同道乎？兔吮（舐）毫而懷子，**廣韻十一暮、爾雅釋獸疏並引作「兔舐毫而孕」。白帖九七、初學記二九、御覽九〇七、事文類聚三七引並作「兔舐雄毫而孕」。博物志四曰：「兔舐毫望月而孕，口中吐子，舊有此說。」「吮」當據改作「舐」。說文：「吮，欶也。」釋名釋飲食曰：「嗽，促也，用口急促也。吮，循也，不絕口，稍引滋汋，循咽而下也。」是吮爲勺口嗽吸也。嗽，音山角反，今語猶存。若吴起、鄧通之吮嗽癰血是也。施於毛物，義則未妥。說文：「舓，以舌取食也。」「舓」即「舐」。兔舐毫，若牛舐犢也。**及其子生，從口而出。**白帖、初學記、御覽引「而」並作「中」。廣韻、爾雅疏、事文類聚引並作「而」。**案禹母吞薏苡，卨母嚥鷰卵（子），與兔吮毫同實也，禹、卨之母生〔子〕，宜皆從口，**此承上「及其生子，從口而出」爲言，「生」下當有「子」字。一曰：「母」字涉上文衍。**不當闓背。夫如是，闓背之說，竟虛妄也。世間血刃死者多，未必其先祖初爲人者，生時逆也。秦失天下，閻樂斬胡亥，**趙高命閻樂誅胡亥，胡亥自殺也。**項羽誅子嬰，秦之先祖伯翳，豈逆生乎？〔夫〕如是，**「夫」字據上文例補。**爲順逆之說，以驗三家之祖，**以禹、契、稷爲驗。**誤矣。**

**且夫薏苡，草也；**說文作「蓄苢」，云：「一曰蓄英。」本艸經草部上品有薏苡人，味甘，微寒，主風溼痺下氣，除筋骨邪氣，久服輕身益氣。陶隱居云：「生交阯者，子最大。徐土呼爲薢珠。」續博物志曰：「薏苡一名薢珠。收子，蒸令氣餾，暴乾挼取之，作麪，主不饑。」燕卵（子），鳥也；劉先生曰：「燕卵」不得言鳥。御覽九二二引無「卵」字，疑當從之。暉按：御覽引作「鸞鳥也，形，非氣也。」漏引「薏苡，大人跡」，故得隨意删節。此乃薏苡、燕卵、大人跡三者并舉，承上爲文，不得獨省言「燕」。下文云：「三者皆形，非氣也。」若作「鸞」，則不得言其無氣矣。「燕卵」當作「燕子」，黄氏日鈔引此文正作「燕子」，是其證。餘詳上文。大人跡，土也，三者皆形，非氣也，安能生人？説聖者，以爲稟天精微之氣，故其爲有殊絶之知。今三家之生，以草，以鳥，以土，可謂精微乎？天地之性，唯人爲貴，則物賤矣。今貴人之氣，更稟賤物之精，安能精微乎？夫令鳩雀施氣於鴈鵠，終不成子者，何也？鳩雀之身小，鴈鵠之形大也。今燕之身不過五寸，薏苡之莖不過數尺，二女吞其卵、實，安能成七尺之形乎？爍一鼎之銅，以灌一錢之形，不能成一鼎，明矣。今謂大人天神，故其跡巨。巨跡之人，一鼎之爍銅也；姜原之身，一錢之形也，使大人施氣於姜原，姜原之身小，安能盡得其精？不能盡得其精，則后稷不能成人。

堯、高祖審龍之子，子性類父，龍能乘雲，堯與高祖亦宜能焉。萬物生於土，各似本種。不類土者，生不出於土，土徒養育之也。母之懷子，猶土之育物也。盼遂案：孔融物寄瓻中之説，殆本於此。堯、高祖之母，受龍之施，猶土受物之播也，物生自類本種，夫二帝宜似龍也。且夫含血之類，相與爲牝牡，牝牡之會，會，交也。皆見同類之物，精感欲動，乃能授施。若夫牡馬見雌牛，〔雄〕雀見[雄]牝鷄，楊曰：「雄」在「牛」字下。暉按：元本、朱校元本、崇文本正如楊校，今據正。盼遂案：吴承仕曰：「疑是『雄雀見牝雞』。」二語宜是「牡馬見牝牛，雌雀見雄雞」，吴説與元本合。不相與合者，異類故也。今龍與人異類，何能感於人而施氣？

或曰：「夏之衰，二龍鬭於庭，異虚篇作「戰於庭」。鄭語作「同於庭」。史記周紀、天問王注並云「止於庭」。吐漦於地。韋昭曰：「漦，龍所吐沫，龍之精氣也。」五行志引劉向曰：「漦，血也。一曰沫也。」龍亡漦在，櫝而藏之。至周幽王發出龍漦，此厲王事也。異虚篇誤同。盼遂案：發龍漦事，諸書皆謂厲王，仲任則作幽王。本書異虚篇記此事亦作幽王。惟偶會篇云「二龍之妖當效，周厲適闓櫝」，獨作厲王，恐出後人所改。化爲玄黿，韋曰：「黿或爲蚖。蚖，蜥蜴也，象龍。」按：史記亦作「黿」。師古曰：「黿似鼈而大，非蛇及蜥蜴。」入於後宫，與處女交，遂生褒姒。玄黿與人異類，何以感於處女而施氣乎？」夫玄黿所交非正，故褒姒爲禍，周國以亡。以非類妄交，則有非道妄亂之子。今堯、高祖之母，不以道接會，何故二帝賢聖，與褒姒異乎？陳啓源毛詩稽古編〔一〕附録：「以時世考之，龍漦之妖，亦見其妄。」

或曰：「趙簡子病，五日盼遂案：「五日」當作「七日」。本書紀妖篇及史記趙世家皆云趙簡子病五日不知人，居二日半簡子悟，則病得七日也。又記秦穆公病亦七日而悟。知此當作七日，明矣。不知人。覺言，我之帝所，有熊來，帝命我射之，中熊，〔熊〕死；「中熊熊死」與「中羆羆死」句法一律。各本脱一「熊」字，當據史記趙世家、本書紀妖篇增。有羆來，我又射之，中羆，羆死。後問當道之鬼，鬼曰：『熊羆，晉二卿之先祖也。』范氏、中行氏之祖也。熊羆，物也，與人異類，何以施類（氣）於人，而爲二卿祖？」「施類」當作「施氣」。上文「今龍與人異類，何以感於人而施氣」，句義正同。夫簡子所射熊羆，二卿祖當亡，簡子當昌之秋（妖）也。「秋」當作「妖」。「妖」一作「祅」，「祅」、「秋」形近而誤。紀妖篇正論之曰：「是皆妖也。」并以爲妖象非實。下文「空虛之象，不必有實」，即承「妖」字爲義。論死篇：「枯骨鳴，或以爲妖也。」「妖」今誤「秋」，正其比。盼遂案：「秋」當是「妖」之誤。「妖」亦作「祅」，易誤爲「秋」。簡子見之，若寢夢矣，空虛之象，不必有實。假令有之，或時熊羆先化爲人，乃生二卿。魯公牛哀病化爲虎。注見無形篇。人化爲獸，亦如獸爲人。「爲」上疑有「化」字。玄黿

〔一〕「編」，原本誤作「篇」，今改。

入後宮，殆先化爲人。天地之間，異類之物相與交接，未之有也。

天人同道，好惡均心。人不好異類，則天亦不與通。人雖生於天，猶蟣虱生於人也，「蟣」，朱校元本、程本、天啓本、崇文本同。錢、黄、王本並誤「蟻」。人不好蟣虱，天無故欲生於人，盼遂案：「天無故欲生于人」不辭，疑「生」字爲衍文，本作「人不好蟣虱，故天無欲于人」。何則？異類殊性，情欲不相得也。「相得」猶言相合也。天地，夫婦也，天施氣於地以生物。人轉相生，精微爲聖，皆因父氣，不更稟取。如更稟者爲聖，禼、后稷不聖。禼、后稷雖更稟取，不謂聖人。如聖人皆當更稟，十二聖不皆然也。見骨相篇。堯、禹、湯、臯陶四，并下文所列八。黄帝、帝嚳、帝顓頊、帝舜之母，何所受氣？文王、武王、周公、孔子之母，何所感吞？

此或時見三家之姓，曰姒氏、子氏、姬氏，則因依放，盼遂案：「放」今「仿」字，謂依仿此三家之姓而生怪説。空生怪説，猶見鼎湖之地，而著黄帝升天之説矣。辯見道虚篇。失道之意，還反其字。蒼頡作書，「蒼」當作「倉」，説見骨相篇。世本：（御覽二三五。）「沮誦、蒼頡作書。」説文序：「黄帝之史倉頡見鳥獸蹏迒之迹，知分理之可相别異也，初造書契。」與事相連。姜原履大人跡，跡者基也，説文：「迹，步處也。」莊子天運篇：「夫迹，履之所出。」小爾雅廣言：「跡，蹈也。」「跡」、「迹」字同。易繫辭下傳注：「基，所蹈也。」故曰：「跡者基也。」吳曰：苡似、子子，皆以聲近爲説，跡屬魚，姬屬之，韻部獨遠，以跡、姬互訓，亦唯漢人始有之耳。姓當爲「其」下「土」，乃爲「女」旁「𦣞」，舊誤作「巨」，各本並同。王本、崇文本校改作「𦣞」，是。説文：「姬，黄帝居姬水，因水爲姓，从女，𦣞聲。」晉語四，司空季子曰：「少典取於有蟜氏，生黄帝、炎帝。黄帝以姬水成，炎帝以姜水成，成而異德，故黄帝爲姬，炎帝爲姜。」段玉裁云：「先儒以爲，有德者則復賜之祖姓，便紹其後，故后稷賜姓曰姬。」是后稷紹黄帝之德，故姓曰姬，非緣大人跡也。然後儒多信此説。如白虎通姓名篇：「禹姓姒氏，祖以薏生。殷姓子氏，祖以玄鳥子生也。周姓姬氏，祖以履大人跡生也。」并承禮緯之誤。盼遂案：「巨」爲「𦣞」誤。説文：「姬，从女，𦣞聲。」後人少見「𦣞」字，因改之耳。程榮本作「臣」，亦非。非基跡之字。御覽八四引元命苞宋衷注曰：「姬之言基也。」褚少孫引詩傳曰：「姬者，本也。」是漢人有訓「姬」爲「基跡」者，强符履跡之義。廣雅釋言：「姬，基也。」亦纂漢人舊詁。不合本事，疑非實也。以周「姬」況夏、殷，亦知「子」之與「姒」，非燕子、薏苡也。或時禹、契、后稷之母，適欲懷妊，遭吞薏苡、燕卵(子)、履大人跡也。「遭」，日鈔引作「偶」，路史後紀九上注引作「適」。「遭」猶偶適也，本書常語。「燕卵」當作「燕子」，説見上。世好奇怪，古今同情，不見奇怪，謂德不異，褚少孫曰：「言生於卵、人迹者，欲見其有天命精誠之意。」故因以爲姓。世間誠信，因以爲然；聖人重疑，盼遂案：論語孔子曰「多聞闕疑，慎言其餘」，又曰「吾猶及史之闕文也」，是皆聖人重疑之證。因不復定；世士淺論，因不復辨；「辨」、「辯」通。儒生是古，因生其說。彼詩言「不拆不副」者，言后稷之生，不感動母身也。儒生穿鑿，因造禹、契逆生之說。

「感於龍」，「夢與神遇」，猶此率也。率猶類也。堯、高祖之母，適欲懷姙，遭逢雷龍載雲雨而行，時人神其說，訓「遇」爲「構遇」，謂高祖母與龍構精，詳吉驗篇注。仲任不然其說，訓「遇」爲「逢遇」，謂與龍適遭逢耳。人見其形，遂謂之然。夢與神遇，得聖子之象也。遇，逢遇。夢見鬼合之，合，交合。非夢與神遇乎？遇，構遇。安得其實？「野出感龍」，及「蛟龍居上」，或堯、高祖受富貴之命，龍爲吉物，遭加其上，吉祥之瑞，受命之證也。光武皇帝產於濟陽宮，鳳凰集於地，嘉禾生於屋。已見吉驗篇。聖人之生，奇鳥吉物之爲瑞應。必以奇吉之物見而子生，謂之物之子，是則光武皇帝嘉禾之精，鳳凰之氣歟？

案帝繫之篇，大戴禮〔一〕篇目。及三代世表，史記表目。禹，鮌之子也；帝繫曰：「鮌生文命，是爲禹。」卨、稷皆帝嚳之子，其母皆帝嚳之妃也，帝繫曰：「帝嚳上妃曰姜嫄，產后

〔一〕「戴」，原本作「載」，形近而誤，今改。

稷。次妃曰簡狄，產契。」毛詩生民鄭箋不從此說，見吉驗篇注。及堯，亦嚳之子。帝繫曰：「帝嚳次妃曰陳豐氏，產帝堯。」帝王之妃，何爲適草野？古時雖質，禮已設制，帝王之妃，何爲浴於水？夫如是，言聖人更稟氣於天，母有感吞者，虛妄之言也。

實者，聖人自有種世族，仁如文、武各有類。「世」字、「仁」字衍，當作「聖人自有種族，如文、武各有類」。上文：「文王、武王之母，何所感吞。」意謂文、武各有父而生，故此云：「如文、武各有類。」意林引「項羽重瞳，自知虞舜苗裔」句下有「聖人自有種族」句。即引此文，以意移後也。盼遂案：「仁如」當是「仁恕」之訛。黃氏以「世」字、「仁」字爲衍文，非是。孔子吹律，自知殷後；「殷後」，北堂書鈔一一二引作「殷、商苗裔」，類聚五作「殷苗裔」，御覽十六及三六二、玉海六作「殷之苗裔」。疑「殷後」當作「殷、商苗裔」，與下文一律。實知篇：「孔子生不知其父，吹律自知殷宋大夫子氏之世。」春秋孔演圖，孔子曰：「丘援律而吹，因得羽之宮。」（書鈔一一二。）項羽重瞳，自知虞舜苗裔也。離騷王注：「苗，胤也。裔，末也。」太史公曰：「羽豈舜苗裔。」此云「自知」，未聞。盼遂案：意林引「苗裔」下有「聖人自有種族，堯與高祖安得是龍子」十五字，宜補。五帝、三王皆祖黃帝；此本大戴帝繫篇、史記三代世表。春秋歷命序、王符潛夫論、鄭玄、張融並不謂然。黃帝聖人，本稟貴命，故其子孫皆爲帝王。帝王之生，必有怪奇，不見於物，則效於夢矣。

# 論衡校釋卷第四

## 書虛篇

須頌篇曰：「古有虛美，誠心然之，信久遠之僞，忽近今之實，斯蓋三增、九虛所以成也。」對作篇曰：「九虛、三增，所以使俗務實誠也。」

世信虛妄之書，以爲載於竹帛上者，皆賢聖所傳，無不然之事，故信而是之，諷而讀之；睹真是之傳，與虛妄之書相違，則并謂短書不可信用。短書，見謝短篇注。盼遂案：此云短書者，仲任謂世俗以真是之傳爲短書也。夫幽冥之實尚可知，沈隱之情尚可定，顯文露書，是非易見，籠總并傳，非實事，用精不專，無思於事也。

夫世間傳書諸子之語，多欲立奇造異，作驚目之論，以駭世俗之人；爲譎詭之書，譎詭，乖異也。以著殊異之名。

傳書言：延陵季子出游，韓詩外傳十云：「游於齊。」吳越春秋云：「去徐而歸。」見路有遺金。當夏五月，有披裘而薪者。季子呼薪者曰：「薪者」，外傳作「牧者」。下同。「取彼地金來。」薪者投鎌於地，瞋目拂手而言曰：字林曰：「瞋，張目。」「何子居之高，視之下，儀貌之壯（莊），語言之野也？孫曰：「壯」當作「莊」。「莊」、「野」對文。韓詩外傳十作「貌之君子而言之野也」，是其義。吾當夏五月，披裘而薪，高士傳「薪」上有「負」字。豈取金者哉？」季子謝之，請問姓字。薪者曰：「子皮相之士也！何足語姓字？」遂去不顧。見韓詩外傳、吳越春秋。（今本佚，書鈔一二九、類聚八三、御覽六九四。）

世以爲然，殆虚言也。

夫季子恥吳之亂，吳欲共立以爲主，終不肯受，去之延陵，終身不還，公羊襄二十九年傳：「謁也、餘祭也、夷昧也，與季子同母者四。季子弱而才，兄弟皆愛之，同欲立之以爲君。謁曰：『今若是迮而與季子國，季子猶不受也。請無與子而與弟，弟兄迭爲君，而致國乎季子。』皆曰：『諾。』故諸爲君者，皆輕死爲勇，飲食必祝，曰：『天苟有吳國，尚速有悔於予身。』故謁也死，餘祭也立；餘祭也死，夷昧也立；夷昧也死，則國宜之季子者也。季子使而亡焉。僚者，長庶也，即之。季子使而反，至而君之爾。闔廬曰：『先君之所以不與子國而與弟者，凡爲季子故也。將從先君之命與？則國宜之季子者也；如不從先君之命，則我宜立者也。僚惡得爲君乎？』於是使專諸刺僚，而致國乎季子。季子不受，曰：『爾弑吾君，吾受爾國，是吾與爾爲篡也。爾殺吾兄，吾又殺爾，是父子兄弟相殺，終身無已也。』去之延陵，終身不入吳國。」何注：「延陵，吳下邑。不入吳國，不入吳朝也。」廉讓之行，終始若一。許由讓天下，見莊子讓王篇。不嫌貪封侯；

**伯夷委國饑死**，見史本傳。**不嫌貪刀鉤。**吴曰：左氏傳云：「錐刀之末，盡争之矣。」杜注：「錐刀，喻小事也。」刀鉤猶云錐刀矣。劉盼遂曰：「嫌」，「慊」之借字。嫌亦貪也，「嫌貪」駢字。孟子：「行有不慊於心。」趙注：「慊，快也。」齊策：「齊桓公夜半不嗛。」高注：「嗛，快也。」慊、嗛、嫌，同聲通用。下文諸「嫌」字同。暉按：劉訓「嫌」爲「貪」，以爲「嫌貪」駢字，非也。淮南氾論篇：「孔子辭廩丘，終不盜刀鉤；許由讓天子，終不利封侯。」爲此文所襲。此云「貪」，猶淮南言「盜」言「利」也。不得以「嫌貪」連讀。下文「何嫌一叱生人取金於地」，句無「貪」字，明非「嫌貪」駢字。「何嫌貪地遺金」，若依劉説，則「地遺金」三字殊爲不詞。當以「不嫌」連讀，下「何嫌」同。嫌，得也，易坤卦釋文：「嫌」，荀、虞、陸、董作「兼」。國策秦策二注：「兼，得也。」「嫌」、「兼」通用。「許由讓天下，不嫌貪封侯」，言許由既能讓天下，則不得貪封侯也。今語謂事之不至於此，猶曰「不得」。下文云：「季子能讓吴位，何嫌貪地遺金。」又云：「棄其寶劍，何嫌一叱生人取金於地。」談天篇：「人生於天，何嫌天無氣。」儒增篇：「能至門庭，何嫌不窺園菜。」書解篇：「材能以其文爲功於人，何嫌不能營衛其身。」諸「嫌」字並當訓作「得」。若依劉説訓爲「貪」，則上列諸文，有不可解矣。盼遂案：「嫌貪」二字平列，「嫌」亦「貪」也。孟子：「行有不慊于心。」趙注：「慊，快也。」齊策：「齊桓公夜半不嗛。」高注：「嗛，快也。」慊、嗛與嫌，古皆通用。下文「季子能讓吴位〔一〕，何嫌

---

〔一〕「位」，原本作「國」，據正文改。

貪地遺金」，「季子不負死者，棄其寶劍，何嫌一叱生人，取金于地」，諸「嫌」字皆同。廉讓之行，大可以況小，小難以況大，況，比也。季子能讓吴位，何嫌貪地遺金？

季子使於上國，道過徐，徐君好其寶劍，未之即予。還而徐君死，解劍帶冢樹而去，見史記吴世家及本書祭意篇。廉讓之心，恥負其前志也。季子不負死者，棄其寶劍，何嫌一叱生人取金於地？

季子未去吴乎，公子也；已去吴乎，延陵君也。季札，吴王壽夢季子，封延陵。公子與君，出有前後，車有附從，不能空行於塗，明矣。既不恥取金，何難使左右，而煩披裘者？

世稱柳下惠之行，言其能以幽冥自脩潔也。荀子大略篇：「柳下惠與後門者同衣而不見疑。」毛詩巷伯傳：「嫗不逮門之女，而國人不稱其亂。」賢者同操，故千歲交志。置季子於冥昧之處〔一〕，尚不取金，況以白日，前後備具，取金於路，非季子之操也。

或時季子實見遺金，憐披裘薪者，欲以益之；呂氏春秋貴當篇注：「益，富也。」或時言取彼地金，欲以予薪者，不自取也。世俗傳言，則言季子取遺金也。

〔一〕「處」，原本作「中」，據通津草堂本改。

**傳書或言：**御覽八九七、事類賦二一引「傳」並作「儒」。**顏淵與孔子俱上魯太山，**御覽、事類賦引並作「東山」。韓詩外傳、左昭十八年傳疏、續博物志述此事並作「泰山」，與此文合。**孔子東南望，吳閶門外有繫白馬，**三國志吳志吳主傳注：「昌門，吳西郭門，夫差所作。」應劭漢官儀載馬第伯封禪儀記曰：「太山吳觀者，望見會稽。」（續漢百官志注。）蓋亦臆説。事文類聚後集三八引家語曰：「顏淵望吳門馬，見一疋練，孔子曰：『馬也。』然則馬之光景一疋長耳。故後人號馬爲一匹。」盼遂案：「閶」字，宜依宋本改作「昌」，方與下文一律。**引顏淵指以示之，曰：「若見吳昌門乎？」**若讀「爾」。**顏淵曰：「見之。」孔子曰：「門外何有？」曰：「有如繫練之狀。」**御覽八九七引作：「見一疋練，前有生藍。孔子曰：『噫，此白馬盧芻。』使人視之，果然。」事類賦二十一引作：「曰：『一疋練，前有生藍。』子曰：『白馬盧芻也。』」韓詩外傳亦云：「淵曰：『見一匹練，前有生藍。』子曰：『白馬蘆芻也。』」（今本佚。御覽八一八引。）正與御覽、事類賦引文合。疑此下脱「前有生藍」云云。但唐李石續博物志七曰：「顏淵曰：『見之，有繫練之狀。』」即引此文，而與今本合，豈一本如是歟？**孔子撫其目而正（止）之，因與俱下。**「正」，續博物志作「止」，與「因與俱下」義正相生。韓非子十過篇：「師延鼓琴，師曠撫止之。」史記樂書：「師曠撫而止之。」正與此「撫其目而止之」句例同。今作「正」，形誤，當據正。唐陸廣微吳地記：「孔子登山，望東吳閶門，歎曰：『吳門有白氣如練。』今置曳練坊及望館坊因此。」（「望館」，姑蘇志作「望舒」。）下而顔淵髮白齒落，遂以病死。蓋以精神不能若孔子，彊力自極，精華竭盡，故早夭死。蓋本韓詩外傳。（今本佚。類聚九三、史記貨殖傳索隱、御覽八一八、曾慥類説三八引。）

世俗聞之，舊校〔一〕曰：一有「人」字。皆以爲然。如實論之，殆虚言也。

案論語之文，不見此言〔二〕；考六經之傳，亦無此語。夫顔淵能見千里之外，與聖人同，孔子、諸子，何諱不言？

蓋人目之所見，不過十里；過此不見，非所明察，遠也。傳曰：「太山之高巍然，去之百里，不見蜼（埵）螺（堁），遠也。」先孫曰：「蜼螺」當作「埵堁」。淮南説山訓云：「泰山之容，巍巍然高，去之千里，不見埵堁，遠之故也。」高注云：「埵堁猶塵（今本作「席」，譌。）。」暉按：吴承仕云：「『席』當作『墆』。翳也。」即仲任所本。後説日篇云：「太山之高，參天入雲，去之百里，不見埵塊。」「堁」、「塊」義亦同。（孫奭孟子音義引丁公音云：「『堁』，開元文字音『塊』。」則「堁」、「塊」古通。）盼遂案。案魯去吴，千有餘里，使離朱望之，孟子離婁篇趙注：「離婁，古之明目者，蓋以爲黄帝時人。離婁即離朱，能視於百步之外，見秋毫之末。」離朱，見莊子天地

〔一〕「校」，原本作「據」，據本書文例改。
〔二〕「言」，原本作「事」，據通津草堂本改。

篇。終不能見，況使顏淵，何能審之？

如才庶幾者，論語先進篇：「回也其庶乎。」何晏云：「庶幾聖道。」易繫辭傳曰：「顏氏之子，其殆庶幾乎。」王弼云：「庶幾慕聖。」此據才言，則與何說相合。明目異於人〔一〕，疑當作「目明」。則世宜稱亞聖，論語先進篇皇疏引劉歆曰：「顏回，亞聖。」文選應休璉與侍郎曹長思書注引新論曰：「顏淵有高妙次聖之才，聞一知十。」不宜言離朱。人目之視也，物大者易察，小者難審。使顏淵處昌門之外，望太山之形，終不能見，況從太山之上，察白馬之色？色不能見，明矣。非顏淵不能見，孔子亦不能見也。何以驗之？耳目之用，均也。目不能見百里，則耳亦不能聞也。盼遂案：上下文皆言目見之事，此語側重耳聞，自相剌繆。當是「耳不能聞百里，則目亦不能見也」，後人誤倒置之。陸賈曰：「離婁之明，不能察帷薄之內；淮南說山篇注：「帷即幕。上曰幕，旁曰帷。」國語韋注：「薄，簾也。」師曠之聰，字子野。晉平公樂太師。不能聞百里之外。」今新語無此文，蓋引他著。昌門之與太山，非直帷薄之內，百里之外也。

秦武王與孟說舉鼎不任，絕脉而死。見史記秦本紀。舉鼎用力，力由筋脉，筋脉

〔一〕「人」，原本作「衆」，據通津草堂本改。

不堪，絶傷而死，道理宜也。今顔淵用目望遠，望遠目睛不任，宜盲眇，髮白齒落，非其致也。盼遂案：吴承仕曰：「『致』疑當作『效』，形近之譌。」髮白齒落，用精於學，勤力不休，氣力竭盡，故至於死。伯奇放流，首髮早白，詩云：「惟憂用老。」小雅小弁文。毛序曰：「小弁，刺幽王也。太子之傅作焉。」孟子告子篇趙注：「伯奇仁人，而父虐之，故作小弁之詩。」與此説同，蓋魯詩説也，故與毛異。劉履恂秋槎札記曰：「王充謂伯奇放流作小弁詩。説苑：（自注：據文選陸士衡君子行李注引。）『王國君，前母子伯奇，後母子伯封，兄弟相愛。後母欲其子爲太子，言王曰：「伯奇好妾。」王上臺視之。後母取蜂，除其毒，而置衣領之中，往過伯奇。伯奇往視，袖中殺蜂。王見，讓伯奇。伯奇出，使者就袖中有死蜂。使者白王，王見蜂，追之，已自投河中。』案：伯奇以讒而死，非放逐，安得作小弁詩？此毛詩序所以可貴。」暉按：仲任言「伯奇放流」，語非無據。劉氏謂「以讒而死，非放逐」，非也。漢書中山靖王勝傳，勝聞樂聲而泣，對曰：「宗室擯卻，骨内冰釋，斯伯奇所以流離，詩云：『我心憂傷，惄焉如擣。假寢永歎，唯憂用老。心之憂矣，疢如疾首。』」亦引小弁之詩。師古注曰：「伯奇，周尹吉甫之子也。事後母至孝，而後母譖之於吉甫，吉甫欲殺之，伯奇乃亡走山林。」後漢書黄瓊傳，瓊上疏曰：「伯奇至賢，終於流放。」注引説苑曰：（今本佚。）「王國君，前母子伯奇，後母子伯封。後母欲其子立爲太子，説王曰：『伯奇〔一〕好妾。』王不信。其母曰：『今伯奇於後園，妾過其旁，王上臺視之，即可知。』王如其言。伯奇入園，後母陰取蜂十數，置單衣中，過伯奇邊曰：『蜂螫我。』伯奇就衣中取蜂殺之。王遥見之，乃逐伯奇也。」揚雄琴清英曰：「尹吉甫子伯奇至孝，後母譖之，自投江中，衣苔帶藻，忽夢見水仙賜其美藥，唯念養親，揚聲悲歌，船人聞而學之，吉甫聞船人之聲，疑思伯奇，作子安之操。」（御覽五八八琴部。）蔡邕琴操：「履霜操者，尹吉甫之子伯奇所作也。吉甫娶後妻，生子曰伯封，乃譖伯奇於吉甫，放之於野。伯奇清朝履霜，自傷無罪見逐，乃援琴而鼓之。宣王出游，吉甫從之，伯奇乃作歌以言感之於宣王。王聞之，曰：『此孝子之辭也。』吉甫乃求伯奇於野，而感悟，遂射殺後妻。」餘見前累害篇注。是魯詩説自與毛異。劉向亦治魯詩，不得執之相難。又范家相三家詩拾遺卷一文字考異謂論衡作「唯憂用耆」。案今本正作「老」，詩攷三引同，未審范見何本。伯奇用憂，而顔淵用睛，暫望倉卒，安能致此？又見後實知篇。

儒書言：舜葬於蒼梧，禹葬於會稽者，巡狩年老，道死邊土。漢書主父偃傳注：「道死，謂死於路也。」禮記檀弓：「舜葬於蒼梧之野。」山海經謂：「舜葬於蒼梧山陽。」淮南齊俗篇云：「舜葬蒼梧市。」墨子節葬篇：「道死，葬南己之市。」吕氏春秋安死篇云：「葬於紀市。」墨子與吕覽説同。古書於舜葬地，多稱蒼梧。至其道死之由，則衆説不一。墨子言：「因西教七戎。」淮

〔一〕「奇」，原本作「子」，據後漢書黃瓊傳注改。

南修務訓云：「舜征三苗，遂死蒼梧。」檀弓鄭注云：「舜征有苗而死，因留葬焉。」御覽八一引帝王世紀說同，並不言巡狩。史記五帝紀：「舜南巡狩，崩於蒼梧之野。」劉向列女傳：「舜陟方，死於蒼梧。」舜典僞孔傳：「升道南方巡狩，死於蒼梧之野。」淮南齊俗訓高注同。並言舜巡狩道死也。禹葬地，諸書並云會稽。道死之由，墨子節葬篇云：「禹東教乎九夷。」（當作「於越」。）則與巡狩義異。史記夏本紀贊曰：「禹會諸侯江南，計功而崩。」吳越春秋無余外傳：「禹五年改定，周行天下，歸還大越，登茅山，以朝四方羣臣。將老，命羣臣曰：『葬我會稽。』因崩。」越絕書外傳紀地傳文略同，蓋并爲仲任所據者也。**聖人以天下爲家，不別遠近，不殊內外，故遂止葬。**

**夫言舜、禹，實也；言其巡狩，虛也。**

**舜之與堯，俱帝者也，共五千里之境，**見藝增篇注。**同四海之內；二帝之道，相因不殊。**漢書董仲舒傳載其對策曰：「道不變，禹繼舜，舜繼堯，三聖相受。」**堯典之篇，舜巡狩，東至岱宗，南至霍山，**舜典：「五月南巡守，至于南岳。」僞孔傳云：「南岳衡山。」此云霍山者，白虎通巡狩篇引尚書大傳：「五岳，謂岱山、霍山、華山、恒山、嵩山也。」說苑辨物篇同。并今文書說。**西至太華，北至恒山。**以上見今舜典。引稱「堯典」者，古舜典本合於堯典。百篇書自有舜典，後經亡佚，僞孔傳妄分堯典「慎徽五典」以下爲舜典。孟子萬章篇引書「二十有八載，放勳乃殂落」云云，今見舜典，而稱舜典，正與此合。**以爲四嶽者，四方之中，諸侯之來，並會嶽**

下，幽深遠近，無不見者。聖人舉事，求其宜適也。禹王如舜，事無所改，巡狩所至，以復如舜。孫曰：「以」疑「亦」字之誤。草書形近致譌。舜至蒼梧，禹到會稽，非其實也。

實〔者〕舜、禹之時，「者」字據下文例增，「實者」，本書常語。鴻水未治。堯傳於舜，舜受爲帝，與禹分部，行治鴻水。堯崩之後，舜老，亦以傳於禹。舜南治水，死於蒼梧；禹東治水，死於會稽。孟子滕文公上：「堯時洪水，堯舉舜敷治。舜使禹疏九河，決汝、漢。」史夏紀：「堯求治水者，得鯀，功用不成。更得舜，舜巡狩，視鯀治水無狀，殛之，更舉禹。」諸書所記略同。此云「分部行治」，未聞。賢聖家天下，故因葬焉。白虎通巡狩篇曰：「王者巡狩崩于道，歸葬何？夫太子當爲喪主，天下皆來奔喪，京師四方之中也。即如是，舜葬蒼梧，禹葬會稽，於時尚質，故死則止葬，不重煩擾也。」皮錫瑞曰：「據班孟堅及仲任此文，則今文家以爲巡狩，與史公義同。而仲任自爲説，以爲治水。然舜、禹崩時，已無水患，舜、禹分部治水，其事絶不見他書，臆説也。淮南修務訓云：『南征三苗，道死蒼梧。』韋昭國語注云：『野死，謂征有苗，死於蒼梧之野。』帝王世紀云：『有苗氏叛，南征，崩於鳴條。』則皆以爲征苗，不但巡狩。堯典云：『三載考績，三考黜陟幽明，庶績咸熙。分北三苗。陟方乃死。』以經考之，『三考黜陟，分北三苗』之後，即繼以『陟方乃死』之文，則舜之陟方，必爲考績，并分北三苗而往，故國語云：『勤民事而野死。』今文説以爲巡狩、征苗是也。」

**吳君高説：**君高見案書篇注。**會稽本山名，夏禹巡狩，會計於此山，因以名郡，故曰會稽。**越絶書外傳紀越地傳：「禹巡狩太越，上苗山，大會計，爵有德，封有功，更名苗山曰會稽。」爲此文所本。又吳越春秋無余外傳：「禹周行天下，歸還大越，登茅山，乃大會計，遂更名茅山曰會稽之山。」史夏本紀贊載：「或言禹會諸侯江南，計功而崩，命曰會稽。會稽者，會計也。」并與君高説同。史記集解引皇覽曰：「會稽山，本名茅山，在縣南，去縣七里。」十道志曰：「會稽山本名茅山，一名苗山。」水經漸江水注：「即古防山，一名茅山，亦曰棟山。」在今浙江山陰縣南。

**夫言因山名郡，可也；言禹巡狩，會計於此山，虛也。**越絶書吳地傳：「吳古故從由拳辟塞，度會夷，奏山陰。」俞樾曰：「會夷即會稽之異文。王充力辨夏禹巡狩會計之説，而未知古有會夷之名。」

**巡狩本不至會稽，安得會計於此山？宜聽君高之説，誠「會稽」爲「會計」，**盼遂案：「宜」爲「且」之誤字。此承上文「不至會稽」之言，而進一層辨詰之也。**禹到南方，何所會計！如禹始東，死於會稽，**「始」字於義無取。「禹死」與「會計」事不相涉，此文當作「如禹東治水於會稽」，意謂：「如禹東治水於會稽而會計，則舜亦巡狩蒼梧，何所會計？」故下文以舜事詰之。蓋「治」、「始」二字形近而譌，又誤奪在「東」字上，復脱「水」字。「死」字涉上文「禹東治水，死於會稽」而衍。**舜亦巡狩，至於蒼梧，安所會計？百王治定則出巡，**白虎通巡狩篇曰：

「巡者循也，狩者牧也，爲天下循行守牧民也。道德太平，恐遠近不同化，幽隱有不得所者，故必親自行之，謹敬重民之至也。」巡則輒會計，是則四方之山皆會計也。

百王太平，升封太山。五經通義曰：「易姓而王致太平，必封泰山，禪梁父，荷天命以爲王，使理羣生，告太平於天，報羣神之功。」太山之上，封可見者七十有二，紛綸湮滅者不可勝數。史記司馬相如傳封禪文索隱胡廣曰：「紛，亂也。綸，没也。」韓詩外傳曰：「可得而數者，七十餘人；不得而數者，萬數也。」桓譚新論（初學記十三。）曰：「太山之有刻石凡千八百餘處，而可識知者七十有二。」如審帝王巡狩則輒會計，會計之地如太山封者，四方宜多。

夫郡國成名，猶萬物之名，不可説也。獨爲會稽立歟？周時舊名吴、越也；爲吴、越立名，從何往哉？六國立名，狀當如何？天下郡國且百餘，縣邑出萬，此據漢時言也。地理志：「承秦三十六郡。後稍分析，至孝平，凡郡國一百三，縣邑千三百一十四。」續郡國志謂自世祖迄和帝，各有省置。鄉亭聚里，皆有號名，賢聖之才莫能説。君高能説會稽，不能辯定方名，會計之説，未可從也。

巡狩考正法度，禹時吴爲裸國，斷髮文身，注見初稟篇。考之無用，會計如何？

傳書言：舜葬於蒼梧，象爲之耕；禹葬會稽，鳥爲之田。「鳥」，宋、元本、通津本並誤作「烏」。程、王、崇文本、前偶會篇、御覽八九〇引此文字並作「鳥」，今據正。田讀作「佃」，下同。**蓋以聖德所致，天使鳥獸報祐之也。**劉賡稽瑞引墨子佚文：「舜葬於蒼梧，象爲之耕；禹葬於會稽，鳥爲之耘。」吴越春秋無余外傳：「禹老，命葬會稽，崩後，天美禹德，而勞其功，使百鳥還爲民田，大小有差，進退有行。」又見越絕書。御覽四一引郡國志：「九疑山有九峯，六曰女英，舜葬於此峯下，七曰蕭韶峯，峯下即象耕鳥耘之處。」（今續漢書郡國志只云「營道南有九疑山」，注：「舜之所葬。」）郡國志：「會稽山在山陰南，上有禹冢。」水經四十漸江水注：「鳥爲之耘，春拔草根，秋啄其穢。」

**世莫不然。〔如〕考實之，殆虚言也。**「如」字據上下文例增。御覽八九〇引此，下有「五帝、三王皆有功德，何獨於舜、禹也」。（張刻本有「禹」字，趙本脱。）兩句，疑是意引下文，非今本誤脱。盼遂案：「考實之」有誤，本書多作「而實考之」，或「如實考之」，此當是脱一字，而又誤倒也。

**夫舜、禹之德，不能過堯。堯葬於冀州，或言葬於崇山。**史記司馬相如傳：「歷唐堯於崇山兮。」正義曰：「崇山，狄山也。海外經：『狄山，帝堯葬其陽。』」墨子節葬篇：「堯葬蛩山之陰。」吕氏春秋安死篇云：「葬穀林。」注：「堯葬成陽，此云穀林，成陽山下有穀林。」史記五帝紀集解引皇覽曰：「堯冢在濟陰城陽。」劉向曰：「堯葬濟陰，丘壠皆小。」史記正義引郭緣生述征記：「城陽縣東有堯冢，亦曰堯陵，有碑。」括地志云：「堯陵在濮州雷澤縣西三里。雷澤縣本漢陽城縣也。」地理志、郡國志并云濟陰郡成陽有堯塚。水經注、帝王世紀并然此説。是説者多以成陽近是。路史後紀十注以王充說妄甚。冀州鳥獸不耕，盼遂案：「或言葬於崇山」六字，蓋後人傍注，誤入正文，因又于「鳥獸」上添「冀州」二字，此八字並宜刊去。而鳥獸獨爲舜、禹耕，何天恩之偏駁也？

或曰：「舜、禹治水，不得寧處，故舜死於蒼梧，禹死於會稽。勤苦有功，故天報之；遠離中國，故天痛之。」夫天報舜、禹，使鳥田象耕，何益舜、禹？天欲報舜、禹，宜使蒼梧、會稽常祭祀之。使鳥獸田耕，不能使人祭，祭加舜、禹之墓，田施人民之家，天之報祐聖人，何其拙也？且無益哉！由此言之，鳥田象耕，報祐舜、禹，非其實也。

實者，蒼梧多象之地，日人藤田豐八謂：舜死象耕傳說，來自印度，弟象敖，即獸象之人格化。會稽衆鳥所居。禹貢曰：「彭蠡既瀦，陽鳥攸居。」彭蠡故城，在今江西都昌縣北。「瀦」今文，揚雄揚州箴引書同，古文作「豬」。鄭注曰：「南方謂都爲豬。陽鳥，謂鴻鴈之屬，隨陽氣南北。」呂氏春秋孟春紀：「候雁北。」高注云：「候時之雁，從彭蠡來，北過至北極之沙漠。」仲秋紀：「候雁來。」注云：「從北漠中來，過周洛，之彭蠡。」季秋紀注云：「候時之雁，從北方來，南之彭蠡。」季冬紀：「雁北鄉。」注云：「雁在彭蠡之澤，是月皆北鄉，將來至北漠也。」淮南時則篇注略同。仲任與高氏同習今文，亦以彭蠡爲鴻雁所常居之地，與鄭注義同，蓋今古說無異。天地之情，鳥獸之行也。象自蹈土，鳥自食苹（草），「苹」字元本作「草」。朱校同。先孫曰：作「草」是，當據正。劉先生曰：御覽八九〇引字正作「苹」，是宋人所見本固作「苹」。暉按：天啓本、趙刻、張刻、御覽并作「草」。土蹶草盡，先孫曰：「蹶」當爲「撅」。「撅」與「掘」同。逸周書周祝篇云：「貗有爪而不敢以撅。」後效力篇云：「鍤所以能撅地者，跖蹈之也。」暉按：御覽八九〇引作「蹷」。「撅」、「蹶」聲同字通。若耕田狀，壤靡泥易，小爾雅廣言：「靡，細也。」易，夷平也。人隨種之，世俗則謂爲舜、禹田。海陵麋田，地理志：「海陵屬臨淮郡。」廣雅釋獸：「麋，獸名，似鹿。」郡國志廣陵郡東陽縣注：「縣多麋。」引博物志曰：「十千爲羣，掘食草根，其處成泥，名麋畯，民人隨此畯種田，不耕而獲，其收百倍。」若象耕狀，盼遂案：續漢書郡國志徐州廣陵郡東陽縣注引博物記曰：「麋十千爲羣，掘食草根，其處成泥，名曰麋畯，隨畯種稻，其收百倍。」仲任云海陵者，二邑地接，同濱高郵湖，故可互言。何嘗帝王葬海陵者耶？

傳書言：白帖七、類聚九、御覽六十、事類賦六、事文類聚十五、合璧事類八引「傳」并作「儒」。吴王夫差殺伍子胥，煑之於鑊，盼遂案：俞樾曰：「案子胥之死，左傳止曰『使賜之屬鏤以死』，國語始言『使取申胥之尸盛以鴟夷，而投之於江』，然上文但言吴王還自伐齊。乃訊申胥曰云云，并不載賜劍之事。賈誼新書耳痺篇『伍子胥見事之不可爲也，何籠而自投水』，則又以爲自投於水矣。是子胥之死，言人人殊，而鑊煑之説，惟見此書，疑傳聞過實也。」本書命義篇：「屈平、子胥，楚放其身，吴烹其尸。」刺孟篇：「比干剖，子胥烹，子路菹。」是仲任于子胥被戮之事，别有所聞，不如俞説也。**乃以鴟夷橐投之於江。**白帖、事文類聚、合璧事類引「乃」并作「盛」，「橐」并作「囊」。按：「橐」義亦可通。秦策：「伍子胥橐載而出。」注：「橐，革囊。」其改「橐」作「囊」，蓋習聞「無底曰橐」之訓，然於古無徵，詳見劉氏秋槎札記。史記伍子胥傳集解應劭曰：「取馬革爲鴟夷，鴟夷榼形。」正與「革囊曰橐」義合。**子胥恚恨，驅水爲濤，**白帖、類聚、事文類聚、合璧事類引「驅」并作「臨」。下同。吴越春秋夫差内傳「子胥死，投之江中，子胥因隨流揚波，依潮來往，蕩激崩岸」。**以溺殺人。**後漢書張禹傳：「禹拜揚州刺史，當過江，行部中。土民皆以江有子胥之神，難於濟涉。禹將度，吏固請，不聽。禹厲聲曰：『子胥如有靈，知吾志在理察枉訟，豈危邦哉？』遂鼓楫而過。」謝承後漢書：（御覽六十。）「吴郡王閎渡錢塘江，遭風，船欲覆，閎拔劍斫水罵伍子胥，風息得濟。」是當時有子胥溺人説。**今時會稽丹徒大江，**地理志：「丹徒屬會稽郡。」「大江」即今鎮江丹徒之揚子江。**錢唐浙江，**漢志：「錢唐，縣名，屬會稽郡。」浙江，水名。續漢書郡國志「山陰縣有浙江」。浙江通志杭州府山川條引萬曆錢唐縣志云：「錢唐江在縣東南，本名浙江，今名錢唐江。其源發黟縣，曲折而東以入於海。潮水晝夜再上，奔騰衝激，聲撼地軸，郡人以八月十八日傾城觀潮爲樂。」又引蕭山縣志：「浙江在縣西十里，其源自南通徽州黟縣來經富陽，入縣境，北轉海甯入於海。」虞喜志林：（御覽六五。）「今錢唐江口，折山正居江中，潮水投山下，折而西。一云江有反濤，水勢折歸，故云浙江。史記云『江水至會稽、山陰爲浙江』，是也。」御覽六〇、事類賦六引並作「今會稽錢塘丹徒江」，誤，不足據。**皆立子胥之廟。**「廟」，御覽、事類賦引并作「祠」。史記本傳：「吳人憐之，立祠於江上。」正義引吳地記：「越軍於蘇州東南三十里三江口，又向下三里，臨江北岸立壇，殺白馬祭子胥，杯動酒盡，後人因立廟於此江上。今其側有浦，名上壇浦。至晉會稽太守麋豹，移廟吳廓東門内道南，今廟見在。」輿地記：（御覽七四。）「夫差殺子胥，後悔之，與羣臣臨江作壇，創設祭奠，百姓因以立廟。」汪中述學廣陵曲江證：「越之北，至今之石門浙江，非吳地。吳、越交兵凡三十二年，内、外傳所謂江，並吳江也。吳殺子胥，投其尸於江，亦吳江也。吳投子胥之尸，豈有舍其本國南竟五十里之吳江，乃入隣國三百餘里投之浙江哉？此文謂大江、浙江并祭子胥，乃在東漢之世。」**蓋欲慰其恨心，止其猛濤也。**俞曰：子胥之死，左傳止曰「使賜之屬鏤以死」，國語始言「使取申胥之尸，盛以鴟夷，而投之於江」。然上文但言「吳王還自伐齊，乃訊申胥曰」云云，并不載賜劍之事。賈誼新書耳痺篇：「伍子胥見事之不可爲也，何籠而自投水。」則又以爲自投於水矣。是子胥之死，言人人殊，而鑊烹之説，惟見此書，疑傳聞過實也。暉按：賜劍、投江，史記本傳、吳越春秋夫差内傳則兩者並述。本書偶會篇言「子胥伏劍」，感虚篇「子胥刎頸」，逢遇篇、累害篇言「誅死」，蓋亦「伏劍」之義。命義篇、刺孟篇、死僞篇則言「烹死」，與此文同。他書並未經見，未知何本。

**夫言吳王殺子胥，投之於江，實也；言其恨恚驅水爲濤者，虚也。**

**屈原懷恨，自投湘江，**王逸離騷章句曰：「屈原不忍以清白久居濁世，遂赴汨淵，自沈而死。」七諫注：「汨水在長沙羅縣，下注湘水中。」地理志：「長沙國有羅縣。」注引盛弘之荊州記：「縣北帶汨水，水原出豫章艾縣界，西流注湘，沿汨西北去縣三十里，名爲屈潭，屈原自沉處。」**湘江〔一〕不爲濤；申徒狄蹈河而死，**盼遂案：事見荀子不苟篇、莊子外物篇〔二〕、韓詩外傳卷一、淮南子説山篇。**河水不爲濤。**申徒，官。狄，名也。史記留侯世家：「良爲韓申徒。」徐廣曰：「申徒即司徒，申、司字通。」元和姓纂三：「申徒狄，夏賢也。湯以天下讓，狄以不義聞己，自投於河。」通志氏族略引風俗通與姓纂略同。莊子外物篇：「湯與務光天下，務光怒之。紀他聞之，帥弟子而踆於窾水，申徒狄因以踣河。」是並以爲殷初時人，抗志自潔者。莊子盜跖篇：「申徒諫而不聽，負石自投於河，爲魚鱉所食。」淮南説山篇注：「殷末人，不忍見紂亂，故自沈於淵。」漢書鄒陽傳師古注引服虔曰：「殷末介士。」莊子大宗師釋文云：「殷時人。」是又以爲殷末人，諫紂不聽者。韓詩外傳一稱申徒狄非其世，將自投於河，引關龍逢、王子比干、子胥、泄冶以自況。新序節士篇同。史記鄒陽傳索隱引韋昭云：「六國時人。」即據外傳爲説。是申徒狄何時人，凡説有三。**世人必曰：「屈原、申徒狄不能勇猛，力怒不如子胥。」夫衛菹子路，**淮南繆稱篇注：「死衛侯輒之難。」淮南精神訓：「季路菹於衛。」高注：「季路仕於衛，衛君父子争國，季路死。衛人醢之，以爲

〔一〕「江」，原本作「水」，據通津草堂本改。
〔二〕「物」，原本作「務」，據莊子改。

醬，故曰菹。」御覽八六五引風俗通曰：「子路尚剛好勇，死，衛人醢之，孔子覆醢。」而漢烹彭越，史記黥布傳：「漢誅梁王彭越，醢之，盛其醢，徧賜諸侯。」子胥勇猛，不過子路、彭越，然二士不能發怒於鼎鑊之中，白帖七、事文類聚十五引「士」并作「人」。以烹湯菹汁瀋漎旁人。説文：「瀋，汁也。」疑當作「以烹湯菹瀋漎旁人」。「汁」即「瀋」之旁注，羼入正文。「漎」讀作「摐」。史記司馬相如傳集解引漢書音義：「摐，撞也。」盼遂案：吴承仕云：『漎』應作『摐』。廣雅：『摐，撞也。』史、漢字亦作『鏦』。此從水者，涉上文湯汁瀋等字而誤，疑傳寫之失也。」子胥亦自先入鑊，白帖七、事文類聚十五引作「鼎鑊」。〔後〕乃入江，孫曰：「後」字脱，語意不貫。藝文類聚九、白帖七引并有「後」字，當據補。暉按：事文類聚引亦有「後」字。在鑊中之時，其神安居？豈怯於鑊湯，勇於江水哉？白帖、事文類聚引「勇」上并有「而」字。何其怒氣前後不相副也？

且投於江中，何江也？有丹徒大江，有錢唐浙江，注見前。有吴通陵江。漢書地理志：「吴縣，屬會稽郡。」「通陵江」未詳。或疑爲「廣陵江」之誤，不敢從也。或言投於丹徒大江，無濤。欲言投於錢唐浙江，浙江、山陰江、山陰江即今錢清江。清一統志曰：「浙江紹興府錢清江在山陰縣西北四十里。上流即浦陽江。」上虞江嘉泰會稽志：「上虞江在縣西二十八里，源出剡縣，東北流入，分三道，一出曹娥江，一自龍山下出舜江，又北流至三江口，入於海。」皆有濤。三江有濤，豈分橐中之體，散置三江中乎？人若恨恚也，仇讎未死，子孫遺在，可也。今吳國已滅，夫差無類，吳爲會稽，立置太守，秦因吳地置會稽郡，漢循之。子胥之神，復何怨苦？爲濤不止，欲何求索？吳、越在時，分會稽郡，越治山陰，吳都。今吳、餘暨以南屬越，漢志：「吳、餘暨并縣名，屬會稽郡。」元和郡縣志：「餘暨本名餘槩，吳王弟夫槩邑。」唐天寶元年改蕭山。錢唐以北屬吳。錢唐之江，浙江也。兩國界也。山陰、上虞，在越界中，子胥入吳之江爲濤，當自上(止)吳界中，吳曰：「上」當作「止」，形近而譌。何爲入越之地？怨恚吳王，發怒越江，違失道理，無神之驗也。

且夫水難驅，而人易從也。生任筋力，死用精魂，子胥之生，不能從生人營衛其身，自令身死，筋力消絶，精魂飛散，安能爲濤？使子胥之類數百千人，乘船渡江，不能越水；一子胥之身，煑湯鑊之中，骨肉糜爛，成爲羹葅，何能有害也？周宣王殺其臣杜伯，趙(燕)簡子(公)殺其臣莊子義，先孫曰：「趙簡子」當作「燕簡公」。殺莊子儀事見墨子明鬼篇。本書訂鬼篇不誤。「義」二篇同。抱朴子論仙篇亦云：「子義掊燕簡。」墨子作「儀」，古字通。死僞篇作「趙簡公」，亦誤。其後杜伯射宣王，莊子義害簡子(公)，「子」當作「公」，說已見上。餘注見死僞篇。事理似然，猶爲虛言。今子胥不能完體，爲杜伯、子義之事以報吳王，而驅水往來，豈報讎之義，有知之驗哉？ 俗語〔一〕不實，成爲丹青，盼遂案：「丹青」二字，始見漢書王莽傳。 說文青字解云：「丹青之信，言必然。」丹青之文，賢聖惑焉！

夫地之有百川也，猶人之有血脉也。 臨安志曰：「王充以爲水者地之血脉，隨氣進退。此未必然。 大抵天包水，水承地，而一元之氣升降於太空之中，地乘水力以自持，且與元氣升降。方其氣升而地沉，則海水溢上而爲潮，及其氣降而地浮，則海水縮而爲汐。」 血脉流行，汎揚動靜，自有節度。 百川亦然，其朝夕往來，盼遂案：「朝夕」即「潮汐」之古字。 猶人之呼吸，氣出入也，天地之性，自古有之。 經曰：「江、漢朝宗於海。」禹貢文。 段玉裁曰：「說文水部曰：『淖，水朝宗於海也。 从水，朝省聲。 衍，水朝宗于海皃〔二〕也。 从水行。』按：『淖』者今之『潮』字，以『淖』釋『朝宗于海』，此今文尚書說也。」孫星衍曰：「朝，說文作『淖』，云：『水朝宗於海。』御覽引說文：『淖，朝也。』疑古文有作『淖』者。 說文云：『潨，小水入大水也。』疑『宗』之本字。 虞翻注易『習坎有孚』曰：『水行往來，朝宗於海，不失其時，如月行天。』則是謂『朝宗』爲『潮

〔一〕「語」，原本作「說」，據通津草堂本改。
〔二〕「皃」，原本作「兒」，據說文改。

宗』，潮〔一〕爲潮水，與仲任義同。蓋今文説也。」皮錫瑞曰：「如段説，則當讀『朝』爲『潮』，『朝宗』二字不連。而鄭注訓『宗』爲『尊』，以『朝宗』爲尊天子之義，與揚子雲説合，蓋亦今文家説。而王仲任、虞仲翔義不同者，歐陽、夏侯之説異也。」唐、虞之前也，其發海中之時，漾馳而已；漾，猶永。詩「江之永矣」，韓詩作「漾」。薛章句：「漾，長也。」入三江之中，入者，潮入也。段玉裁曰：「洚水之時，江、漢不與海通，海淖不上，禹治之，始通。禹貢於揚州曰：『三江既入。』三江者，北江、中江、南江也。既入者，入于海也。於荆州曰：『江、漢朝宗于海。』言海淖上達，直至荆州也。」「三江」衆説不同。詳日知録、經史問答、蕭穆敬孚類稿、阮元浙江圖考、焦循禹貢鄭注釋、成蓉鏡禹貢班義述。殆小淺狹，水激沸起，故騰爲濤。廣陵曲江有濤，汪中曰：「廣陵，漢縣，今爲甘泉及天長之南竟。江，北江也。今潮猶至湖口之小孤山而回，目驗可知。」朱彝尊謂曲江爲今浙江，汪中述學、劉寶楠愈愚録並辯其誤。文人賦之。如枚乘七發。大江浩洋（溔），「洋」當作「溔」。古書以「洋洋」連文，狀大水貌。無以「浩洋」連文者。「洋」爲「溔」之形譌。（日鈔引已誤。）淮南覽冥篇：「水浩溔而不息。」「溔」今亦譌作「洋」，是其比。司馬相如上林賦：「灝溔潢漾。」郭璞曰：「皆水無涯際貌也。」左思魏都賦：「河、汾浩涆而皓溔。」李注引廣雅曰：「皓溔，大也。」灝、皓並與「浩」通。盼遂案：或校謂「洋」爲「汗」誤，非也。淮南覽冥訓「水浩洋而不息」，

〔一〕「潮」，原本無，據文義補。

史記河渠書「浩浩洋洋兮，閭殫爲河」，皆浩洋連用之證。曲江有濤，竟以隘狹也。吴殺其身，爲濤廣陵，子胥之神，竟無知也。溪谷之深，流者安洋；司馬相如上林賦云：「灝溔潢漾，安翔徐回。」「安翔」即「安洋」也。淺多沙石，激揚爲瀨。夫濤、瀨，一也，謂子胥爲濤，誰居溪谷爲瀨者乎？案濤入三江，〔江〕岸沸踊，「江」字當重，今據日鈔引補。中央無聲。盼遂案：「岸」下脱一「涯」字，「岸涯」與「中央」對文。下文「子胥之身聚岸涯」，（依孫詒讓校，今本誤「漼」。）正是其證。必以子胥爲濤，子胥之身，聚岸漼（涯）也？先孫曰：「漼」當作「涯」，形近而誤。（黄氏日鈔引已誤。）濤之起也，隨月盛衰，小大滿損不齊同。如子胥爲濤，子胥之怒，以月爲節也？三江時風，揚疾（矦）之波亦溺殺人，先孫曰：「揚疾」義不可通。「疾」當作「矦」。（黄氏日鈔所引已誤。）感虚篇云：「傳書言，武王伐紂，渡孟津，陽侯之波，逆流而擊。」（事見淮南子覽冥訓。）暉按：孫校「疾」當作「矦」，是也。「揚」當作「陽」。蓋「矦」譌作「疾」，淺人則妄改「陽」作「揚」矣。韓策二：「塞漏舟而輕陽侯之波，則舟覆矣。」論語摘輔象曰：「陽侯司海。」宋均注：「陽侯，伏羲之臣，蓋大江之神者。」（路史後紀六注。）亦見陶潛聖賢羣輔録。漢書揚雄傳注應劭曰：「陽侯，古之諸侯，有罪，自投江，其神爲大波。」楚辭九章哀郢：「凌陽侯之氾濫兮。」王注：「陽侯，大波之神。」淮南覽冥訓注：「陽侯，陵陽國侯也。（吴承仕曰：「陵」字衍。）其國近水，佽水而死。其神能爲大波，有所傷害，因謂之陽侯之波。」俞樾曰：「陽陵自是漢侯國。史記高祖功臣表有陽侯傅寬是也。高注以説古之陽侯，殆失之矣。春秋閔二年『齊人遷陽』，杜注曰：『國名。』正義曰：『世本無陽國，不知何姓。杜世族譜土地名闕，不知所在。』古之陽侯，當即此陽國之侯。水經『沂水南逕陽都縣故城東，縣故陽國城。』是其所在矣。」**子胥之神，復爲風也？秦始皇渡湘水遭風，問湘山何祠。左右對曰：「堯之女，舜之妻也。」**史記始皇紀：「上問博士曰：『湘君何神！』博士對曰：『堯女，舜之妻。』」劉向列女傳曰：「二妃死於江、湘之間，俗謂之湘君。」與秦博士説同。韓愈黄陵廟碑因之。楚辭九歌王注以湘君爲湘水神，湘夫人爲舜二妃。檀弓上鄭注：「離騷所謌湘夫人，舜妃也。」鄭、王説同。其必知秦博士説，而故不從者，當有所據。洪興祖謂娥皇爲正妃，爲湘君，女英降曰夫人，以鄭玄亦謂二妃爲湘君。按：檀弓鄭注云：「舜不告而娶，不立正妃。」則洪説失之。史記索隱謂「湘君當是舜」，亦臆説也。**始皇大怒，**「大」，舊誤作「太」。**使刑徒三千人，斬湘山之樹而履之。**史記未云「履之」。盼遂案：「履」當爲「覆」之誤字。「覆」讀禮「覆亡國之社」之「覆」。**夫謂子胥之神爲濤，猶謂二女之精爲風也。**

**傳書言：**御覽六三引「傳」作「儒」。**孔子當泗水之（而）葬，**孫曰：「之」當作「而」，御覽五五六引正作「而」。暉按：孫説是。紀妖篇、晏殊類要四引此文，亦並作「而」。魯語上韋注：「泗水在魯城北。」皇覽冢墓記（御覽五六〇。）云：「孔子冢，魯城北便門外，南去城十里。」**泗水爲**

之卻流。此言孔子之德，能使水卻，不湍其墓也。

世人信之。是故儒者稱論，御覽五五六引「稱」作「講」。皆言孔子之後當封，以泗水卻流爲證。御覽引「泗水」在「封」字下。如原省之，殆虛言也。

夫孔子死，孰與其生？生能操行，慎道應天；吳曰：「慎」讀作「順」，「順」、「慎」聲近字通。繫辭：「慎斯術也。」釋文云：「慎本作順。」藝增篇：「美周公之德，能慎天地。」原校曰：「一作順。」是其證。死，操行絶，天祐至德。「天祐至德」，當作「無德致祐」。「無」一作「无」，與「天」形近而誤。「至」、「致」字通。校者不明字誤，故妄乙「德祐」二字，遂失其旨矣。「無德致祐」與「慎道應天」句法一律。生能操行，故能慎道以應天；死則操行絶矣，當無德以招致瑞祐。故下文以「招致瑞應，皆以生存」承之。故五帝三王，招致瑞應，皆以生存，不以死亡。孔子生時，推排不容，再逐於魯。在陳絶糧。削迹於衛。忘味於齊。伐樹於宋。故嘆曰：「鳳鳥不至，河不出圖，吾已矣夫！」見論語子罕篇。生時無祐，死反有報乎？孔子之死，五帝三王之死也，五帝三王無祐，孔子之死，獨有天報，是孔子之魂聖，五帝之精不能神也。「五帝」下，疑當有「三王」二字。

泗水無知，爲孔子卻流，天神使之；然則孔子生時，天神〔何〕不使人尊敬？孫曰：「不」上脱「何」字，否則與「然則」語氣不相應矣。御覽六三引作「孔子生時，何不使之尊敬乎」。(暉按:趙本作「天神何不使之尊敬乎」,更可證成孫説。孫氏蓋據張本。)雖節引本文,而不脱「何」字,可以借證。如泗水卻流,天欲封孔子之後,孔子生時,功德應天,天不封其身,乃欲封其後乎?

是蓋水偶自卻流。江河之流,有回復之處,百川之行,或易道更路,與卻流無以異,則泗水卻流,不爲神怪也。

傳書稱:御覽九二六引「傳」作「儒」。魏公子之德,仁惠下士,兼及鳥獸。方與客飲,有鸇擊鳩,鳩走,巡於公子案下。御覽引作「鳩逃公子案下」。「逃」較「巡」,於義爲長。鸇追擊,殺於公子之前。公子耻之,即使人多設羅,御覽引作「使人設罔捕鸇」。疑「羅」下當有「捕鸇」二字。得鸇數十枚,責讓以擊鳩之罪。擊鳩之鸇,低頭不敢仰視,公子乃殺之。列士傳:(類聚六九、又九十一、御覽九二六。)「魏公子無忌方食,有鳩飛入案下。公子怪之,此有何急來歸無忌耶?使人於殿下視之,左右顧望,見一鷂在屋上飛去。公子縱鳩,鷂逐而殺之。公子暮爲不食。曰:『鳩避患,歸無忌,竟爲鷂所得,吾負之,爲吾捕得此鷂者,無忌無所愛。』於是左右宣公子慈聲。旁國左右,捕得鷂二百餘頭,以奉公子。公子欲盡殺之,恐有辜。乃自按劍至其籠上曰:『誰獲罪無忌者耶?』一鷂獨低頭不敢仰視,乃取殺之。盡放其餘。名聲流布,天下歸焉。」

世稱之曰：「魏公子爲鳩報仇。」此言虛也。

夫鸇，物也，說文：「鸇，鷐風也。」爾雅釋鳥：「晨風，鸇。」郭注：「鷂屬。」詩晨風疏引舍人注：「鸇，鷙鳥也。」陸機詩蟲魚疏：「鸇似鷂，青黄色，燕頷，句喙，嚮風摇翮，乃因風飛，急疾，擊鳩鴿燕雀食之。」情心不同，音語不通。聖人不能使鳥獸爲義理之行，公子何人，能使鸇低頭自責？鳥爲鸇者以千萬數，向擊鳩蜚去，安可復得？

能低〔二〕頭自責，是聖鳥也；曉公子之言，則知公子之行矣。知公子之行，則不擊鳩於其前。人猶不能改過，鳥與人異，謂之能悔，世俗之語，失物類之實也。

或時公子實捕鸇，鸇得，人持其頭，變折其頸，疾痛低垂，不能仰視，緣公子惠義之人，則因褒稱，言鸇服過。蓋言語之次，空生虛妄之美；功名之下，常有非實之加。

傳書言：齊桓公妻姑姊妹七人。管子小匡篇：「桓公謂管仲曰：『寡人有汙行，不幸好色，姑姊妹有未嫁者。』」荀子仲尼篇：「齊桓内行，則姑姊妹之不嫁者七人。」晏子春秋：「齊景公問於晏子曰：『吾先君桓公淫女公子，不嫁者九人。』」「七」作「九」，與荀子不同。漢書地理志云：

〔二〕「低」，原本作「抵」，形近而誤，據通津草堂本改。

「襄公淫亂，姑姊妹不嫁。」公羊莊二十年傳何注：「齊侯淫，諸姑姊妹不嫁者七人。」亦謂襄公。此文蓋據荀子。

此言虛也。

夫亂骨肉，犯親戚，無上下之序者，禽獸之性，則亂不知倫理。案桓公九合諸侯，一正(匡)天下，吴曰：「正」當作「匡」，宋人避諱改爲「正」。後文作「一匡天下」，此作「正」者，明本失改耳。鄭玄論語注以「九合」爲實數，據穀梁傳：「衣裳之會十一。」去北杏與陽穀爲九會。（見憲問篇皇疏。又釋廢疾云：「自柯之明年，葵丘以前，去貫與陽穀爲九合。」）皇侃、陸德明、劉炫、邢昺諸説并與鄭略同。困學紀聞六、菣厓考古録、論語釋故、論語後録并據史記、穀梁、管子以實九合之事。宋翔鳳論語發微謂：「管子、晏子并以『一匡』、『九合』對舉，『九』者數之究，『一』者數之總，言諸侯至多而已。九合天下至大，而能一匡。九合不必陳其數，一匡不必指其事。」朱亦棟説同。論語集注據左僖二十六年傳讀「九」爲「糾」。按：晏子問下篇、管子小匡篇、戒篇、荀子王霸篇、國策齊策、韓非子十過篇、奸劫篇、吕氏春秋審分篇、大戴禮保傅篇、韓詩外傳六、又八、又十、淮南氾論篇、史記齊世家、蔡澤傳，并以「九合」、「一匡」爲駢句，則「九」不爲「糾」矣。其謂實數者亦誤。九者數之極，詳汪中述學釋三九。宋説是也。道之以德，「道」讀「導」。將之以威，説文寸部：「將，帥也。」以故諸侯服從，莫敢不率，左宣十二年傳杜注：「率，遵也。」非内亂懷鳥獸之性者所能爲也。夫率諸侯朝事王室，恥上無勢而下無禮也。外恥禮之不存，内何犯禮而自壞？外内不相副，則功無成而威不立矣。

世稱桀、紂之惡，不言淫於親戚。實論者謂夫桀、紂惡微於亡秦，亡秦過泊於王莽，鄒伯奇語，見恢國篇。「泊」讀「薄」。無淫亂之言。盼遂案：宋本無「過」字，「泊」字作「洎」，是也。桓公妻姑姊〔妹〕七人，上下文並作「姑姊妹」，此疑脱一「妹」字。〔是〕惡浮於桀、紂，而過重於秦、莽也。「是」字據宋本、朱校元本增。「惡浮」與「過重」對文，宋本、朱校元本無「浮」字，非。春秋采毫毛之美，貶纖芥之惡，語見説苑至公篇。桓公惡大，不貶何哉？魯文姜，齊襄公之妹也，襄公通焉。左桓十八年傳服注：「旁淫曰通。」春秋經曰：「莊二年冬，夫人姜氏會齊侯於郜。」左氏、穀梁作「禚」。此據公羊。郜，齊地。春秋何尤於襄公，説文：「訧，罪也。」一作「尤」。而書其奸？左氏傳曰：「書姦也。」穀梁曰：「婦人既嫁不踰竟，踰竟非正也。婦人不言會，言會非正也。」公羊何注：「書者，婦人無外事，外則近淫。」何宥於桓公，隱而不譏？如經失之，如，若也。傳家左丘明、公羊、穀梁何諱不言？

案桓公之過，多内寵，内嬖如夫人者六。有五公子争立，齊亂，公薨三月乃訃。宋、元本作「赴」。朱校同。事見左僖十七年傳。世聞内嬖六人，嫡庶無別，則言亂於姑姊妹七人矣。

傳書言：御覽七四二引「傳」作「儒」。齊桓公負婦人而朝諸侯。藝文類聚三五、御覽

三七一、黄氏日鈔引「而」並作「以」。此言桓公之淫亂無禮甚也。燕策一：「桓公負婦人而名益尊。」鮑彪注：「桓公好内而霸。即王充論衡所引齊桓公負婦人以視朝者，是也。」朱亦棟羣書札記曰：「史記管仲列傳：『其爲政也，善因禍而爲福，轉敗而爲功。桓公實怒少姬，南襲蔡，管仲因而伐楚，責包茅不入貢於周室。』據此，則所謂『負婦人而名益尊』者，即蔡姬事也。」按：朱説近是。左僖三年傳：「齊侯與蔡姬乘舟于囿，蕩公。公懼，變色，禁之不可。公怒，歸之。未之絶也，蔡人嫁之。」四年傳：「齊侯以諸侯之師侵蔡，蔡潰，遂伐楚。師進，次于陘。夏，楚子使屈完如師，師退，次于召陵。齊侯陳諸侯之師，與屈完乘而觀之。屈完及諸侯盟。」韓非子外儲説左上曰：「蔡女爲桓公妻，桓公與之乘舟，夫人蕩舟，桓公大懼，禁之不止，怒而出之，乃且復召之。因復更嫁之。桓公大怒，將伐蔡，仲父諫曰：『夫以寢席之戲，不足以伐人之國，功業不可冀也，請無以此爲稽也。』桓公不聽。仲父曰：『必不得已，楚之菁茅，不貢於天子三年矣，君不如舉兵爲天子伐楚，楚服，因還襲蔡，曰：「余爲天子伐楚，而蔡不以兵聽從，因遂滅之。」此義於名而利於實，故必有爲天子誅之名，而有報讎之實。』」「桓公負婦人而名益尊」，當即此事。負，恨也。婦人，蔡姬也。後人誤讀「負」爲「荷負」，則生桓公負婦人于背以朝諸侯之説矣。仲任力辯其妄，而不就此事論之，何也？

夫桓公大朝之時，負婦人於背，其游宴之時，何以加此？方脩士禮，崇厲肅敬，負婦人於背，何以能率諸侯朝事王室？葵丘之會，桓公驕矜，當時諸侯畔者九國。

公羊僖九年傳：「葵丘之會，桓公震而矜之，叛者九國。震之者何？猶曰振振然。矜之者何？猶曰莫若我也。」睚眦不得，舊校曰：一有「所載」字。文選長楊賦注引晉灼曰：「睚眦，瞋目貌，又猜忌不和貌。」左哀二十四年傳：「公〔一〕如越，得太子適郢。」杜注：「得，相親說也。」九國畔去，況負婦人，淫亂之行，何以肯留？

或曰：「管仲告諸侯〔曰〕：御覽三七一引作「管仲曰」，七四二引作「管仲告諸侯曰」，並有「曰」字，當據補。『吾君背有疽創，類聚三五引「創」作「瘡」，御覽引同。說文刃部：「刅，傷也。或作創。」徐曰：「俗别作瘡。」不得婦人，瘡不衰愈。』元本「瘡」作「創」，朱校同。御覽三七一引無「衰」字。七四二引作「瘡惡不愈」。諸侯信管仲，故無畔者。」夫十室之邑，必有忠信若孔子。當時諸侯，千人以上，必知方術治疽，不用婦人，管仲爲君諱也。諸侯知仲（苟）爲君諱而欺己，宋本「仲」作「苟」，朱校元本同。按：宋、元本是也，今本則後人妄改。當據正。必恚怒而畔去，何以能久統會諸侯，成功於霸？

或曰：「桓公實無道，任賢相管仲，故能霸天下。」夫無道之人，與狂無異，信讒遠賢，反害仁義，安能任管仲？能養人令之？成事：「成事」冒下文。劉敞曰：「漢時

〔一〕「公」，原本作「如」，據左傳改。

人言行事、成事，皆謂已行、已成事也。王充書亦有之。」（見彼校漢書翟方進傳。）又於陳湯傳曰：「行事者，言已行之事，舊例成法也。漢時人作文言行事、成事者，意皆同。」王念孫讀書雜志曰：「行者，往也，行事即往事，亦作近事，亦作故事。」桀殺關龍逢，紂殺王子比干。無道之君，莫能用賢。使管仲賢，桓公不能用；用管仲，故知桓公無亂行也。有賢明之君，故有貞良之臣。臣賢，君明之驗，奈何謂之有亂？

難曰：「衛靈公無道之君，時知賢臣。論語憲問篇：「子曰：『衛靈公之無道，久也。』康子曰：『夫如是，奚而不喪？』孔子曰：『仲叔圉治賓客，祝鮀治宗廟，王孫賈治軍旅。夫如是，奚其喪？』」管仲爲輔，何明桓公不爲亂也？」夫靈公無道，任用三臣，僅以不喪，非有功行也。桓公尊九九之人，韓詩外傳三：「齊桓公設庭燎，爲使士之欲造見者。東野鄙人有以九九見者。桓公因禮之。」又見說苑尊賢篇。漢書梅福傳注：「九九算術，若九章、五曹之輩也。」拔寧戚於車下，呂氏春秋舉難篇：「寧戚欲干齊桓公，窮困無以自進，於是爲商旅，將任車，以至齊。暮宿於郭門之外。桓公郊迎客，夜開門，辟任車。寧戚飯牛，居車下，擊牛角，疾歌。桓公聞之，曰：『之歌者，非常人也。』命後車載之。寧戚見，說桓公以爲天下。」晏子春秋問篇：「桓公聞寧戚歌，舉以爲大田。」又見淮南道應篇、新序雜事篇。責苞茅不貢，運兵攻楚，左僖四年傳：「齊侯伐楚，楚子使與師言曰：『不虞君之涉吾地也，何故？』管仲曰：『爾貢包茅不入，王祭不共，無以縮酒，寡人是徵。』」杜注：「包，裹束也。茅，菁茅也。束茅而灌之以酒，爲縮酒。」史記封禪書：「江、淮之間，一茅三脊。」盼遂案：吴承仕曰：「『運』疑爲『連』。」**九合諸侯，一匡天下，千世一出之主也，而云負婦人於背，虚矣。**

**説尚書者曰：「周公居攝，帶天子之綬，戴天子之冠，負扆南面而朝諸侯。」**皮錫瑞曰：「漢書翟方進傳，王莽依周書作大誥曰：『惟居攝二年十月甲子，攝皇帝位，若曰。』按：王莽大誥皆用今文尚書説也。大傳曰：『周公身居位，聽天下爲政，管叔疑周公。』居位即居攝也。史公説，以爲周公作大誥，在踐阼攝政之後，故可稱王。鄭注云：『王謂攝也。周公居攝，命大事，則權代王也。』鄭言居攝之年，與史記、大傳先後皆異，而以王爲周公攝王，則與今文義同。仲任此文所引，即王家尚書説。」暉按：漢書王莽傳上載書君奭篇説曰：「周公服天子之冕，南面而朝羣臣，發號施令，常稱王命。」禮記明堂位：「周公朝諸侯於明堂之位。天子負斧依南鄉而立。」又見周書明堂解、荀子儒效篇、淮南子氾論篇、齊俗篇。**户牖之間曰扆，南面之坐位也。**爾雅釋宫云：「牖户之間謂之扆。」明堂位鄭注：「斧依，爲斧文屏風於户牖之間。」曲禮下：「天子當依而立，諸侯北面而見。」正義：「依狀如屏風，以絳爲質，高八尺，東西當户牖之間，繡爲斧文也。」覲禮鄭注云：「如今綈素屏風也。有繡斧文，所以示威。」孫星衍曰：「大戴〔一〕盛德篇説明堂之則，一室

〔一〕「戴」，原本作「載」，形近而誤，今改。

而有四户八牖，則是每室皆有二牖夾户，故云設黼扆牖間。謂二牖之間，正當北户以屏風也。諸家説户牖之間，以爲一户一牖之間，失之。」**負扆南面鄉坐，扆在後也。**盼遂案：「鄉」字衍文，「負扆南面坐」句絶。蓋「鄉」爲「面」之傍注，後闌入正文者也。周禮撢人「使萬民和悦而正王面」，鄭注：「面，鄉也。」孟子「東面而征西夷怨」，趙注：「面者，向也。」皆面訓鄉之證。**桓公朝諸侯之時，或南面坐，婦人立於後也。世俗傳云，則曰負婦人於背矣。此則夔一足、宋丁公鑿井得一人之語也。**

**唐、虞時，夔爲大夫，性知音樂，調聲悲善。**龍城札記二曰：古人音喜悲。**當時人曰：「調樂如夔，一足矣。」世俗傳言：「夔一足。」**韓非子外儲説左下：「魯哀公問於孔子曰：『吾聞古者有夔一足，其果信有一足乎？』孔子對曰：『不也，夔非一足也。夔者忿戾惡心，人多不説喜也。雖然，其所以得免於人害者，以其信也。人皆曰：「獨此一，足矣。」夔非一足也，一而足也。』」一曰：哀公問於孔子曰：『吾聞夔一足，信乎？』曰：『夔，人也，何故一足？彼其無他異，而獨通於聲。堯曰：「夔一而足矣！」使爲樂正。故君子曰：「夔有一足」，非一足也。』」吕氏春秋察傳篇則載後説，孔叢子、風俗通正失篇同。按：莊子秋水篇云：「夔謂蚿曰：『吾以一足趻踔而行。』」又逸文云：「聲氏之牛夜亡，而遇夔，止而問焉：『我有足，動而不善，子一足而超踴，何以然？』夔曰：『以吾一足王于子矣。』」山海經云：「東海之内，有流波之山，有獸，狀如牛，蒼色無角，一足能走，出入水則必風雨，目光如日月，其聲如雷，其名曰夔，黄帝以其皮冒鼓，聲聞五百里。」則夔固有一足者。夔聲如雷，皮可冒鼓，故有夔通於聲之説。由獸而人格化，古史多有此例。春秋時尚存有夔一隻脚之傳説，經孔子解作「一而足」，則夔儼然是人，千古不疑矣。顧頡剛疑禹是蟲，余意禹蓋鰲鼇之類，與此可相發明。舜典所載朱虎熊羆龍，舊説是舜臣名，余疑皆禹、夔之類也。**案秩宗官缺，帝舜博求，衆稱伯夷，伯夷稽首讓於夔、龍。**今見舜典。**秩宗卿官，漢之宗正也。**舜典僞孔傳：「秩，序。宗，尊也。主郊廟之官。」史記五帝紀集解引鄭注：「宗正，『秩宗，主次秩尊卑。』」百官表：「宗正，秦官，掌親屬。王莽并其官於秩宗。」事物紀原五：「宗正，周官也。在周禮實小宗伯之職。」漢書高帝紀：「七年二月，置宗正官，以序九族。」史記文帝紀正義：「漢置九卿，一曰太常，七曰宗正。」周禮春官宗伯先鄭注以爲漢之太常。鄭語韋注：「秩宗之官，於周爲宗伯，漢爲太常，（今僞「宰」，依路史後紀十注引正。）掌國祭祀。」是鄭衆、韋昭並以秩宗即漢之太常，非宗正也。與充説異。皮錫瑞曰：「漢書百官表云：『王莽改太常曰秩宗。』依古也。莽蓋用今文尚書，以漢之太常典禮故也。伯夷不與舜同宗，仲任以漢之宗正當之，似誤。」暉按：皮説是也。王莽並宗正於秩宗，又改太常爲秩宗，光武未遑更革，故仲任云然歟？**斷足，足非其理也。**秩宗，國之禮官，典祭祀。穀梁傳曰：「有天疾者不可入宗廟。」今斷足，故云非其理。吴曰：衍一「足」字。盼遂案：吴承仕曰：「衍一『足』字」下文「秩宗之官，不宜一足」，即申釋此語。又引孫蜀卿云：「第二『足』字，爲『實』字形近之誤，近是。」**且一足之人，何用行也？**

**夏后孔甲，田于東〔陽〕蒖（萯）山，**舊校曰：「蒖」一作「莫」。先孫曰：事見呂氏春秋〔一〕音初篇。彼云：「夏后氏孔甲田于東陽萯山。」此「東」下當有「陽」字，「蒖」、「莫」並「萯」之誤。（指瑞篇作「首山」，亦誤。）暉按：御覽八二、又七六二引呂氏春秋，注：「萯，音倍。」水經五河水注引呂氏此文，下解曰：「皇甫謐帝王世紀以爲即東首陽山也。蓋是山之殊目矣。」又云：「帝堯修壇河、洛，升于首山，即于此也。」路史前紀三注云：「今東陽有萯山，孔甲畋處。世紀云：『即東陽首山。』」是萯山一名首山，孫謂指瑞篇作「首山」誤，非也。郡國志泰山郡南城縣有東陽城，注：「即孔甲田其地。」杜氏土地名曰：「東陽，或曰泰山南城縣西東安城，是也。」讀史方輿紀要曰：「東陽城在山東沂州費縣西南七十里，魯邑也。呂氏音初篇：『孔甲田于東陽。』即此邑也。今爲關陽鎮。」劉子命相篇云：「孔甲田于箕山。」**天雨晦冥，入于民家，主人方乳。**高誘曰：乳，産也。**或曰：「后來，**「后」，宋、元本、朱校元本並同。程本以下誤作「後」。呂氏春秋及後指瑞篇字正作「后」。**之子必貴。」**高曰：之，其也。**或曰：「不勝，之子必賤。」孔甲曰：「爲余子，孰能賤之？」遂載以歸。析橑，斧斬其足，卒爲守者。**橑，薪橑也。呂氏春秋曰：「子長成

---

〔一〕「秋」，原本作「初」，涉下篇名而誤，今改。

人，幕動，拆橑，斧斫斬其足，遂爲守門者。」金樓子云：「斫木而傷足。」劉子命相篇云：「析薪，斧斬其左足。」盼遂案：「守」下當從呂氏春秋音初篇補「門」字。周禮掌戮：「刖者使守囿。」下文「故爲守者」、「守者斷足」，亦同。孔甲之欲貴之子，有餘力矣；斷足無宜，故爲守者。今夔一足，無因趨步，坐調音樂，可也；秩宗之官，不宜一足，猶守者斷足，不可貴也。孔甲不得貴之子，伯夷不得讓於夔焉。

宋丁公者，宋人也。未鑿井時，常有寄汲，計之，日去一人作。自鑿井後，不復寄汲，計之，日得一人之作，故曰：「宋丁公鑿井得一人。」俗傳言曰：「丁公鑿井，得一人於井中。」呂氏春秋察傳篇：「宋之丁氏，家無井，而出溉汲，常一人居外。及其家穿井，告人曰：『吾穿井，得一人。』有聞而傳之者曰：『丁氏穿井得一人。』國人道之，聞之於宋君。宋君令人問之於丁氏。丁氏對曰：『得一人之使，非得一人於井中也。』」又見風俗通正失篇。「寄汲」，呂氏春秋、風俗通作「溉汲」。夫人生於人，非生於土也。穿土鑿井，無爲得人。推此以論，負婦人之語，猶此類也。

負婦人而坐，則云婦人在背；知婦人在背非道，則生管仲以婦人治疽之言矣。使桓公用婦人徹胤服，「胤」，元本作「胄」，朱校同。疑是。徹，去也。婦人於背，「婦」上疑脱「負」字。女氣瘡可去，以婦人治疽。「以」上疑有脱字。盼遂案：此文當是「婦人於背，女氣愈瘡，可云以婦人治疽」。後脱「愈」字，「云」又譌爲「去」，遂不可通。**方朝諸侯，桓公重衣，婦人襲裳，**通俗文曰：「重衣曰襲。」**女氣分隔，負之何益？桓公思士，作庭燎而夜坐，**御覽三七一引「作」作「設」。韓詩外傳三、説苑尊賢篇、漢書王褒傳述此事，亦並作「設」。禮記郊特牲：「庭燎之百，由齊桓公始也。」正義：「於庭中設火，以照燎來朝之臣夜入者，因名火爲庭燎也。」詩小雅庭燎毛傳：「庭燎，大燭。」儀禮燕禮：「甸人執大燭於庭。」鄭注：「燭，燋也。甸人掌共薪蒸者，庭大燭爲位廣也。」賈疏：「古者無麻燭而用荆燋，故少儀云：『主人執燭抱燋。』鄭云：『未爇曰燋，但在地曰燎，執之曰燭，於地廣設之則曰大燭，其燎亦名大燭。』」**以思致士，**御覽引作「以致賢士」。**反以白日負婦人見諸侯乎？**「人」下朱校元本有「以」字。

**傳書言：聶政爲嚴翁仲刺殺韓王。**韓策二：「嚴遂陰交聶政，謀刺韓相傀。東孟之會，韓王及相皆在焉。聶政刺韓傀，兼中〔一〕哀侯。」韓非子内儲説下六微篇：「韓廆相韓哀侯，嚴遂重於君，二人甚相害也。嚴遂乃令人刺韓廆於朝。韓廆走君而抱之。遂刺韓廆，而兼哀侯。」史記聶政傳索隱引高誘曰：「嚴遂字仲子。」此云「翁仲」，異文。御覽四八三引琴操，謂聶政爲父報仇，以刺韓王，非爲嚴遂所使也。其説又異。

**此虚也。**

---

〔一〕「中」，原本作「仲」，據戰國策韓策改。

夫聶政之時，韓列侯也。列侯之三年，聶政刺韓相俠累。「三」，元本作「二」，朱校同，非也。此文據史記韓世家。聶政傳集解徐廣曰：「韓列侯三年三月。」索隱引高誘曰：「韓傀，俠累也。」黄丕烈曰：「俠侯，爵號。傀、累，聲轉也。」錢大昕曰：「俠累合爲傀音。」十二年，列侯卒，史記云：「十三年。」與聶政殺俠累，相去十七年，相去十年，云「十七」，誤。盼遂案：有誤。而言聶政刺殺韓王，短書小傳，竟虚不可信也。俞曰：國策言「聶政刺韓傀，兼中烈侯」。史記韓世家：「烈侯三年，聶政殺韓相俠累。烈侯十三年卒，子文侯立。文侯卒，子哀侯立。哀侯六年，韓嚴弒其君。」是烈侯不見弒，哀侯固見弒也。據刺客傳，又以聶政事在哀侯時。且聶政之刺，乃嚴仲子使之，豈即所謂「韓嚴弒其君」者乎？然則國策所載，自是當時之實，但誤以哀侯爲烈侯耳。暉按：剡川本國策正作「哀侯」，俞氏據鮑刻之誤。刺客傳云在哀侯時，乃本韓策、韓非子。其與世家、年表異者，國策吴師道補注、史記張照考證以爲嚴遂使聶政刺俠累，與韓嚴弒哀侯，截然兩事，國策合而爲一，史記分而兼存。此説近是。俞氏疑即一事，梁玉繩史記志疑以爲烈侯時事，而必以作哀侯爲非，並肊説也。

傳書又言：燕太子丹使刺客荆軻刺秦王，朱校元本無「使」字。不得，誅死。見燕策三、史記荆軻傳。後高漸麗復以擊筑見秦王，御覽七四二引「麗」作「離」，下同。與國策、史記合。漢書高帝紀注應劭曰：「筑，狀似琴，而大頭，安弦，以竹擊之，故曰筑。」淮南泰族篇注：

「筑，二十一弦。」秦王説之；知燕太子之客，乃冒其眼，御覽引「冒」作「膠」。史記作「矐」，索隱曰：「以馬屎燻，令失明。」使之擊筑。漸麗乃置鉛於筑中以爲重，當擊筑，秦王膝進，不能自禁，漸麗以筑擊秦王顙。文選潘安仁西征賦注引「顙」作「中臏」。西征賦亦云：「潛鉛以脱臏。」秦王病傷，文選注、御覽引「傷」并作「瘡」。與下文合。三月而死。「病死」，史記、國策并未見。

夫言高漸麗以筑擊秦王，實也；言中，秦王病傷三月而死，虚也。夫秦王者，秦始皇帝也。始皇二十年，燕太子丹使荆軻刺始皇，始皇殺軻，明矣。「明」字無義，疑爲「荆」字，又誤倒。二十一年，使將軍王翦攻燕，得太子首；二十五年，遂伐燕，而虜燕王嘉。史記始皇紀：「得燕王喜，虜代王嘉。」此文誤。後不審何年，高漸麗以筑擊始皇，不中，誅漸麗。見燕策三、史記荆軻傳。當二(三)十七年，「二」當作「三」。始皇紀正作「三十七年」。實知篇不誤。游天下，盼遂案：「二十」爲「三十」誤字。史記始皇本紀：「三十七年十月，始皇出遊，親巡天下。七月，崩于沙丘平臺。」論衡正舉此事也。到會稽，至琅邪，北至勞、盛山，始皇紀作「榮成山〔一〕」。「成」、「盛」古通。郊祀志「盛山」，封禪書、

〔一〕「榮」，原本作「勞」，據史記改。

五帝紀、地理志作「成山」。于欽齊乘曰：「勞、成，二山名。古人立言尚簡，南勞而北盛，則盡乎齊東境矣。」盼遂案：史記作「榮成山」，或仲任意不與史同，以爲勞山、成山也。「盛」與「成」古通。並海，西至平原津而病，漢書武帝紀師古注：「並讀曰傍，依傍也。」按：紀妖篇作「旁海」。到沙丘平臺，始皇崩。以上據史記始皇紀。夫讖書言始皇還，到沙丘而亡；亦見實知篇。傳書又言病筑瘡三月而死於秦。一始皇之身，世或言死於沙丘，或言死於秦，其死，言恒病瘡。或言病筑瘡死於秦。傳書之言，多失其實，世俗之人，不能定也。

# 變虛篇

盼遂案：本篇止論宋景公三徙火星一事。

傳書曰：宋景公之時，熒惑守（在）心。劉先生曰：「守」疑當爲「在」。呂氏春秋制樂篇、淮南子道應篇、新序雜事篇并作「在心」。下文亦云：「熒惑在心，何也。」此不得獨作「守心」。呂氏春秋高注：「熒惑，五星之一，火之精也。心，東方宿，宋之分野。」公懼，召子韋而問之，曰：「熒惑在心，何也？」高曰：「子韋，宋之太史，能占宿度者。」淮南注：「司星者。」子韋曰：「熒惑，天罰也；史記天官書索隱引春秋文耀鉤曰：「赤帝赤熛怒之神，爲熒惑，位南方，禮失則罰出。」盼遂案：「天罰」，疑當爲「天使」。下文皆作「天使」，且申説熒惑所以爲天使之故，可證。惟呂覽制樂、淮南道應皆作「罰」不作「使」。然仲任此文自據異本，後人因執呂覽等書改論衡，而未盡耳。心，宋分野也，禍當君。天官書亦云：「火守房心，王者惡之。」火即熒惑。雖然，可移於宰相。」公曰：「宰相，所使治國家也，而移死焉，不祥。」祥，善也。子韋曰：「可移於民。」公曰：「民死，寡人將誰爲（君）也？句脱「君」字，語意不明。呂氏春秋、淮南、新序并有「君」字，當據增。高注：「傳曰：『后非衆無以守邑。』故曰：『將誰爲君乎。』」寧獨死耳！」子韋曰：「可移於歲。」公曰：「民饑，必死。爲人君而欲殺其民以自活也，其誰以我爲君者乎？ 是寡人命固盡也，子毋復言！」子韋退（還）走，北面再拜，「退走」當作「還走」。「退」一作「𨒫」，與「還」形近而誤。 說苑復思篇云：「將軍還走北面而再拜曰。」句法正同。 呂氏春秋、淮南子、新序并作「還走」，是其切證。 曰：「臣敢賀君。 天之處高而耳（聽）卑，處既高，而耳復卑，義不可通。 朱校元本、天啓本、程、何、錢、黄各本誤同。 王本、崇文本作「聽卑」，與呂氏春秋、淮南、新序合。 下文亦云：「天處高而聽卑。」當據正。 盼遂案：吳承仕曰：「下文複述子韋之言，作『處高而聽卑』，此處作『耳』，非。 程榮本作『聽』。」君有君人之言三，天必三賞君。 今夕，星必徙三舍，君延命二十一年。」元本「延命」字倒。 公曰：「奚知之？」對曰：「君有三善（言），故有三賞，「善」下當有「言」字。 景公只有三善言，非有三善也。 呂氏春秋正作：「有三善言，必有三賞。」淮南云：「君有君人之言三，故有三賞。」亦只謂有言三也。 意林引作「宋景公有三善言，獲二十一年」，即節引此文，「善」下有「言」字，足資借證。 下文正辯却熒惑宜以行，不以言，若無「言」字，則所論失據矣，更其確證。 新序誤與此同。 星必三徙，[三]徙行七星，星當一年，三七二十一，孫曰：當作「徙行七星」。「三」字涉上句「三徙」而衍。 一星當一年，七星則七年矣。 若三徙行七星，則僅得七年，不得二十一年矣。 呂氏春秋、淮南、新序並作「舍行七星」。（淮南「星」誤「里」，從王念孫說校改。）高注：「星，宿也。」王念孫曰：「古謂二十八宿爲二十八星。 七星，七宿也。」故君命延二十一歲。 臣請伏於殿（陛）下以伺之，呂氏春秋、淮南、新序并作「陛下」。後譴告篇同。則此「殿」爲「陛」之誤，非異文也。星必不徙，必猶若也。史記天官書：「兵必起，合鬥其直。」匈奴傳〔一〕：「必我行也，爲漢患者。」諸「必」字義同。臣請死耳。」是夕也，火星果徙三舍。天官書索隱引韋昭曰：「火，熒惑。」此文據淮南子。

如子韋之言，則延年審得二十一歲矣。星徙審，則延命，延命明，則景公爲善，天祐之也，盼遂案：上「延命」下，脱一「明」字。則夫世間人能爲景公之行者，則必得景公祐矣。此虚言也。何則？皇天遷怒，使熒惑本景公身有惡而守心，則雖聽子韋言，猶無益也。使其不爲景公，則雖不聽子韋之言，亦無損也。

齊景公時有彗星，見左昭二十六年傳。使人禳之。杜注：「祭以禳除之。」晏子曰：「無益也，祇取誣焉。杜曰：「誣，欺也。」天道不闇，左傳、晏子外篇七并作「諂」。杜云：「疑也。」陳樹華曰：依論衡，則「闇」與「諂媚」字同韻，或左傳古本作「諂」。暉按：新序雜事篇正作「諂」。不貳其命，若之何禳之也？且天之有彗，以除穢也。杜〔二〕注：「星象似箒，故有

---

〔一〕「奴」，原本作「胸」，據史記改。
〔二〕「杜」，原本作「林」，形近而誤，今改。

除穢之象。」左昭十七年傳，申須曰：「彗所以除舊布新也。」君無穢德，又何禳焉？若德之穢，禳之何益？左傳、晏子並作「損」。新序同此。詩曰：『惟此文王，小心翼翼，鄭箋：「翼翼，恭慎貌。」昭事上帝，聿懷多福；「懷」讀爲「遺」。陳風匪風：「懷之好音。」毛傳：「懷，歸也。」廣雅曰：「歸，遺也。」懷、歸、遺，古音並同。「聿懷多福」，謂上帝遺文王以多福。厥德不回，毛傳：回，違也。以受方國。』四方皆歸之。詩大雅大明篇文。君無回德，左傳、晏子、新序並作「違德」。回、違古通，邪也。但作「回」，與上文「不回」、下文「回亂」合。李賡芸曰：此必本之古本左傳。方國將至，何患於彗？詩曰：『我無所監，夏后及商，用亂之故，民卒流亡。』杜曰：「逸詩也。言追監夏、商之亡，皆以亂故。」盼遂案：今毛詩無此文，疑出魯詩大雅召旻篇，仲任治魯詩者也。若德回亂，民將流亡，祝史之爲，無能補也。」公說，乃止。齊君欲禳彗星之凶，猶子韋欲移熒惑之禍也；宋君不聽，猶晏子不肯從也，則齊君爲子韋，晏子爲宋君也。同變共禍，一事二人，天猶賢宋君，使熒惑徙三舍，延二十一年，盼遂案：「延」下當依上下文例補「命」字。獨不多晏子，舊校曰：「多」一作「爲」。使彗消而增其壽，何天祐善偏駁不齊一也？

人君有〔善言〕善行，孫曰：「有」下挩「善言」二字，（或在「善行」二字下。）下二句即承此文言之。善行動於心，善言出於意，同由共本，一氣不異。宋景公出三善言，則其先三善言之前，於一句中，並出「先」、「前」二字，於義未妥。「先」疑「于」字之誤。一曰：「出」字形譌。必有善行也。盼遂案：「先」疑爲「出」之誤。「出三善言」，疊上文也。有善行，必有善政。政善，則嘉瑞臻，福祥至，熒惑之星，無爲守心也。使景公有失誤之行，以致惡政，惡政發，則妖異見，熒〔惑〕之守心，孫曰：「熒」下脱「惑」字。□桑穀之生朝。句上疑脱「猶」字。無接續詞，則義不相屬矣。高宗消桑穀之變，以政不以言；見異虚篇。景公卻熒惑之異，亦宜以行。景公有惡行，故熒惑守心。不改政修行，坐出三善言，安能動天？天安肯應？何以效之？使景公出三惡言，能使熒惑守（食）心乎？「守」當作「食」。説見下。夫三惡言不能使熒惑守（食）心，宋本「守」作「食」，朱校元本同。後文云：「如景公出三惡言，熒惑食心乎。」與此正合。「食」字對「退徙」爲義。熒惑守心，爲善言卻，爲惡言則當進而食之。「食」讀月蝕之蝕，今涉諸「守心」而誤，則失〔一〕其旨，當據正。三善言安能使熒惑退徙三舍？以三善言獲二十一年，如有百善言，得千歲之壽乎？非天祐善之意，應誠爲福之實也。

子韋之言：「天處高而聽卑，君有君人之言三，天必三賞君。」夫天，體也，與地

〔一〕「失」，原本作「夫」，形近而誤，今改。

無異。諸有體者，耳咸附於首。體與耳殊，未之有也。天之去人，高數萬里，說日篇：「天之去地，六萬餘里。」使耳附天，聽數萬里之語，弗能聞也。人坐樓臺之上，察地之螻蟻，尚不見其體，安能聞其聲？何則？螻蟻之體細，不若人形大，御覽九四七引無「細」字，「大」作「夫」，屬下爲句，非。聲音孔氣，不能達也。今天之崇高，非直樓臺，人體比於天，非若螻蟻於人也。謂天非若螻蟻於人也。劉先生曰：此九字衍，或注語誤入正文，遂使文義隔斷。御覽九四七引無此九字，尤其明證。謂天聞人言，隨善惡爲吉凶，誤矣。四夷入諸夏，因譯而通。說文：「譯，傳四夷之語也。」同形均氣，語不相曉，雖五帝三王，不能去譯獨曉四夷，況天與人異體，音與人殊乎？人不曉天所爲，天安能知人所行？使天體乎？耳高，不能聞人言；使天氣乎？氣若雲煙，安能聽人辭？

說災變之家曰：沈濤曰：「災變家」當爲「變復家」之誤。「說」字屬上爲句。暉按：此與異虛篇「說災異之家」句法同，沈說非。「人在天地之間，猶魚在水中矣。其能以行動天地，猶魚鼓而振水也。魚動而水蕩，□□□氣變。」魚動蕩水，不能變氣，「氣變」上疑脫「人行而」三字。「魚動而水蕩，人行而氣變」對文。下文云「今人操行變氣，遠近宜與魚等」可證。此非實事也。假使真然，不能至天。魚長一尺，動於水中，振旁側之水，不過數尺。大若（者）不過與人同，「若」字無義，當作「者」。盼遂案：「若」疑爲「者」誤。「大者」對上「魚長」

一尺而言。所振蕩者，不過百步，而一里之外，澹然澄靜，離之遠也。今人操行變氣，遠近宜與魚等，氣應而變，宜與水均。以七尺之細形，形中之微氣，不過與一鼎之蒸火同，說文：「烝，火氣上行也。」此假「蒸」爲之。從下地上變皇天，何其高也？

且景公，賢者也。賢者操行，上不及聖，下不過惡人。盼遂案：「聖」下脱「人」字，致與下文不合。世間聖人，莫不堯、舜；惡人，莫不桀、紂。堯、舜操行多善，無移熒惑之效；桀、紂之政多惡，有反景公脱禍之驗。「有反」疑倒。盼遂案：「有反」二字宜互倒。景公出三善言，延年二十一歲，是則堯、舜宜獲千歲，桀、紂宜爲殤子。今則不然，各隨年壽，堯、舜、桀、紂，皆近百載。是竟子韋之言妄，延年之語虛也。

且子韋之言曰：「熒惑，天使也；淮南天文訓：「熒惑常以十月入太微，受制而出行列宿，司無道之國。」心，宋分野也，禍當君。」若是者，天使熒惑加禍於景公也，如何可移於將、相若歲與國民乎？若猶與也。天之有熒惑也，猶王者之有方伯也。天官書索隱引天官占云：「熒惑，方伯象，司察妖孽。」諸侯有當死之罪，使方伯圍守其國。國君問罪於臣，臣明罪在君，雖然，可移於臣子與人民。設國君計其言，「計」字疑誤。盼遂案：「計」爲「許」之壞字。令其臣歸罪於國。謂國君自任其罪。盼遂案：「國」下脱「人」字。國人謂臣子與人民也。下文累言國人是其證。方伯聞之，肯聽其言，釋國君之罪，更移以付國人乎？方伯不聽者，自國君之罪，非國人之辜也。方伯不聽，自國君之罪，盼遂案：「自國君之罪」五字，當是「非國人之辜」，鈔録時涉上文而誤耳。「非國人之辜」，故方伯不肯聽其獄。果「自國君之罪」，則原爲方伯所職守，何故不聽之乎？上文「方伯聞之，肯聽其言，釋國君之罪，更移以付國人乎」，即此事也。熒惑安肯移禍於國人？若此，子韋之言妄也。

曰：「景公〔不〕聽乎言，庸何〔不〕能動天？」此爲設難之詞，脱兩「不」字，義不可通。成事：景公不聽子韋之言，此云「聽乎言」，殊無事證。此文明「人不動天」之旨，故設何以不能動天之難。若脱「不」字，則義無屬。下文「諸侯不聽其臣言」，即承「不聽乎言」爲義；「方伯不釋其罪」，即承「不能動天」爲義。盼遂案：「曰」疑爲「況」字之誤。古「況」止作「兄」，與「曰」字形相近。「公」下應有「不」字，作「況景公不聽乎言」。使諸侯不聽其臣言，引過自予。方伯聞其言，釋其罪，委之去乎？方伯不釋諸侯之罪，熒惑安肯徙去三舍？夫聽與不聽，皆無福善，星徙之實，未可信用。天人同道，好惡不殊，人道不然，則知天無驗矣。言天道者，必有驗於人事。

宋、衛、陳、鄭之俱災也，見左昭十八年傳。杜注：「天火曰災。」氣變見天。昭公十七年有星孛于大辰，謂即此象也。梓慎知之，請於子産，裨竈請，非梓慎也。此文誤。有以除之，解除也。子産不聽。天道當然，人事不能卻也。使子産聽梓慎，四國能無災乎？

堯遭鴻水，時臣必有梓慎、子韋之知矣，然而不卻除者，堯與子産同心也。

案子韋之言曰：「熒惑，天使也；心，宋分野也，禍當君。」審如此言，禍不可除，星不可卻也。若夫寒温失和，風雨不時，政事之家，謂之失誤所致，可以善政賢行變而復也。變復，見感虚篇注。若熒惑守心，若必死，下「若」字，疑「者」字誤。猶亡禍安可除？亡，國亡也。修政改行，安能卻之？善政賢行，尚不能卻，出虚華之三言，謂星卻而禍除，增壽延年，享長久之福，誤矣。

觀子韋之言景公，言熒惑之禍，「景公言」三字疑衍。非寒暑風雨之類，身死命終之祥也。國語周語注：「祥猶象也。」國且亡，身且死，祅氣見於天，容色見於面。宋、元本下「見」字并作「陽」。朱校同。面有容色，雖善操行不能滅，死徵已見也。在體之色，不可以言行滅；在天之妖，安可以治除乎？人病且死，色見於面，人或謂之曰：「此必死之徵也。雖然，可移於五鄰，若移於奴役。」若猶或也。當死之人，正言不可，容色肯爲善言之故滅，而當死之命，肯爲之長乎？氣不可滅，命不可長，然則熒惑安可卻？景公之年安可增乎？由此言之，熒惑守心，未知所爲，故景公不死也。

且言「星徙三舍」者，何謂也？星三徙於一（三）舍乎？「一舍」，朱校元本作「三舍」。按：上文既明言「星徙三舍」，則此不得據不知問「星三徙於一舍」。疑當從元本作「星三徙於三舍乎」。一徙歷於三舍也？案子韋之言曰：「君有君人之言三，天必三賞君。今夕，星必徙三舍。」若此，星竟徙三舍也。夫景公一坐有三善言，坐猶因也。星徙三舍，如有十善言，星徙十舍乎？熒惑守心，爲善言卻，如景公復出三惡言，熒惑食心乎？爲善言卻，爲惡言進，無善無惡，熒惑安居不行動乎？

或時熒惑守心爲旱災，熒惑，赤帝精，故云。不爲君䘮。子韋不知，以爲死禍，信俗至誠之感。熒惑之處「之處」當是「去處」，「去」字，草書極近「之」字。下文「子韋知星行度適自去」，正作「去」也。星，必偶自當去，景公自不死，世則謂子韋之言審，景公之誠感天矣。

亦或時子韋知星行度適自去，自以著己之知，明君臣推讓之所致，見星之數七，上文云：「徙行七星。」謂每徙經七星。呂氏、淮南、新序義并同。仲任似失其旨。因言星〔徙〕七（三）舍，復得二十一年，「星七舍」，當作「星徙三舍」。若作「七舍」，則七七四十九，不得二十一年矣。星之數七，星徙三舍，三七故得二十一年。「復」字於義無着，即「徙」字誤奪。「星徙三舍」，上文屢見。因以星舍計年之數，是與齊太卜無以異也。

齊景公問太卜曰：「子之道何能？」對曰：「能動地。」晏子往見公，公曰：「寡人問太卜曰：『子道何能？』對曰：『能動地。』地固可動乎？」晏子外篇、淮南道應訓并無「固」字。晏子嘿然不對。晏子、淮南「嘿」作「默」。出見太卜曰：「昔吾見鉤星在房、心之間，地其動乎？」淮南亦作「房心」。王念孫曰：當作「駟心」。晏子外篇正作「昔吾見鉤星在四心之間」。「四」與「駟」同。暉按：讕告篇、變動篇、恢國篇并作「房心」，則「房」字不誤。仲任所據淮南然也。天官書亦云：「鉤星出房心間，地動。」房、駟異名同實，房四星而稱爲四，猶心三星而稱爲三。晏子作「四」，淮南作「房」，當各依本書。畢沅以「四」爲誤，亦失之。高注：句星，客星也。房，駟。句星守房心，則地動也。太卜曰：「然。」晏子出，太卜走見公。盼遂案：「公」下當有「曰」字。下文「臣非能動地，地固將自動」二語，即太卜對公之言。脱一「曰」字，則意不貫。〔曰〕：劉先生曰：當依晏子、淮南增「曰」字。「臣非能動地，地固將自動。」夫子韋言星徙，猶太卜言地動也。地固且自動，太卜言已能動之；星固將自徙，子韋言君能徙之。使晏子不言鉤星在房、心〔間〕，則太卜之姦對不覺。「間」據朱校元本補。宋無晏子之知臣，故子韋之一言，遂爲〔售〕其〔欺〕是〔耳〕。先孫曰：「遂爲其是」，義不可通。黄氏日鈔引作「售其欺耳」。疑當作「遂售其欺耳」。今本「售」譌「爲」，「耳」譌「是」，又脱「欺」字。

案子韋書録序秦盼遂案：「秦」爲「奏」之誤字。「子韋書録序奏」者，蓋亦劉向、劉歆校上録、略之文歟？漢書藝文志陰陽家有宋司星子韋三篇，歷來輯劉氏録、略者失引此文。亦言：「録序秦」爲子韋書名。字譌，未知所當作。漢志陰陽家有宋司星子韋三篇。「子韋曰：『君出三善言，熒惑宜有動。』於是候之，果徙舍。」不言「三」。宋云「徙三舍」。或時星當自去，朱校元本作「徙」。子韋以爲驗，實動離舍，世增言「三」。既空增三舍之數，又虛生二十一年之壽也。

# 論衡校釋卷第五

## 異虛篇

盼遂案：本篇止論殷高宗桑穀生亡一事。

**殷高宗之時，**高宗，武丁。或言中宗太戊。注詳無形篇。**桑穀俱生於朝，**「穀」，變虛篇誤同。天啓本以下作「糓」，亦誤。無形篇、順鼓篇、感類篇作「榖」，是也。説文木部：「榖，楮也。从木，㱿聲。」小雅鶴鳴毛傳：「榖，惡木也。」正義引陸機疏云：「幽州人謂之榖桑，荆、揚人謂之榖，中州人謂之楮。殷中宗時，桑榖共生是也。今江南人績其皮以爲布，又擣以爲紙，謂之榖皮紙，絜白光澤，其裏甚好。其葉初生時可以爲茹。」焦氏筆乘曰：「史記：『桑榖共生。』榖，樹名，皮可爲紙。榖从『木』，音構。穀从『禾』，音谷。糓从『米』，音叩。今多混。」方以智曰：「榖一曰構，其高大皮駁，實如楓實，熟則紅。」**七日而大拱。**史記殷本紀、封禪書、漢書郊祀志上並作「一暮大拱」。呂氏春秋制樂篇作「比旦而大拱」。尚書大傳、漢書五行志、説苑敬慎篇、書僞孔傳、孔子家語五儀解并與此同。韓詩外傳三作「三日」，蓋字之誤。大傳鄭玄注：「兩手搤之曰拱。生七日而見其大滿兩手也。」**高宗召其相而問之，相曰：「吾雖知之，弗能言也。」問祖己。祖己曰：「夫桑榖者，野草也，**鄭注：「此木也，而云草，未聞。」劉氏以爲屬草妖。」沈赤然寄傲軒讀書隨筆曰：「傳言桑穀俱生於朝，疑桑穀本是二物。穀不可言木也。草可該木，桑何不可謂之草？」」按沈説「穀不可言木」，是讀五穀之「穀」，而不知「穀」爲「穀」誤。穀，木名，非草。而生於朝，意朝亡乎？」漢書五行志中之下載劉向説曰：「殷道既衰，高宗承敝而起，盡涼陰之哀，天下應之。既獲顯榮，怠於政事，國將危亡，故桑穀之異見。桑猶喪也。穀猶生也。殺生之秉，失而在下，近草妖也。一曰：野木生朝而暴長，小人將暴在大臣之位，危亡國家，象朝將爲虚之應也。」後説，即祖己之義。高宗恐駭，側身而行道，思索先王之政，明養老之義，興滅國，繼絶世，舉佚民，桑穀亡。三年之後，諸侯以譯來朝者六國，尚書大傳、説苑敬慎篇并同。説苑君道篇作「七國」，家語五儀解作「十有六國」，皇甫謐云「七十六國」，説各殊異。遂享百年之福。見氣壽篇注。此文據尚書大傳。高宗，賢君也，而感桑穀生而問祖己，行祖己之言，修政改行，桑穀之妖亡，諸侯朝而年長久。脩善之義篤，故瑞應之福渥。

此虚言也。

祖己之言，朝當亡哉！盼遂案：「哉」爲「者」之形誤。此語爲起下之辭。夫朝之當亡，猶人當死。人欲死，怪出；國欲亡，期盡。人死命終，死不復生，亡不復存。祖己之言政，天啓本、程、何、錢、黄本并作「政」。王本、崇文本作「改」，非。何益於不亡？高宗之脩行，何益於除禍？夫家人見凶脩善，不能得吉；高宗見妖改政，安能除禍？除禍且不能，況能招致六國，延期至百年乎？故人之死生，在於命之夭壽，不在行之善惡；國之存亡，在期之長短，不在於政之得失。「於」字依上文例，當在「期」字上。

案祖己之占，桑穀爲亡之妖，亡象已見，雖脩孝（教）行，孫曰：「孝」字於義無取。高宗脩政改行，以消桑穀，非孝行也。「孝」疑「教」之壞字。其何益哉？何以效之？魯昭公之時，昭公二十五年。鸜鵒來巢，運斗樞曰：「巢于榆。」（公羊傳疏。）師己採文、成之世童謠之語，師己，魯大夫。文、成，魯先君文公、成公也。今左傳「成」作「武」，傳寫之譌。唐石經、漢五行志、史通、文選幽通賦注引傳，并與此合。有鸜鵒之言，見今有來巢之驗，則占謂之凶。其後昭公爲季氏所逐，出於齊，郈昭伯與季平子因鬭鷄有隙。又季氏之族有淫妻爲譏，使季平子與族人相惡，皆譖平子。昭公遂伐季氏，爲所敗，出奔齊，次於乾侯。見左昭二十五年傳。國果空虛。都有虛驗，「虛」讀作「墟」。指瑞篇：「魯國之都，且爲丘墟。」盼遂案：「虛驗」當是「應驗」，涉上句「虛」字而譌。「虛」字，漢隸作「虗」，形與「應」近。故野鳥來巢，師己處之，「處」，義見本性篇。禍意〔一〕如占。盼遂案：「意」爲「竟」之誤。使昭公聞師己之言，脩行改

〔一〕「意」，原本作「竟」，據通津草堂本改。

政爲善，居高宗之操，終不能消。盼遂案：「居」字爲「若」字之誤。何則？鸜鵒之謠已兆，出奔之禍已成也。鸜鵒之兆，已出於文、成之世矣。根生，葉安得不茂？源發，流安得不廣？文選張茂先勵志詩注引「源」上有「自」字，則「流」字句絶，非也。此尚爲近，未足以言之。

夏將衰也，二龍戰於庭，吐漦而去。注奇怪篇。夏王櫝而藏之。夏亡，傳於殷；殷亡，傳於周，傳此器也。皆莫之發。至幽王之時，當作厲王。奇怪篇誤同。發而視之，漦流于庭，化爲玄黿，走入後宫，與婦人交，鄭語：「府之童妾，未既齔而遭之，既笄而孕，當宣王時而生。不夫而育，懼而棄之。爲弧服者取之，逃于褒。褒姁入于王。」遂生褒姒。褒姒歸周，厲王惑亂，當作幽王。國遂滅亡。盼遂案：「幽王」與「厲王」互倒。仲任蓋因習語幽、厲連言，遂倒寘耳。幽、厲王之去夏世，以爲千數歲，「以」、「已」字通。二龍戰時，幽、厲、褒姒等未爲人也。周亡之妖，已出久矣。妖出，禍安得不就？瑞見，福安得不至？若二龍戰時言曰：「余褒之二君也。」史記集解引虞翻曰：「龍自號褒之二先君也。」是則褒姒當生之驗也。龍稱褒，褒姒不得不生，生則厲王不得不惡，當作幽王。偶會篇不誤。惡則國不得不亡。〔亡〕徵已見，「亡」字脱，語義未足。變虚篇：「亡象已見。」句法與同。本書重文常脱。韓非子亡徵篇：「亡徵者，非曰必亡，言其可亡也。」盼遂案：宜疊「亡」字，「亡徵已見」爲句。雖五聖十賢相與卻之，終不能消。善惡同實：善祥出，國必興；惡祥見，朝必亡。「詳」猶「象」也。謂惡異可以善行除，是謂善瑞可以惡政滅也。河源出於崑崙，漢書張騫傳：「古圖書名河所出曰昆侖。」西域傳：「河有兩源：一出葱嶺山，一出于闐。」徐松曰：「其實河有三源：出葱嶺者，尚有南河、北河之分，與于闐河而三也。」詳爾雅釋水郝疏。其流播於九河。爾雅釋水：「徒駭、太史、馬頰、覆鬴、胡蘇、簡絜、鉤盤、鬲津爲九河也。」使堯、禹卻以善政，終不能還者，水勢當然，人事不能禁也。河源不可禁，二龍不可除，則桑穀不可卻也。

王命之當興也，猶春氣之當爲夏也；其當亡也，猶秋氣之當爲冬也。見春之微葉，吳曰：「微葉」當作「微蘖」，形近而誤。下文「其猶春葉」，誤同。盼遂案：「微葉」疑當是「微芽」之誤。下「春葉秋實」之「葉」，亦「芽」之誤。知夏有莖葉；覩秋之零實，零，落也。知冬之枯萃。桑穀之生，其猶春葉秋實也，必然猶驗之。「猶」字疑涉上文衍。今詳修政改行，何能除之？盼遂案：「詳」疑「設」之誤。

夫以周亡之祥，見於夏時，又何以知桑穀之生，不爲紂亡出乎？或時祖己言之，當作「之言」，傳寫誤倒。信野草之占，失遠近之實；高宗問祖己之後，側身行道，六國諸侯，偶朝而至。高宗之命，自長未終，則謂起桑穀之問，改政脩行，享百年之福矣。

夫桑穀之生，殆爲紂出。亦或時吉而不凶，故殷朝不亡，高宗壽長；祖己信野草之占，謂之當亡之徵。

漢孝武皇帝之時，漢書武帝紀：「元狩元年冬十月，行幸雍，祠五畤也。」獲白麟，〔一角〕戴兩（肉）[角]而共（五）觝（趾），「戴兩角而共觝」，當作「一角戴肉而五趾」。「兩肉」、「共五」、「觝趾」并形近而誤，「一」字脱，「角」字誤奪在「兩」字下，文遂不可通矣。公羊哀公十四年傳注：「麟狀如麕，一角而戴肉。」下文云：「野獸而共一角。」則不得云「戴兩角」矣。「共觝」二字無義。漢書終軍傳：「獲白麟，一角而五蹄。」注：「每一足而有五蹄也。」（前漢紀十二同。）史記封禪書、褚少孫補武帝紀：「獲一角獸，若麃然，有司曰：『蓋麟云。』」即此事也。後講瑞篇、指瑞篇并云：「一角而五趾。」使竭者終軍議之。軍曰：「夫野獸而共一角，象天下合同爲一也。」野獸皆兩角，今此獨一，故云「而共」。漢書本傳載終對曰：「今野獸并角，明同本也。」春秋感精符曰：「麟一角，明海内共一主也。」（類聚九八。）軍説所據。麒麟，野獸也；桑穀，野草也，俱爲野物，獸、草何別？終軍謂〔野〕獸爲吉，吴曰：「獸」上脱「野」字，上文云「麒麟，野獸也。桑穀，野草也」可證。祖己謂野草爲凶。

高宗祭成湯之廟，指瑞篇同。他書并無「之廟」二字。有蜚雉升鼎〔耳〕而雊。「鼎」下當有「耳」字，各本俱脱。書序、大傳、史記殷本紀、漢書郊祀志、五行志、前漢紀二四、本書指瑞篇并有「耳」字，是其證。說文云：「雊，雄雉鳴也。雷始動，雉乃鳴，而雊其頸。」**祖己以爲遠人將有來者，**大傳：（御覽九一七。）「武丁祭成湯，有雉飛升鼎耳而雊，問諸祖己。祖己曰：『雉者，野鳥也，不當升鼎。今升鼎者，欲爲用也。遠方將有來朝者乎！』武丁思先王之道，編髮重譯，至者六國。」**說尚書家謂雉凶，**漢書五行志：「劉向以爲雉雊鳴者，雄也。以赤色爲主。於易離爲雉，雉南方，近赤祥也。劉歆以爲羽蟲之孽。易有鼎卦，鼎，宗廟之器，主器奉宗廟者，長子也。野鳥自外來，入爲宗廟器主，是繼嗣將易也。一曰：鼎三足，三公象，而以耳行，野鳥居鼎耳，小人將居公位，敗宗廟之祀。野鳥入廟，敗亡之異也。」鄭玄曰：「鼎，三公象也，又用耳行。雉升鼎耳而鳴，象視不明。天意若曰：當任三公之謀以爲政。」（高宗肜日疏引。）與漢志所載一說義稍不同。并爲視之不明，羽蟲之孽。（僞孔傳以爲耳不聰之異，不足據。五行傳：「聽之不聰，有介蟲之孽。」漢志以爲「魚孽」，非謂雉也。）又漢書外戚傳許皇后傳：「書云：『高宗肜日，粤有雊雉。祖己曰：「惟先假王，正厥事。」』即飭椒房及掖庭也。」師古曰：「謂祖己之言，皆以戒後宮也。」杜欽傳欽上疏及五行傳王音等說，義同。又孔光傳：「上天聰明，苟無其事，變不虛生，書曰：『惟先假王，正厥事。』言異變之來，起事有不正也。」史記殷本紀：「武丁懼，祖己曰：『王勿憂，先修政事。』」諸說義雖不同，俱以雉爲凶祥也。譴飭椒房，乃劉向、谷永等說。（許后傳及谷永傳可見。）孔光、安國後，是謂雉爲凶者，或以爲古文尚書說也，故與大傳異。皮錫瑞曰：「據論衡此文，則漢時今文家已非一解，王仲任不能定其說。說尚書者或云雉吉，或云雉凶，其義雖異，而皆可通。蓋上天示變，則疑於凶；修德禳災，則轉爲吉。史記一書，多同今文，武帝、王音、杜欽、劉歆皆爲今文說。歆雖傳古文尚書，而五行傳所載皆今文之義。」議駁不同。且從祖己之言，雉來吉也。雉伏於野草之中，草覆野鳥之形，若民人處草廬之中，可謂其人吉而廬凶乎？民人入都，不謂之凶；野草生朝，何故不吉？

雉則民人之類，如謂含血者吉，長狄來至，是吉也，何故謂之凶？公羊文十一年傳曰：「狄者何？長狄也。兄弟三人，一者之魯，一者之齊，一者之晉。何以書？記異也。」何注：「魯成就周道之封，齊、晉霸尊周室之後。長狄之操，無羽翮之助，別之三國，皆欲爲君，比象周室衰，禮樂廢，大人無輔助，有夷狄行。」五行志下之上：「劉向以爲，是時周室衰微，三國爲大，可責者也。天戒若曰：『不行禮義，大爲夷狄之行，將至危亡。』近下人伐上之痾也。」劉歆以爲人變，屬黃祥。一曰：『屬贏蟲之孽。』一曰：『天地之性，人爲貴，凡人爲變，皆屬皇極。下人伐上之痾云。』京房易傳曰：『君暴亂，疾有道，厥妖長狄入國。』又曰：『豐其屋，下獨苦，長狄生，世主虜。』」如以從夷狄來者不吉，介葛盧來朝，是凶也。僖公二十九年來朝魯。杜預曰：「介，東夷國也。葛盧，介君名也。」公、穀并不言「朝」，謂不能乎朝也。此據左氏。如以草木者爲凶，朱草、蓂莢出，博物志：「和氣相感，則生朱草。」餘注初稟篇。蓂莢見是應篇。是不吉也。朱草、蓂莢皆草也，宜生於野，而生於朝，是爲不吉，何故謂之瑞？一野之物，來至或出，吉凶異議。朱草、蓂莢，善草，故爲吉，則是以善惡爲吉凶，不以都野爲好醜也。

周時天下太平，越嘗獻雉於周公，御覽四夷部六引尚書大傳：「交趾之南，有越裳國。周公居攝六年，制禮作樂，天下和平，越裳以三象重譯而獻白雉。」漢書賈捐之傳師古注：「論衡作『越嘗』。」按：儒增篇作「越裳」，講瑞、宣漢、恢國三篇并作「越常」，此作「越嘗」，字并通也。韓詩外傳五、説苑辯物篇、尚書大傳、（文選王元長曲水詩序注、後漢書馬融傳注引。）孝經援神契（類聚祥瑞部引。）并作「越裳」。張晏據「衣裳」之字，謂「越不著衣裳，慕中國化，遣譯來著衣裳，故曰越裳」，失之穿鑿。清一統志曰：「安南國，周時爲越裳氏地。」高宗得之而吉。「高宗」二字，不應複出，涉上下文而衍。此據周公得雉之吉，以證桑穀之祥，無涉高宗。雉雊之吉，已辯見上文。又高宗有雉雊鳴，不當言「得之」，並其證。雉亦野草之物，何以爲吉？如以雉所（耿）分（介）有似於士，吴曰：「所分」二字無義，「所分」當作「耿介」，形近之譌也。士相見禮：「冬用雉。」鄭注云：「士摯用者，取其雉耿介，交有時，別有倫也。」正義云：「士之義亦然。」義取耿介，不犯上也。」大宗伯：「士執雉。」鄭注云：「取其守介而死。」釋文云：「介或作分。」舊籍傳寫，「介」、「分」多相亂。此文「介」誤爲「分」，淺人不了，又誤改「耿」爲「所」矣。士耿介似雉，故摯用雉以表德，此禮家舊説也。暉按：釋名釋首飾曰：「鷩雉，山雉也，性急憋，不可生服，必自殺，故畫其形於衣，以象人執耿介之節也。」亦可證成吴説。則麞亦仍有似君子，吴曰：麞似君子，疑是詩三家遺說。左氏昭元年傳：「子皮賦野有死麕之卒章。」杜解云：「義取君子徐以禮來，無使我失節，而使狗驚吠。」疑杜蓋有所本。公孫術（述）得白鹿，先孫曰：「術」當作「述」，後漢書述傳未載。暉按：東觀漢記二三亦無此事。吴曰：「鹿」疑當作「麏」，承上「麏似君子」而言。占何以凶？然則雉之吉凶未可知，則夫桑穀之善惡未可驗也。桑穀或善物，象遠方之士，將皆立於高宗之廟（朝），「廟」當作「朝」，傳寫誤也。桑穀生朝，故據「朝」言之。禮終則制廟，是與下「高宗享長久」之義相違矣。故高宗獲吉福，享長久也。

說災異之家，以爲天有災異者，所以譴告王者，義詳譴告篇。信也。當有脱文。或「信」字衍。夫王者有過，異見於國；異，先事而至者。不改，災見草本；災，隨事而至者。不改，災見於五穀；不改，災至身。左氏春秋傳曰：「國之將亡，鮮不五稔。」左昭元年傳載秦后子言曰：「國無道而年穀和熟，天贊之也。鮮不五稔。」即此文所引。杜注：「鮮，少也。少尚當歷五年，多則不啻。」是以五稔爲五年。與下「趙孟視蔭曰：『朝夕不相及，誰能待五』」義正相屬。此文則謂五穀熟也，與「年穀和熟」義正相承，然與趙孟之言不相屬，未知仲任何據。説文禾部引春秋傳曰「鮮不五稔」，解云：「稔，穀熟也。」義與此同。災見於五穀，五穀安得熟？不熟，將亡之徵。災亦有且亡五穀[不]熟之應。「不」字涉上文「不熟」而衍。五穀熟爲且亡之災，承上「國之將亡，鮮不五稔」爲義也。若作「五穀不熟」，則與「不熟，將亡之徵」義重，而「亦」字無着矣。下文：「夫不熟，或爲災，或爲福。」爲災者，不熟將亡之徵也；爲福者，且亡五穀孰，故不孰爲福也。天（夫）不熟，「天」，宋本作「夫」，是。或爲災，或爲福，禍福之實未可知，桑穀之言安可審？

論説之家，著於書記者，皆云：「天雨穀者凶。」説苑辯物篇：「趙簡子曰：『翟雨穀三日。大哉，妖亦足以亡國矣。』」京房曰：「燕丹回於秦，天雨粟於燕，後秦滅之。」書傳曰：盼遂案：事見淮南子本經篇。又「書傳」爲「傳書」之誤倒，論皆作「傳書」。「蒼頡作書，天雨穀，鬼夜哭。」注感虚篇。「穀」彼作「粟」，義同。此方（乃）凶惡之應。「方」當作「乃」，形近而誤。此釋作書鬼哭也。感虚篇曰：「此言文章興，而亂漸見，致其妖變。」是其義也。和者，盼遂案：「方」爲「乃」之誤字。天[何]用成穀之道。「何」涉「用」字譌衍。説文：「禾，嘉穀也。㠯二月始生，八月而孰，得之中和，故謂之禾。」是其義。從天降而和，「而」猶「以」也。盼遂案：「何」當爲「偶」之誤。且猶謂之善，和氣且猶謂善。氣壽篇曰：「和氣爲治平。」故云善也。況所成之穀，從雨下乎？謂天雨穀。極論訂之，何以爲凶？夫陰陽和則穀稼成，不則被災害。「不」讀作「否」。陰陽和者，穀之道也，何以謂之凶？絲成帛，縷成布。賜人絲縷，猶爲重厚，況遺人以成帛與織布乎？夫絲縷猶陰陽，帛布猶成穀也。賜人帛，不謂之惡，天與之穀，何故謂之凶？夫雨穀吉凶未可定，桑穀之言未可知也。

**使暢草生於周之時，天下太平，〔倭〕人來獻暢草。**先孫曰：「使暢草生於」五字，疑衍。「暢」即「鬯」之借字。（詳前山海經。）後儒增篇云：「周時天下太平，倭人貢鬯草。」恢國篇亦云：「倭人貢暢。」超奇篇又云：「暢草獻於宛。」此「人」上疑脱「倭」字。説文鬯部：「遠方鬱人所貢。」與王説異。暉按：據感類篇，知是周公時事。「宛」、「鬱」字通。超奇篇與許説同。説詳彼篇。唯「倭人」未審。後漢書東夷傳謂：「倭在韓東南大海中。」即今日本，與鬱地殊。**暢草亦草野之物也，**詩江漢毛傳、周禮春官鬯人先鄭注并云：「鬯，香草也。」王度記曰：（周禮鬱人疏。）「天子以鬯，諸侯以薰，大夫以蘭芝，士以蕭，庶人以艾。」禮緯云：「秬鬯之草。」中候云：「鬯草生郊。」（大雅江漢疏。）徐幹中論云：「煮鬯燒薰，以揚其芬。」皆以鬯爲草名，與仲任説合。周禮春官〔一〕鬯人鄭注、説文鬯部皆以釀秬爲酒曰鬯，與王説不同。孔穎達江漢疏：「言暢草者，蓋亦謂鬱爲鬯草，鬯是酒名，書傳香草無稱鬯者，鄭説爲長。」**與彼桑穀何異？如以夷狄獻之則爲吉，使暢草生於周家，肯謂之〔不〕善乎？**「肯」猶「可」也。「之」下當有「不」字，傳寫誤脱。尋上下文義自明。**夫暢草可以熾釀，**呂氏春秋仲冬紀：「湛饎必潔。」注：「饎，炊也。『饎』讀熾火之『熾』。」「熾」、「饎」音近字通。方言七：「火孰曰爛，氣孰曰饎。」火孰，今言燒烤也。氣孰，今言蒸也。

〔一〕「春」，原本作「序」，據周禮改。

暢之成酒，其法爲氣孰也。芬香暢達者，大雅江漢箋、周禮鬯人注、説文解字并云：「芬香條暢。」義同。將祭，灌暢降神。將祭，謂祼奠時也。考工記下鄭注：「祼之言灌也。祼謂始獻酌奠也。」大雅文王毛傳：「祼，灌鬯也。」疏：「以鬯酒灌尸，故言灌鬯。」説文：「鬯芬芳條暢，（今作「攸服」，從段改。）以降神也。」白虎通攷黜篇曰：「鬯者，以百草之香，鬱金合而釀之，成爲鬯。陽達於牆屋，陰入於淵泉，所以灌地降神也。」設自生於周朝，與嘉禾、朱草、蓂莢之類不殊矣。封禪書云：「嘉禾者，大禾也。」史記周本紀集解引鄭玄曰：「二苗同爲一穗。」朱草、蓂莢，已見前。然則桑亦食蠶，蠶爲絲，絲爲帛，帛爲衣，衣以入宗廟爲朝服，論語鄉黨篇：「朝服而立於阼階。」皇疏：「朝服者，玄冠緇布，衣素積裳，是鄉大夫之祭服也。」與暢無異，何以謂之凶？

衛獻公太子至靈臺，新序節士篇「衛」作「晉」。左僖十五年傳：「乃舍諸靈臺。」杜注：「在京兆鄠縣，周之故臺。」洪亮吉曰：「詩含神霧云：『作邑於豐，起靈臺。』易乾鑿度：『伐崇，作靈臺。』孔穎達疏：『是靈臺在豐邑之都內也。』水經渭水注：『豐水又北逕靈臺西。』括地志：『雍州長安縣有靈臺，高二丈，周四百二十步。』」蚳遶左輪。御者曰：「太子下拜。吾聞國君之子，蚳遶車輪左者速得國。」朱校元本無「車」字。新序作「繞左輪者」。太子遂不下（行），「不下」，義未妥。「下」當作「行」。「不行」與下「反乎舍」義正相承。新序正作「不行」，可證。盧文弨據此文改「行」爲「下」，非。反乎舍。御人見太子，太子曰：「吾聞爲人子者，盡和順於君，新序無「於」字。不行私欲，共嚴承令，「共」讀作「恭」。新序正作「恭」。又「令」作「命」，義較長。不逆君安。盼遂案：「共嚴」即「恭莊」也，「共」爲「恭」之古文，「嚴」爲明帝諱「莊」之代字。今吾得國，是君失安也。見國之利而忘君安，非子道也；得國而拜，其非君欲。廢子道者不孝，逆君欲則不忠，而欲我行之，殆[吾]欲〔吾〕國之危明矣。」「吾欲」二字誤倒。「殆欲」承「而欲」爲義。若作「吾欲」，則上與「而欲」，下與「明矣」，語氣不貫。新序正作「殆欲吾國之危明矣」。當據正。投（拔）殿（劍）將死，「投殿」不得言將死。「投殿」當作「拔劍」，形近而誤。新序正作「拔劍將死」，是其證。其御止之，不能禁，遂伏劍而死。夫虵遶左輪，審爲太子速得國，太子宜不死，獻公宜疾薨。今獻公不死，太子伏劍，御者之占，俗之虛言也。或時虵爲太子將死之妖，御者信俗之占，故失吉凶之實。夫桑穀之生，與虵遶左輪相似類也。虵至實凶，御者以爲吉；桑穀實吉，祖己以爲凶。

禹南濟於江，淮南精神訓高注：「濟，渡也。」水經三十五江水注：「大江右得龍穴水口，北對虎洲洲北有龍巢，地名，禹南濟江，黃龍夾舟，故水地取名。」有黃龍負舟，舟中之人五色無主。禹乃嘻笑而稱曰：「我受命於天，竭力以勞萬民。高注：「勞，憂也。」生，寄也；死，歸也。[死，歸也]，何足以滑和？」劉先生曰：下「死歸也」三字衍。淮南精神篇、御覽九百四十六引此文，并不重「死歸也」三字。是其證。暉按：呂氏春秋知分篇作：「生，性也；死，命也，余何憂於龍焉。」吴越春秋無余外傳：「生，性也；死，命也，爾何爲者。」文義并與此同。不重「死命也」三字，並足證成劉先生説。高曰：「人壽蓋不過百年，故曰寄。死滅没化不見，故曰歸。滑，亂也。和，適也。」視龍猶蝘蜓也，高曰：「蝘蜓，蜥蜴也。或曰守宫。」龍去而亡〔患〕。各本「亡」下并脱「患」字。淮南作「龍乃弭耳掉尾而逃」。呂氏春秋：「龍俛耳低尾而逝。」吴越春秋：「龍曳尾舍舟而去。」校者蓋據彼文，讀「亡」爲「往亡」，而誤删「患」字，不知此句非録舊文也。「龍去而亡」，「去」、「亡」於義重複。「亡」音「無」，「亡患」承上文「舟中之人五色無主」句爲言。下文云：「古今龍至皆爲吉，而禹獨謂黄龍凶。」與此文義正相貫。御覽九四六引正作「龍去而亡患」，（明鈔本亦脱「患」字。張本「亡」作「無」，趙本、天啓本作「亡」。）是其明證。案古今龍至皆爲吉，而禹獨謂黄龍凶者，見其負舟，舟中之人恐也。夫以桑穀比於龍，吉凶雖反，蓋相似。野草生於朝，尚爲不吉，殆有若黄龍負舟之異，故爲吉而殷朝不亡。

晉文公將與楚成王戰於城濮，左僖廿八年傳杜預曰：「衛地。」彗星出楚，楚操其柄，以問咎犯。咎犯對曰：「以彗鬬，倒之者勝。」「倒」，宋本作「到」，非。倒之者勝，謂當彗之末者勝。説苑權謀篇：「城濮之戰，文公謂咎犯曰：『彗星見，彼操其柄，我操其標。』咎犯曰：『以掃則彼利，以擊則我利。』」淮南兵略篇：「武王伐紂，慧星出，而授殷人其柄，然而得天下。」注：

「慧星柄在東方，可以掃西方。」事與此類。文公夢與成王搏，杜曰：「搏，手搏。」成王在上，盬其腦。杜曰：「盬，唼也。」問咎犯，咎犯曰：「君得（見）天而成王伏其罪，説苑權謀篇作「君見天而荆王伏其罪」，即此文所本。「得」當作「見」，寫者習於傳文而妄改之也。下文云：「殆有若對彗見天之詭。」是此文原作「見天」之明證。後卜筮篇：「咎犯曰：『吉，君得天，楚伏其罪。』」文與左氏傳合，乃據傳文，故作「得天」也。章炳麟劉子政左氏説謂仲任「得」「見」并從，二字古通，不以此字爲譌，失之。戰必大勝。」文公從之，大破楚師。嚮令文公問庸臣，必曰不勝。何則？彗星無吉，淮南冥覽訓高注：「彗星爲變異，人之害也。」搏在上無凶也。孫曰：當作「搏在下，凶也」。此指文公言之，當云「在下」。「上」字涉上文「在上」而誤。「無」字涉上句「無吉」而衍。下文云：「猶晉當彗末，搏在下，爲不吉也。」是其證。暉按：此指成王言之，義亦可通。夫桑榖之占，占爲凶，上「占」字當作「生」。或衍一「占」字。盼遂案：衍一「占」字。猶晉當彗末、搏在下爲不吉也。然而吉者，殆有若對彗、見天之詭，詭，異也。故高宗長久，殷朝不亡。

使文公不問咎犯，咎犯不明其吉，戰以大勝，世人將曰：「文公以至賢之德，破楚之無道，天雖見妖，卧有凶夢，猶滅妖消凶以獲福。」殷無咎犯之異知，而有祖己信常之占，故桑榖之文，傳世不絶，轉禍爲福之言，到今不實。

# 感虚篇

**儒者傳書言：「堯之時，十日並出，萬物燋枯。堯上射十日，九日去，一日常出。」**淮南本經訓：「堯之時，十日並出，焦禾稼，殺草木，堯乃使羿上射十日。」高注：「十日並出，羿射去九。」天問王注引淮南「射十日」下，有「中其九日，日中九烏皆死，墮其羽翼，故留其一日也」。山海經海外東經郭注、書鈔一四九、藝文類聚一所引略同。是今本淮南有脱誤，此文乃據其完本。「十日並出」，亦見山海經海外東經、大荒東經、歸藏鄭母經、（山海經郭注。）莊子齊物論。方以智曰：「羿射日，（句。）落九烏。以『羿射』爲句，一日而落九烏，非『射日』也。後人誤讀耳。」此亦祛惑之論。路史後紀十注亦謂歸藏、楚詞「羿彈十日」，非天之日。然據山海經謂爲羲和君子，則仍爲舊説所惑。郭沫若釋支干曰：「山海經大荒東經云：『有女子名曰羲和，方浴日于甘淵。羲和，帝俊之妻，生十日。』王國維云：『帝俊即帝嚳。』帝嚳爲殷人所自出，則十日傳説必爲殷人創生，而以屬之於其祖者也。」又曰：「太陽日出夜入，出不知所自來，入不知所自往，而日日周旋，古人苦於索解，故創爲十日之説以解之。」

**此言虚也。**

夫人之射也，不過百步，矢力盡矣。日之行也，行天星度，天之去人，以萬里數，「日之行也」以下，日鈔引作「日之行天，去人以萬里數」。「以萬里數」，以萬爲數也。仲任以爲天地相去六萬里。說日篇：「天之去地，六萬餘里。」又曰：「天之去人，六萬餘里也。」（今誤作「萬里餘也」。校見彼篇。）談天篇：「天之離天下，六萬餘里。」堯上射之，安能得日？使堯之時，天地相近，不過百步，則堯射日，矢能及之；過百步，不能得也。「得」猶「中」也。假使堯時天地相近，堯射得之，猶不能傷日，傷日何肯去？下「傷」字，涉上文衍。何則？日，火也。使在地之火，附一把炬，人從旁射之，雖中，安能滅之？地火不爲見射而滅，天火何爲見射而去？此欲言堯以精誠射之，精誠所加，金石爲虧，毁也。蓋誠無堅則亦無遠矣。夫水與火各一性也，能射火而滅之，則當射水而除之。洪水之時，流（氾）濫中國，「流」，宋本作「流」，朱校元本、程本作「氾」，當據正。孟子滕文公下：「當堯之時，水逆行，氾濫於中國。」爲民大害，堯何不推精誠射而除之？堯能射日，使火不爲害，不能射河，使水不爲害。夫射水不能卻水，則知射日之語，虛非實也。

或曰：「日，氣也，射雖不及，精誠滅之。」夫天亦遠，使其爲氣，則與日月同；使其爲體，則與金石等。以堯之精誠，滅日虧金石，上射日（天）則能穿天乎？齊曰：

「上射日」當作「上射天」。此爲仲任設詞。仲任意：天與金石日月等，堯既能滅日虧金石，使堯射天，能穿天乎？後人以堯射日不射天，改之，反誤。**世稱桀、紂之惡，射天而毆地；**史記褚補龜策傳曰：「紂以韋爲囊，囊盛其血，與人懸而射之，與天帝争彊。」**譽高宗之德，政消桑穀。**見異虚篇。**今堯不能以德滅十日，而必射之，是德不若高宗，惡與桀、紂同也，安能以精誠獲天之應也？**

**傳書言：「武王伐紂，渡孟津，陽侯之波，**注見書虚篇。**逆流而擊，疾風晦冥，人馬不見。於是武王左操黄鉞，右執白旄，**淮南「執」今作「秉」，後人依牧誓妄改也。牧誓孔曰：「鉞以黄金飾斧。」馬曰：「旄，牛尾。」**瞋目而麾之曰：**「麾」，淮南泰族篇同。覽冥訓作「撝」。尚書後案曰：「『麾』字不成文理。說文手部云：『攠，旌旗所以指攠也。從手，靡聲。』此秉旄爲指，字當從之。」畢沅曰：「『麾』即『摩』之異文。『摩』即『攠』之省。」離騷王注：「舉手曰麾。或言以手教曰麾。」畢說是也。**『余在，天下誰敢害吾意者！』**王念孫曰：「『害』讀爲『曷』，曷，止也。言誰敢止吾意也。爾雅：『曷、遏，止也。』」**於是風霽波罷。」**淮南作「濟」。時則訓注：「濟，止也。」說文：「霽，雨止也。」「濟」、「霽」字通。此借「霽」爲之。文據淮南覽冥訓。

**此言虚也。**

**武王渡孟津時，士衆喜樂，前歌後舞，天人同應。**大誓：「前師乃鼓掆譟，師乃慆。

前歌後舞，格於上天下地。」（依孫星衍輯。）人喜天怒，淮南天文篇：「天之偏氣，怒者爲風。」後漢書郎顗傳：「風者號令，天之威怒。」是當時說感應者，有風爲天怒之說，故據以爲義。非實宜也。

前歌後舞，未必其實；麾風而止之，迹近爲虛。

夫風者，氣也，洪範正義引鄭曰：「風，土氣也。凡氣非風不行，猶金木水火非土不處。故土氣爲風。」陳櫟曰：「莊子：『大塊噫氣，其名爲風。』是風爲土氣之證。」馬其昶曰：「內經云：『風出地氣。』」論者以爲天地之號令也。翼氏風角曰：「風者天之號令，所以譴告人君。」（後漢書蔡邕傳注。）風俗通、（書鈔一五一引。）洪興祖離騷補注引河圖、離騷及七諫王注，蔡中郎集陳政事疏并有此說。武王誅紂是乎？天當安靜以祐之。如誅紂非乎？而天風者，怒也。武王不奉天令，求索己過，瞋目言曰：「余在，天下誰敢害吾（意）者！」孫曰：此乃復述武王之言，「吾」下蓋脫「意」字。重天怒，「重」猶「加」也。增己之惡也，風何肯止？父母怒，子不改過，瞋目大言，父母肯貰之乎？貰，赦也。如風天所爲，禍氣自然，當作「氣偶自然」。「偶」、「禍」形譌，字又誤倒。偶會篇：「自然之道，適偶之數。」即其義。是亦無知，不爲瞋目麾之故止。夫風猶雨也，使武王瞋目以旄麾雨而止之乎？「而」讀作「能」，古通。一曰：「雨」字形譌。武王不能止雨，則亦不能止風。

或時武王適麾之，風偶自止，世褒武王之德，則謂武王能止風矣。

**傳書言：**御覽四引「傳」作「儒」。**「魯襄（陽）公與韓戰，**盼遂案：本書對作篇引淮南書言「魯陽戰而日暮」，亦作「魯陽」，知仲任本作「魯陽」，此作「襄」者，後人誤改。魯陽當時郡國名，故稱魯陽公，或魯陽子。**戰酣，日暮，**淮南覽冥篇注：「酣，對戰合樂時也。」**公援戈而麾之，**御覽引無「公」字，與淮南覽冥訓合。「麾」，淮南作「撝」。**日爲之反三舍。」**俞曰：淮南覽冥訓高注：「魯陽，楚之縣公。」漢書地理志：「南陽郡魯陽。」師古曰：「即淮南所云『與韓戰，日反三舍』者也。」然則，魯陽非魯也。國語楚語：「惠王以梁與魯陽文子。」韋昭注：「文子，平王之孫，司馬子期子，魯陽公也。」墨子耕柱篇：「子墨子謂魯陽文君曰。」魯陽文君即魯陽文子。與韓戰者，未知即此人否。要非魯之襄公也。孫曰：「魯襄公」本作「魯陽公」。下文同。與淮南子、地理志注並合。今作「襄」者，音近之誤也。對作篇亦説此事，正作「魯陽公」。御覽四引亦作「陽」。是原文作「魯陽」，可無疑矣。俞樾頗惑於此，蓋未深考耳。暉按：魯陽公與韓遘戰，即楚魯陽文子，酈道元已著於水經滍水注，俞氏或未之撿。朱亦棟羣書札記曰：「其地在魯山之陽，南陽魯陽有魯山。楚縣尹皆僭稱公，故曰魯陽公。」

**此言虛也。**

**凡人能以精誠感動天（者），**「者」字據御覽四引補。**專心一意，委務積神，精通于天，天爲變動，然尚未可謂然。（魯）襄（陽）公志在（於）戰，**「魯」、「陽」、「於」三字，據御覽引補正。爲日暮一麾，安能令日反？使聖人麾日，日終不反，〔魯〕襄（陽）公何人？「魯」、「陽」二字，據御覽引補正。而使日反乎？

鴻範曰：「星有好風，星有好雨。史記集解引馬曰：「箕星好風，畢星好雨。」僞孔傳同。日月之行，則有冬有夏。孔傳：「日月之行，冬夏各有常度。」正義曰：「張衡、蔡雍、王蕃等説渾天者皆云，周天三百六十五度四分度之一。天體圓如彈丸，北高南下。北極去地上三十六度，南極入地下三十六度。北極去南極直徑一百二十二度弱，其依天體隆曲。南極去北極一百八十二度强，正當天之中央。南北二極中等之處，謂之赤道，去南北極各九十一度。春分日行赤道，從此漸北。夏至赤道之北二十四度，去北極六十七度，去南極一百一十五度，日行黑道。從夏至日以後，日漸南至，秋分還行赤道，與春分同。冬至行赤道之南二十四度，去南極六十七度，去北極一百一十五度，其日之行處，謂之黄道。又有月行之道，與日道相近，交路而遇，半在日道之裏，半在日道之表。其當交則兩道相合，交去極遠處，兩道相去六度。此其日月行道之大略也。」仲任説方天者，其日月行道與渾天説有無異同，今不可考。月之從星，則有風雨。」「有」，洪範、本書説日、明雩篇并作「以」。孔傳「月經於箕則多風，離於畢則多雨」。鄭曰：（依孫星衍輯。）「風，土也，爲木妃。雨，水也，爲金妃。故星好焉。中央土氣爲風，東方木氣爲雨，箕屬東方木，木克土，土爲妃，尚妻之所好，故箕星好風也。西方金氣爲陰，尅東方木，木爲妃，屬西方，尚妻之所好，故畢星好雨也。是土十爲木八妻，木八爲金九妻，故月離於箕，風揚沙，月離於畢，俾滂沱。」夫星與日月

**同精，**晉書天文志曰：「皆陰陽之精。」**日月不從星，**經言「月之從星」，此并言「日月」者，鄭曰：（洪範疏。）「不言日者，日之從星，不可見故也。」仲任是據實象言之。**星輒復變。**其説未聞。**明日月行有常度，不得從星之好惡也，安得從〔魯〕襄（陽）公之所欲？**「魯」字脱，「襄」當作「陽」。校見上。

**星之在天也，爲日月舍，**淮南覽冥訓高注：「舍，次宿也。」文選郭璞遊仙詩注引淮南許注：「二十八宿，一宿爲一舍。」**猶地有郵亭，**續百官志注引漢官儀曰：「十里一亭，亭長亭候。五里一郵，郵間相去二里半，司姦盜。」又引風俗通曰：「亭，留也，蓋行旅宿會之所館。」説文曰：「郵，竟上行書舍也。」**爲長吏廨也。**漢書百官表：「秩四百石至二百石，是爲長吏。」師古曰：「吏，理也，主理其縣内也。」光武紀注：「長吏，謂縣令長及丞尉也。」**二十八舍有分度，**東方：角、亢、氐、房、心、尾、箕。北方：斗、牛、（牽牛。）女、（須女。）虚、危、室、（營室。）壁。（東壁。）西方：奎、婁、胃、昴、畢、觜、（觜巂。）參。南方：井、（東井。）鬼、（輿鬼。）柳、星、張、翼、軫。李石續博物志：「二十八宿，爲其有二十八星當度，故立以爲宿。」**一舍十度，或增或減。**淮南天文訓：「星分度：角十二，亢九，氐十五，房五，心五，尾十八，箕十一四分一。斗二十六，牽牛八，須女十二，虚十，危十七，營室十六，東壁九。奎十六，婁十二，胃十四，昴十一，畢十六，觜巂二，參九。東井三十三，輿鬼四，柳十五，星七，張、翼各十八，軫十七。」**言日反三舍，乃三十度也。日，日**

行一度，一麾之間，反三十日時所在度也？　如謂舍爲度，三度亦三日行也，一麾之間，令日卻三日也？

宋景公推誠出三善言，熒惑徙三舍，實論者猶謂之虛。論見變虛篇。〔魯〕襄〔陽〕公争鬬，惡日之暮，以此一戈麾，無誠心善言，日爲之反，殆非其意（實）哉！「意」字無義，當作「實」，形之誤也。「殆非其實」，本書常語。與上「猶謂之虛」相應爲文。且日，火也，聖人麾火，終不能卻，魯襄（陽）公麾日，安能使反？

或時戰時日正卯，戰迷，謂日之暮。麾之，轉左曲道，四字當誤。日若卻。世好神怪，因謂之反，不道所謂也。道，云也。「謂」、「爲」字通。不云所爲，言不云日爲精誠却也。

傳書言：「荆軻爲燕太子謀刺秦王，白虹貫日。史記鄒陽傳集解引列士傳曰：「荆軻發後，太子自相氣，見虹貫日，不徹。曰：『吾事不成矣。』後聞軻死，事不立，曰：『吾知其然也。』」郎顗曰：「凡日傍色氣白而純者名曰虹。」衛先生爲秦畫長平之事，太白蝕昴。」蘇林曰：「白起爲秦伐趙，破長平軍，欲滅趙，遣衛先生説昭王益兵糧，乃爲應侯所害，事用不成，其精誠上達於天，故太白爲之蝕昴。昴，趙分也，將有兵，故太白食昴。食，干歷之也。」此引鄒陽獄中上書文。此言精〔誠〕感天，各本脱「誠」字，今以意增。天爲變動也。鄒陽謂如此。

夫言白虹貫日，太白蝕昴，實也。言荆軻之謀，衛先生之畫，史記鄒陽傳索隱引

「畫」作「策」。感動皇天，故白虹貫日，太白蝕昴者，虛也。變動篇亦辯之。

夫以筯撞鐘，干祿字書：「筯，箸俗字。」御覽七六〇引作「箸」。以筭擊鼓，說文：「筭，長六尺，計曆數者。」不能鳴者，句上，御覽引有「鐘鼓」二字。所用撞擊之者小也。今人之形，不過七尺，以七尺形中精神，欲有所爲，雖積銳意，猶筯撞鐘、筭擊鼓也，安能動天？精非不誠，所用動者小也。且所欲害者，人也，人不動，天反動乎？

問曰：「人之害氣，能相動乎？」曰：「不能。」「豫讓欲害趙襄子，盼遂案：句前當有「曰」字，今脫。此文爲難者之語，與上文持不能說者爲辨詰也。襄子心動；趙策一：「讓變姓名，爲刑人，入宮塗厠，欲以刺襄子。襄子如厠，心動，執問塗者，則豫讓也。」貫高欲篡高祖，盼遂案：篡，劫也。史記衞將軍驃騎傳：「與壯士篡奪之。」法言：「鴻飛冥冥，弋人何篡。」皆劫奪之誼。高祖心亦動。史記張耳陳餘傳：「趙相貫高謀殺高祖。高祖過趙，貫高等乃壁人柏人。高祖過，欲宿，心動，問曰：『縣名爲何？』曰：『柏人。』『柏人者，迫人。』乃去。」二子懷精，故兩主振感。」振，動也。豫讓以下，難者之詞。「曰」字省。見古書疑義舉例。曰：禍變且至，身自有怪，非適人所能動也。「適」讀作「敵」。何以驗之？時或遭狂人於途，以刃加己，狂人未必念害己身也，然而已身先時已有妖怪矣。由此言之，妖怪之至，禍變自凶之象，非欲害己者之所爲也。且凶之人，卜得惡兆，筮得凶卦，出門見不吉，占危

（候）睹禍氣。「危」字義不可通，字當作「候」。「候」一作「𠋫」，「矦」、「危」形近而誤。列子周穆王篇注：「候，占也。」藝文志序雜占曰：「候善惡之徵。」禍氣見於面，猶白虹、太白見於天也。變見於天，妖出於人，上下適然，自相應也。

傳書言：「燕太子丹朝於秦，不得去，從秦王求歸。秦王執留之，與之誓曰：『使日再中，天雨粟，令烏白頭，馬生角，廚門木象生肉足，亦見變動篇、是應篇。史記荆軻傳索隱引「廚」作「廐」，「象」作「烏」，誤。乃得歸。』當此之時，天地祐之，日爲再中，天雨粟，烏白頭，馬生角，廚門木象生肉足。秦王以爲聖，乃歸之。」燕丹子曰：「燕太子丹質於秦，秦王遇之無禮，不得意，欲求歸，秦王不聽，謬言：『令烏白頭，馬生角，乃可許耳。』丹仰天嘆，烏即白頭，馬生角。秦王不得已而遣之。爲機發之橋，欲陷丹，丹過之，橋爲不發。夜到關，關門未開，丹爲雞鳴，衆雞皆鳴，遂得逃歸。」（據平津館本。）張華博物志所載略同。風俗通正失篇以爲，此乃閭閻小論所飭成者。

此言虛也。

燕太子丹何人？而能動天？聖人之拘，不能動天；太子丹，賢者也，何能致此？

夫天能祐太子，當脱「丹」字。下同。生諸瑞以免其身，則能和秦王之意，以解其難。見拘一事而易，生瑞五事而難。瑞數五。見上。舍一事之易，爲五事之難，何天之不憚勞也？

湯困夏臺，「困」當作「囚」。命義篇正作「囚」。朱校元本作「因」，足證今本「困」爲「囚」之譌。文王拘羑里，注累害篇。孔子厄陳、蔡。注逢遇篇。三聖之困，天不能祐，使拘之者睹祐知聖，出而尊厚之。或曰：「拘三聖者，不與三（聖）誓，吴曰：「三」爲「之」字誤。孫曰：「誓」上脱「聖」字。暉按：孫説是。三聖心不願，故祐聖之瑞，無因而至。天之祐人，猶借人以物器矣，人不求索，則弗與也。」曰：太子願天下瑞之時，「下」字於義未安，五瑞非盡由天下也，疑爲「生」字形誤。上文「生諸瑞以免其身」、「生瑞五事而難」，并作「生瑞」，是其證。豈有語言乎？心願而已。然湯閉於夏臺，文王拘於羑里時，心亦願出；孔子厄陳、蔡，心願食。天何不令夏臺、羑里關鑰毀敗，湯、文涉出；盼遂案：「涉」爲「步」之譌。「步出」言安步而出，與下文「孔子食飽」爲同類。文選古詩十九首「步出上東門」，梁父吟「步出齊東門」，皆「步出」連言之證。雨粟陳、蔡，孔子食飽乎？

太史公曰：「世稱太子丹之令天雨粟，馬生角，大抵皆虚言也。」史記荆軻傳贊：「世言荆軻，其稱太子丹之命天雨粟，馬生角也，大過。」（「軻」）字句絶。「世言荆軻」，蓋指司馬相如等。「其稱」，蓋即漢志雜家所載荆軻論五篇中所稱述者。吴汝綸以「命」字句絶，非也。太史公書漢世實事之人，而云「虛言」，近非實也。謂燕丹五瑞非實也。

傳書言：「杞梁氏之妻嚮城而哭，城爲之崩。」齊侯襲莒，杞梁死之，見左襄二十三年傳。左氏只云：「齊侯歸，遇杞梁之妻於郊。」杜注：「妻行迎喪。」檀弓下云：「杞梁死，其妻迎其柩於路，而哭之哀。」孟子告子下、韓詩外傳六、説苑雜言篇只言其善哭，并無向城哭及城崩之説。列女傳貞順篇：「杞梁死，其妻無所歸，枕其夫之屍於城下而哭，十日城崩。」（後漢書劉瑜傳注引作「七日」。）説苑善説篇：「華周杞梁戰而死，其妻悲之，向城而哭，隅爲之崩，城爲之阤。」立節篇文略同。仲任蓋據劉向説也。孟子告子下趙注、後漢書劉瑜傳亦有「城崩」語。湘川記：（合璧事類二八引。）「杞梁死，其妻無子，乃求夫屍於城下。聞之者皆揮淚，十日城崩而死。」云「求屍」，又與劉向説異。孟子孫奭疏始言其妻名「孟姜」。劉開廣列女傳十三「杞植之妻孟姜。植婚三日，即被調至長城，久役而死。姜往哭之，城爲之崩，遂負骨歸葬而死」。同一母題，展轉附會。今俗曲孟姜女即歌此事也。陳士元孟子雜記曰：「杞梁，左傳作『杞殖』，人表作『杞植』，中華古今註云：『杞植字梁。』薛氏人物考云：『杞梁一名殖。』」梁玉繩瞥記曰：「杞梁妻善哭，趙注本説苑、列女傳，言哭夫而城爲之崩。正義著其名爲孟姜。據列女傳云：『就夫之屍於城下。』正義云：『向城而哭。』則城者，莒城也。（暉按：水經沭水注以爲莒城。）左傳云：『遇於郊。』檀弓云：『迎柩於路。』説苑云：『聞之而哭。』則城是齊之城。故崔豹古今注曰：『都城也。』似當依齊城解。乃馬縞中華古今注以爲長城。貫休詩：『築人築土一萬里，杞梁貞婦啼烏烏。』寰宇記：『平州盧龍縣長城東西長萬里，杞梁妻哭，城崩，得失骨，即此城也。』時代懸隔，誕謬之甚。（或指齊長城，然莊公時未築也。）」此言杞梁從軍不還，其妻痛之，嚮城而哭，至誠悲痛，精氣動城，故城爲之崩也。説苑善説篇載孟嘗君曰：「誠能刑於内，則物應於外。」即此義。

夫言嚮城而哭者，實也；〔言〕城爲之崩者，虚也。「城」上脱「言」字。「言某者實也，言某者虚也」，本書常語。今意增。變動篇亦辯其虚。

夫人哭悲，莫過雍門子。淮南覽冥篇注：「雍門子，名周，善彈琴，又善哭。雍門，齊西門也。居近之，因以爲氏。」潛夫論志氏姓篇：「齊之雍門氏，姜姓。」古今姓氏書辨證引世本曰：「齊頃公生子夏勝，以所居門爲雍門氏。」雍門子哭對孟嘗君，淮南子覽冥篇、繆稱篇並云：「以哭見孟嘗君。」蓋此文所本。説苑善説篇、桓譚新論、（文選豪士賦序注。）文選陸士衡於承明作與士龍詩注引淮南繆稱訓並作「以琴見」。據説苑、新論所述，并無哭事，則作以琴見是也。淮南覽冥訓高注：「哭猶歌也。」蓋欲符其事，强爲之解。據此文，則當讀本意。漢書景十三王傳：「雍門子微吟。」蘇林云：「母死，無以葬，見孟嘗君而微吟。」與「哭對」義近，蓋并別有本也。孟嘗君爲之於邑。高誘曰：「歍唈，失聲也。」於邑、歍唈字通。蓋哭之精誠，故對嚮之者悽愴感慟（動）也。「慟」當作「動」。謂振動，非悲慟也。下云「能動孟嘗之心」可證。夫雍門子能動孟嘗之心，不能感孟嘗衣者，「衣」上「之」字，蒙上文省。衣不知惻怛，不以人心相關通也。

「以」猶「與」也。「關」、「貫」字通。今城，土也，土猶衣也，無心腹之藏，安能爲悲哭感慟（動）而崩？「慟」當作「動」。使至誠之聲能動城土，則其對林（草）木〔而〕哭，「林」當作「草」。「艸」、「林」形誤。下「折草破木」，「夫草木水火」，即承此爲文，可證。「而」字據下「嚮水火而泣」文例增。能折草破木乎？嚮水火而泣，能涌水滅火乎？夫草木水火，與土無異，然杞梁之妻不能崩城，明矣。

或時城適自崩，杞梁妻適哭，下世好虛，不原其實，故崩城之名，至今不滅。

傳書言：「鄒衍無罪，見拘於燕，當夏五月，仰天而歎，天爲隕霜。」淮南子：「鄒衍事燕惠王，盡忠。左右譖之，王繫之，仰天而哭，五月天爲之下霜。」（今本佚。後漢書劉瑜傳引。）此與杞梁之妻哭而崩城，無以異也。謂亦精誠感動。言其無罪見拘，當夏仰天而歎，實也；言天爲之雨（霣）霜，虛也。此復述傳言，「雨」當作「霣」。「隕」、「霣」同字，「霣」殘，譌爲「雨」也。下「獨能雨霜」誤同。下文：「一仰天歎，天爲隕霜。」累害篇：「當夏不隕霜，鄒衍之罪不除。」並作「隕」，是其證。變動篇亦辨其虛。

夫萬人舉口，並解吁嗟，猶未能感天，鄒衍一人，冤而壹歎，安能下霜？鄒衍之冤，不過曾子、伯奇。曾子見疑而吟，莊子外物篇：「人親莫不欲其子之孝，而孝未必愛，故孝己憂而曾參悲。」釋文引李頤曰：「曾參至孝，爲父所憎，嘗見絶糧而後蘇。」鹽鐵論曰：「曾子傍山而吟，山鳥下翔。」倉頡篇云：「吟，歎也。」（文選蘇子卿古詩注。）**伯奇被逐而歌。**注見累害篇、書虚篇。**疑、〔逐〕與拘同，吟、歌與歎等，**孫曰：此承上文「曾子見疑而吟，伯奇被逐而歌」二句言之。「疑」下定脱「逐」字。疑而吟，指曾子；逐而歌，指伯奇；拘而歎，指鄒衍，意正一貫。脱去「逐」字，上下文義不相應矣。**曾子、伯奇不能致寒，鄒衍何人，獨能雨（霣）霜？**「雨」當作「霣」。校見上。

**被逐之冤，尚未足言。申生伏劒，**晉語二：「申生雉經于新城之廟。」韋注：「雉經，頭槍而懸死也。」左僖四年傳云「縊」，義同。公、穀、史記晉世家並無明文。此云「伏劒」，不足據也。**子胥刎頸，**注見逢遇篇。**實孝而賜死，**謂申生。**誠忠而被誅，**謂子胥。**且臨死時，皆有聲辭。**晉語二：「申生將死，使猛足言於孤突曰：『申生有罪，不聽伯氏，以至於死。』」史記吳世家：「子胥將死，曰：『樹吾墓上以梓，令可爲器。抉吾眼，置吳東門，以觀越滅吳也。』」**聲辭出口，與仰天歎無異，天不爲二子感，[動]獨爲鄒衍動，**上「動」字傳寫誤增。前文「能動孟嘗之心，不能感孟嘗衣」，後文「能小相動，不能大相感」，並以「感」、「動」對言。**豈天痛見拘，不悲流血哉？伯（何）[奇]冤痛相似，而感動不同也？**「伯奇」二字，義不可通。「伯」爲「何」字形譌。「奇」字涉上「伯奇」而衍。下文並以「何某某也」句詰之，可證。盼遂案：「伯」爲「何」之形誤，「奇」

為「其」之音誤，「也」與「邪」古同用。上文言「申生伏劍，子胥刎頸，實孝而賜死，誠忠而被誅。天不為二子感動，獨為鄒衍」，故此處詰問「何其寃痛相似而感動不同邪」。後人因上文屢有曾子、伯奇之名，遂誤改「何其」作「伯奇」，不顧其語意之不安也。

**夫熯一炬火，**「熯」，類聚九、張刻御覽六八引並作「爇」，即「然」字。趙刻御覽引作「燻」，義並可通。「炬」俗字，當作「苣」。說文：「苣，束葦燒，从艸，巨聲。」華嚴經音義上引珠叢云：「苣即古之炬字。」說文無「炬」字。白帖三引正作「⿱竹巨」。所見本近古。（从「竹」，傳寫亂也。）**爨一鑊水，**白帖三作「一尺冰」。類聚九「水」亦作「冰」。**終日不能熱也；倚（持）一尺冰，置庖厨中，**孫曰：白帖三引「倚」作「持」，近是。暉按：「持」、「置」義相承，「倚」字文不可通，形近誤也。當據白帖引正。**終夜不能寒也。**孫曰：御覽六十八引作「終日而不熱也，終夜而不寒也」，皆非也。原文當作「終日不而熱也，終夜不而寒也」。「不而」即「不能」，仲任多假「而」為「能」。本書「不能」之語，或作「不而」，或作「不能」，或誤作「而不」，皆淺人不達古語而妄改也。今本此文作「不能」，御覽引作「而不」，並失古本。事類賦八引此文去二「而」字，可以悟矣。暉按：白帖三、類聚九引亦並去二「而」字。**何則？微小之感，不能動大巨也。今鄒衍之歎，不過如一炬、尺冰，**白帖引「一炬」作「⿱竹巨火」。**而皇天巨大，不徒鑊水庖厨之醜類也。**醜亦類也。**一仰天歎，**白帖引與今本同。類聚九引作「一夫仰歎」，孫曰義並得通。**天為隕霜，**白帖引「隕」作「雨」，非也。何天之易感，霜之易降也？

夫哀與樂同，喜與怒均。衍興怨痛，使天下霜，使衍蒙非望之賞，仰天而笑，能以冬時使天熱乎？　變復之家曰：沈濤銅熨斗齋隨筆七：變復家蓋亦五行占驗之流。史記日者傳數諸占家之名，有五行家，堪輿家，建除家，叢辰家，曆家，天人家，太一家，而無變復家。後漢書郎顗傳：「臣伏見光祿大夫江夏黃瓊，明達變復。」楊賜傳：「惟陛下愼經典之誡，圖變復之道。」章懷於顗傳注謂「明于變異銷復之術」，於賜傳注謂「變改而修復」。二注不同，由不知變復爲陰陽五行家之一術耳。又周舉傳策問曰：「變復之徵，厥効何由。」方術樊英傳：「每有災異，詔輒下問變復之效。」三國志魏志和洽傳：「消復之術，莫大於節儉。」消復即變復也。暉按：三國志蜀志劉焉傳注陳壽益部耆舊傳曰：「董扶資游、夏之德，述孔氏之風，內懷焦、董消復之術。」魏志高堂隆傳，隆對曰：「聖主覩災責躬，退而修德，以消復之。」會稽典錄：（類聚一百。）「郡遭大旱，夏香諫曰：『自古先聖畏懼天異，必思變復，以濟民命。』」明雩篇曰：「旱久不雨，禱祭求福，若人之疾病，祭神解禍，此變復也。」據此，可知其義矣。「人君秋賞則溫，夏罰則寒。」義見寒溫篇。寒不累時，則霜不降；溫不兼日，則冰不釋。一夫冤而一歎，天輒下霜，何氣之易變，時之易轉也？

寒溫自有時，不合變復之家。且從變復之說，變復家謂喜怒賞罰，招致寒溫。寒溫、譴告、變動三篇力闢之，此則權因其說。或時燕王好用刑，寒氣應至；而衍囚拘而歎，歎時霜適自下。世見適歎而霜下，則謂鄒衍歎之致也。

傳書言：「師曠奏白雪之曲，而神物下降，風雨暴至，平公因之癃病，晉國赤地。」淮南覽冥篇文。高誘曰：「神物，即神化之物，謂玄鶴之屬來至，無頭鬼類操戈以舞也。癃病，篤疾。赤地，旱也。」白雪，注見下。暉按：玄鶴，見韓非子。無頭鬼，未聞。説文：「癃，罷病也。」史記平原君虞卿傳：「有罷癃之病。」素問謂小便不通。

或言：「師曠清角之曲，一奏之，有雲從西北起；玄雲也。再奏之，大風至，大雨隨之，裂帷幕，破俎豆，墮廊瓦。坐者散走，平公恐懼，伏乎廊室。「乎」，紀妖作「於」，與韓非子十過篇、史記樂書合。御覽七六七引莊子逸文亦記此事。晉國大旱，赤地三年，平公癃病。」韓非子十過篇文。夫白雪與清角，或同曲而異名，淮南俶真篇高注：「清角，商聲也。」文選南都賦注引許慎淮南注：「清角，弦急，其聲清也。」其禍敗同一實也。

傳書之家，載以爲是；世俗觀見，信以爲然。原省其實，殆虛言也。

夫清角何音之聲，而〔能〕致此？「而」下脱「能」字。前文「魯陽公何人，而使日反」、「燕太子丹何人，而能動天」，與此句例同。下文「實者樂聲不能致此」，與此相應爲文。〔曰〕：「清角，木音也，「清角，木音也」以下十七字，仲任設辭，以答上文「清角何音」之問。「三尺之木」以下，又破其說。「清角」上當有「曰」字。今本脱之，則文不可通矣。今增。春秋繁露五行五事篇：「風者，木之氣也，其音角。」**故致風而(雨)。**「而」當作「雨」，形近而誤。上文「清角之曲，再奏之，大風至，大雨隨之」，下文「奏清角時，天偶風雨」，並其證。**如木爲風，**此五行家説也。風，土也，爲木妃，木尅土，尚妻所好，故木爲風。素問五常政大論注：「風，木化也。」淮南天文篇注：「風，木風也。」**雨與風俱。三尺之木，數絃之聲，**廣雅釋樂：「神農氏琴，長三尺六寸六分，上有五弦，曰宫、商、角、徵、羽。文王增二弦，曰少宫、少商。」初學記引琴操亦云：「長三尺六寸六分，廣六寸，五弦。」此云「三尺」，舉成數也。高誘於淮南覽冥篇注云：「白雪，太乙五十弦琴瑟樂名也。」吴承仕淮南舊注校理據世本、封禪書，謂「琴」字誤衍。今按：仲任云長三尺，則知是「琴」。諸書並言瑟長七尺二寸也。高誘淮南俶真篇注云：「白雪，太乙五弦之琴。」是與仲任説同。覽冥訓注誤衍「十」字、「瑟」字。云「太乙」，蓋別有本。後人以爲直據史記，故妄增之。**感動天地，何其神也？此復一哭崩城，**謂杞梁妻。**一歎下霜之類也。**謂鄒衍。

**師曠能鼓清角，必有所受，非能質性生出之也。其初受學之時，宿昔習弄，非直一再奏也。審如傳書之言，師曠學清角時，風雨當至也。**齊曰：「當」疑爲「常」字之誤。

**傳書言：「瓠芭鼓瑟，淵(淫)魚出聽；**「淵」當作「淫」，唐人諱「淵」，筆省，與「淫」形近，故相亂也。荀子勸學篇作「流魚」。「流」爲「沈」字之譌。大戴禮勸學篇正作「沈魚」。「沈」即「淫」

也，聲近字通。（尚書微子篇「沈湎于酒」，「沈湎」即「淫湎」。說詳經義述聞。王先謙荀子集解謂：「沈魚，魚沈伏也。流爲沈之借字。」其説非也。文選七命注引荀子正作「鱏魚」，「鱏」、「淫」聲近字通。司馬相如上林賦「浸潭促節」，漢書作「浸淫」，則知荀子原不作「流」，而「沈」字亦不能如王説也。陶方琦亦云：「流」借爲「沈」。二字聲不相近，其説亦非。）後漢書馬融傳注引韓詩外傳亦作「淫魚」。今外傳六作「潛魚」，「淫」、「潛」聲近。文選別賦注引外傳作「淵魚」，與此文誤同。「淫」、「淵」形譌也。淮南説山篇高注本作「淫魚」。許注本作「潛魚」，説文魚部引傳同。本書率性篇作「潭魚」。「鱏」爲本字，説文魚部有「鱏」。沈、淫、潭並以聲叚借也。（段玉裁謂淫爲大，失之。）是仲任以前舊籍，無有作「淵」者，則此文之誤，明矣。淮南説山篇高注：「瓠巴，楚人也，善鼓瑟。」文選長笛賦注引江遽文釋曰：「瓠巴，齊人也。」與高説異。又淮南齊俗篇：「狐梁之歌。」三國志蜀志郤正傳：「瓠梁託絃以流聲。」注引淮南：「瓠巴鼓瑟，而鱏魚出聽。」又引齊俗篇：「瓠梁之歌。」北堂書鈔一〇六引淮南注：「瓠梁，善歌之人。」是瓠巴、狐梁一人，「瓠」、「狐」字通。又按：諸書並謂瓠巴事，説文魚部以爲伯牙，其説獨異。淮南説山篇高注：「淫魚喜音，出頭於水而聽之。淫魚長頭，身相半，長丈餘，鼻正白，身正黑，口在頷下，似鬲獄魚而身無鱗，出江中。」文選蜀都賦劉注、後漢書馬融傳注、陳藏器本草所説其狀，與高略同。陳藏器本草作「鱘」，與「鱏」音近字通也。山海經東山經郭注、文選西京賦李注謂即鮪魚，説文「鮪」、「鱏」二篆分列，許意不然。漢書賈誼傳師古注謂即鱣魚。臣瓚所狀，正與鱏魚相似。然李時珍本草綱目四十四謂鱘亦鱣屬，其狀如鱧。則鱣、鱧二物也。爾雅釋魚郭注義同。**師曠鼓琴，**諸書並作「伯牙」。**六馬仰秣。」**淮南説山篇「駟馬」。高注：「仰秣，仰頭吹吐，説馬笑也。」荀子勸學篇楊注：「仰首而秣，聽其聲也。」白虎通曰：「天子之馬六。」春秋公羊説也。文出大戴禮、荀子、韓詩外傳、淮南子。**或言：「師曠鼓清角（徵），**「清角」當作「清徵」，涉上下文「清角」而誤。上文已言奏清角，雲起，風雨至。此乃有玄鶴來，與奏清角兩事也。韓非子十過篇、風俗通聲音篇、本書紀妖篇並云師曠爲平公奏清徵之曲，有玄鶴來也，是其切證。今據正。**一奏之，有玄鶴二八，自南方來，集於廊門之危；**禮記喪大記：「中屋履危。」注：「危，棟上也。」紀妖篇「危」上有「上」字，韓非子作「垝」，亦無「上」字。王先慎曰：「當作『上危』二字，危在上，故曰上危，即所謂屋山，俗稱屋脊。」**再奏之而列；**成行列也。**三奏之，延頸而鳴，舒翼而舞，**楚詞九嘆王注：「玄鶴，俊鳥也。師曠鼓琴，天下玄鶴，皆銜明月之珠以舞。」書鈔一〇九引韓非子亦云：「師曠鼓琴，有玄鶴銜明月珠在庭中舞。」今本未見。**音中宫商之聲，聲吁于天。**説文：「吁，驚也。」韓非子、風俗通作「聞」。紀妖篇作「徹」。**平公大悦，坐者皆喜。」**韓非子十過篇文。**尚書曰：「擊石拊石，百獸率舞。」**堯典（今舜典。）文。鄭曰：「石，磬也。百獸，服不氏所養者。（公羊哀十四年傳疏。）磬有大小，擊大石磬，拊小石磬，則感百獸相率而舞。」（周禮春官大司樂疏。）仲任與鄭氏義同，是今古文説無異也。**此雖奇怪，然尚可信。何則？鳥獸好悲聲，耳與人耳同也。**上「耳」字，疑涉「聲」

字譌衍。盧氏龍城札記二：「魏、晉以前，皆尚悲音。蓋絲聲本哀也。」禽獸見人欲食，「欲」疑「飲」字形誤。亦欲食之，盼遂案：上「欲」當爲「之」，涉下句「欲食」而誤，亦由「欲」與「之」草體形近致誤。聞人之樂，何爲不樂？

然而「魚聽」，「仰秣」，「玄鶴延頸」，「百獸率舞」，蓋且其實；風雨之至，晉國大旱，赤地三年，平公癃病，殆虚言也。

或時奏清角時，天偶風雨，風雨之後，晉國適旱；平公好樂，喜笑過度，偶發癃病。傳書之家，信以爲然，世人觀見，遂以爲實。實者樂聲不能致此。何以驗之？風雨暴至，是陰陽亂也。樂能亂陰陽，則亦能調陰陽也，王者何須脩身正行，擴施善政？使鼓調陰陽之曲，和氣自至，太平自立矣。

傳書言：「湯遭七年旱，以身禱於桑林，呂氏春秋順民篇高注：「禱，求也。桑林，桑山之林，能興雲作雨也。」自責以六過，荀子大略篇：「湯旱而禱曰：『政不節與？使民疾與？宫室榮與？女謁盛與？苞苴行與？讒夫昌與？』」説苑君道篇文略同。明雩、感類二篇言自責以爲五過，或非，當以此文爲正。荀子、説苑、後漢書鍾離意傳意上疏、會稽典録（類聚一百。）「郡旱，夏香進諫」、帝王世紀（鍾離意傳注。）並云湯責以六過。公羊桓五年傳何休注：「君親之南郊，以六事謝過自責。」其辭與荀子略同。又穀梁定元年傳疏引考異郵曰：「僖公立時不雨，禱於山川，以六過自責。」則雩祭以六事自責，相承舊説。**天乃雨。**」尚書大傳曰：「湯伐桀之後，大旱七年，史卜曰：『當以人爲禱。』湯乃剪髮斷爪，自以爲牲。禱於桑林之社，而雨大至，方至千重。」以上蓋據尚書大傳、荀子、説苑等書。「或言」以下，蓋據商書及吕氏春秋等書也。**或言五年。**「湯旱五年」，蒙上文省。管子權數篇：「湯七年旱，禹五年水。」莊子秋水篇：「湯之時八年七旱。」荀子王霸篇：「禹十年水，湯七年旱。」賈子新書憂民篇：「禹有十年之蓄，故免九年之水；湯有十年之積，故勝七年之旱。」説苑君道篇：「湯之時，大旱七年。」淮南主術篇：「湯之時，七年旱。」漢書鼂錯傳：「湯有七年之旱。」此並云「七年」者。墨子七患篇引殷書曰：「湯五年旱。」吕氏春秋順民篇：「湯克夏而正天下，天大旱，五年不收。」是並言「五年」者。墨子得見殷書，其説爲實。竹書：湯十九年至二十四年大旱，即禱桑林。其數正爲五年。孫星衍曰：「言五年者，據不收而言，七年中，禱而得雨之年也。」按：古傳自有兩説，不必溝通之。盼遂案：四字爲仲任自注。**「禱辭曰：『余一人有罪，無及萬夫；**周語上引作「湯誓」，「及」作「以」。韋注：「天子自稱曰余，余一人有罪，無罪萬夫。」又云：「湯誓，商書伐桀之誓。今湯誓無此言，則喪亡矣。」韋説非。誓，告於神也。周書世俘篇：「用小牲羊犬豕於百神水土于誓社。」「湯誓」，即湯於桑林禱辭也。徐時棟曰：「尚書湯誓有二：一爲伐桀，是爲今文；一爲禱旱，錯見於古文。梅氏竊取古書，以綴湯誥，而禱旱之誓湮矣。」**萬夫有罪，在余一人。**韋曰：「在余一人，乃我教導之過也。」墨子兼愛下引湯説曰：「惟予小子履，敢用玄牡，告於上天后，曰：『今天大旱，即當朕身履，未知得罪于上下，有善不敢蔽，有罪不敢赦，簡在帝心，萬方有罪，即當朕身，朕身有罪，無及萬方。』」尸子綽子篇、論語堯曰篇亦有此文。僞書竊爲湯誥，孔氏謂伐桀之辭，（論語孔注，亦出譌托。）非也。江聲、魏源仍沿其誤。天（無）以一人之不敏，先孫曰：此本呂氏春秋順民篇。「天」當作「無」。「無」或作「无」，因誤。使上帝鬼神傷民之命。』呂氏春秋高注：「穀者，民命也。旱不收，故曰傷民之命。」呂氏蓋本於殷書，其文尚見墨子。所載湯説，即諸書所謂禱詞。並云：「湯不憚以身爲犧牲。」即禱於桑林事也。孫星衍謂：周語、墨子、論語、呂氏所載，即夏社逸文，是也。書序曰：「湯既勝夏，欲遷其社，不可，作夏社。」鄭康成曰：「當湯伐桀之時，旱致災，既致其禱祀，（此句書疏引。）明德以薦，而猶旱至七年，故湯遷社，而以周棄代之。」（周禮大宗伯疏。）是夏社篇爲因旱禱祀，告天遷社而作，故本書感類篇引書曰：「湯自責，天應以雨。」「書」者，商書也。蓋括述其文。疑仲任及見夏社。然此文確本呂氏。於是剪其髮，麗其手，先孫曰：「麗」，今本呂覽作「酈」。御覽引作「麗」，與此同。（「麗」即「櫪」之借字，詳前莊子。）自以爲牲，用祈福於上帝。上帝甚説，「上帝」，呂氏作「民乃」。時雨乃至。」

言湯以身禱於桑林自責，若言剪髮麗手「若」猶「及」也。自以爲牲，用祈福於帝者，實也。言雨至爲湯自責以身禱之故，殆虛言也。明雩、感類二篇並辯其虛。

孔子疾病，論語述而篇釋文出「子疾」云：「一本云『子疾病』，鄭本無『病』字。」皇疏、邢疏本與此文同。沈濤〔一〕曰：「魯論有『病』字。鄭从古，故無。」陳鱣、阮元並謂「病」字不當有。子路請禱。鄭注：禱，謝過於鬼神。（御覽五二九。）孔子曰：「有諸？」集解引周曰：「言有此禱請於鬼神之事乎？」（邢本脱「乎」字。）子路曰：「有之；誄曰：『禱爾于上下神祇。』」孔曰：「誄，禱篇名也。」説文言部引論語作「讄」，或作「𧬘」，云：「禱也。累功德以求福也。」許慎用古文，是古論作「讄」，或作「𧬘」。鄭注周禮小宗伯引作「讄」，於太祝注作「誄」，是必魯論作「誄」。仲任多从魯論，故相合。孔子曰：「丘之禱，久矣。」鄭曰：「孔子自知無過可謝，（御覽五百二十九。）明素恭肅於鬼神。」（後漢書方術傳注。）聖人脩身正行，素禱之日久，天地鬼神知其無罪，故曰「禱久矣」。易曰：「大人與天地合其德，與日月合其明，與四時合其敍，與鬼神合其吉凶。」易乾卦文言之辭。「敍」作「序」，初稟篇同。李富孫易經異文釋曰：「説文云：『敍，次第也。序，東西牆也。』是『敍』爲本字。經傳亦多叚『序』爲『敍』。」此言聖人與天地鬼神同德行也。即須禱以得福，「即」猶「若」也。是不同也。湯與孔子俱聖人也，皆素禱之日久。孔子不使子路禱以治病，湯何能以禱得雨？孔子素禱，身猶疾病；湯亦素禱，歲猶大旱，然則天地之有水旱，猶人之有疾病也。疾病不可以自責除，水旱不可

〔一〕「濤」，原本作「禱」，形近而誤，今改。

以禱謝去，明矣。

湯之致旱以過乎？是不與天地同德也。令不以過致旱乎？「令」猶「若」也。自責禱謝，亦無益也。人形長七尺，形中有五常，有癉熱之病，「癉」下舊校曰：一作「瘴」。深自剋責，猶不能愈，況以廣大之天，自有水旱之變，湯用七尺之形，形中之誠，自責禱謝，安能得雨邪？人在層臺之上，人從層臺下叩頭，求請臺上之物。臺上之人聞其言，則憐而與之；如不聞其言，雖至誠區區，廣雅釋訓：「區區，小也。」終無得也。夫天去人，非徒層臺之高也，湯雖自責，天安能聞知而與之雨乎？

夫旱，火變也；湛，水異也。爾雅：「久雨謂之淫。」明雩篇曰：「久雨爲湛。」「淫」、「湛」古同聲通用。考工記㡛氏：「淫之以蜃。」杜子春曰：「淫或爲湛。」堯遭洪水，可謂湛矣，堯不自責以身禱祈，必舜、禹治之，知水變必須治也。除湛不以禱祈，除旱亦宜如之。由此言之，湯之禱祈，不能得雨。

或時旱久，時當自雨，湯以旱久，亦適自責，世人見雨之下，隨湯自責而至，則謂湯以禱祈得雨矣。

傳書言：「倉頡作書，天雨粟，鬼夜哭。」淮南本經訓文，高注：「蒼頡始視鳥跡之文，而造書者也。有書契，（莊刻本「而」字、「書者也有」四字並挩，今據類聚八五、日本古寫本祕府略殘卷引正。）則詐譌萌生；詐譌萌生，則去本趨末，棄耕作之業而務錐刀之利，天知其將餓，故爲雨粟。鬼恐爲書文所劾，故夜哭也。」意林引許注：「造文字，則詐譌生，故鬼哭也。」與高義異。**此言文章興而亂漸見，**淮南子云：「智（「智」字依王念孫校增。）能愈多而德愈薄。」義與此相近。**故其妖變致天雨粟、鬼夜哭也。**

**夫言天雨粟，鬼夜哭，實也。言其應倉頡作書，虚也。**淮南高、許注義同。

**夫河出圖，洛出書，聖帝明王之瑞應也。**白虎通封禪：「德至淵泉則河出圖，洛出書。」易繫辭上李鼎祚集解載鄭玄引春秋緯曰：「河以通乾，出天苞；洛以流坤，吐地符。河龍圖發，洛龜書感。河圖有九篇，洛書有六篇。」漢書五行志載劉歆説：「虙羲氏繼天而王，受河圖，則而畫之，八卦是也。禹治洪水，賜洛書，法而陳之，洪範是也。」漢書敘傳：「河圖命庖，洛書賜禹，八卦成列，九疇逌敘。」李奇注：「河圖即八卦，洛書即洪範九疇。」洪範五行傳鄭注：「初禹治水，得神龜負文於洛，于以盡得天人陰陽之用，至是奉帝命而陳之。」是亦以洛書爲洪範九疇也。仲任説同，見後正説篇。蓋河圖即八卦，洛書即洪範，兩漢今古文説無異。**圖書文章，與倉頡所作字畫（書）何以異？**古書多以「文字」連文，未有以「字畫」相屬者。「字」字涉下文而衍。「畫」字爲「書」字形近而誤。「倉頡所作書」，承上「傳書言，倉頡作書」爲文也，不當作「字畫」二字。御覽六一八引作「圖書文章，與書何異」。路史前紀六注引作「圖書文章，與作書何異」。並作「書」字，是其明證。天地爲圖書，倉頡作文字，說文序：「依類象形謂之文，形聲相益謂之字。」意林引王嬰古今通論：「倉頡造書，形立謂之文，聲具謂之字。字者，取其孳乳相生。在於竹帛謂之書。」業與天地同，指與鬼神合，何非何惡，而致雨粟、神(鬼)哭之怪〔哉〕？孫曰：「神哭」當作「鬼哭」。此涉上句「指與鬼神合」而誤。上文云：「傳書言：『倉頡作書，天雨粟，鬼夜哭。』」正說此事。不當作「神哭」也。御覽七四七引作「何非何惡，而致雨粟、鬼哭之怪哉」，當據正。暉按：孫說是。路史前紀六注引亦作「鬼哭」。又御覽、路史注引「怪」下並有「哉」字，今據增。使天地鬼神惡人有書，路史注引「有」作「作」。則其出圖書非也；天不惡人有書，御覽六一八引作「若不惡爲書」，與上文「有書」（路史注作「作書」。）相合。疑今本「有」字誤。作書何非，而致此怪？

或時倉頡適作書，天適雨粟，鬼偶夜哭，而雨粟、鬼[神]哭，自有所爲，孫曰：此文不當有「神」字，疑涉上文「鬼神」而衍。世見應書而至，則謂作書生亂敗之象，應事而動也。

「天雨穀」，論者謂之從天而下，〔應〕變而生。劉先生曰：「變」上御覽八三七引有「應」字，當據增。

如以雲雨論之，雨穀之變，不足怪也。何以驗之？

夫雲雨出於丘山，降散則爲雨矣。劉先生曰："雲"下"雨"字疑衍。此言雲出丘山，及其降散，乃爲雨耳。若作"雲雨"，則於詞爲複矣。御覽二七、又八三七引，並無"雨"字，是其證。盼遂案："雲雨"當是"雲氣"，下文云"皆由雲氣發於丘山"，其證也。人見其從上而墜〔一〕，則謂之天雨水也。夏日則雨水，冬日天寒，則雨凝而爲雪，皆由雲氣發於丘山，不從天上降集於地，明矣。夫穀之雨，猶復雲布之，"布之"二字疑倒。亦從地起，盼遂案："雲布"爲"雲雨"之誤。上文"如以雲雨論之"，此正其結論，故亦云"雲雨"，與之相應也。因與疾風俱飄，參於天，集於地。集，止也。人見其從天落也，則謂之"天雨穀"。

建武三十一年中，"中"字於義無取，涉"年"字譌衍。劉賡稽瑞、類聚八五、御覽八三七、玉海一九七引並無，當據刪。陳留雨穀，穀下蔽地。案視穀形，若茨而黑，類聚引"茨"作"粢"，御覽引作"米"，玉海引作"苡"。孫曰：作"粢"是也。有似於稗實也。後漢書光武紀亦云："形如稗實。"杜預曰："稗，草之似穀者。"此或時夷狄之地，生出此穀，夷狄不粒食，禮記王制："西方曰戎，被髮衣皮，有不粒食者矣；北方曰狄，衣羽毛穴居，有不粒食者矣。"鄭曰："不粒食地氣寒，少五穀。"此則謂性不知粒食也。詩思文疏引鄭曰："粒，米也。"僞益稷孔傳：

〔一〕"墜"，原本作"墮"，據通津草堂本改。

「米食曰粒。」此穀生於草野之中，成熟垂委於地，遭疾風暴起，吹揚與之俱飛，風衰穀集，墮於中國。中國見之，謂之「〔天〕雨穀」。孫曰：「謂之雨穀」，當作「謂天雨穀」，與上「則謂之天雨穀」文正相應。類聚八十五引「之」作「天」，不誤。劉先生曰：御覽八三七引作「謂之天雨穀」。（張本御覽無「之」字。）此文敚「天」字，「之」字不誤。暉按：明天啓本御覽引亦作「謂天雨穀」。然以上文「則謂之天雨穀」例之，則當補「天」字。何以效之？野火燔山澤，山澤之中，草木皆燒，其葉爲灰，疾風暴起，吹揚之，參天而飛，風衰葉下，集於道路。夫「天雨穀」者，草木葉燒飛而集之類也，而世以爲雨穀，作傳書者以〔爲〕變怪。「以變怪」文不成義。「以」下當有「爲」字，傳寫脱也。「以爲雨穀」，「以爲變怪」，文例正同。盼遂案：「以」下當有「爲」字。上句「世以爲雨穀」，此與之同一文法。吳承仕曰：「此句似應作『作書者傳以變怪』，『傳』涉上誤作『傳』，又妄乙之耳。」

天主施氣，地主產物，有葉實可啄食者，皆地所生，非天所爲也。今穀非氣所生，須土以成，雖云怪變，怪變因類。言雖説怪變者，亦必據類言之。穀非天氣所生，而云天雨穀，失其類也。生地之物，更從天集，生天之物，可從地出乎？地之有萬物，猶天之有列星也，星不更生於地，穀何獨生於天乎？

傳書又言：「伯益作井，龍登玄雲，神棲崑崙。」淮南本經訓文。高注：「伯益佐舜初作井，鑿地而求水，龍知將決川谷，漉陂池，恐見害，故登雲而去，棲其神於昆侖之山。」按：高注以「神」爲「龍神」，仲任則以爲「百神皆是」。以文例求之，龍神對文，高説非也。御覽九二九引淮南注：「伯益，（字譌作「夷」。）夏禹之佐也。初鑿井，泄地氣，以後必漉池而漁，故龍登玄雲，神棲崐崙。」與仲任讀同，疑是許注。言龍井有害，故龍、神爲變也。「龍井」當作「作井」。此言龍、神因作井有害而去也。下文云：「爲作井之故，龍登神去。」可證。盼遂案：上「龍」字涉上下文而衍。

夫言龍登玄雲，實也。言神棲崑崙，又言爲作井之故，龍登神去，虚也。夫作井而飲，耕田而食，同一實也。伯益作井，致有變動，始爲耕耘者，何故無變？神農之橈木爲耒，橈，屈也。教民耕耨，民始食穀，穀始播種。易繫辭下云：「神農氏斲木爲耜，揉木爲耒，耒耨之利，以教天下。」耕土以爲田，鑿地以爲井，井出水以救渴，田出穀以拯饑，天地鬼神所欲爲也，龍何故登玄雲？神何故棲崑崙？夫龍之登玄雲，古今有之，非始益作井而乃登也。方今盛夏，雷雨時至，龍多登雲。雲〔雨與〕龍相應，「雲」下舊校曰：一有「風興」字。暉按：「雲龍相應」，當作「雲雨與龍相應」。「風興」爲「雨與」形近之誤。下「龍乘雲雨而行」，即承此「雲雨」爲義。御覽二二引作「龍多登雲，雲雨與龍相應」，是其證。龍乘雲雨而行，物類相致，非有爲也。

堯時〔天下大和，百姓無事，有〕五十之民，文選七命注引「堯時」下有「天下」以下九字。路史後紀十注引同。今據補。（玉海廿四引已捝。）又「有五十之民」，路史注引作「有壤父五十餘人」，非也。本書藝增、自然、須頌三篇並謂年五十，非五十人也，文選注引正同此本。擊壤於塗。路史注引作「擊於康衢」，亦意改也。觀者曰：「大哉，堯之德也！」擊壤者曰：「吾日出而作，日入而息，鑿井而飲，耕田而食，堯何等力？」路史注引作「堯何力之有」，亦意改也。此事亦見帝王世紀、（治要十一引史記五帝紀注。）逸士傳。（海録碎事十七。）堯時已有井矣。唐、虞之時，豢龍、御龍，龍常在朝，夏末政衰，龍乃隱伏，左昭二十九年傳：「董父好龍，龍多歸之。乃擾畜龍，以服事帝舜，氏曰豢龍。故帝舜氏世有畜龍。後有劉累，學擾龍于豢龍氏，以事孔甲，氏曰御龍。龍一雌死，求之不得。」晉語八范宣子亦曰：「匄之祖，在夏爲御龍氏。」是御龍，孔甲世也。仲任誤記。史記夏本紀集解引賈逵曰：「豢，養也。穀食曰豢。」服虔曰：「御亦養。」非益鑿井，龍登雲也。

所謂神者，何神也？百神皆是，百神何故惡人爲井？使神與人同，則亦宜有飲之欲。有飲之欲，憎井而去，非其實也。

夫益殆不鑿井，益作井，出世本。仲任不從。龍不爲鑿井登雲，神不棲於崑崙，傳書意妄，造生之也。「意妄」當作「妄意」，傳寫倒也。韓非子用人篇：「去規矩而妄意度。」又解老篇：「前識者，無緣而忘意度也。」「忘」讀作「妄」。莊子胠篋篇：「妄意室中之藏。」論語先進篇：

「億則屢中。」何晏曰：「億度是非。」即此「意」字之義。

**傳書言：「梁山崩，**事在春秋魯成五年。**壅河，三日不流，**「壅河」，穀梁作「壅遏河」。臧琳經義雜記八曰：「遏字衍文。公羊傳作『壅河』，漢書五行志下之上引穀梁傳作『廱河』，則西漢儒所據穀梁無遏字。」按：此作「壅河」，亦足證臧説。**晉君憂之。**史記年表：晉景公十四年。**晉伯宗以輦者之言，**此文本穀梁，當作「伯尊」。後人據左氏妄改，亂家法也。**令景公素縞而哭之，**左氏傳作：「重人曰：『君爲之不舉、降服、乘縵、徹樂、出次，祝幣，史辭以禮焉。』」晉語五略同。公羊無明文。此本穀梁也。穀梁注：「素衣，縞冠，凶服也。」楊疏：「鄭玄云：『黑經白緯謂之縞。』縞冠素純以純喪冠，故謂之素縞。』范與鄭異。」按：下文以「素服」釋之，韓詩外傳八同。檀弓下鄭注：「素服，縞冠也。」周禮春官司服：「大札、大荒、大烖素服。」鄭注：「君臣素服縞冠，若晉伯宗哭梁山之崩。」是鄭説與仲任合。**河水爲之流通。」**

**此虛言也。**

**夫山崩壅河，猶人之有癰腫，血脉不通也。治癰腫者，可復以素服哭泣之聲治乎？**

**堯之時，洪水滔天，懷山襄陵，帝堯吁嗟，博求賢者。**堯典：「帝曰：『咨四岳，湯湯洪水方割，蕩蕩懷山襄陵，浩浩滔天。下民其咨，有能俾乂。』」僞孔傳：「懷，包也。襄，上也。」皮錫瑞曰：「今文尚書作『湯湯鴻水滔天，浩浩懷山襄陵』。」仲任蓋據今文。水變甚於河壅，堯憂深於景公，不聞以素縞哭泣之聲能厭勝之。堯無賢人若輦者之術乎？將洪水變大，不可以聲服除也？「將」猶「抑」也。

如「素縞而哭」，悔過自責也，堯、禹之治水，以力役，不自責。梁山，堯時山也；所壅之河，堯時河也。水經注四：「河水南逕梁山原東。在馮翊夏陽縣西北，臨于河上。」孫星衍曰：「河逕今韓城，山即韓城縣北大梁山。」山崩河壅，天雨水踊，二者之變，無以殊也。堯、禹治洪水以力役，輦者治壅河用自責，變同而治異，人鈞而應殊，「鈞」讀作「均」，亦同也。殆非賢聖變復之實也。變復義見前注。

凡變復之道，所以能相感動者，以物類也。有寒則復之以温，復謂消復之。温復解之以寒。故以龍致雨，注見偶會篇。以刑逐暑，孫曰：「以刑逐暑」，義不可通。「刑」當作「形」。（形、刑古通。）「暑」當作「景」。塞温篇云：「虎嘯而谷風至，龍興而景雲起，同氣共類相招致，故曰以形逐影，（元本作「景」。）以龍致雨。」吕氏春秋有始篇、召類篇並云：「以龍致雨，以形逐影。」是其證。又按：「刑」或「扇」字之譌。春秋繁露同類相動篇云：「故以龍致雨，以扇逐暑。」皆緣五行之氣，用相感勝之。感動厭勝。山崩壅河〔一〕，素縞哭之，於道何意乎？道，變復之道。

此或時河壅之時，山初崩，土積聚，水未盛。三日之後，水盛土散，稍壞沮矣。壞沮水流，竟注東去。遭伯宗得輦者之言，因素縞而哭，哭之因流，流時（則）謂之河變起此而復。「時」當作「則」，形之誤也。起，因也。本書常語。復，消復。言人見其流，則謂河壅之變因哭而消復也。於「或時」以下，求傳書虛妄之由，必以「則謂」云云出之。本書諸篇可按。其實非也。何以驗之？使山恒自崩乎？素縞哭無益也。使其天變應之，宜改政治。素縞而哭，何政所改，而天變復乎？

傳書言：「曾子之孝，與母同氣。曾子出薪於野，有客至而欲去。曾母曰：御覽三六九引作「曾子母曰」。『願留，參方到。』即以右手搤其左臂。事文類聚四、合璧事類二五引「右左」二字並倒。曾子左臂立痛，即馳至，問母〔曰〕：「曰」字，據事文類聚、合璧事類引增。『臂何故痛？』母曰：『今者客來欲去，吾搤臂以呼汝耳。』」未知何出。搜神記云：「曾子從仲尼在楚，而心動，辭歸問母。母曰：『思爾嚙指。』孔子聞曰：『曾參之孝，精感萬

〔一〕「壅河」，原本作「河壅」，據通津草堂本乙。

里。』」與此事相近。盼遂案：唐蘭云：「類書引此事，云孝子傳。隋志孝子傳有數家，劉向、師覺授等是也。」干寶搜神記十一亦記此事。蓋以至孝與父母同氣，體有疾病，精神輒感。

曰：此虚也。

夫「孝悌之至，通於神明」，孝經文。乃謂德化至天地。俗人緣此而説，言孝悌之至，精氣相動。

如曾母臂痛，曾子臂亦輒痛，曾母病[乎]，曾子亦〔輒〕病〔乎〕？元本「乎」字在「曾子亦病」下。朱校同。孫曰：當據正。暉按：「亦」下當有「輒」字。「亦輒痛」，「亦輒病」，「亦輒死」，語氣相同。今本此文「亦」下脱「輒」字，下文「輒」上又脱「亦」字，可互證。曾母死，曾子〔亦〕輒死乎？「輒」上當有「亦」字。御覽三六九引此文作「臂痛，曾子臂亦痛；母死，曾子亦死乎」。兩「輒」字並漏引，然可推證此文與上文句法一律，並以「亦輒」二字連文。盼遂案：此文本作「曾母病，曾子亦輒病乎？曾母死，曾子亦輒死乎」，始與上文「曾母臂痛，曾子臂亦輒痛」應。攷事，疑是「成事」之誤。本書常語。曾母先死，檀弓下：「子張死，曾子有母之喪，齊衰而往哭之。」曾子不死矣。此精氣能小相動，不能大相感也。

世稱申喜夜聞其母歌，心動，開關問歌者爲誰，果其母。淮南説山訓：「老母行歌而動，申喜精之至也。」高注：「申喜，楚人也。少亡其母，聞乞人行歌，聲感而出視之，則其母也。」

盼遂案：事見吕氏春秋精通篇。

今曾母在家，曾子在野，不聞號呼之聲，母小搤臂，安能動子？蓋聞母聲，聲音相感，心悲意動，開關而問，蓋其實也。

疑世人頌成，義未明。聞曾子之孝，天下少雙，則爲空生母搤臂之説也。

世稱：南陽卓公爲緱氏令，蝗不入界。卓公，卓茂也。後漢書本傳：「卓茂字子康，南陽宛人也，遷密令。平帝時，天下大蝗，河南二十餘縣，皆被其災，獨不入密縣。督郵言之，太守不信，自出案行見乃服焉。」傳云爲密令，此云「緱氏令」，因兩地並在河南，傳聞而誤，當以密令爲是。類聚五十引司馬彪書與范書同。（書鈔七十八引彪書云：「爲茂陵令，蝗不入茂陵界。」不足據。）後漢書光武紀云：「以前密令（今誤作高密。）卓茂爲太傅。」水經注：「密縣城東門南側有漢密令卓茂祠〔一〕。」蓋以賢明至誠，災蟲不入其縣也。

此又虛也。

夫賢明至誠之化，通於同類，能相知心，然後慕服。蝗蟲，閩虻之類也，類聚九七蚊類引「閩」作「蚊」。下同。字本作「䖟」，又以聲轉作「閩」也。漢書高帝紀注應劭曰：「『閩』音文飾之『文』。」何知何見，而能知卓公之化？使賢者處深野之中，閩虻能不入其舍乎？

〔一〕「祠」，原本作「詞」，形近而誤，據水經注改。

閩虻不能避賢者之舍，蝗蟲何能不入卓公之縣？

如謂蝗蟲變，災變也。與閩虻異，殊異也。夫寒温，亦災變也，從説寒温者之説。使一郡皆寒，賢者長一縣，一縣之界能獨温乎？夫寒温不能避賢者之縣，蝗蟲何能不入卓公之界？

夫如是，蝗蟲適不入界，卓公賢名〔偶〕稱於世，「稱」字下舊校曰：一有「偶」字。孫曰：疑當作「偶稱於世」，與「適不入界」語氣相同。本書「偶」、「適」平列，其例甚多。舊校「偶」字在「稱」字下者，文誤倒也。世則謂之能卻蝗蟲矣。何以驗之？夫蝗之集於野，非能普博盡蔽地也，往往積聚多少有處。非所積之地，則盜跖所居；所少之野，則伯夷所處也。集過〔地〕有多少，孫曰：「過」當作「地」。下云：「夫集地有多少，則其過縣有去留矣。」正承此言。「過」字即涉「過縣」而誤。不能盡蔽覆也。夫集地有多少，則其過縣有留去矣。多少不可以驗善惡，有無安可以明賢不肖也？蓋時蝗自過，不謂賢人界不入〔界〕明矣。孫曰：當作「不爲賢人不入界」。上云：「卓公爲緱氏令，蝗不入界。」又云：「蝗蟲適不入界。」並其證。今本「爲」誤作「謂」，又將「界」字錯於「不入」之上，故文不成義。暉按：「謂」讀作「爲」，本書時有其例，今仍之。盼遂案：「賢人界」三字成詞。「賢人界不入」，即不入賢人界也，本自可通，不煩改换。

# 論衡校釋卷第六

## 福虚篇

世論行善者福至，爲惡者禍來。禍福之應，皆天也，人爲之，天應之。陽恩，人君賞其行；陰惠，天地報其德。無貴賤賢愚，莫謂不然。〔不〕徒見行事有其文傳，又見善人時遇福，「徒」上當有「不」字。「又見」即承「不徒見」爲義也，可證。故遂信之，謂之實然。斯言或時賢聖欲勸人爲善，著必然之語，以明德報；或福時適，遇者以爲然。文有脱誤。疑當作「或時福適遇，遇者以爲然」。兩「或時」平列，本書常語。今本「遇」字因重文而脱，「時」字又誤奪在下，遂失其義。盼遂案：此九字文辭不屬，意亦與上文沓複，疑是衍文。如實論之，安得福祐乎？

楚惠王食寒葅而得蛭，元本脱「寒」字。宋本、賈子新書春秋篇、新序雜事篇並與此同。説文：「葅，酢菜也。从艸，沮聲。」字或作「菹」，亦爲肉稱。漢書刑法志：「葅其骨肉於市。」蛭，爾雅釋魚曰：「蟣。」注：「今江東呼水中蛭蟲入人肉者爲蟣。」廣韻五質云：「蛭，水蛭。」引博物志曰：「水蛭，三斷而成三物。」本草：「水蛭一名蚑。」唐注：「一名馬蜞。」爾雅釋文一名「馬耆」。吾鄉俗稱馬黄，生洿濁水中。爾雅邢疏謂即楚王食菹而吞者。下文謂蛭非如蟣蝨，此蟣即説文云「蝨子也」。「蛭」名「蟣」，方言異也。仲任謂食血之蟲，正馬黄，可驗也。盼遂案：「楚」上脱一「曰」字，此論難者之辭也。因遂吞之，腹有疾而不能食。令尹問：賈子、新序並作「令尹入問曰」。「王安得此疾也？」王曰：「我食寒菹而得蛭，念譴之而不行其罪乎？是廢法而威不立也，孫曰：「廢法」疑當作「法廢」，文誤倒也。「法廢」與「威不立」語意相貫。新書春秋篇正作「法廢」。暉按：新序亦作「法廢」。非所以使國人聞之也。譴而行誅乎？新序作「行其誅」，與上「行其罪」語氣相同，疑是。則庖廚（宰）監食者宋本「廚」作「宰」，朱校元本同。與賈子、新序同。今據正。法皆當死，心又不忍也。吾恐左右見之也，「見之」二字疑倒。下文「如恐左右之見」可證。賈子、新序並作「吾恐蛭之見」。因遂吞之。」令尹避席再拜而賀曰：「臣聞天道無親，唯德是輔。王有仁德，天之所奉也，淮南説林訓高注：「奉，助也。」病不爲傷。」是夕也，惠王之後而蛭出，「之」猶「往」也。往後宫也。及久患心腹之積皆愈。賈子亦作「積」。新序作「疾」，後人不明其義而妄改也。下文云：「惠王心腹之積，殆積血也。」正釋此「積」字。爾雅邢疏：「楚王食寒菹吞蛭，能去結積。」正得其義。御覽九五〇、郝懿行爾雅義疏並引此文，改「積」爲「疾」，失之。北堂書鈔百四十六引賈子作「其久疾心腹之積疾皆愈也」，則知此文當作「心腹之積」矣。故天之親（視）德（聽）也，可謂不察乎？「親德」當作「視聽」。「察」，明也，與「親德」義不相屬。字形相近，又涉上文「天道無親，唯德是輔」而誤。賈子新書春秋篇、新序雜事篇正作「視聽」，是其明證。

曰：此虛言也。

案惠王之吞蛭，不肖之主也。有不肖之行，天不佑也。何則？惠王不忍譴蛭，恐庖廚監食法皆誅也。「廚」字當作「宰」，下同。説見上文。一國之君，專擅賞罰；而赦，盼遂案：「而」猶「與」也，及也。詳王氏經傳釋詞。人君所爲也。惠王通譴菹中何故有蛭，庖廚監食皆當伏法，然能終不以飲食行誅於人，赦而不罪，惠莫大焉。庖廚罪覺而不誅，自新而改後；惠王赦細而活微，身安不病。今則不然，强食害己之物，使監食之臣不聞其過，失御下之威，無禦非之心，不肖一也。使庖廚監食失甘苦之和，若塵土落於菹中，大如蟣虱，「若」猶「或」也。「虱」，蝨俗字。非意所能覽，非目所能見，原心定罪，不明其過，可謂惠矣。今蛭廣有分數，長有寸度，爾雅釋魚郝疏：「大如拇指。」在寒菹中，眇目之人，釋名釋疾病：「目匡陷急曰眇。」説文曰：「一目小。」義稍異。猶將見之。臣不畏敬，擇濯不謹，罪過至重，惠王不譴，不肖二也。菹中不當有蛭，不食投地；如恐左右之見，懷屏隱匿之處，足以使蛭不見，何必食之？如不可食之物，「如」猶「乃」也。誤在葅中，可復隱匿而强食之？不肖三也。有不肖之行，而天祐之，是天報祐不肖人也。

不忍譴蛭，世謂之賢，賢者操行，多若吞蛭之類，吞蛭天除其病，是則賢者常無病也。賢者德薄，未足以言。聖人純道，操行少非，「薄」疑當作「駁」，聲之誤也。禍虛篇：「賢者尚可謂有非，聖人純道者也。」明雩篇：「世稱聖人純而賢者駁，純則行操無非。」潛夫論實貢篇：「聖人純，賢者駁。」是聖純賢駁，漢時通義。則知此文當以「德駁」與「純道」相對爲義，非謂德薄也。爲推不忍之行，以容人之過，必衆多矣。然而武王不豫，金縢曰：「武王有疾不豫。」皮錫瑞曰：「『不』，今文，古文作『弗』。」段玉裁曰：「古文一作『不』。」白虎通曰：「天子疾，曰不豫，言不復豫政也。」（書疏引，今本脱。）此今文説也，仲任當從之。説文引周書作「悆」，云：「喜也。」此古文説也。郭忠恕汗簡中之二云：「『悆』，古文尚書『豫』。」僞孔傳謂「弗豫」爲「不悦豫」，尚知承守古文舊説。五行志：「天子不豫。」顏注從孔傳，不知班氏今文，其説自異也。孔子疾病，注見感虛篇。天之祐人，何不實也？

或時惠王吞蛭，蛭偶自出。食生物者，無有不死，腹中熱也。初吞，蛭時未死，疑當作「初吞時，（句。）蛭未死」。「蛭未死」，與下「蛭動作」、「蛭死腹中」語意相貫。今作「蛭時」，文誤倒也。盼遂案：當是「初吞時，蛭未死」，否則似惠王時未死矣。而腹中熱，蛭動作，故腹中痛。須臾，蛭死腹中，痛亦止。以上文例之，「痛」上當有「故」字。蛭之性食血，惠王心腹之積，殆積血也。故食血之蟲死，而積血之病愈。陳氏本草經百種録曰：「水蛭主逐惡血月閉，破血瘕積聚。水蛭最喜食人之血，而性又遲緩善入。遲緩則生血不傷，善入則堅積易破，借其力以攻積久之滯，自有利而無害也。」猶狸之性食鼠，韓非子揚榷篇：「令狸執鼠，皆用其能。」尸子下卷：「使牛捕鼠，不如貓狌之捷。」莊子秋水篇：「捕鼠不如貓狌。」郊特牲曰：「迎貓，爲其食田鼠也。」是狸即貓。廣雅：「貍，貓也。」今俗呼貍爲野貓。人有鼠病，吞狸自愈，淮南説山訓：「狸頭愈鼠。」是也。高注：「鼠齧人創。」失之。本草陶注：「狸肉主鼠瘻。」瘻，頸腫也，俗名老鼠包。物類相勝，方藥相使也。食蛭蟲而病愈，安得怪乎？食生物無不死，死無不出，之後蛭出，安得祐乎？令尹見惠王有不忍之德，知蛭入腹中必當死出，臣因〔以〕再拜，賀病不爲傷，「臣」字無義，「臣因」當作「因以」。「以」或作「㠯」，與「臣」形近而譌，文又誤倒。此文與變虚篇「亦或時子韋知星行度」云云文例同。「因以再拜」句，與彼「因以星舍」句正相比，可證。盼遂案：「臣」係「因」之形譌而衍。俗「因」字作「囙」，與「臣」形相近。此句承上令尹爲言，故不容有臣字。著己知來之德，宋本「來」作「身」。朱校元本同。以喜惠王之心，是與子韋之言星徙，太卜之言地動，並見變虚篇。無以異也。

宋人有好善行者，三世不解，盼遂案：三世不懈也。別本作「不改」，是誤字。家無故黑牛生白犢，以問孔子。淮南人間篇作「先生」。列子説符篇同此。孔子曰：「此吉祥也，以享鬼神。」淮南許注：「白犢，純色，可以爲犧牲。」即以犢祭。一年，其父無故而盲。牛又生白犢，其父又使其子問孔子。孔子曰：「吉祥也，以享鬼神。」復以犢祭。一年，其子〔又〕無故而盲。孫曰：當作「其子又無故而盲」。上云「其父無故而盲」，故此云「其子又無故而盲」。淮南子人間篇、列子説符篇並有「又」字。其後楚攻宋，圍其城。淮南許注：「楚莊王時，圍宋九月。」事見左宣十四年及十五年傳。當此之時，易子而食之，枏骸而炊之，公羊傳何注：「析，破。骸，人骨也。」「枏」即「析」字。此獨以父子俱盲之故，得毋〔一〕乘城。乘，上也。軍罷圍解，父子俱視。許注：視復明也。此脩善積行神報之效也。

曰：此虛言也。

夫宋人父子脩善如此，神報之，何必使之先盲後視哉？不盲常視，不能護乎？此神不能護不盲之人，則亦不能以盲護人矣。

使宋、楚之君合戰頓兵，頓，傷也。流血僵尸，僵，仆也。戰夫禽獲，死亡不還，以

〔一〕「毋」，原本作「無」，據通津草堂本改。

盲之故，得脱不行，可謂神報之矣。今宋、楚相攻，兩軍未合，圍積九月而未戰。華元、子反宋、楚二大夫。結言而退，具見公羊宣十五年傳。左氏謂登子反牀，盟。盼遂案：宋人黑牛生白犢事，淮南子人間訓、列子説符篇皆有記載，惟謂宋、楚相攻，不刻定爲華元、子反之役，至論衡始有此言。然考之春秋三傳，司馬子反和華元平，事在魯宣公十四年。史記孔子世家記孔子生在魯襄公二十二年，則華元、子反平事前於孔子之生且四十四年，然則宋人之子安得以白犢問孔子，孔子又安得以吉祥語之哉？夫宋、楚相攻之事夥矣，仲任必規爲華元、子反之役，是亦千慮之一失矣。二軍之衆，並全而歸，兵矢之刃無頓用者。頓，傷折也。雖有乘城之役，無死亡之患。爲善人報者，爲乘城之間乎？謂只免乘城之役。使時不盲，亦猶不死。猶，均也。盲與不盲，俱得脱免，神之使盲，何益於善？

當宋國乏糧之時也，盲人之家，豈獨富哉？俱與乘城之家易子析骸，謂與不盲者同困。反以窮厄獨盲無見，則神報祐人，失善惡之實也。

宋人父子，前偶自以風寒發盲，素問至真要大論注：「風，寒氣生也。」又風論：「風者，百病之長。」圍解之後，盲偶自愈。世見父子修善，又用二白犢祭，宋、楚相攻，獨不乘城，圍解之後，父子皆視，則謂修善之報，獲鬼神之祐矣。

楚相孫叔敖爲兒之時，楚莊王相也。左宣十一年傳：「楚令尹蔿艾獵城沂。」孔疏引服虔曰：「艾獵，蔿賈之子，孫叔敖也。」呂氏春秋情欲篇、知分篇高誘注同。毛奇齡以叔敖非楚公族，並非蔿氏，乃期思鄙人。叔敖碑云：「諱饒字叔敖。」孫星衍曰：「饒、敖音近。」馬驌繹史、顧炎武金石文字記並疑此碑不足信。見兩頭虵，續博物志：馬鼈食牛血所化。殺而埋之，歸，對其母泣。母問其故，對曰：「我聞見兩頭虵〔者〕死。句脱「者」字，於義不明。賈子新書春秋篇正作「吾聞見兩頭蛇者死」。新序雜事篇：「聞見兩頭之蛇者死。」並有「者」字，當據補。向者，出見兩頭虵，「向」讀作「嚮」。恐去母死，是以泣也。」其母曰：「今虵何在？」對曰：「我恐後人見之，即殺而埋之。」其母曰：「吾聞有陰德者，天[必]報之〔福〕。孫曰：「天必報之」本作「天報之福」，「必」字涉下句而誤，又脱「福」字。下文云：「有陰德天報之福者，俗議也。」正承此文言之。否則，無所屬矣。新書春秋篇、新序雜事篇並作「天報以福」。汝必不死，天必報汝。」叔敖竟不死，遂爲楚相。埋一虵，獲二祐，天報善，明矣。

曰：此虚言矣。

夫見兩頭虵輒死者，俗言也；有陰德天報之福者，俗議也。叔敖信俗言而埋虵，其母信俗議而必報，是謂死生無命，在一虵之死。

齊孟嘗君田文以五月五日生，其父田嬰讓其母曰：「何故舉之？」洪範馬注：「舉猶生也。」謂何故乳育之。曰：「君所以不舉五月子，何也？」疑「曰」上當有「文」字，此田文語也。史記本傳：「文頓首，因曰。」本書四諱篇同。今脫「文」字，若文母語也。盼遂案：「曰」上脫「文頓首」三字，宜據本書四諱篇及史記孟嘗君傳補。否則竟似其母與田嬰應答矣。嬰曰：「五月子，長與戶同，殺其父母。」曰：「人命在天乎？在戶乎？如在天，君何憂也？如在戶，則宜高其戶耳，誰而及之者？」「而」讀作「能」。後文長與一戶同，而嬰不死。「一」字於義無取，傳寫誤增。四諱篇曰：「文長過戶，而嬰不死。」即其義。是則五月舉子之忌，無效驗也。夫惡見兩頭虵，猶五月舉子也。五月舉子，其父不死，則知見兩頭虵者，無殃禍也。由此言之，見兩頭虵自不死，非埋之故也。埋一虵，獲二福，盼遂案：「福」當爲「祐」。上文「埋一蛇，獲二祐」，下文「埋十蛇，得幾祐」，皆不作「福」。如埋十虵，得幾祐乎？

埋虵惡人復見，叔敖賢也。賢者之行，豈徒埋虵一事哉？前埋虵之時，多所行矣。禀天善性，動有賢行，賢行之人，宜見吉物，無爲乃見殺人之虵。「乃」猶「而」也。言不得見凶物。豈叔敖未見虵之時有惡，有惡行。天欲殺之，見其埋虵，除其過，天活之哉？石生而堅，蘭生而香，如謂叔敖之賢，在埋虵之時，非生而禀之也。謂則非生禀性命。

儒家之徒董無心，藝文志儒家：「董子一篇。」注：「名無心，難墨子。」其書明時尚有傳本，見陳第世善堂書目。今則不傳。孫詒讓墨子閒詁墨語下輯佚文六則。鄭樵謂無心爲墨子弟子，誤也。**墨家之役（徒）纏子**，孫曰：「役」疑「徒」字之誤。齊曰：作「役」不誤。問孔篇：「故稱備徒役，徒役之中，無妻則妻之耳。」「役」猶「徒」也，互文。暉按：王應麟漢書藝文志考證引正作「徒」，當據正。廣韻二仙曰：「纏又姓，漢書藝文志有纏子著書。」按：漢志無纏子，隋、唐志亦未載。馬總意林始著纏子一卷，引其文二則。謂纏子修墨子之業。文選文賦注亦引有其語。或曰：並本於董子書。盼遂案：「役」亦「徒」也。問孔篇：「諸入孔子門者皆有善行，故稱備徒役。」此「徒」、「役」同義之證。莊子庚桑楚篇：「老聃之役有庚桑楚者。」釋文引司馬彪云：「役，學徒弟子也。」又引廣雅云：「役，使也。」成疏：「役，門人之稱。」呂氏春秋尊師篇後爲誣徒篇，高誘注云：「此篇一名詆役。凡篇中徒字皆作役，徒與役謂弟子也。」（高語止此。）古人事師，供其驅走，不憚艱險，故稱役焉。**相見講道。**王應麟玉海五十三引中興館閣書目曰：「董子一卷，與學墨者纏子辯上同、兼愛、上賢、明鬼之非，纏子屈焉。」**纏子稱墨家佑（右）鬼神**，「佑」當作「右」。藝文志曰：「宗祀嚴父，是以右鬼。」淮南氾論訓：「右鬼非命。」本書薄葬篇、案書篇並作「右鬼」。高誘曰：「右猶尊也。」顏師古義同。若作「佑」，則非其義。漢志攷證引，「右」字不誤。又右鬼、非命，墨家之義，亦諸書常語。「神」字傳寫誤增。漢志師古注引墨子「明鬼神」，誤同。**是引秦穆公有明德**，「穆」、「繆」字通。然「秦穆公」字本作「繆」。此文當依無形篇改作「繆」，否則，下文「穆則誤亂之名」無所屬矣。下諸「穆」字同。**上帝賜之[九]十〔九〕年。**先孫曰：此事亦見墨子明鬼篇。秦穆公今本墨子作「鄭穆公」，誤。（此與前無形篇並作「秦」，與山海經海外東經郭注、北齊書樊遜傳、杜氏玉燭寶典並合。詳墨子閒詁。）「九十年」，前無形篇正作「十九年」，此誤倒。暉按：今本墨子作「錫女壽十年有九」。海外東經郭注引墨子正作「賜之壽十九年」。（楚詞遠遊洪補注引墨子作「十年」，引郭注作「九十」，並誤。）**纏（董）子難以堯、舜不賜年，**「纏」當作「董」，字之誤也。此董無心以難纏子者。上舉纏子之說，又云纏子難之，義不可通。意林引纏子載董子曰：「子信鬼神，何異以踵解結，終無益也。」纏子不能應。又風俗通載董無心曰：「杜伯死，親射宣王於鎬京。子以爲桀、紂而殺，足以成軍，可不須湯、武之象。」並爲董無心難纏子之詞。漢書藝文志攷證引作「董子」，是其證。**桀、紂不夭死。**盼遂案：「纏子」爲「董子」之誤。上文纏子主明德延年，此則董子應敵之辭也。馬總意林卷一纏子書：「董子曰：『子信鬼神，何異于以踵解結，終無益也。』纏子不能應。」此董子之以無神責難纏子之證也。

**堯、舜、桀、紂猶爲尚遠，**當作「猶尚爲遠」。異虛篇：「此尚爲近。」實知篇：「此尚爲遠。」**且近難以秦穆公、晉文公。**齊曰：「秦穆公」三字衍。董子以堯、舜、桀、紂難纏子，仲任嫌其尚遠，乃近舉晉文公以難之，故曰「且近難以晉文公」。下文云：「天不加晉文以命，獨賜秦穆以年，是天報誤亂，與穆公同也。」其據晉文以難纏子，立文甚明。暉按：藝文志攷證五引作「近而秦穆、晉文言之」。夫謚者，行之迹也，周書謚法解、禮記檀弓、樂記、表記鄭注、説文解字並云。迹生時行，以爲死謚。白虎通謚篇曰：「謚之爲言引也，引列行之跡也。」五經通義曰：（通典禮六十四。）「謚之言列，陳列所行。」後道虚篇曰：「謚，臣子所誄列也，誄生時所行，爲之謚。」穆者誤亂之名，「穆」當作「繆」，漢志攷證引作「繆」，下並同。周書謚法解：「名與實爽曰謬。」蔡邕、張守正字並作「繆」，古通。説文：「謬，狂者之妄言也。」中庸鄭注：「謬，亂也。」廣雅釋詁三：「繆，誤也。」故曰：「繆者誤亂之名。」穆，美名也。謚法解云：「布德執義曰穆，中情見貌曰穆。」史記蒙恬傳，蒙毅曰：「秦穆公殺三良而死，罪百里奚，而非其罪，故立號曰繆。」風俗通五伯篇：「繆公受鄭甘言，置戍而去，違黄髮之計，而遇殽之敗，殺賢臣百里奚，以子車氏爲殉，詩黄鳥之所爲作，故謚曰繆。」是秦穆公原謚爲「繆」，本書無形篇、儒增篇並作「秦繆公」，則知此爲妄人改之也。他書凡作「秦穆公」者，皆類此。唐皮日休追咎秦伯舍重耳，置夷吾，作秦穆公謚繆論，其説是也。黄晉卿雜辨曰：「秦穆之見于詩、書、春秋傳，皆正作穆，未聞穆可讀如繆也。」錢大昕養新録曰：「古書昭穆之穆，與謚法之繆，二字相亂。秦穆公之謚，當讀如繆。」説並失之。文者德惠之表。謚法解：「慈惠愛民曰文。」有誤亂之行，天賜之年；有德惠之操，天奪其命乎？案穆公之霸，不過晉文；晉文之謚，美於穆公。天不加晉文以命，獨賜穆公以年，是天報誤亂，與穆公同也。

天下善人寡，惡人衆。善人順道，惡人違天。然夫惡人之命不短，善人之年不長。盼遂案：「然夫」爲「然而」之誤。篆文「而」字作，「夫」字作，故易致譌。天不命善人常享一百載之壽，惡人爲殤子惡死，何哉？

# 禍虛篇

世謂受福祐者，既以爲行善所致；又謂被禍害者，爲惡所得。以爲有沉惡伏過，天地罰之，鬼神報之。天地所罰，小大猶發；鬼神所報，遠近猶至。

傳曰：「子夏喪其子而喪其明，鄭玄曰：「明，目精。」曾子弔之，哭。痛其喪明。子夏曰：『天乎！予之無罪也！』鄭曰：「怨天罰無罪。」曾子怒曰：『商！汝何無罪也？商，子夏名。吾與汝事夫子於洙、泗之間，論語比考讖曰：「夫子教於洙、泗之間，今於城北二水之中，即夫子領徒之所。」（御覽六三。）水經注二五引從征記曰：「洙、泗二水交於魯城東北十七里。」退而老於西河之上，鄭曰：「西河，龍門至華陰之地。」水經四：「河水南出龍門口。」注曰：「又南崌谷水注之。崌谷側谿山南有石室，子夏教授西河，疑即此也。」與鄭説合。史記弟子傳正義曰：「今汾州。」非也。唐書地理志：「汾州西河縣，本隰城，肅宗時更名。」與此西河無涉。趙一清曰：「相州安陽西河，非龍門西河。」使西河之民，疑汝於夫子，爾罪一也。鄭曰：「言其不稱師。」喪爾親，使民未有異聞，盼遂案：禮記檀弓作「使民未有聞焉」。鄭注：「言居親喪無異稱。」知原本有「異」字，今脱。宜據論衡此文補入。爾罪二也。鄭曰：「言居親喪無異稱。」喪爾子，喪爾明，爾罪三也。鄭曰：「言隆於妻子。」而曰汝何無罪歟？』子夏投其杖而拜，曰：『吾過矣！吾過矣！吾離羣而索居，亦以久矣！』」「以」、「已」字通。鄭曰：「羣謂同門朋友也。索猶散也。」以上禮記檀弓上文。夫子夏喪其明，曾子責以〔有〕罪，「罪」上當有「有」字。曾子謂商何無罪，數其有罪三。下文云：「病聾不謂之有過，失明謂之有罪。」正承此文言之。御覽七三九引，正作「曾子責以有罪」，是其證。子夏投杖拜曾子之言，蓋以天實罰過，故目失其明；己實有之，故拜受其過。

始聞暫見，皆以爲然。熟考論之，虚妄言也。

夫失明猶失聽也，失明則盲，失聽則聾。病聾不謂之有過，失明謂之有罪，惑也。蓋耳目之病，猶心腹之有病也。耳目失明聽，謂之有罪，心腹有病，可謂有過乎？

伯牛有疾，注命義篇。孔子自牖執其手，曰：「亡之命矣夫！「亡」音「無」。「之」猶「其」也。論語雍也篇集解孔注訓「亡」爲「喪」，與此不同。説見問孔篇。斯人也，而有斯疾也！」原孔子言，謂伯牛不幸，故傷之也。如伯牛以過致疾，天報以惡，與子夏同，孔子宜陳其過，若曾子謂子夏之狀。今乃言「命」，命非過也。

且天之罰人，「且」下朱校元本有「夫」字。猶人君罪（罰）下也。「罪」當作「罰」，形近又涉上下文諸「罪」字而誤。「罰人」，「罰下」，語氣相貫。下句「所罰服罪」，即承此「罰下」言之。所罰服罪，人君赦之。子夏服過，拜以自悔，天德至明，宜愈其盲。如非天罪（罰），此即破上文「天實罰過，故目失明」之義。今本作「罪」，非也。盼遂案：「天罪」宜爲「天罰」之誤，上下文多「罪」字，故致誤。子夏失明，亦無三罪。且喪明之病，元本作「痛」，朱校同。孰與被厲之病？謂伯牛爲厲。注命義篇。喪明有三罪，被厲有十過乎？顏淵早夭，注見實知篇。子路葅醢，注見書虚篇。早死、葅醢，〔天下〕極禍也，宋本「葅醢」作「天下」。按：「葅醢」下當有「天下」二字。刺孟篇：「顏淵早夭，子夏失明，子胥烹，子路菹，天下極戮。」與此文例同。宋本脱「葅醢」二字，此本又脱「天下」二字，當互校補。盼遂案：次「葅醢」，宋本作「天下」，疑此脱「天下」二字，宋本脱「葅醢」二字也。以喪明言之，顏淵、子路有百罪也。由此言之，曾子之言，誤矣。

然子夏之喪明，喪其子也。言因子亡。子者，人情所通；親者，人所力報也。禮記祭義曰：「君子致其敬，發其情，竭力從事，以報其親。」盼遂案：「所力」二字宜乙作「力所」，與上句相偶。論語：「事父母能竭其力。」喪親，民無聞；喪子，失其明，此恩損於親，而愛增於子也。增則哭泣無數，數哭中風，目失明矣。「中」猶「傷」也。風寒發盲。曾子因俗之議，以著子夏三罪。子夏亦緣俗議，因以失明，故拜受其過。曾子、子夏未離於

**俗，故孔子門敍行，未在上第也。**吴曰：「子」字疑衍。暉按：「門」字衍。論語先進篇「德行顔淵」章，鄭玄以合「子曰從我陳、蔡」章，是承「子曰」言之，則謂孔子序列弟子行操也。仲任意同，故云：「孔子敍行。」定賢篇曰：「子貢之辯勝顔淵，孔子序置於下。」可證。皇侃別爲一章，云：「記者所書，孔子印可。」蓋一本從皇説改作「孔門」，（太史公與皇説同。俞樾説。）校者又據舊本補「子」字，而「門」字未删也。説文：「敍，次第也。」孔門四科，子夏在文學之目，次最後者曾參未與其品，故曰未在上第。盼遂案：疑衍「子」字。

**秦襄王賜白起劍，**據史記白起傳，事在昭王五十年。此云「襄王」，非。盼遂案：「秦襄王」當作「秦昭王」，此係仲任誤記。史記白起傳記武安君之死，在秦昭王五十年十一月。**白起伏劍將自刎，**史記作「自剄」。剄謂斷頭也。「刎」，説文新附字，當作「歾」。吕氏春秋離俗篇：「卻而自殁。」又高義篇：「不去斧鑕殁頭乎王廷。」今新序節士篇「殁」作「刎」。荀子富國篇：「是猶欲壽而自歾頸。」楊注：「歾當爲刎。」非也。説文：「歾，終也，或作殁。」此「刎」字亦後人所改。**曰：「我有何罪於天乎？」良久，曰：「我固當死。長平之戰，趙卒降者數十萬，我詐而盡坑之，是足以死。」**注見命義篇。**遂自殺。**史記白起傳文。**白起知己前罪，服更後罰也。**「更」、「受」古通。史記夏紀：「受豕韋之後。」徐廣曰：「受一作更。」儀禮燕禮注：「古文受爲更。」

**夫白起知己所以罪，不知趙卒所以坑。如天審罰有過之人，趙降卒何辜于天？**

如用兵妄傷殺，則四十萬衆必有不亡，言不盡戰死。不亡之人，何故以其善行無罪而竟坑之？問天何故。卒不得以善蒙天之祐，卒，趙降卒也。白起何故獨以其罪伏天之誅？由此言之，白起之言，過矣。

秦二世使使者詔殺蒙恬。蒙恬喟然嘆曰：「我何過於天？無罪而死！」良久，徐曰：「恬罪故當死矣！「故」讀作「固」。史作「固」。夫起臨洮屬之遼東，齊策：「舉齊屬之海。」注：「屬，至也。」之，於也。城徑萬里，謂築長城。此其中不能毋絶地脈。此乃恬之罪也！」即吞藥自殺。太史公非之曰：「夫秦初滅諸侯，天下心未定，夷傷未瘳，史「夷」作「痍」。此借字。而恬爲名將，不以此時彊諫，救百姓之急，史「救」作「振」，義同。養老矜孤，史「矜」作「存」。「矜」、「存」聲近義同。脩衆庶之和，阿意興功，此其子（兄）弟過（遇）誅，不亦宜乎？孫曰：當從史記作「兄弟遇誅」。「過」即「遇」字形近之譌。兄謂恬，弟謂毅。朱説同。何與乃罪地脈也？」史無「與」字，疑脱。乃，異之之詞。以上史記蒙恬傳文。

夫蒙恬之言既非，而太史公非之亦未是。何則？蒙恬絶（地）脈，「絶脈」當作「絶地脈」，上下文並作「地脈」可證。「絶脈」非其義。罪至當死，地養萬物，何過於人（天），「人」當作「天」，形近而誤。此文謂天罰有罪，地有無過罪，與「人」無涉。意謂蒙恬絶地脈，天罰之以死。然地又何過於天，而絶其脈？與上「趙降卒何辜於天，而竟坑之」文例正同。而蒙恬絶其脉？「蒙恬」二字，原在下「知己」句上。「蒙恬知己有絶地之罪」二句，與上「白起知己所以罪」二句，文例同。若無「蒙恬」二字，則無主詞，其證一。「而絶其脉」承「地何過於天」爲義，問天何故絶其脉也。與上「何故以其善行無罪而竟坑之」文例同。並不謂白起與蒙恬也，其證二。校者未審其義，而妄移下句「蒙恬」二字於此。〔蒙恬〕知己有絶地脉之罪，不知地脉所以絶之過，「蒙恬」二字，舊奪在上，今正。校見上。自非如此，與不自非何以異？

太史公爲非恬之爲名將，上「爲」字，疑「惟」之聲誤。不能以彊諫，故致此禍。盼遂案：「爲非」當是「乃非」之誤，緣草書「爲」字作为，與「乃」形近故也。夫當諫不諫，故致受死亡之戮。身任李陵，坐下蠶室，太史公舉李陵，陵敗降匈奴，而推言其功，遂下蠶室。漢書〔一〕武帝紀注引漢書音義：「蠶室，宮刑獄名。有刑者畏風須暖，作窨室蓄火，如蠶室，因以名焉。」如太史公之言，所任非其人，故殘身之戮，天命而至也。非蒙恬以不彊諫，故致此禍，則己下蠶室，有非者矣。已無非，則其非蒙恬，非也。盼遂案：「已」爲「己」之誤，「無非」當是「有非」。此正承上文「己下蠶室，有非者矣」而來。

作伯夷之傳，史記有伯夷傳。則（列）善惡之行，宋本「則」作「列」，當據正。吳曰：伯夷

〔一〕「書」上原本誤衍「後」字，今删。

列傳以顏淵、盜跖對舉，所謂列善惡之行也。盼遂案：孫人和曰：「吳説近是。或即『別』字之譌。」宋本正作列。云：「七十子之徒，仲尼獨薦顏淵好學。然回也屢空，論語皇疏引王弼曰：「數空匱也。」糟糠不厭，索隱曰：「謂不飫飽。」卒夭死。史記作「而卒早夭」。疑「卒」下有「早」字。下「顏回不當早夭」，即承此爲言。天之報施善人如何哉？盜跖日殺不辜，肝人之肉，暴戾恣睢，説文：「睢，仰目也。」正義曰：「仰白目，怒貌也。」今史作「睢」，誤。「睢」、「睢」音形皆別。聚黨數千，横行天下，竟以壽終。是獨遵何哉？」疑當從史記作「是遵何德哉」。「獨」即「德」之形誤，字又誤倒。盼遂案：「何」字下宜依史記伯夷列傳補「德」字，文義方完。若此言之，顏回不當早夭，朱校元本、程本、天啓本作「回」。錢、黄、王本并作「淵」，是。盜跖不當全活也。不怪顏淵不當夭，上「不」字涉上下諸「不」字而衍。史公正怪顏淵早夭也。而獨謂蒙恬當死，過矣。

漢將李廣與望氣王朔燕語曰：「燕語」猶「私語」也。「自漢擊匈奴，而廣未常不在其中，當從史記、漢書李廣傳作「未嘗」。盼遂案：「常」字當依史記李將軍傳改作「嘗」。下文「豈常」、「羌常反」諸「常」字同。而諸校尉以下，續漢志曰：「大將軍營有五部、三校尉。」才能不及中，師古曰：「中謂中庸之人。」然以胡軍攻（功）取侯者數十人，「攻」當作「功」，聲之誤也。史作「擊胡軍功」，漢書作「軍功」，可證。而廣不爲侯後人，史無「侯」字。索隱曰：「謂不在人後也。」先孫曰：以漢書李廣傳校之，「侯」字衍。然終無尺土(寸)之功，「土」當從史作「寸」。先孫據漢書校同。以得[見]封邑者，何也？據史，「見」字衍。「得」、「見」篆隸并形近。（左傳：「我得天而楚伏其罪。」說苑「得」作「見」。）先孫據漢書校同。豈吾相不當侯？且固命也？」朔曰：「將軍自念，豈常有恨者乎？」「常」當依史、漢作「嘗」。師古曰：「恨，悔也。」廣曰：「吾爲隴西太守，羌常反，史、漢並作「嘗反」。吾誘而降之八百餘人，吾詐而同日殺之。至今恨之，獨此矣！」朔曰：「禍莫大於殺已降，此乃將軍所以不得侯者也。」李廣然之，聞者信之。

夫不侯猶不王者也。不侯何(有)恨，不王何負乎？「何恨」當作「有恨」，涉「何負」而誤。「不侯有恨」，述上文嘗有恨故不侯之意。「不王何負」，乃據「不王」以證「不侯有恨」之謬也。前文「耳目之病，猶心腹之有病也。耳目失明聽，謂之有罪；心腹有病，可謂有過乎」，與此文例正同。若只據不侯如不王，而徑言不侯何恨，則文理疏矣。孔子不王，公羊家說。注問孔篇。論者不謂之不(有)負；下「不」字涉上下文而誤，當作「有」。「論者不謂之有負」，與下「王朔謂之有恨」正反相承。若作「不謂之不負」，正謂有負矣，殊失其旨。李廣不侯，王朔謂之有恨。然則王朔之言，失論之實矣。

論者以爲，人之封侯，自有天命，天命之符，見於骨體。義見骨相篇。大將軍衛青在建章宫時，鉗徒相之曰：「貴至封侯。」後竟以功封萬户侯。注骨相篇。衛青未有功，而鉗徒見其當封之證。由此言之，封侯有命，非人操行所能得也。鉗徒之言，實而有〔一〕效，王朔之言，虚而無驗也。多横恣而不罹（離）禍，「罹」不成字，崇文本改作「離」，是也。「離」一作「罹」。今從宋本作「離」。離，遭也。順道而違福，王朔之説，白起自非、蒙恬自咎之類也。

倉卒之世，後漢書光武紀下注：「倉卒，謂喪亂也。」以財利相劫殺者衆。同車共船，千里爲商，至闊迥之地，殺其人而并取其財。尸捐不收，骨暴不葬，在水爲魚鼈之食，在土爲螻蟻之糧。惰窳之人，不力農勉商，以積穀貨，遭歲饑饉，爾雅釋天：「穀不熟爲饑。蔬不熟爲饉。」腹餓不飽，椎人若畜，説文：「椎，擊也。」割而食之，無君子小人，並爲魚肉，人所不能知，吏所不能覺，千人以上，萬人以下，計一聚之中，説文：「邑落曰聚。」衆經音義十四引韋昭漢書注：「小鄉曰聚。」生者百一，死者十九，可謂無道，至痛甚矣，皆得陽達，富厚安樂。盼遂案：「陽」疑當爲「暢」之誤。或云「揚」字。天不責其無仁義之心，道相并殺，非其無力作，非亦責也。而倉卒以人爲食，加以渥禍，使之夭命，章

〔一〕「而有」，原本作「得其」，據通津草堂本改。

其陰罪，明示世人，使知不可爲非之驗，何哉？王朔之言，未必審然。

傳書□：此與上「傳曰子夏喪其子」云云文例同，疑脱「言」字。「傳書言」，本書常語也。「李斯妬同才，盼遂案：「同才」當是「同門」之誤。本書案書篇云：「韓非著書，李斯采以言事，非、斯同門。」「斯」，今本譌「私」，依孫詒讓訂。草書「門」字作[illegible]，因誤爲「才」耳。幽殺韓非於秦，後被車裂之罪；事見史記韓非傳。李斯傳謂斯腰斬咸陽市。淮南人間訓則謂李斯車裂。許注：「李斯爲秦相，趙高譖之二世，車裂之于雲陽。」與充説同。商鞅欺舊交，擒魏公子卬，後受誅死之禍。」呂氏春秋無義篇：「公孫鞅爲秦將而攻魏，魏使公子卬當之。鞅居魏，固善卬。使謂卬曰：『豈忍相戰？皆罷軍。』將歸，鞅使人謂公子曰：『願與坐而相去別。』卬從之。鞅因伏卒取卬。秦惠王以此疑鞅之行，欲加罪焉。」秦策一云：「惠王車裂鞅。」秦策三范睢曰：「公孫鞅欺舊交，虜魏公子卬。」彼欲言其賊賢欺交，故受患禍之報也。

夫韓非何過而爲李斯所幽？「何過」，天啓本、錢、王本、崇文本並作「何故」，非也。公子卬何罪而爲商鞅所擒？車裂誅死，賊賢欺交，幽死見擒，何以致之？「賊賢欺交」四字於下文無屬，疑涉上文衍。下「不當受其禍」，承「車裂誅死」爲文。「不得幽擒」，承「幽死見擒」爲文。如韓非、公子卬有惡，天使李斯、商鞅報之，則李斯、商鞅爲天奉誅，宜蒙其賞，不當受其禍；如韓非、公子卬無惡，非天所罰，李斯、商鞅不得幽、擒。

論者説曰：「韓非、公子卬有陰惡伏罪，人不聞見，天獨知之，故受戮殃。」夫諸有罪之人，非賊賢則逆道。如賊賢，則被所賊者何負？如逆道，則被所逆之道何非？「所逆」，宋本作「所行」，朱校元本同。

凡人窮達禍福之至，大之則命，小之則時。太公窮賤，遭周文而得封；秦策五姚賈曰：「太公望，齊之逐夫，朝歌之廢屠，子良之逐臣，棘津之讎不庸，文王用之而王。」甯戚隱阨，逢齊桓而見官。甯戚飯牛，桓公用爲大田。注書虛篇。非窮賤隱阨有非，而得封見官有是也。窮達有時，遭遇有命也。太公、甯戚，賢者也，尚可謂有非。聖人，純道者也。虞舜爲父弟所害，幾死再三。注吉驗篇。有遇唐堯，盼遂案：「有」當爲「后」，形近而譌。説文解「后」爲「繼體君」，故與「後」同用。堯禪舜。立(不)爲帝，嘗見害，未有非；「立」，當據宋本改作「不」。朱校元本同。「不爲帝」，與下「立爲帝」相對成義。立爲帝，未有是。前，時未到；後，則命時至也。下「時」字疑衍。此文以命、時對言。盼遂案：前「時」上宜有「命」字，下句「後則命時至也」與爲對文。案古人君臣困窮，後得達通，未必初有惡，天禍其前；卒有善，神祐其後也。一身之行，一行之操，結髮終死，言自少至老。前後無異；然一成一敗，「一」猶「或」也。下并同。一進一退，一窮一通，一全一壞，遭遇適然，命時當也。

# 龍虚篇

盛夏之時，雷電擊折破樹木，孫曰：「破」字疑衍。下文云：「雷電擊折樹木，發壞屋室。」雷虚篇云：「盛夏之時，雷電迅疾，擊折樹木。」又云：「世俗以爲擊折樹木，壞敗室屋者，天取龍。」並無「破」字。疑一本作「折」，一本作「破」，校者誤合耳。發壞室屋，「發」讀爲「廢」。説文：「廢，屋頓也。」俗謂天取龍。謂龍藏於樹木之中，匿於屋室之間也，雷電擊折樹木，發壞屋室，則龍見於外，龍見，雷取以升天。世無愚智賢不肖，皆謂之然。如考實之，虚妄言也。

夫天之取龍，何意邪？如以龍神，爲天使，猶賢臣爲君使也，反報有時，報，報命也。無爲取也。如以龍遁逃不還，非神之行，天亦無用爲也。「用爲」二字誤倒。「無爲」連文，上下文可證。如龍之性當在天，在天上者，固當生子，無爲復在地。如龍有升降，降龍生子於地，子長大，天取之，則世名雷電爲天怒，取龍之子，無爲怒也。

且龍之所居，常在水澤之中，不在木中屋間。何以知之？叔向之母曰：「深山大澤，實生龍蛇。」左襄二十一年傳文。傳曰：「山致其高，雲雨起焉；水致其深，蛟龍生焉。」淮南人間訓文。亦見文子上德篇、説苑貴德篇。**傳又言：「禹渡於江，黄龍負船。」**淮南精神訓文。「船」，宋本、朱校元本作「舡」。淮南、本書異虚篇及他書并作「舟」。疑此誤。**「荆次非渡淮，兩龍繞舟。」**呂氏春秋知分篇：「荆有次非者，得寶劍於干遂，還反涉江，至於中流，有兩蛟夾繞其船，次非拔劍赴江殺之。」亦見淮南道應訓。水經注三五：「江東逕赭要洲，下即楊子洲，俱在江中，二洲之間，常苦蛟害，荆佽飛濟此斬之。」博物志云：「荆軻，字次非。渡，鮫夾船，次非斷其頭而風波盡除。」方以智曰：「荆軻墓碑謂荆將軍名軻，字次非。豈古先有壯士次非，而軻慕之以爲字乎？」按：荆人次非，荆非姓。附之荆軻，非也。**「東海之上，有蕾丘訢，**舊校曰：「蕾」或作「魯」。孫曰：「蕾」疑「菑」字之俗，此沿六朝以來俗書之譌，未經改訂者。（呂覽亦有此字，並非古本。）魏帥僧達造象以「葘」爲「菑」，齊高叡修佛寺碑以「緇」爲「緇」，隋甯贙碑以「葘」爲「淄」，（干禄字書作「甾」。）可以推證。御覽四三七引越絶書、（今本越絶書脱佚此文。）韓詩外傳十並作「菑丘訢」，元和姓纂、通志氏族略作「淄丘訢」，（古今姓氏書辨證云：「淄」或爲「菑」。）太平廣記一九一引獨異志作「菑丘訢」。惟吴越春秋作「椒丘訢」爲異耳。**勇而有力，**盼遂案：「蕾」疑爲「薗」。説文艸部「薗」爲「菑」之或體。「薗丘訢」故或本可以作「魯」矣。韓詩外傳十作「菑」。仲任不妨别有所據矣。**出過神淵，**吴越春秋闔閭内傳曰：「爲齊王使於吴，過淮津。」**使御者飲馬，馬飲因没。訢怒拔劍，入淵追馬，見兩蛟方食其馬，手劍擊殺兩蛟。」**韓詩外傳十：「訢去朝服，拔劍而入，三日三夜，殺三蛟一龍（書鈔一五二引作「三龍」。）而出。雷神隨而擊之，十日十夜，眇其左目。」水經泗水注：「泗水又東南逕淮陽城北，城臨泗水。菑丘訢飲馬斬蛟於此。」由是言之，蛟與龍常在淵水之中，離騷王注：「小曰蛟，大曰龍。蛟龍，水蟲也。」說文：「龍春分登天，秋分潛淵。」不在木中屋間，明矣。在淵水之中，則魚鼈之類。魚鼈之類，何爲上天？天之取龍，何用爲哉？

如以天神乘龍而行，神恍惚無形，淮南原道訓：「忽兮怳兮，不可爲象。」注：「忽怳無形貌。」怳恍聲近字通。出入無間（門），「間」當作「門」，門、形爲韻。雷虛篇、解除篇並作「出入無門」可證。無爲乘龍也。如仙人騎龍，天爲仙者取龍，則仙人含天精氣，形輕飛騰，若鴻鵠之狀，無爲騎龍也。世稱黄帝騎龍升天，此言蓋虛，猶今謂天取龍也。辨見道虛篇。

且世謂龍升天者，必謂神龍（神）。「神龍」當作「龍神」，文誤倒也。下文云：「人貴龍賤，貴者不神，賤者反神乎？」又云：「龍稟何氣而獨神？虎鳥與龜不神，龍何故獨神？」並謂龍不神。又以龍有形可食證龍不神。並破此「龍神」之義。若作「神龍」，則此下所論，失所據矣。又下文云：「世俗言龍神而升天者，妄矣。」正承此文言之，是其證。不神，不升天；升天，神之效也。

天地之性，人爲貴，則龍賤矣。貴者不神，賤者反神乎？如龍之性，有神與不神，神者升天，不神者不能，龜虵亦有神與不神，神龜神虵，復升天乎？爾雅釋魚云：「二曰神龜。」邢疏曰：「上圓下方，長尺二寸。」史記龜策傳：「神龜在江南嘉林中。」説文：「螣，神虵也。」爾雅云：「螣，螣虵。」注云：「淮南云：『蟒虵。』」且龍稟何氣而獨神？天有倉龍、白虎、朱鳥、玄武之象也，盼遂案：「倉」字宜有草頭作「蒼」。地亦有龍、虎、鳥、龜之物。四星之精，降生四獸，注見物勢篇。虎鳥與龜不神，龍何故獨神也？

人爲倮蟲之長，龍爲鱗蟲之長，大戴禮易本命：「有鱗之蟲三百六十，而蛟龍爲之長。倮之蟲三百六十，而聖人爲之長。」俱爲物長，謂龍升天，人復升天乎？龍與人同，獨謂能（龍）升天者，謂龍神也。「能」當作「龍」，聲之誤也。此文以人龍相較，人不能升天，故云：「獨謂龍升天者，謂龍神也。」世或謂聖人神而先知，猶謂神龍能升天也。因謂聖人先知之明，「先」上當有「有」字，於義方足。實知篇：「儒者論聖人，以爲有獨見之明。」論龍之才，謂龍升天，故其宜也。

天地之間，恍惚無形，寒暑風雨之氣乃爲神。恍惚無形爲神者，今文尚書説也。周禮大宗伯疏引異義曰：「今歐陽、夏侯説六宗者，上不及天，下不及地，傍不及四時，居中央，恍惚無有，神助陰陽變化，有益於人，故郊祭之。」今龍有形，有形則行，行則食，食則物之性也。

天地之性，有形體之類，能行食之物，不得爲神。何以言之，龍有體也？傳曰：「鱗蟲三百，龍爲之長。」大戴禮易本命文。龍爲鱗蟲之長，安得無體？何以言之，□□□□。此有脱文。下文引孔子言「龍食於清，游於清」，以證龍有行食也，與上文引傳證龍有體文例同。疑此文原作「何以言之，龍行食也」，與上「何以言之，龍有體也」文法一律。孔子曰：「龍食於清，游於清；龜食於清，游於濁；呂氏春秋舉難篇「龜」作「螭」，下同。魚食於濁，游於濁。丘上不及龍，下不爲魚，中止其龜與！」呂覽作「丘其螭邪」。疑「止」爲「丘」字形誤。呂覽曰：「季孫氏刼公家，孔子欲諭術，則見外。於是受養而便説。魯國以訾，孔子曰云云。」

山海經言：四海之外，有乘龍虵之人。此括舉海外東、西、南、北四經言之。世俗畫龍之象，馬首虵尾。驗符篇云：「二黄龍見，身大於馬，舉頭顧望，狀如圖中畫龍。」匋齋藏山東兩城山刻石，朝鮮出土高句麗時代蒼龍墓壁，所圖龍象，與充説相類。由此言之，馬、虵之類也。慎子曰：慎子名到。史記云：「趙人。」淮南子注云：「齊人。」呂覽慎勢篇注：「作法書四十二篇。」（「二」，今作「一」，依漢志改。）今傳本非其舊。「蜚龍乘雲，騰虵游霧，爾雅釋魚「螣，螣蛇」，注：「龍類也，能興雲霧而遊其中。」淮南云：「『蟒蛇。』」騰、螣字通。雲罷雨霽，「雨」當從韓非子作「霧」。與螾、蟻同矣。」「螾」即「蚓」，聲近，即蚯蚓也。爾雅釋蟲云：「螼蚓。」即「蚯蚓」

聲轉。郭注：「江東呼寒蚓。」吾鄉俗名寒蟪子。韓非子「蟻」作「螘」，古今字。文見韓非子難勢篇。**韓子曰：「龍之爲蟲也，**史記韓非傳正義：「龍，蟲類，故言龍之爲蟲。」**鳴可狎而騎也，**先孫曰：文見韓非子説難篇。「鳴」，韓作「柔」，此不知何字之誤。**然喉下有逆鱗尺餘（一），**韓非子、史記「尺餘」并作「徑尺」。按：宋本作「尺一」，朱校元本同，是也。容齋隨筆三云：「史記張儀傳：『尺一之檄。』漢淮南王安書云：『丈一之組。』匈奴傳云：『尺一牘。』後漢書『尺一詔書』之類，即俗語謂錢一貫有畸，曰千一千二。米一石有畸，曰石一石二。長一丈有畸，曰丈一丈二之類。」是「尺一」漢人常語，義猶尺餘。疑今本作「尺餘」，乃後人妄改。**人或嬰之，**韓非子注：「嬰，觸也。」**必殺人矣。」比之爲螾、蟻，又言蟲可狎而騎，蚍、馬之類，明矣。**

**傳曰：**盼遂案：韓非喻老及史記微子世家。**「紂作象箸而箕子泣。」**韓非子喻老、説林上、淮南繆稱、説山、史記十二諸侯年表序并有此文。索隱謂箸即樽，非也。當從鄒氏、劉氏音直慮反，即筯也。韓非子喻老云：「以爲象箸必不加於土鉶。」説林上云：「以爲象箸必不盛羹於土鉶。」下文云：「象箸所挾。」可證。象謂象牙也。**泣之者，痛其極也。夫有象箸，必有玉杯，玉杯所盈，象箸所挾，則必龍肝豹胎。**韓非子喻老、説林上並云：「象箸玉杯，必不羹菽藿，則必旄象豹胎。」六韜、（文選七發注、七命注。）淮南説山高注、楚詞天問王注並云：「必盛熊蹯豹胎。」此云「龍肝」，實知篇同。未知何出。**夫龍肝可食，其龍難得，難得則愁下，**謂苦臣民。

愁下則禍生，故從而痛之。如龍神，其身不可得殺，其肝何可得食？禽獸肝胎非一，稱「龍肝、豹胎」者，人得食而知其味美也。

春秋之時，魯昭公二十九年。龍見于絳郊。杜預曰：「絳，晉國都。」魏獻子問於蔡墨曰：「吾聞之，蟲莫智於龍，以其不生得也。謂之智，信乎？」對曰：「人實不知，非龍實智。古者畜龍，故國有豢龍氏，有御龍氏。」杜曰：「豢、御，養也。」獻子曰：「是二者，吾亦聞之，而不知其故。是何謂也？」對曰：「昔有飂叔宋（安），有裔子曰董父，孫曰：「宋」乃「安」字形近之譌。見左昭二十九年傳。杜曰：「飂，古國也。叔安，其君名。裔，遠也。玄孫之後爲裔。」實甚好龍，能求其耆欲以飲食之，龍多歸之。乃擾畜龍，杜曰：「擾，順也。」以服事舜，而錫之姓曰董，氏曰豢龍，杜曰：「豢龍，官名。官有世功，則以官氏。」封諸鬷川，鬷夷氏是其後也。杜曰：「鬷水上夷皆董姓。」按：晉語云：「黎爲高辛氏火正，命之曰祝融。其後八姓。董姓鬷夷豢龍則夏滅之矣。」似「鬷夷」不應分別爲義。故帝舜氏世有畜龍。及有夏，孔甲擾于帝，杜曰：「其德能順於天。」帝賜之乘龍，河、漢各二，杜云：「合爲四。」是謂河、漢共一乘。服虔云：「河、漢各二乘。」史記夏本紀謂「天降龍二」。各有雌雄。孔甲不能食也，而未獲豢龍氏。「而」猶「以」也，見釋詞。有陶唐氏既衰，杜曰：「陶唐，堯所治地。」其後有劉累路史曰：「堯長子監明早死，封其子式於留。留累，其後也。以豢龍事夏。」學擾龍于豢龍氏，史記集解引應劭曰：「擾音柔。擾，馴也。能順養得其嗜慾。」以事孔甲，能飲食龍。「龍」，左傳作「之」。晉語八韋注引傳亦作「龍」。夏后嘉之，賜氏曰御龍，以更豕韋之後。更，代也。史記集解引賈逵曰：「劉累之後，至商不絕，以代豕韋之後。祝融之後，封於豕韋，殷武丁滅之，以劉累之後代之。」龍一雌死，潛醢以食夏后。夏后烹（享）之，左傳「烹」作「饗」，洪亮吉曰：「作『烹』，刻本之訛。『烹』當作『亨』。『亨』爲古『享』字，『享』與『饗』通。上云：『潛醢以食夏后。』不得復言夏后烹之也。」盼遂案：「烹」本字作「亯」，後分爲「享」、「亯」、「烹」三體。仲任自作「享」用，淺人誤認爲「烹」字耳。作「烹」，則與上文「潛醢」複矣。左氏昭公二十九年傳作「饗」，古「饗」、「享」通用。既而使求。懼而不得，賈逵曰：「夏后既饗，而又使求致龍。劉累不能得而懼也。」遷于魯縣。竹書：「孔甲七年，劉累遷於魯陽。」地理志：「南陽，魯陽縣有魯山，古魯縣。」范氏，其後也。」晉語八范宣子曰：「昔匄之祖，自虞以上爲陶唐氏，在夏爲御龍氏，在商爲豕韋氏，在周爲唐杜氏。周卑，晉繼之，爲范氏。」韋注：「士會食邑於范，爲范氏。」獻子曰：「今何故無之？」對曰：「夫物有其官，官脩其方，杜曰：「方，法術。」朝夕思之。一日失職，則死及之；失官不食。杜曰：「不食祿。」官宿其業，杜曰：「宿猶安也。」其物乃至；杜曰：「設水官脩則龍至。」若泯棄之，杜曰：「泯，滅也。」物乃低伏，「低」，左傳作「坻」，并誤。字當作「坘」。說文：「坘，箸也，从土，氏聲。坻，小渚也，从土，氐聲。」釋文：

「音旨。又音了禮反。」切「丁禮」則爲「氐」聲，蓋唐時已誤「坻」爲「坻」。杜注：「坻，止也。」明當作「坻」。廣韻四紙云：「坻，著，止也。」本書蓋初誤爲「坻」，再譌爲「低」也。**鬱湮不育。**」杜曰：「鬱，滯也。湮，塞也。育，生也。」**由此言之，龍可畜又可食也。**「又」，朱校元本作「人」。**可食之物，不能神矣。世無其官，又無董父、后、劉之人，**后，夏后也。劉，劉累也。蒙前文省。盼遂案：「后劉」謂「劉累」，稱「后」者，殆亦后稷、后啓之意。**故潛藏伏匿，出見希疏；出又乘雲，與人殊路，人謂之神。如存其官而有其人，則龍，牛之類也，何神之有？以山海經言之，以慎子、韓子證之，以俗世之畫驗之，**「俗世」當作「世俗」，承上文「世俗畫龍」爲文。**以箕子之泣訂之，以蔡墨之對論之，知龍不能神，不能升天，天不以雷電取龍，明矣。世俗言龍神而升天者，妄矣。**

**世俗之言，亦有緣也。**

**短書言：**謂諸子尺書。**「龍無尺木，無以升天。」**意林引新論曰：「龍無尺木，無以升天；聖王無尺土，無以王天下。」周廣業校改「木」作「水」。引本書下文「龍從木中升天」句，亦改「木」爲「水」。按：論衡確應作「木」。疑新論一本作「木」，不誤。所云「短書」，蓋謂新論也。三國吴志太史慈傳注引江表傳，孫策出教曰：「龍欲騰翥，先階尺木。」師伏堂筆記謂是「尺水」，非。段成式酉陽雜俎鱗介篇：「龍頭上有一物，如博山形，名尺木。龍無尺木，不能昇天。」與此文「尺木」

異義。又曰「升天」，「又曰」與下「又言」於詞爲複。「又」疑「文」字形誤。又言「尺木」，謂龍從木中升天也。盼遂案：桓譚新論：「龍無尺水，無以升天；聖人無尺土，無以王天下。」（意林卷三引。）仲任所謂短書，斥此也。惟「尺木」，新論作「尺水」，應據論衡改正。三國志太史慈傳注引江表傳，孫策教曰：「龍欲騰翥，先階尺木者也。」亦作「尺木」。近年洛陽出土隋楊暢墓志銘詞曰：「誕此哲人，齊峯特秀。尺木既升，增嶠增構。」此文殆用龍升尺木之事。石刻確是木而非水，不若寫本印本之易誤。又唐嶲州邛都丞張客墓志銘云：「飛謠海甸，宣才江澳。雅政清夷，仁風肅穆。英英君子，鸞鳳其族。長逾千里，微班尺木。」考此銘以木與澳、穆、族爲韻，其不作「尺水」甚顯，明作「水」爲誤。酉陽雜俎云：「龍無尺木，不能升天。尺木，龍頭上如博山形。」是段氏亦作「尺木」，明作「水」者，乃誤字爾。俞理初癸巳類稿謂論衡「尺木」爲「水」之誤，然又云：「當雷電樹木擊之時，龍適與雷電俱在樹木之側，雷電去，龍隨而上，故謂從樹木之中升天也。」是論衡作「尺木」明矣。俞據誤本初學記爲證，失之。彼短書之家，世俗之人也，見雷電發時，龍隨而起，當雷電〔擊〕樹木擊之時，孫曰：「當雷電樹木擊之時」，疑當作「當雷電擊樹木之時」。上文云：「盛夏之時，雷電擊折樹木。」是其證。龍適與雷電俱在樹木之側，雷電去，龍隨而上，故謂從樹木之中升天也。

實者，雷（雲）龍同類，感氣相致，「雷」當作「雲」，形之誤也。雷虛篇謂雷爲火，爲太陽之激氣，龍乃水蟲，不得言同類。又諸書多言雲龍感氣相致，未言雷龍者。偶會篇曰：「雲從龍，風從虎，同類通氣，性相感動。」寒温篇：「虎嘯而谷風至，龍興而景雲起，同氣共類，動相招致。」是同類共氣，乃雲龍也。下文云：「雲從龍。」又云：「龍興景雲起。」即承此「雲龍同類」爲説，是其證。又下文：「世儒讀易文，見傳言，皆知龍者雲之類。」尤其切證。**故易曰：「雲從龍，風從虎。」**乾卦九五文言之詞。**又言：「虎嘯谷風至，龍興景雲起。」**此文見淮南天文篇。「又言」上疑當有「傳書」二字，不當承「易曰」爲文。下文云：「世儒讀易文，見傳言，皆知龍者雲之類。」「傳言」二字即蒙此爲文，是其證。楚詞七諫謬諫王注：「景雲，大雲而有光者。」餘注見偶會篇。元命包亦云：「猛虎嘯而谷風起，類相動也。」（文選七啓注。）盼遂案：淮南天文訓：「虎嘯而谷風至，龍舉而景雲屬。」仲任蓋引此文。唯上言「易曰」，此稱「又言」，易于致混，疑句首脱一「傳」字。下文「世儒讀易文，見傳言」，即承此文言也。本書温寒篇亦引此二語。**龍與雲相招，虎與風相致，故董仲舒雩祭之法，設土龍以爲感也。**義見明雩、亂龍二篇。**夫盛夏太陽用事，雲雨干之。**干，犯也。陰氣干之。**太陽，火也；雲雨，水也，〔水〕火激薄則鳴而爲雷。**「火」上脱「水」字。薄，迫也，獨火不得激迫。雷虚篇曰：「以一斗水灌冶鑄之火，氣激蹵裂，若雷之音。陽氣爲火猛矣，雲雨爲水多矣，分争激射，安得不迅。」即其義。盼遂案：「火」上蓋脱「水」字，此句雙承「太陽，火也；雲雨，水也」二句。**龍聞雷聲則起，起而雲至，雲至而龍乘之。雲雨感**

龍，龍亦起雲而升天。天極雷高，盼遂案：「雷」當爲「雲」，涉下文而誤。雲消復〔一〕降。龍降。人見其乘雲，則謂「升天」；見天爲雷電，則爲「天取龍」。「爲」讀作「謂」。世儒讀易文，見傳言，皆知龍者雲之類。拘俗人之議，不能通其説；又見短書爲證，故遂謂「天取龍」。

天不取龍，龍不升天。當蓄丘訢之殺兩蛟也，手把其尾，把，持也。拽而出之，至淵之外，拽，拖也。雷電擊之。注見前。蛟則龍之類也，山海經南山經注：「蛟似蛇，四足，龍屬。」蛟龍見而雲雨至，雲雨至則雷電擊。如以天實取龍，龍爲天用，何以死蛟爲取之？盼遂案：「爲」上脱一「不」字。

且魚在水中，亦隨雲雨，蜚而乘雲雨，非升天也。朱校元本「蜚」作「龍」，則「而」讀作「能」。陶注本草云：「鯉魚能神變飛越江湖。」暉當目驗，時值霖雨，乘飛越塘。蓄魚家爲運替之占。龍，魚之類也，並爲水蟲。其乘雷電，猶魚之飛也。魚隨雲雨，不謂之神，龍乘雷電，獨謂之神，世俗之言，失其實也。物在世間，各有所乘，水虵乘霧，騰虵乘霧，諸書或云神虵，或云騰虵，或云飛虵，或云蟒虵。「水虵」未聞。疑「水」字衍，下文並以三字爲句。龍乘

〔一〕「復」，原本作「後」，據通津草堂本改。

**雲，鳥乘風。**宋本「風」作「氣」。鳥因風搖翮，今本作「風」，是。**見龍乘雲，獨謂之神，失龍之實，誣龍之能也。**

**然則龍之所以爲神者，以能屈伸其體，存亡其形。**說文龍部云：「能幽能明，能細能巨，能短能長。」**屈伸其體，存亡其形，未足以爲神也。豫讓呑炭，漆身爲厲，**趙策一：「豫讓爲知伯報仇，謀刺襄子，不果。又漆身爲厲，滅鬚去眉，自刑以變其容。」史記本傳索隱：「凡漆有毒，近之多患瘡腫，若癩病然。厲、癩聲近，通。」**人不識其形；子貢滅鬚爲婦人，**弘明集三宗炳答何衡陽書：「由醢，予族，賜滅其鬚。」文選幽通賦注：「衛蒯聵之亂，子羔滅髭，衣婦人衣逃出。孔悝求之，不得，故免於難。」御覽髭部亦作子羔事。蓋傳聞異詞。盼遂案：御覽三百七十四引曹大家幽通賦注曰：「衛蒯聵亂，子羔滅髭鬢，衣婦人衣，逃得出。」疑子貢爲子羔之誤。然子貢固亦與乎蒯聵之難。墨子非儒篇：「子貢、季路輔孔悝亂乎衛。」鹽鐵論殊路篇：「孔悝之亂，子貢、子皋逃遁不能死其難。」則滅鬚爲婦人事，歸之子貢亦得也。弘明集卷三宗炳答何衡陽書：「由醢，予族，賜滅其鬚。」即說此事。**人不知其狀；龍變體自匿，人亦不能覺，變化藏匿者巧也。物性亦有自然，狌狌知往，**爾雅釋獸作「猩猩」，字通。南方獸。海內南經：「狌狌知人名，其爲獸如犬而人面。」淮南萬畢術曰：「歸終知來，狌狌知往。」（類聚九五。）淮南氾論訓：「猩猩知往而不知來。」高注：「猩猩，北方獸名，人面，身黃色。禮記曰：『猩猩能言，不離走獸。』

見人狂走，則知人姓字，此知往也。」（諸書並云狌狌出交阯。作「北方」，非也。）龍城札記二：「狌狌與猩猩似二獸，狌狌善走，猩猩知人。」按：二字多通用，今不從其說。**乾鵲知來**，孫曰：是應篇亦作「乾鵲」。「鵲」並當作「鵠」。淮南子氾論篇〔一〕：「乾鵠知來而不知往。」（鄭注大射儀引作「鳱鵠」。）高注：「乾鵠，鵲也。人將有來事憂喜之徵則鳴，此知來也。知歲多風，多巢於木枝，人皆探其卵，故曰不知往也。『乾』讀『乾燥』之『乾』，『鵠』讀『告退』之『告』。」易林小畜之漸云：「餌吉知來。」「餌吉」即「乾告」之譌。列女傳晉羊叔姬傳云：「南方有鳥，名曰乾吉。」抱朴子對俗篇云：「乾鵲知來。」古寫本抱朴子殘卷作「乾吉」。「吉」並「告」字之殘。此皆「乾鵲」當作「乾鵠」之證。然說文：「鵯鶋，山鵲，知來事鳥也。」「鵯鶋」與「乾鵲」聲亦相近。暉按：實知篇作「鳱鵲」。西京雜記陸賈曰：「乾鵲噪而行人至。」方以智通雅四五謂「乾鵲」即「喜鵲」。**鸜鵒能言**，說文：「鸜鵒，能言鳥也。」淮南說山篇高注：「出於蜀郡，赤喙者是。其色縹綠，能效人言。」**三怪比龍，性變化也。如以巧爲神，豫讓、子貢神也。**

**孔子曰：「游者可爲綱（綸）**，「綱」當作「綸」。史記老子傳：「游者可以爲綸。」爲此文所本。知實篇字正作「綸」，是其證。小雅采綠〔二〕鄭箋：「綸，釣繳也。」疏云：「謂繫繩於釣竿也。」今

〔一〕「氾」，原本作「記」，形近而誤，今改。
〔二〕「綠」，原本作「緣」，形近而誤，今改。

本作「網」，義雖可通，然失其舊。飛者可爲矰。至於龍也，吾不知，其乘風雲上升！史作「上天」。今日見老子，其猶龍乎！」夫龍乘雲而上，雲消而下，物類可察，上下可知，而云孔子不知。以孔子之聖，尚不知龍，況俗人智淺，好奇之性，無實可（事）之心，齊曰：「可」當作「事」，草書形近而誤。雷虛篇：「實事者謂之不然。」道虛篇：「非臣子實事之心，別生於死之意也。」超奇篇：「實事之人，見然否之分。」治期篇：「實事者説堯之洪水，皆有遭遇。」齊世篇：「實事者謂亡秦之惡，甚於桀、紂。」並「實事」連文之證。程本作「實考」，亦非。盼遂案：「可」讀爲「考」，「可」、「考」同從「丂」音，又溪母雙聲。謂之龍神而升天，不足怪也。

# 雷虛篇

盛夏之時，雷電迅疾，擊折樹木，壞敗室屋，時犯殺人。世俗以爲「擊折樹木，壞敗室屋」者，天取龍；其「犯殺人」也，謂之〔有〕陰過。孫曰：「謂之」下脱「有」字。下文云：「人有陰過，亦有陰善。有陰過，天怒殺之；如有陰善，天亦宜以善賞之。」正承此言。類聚二、御覽十三引並有「有」字。暉按：初學記雷部引亦有「有」字。左僖十五年傳云：「震伯夷之廟，罪之也。於是展氏隱有慝焉。」史記殷本紀：「武乙無道，暴雷震死。」並謂雷罰過也。飲食人以不潔凈，天怒，擊而殺之。盼遂案：北史高車傳：「俗不清潔，喜致震霆。」唐沈既濟雷民傳：「雷州事雷，畏敬甚謹，每具酒肴奠焉。有以彘肉雜魚食者，霹靂輒至。南中有木，名曰棹，以煮汁漬梅李，俗呼爲棹汁。雜彘肉食者，霹靂亦至，犯必響應。」知雷擊食不潔凈之説，至六朝、唐時仍盛。隆隆之聲，詩雲漢疏：「隆隆，雷聲不絶之狀。」天怒之音，若人之呴吁矣。「呴」、「吁」皆開口出氣也。世無愚智，莫謂不然。推人道以論之，虛妄之言也。

夫雷之發動，一氣一聲也。言同一氣聲。折木壞屋，亦犯殺人；犯殺人時，亦折木壞屋。獨謂折木壞屋者，天取龍；犯殺人，罰陰過，與取龍吉凶不同，並時共聲，非〔實〕道也。御覽十三、事類賦三引「非」下並有「實」字，是也。當據增。

論者以爲，「隆隆」者，天怒呴吁之聲也。此便於罰過，不宜於取龍。罰過，天怒可也；取龍，龍何過而怒之？如龍神，天取之，不宜怒；如龍有過，與人同罪，〔殺〕龍殺而已，「龍殺」當作「殺龍」。此據人有陰過天犯殺之爲義。今本誤倒。盼遂案：此「龍」字衍文，據上下文知之。何爲取也？宋本「何」作「天」，朱校元本同。疑當作「天何爲取也」，與上「天取之」正反相應。殺人，怒可也；以上「罰過，天怒可也」文例之，「怒」上疑脱「天」字。取龍，龍何過而怒之？殺人不取，殺龍取之，人龍之罪何別？而其殺之何異？然則取龍之説既不可聽，罰過之言復不可從。

何以效之？

案雷之聲，迅疾之時，人仆死於地，隆隆之聲，臨人首上，故得殺人。審隆隆者，天怒乎？怒用口，〔口〕之怒氣殺人也。「怒用口」三字爲句。「之」上又脱一「口」字。本書重文常脱。下文「如天用口怒」，即承此「怒用口」句。口之怒氣，安能殺人？人爲雷所殺，詢其身體，若燔灼之狀也。盼遂案：吴承仕曰：「『詢』字疑『診』之形譌。後文『即詢其身』，疑亦同此。」如天用口怒，口怒生火乎？且口着乎體，口之動，與體俱。當擊折之時，聲着于地；其衰也，聲着于天。夫如是，聲着地之時，口至地，體亦宜然。當雷〔聲〕迅疾之時，「雷」下脱「聲」字。上文「案雷之聲，迅疾之時」，下文「且雷聲迅疾之時」，並有「聲」字，是其證。此文據雷聲遠近，以效天怒之虚，若脱「聲」字，則失其義。仰視天，不見天之下。不見天之下，則夫隆隆之聲者，非天怒也。天之怒，與人無異。人怒，身近人則聲疾，遠人則聲微。今天聲近，其體遠，非怒之實也。且雷聲迅疾之時，聲東西或南北。如天怒體動，口東西南北，仰視天，亦宜東西南北。

或曰：「天已東西南北矣，雲雨冥晦，當如下文作「晦冥」。人不能見耳。」夫千里不同風，百里不共雷。易曰：「震驚百里。」震卦文。雷電之地，雷雨晦冥，「雷雨」當作「雲雨」。盼遂案：「雷雨」當作「雲雨」，係涉上下文多雷字而誤。百里之外，無雨之處，宜見天之東西南北也。口着於天，天宜隨口，口一移，普天皆移，非獨雷雨之地，天隨口動也。且所謂怒者，誰也？天神邪？蒼蒼之天也？如謂天神，神怒無聲；如謂蒼蒼之天，天者體，不怒，怒用口。

且天地相與，夫婦也，其即民父母也。盼遂案：「即」字宋本作「不」，則「也」字讀宜同「邪」。子有過，父怒，笞之致死，而母不哭乎？今天怒殺人，地宜哭之。獨聞天之怒，不聞地之哭。如地不能哭，則天亦不能怒。

且有怒則有喜。宋本「有怒」作「天怒」，朱校元本同。疑當作「且天有怒則有喜」。人有陰過，亦有陰善。有陰過，天怒殺之；如有陰善，天亦宜以善賞之。「以善」疑當作「喜以」。盼遂案：「以善」之「善」爲「喜」之誤字，又誤倒置「以」字下。本文當作「天亦宜喜以賞之」，方與上句「天怒殺之」相應。隆隆之聲，謂天之怒；如天之喜，亦〔宜〕哂（啞）然（啞）而笑。孫曰：「哂然而笑」，本作「啞啞而笑」，與「隆隆之聲」相對。今作「哂然」者，「啞」以形近誤爲「哂」，校者不達，改作「哂然」。義雖可通，失古本矣。御覽三九一引正作「啞啞」。暉按：孫説是也。「亦」下當有「宜」字。此據天怒以推論天喜，故曰「亦宜啞啞而笑」，與上「天亦宜以善賞之」語氣正同。若脱「宜」字，則爲肯定語矣。御覽三九一引作「天怒，則隆隆雷聲；天喜，應啞啞而笑」，雖節引此文，然着一「應」字，可以推證。人有喜怒，故謂天喜怒。推人以知天，知天本於人，如人不怒，則亦無緣謂天怒也。緣人以知天，宜盡人之性。人性怒則呴吁，喜則歌笑。比聞天之怒，希聞天之喜；比見天之罰，希見天之賞。豈天怒不喜，貪於罰，希於賞哉？「希」疑「悕」譌。「悕」即俗「吝」字。盼遂案：「希」當爲「悕」。「悕」即「吝」之别體。涉上下文多「希」字而誤。何怒罰有效，喜賞無驗也？

且雷之擊也，「折木壞屋」，「時犯殺人」，以爲天怒。時或徒雷，無所折敗，亦不殺人，天空怒乎？人君不空喜怒，喜怒必有賞罰。無所罰而空怒，是天妄也。妄則失威，非天行也。政事之家，以寒温之氣，爲喜怒之候，舊校曰：一有「候」字。（通津本、王、錢本字誤作「守」，今據宋本、天啓本、鄭本正〔一〕。）人君喜即天温，即（怒）則天寒。「即」當據宋本、天啓本、錢、黄、鄭、王本改作「怒」。寒温篇亦有此文。雷電之日，天必寒也。盼遂案：「温」下漏「怒」字。「則」字本在「雷」上，後人誤移置「天寒」之上以足句耳。局本改作「怒則天寒」，亦非。此文本爲「人君喜即天温，怒即天寒，則雷電之日，天必寒也」。高祖之先，「先」疑「生」形誤。劉媪曾息大澤之陂，夢與神遇，「遇」，注吉驗、奇怪二篇。下云「施氣」，是「遇」當訓「構」。此時雷電晦冥。天方施氣，宜喜之時也，何怒而雷？如用擊折者爲怒，用，以也。不擊折者爲喜，則夫隆隆之聲，不宜同音。人怒喜異聲，天怒喜同音，與人乖異，則人何緣謂之天怒？

且「飲食人以不潔净」，小過也。以至尊之身，親罰小過，非尊者之宜也。尊不親罰過，故王不親誅罪。天尊於王，親罰小過，是天德劣於王也。且天之用心，猶人之用意。人君罪惡，疑作「罰惡」。初聞之時，怒以非之，盼遂案：「罪惡初聞」當是「初聞罪惡」，聞臣民之罪惡也。照誤本，則似人君有罪惡矣。及其誅之，哀以憐之。故論語曰：「如

〔一〕「本正」二字原本誤倒，今乙。

得其情，則哀憐而勿喜。」子張篇曾子對陽膚之詞。「憐」作「矜」，疑此爲魯論。翟氏考異未及之。集解引馬曰：「民犯法，當哀矜之，勿自喜能得其情。」紂，至惡也，武王將誅，哀而憐之，故尚書曰：「予惟率夷憐爾。」多士文。「夷憐」作「肆矜」。段玉裁曰：「此今文尚書也。『夷』、『肆』古音同第十五部。『憐』、『矜』古音同第十二部。『矜』從『令』聲，讀如『鄰』。自誤『令』音，而古音亡矣。」江聲曰：「今文『率夷憐爾』，『夷』之言『常』，『憐』與『矜』同義。謂率循常典，矜憐爾商。」王鳴盛說同。並與僞孔義無別。錢大昕曰：「『夷』，誅也。『憐』、『矜』聲近。此今文書說也。」孫星衍說同。劉貴陽經說曰：「『矜』、『矝』判然兩字，一從『矛』、『今』，一從『予』、『令』，不容相溷。」華嚴音義上卷云：「矝，毛詩傳曰：『矝，憐也。』說文字統：『矝，怜（俗憐字。）也。』」皆從「予」、「令」。若從「矛」、「今」者，音巨斤反，矛柄也。玉篇二字皆從「予」、「令」，無「矛」、「今」者，是慧苑在唐時所見毛詩經傳並作「矝」，而玉篇則有「矝」而無「矜」，此古本未經竄改之據也。今考詩之「矝」、「憐」字爲韻者，菀柳〔一〕以叶「天」、「臻」，桑柔以叶「旬」、「民」、「填」、「天」，皆真、諄部中字。古「矝」、「憐」通用。論衡引書「矛惟率肆矝爾」，引論語「則哀矝而勿喜」，並作「憐」字，「憐」亦真、諄部中字也。故「矝」與從「矛」、「今」聲訓矛柄，入蒸、登部之「矜」，斷是兩字。人君誅惡，憐而殺之，天之罰過，怒而擊之，是天少恩而人多惠也。

〔一〕「菀」，原本作「苑」，據毛詩改。

説雨者，以爲天施氣。書鈔一五一引河圖曰：「雨者，天之施也。」天施氣，氣渥爲雨，故雨潤萬物，名曰澍。説文：「澍，時雨也。所以樹生萬物者也。」人不喜，不施恩；天不説，不降雨。謂雷天怒，雨者天喜也。雷起常與雨俱，如論〔者〕之言，「論」下脱「者」字。「如論者之言」，指説天怒殺人者。天怒且喜也。人君賞罰不同日，春秋繁露四時相副云：「以賞副暑而當夏，以罰副清而當秋。」天之怒喜不殊時，天人相違，賞罰乖也。且怒喜具形，「具」當作「俱」。亂也。盼遂案：「具」爲「俱」之壞字。上文「人君賞罰不同日，天之喜怒不殊時」，此之「俱形」，正對上反言之也。惡人爲亂，「惡」音烏路切。怒罰其過，罰之以亂，非天行也。冬雷，人謂之陽氣洩；呂覽仲冬紀：「仲冬行夏令，雷乃發聲。」高注：「夏氣發泄。」春雷，謂之陽氣發；呂覽仲春紀：「是月雷乃發聲。」注：「冬陽閉固，陽伏於下，是月陽升。」夏雷，不謂陽氣盛，謂之天怒，竟虚言也。

人在天地之間，物也；物，亦物也。物之飲食，天不能知；人之飲食，天獨知之。萬物於天，皆子也。父母於子，恩德一也，豈爲貴賢加意，賤愚不察乎？何其察人之明，省物之闇也！犬豕食，人〔以〕腐臭食之，「人」下脱「以」字。此舉人以腐臭食犬豕，與人以不潔浄飲食人相較爲義。脱「以」字，文不可通。天不殺也。盼遂案：「食之」二字涉下文而衍。如以人貴而獨禁之，則鼠洿人飲食，人不知，誤而食之，天不殺也。如天能原鼠，則亦能原人。人誤以不潔凈飲食人，人不知而食之耳，豈故舉腐臭以予之哉？如故予之，人亦不肯食。

呂后斷戚夫人手，去其眼，置於厠中，漢書外戚傳云：「居鞠域中。」此從史記呂后紀。以爲人豕。呼人示之，示、視字通。人皆傷心。惠帝見之，病臥不起。呂后故爲，天不罰也；人誤不知，言不知不潔凈，誤以飲食人。天輒殺之。不能原誤，失（反）而責（貫）故，天治悖也。「失」，宋、元本并作「反」，朱校同。當據正。「責」當作「貫」，形近而誤。「反而貫故」，承上「呂后故爲，天不罰」爲義。「故」、「誤」漢律常語，猶今法言故意過失。貫謂緩恕其罪。答佞篇曰：「聖君誅故貫誤。」今反貫故，故曰天治悖。夫人食不凈之物，口不知有（人）其洿也；「有」，宋本作「大」，朱校元本同。疑本作「人」。此文仍據「飲食人以不潔凈」爲義，故曰「口不知人其洿也」。下文「如食，己知之」，「人」、「己」相對成義。蓋宋、元本「人」字形誤爲「大」，今本妄改爲「有」，則「洿」字謂所食之物有洿，而「其」字於義無着。改爲「口不知其有洿」，語氣方順。則此文非原作「有」，明矣。如食，己知之，名曰腸洿。戚夫人入厠，身體□□。吴曰：此下當有脱文。辱之與洿何以別？盼遂案：依文義當重「辱」字，讀爲「戚夫人入厠身體辱」句絶，「辱之與洿何以別」句絶。腸之與體何以異？爲腸不爲體，言天爲腸洿殺人。傷洿不病辱，非天意也。且人聞人食不清之物，心平如故，觀戚夫人者，莫不傷心。

人傷，天意悲矣。夫悲戚夫人，朱校元本上「夫」字作「天」。則怨呂后。案呂后之崩，未必遇雷也。道士劉春，熒感楚王英，盼遂案：悼厂云：「惠棟後漢書補注，劉春疑即濟南王康傳之劉子産也。」英，光武子。使食不清。「清」，御覽十三引作「潔」。此事後漢書本傳未見。春死未必遇雷也。建初四年夏六月，御覽十三、事類賦三引並作「建武」。雷擊殺會稽靳（鄞）專日食羊五頭，皆死。孫曰：「靳」當作「鄞」。「專日食」三字，與雷擊殺羊義不相屬，當有錯誤。御覽十三、事類賦三引並作「雷擊會稽鄞縣羊五頭」。暉按：「食」字涉上文諸「食」字衍。「專日」二字，爲「縣」字形殘。夫羊〔有〕何陰過，而雷殺之？孫曰：「何」上脱「有」字，當據御覽、事類賦引補。暉按：初學記雷部引亦有「有」字。舟人洿溪上流，人飲下流，舟人不雷死。

天神之處天，猶王者之居也（地）。「也」，當據宋本改作「地」。「天」、「地」相對成義。王者居重關之内，則天之神宜在隱匿之中；王者居宮室之内，則天亦有太微、紫宮、軒轅、文昌之坐。淮南天文訓：「太微者，天子之庭也。（「子」，今誤「一」，依俞樾校改。）紫宮者，太一之居也。軒轅者，帝妃之舍也。」史記天官書：「南宮：朱鳥、權、衡。衡，太微。」集解孟康曰：「太微爲衡。」索隱宋均曰：「太微，天帝南宮。」又天官書云：「中宮天極星，其一明者，太一常居也。環之匡衛十二星，藩臣，皆曰紫宮。」索隱：春秋合誠圖曰：「紫微，大帝室。」又云：「權，軒轅。」天象列星圖曰：「軒轅十七星，在七星北，如龍之體，後宮之象。」（御覽六引。）石氏星經曰：「文昌六星，如半月形，斗魁前，爲天府，主天下集計事。」（御覽六引。）王者與人相遠，不知人之陰惡；天神在四宮之內，何能見人闇過？王者聞人過，以人知；天知人惡，亦宜因鬼。使天問過於鬼神，則其誅之宜使鬼神；如使鬼神，則天怒，鬼神也，非天也。

且王斷刑以秋，月令曰：「孟秋，決獄訟，戮有罪，嚴斷刑。」後漢書陳寵傳：「蕭何草律，季秋論囚。」天之殺用夏，謂夏雷殺人。此王者用刑違天時。□□奉天而行，吴曰：「奉天」上宜有「王者」二字。盼遂案：「王」上衍「此」字。「刑」下應有「弗」字。此蓋周易文言「大人者，先天而天弗違，後天而奉天時」語義。其誅殺也，宜法象上天。春秋繁露四時相副篇：「天之道，秋清以殺，冬寒以藏。聖人副天之所行以爲政，故以罰副清而當秋，以刑副寒而當冬。」天殺用夏，王誅以秋，天人相違，非奉天之義也。

或論曰：「飲食〔人〕不潔净，天之大惡也，「食」下脱「人」字。下文「天之大惡，飲食人不潔清」即承此文。正有「人」字，是其證。盼遂案：「食」字下應有「人」字。上下文皆作「飲食人不潔净」，謂以不潔净者飲食他人也。殺大惡不須時。」須，待也。王者大惡，謀反、大逆無道也；漢書景帝紀如淳注引律：「大逆不道，父母妻子同産皆棄市。」天之大惡，飲食人不潔清，「潔清」當從上文作「潔净」。下「潔清」同。天之（人）所惡，小大不均等也。「小大不均等」，據「王」、「天」兩者言之。「之」當作「人」，形誤。上文「天人相違，非奉天之義」，與此文例同。惡，烏路反。盼遂案：「天之所惡」之「之」，是「人」之形訛，當作「天人所惡」。「人」謂王者。如小大同，王者宜法天，制飲食人不潔清之法爲死刑也。聖王有天下，制刑不備此法，聖王闕略，有遺失也。「闕」，宋本作「闊」，疑是。書解篇：「周法闊疏，而不可因也。」與此「闊略」同。

或論曰：「鬼神治陰，王者治陽。陰過闇昧，人不能覺，故使鬼神主之。」曰：陰過非一也，何不盡殺？案一過，非治陰之義也。案，考案也。一過，謂飲食人不潔淨。天怒不旋日，人怨不旋踵。人有陰過，或時有用冬，未必專用夏也。以冬過誤，不輒擊殺，遠至於夏，非不旋日之意也。

圖畫之工，孫曰：開元占經雷霆占引「工」作「士」，疑非。暉按：白帖二、初學記一、御覽十三引並作「工」，與今本合。圖雷之狀，纍纍如連鼓之形。徐中舒曰：「銅器中從畾之字，皆作連鼓之形，與武梁祠所繪極似。」（古代狩獵圖象考。）又圖一人，若力士之容，謂之雷公，素問陰陽論類篇有黃帝問雷公語。淮南天文篇注、水經河水注、文選思玄賦注並以豐隆爲雷公。又或謂雨〔一〕師。五經異義（禮記郊特牲疏。）鄭玄曰：「今人謂雷曰雷公。」盼遂案：悼厂云：「王逸注

〔一〕「雨」，原本作「兩」，形近而誤，今改。

招魂云：『欲涉流沙，則回入雷公之室。』甘氏星經又有雷公、雷姥之文。」使之左手引連鼓，右手推椎〔之〕，若擊之狀。「椎」涉「推」字譌衍，又脱「之」字。「椎」亦擊也，與「擊」字意複。「右手推之」，與「左手引連鼓」，「引」、「推」義正相承。推，手前也。引，手卻也。（見釋名釋枇杷。）下文「安可推引而爲連鼓之形」，字正作「推」，可證。御覽十三引正作「右手推之」，（據天啓本。趙刻本及合璧事類三、唐李石續博物志一引並作「右手椎之」。「推」、「椎」形近易誤。）是「椎」字未衍，「之」字未脱，當據補正。其意以爲，雷聲隆隆者，連鼓相扣擊之意（音）也；「意」字無義，當爲「音」字形誤。「音」與下「聲」字相對。下文「相叩而音鳴」，即承此文，可證。其魄然若潎（襒）裂者，宋本亦作「潎」。先孫曰：後文兩見「潎」並作「襒」。譴告篇亦有「襒裂」之文。暉按：説文：「震，劈歷振物者。」劈歷，疾雷名，與「襒裂」聲義並近。盼遂案：「潎裂」即「劈歷」，雷聲也。説詳譴告篇。「若」字衍文。「魄然」讀若泰誓「其聲魄」之「魄」，猶今人言砰然矣，所以狀劈歷之聲也。馬融注尚書云：「魄然，安定意。」恐非本旨。椎所〔推〕擊之聲也；「椎所擊」文不成義，當作「所推擊」。「推」誤爲「椎」，（校見上。）文又誤倒。其殺人也，引連鼓相椎，並擊之矣。「椎」當作「推」，校見上。世又信之，「又」，御覽引作「人」。莫謂不然。盼遂案：「又」當爲「人」之誤。御覽十三引正作「世人」。如復原之，虛妄之象也。

夫雷，非聲則氣也。聲與氣，安可推引而爲連鼓之形乎？如審可推引，則是物也。相扣而音鳴者，非皷即鐘也。夫隆隆之聲，皷與鐘邪？如審是也，鐘皷[而]不〔而〕空懸，孫曰：「而不」當作「不而」。「不而」即「不能」。亦後人不達古語而妄改也。（説見前感虚篇。）須有筍簴，然後能安，然後能鳴。「筍」舊作「簨」，據宋本正。考工記梓人作「筍簴」。禮記明堂位注：「簨簴所以縣鐘磬也。横曰簨，植曰簴。」「筍」讀博選之「選」，聲通作「簨」。説文、釋名並謂懸鐘鼓者。今鐘皷無所懸着，雷公之足，無所蹈履，安得而爲雷？

或曰：「如此固爲神。如必有所懸着，足有所履，然後而爲雷，是與人等也，何以爲神？」曰：神者，恍惚無形，出入無門，上下無拫（垠），盼遂案：「拫」當爲「垠」，字之誤也。説文：「垠，地垠也。一曰岸也。」本又作「根」，益誤。宋本正作「垠」。故謂之神。「垠」舊作「拫」，天啓本同。錢、王本作「根」。皆傳寫者隨意作之，不足據。今據宋本、朱校元本正。「形」、「門」、「垠」爲韻。今雷公有形，雷聲有器，安得爲神？續博物志七引作「安得謂之神」。如無形，不得爲之圖象；如有形，不得謂之神。[謂之神]龍〔神〕升天，實事者謂之不然，「神龍升天」，當作「龍神升天」。下文「以其可畫，故有不神之實」，正與「龍神」反正相承。「謂之」二字涉上文衍。感虚篇：「宋景公出三善言，熒惑徙三舍，實論者猶謂之虚。」變動篇：「夫豫子、貫高欲刺兩主，兩主心動，實論之，尚謂非二子精神所能感也。」並與此文例同，可證。若有「謂之」二字，則句無主詞。以人時或見龍之形也。辯見龍虚篇。以其形見，故圖（體）畫升龍之形（服）也；宋本、朱校元本作「體畫升龍之服」是也。尚書益稷：「日、月、星辰、山、龍、華蟲，作會。宗彝、藻、火、粉米、黼、黻，絺繡。」鄭注：「自日月至黼黻，凡十二章，天子所以飾祭服。凡畫者爲繪，刺者爲繡。此繡與繪各有六。衣用繪，裳用繡。」疏曰：「日也、月也、星也、山也、龍也、華蟲也，六者畫以作繪，施於衣也。」大傳曰：「山龍，青也。」以自天子至士皆有山龍，詳語增篇注。雖伏生、鄭玄説異，然并謂服畫龍。此文即其義也。蓋後人不審，妄改「體」爲「圖」，「服」爲「形」。以其可畫，故有不神之實。難曰：「人亦見鬼之形，鬼復（弗）神乎？」「復」當作「弗」，聲之誤也。盼遂案：「亦」當爲「不」，形之誤也。左傳桓五年「王亦能軍」，「亦」亦「不」字之譌。（王氏經義述聞。）同此例矣。曰：人時見鬼，有見雷公者乎？鬼名曰神，其行蹈地，與人相似。雷公頭不懸於天，足不蹈於地，安能爲雷公？飛者皆有翼，物無翼而飛謂仙人。畫仙人之形，爲之作翼。如雷公與仙人同，宜復着翼。使雷公不飛，圖雷家言其飛，非也；使實飛，不爲着翼，又非也。夫如是，圖雷之家，畫雷之狀，皆虛妄也。且説雷之家，謂雷，天怒呴吁也；圖雷之家，謂之雷公，怒引連鼓也。審如説雷之家，則圖雷之家非；審如圖雷之家，則説雷之家誤。二家相違也，并而是之，無是非之分。無是非之分，故無是非之實。無以定疑論，故虛妄之論勝也。

禮曰：「刻尊爲雷之形。」禮記明堂位注：「尊，酒器也。」周禮春官「司尊彝」注：「山罍亦刻而畫之，爲山雲之形。」詩周南卷耳疏引異義曰：「毛詩説：金罍，酒器也。諸臣之所酢。人君以黄金飾。尊大一碩，金飾龜目，蓋刻爲雲雷之象。謹案：謂之罍者，取象雲雷博施，故從人君下及諸臣同，（「故從」作「如」，無「同」字。此據「司尊彝」疏正。）皆得畫雲雷之形。以其名罍，取於雲雷故也。」此云「尊」，即雷尊也。儒增、亂龍并謂雷尊刻畫雲雷之形。「雷」、「罍」聲同字通。此文蓋出禮緯，經無明文。又潛邱劄記二云：「博古圖録有犧首罍、素犧罍、象首罍、麟鳳爲乳罍、饕餮罍。諸罍致飾不一，僅犧首間錯雲雷，并無畫山雲象者。」案：見存銅器甚夥，不得據以爲疑。**一出一入，一屈一伸，**「一」猶「或」也。**爲相校軫則鳴。**此據雷尊圖象以釋雷也。「校」讀爲「絞縊」之「絞」。文選七發注引許慎曰：「軫，轉也。」説文：「紾，轉也。」「校軫」爲「絞紾」借字。説文：「罍，籀文櫑。」從缶、回。漢書文三王傳：「孝王有罍尊。」應劭注引詩卷耳：「我姑酌彼金罍。」罍從畾从回，即罍刻畫之象，畾从靁省。説文：「靁，从雨、畾，象回轉形。靁，籀文靁，間有回。回，靁聲也。」許云：「回，雷聲。」與此「校軫則鳴」義合。古器多以「囘」爲雷，「囘」即「回」字，亦取屈伸校軫則鳴之義。盼遂案：「校軫」爲「絞紾」之借。説文：「絞，縊也。」禮記雜記疏：「兩股相交謂之絞」説文：「紾，轉也。」是絞、紾二字皆以狀雷之出入屈伸之容也。**校軫之狀，**舊校曰：「校軫」或作「佼較」。**鬱律嵔壘之類也。**漢書揚雄傳甘泉賦：「雷鬱律於巖窔兮。」注：「鬱律，雷聲也。」按：鬱律、嵔壘并爲曲屈回轉義。雷聲隆隆不絶，聽之若騰空回轉，故謂「鬱律，雷聲」。文選江賦：「時鬱律其如烟。」注：「鬱律，烟上貌。」炊烟隨風，左引右挹，亦爲回曲義。説文：「鍡鑸，不平也。」管子輕重乙篇：「山間堁壚之壤。」文選魏都賦：「或嵬㠑而複陸。」海賦：「磈磊山壟。」爾雅釋木：「枹遒木魁瘣。」郭注：「謂樹木叢生，根枝節目盤結磈磊。」木之相攢追謂之磈磊，則雷氣校軫亦謂之碨壘。曲屈回轉者必不平，故不平謂之堁壚。大人賦：「徑入雷室之砰磷鬱律兮。」亦以「鬱律」狀雷室之回曲不平。「鬱律」、「碨壘」，聲相轉也。上林賦：「巖磈嵔瘣，丘虛堀礨，隱轔鬱㠥。」大人賦：「洞出鬼谷之堀礨崴魁。」唐人謂「黄巢」云：「田人二十一，果頭三屈律。」「屈律」指「巢」字上半之回曲形，并鬱律、碨壘之聲轉也。路史餘論三曰：「鬱律者，苑結之謂也。西京賦云：『霝鬱律於岩突。』聲鬱屈也。沈休文（今本誤作「伴文」。）云：『鬱律構丹巘。』形鬱屈也。」其説得之。**此象類之矣。氣相校軫分裂，則隆隆之聲，校軫之音也。魄然若襞裂者，氣射之聲也。氣射中人，人則死矣。**

**實説雷者，太陽之激氣也。**淮南天文訓：「陰陽相薄，感而爲雷。」呂氏春秋仲春紀高注：「震氣爲雷，激氣爲電。」河圖亦云：「陰繳陽爲電。」仲任則以釋雷。**何以明之？正月陽動，故正月始雷；**月令疏引蔡邕曰：「季冬雷在地下，孟春動於地之上，至仲春升而動於天之下。」**五月陽盛，故五月雷迅；秋冬陽衰，故秋冬雷潛。**月令：「仲秋之月，雷始收聲。」注：「雷始收聲在地中也。」**盛夏之時，太陽用事，陰氣乘之。陰陽分事（争）則相校軫，**先孫曰：黄氏日鈔引「分事」作「交争」。疑當作「分争」，「争」、「事」形近而誤。劉先生曰：孫説是也。下文「温寒分争，激氣雷鳴」，與此文義正相類。御覽二二引正作「陰陽分争」，尤其確證。暉按：宋本正作「分争」。續博物志七引亦作「分争」。莊子曰：「陰氣伏於黄泉，陽氣上通於天，陰陽分争。」即此義。吕氏春秋仲夏紀：「是月也，陰陽争。」注：「是月也，陰氣始起於下，盛陽蓋覆其上，故曰争。」盼遂案：下文正作「分争」。

**校軫則激射，激射爲毒，中人輒死，中木木折，中屋屋壞。人在木下屋間，偶中而死矣。何以驗之？試以一斗水灌冶鑄之火，**續博物志七引「灌」作「沃」。**氣激⿱敝衣裂，若雷之音矣。或近之，必灼人體。天地爲鑪，大矣；陽氣爲火，猛矣；雲雨爲水，多矣。分争激射，安得不迅？中傷人身，安得不死？當冶工之消鐵也，**「消」當作「銷」。**以土爲形，**「形」讀作「型」。説文：「型，鑄器之法也。」以土曰型，以竹曰笵，多借「刑」或「形」爲之。**燥則鐵下，不則躍溢而射。**「不」讀作「否」。**射中人身，則皮膚灼剥。陽氣之熱，非直消鐵之烈也；陰氣激之，非直泥土之濕也；**朱校元本「濕」作「温」。**陽（激）氣中人，非直灼剥之痛也。**「陽氣」當作「激氣」，涉上文「陽氣」而誤。陰陽相激射爲雷，即激氣也。雷傷人，非獨陽氣。上文云：「陰陽分争則相校軫，校軫則激射，激射爲毒，中人輒死。」又云：「陽氣爲火，雲雨爲水，分争激射，中傷人身。」並謂陰陽相激而中人，是其證。宋本正作「激氣中人」，尤其切證。當據正。

**夫雷，火也，〔火〕氣剡人，人不得無迹。**孫曰：「氣剡人」，語意不完，「氣」上蓋脱「火」

字。玉燭寶典十一引作「火氣燎人」，正有「火」字。暉按：孫説是也。宋本正有「火」字，當據補。如炙處狀似文字，盼遂案：「炙」當爲「灸」字之誤也。説文：「灸，灼也。」人見之，謂天記書其過，以示百姓。是復虛妄也。

使人盡有過，天用雷殺人，殺人當彰其惡，以懲其後，明著其文字，不當闇昧。圖出於河，書出於洛，注感虛篇。河圖、洛書，天地所爲，人讀知之。今雷死之書，亦天所爲也，何故難知？如以一人皮不可書，吴曰：「一」字疑誤。盼遂案：「一」即「殪」之壞字。説文歺部：「殪，死也。」緣「殪」脱「歺」作「壹」，讀者又改「壹」爲「一」也。猶書康誥之「殪戎殷」，禮記中庸作「壹戎衣」，而僞書武成作「一戎衣」矣。魯惠公夫人仲子，宋武公女也，生而有文在掌，楊曰：左傳隱公作「有文在其手」。紀妖篇「在」下有「其」字。暉按：自然篇亦有「其」字。曰：「爲魯夫人。」左隱元年傳疏云：「傳加『爲』，非爲手文有『爲』字。石經『魯』作『𧘝』，手文容或似之。『夫人』固當有似之者。」翁元圻曰：「古文『𡴀』字，後改爲『𧘝』。祕閣有銅尊銘作『㐭公』，以『㐭』爲『魯』。」沈濤曰：「古文『爲』作『𠙵』，『魯』作『㫊』，故手文得似之。」是以「爲」亦爲手文。文明可知，故仲子歸魯。婦人謂嫁曰歸。雷書不著，著，明也。故難以懲後。夫如是，火剡之跡，非天所刻畫也。或頗有而增其語，或無有而空生其言。虛妄之俗，好造怪奇。

何以驗之，雷者火也？此釋上文「夫雷，火也」，與龍虛篇「何以言之，龍有體也」文例同。胡先生疑此二句誤倒，今不從。盼遂案：「雷者火也」當在「何以驗之」上。下文所臚五驗，皆所以申明雷火之義。以人中雷而死，即詢其身，中頭則鬚髮燒燋，中身則皮膚灼燌，廣韻二十文云：「燌同焚。」臨其尸上聞火氣，「氣」，宋本作「之臭」。一驗也。道術之家，以爲雷燒石，色赤，盼遂案：「雷」當爲「器」。亂龍篇：「消煉五石鑄以爲器，乃能得火。」下文又云：「激聲大鳴，若雷之狀。」明此處非雷字矣。投於井中，「爲」字衍。此述其事，非道術家之意以爲也。續博物志七引作「道家以雷燒石投井中」，無「爲」字，可證。石燋井寒，激聲大鳴，若雷之狀，二驗也。人傷於寒，寒氣入腹，腹中素溫，溫寒分爭，激氣雷鳴，三驗也。當雷之時，電光時見大（火），若火（人）之耀，宋本、朱校元本「大」作「火」，「火」作「人」。「火」字屬上讀。吳謂「大」爲「光」之誤。「光若火之耀」，義亦可通。四驗也。當雷之擊時，或燔人室屋，及地草木，五驗也。夫論雷之爲火有五驗，言雷爲天怒無一效，然則雷爲天怒，虛妄之言。

雖（難）曰：吳曰：「雖」當作「難」，形近而譌。此爲設難之文。暉按：宋本正作「難」字。論語云：「迅雷風烈必變。」鄉黨篇記孔子之行。集解引鄭玄曰：「敬天之怒也。風疾雷爲烈也。」鄭與難者義同。禮記曰：「有疾風迅雷甚雨則必變，「甚」讀作「湛」。雖夜必興，衣服，冠而坐。」文見玉藻。鄭注亦謂敬天之怒。懼天怒，畏罰及己也。如雷不爲天怒，其擊不爲罰過，則君子何爲爲雷變動、朝服而正坐子（乎）？「子」，元本作「乎」。朱校同。孫曰：當作「乎」，非「子曰」連文。是也。

曰：天之與人猶父子，有父爲之變，宋本、朱校元本「父爲」作「不安」。子安能忽？故天變，己亦宜變。順天時，示己不違也。人聞犬聲於外，莫不驚駭，竦身側耳以審聽之，況聞天變異常之聲，軒（軯）輵迅疾之音乎？「軒」，當據宋本改作「軯」。感類篇亦誤作「軒轞」。文選思玄賦：「豐隆軯其震霆兮。」注：「軯，聲也。」列子湯問篇：「砰然聞之若雷霆之聲。」文選藉田賦注：「軯，大聲也。」軯、砰聲同字通。説文：「磕，石聲也。从石，盇聲。」俗从「葢」，口太切。此从「盍」，感類篇从「蓋」，則苦盍切，誤也。从「盍」、从「盇」之字多亂。漢書揚雄傳上甘泉賦：「登長平兮雷鼓礚。」文選洞簫賦注引字林：「礚，大聲也。」此作「輵」，字異義同。合言之則爲「軯輵」。文選藉田賦：「鼓鞞硡隱以砰輵。」「軯輵」、「砰磕」字通。論語所指，禮記所謂，皆君子也。君子重慎，自知無過，如日月之蝕，此句疑寫者因孟子文妄增。盼遂案：「如日月之蝕」，疑後人誤沾。孟子：「君子之過也，如日月之食。」此既言「無過」，又安謂「如日月之食」乎？無陰闇食人以不潔清之事，崇文本作「潔淨」，是。宋本同此。内省不懼，何畏於雷？審如〔審〕不畏雷，「審如」當作「如審」，與下「如審」平列。廣雅：「如，若也。」呂氏春秋〔一〕先己篇注：「審，實也。」與上「審如說雷之家」之兩「審如」不同。「如審」平列爲設詞，本書常語。則其變動不足以效天怒。何則？不爲己也。如審畏雷，亦不足以效罰陰過。何則？雷之所擊，多無過之人，君子恐偶遇之，故恐懼變動。夫如是，君子變動，不能明雷爲天怒，而反著雷之妄擊也。妄擊不罰過，故人畏之。如審罰〔過〕，有過小〔之〕人乃當懼耳，「罰」下脫「過」字。「之」誤作「小」。「如審罰過」，與上「妄擊不罰過」正反相承。「有過之人」，與下「君子之人」句法一律。宋本、朱校元本「小」正作「之」，是其證。蓋「過」字脫，後人則以「有過」屬上爲句，而妄改「之」爲「小」，遂使「罰有過」與「不罰過」語氣不貫。下句「君子」下多出「之人」二字。君子之人無爲恐也。宋王問唐鞅曰：呂氏春秋淫辭篇注：「宋王，康王也。」墨子所染篇亦云：「宋康染於唐鞅。」荀子王霸篇謂宋獻。「寡人所殺戮者衆矣，而羣臣愈不畏，其故何也？」唐鞅曰：「王之所罪，盡不善者也。罰〔罪〕不善，善者胡爲畏？劉先生曰：上下文皆言「罪」，此不得獨言「罰」。「罰」當作「罪」，字之誤也。荀子解蔽篇楊倞注引作「罪不善」。呂氏春秋淫辭篇：「罪不善，善者故爲不畏。」文雖小異，而「罰」正作「罪」，

〔一〕「秋」字原本脫，今補。

并其證也。**王欲羣臣之畏也，不若毋辨其善與不善而時罪之，〔若此〕，斯羣臣畏矣」。**宋本「斯」作「若此」二字。朱校元本作「若」。案：當作「若此，斯羣臣畏矣。」呂覽淫辭篇作「若此，則羣臣畏矣」，可證。「斯」、「則」義同。蓋宋本脱「斯」字，元本脱「此斯」二字，今本脱「若此」二字，當互校補。**宋王行其言，羣臣畏懼，宋王(國)大怒(恐)。**吴曰：「宋王大怒」，與上下文義不相應。「王」當作「國」。俗書「國」或作「国」，又涉上「宋王」而誤。「怒」當作「恐」，形近之誤。「宋王大怒」，當作「宋國大恐」。下文云：「君子變動，宋國大恐之類也。」正複述此語，是其切證。**夫宋王妄刑，故宋國大恐；懼雷電妄擊，故君子變動。君子變動，宋國大恐之類也。**

盼遂案：事見呂氏春秋淫辭篇及高注。

# 論衡校釋卷第七

## 道虚篇

儒書言：黄帝採首山銅，鑄鼎於荆山下。鼎既成，有龍垂胡髯，下迎黄帝。胡，頷下垂肉。黄帝上騎龍，羣臣、後宫從上七十餘人，孫曰：雲笈七籤軒轅本紀作「七十二人」。龍乃上去。餘小臣不得上，乃悉持龍髯。龍髯拔，墮黄帝之弓。百姓仰望黄帝既上天，漢書王莽傳，天鳳六年，下書引紫閣圖〔一〕曰：「太一、黄帝，皆僊上天。」乃抱其弓與龍胡髯吁號。故後世因〔名〕其處曰「鼎湖」，其弓曰「烏號」。孫曰：「因」下蓋脱「名」字，當從史記封禪書、漢書郊祀志補。風俗通正失篇：「故後世因曰烏號。」淮南子原道篇注：「因名其弓爲烏號之弓也。」淮南原道篇注：「烏號，桑柘，其材堅勁，烏峙其上，及其將飛，枝必橈下，勁能復起，（「起」字依吴承仕校增。）操烏隨之，（「操」誤作「巢」，依吴校改。）烏不敢飛，號呼其上。伐其枝以爲弓，因曰烏號之弓也。一説黄帝鑄鼎於荆山鼎湖，得道而仙，乘龍而上。其臣援弓射龍，欲

〔一〕「紫閣圖」，原本作「紫圖」，據漢書補「閣」字。

下黃帝不能也。烏，於也。號，呼也。於是抱弓而號，因名其弓爲烏號之弓也。」風俗通正失篇、司馬相如子虛賦應劭注、列女傳、（吴都賦注。）古史考（七發注。）並同高誘前說。抱弓呼號，當出自方士附會。以上見史記封禪書、漢書郊祀志。盼遂案：「因」當爲「目」，形近而譌。隸書「因」字作「囙」，易與「目」淆。目爲題目。後漢書襄楷傳「目號太平清領書」，其例也。孫氏舉正謂「因」下脱「名」字，而又引風俗通「後世因曰烏號」之語，胥失之矣。

**太史公記**即史記。漢書楊惲傳：「惲始讀外祖太史公記。」又見風俗通。**誄五帝，亦云：黃帝封禪已，仙去。**盼遂案：此處所云黃帝仙去事，見史記五帝本紀。又本書定賢篇云：「太史公序累以湯爲酷。」事見史記酷吏列傳張湯傳。是史記一書，仲任或稱爲「太史公記誄」，或稱爲「太史公序累」，無定名也。漢書藝文志作太史公百三十篇，迨隋書經籍志始正名爲史記也。**羣臣朝其衣冠，因葬埋之。**史記五帝紀無此文。封禪書載或對武帝問曰：「黃帝已僊上天，羣臣葬其衣冠。」郊祀志同。通鑑二十據漢武故事以爲公孫卿言。仲任蓋誤屬史公。晉周生招魂議曰：「黃帝體仙登遐，其臣扶微等斂其衣冠葬之。」（路史後紀五注。）博物志八謂左徹削木象黃帝，率羣臣以朝之。

**曰：此虛言也。**羅泌路史發揮二亦極辯其妄。

實「黃帝」者，何等也？號乎？謚乎〔一〕？周書謚法解：「謚者行之迹，號者功之表。」盼遂案：「也」等於「耶」，問詞。黃暉本改作「乎」，非矣。如謚，臣子所誄列也，誄生時所行爲之謚。禮記曾子問鄭注：「誄，累也，累列生時行迹，讀之以作謚。」餘注福虛篇。盼遂案：「爲」亦「謂」也，古通用。黃帝好道，遂以升天，臣子誄之，宜以「仙」、「升」，不當以「黃」謚。謚法曰：白虎通謚篇引有禮謚法文，大戴禮有謚法篇，見通典，逸周書有謚法解，未知仲任何指。「静民則法曰黃（皇），〔德象天地曰帝〕。」御覽七九引「黃」作「皇」。「德象天地曰帝」句，據御覽引增。謚法解無「黃」謚，此文讀「黃」作「皇」，與他書作「黃帝」以爲土德自異，（詳驗符篇。）故引謚法以證其説。後人妄改「皇」作「黃」，以與上下文一律，則使其義失所據矣。御覽引此文作「皇」，下句作「黃」，是其明證。「黃〔帝〕」者，「帝」字據御覽引增。安民之謚，非得道之稱也。白虎通謚篇曰：「黃帝，先黃後帝者何？古者質，死生同稱，各持行合而言之，美者在上。黃帝始制法度，得道之中，萬世不易，後世雖聖，莫能與同。後世德與天同，亦得稱帝。不能制作，故不得復稱黃也。」雖亦以爲非得道之稱，而義與仲任微異。百王之謚，文則曰「文」，武則曰「武」。白虎通謚篇引禮謚法曰：「慈惠愛民謚曰文，剛强理直謚曰武。」文武不失實，所以勸

〔一〕「乎」，通津草堂本作「也」。

操行也。如黃帝之時質，未有謚乎？名之爲「黃帝」，何世之人也？使黃帝之臣子，知君；使後世之人，跡其行。黃帝之世，號謚有無，雖疑未定，「黃」非升仙之稱，明矣。

龍不升天，黃帝騎之，乃明黃帝不升天也。龍起雲雨，因乘而行；雲散雨止，降復入淵。如實黃帝騎龍，隨溺於淵也。

案黃帝葬於橋山，史記五帝紀：「黃帝崩，葬橋山。」漢書地理志：「上郡陽周，橋山在南，有黃帝冢。」猶曰羣臣葬其衣冠。審騎龍而升天，衣不離形；如封禪已，仙去，衣冠亦不宜遺。黃帝實仙不死而升天，臣子百姓所親見也。見其升天，知其不死，必也。葬不死之衣冠，與實死者無以異，非臣子實事之心，別生於死之意也。

載太山之上者，七十有二君，注見書虛篇。皆勞情（精）苦思，「情」當作「精」。漢書張敞傳：「勞精於政事。」潛夫論慎微篇：「勞精苦思。」本書命禄篇：「勞精苦形。」儒增篇：「專精一思。」此作「勞情」，「精」、「情」形近而誤。憂念王事，然後功成事立，致治太平。太平則天下和安，淮南俶真篇注：「太平，天下之平也。」乃升太山而封禪焉。升封告成於天。中候準讖哲曰：「管仲曰：『昔聖王功道洽，符出，乃封泰山。』」（禮記王制疏。）夫修道求仙，與憂職勤事不同。心思道，則忘事；憂事，則害性。世稱堯若腊，舜若腒，亦見語增篇。書鈔一四五引傅子：「堯如腊，舜如腒。」御覽八十引符子載鄧析曰：「古詩云：『堯、舜至聖，身如脯腊；（亦見路史後紀十一注。）桀、紂無道，肌膚二尺。』」說文肉部「腒」下引傳曰：「堯如腊，舜如腒。」說文：「昔，乾肉也。」腊，籀文。又曰：「北方謂鳥腊曰腒。」（「〔曰〕」字據穀梁莊二十四年傳釋文引增。）禮記內則注：「腒，乾雉也。」心愁憂苦，形體羸癯。使黃帝致太平乎？則其形體宜如堯、舜。堯、舜不得道，黃帝升天，非其實也。使黃帝廢事修道，依上文例，疑有「乎」字。則心意調和，形體肥勁，是與堯、舜異也。異則功不同矣。功不同，天下未太平而升封，又非實也。五帝三王，皆有聖德之優者，黃帝不在上焉。「不」當作「亦」，形之誤也。奇怪篇據帝繫篇及三代世表以證五帝三王皆黃帝子孫，是其五帝說與史遷同，並數黃帝。則此云「不在」，非也。奇怪篇又云：「黃帝，聖人。」此云「聖德之優，黃帝不在」，亦非也。則「不」爲「亦」之譌，可知。若作「不」，則謂黃帝不聖，而下文「聖人皆仙」云云，失所據矣。尤其切證。盼遂案：「不」爲「亦」之誤。如聖人皆仙，仙者非獨黃帝；如聖人不仙，黃帝何爲獨仙？

世見黃帝好方術，方術，仙者之業，則謂〔黃〕帝仙矣。據下「則言黃帝」云云文例補「黃」字。又見鼎湖之名，則言黃帝採首山銅鑄鼎，而龍垂胡髯迎黃帝矣。是與說會稽之山無以異也。夫山名曰「會稽」，即云夏禹巡狩，會計於此山上，故曰「會稽」。辯見書虛篇。夫禹至會稽，治水不巡狩，猶黃帝好方技不升天也。無會計之事，猶無

**鑄鼎龍垂胡髯之實也。里名勝母，**漢書鄒陽傳、鹽鐵論、新序雜事三並云里名。尸子、史記云縣名。**可謂實有子勝其母乎？邑名朝歌，**淮南説山篇：「曾子立孝，不過勝母之閭；墨子非樂，不入朝歌之邑。」水經淇水注：「有新聲靡樂，號邑朝歌。」晉灼曰：『史記樂書，紂作朝歌之音。「朝歌」者，歌不時也，故墨子聞之，惡而迴車，不逕其邑。』論語比考讖〔二〕曰：『邑名朝歌，顔淵不舍，七十弟子揜目，宰予獨顧，由蹷墮車。』」孫星衍曰：「山海經有朝歌之山，當是以此得名，非紂樂也。」**可謂民朝起者歌乎？** 舊本段。盼遂案：二語見淮南子説山篇。

**儒書言：**類聚九一、御覽九一八引「儒」並作「傳」。盼遂案：風俗通正失篇文可參。**淮南王學道，**淮南王安。**招會天下有道之人。傾一國之尊，下道術之士，是以道術之士，並會淮南，奇方異術，莫不争出。**前漢紀十二：「淮南王安好讀書，招致賓客方術之士數千人，作内書二十一篇，外書甚衆，中書八卷，言神仙黄白之事。」西京雜記三：「淮南王好方士，方士皆以術見，遂有畫地成山河，撮土爲土巖，嘘吸爲寒暑，噴嗽爲雨霧。」風俗通正失篇：「作鴻寶、苑秘、枕中之書，鑄成黄白。」**王遂得道，舉家升天。畜産皆仙，犬吠於天上，雞鳴於雲中。**風俗通曰：「白日升天。」神仙傳曰：「雷被誣告安謀反。人告公曰：『安可以去矣。』乃與登山，即

〔二〕「論語比考讖」，水經注作「論撰考讖」。

日升天。八公與安所踐石上之馬跡存焉。」此言仙藥有餘，犬鷄食之，并隨王而升天也。「并」，朱校元本、程、何本同，王本、崇文本作「皆」。

好道學仙之人，皆謂之然。此虛言也。

夫人，物也，雖貴爲王侯，性不異於物。物無不死，人安能仙？鳥有毛羽，能飛，不能升天。人無毛羽，何用飛升？使有毛羽，不過與鳥同，況其無有，升天如何？案能飛升之物，生有毛羽之兆；國語晉語注：「兆，形也。」能馳走之物，生有蹄足之形。馳走不能飛升，飛升不能馳走，稟性受氣，形體殊别也。今人稟馳走之性，故生無毛羽之兆，長大至老，終無奇怪。好道學仙，中生毛羽，終以飛升。使物性可變，金木水火可革更也？「也」讀作「邪」。蝦蟆化爲鶉，雀入水爲蜄蛤，注無形篇。稟自然之性，非學道所能爲也。好道之人，恐其或若等之類，「若」猶「此」也。若等，謂蝦蟆及雀。故謂人能生毛羽，毛羽備具，能升天也。且夫物之生長，無卒成暴起，「卒」讀作「猝」。皆有浸漸。「浸」亦「漸」也。爲道學仙之人，能先生數寸之毛羽，從地自奮，升樓臺之陛，疑當作「階」。下文「乃得其階」。乃可謂升天。今無小升之兆，卒有大飛之驗，何方術之學成無浸漸也？

毛羽大（之）效，難以觀實，「大」字未妥，當作「之」。下文「亦無毛羽之效」。且以人鬚髮、物色少老驗之。「髯」疑涉「髮」字譌衍。「人髮」、「物色」對言。下文云：「物生也色青，其熟也色黃；人之少也髮黑，其老也髮白。」即分承此文。物生也色青，其熟也色黃；人之少也髮黑，其老也髮白。黄爲物熟驗，白爲人老效。物黄，人雖灌溉壅養，終不能青；髮白，雖吞藥養性，終不能黑。黑青不可復還，老衰安可復却？黄之與白，猶肉腥炙之燋，魚鮮煮之熟也。生肉曰腥。生魚曰鮮。燋不可復令腥，熟不可復令鮮。鮮腥猶少壯，燋熟猶衰老也。天養物，宋本、朱校元本「天」作「夫」，義並可通。能使物暢至秋，不得延之至春；吞藥養性，能令人無病，不能壽之爲仙。爲仙體輕氣彊，猶未能升天，令見輕彊之驗，亦無毛羽之效，何用升天？

天之與地皆體也，地無下，則天無上矣。天無上，〔上〕升之路何如？「天無上」，複述上文。「上升之路何如」，反詰之詞。「上」字涉重文脱。穿天之體，人力不能入。如天之門在西北，周禮大司徒疏引河圖括地象曰：「天不足西北，是爲天門。」升天之人，宜從崑崙上。淮南之國，在地東南，如審升天，宜舉家先從（徙）崑崙，乃得其階；「從」當作「徙」，二字形近，又涉上文「從崑崙上」而誤。天門在西北，淮南在東南，故必先徙往西北，以崑崙爲階，若作「從」，則義不可通。下文「今不言其從之崑崙」，「從」亦「徙」之誤。「從之」猶「徙往」也。如鼓翼邪飛，趨西北之隅，是則淮南王有羽翼也。今不言其從（徙）之崑崙，亦不言其身生羽翼，空言升天，竟虛非實也。

案淮南王劉安，孝武皇帝之時也。安爲武帝諸父列。父長以罪遷蜀嚴道，至雍道死。淮南厲王長謀反，文帝幸赦，坐徙。邑邑不食，至雍以死聞。嚴道，屬蜀郡。縣有蠻夷曰道。安嗣爲王，恨父徙死，懷反逆之心，招會術人，欲爲大事。伍被之屬，充滿殿堂，淮南子高誘序：「天下方術之士多往焉，如蘇飛、李尚、左吴、田由、雷被、毛被、伍被、晉昌等八人，及諸儒大、小山之徒。」作道術之書，發怪奇之文，漢志雜家：「淮南内二十一篇，淮南外三十三篇。」前漢紀曰：「中書八卷。」合景亂首，舊校曰：一本作「齊首」。按：文有脱誤。盼遂案：吴承仕曰：「此句疑。」章士釗曰：「『合景亂首』，當是『古吴紀若』四字之誤。」「景」疑爲「謀」。說文「謀」之古文作「𧦝」，與「景」形近。八公之傳，欲示神奇，史記淮南王安傳索隱引淮南要略，以高誘淮南子序所舉八人號曰八公。抱朴子仙藥篇：「仙人八公，各服一物，以得陸僊，各數百年，乃合神丹金液，乃昇太清。」搜神記一：「淮南王安好道術，設廚宰以候賓客。正月上午，有八老公詣門求見。門吏曰：『先生無駐衰之術，未敢以聞。』公知不見，乃更形爲八童子，色如桃花，王便見之，盛禮設樂，以享八公。」梁玉繩瞥記五曰：「壽春八公山以八人得名，水經肥水注言『左吴與王春、傅生等尋安，仝詣玄洲，還爲著記，號曰八公記』，則八公名目又與高序異矣。」今按：八公傳或即八公記之類。一曰：「傳」當作「儒」。漢書司馬相如傳：「相如以爲列僊之儒，居山澤間。」師古曰：「儒，柔也，術士之稱也。凡有道術皆爲儒，今流俗書作『傳』字，非也，後人所改耳。」（史記索隱以「傳」字不誤。）正其比。**若得道之狀。**盼遂案：「傳」當爲「儔」，形近之誤。下文同。**道終不成，效驗不立，乃與伍被謀爲反事，事覺自殺。或言誅死。**史、漢本傳、風俗通正失篇並云「自殺」。漢書武帝紀：「元狩元年，安反，誅。」**誅死自殺**〔一〕**，同一實也。世見其書，深冥奇怪；又觀八公之傳，似若有效，則傳稱淮南王仙而升天，失其實也。**風俗通亦謂：「安親伏白刃，何能神仙？安所養士，或頗漏亡，恥其如此，因飾詐說，後人吠聲，遂傳行耳。」舊本段。

**儒書言：盧敖游乎北海，**淮南道應篇高注：「盧敖，燕人，秦始皇召以爲博士，使求神仙，亡而不反也。」梧丘雜札曰：「此即史記始皇紀之燕人盧生。說苑反質篇以爲齊客盧生。蓋燕、齊二國皆好神仙之事，盧生燕人，曾爲齊客，談者各就所聞稱之。」**經乎太陰，**高誘曰：「太陰，北方也。」**入乎玄關（闕），**孫曰：「玄關」，當從淮南道應篇作「玄闕」。高注云：「玄闕，北方之山也。」「玄闕」乃六朝以來佛家語，漢代無此名也。蜀志郤正傳：「盧敖翱翔乎玄闕。」薛道衡出塞曲：「縋馬登玄闕。」並不作「關」。關、闕形近，後人又習聞「玄關」之語，故致誤耳。**至於蒙轂之上，**

〔一〕「殺」，原本作「死」，據通津草堂本改。

高曰：「蒙縠，山名。」淮南天文篇注：「蒙谷，北地之山名，盧敖所見若士之所也。」莊逵吉曰：「『蒙谷』即尚書『昧谷』。『蒙』、『昧』聲相近。」按：「蒙谷」即「蒙縠」，「谷」、「縠」字通。**見一士焉，深目〔而〕玄準，**「目」下當有「而」字，與下句法一律。淮南道應篇正有「而」字，可證。「玄準」，淮南作「玄鬢」。蜀志郤正傳注引淮南同此。**鴈頸而戴（⿹𢦏鳥）肩，**「鴈頸」，淮南作「渠頸」。（今作「淚注」，依王念孫校改。）王念孫曰：「渠，大也。此作『鴈』，後人以意改之。」劉先生淮南校補：「『鴈』字不誤，鴈頸鳶肩，誼相類，文亦相對。」暉按：「戴」，宋本作「⿹𢦏鳥」，當據正。干禄字書：「⿹𢦏鳥通鳶正。」淮南正作「鳶肩」。御覽三六九引莊子佚文：「盧敖見若士，深目鳶肩。」晉語八韋注：「鳶肩，肩井斗出。」鳶从弋聲，戴从𢦏聲，籀文作戴，「弋」、「𢦏」同在之部。「鳶」作「⿹𢦏鳥」，猶「戴」作「戴」。「戴」爲「⿹𢦏鳥」之形誤。盼遂案：「戴」宜依淮南道應改作「鳶」。漢人「鳶」字書作「⿹𢦏鳥」，故易致誤。**浮上而殺下，軒軒然方迎風而舞。**方以智曰：「軒軒」猶言「僊僊」也。詩「屢舞僊僊」，注：「僊僊，軒舉。」「軒軒」古與「僊僊」聲近。趙凡夫謂當用「仚仚」，溷讀「僊僊」。所攷未審。**顧見盧敖，樊然下其臂，**説文：「樊，鷙不行也。」廣雅釋詁三：「騬，止。」樊然，止舞貌。**遯逃乎碑下。**「碑」讀作「崥」。王念孫曰：「崥，山足也。下者後也。謂遯逃乎山足之後也。」**敖乃視之，方卷然龜背而食合梨。**孫曰：此文不當有「然」字，蓋涉上諸「然」字而衍。此言方踞龜背而食合梨。若加「然」字，不可通矣。淮南子作「方倦龜殼而食蛤梨」。高注：「楚人謂倨爲倦。」（卷、倦同。倨、踞同。）是其義也。暉按：孫説是也。宋本正無「然」字。列仙傳「卷」作「踞」。章炳麟新方言二：「倦之言拳也。今四川謂踞在地曰倦在地。倦讀如捲。」「梨」，舊校曰：一本作「蛪」。按：「合梨」讀作「蛤蛪」。淮南作「蛤梨」。高注：「海蚌也。」盼遂案：吴承仕曰：「後文作『蛪』。疑一本作『蛪』者是。」**盧敖仍與之語曰：**孫曰：「仍」與「扔」同。廣雅釋詁：「扔，引也。」老子釋文引字林：「扔，就也。」並其義。暉按：廣韻曰：「扔，强牽引也。」吾鄉俗語猶存。**「吾子唯以敖爲倍俗，**「倍」讀作「背」。**去羣離黨，窮觀於六合之外者，非敖而已？**朱曰：尋文義，「已」下當依淮南補「乎」字。**敖幼而游，至長不倫（偷）解，**吴曰：「倫」當作「偷」。淮南子作「渝」。「渝」、「偷」聲近義通。潛夫論斷訟篇：「後則榆解奴抵。」汪繼培箋云：「『榆』蓋『偷』之誤。『解』讀爲『懈』。」此「偷解」連文之證。**周行四極，唯北陰之未闚。今卒睹夫子於是，殆可與敖爲友乎？」若士者悖然而笑曰：**悖然，興起貌。淮南作「齤然」。**「嘻！子中州之民也，不宜遠至此。此猶光日月而戴（載）列星，**各本作「戴」，當據宋本、朱校元本改作「載」，與淮南合。高曰：「言太陰之地，尚見日月也。」盼遂案：「猶」下有一缺文，程榮本同。淮南作「乎」。「戴」，宋本作「載」。**四時之所行，陰陽之所生也。此其比夫不名之地，猶峖屼也。**文選海賦：「突扤孤遊。」注：「突扤，高貌。」吴都賦注引字指：「屼，秃山也。」峖屼謂矗立山也。言盧敖所行，比我所游不可字名之地，直藐若一山耳。**若我南游乎罔浪之野，北息乎沉**

**蘱之鄉，**淮南作「沉墨」。朱曰：「蘱」、「墨」一聲之轉。**西窮乎杳冥之黨，**宋本「杳」作「窅」，與淮南合。莊逵吉曰：「方言云：『黨，所也。』」**而東貫湏（澒）懞（濛）之先（光）。**吳曰：淮南子作「鴻濛」。此文「湏」當作「項」。「項」、「鴻」聲近通假。暉按：此文當原作「澒濛」。「湏懞」并形之誤。談天篇：「溟涬濛澒，氣未分之類也。」孝經援神契：「天度濛澒。」（後漢書張衡傳注。）「澒濛」倒言之爲「濛澒」，於義一也。莊子在宥篇：「雲將東遊，適遭鴻蒙。」帝系譜：「天地初起，溟涍（「涍」當作「涬」。）鴻濛。」（事類賦一。）「鴻」並「澒」之借字。又「先」當從淮南作「光」。「東貫澒濛之光」，謂東貫日光也。淮南俶真訓：「以鴻濛爲景柱。」高注：「鴻濛，東方之野，日所出。」是其義。盼遂案：「先」字當依淮南改作「光」。「光」字與鄉、黨、營、狀爲韻。若作「先」，則非韻矣。**此其下無地，上無天，聽焉無聞，而視焉則營；**「營」讀作「眴」，目眩也。**此其外猶有狀，有狀之餘，壹舉而能千萬里，**淮南作「此其外猶有汰沃之汜，其餘一舉而千萬里」，疑此文有誤。**吾猶未能之在。**高曰：「吾尚未至此地。」**今子游始至於此，乃語窮觀，豈不亦遠哉？然子處矣。吾與汗漫期於九垓之上，**高曰：「汗漫，不可知之也。九垓，九天。」（依王念孫校，「天」下删「之外」二字。）漢書郊祀志如淳注：「陔，重也。」**吾不可久。」若士者舉臂而縱身，遂入雲中。盧敖目仰而視之，不見，乃止喜（嘉），**淮南作「乃止駕」。注：「止其所駕之車。」王念孫曰：「『喜』當作『嘉』。『嘉』、『駕』古字通。」盼遂案：「喜」爲「嘉」誤，「嘉」又「駕」之借字。淮南作「止駕」，本字也。**心不怠，**淮南作「心柸治」。注：「楚人謂恨不得爲柸治也。」王念孫曰：「『柸治』疊韻字，言其心柸治然也。『不怠』即『柸治』之借字。」俞樾曰：「『怠』者『怡』之叚字。『柸治』之義，即『不怡』也。『不怡』二字，本於虞書，古人習用之。國語晉語曰：『主色不怡。』太史公報任少卿書曰：『聽朝不怡。』此言心不怡，非必楚語。因聲誤爲『柸治』，其義始晦矣。」暉按：王說未審，俞說「不怠」即「不怡」，亦非。方以智曰：「楚人謂恨不得爲『柸治』，猶今言『癡』也。『癡』轉爲『獃』，猶『眙』之有『嗤』音也。『柸』乃發語聲。」「不」，語詞，或作「丕」，見經傳釋詞。故此作「不」，淮南作「柸」，此作「怠」，淮南作「治」，並聲之轉。**悵若有喪，**盼遂案：「不怠」，淮南作「柸治」。許叔重注：「楚人謂恨不得爲柸治也。」今案：「不怠」爲疊韻連語，爲不怡之皃〔一〕。人之胚胎，草之芣苢，皆與有關。詳拙著淮南許注漢語疏。**曰：「吾比夫子也，猶黃鵠之與壤蟲也，**高曰：「壤蟲，蟲之幼也。」**終日行，而不離咫尺，**高曰：「八寸爲咫，十寸爲尺。」**而自以爲遠，豈不悲哉？」**以上并見淮南道應篇。

**若盧敖者。**按：此上下并有脫文。本篇於引傳書後，必有「此虛言也」句，承上啓下。此節獨無，與全例不合。又與下文義不相屬。盼遂案：此四字與上下文不貫，疑爲衍文。**唯龍無翼**

〔一〕「皃」，原本作「兒」，形近而誤，今改。

者，升則乘雲。盼遂案：「者」字誤衍，「無」亦「有」之訛字。下文「不言有翼，何以升雲」，足證此處當是「有翼」。盧敖言若士者有翼，言乃可信。今不言有翼，何以升雲？

且凡能輕舉入雲中者，飲食與人殊之故也。龍食與蛇異，故其舉措與蛇不同。聞爲道者，服金玉之精，列仙傳言：「王喬服水玉。」食紫芝之英。食精身輕，故能神仙。若士者，食合蜊之肉，與庸民同食，無精輕之驗，安能縱體而升天？聞食氣者不食物，食物者不食氣。若士者食物，如不食氣，「如」猶「則」也。盼遂案：「如」猶「而」也，古「如」、「而」通用。則不能輕舉矣。

或時盧敖學道求仙，游乎北海，離衆遠去，無得道之效，慙於鄉里，負於論議，自知以必然之事見責於世，則作誇誕之語，云見一士。其意以爲有〔仙〕，求仙之未得，期數未至也。孫曰：疑當作「其意以爲有仙，求之未得，期數未至也」。吴説同。盼遂案：吴承仕曰：「文有錯亂，疑當作『其意以爲有仙，求之未得，期數未至也』，與下文『其意欲言道可學得，審有仙人』同意。」淮南王劉安坐反而死，天下並聞，當時並見，儒書尚有言其得道仙去，鷄犬升天者，況盧敖一人之身，獨行絶跡之地，空造幽冥之語乎？

是與河東蒲坂項曼都之語無以異也。

曼都好道學仙，委家亡去，三年而返。家問其狀，曼都曰：「去時不能自知，忽見若臥形，「見」字無義，疑衍。下文「忽然若臥」。有仙人數人，書鈔一五六引作「有數仙人」。御覽三四引同。又七五九引作「有仙人」。疑此文原作「有數仙人」，「數」字誤奪在下，又衍「人」字。將我上天，爾雅釋言：「將，送也。」離月數里而止。見月上下幽冥，幽冥不知東西。居月之旁，其寒悽愴。御覽三四引作「淒滄」。口饑欲食，御覽七五九引「饑」作「飢」，是。仙人輒飲我以流霞一杯。每飲一杯，數月不饑。御覽八引「月」作「日」。又「饑」作「飢」。不知去幾何年月，不知以何爲過，忽然若臥，復下至此。」河東號〔一〕之曰斥仙。抱朴子祛惑篇：「河東蒲坂有項曼都者，與一子入山學仙，十年而歸家，家人問其故。曼曰：『在山中三年精思，有仙人來迎我，共乘龍而升天。良久，低頭視地，杳杳冥冥，上未有所至，而去地已絶遠。龍行甚疾，頭昂尾低，令人在其脊上危怖嶮巇。及到天上，先過紫府，金牀玉几，晃晃昱昱，真貴處也。仙人但以流霞一杯與我，飲之輒不飢渴。忽然思家，到天帝前謁拜入儀，見斥來還。今〔二〕當更自修積，乃可得更復矣。』河東因號曼都爲斥仙人。」實論者聞之，乃知不然。

夫曼都能上天矣，何爲不仙？已三年矣，何故復還？夫人去民間，升皇天之上，精氣形體，有變於故者矣。萬物變化，無復還者。復育化爲蟬，注無形篇。羽翼

〔一〕「號」，原本作「好」，據通津草堂本改。

〔二〕「今」，祛惑篇作「令」。

既成，不能復化爲復育。能升之物，皆有羽翼，升而復降，羽翼如故。見曼都之身有羽翼乎，言乃可信；身無羽翼，言虛妄也。虛則與盧敖同一實也。

或時聞曼都好道，吴曰：「聞」字衍。上文云：「或時盧敖好道求仙。」與此文例同。誤著「聞」字，義不可通。默委家去，周章遠方，文選吴都賦劉注：「周章，謂章皇周流也。」終無所得，力勌望極，極，盡也。默復歸家，慙愧無言，則言上天。其意欲言道可學得，審有仙人，審，實也。已殆有過，故成而復斥，升而復降。舊本段。

儒書言：齊王疾痟，吕氏春秋至忠篇作「疾痟」。文選張景陽七命注引吕氏作「病瘠」。御覽七三八引吕氏作「疾瘠」。疑并爲「痟」字形誤。梁仲子曰：「『痟』蓋即周禮天官疾醫之所謂『痟首』也。」盧文弨曰：「『痟首』，常有之疾，未必難治。此或與消渴之『消』同。」高誘曰：「齊王，湣王也。宣王子。」使人之宋迎文摯。文摯至，視王之疾，晉語八韋注：「視，相察也。」謂太子曰：「王之疾，必可已也。高曰：「已，猶愈也。」雖然，王之疾已，則必殺摯也。」太子曰：「何故？」文摯對曰：「非怒王，高曰：「『怒』讀如强弩之『弩』。」日鈔引吕覽作「弩」。方言曰：「凡人語而過，東齊謂之劍，或謂之弩。」是齊人謂語而過以激人者爲「弩」。管子輕重甲篇：「是君朝令一怒，布帛流越而之天下。」並讀「怒」爲「弩」，與此同。齊人語也。疾不可治也。趙簡子病，扁鵲治，亦怒之。物理論曰：「大怒則氣通血脉暢達也。」（御覽七三八。）王怒，則摯必死。」呂覽作「怒王」。太子頓首强請曰：「苟已王之疾，臣與臣之母以死爭之於王，〔王〕必幸臣〔與臣〕之母。孫曰：「必幸臣之母。」文義不明。太子意謂王若加罪於摯，臣與臣母必以死爭之於王。王必哀臣與臣母也。故下文云：「王將生烹文摯，太子與王后急爭之。」即此意也。呂氏春秋至忠篇：「王必幸臣與臣之母。」是也。此脱三字。高注：「幸，哀也。」俞樾曰：「愛也。」願先生之勿患也。」文摯曰：「諾，請以死爲王。」高曰：「爲，治也。」與太子期，將往，不至者三，齊王固已怒矣。文摯至，不解屨登牀，禮，見君解韤。左哀二十五年傳：「褚師聲子韤而登席，衛侯怒。」此屨尚不解，欲甚怒之。履〔王〕衣，問王之疾。孫曰：「履衣問王之疾」不可通。既非裸袒問疾，則履衣無義。呂氏作「履王衣，問王之疾」，是也。此脱「王」字，故文義不明。蓋履王衣，以示僭越，激王之怒也。王怒而不與言。文摯因出辭以重王怒。王叱而起，疾乃遂已。高曰：「已，除，愈也。」王大怒不悦，將生烹文摯。太子與王后急爭之而不能得，果以鼎生烹文摯。爨之三日三夜，顏色不變。文摯曰：「誠欲殺我，則胡不覆之，以絶陰陽之氣？」王使覆之，文摯乃死。以上見呂氏春秋至忠篇。夫文摯，道人也，入水不濡，入火不燋，故在鼎三日三夜，顏色不變。

此虛言也。

夫文摯而烹三日三夜，「而」讀作「能」。顏色不變，爲一覆之故，絶氣而死，非得道之驗也。諸生息之物，「諸」猶「凡」也。氣絶則死；死之物，「死之物」三字於義無取，疑涉上文衍。此文義在凡有生之物，氣絶則死，烹之輒爛，非言死後烹之也。烹之輒爛。致（置）生息之物密器之中，「致」當作「置」，聲之誤也。下文「置湯鑊之中」，「置人寒水之中」，句法并與此同。覆蓋其口，漆塗其隙，中外氣隔，息不得洩，有頃死也。如置湯鑊之中，亦輒爛矣。何則？體同氣均，稟性於天，共一類也。文摯不息乎？與金石同，入湯不爛，是也；令文摯息乎？「令」，崇文本作「今」。烹之不死，非也。

令文摯言，言則以聲，聲以呼吸。呼吸之動，因血氣之發。血氣之發，附於骨肉。骨肉之物，烹之輒死。今言烹之不死，一虚也。既能烹煮不死，此真人也，説文：「真，僊人變形而登天也。」素問曰：「上古有真人，壽敝天地，無有終時。」與金石同。金石雖覆蓋，與不覆蓋者無以異也。今言文摯覆之則死，二虚也。置人寒水之中，無湯火之熱，鼻中口内，不通於外，斯須之頃，樂記鄭注：「斯須，猶須臾也。」氣絶而死矣。寒水沉人，尚不得生，況在沸湯之中，有猛火之烈乎？言其入湯不死，三虚也。人没水中，口不見於外，言音不揚。烹文摯之時，身必没於鼎中。没則口不見，口不見則言不揚。文摯之言，四虚也。烹輒死之人，三日三夜，顔色不變，癡愚之人，尚知怪之。使齊王無知，太子羣臣宜見其奇。奇怪文摯，則請出尊寵敬事，從之問道。

今言三日三夜，無臣子請出之言，五虛也。

此或時聞文摯實烹，盼遂案：「聞」字涉下文摯之「文」而衍。上文「或時聞曼都好道」亦衍「聞」字，（吳承仕説。）與此同例。烹而輒死，世見文摯爲道人也，則爲虛生不死之語矣。猶黃帝實死也，傳言升天；淮南坐反，書言度世。世好傳虛，故文摯之語，傳至於今。

世無得道之效，而有有壽之人。世見長壽之人，學道爲仙，踰百不死，共謂之仙矣。何以明之？

如武帝之時，有李少君，御覽九八五引魯生別傳：「李少君字雲翼，齊國臨淄人。」事文類聚三四引漢武内傳：「李少君字雲翼，好道，入太山採藥，修絶穀全身之術，上甚尊敬，爲之立屋第。」以祠竈、辟穀、却老方見上，「上」謂武帝也。史武紀索隱曰：「説文、周禮以竈祠祝融。淮南子炎帝作火官，死爲今竈神。」上尊重之。少君匿其年及所生長，郊祀志師古注：「長謂其郡縣所屬及居止處。」常自謂七十，而能使物却老。吳曰：史、漢並作「能使物却老」。此文當作「而使物却老」。「而」即「能」也。校者旁注「能」字於「而」字下，傳寫者誤入正文。史記集解如淳曰：「物，鬼物。」瓚曰：「藥物。」其游以方徧諸侯。無妻。史記封禪書、武帝紀、漢書郊祀志「妻」下並有「子」字。人聞其能使物及不老，史、漢並作「不死」。更饋遺之，常餘錢金衣食。當從史、漢作「金錢」。董仲舒李少君家録：「少君有不死之方，而家貧無以市其藥物，故出於漢，以假途求其財，道成而去。」（抱朴子論仙篇引。）人皆以爲不治産業〔而〕饒給，今從史、漢補「而」字，語氣方足。師古曰：「給，足也。」又不知其何許人，「許」、「所」字通。愈爭事之。少君資好方，善爲巧發奇中。如淳曰：「時時發言有所中。」嘗從武安侯飲，服虔曰：「田蚡也。」座中有年九十餘者，少君乃言其王父游射處。史、漢「言」下並有「與」字。老人爲兒時，從〔其王〕父，「從父」，當作「從其王父」。史、漢並作「老人爲兒時，從其大父」。王父，即大父也。下文「老父爲兒，隨其王父」，並其證。識其處。識，記也。盼遂案：「父」上宜有「王」字，下文「老父爲兒，隨其王父」可證。一座盡驚。少君見上，上有古銅器，問少君。少君曰：「此器齊桓公十五年陳於栢寢。」史、漢並作「十年」。劉盼遂中國金石之厄運曰：「陳於栢寢，鑄於栢寢也。『十五』當作『卅五』。古『卅』字作『山』、（曶鼎。）『丗』，（大鼎、格伯鼎。）故易致譌。齊桓公即位之三十五年，即魯僖公九年，齊桓公會諸侯盟于葵丘之歲也。唐闕史卷上裴丞相古器條云：『丞相河東公，掌綸誥日，有親表調授邑宰於曲阜者。耕人墾田得古鐵器曰盎，腹容三斗，淺項庳足，規口矩耳，洗滌之，隱隱有古篆九字。兗州書生姓魯曰：「齊桓公會於葵丘歲鑄。」』是裴丞相所得鐵盎，爲葵丘之會所鑄，與史記、論衡所云卅五年陳于栢寢者，殆是一器。」栢寢，服虔曰：「地名，有臺也。」瓚曰：「晏子書：栢寢，臺名。」師古曰：「以栢木爲寢室於臺之上。」已而案其刻，師古曰：「刻謂器上所銘記。」果齊桓公器，一宮盡驚，以爲少君數百歲人也。久之，少君病死。以上文出史、漢。漢禁中起居注：（抱朴子論仙篇引。）「少君之將去也，武帝夢與之共登嵩山，半道，有使者乘龍持節，從雲中下，云上帝〔一〕請少君。帝覺，以語左右曰：『如我之夢，少君將舍我去矣。』數日而少君稱病死。久之，帝令人發其棺，視尸〔二〕，唯衣冠在焉。」今世所謂得道之人，李少君之類也。少君死於人中，人見其尸，故知少君性壽之人也。如少君處山林之中，入絶跡之野，獨病死於巖石之間，尸爲虎狼狐狸之食，則世復以爲真仙去矣。

世學道之人，無少君之壽，年未至百，與衆俱死，元本有「矣夫」二字，朱校元本同。愚夫無知之人，尚謂之尸解而去，抱朴子引仙經曰：「上士舉形昇虚，謂之天仙。中士遊於名山，謂之地仙。下士先死後蜕，謂之尸解仙。」集仙傳：（合璧事類五〇。）「人死視其形如生，乃尸解也。足不青，皮不皺，亦尸解也。目光不毁，頭髮不脱，不失其形骨者，皆尸解也。有未斂而失尸者，有人形猶在而無復骨者，有衣在形去者，有髮脱而形去者。」其實不死。所謂「尸解」

〔一〕「上帝」，論仙篇作「太一」。
〔二〕「視尸」，論仙篇作「無尸」。

者，何等也？謂身死精神去乎？謂身不死得免去皮膚也？李賡芸炳燭編三曰：借「免」爲「脱」。下同。如謂身死精神去乎？是與死無異，人亦仙人也。如謂不死免去皮膚乎？諸學道死者，骨肉俱在，「俱」舊作「具」，今從朱校元本正。與恒死之尸無以異也。夫蟬之去復育，龜之解甲，虵之脱皮，鹿之墮角，「墮」亦「解」也。廣雅：「墮，脱也。」易林噬嗑之小畜曰：「關柝開啓，衿帶解墮。」淮南要略曰：「解墮結紐。」殼皮之物解殼皮，持骨肉去，朱校元本「持」作「特」，義較長。可謂尸解矣。今學道而死者，尸與復育相似，尚未可謂尸解。何則？案蟬之去復育，無以神於復育，況不相似復育，謂之尸解，蓋復虚妄失其實矣。

太史公與李少君同世並時，少君之死，臨尸者雖非太史公，足以見其實矣。如實不死，尸解而去，太史公宜紀其狀，不宜言死。

其處座中年九十老父爲兒時者，處，猶審辯也。注本性篇。少君老壽之效也。或少君年十四五，「十四」，朱校元本作「四十」。老父爲兒，隨其王父。少君年二百歲而死，盼遂案：「二百」當是「一百」之譌。氣壽篇：「强弱夭壽，以百爲數，不至百者，氣自不足也。」是仲任謂人之老壽者可百年也。且上文言九十老父爲兒時，時少君年十四五，此亦可證本文爲「一百歲」也。何爲不識？武帝去桓公鑄銅器，此有脱文。且非少君所及見也。盼遂案：吴承仕曰：「『去』字疑誤。」或時聞宮殿之内有舊銅器，或案其刻以告之者，故見而知之。今時好事之人，見舊劍古鉤，多能名之，可復謂目見其鑄作之時乎？舊本段。

世或言：東方朔亦道人也，姓金氏，字曼倩，變姓易名，游宦漢朝。外有仕宦之名，内乃度世之人。俞曰：洞冥記云：「東方朔，字曼倩。父張夷，字少平，妻田氏女。（暉按：「妻」當從路史後紀五注引改作「母」。）夷年二百歲，顔如童子。朔生三日，而田氏死，時景帝三年也。鄰母拾而養之。」據此，則朔又姓「張」也。蓋皆非實事，故傳聞各異。風俗通正失篇云：「俗言東方朔太白星精。」太白者，金星也。此或金姓之説所本乎？孫曰：俞氏所引洞冥記，見今本卷一。攷御覽二十二引洞冥記云：「東方朔母田氏，寡，夢太白星臨其上，因有娠。田氏歎曰：『無夫而孕，人得棄我。』（暉按：「得」當從路史注作「將」。）乃移向代郡之東方里，五月生朔。」（暉按：路史注引作「以五月朔旦生之，因姓東方而名曰朔」。乃以所居爲姓。）與今本異。暉按：路史注又載一説云：「生時東方始明，因爲姓。」攷漢書本傳，褚少孫補史滑稽傳並未言朔度世。風俗通正失篇載俗言曰：「東方朔太白星精，黄帝時爲風后，堯時爲務成子，周時爲老聃，在越爲范蠡，在齊爲鴟夷子皮。言其神聖，能興王霸之業，變化無常。」列仙傳云：「武帝時爲郎，宣帝時棄去，後見會稽。」夏侯湛東方朔畫贊：「談者以先生噓吸冲和，吐故納新，蟬蛻龍變，棄俗登仙。」蓋并班固、應劭所謂好事者爲之。于欽齊乘五：「朔墓在德州東四十里，古厭次城北。」則度世不死虚矣。

此又虚也。

夫朔與少君並在武帝之時，太史公所及見也。少君有教（穀）道、祠竈、却老之方，「教道」無義，又與「方」字義不相屬。「教道」當作「穀道」，形之譌也。史、漢并云：「少君以祠竈、穀道、却老方見上。」穀道，辟穀之道，上文作「辟穀」，義同。是其證。又名齊桓公所鑄鼎，知九十老人王父所游射之驗，然尚無得道之實，而徒性壽遲死之人也。況朔無少君之方術效驗，世人何見謂之得道？

案武帝之時，道人文成、五利之輩，封禪書：「齊人少翁以神鬼方見上，拜爲文成將軍。又拜膠東宫人欒大爲五利將軍。」入海求仙人，索不死之藥，有道術之驗，事見封禪書。故爲上所信。朔無入海之使，無奇怪之效也。孫曰：「使」字於義無取，蓋「伎」字之譌。暉按：孫説非。下文「如使有奇」，「使」即承此「使」字，「奇」即承「奇怪」爲言。是「使」字不誤。漢武嘗使方士於海上求仙也。盼遂案：孫説非。「使」字承上入海求索事也。如使有奇，不過少君之類，及文成、五利之輩耳，況謂之有道？「況」字未妥。依上文例，疑當作「何見」。「何」字脱，「見」字形譌爲「況」。

此或時偶復若少君矣，自匿所生之處，當時在朝之人，不知其故，故，舊也。謂不知其身世。朔盛稱其年長，人見其面狀少，盼遂案：「狀」當爲「壯」。貌壯少與下句性恬淡爲對也。**性又恬淡，**淮南原道訓：「恬然無思，澹然無慮。」説文：「恬，安也。」又云：「倓，安也。憺，安也。」倓、憺、淡、澹并通。淡，澹之借字。**不好仕宦，善達（逢）占卜射覆，**「達」當作「逢」，形近之誤。「卜」字後人妄增。「逢占」、「射覆」對言。漢書東方朔傳贊、風俗通正失篇并云：「朔逢占射覆。」「達」正作「逢」，而無「卜」字。如淳注：「逢占，逢人所問而占之也。」師古曰：「逢占，逆占事，猶云逆刺也。」後漢書方術傳序：「其流又有逢占。」後別通篇：「東方朔能達占射覆。」雖「達」字誤同，而「卜」字尚未衍也。類聚八八引東方朔占曰：「朔與弟子俱行，朔渴，令弟子叩邊家門，不知室姓名，呼不應。朔復往，見博勞飛集其家李樹下。朔謂弟子曰：『主人當姓李名博，汝呼當應。』室中人果有姓李名博出，與朔相見，即入取水與之。」射覆，師古曰：「於覆器之下，而置諸物，令闇射之。」朔射蜥蜴及寄生，見本傳。**爲怪奇之戲，世人則謂之得道之人矣。**舊本段。

**世或以老子之道爲可以度世，恬淡無欲，養精愛氣。夫人以精神爲壽命，精神不傷，則壽命長而不死。成事：**「成事」，冒下文，漢人常語。注書虛篇。**老子行之，踰百度世，**氣壽篇謂老子二百餘歲，不足徵也。説見彼篇。**爲真人矣。**真人，義見前。

**夫恬淡少欲，孰與鳥獸？**「孰與」猶「何如」也。**鳥獸亦老而死。鳥獸含情欲，有與人相類者矣，**朱校元本無「有」字。**未足以言。草木之生何情欲？而春生秋死乎？**

盼遂案：依文例，「何」上脱一「含」字。夫草木無欲，壽不踰歲；人多情欲，壽至於百。此無情欲者反夭，有情欲者壽也。夫如是，老子之術，以恬淡無欲、延壽度世者，復虚也。

或時老子，李少君之類也，行恬淡之道，偶其性命亦自壽長。世見其命壽，又聞其恬淡，〔則〕謂老子以術度世矣。「謂」上當有「則」字。上文：「世見黄帝好方術。方術，仙者之業，則謂黄帝仙矣。」又：「世見文摯爲道人也，則爲虚生不死之語矣。」又：「人見其面狀少云云，則謂之得道之人矣。」並與此文例同。若無「則」字，則語氣不貫。

世或以辟穀不食爲道術之人，謂王子喬之輩，注見無形篇。以不食穀，與恒人殊食，故與恒人殊壽，踰百度世，遂爲仙人。

此又虚也。

夫人之生也，稟食飲之性，故形上有口齒，形下有孔竅。口齒以噍食，説文：「噍，齧也。或从爵。」御覽八四九引作「進」，義亦通。孔竅以注瀉。順此性者，爲得天正道；逆此性者，爲違所稟受。失本氣於天，何能得久壽？使子喬生無齒口孔竅，是稟性與人殊，尚未可謂壽，況形體均同，而(何)以所行者異？「而」當作「何」。「所行者異」，謂不食穀也。此文正言王子喬亦有口齒，當亦食穀，不得言其有異行也。

御覽八四九引作：「王子喬形體與人同，何以獨能度世耶？」雖節引本文，但作「何以」不誤，可證。

言其得度世，非性之實也。

夫人之不食也，猶身之不衣也。衣以温膚，食以充腹，膚温腹飽，精神明盛。御覽引作「衣温食飽」。又「精」上有「則」字。如饑而不飽，寒而不温，盼遂案：「如」字宋本作「知」，誤。則有凍餓之害矣，凍餓之人，安能久壽？且人之生也，以食爲氣，猶草木生以土爲氣矣。拔草木之根，使之離土，則枯而蚤死；「蚤」爲「早」之借字。閉人之口，使之不食，則餓而不壽矣。舊本段。

道家相誇曰：「真人食氣。」以氣而爲食，「而」讀作「能」。故傳曰：「食氣者壽而不死。」淮南地形訓：「食氣者神明而壽。」吐納經曰：「八公有言：食草者力，食肉者勇，食穀者智，食氣者神。」（御覽六六九。）楚詞遠遊王注引陵陽子明經言：「春食朝霞，朝霞者，日始欲出赤黄氣也。秋食淪陰，淪陰者，日没以後赤黄氣也。冬食沆瀣，沆瀣者，北方夜半氣也。夏食正陽，正陽者，南方日中氣也。并天地玄黄之氣，是爲六氣也。」雖不穀飽，亦以氣盈。

此又虚也。

夫氣謂何氣也？如謂陰陽之氣，陰陽之氣，不能飽人。人或嚥氣，氣滿腹脹，不能饜飽。饜亦飽也。如謂百藥之氣，人或服藥，食一合屑，吞數十丸，藥力烈盛，胸中憒毒，盼遂案：「憒」叚爲「潰」，爲「殨」。説文歺部：「殨，爛也。」不能飽人。

食氣者必謂吹呴呼吸，吐故納新也，莊子刻意篇成疏：「吹冷呼而吐故，呴暖吸而納新。」釋文李云：「吐故氣，納新氣。」昔有彭祖嘗行之矣，莊子刻意篇：「吹呴呼吸，吐故納新，彭祖之所好。」不能久壽，病而死矣。莊子逍遥遊釋文引世本云：「姓籛名鏗，年八百歲。」淮南説林篇注、御覽三八七引風俗通亦云年八百。吕氏春秋情欲、執一、爲欲三篇注、搜神記一並云七百歲。是雖以久特聞，而終必死。續博物志謂彭城下有冢。神仙傳謂：「其年七百六十七歲，而不衰老，往流沙，非壽終。」當爲誕説。壽八百，理已難通。舊本段。

道家或以導氣養性，度世而不死。導氣，導引形體，以舒血脉之氣。莊子刻意篇云「熊經鳥申」，即此。釋文引司馬彪曰：「若熊之攀樹，鳥之嚬呻，而引氣也。」李軌云：「導氣令和，引體令柔。」以「導」、「引」分説，則導氣與吐納無別，非也。下文云：「血脉在形體之中，不動摇屈伸，則閉塞不通。」又云：「人之導引，動摇形體。」是仲任以導氣即導引，故與前「食氣」分别言之。淮南齊俗訓：「今學道者，一吐一吸，時詘時伸。」詘伸，導氣也。吐吸，食氣也。以爲血脉在形體之中，不動摇屈伸，則閉塞不通；不通積聚，則爲病而死。

此又虚也。

夫人之形，猶草木之體也。草木在高山之巔，當疾風之衝，晝夜動摇者，能復勝彼隱在山谷間，鄣於疾風者乎？案草木之生，動搖者傷而不暢；續博物志七「傷」作「生」。人之導引動搖形體者，何故壽而不死？

夫血脈之藏於身也，猶江河之流地。江河之流，濁而不清；血脈之動，亦擾不安。盼遂案：「擾」下疑有「而」字，與上句「濁而不清」相對。不安，則猶人勤苦無聊也，漢書賈誼傳：「一二指搐，身慮亡聊。」師古曰：「聊，賴也。」安能得久生乎？

道家或以服食藥物，輕身益氣，延年度世。抱朴子至理篇引黃帝九鼎神丹經：「服草木之藥，可得延年。服金丹，令人壽與天地相畢。」

此又虛也。

夫服食藥物，輕身益氣，頗有其驗。若夫延年度世，世無其效。

百藥愈病，病愈而氣復，氣復而身輕矣。凡人稟性，身本自輕，氣本自長，中於風濕，百病傷之，注見福虛篇。故身重氣劣也。「劣」當作「少」，謂氣短少。「氣少」與上「氣長」正反相承。下文「非本氣少身重」正作「少」，是其證。服食良藥，身氣復故，非本氣少身重，得藥而乃氣長身更輕也；「更」字涉「身」字譌衍，二字隸書形近。氣長、身輕對言，又與「氣少身重」正反相承。「更」字於義無取。盼遂案：「而乃」爲「乃而」誤倒。論衡多假「而」爲「能」。稟受之時，本自有之矣。故夫服食藥物除百病，令身輕氣長，復其本性，安能延年？

至於度世。有血脉之類，無有不生；生無不死。以其生，故知其死也。天地不生，故不死；陰陽不生，故不死。死者，生之效；生者，死之驗也。夫有始者必有終，有終者必有始。唯無終始者，乃長生不死。人之生，其猶水（冰）也。「水」當作「冰」。此文以氣喻水，以人喻冰，非言人猶「水」也。下文：「水凝而爲冰，氣積而爲人。」又云：「人可令不死，冰可令不釋乎？」並其證。宋本、朱校元本并作「其猶冰也」，更其明證。盼遂案：「水」，宋本作「冰」，是也。水凝而爲冰，氣積而爲人。冰極一冬而釋，人竟百歲而死。人可令不死，冰可令不釋乎？諸學仙術，爲不死之方，其必不成，猶不能使冰終不釋也。

# 語增篇

傳語曰：聖人憂世，深思事勤，疑當作「勤事」，與「深思」語氣相類。道虚篇云：「憂職勤事。」臧琳經義雜記十八引此文改作「深思勤事」，是也。愁擾精神，感動形體，故稱「堯若腊，舜若腒；桀、紂之君，垂腴尺餘」。意林引尸子：「堯瘦舜黑，皆爲民也。」文子自然篇：「堯瘦癯，舜黧黑。」吕氏春秋貴生篇注：「堯、舜、禹、湯之治天下，黧黑瘦瘠。」淮南修務篇引傳曰：「堯瘦臞，舜黴黑，則憂勞百姓甚矣。」荀子非相篇：「桀、紂長巨姣美。」楚辭天問：「受平脅曼膚，何以肥之？」王注：「紂爲無道，諸侯背畔，天下乖離，當懷憂癯瘦，而反形體曼澤，獨何以能平脅肥盛乎？」説文肉部〔一〕：「腴，腹下肥者。」餘注道虚篇。

夫言聖人憂世念人，「念人」當作「念民」，蓋唐人諱改，而今本沿之。身體羸惡，不能身體肥澤，可也；言堯、舜若腊與腒，桀、紂垂腴尺餘，增之也。齊桓公云：「寡人未得仲父極難，既得仲父甚易。」韓非子難二：「晉客至，有司請

〔一〕「肉」，原本作「内」，形近而誤，今改。

禮。桓公曰『告仲父』者三。而優笑曰：『易哉爲君！一曰仲父，二曰仲父。』桓公曰：『吾聞君人者，勞於索人，佚於使人。吾得仲父已難矣，得仲父之後，何爲不易乎哉？』」又見呂氏春秋任數篇、新序雜事四。**桓公不及堯、舜，仲父不及禹、契，桓公猶易，堯、舜反難乎？以桓公得管仲易，知堯、舜得禹、契不難。**舜典：「舜曰：禹作司空，契作司徒。」淮南修務訓：「堯治天下，舜爲司徒，契爲司馬，禹爲司空。」史記舜紀：「禹、契，自堯時，皆舉用。」故此云堯、舜得之。**夫易則少憂，少憂則不愁，不愁則身體不臞。**說文：「臞，少肉也。」

**舜承堯太平，堯、舜襲德，功假荒服，**「假」音「格」，至也。周語上：「戎狄荒服。」注：「在九州之外，荒裔之地，故謂之荒，荒忽無常之言也。」**堯尚有憂，舜安能無事。**「能」猶「而」也。見釋詞。盼遂案：「能」當作「而」，語助詞也。後人因論衡文字中常用「而」爲「能」，往往改還本字，不悉此處之「而」用爲連詞，又誤解堯尚有憂，至舜更不容無事，遂徑改之，而與下文「上帝引逸，謂虞舜也」及「舜恭己無爲而天下治」諸語全相牴牾矣。**故經曰：「上帝引逸。」**尚書多士文。「逸」當作「佚」。漢石經大傳「無逸」作「毋佚」，今文作「佚」也。自然篇引經正作「佚」，是其證。今本蓋淺人依僞孔本妄改。路史後紀十一注引此文作「俛」，即「佚」之譌。若作「逸」，則不得譌爲「俛」，是所據本尚作「佚」。僞孔傳：「上天欲民長逸樂。」此文指舜，今文說也。江聲、王鳴盛并謂經傳凡言「上帝」皆指天帝，王充說誤。趙坦寶甓齋札記謂以上帝爲虞舜，未知何本。按：春秋説題辭（御覽六〇九。）云：「上帝，謂二帝三王。」是亦以「上帝」指虞舜。蓋今文舊説，仲任因之。爾雅釋詁：「引，長也。」高誘注呂覽云：「逸，不勞也。」「逸」、「佚」字通。任賢使能，故長佚不勞。**謂虞舜也。**盼遂案：尚書多士：「周公曰：『我聞曰上帝引逸。』」孔傳曰：「天欲民長逸乎？」是上帝謂天帝也。古經傳凡言上帝，皆指天説，此今古文家所同。然仲任于此以爲虞舜，殆于失考。自然篇又云：「上帝，謂舜、禹也。」所失益甚。詳後。**舜承安繼治，任賢使能，恭己無爲而天下治。故孔子曰：「巍巍乎！舜、禹之有天下，而不與焉！」**見論語泰伯篇。巍巍者，高大之稱也。「與」，舊説有四。一、「與求」。集解：「美舜、禹己不與求天下而得之也。」二、「與見」。皇疏引王弼、江熙説：「孔子歎己不預見舜、禹之時。」三、「與益」。孟子滕文公下趙注：「有天下之位雖貴盛，不能與益舜巍巍之德。言德之大，大於天子位也。」四、「與及」。孟子孫奭疏：「天下之事，未嘗自與及焉。以其急於得人而輔之，所以但無爲而享之，不必自與及焉。」孫説與仲任義合。後自然篇引論語，説同。漢書王莽傳上：「莽與專斷，乃風公卿奏言：『太后不宜親省小事。』令太后下詔曰：『今衆事煩碎，朕春秋高，精氣不堪，故選忠賢，立四輔，羣下勸職，以永康寧。孔子曰云云。』」師古注：「言舜、禹之治天下，委任賢臣，以成其功，而不身親其事。與讀曰豫。」正與仲任義同，蓋漢儒舊説也。孟子云：「堯以不得舜爲己憂，舜以不得禹、皋陶爲己憂。爲天下得人者謂之仁。是故以天下與人易，爲天下得人難。」引孔子曰云云。與齊桓公所云「未得仲父極難，既得仲父甚易」，義甚相近。是「不與」，正謂既得禹、皋陶，己不親與其事。趙氏謂舜德莫之「與益」，殊失其旨。孫疏謂「不自與及」，蓋亦不然趙說。夫「不與」尚謂之臞若腒，如德劣承衰，若孔子栖栖，論語憲問篇微生畝曰：「丘何爲是栖栖者與？」邢疏：「東西南北栖栖皇皇。」周流應聘，身不得容，道不得行，可骨立跛附，盼遂案：「跛」疑爲「皮」之誤。「皮附」與「骨立」對文。僵仆道路乎？「附」，疑當作「跗」。

紂爲長夜之飲，糟丘酒池，注見下。沉湎於酒，不舍晝夜，是必以病。病則不甘飲食，不甘飲食，則肥腴不得至尺。經曰：「惟湛樂是從，時亦罔有克壽。」尚書無逸：「惟耽樂之從，自時厥後，亦罔或克壽。」小雅常棣釋文：「『湛』又作『耽』。韓詩云：『樂之甚也。』」「湛」、「耽」字通。「之從」作「是從」，漢書鄭崇傳、中論夭壽篇同。「自時厥後」作「時」，鄭崇傳、後漢書荀爽傳同。「或」作「有」，鄭崇傳同。皆今文尚書也。陳壽祺曰：「今文多以訓詁改古文。」漢書杜欽傳引經曰：「『或四三年。』言失欲之害生也。」「失」讀作「佚」，謂逸欲害生，與仲任義同。魏公子無忌爲長夜之飲，困毒而死。史記信陵君傳：「公子以毀廢，乃謝病不朝。與賓客爲長夜飲，日夜爲樂飲者四歲，竟病酒而卒。」紂雖未死，宜羸臞矣。然桀、紂同行，則宜同病，言其腴垂過尺餘，非徒增之，又失其實矣。

傳語又稱：「紂力能索鐵伸鉤，撫梁易柱。」帝王世紀曰：「紂倒曳九牛，撫梁易柱。（史記殷本紀正義引。）引鉤申索，握鐵流湯。」（路史發揮六引。）淮南主術篇：「桀之力，制觡，伸鉤，索鐵，歙金。」高注：「索，絞也。」蓋紂、桀并以力聞，故所傳異辭。**言其多力也。「蜚廉、惡來之徒，並幸受寵。」**史記秦本紀：「蜚廉生惡來，惡來有力，蜚廉善走。父子俱以材力事殷紂。」尸子：「飛廉、惡來力角虎兕，手搏熊犀。」（御覽三八六引。）**言好伎力之主，致伎力之士也。**

**或言：「武王伐紂，兵不血刃。」**荀子議兵篇：「武王伐紂，以仁義之兵行於天下，故兵不血刃。」說苑指武篇：「戰不血刃，湯、武之兵。」桓譚新論：「武王伐紂，兵不血刃，而天下定。」（御覽三二九。）

**夫以索鐵伸鉤之力，輔以蜚廉、惡來之徒，與周軍相當，武王德雖盛，不能奪紂素所厚之心；紂雖惡，亦不失所與同行之意。雖爲武王所擒，**殷本紀言紂自焚，死後，武王斬其頭，非擒也。荀子儒效篇：「厭旦，於牧之野，鼓之，而紂卒易鄉，遂乘殷人而誅紂。蓋殺者，非周人，因殷人也。故無首虜之獲，無蹈難之賞。」是亦不言擒。淮南主術篇言武王擒紂於牧野，與此合。**時亦宜殺傷十百人。今言「不血刃」，非紂多力之效，蜚廉、惡來助紂之驗也。**尸子：「武王親射惡來之口，親斫殷紂之頭，手汙於血，不盥（荀子仲尼篇注引誤作「温」，從謝校改。）而食。」正與「不血刃」之說相反。

**案武王之符瑞，不過高祖。武王有白魚、赤烏之祐，**注初稟篇。**高祖有斷大虵、**

老嫗哭於道之瑞。注吉驗篇。武王有八百諸侯之助，太誓：「遂至孟津，八百諸侯不召自來，不期同時，不謀同辭。」（依孫星衍輯。）高祖有天下義兵之佐。事具史記本紀。武王之相，望羊而已；骨相篇作「望陽」，字通。說見彼篇。高祖之相，龍顏、隆準、項紫、美鬚髯，身有七十二黑子。項紫，史、漢並未見，可補史缺。餘注骨相篇。高祖又逃呂后於澤中，呂后輒見上有雲氣之驗；注吉驗篇。武王不聞有此。夫相多於望羊，瑞明於魚烏，天下義兵並來會漢，助彊於諸侯。武王承紂，高祖襲秦，二世之惡，隆盛於紂，天下畔秦，畔讀叛。宜多於殷。案高祖伐秦，還破項羽，戰場流血，暴尸萬數，後漢書光武紀注：「數過於萬，故以萬爲數。」失軍亡衆，幾死一再，盼遂案：「一再」，言非一也。猶公羊所謂「不一而足」也。儒增篇：「一楊葉射而中之，中之一再。」意與此同。然後得天下，用兵苦，誅亂劇。獨云周兵不血刃，非其實也。言其易，可也；言「不血刃」，增之也。

案周取殷之時，太公陰謀之書，漢志道家：「太公二百三十七篇。謀八十一篇，言七十一篇，兵八十五篇。」沈欽韓疏證曰：「謀即太公之陰謀。」國策秦策：「蘇秦得太公之陰符，伏而讀之。」史記：「秦得周書陰符，伏而讀之。」陰符蓋即陰謀。淮南子要略篇：「太公之謀。」注：「陰符兵謀。」食小兒丹，「丹」上恢國篇有「以」字。教云亡「殷〔亡〕」。「亡殷」當作「殷亡」。恢國篇作「教言殷亡」，又云「及言殷亡」，並其證。兵到牧野，晨舉脂燭。說苑權謀篇：「武王伐紂，晨舉脂燭，過水折舟，示無反志。」（「晨舉」句，今本脱，據書鈔十三引。）盼遂案：唐蘭云：「四語爲太公陰謀中文，嚴輯陰謀失載。」**察武成之篇**，書序曰：「武王伐殷，往伐，歸獸，識其政事，作武成。」書疏引鄭玄曰：「武成，逸書，建武之際亡。」孟子盡心下趙注：「武成，逸書之篇名。」漢志班注：「尚書五十七篇。」師古注引鄭玄敍贊曰：「後又亡其一，故五十七。」所亡，即指武成。班書作於顯宗時，故武成已亡。此云「察武成之篇」，是仲任尚及見之，蓋亡於建武之末歟？桓譚新論云：「古文尚書爲五十八篇。」是武成尚存。譚死於中元元年，在建武後，仲任於時已三十，宜讀武成矣。趙坦謂本孟子，非也。**牧野之戰**，牧誓僞孔傳：「紂近郊三十里地名牧。」疏引皇甫謐曰：「在朝歌南七十里。」按：説文作「坶」，云：「朝歌南七十里。」史殷紀集解引鄭曰：「紂南郊地名。」僞孔傳不足據。**「血流浮杵」，赤地千里。**僞武成曰：「前徒倒戈，攻于後，以北。血流漂杵。」賈子新書益壤篇、制不言篇、孟子盡心篇趙注並有「血流漂杵」之文。本書藝增、恢國並作「浮杵」。蓋今文作「浮」，古文作「漂」。吴曰：「『漂』、『浮』聲近，宵、幽相通轉。」其説是也。如「率肆矜爾」，今文作「率夷憐爾」，正其比。今文多以聲音訓詁易古文也。閻氏尚書古文疏證八據孟子，謂當日書辭僅「血流杵」三字，僞古文緣趙岐注增「漂」字。其説恐非。若作「血流杵」，仲任無緣著一「浮」字也。吴曰：「赤地千里」，據下文及藝增篇，知非武成原語，乃仲任形頌浮杵之文。**由此言之，周之取殷，與漢、秦一實也。而云取殷易，「兵不血刃」，美武王之德，增益其實也。**

**凡天下之事，不可增損，考察前後，效驗自列，自列，則是非之實有所定矣。世**

稱紂力能索鐵伸鉤，又稱武王伐之兵不血刃。夫以索鐵伸鉤之力當人，則是孟賁、夏育之匹也；史記范雎傳集解引漢書音義曰：「夏育，衞人，力舉千鈞。」賁，注累害篇。並古勇士也。以不血刃之德取人，則是三皇、五帝之屬也。各本作「是則」，今从朱校元本正。與上句法一律。以索鐵之力，不宜受服，以不血刃之德，不宜頓兵。朱校元本「頓」作「賴」。今稱紂力，則武王德貶；譽武王，則紂力少。索鐵、不血刃，不得兩立；殷、周之稱，不得二全。不得二全，則必一非。

孔子曰：「紂之不善，不若是之甚也，是以君子惡居下流，天下之惡皆歸焉。」論語子張篇子貢語。齊世篇引亦云孔子。漢人有此例。說見命禄篇。「若」，論語作「如」。孟子曰：「吾於武成，取二三策耳。以至仁伐不仁，如何其血之浮杵也？」見孟子盡心下。「策」，宋本作「筴」，字同，並爲「册」之借字。曲禮釋文曰：「筴，編簡也。」「耳」，孟子作「而已矣」。「伐」下有「至」字。「如」作「而」，「浮」作「流」。崇文本作「流」，蓋依孟子改之。李賡芸炳燭編曰：「古『如』、『而』字通。『浮』字之誼，似長於『流』。又藝增篇、恢國篇俱云：『武成篇言，周伐紂，血流浮杵。』」若孔子言，殆沮浮杵；孫曰：「沮」字無義，當作「且」，蓋涉「浮」字而誤加水旁。本書多「殆且」連文。指瑞篇：「殆且有解編髮、削左衽、襲冠帶而蒙化焉。」漢書終軍傳作「殆將」。感類篇：「然則雷雨之至也，殆且自天氣。成王畏懼，殆且感物類也。」恢國篇：「以武成言之，食小兒以丹，晨舉脂燭，殆且然矣。」並「殆且」連文之證。此謂如孔子所言，殆將浮杵矣。故下文辨之云「浮杵過其實」也。**若孟子之言，近不血刃。浮杵過其實，不血刃亦失其正。一聖一賢，共論一紂，輕重殊稱，多少異實。**

**紂之惡不若王莽。**鄒伯奇曰：「桀、紂不如亡秦，亡秦不如王莽。」（見感類篇。）**紂殺比干，莽鴆平帝；**漢書翟義傳：「移檄郡國，言莽鴆殺孝平皇帝。」平帝紀師古曰：「漢注云：『帝春秋益壯，以母衛太后故怨不悦。莽自知益疎，簒弒之謀由是生。因到臘日，上椒酒，置藥酒中。』」**紂以嗣立，莽盜漢位。殺主隆於誅臣，嗣立順於盜位，士衆所畔，宜甚於紂。漢誅王莽，兵頓昆陽，死者萬數，軍至漸臺，血流没趾。**後漢光武紀：「莽軍到城下者且十萬，光武幾不得出，圍昆陽數十重，矢如雨下，城中負户而汲。」劉玄傳：「長安中兵起，攻未央宮。九月，東海人公賓就斬王莽於漸臺，收璽綬傳首詣宛。」注：「漸臺，太液池中臺也。爲水所漸潤，故以爲名。」按：漢書郊祀志：「漸臺高二十餘丈，在建章宮北。」**而獨謂周取天下，兵不血刃，非其實也。**舊本段。

**傳語曰：「文王飲酒千鍾，孔子百觚。」**孔叢子儒服篇平原君曰：「昔有遺諺，堯、舜千鍾，孔子百觚。」環氏吴紀：「孫皓問張尚曰：『孤飲酒可方誰？』尚對曰：『陛下有百觚之量。』皓云：『尚知孔丘之不王，而以孤方之。』因此發怒收尚。」（三國志吴志張紘傳注。）傳玄敍酒賦：「唐堯千鍾竭，周文百斛泊。」（書鈔一四六。）後漢書孔融傳注引融集與曹操書曰：「堯不千鍾，無以建太平。孔非百觚，無以堪上聖。」張璠漢記：「孔融曰：『堯不飲千鍾，無以成其聖。』」（魏志崔琰傳注引。）抱朴子祛惑篇：「堯爲人長大，美髭髯，飲酒一日中二斛餘，世人因加云千鍾，實不能也。」或云堯、舜，或云周文、孔子，主名不定，殊難徵信。**欲言聖人德盛，能以德將酒也。**

**如一坐千鍾百觚，此酒徒，非聖人也。飲酒有法，**說具下文。**〔聖人〕胸腹小大，與人均等，**「聖人」二字舊脫，語無主詞，「與人均等」句，於義失所較矣。下文云：「文王、孔子之體，不能及防風、長狄。」是其義，今據御覽八四五引增。**飲酒用千鍾，用肴宜盡百牛，百觚則宜用十羊。**孫曰：御覽七六一引作「若酒用千鍾，則肉宜用百牛；酒用百觚，則肴宜用千羊」。意較完足，疑今本有脫誤。暉按：孫說非。御覽八四五引作「若飲千鍾，宜食百牛；能飲百觚，則能食十羊」，與前引又有出入。蓋以意增，非今本脫誤。「百觚」上省「飲酒用」三字，「用」下省「肴」字。平列句，得蒙上句省也。**夫以千鍾百牛、百觚十羊言之，文王之身如防風之君，**魯語下：「防風氏，禹殺而戮之，其骨節專車。」韋注：「防風，汪芒氏君之名。骨一節，其長專車，計之三丈。」家語辨物篇王注、（史孔子世家集解引今本脫。）述異記並云長三丈。**孔子之體如長狄之人，**洪範五行傳：「長狄之人，長蓋五丈餘也。」（御覽三七七。）穀梁文十一年傳注謂「長五丈四尺」。疏引春秋考異郵云：「長百尺。」公羊何注同。左氏杜注：「蓋長三丈。」按：魯語下曰：「防風於周爲長狄。僬僥長三尺，短之至。長者不過十之，（「之」字今本脱。家語、説苑辨物篇誤同。此從孔子世家、左傳疏補。）數之極也。」是言長狄十倍僬僥之長。杜蓋據以爲説。博物志曰：「長五丈四尺。或長十丈。」兼存公羊、穀梁説也。乃能堪之。案文王、孔子之體，不能及防風、長狄，以短小之身，飲食衆多，是缺文王之廣，貶孔子之崇也。

案酒誥之篇：「朝夕曰：『祀兹酒。』」尚書酒誥篇，周公誥康叔，述文王之詞。孔傳：「文王朝夕勑之，惟祭祀而用此酒，不常飲。」此言文王戒慎酒也。朝夕戒慎，則民化之。外出戒慎之教，内飲酒盡千鍾，導民率下，何以致化？朱校元本作「教化」。承紂疾惡，何以自別？

且千鍾之效，百觚之驗，何所用哉？「所」，宋本、朱校元本同，程、王、崇文本並作「時」。使文王、孔子因祭用酒乎？則受福胙不能厭飽。晉語二韋注：「福，胙肉也。」左僖四年傳杜注：「胙，祭之酒肉。」因饗射之用酒乎？孫曰：此與上「因祭用酒乎」文例正同，不當有「之」字，蓋衍文。暉按：孫説疑非。本書駢列語，後列每加一語詞。道虚篇：「物生也色青，人之少也髮黑。」上文云：「若孔子言，殆且浮杵；若孟子之言，近不血刃。」後列並多一「之」字，與此文例正同。饗射飲酒，自有禮法。如私燕賞賜飲酒乎？則賞賜飲酒，宜與下齊。賜尊者之前，三觴而退，朱校元本「觴」作「觚」。下同。禮記玉藻：「君若賜之爵，禮已三爵而油油以退。」左宣二年傳：「臣侍君宴，過三爵，非禮也。」過於三觴，醉酗生亂。鄭玄曰：「禮飲過三爵，則敬殺。」說文：「酌，酒醬也。」經典多作「酗」。文王、孔子，率禮之人也，賞賚左右，至於醉酗亂盼遂案：「亂」上依上文當有「生」字。身，自用酒千鍾百觚，大之則爲桀、紂，小之則爲酒徒，用何以立德成化，表名垂譽乎？朱校元本「用」作「又」。

世聞「德將毋醉」之言，書酒誥：「越庶國，飲惟祀，德將無醉。」今文「無」作「毋」。見聖人有多德之效，則虛增文王以爲千鍾，空益孔子以百觚矣。「爲」字於義無取，兩句文例正同。蓋衍文。舊本段。

傳語曰：「紂沈湎於酒，以糟爲丘，以酒爲池，牛飲者三千人，爲長夜之飲，亡其甲子。」此事有二說。韓詩外傳二：「桀爲酒池糟隄，牛飲者三千。」又卷四：「桀爲酒池，可以運舟，糟丘足以望十里，而牛飲者三千人。」新序刺奢篇、節士篇略同。並謂桀事也。韓非子喻老篇：「紂爲肉圃，設炮烙，登糟丘，臨酒池。」呂氏春秋過理篇：「糟丘酒池，肉圃爲格，刑鬼侯之女，殺梅伯而遺文王其醢。」淮南本經訓：「紂爲肉圃酒池。」六韜：「紂爲君，以酒爲池，迴船糟丘，而牛飲者三千人。」（今本脫。書鈔一四六引。）賈子新書：「紂糟丘酒池。」（今脫，書鈔二〇引。）說苑反質篇：「紂爲鹿臺糟丘酒池肉林。」並以爲紂事也。史記殷本紀從後說。尸子：「桀、紂縱欲長樂，以苦百姓，六馬登糟丘，方舟泛酒池。」（御覽六七八。）又屬之兩人。主名不定，明其事非實也。路史發揮六曰：「桀、紂之事，多出模倣，紂如是，桀亦如是，豈俱然哉？」可謂有史識矣。淮南本經篇注：「紂積肉以爲園圃，積酒以爲淵池。今河内朝歌，紂所都也，城西有糟丘酒池處是也。」史記殷本紀正義：「括地志云：『酒池在衛州衛縣西二十三里。』」新序刺奢篇：「紂飲酒七日七夜。」楚詞王逸九思注：「紂爲九旬之飲而不聽政。」書鈔二一引世紀：「紂飲七日，不知曆數。」「沈湎於酒」，尚書微子篇文。「湎」作「酗」。此今文經也。沈之爲言淫也。説文：「湎，沈於酒也。」淮南要略注：「沉湎，淫酒也。」

**夫紂雖嗜酒，亦欲以爲樂。令酒池在中庭乎？**金鶚求古録曰：「凡言庭，皆廟寢堂下。」中庭東西，爲羣臣列位，聘燕宜其處，故據以言。**則不當言爲長夜之飲。坐在深室之中，閉窗舉燭，故曰長夜。令坐於室乎？每當飲者，起之中庭，**之，至也。**乃復還坐，則是煩苦相踖藉，**釋名釋姿容：「踖，藉也。以足藉也。」後漢明帝紀注引五經要義：「籍，蹈也。」衆經音義九引字林：「躐，踐也。」「藉」、「籍」、「躐」音義并通。**不能甚樂。令池在深室之中，則三千人宜臨池坐。前**盼遂案：「前」字疑涉下文多「前」字而衍。下「臨池而坐」句可證。**俛飲池酒，〔後〕仰食肴膳，**「仰」上當有「後」字。池酒在前，肴膳必陳於後。下文「如審臨池而坐，則前飲害於肴膳」，即謂肴膳在坐後，不便也。且「前飲」連文，則此當以「前俛飲池酒」爲句。「後仰食肴膳」，句法正相一律。蓋後人不審其義，以「前」字屬上讀，而妄删「後」字。**倡樂在前，**

乃爲樂耳。如審臨池而坐，則前飲害於肴膳，倡樂之作，不得在前。夫飲食既不以禮，臨池牛飲，則其啖肴不復用杯，亦宜就魚肉而虎食，則知夫酒池牛飲，非其實也。舊本段。

傳又言：「紂懸肉以爲林，令男女倮而相逐其間。」史記殷本紀文。公孫尼子謂「紂爲肉圃」。（初學記。）三輔故事謂爲肉林。（書鈔二〇。）餘已注前。是爲醉樂淫戲無節度也。「爲」讀作「謂」，與上「欲言」、「此言」文例同。

夫肉當内於口，口之所食，宜潔不辱。廣雅釋詁：「辱，污也。」今言男女倮相逐其間，何等潔者？盼遂案：「何等潔者」，言不潔也，此漢人語法。藝增篇「何等賢者」，言不賢也；「堯何等力」，言無力也，皆與此一例。如以醉而不計潔辱，則當其（共）浴於酒中。孫曰：「其」字當從元本作「共」。（崇文本作「共」，蓋亦據别本改。）而倮相逐於肉間，何爲不肯浴於酒中？「而」讀作「能」。以不言浴於酒，知不倮相逐於肉間。

傳者之說，或言：書鈔一四五引作「傳者說」。「車行酒，騎行炙，盼遂案：悼厂云：「惠氏後漢書補注云：『古人以車騎行酒肉。馬融廣成頌云「清醪車湊，燔炙騎將」，亦其例也。』」百二十日爲一夜。」出太公六韜。又見世紀、三輔故事。（書鈔二〇引。）盼遂案：「夜」下當有「亡其甲子」一句，今脱，則下文兩言「亡其甲子」之語無稽。

**夫言「用酒爲池」，則言其「車行酒」非也；言其「懸肉爲林」，即言「騎行炙」非也。**「即」猶「則」也。

**或時**意林、御覽八四五並引作「或是」。**紂沈湎，**謂酗醬也。**覆酒，滂沲於地，**元本作「滂沱」。朱校同。意林、御覽引亦並作「沱」。「它」、「也」二字自異，而从「它」从「也」之字多亂。此當作「沱」爲正。**即言以酒爲池；釀酒糟積聚，**意林、御覽引並作「釀酒積糟」。**則言糟爲丘；懸肉以（似）林，**「以」，元本作「似」。朱校同。御覽引亦作「似」。當據正。**則言肉爲林；林中幽冥，人時走戲其中，則言倮其逐；或時載酒用鹿車，**風俗通（御覽七百七十五、後漢書趙憙傳注引。）曰：「俗説鹿車窄小，載（一作「裁」。）容一鹿也。或云樂車。乘牛馬者，剉斬飲飼達曙；今乘此，雖爲勞極，然入傳舍，偃臥無憂，故曰樂車。無牛馬而能行者，獨一人所致耳。」後漢書趙憙傳曰：「載以鹿車，身自推之。」**則言車行酒、騎行炙；或時十數夜，則言其百二十；或時醉不知問日數，則言其亡甲子。周公封康叔，告以紂用酒，期於悉極，**史記衞世家：「封康叔爲衞君，周公申告曰：『紂所以亡者，以淫於酒。』」酒誥：「嗣王酣身，惟荒腆于酒。」**欲以戒之也，而不言糟丘、酒池，懸肉爲林，長夜之飲，亡其甲子。聖人不言，殆非實也。**舊本段。

**傳言曰：「紂非時與三千人牛飲於酒池。」**此複述上文，非另引傳也。**夫夏官百，殷**

二百，周三百。禮記明堂位文。鄭注：「周之六卿，其屬各六十，則周三百六十官也。昏義，凡百二十，蓋謂夏時。以夏、周推之，殷宜二百四十，不得如此記。」按：荀子正論篇又云：「古者天子千官。」蓋都不足據也。紂之所與相樂，非民必臣也，非小臣必大官，其數不能滿三千人。傳書家欲惡紂，故言三千人，增其實也。舊本段。

傳語曰：「周公執贄下白屋之士。」尚書大傳、荀子堯問篇、韓詩外傳三、説苑尊賢篇並有此文。贄，禽贄，所執以爲禮也。白屋，謂庶人以白茅覆屋者也。謂候之也。盼遂案：吴承仕曰：「曲禮『使某羞』，鄭注：『羞，進也，言進於客。古者謂候爲進。』正義曰：『古者謂迎客爲進，漢時謂迎客爲候。』據此，則候謂漢時通語。此云『謂候之』，亦以漢語比古事，與鄭同意。」

夫三公，鼎足之臣，王者之貞幹也；五行志：「鼎三足，三公象。」易鼎卦九五：「鼎折足。」李鼎祚引九家易曰：「鼎者，三足一體，猶三公承天子也。」周官以太師、太傅、太保爲三公。鄭志答趙商曰：「周公左，召公右，兼師保於成王。」「貞」通「楨」，楨亦幹也，並築具。白屋之士，閭巷之微賤者也。三公傾鼎足之尊，執贄候白屋之士，非其實也。

時或〔時〕待士卑恭，「時或」當作「或時」，與下「或時」平列，本書常語也。不驕白屋，人則言其往候白屋；或時起白屋之士，秦策注：「起猶舉也。」以璧迎禮之，「璧」，舊校曰：一本作「圭」。暉按：「璧」是，一本作「圭」，非。公羊定八年傳何注：「禮：珪以朝，璧以聘，琮以發兵，璜以發衆，璋以徵召。」白虎通瑞贄篇云：「璜以徵召，璧以聘問，璋以發兵，珪以質信，琮以起土功之事。」並謂璧以聘問，則此云「以璧迎禮之」是也。**人則言其執贄以候其家也。**舊本段。

**傳語曰：「堯、舜之儉，茅茨不剪，采椽不斲。」**太史公自序引墨家言。又見史記始皇紀引韓子。文選東京賦注引墨子、韓非子五蠹篇、淮南主術篇、史記李斯傳、帝王世紀（御覽八〇。）並只謂堯事。史記自序正義：「屋〔一〕蓋曰茨，以茅覆屋。」索隱韋昭云：「采椽，櫟榱也。」**夫言茅茨、采椽，可也；言不剪不斲，增之也。**

**經曰：「弼成五服。」**尚書皋陶謨文。今見僞孔本益稷篇。**五服，五采服也。**段玉裁曰：「此今文書説也。」暉按：皋陶謨曰：「天命有德，五服五章哉。」又益稷曰：「予欲觀古人之象，日月、星辰、山龍、華蟲，作會，宗彝、藻火、粉米、黼黻、絺繡，以五采彰施于五色，作服，汝明。」大傳曰：「天子衣服，其文華蟲、作繢、宗彝、藻火、山龍。諸侯作繢、宗彝、藻火、山龍。子男宗彝、藻火、山龍。大夫藻火、山龍。士山龍。山龍，青也。華蟲，黃也。作繢，黑也。宗彝，白也。藻火，赤也。天子服五，諸侯服四，次國服三，大夫服二，士服一。」今文説以五服爲五章，廣雅曰：「山龍，彰也。」即舉山龍以該五章。五章即大傳所舉五采，故云「五服，五采服」。攷馬、鄭注，並謂

〔一〕「屋」，原本作「屈」，形近而誤，據正義改。

侯、甸、綏、要、荒五服，與仲任説不同。若如仲任説，則經義上下不貫，孫奕、孫星衍謂爲誤釋，是也。皮錫瑞曰：「仲任以五服爲五采服，不知下文之解若何。若以五服爲天子、諸侯、次國、大夫、士五章之服，如後世所云冠帶之國，義亦可通。」盼遂案：書皋陶謨：「弼成五服，至於五千。」孔安國、馬融、鄭玄、王肅注皆即大禹「荒度土功」爲説。仲任釋五服爲五采服，雖本今文師説，然於經義則遠。**服五采之服，又茅茨、采椽，何宮室衣服之不相稱也？服五采，畫日月星辰，**孫星衍曰：「司馬法云：『章，夏后氏以日月，尚明也。』則日月星辰畫於旌旂。漢東平王蒼南北郊服議曰：『日月星辰，山龍華蟲，天王衮冕十有二旒，以明天數，旂有龍章日月以備其文。』（續漢輿服志注引東觀書。）是古説以日月爲旂章也。大傳亦不言五服畫日月星辰，充説誤也。」暉按：夏本紀云：「余欲觀古人之象，日月星辰，作文繡服色，女明之。」史公云「作文繡服色」，即釋經文「山龍、華蟲」至「作服」也，而「日月星辰」別出於上者，即史公不以「日月星辰」在文繡服色之中，其義與伏生大傳同。此文謂：「服五采，畫日月星辰。」量知篇：「加五綵之巧，施針縷之飾，文章炫耀，黼黻華蟲，山龍日月，學士有文章，猶絲帛有五色之巧也。」以「日月」與山龍、華蟲並言，則其義亦謂服色有「日月」也。後漢書輿服志曰：「顯宗遂就大業，乘輿備文，日月星辰十二章，三公諸侯用山龍九章，九卿以下用華蟲七章，皆備五采。」又云：「孝明皇帝永平二年，初詔有司采周官、禮記、尚書皋陶篇，乘輿服從歐陽氏説，公卿以下從大、小夏侯氏説。」皮錫瑞曰：「據此，則是歐陽説冕服章數以十二、九、七爲節，大、小夏侯説冕服章數天子至公侯以九爲節，卿以下以七爲節，皆與大傳言五服五章不同，此三家今文之背其師說者。當時三家博士，變今文尚書之師說，以傳會周官，不知周禮非可以解虞書。經明言『五服五章』，不得有十二章、九章、七章之制。鄭玄據周禮以推虞制，其義正本於歐陽、夏侯。仲任云服日月星辰，蓋沿歐陽之誤說，以爲天子服有日月星辰也。」茅茨、采椽，非其實也。舊本段。

傳語曰：「秦始皇帝燔燒詩、書，坑殺儒士。」史記儒林傳：「秦焚詩、書，阬術士。」言燔燒詩、書，滅去五經文書也；坑殺儒士者，言其皆挾經傳文書之人也。盼遂案：吳承仕曰：「漢人多言五經，遂以貤說舊事，不知漢前實言六經。藝文志『三十而五經立』，其誤亦同。」「皆」當是「盡」之誤字。「盡挾經傳文書之人」者，將挾經傳文書之人一網而打盡之也。此處「盡」爲動詞，淺人不了，以「皆」與「盡」同，意改之，而不悟不與下文「盡坑之」一語相照也。燒其書，坑其人，詩、書絕矣。

言燔燒〔一〕詩、書，坑殺儒士，實也；言其欲滅詩、書，故坑殺其人，非其誠，又增之也。

秦始皇帝三十四年，置酒咸陽臺，正說篇作「宮」。史記始皇紀、李斯傳同。儒士七十

〔一〕「燔燒」，通津草堂本作「燒燔」。

人前爲壽。正説篇作「博士」，與始皇紀合。李斯傳：「博士僕射周青臣等頌稱始皇威德。」疑此文當作「博士」，指周青臣輩也。僕射周青臣進頌始皇之德。齊淳于越進諫始皇不封子弟功臣正説篇句首有「以爲」二字。自爲狹（枝）輔，「狹」當作「枝」。史記始皇紀作「枝」，李斯傳作「支」，可證。宋、程本作「挾」，王本、崇文本作「夾」，并「枝」字形譌。剌周青臣以爲面諛。「剌」，「刺」之隸變。毛詩：「維是褊心，是以爲刺。」魯詩、石經「刺」作「剌」。顏氏家訓書證篇曰：「『刺』應爲『朿』，今作『夾』也。」盼遂案：「剌」爲「刺」之俗體。「刺周青臣」，不辭，疑本爲「劾」。劾者，劾告罪人。後訛爲「刺」耳。又案：「狹」，宋本作「挾」，是。説文：「挾，俾持也。」始皇下其議於丞相李斯。李斯非淳于越曰：「諸生不師今而學古，以非當世，惑亂黔首。説文：「秦謂民爲黔首，謂黑色。」臣請勑史官，非秦記皆燒之；非博士官所職，天下有敢藏詩、書百家語諸刑書者（刑）；「諸書」二字，涉「詩書」譌衍。「刑」字當在「者」字下。始皇紀、李斯傳未言刑書。正説篇作「有敢藏詩、書百家語者刑」，是其證。悉詣守尉集（雜）燒之；「集」當從始皇紀作「雜」。「雜」一作「襍」，故殘爲「集」。元本正作「襍」。朱校同。有敢偶語詩、書，棄市；「書」下，元本有「者」字。朱校同。始皇紀與今本合。以古非今者，族滅；吏見知弗舉，始皇紀有「者」字，此蒙上文省。與同罪。」始皇許之。

明年，三十五年，諸生在咸陽者，多爲妖言。始皇使御史案問諸生，諸生傳相告引者，始皇紀無「者」字。自除犯禁者四百六十七人，始皇紀「七」作「餘」。文選西征賦注引史作「四百六十四人」。疑史文原不作「餘」。唐李亢〔一〕獨異志云：「二百四十人。」未知何據。皆坑之。史記云：「坑之咸陽。」衛宏詔定古文尚書序、（史儒林傳正義。）古文奇字、（類聚八〇。）獨異志並云「阬於驪山」。盼遂案：「告引者」之「者」，宜依史記改爲「有」字，屬下讀。

燔詩、書，起淳于越之諫；坑儒士，起自諸生爲妖言，見坑者四百六十七人。傳增言坑殺儒士，欲絶詩、書，又言盡坑之，此非其實，而又增之。今從宋本段。

傳語曰：「町町若荆軻之閭。」未知何出。「若」，元本作「者」，朱校同。疑誤。意林引同今本。急就篇顔注：「平地爲町。」釋名釋州國曰：「鄭，町也。其地多平，町町然也。」「町町」猶詩東山之「町畽」。說文：「田踐處曰町。」又：「畽，禽獸所踐處。」踐處，則其地夷平也。廣雅釋訓曰：「䟡䟡，盡也。」王念孫曰：「町町，與䟡䟡義同。」盼遂案：「町町」，蕩盡之意。廣雅釋訓：「䟡䟡，盡也。」王氏疏證引此文爲說。今按：町町、䟡䟡聲近義通。言荆軻爲燕太子丹刺秦王，後誅軻九族，漢書鄒陽傳：「荆軻湛七族。」（「荆」字依王念孫校補。）應劭注：「荆軻爲燕刺秦始皇，不成而死。其族坐之。」九族有二說，五經異義：「夏侯、歐陽說：九族者，父族四，母族三，妻

〔一〕「亢」，原本作「元」，形近而誤，今改。

族二。皆據異姓。古尚書說，從高祖自玄孫，皆同姓。」（左桓六年傳疏。）其後恚恨不已，復夷軻之一里。一里皆滅，故曰町町。

此言增之也。

夫秦雖無道，無爲盡誅荆軻之里。始皇幸梁山之宫，始皇三十五年。從山上望見丞相李斯車騎甚盛，恚，出言非之。其後，左右以告李斯，李斯立損車騎。始皇知左右洩其言，莫知爲誰，盡捕諸在旁者皆殺之。始皇本紀「諸」下有「時」字，義較長。朱校元本「諸」下有「生」字，疑「時」之誤。其後墜星下東郡，至地爲石。始皇三十六年。民或刻其石曰：「始皇帝死，地分。」紀妖篇、史記始皇本紀、漢五行志「地」上並有「而」字，疑此文脱。〔始〕皇[帝]聞之，「始」字脱，「帝」字涉上文衍。上下文並稱「始皇」，「皇帝」非其義也。紀妖篇、始皇紀並作「始皇聞之」，是其證。盼遂案：依文例當作始皇。此史駁文未盡正者也。令御史逐問，莫服，盡取石旁人誅之。紀妖篇「人」上有「家」字，與始皇紀作「居人」義合。

夫誅從行於梁山宫，及誅石旁人，欲得洩言、刻石者，不能審知，故盡誅之。荆軻之閭，何罪於秦而盡誅之？如刺秦王在閭中，不知爲誰，盡誅之，可也；荆軻已死，刺者有人，一里之民，何爲坐之？始皇二十年，燕使荆軻刺秦王，見前書虚篇注。

秦王覺之，體解軻以徇，不言盡誅其閭。彼或時誅軻九族，九族衆多，同里而處，誅其九族，一里且盡，好增事者，則言町町也。

# 論衡校釋卷第八

## 儒增篇

章太炎原儒曰："儒有三科：達名爲儒，謂術士也。類名爲儒，謂知禮樂射御書數。私名爲儒，即七略儒家。王充儒增、道虛、談天、説日、是應所舉儒書，是諸名籍道、墨、刑法、陰陽、神仙之倫，旁有雜家所記，列傳所録，一謂之儒。號徧施於九能，諸有術者，悉晐之矣。"

儒書稱："堯、舜之德，至優至大，天下太平，一人不刑。"慎子曰："有虞氏不賞不罰。"（路史後紀十二注。）皮錫瑞今文尚書考證以爲即指"唐、虞象刑"。又言："文、武之隆，遺在成、康，刑錯不用四十餘年。"史記周本紀："成、康之際，天下安寧，刑錯四十餘年不用。"又見竹書紀年、武帝賢良詔。荀子大略篇曰："文王誅四，武王誅二，周公卒業，至成、康則案無誅已。"書序釋文引馬融曰："錯，廢也。"是欲稱堯、舜，褒文、武也。

夫爲言不益，則美不足稱；爲文不渥，則事不足褒。堯、舜雖優，不能使一人不刑；荀子議兵篇曰："堯殺一人，刑二人。"文、武雖盛，不能使刑不用。言其犯刑者少，用刑希疏，可也；言其一人不刑，刑錯不用，增之也。

**夫能使一人不刑，則能使一國不伐；能使刑錯不用，則能使兵寢不施。**廣雅釋詁：「寢，藏也。」**案堯伐丹水，**呂氏春秋召類篇：「堯戰於丹水之浦，以服南蠻。」淮南兵略訓：「堯戰於丹水之浦。」許注：「堯以楚伯受命，滅不義于丹水。丹水在南陽。」六韜曰：「堯伐有扈氏，戰於丹水之浦。」帝王世紀曰：「諸侯有苗氏處南蠻而不服，堯征而克之於丹水之浦。」**舜征有苗，**見淮南兵略篇、荀子議兵篇。許曰：「有苗，三苗也。」楊曰：「即禹伐之。書曰：『帝曰：咨禹，惟時有苗不服，汝徂征之。』」按韓非子五蠹篇、韓詩外傳三、説苑君道篇並謂禹請伐之，舜修德而服。**四子服罪，**謂舜流共工、放驩兜、竄三苗、殛鯀也。恢國篇亦謂四子。**刑兵設用。成王之時，四國篡畔，淮夷、徐戎，並爲患害。**四國，謂管叔、蔡叔、霍叔、武庚也。竹書：「成王元年，武庚以殷叛。二年，奄人、徐人及淮夷入於邶以叛。」**夫刑人用刀，伐人用兵，罪人用法，誅人用武。**白虎通誅伐篇曰：「誅猶責也，誅其人，責其罪，極其過惡。伐，擊也，欲言伐擊之也。」**武、法不殊，兵、刀不異，巧論之人，不能別也。夫德劣故用兵，**「德」下舊校曰：一有「爲」字。淮南兵略篇：「導之以德而不聽，則制之以兵革。」**犯法故施刑。刑與兵，**宋本、朱校元本「刑」下並有「之」字。**猶足與翼也。走用足，飛用翼，形體雖異，其行身同。刑之與兵，全衆禁邪，其實一也。〔不〕稱兵之不用，言刑之不施，**齊曰：「稱」上當有「不」字。下文云：「今稱一人不刑，不言一兵不用。」句意正同。盼遂案：上「不」字涉下句而衍。「稱兵之用」與下句「言刑之不施」相反爲文也。是猶人耳缺目完，盼遂案：「耳缺」當爲「身缺」。隸書「身」字作「自」，易訛爲「耳」。下文「身無敗缺」，即承此語而言。以目完稱人體全，不可從也。人桀於刺虎，怯於擊人，「桀」猶「强」也。注物勢篇。而以刺虎稱，謂之勇，不可聽也。身無敗缺，勇無不進，乃爲全耳。今稱「一人不刑」，不言一兵不用；褒「刑錯不用」，不言一人不畔，未得爲優，未可謂盛也。舊本段。

儒書稱：「楚養由基善射，射一楊葉，百發能百中之。」「能」，史記周本紀作「而」。而、能古通。西周策、史記「楊葉」並作「柳葉」。漢書枚乘傳、説苑正諫篇同此。西周策、淮南説山篇高注並云：「養姓，由基名。」梁玉繩人表考曰：「養，邑名，其地見水經汝水注、續志潁川郡。蓋由基以邑爲氏，其後有養由氏。故通志氏族略五云：『養由基之後。』廣韻邑字注謂楚大夫養由氏，則直以養由基爲複姓，恐非。」梁氏左通補釋曰：「左昭三十年，楚逆吴公子使居養。疑由基即食邑於此，故以邑爲氏。襄十三年，稱養叔，即其字。」是稱其巧於射也。

夫言其時射一楊葉中之，可也；「時」上疑脱「或」字。一曰：「時」疑「射」字譌衍。言其百發而百中，增之也。

夫一楊葉，射而中之，中之一再，行敗穿不可復射矣。如就葉懸於樹而射之，雖不欲射葉，朱校元本作「中」。楊葉繁茂，自中之矣。是必使上取楊葉，一一更置地而射之也。射之數十行，足以見巧，觀其射之者亦皆知射工，亦必不至於百，明矣。

言事者好增巧美，數十中之，則言其百中矣。百與千，數之大者也。實欲言「十」則言「百」，「百」則言「千」矣。是與書言「協和萬邦」，尚書堯典文。藝增、齊世引「邦」並作「國」，此後人妄改。段玉裁曰：古文尚書「邦」字，今文尚書皆作「國」，漢人詩、書不諱，不改經字，自是今文本作「國」也。詩曰「子孫千億」，大雅假樂文。同一意也。舊本段。

儒書言：「衛有忠臣弘演，爲衛哀公使，未還，「哀公」當作「懿公」，下同。仲任誤也。吕氏春秋忠廉篇、韓詩外傳七、新序義勇篇、淮南繆稱訓許注、三國志魏志陳矯傳注引新序（與今本不同。）具載此事，並作「衛懿公」。狄人攻衛，即左氏閔二年傳戰於滎澤者，是懿公，非哀公也。梁玉繩瞥記二曰：「衛懿公有哀公之號，見論衡儒增。以其爲狄所殺故也。亦猶魯哀公孫于越，漢書人表謂之出公，皆可補經傳所未及。」疑非塙論。狄人攻哀公而殺之，盡食其肉，獨捨其肝。弘演使還，致命於肝。痛哀公之死，身肉盡，盼遂案：「死」借爲「屍」。漢書陳湯傳：「求谷吉等死。」注云：「死，屍也。」肝無所附，引刀自刳其腹，「刀」舊誤「力」，今據各本正。盡出其腹實，乃内哀公之肝而死。」言此者，欲稱其忠矣。

言其自刳内哀公之肝而死，可也；言盡出其腹實乃内哀公之肝，「言」下疑脱「其」字。增之也。

人以刃相刺，中五臟輒死。何則？五臟，氣之主也，猶頭，脉之湊也。頭一斷，手不能取他人之頭着之於頸，奈何獨能先出其腹實，乃内哀公之肝？腹實出，輒死，則手不能復把矣。把，持也。如先内哀公之肝，乃出其腹實，則文當言「内哀公之肝，出其腹實」。今先言「盡出其腹實，内哀公之肝」，又言「盡」，增其實也。舊本段。盼遂案：「又言盡」三字原在「内」字上，鈔胥誤脱，沾補於後耳。「先言」與「又言」相爲照應。

儒書言：「楚熊渠子出，見寢石，「出」，韓詩外傳六、新序雜事四謂「夜行」。以爲伏虎，將弓射之，矢没其衛。」釋名釋兵曰：「矢其旁曰羽，齊人曰衛，所以導衛矢也。」或曰：「養由基見寢石，以爲兕也，射之，矢飲羽。」吕氏春秋精通篇：「養由基射兕中石，矢乃飲羽。」文選吴都賦注：「飲羽，謂所射箭没其箭羽也。」或言：「李廣。」史記本傳：「廣爲右北平太守，出獵，見草中石，以爲虎而射之，中石没鏃，視之，石也。」西京雜記五：「廣獵於冥山之陽，見卧虎，射之，没矢飲羽，進而視之，乃石也，其形類虎。」又見搜神記十一。便是熊渠、養由基、李廣主名不審，無實(害)也。宋、元本，朱校元本，「實」並作「害」，是也。仲任只不信「没衛」，而「射石矢入」不疑也。若作「無實」，則謂本無其事，與下文義不相貫。其證一。本篇每節引史事後，先加訓釋，繼出己見。自「便是熊渠」至「射之入深也」，爲訓釋之詞，「夫言」以下乃爲己見。此作「無實」，是據己見論之，與全例不合。其證二。「失實」、「非實」，乃本書常語，無「無實」之文。其證三。「便是」猶「即是」，言即是主名不定，無害其真。蓋「害」、「實」形近，後人又不審其義而妄改之。盼遂案：「無實」，宋本作「無害」，是也。　或以爲「虎」，或以爲「兕」，兕、虎俱猛，一實也。國語韋注：「兕似牛而青，善觸人。」或言「没衛」，或言「飲羽」，羽則衛，言不同耳。則，即也。羽、衛，方言殊也。義注上。　要取以寢石似虎、兕，畏懼加精，射之入深也。吕氏、韓嬰、劉向、（新序，又見搜神記。）揚雄（見西京雜記。）並謂精誠所致也。

夫言以寢石爲虎，射之矢入，可也；言其没衛，增之也。

夫見似虎者，意以爲是，張弓射之，盛精加意，則其見真虎，與是無異。　射似虎之石，矢入没衛，若射真虎之身，矢洞度乎？度，過也，謂矢通過。一曰：「度」當作「皮」。石之質難射，肉易射也。　以射難没衛言之，則其射易者洞，不疑矣。　善射者能射遠中微，不失毫釐，安能使弓弩更多力乎？　養由基從軍，射晉侯中其目。錢大昕養新録十二：「左傳養由基射吕錡中項，未嘗射晉侯也。吕錡射楚共王中目。王充誤記，不足信。」暉按：事見左成十六年傳。　夫以疋夫射萬乘之主，其加精倍力，必與射寢石等。　當中晉侯之目也，可復洞達於項乎？　如洞達於項，晉侯宜死。

車張十石之弩，弩以足張，（見史記蘇秦傳正義、索隱。）此云車張，謂連弩也。墨子備高臨篇：「備臨以連弩之車，兩軸三輪，（俞曰：「三」當作「四」。）輪居筐中，（孫云：車闌。）筐左右旁二植，左右有衡植，衡植左右皆圜内，（同柄。）左右縛弩皆於植。以弦（孫校作「距」，即弩牙。）鉤弦，矢長十尺，以繩矢端，（孫曰：矢端著繩。）如弋射，（今重「如」字，「弋」作「戈」，依孫校正。）以磨鹿（今作「磨廘」，依王校改。）卷收。」淮南氾論篇：「連弩以射，銷車以鬭。」高注：「連車弩通一絃，以牛挽之，以刃著左右，爲機關發之，曰銷車。銷讀曰綃。」恐不能入一寸，矢摧爲三，「矢」舊作「失」，程本同。今從宋本、王本、崇文本正。盼遂案：「入」下脱一「石」字。「失」當從宋本改爲「矢」。「入石」者，承前文熊渠子、養由基、李廣射寢石爲言也。況以一人之力，引微弱之弓，雖加精誠，安能没衛？人之精乃氣也，氣乃力也。有水火之難，惶惑恐懼，舉徙器物，精誠至矣，素舉一石者，倍舉二石。然則，見伏石射之，精誠倍故，不過入一寸，如何謂之没衛乎？如有好用劍者，見寢石，懼而斫之，可復謂能斷石乎？以勇夫空拳而暴虎者，爾雅釋訓舍人注：「暴虎，無兵空手搏之也。」卒然見寢石，以手椎之，衆經音義二五引三倉：「椎，打也。」宋本、朱校元本、御覽七四六引並作「推」。能令石有跡乎？

巧人之精，與拙人等；古人之誠，與今人同。使當今射工，射禽獸於野，其欲得之，不餘精力乎，不當有「乎」字。盼遂案：「乎」字衍文，論衡無如此用法。及其中獸，不過數寸。跌誤中石，不能内鋒，「内」同「納」。箭摧折矣。夫如是，儒書之言楚熊渠子、養由基、李廣射寢石，矢没衛飲羽者，皆增之也。舊本段。

儒書稱：「魯般、墨子之巧，刻木爲鳶，飛之三日而不集。」御覽七五二引舊注：「集，下也。」韓非子外儲説左上：「墨子爲木鳶，三年而成，蜚一日而敗。」列子湯問篇：「班輸之雲梯，墨翟之飛鳶。」張注：「墨子作木鳶，飛三日不集。」並只言墨子。淮南齊俗篇：「魯般、墨子以木爲鳶而飛之，三日而不集。」即此文所本。墨子魯問篇謂公輸子削竹木爲鵲。蓋傳聞訛爲鳶也。

夫言其以木爲鳶飛之，可也；言其三日不集，增之也。

夫刻木爲鳶，以象鳶形，安能飛而不集乎？既能飛翔，安能至於三日？如審有機關，一飛遂翔，淮南時則訓注：「大飛不動曰翔。」不可復下，則當言「遂飛」，不當言「三日」。

猶世傳言曰：御覽七五二引無「曰」字。「魯般巧，亡其母也。」言〔其〕巧工，「其」字舊脱，據御覽引增。爲母作木車馬，文選長笛賦注引無「馬」字。木人御者，機關備具，載母其上，一驅不還，文選注引作：「機關一發，遂去不還。」事文類聚三六、合璧事類五二引同。趙刻御覽引作「載母其上，臺去而不還」。（「臺」即「壹」之譌。張刻、明刻本作「載母上，臺云去而不還」。「臺」亦誤。「云」蓋「去」字誤衍。）遂失其母。如木鳶機關備具，與木車馬等，則遂飛不集。機關爲須臾間，不能遠過三日，則木車等亦宜三日止於道路，無爲徑去以失其母。二者必失實者矣。舊本段。

書説：「孔子不能容於世，周流游説七十餘國，未嘗得安。」淮南子泰族訓：「孔子欲行王道，東西南北七十説而無所偶。」鹽鐵論〔一〕相刺篇：「孔子東西南北七十説而不用。」説苑至公篇：「夫子行説七十諸侯，無定處。」又善説篇：「仲尼委質以見人主七十君矣，而無所遇。」史記儒林傳：「仲尼干七十餘君。」索隱曰：「後之記者失辭也。案家語等説，則孔子歷聘諸國莫能用，謂周、鄭、齊、宋、曹、衛、陳、楚、杞、莒、匡等耳。縱歷小國，亦無七十餘君也。」案：吕氏春秋遇合篇又言：「所見八十餘君。」莊子天運篇：「以奸者七十二君。」皆語增耳，非實録也。

夫言周流不遇，可也；言干七十國，增之也。公羊定四年傳何注：「不待禮見曰干。」

案論語之篇，諸子之書，孔子自衛反魯，論語子罕篇文。在陳絶糧，論語衛靈公篇集解孔曰：「孔子去衛如曹，曹不容，又之宋，遭匡人之難，又之陳，會吴伐陳，陳亂，故乏食也。」削迹於衛，見吕氏春秋慎人篇，莊子天運、山木、讓王、盗跖各篇。天運成疏：「夫子嘗遊於衛，衛人疾之，故剗削其迹，不見用也。」忘味於齊，孟子萬章下：「孔子去齊，接淅而行。」注：「淅，漬米也。不及炊，避惡亟也。」一曰：忘肉味。論語：「子在齊聞韶，三月不知肉味。」是也。伐樹於宋，莊子讓王篇釋文：「孔子之宋，與弟子習禮大樹下。宋司馬桓魋欲殺孔子，伐其樹，孔子遂行。」並費

〔一〕「論」，原本誤作「篇」，今改。

與頓牟，先孫曰：「頓牟」蓋即「中牟」。後變動篇亦云：「頓牟叛，趙襄子帥師攻之。」（襄子攻中牟，見淮南子道應訓、韓詩外傳、新序〔一〕雜事。）暉按：孔子至費與中牟，諸書並未見。論語陽貨篇言公山不擾以費叛，召，子欲往；佛肸以中牟畔，召，子欲往。不言果往。仲任似失之。至不能十國。淮南修務篇注：「能猶及也。」「不能」猶言「未及」也。傳言七十國，非其實也。

或時干十數國也，七十之說，文書傳之，因言干七十國矣。

論語曰：見憲問篇。「孔子問公叔文子於公明賈曰：檀弓下鄭注：「文子，衛獻公之孫，名拔。」（論語集解邢疏本、朱子集注並誤作「枝」。）潘維城曰：「公明賈，當是姓公明，名賈。孟子有公明儀、公明高。」『信乎，夫子不言、不笑、不取乎？』公明賈對曰：『以告者過也。夫子時然後言，人不厭其言也；樂然後笑，人不厭其笑也；義然後取，人不厭其取也。』「言」、「笑」、「取」下並有「也」字，皇疏本、高麗本同。邢疏本無，後知實篇同，疑據彼妄删。孔子曰：『豈其然乎？豈其然乎？』」論語上句作「其然」。集解馬曰：「美其得道。」（釋「其然」。）嫌其不能悉然也。」（釋「豈其然乎」。）此重言，知實篇同，非抑揚之詞。銅熨斗齋隨筆曰：「與何氏所據本不同。」羣經義證曰：「韓詩外傳，景公使子貢譬孔子，亦曰：『善，豈其然；善，豈

〔一〕「序」，原本誤作「事」，今改。

其然。』」

**夫公叔文子實時言、樂笑、義取，**「樂笑」舊作「時笑」，宋本、朱校元本同。王本、崇文本作「樂笑」。此承「樂然後笑」言之，作「樂笑」是也。今據正。**人傳說稱之，言其不言、不笑、不取也，俗言竟增之也。**舊本段。

**書言：「秦繆公伐鄭，過晉不假途，**事見魯僖三十三年。「不假途」，三傳無明文。公羊何注：「行疾不假途，變必生。」仲任蓋本公羊家說。**晉襄公率羌（姜）戎要擊於崤塞之下，**「羌」當作「姜」，形近而誤。三傳並作「姜」。杜曰：「姜戎，姜姓之戎，居晉南鄙。」閻若璩四書釋地又續曰：「殽，晉之南境，從秦向鄭，路必經之。括地志云：『二殽山，一名嶔崟山，在洛州永寧縣西北二十里，即古之殽道。』蘇代謂之殽塞。元和志謂東崤至西崤三十五里，在秦關之東、漢關之西是也。」**匹馬隻輪無反者。」**穀梁曰：「匹馬倚輪無反者。」公羊同此。何注：「匹馬，一馬也。隻，踦也。皆喻盡。」臧氏經義雜記謂：公羊本作「踦輪」，何注當作「踦，隻也」。王引之謂：公羊本作「易輪」，何氏讀「易」爲「隻」。按：呂氏春秋悔過篇高注引穀梁傳亦作「隻輪」，與此同。

**時秦遣三大夫孟明視、西乞術、白乙丙，**史記秦紀：「百里傒子孟明視，蹇叔子西乞術及白乙丙。」呂氏春秋悔過篇高注：「申，白乙丙也。視，孟明視也。皆蹇叔子。」以視爲蹇叔子，與史記異。左僖三十二年傳疏引世族譜與史同，以爲百里奚子。又譜載或說，以西乞、白乙爲蹇叔子。孔疏以爲，傳言「蹇叔之子與師」，則其子明非三帥，或説妄也。洪亮吉左傳詁曰：「南史亦云：『孟明，百里奚子。』下傳亦即明云『百里孟明視』。按：呂覽以孟明視爲蹇叔子，今蹇叔哭孟子之後，始云：『其子與師，哭而送之。』且稱爲『孟子』，明視非蹇叔子，可知。史記以蹇叔子爲西乞、白乙，正義非之。今攷三帥同出，蹇叔先哭孟子，不及二人，次乃云『蹇叔之子與師，哭而送之』，則西乞、白乙或即爲蹇叔子。以其爲子，故哭有次第，又改而稱『爾』，文法甚明。至變文言蹇叔之子，行文互見之法，正義譏之，非也。」皆得復還。傳言文嬴請三帥，使歸就戮，晉公許之。夫三大夫復還，車馬必有歸者，文言「匹馬隻輪無反者」，增其實也。舊本段。

書稱：「齊之孟嘗，魏之信陵，趙之平原，楚之春申君，待士下客，招會四方，各三千人。」孟嘗君田文傾天下之士，食客數千人。信陵君無忌致食客三千人。平原君趙勝，賓客至者數千人。春申君黃歇，客三千餘人。並見史記本傳。欲言下士之至，趨之者衆也。

夫言士多，可也；言其三千，增之也。

四君雖好士，士至雖衆，不過各千餘人，書則言三千矣。夫言衆必言千數，言少則言無一，世俗之情，言事之失也。舊本段。

傳記言：「高子羔之喪親，泣血，三年未嘗見齒，君子以爲難。」見禮記檀弓上。鄭讀「泣血三年」句絶。檀弓疏、齊乘引史記弟子傳並云：「高柴，鄭人。」（今本無「鄭人」二字，論語先進篇疏引同。）鄭玄曰：「衛人。」（史記集解、論語邢疏。）家語弟子解云：「齊人，高氏之別族。」齊乘卷六曰：「墓在沂州向子城側。」難爲故也。

夫不以爲非實，而以爲難，君子之言誤矣。

高子泣血，殆必有之。何則？荆和獻寶於楚，楚刖其足，痛寶不進，己情不達，泣涕，涕盡因續以血。韓非子和氏篇：「楚人和氏得玉璞，獻之厲王。玉人曰：『石也。』王以和爲誑，刖其左足。又獻之武王，刖其右足。和乃哭，三日三夜，泣盡繼之以血。」今高子痛親，哀極涕竭，血隨而出，實也。鄭注檀弓曰：「言泣無聲，如血出。」較此說義長。而云「三年未嘗見齒」，是增之也。

言「未嘗見齒」，欲言其不言不笑也。鄭曰：「言笑之微。」與仲任異義。孝子喪親，不笑可也，安得不言？言安得不見齒？孔子曰：「言不文。」孝經喪親章：「子曰：『孝子之喪親也，言不文。』」鄭注：「父母之喪，不爲詡，唯而不對者也。」（書鈔九三引。）引此經者，明臣下居喪言也，言不文耳。禮記喪服四制曰：「三年之喪，君不言。然而曰『言不文』者，謂臣下也。」注引孝經說曰：「言不文者，指士民也。」白虎通喪服篇曰：「言不文者，指謂士民不言而事成者。」或時不言，孫星衍孔子集語五引屬上，爲孔子之詞，非也。傳則言其不見齒；或時□□，傳則言其不見齒三年矣。「或時」下疑脫「不笑」二字。兩「或時」，兩「傳則言」，平列爲文。蓋校者誤以「或時不言」爲孔子語，妄删「不笑」二字。盼遂案：「或時」下疑脱「不見齒數月」五字。上句「或時不言，傳則言其不見齒」，此當與之同一文法。

**高宗諒陰，三年不言。**尚書無逸作「亮陰」，大傳作「梁闇」，禮記喪服四制、白虎通爵篇並作「諒闇」。論語憲問篇作「諒陰」，與此文同。然公羊〔二〕文九年注、吕氏春秋重言篇注引論語並作「諒闇」。鄭注亦云：「諒闇，謂凶廬也。」（後漢張禹傳注。）大傳、小戴記爲今文，則高、何、鄭所據論語與之合，是魯論也。何晏集解作「諒陰」，與僞孔本無逸合，是古論也。仲任今文家，多從魯論，則此作「諒陰」者，後人妄改也。「亮陰」馬、孔注以爲信默，（左傳隱元年疏、論語憲問集解。）與「諒闇」伏生、鄭玄以爲凶廬，（喪服四制及論語注。）其義不同，其字自異。仲任習今文，未有從古文作「諒陰」之理。皮氏今文尚書考證據論語及此文作「諒陰」，而不知被後人妄改，以定尚書今文一作「諒陰」，疑非塙論。盼遂案：吴承仕曰：「喪服四制曰：『書云：高宗諒陰，三年不言。』此之謂也。然而曰言不文者，謂臣下也。』鄭注引孝經説曰：『言不文，指子民也。』論引『子曰言不文』，當本自孝經説。此文大意謂尊爲天子或不可言，而書言三年不言，猶疑其增。高子身爲臣下，言不文可也，安得三年不言，比于天子邪？此節『言不文』下疑有脱字。又『尊爲天子不言，而其文言不言』，疑當作『尊爲天子不言，而其文言三年』。此外仍有譌脱，無可據正。」又云：「『泣血三

〔二〕「公羊」，原本誤作「羊公」，今乙。

年』，鄭注云：『言泣無聲，如血出。』『未嘗見齒』，注云：『言笑之微。』鄭義自通。王義與鄭異。似失之拘。」尊爲天子不言，此據舊説，以釋高宗不言也。鄭志趙商答陳鑠問曰：「三年之喪，天子諸侯不言而事成者，冢宰有也。雖亦有所言，但希耳。至於臣下，須言而辨，爲可謂言，但不文耳。」而其文言「不言」，猶疑於增，況高子位賤，而曰「未嘗見齒」，是必增益之也。舊本段。

儒書言：「禽息薦百里奚，繆公未聽，〔出〕，禽息[出]當門，「出」當在「聽」字下，傳寫誤也。此言繆公未聽其言而出，禽息當門以止之，非言禽息出也。文選演連珠李注引應劭漢書注：「繆公出，當車，以頭擊門。」後漢書朱暉傳注：「不見納，繆公出，當車，以頭擊闑。」並謂繆公出也。文選演連珠注引此文正作「繆公出，當車仆頭碎首，以達其友」，是其明證。又文選注引作「當車」，與後漢書注合。然「當門」義亦可通，今因之。韓詩外傳謂「對使者以首觸楹死」，事又稍異。仆頭碎首而死。繆公痛之，乃用百里奚。」此言賢者薦善，不愛其死，仆頭碎首〔一〕而死，以達其友也。世士相激，文書傳稱之，莫謂不然。盼遂案：「文」字疑衍。夫仆頭以薦善，古今有之。禽息仆頭，蓋其實也；言碎首而死，是增之也。

〔一〕「首」，原本作「頭」，據通津草堂本改。

夫人之扣頭，痛者血流，雖忿恨惶恐，無碎首者。非首不可碎，人力不能自碎也。執刃刎頸，樹鋒刺胸，鋒刃之助，故手足得成勢也。言禽息舉椎自擊，首碎，不足怪也；仆頭碎首，力不能自將也。有扣頭而死者，未有使頭破首碎者也。

此時或〔時〕扣頭薦百里奚，「此時或」當作「此或時」，本書常語也。傳寫誤。世空言其死；若或扣頭而死，「若」亦「或」也，複語。世空言其首碎也。舊本段。

儒書言：「荆軻爲燕太子刺秦王，操匕首之劍，通俗文曰：「匕首，劍屬，其頭類匕，故曰匕首，短而便用。」（類聚六〇。）刺之不得。得，中也。漢人語。淮南齊俗訓：「天之圓也不得規，地之方也不得矩。」文子自然篇「得」並作「中」。（俞樾謂當作「中」，非也。）秦王拔劍擊之。意林二引燕丹子曰：「荆軻起督亢圖進之。秦王發圖，圖窮而匕首見。軻左手把秦王袖，右手揕其胸。秦王曰：『乞聽琴聲而死。』召姬人鼓琴，秦王負劍拔之，斷軻兩手。軻曰：『吾事不濟也。』」秦零陵令上書，言秦王以神武扶揄長劍以自救。（文選吴都賦注。）事詳史記荆軻傳。軻以匕首擿秦王，「擿」同「擲」。不中，中銅柱，入尺。」燕丹子：「荆軻拔匕首擿秦王，決耳，入銅柱，火出。」（文選盧子諒覽古詩注。）史記軻傳亦不言「入尺」。漢武氏石室畫像，荆軻作散髮狂奔狀，左有一柱，柱間一刃下墮，即圖此也。欲言匕首之利，荆軻勢盛，投鋭利之刃，陷堅彊之柱，稱荆軻之勇，故增益其事也。

夫言入銅柱，實也；言其入尺，增之也。

夫銅雖不若匕首堅剛，入之不過數寸，殆不能入尺。以入尺言之，設中秦王，匕首洞過乎？車張十石之弩，注見前。射垣木之表，盼遂案：「垣」當爲「桓」，形之誤也。説文木部：「桓，亭郵表也。」漢、魏名曰桓表，亦曰和表。（見漢書尹賞傳注。）尚不能入尺。以荆軻之手力，投輕小之匕首，鹽鐵論謂長尺八。身被龍淵之劍刃，入堅剛之銅柱，「身被龍淵之劍刃」，於此義無所屬，非其次也。「手力」承「車張」，「輕小匕首」承「十石之弩」，「堅剛銅柱」承「垣木之表」，並正反相較爲文，「身被」七字，當在下文，誤奪入此。盼遂案：「身」字衍。此自以「被龍淵之劍刃」爲句，「入堅剛之銅柱」爲句也。是荆軻之力，勁於十石之弩，銅柱之堅，不若木表之剛也。

世稱荆軻之勇，不言其多力。多力之人，莫若孟賁。注累害篇。使孟賁上文「身被龍淵之劍刃」句，疑當在此。擿銅柱，王本、崇文本「擿」作「撾」，非。能淵（洞）〔過〕出一尺乎？「能」下舊校曰：一有「過」字。吴曰：此文當作：「能洞過出一尺乎？」「淵」即「洞」字形近之譌，「過」字本或誤奪，遂不可讀。上文云：「設中秦王，匕首洞過乎？」立文正同。暉按：宋本「淵」正作「過」，足證成吴説。此亦或時匕首利若干將、莫邪，並吴利劍名。詳王氏廣雅疏證。所刺無前，所擊無下，故有入尺之效。夫稱干將、莫邪，亦過其實。擊刺無前、下，亦入銅柱尺之類也。舊本段。

儒書言：「董仲舒讀春秋，專精一思，志不在他，三年不窺園菜。」桓譚新論曰：「董仲舒專精於述古，年至六十餘，不窺園中菜。」（見御覽九七六。）史記本傳：「三年不觀於舍園。」鄒子曰：「董仲舒三年不闚園門，乘馬不知牝牡。」（事類賦三。）

夫言不窺園菜，實也；言三年，增之也。

仲舒雖精，亦時解休，「解」讀作「懈」。解休之間，猶宜游於門庭之側，則能至門庭，何嫌不窺園菜？「嫌」猶「得」也。義詳書虛篇注。「能至門庭，何嫌不窺園菜」，爲反詰之詞，「則」字無義，蓋涉「側」字譌衍。書虛篇：「能讓吴位，何嫌貪地遺金？」又：「棄其寶劍，何嫌一叱生人取地遺金？」句法正同。聞用精者，察物不見，存道以亡身，禮運注：「存，察也。」察，明也。「亡」同「忘」。不聞不至門庭，坐思三年，不及窺園也。

尚書毋佚曰：「無逸」，今文經作「毋佚」。「君子所其毋逸，「逸」當作「佚」，疑後人改亂之。下文作「乃佚」，未誤。今文作「毋佚」。説詳段玉裁古文尚書撰異、孫星衍尚書今古文注疏。先知稼穡之艱難乃佚。」鄭曰：「君子，止謂在官長者。所，猶處也。君子處位爲政，其無自逸豫也。」（書疏引。）〔佚〕者，〔解〕也。舊校曰：一有「解」字。吴曰：此文當作「先知稼穡之艱難乃佚，佚者解也」。蓋王氏引書，乃自釋之。「佚者解也」，乃王氏説經之詞。論衡引用經傳，每自下訓釋。如云：「弼成五服。五服，五采服也。」「毋曠庶官。曠，空也。庶，衆也。」「今我民罔不欲喪。罔，無也。」皆其比倫。既訓「佚」爲「解」，故下文云：「人之筋骨，非木非〔一〕石，不能不解。」此文「乃佚」下奪一「佚」字，「也」上奪一「解」字。原校近之而未盡也。**人之筋骨，非木非石，不能不解。故張而不㢮，**程、王、崇文本作「弛」。禮雜記同。宋本、通津本作「㢮」。**文王不爲；㢮而不張，文王不行；一㢮一張，文王以爲常。**王本、崇文本作「當」。「故」字以下，禮記雜記孔子論蜡之詞。「文王」作「文、武」。餘亦稍異。鄭注：「張弛以弓弩喻人也。弓弩久張之則絶其力，久弛之則失其體。」**聖人材優，尚有㢮張之時，仲舒材力劣於聖，安能用精三年不休？**舊本段。

**儒書言：「夏之方盛也，**史記封禪書、漢書郊祀志並謂禹之世，許慎、杜預因之。仲任亦云禹鑄，見下文。金履祥通鑑前編、洪亮吉春秋左氏詁並云當從墨子耕柱篇作夏后開。**遠方圖物，**杜曰：「圖畫山川奇異之物而獻之。」**貢金九牧，**服虔曰：「使九州之牧貢金。」（史記楚世家集解引。杜同。）**鑄鼎象物，**賈逵曰：「象所圖物，著之於鼎。」（引同上。杜同。）**而爲之備，**謂使民逆備鬼物。**故入山澤，不逢惡物，用辟神姦，**傳云：「禁禦不若，（「禁禦」今作「不逢」，從惠

〔一〕「非」字原本脱，據正文補。

棟校改。）螭魅罔兩，莫能逢之。」故能叶于上下，以承天休。」「叶」，傳作「協」。杜曰：「民無災害，則上下和而受天祐。」以上見左宣三年傳。

夫金之性，物也，用遠方貢之爲美，鑄以爲鼎，用象百物之奇，沈欽韓曰：「山海經所説形狀物色，殆所象也。」安能入山澤不逢惡物，辟除神姦乎？黃震曰：「禹鑄鼎象物，使不逢不若，蓋使人識而避之耳。辨其不能辟除神姦，非也。」

周時天下太平，越裳獻白雉，倭人貢鬯草。並注異虛篇。食白雉，服鬯草，不能除凶，金鼎之器，安能辟姦？且九鼎之來，德盛之瑞也。高誘淮南注：「九鼎，九州貢金所鑄也。一曰象九德，故曰九鼎。」按東周策顏率語，是鼎數九也。服瑞應之物，不能致福。男子服玉，淮南説山篇注：「服，佩也。」女子服珠，珠玉於人，無能辟除。寶奇之物，使爲蘭服，作牙身，宋本「服」作「或」，朱校元本同。疑此文當作「使爲蘭」。「或作牙」三字爲讀者校語，（藝增篇：「皆賫盛糧，或作乾糧。」「或作乾糧」四字，即宋人校語誤入正文。正其比。）誤入正文。「身」爲「牙」字譌衍。（「牙」、「身」二字，隸書形近。韓非子説疑篇「續牙」，漢書人表作「續身」。）「服」爲「蘭」字旁注，校者不審，誤以「服」字入正文，又妄刪「或」字。漢書韓延壽傳：「抱弩負蘭。」注：「如淳曰：『蘭，盛弩箭箙也。』」詩小雅采薇曰：「象弭魚服。」毛傳：「魚服，魚皮也。」鄭箋：「服，矢服也。」疏引陸機曰：「魚服，魚獸之皮也。魚獸似猪，東海有之，其皮背上班文，腹下純青，今以爲弓鞬步叉者也。其皮雖乾燥，以爲弓鞬矢服，經年，海水潮及天將雨，其毛皆起；水潮還及天晴，其毛復如故。雖在數千里外，可以知海水之潮，自相感也。」據此，是籣以寶奇之物爲之。說文「籣」从「竹」。隸書从「艸」从「竹」字多亂。史記信陵君傳：「平原君負韊矢。」字亦从「艸」。其从「革」，明以魚獸皮製也。牙，牙旗也。文選關中詩：「高牙乃建。」東京賦薛注：「古者天子出，建大牙旗，竿上以象牙飾之，故云牙旗。」是牙亦寶奇之物爲之。故「蘭」一本作「牙」。或言有益者，九鼎之語也。夫九鼎無能辟除，「夫」上舊校曰：一有「大」字。暉按：「大」字涉「夫」字譌衍。傳言能辟神姦，是則書增其文也。

世俗傳言：「周鼎不爨自沸，不投物，物自出。」墨子耕柱篇：「夏后開鑄鼎，成，不炊而自烹，不舉而自藏，不遷而自行。」孫詒讓曰：「儒增所載漢時俗語，蓋出於此。」暉按：宋書符瑞志、孫氏瑞應圖並有此語。此則世俗增其言也，儒書增其文也，是使九鼎以無怪空爲神也。

且夫謂周之鼎神者，何用審之？周鼎之金，遠方所貢，禹得鑄以爲鼎也。其爲鼎也，有百物之象。如爲遠方貢之爲神乎？「如爲」，據下文例，疑當作「如以爲」。遠方之物安能神？如以爲禹鑄之爲神乎？禹聖，不能神。聖人身不能神，鑄器安能神？如以金之物爲神乎？則夫金者，石之類也，石不能神，金安能神？以有百物之象爲神乎？夫百物之象，猶雷罇也，雷罇刻畫雲雷之形，注雷虚篇。雲雷在天，神於百物，雲雷之象不能神，百物之象安能神也？舊本段。

傳言：「秦滅周，周之九鼎入于秦。」見史記封禪書。漢書郊祀志文略同。案本事，周赧王之時，五十九年。秦昭王使將軍摎攻王赧。王赧惶懼犇秦，頓首受罪，盡獻其邑三十六，三十六城。口三萬。秦受其獻，還王赧。王赧卒，秦王取九鼎寶器矣。事在秦昭王五十二年。此文據史記周、秦本紀。若此者，九鼎在秦也。

始皇二十八年，北遊至琅邪，還過彭城，齊戒禱祠，「齊」讀「齋」。欲出周鼎，使千人没泗水之中，求弗能得。此據始皇紀。漢吾丘壽王亦云。案時，昭王之後，三世得始皇帝。昭王、孝文、莊襄，計三世。秦無危亂之禍，鼎宜不亡，亡時殆在周。傳言：「王赧犇秦，秦取九鼎。」或時誤也。

傳又言：「宋太丘社亡，史記年表在周顯王三十三年。搜神記六云：「三十二年。」蓋「二」當作「三」。郊祀志云：「顯王四十二年。」竹書紀年、水經泗水注同。鼎没水中彭城下。「水」謂泗水也。其後二十九年，秦并天下。」封禪書云：「其後百一十五年。」是自周顯王三十四年至始皇二十六年計之。郊祀志云：「後二十八年。」是從秦莊襄王二年計之。時滅東周後一年也。此云「二十九」，蓋起自莊襄元年。然此「其後」承「鼎没」而言，則其爲數非「二十九」也。疑

「其後」上，文有誤脱。**若此者，鼎未入秦也。其亡，從周去矣，**俞曰：史記年表，宋太丘社亡，在周顯王之三十三年，則秦惠文王之二年也。後此二十年，爲惠文王之後九年，張儀欲伐韓，尚有「周自知不救，九鼎寶器必出」之言，安得亡於周顯王之三十三年也？即如漢書郊祀志之説，謂社亡於顯王四十三年，至惠文王後九年，亦十二年矣。愚嘗謂秦取九鼎，著於周本紀；九鼎入秦，著於秦本紀，乃史公之實録。封禪書又云：「或曰：宋太丘社亡，而鼎没於泗水彭城下。」此方士新垣平輩之妄説也。九鼎自在秦，而後世不見者，燬於咸陽三月之火也。秦所求泗水之鼎，漢所出汾陰之鼎，均非禹鼎。此言鼎未入秦，失其實矣。又按周考王二年，封其弟桓公於河南，是爲西周君。桓公卒，威公立，威公卒，惠公卒，復封其少子於鞏，是爲東周君。而周天子自在成周。至赧王立，自成周，遷於王城。王城即河南也。於是始與西周君共居。及秦昭襄王五十一年，秦使將軍摎攻西周，西周君自歸於秦，頓首受罪，盡獻其邑，此西周君也，非赧王也。合史記周、秦兩紀觀之，事迹甚明。此言王赧惶懼奔秦，亦失其實。全祖望曰：「周鼎何以過彭城没泗水，李復已疑之。且赧王五十九年而亡，次年秦始取九鼎，見周本紀。上距顯王四十二年，乃惠文王十一年。顯王又六年而崩，間以慎靚王六年，至赧王五年，乃武王元年，其八年武王薨。據甘茂傳，武王葬周，蓋舉鼎絶臏而死，則是時鼎猶未入泗。又歷五十一年，而九鼎始不保。以道里計之，浮河入渭，即至秦土，豈由泗乎？又況在六十二年之前，其妄明矣。封禪書又謂宋太丘社亡，鼎没泗水，是周鼎早在宋。何以在宋，更不可曉。」王先謙曰：「鼎未入秦，淪没泗水，乃秦人傳聞。全氏謂浮河入渭，即至秦，不得由泗，是也。封禪書言鼎入秦，又云没于泗水。蓋史公未能斷其是非，兼紀兩説。」未爲神也。

春秋之時，五石隕于宋。魯僖十六年。五石者，星也。左氏傳説。星之去天，猶鼎之亡於地也。星去天不爲神，鼎亡於地何能神？春（秦）秋之時，三山亡，「春秋」當作「秦」。「秦」形譌爲「春」，傳寫又妄入「秋」字。説日篇：「秦之時，三山亡。」感類篇：「秦時三山亡。」並其證。下文「如鼎與秦三山同乎」，字正作「秦」，更其切證。春秋時只梁山崩，沙鹿崩，無「三山」之異也。説苑辨物篇：「二世即位，山林淪亡。」殆即此也。猶太丘社之去宋，五星之去天。三山亡，五石隕，太丘社去，皆自有爲。然鼎亡，亡亦有應也，未可以亡之故，乃謂之神。如鼎與秦三山同乎？亡不能神。如有知，欲辟危亂之禍乎？「辟」同「避」。則更桀、紂之時矣。更，經也。衰亂無道，莫過桀、紂，桀、紂之時，鼎不亡去。周之衰亂，未若桀、紂，留無道之桀、紂，去衰末之周，非止（亡）去之宜〔有〕神有知之驗也。「止」當作「亡」。干禄字書「𠃊」通「止」，與「亡」形近而誤。「有神」二字，傳寫誤倒。上文正言鼎之亡去，非神非知，故此云：「非亡去之宜有神知之驗也。」或時周亡之時，將軍摎人衆見鼎盜取，姦人鑄爍以爲他器，蘇軾曰：「周人毀鼎以緩禍，而假之神妖以説。」沈欽韓曰：「周自亡之，虞大國之甘心，爲宗社之殃，又當困乏之時，銷毀爲貨，繆云鼎亡耳。」俞樾謂毀於咸陽兵火，並難憑信。漢人已莫能明，仲任此說，亦意度耳。始皇求不得也。後因言有神名，則空生沒於泗水之語矣。

孝文皇帝之時，文帝後元年。趙人新垣平上言：「周鼎亡在泗水中。今河溢，通於泗水。臣望東北，汾陰直有金氣，郊祀志師古注：「汾陰直，謂正當汾陰也。」意周鼎出乎？兆見弗迎則不至。」於是文帝使使治廟汾陰，南臨河，欲祠出周鼎。王本、崇文本「祠」並誤作「神」。人有上書告新垣平所言神器事皆詐也，「器」讀作「氣」，氣、器古通。（大戴禮文王官人篇：「其氣寬以柔。」周書「氣」作「器」。莊子人間世：「氣息茀然。」釋文：一本作「器息」。）下文「新垣平詐言鼎有神氣見」，即承此爲文。封禪書作「氣神事」。於是下平事於吏。吏治，誅新垣平。封禪書、郊祀志「誅」下並有「夷」字，文紀：「詐覺，謀反，夷三族。」夫言鼎在泗水中，猶新垣平詐言鼎有神氣見也。

# 藝增篇藝，謂經藝也。

世俗所患，患言事增其實，著文垂辭，辭出溢其真，稱美過其善，進惡没其罪。何則？俗人好奇，不奇，言不用也。故譽人不增其美，則聞者不快其意；毁人不益其惡，則聽者不愜於心。聞一增以爲十，見百益以爲千，使夫純樸之事，十剖百判；審然之語，千反萬畔。墨子哭於練絲，楊子哭於歧道，並注率性篇。蓋傷失本，悲離其實也。

蜚流之言，百傳之語，出小人之口，馳閭巷之間，其猶是也。諸子之文，筆墨之疏，人賢所著，吴曰：疑當作「大賢」。盼遂案：「人賢」二字，當以爲「賢人」。上文「小人」，下文「聖人」，皆與此相應。妙思所集，宜如其實，猶或增之。儻經藝之言，如其實乎？言審莫過聖人，經藝萬世不易，猶或出溢，增過其實。增過其實，皆有事爲，不妄亂誤以少爲多也。然而必論之者，方言經藝之增與傳語異也。

經增非一，略舉較著，令怳惑之人，觀覽采擇，得以開心通意，曉解覺悟。

尚書〔曰〕：依下文例補「曰」字。「協和萬國。」堯典文。「邦」作「國」，説見前篇。是美

**堯德致太平之化，化諸夏並及夷狄也。**

**言協和方外，可也；言萬國，增之也。**

**夫唐之與周，俱治五千里內。**此今文書說也。王制疏引五經異義曰：「今尚書歐陽、夏侯說，中國方五千里。古尚書說，五服旁五千里，相距萬里。」書虛篇：「舜與堯共五千里之境，同四海之內。」談天篇：「周時九州東西五千里，南北亦五千里。」別通篇：「殷、周之地極五千里。」宣漢篇：「周時僅治五千里內。」難歲篇：「九州之內五千里。」又御覽六二六引孫武曰：「帝王處四海之內，居五千里之中。」並今文說也。今文家不以爲實有萬國，故不以爲實有萬里也。**周時諸侯千七百九（七）十三國，**「九」當作「七」，尚書大傳洛誥傳：「天下諸侯之來進受命於周，退見文、武之尸者，千七百七十三諸侯。」王制曰：「凡九州千七百七十三國。」鄭注：「周因殷諸侯之數。」並其證。**荒服、戎服、要服**周禮夏官職方氏注：「服，服事天子也。」周語上：「夷蠻要服，戎狄荒服。」韋注：「要者，要結好信而服從也。荒，荒忽無常之言也。」禹貢、周禮、周語並無「戎服」。**及四海之外不粒食之民，**注感虛篇。**若穿胸、儋（耴）耳、焦僥、跋（跂）踵之輩，**淮南地形訓有穿胸民，高注：「穿胸，胸前穿孔達背，南方國名。」海外南經曰：「貫胸國，人胸有竅。」竹書紀年有貫胸氏。博物志二曰：「穿胸國，昔禹平天下，會諸侯會稽之野。防風氏後到，殺之。夏德之盛，二龍降之，禹使范成光御之，行域外，既周而還。至南海，經防風，防風氏之二臣，以塗山之戮，見禹使，怒而射之，迅風雷雨，二龍升去。二臣恐，以刃自貫其心而死。禹哀之，乃拔其刃，療以不死之草，是爲穿胸民。」括地圖文略同。方以智曰：「儋耳」即「耽耳」。淮南曰：「耽耳在北方。」漢南海有儋耳郡，注：「作聸，大耳。」説文：「耳曼無輪廓曰聃。」老聃以此名。子長疑太史儋即老聃。則「儋」、「聸」、「聃」一字。今儋州即儋耳。淮南「在北方」，或譌舉，或同名乎？暉按：方説非也。漢之儋耳郡，唐之儋州，地在南方，與此無涉。説文明言南方有聸耳國。此「儋耳」在四海之外，本海外北經、淮南地形訓。「儋」當作「耴」，初譌爲「耽」，再轉爲「聸」，爲「儋」耳。（段玉裁曰：「古作耴。一變爲聸，再變爲儋。」）今淮南地形訓「耴耳」譌作「耽耳」。（依王念孫校。）此則由「耽」轉寫作「儋」也。呂氏春秋任數篇：「北懷儋耳。」高注：「北極之國。」則「儋」亦當作「耴」，與此誤同。（大荒北經：「儋耳之國，任姓。」亦「耴耳」之誤。）淮南高注：「耴耳，耳垂在肩上。耴讀褶衣之『褶』，或作『攝』，以兩手攝耳，居海中。」海外北經曰：「聶耳之國，在無腸國東，爲人兩手聶其耳，縣居海水中。」王念孫曰：「耴耳即聶耳。」魯語下：「焦僥民，（今作「焦僥氏」，從段玉裁校。）長三尺，短之至也。」韋注：「僬僥，西南蠻之別名也。」（今脱「名」字，從孔子世家集解補。）海外南經曰：「焦僥國在三首國東。」括地志曰：「在大秦國北。」大荒南經云：「幾姓。」先孫曰：「跋踵」當作「跂踵」。山海經海外北經：「跂踵國在拘纓東。」（郭注引孝經鉤命決云：「焦僥、跂踵，重譯款塞。」）暉按：孫説是也。山海經郭璞注：「跂音企。」是「跂」讀「企」。企，舉踵望也。淮南地形訓高注：「跂踵，踵不至地，以五指行。」大荒北經郭注：「其人行，脚跟不着地也。」字又作「歧」。

竹書：「岐踵戎來賓。」呂氏春秋當染篇：「夏桀染於干辛、岐踵戎。」山海經曰：「流沙行五百里有山，曰跂踵山。」或即跂踵國地。并合其數，不能三千。「能」猶「及」也。天之所覆，地之所載，盡於三千之中矣。而尚書云「萬國」，褒增過實，以美堯也。欲言堯之德大，所化者衆，諸夏夷狄，莫不雍和，故曰「萬國」。漢書地理志曰：「昔在黄帝，作舟車以濟不通，旁行天下，方制萬里，畫壄分州，得百里之國萬區，是故易稱『先王以建萬國，親諸侯』，書曰『協和萬國』，此之謂也。」據此，則今文説以萬國爲實數，非虚增也。仲任以爲褒增，與之異者，皮錫瑞曰：「仲任、歐陽説，與班固、夏侯説不同。」其説是也。孫奕示兒編十三以仲任謂唐無萬國爲誤經義，非也。猶詩言「子孫千億」矣，見大雅假樂篇。美周宣王之德，陳喬樅魯詩遺説考：「毛詩以假樂之詩爲嘉成王。今據論衡述詩，以爲美周宣王之德，是魯詩之説與毛義異。」能慎天地，「慎」，舊校曰：一作「順」。暉按：「慎」讀作「順」，聲近字通。天地祚之，子孫衆多，至於千億。鄭箋：「成王行顯顯之令德，求禄得百福，其子孫亦勤行而求之，得禄千億。」是非謂子孫之數有千億也。與王説異。言子孫衆多，可也；言千億，增之也。夫子孫雖衆，不能千億，詩人頌美，增益其實。案后稷始受邰封，大雅生民曰：「有邰家室。」毛傳：「邰，姜嫄之國也。堯見天因邰而生后稷，故國后稷於邰。」訖於宣王，宣王以至外族内屬，血脈所連，不能千億。夫「千」與「萬」，數之大名也。「萬」言衆多，吴曰：「萬」字疑誤。暉按：「萬言衆多」，猶言「千萬之爲言衆多也」，舉「萬」以賅「千」。**故尚書言「萬國」，詩言「千億」。**

**詩云：「鶴鳴九皐，聲聞于天。」**見小雅鶴鳴。今本「鳴」下有「于」字，因唐石經誤也。古書引詩，皆無「于」字。詳馮登府三家詩異文疏證、段玉裁毛詩故訓傳、錢大昕養新録、李富孫詩經異文釋、李賡芸炳燭編。盧文弨龍城札記曰：「『皐』一作『皋』，當作『臭』，即古『澤』字。」李賡芸曰：「太玄上次五：『鳴鶴升自深澤。』范望注，詩云：『鶴鳴九皋，聲聞于天。』據此，『九皋』當作『九澤』。説文『臭』古文以爲『澤』字。毛詩必本作『臭』，字與『皋』相似，因而致譌。」暉按：鄭箋：「皐，澤中水溢出所爲坎。」楚詞湘君王注：「澤曲曰皋。」若作「臭」，即「澤」字，則鄭、王不容别其義於「澤」也。盧、李説恐非。**言鶴鳴九折之澤，**此韓詩説也。見釋文。**聲猶聞於天，以喻君子修德窮僻，名猶達朝廷也。**韓詩外傳七曰：「故君子務學修身，端行而須其時者也。」下引此詩，義與此説相近。荀子儒效篇：「君子隱而顯，微而明。」漢書東方朔傳：「苟能修身，何患不榮。」並引此詩。毛傳、鄭箋義同。蓋詩今古文説無異也。

**〔言〕其聞高遠，可矣；**「其」上當有「言」字，與下「言」字平列。本篇文例可證。盼遂案：「其」上應有「言」字。上文「言子孫衆多，可也；言千億，增之也」，下文「言無有孑遺一人不愁痛者。夫旱甚，則有之矣；言無孑遺一人，增之也」，與此文法一律。**言其聞於天，增之也。**

彼言聲聞於天，見鶴鳴於雲中，從地聽之，言從地能聞之。度其聲鳴於地，當復聞於天也。夫鶴鳴雲中，人聞聲仰而視之，目見其形。耳目同力，耳聞其聲，則目見其形矣。然則耳目所聞見，不過十里，使參天之鳴，人不能聞也。御覽九一六引作：「按鶴鳴參天，人則不聞。鳴在於澤，云何謂乎？」蓋意引之，非此文有脱誤也。何則？天之去人以萬數遠，「萬數」，以萬爲數也，漢人常語。仲任以爲天地相去，六萬餘里。見談天、説日篇。則目不能見，耳不能聞。今鶴鳴，從下聞之，鶴鳴近也。以從下聞其聲，則謂其鳴於地，當復聞於天，失其實矣。其鶴鳴於雲中，人從下聞之；如鳴於九皋，人無在天上者，何以知其聞於天上也？無以知，意從准況之也。盼遂案：「意」係「竟」之誤字。

詩人或時不知，至誠以爲然；或時知，而欲以喻事，故增而甚之。

詩曰：「維周黎民，靡有孑遺。」見大雅雲漢。「維周」，毛詩作「周餘」。王應麟詩攷三以爲異文，李富孫曰：「治期篇仍作『周餘』。孟子引詩同，則此作『維周』，當爲駁文。」是謂周宣王之時，遭大旱之災也。皇甫謐曰：「宣王元年，不藉千畝，天下大旱，二年不雨，至六年乃雨。」（雲漢序疏。）竹書謂二十五年大旱。陳啓源毛詩稽古編曰：「在宣王初年。」詩人傷旱之甚，民被其害，言無有孑遺一人不愁痛者。孑，餘也。見方言、小爾雅。言周衆民未有餘遺一人不被害者。蓋三家詩説。毛傳、孟子萬章上趙注並云：「孑，孑然。」孔疏：「孑然，孤獨之貌。謂無有孑然得遺漏。」此「孑遺」下有「一人」二字，知非訓「孑」爲「孑然」，是與毛說異也。孟子謂「無遺民」。按鄭箋謂「言餓病也」。此文云「無有孑遺一人不愁痛」，是亦非謂盡死無一人遺餘也，義與鄭同。

夫旱甚，則有之矣；言無孑遺一人，謂無一人不愁痛，非謂無一人。此約舉上文也。增之也。

夫周之民，猶今之民也。使今之民也，遭大旱之災，貧羸無蓄積，扣心思雨；「扣」讀作「茍」，（淮南精神訓注：「叩，或作跔。」衆經音義一引三蒼：「扣作敂。」說文：「狗，叩也。从犬，句聲。」是「叩」有「句」聲。）聲近字通。茍，誠也。見論語里仁篇孔注。若其富人穀食饒足者，廩囷不空，口腹不飢，何愁之有？天之旱也，山林之間不枯，猶地之水，謂水患。丘陵之上不湛也。湛，没也。山林之間，富貴之人，必有遺脫者矣，而言「靡有孑遺」，增益其文，欲言旱甚也。舊本段。

易曰：「豐其屋，豐，大也。蔀其家，虞翻注：「蔀，蔽也。」窺其户，易作「闚」。淮南泰族篇同此。「窺」「闚」字通。釋文引李登云：「小視。」闃其無人也。」「闃」，唐石經作「閺」。宋岳刻本，何休、王逸、范寧引易，並同此。文選吳都賦劉注引虞注：「闃，空也。」惠棟曰：「說文旻部：『閺，低目視也。』『闃』當作『閺』，與『闚』義合。」文見豐卦上六爻辭。非其無人也，無賢人也。

淮南泰族篇引此經釋之曰：「無人者，非無衆庶也，言無聖人以統理之也。」公羊莊四年傳：「上無天子，下無方伯。」何注：「有而無益於治曰無，猶易曰闃其無人。」離騷王逸注：「無人，謂無賢人也。易曰：闃其户，闃其無人。」穀梁僖三十一年傳范注：「亡乎人，若曰無賢人也。」凱曰：其猶易稱闃其户，闃其無人。」並與仲任説同也。沈濤曰：「此解『闃其無人』，與虞翻、干寶不同，（集解引。）當是漢易學家承師説，而仲任引之。」其説是也。尚書曰：「毋曠庶官。」皋陶謨文。曠，空；庶，衆也。毋空衆官，置非其人，與空無異，故言空也。僞孔傳：「曠，空也。位非其人，爲空官。」太史公説：（史記夏本紀。）「非其人，居其官。」並與仲任説同。

夫不肖者皆懷五常，才劣不逮，不成純賢，非狂妄頑嚚身中無一知也。德有大小，材有高下，居官治職，皆欲勉效在官。尚書之官，易之户中，猶能有益，猶，均也。言居官小材，户中具臣，非狂妄者，均有益也。如何謂之空而無人？

詩曰：「濟濟多士，文王以寧。」見大雅文王篇。濟濟，朝廷之儀也。此言文王得賢者多，而不肖者少也。今易宜言「闃其少人」，尚書宜言「無少衆官」。以「少」言之，可也；言空而無人，亦尤甚焉。盼遂案：「尤」，訓過，訓非。

五穀之於人也，食之皆飽。稻粱之味，甘而多腴；豆麥雖糲，亦能愈飢。食豆麥者，皆謂糲而不甘，莫謂腹空無所食。竹、木之杖，皆能扶病。言扶持病人。竹杖之力，弱劣不及木。省一「杖」字。或操竹杖，皆謂不勁，莫謂手空無把持。夫不肖之臣，豆麥、竹杖之類也。易持〔一〕其具臣在户，言「無人」者，惡之甚也。盼遂案：吴承仕曰：「持字誤。」「持」字涉上文「把持」字而衍。「其」字因與「具」字形近而衍。此文本是「易具臣在户，言『無人』者，惡之甚也」。尚書衆官，亦容小材，而云「無空」者，刺之甚也。舊本段。

論語曰：「大哉！堯之爲君也，蕩蕩乎民無能名焉。」泰伯篇集解包曰：「蕩蕩，廣遠之稱。言其布德廣遠，民無能識名焉。」傳曰：「有年五十擊壤於路者，觀者曰：『大哉！堯〔之〕德乎！』「堯」下當有「之」字。感虛、須頌並有。下「大哉！堯之德乎」，即複述此文。是其切證。擊壤者曰：『吾日出而作，日入而息，鑿井而飲，耕田而食，堯何等力？』」論語考比讖、（御覽八二二。）逸士傳（海録碎事十七。）並見此事。擊壤注刺孟篇。此言蕩蕩無能名之效也。

言蕩蕩，可也；乃[欲]言民無能名，增之也。「欲」，涉下文「欲言民無能名」而衍。此謂論語云「民無能名」，是增之也。「欲」字於義無取。「言某某，可也；而言某某，增之也。」三增文例並同，可證。盼遂案：「欲」字當在「此」字下，即此欲言蕩蕩無能名之效也。

〔一〕「持」，原本作「特」，形近而誤，據通津草堂本改。

四海之大，萬民之衆，無能名堯之德者，殆不實也。夫擊壤者曰：「堯何等力？」欲言民無能名也。觀者曰：「大哉！堯之德乎！」此「何等」民者，猶能知之。實有知之者，云「無」，竟增之。

儒書又言：「堯、舜之民，可比屋而封。」注見率性篇。言其家有君子之行，可皆官也。夫言可封，可也；言比屋，增之也。人年五十爲人父，爲人父而不知君，何以示子？太平之世，家爲君子，人有禮義，孫曰：「爲」當作「有」，蓋涉上文「爲人父」而誤。上云：「言其家有君子之行，可皆官也。」治期篇云：「世稱五帝之時，天下太平，家有十年之蓄，人有君子之行。」並其證。暉按：孫説非也。「爲」即「有」也。孟子滕文公篇：「夫滕將爲君子焉，將爲野人焉。」趙注：「爲，有也。」上言「爲」，下言「有」，互文也，不煩改字。父不失禮，子不廢行。夫有行者有知，知君莫如臣，臣賢能知君，能知其君，故能治其民。今不能知堯，何可封官？

年五十擊壤於路，與豎子未成人者爲伍，何等賢者？子路使子羔爲郈宰，先孫曰：論語先進篇「郈」作「費」。史記弟子列傳作「使子羔爲費、郈宰」。疑齊、古論語有作「郈」者，與今本異也。讀書叢録曰：左定十二年傳：「仲由爲季氏宰，將墮三都，於是叔孫氏墮郈，季氏墮費。」子路使子羔，當在此時。或費，或郈，權一使之，故史記並書之。銅熨斗齋隨筆曰：史記弟子傳「費」字衍文。蓋古本論語作「郈宰」，不作「費宰」。論衡藝增篇作「郈宰」，可見漢以前本皆如是。問孔篇仍作「費宰」，乃後人據今本論語改。史記正義引括地志：「鄆州宿縣二十三里郈亭。」張氏但釋「郈」，不釋「費」，可見所據本尚無「費」字。暉按：論衡確本作「郈」。問孔、量知、正說並作「費」，乃所引論語明文，淺者得以據改也。史記亦只作「郈」，沈說足徵。考郈，叔孫氏所食邑；費，季氏所食邑，處地自異。公羊定十年傳：「叔孫州仇、仲孫何忌帥師圍費。」左氏、穀梁「費」並作「郈」，與此相同。未明何說。孔子以爲不可，未學，無所知也。孔子曰：「賊夫人之子。」包注：「子羔學未熟習，而使爲政，所以賊害人也。」擊壤者無知，官之如何？

稱堯之蕩蕩，不能述其可比屋而封；蕩蕩不能名，則臣不知君，故不可封。言賢者可比屋而封，不能議讓其愚。盼遂案：吴承仕曰：「議讓當是譏讓，形近而誤。」而無知之。「讓」字疑涉「壤」字衍，又因「議」字「言」旁而誤。「不能議」與「不能述」，文正相對。夫擊壤者難以言比屋，比屋難以言蕩蕩，二者皆增之。所由起，美堯之德也。舊本段。

尚書曰：「祖伊諫紂曰：西伯既戡黎，祖伊恐，奔告于王。『今我民罔不欲喪。』」見西伯戡黎。「不」作「弗」。段玉裁、孫星衍並云：今文作「不」。罔，無也，我天下民無不欲王亡者。

夫言欲王之亡，可也；言無不，增之也。

紂雖惡，民臣蒙恩者非一，而祖伊增語，欲以懼紂也。江聲謂：惡臣安於紂恩。若民則不堪虐政，實無不欲王亡。祖伊固言民，不言臣也。以爲增語，非也。故曰：「語不益，心不惕；心不惕，行不易。」蓋傳語。所出未聞。增其語，欲以懼之，冀其警悟也。「其」，程本作「可」。「警」，宋本作「語」。朱校同。蘇秦說齊王曰：齊宣王。「臨菑之中，齊策一、史記蘇秦傳並作「塗」。臨菑，齊都。車轂擊，人肩摩，高誘曰：「擊，相當。摩，相摩。」舉袖成幕，連衽成帷，揮汗成雨。」高曰：「揮，振也。言人衆多。」齊雖熾盛，不能如此，蘇秦增語，激齊王也。祖伊之諫紂，猶蘇秦之說齊王也。「之說齊王」，朱校元本作「增語激齊」。

賢聖增文，外有所爲，內未必然。何以明之？夫武成之篇，言「武王伐紂，血流浮杵」。助戰者多，助紂也。故至血流如此。皆欲紂之亡也，土崩瓦解，安肯戰乎？然祖伊之言「民無不欲」，如蘇秦增語。盼遂案：此十四字疑衍。

武成言「血流浮杵」，亦太過焉。死者血流，安能浮杵？案武王伐紂於牧之野，河北地高，壤靡不乾燥，兵頓血流，頓，傷也。輒燥入土，安得杵浮？程本作「浮杵」，疑是。宋本、朱校元本同此。且周、殷士卒，皆賫盛糧，或作乾糧先孫曰：此四字當是宋人校語誤入正文。無杵臼之事，安得杵而浮之？孟子盡心下趙注、僞武成孔注並謂「杵」爲「舂杵」，與王義同。蓋舊說也，故據以立論。惠士奇禮說曰：「司馬法云：（見周禮地官鄉師注。）『輂車，周曰輜輦。輂一斧、一斤、一鑿、一梩、一鉏，周加二版二築。』築者，杵頭鐵沓也，以築壘壁，故武成有浮杵語。」杵是築杵，則非舂用也。

**言血流杵，**「杵」上當有「浮」字。仲任釋經，謂血流至於浮杵，非若孟子謂杵被血流動也。**欲言誅紂，惟兵頓士傷，**「惟」，宋本、朱校元本並作「雖」。**故至浮杵。**此明賢聖增文，外有所爲也。舊本段。

**春秋「莊公七年，夏四月辛卯，夜中，恒星不見，星霣如雨」。**三傳「夜」下無「中」字，「星霣」上有「夜中」二字。後說日篇兩引，並與此同。盼遂案：吴承仕曰：「左氏義讀如雨爲而雨，疑公羊說是。」**公羊傳曰：「『如雨』者何？非雨也。非雨，則曷爲謂之『如雨』？**盼遂案：「如」字衍。公羊無。**不脩春秋曰：『[如]雨星，不及地尺而復。』**孫曰：此文不當有「如」字。蓋涉上文「如雨」而衍。說日篇及公羊莊七年傳並無「如」字。當據刪。楊曰：「而」當爲「如」字讀。暉按：楊說是也。下文：「魯史記曰：雨星，不及地尺，如復。」是仲任以「如」訓「而」。下文：「星霣不及地，上復在天。」即此「復」字之義。盼遂案：下曰「雨星，不及地尺如復」句，「雨」上即無「如」字。**君子脩之〔曰〕：**孫曰：「之」下脫「曰」字，當據說日篇及公羊莊七年傳補。下「孔子脩之」句同。**『星霣如雨。』」「不脩春秋」者，未脩春秋時魯史記，曰：**何休曰：「不脩春秋，謂史記也。古者謂史記爲春秋。」説詳謝短篇。「雨星，不及地尺而復。」「君子」者，謂孔子也。孔子脩之〔曰〕：「星霣如雨。」「如雨」者，如雨狀也。山氣爲雲，上不及天，下而爲[雲]雨。「雲」字與上「雲」字義複，衍文也。感虚篇曰：「夫雲出於丘山，降散則爲雨矣。」又曰：「雨凝爲雪，皆由雲氣。」與此文意同，可證。盼遂案：下「雲」字應作「雨」，本書感虚篇「夫雲氣生於丘山，降散則雨矣」，與此意同。[星]星隕不及地，上復在天，故曰「如雨」。孔子正言也。言脩正之。

夫星霣或時至地，或時不能，「不能」猶言「未及」。尺丈之數難審也。史記言「尺」，亦以太甚矣。夫地有樓臺山陵，安得言「尺」？何休曰：「不言尺者，霣則爲異，不以尺寸録之。」仲任謂「尺丈難審」，於義較長。孔子言「如雨」，得其實矣。孔子作春秋，故正言「如雨」。如孔子不作，「不及地尺」之文，遂傳至今。

光武皇帝之時，郎中汝南賁光「賁光」，書鈔六三引作「王賁」。孔廣陶校曰：作「賁光」非。上書言：「孝文皇帝時，居明光宫，天下斷獄三人。」風俗通正失篇：成帝見劉向以世俗多傳道文帝常居明光宫聽政，治天下致升平，斷獄三百人，有此事不？向對曰：「皆不然。」王楙野客叢書二一曰：「漢有兩明光宫，按三輔黄圖，一明光宫屬北宫，一明光宫屬甘泉宫。屬北宫者，正成都侯商避暑之所。屬甘泉宫者，乃武帝所造，以求仙者。」暉按：元后傳注師古引黄圖曰：「明光宮在城内，近桂宮也。」章懷太子亦謂桂宮，明光宮在北。而師古於武帝紀注謂武帝所起者在城内，即成都侯商避暑處。是無屬甘泉與北宮之别。朱珔然其說。然按武帝於太初四年起明光宮，據此文文帝曾居明光宮，則在武帝前已有宮名明光者。若實無，光武不當只辯曰「不居」耳。是明光宮有二，王說可信也。至成都侯所居者何，無以定其說。盼遂案：風俗通義卷二孝成皇帝問劉向曰：「孝文皇帝常坐明光宮聽政，斷獄三百人，有此事不？」對曰：「皆不然。」應劭謹案：「太宗時治理不能過中宗之世，地節元年，天下斷獄四萬七千餘人。前世斷獄，皆以萬數，不三百人。」又：「文帝以後元年六月崩未央宮。在時平常聽政宣室，不居明光殿。」是應說與此有異。太宗，孝文帝；中宗，孝宣帝也。頌美文帝，陳其效實。光武皇帝曰：「孝文時，不居明光宮，斷獄不三人。」風俗通正失篇曰：「文帝平常聽政宣室，不居明光宮。前世斷獄，皆以萬數，不三百人。」積善脩德，美名流之，是以君子惡居下流。

夫賁光上書於漢，漢爲今世，增益功美，猶過其實，況上古帝王久遠，賢人從後褒述，失實離本，獨已多矣。不遭光武論，千世之後，孝文之事，載在經藝之上，人不知其增，居明光宮，斷獄三人，而遂爲實事也。「而」猶「則」也。

# 論衡校釋卷第九

## 問孔篇

熊伯龍無何集謂論衡以「疾虛妄」爲主，實與孔子稱「思無邪」同意。論衡八十三篇中，凡稱引孔、孟之言者，都四百四十餘處，其宗法孔、孟甚明，以是斷言問孔、刺孟二篇爲後人所妄作。按後世孔、孟一尊，仲任刺問，衆毁所集，熊氏此説，意欲曲護之耳。實則漢人眼中，孔、孟與諸子等，不得以宋、明人習氣量漢儒也。

世儒學者，好信師而是古，以爲賢聖所言皆無非，專精講習，不知難問。史記五帝紀索隱：「難，猶説也。」金縢鄭注：「問，問審然否也。」夫賢聖下筆造文，用意詳審，尚未可謂盡得實，況倉卒吐言，安能皆是？不能皆是，時人不知難；或是，而意沉難見，時人不知問。案賢聖之言，上下多相違；其文，前後多相伐者，世之學者，不能知也。宋本作「不知者也」。朱校元本同。

論者皆云：「孔門之徒，七十子之才，勝今之儒。」此言妄也。彼見孔子爲師，聖人傳道，必授異才，故謂之殊。夫古人之才，今人之才也，今謂之英傑，辨名記曰：「德過千人曰英。」（白虎聖人篇、爾雅序疏引。）齊策高注：「才勝萬人曰英。」文子、（後漢書崔駰傳注。）繁露〔一〕爵國篇亦云。白虎通聖人篇引別名記：「萬人曰傑。」説文人部：「傑，材過萬人也。」孟子公孫丑趙注、楚詞大招王注、吕氏春秋孟夏紀高注並同。齊策、淮南時則訓高注又謂：「才過千人爲傑。」按：禮運鄭注：「英，選之尤者。」月令注：「桀，能者也。」不必拘於千人萬人之數。**古以爲聖、神，**五行傳鄭注引孔子曰：「聖者，通也。」周禮大司徒注：「聖，通而先識也。」白虎通聖人篇曰：「聖者，通也，道也，聲也，道無所不通，明無所不照，聞聲知情。」引禮別名記曰：「萬傑曰聖。」孟子盡心下篇：「聖而不可知之之謂神。」**故謂七十子歷世希有。使當今有孔子之師，則斯世學者，**宋本、朱校元本「斯」作「謂」。**皆顔、閔之徒也；**顔淵、閔子騫。**使無孔子，則七十子之徒，今之儒生也。何以驗之？以學於孔子，不能極問也。**極猶窮盡也。禮記儒行：「流言不極。」鄭注：「不極，不問所從出也。」**聖人之言，不能盡解；説道陳義，不能輒形（勑）。**吴曰：「形」當作「勑」，形近之譌。下文「周公告小材勑，大材略」，通津本作「小材形」，元本作「勑」，是也。勑、略對文。「勑」正作「敕」，經籍傳寫誤作「勑」。説文：「敕，誡也。」方言：「敕，備也。」蓋告誡詳盡之意。本論又云：「曉勑而已，無爲改術也。」又云：「故引丹朱以勑

〔一〕「繁」，原本作「繫」，形近而誤，今改。

戒之。」義並同。後文「勑武伯而略懿子」，元刊本、通津本並誤作「形」。又「孔子相示未勑悉也」，元刊本、通津本亦誤作「形」。其比正同。校者莫能推類正之，亦其疏也。**不能輒形（勑），宜問以發之；不能盡解，宜難以極之。皋陶陳道帝舜之前，**白虎通聖人篇曰：「皋陶聖人，而能爲舜陳道。」史公說：（夏本紀。）「帝舜朝，禹、伯夷、皋陶相與語帝前，皋陶述其謀。」與仲任義同。僞〔一〕孔謂惟與禹言，不對帝舜，妄也。說詳答佞篇注。**淺略未極，禹問難之，**皋陶謨：「皋陶曰：『允迪厥德，謨明弼諧。』禹曰：『俞，如何？』」**淺言復深，略指復分。**吴曰：謂淺略之指，因問難復分明。**蓋起問難此（詘）說，**「此」字無所指，當作「詘」。蓋初誤爲「比」，傳寫妄作「此」也。廣雅釋詁云：「詮、詘，具也。」字从「言」，謂言之備具也。「詘說」，猶淮南子之「詮言」。其要略云：「詮言者，所以譬類人事之指，解喻治亂之體，差擇微言之眇，詮以至理之文，而補縫過失之闕者也。」（高誘訓「詮」爲「就」，非。）是其義。**激而深切，觸而著明也。**

**孔子笑子游之弦歌，**周禮小師注：「弦，謂琴瑟也。歌，謂依詠聲也。」史記弟子傳：「言偃，吴人，字子游。」家語弟子解云：「魯人。」索隱從史公說。**子游引前言以距孔子。**論語陽貨篇：「子之武城，聞絃歌之聲，夫子莞爾而笑曰：『割雞焉用牛刀？』子游對曰：『昔者，偃也聞諸

〔一〕「僞」，原本作「譌」，形近而誤，今改。

夫子曰：君子學道則愛人，小人學道則易使也。』」自今案論語之文，孔子之言，多若笑弦歌之辭，弟子寡若子游之難，故孔子之言遂結不解。以七十子不能難，世之儒生，不能實道是非也。宋本、朱校元本「不」在「實」字下。

凡學問之法，不爲無才，盼遂案：「爲」當作「畏」，音近而譌。難於距師，核道實義，證定是非也。問難之道，非必對聖人及生時也。廣雅釋詁三：「對，當也。」世之解説説人者，「説人」二字疑衍。非必須聖人教告乃敢言也。苟有不曉解之問，苟，誠也。迢（追）難孔子，宋、元本「迢」作「追」，朱校同，是也。何傷於義？盼遂案：「迢」字元本作「追」，是也。坊本又改爲「造」。誠有傳聖業之知，伐孔子之説，何逆於理？謂問孔子之言，「謂」字無取，疑涉「理」字譌衍。「問」與下句「難」字對文。難其不解之文，世間弘才大知生，能答問、解難之人，盼遂案：「生」字衍。必將賢吾世間難問之言是非。「賢」猶「善」也，言我難問孔子，來哲必將善稱之。「世間」二字疑涉上文衍。「是非」二字亦誤，或有脱文。舊本段。盼遂案：「是非」二字，涉上文「證定是非」之言而衍。

孟懿子問孝，論語集解孔曰：「魯大夫仲孫何忌。懿，謚也。」畢沅關中金石記曰：「白水蒼頡廟碑陰列弟子姓名中，有孟孫字子嗣一人，必孟懿子何忌，其字子嗣也。」子曰：「毋違。」「毋」，今本論語作「無」，開成石經同。漢石經正作「毋」。徐養原曰：魯讀爲「毋」。樊遲御，史記弟子傳：「樊須字子遲。」鄭玄曰：「齊人。」（論語爲政篇邢疏、齊乘六引史記說同。）孔子家語弟子解曰：「魯人。」子告之曰：「孟孫問孝於我，我對曰：『毋違。』」樊遲曰：「何謂也？」子曰：「生，事之以禮；死，葬之以禮，〔祭之以禮〕。」各本並無「祭之以禮」句，崇文本有，蓋據論語增。按：孟子公孫丑篇葬魯章章旨、禮運正義引論語亦無此句，或有本然也。然下文「孔子乃言」云云，孟子滕文公上引曾子語並有此句，茲從崇文本補。以上見論語爲政篇。盼遂案：句下宜依論語補「祭之以禮」四字，方與下文三事並舉者合。

問曰：孔子之言「毋違」〔者〕，毋違[者]禮也。「者」字當在上「毋違」下，傳寫誤也。此仲任釋論之詞。下文謂孔子言「毋違」，則「毋違禮」與「毋違志」相混。又云：「使極言毋違禮，何害之有？」並承此「毋違禮」言之。若作「毋違者禮也」，則謂毋違乃爲禮，殊失其義。孝子亦當先意承志，不當違親之欲。孔子言「毋違」，不言「違禮」，懿子聽孔子之言，獨不爲嫌於毋違志乎？嫌，疑也。樊遲問何謂，孔子乃言「生，事之以禮；死，葬之以禮，祭之以禮」。使樊遲不問，毋違之說，遂不可知也。懿子之才，不過樊遲，故論語篇中不見言行，樊遲不曉，懿子必能曉哉？

孟武伯問孝，論語爲政篇集解馬曰：「武伯，懿子之子仲孫彘。武，謚也。」子曰：「父母，唯其疾之憂。」武伯善憂父母，故曰「唯其疾之憂」。其，父母也。「之」猶「則」也。淮南說林訓：「憂父之疾者子，治之者醫。」高注：「論語曰：『父母唯其疾之憂。』故曰：『憂之者子。』」與仲任說同。集解馬曰：「言孝子不妄爲非，唯有疾病，然後使父母之憂耳。」其義獨異。潘維城曰：「孝經紀孝行章：『孝子之事其親也，病則致其憂。』與王、高說合。馬以爲父母憂子，未知何據。」臧琳經義雜記五亦以王、高二氏說文順義洽。武伯憂親，懿子違禮。攻其短，答武伯云「父母，唯其疾之憂」，對懿子亦宜言「唯水火之變乃違禮」。周公告小才勑，大材略。子游之〔樊遲〕，大材也，孫曰：孟懿子問孝，與子游不相涉也。且此節並以懿子、樊遲對言，此處忽及子游，無所取義。孔子告樊遲以生事之以禮，死葬之以禮，祭之以禮，是告之勑也。對孟懿子以「毋違」二字，是告之略也。此爲仲任立說之意。「子游」當作「樊遲」，蓋涉上節「子游弦歌」而誤。又按「子游之大材也」句，元本無「之」字，是也。當删。孔子告之勑；懿子，小才也，告之反略，違周公之志。攻懿子之短，失道理之宜，弟子不難，何哉！

如以懿子權尊，不敢極言，則其對武伯，亦宜但言「毋憂」而已。俱孟氏子也，「俱」，舊誤「但」，元、程、何本同。今據王本、崇文本正。盼遂案：「但」當爲「俱」，涉上下多但字而譌。懿子、武伯俱出孟氏，坊本已改作「俱」。權尊鈞同，勑武伯而略懿子，「勑」，舊誤「形」，今據元、王、崇文本正。未曉其故也。使孔子對懿子極言毋違禮，何害之有？專魯莫過季氏，譏八佾之舞庭，論語八佾篇：「孔子謂季氏八佾舞於庭，是可忍也，孰不可忍也。」集解馬曰：「佾，列也。天子八佾，八八六十四人也。魯以周公故，受王者禮樂，有八佾之舞。今季桓子僭於其家廟舞之，故孔子譏之也。」漢書劉向傳向上封事、吕氏春秋察微篇高注并謂季平子事，與馬説異。**刺太山之旅祭，**論語八佾篇：「季氏旅於泰山，子謂冉有曰：『汝不能救與？』對曰：『不能。』子曰：『嗚呼！曾謂泰山不如林放乎？』」集解馬曰：「旅，祭名也。禮諸侯祭山川，在其封内者也。今陪臣祭泰山，非禮也。」**不懼季氏增（憎）邑不隱諱之害，**「增」當作「憎」，形之譌也。廣雅釋詁三：「憎，惡也。」邑，亦惡也。方言：「㥢，惡也。」玉篇：「㥢，悒也。」是「悒」有惡義。「邑」與「悒」同。**獨畏答懿子極言之罪，何哉？且問孝者非一，皆有御者，對懿子言，不但心服臆肯，故告樊遲。**此文與上義不相屬，疑有脱誤。舊本段。

**孔子曰：「富與貴，是人之所欲也，不以其道得之，不居也；**「居」，今本論語作「處」。鹽鐵論褒賢篇、後漢書陳蕃傳蕃上疏、吕氏春秋有度篇高注、後刺孟篇引論語並作「居」。漢書敘傳幽通賦云：「物有欲而不居兮，亦有惡而不避。」潛夫論務本篇：「凍餒之所在，民不得不去；温飽之所在，民不得不居。」抱朴子博喻篇：「不以其道，則富貴不足居。」並用論語文。蓋論語古本作「居」。**貧與賤，是人之所惡也，不以其道得之，不去也。」**書齋夜話謂當「不以其道」句絶。畢沅亦謂古讀皆如是。按下文「顧當言貧與賤是人之所惡也，不以其道去之，則不去也」，是「得之」屬上讀。文見論語里仁篇。**此言人當由道義得，不當苟取也；**盼遂案：「得」

下當有「富貴」二字。下文皆言得富貴。當守節安貧，不當妄去也。盼遂案：「貧」下脱「賤」字。

夫言不以其道得富貴，不居，可也；不以其道得貧賤，如何？集解曰：「君子履道而反貧賤，此則不以其道而得之者也。」義本可通。富貴顧可去，「顧」讀「固」。去貧賤何之？之，往也。去貧賤，得富貴也；不得富貴，不去貧賤。如謂得富貴不以其道，則不去貧賤邪？則所得富貴，不得貧賤也。貧賤何故當言「得之」？顧當言「貧與賤，是人之所惡也，不以其道去之，則不去也」。當言「去」，不當言「得」。「得」者，施於得之也。今去之，安得言「得」乎？獨富貴當言「得」耳。何者？得富貴，乃去貧賤也。

是則以道「去」貧賤如何？「是」猶「寔」也。脩身行道，仕得爵禄富貴，得爵禄富貴，則去貧賤矣。不以其道「去」貧賤如何？毒苦貧賤，「毒苦」猶「疾惡」也。起爲姧盜，積聚貨財，擅相官秩，孫曰：「擅相官秩」，義不可通，「相」蓋「於」字草書之譌。意謂盜賊積聚貨財，超於官秩也。古籍「相」、「於」二字屢譌。暉按：孫説非也。財超於官秩，義非此文所取。「擅相官秩」，明不以其道去貧賤也。擅，專也。言專相爵秩。後漢書楚王英傳：「英招聚姦猾，造作圖書，擅相官秩，置諸侯王公二千石。」盼遂案：孫人和曰：「『擅相官秩』，義不可通。『相』蓋

『於』字草書之譌。意謂盜賊積聚貨財，超於官秩也。古籍『相』『於』二字屢譌。本書談天篇云：『禹本紀言河出崑崙，其高三千五百餘里，日月所於辟隱爲光明也。』史記及玉海二十所引『於』並作『相』。淮南子道應篇云：『此其於馬非臣之下也。』蜀志郤正傳注引『於馬』作『相馬』。並『相』、『於』二字互誤之證。」**是爲不以其道。**

**七十子既不問，世之學者亦不知難，使此言意（結）不解，而文不分，**「意」下脱「結」字，上文「弟子寡若子游之難，故孔子之言遂結不解」，下文「使此言意結」，並可證。**是謂孔子不能吐辭也；**「是」猶「寔」也。或以此句屬上爲義，則兩「使此言」句重複。**使此言意結，文又不解，是孔子相示未形（刱）悉也。**「形」當作「刱」，校見前。**弟子不問，世俗不難，何哉？**　舊本段。

**孔子曰：「公冶長可妻也，雖在縲紲之中，非其罪也。」以其子妻之。**論語公冶長篇集解引孔安國注曰：「公冶長，弟子，魯人也。姓公冶，名長。縲，黑索也。紲，攣也。所以拘罪人。」史記弟子傳云：「字子長。」家語弟子解同。索隱引范寧曰：「字子芝。」（論語皇疏引作「名芝，字子長」。）白水碑云：「字子之。」梁玉繩曰：「『之』『芝』古同。」又按：孔注云：「魯人。」家語同。史記云：「齊人。」是也。潘維城曰：「後漢書郡國志琅邪國姑幕縣注引博物志曰：『淮水入城東南五里有公冶長墓。』漢書地理志琅邪郡姑幕注：『或曰薄姑。』應劭曰：『左氏傳曰薄姑氏因之，而後太公因之。』此引昭二十年傳文。今本作『蒲姑』。『蒲』、『薄』一聲之轉。左昭九年傳正義引服虔曰：『蒲姑，齊也。』長墓在齊地，則當爲齊人。」又論語皇疏引論釋、繹史九五引留青日札謂長繫縲紲，因識鳥語，殊難憑信。

問曰：孔子妻公冶長者，何據見哉？據年三十可妻邪？周禮地官媒氏：「令男三十而娶，女二十而嫁。」見其行賢可妻也？如據其年三十，不宜稱在縲紲；如見其行賢，亦不宜稱在縲紲。何則？諸入孔子門者，皆有善行，故稱備徒役。徒役，如樊遲御、冉子僕是也。徒役之中，無妻則妻之耳，不須稱也。如徒役之中多無妻，公冶長尤賢，故獨妻之，則其稱之，宜列其行，不宜言其在縲紲也。何則？世間彊受非辜者多，通津本「辜」从「羊」，下同。非也。説文：「从『辛』，『古』聲。」未必盡賢人也。恒人見枉，衆多非一。必以非辜爲孔子所妻，則是孔子不妻賢，妻冤也。案孔子之稱公冶長，有非辜之言，無行能之文。晉語注：「能，才也。」實不賢，孔子妻之，非也；實賢，孔子稱之不具，亦非也。誠似妻南容云：「國有道不廢，國無道免於刑戮。」見論語公冶長篇。孔子以其兄之子妻之。「國」作「邦」。吴曰：論語非經，王氏避漢諱改。又四諱篇：「開予足，開予手。」亦避漢諱改「啓」爲「開」。集解王注：「南容，弟子，南宮縚，魯人也，字子容。不廢，言見任用也。」史記弟子傳謂即南宮括。家語弟子解「縚」作「韜」。王引之春秋名字解詁曰：「南宮括，字子容，亦名韜。」檀弓鄭注以南容即南宮閱、南宮敬叔，論語皇疏、邢疏、史記索隱因之，非也。四書賸言、讀史訂疑、羣經識小、論語古注集箋並辯其妄。具稱之矣。舊本段。

子謂子貢曰：「汝與回也孰愈？」集解孔曰：「愈，猶勝也。」曰：「賜也何敢望回？回也聞一以知十，賜也聞一以知二。」子曰：「弗如也，吾與汝俱不如也。」孫曰：論語公冶長篇作「吾與女弗如也」，無「俱」字。釋文云：「『吾與爾』，本或作『女』，音『汝』。」考何氏〔一〕集解引包曰：「既然子貢不如，復云吾與汝俱不如者，蓋欲以慰子貢也。」後漢書李注引論語云：「吾與女俱不如也。」並與仲任合。魏志夏侯淵傳云：「仲尼有言，吾與爾不如也。」作「爾」，又與釋文合。蓋古、齊、魯之異也。暉按：後漢書李注，見橋玄傳。又按世説新語上之上注引鄭玄别傳曰：「玄從馬融學，季長謂盧子幹曰：『吾與女皆不如也。』」新唐書孝友傳：「任敬臣刻意從學，任處權見其文，歎曰：『孔子稱顏回之賢，以爲弗如。吾非古人，然則此兒，信不可及。』」是亦以孔子自謂不如顏淵。則唐以前所見論語仍有「俱」字者。考何晏本，必原有「俱」字，今本脱耳。不然，引包氏解與正文不符，無是理也。又顧歡説：「判之以弗如，同之以吾與汝。」言我與爾俱明汝不如。則其所見本，必亦有「俱」字也。秦道賓曰：「與，許也。仲尼許子貢之不如也。」（皇疏引。）此則本無「俱」字，與夏侯淵傳引同。蓋即古、齊、魯之異。潘維城曰：「包氏今文家。」案：

〔一〕「何氏」下，原本衍一「集」字，今删。

仲任多從魯論。然則有「俱」字者，其魯論歟？是賢顏淵，試以問子貢也。

問曰：孔子所以教者，禮讓也。論語里仁篇：子曰：「能以禮讓爲國乎，何有？不能以禮讓爲國，如禮何？」子路爲國以禮，其言不讓，孔子非之。論語先進篇：「子路率〔一〕爾而對曰：『千乘之國，攝乎大國之間，加之以師旅，因之以饑饉，由也爲之，比及三年，可使有勇，且知方也。』子曰：『爲國以禮，其言不讓。』」集解包〔二〕曰：「爲國以禮，禮道貴讓，子路言不讓。」按此文似謂子路能以禮治國，特其言不讓。盼遂案：此二語不安。子路之言不讓，孔子以「爲國以禮」折之，非子路能爲國以禮也。仲任誤會此經。使子貢實愈顏淵，孔子問之，猶曰不如；使實不及，亦曰不如。非失對欺師，禮讓之言，宜謙卑也。今孔子出言，欲何趣哉？「趣」謂「意所嚮」也。使孔子知顏淵愈子貢，則不須問子貢；使孔子實不知，以問子貢，子貢謙讓，亦不能知。猶言亦未可知。使孔子徒欲表善顏淵，稱顏淵賢，門人莫及，言可直譽之。於名多矣，何須問於子貢？子曰：「賢哉回也！」見論語雍也篇。又曰：「吾與回言，終日不違如愚。」見爲政篇。言無所疑問，默而識之。又曰：「回也，其

〔一〕「率」，原本作「卒」，形近而誤，今改。
〔二〕「包」，原本誤作「苞」，今改。

心三月不違仁。」見雍也篇。集注：「言無私欲。」三章皆直稱，不以他人激，至是一章，獨以子貢激之，何哉？

或曰：「欲抑子貢也。當此之時，子貢之名，凌顏淵之上，孔子恐子貢志驕意溢，故抑之也。」皇疏引繆播說，即此義。夫名在顏淵之上，當時所爲，非子貢求勝之也。實子貢之知何如哉？使顏淵才在己上，己自服之，不須抑也；使子貢不能自知，孔子雖言，將謂孔子徒欲抑己。由此言之，問與不問，無能抑揚。舊本段。

宰我晝寢，今本論語作「宰予」。史記弟子傳作「宰我」，同此。羣經義證曰：「記諸賢例舉其字，當依古本作『宰我』。」子曰：「朽木不可雕也，糞土之牆不可杇也。古本論語「杇」作「圬」。此後人妄改。於予，予何誅？」下「予」作「與」，屬上讀。釋文曰：「與，語辭。」與此異。孔曰：「誅，責也。」文見論語公冶長篇。是惡宰予之晝寢。

問曰：晝寢之惡也，小惡也；朽木、糞土，敗毀不可復成之物，大惡也。責小過以大惡，安能服人？使宰我性不善，如朽木、糞土，不宜得入孔子之門，序在四科之列；後漢書鄭玄曰：「仲尼之門，考以四科。」謂德行、言語、政事、文學也。宰我列于言語，見論語先進篇。使性善，孔子惡之，惡之太甚，過也。盼遂案：「惡之」二字誤重。「人之不仁，疾之已甚，亂也。」疾，惡也。論語泰伯篇孔子之詞。孔子疾宰予，可謂甚矣。

使下愚之人，涉耐罪之獄，後漢書光武紀下注：「耐，輕刑之名。」引漢書音義曰：「一歲刑爲罰作，二歲刑已上爲耐。」史記淮南王安傳集解應劭曰：「輕罪不至於髡，完其耏鬢，故曰耏。古『耏』字从『彡』，髮膚之意。」盼遂案：下「之」字涉本文多「之」字而衍。吏令以大辟之罪，白虎通五刑篇：「大辟謂死也。」必冤而怨邪？將服而自咎也？「將」猶「抑」也。使宰我愚，則與涉耐罪之人同志；使宰我賢，知孔子責人(之)，孫曰：「人」當作「之」，字之誤也。(本書「人」、「之」二字多互誤，散見各條，不復舉。)幾微自改矣。明文以識之，流言以過之，以其言示端而已自改。自改不在言之輕重，在宰予能更與否。

春秋之義，采毫毛之善，貶纖介之惡。見説苑至公篇。褒毫毛以巨大，以巨大貶纖介，觀春秋之義，肯是之乎？不是，則宰我不受；不受，則孔子之言棄矣。聖人之言，與文相副，言出於口，文立於策，俱發於心，其實一也。孔子作春秋，不貶小以大，其非宰予也，以大惡細，文語相違，服人如何？

子曰：「始吾於人也，聽其言而信其行；今吾於人也，聽其言而觀其行。於予，予改是。」論語公冶長篇下「予」作「與」。蓋起宰予晝寢，更知人之術也。

問曰：人之晝寢，安足以毀行？毀行之人，晝夜不卧，安足以成善？以晝寢而觀人善惡，能得其實乎？案宰予在孔子之門，序於四科，列在賜上。論語先進篇曰：「言語：宰我、子貢。」故云「在賜上」。如性情怠，不可雕琢，何以致此？使宰我以晝寢自致此，才復過人遠矣。如未成就，自謂已足，不能自知，知不明耳，非行惡也。曉勑而已，無爲改術也。如自知未足，倦極晝寢，是精神索也。索，盡也。精神索，至於死亡，豈徒寢哉？

且論人之法，取其行則棄其言，取其言則棄其行。今宰予雖無力行，「力」，宋本作「助」，朱校元本同。疑當作「德行」。有言語。用言，令行缺，有一槩矣。今孔子起宰予晝寢，聽其言，觀其行，言行相應，則謂之賢，是孔子備取人也。「毋求備於一人」之義何所施？「毋求備於一人」，論語微子篇周公告伯禽語。舊本段。

子張問：當從論語補「曰」字。「令尹子文三仕爲令尹，無喜色；三已之，無慍色。舊令尹之政，必以告新令尹。何如？」論語爲政篇集解鄭曰：「子張姓顓孫，名師。」史記弟子傳、家語弟子解云：「陳人。」公冶長篇集解孔曰：「令尹子文，楚大夫，姓鬬，名穀，字於菟。」楚語載鬬且曰：「鬬子文三舍令尹，無一身之積。」王符潛夫論遏利篇曰：「楚鬬子文三爲令尹，而有飢色。」是鬬穀於菟有三爲三已令尹之事。閻氏四書釋地又續曰：「鬬穀於菟爲令尹，始自莊三十年丁巳，代子元，終於僖二十三年甲申，子玉代。凡二十八年。其間有二仕二已之事，傳文不備，楚世家亦未載。」莊子田子方篇、荀子堯問篇、呂氏春秋知分篇、史記循吏傳、鄒陽傳陽上書，並以爲孫叔敖事。自高誘疑之，王應麟辨之，後儒多不從其說。子曰：「忠矣。」曰：「仁矣乎？」曰：「未知，焉得仁？」論語公冶長篇文。子文曾舉楚子玉代己位而伐宋，以百乘敗而喪其衆，左僖二十三年傳：「子玉伐陳，子文以爲之功，使爲令尹。」又僖二十八年，楚子使子玉去宋，無從晉師。子玉請戰，王怒，少與之師，敗於城濮。不知如此，安得爲仁？「知」讀爲「智」，鄭玄、（釋文。）李充、（皇疏。）中論智行篇、漢書古今人表序並同。臧氏經義雜記曰：「此魯論也。」經傳考證曰：「意必夏侯、蕭、韋諸家相傳之說，而王充述之也。」暉按：「仁」爲孔子哲學中心，故不智不能爲仁。大戴禮四代篇曰：「知，仁之實也。」是其義也。非若狹義之「仁者愛人」。故子張問仁，孔子答以能行恭、寬、信、敏、惠於天下則爲仁。（陽貨篇。）敏則有功，義即智也。仲任曰：「智與仁，不相干也。」李充曰：「子玉之敗，子文之舉，舉以敗國，不可謂智；賊夫人之子，不可謂仁。」中論智行篇：「或曰：『然則仲尼曰未知，焉得仁。乃高仁邪？何謂也？』對曰：『仁，固大也，然則仲尼亦有所激，然非專小智之謂也。若有人相語曰：彼尚無有一智也，安得乃知爲仁乎？』」並以「仁」、「智」分開，而知爲仁之實之義滑矣。蓋漢人只傳其讀，而孔子所說「仁」字之義久不明，故仲任有此難也。至集解孔曰：「但聞其忠事，未知其仁也。」則「知」讀如字。蓋魏、晉人觀仲任此難，因信孔子言果相違，乃更其讀以彌縫之，其實誣也。說者謂孔注出自魏、晉，信然。

問曰：子文舉子玉，不知人也。智與仁，不相干也。有不知之性，何妨爲仁之行？五常之道，仁、義、禮、智、信也。五者各別，不相須而成，故有智人，有仁人者；有禮人，有義人者。人有信者未必智，智者未必仁，仁者未必禮，禮者未必義。子文智蔽於子玉，其仁何毀？謂仁，焉得不可？

且忠者，厚也。厚人，仁矣。孔子曰：「觀過，斯知仁矣。」見論語里仁篇。君子過於愛，小人過於忍，故觀其過，知其仁否。漢書外戚傳燕王上書、後漢書吴祐傳載孫性語、南齊書張岱傳載宋孝武語、皇疏引殷仲堪説，並與仲任義同。蓋漢儒舊説。集解引孔注，以「仁」字指觀過者言，非也。子文有仁之實矣。子文過於愛子玉，故曰「有仁之實」。孔子謂忠非仁，是謂父母非二親，配匹非夫婦也。白虎通爵篇：「匹，偶也，與其妻爲偶。」廣韻五質曰：「匹，俗作疋。」黄、錢、王本作「匹」。宋本、崇文本段，今從之。

哀公問：「弟子孰謂好學？」「謂」，各本同，崇文本作「爲」，與論語合，字通。孔子對曰：「有顔回者，論語有「好學」二字。不遷怒，不貳過，不幸短命死矣！今也則亡，未聞好學者也。」見論語雍也篇。

夫顔淵所以死者，審何用哉？言實何因也。令自以短命，猶伯牛之有疾也。注見命義篇。人生受命，皆（當）全〔當〕潔，當作「皆當全潔」，與下「皆當受天長命」語氣相貫。今有惡疾，故曰「無命」。論語雍也篇：「伯牛有疾，子問之，自牖執其手，曰：『亡之命矣夫！』」「亡」讀有無之「無」。「之」，其也。見經傳釋詞。言「無其命矣夫」。漢書宣元六王傳成帝詔曰：

「夫子所痛曰：『蔑之命矣夫。』」師古注引論語，並云：「蔑，無也。言命之所遭，無有善惡。」（按：「蔑，無也。」見小爾雅。其云「言命之所遭，無有善惡」，殊失其義。）新序作「末之命矣夫」，末亦無也。是漢儒舊説，仲任從之。論語後録、桂馥札樸並讀「蔑」爲「滅」，則義反迂曲。何義門讀書記雖讀「蔑」作「無」，然云：「無之者，言無可以致此疾之道。」蓋沿孔注之誤，以「亡之」二字句絶。凌曙羣書答問曰：「漢人讀作有無之無，今注乃讀作存亡之亡。」引此文及成帝詔證之，是也。孔注「亡」爲「喪」，武億羣經義證曰：「視疾即決其喪，必致舉室惶駭，甚非慰問所宜。依情度之，必不謂然。」此孔注之不足信。人生皆當受天長命，今得「短命」，亦宜曰「無命」。如天〔命〕有短長，吴曰：「天」下當脱「命」字，尋上下文義自明。則亦有善惡矣。盼遂案：「天」當爲「命」字之誤，此承上文長命、短命爲言。言顔淵「短命」，則宜言伯牛「惡命」；言伯牛「無命」，則宜言顔淵「無命」。一死一病，顔淵死。伯牛病。皆痛云命，所禀不異，文語不同，未曉其故也。舊本段。

哀公問孔子孰爲好學，孔子對曰：「有顔回者好學，今也則亡。不遷怒，不貳過。」注見上。再引之者，疑孔子舉「不遷怒，不貳過」，非哀公所問者。何也？曰：「并攻哀公之性遷怒貳過故也。因其問，則并以對之，兼以攻上之短，不犯其罰。」皇疏曰：「學至庶幾，其美非一。今獨舉怒、過二條者，爲當時哀公濫怒貳過，欲因答寄箴者也。」邢疏一説同。

疑仲任引當時論語説也。

問曰：康子亦問好學，孔子亦對之以顔淵。論語先進篇：「季康子問弟子孰爲好學。孔子對曰：『有顔回者好學，不幸短命死矣，今也則亡。』」集解孔曰：「季康子，魯卿季孫肥。」康子亦有短，何不并對以攻康子？皇疏曰：「此與哀公問同，而答異者，舊有二通。一云：緣哀公有遷怒貳過之事，故孔子因答以箴之也。康子無此事，故不煩言也。又一云：哀公是君之尊，故須具答；而康子是臣爲卑，故略以相酬也。」康子非聖人也，操行猶有所失。成事：注書虚篇。康子患盜，孔子對曰：「苟子之不欲，雖賞之不竊。」見論語顔淵篇。由此言之，康子以欲爲短也，不攻，何哉？從崇文本段。

孔子見南子，呂氏春秋貴因篇：「孔子道彌子瑕見釐夫人。」高注：「或云釐爲南子謚。然據其行，不可謚爲釐。」論語後録謂即南子，「釐」爲「靈」之譌。淮南泰族篇：「孔子欲行王道，因衛夫人。」注：「衛靈公夫人南子也。」鹽鐵論論儒篇：「孔子適衛，因嬖臣彌子瑕以見衛夫人，子路不説。」史記孔子世家亦載此事。集解孔曰：「等以爲南子者，衛靈公夫人也。孔子見之，欲因以説靈公，使行治也。」是漢儒並不疑此事。後人爲聖諱者，多辯其妄。孔叢子謂：「禮大享，夫人遇焉。衛君夫人享夫子。」子路不悦。子曰：「予所鄙者，天厭之！天厭之！」見論語雍也篇。「所」猶「若」也。「鄙」下舊校曰：一作「否」。孫曰：舊校非也。仲任所引爲魯論。古論作

「不」，通作「否」。魯論作「鄙」，訓鄙爲陋，厭爲壓迫，蓋皆夏侯建、張禹諸儒舊説，而仲任用之。此乃淺人據論語所校，原文不作「否」也。暉按：孫説是也。宋本、朱校元本並無「一作否」三字注，則此明人之妄也。南子，衛靈公夫人也，聘孔子，蓋據孔子世家云「聘」。子路不説，謂孔子淫亂也。孔子解之曰：「我所爲鄙陋者，天厭殺我！」至誠自誓，不負子路也。

問曰：孔子自解，安能解乎？使世人有鄙陋之行，天曾厭殺之，可引以誓。子路聞之，可信以解。今未曾有爲天所厭者也，曰「天厭之」，子路肯信之乎？行事：注書虚篇。雷擊殺人，水火燒溺人，牆屋壓填人。如曰「雷擊殺我，水火燒溺我，牆屋壓填我」，子路頗信之。今引未曾有之禍，以自誓於子路，子路安肯[曉]解而信之？「曉」字傳寫誤增。解，釋也，謂釋嫌。上下文諸「解」字並同。此著一「曉」字，則失其義。行事：適有卧厭不悟者，謂此爲天所厭邪？案諸卧厭不悟者，未皆爲鄙陋也。子路入道雖淺，論語先進篇：「由也升堂，未入於室。」故云「入道淺」。猶知事之實。事非實，孔子以誓，子路必不解矣。

孔子稱曰：「死生有命，富貴在天。」子夏語。説見命禄篇。若此者，人之死生，自有長短，不在操行善惡也。成事：注書虚篇。顏淵蚤死，孔子謂之短命。由此知短命夭死之人，□必有邪行也。「必」上當有「未」字。盼遂案：「必」上當有「非」字。子路入道雖淺，聞孔子之言，知死生之實。孔子誓以「予所鄙者，天厭之」，獨不爲子路言：「爲」，疑「畏」聲誤。設子路出此難，故曰「獨不畏」。「夫子惟命未當死，「惟」，宋本作「雖」。朱校元本同。字通。天安得厭殺之乎？」若此，誓子路以「天厭之」，終不見信。不見信，則孔子自解，終不解也。

尚書曰：「毋若丹朱敖，惟慢游是好。」見僞孔本益稷篇。説文夰部引虞書「敖」作「奡」，云：「嫚也。」徐鍇曰：今文尚書作「傲」。段玉裁曰：天寶以前只作「敖」。困學紀聞二、孔廣森經學巵言、孫志祖讀書脞録并以「敖」爲論語憲問篇「奡盪舟」之「奡」。吴汝綸以「朱敖」連讀，謂即莊子「胥敖」，疑並未是也。謂帝舜勑禹毋子（予）不肖子也。孫曰：「毋子不肖子」當作「毋私不肖子」。下文云：「恐禹私其子。」又云：「不敢私不肖子。」并與此文相應。暉按：「子」當作「予」，讀作「與」。「毋予不肖子」，謂毋以天下予不肖子也。故下文曰：「重天命，恐禹私其子。」宋本作「予」，路史後紀十二注引作「與」，是其證。史記夏本紀、漢書楚元王傳劉向上奏、後漢書梁冀傳袁著上書，并謂舜戒禹之詞，與仲任義同，蓋今古文説無異也。（此從孫星衍説。段玉裁謂今文説。）僞孔傳以爲禹戒舜，劉奉世據之以規劉向，路史注以正仲任，並沿僞孔而誤，不知「毋若」上脱去「帝曰」二字耳。（此從江氏、孫氏、皮氏説。段氏謂今文經亦無，今文説謂當有之。）皮錫瑞曰：「孟子云啓賢，論衡以爲不肖者，啓淫溢康樂，見墨子、離騷、天問、山海經，蓋啓亦有慢遊之好，故一傳而太康失國。孟子云賢者，爲後世立教耳。今文家以爲不肖，當得其實。詳見五子之歌、書序考。」**重天命，**「重」上路史注引有「舜」字。**恐禹私其子，故引丹朱以勑戒之。禹曰：「予娶，若時辛壬；癸甲開呱呱而泣，予弗子。」**益稷篇作「用殄厥世，予創若時，娶于塗山，辛壬癸甲」云云。段玉裁曰：「史記夏本紀以『予不能順是』釋『予創若時』，系諸帝語，而論衡則『若時』二字在『予娶』之下，爲禹語，疑有舛誤。」孫星衍曰：「予創若時」，史遷爲舜言，説爲「予不能順是」。仲任作禹言，疑今文也。以「創」爲「娶」，無文證之。蓋「創」同「刱」，廣雅釋詁云：「始也。」述始娶若時。皮錫瑞曰：以「創」爲「娶」，無文可證。「予娶若時」，義不可通。又無「塗山」二字，則「予娶若時辛壬癸甲」文不相承。疑論衡「予娶若時」四字，本當作「予娶塗山」，與説文引虞書「予娶嵞山」相同。蓋今文尚書與古文尚書不異。僞孔妄改經文爲「娶於塗山」，以舜言并爲禹言，删去「帝曰」、「禹曰」四字，後人遂據妄改之經文，改論衡爲「予娶若時」。（劉逢祿、鄒漢勛皆云當是「塗山」二字之誤。）其義遂不可通。今據史記云「予辛壬娶塗山」，以訂正論衡「予娶若時」之僞。又據史記、論衡皆曰「予娶」，可見説文並非脱誤。亦可見今古文本無不合，非必今文作「予娶若時」，屬下讀爲禹言也。暉按：此文當讀作「予娶，若時辛壬」句，「癸甲開呱呱而泣」句。段、孫誤以「予娶若時」句絶，以當經文「予創若時」，固非。皮氏以「予娶若時」爲「予娶塗山」之誤，又以「辛壬癸甲」句絶，亦非。史記云：「禹曰：予辛壬娶塗山，癸甲生啓。」則知經文原作：「予娶塗山，若時辛壬，（句。）癸甲啓呱呱而泣。」「予辛壬娶塗山」，即釋經文「予娶塗山，若時辛壬」。

「若」，詞之「惟」也。「癸甲生啓」，即釋「癸甲啓呱呱而泣」。史公以義訓讀之。若經文原以「辛壬癸甲」句，則史公不得以此四字析屬兩句也。仲任引經，「予娶」下省「塗山」二字。知者，史公云「予辛壬娶塗山」，説文屾部引虞書「予娶嵞山」，可證。知經文「辛壬」上有「若時」二字者，僞孔本作「用殄厥世，予創若時。娶于塗山，辛壬癸甲」，妄刪「帝曰」、「禹曰」字，并禹言爲舜言，則「予創若時」下，即接「予娶塗山，若時辛壬」，嫌「若時」二字重複，則妄刪「若時」二字，改作「辛壬癸甲」句絶。僞孔以「予娶塗山」直接「予創若時」，嫌「予」字重疊，遂改爲「娶于塗山」。（此用江聲説。）正其比。陳喬樅以史記爲有譌誤，據集解、正義因僞孔傳爲説，認史記原文當讀作「予娶塗山，辛壬癸甲」爲句，「生子予不子」爲句。裴駰、張守節昧於家法，援引失當，注義多與正文相違，而陳氏據之，以疑史記正文，何也？至疑以辛壬娶妻，經二日生子，不經之甚。則先儒帝王感生之説，履大人跡，吞燕卵，又何以言之？謂其怪誕不經則可，據之以定典籍之僞則非。白虎通姓名篇曰：「人生所以泣何？一幹而分，得氣異息，故泣，重離母之義也。尚書曰：『啓呱呱而泣。』」則班固以「呱呱而泣」爲出生墮地而泣也，與史公訓「啓呱呱而泣」爲「生啓」義合。據此，可知史記「癸甲生啓」不誤，更可證經文當讀作「癸甲啓呱呱而泣」。班引經省「癸甲」二字耳。（吴越春秋無余外傳曰：「啓生不見父，晝夜呱呱啼泣。」則與班氏出生墮地而泣，重離母之義之説不同，蓋亦嫌辛壬娶妻，癸甲生子爲不經，而妄改其義。）楚詞天問王注：「禹以辛酉日娶，甲子日去而有啓。」蓋其讀與史公、班固同。孟子滕文公上趙注引書曰：「辛壬癸甲，啓呱呱而泣。」「辛壬」二字，後人妄增，原作「癸甲啓呱呱而泣」。知者，相承舊讀以「辛壬癸甲」屬上「娶于塗山」爲義，謂禹與妻同居，自辛至甲四日也，未有以「辛壬癸甲」屬「啓呱呱而泣」爲義。蓋後人未知漢儒原以「癸甲啓呱呱而泣」爲句，疑趙注脱「辛壬」二字，遂依僞孔本而妄增之。不知趙注原以「辛壬」屬上讀，「癸甲」屬下讀，與僞孔以「辛壬癸甲」屬上讀義自不同，遂露其竄改之跡矣。説文口部：「呱呱，小兒啼聲。」「而」猶「然」也。「子」讀作「字」。釋文：「子，鄭音將吏反。」列子楊朱篇曰：「禹唯荒度土功，子産弗字。」禹言啓生，己即不字愛。「開」，皮錫瑞曰：今文「啓」多作「開」。**陳己行事，**行事，往事也。**以往推來，以見卜隱，**「見」猶「顯」也。**效己不敢私不肖子也。**「效」猶「證」也。**不曰「天厭之」者，知俗人誓，好引天也。孔子爲子路行所疑，**「行」爲「所」字譌衍。朱校元本重「行」字亦誤。盼遂案：吴承仕曰：「此句疑。」「行」字蓋涉下文誤衍。**不引行事，效己不鄙，而云「天厭之」，是與俗人解嫌，引天祝詛，何以異乎。**舊本段。

**孔子曰：「鳳鳥不至，河不出圖，吾已矣夫！」**見論語子罕篇。易坤鑿度曰：「仲尼偶筮其命，得旅，泣曰：『天也，命也，鳳鳥不來，河無圖至，嗚呼，天命之也。』嘆訖，而後息志。」又王嘉拾遺記二曰：「孔子相魯之時，有神鳳游集。至哀公之末，不復來翔，故曰鳳鳥不至。」下文云：「還定詩、書，望絶無冀，稱已矣夫。」是仲任以此言發於哀公十一年自衛反魯後也。劉逢禄、吴汝綸據史記以爲發於哀十四年獲麟時。**夫子自傷不王也。**漢書董仲舒傳載仲舒曰：「自悲可致此物，而身卑賤不得致也。」與仲任説同。皇疏引繆協説，時人願孔子王，爲此言，以釋衆庶之望。又孫綽説，孔子王德光于上，將相備乎下，當世之君，咸有忌難，故稱此，以絶其疑。已王致太平，太平則鳳鳥至，河出圖矣。今不得王，故瑞應不至，悲心自傷，故曰「吾已矣夫」。

問曰：鳳鳥河圖，審何據始起？始起之時，鳥圖未至。如據太平，太平之帝，未必常致鳳鳥與河圖也。五帝三王，皆致太平，案其瑞應，不皆鳳皇爲必然之瑞。於太平，鳳皇爲未必然之應，孔子，聖人也，宋本「也」作「然」，屬下爲文。思未必然以自傷，終不應矣。

或曰：「孔子不自傷不得王也，傷時無明王，故己不用也。鳳鳥河圖，明王之瑞也。瑞應不至，時無明王；明王不存，己遂不用矣。」邢昺、張栻並從此説。錢坫論語後録據墨子謂孔子爲諸侯叛周而發，疑未是。夫致瑞應，何以致之？任賢使能，治定功成。治定功成，則瑞應至矣。瑞應至後，亦不須孔子。孔子所望，何其末也？不思其本，而望其末也；孫曰：此文不當有「也」字。蓋涉上句「何其末也」而衍。吴説同。不相其主，而名其物。相，視也。「主」，王、錢、黄、崇文本作「王」。治有未定，物有不至，以至而效明王，必失之矣。孝文皇帝可謂明矣，案其本紀，見史記。不見鳳鳥與河圖。使孔子在孝文之世，猶曰「吾已矣夫」。舊本段。

子欲居九夷，論語集解馬曰：「東方夷有九種。」皇疏、邢疏并實其數。白虎通禮篇謂九之爲言究也。德偏究，故應德而來亦九。又謂東方少陽易化，故名。或曰：「陋，如之何？」子曰：「君子居之，何陋之有？」見論語子罕篇。孔子疾道不行於中國，志（恚）恨失意，孫曰：「志恨」義不可通。「志」乃「恚」之壞字。故欲之九夷也。説文羊部：孔子曰：「道不行，欲之九夷。」王逸九思注：「子欲居九夷，疾時之言也。」皇疏謂因聖道不行於中國。並與此義同。或人難之曰：「夷狄之鄙陋無禮義，如之何？」孔子曰：「君子居之，何陋之有？」言以君子之道，居而教之，何爲陋乎？論語集解馬曰：「君子所居者皆化也。」與此義同。樸學齋札記、四書考異、論語竢質并據山海經海外東經有君子國，衣冠帶劍，謂「孔子乃謂東方所居，有如是之國，何可概謂其陋」。按：説文云：「夷俗仁，仁者壽，有君子不死之國，孔子欲之九夷有以也。」似亦謂孔子以九夷本君子所居之地。蓋漢人説，有與馬、王異者。

問之曰：「之」字衍。本篇文例並作「問曰」。孔子欲之九夷者，何起乎？起道不行於中國，故欲之九夷。夫中國且不行，安能行於夷狄？「夷狄之有君，不若諸夏之亡。」論語八佾篇述孔子語。「若」作「如」。言夷狄之難，諸夏之易也。難易謂治也。皇疏：「夷狄尚有尊長，不至如我國之無君。」邢疏：「言夷狄雖有君長，而無禮義，中國雖偶無君，而禮義不廢。」邢疏與仲任義同。不能行於易，能行於難乎？

且孔子云：「以君子居之者，何謂陋邪？」謂脩君子之道自容乎？楚辭九章云：「苟余心之端直兮，雖僻遠之何傷？」王注：「言我惟行正直之心，雖在僻遠之域，猶有善稱，無害疾也。故論語曰子欲居九夷。」是漢儒有脩身自容之說。謂以君子之道教之也？如脩君子之道苟自容，「苟」讀若論語子路篇「苟合矣」之「苟」。皇疏：「苟，苟且也，苟且非本意也。」下文諸「苟」字義同。中國亦可，何必之夷狄？如以君子之道教之，夷狄安可教乎？禹入躶國，躶入衣出，見呂氏春秋貴因篇、淮南原道篇。御覽六九六引風俗通曰：「禹入裸國，欣起而解裳。俗説：『禹治洪水，乃播入裸國，君子入俗，不改其恒，於是欣然而解裳也。』原其所以，當言『皆裳』。裸國，今吴郡是也。被髮文身，裸以爲飾，蓋正朔所不及也。猥見大聖之君，悦禹文德，欣然皆著衣裳也。」衣服之制不通於夷狄也。禹不能教躶國衣服，孔子何能使九夷爲君子？

或〔曰〕：「孔子實不欲往，患道不行，動發此言。或人難之，孔子知其陋，然而猶曰『何陋之有』者，欲遂已然，距或人之諫也。」此以「或曰」設詞，與前節「或曰孔子不自傷不得王」文例同。下文「實不欲往」云云，正一一破或言也。是其證。蓋傳寫脱去「曰」字。實不欲往，志動發言，是僞言也。君子於言，無所苟矣。孔子對子路曰：「君子於其言，無所苟而已矣。」見論語子路篇。如知其陋，苟欲自遂，此子路對孔子以子羔也。子路使子羔爲費宰，「費」當作「郈」，說具藝增篇。子曰：「賊夫人之子。」子路曰：「有社稷焉，有民人焉，二句倒。正說篇引與論語合。劉寶楠曰：「人謂羣有司也。」何必讀書，然後爲學？」子曰：「是故惡夫佞者！」疾其便給遂己非也。見先進篇。子路知其不可，苟對自遂，孔子惡之，比夫佞者。孔子亦知其不可，苟應或人，孔子、子路皆以佞也。「以」猶「爲」也。舊本段。

孔子曰：「賜不受命，而貨殖焉，億則屢中。」見論語先進篇。「億」當作「意」。說見知實篇。何謂不受命乎？說曰：「〔不〕受當富之命，「受」上脫「不」字。此承上「何謂不受命」爲文。下文「孔子知己不受貴命，而謂賜不受富命」。率性篇引論語此文，釋之曰：「賜本不受天之富命。」並其證。若作「受當富之命」，則與「賜不受命」之旨違矣。自以術知，數億中時也。」不受命，說有數通。仲任則謂不受富命，率性、知實同。說詳率性篇。

夫人富貴，在天命乎？在人知也？如在天命，知術求之不能得；盼遂案：「知術」當正爲「術知」。下文「夫謂富不受命，而自知術得之」同。孟子盡心篇「人之有德慧術知者」，本書例作「術知」。如在人，疑有「知」字，此承上「在人知也」爲文。孔子何爲言「死生有命，富貴在天」？注見上。夫謂富不受命，而自〔以〕知術得之，「自」下脫「以」字。此承上「自以術知」爲文。「而自以知術得之」，與下「而自以努力求之」句法一律。貴亦可不受命，而自以努力求之。世無不受貴命而自得貴，亦知無不受富命而自得富者。成事：孔子不得富貴矣，「富」字疑寫者誤增。此文以孔子不受貴命則不得貴，證子貢不受富命則不得富，不當「富貴」連言。下文「稱已矣夫，自知無貴命」，又云「孔子知己不受貴命」，正承此文言之，則此不當有「富」字，明矣。周流應聘，行說諸侯，智窮策困，還定詩、書，文選移太常博士書注引論語讖曰：「自衛反魯，删詩、書，修春秋。」望絶無異，稱「已矣夫」。即鳳鳥河圖之嘆，見上文。盼遂案：「異」爲「冀」之壞字。刺孟篇「絶意無冀」，與此同例。「無冀」與「已矣夫」相應。自知無貴命，周流無補益也。孔子知己不受貴命，周流求之不能得，而謂賜不受富命，而以術知得富，言行相違，未曉其故。

或曰：「欲攻子貢之短也。子貢不好道德，而徒好貨殖，故攻其短，欲令窮服而更其行節。」論語集解曰：「賜不受教命，唯財貨是殖，憶度是非，蓋美回所以厲賜也。」即此義。夫攻子貢之短，可言「賜不好道德，而貨殖焉」，何必言「不受命」，與前言「富貴在天」相違反也？舊本段。

顔淵死，子曰：「噫！天喪予！」見論語先進篇。公羊哀十四年傳何休注：「噫，咄嗟貌。」此言人將起，天與之輔；人將廢，天奪其佑。孔子有四友，欲因而起。四友，謂顔淵、子貢、子張、子路也。尚書大傳殷傳曰：「文王有四臣，丘亦得四友焉。自吾得回也，門人加親，是非胥附邪？自吾得賜也，遠方之士日至，是非奔輳邪？自吾得師也，前有輝，後有光，是非先後邪？自吾得由也，惡言不至於門，是非禦侮邪？」顏淵早夭，故曰「天喪予」。公羊何注：「天生顏淵、子路爲夫子輔佐，皆死者，天將亡夫子之證。」漢書董仲舒傳贊：「王者不得則不興，故顏淵死，孔子曰云云。」師古注：「言失其輔佐。」前偶會篇説同。

問曰：顏淵之死，孔子不王，天奪之邪？不幸短命，自爲死也？如短命不幸，不得不死，孔子雖王，猶不得生。輔之於人，猶杖之扶疾也。人有病，須杖而行，如斬杖本得短，可謂天使病人不得行乎？如能起行，杖短，能使之長乎？夫顏淵之短命，猶杖之短度也。

且孔子言「天喪予」者，以顏淵賢也。案賢者在世，未必爲輔也。夫賢者未必爲輔，猶聖人未必受命也。爲帝有不聖，爲輔有不賢。何則？祿命骨法，與才異也。命祿篇曰：「貴賤在命，貧富在祿。」由此言之，顏淵生未必爲輔，其死未必有喪，孔子云「天喪予」，何據見哉？

且天不使孔子王者，本意如何？本稟性命之時，謂初稟。不使之王邪？將使之王，復中悔之也？將，抑也。如本不使之王，顏淵死，何喪？如本使之王，復中悔之，此王無骨法，便(更)宜自在天也。「便宜」無義，當作「更宜」。言骨相不王，則更當在天命。率性篇：「善則且更宜反過於往善。」此「更宜」連文之證。且本何善所見，而使之王？後何惡所聞，中悔不命？天神論議，誤不諦也？諦，明也。「也」讀作「邪」。天命諦，以明不使孔子王之説非。舊本段。

孔子之衛，遇舊館人之喪，鄭玄曰：「前日君所使舍己。」入而哭之。出，使子貢脱驂而賻之。鄭曰：「賻，助喪用也。騑馬曰驂。」子貢曰：「於門人之喪，未有所脱驂；脱驂於舊館，毋乃已重乎？」言比於門人恩爲重。孔子曰：「予鄉者入而哭之，遇於一哀而出涕。遇，見也。入哭，見主人盡哀，我爲出涕。予惡夫涕之無從也，小子行之！」見檀弓上、家語子貢篇。孔子脱驂以賻舊館者，惡情不副禮也。出涕情重，故脱驂賻以稱禮也。副情而行禮，情起而恩動。盼遂案：吴承仕曰：「『恩動』無義，『動』當作『效』，形近之誤。下文云『是蓋孔子實恩之效也』，是其切證。」禮情相應，君子行之。

顔淵死，子哭之慟。釋文引鄭曰：「慟，變動容貌。」門人曰：「子慟矣！」「吾非斯人之慟而爲？」孔子語。「吾」上省「曰」字。論語先進篇「之」下有「爲」字。皇疏本句末有「慟」字。盼遂案：「吾」上宜依論語補「曰」字。夫慟，哀之至也。哭顔淵慟者，殊之衆徒，哀痛之甚也。死有棺無槨，説文：「椁，葬有木𦉫也。」檀弓：「殷人棺椁。」注：「椁，大也，以木爲之，言椁大於棺也。」顔路請車以爲之槨，孔子不予，爲大夫不可以徒行也。見論語先進篇。皇疏：「徒猶步也。」説文：「赴，步行也。」「徒」爲借字。

弔舊館，脱驂以賻，惡涕無從；哭顔淵慟，請車不與，使慟無副。豈涕與慟殊，馬與車異邪？於彼則禮情相副，於此則恩義不稱，未曉孔子爲禮之意。

孔子曰：「鯉也死，曲禮下疏引異義：「許慎以爲，『鯉也死』，時實未死，假言死耳。鄭康成以論語云『鯉也死，有棺而無椁』，是實死未葬以前也。故鄭駁許慎云：『設言死，凡人於恩猶不然，況賢聖乎？』」據此文，仲任亦謂實死也。邢疏曰：「據其年，則顔回先伯魚卒，而此云：『顔回死，顔路請子之車以爲之椁。子曰：鯉也死，有棺而無椁。』又似伯魚先死。」按：邢疏沿家語之誤。四書考異、孔子年譜、三餘續筆並謂顔淵死於伯魚後。餘詳實知篇注。有棺無椁，吾不徒行以爲之椁。」見論語先進篇。對顔路語。鯉之恩深於顔淵，鯉死無椁，大夫之儀，不可徒行也。儀，威儀也。孔曰：「孔子時爲大夫。」按下文云：「不粥車以爲鯉椁，何以解於貪官好仕。」是仲任意與孔同。邢疏謂：「非在大夫位時。」鯉死年難定，故不可考。鯉，子也；顔淵，他姓也。子死且不禮，況其禮他姓之人乎？

曰：「是蓋孔子實恩之效也。」「曰」上疑有「或」字。此以「或曰」設詞，本篇文例可證。江熙曰：「可則與，故仍脱左驂賻舊館人；不可則距，故不許路請也。」（皇疏引。）即此「實恩」之意。副情於舊館，不稱恩於子，豈以前爲士，後爲大夫哉？如前爲士，士乘二馬；

如爲大夫，大夫乘三馬。此公羊説也。五經異義：「古毛詩説云：『天子至大夫同駕四，士駕二。』公羊説引王度記云：『天子駕六馬，諸侯與卿駕四，大夫三，士二，庶人一。』」（據公羊隱元年傳疏、續漢書輿服志劉昭注引。）大夫不可去車徒行，何不截賣兩馬以爲槨，乘其一乎？爲士時，乘二馬，截一以賻舊館，今亦何不截其二以副恩，乘一以解不徒行乎？不脱馬以賻舊館，未必亂制；葬子有棺無槨，廢禮傷法。孔子重賻（副）舊人之恩，「賻」當作「副」。二字聲近，又涉上文諸「賻舊館」而誤。公羊隱元年傳何注：「賻，猶助也。」助舊人之恩，文不成義。副，稱也。重稱舊人之恩。輕廢葬子之禮，此禮得於他人，制失親子也。「失」下省「於」字。盼遂案：「失」下應有「於」字，與上句對。然則孔子不粥車以爲鯉槨，何以解於貪官好仕恐無車？而自云「云」疑爲「去」之壞字。「君子殺身以成仁」，論語衛靈公篇，子曰：「志士仁人，無求生以害仁，有殺身以成仁。」何難退位以成禮？舊本段。

子貢問政，子曰：「足食，足兵，民信之矣。」日知録曰：「兵謂五兵也。」曰：「必不得已而去，於斯三者何先？」曰：「去兵。」曰：「必不得已而去，於斯二者何先？」曰：「去食。自古皆有死，民無信不立。」見論語顔淵篇。信最重也。

問〔曰〕：孫曰：「問」下脱「曰」字，本篇文例可證。使治國無食，民餓，棄禮義。禮義棄，信安所立？「所」猶「可」也。傳曰：「倉廩實，知禮節；衣食足，知榮辱。」見管子牧民篇。讓生於有餘，争生於不足。治期、定賢二篇於「知榮辱」下亦有此文。疑引傳書，非釋上文也。淮南齊俗訓：「民有餘即讓，不足則争。讓則禮義生，争則暴亂起。」義與此同。今言去食，信安得成？春秋之時，戰國饑餓，易子而食，析骸而炊。戰國謂宋也。注福虚篇。口饑不食，不，無也。不暇顧恩義也。夫父子之恩，信矣，饑餓棄信，以子爲食。孔子教子貢去食存信，如何？夫去信存食，雖不欲信，信自生矣；去食存信，雖欲爲信，信不立矣。

子適衛，論語後録謂此適衛在哀公元年。四書考異謂在哀公三年，誤也。冉子僕。風俗通十反篇引論語亦作「冉子」。春秋繁露仁義法篇云：「孔子謂冉子，治民者，先富之而後加教。」亦稱「冉子」。并與此合。皇疏本正作「冉子」。邢疏本作「冉有」，誤也。僕，皇疏云：「御車也。」子曰：「庶矣哉！」庶，衆也。歎衛人民衆多。曰：「既庶矣，又何加焉？」曰：「富之。」曰：「既富矣，又何加焉？」曰：「教之。」見論語子路篇。鹽鐵論授時篇謂教之以德，齊之以禮。語冉子先富而後教之，教子貢去食而存信，食與富何别？信與教何異？二子殊教，所尚不同，孔子爲國，爲，治也。意何定哉？説苑建本篇：「子貢問爲政，孔子曰：『富之。既富而教之也。』」是孔子嘗以先富語子貢，謂其殊教，非也。一曰：劉向誤冉有爲子貢。舊本段。

蘧伯玉使人於孔子，呂氏春秋召類篇注：「伯玉，衛大夫蘧莊子無咎之子瑗，謚曰成子。」孔子曰：「夫子何爲乎？」朱校元本無「乎」字，與論語合。對曰：「夫子欲寡其過而未能也。」使者出，孔子曰：「使乎！使乎！」見論語憲問篇。非之也。説論語者曰：「非之者，非其代人謙也。」集解陳羣曰：再言「使乎」者，善之也。言使得其人。俞曰：陳説以爲「善之」，陳乃魏人。而此云「非之」，是漢儒舊説也。今皆宗陳説，而漢儒舊説固不知矣。又按：「非之也」三字，即是説論語者之説。下又引説論語者云云，則申説其故也。下文云：「不明其過，而徒云使乎使乎。」又云：「孔子之言使乎，何其約也。」又云：「使孔子爲伯玉諱，宜默而已。揚言曰使乎使乎，時人皆知孔子之非也。出言如此，何益於諱？」然則仲任所據，自同今本止「使乎使乎」四字，無「非之也」三字。近時翟氏灝作四書考異疑其所據正文有此三字，非也。暉按：史通雜説中：「伊以敏辭辨對，可免『使乎』之辱。」亦以「使乎」爲「非之」之辭。

夫孔子之問使者曰：「夫子何爲？」問所治爲，非問操行也。「爲」猶「治」，常訓也。故知問所治爲。如孔子之問也，使者宜對曰「夫子爲某事，治某政」，今反言「欲寡其過而未能也」，何以知其□對[不]失指，孔子非之也？「不」字衍，對不失指，不得言「非之」。上文「使者宜對曰『夫子爲某事，治某政』，今反言『欲寡其過而未能也』」，即此云「對失指」之意。又按：「其」下疑脱「非」字，説論語者以爲非其代人謙，仲任以爲孔子問所治爲，使者失對，故此云：「何以知其非對失指，孔子非之也。」蓋「非」誤爲「不」，字又誤倒，則義難通矣。盼遂案：「不」字衍文。下文「其非乎對失指也」一句，即申此文，亦無「不」字。

且實孔子何以非使者？非其代人謙之乎？〔非〕其非乎對失指也？「之」，宋本、朱校元本作「非」。此文當作：「非其代人謙乎，非其對失指也。」宋、元本「乎非」二字誤倒，又衍「非乎」二字。今本則改「非」爲「之」。所非猶有一實，猶，均也。不明其過，而徒云「使乎使乎」！後世疑惑，不知使者所以爲過。韓子曰：「書約則弟子辨。」「辨」通作「辯」，見韓非子八說篇。孔子之言「使乎」，何其約也？

或曰：「春秋之義也，爲賢者諱。穀梁成九年傳：「爲尊者諱恥，爲賢者諱過，爲親者諱疾。」蘧伯玉賢，故諱其使者。」夫欲知其子，視其友；盼遂案：「友」上疑脱一「所」字。說苑雜言篇引：「孔子曰：『不知其子，視其所友。不知其君，視其所使。』」則此爲孔子語。又案：僞孔子家語云：「不知其君視其臣，不知其子視其父。」則此「友」字又爲「父」之誤字。欲知其君，視其所使。說苑奉使篇、談叢篇亦見此語。伯玉不賢，故所使過也。春秋之義，爲賢者諱，亦貶纖介之惡。注見前。今不非而諱，貶纖介安所施哉？使孔子爲伯玉諱，宜默而已。揚言曰：「使乎！使乎！」時人皆知孔子之非〔之〕也。孫曰：「之非」當作「非之」，文誤倒也。上文云：「使者出，孔子曰：『使乎！使乎！』非之也。」又云：「何以知其對不失指，孔子非之也？」並其切證。若作「之非」，與下文義不貫矣。**出言如此，何益於諱？**舊本段。

**佛肸召，子欲往。**論語集解孔曰：「晉大夫趙簡子之邑宰也。」史記孔子世家：「佛肸爲中牟宰，趙簡子攻范中行，伐中牟，佛肸畔，使人召孔子。」四書考異曰：「據此，則佛肸之畔，畔趙簡子也。佛肸爲范中行家邑宰，因簡子致伐，距之。」孫詒讓亦謂范中行之黨。孔注趙氏邑宰，誤也。見墨子非儒注。**子路不説，曰：「昔者，由也聞諸夫子曰：『親於其身爲不善者，君子不入也。』**集注：「不入其黨。」**佛肸以中牟畔，**經史問答曰：「中牟有二。一爲晉之中牟，三卿未分晉時，已屬趙。一爲鄭之中牟，三卿既分晉後，鄭附於韓，當屬韓。此爲晉之中牟，與衛接，其地當在夷儀、五鹿左右。」顧祖禹曰：「湯陰縣西五十里有中牟城，所謂河北之中牟也。」孔子世家索隱謂當在河北，近之。」**子之往也，如之何？」子曰：「有是〔言〕也。**孫曰：論語陽貨篇作「子曰：『然，有是言也』」。此文當作「有是言也」，誤脱「言」字。下文云：「而曰有是言者，審有，當行之也。」可知論衡原文本有「言」字，非異文也。**不曰『堅乎磨而不磷』？不曰『白乎涅而不淄』？**攷工記輪人：「輪雖敝，不甐於鑿。」先鄭注：「謂不動於鑿中。」鄭注：「甐亦敝也。」鮑人：「察其線而藏，則雖敝不甐。」注：「故書作『鄰』。」先鄭云：「『鄰』讀『磨而不磷』之『磷』，謂韋帶縫縷沒藏於韋帶中，則雖敝不傷也。」潘維城曰：「『甐』與『磷』通。則『不磷』者，不動、不敝、不傷也。」淮南俶真篇：「以涅染緇，則黑於涅。」高注：「涅，礬石也。」論語集解孔注：「涅可以染皂者。」蓋即今皂礬，說文：「緇，帛黑色也。」釋名釋采帛謂緇色如黑泥。論語作「緇」，此作「淄」，孔子世家同。字通。**吾豈匏瓜也哉？焉能繫而不食也？」**見論語陽貨篇。鄭玄曰：「冀往仕而得祿也。」（文選登樓賦注。）何晏曰：「匏，瓠也。言匏瓜得繫一處者，不食故也。吾自食物，當東西南北，不得如不食之物繫滯一處。」與鄭義同。按：下文云：「自比以匏瓜者，言人當仕而食祿，我非匏瓜繫而不食。」亦謂匏瓜爲物，自然生長，不須飲食。以喻須食之人，自應食祿。與鄭氏義同。蓋漢儒舊說，何氏故因之。後儒則謂不食者，匏之爲物，人不可食也。以喻人非匏瓜，當爲世用。皇疏引舊說曰：「匏瓜，星名也。言人有才智，宜佐時理務，爲人所用。豈得如瓠瓜繫天而不食耶？」菣厓考古録因其說。王夫之曰：「皮堅瓤腐乃謂之匏。繫謂畜而繫之於蔓。不食者，人不食也。」張甄陶曰：「國語叔向賦匏有苦葉云：於人待濟而已。言只可繫腰渡水，不可食。」秋槎雜記同。蓋並嫌舊說。孔子貪祿，故正言之。**子路引孔子往時所言以非孔子也。**

**往前孔子出此言，欲令弟子法而行之。子路引之以諫，孔子曉之，不曰「前言戲」，若「非」而「不可行」，**「若」猶「或」也。「而」猶「與」也。「非」謂無是言。「不可行」謂前言難行。**而曰「有是言」者，審有，當行之也。「不曰堅乎磨而不磷；不曰白乎涅而不淄」，孔子言此言者，能解子路難乎？「親於其身爲不善者，君子不入也。」解之宜**

〔曰〕「佛肸未爲不善，尚猶可入」，「宜」下脱「曰」字。「宜曰」與下「而曰」正反相承。今脱「曰」字，則語意不明。盼遂案：「宜」下應有「曰」字。上節云「使者宜對曰『夫子爲某事，治某政』」，此當同一文法。而曰「堅，磨而不磷；白，涅而不淄」。如孔子之言，有堅白之行者，可以入之。「君子」之行，軟而易汙邪？何以獨「不入」也？孔子言：「親於其身爲不善者，君子不入。」故據以難。

孔子不飲盜泉之水，郡國志：「魯國卞縣有盜泉。」水經洙水注：「洙水西南流，盜泉水注之。泉出卞城東北卞山之陰。」曾子不入勝母之閭，見尸子、（文選陸士衡猛虎行注、水經洙水注。）説苑談叢篇、後漢書鍾離意傳、御覽六三引論語比考讖、劉子鄙名篇。餘見道虛篇注。避惡去汙，不以義，恥辱名也。「不以」疑當作「以不」。盜泉、勝母有空名，而孔、曾恥之；佛肸有惡實，而子欲往。不飲盜泉是，則欲對佛肸非矣。廣雅釋詁四：「對，嚮也。」「不義而富且貴，於我如浮雲。」孔子語，見論語述而篇。枉道食篡畔之禄，所謂浮雲者，非也。「所」，宋、元本作「可」，朱校同。

或〔曰〕：「權時欲行道也。」此以「或曰」設詞，下文「即權時行道」云云即破此説，可證。今脱「曰」字。即權時行道，子路難之，當云「行道」，不〔當〕言「食」。孫曰：「不」下脱「當」字。有權時以行道，無權時以求食。「吾豈匏瓜也哉？焉能繫而不食？」自比以匏瓜者，言人當仕而食禄。我非匏瓜繫而不食，非子路也。孔子之言，不解子路之難。解謂識也。子路難孔子，豈孔子不當仕也哉？當擇善國而入之也。孔子自比匏瓜，孔子欲安食也。且孔子之言，何其鄙也！鄙，貪也。注本性篇。何彼（徒）仕爲食哉？「彼」字未安，當爲「徒」形誤。下文「孔子之仕，不爲行道，徒求食也」。君子不宜言也。匏瓜繫而不食，亦繫而不仕等也。距子路可云：「吾豈匏瓜也哉，繫而不仕也？」今吾（言）「繫而不食」，「吾」當作「言」，隸書形近而誤。「可云繫而不仕」，與「今言繫而不食」，正反相承。孔子之仕，不爲行道，徒求食也。

人之仕也，主貪禄也，禮義之言，爲行道也。猶人之娶也，主爲欲也，禮義之言，爲供親也。仕而直言食，娶可直言欲乎？孔子之言，解情盼遂案：「情」當爲「惰」，形之誤也。此「解惰」與上文「孔子之仕，不爲行道，徒求食也」之語相承。而無依違之意，不假義理之名，是則俗人，非君子也。儒者説孔子周流應聘不濟，閔道不行，失孔子情矣。舊本段。

公山弗擾以費畔，召，子欲往。弗擾字子洩。論語陽貨篇皇本作「不擾」。左氏傳、史記孔子世家、古今人表並作「不狃」。春秋名字解詁曰：「『擾』，借字，古音『狃』，與『擾』同。」弗擾爲季氏費邑宰。孔子世家云：「季氏使人召孔子。」與論語異。據左氏定十二年傳，弗擾帥費襲魯，孔子命申句須、樂頎伐之，弗擾定無召孔子及孔子欲往之理。崔述洙泗考信録以佛肸召、不狃召并爲僞也。子路曰：「末如也已！「如」，論語作「之」。王本、崇文本據改，非也。爾雅「如」、「之」並訓往。集解孔曰：「無可之，則止耳。」何必公山氏之之也？」下「之」，往也。子曰：「夫召我者，而豈徒哉？如用我，論語作：「如有用我者。」此與史記同。吾其爲東周乎？」見論語陽貨篇。「爲東周」，欲行道也。集解何曰：「興周道於東方，故曰東周也。」孔子世家：「孔子曰：周文、武起豐、鎬而王，今費雖小，儻庶幾乎？」鹽鐵論褒賢篇引論語亦云：「庶幾成湯、文、武之功。」并「行道」之義也。公山、佛肸俱畔者，行道於公山，求食於佛肸，孔子之言，無定趨也。趨，嚮也。言無定趨，則行無常務矣。周流不用，豈獨有以乎？

陽貨欲見之，不見；呼之仕，不仕，論語陽貨篇：「陽貨欲見孔子，孔子不見。歸孔子豚。孔子時其亡也，而往拜之。遇諸塗。謂孔子曰：『日月逝矣，歲不我與。』孔子曰：『諾，吾將仕矣。』」集解孔曰：「陽貨，陽虎也。季氏家臣。」邢疏：「名虎，字貨。」何其清也？公山、佛肸召之，欲往，何其濁也？公山不擾與陽虎俱畔，執季桓子，孫曰：陽虎叛，囚季桓子，據左氏傳在定公五年。至八年，陽虎敗逃。十二年，孔子爲魯司寇，仲由爲季氏宰，將墮費，而弗擾與叔孫輒等遂叛。孔子命申句須、樂頎伐之，敗諸姑蔑。弗擾與輒遂奔齊。二人叛各異時，而弗擾又無囚桓子事。仲任當別有所據。又何氏集解引孔曰：「弗擾爲季氏宰，與陽虎共執季桓子，而召孔子。」豈仲任所本歟？但論語孔傳，本不可信，或即僞爲孔傳者，襲論衡之説也。暉按：孔子世家云：「定公八年，公山不狃不得意於季氏，因陽虎爲亂，遂執季桓子，桓子詐之得脱。」此爲仲任所據者。然此文乃舉往事以明二人同惡，非謂以費畔時也。世家云：「定公九年，公山不狃以費畔。」亦以執桓子與以費畔爲兩時事。孔傳云「弗擾與陽虎共執季桓子而召孔子」，則謂執桓子在以費畔時也。蓋僞爲孔傳者，襲論衡此文，而未審其義也。二人同惡，當作「惡同」，與下「禮等」對文。呼召禮等，獨對公山，不見陽虎，豈公山尚可，陽虎不可乎？

子路難公山之召，「召」，各本並誤作「名」，今據王、崇文本正。孔子宜解以尚及佛肸未甚惡之狀也。

新編諸子集成

# 論衡校釋

（附劉盼遂集解）

中

黄暉 撰

中華書局

# 論衡校釋卷第十

## 非韓篇

淮南氾論訓高注：「『非』猶『譏』也。」按：字本作「誹」，説文：「譏，誹也。」

**韓子之術，明法尚功。賢無益於國不加賞，不肖無害於治不施罰。責功重賞，任刑用誅。**禮記曲禮上鄭注：「誅，罰也。」韓非子主道篇曰：「功當其事，事當其言，則賞；功不當其事，事不當其言，則誅。誠有功，則雖疏賤必賞；誠有過，則雖近愛必誅。」又二柄篇曰：「君以其言授之事，專以其事責其功。功當其事，事當其言，則賞；功不當其事，事不當其言，則罰。」**故其論儒也，謂之不耕而食，**五蠹篇曰：「今修文學，習文談，無耕之勞而富，無戰之危而尊，故世亂也。」**比之於一蠹；**韓非謂邦有五蠹之民，儒其一也。見五蠹篇。**論有益與無益也，比之於鹿馬。馬之似鹿者千金，天下有千金之馬，無千金之鹿，鹿無益，馬有用也。**韓非子外儲説右上曰：「如耳説衛嗣公。衛嗣公説而太息。左右曰：『公何不爲相也？』公曰：『夫馬似鹿者，而題之千金。然有百金之馬，而無千金之鹿者，馬爲人用，而鹿不爲人用也。今如耳，萬乘之相也，外有大國之意，其心不在衛，雖辯智，亦不爲寡人用，吾是以不相也。』」按：此非以鹿喻儒。「馬之似鹿者千金」，又見講瑞篇。淮南説山訓亦云：「馬之似鹿者千金，天下無千金之鹿。」疑仲任所據，今本佚也。儒者猶鹿，有用之吏猶馬也。

夫韓子知以鹿馬喻，不知以冠履譬。使韓子不冠，徒履而朝，吾將聽其言也。加冠於首而立於朝，受無益之服，增無益之仕（行），「仕」字無義，疑爲「行」之壞字。下文「言與服相違，行與術相反」，即承此爲文。言與服相違，行與術相反，吾是以非其言而不用其法也。煩勞人體，無益於人身，莫過跪拜。使韓子逢人不拜，見君父不謁（跪），「謁」當作「跪」，下同。「拜」、「跪」二字，承上「莫過跪拜」爲文。下文「拜跪禮義之效，非益身之質也」，即蒙上「煩勞人體，無益於人身，莫過跪拜」爲文。今本亦誤作「拜謁」。相承之文，不當前言「跪拜」，後言「拜謁」，不相一致。其證一也。說文足部曰：「跪，所以拜也。」（依段校增「所以」二字。）釋名曰：「跪，危也，兩膝隱地，體危陧也。」說文手部曰：「拜，首至手也。」（今本「手」誤作「地」，依段校改。）故曰：「煩勞人體，無益於人身。」故曰：「禮義之效，非益身之實。」說文言部曰：「請，謁也。」又曰：「謁，白也。」是與人身益害無涉。其證二也。「逢人不拜，見君父不謁。」於人之逢見者，著一「拜」字，反於見君父之尊，只著一「謁」字，用字輕重失倫。其證三也。下文「拜謁以尊親」，謁者書刺白事，施於通人，非足以尊親也，則「謁」字於義未妥。其證四也。未必有賊於身體也。然須拜謁（跪）以尊親者，禮義至重，不可失也。故禮義在身，身未必肥；而盼遂案：「而」字下疑應仍有二字，以與下句「化衰」相偶，今脫。禮義去身，身未必瘠而化衰。瘠，説文作「膌」，瘦也。見肉部。以謂有益，廣雅曰：「以，與也。」又曰：「與，如也。」禮義不如飲食。使韓子賜食君父之前，不拜而用，肯爲之乎？夫拜謁（跪），禮義之效，非益身之實也，然而韓子終不失者，「不失」，不失禮義也。言君父賜食，韓子必拜。不廢禮義以苟益也。苟，苟且也。言不苟且益身。夫儒生，禮義也；耕戰，飲食也。貴耕戰而賤儒生，是棄禮義求飲食也。宋、元本「求」作「亡」。朱校同。盼遂案：「求」，宋本作「亡」，非。使禮義廢，綱紀敗，上下亂而陰陽繆，繆亦亂也。水旱失時，五穀不登，登，成也。萬民饑死，農不得耕，士不得戰也。

子貢去告朔之餼羊，孔子曰：「賜也！爾愛其羊，我愛其禮。」論語八佾篇集注考證曰：「餼，猶今言生料也。本作『氣』，俗加『食』。」集解引鄭玄曰：「牲生曰餼。禮：人君每月告朔於廟，有祭，謂之朝享也。魯自文公始不視朔，子貢見其禮廢，故欲去其羊也。」子貢惡費羊，孔子重廢禮也。故以舊防爲無益而去之，周禮稻人曰：「以防止水。」注曰：「防者，豬旁隄也。」必有水災；以舊禮爲無補而去之，必有亂患。大戴記禮察篇文。儒者之在世，禮義之舊防也，有之無益，無之有損。庠序之設，自古有之，孟子滕文公篇曰：「庠者，養也。序者，射也。殷曰序，周曰庠。」史記儒林傳蔡邕獨斷同。漢書儒林傳、説文則曰：「殷曰庠，周曰序。」重本尊始，故立官置吏。白虎通辟雍篇曰：「鄉曰庠，里曰序。庠者，庠禮義也。序者，序長幼也。禮五帝記曰：帝庠序之學，則父子有親，長幼有序。未見於仁，故立庠序以導之也。古之教民者，里皆有師。里中之老有道德者，爲里右師，其次爲左師，教里中之子弟以道藝孝悌仁義。」**官不可廢，道不可棄。儒生，道官之吏也，以爲無益而廢之，是棄道也。夫道無成效於人，成效者須道而成。然足蹈路而行，**公羊定八年傳注：「然猶如。」**所蹈之路，須不蹈者；**須有足不蹈踐之土，以成其路。盼遂案：「然」字疑當在「人」字下。「所蹈」上亦疑脱一「然」字。蓋此文本是：「夫道無成效於人，然成效者須道而成。足蹈路而行，然所蹈之路，須不蹈者。」莊子外物篇：「夫地非不廣且大也，人之所用容足耳。廁足而塹之致黄泉，人尚有用乎？然則無用之爲用也，亦明矣。」仲任此語殆本莊旨。**身須手足而動，待不動者。**百骸、九竅、六藏，賅而存焉，方成形而更相御用也。盼遂案：上「動」字下，疑脱「然動者」三字。此文爲「身須手足而動，然動者待不動者」，與上文一律。**故事或無益，而益者須之；無效，而效者待之。儒生，耕戰所須待也，棄而不存，如何也？**「也」字衍。公羊昭十二年傳注曰：「如猶奈也。」「如何」猶言「奈何」也，本書常語。下：「謂之非法度之功，如何？」文同。

**韓子非儒，謂之無益有損，蓋謂俗儒無行操，**荀子儒效篇曰：「逢衣淺帶，解果其冠，略法先王而足亂世；術繆學雜，舉不知法後王而一制度，不知隆禮義而殺詩、書；其衣冠行僞，已同於世俗矣，然而不知惡者；其言議談説，已無以異於墨子矣，然而明不能別；呼先王以欺愚者，而求衣食焉，得委積足以揜其口，則揚揚如也；隨其長子，事其便辟，舉其上客，億然若終身之虜，而不敢有他志，是俗儒也。」公羊傳何休序曰：「治古學，貴文章者，謂之俗儒。」義不通乎此。舉措不重禮，以儒名而俗行，以實學而僞説，貪官尊榮，故不足貴。夫志潔行顯，禮記祭法注曰：「顯，明也。」不徇爵禄，「徇」，程、錢、黄、王本作「循」。去卿相之位若脱躧者，漢書雋不疑傳注曰：「履不著跟曰躧。」居位治職，功雖不立，此禮義爲業者也。易文言傳宋衷注：「業，事也。」國之所以存者，禮義也。民無禮義，傾國危主。今儒者之操，重禮愛義，率無禮之士，激無義之人，人民爲善，愛其主上，此亦有益也。聞伯夷風者，貪夫廉，懦夫有立志；聞柳下惠風者，薄夫敦，鄙夫寬。孟子萬章篇、盡心篇文。注率性篇。此上化也，非人所見。説文匕部：「化，教行也。」徒聞風名，猶或變節，此教化之上者，故人不見其效。

段干木闔門不出，「段」舊誤「叚」，今正。下並同。魏文敬之，表式其閭，秦軍聞之，卒不攻魏。吕氏春秋期賢篇：「魏文侯過段干木之閭而軾之。居無幾何，秦興兵欲攻魏，司馬唐諫曰：『段干木，賢者也，而魏禮之，不可加兵。』秦君乃按兵，輟，不敢攻之。」高注：「閭，里也。周禮：『二十五家爲閭。』軾，伏軾也。」淮南修務訓作「魏文侯過其閭而軾之」。高注同。新序雜事五亦作「軾」。此作「表式」，與「軾」義異。「式」亦「表」也，蓋仲任讀「軾」作「式」。漢書張良傳：「表商容閭，式箕子門。」師古注曰：「式亦表也。里門曰閭，表謂顯異之。」使魏無干木，俞曰：史記老子傳云：「老子之子名宗，宗爲魏將，封於段干。」集解曰：「此云『封於段干』，段干應是魏邑名也。而魏世家有段干木、段干子。田完世家有段干明。疑此三人是姓段干也。『木』蓋因邑爲姓。風俗通氏姓注云：『姓段，名干木。』恐或失之矣。」今據此文云「使魏無干木」，則亦以爲段姓，干木名。漢人舊説，固如此也。暉按：姓苑、通志氏族略五、路史國名記乙、程大中四書逸箋，並謂「段干」姓，「木」名。魏都賦云：「干木之德。」楚辭九辨王逸注云：「干木闔門而辭相。」是並誤「段」爲姓矣。秦兵入境，境土危亡。秦，彊國也，兵無不勝。兵加於魏，魏國必破，三軍兵頓，流血千里。今魏文式闔門之士，卻彊秦之兵，全魏國之境，濟三軍之衆，功莫大焉，賞莫先焉。

齊有高節之士，曰狂譎、華士。「譎」，韓非子作「矞」。淮南人間訓、孔子家語始誅篇同此。二人，昆弟也，義不降志，不仕非其主。不降志，言其直己之心，不入庸君之朝也。太公封於齊，以此二子解沮齊衆，開不爲上用之路，同時誅之。淮南人間訓注曰：「狂譎，東海之上人也，耕田而食，讓不受禄，太公以爲飾虛亂民而誅。」家語始誅篇注曰：「士爲人虛謅，亦聚黨也。」韓子善之，以爲二子無益而有損也。據韓非子外儲説右上。

夫狂譎、華士，段干木之類也，太公誅之，無所卻到；魏文侯式之，盼遂案：「侯」

字疑衍，本篇例稱魏文。卻彊秦而全魏，功孰大者？使韓子善干木闔門〔之〕高節，〔高〕魏文〔之〕式，之是也「是也」二字，後人妄加。此文乃據韓子責功，必善干木，高魏文，以證其善太公誅狂譎爲非。非以韓子善干木，而證魏文之是。文乃刺韓，無庸及魏文之是非也。原文當作：「使韓子善干木闔門之節，高魏文之式。」下文「使韓子非干木之行，下魏文之式」，與此文正反相承。「善」與「非」，「高」與「下」，相對成義。是其證。蓋「門」下脫「之」字，「節」、「高」二字，「之」、「式」二字，並誤倒，校者則妄增「是也」二字，以與下文「非也」相承，遂失其義矣。狂譎、華士之操，干木之節也，善太公誅之，非也。使韓子非干木之行，下魏文之式，則干木以此行而有益，魏文用式之道爲有功，是韓子不賞功尊有益也。

論者或曰：「魏文式段干木之閭，秦兵爲之不至，非法度之功。一功特然，不可常行，雖全國有益，非所貴也。」夫法度之功者，謂何等也？養三軍之士，明賞罰之命，嚴刑峻法，韓非子有度篇曰：「峻法所以遏滅外私也，嚴刑所以遂令懲下也。」（今本〔一〕「峻」誤作「浚」，錯入「所以」下。「遏」誤作「過遊」。此依王先慎校。）富國彊兵，此法度也。案秦之彊，肯爲此乎？言秦不因有法度而不伐。六國之亡，皆滅於秦兵。六國之兵非不鋭，

〔一〕「本」下原本誤衍一「本」字，今删。

士衆之力非不勁也，然而不勝，至於破亡者，彊弱不敵，衆寡不同，雖明法度，其何益哉？使童子變孟賁之意，呂氏春秋孟春紀注：「變，猶戾也。」孟賁，古勇士。注累害篇。孟賁怒之，童子操刃，與孟賁戰，童子必不勝，力不如也。孟賁怒，而童子脩禮盡敬，孟賁不忍犯也。秦之與魏，孟賁之與童子也。魏有法度，秦必不畏，猶童子操刃，孟賁不避也。其尊士式賢者之閭，非徒童子脩禮盡敬也。夫力少則脩德，兵彊則奮威。奮，振也。秦以兵彊，威無不勝。卻軍還衆，不犯魏境者，賢干木之操，高魏文之禮也。夫敬賢，弱國之法度，力少之彊助也。謂之非法度之功，如何？

高皇帝議欲廢太子，呂后患之，即召張子房而取策。子房教以敬迎四皓而厚禮之。四皓者，四人皆八十餘歲，鬚眉皓白，故謂之四皓。漢書王貢兩龔鮑傳序曰：「漢興，有園公、綺里季、（田汝成、齊召南並謂「季」當屬下讀，非。說詳朱氏羣書札記卷二。）夏黄公、甪（音鹿。）里先生，此四人者，當秦之世，避而入商雒深山，以待天下之定也。自高祖聞而召之，不至。其後呂后用留侯計，使皇太子卑辭束帛，致禮安車，迎而致之。四人既至，從太子見高祖，客而敬焉。太子得以爲重，遂用自安。」皇甫謐高士傳曰：「四皓者，皆河内軹人也。或在汲。一曰東園公，二曰甪里先生，三曰綺里季，四曰夏黄公。」通志氏族略三曰：「四皓皆以地爲氏。」朱亦棟曰：「東園、甪里、綺里、夏潛，疑並是地名，四皓不以姓名傳也。」陶潛聖賢羣輔録曰：「園公姓圈，名秉，字宣明，陳留襄邑人，常居園中，故號園公，見陳留志。夏黄公姓崔，名廓，字少通，齊人，隱居修道，號夏黄公。見崔氏譜。」路史發揮四、方以智通雅、姚範援鶉堂筆記二四、左暄三餘偶筆十一、朱亦棟羣書札記十六，並辯四皓姓字，甚詳。顔師古曰：「四皓無姓字可稱，蓋隱居之人，祕其姓字，故史傳無得而詳。後代爲四人施安姓字，皆臆説也。」此論甚塙。**高祖見之，心消意沮，**毛詩巧言傳：「沮，止也。」**太子遂安。**事見史記留侯世家。**使韓子爲吕后議，**廣雅釋詁：「議，謀也。」**進不過彊諫，退不過勁力，以此自安，取誅之道也，豈徒易哉？**易，謂更易其議，不立戚夫人子也。**夫太子敬厚四皓，以消高帝之議，猶魏文式段干木之閭，卻彊秦之兵也。**舊本段。

**治國之道，所養有二：一曰養德，二曰養力。養德者，養名高之人，以示能敬賢；**文選齊竟陵文宣王行狀注引「高」下有「尚」字。「示」作「亦」。並誤。當據此正。**養力者，養氣力之士，以明能用兵。此所謂文武張設，德力具足者也。**「具」舊作「且」，宋、元本並作「具」。朱校同。今據正。**事或可以德懷，或可以力摧。外以德自立，内以力自備，慕德者不戰而服，犯德者畏兵而卻。徐偃王脩行仁義，陸地朝者三十二國，**韓非子五蠹篇、後漢書東夷傳、博物志、水經濟水注並作「三十六國」。淮南説山訓同此。**彊楚聞之，舉兵而滅之。**楚文王時也。餘注幸偶篇。**此有德守，無力備者也。夫德不可獨任以治國，**

力不可直任以御敵也。「御」、「禦」字同。韓子之術不養德，偃王之操不任力，二者偏駁，各有不足。偃王有無力之禍，知韓子必有無德之患。

凡人禀性也，清濁貪廉，各有操行，猶草木異質，不可復變易也。狂譎、華士不仕於齊，猶段干木不仕於魏矣。性行清廉，不貪富貴，非時疾世，義不苟仕，苟，苟且也。雖不誅此人，此人行不可隨也。言人性行不能盡同狂譎。太公誅之，韓子是之，是謂人無性行，草木無質也。太公誅二子，使齊有二子之類，必不爲二子見誅之故，不清其身；使無二子之類，雖養之，終無其化。堯不誅許由，唐民不皆樔處；文選陸士衡演連珠注引古史考曰：「許由，堯時人也，隱箕山，恬淡養性，無欲於此。堯禮待之，由不肯就。時人高其無欲，遂崇大之，曰堯將天下讓許由，由恥聞之，乃洗其耳。或曰：又有巢父，與許由同志。或曰：許由夏常居巢，故一號巢父。不可知也。」又應休璉與從弟君苗、君胄書曰：「山父不貪天下之樂。」注曰：「山父，即巢父也。」孔稚珪北山移文注引皇甫謐高士傳曰：「巢父聞許由爲堯所讓也，乃臨池而洗耳。」按：許由、巢父，或以爲一人，或以爲二人。古今人表分許由、巢父爲二。此云許由居樔，是以許由爲巢父也。說文木部：「樔，澤中守艸樓。從木，巢聲。」此文作「樔」，是也。書傳作「巢父」者，借「巢」爲之。武王不誅伯夷，周民不皆隱餓；魏文侯式段干木之閭，盼遂案：「侯」字衍。魏國不皆闔門。由此言之，太公不誅二子，齊國亦不皆不仕。何則？清廉之行，人所不能爲也。夫人所不能爲，養使爲之，不能使勸；人所能爲，誅以禁之，不能使止。然則太公誅二子，無益於化，空殺無辜之民。賞無功，殺無辜，韓子所非也。太公殺無辜，韓子是之，以（是）韓子之術殺無辜也。「以」當作「是」。下「韓子善之，是韓子之術亦危仁也」文例同。

夫執不仕者，執，執一也。未必有正罪也，太公誅之。如出仕未有功，太公肯賞之乎？賞須功而加，罰待罪而施。使太公不賞出仕未有功之人，則其誅不仕未有罪之民，非也，而韓子是之，失誤之言也。且不仕之民，性廉寡欲；好仕之民，性貪多利。利欲不存於心，則視爵禄猶糞土矣。廉則約省無極，貪則奢泰不止。奢泰不止，則其所欲，不避其主。案古篡畔之臣，希清白廉潔之人。希，鮮也。貪，故能立功；憍，故能輕生。憍謂驕恣。字本作「驕」。積功以取大賞，奢泰以貪主位。太公遺此法而去，故齊有陳氏劫殺之患。田成子常殺簡公。「殺」當作「弒」，下同。實知篇述此事正作「劫弒」。韓詩外傳十、淮南齊俗篇作「劫殺」，誤同。太公之術，致劫殺之法也。韓子善之，是韓子之術亦危亡也。

周公聞太公誅二子，非而不是，韓非子外儲說右上：「狂矞、華士，太公望至於營丘，使執而殺之，以爲首誅。周公旦從魯聞之，發急傳而問之曰：『夫二子賢者，今日饗國而殺賢者，何也?』」然而身執贄以下白屋之士。身猶親也。餘注語增篇。白屋之士,二子之類也。周公禮之,太公誅之,二子之操,孰爲是者?周公、太公孰爲是。宋人有御馬者,不進,拔劍剄而棄之於溝中。又駕一馬,馬又不進,又剄而棄之於溝。若是者三。以此威馬,至矣,吕氏春秋用民篇:「宋人有取道者,其馬不進,倒而投之鸂水。又復取道,其馬不進,又倒而投鸂水。如此者三。雖造父之所以威馬,不過此矣。」「倒」當從此文作「剄」。高誘注:「倒,殺也。」古無此訓。説文:「剄,刑也。」漢書賈誼傳注:「剄,割頭也。」故「剄」可訓「殺」。然非王良之法也。王良注命義篇。王良登車,馬無罷駑;堯、舜治世,民無狂悖。亦見率性篇。未知何出。王良馴馬之心,堯、舜順民之意。人同性,馬殊類也。王良能調殊類之馬,太公不能率同性之士。然則周公之所下白屋,王良之馴馬也;太公之誅二子,宋人之剄馬也。舉王良之法與宋人之操,使韓子平之,「平」讀「評」。韓子必是王良而非宋人矣。王良全馬,宋人賊馬也。馬之賊,則不若其全;然則,民之死,不若其生。使韓子非王良,自同於宋人,賊善人矣。如非宋人,宋人之術與太公同,非宋人,是太公,韓子好惡無定矣。

治國猶治身也。治一身,省恩德之行,多傷害之操,則交黨疎絶,耻辱至身。推治身以況治國,治國之道,當任德也。韓子任刑,獨以治世,是則治身之人,任傷害也。

韓子豈不知任德之爲善哉？以爲世衰事變，民心靡薄，漢書董仲舒傳注：「靡，散也。薄，輕也。」故作法術，專意於刑也。韓非子五蠹篇曰：「上古競於道德，中古逐於智謀，當今爭於氣力。夫古今異俗，新故異備，如欲以寬緩之政治急世之民，猶無轡策而御馯馬，此不知之患也。」又心度篇：「民樸而禁之以名，則治；世智維之以刑，則從。」夫世不乏於德，猶歲不絶於春也。謂世衰難以德治，可謂歲亂不可以春生乎？人君治一國，猶天地生萬物。天地不爲亂歲去春，人君不以衰世屏德。孔子曰：「斯民也，三代所以直道而行也。」言今之民，即三代所以德化馭者。論語衞靈公篇集解引馬融注與此義違。説詳率性篇。各本段，今不從。周穆王之世，可謂衰矣，任刑治政，亂而無功。尚書吕刑曰：「惟吕命王：『享國百年耄荒，度作刑，以詰四方。』」爲此文所本。訓「耄荒」爲「衰亂」，故云：「穆王之世衰。」史記周本紀曰：「穆王將征犬戎以歸，自是荒服者不至，諸侯有不相睦者，甫侯言于王，作修刑辟。」匈奴傳曰：「周道衰，荒服不至，於是周遂作甫刑之辟。」漢書刑法志曰：「周道既衰，穆王眊荒，命甫侯度作刑，以詰四方。」皆以「耄荒」爲國勢之衰，政刑之亂，與仲任義同。蓋漢儒相承舊説。僞孔傳訓「耄荒」爲「耄亂荒忽」，正得其義。魏、晉去漢未遠，故得承舊聞。孫星衍訓「耄」爲「老」，「荒」爲「治」，則漢人所云「穆王衰亂」，不知所據矣。帝王世紀以「耄荒」爲「老耄」，亦不足信。甫

**侯諫之，**書序曰：「呂命穆王，訓夏贖刑，作呂刑。」呂刑曰：「惟呂命王，享國百年耄荒，度時作刑，以詰四方。」命，告也。見廣雅。（此從吴汝綸說。）「度時作刑」，謂相度時宜以作刑。（從皮錫瑞說。）呂侯言于王，政刑衰亂，當改重刑從輕，故云「甫侯諫之」也。僞孔讀「惟呂命」句絶，謂「呂侯見命爲卿」，非也。史記周本紀云：「甫侯言于王。」以「命」爲「言」，讀「王」字上屬。此云「甫侯諫之」，下文又云「用甫侯之言」，知仲任讀與史同。仲任今文家，則此爲今文說也。皮錫瑞曰：「據論衡此文，則今文家當以『惟甫命王』爲句。命王者，甫侯言於王，諫王任刑也。史記周本紀集解鄭玄曰：『書說：周穆王以甫侯爲相。』鄭引書說，出書緯刑德放文。（據孔疏。）鄭云：『甫侯爲相。』又云：『呂侯受王命，入爲三公。』（見孔疏。）甫侯於六卿當爲司寇，於三公爲司空公。司寇掌刑典，故得諫王任刑也。」**穆王存德，**謂改重刑從輕，與周禮大司寇鄭注說同。刑法志以呂刑爲重典，則與仲任說異。後漢紀崔寔論世事曰：「昔盤庚遷都，以易殷民之弊；周穆改刑，以正天下之失。」**享國久長，**呂刑曰：「饗國百年。」注氣壽篇。**功傳於世。夫穆王之治，初亂終治，非知昏於前，才妙於後也，前任蚩尤之刑，後用甫侯之言也。**呂刑曰：「蚩尤唯始作亂。」又曰：「苗民弗用靈，制以刑，惟作五虐之刑，曰法。」是蚩尤作亂，苗民制刑，絶然兩事。此文云：「穆王用蚩尤之刑。」寒溫篇云：「蚩尤之民，湎湎紛紛。」變動篇云：「甫刑曰：『庶僇旁告無辜于天帝。』此言蚩尤之民被冤，旁告無罪于上天。」是以湎亂作刑，爲蚩尤之事矣。「湎湎紛紛」，「旁告無辜」，經亦繫之苗民，并與仲任說異。考鄭注：（孔疏引。）「蚩尤霸天下，黄帝所伐者。學蚩尤爲此者，九黎之君，在少昊之代。」又曰：「苗民，謂九黎之君也。九黎之君，于少昊氏衰，而棄善道，上效蚩尤重刑。苗民，有苗，九黎之後。」馬融曰：（釋文引。）「蚩尤，少昊之末，九黎君名。」孔傳曰：「九黎之君，號曰蚩尤。」據三家注，於蚩尤、苗民有二說：一以蚩尤爲九黎之君，馬與僞孔是也。一以苗民爲九黎之後，鄭氏是也。是則鄭雖以三苗爲九黎之後，然九黎非蚩尤子孫；緇衣疏，鄭以九黎爲苗民先祖，非蚩尤子孫。馬、孔雖以蚩尤爲九黎之君，然九黎與三苗，惟異代同惡，不言同種。然則苗民與蚩尤，不可並爲一也。但如是，則呂刑之文，蚩尤、苗民，各自爲節，而蚩尤於文更爲贅矣。（此本戴鈞衡書傳補商。）仲任謂「蚩尤之民，湎湎紛紛」，又謂蚩尤作刑，則呂刑之文，一氣貫注。蓋仲任經說，自有與鄭、馬異者。譴告篇謂穆王用刑，報虐用威，亦與注家相違。揚雄廷尉箴曰：「昔在蚩尤，爰作淫刑，延於苗民，夏氏不寧。」緇衣鄭注：「三苗作五虐蚩尤之刑。」三國魏志鍾繇傳上疏引呂刑：「皇帝清問下民，鰥寡有辭於苗。」釋云：「堯當除蚩尤、有苗之刑，先審問於下民之有辭者。」揚雄、鄭玄、鍾繇雖並言蚩尤之刑，但似謂三苗承用蚩尤之刑。而仲任則以蚩尤、有苗爲一。**夫治人不能捨恩，治國不能廢德，治物不能去春，韓子欲獨任刑用誅，如何？**黃震曰：「太公安有殺隱士之理，太公始亦隱士耳。謂其殺隱士，必欲人皆效命於國者，韓非等妄言，以售私說耳。此不待辯。」舊本段。

**魯繆公問於子思曰：「吾聞龐撊是子不孝。**孫曰：韓非子難三作「龐𥼶氏」，孔叢子公儀篇作「龐攔氏」，顧廣圻韓非子識誤云「是」與「氏」同，史記酷吏傳云「濟南瞯氏」，漢書音義云

「音小兒癇」，即此姓，「龐」當是其里也。暉按：路史後紀十三上云：「羿以龐門是子爲受教之臣。」注云：「羿傳逢蒙，論衡作『龐門是子』，即逢門也。」蓋所據本「撊」訛作「門」，故誤以龐撊是子與逢門爲一人。陳士元孟子雜記辨名篇云：「逢蒙，論衡作龐門。」蓋未檢論衡原書，而沿襲羅苹妄説也。不孝，其行奚如？」「不孝」二字，韓非子不重。朱曰：此疑衍。子思對曰：「君子尊賢以崇德，舉善以勸民。今本韓子誤作「觀民」。論語爲政篇：「舉善而教不能則勸。」顧廣圻謂以「觀」爲是，恐非。若夫過行，是細人之所識也，臣不知也。」子思出，子服厲伯見。子服姓，厲伯字。論語憲問篇有「子服景伯」。廣韻六止子字注：「魯大夫子服氏。」君問龐撊是子。子服厲伯對以其過，對以其過三。皆君子(之)所未曾聞。孫曰：「君子」當從韓非子作「君之」。「君」對魯繆公而言，無取於「君子」也。蓋涉上文諸「子」字而誤。顧廣圻謂韓非子「君之」當作「君子」，非也。自是之後，君貴子思而賤子服厲伯。韓子聞之，以非繆公，以爲明君求姦而誅之，子思不以姦聞，而厲伯以姦對，厲伯宜貴，子思宜賤。今繆公貴子思，賤厲伯，失貴賤之宜，故非之也。以上據韓非子難三。

夫韓子所尚者，法度也。人爲善，法度賞之；惡，法度罰之。雖不聞善惡於外，善惡有所制矣。夫聞惡不可以行罰，猶聞善不可以行賞也。非人不舉姦者，非韓子之術也。盼遂案：下「非」字衍。上文子思之不以姦聞，韓非言繆公宜賤之，此其結論也。使韓子聞善，必將試之，試之有功，乃肯賞之。夫聞善不輒加賞，虚言未必可信也。若此，聞善與不聞，無以異也。夫聞善不輒賞，則聞惡不輒罰矣。聞善必試之，聞惡必考之，試有功乃加賞，考有驗乃加罰。虚聞空見，實試未立，賞罰未加。賞罰未加，善惡未定。未定之事，須術乃立，則欲耳聞之，非也。

鄭子産晨出，過東匠之宫，韓非子難三「宫」作「閭」。聞婦人之哭也，撫其僕之手而聽之。有間，使吏執而問之，手殺其夫者也。「殺」，韓子作「絞」。翼日，韓子作「異日」。其僕問曰：「夫子何以知之？」子産曰：「其聲不慟。韓子作「其聲懼」。盼遂案：「不」字衍文。「慟」依下文當改爲「懼」。韓非子難三篇正作「其聲懼」。又案：段成式酉陽雜俎云：「韓晉公滉在潤州，夜與從事登萬歲樓。方酣，置杯不樂。語左右曰：『汝聽婦人哭乎？當近何所？』對在某街。詰朝，命吏捕哭者訊之。信宿，獄不具。忽有大蠅集於首，因發髻驗之，果婦私於鄰，醉其夫而釘殺之。吏以爲神，問晉公。晉公曰：『吾察其哭聲疾而不悼，若强而懼者。』王充論衡云：鄭子産晨出，聞婦人之哭，拊僕手而聽。有間，使吏執而問之，即手殺其夫。異日，其僕問曰：夫子何以知之？子産曰：凡人於其所親愛，知病而憂，臨死而懼，已死而哀。今哭已死而懼，知其姦也。』」凡人於其所親愛也，知病而憂，「知」，韓子作「始」。臨死而懼，已死而哀。今哭夫已死，不哀而懼，是以知其有姦也。」韓子聞而非之曰：「子産不亦多事乎？姦必待耳目之所及而後知之，則鄭國之得姦寡矣。不任典城之吏，韓子作「典成」。舊注：「典，主也。謂因事而責成之。」按：前命禄篇曰：「下愚而千金，頑魯而典城。」後漢書章帝紀：「舉孝廉郎中寬博有謀，任典城者，以補長相。」注：「任，堪使也。典，主也。長謂縣長。相謂侯相。」則典城謂主宰邑城。訓「成」爲責成，於義迂矣。察參伍之正，韓子「察」上有「不」字，此蒙上文省。「正」讀作「政」。韓子八經篇：「參伍之道，行參以謀多，揆伍以責失。」史記蒙恬傳引周書曰：「必參而伍之。」又云：「察於參伍，上聖之法。」索隱謂：「參謂三卿，伍謂五大夫，欲參伍更議。」其説非也。韓非子内儲説上云：「觀聽不參，則誠不聞。」（誠，實也。）荀子成相篇云：「參伍明謹施賞刑。」楊注：「參伍猶錯雜，謂或往參之，或往伍之。」盼遂案：「參」上宜依韓非子難三篇補「不」字，方與上文「不任典城之吏」一律。不明度量，待盡聰明、勞知慮而以知姦，盼遂案：「待」當爲「徒」之誤。又按：韓子作「恃盡聰明」，亦與上文不接。或乃「特」字之譌歟？不亦無術乎？」待，須也。韓子作「恃」。王先慎曰：「作『待』誤。」恐非。文見韓非子難三。

韓子之非子産，是也；其非繆公，非也。夫婦人之不哀，猶龐捫子不孝也。當作「龐撊是子」，「捫」字誤，又脱「是」字。盼遂案：「捫」當是「撊」。「撊」下依上文當有「是」字。非子産持（待）耳目以知姦，「持」爲「待」形誤。此據上「姦必待耳目之所及而後知之」爲義。「待」

與下句「須」字互文。待亦須也。前文「事或無益而益者須之，無效而效者待之」，亦以「須」、「待」互文。並其證。獨欲繆公須問以定邪。子產不任典城之吏，而以耳〔聞〕定實；繆公亦不任吏，而以口問立誠。孫曰：「耳」下脱「聞」字。「而以耳聞定實」，與「而以口問立誠」相對成文。下云：「夫耳聞口問，一實也。」尤其切證。吴說同。夫耳聞口問，一實也，俱不任吏，皆不參伍。厲伯之對不可以立實，猶婦人之哭不可以定誠矣。不可〔以〕定誠，使吏執而問之；孫曰：「可」下脱「以」字。上下文例可證。不可以立實，不使吏考，獨信厲伯口，以罪不考之姦，如何？

韓子曰：「子思不以過聞，繆公貴之；子服厲伯以姦聞，繆公賤之，人情皆喜貴而惡賤，故季氏之亂成而不上聞，魯之公室，三世劫於季氏。此魯君之所以劫也。」見難三。夫魯君所以劫者，以不明法度邪？以不早聞姦也？夫法度明，雖不聞姦，姦無由生；法度不明，雖日求姦，決其源，鄣之以掌也。御者無銜，疑「術」字形誤。見馬且犇，無以制也。使王良持轡，馬無欲犇之心，御之有數也。廣雅釋言：「數，術也。」今不言魯君無術，而曰不聞姦；不言審法度，而曰不通下情，「審」上疑脱「不」字。上文：「魯君所以劫者，以不明法度邪？以不早聞姦也？」仲任意，原於不明法度，故此謂韓子之非繆公，不言不審法度。今脱「不」字，則失其義矣。盼遂案：「審」上脱一「不」字。上文「不言魯君無術，而曰不聞姦」，此作「不審法度」，方與相應。韓子之非繆公也，與術意而相違矣。

龐捫是子不孝，子思不言，「捫」當作「撊」，崇文本已校改。下同。繆公貴之。韓子非之，以爲「明君求善而賞之，求姦而誅之」。夫不孝之人，下愚之才也。下愚無禮，順情從欲，「從」讀「縱」。與鳥獸同。謂之惡，可也；謂姦，非也。姦人外善内惡，色厲内荏，曲禮上釋文：「荏，柔弱貌。」謂外莊厲而内心柔佞。作爲操止，像類賢行，以取升進，容媚於上，安肯作不孝，著身爲惡，以取棄殉之咎乎？龐捫是子可謂不孝，不可謂姦。韓子謂之姦，失姦之實矣。

韓子曰：「布帛尋常，儀禮公食大夫禮記注：「丈六尺曰常，半常曰尋。」庸人不擇；先孫曰：五蠹篇作「釋」，字通。王先慎曰：「擇字誤。」暉按：王説非也。墨子節葬篇：「爲而不已，操而不擇。」易林恒之蒙曰：「郊耕擇耜，有所疑止。」并借「擇」爲「釋」。爍金百鎰，盜跖不搏。」見韓非子五蠹篇。以喻峭法嚴刑之效。「鎰」作「溢」，「搏」作「掇」。史記李斯傳引韓子與此文同。劉先生宣南雜識曰：「溢」字是，後人妄改作「鎰」。小爾雅廣量篇：「一手之盛謂之溢。」宋咸注：「滿一手也。」正是其義。暉按：李斯釋云：「不以盜跖之行，爲輕百鎰之重。」則作「鎰」爲是。（鎰或言二十兩，或言二十四兩。）尋常以度言，百鎰以衡言。作「溢」恐非。又按：「爍」當從韓子、史記作「鑠」。索隱曰：「爾雅云：『鑠，美也。』言百鎰之美金，在於地，雖有盜跖之行，亦不取者，爲其財多而罪重也。搏猶攫也，取也。」韓子舊注訓「鑠金」爲金銷爛，妄也。以此言之，法明，民不敢犯也。設明法於邦，有盜賊之心，不敢犯矣；不測之者，不敢發矣。盼遂案：「者」疑爲「旨」之訛。緣「旨」之誤而成「者」，遂與上句「盜賊之心」不相應。姦心藏於胸中，不敢以犯罪法，罪法恐之也。此文疑作：「不敢以犯，明法恐之也。」承上「法明，民不敢犯也」爲文。下「明法恐之」即複述此文，尤其切證。蓋「明法」譌爲「罪法」，又誤衍也。盼遂案：次「罪法」當是「明法」，上下文統作「明法」。明法恐之，則不須考姦求邪於下矣。使法峻，民無姦者；使法不峻，民多爲姦。而不言明王之嚴刑峻法，而云求姦而誅之。言求姦，是法不峻，民或犯之也。世不專意於明法，而專心求姦，此對韓子言，「世」字無取，涉「也」字譌衍。韓子之言，與法相違。

人之釋溝渠也，書大禹謨孔傳：「釋，廢也。」知者必溺身；盼遂案：「知」下疑有脱文。不塞溝渠而繕船檝者，繕，治也。「船」，宋、元本並作「舡」。朱校同。廣雅釋水：「舡，舟也。」「檝」，廣韻二六緝云：「舟檝。」干禄字書：「檝通。楫正。」知水之性不可閼，莊子逍遥遊釋文：「閼，塞也。」其勢必溺人也。臣子之性欲姦君父，猶水之性溺人也，不教所以防姦，而非其不聞知，是猶不備水之具，謂舟檝。而徒欲早知水之溺人也。溺於水，不責水而咎己者，己失防備也。然則人君劫於臣，己失法也。備溺不閼水源，防劫不求臣姦，韓子所宜用教己也。「己」疑衍。水之性勝火，如裹之以釜，水煎而不得勝，必矣。韓非子備内篇：「今夫水之勝火，亦明矣。然而釜鬵間之，水煎沸竭盡其上，而火得熾盛焚其下，水失其所以勝者矣。」爲此義所本。夫君猶火也，臣猶水也，法度釜也，火不求水之姦，君亦不宜求臣之罪也。盼遂案：「姦」依上文當爲「勝」，「罪」當爲「姦」。上文言水性勝火，君求臣姦，可證。

## 刺孟篇

説文言部：「諫，數諫也。從言，朿聲。」譏刺字當作「諫」。朱彝尊經義考二三二曰：「刺孟計六篇。」蓋依通津本之誤。今分爲八章。余允文尊孟辨載「陳臻問曰」、「孟子在魯」爲節，故云「刺孟十篇」，亦誤。

孟子見梁惠王。王曰：「叟！不遠千里而來，將何以利吾國乎？」史記魏世家亦作「將何以」。孟子作「亦將有以」。趙岐注曰：「叟，長老之稱也。孟子去齊，老而至魏，故王尊禮之。」史記六國表：「魏惠王三十五年，孟子來。」孟子曰：「仁義而已，何必曰利？」見孟子梁惠王篇。

夫利有二：有貨財之利，有安吉之利。惠王曰：「何以利吾國？」何以知不欲安吉之利，而孟子徑難以貨財之利也？易曰：「利見大人。」易乾卦爻詞。「利涉大川。」容齋隨筆十二曰：易卦辭稱「利涉大川」者七。「乾，元亨利貞。」易乾卦詞。文言曰：「元者，善之長也。亨者，嘉之會也。利者，義之和也。貞者，事之幹也。君子體仁足以長人，嘉會足以合德，利物足以和義，貞固足以幹事。君子行此四德者，故曰：乾，元亨利貞。」尚書曰：「黎民亦尚有利哉？」見秦誓。正義誤以「黎民」上屬「子孫」爲句。「尚」作「職」。禮記大學引同此。（今本「亦尚」誤倒。）并今文也。皆安吉之利也。行仁義得安吉之利。孟子不（必）且語

(詰)問惠王：先孫曰：「不」疑當作「必」。「語」，余允文尊孟辯引作「詰」，義較長。「何謂『利吾國』？」惠王言貨財之利，乃可答若設。「若設」，疑爲「若言」之誤。若，此也。若言，謂「何必曰利」也。盼遂案：「若設」二字疑誤。令(令)「令」當作「令」，形譌。惠王之問未知何趣，孟子徑答以貨財之利。如惠王實問貨財，孟子無以驗效也；盼遂案：「無」當爲「有」。如問安吉之利，而孟子答以貨財之利，失對上之指，違道理之實也。

齊王問時子：余允文引有「曰」字。「問」，孟子作「謂」。「我欲中國而授孟子室，養弟子以萬鍾，使諸大夫、國人皆有所矜式。子盍爲我言之？」趙注曰：「時子，齊臣也。王欲於國中央爲孟子築室。矜，敬也。式，法也。盍，何不也。」左傳昭公三年杜注曰：「鍾，六石四斗。」俞樾曰：「蓋齊王之意，以爲孟子即不欲仕，吾將用其弟子中之賢者，養之以萬鍾之禄，使孟子得以安居齊國。疑萬鍾是齊國卿禄之常額，養之以萬鍾，即是使之爲卿。」時子因陳子而以告孟子。趙曰：「陳子，孟子弟子陳臻。」孟子曰：「夫時子惡知其不可也？如使予欲富，辭十萬而受萬，是爲欲富乎？」孟子仕不受禄，嚮者爲卿，嘗辭十萬鍾之禄。以上見孟子公孫丑篇。

夫孟子辭十萬，失謙讓之理也。夫富貴者，人之所欲也，不以其道得之，不居也。論語文。「居」作「處」。注問孔篇。故君子之於爵禄也，有所辭，有所不辭。豈以己不貪富貴之故，而以距逆宜當受之賜乎？

陳臻問曰：「於齊，王餽兼金一百鎰而不受；盼遂案：「餽」，依下文當改作「歸」。此淺人據孟子誤改也。於宋，歸七十鎰而受；於薛，歸五十鎰而受取。「於齊」上，余引有「前日」二字。王本、崇文本，「餽」并作「歸」。孟子、余引并作「餽」。朱校元本同此。「一百」下，孟子無「鎰」字，無「取」字。趙曰：「兼金，好金也。其價兼倍於常者，故謂之兼金。古者以一鎰爲一金。鎰，二十四兩也。」陳士元孟子雜記曰：「薛君，齊田文也。是時任姓之薛滅於齊，齊人嘗築薛以逼滕。」前日之不受是，則今受之非也；孟子作「則今日之受非也」。後漢書張衡傳注引孟子作「今日受之非也」。「受之」二字，同此。翟氏孟子考異引誤增「日」字。今日之受是，則前日之不受非也。夫君子必居一於此矣。」孫曰：此文不當有「君」字，陳臻，孟子弟子，故稱「夫子」。孟子公孫丑篇亦無「君」字。此蓋涉上文「君子之於爵禄」、下文「焉有君子而可以貨取乎」而誤，非異文也。暉按：余引正無「君」字。孟子曰：「皆是也。當在宋也，予將有遠行，行者必以賮，辭曰：『歸賮。』崇文本「賮」作「贐」，「歸」作「餽」，蓋依今本孟子改，非也。文選魏都賦劉逵注、赭白馬賦、讌曲水詩李注引孟子，「贐」并作「賮」。説文有「賮」無「贐」。繫傳賮下云：「孟子歸賮。」并與此同。古本孟子若是也。趙曰：「贐，送行者贈賄之禮也。」予何爲不受？當在薛也，予有戒心，辭曰：『聞戒，故爲兵戒歸之備乎！』孟子作「故爲兵餽之」。

趙曰：「戒，有戒備不虞之心也。時有惡人欲害孟子，孟子戒備，薛君曰：聞有戒，此金可鬻以作兵備，故餽之。」翟灝曰：「風俗通窮通篇：『孟子絶糧于鄒、薛，困殆甚。』所云『戒心』，當即絶糧事。」予何爲不受？若於齊，則未有處也。無處而歸之，是貨之也，焉有君子而可以貨取乎？」見孟子公孫丑下篇。趙注：「義無所處而餽之，是以貨財取我，欲使我懷惠也。安有君子而可以貨財見取之乎？」夫金歸，或受或不受，皆有故，非受之時己貪，當不受之時己不貪也。金有受不受之義，而室亦宜有受不受之理。今不曰「己無功」，若「己致仕，受室非理」，若，或也。謂或辭以己致仕。齊王欲授之室，時值致爲臣而歸也。而曰「己不貪富〈貴〉」，「富」下脱「貴」字，此蒙上文「豈以己不貪富貴之故」爲文。下文「今不曰受十萬非其道，而曰己不貪富貴」，並其證。引前辭十萬以況後萬。前當受十萬之多，安得辭之？

彭更問曰：「後車數十乘，從者數百人，以傳食於諸侯，不亦泰乎？」「不亦」，孟子作「不以」。「亦」，語詞，「不亦泰乎」，不泰乎也。趙曰：「彭更，孟子弟子。」釋名釋宮室云：「傳，傳也，人所止息而去，後人復來，轉轉相傳，無常主也。」傳食，謂舍止諸侯之客館而受其飲食也。荀子仲尼篇注曰：「汰，侈也。」王霸篇注：「『泰』與『汰』同。」孟子曰：「非其道，則一簞食而不可受於人；如其道，則舜受堯之天下，不以爲泰。」見孟子滕文公下篇。無「而」字。趙注：「簞，笥也。」受堯天下，余引「堯」下有「之」字。孰與十萬？「孰」猶「何」也。廣雅曰：

「與，如也。」「孰與」即「何如」也。相較之詞。舜不辭天下者，是其道也。今不曰「受十萬非其道」，而曰「已不貪富貴」，失謙讓也，安可以爲戒乎？舊本段。

沈同以其私問曰：「燕可伐與？」孟子曰：「可。子噲不得與人燕，子之不得受燕於子噲。有士於此，「士」，孟子作「仕」。「仕」、「士」古字通。鄭厚藝圃折衷引孟子同此。而子悦之，不告於王，而私與之子之爵禄。「子」上孟子有「吾」字。余引同。夫士也，亦無王命，而私受之於子，則可乎？何以異於是？」趙曰：「沈同，齊大臣，自以其私情問，非王命也。子噲，燕王也。子之，燕相也。子噲不以天子之命，而擅以國與子之；子之亦不受天子之命，而私受國於子噲，故曰其罪可伐。」「夫」猶「此」也，「夫士」猶言此士也。齊人伐燕。或問曰：「勸齊伐燕，有諸。」曰：「未也。沈同曰：「曰」當從孟子作「問」。下文「沈同問燕可伐與，此挾私意，欲自伐之也」，正作「沈同問」，知此非異文也。余引正作「問」。『燕可伐與？』吾應之曰：『可！』彼然而伐之。〔彼〕如曰：『孰可以伐之？』孫曰：元本「如」作「彼」。疑此與孟子同作「彼如曰孰可以伐之」。元本脱「如」字，今本脱「彼」字。且下文「彼如曰孰可以殺之」，亦與孟子同，知其非異文也。則應之曰：『爲天吏則可以伐之。』今有殺人者，或問之曰：『人可殺與？』則將應之曰：『可！』彼如曰：『孰可以殺之？』則應之曰：『爲士師則可以殺之。』今以燕伐燕，何爲勸之也？」見孟子公孫丑下篇。趙曰：「言今齊國之政，猶燕政也，又非天吏，我何爲勸齊伐燕乎？」

夫或問孟子勸王伐燕，不誠是乎？沈同問燕可伐與？此挾私意，欲自伐之也。知其意慊於是，說文心部：「慊，疑也。」謂意疑於自伐。宜曰：「燕雖可伐，須爲天吏，乃可以伐之。」沈同意絶，則無伐燕之計矣。不知有此私意而徑應之，不省其語，是不知言也。公孫丑問曰：「敢問夫子惡乎長？」趙曰：「公孫姓，丑名，孟子弟子也。」「惡乎長」，何所長也。孟子曰：「我知言。」又問：「何謂知言？」曰：「詖辭知其所蔽，淫辭知其所陷，邪辭知其所離，遁辭知其所窮。鶡冠子能天篇曰：「詖辭者，革物者也，聖人知其所離。淫辭者，固物者也，聖人知其所合。詐辭者，沮物者也，聖人知其所飾。遁辭者，請物者也，聖人知其所極。」朱子孟子集注曰：「詖，偏陂也。淫，放蕩也。邪，邪僻也。遁，逃遁也。四者言之病也。蔽，遮隔也。陷，沈溺也。離，叛去也。窮，困屈也。四者心之失也。」生於其心，害於其政；發於其政，害於其事。雖聖人復起，必從吾言矣。」見孟子公孫丑上篇。孟子，知言者也，又知言之所起之禍，其極所致之福（害）。「福」當作「害」。蓋「害」初譌爲「富」，又涉上文「禍」字而誤爲「福」。「其極所致之害」，蒙上「發於其政，害於其事」爲文，義無取於「福」。下「則知其極所當害矣」，即承此爲文，尤其切證。盼遂案：「福」當爲「害」。後人習於「禍福」而改，不顧其義之難安也。見彼之問，則知其措辭所欲之矣；知其所之，則知其極

**所當害矣。**舊本段。

**孟子有云：**元本無「有」字。朱校同。按上有脱文。元本滅「有」字，校者未之審也。「有」、「又」字通，「又云」與下「又言以天未欲平治天下也」、「云五百年必有王者興，又言其間必有名世」句例同。本篇文例，每節引孟子舊文而詰難之。「孟子有云」以下三句，乃複述前文，非引孟子原書。下文「孟子所去之王」，及「去三日宿於晝」，事見公孫丑篇孟子去齊宿於晝章；「所不朝之王」，及「不朝而宿於景丑氏」，事見公孫丑篇孟子將朝王章。仲任合前後兩事，以見孟子行操乖違。原文此上當節引孟子兩章之文。不然，只引孟子「民舉安」三句，則「所去之王」，「去三日宿於晝」，於義不瞭，未明何指。而「不朝之王」，及「不朝而宿於景丑氏」，其立論亦失所據。又本篇文例，凡詰難者，不及於所引之外。此不述孟子將朝王章，而論及舍景丑氏，與全例不符，則其上有脱文可知矣。又本篇各節，引孟子原文後，于詰論之始，句首必著一「夫」字。如「夫利有二」，「夫孟子辭十萬」。此節「予日望之」下，「孟子所去之王」句首無「夫」字，是此上有脱文之明證。「**民舉安，王庶幾改諸！予日望之。**」公孫丑篇孟子對高子之詞。「民舉安」，作「王如用予，則豈徒齊民安，天下之民舉安」。此以「民舉安」三字爲句，與下義不相屬，疑此亦有脱文。「改諸」，孟子作「改之」。風俗通窮通篇引孟子「王庶幾改之，王如改諸」，亦作「王庶幾改諸」。則此作「改諸」，乃所據本不同。盼遂案：首句宜依孟子本文，作「天下之民舉安」。若今本則無著。**孟子所去之王，豈前所不朝之王哉？**孟子去齊，三宿而後出晝，此所去之王。孟子將朝王，王使人來曰：「朝將視朝。」孟子辭以病，不能造朝，此不朝之王。**而是，**「而」猶「如」也。**何其前輕之疾，**輕謂輕王。**而後重之甚也？**盼遂案：「而是」猶「如是」也。而、如雙聲通借，下句云「如非是」可證。**如非是前王，則（前）不去，而[於]後去之，**「則」，宋本、朱校元本并作「前」。「於」作「復」。按：此文當作「如非是前王，（句。）前不去，而後去之」。「如非是前王」，承上「孟子所去之王，豈前所不朝之王哉」爲文。後人誤以「前王」屬下讀，又改「前」作「則」。「復」字涉「後」字譌衍，又妄改爲「於」。余引已誤同今本。**是後王不肖甚於前，而去，三日宿，**謂去齊三日宿於晝也。**於前不甚，**崇文本「於前」作「於晝」，屬上讀，非也。**不朝而宿於景丑氏。**齊王使人來，欲力疾視朝，而見孟子。孟子辭以疾，不能造朝。明日，出弔於東郭氏，王使人問疾，醫來，不得已而之景丑氏宿焉。趙曰：「因之其所知齊大夫景丑氏之家宿焉。」翟曰：「景丑氏似即漢書藝文志儒家景子三篇之景子。」**何孟子之操，前後不同？所以爲王，終始不一也？**

**且孟子在魯，魯平公欲見之。嬖人臧倉毁孟子，止平公。**魯平公將出，見孟子，嬖人臧倉曰：「何哉君所爲輕身以先於匹夫者？以爲賢乎？禮義由賢者出，而孟子之後喪踰前喪，君無見焉。」公曰：「諾。」趙曰：「嬖人，愛幸小人也。」**樂正子以告。**告孟子，臧倉沮君。趙曰：「樂正姓，名克，孟子弟子也。爲魯臣。」**曰：「行，或使之；止，或尼之。**趙曰：「尼，止也。」**行、止非人所能也。予之不遇魯侯，天也。」**見孟子梁惠王下篇，「予」作「吾」。後漢書趙壹傳注引孟子作「余」，與此同。前不遇於魯，後不遇於齊，無以異也。前歸之天，今則歸之於王，孟子云：「王庶幾改之，予日望之。」孟子論稱，竟何定哉？夫不行於齊，王不用，則若臧倉之徒毁讒之也，此亦「止，或尼之」也。皆天命不遇，非人所能也。去，何以不徑行，而留三宿乎？天命不當遇於齊，王不用其言，天豈爲三日之間，易命使之遇乎？在魯則歸之於天，絶意無冀；在齊則歸之於王，庶幾有望。夫如是，不遇之議，一在人也。「一」猶「皆」也。謂不遇或歸天，或歸人，皆在人議之耳。或曰：「初去，未可以定天命也。冀三日之間，王復追之，天命或時在三日之間，故可也。」夫言如是，齊王初使之去者，非天命乎？如使天命在三日之間，魯平公比三日，亦〔或〕時棄臧倉之議，「亦時」無義，當作「亦或時」。此蒙上「或時」爲文。盼遂案：論衡多用「時」爲「或」之義。以上書虚等九篇，累以「或時」二字連言。「或」與「時」異字同用。此「時棄臧倉之議」，即「或棄臧倉之議」也。更用樂正子之言，往見孟子。劉節廣文選曰：「魯平公與齊宣王會於鳧繹山下，樂正克備道孟子于平公曰：『孟子私淑仲尼，其德輔世長民，其道發政施仁，君何不見乎？』」故云用其言往見孟子。孟子歸之於天，何其早乎？如三日之間，公見孟子，孟子奈前言何乎？

孟子去齊，充虞塗問曰：「夫子若不豫色然。前日，虞聞諸夫子曰：『君子不怨天，不尤人。』」「塗問」，於路中問也。趙曰：「充虞，孟子弟子。謂孟子去齊，有恨心，顏色故不悦。」曰：「彼一時也，此一時也。孟子無上「也」字。文選答客難注、五等諸侯論注引孟子並與此同。蓋唐以後始脱耳。五百年必有王者興，其間必有名世者矣。趙曰：「名世次聖之才，物來能名正於一世者。」高步瀛曰：「名世，能顯名於當世，猶命世也。」方以智曰：「令、名、命本一字。」由周以來，七百有餘歲矣。以其數則過矣，以其時考之，則可矣。趙曰：「七百有餘歲，謂周家王迹始興，大王、文王以來。考驗其時，則可有也。」朱曰：「周謂文、武之間，數謂五百年之期，時謂亂極思治，可以有爲之日也。」按：本論下文，周謂文、武，朱説得之。「可」謂「可有」，趙説得之。夫天未欲平治天下乎？下文兩見，並作「也」，與孟子同。余引正作「也」。如欲平治天下，當今之世，舍我而誰也？吾何爲不豫哉？」見公孫丑下篇。

夫孟子言「五百年有王者興」，何以見乎？帝嚳王者，而堯又王天下；堯傳於舜，舜又王天下；舜傳於禹，禹又王天下。四聖之王天下也，繼踵而興。禹至湯且千歲；湯至周亦然。云千歲，成數也。説見謝短篇。盼遂案：經傳皆言夏四百年，商六百年。論衡此言，殆本之緯書。是與竹書紀年謂周自開國至穆王爲一百年，同爲古年曆之異聞也。始於文王，而卒傳於武王。武王崩，成王、周公共治天下。由周至孟子之時，又七百歲而無王者。五百歲必有王者之驗，在何世乎？法言五百篇：「『五百歲而聖人出，有諸？』曰：『堯、舜、禹，君臣也，而并；文、武、周公，父子也，而處；湯、孔子數百歲而生。因往以推來，雖千一，不可知也。』」史記自序索隱：「揚雄、孫盛深所不然，以爲淳氣育才，豈有常數？五百年之期，何異一息？是以上皇相次，或以萬齡爲間，而唐堯、舜、禹比肩並列。及周室聖賢盈朝。孔子之没，千載莫嗣。安在於千年五百年乎？」與仲任説同。**云「五百歲必有王者」，誰所言乎？論不實事考驗，信浮淫之語，不遇去齊，有不豫之色，非孟子之賢效，與俗儒無殊之驗也。**

**「五百年」者，以爲天出聖期也。**「五」上疑脱「云」字。「云五百年」，與下「又言以天未欲平治天下」相生爲文。下文「云五百年必有王者」，又言「其間必有名世」，文例正同。文選謝玄暉登孫權故城詩注引作「孟子云：『五百年有王者興。五百年者，以爲天出聖期也』」，無「云」字，蓋并前文，故略之。孟子盡心篇曰：「由堯、舜至於湯，五百有餘歲；若禹、皋陶則見而知之，若湯則聞而知。由湯至於文王，五百有餘歲；若伊尹、萊朱則見而知之，若文王則聞而知之。由文王至於孔子，五百有餘歲；若太公望、散宜生則見而知之，若孔子則聞而知之。」趙曰：「言五百歲聖人一出，天道之常也。亦有遲速，不能正五百歲，故言有餘歲也。」賈子新書數寧篇：「自禹以下，五百歲而湯起。自湯以下，五百餘年而武王起。故聖王之起，大以五百爲記。」御覽四〇一引尚書考靈耀曰：「五百載，聖記符。」注曰：「五百法天地之數也。王命長，故以爲五百載也。」太史公自序亦有此言。并祖述孟子。**又言以「天未欲平治天下也」，其意以爲天欲平治天下，當以**

五百年之間生聖王也。如孟子之言，是謂天故生聖人也。然則五百歲者，天生聖人之期乎？如是其期。天何不生聖？聖王非其期故不生，孟子猶信之，孟子不知天也。「信」，余引作「言」。

「自周已來，七百餘歲矣。以其數則過矣，以其時考之，則可矣。」何謂「數過」？何謂「〔時〕可」乎？孫曰：「可」上脱「時」字。「數過」、「時可」承上句「以其數則過矣，以其時考之則可矣」而言。且下云：「數過，過五百年也。又言時可，何謂也？」尤其切證。暉按：余引有「時」字。數則時，時則數矣。「數過」，過五百年也。從周到今，今，據孟子言也。七百餘歲，踰二百歲矣。設或王者，或，有也。生失時矣，又言「時可」，何謂也？

云「五百年必有王者興」，又言「其間必有名世」，與「王者」同乎？異也？如同，〔何〕爲再言之？「何」字脱。「何爲再言之」，與下「何爲言其間」句例同。余引有「何」字。如異，「名世」者，謂何等也？謂孔子之徒，孟子之輩，教授後生，覺悟頑愚乎？已有孔子，己又以生矣。「己」謂孟子。「以」、「已」通。如謂聖臣乎？當與聖〔王〕同時，「聖」下脱「王」字。下「聖王出，聖臣見」，即承此爲文，可證。聖王出，聖臣見矣。言「五百年」而已，何爲言「其間」？如不謂五百年時，謂其中間乎？是謂二三百年之時也，聖〔人〕不與五百年時聖王相得。上「聖」字下，元本有「人」字，朱校同，今據補。仲任意：

「其間必有名世。」若謂名世聖人出於二三百年之時，則與五百年一出之聖王不能相遇。漢書董仲舒傳贊：「王者不得則不興。」莊子大宗師注：「當所遇之時世謂之得。」余引「得」作「等」，誤。盼遂案：上「聖」字當爲「生」之聲誤。元本「聖」下有「人」字，亦非。夫如是，孟子言「其間必有名世者」，竟謂誰也？

「夫天未欲平治天下也。如欲治天下，舍予而誰也？」「欲」下余引有「平」字。言若此者，不自謂當爲王者，有王者，若爲王臣矣。「若」猶「則」也。爲王者臣，皆天也。己命不當平治天下，不浩然安之於齊，懷恨有不豫之色，失之矣。舊本段。

彭更問曰：「士無事而食，可乎？」孟子作「曰否，士無事而食，不可也」。趙注：「彭更謂士無功事而虛食人者，不可也。」乃彭更申述其意，非問孟子也。孟子曰：「不通功易事，以羨補不足，則農有餘粟，女有餘布。子如通之，則梓匠輪輿皆得食於子。於此有人焉，入則孝，出則悌，守先王之道，以待後世之學者，而不得食於子。子何尊梓匠輪輿，而輕爲仁義者哉？」孟子「不通功」句上有「子」字，「後」下無「世」字。趙曰：「羨，餘也。梓匠，木工也。輪人、輿人，作車者。」朱曰：「有餘，言無所貿易而積於無用也。」曰：「梓匠輪輿，其志將以求食也。君子之爲道也，其志亦將以求食與？」孟子曰：「子何以其志爲哉？盼遂案：「孟子」二字衍文。論衡記問答，例於開端出人名，以下并省。此處蓋讀者旁注以辨主賓，而淺人誤闌入正文也。其有功於子，可食而食之矣。「而」猶「則」也。且子食志乎？食功乎？」曰：「食志。」曰：「有人於此，毁瓦畫墁，其志將以求食也，則子食之乎？」俞樾曰：「『畫』讀爲『劃』。說文：『刉，劃傷也。』『墁』、『幔』古字通用。說文：『幔，衣車蓋也。』『畫幔』者，劃傷其車上之幔也。『毁瓦』以治屋言，乃梓匠之事；『畫墁』以治車言，乃輪輿之事。」曰：「否。」曰：「然則子非食志，食功也。」見滕文公下篇。

夫孟子引毁瓦畫墁者，欲以詰彭更之言也。知毁瓦畫墁無功而有志，無功事而有食志。彭更必不食也。雖然，引毁瓦畫墁，非所以詰彭更也。何則？諸志欲求食者，「諸」猶「凡」也。毁瓦畫墁者不在其中。不在其中，則難以詰人矣。夫人無故毁瓦畫墁，此不癡狂則遨戲也。遨，遊也。癡狂人之〔人〕，吴曰：當作「之人」。各本誤倒。暉按：余引作「之人」。志不求食，遨戲之人，亦不求食。求食者，皆多人所不〔共〕得利之事，先孫曰：「不」，余引作「共」，是也。以〔所〕作此鬻賣於市，「作此」疑當作「所作」，草書「所」、「此」形近而譌。文又誤倒，遂使此文難通。得賈以歸，「賈」讀「價」。乃得食焉。今毁瓦畫墁，無利於人，何志之有？有知之人，知其無利，固不爲也；無知之人，與癡狂比，固無其志。夫毁瓦畫墁，猶比童子擊壤於塗，何以異哉？御覽五八四引周處風土記曰：「擊壤以木爲之，前廣後鋭，長三四寸。（廣韻三六養引作「長尺三四寸」。文選謝靈運初去郡詩注引作「四尺三寸」。困學紀聞二十引作「尺三寸」。）其形如履，先側一壤於地，遥於三四十步，以手中壤擊之，中者爲上。」路史後紀十注引風俗通曰：「形如履，長三四寸，下僮以爲戲。」**擊壤於塗者，其志亦欲求食乎？此尚童子，未有志也。巨人博戲，**說文竹部曰：「簙，局戲也。六箸十二棊也。古者烏曹作簙。」楚詞招魂曰：「菎蔽象，有六簙些。」王注：「投六箸，行六棊，故爲六簙也。」洪興祖補注引鮑宏博經云：「所擲頭謂之瓊，瓊有五采。刻爲一畫者，謂之塞。刻爲兩畫者，謂之白。刻爲三畫者，謂之黑。一邊不刻者，五塞之間，謂之五塞。」列子曰：「擊博樓上。」注云：「擊，打也。如今雙陸棊也。」古博經云：「博法，二人相對坐向局。局分爲十二道，兩頭當中，名爲水。用棊十二枚，六白六黑，又用魚二枚，置於水中。其擲采以瓊爲之。瓊畟方寸三分，長寸五分，鋭其頭，鑽刻瓊四面爲眼，亦名爲齒。二人互擲采行棊，棊行到處，即豎之，名爲驍棊，即入水食魚。亦名牽魚。每牽一魚，獲二籌。飜一魚，獲二籌。」文選魏文帝與朝歌令吴質書：「彈棊間設，終以六博。」李注引藝經曰：「棊正彈法，二人對局，白黑棊各六枚，先列棊相當，更先控，三彈不得，各去控一棊，先補角。」世説曰：「彈棊出魏宫。大體以巾角拂棊子也。」**亦畫墁之類也。博戲之人，其志復求食乎？博戲者，尚有相奪錢財，錢財衆多，己亦得食，或時有志。夫投石超距，亦畫墁之類也。**王念孫曰：「投石猶言投擿。擿亦投也。廣雅曰：『擿，投也。石擿也。』距亦超也。超距即拔距，猶言超踰也。」（讀書雜志四之十二。）**投石**

超距之人，其志有求食者乎？然則孟子之詰彭更也，未爲盡之也。如彭更以孟子之言，「以」，余引作「服」。可謂「禦人以口給」矣。論語公冶長篇孔子責子路之詞。皇疏曰：「禦，對也。給，捷也。言佞者口辭對人捷給無實。」舊本段。

匡章子曰：「陳仲子豈不誠廉士乎？居於於陵，三日不食，耳無聞，目無見也。井上有李，螬食實者過半，扶服往，將食之。三咽，然後耳有聞，目有見也。」趙曰：「匡章，齊人也。」呂氏春秋不屈篇高注：「匡章，孟子弟子也。」淮南子氾論訓曰：「陳仲子立節抗行，不入洿君之朝，不食亂世之食，遂餓而死。」注曰：「齊人，孟子弟子，居於陵。」梁仲子曰：「高注淮南以陳仲子爲孟子弟子。及注呂覽不屈篇，以匡章爲孟子弟子，均妄説也。」陳士元孟子雜記曰：「匡姓，章名，孟子、莊子、史記、戰國策、呂覽並稱『章子』。金履祥云：『匡章字章子。』」皇甫謐高士傳：「陳仲子名仲，字子終。」陳心叔曰：「於陵，楚地，蓋避地於楚也。」高步瀛曰：「於陵，在今山東長山縣西南。」孫奭曰：「咽音嚥。」釋名釋形體曰：「嚥，嚥物也。」焦循曰：「文選劉伶酒德頌引劉熙孟子注云：『槽者，齊俗名之，如酒槽也。』」周廣業孟子古注考云：「『槽』疑『螬』字之譌，説文作『蠹』，齏蠹也。」趙注補正引管同曰：「將，取也。書微子：『將食無災。』」孟子曰：「於齊國之士，吾必以仲子爲巨擘焉！雖然，仲子惡能廉？充仲子之操，則蚓而後可者也。趙曰：「巨擘，大指也。蚓，丘蚓之蟲也。充滿其操行，似蚓而可行者也。」晁氏客語云：「齊地有蟲類丘蚓，大者其項白，齊人謂之巨白，其蟲善擘地以行也。『白』、『擘』聲相近，齊人謂之巨擘。孟子以仲子爲巨擘者，即丘蚓之大者，起下文『蚓而後可』之義。」沈赤然曰：「此説穿鑿無根。」**夫蚓，上食槁壤，下飲黃泉。**高步瀛曰：「荀子勸學篇曰：『螾上食埃土，下飲黃泉。』『螾』、『蚓』字同。大戴禮勸學篇作『上食晞土』，即槁壤也。左傳隱元年注曰：『地中之泉，故曰黃泉。』」**仲子之所居〔之〕室，**「之」當在「居」字下。「所居之室」，與下「所食之粟」對文。孟子正作「所居之室」。下文「今所居之宅，伯夷之所築；所食之粟，伯夷之所樹」，亦以「所居之宅」與「所食之粟」相對。余引此文不誤。盼遂案：當依孟子改作「仲子所居之室」。下文「所食之粟」，又云「今居之宅」，皆與此文相例。**伯夷之所築與？抑亦盜跖之所築與？所食之粟，伯夷之所樹與？抑亦盜跖之所樹與？是未可知也。」曰：「是何傷哉？彼身織屨，妻辟纑，以易之也。」**趙曰：「匡章曰：惡人作之何傷哉？彼仲子身自織屨，妻緝纑，以易食宅耳。緝績其麻曰辟，練其麻曰纑。」**曰：「仲子，齊之世家，兄戴，蓋祿萬鍾。以兄之祿爲不義之祿，而不食也；**初學記二六、御覽八六三引「也」並作「之」。**以兄之室爲不義之室，而弗居也。辟兄離母，處於於陵。**趙曰：「孟子言：仲子，齊之世卿大夫之家。兄名戴，食采於蓋。」閻若璩四書釋地曰：「『蓋大夫王驩』，與『兄戴，蓋祿』之『蓋』一也。以半爲王朝之下邑，王驩治之。以半爲卿族之私邑，陳氏世有之。」按：「蓋大夫」之「蓋」，趙注曰：「齊下邑也。」趙注

「蓋祿」之「蓋」亦爲地名，故閻氏足其説。疑「蓋」爲大略之詞。孝經：「蓋天子之孝也。」孔傳云：「蓋者，辜較之辭。」劉炫述義曰：「辜較猶梗概也。」王念孫廣雅疏證曰：「略陳指趣，謂之辜較。總括財物，亦謂之辜較。」是「蓋祿萬鍾」，辜較其祿耳。張文虎舒藝室隨筆曰：「『蓋』是語詞，亦約略之詞，皇甫謐高士傳云：『陳仲子，齊人也，其兄戴，爲齊卿，食祿萬鍾。』是不以『蓋』爲食邑。」他日歸，則有饋其兄生鵝者也，「也」字，孟子、余引並無。疑涉下「己」字譌衍。己頻蹙曰：「惡用是鶂鶂者爲哉？」他日，其母殺是鵝也，與之食之。其兄自外〔來〕至，初學記二六、御覽八六三引並有「來」字。今本蓋依孟子妄删。曰：「是鶂鶂之肉也。」出而吐之。「吐」，孟子作「哇」。御覽引孟子亦作「吐」。風俗通云：「孟軻譏仲子吐鶂鶂之羹。」陳士元孟子雜記曰：「説文：『哇，淫聲。』正韻又云：『小兒啼聲。』而朱注以『哇』訓『吐』，蓋亦方言。不然，或『吐』字之訛，故論衡引孟子文，即作『出而吐之』。」趙曰：「異日歸省其母，見兄受人之鵝，而非之。己，仲子也。鶂鶂，鵝鳴聲。」文選弔魏武帝文注引孟子注曰：「嚬蹙，謂人嚬眉蹙頞，憂貌也。」以母則不食，以妻則食之；以兄之室則不居，以於陵則居之。是尚能爲充其類也乎？「能爲」，王本、崇文本作「爲能」，蓋依孟子改。若仲子者，蚓而後充其操者也。」文見滕文公篇。

夫孟子之非仲子也，不得仲子之短矣。仲子之怪鵝如吐之者，漢五行志劉歆曰：「如，而也。」盼遂案：吴承仕曰：「如讀作而。」豈爲在母〔則〕不食乎？「則」字據余引增。乃先譴鵝曰：「惡用鶂鶂者爲哉？」他日，其母殺以食之，其兄曰：「是鶂鶂之肉。」仲子恥負前言，即吐而出之。而兄不告，「而」讀爲「如」。則不吐；不吐，則是食於母也。謂之「在母則不食」，失其意矣。使仲子執不食於母，「執」，「執一」也。非韓篇：「執不仕。」鵝膳至，不當食也。今既食之，知其爲鵝，怪而吐之，故仲子之吐鵝也，恥食不合己志之物也，非負親親之恩，而欲勿母食也。

又「仲子惡能廉？此述孟子之詞，「又」下疑脱「言」字。「又言」連文，本篇屢見。充仲子之性（操），「性」當爲「操」字之譌。上下文并作「操」。余引不誤。則蚓而後可者也。夫蚓，上食槁壤，下飲黄泉」。是謂蚓爲至廉也，仲子如蚓，乃爲廉潔耳。今所居之宅，伯夷之所築，所食之粟，伯夷之所樹，仲子居而食之，於廉潔可也。或時食盜跖之所樹粟，居盜跖之所築室，汙廉潔之行矣。用此非仲子，亦復失之。室因人故，「故」字無義，疑爲「攻」字形譌。詩大雅靈臺：「庶民攻之。」毛傳：「攻，作也。」粟以屨纑易之，正使盜之所樹築，己不聞知。今兄之不義，有其操矣。操見於衆，昭晳議論，「議」，宋本作「見」。朱〔二〕校元本、余引並同。故避於陵，不處其宅，織屨辟纑，不食其禄也。而欲使仲子處

〔二〕「朱」，原本作「宋」，形近而誤，今改。

於陵之地，避若兄之宅，吐若兄之禄，盼遂案：今本此文全謬於仲任之旨。仲任蓋謂孟子欲使仲子避於陵之地，處若兄之宅，食若兄之禄也。亟宜刊正。耳聞目見，昭晳不疑，仲子不處不食，明矣。此文有誤。意謂：如仲子所處於陵之地，亦有不義之宅禄如其兄者，耳聞目見，則仲子不居於於陵明矣。「而」，如也。「欲使」原作「設使」，爲「而」字旁注，誤入正文，校者又妄改作「欲使」。「吐」字亦誤，未知所當作。今於陵之宅，不見築者爲誰，粟，不知樹者爲誰，何得成室而居之？〔何〕得成粟而食之？孫曰：當作「何得成粟而食之」。脱去「何」字，不可通矣。孟子非之，是爲太備矣。

仲子所居，或時盜之所築，仲子不知而居之，謂之不充其操，唯蚓然後可者也。夫盜室之地中，亦有蚓焉，食盜宅中之槁壤，飲盜宅中之黄泉，蚓惡能爲可乎？在〔充〕仲子之操，滿孟子之議，「在」字未妥，當爲「充」之壞字。「充仲子之操」，上文屢見。「充」與「滿」相對爲文。魚然後乃可。夫魚處江海之中，食江海之土，海非盜所鑿，土非盜所聚也。

然則仲子有大非，孟子非之，不能得也。夫仲子之去母辟兄，與妻獨處於陵，以兄之宅爲不義之宅，以兄之禄爲不義之禄，故不處不食，廉潔之至也，然則其徙〔從〕於陵歸候母也，「徙」當爲「從」，形近之譌。宜自齎食而行。鵝膳之進也，必與飯俱。母之所爲飯者，兄之禄也，母不自有私粟以食仲子，明矣。仲子食兄禄也。伯夷不食周粟，餓死於首陽之下，見史記本傳。豈一食周粟而以汙其潔行哉？仲子之操，近不若伯夷，而孟子謂之若蚓乃可，失仲子之操所當比矣。舊本段。

孟子曰：「莫非天命也，「天」，宋本作「受」，朱校元本同。孟子無「天」字。疑「受」字涉下文衍，後人妄改作「天」，非異文也。順受其正。趙曰：「人之終，無非命也。命有三名：行善得善，曰受命。行善得惡，曰遭命。行惡得惡，曰隨命。惟順受命爲受其正也。」是故知命者，不立乎巖牆之下。盡其道而死者，爲正命也；桎梏而死者，非正命也。」見孟子盡心下篇。周禮大司寇注曰：「木在足曰桎，在手曰梏。」

夫孟子之言，是謂人無觸值之命也。「觸值之命」，即命義篇所云「遭命」。命義篇曰：「行善得惡，非所冀望，逢遭於外，而得凶禍，故曰遭命。」幸偶篇曰：「順道而觸，立巖牆之下，爲壞所壓，輕遇無端。」順操行者得正命，妄行苟爲得非正〔命〕，余引「苟」下有「且」字，「爲」字屬下讀，非。孫曰：「非正」下當有「命」字。此承上文「盡其道而死爲正命，桎梏而死非正命」而言。下文云：「必以桎梏效非正命，則比干、子胥行不順也。」並其證。盼遂案：當是「順操修行者得正命，妄行苟爲者得非正命」。下文「慎操修行」四字連文可證。「慎」、「順」古字通。是天命於操行也。言孟子之説，是謂天命於操行。仲任以爲命在初生，骨表著見。今言隨操行而至，此命在末不在本也。義詳命義篇。余引無「天」字。「命」下有「定」字。盼遂案：「於」上當有「隨」字。本書命義篇：「隨命者〔一〕，戮力操行而〔二〕吉福至，縱情施欲而凶禍到。」是天命隨於操行之驗也。夫子不王，孔子不王，見偶會、問孔、指瑞、定賢篇。顏淵早夭，注實知篇。子夏失明，見禍虛篇。伯牛爲癘，注命義篇。四者行不順與？何以不受正命？比干剖，注累害篇。子胥烹，見書虛篇。子路葅，注書虛篇。天下極戮，非徒桎梏也。必以桎梏效非正命，則比干、子胥行不順也。人稟性命，或當壓溺兵燒，檀弓上注：「厭，行止危險之下。溺，不乘橋舡。」曲禮下曰：「死寇曰兵。」釋名釋喪制：「死於火者曰燒。燒，燋也。」雖或慎操脩行，其何益哉？竇廣國與百人俱臥積炭之下，炭崩，百人皆死，廣國獨濟，命當封侯也。見吉驗篇。積炭與巖牆何以異？命不〔當〕壓，雖巖崩，有廣國之命者，猶將脱免。孫曰：「命不壓」，當作「命不當壓」，脱「當」字。下文云：「命當壓，猶或使之立於牆下。」文義反正相應。漢書高五王傳師古注曰：「脱，免也。」行，或使之；止，或尼之。命當壓，猶或使之立於牆下。孔甲所入主人〔之〕子，之夭（天）命當賤，「夭」，宋本作「命」。朱校元本同。余

〔一〕「者」，原本無，據命義篇補。
〔二〕「而」，原本作「則」，據命義篇改，下同。

引作「天」。孫曰：當作「孔甲所入主人之子，天命當賤」。「夭」即「天」字形近之譌，「之子」又誤倒作「子之」，故文不可通。**雖載入宮，猶爲守者。**見書虛篇。**不立巖牆之下，與孔甲載子入宮，同一實也。**

# 論衡校釋卷第十一

## 談天篇

五經通義曰：（事類賦一。）「鄒衍大言天事，謂之談天。」按其實皆瀛海神州之事。本篇亦言地形，而晐曰「談天」，因鄒氏耳。

**儒書言：「共工與顓頊爭爲天子，不勝，怒而觸不周之山，**淮南原道篇高注：「共工，以水行霸於伏犧、神農間者也，非堯時共工也。不周山，昆侖西北。」又天文篇注：「共工，官名，伯于虙羲、神農之間，其後子孫任智刑以强，故與顓頊、黄帝之孫争位。不周山，在西北也。」列子湯問篇張注略同。文選辨命論注引淮南許注云：「不周之山，西北之山也。」離騷王注：「在崑崙西北。」司馬相如大人賦張揖注：「在崑崙東南二千三百里。」郝懿行山海經箋疏曰：「王逸、高誘云：『在昆侖西北。』並非。依此經，乃在昆侖東南。攷西次三經又西北三百七十里曰不周之山。並非指言昆侖西北。許注『西北之山』，不專指昆侖是也。」畢沅曰：「漢人説以昆侖爲在于闐，則不周山在其西北。張揖據此經道里爲説，則在東南。」又山海經大荒西經：「西北海之外，大荒之隅有山而不合，名曰不周。」郭注：「此山缺壞，不周帀也。」**使天柱折，地維絶。**淮南地形篇：「天地之間，九州八柱。」（「柱」誤作「極」，依王念孫校。）天問王注：「天有八山爲柱。」河圖括地象曰：「崑崙，天中柱也。地下有八柱，廣十萬里，有三千六百軸，互相牽制。」（離騷天問洪補注及初學記引。）又東方朔神異經曰：「崑崙有銅柱，其高入天，所謂天柱也。圍三千里，圓如削。」（類聚七八引。）按：天柱初只謂以山柱天。本論義同。後則愈演愈奇，並非實也。**女媧銷煉五色石以補蒼天，**淮南覽冥篇高注：「女媧，陰帝，佐虙戲治者也。三皇時，天不足西北，故補之。」**斷鼇足以立四極。**淮南地形注：「四極，四方之極。」餘注見下。**天不足西北，故日月移焉；**三光北轉，故云移。**地不足東南，故百川注焉。」**共工觸不周使然也。（淮南原道篇。）天問曰：「康回馮怒，地何故以東南傾？東流不溢，孰知其故？」上文見淮南原道、天文、覽冥各篇，及列子湯問篇。**此久遠之文，世間是之言也。**孫曰：「言也」二字疑涉下文「殆虛言也」而衍。本書或作「世間是之」，或作「世間信之」，無此句例。暉按：「之言」與「之文」對文，疑「是」下有「之」字，本書重文屢脱。**文雅之人，怪而無以非，若非而無以奪，**若，或也。廣雅釋詁三：「奪，敚也。」「敚」、「易」通。辯祟篇云：「衆文微言不能奪，俗人愚夫不能易。」**又恐其實然，不敢正議。以天道人事論之，殆虛言也。**

**與人爭爲天子，不勝，怒觸不周之山，使天柱折，地維絶，有力如此，天下無敵。以此之力，與三軍戰，則士卒螻蟻也，**盼遂案：陶宗儀說郛一百引作「蟻蛄」。**兵革毫芒也，安得不勝之恨，怒觸不周之山乎？且堅重莫如山，以萬人之力，共推小山，不能**

動也。如不周之山，大山也。使是天柱乎？盼遂案：説郛引無「使」字。折之固難；使非〔天〕柱乎？據上文例補「天」字。觸不周山而使天柱折，是亦復難。信，顓頊與之争，舉天下之兵，悉海内之衆，不能當也，何不勝之有？御覽六〇二引新論曰：「莊周寓言，乃云『堯問孔子』。淮南子云：『共工争帝，地維絶。』亦皆爲妄作。故世人多云短書不可用。」

且夫天者，氣邪？體也？盼遂案：説郛引作「氣也？體邪」，是，當據改。如氣乎，雲烟無異，盼遂案：「雲烟」上，説郛引有「與」字，宜據補。安得柱而折之？女媧以石補之，是體也。仲任主天是體。如審然，天乃玉石之類也。石之質重，千里一柱，不能勝也。勝，任也。如五嶽之巔，不能上極天乃爲柱，「乃」猶「而」也。如觸不周，上極天乎？「觸」字疑涉上文諸「觸不周」而衍。「如不周上極天乎」，與上「如五嶽不能上極天」正反相承。義無取於共工觸不周也。若有「觸」字，則文不成義。不周爲共工所折，當此之時，天毀壞也。如審毁壞，何用舉之？用，以也。「斷鼇之足，以立四極」，説者曰：「鼇，古之大獸也，四足長大，故斷其足，以立四極。」淮南覽冥訓高注：「鼇，大龜。」天問王注、列子湯問篇釋文、文選吴都賦注引玄中記並同。此云獸，未聞。又按：天問云：「鼇戴山抃，何以安之？」注引列仙傳曰：「有巨靈之鼇，背負蓬萊之山，而抃舞戲滄海之中。」列子湯問篇曰：「五山之根無所連箸，帝命禺强使巨鼇十五舉首戴之，五山始峙而不動。」衆經音義十九引字林：「鼇，海中大鼈，力負蓬、瀛、壺三山。」是并謂鼇柱地。後漢書張衡傳云：「登蓬萊而容與兮，鼇雖抃而不傾。」吾鄉謂地動乃鼇使之。有「鼇魚扎眼地翻身」之語。其義並同。按：此文乃謂以鼇柱天。淮南覽冥訓高注：「天廢頓，以鼇足柱之。」引楚詞云云。是與仲任義合。而於「鼇戴山抃」，亦不同王逸説矣。夫不周，山也；鼇，獸也。夫天本以山爲柱，共工折之，代以獸足，骨有腐朽，何能立之久？且鼇足可以柱天，體必長大，不容於天地，女媧雖聖，何能殺之？如能殺之，殺之何用？言「何以殺之」。骨相篇：「命甚易知，知之何用？」句法與同。足可以柱天，則皮革如鐵石，刀劍矛戟不能刺之，彊弩利矢不能勝射也。盼遂案：説郛引作「强弓利矢」，又「射」字作「之」，宜據改，與上句「刀劍矛戟不能刺之」一律。

察當今天去地甚高，古天與今無異。當共工缺天之時，天非墜於地也。女媧，人也，人雖長，無及天者。盼遂案：説郛引無「人」字。夫其補天之時，何登緣階據而得治之？豈古之天，若屋廡之形，去人不遠，故共工得敗之，女媧得補之乎？如審然者，女媧多（以）前，盼遂案：「多前」當爲「已前」。漢碑已字、以字皆作㠯，多字作𡖋，故易相譌。定賢篇「分家財多有」，「多」亦「已」之誤。齒爲人者，人皇最先。孫曰：「多前」語不可通，此言女媧之前，稱爲人者，人皇最先也。「多」乃「以」字之譌。「多」字古或作「𡖋」，（見集韻。）「以」作

「巳」，形近而誤。春秋命曆序：「人皇氏九頭，駕六羽，乘雲車出谷口，分九州。」宋均注：「九頭，九人也。」（御覽七八。）雒書曰：「人皇出於提地之國，兄弟別長九州，己居中州，以制八輔。」（路史前紀二注引。）人皇之時，天如蓋乎？ 蓋，車蓋。

說易者曰：「元氣未分，渾沌爲一。」春秋說題辭：「元氣清以爲天，渾沌無形。」宋均注：「言元氣之初如此也。渾沌，未分也。」（文選七啓注引。）儒書又言：「溟涬濛澒，氣未分之類也。淮南精神訓：「未有天地之時，惟像無形，窈窈冥冥，澒濛鴻洞。」帝系譜曰：「天地初起，溟涬鴻濛。」（事類賦一。）張衡靈憲曰：「太素之前，不可爲象，斯謂溟涬。」（後漢書天文志注。）莊子在宥篇釋文司馬彪曰：「涬溟，自然氣也。」「溟涬」，倒言爲「涬溟」，義同。孝經援神契曰：「天度濛澒。」宋均注：「濛澒，未分之象也。」（後漢書張衡傳注。）濛澒、澒濛義同。及其分離，清者爲天，濁者爲地。」二句，乾鑿度文。見書鈔一四九。如說易之家、儒書之言，天地始分，形體尚小，相去近也。近則或枕於不周之山，共工得折之，女媧得補之也。

含氣之類，無有不長。天地，含氣之自然也，從始立以來，年歲甚多，則天地相去，廣狹遠近，不可復計。儒書之言，殆有所見。然其言觸不周山而折天柱，絕地維，銷煉五石補蒼天，朱校元本、通津本「銷」作「消」。按前文亦作「銷煉」。王本、崇文本改作「銷」，是也。今從之。盼遂案：說郛引作「以補蒼天」，是也。今脫「以」字，則與下句「斷鼇之足，以立四極」不偶。斷鼇之足以立四極，猶爲虚也。何則？山雖動，山動，於理難通。「雖」疑爲「難」字形譌。上文云：「堅重莫如山，以萬人之力，共推小山，不能動也。」是其義。共工之力不能折也。豈天地始分之時，山小而人反大乎？何以能觸而折之？以五色石補天，尚可謂五石若藥石治病之狀。五石，注率性篇。至其斷鼇之足以立四極，難論言也。從女媧以來，久矣，四極之立自若，鼇之足乎？舊本段。

鄒衍之書，言天下有九州，禹貢之上錢、黄、王、崇文作「土」，誤。所謂九州也。盼遂案：此二句疑衍。下文「禹貢九州，所謂一州也。若禹貢以上者，九焉」。此「禹貢之上」，即「禹貢以上」之譌。「所謂九州也」，即「所謂一州也」之譌。禹貢九州，所謂一州也。若禹貢以上者，九焉。淮南地形篇：「天地之間，九州八柱。（「柱」誤「極」，依王念孫校。）何謂九州？東南神州，正南次州，西南戎州，正西弇州，正中冀州，西北台州，正北泲州，東北薄州，正東陽州。」亦以神州在東南，蓋本鄒衍。此謂大九州也。禹貢九州，方今天下九州也，在東南隅，名曰赤縣神州。文選吴都賦劉注引禹所受地記書曰：「崑崙東南，方五千里，名曰神州。」（即禹受地記，亦見三禮義宗。）與衍説同。難歲篇載衍説，亦謂中國方五千里。復更有八州，每一州者四海環之，名曰裨海。有裨海環之。史記孟子傳索隱曰：「裨海，小海也。」按：河圖括地象曰：「地部之位，起形高大者，有崑崙山，其山中應於天，居最中，八十一域布繞之，中國東南隅，居其一分。」亦謂中國爲八十一分之一。與衍説同。九州之外，更有瀛海。此天地之際。漢藝文志陰陽家：「鄒子四十九篇。鄒子終始五十六篇。」封禪書言其著終始五德之運。今並不傳。其瀛海神州之説，只見於史遷、桓寬、仲任稱引，不知出其何著。然據史記孟子傳言其作終始大聖之篇，先序今以上至黄帝，推而遠之，至天地未生，先列中國名山大川，因而推之及海外，以爲中國者，於天下乃八十一分居其一分耳。又鹽鐵論論鄒篇云：「鄒子推終始之運，謂中國，天下八十一分之一。」則知其大九州説，出自鄒子終始。仲任時，當尚及見之。此言詭異，聞者驚駭，然亦不能實然否，相隨觀讀諷述以談。盼遂案：「然否」二字，説郛引作「幸」，屬下讀。故虚實之事，並傳世間，真僞不別也。世人惑焉，是以難論。難，問難。

案鄒子之知不過禹。禹之治洪水，以益爲佐。禹主治水，益之記物。孫曰：「之」當作「主」。别通篇云：「禹、益並治洪水，禹主治水，益主記異物。」可證。暉按：玉海十五、説郛百引並作「之」。又説郛引「主」亦作「之」。盼遂案：「主」，説郛引作「之」，非也。極天之廣，窮地之長，辨四海之外，「辨」讀「徧」。竟四山之表，三十五國之地，鳥獸草木，金石水土，莫不畢載，不言復有九州。淮南王劉安召術士伍被、左吴之輩，注道虚篇。充滿宫殿，作道術之書，論天下之事。注道虚篇。地形之篇，淮南内書篇名，今存。道異類之物，外國之怪，列三十五國之異，不言更有九州。吴曰：前言三十五國，似指山海經。後言三十五國，則指墬形訓。今尋海外四經，有結胸、（淮南同。）羽民、（淮南同。）讙頭、（淮南同。）厭火、（淮南無。）三苗、（淮南同。）戴、（淮南無。）貫胸、（淮南作穿胸。）交脛、（淮南作交股。）不死、（淮南同。）岐舌、（淮南作反舌。）三首、（淮南作三頭。）周饒、（淮南無。）長臂、（淮南作脩臂，避父諱也。）西南至東南，計十三國。）三身、（淮南同。）一臂、（淮南同。）奇肱、（淮南作奇股。）丈夫、（淮南同。）巫咸、（淮南無。）女子、（淮南同。）軒轅、（淮南同。）白民、（淮南同。）肅愼、（淮南同。）長股、（淮南作脩股。西南至西北計十國。）無膂、（淮南作無繼。）一目、（淮南同。）柔利、（淮南同。）深目、（淮南同。）無腸、（淮南同。）聶耳、（淮南無。）博父、（淮南無。）拘纓、（淮南作句嬰。）跂踵、（淮南同。東北至西北計九國。）大人、（淮南同。）君子、（淮南同。）青丘、（淮南無。）黑齒、（淮南同。）玄股、（淮南同。）毛民、（淮南同。）勞民、（淮南同。東南至東北計七國。）凡三十九國。墬形訓稱海外三十六國，與山海經同者三十一國。又有沃民、（莊逵吉本作「沃」，朱東光本誤作「決」。）羽民、（莊本羽民在結胸之次，朱本無羽民。）裸國、豖喙、鑿齒，凡三十六國。與論衡三十五國並不合。王引之曰：「論衡無形、談天二篇並作三十五國，墬形訓自脩股至無繼，實止三十五國，疑淮南作三十六誤也。」（讀書雜志九之四。）承仕案：王所據，蓋朱本也。朱本無羽民，傳寫誤奪耳。海外北經有羽民。無形篇云：「海外三十五國，有毛民、羽民。」然則王充所見山海經、淮南，皆有羽民。則朱本誤奪，毫無可疑。論衡説海外三十五國，凡三見。（無形一見，談天兩見。）不審王充所見本異邪？抑傳寫久譌也？未聞其審。（近人劉文典撰淮南集解用莊本引用王引之説，而不一校其國數，其麤疏有如此者。）鄒子行地不若禹、益，聞見不過被、吳，才非聖人，事非天授，安得此言？案禹之山經，淮南之地形，以察鄒子之書，虛妄之言也。

太史公曰：盼遂案：説郛引無「曰」字，則似太史公所作禹本紀之言，非是。「禹本紀言：困學紀聞曰：「三禮義宗引禹受地記，離騷王注引禹大傳，豈即所謂禹本紀者？」河出崑崙，其高三（二）千五百餘里，「三」當從史記大宛傳贊作「二」。漢書張騫傳贊、前漢紀十二同。離騷洪補注引史作「三」，亦誤。離騷王注引河圖括地象曰：「崑崙高萬一千里。」文選西都賦注、博物志一引括地象，水經河水篇所言其高同，並與史記説異也。日月所於（相）辟隱爲光明也，吳曰：史記、漢書並作「所相避隱」。玉海二十引作「相」。此作「於」者，草書形近之誤。鹽鐵利議篇「孔子相魯三月」，各本并誤「相」爲「於」，是其比。其上有玉泉、華池。今本史記作「醴泉、瑶池」。王念孫曰：「史本作華池。元以後淺人改之。」（讀書雜志三之六。）今自張騫使大夏之後，窮河源，惡睹本紀所謂崑崙者乎？王念孫曰：「史記索隱本、漢書并無『本紀』二字，疑是後人妄增。」暉按：前漢紀十二亦無「本紀」二字，則此文亦後人妄增也。當删。故言九州山川，尚書近之矣。至禹本紀、山經所有怪物，史記今本作「山海經」，誤。漢書、前漢紀并述史公此文，而無「海」字，與論衡合。山經、海經兩書，海經後出，史公只見山經，故後漢書西南夷傳論亦稱「山經」，仍沿舊名。畢沅校山海經曰：「合名山海經，或是劉秀所題。」其説是也。然謂史公已稱之，則失考耳。余不敢言也。」史記今本「言」下有「之」字。按：山海經序引史同此。王念孫謂索隱本只作「余敢言也」。（讀作邪。）夫弗敢言者，謂之虛也。崑崙之高，玉泉、華池，世所共聞，張騫親行無其實。案禹貢，九州山川，怪奇之物，金玉之珍，莫不悉載，不言崑崙山上有玉泉、華池。盼遂案：説郛引脱「有」字。案太史公之言，山經、禹紀，虛妄之言。凡事難知，是非難測。

極爲天中，楚詞九歎王注：「極，中也。謂北辰星。」桓譚新論曰：「北斗極，天樞。樞，天中也。」（御覽二。）方今天下，謂中國九州。在禹極之南，孫曰：「禹極」無義，「禹」字蓋涉上下文諸「禹」字而衍。下文云：「如方今天下在東南，視極當在西北。今正在北，方今天下在極南也。」可證。則天極北，必高（尚）多民。「高」字於義無取。此據極南有中國九州，則極北亦必尚多人民也。「高」爲「尚」字形誤。下文云：「東方之地尚多，則天極之北，天地廣長，不復訾矣。」是以東方之地尚多，證極北之地必尚多也。即申此文之義。禹貢：「東漸于海，西被于流沙。」此則（非）天地之極際也。「則」當作「非」，後人妄改。此文明中國九州，得地殊小，故引禹貢云云，謂非天地極際。下文云：「日刺徑千里，今從東海之上，察日之初出徑二尺，尚遠之驗也。遠則東方之地尚多。」此則明東海非天地極際，其證一。又云：「今從東海上察日，及從流沙之地視日，小大同也。相去萬里，小大不變，方今天下，得地之廣，少〔一〕矣。」此則又明東海、流沙非天地之極際也，其證二。又云：「東海、流沙，九州東西之際也。」即云爲中國東西之際，則此不得謂爲天地極際甚明，若然，則前後義違，其證三。難歲篇：「儒者論天下九州，（禹貢九州。）以爲東西南北盡地廣長，九州之内五千里。」爲尚書今文説，仲任不信其盡地之廣長也。**日刺徑千里**，見元命苞。（書鈔一四九。）又五行大義引白虎通曰：「日徑千里，圍三千里，下於地七千里。」（今本脱。）盼遂案：「刺」，宋本作「剡」。**今從東海之上，會稽鄞、鄮（鄮），**吴曰：「鄮」當作「鄮」，形近而誤。鄞、鄮並屬會稽。盼遂案：「鄮」當爲「鄮」，形近之譌。續漢書郡國志，會稽郡屬縣有鄞、鄮。清一統志，鄞故城在今浙江鄞縣東五十里鄞山下。鄮故城在鄞縣東三十里官奴城。皆並東海之地也。説郛引「鄮」作縣，出淺人所改。**則察日之初出徑二尺，**「則」字無義，説郛引無「則」字。**尚遠之驗也。遠則東方之地尚多。東方之地尚多，則天極之北，天地廣長，不復訾矣。**齊語注：「訾，量也。」**夫如是，鄒衍之言未可非，禹紀、山海（經）、淮南地形**「山海」當作「山經」，後人妄改。上文云：「禹之山經，淮南之地形。」又云：「山經、禹紀，虚妄之言。」並其證。**未可信也。**

〔一〕「少」，原本作「小」，據正文改。

鄒衍曰：「方今天下，在地東南，名赤縣神州。」天極爲天中，如方今天下，在地東南，視極當在西北。今正在北，方盼遂案：「正」上當有「極」字。下文「從雒陽北顧，極正在北。東海之上，去雒陽三千里，視極亦在北。推此以度，從流沙之地視極，亦必復在北焉〔一〕」，皆足爲此句脱一「極」字之證。今天下在極南也。以極言之，不在東南，鄒衍之言非也。錢塘淮南天文訓補注曰：「王充不信蓋天，不知天以辰極爲中，地以崑崙爲中，二中相值，俱當在人西北。人居崑崙東南，視辰極則在正北者，辰極在天，隨人所視，方位皆同，無遠近之殊，處高故也。崑崙在地，去人有遠近，則方位各異，處卑故也。不妨今天下在極南，自在地東南隅也。」如在東南，近日所出，日如出時，其光宜大。今從東海上察日，及從流沙之地視日，小大同也。相去萬里，小大不變，方今天下，得地之廣，少矣。

雒陽，九州之中也。孝經援神契曰：「八方之廣，周洛爲中。」風土記曰：「鄭仲師云：夏至之日，立八尺之表，景尺有五寸，謂之地中。一云陽城。一云洛陽。」從雒陽北顧，極正在北。東海之上，去雒陽三千里，此舉成數。郡國志會稽郡劉昭注已云：「雒陽東三千八百里。」視極亦在北。推此以度，從流沙之地視極，地理志張掖郡居延縣注：「居延澤在東北，古文以

〔一〕「焉」，原本作「方」，據正文改。

爲流沙。」**亦必復在北焉。東海、流沙，九州東西之際也，相去萬里，**皮錫瑞曰：「仲任習今文説，今文説中國方五千里，仲任以爲東海、流沙相去萬里者，蓋仲任以爲東海、流沙在中國之外，故東西相去萬里。中國之地實止五千里。故談天篇又曰：『案周時九州東西五千里，南北亦五千里。』周時疆域，與禹貢略同，則仲任必以禹貢九州亦止五千里矣。」**視極猶在北者，地小居狹，未能辟離極也。日南之郡，去雒且萬里，**郡國志注：「雒陽南萬三千四百里。」**徙民還者，問之，**王本、崇文本作「徒民」。**言日中之時，所居之地，未能在日南也。**淮南地形訓：「南方日反户。」注：「言其在向日之南，皆爲北向户，故反其户也。」文選吴都賦曰：「開北户以向日。」又注云：「比景（郡國、地理志並同。）一作北景，云在日之南，向北看日，故名。」又御覽四引後漢書曰：「張重字仲篤，明帝時舉孝廉，帝曰：『何郡小吏？』答曰：『臣日南吏。』帝曰：『日南郡人應向北看日。』答曰：『臣聞鴈門不見壘鴈爲門，金城郡不見積金爲郡。臣雖居日南，未嘗向北看日。』」（范書無張重傳，未知何氏書。汪文臺輯本，入失名類。）蓋拘於日南名義，當時朝野有此説。**度之復南萬里，日在日之南，**吴曰：「日在日之南」，文不成義，當作「日在日南之南」。各本並奪一「南」字。暉按：上「日」字誤，未知所當作。此文言日南郡未能在日之南。若再南去日南郡萬里，當得在日之南，故下文云「乃爲日南也」。吴云當作「日在日南之南」，殊失其義。盼遂案：上「日」字，疑爲「居」之脱誤，遂不成理。上文「所居之地，未能〔一〕在日南也」，可證。是則去雒陽二萬里，乃爲日南也。今從雒地察日之去遠近，非與極同也，極爲遠也。古人是洛陽爲地中，立八尺之表，測日去人遠近。仲任以爲天中，而遠在洛陽正北，是兩中不相值，故云在洛察日遠近，與極不同。今欲北行三萬里，未能至極下也。假令之至，是則名爲距極下也。以至日南五萬里，謂自極下至日之南。日之南，去洛陽二萬里，再北行三萬里以距極，故云「五萬里」。極北亦五萬里也。極北亦五萬里，極東西亦皆五萬里焉。東西十萬，南北十萬，盼遂案：説郛兩「萬」字下皆有「里」字，宜據補。相承百萬里。鄒衍之言：「天地之間，有若天下者九。」此「天下」謂中國也。案周時九州，東西五千里，南北亦五千里。五五二十五，一州者二萬五千里。天下若此九之，乘二萬五千里，二十二萬五千里。如鄒衍之書，若謂之多，計度驗實，反爲少焉。吴曰：論説天上直徑十萬里，應得面積一百萬萬里。周九州五千里，應得面積二千五百萬里。以此當鄒衍所説之一州。九之，僅得面積二萬二千五百萬里。以較邊十萬之冪，當百分之二十五强，故云反爲少焉。然論云：「相承百萬里。」又云：「二萬五千里。」又云：「二十二萬五千里。」其數位俱不相應。亡友程炎震説之

〔一〕「能」，原本作「必」，據正文改。

曰：「疑是古人省文，言方里者，或略去方里不言，即以里數爲其倍數。論稱『相承百萬里』者，猶云方萬里者，有一百萬個。言『二萬五千里』者，猶云方千里者，有二萬五千個。言『二十二萬五千里』者，猶云方千里者，有二十二萬五千個也。」承仕又按：論衡所持，頗有未諦。山海經言：「地東西二萬八千里，南北二萬六千里。」王充謂地徑十萬里，自任胸臆，於古無徵。一也。禹貢五服六千里，（據賈、馬義。）周九州七千里，王充述唐、夏、殷、周制，一以五經家所説五千里爲斷，與事實不相應。二也。鄒衍説中國於天下八十一分居其一，如中國者九，於是有裨海環之；如此者九，乃有大瀛海環之。王充乃以中國當大九州之一，是中國於天下九分居一，失鄒衍大九州之指。三也。」暉按：吴評仲任前二事，非也。充謂地徑十萬里，乃言全地之數，非指中國所治者。吴氏引山海經云云，乃禹所治四海之内，所謂中國九州者。尸子君治篇、（從孫星衍説定爲據禹所治之地而言。）山海經中山經、河圖括地象、（御覽三六。）軒轅本紀、（天問洪補注。）吕氏春秋有始覽、管子地數篇、輕重乙篇、淮南地形訓、廣雅釋地並同。不得當此地之極際之數。吴氏蓋失撿也。考諸書所紀地之極際之數，山海經曰：「自東極至于西垂，二億三萬三千三百里七十一步，南極盡於北垂，二億三萬三千五百里七十五步。」（此據後漢書郡國志劉昭注引。）淮南地形訓云：「東極至西極，二億三萬三千五百里七十五步。南北極同。」高注曰：「極内等也。」則山海經「三百里」當爲「五百里」之誤。蓋淮南四極之數，與彼同也。又吕氏春秋有始覽：「四極之内，東西五億有九萬七千里。南北同。」又軒轅本紀：「東極至西極，五億十萬〔一〕九千八百八步。南北二億三萬一千三百里。」河圖括地象：「八極之廣，東西二億三萬三千里，南北二億三萬一千五百里。」詩含神霧同。（海外東經注。）又張衡靈憲：「八極之維，徑二億三萬二千三百里，南北則短減千里，東西則廣增千里。」（天問洪補注。）是其數與括地象略同。（博物志引河圖：「南北三億三萬五千五百里，東西二億三萬三千里。」其南北極數不同，蓋字之誤。）以上皆舊説四極廣長如是。然並事涉無稽。仲任此文，又非據四極計度，不得難以「於古無徵」。云「百萬里」者，乃據天極爲中，東西各五萬里，則徑爲十萬，得面積百萬萬里。（論云「百萬里」，未明。）其云「二十二萬五千里」（其數位亦未明。）者，乃據中國九乘之。其與據四極度計所得之數不合固宜。又案：吴氏謂不當一以五千里爲斷，亦未〔二〕深考。禹受地記曰：「崑崙東南方五千里，名曰神州。」王嬰古今通論同。（意林引。）是云「五千里」者，舊説也，非仲任肊度。又中國五千里，堯至周同，本書屢見，今文尚書説也。説詳藝增篇。與賈、馬説異，乃家法不同，不得相較也。至吴氏謂仲任失鄒衍大九州之旨，其説是也。鄒衍説九州分三級，小九州即禹貢九州，赤縣神州也。中九州，裨海環之，神州（中國。）居其一。大九州，瀛海環之。中九州與大九州相乘，得八十一州，故云中國居其一。難歲篇曰：「九州之内五

〔一〕「萬」，原本誤作「選」，據上下文改。

〔二〕「未」，原本作「謂」，音近而誤，今改。

千里，竟合爲一州，在東南隅，名曰赤縣神州。自有九州者九焉，九九八十一，凡八十一州。」此以小九州與中九州相乘。中國已居小九州，是居其八十一分之九，不得言居其一也。仲任於九州說，誤爲二級，故難歲篇及此文並以中國當大九州之一也。舊本段。

**儒者曰：「天，氣也，故其去人不遠。人有是非，陰爲德害，天輒知之，又輒應之，近人之效也。」**春秋說題辭：「元清氣以爲天。」（文選七發注。）鄭注考靈耀曰：「天者純陽，清明無形。」（月令疏。）**如實論之，天，體，非氣也。**變虛、道虛、祀義並主天爲體。**人生於天，何嫌天無氣？**何嫌，何得也。本書常語。說詳書虛篇。上文云：「天地含氣之自然。」氣壽篇又云：「人受氣命於天。」故執不知問。盼遂案：此句有誤。「何嫌天無氣」，是說天有氣也。則與上文「天，體，非氣也」句，下文「如天審氣，氣如雲煙，安得里度」句，都是決定天無氣，不合矣。黄暉說「何嫌」爲「何得」，不通。**猶（獨）有體在上，與人相遠。**「猶」當作「獨」，形誤。此答上文。仲任意謂：天體上臨，而含氣以施。非天體本氣也。故謂天爲「含氣」之自然。若作「猶」，則義與上文不屬。盼遂案：說郛引「遠」上有「去」字。**祕傳或言：**祕傳謂圖緯也。漢人多諱言「祕」。（見鄭志。）說文目部、易部稱「祕書」。後漢蘇竟傳稱「祕經」。**天之離天下，六萬餘里。**周髀算經：「天離地八萬里。」考靈耀云：「天從上臨下八萬里。」（周禮大司徒疏、開元占經引並同。）與周髀同。然月令疏引考靈耀云：「據四表之內，并星宿內，總有三十八萬七千里。然則天之中央上下正半之處，則一十九萬三千五百里，地在其中，是地去天之數也。」孔疏曰：「鄭注考靈耀之意，以天地十九萬三千五百里。」唐李石續博物志亦云：「一十九萬三千五百里，是地去天之數。」則與以考靈耀云「八萬里」者異。未知其審。又三五曆紀云：「天去地九萬里。」（類聚引。）洛書甄耀度云：「天地相去，十七萬八千五百里。」（開元占經天占。）關尹內傳云：「天去地四十萬九千里。」（天占。）又張衡靈憲曰：「八極之維，徑二億三萬二千三百里。自地至天，半於八極。」（天問洪補注。）又淮南天文篇曰：「天去地，億五萬里。」（「億五」今本字倒，依王念孫校。）詩含神霧同。（御覽地部一。）新序刺奢篇許綰曰：「天與地相去，萬五千里。」又廣雅釋天：「從地至天，一億一萬六千七百八十七里半。」以上諸說，並與此文絕異。然並不知據依何法，非所詳究。**數家計之，三百六十五度一周天。**御覽二引洛書甄耀度曰：「周天三百六十五度四分度之一。」月令疏引尚書考靈耀同。開元占經二十八宿占引劉向洪範五行傳曰：「東方七宿，七十五度；北方七宿，九十八度四分度之一；西方七宿，八十度；南方七宿，百一十二度。」律曆志云：「二十八宿之度，角一十二度，亢九，氐十五，房五，心五，尾十八，箕十一，東方七十五度。斗二十六，牛八，女十二，虛十，危十七，營室十六，壁九，北方九十八度。奎十六，婁十二，胃十四，昴十一，畢十六，觜二，參九，西方八十度。井三十三，鬼四，柳十五，星七，張十八，翼十八，軫十七，南方一百一十二度。」積四方二十八宿，凡三百六十五度四分度之一。月令孔疏曰：「諸星之轉，從東而西，必三百六十五日四分日之一，星復舊處。星既左轉，日則右行，亦三百六十五日四分日之一，至舊星之處。即以一日之行爲一度，計二十八宿一周天，凡三百六十五度四分度之一。是天之一周之數也。」按：象緯訂曰：「天無體，以二十八宿爲體；天無度，以日之行爲度；天無赤道，以南北極爲準而分之爲赤道；天無黄道，以日躔之所經爲黄道；天無十二次，以日月所宿之次爲十二次。」鄭注考靈耀亦以爲天是太虚，本無形體，但指諸星轉運以爲天耳。仲任據周度以證天爲體，殊與舊義相違。下有周度，高有里數。如天審氣，氣如雲煙，安得里度？又以二十八宿效之，二十八宿爲日月舍，猶地有郵亭爲長吏廨矣。郵亭著地，亦如星舍著天也。注見感虚篇。案附書者，「附」字無義，疑當作「傳」。蓋「傳」形誤作「傅」，轉寫作「附」。天有形體，所據不虚。猶此考之，「猶」、「由」通。盼遂案：「猶」字宜據説郛引改爲「由」。則無恍惚，明矣。

# 説日篇

儒者曰：「日朝見，出陰中；暮不見，入陰中。陰氣晦冥，故没不見。」此文出周髀，蓋天説也。如實論之，不出入陰中。何以效之？夫夜，陰也，氣亦晦冥。或夜舉火者，光不滅焉。夜之陰，北方之陰也；楊泉物理論曰：「自極以南，天之陽也。自極以北，天之陰也。」（書鈔一四九。）朝出日，入（人）所舉之火也。此文以夜陰喻北方之陰，朝日喻人所舉火。明夜火不滅，則暮日非没於陰中。今本「人」形譌爲「入」，則義難通。盼遂案：悼厂云：「日入疑是暮入之誤。」火夜舉，光不滅；日暮入，獨不見，非氣驗也。「氣」上疑有「陰」字。此承「陰氣晦冥，故没不見」爲言。夫觀冬日之出入，朝出東南，暮入西南。東南、西南非陰，何故謂之出入陰中？且夫星小猶見，日大反滅，世儒之論，竟虚妄也。

儒者曰：「冬日短，夏日長，亦復以陰陽。夏時陽氣多，陰氣少，陽氣光明，與日同耀，故日出輒無鄣蔽。冬，陰氣晦冥，「冬」下蒙上文省「時」字。掩日之光，日雖出，猶隱不見，故冬日日短，陰多陽少，與夏相反。」此亦出周髀。淮南天文篇：「夏日至，則陰乘陽，是以萬物就而死。冬日至，則陽乘陰，是以萬物仰而生。晝者陽之分，夜者陰之分，是以陽氣勝，則日修而夜短；陰氣勝，則日短而夜修。」物理論曰：「日者，太陽之精也。夏則陽盛陰衰，故晝長夜短；冬則陰盛陽衰，故晝短夜長，氣引之也。行陽之道長，故出入卯酉之北；行陰之道短，故出入卯酉之南；春秋陰陽等，故日行中道，晝夜等也。」（御覽四。）**如實論之，日之長短，不以陰陽。何以驗之？復以北方之星。北方之陰，〔冬〕日之陰也。**「日」上脱「冬」字。下文「冬日之陰，何故獨滅日明」，即承此爲文，可證。**北方之陰，不蔽星光，冬日之陰，何故猶（獨）滅日明？**孫曰：「猶」字於義無取，疑「獨」字之誤。**由此言之，以陰陽説者，失其實矣。**

**實者，夏時日在東井，冬時日在牽牛。**漢書律曆志曰：「冬至之時，日在牽牛初度。夏至之時，日在東井三十一度。」東井，南方宿。牽牛，北方宿。**牽牛去極遠，故日道短；東井近極，故日道長。**張衡渾天儀曰：「夏至去極六十七度而强；冬至去極百一十五度，亦强。春分去極九十一度，秋分去極九十一度少。」（御覽二。）**夏北至東井，冬南至牽牛，故冬夏節極，皆謂之至；**節，節氣也。極，至極也。夏至陽氣至極，冬至陰氣至極。三禮義宗（合璧事類十六。）曰：「夏至有三義：一以明陽氣之至極，二以明陰氣之始至，三以見日行之北至。」孝經説曰：（合璧事類十八。）「斗指子爲冬至。至有三義：一者陰極之至，二者陽氣始至，三者日行南至，故謂之至。」**春秋未至，故謂之分。**符天篡圖曰：「春分二月中氣，晝夜五十刻。（合璧事類十六。）秋分八月中氣，日出卯三刻，日入酉三刻，晝夜均五十刻。」（同上十七引。）曆日疏曰：（御覽二五。）「秋分八月之中氣也。秋分之時，日出於卯，入於酉，分天之中，陰陽氣等，晝五十刻，夜五十刻，一晝一夜，二氣中分，故謂之秋分。」春秋繁露陰陽出入上下篇曰：「陰由東方來西，陽由西方來東。至於中冬之月，相遇北方，合而爲一，謂之曰至。中春之月，陽在正東，陰在正西，謂之春分。春分者，陰陽相半也，故晝夜均而寒暑平。陰日損而隨陽，陽日益而鴻，故爲煖熱初得。大夏之月，相遇南方，合而爲一，謂之曰至。至於中秋之月，陽在正西，陰在正東，謂之秋分。秋分者，陰陽相半也，故晝夜均而寒暑平。」

**或曰：「夏時陽氣盛，陽氣在南方，故天舉而高；冬時陽氣衰，天抑而下。高則日道多，故日長；下則日道少，故日短也。」**姚信昕天論曰：「冬至極低，夏至極起，極之高時，日所行地中淺，故夜短；天去地高，故晝長。極之低時，日所行地中深，故夜長；天去地下，故晝短。」（事類賦引。）此載或説，義與相近。姚信，吴人，蓋亦本舊説。**〔夏〕日陽氣盛，**「夏」字依上文意增。**天南方舉而日道長，**盼遂案：上「日」字爲「曰」之誤字。此「曰」字爲仲任駁難上方「或曰」之言也。**月亦當復長。案夏日長之時，日出東北，而月出東南；冬日短之時，日出東南，月出東北。如夏時天舉南方，日月當俱出東北；冬時天復下，日月亦當**

俱出東南。由此言之，夏時天不舉南方，冬時天不抑下也。然則夏日之長也，其所出之星在北方也；星，東井也。冬日之短也，其所出之星在南方也。星，牽牛也。

問曰：「當夏五月日長之時在東井，東井近極，故日道長。今案察五月之時，日出於寅，入於戌。白虎通日月篇曰：「夏日宿在東井，出寅入戌。冬日宿在牽牛，出辰入申。」天文録曰：「冬至之日，日出辰，入申，晝行地上百四十六度，夜行地下二百一十九度少弱，故晝短夜長也。夏至之日，日出寅，入戌，晝行地上二百一十九度少弱，夜行地下一百四十六度强，故晝長夜短。春秋之日，日出卯，入酉，晝行地上，夜行地下，皆一百八十二度半强，晝夜長短同也。」（御覽二三。）日道長，去人遠，何以得見其出於寅、入於戌乎？」日〔在〕東井之時，「日」下脱「在」字。上文：「夏時日在東井。」又云：「當夏五月日長之時在東井。」去人極近。夫東井近極，若極旋轉，人常見之矣。使東井在極旁側，得無夜常爲晝乎？極，天中。若東井在極，則有晝無夜矣。呂氏春秋有始覽曰：「當樞之下，無晝夜。」極即樞也。日晝〔夜〕行十六分，「晝」下脱「夜」字。下文云：「五月晝十一分，夜五分；六月晝十分，夜六分。」是無論日之長短，其和則爲十六分。若作「晝行十六分」，則有晝無夜矣，殊失其義。人常見之，不復出入焉。仲任主方天説，日無出入。入者，遠不見也。義詳下文。

儒者或曰：「日月有九道，考靈耀曰：「萬世不失九道謀。」鄭注引河圖帝覽嬉曰：「黄道一，青道二，出黃道東；赤道二，出黃道南；白道二，出黃道西；黑道二，出黃道北。日，春東從青道，夏南從赤道，秋西從白道，冬北從黑道。」（月令疏。）唐書大衍曆議引洪範傳曰：「日有中道，月有九行。中道，謂黃道也。九行者，青道二，出黃道東；赤道二，出黃道南；白道二，出黃道西；黑道二，出黃道北。立春、春分，月東從青道；立夏、夏至，月南從赤道；立秋、秋分，月西從白道；立冬、冬至，月北從黑道。」故曰：『日行有近遠，晝夜有長短也。』」夫復五月之時，晝十一分，夜五分；六月，晝十分，夜六分；從六月往至十一月，月減一分。此則日行，月從一分道也；歲，日行天十六道也，豈徒九道？淮南天文訓：「日出於暘谷，浴於咸池，拂于扶桑，是謂晨明；登于扶桑，爰始將行，是謂朏明；至于曲河，是謂旦明；至于曾泉，是謂蚤食；至于桑野，是謂晏食；至于衡陽，是謂隅中；至于昆吾，是謂正中；至于鳥次，是謂小還；至于悲谷，是謂餔時；至于女紀，是謂大還；至于淵虞，是謂高舂；至于連石，是謂下舂；至于悲泉，爰止其女，爰息其馬，是謂縣車；至于虞淵，是謂黃昏；至于蒙谷，是謂定昏。日入于虞淵之汜，曙于蒙谷之浦，行九州七舍，有五億萬七千三百九里。」注曰：「自暘谷至虞淵凡十六所，爲九州七舍也。」錢塘補注曰：「王充所說十六道，與此十六所合。然則此即漏刻矣。日有百刻，以十六約之，積六刻百分刻之二十五而爲一所。二分晝夜平，各行八所；二至晝夜短長極，則或十一與五。而分、至之間，以此爲率，而損益焉。」

或曰：「天高南方，下北方。」此蓋天說也。梁祖恒天文録曰：「蓋天之說有三：一云，天如車蓋，遊乎八極之中；一云，天如笠，中央高而四邊下；一云，天如欹車蓋，南高北下。」（御覽二引。）錢塘曰：「蓋天家見中國之山，唯崑崙最高，用爲地中，以應辰極，故曰天如欹車蓋。」按：鄭注考靈耀曰：「地則中央正平，天則北高南下。北極高於地三十六度，南極下於地三十六度。」（月令疏。）鄭氏爲渾天說，謂天北高南下，適與蓋天說相反。**日出高，故見；入下，故不見。**日東出，西入。蓋天說南高北下，即言東南高，西北下也。楊炯渾天賦云：「有爲蓋天說者曰，天則西北既傾，而三光北轉。」傾即下也。**天之居若倚蓋矣，**「倚」讀「欹」。**故極在人之北，是其效也。極其（在）天下之中，**「其」字未安，當作「極在天下之中」，下文「今在人北」，正承此爲文。周髀云：「極在天之中，而今在人北，所以知天之形如倚蓋也。」即此文所本。是其證。**今在人北，其若倚蓋，明矣。**」此亦周髀文。**日明既以倚蓋喻，**「明」字疑誤。**當若蓋之形也。極星在上之北，若蓋之葆矣；其下之南，有若蓋之莖者，正何所乎？**先孫曰：御覽天部引桓譚新論云：「北斗極，天樞；樞，天軸也，猶蓋有保斗矣。蓋雖轉而保斗不移，天亦轉周匝，而斗極常在。」即仲任所本。「葆」即「保斗」。考工記輪人：「爲蓋有部。」鄭注云：「部，蓋斗也。」「保斗」猶言「部斗」，一聲之轉，即今之繖斗，與羽葆異。「莖」即考工記之「桯」，「桯」、「莖」亦聲相近。**夫取蓋倚於地，不能運；立而樹之，然後能轉。今天運轉，其北際不著地者，**「不」字疑衍。**觸礙何以能行？由此言之，天不若倚蓋之狀，日之出入不隨天高下，**

明矣。

或曰：「天北際下地中，日隨天而入地，地密鄣隱，故人不見。然天地，夫婦也，合爲一體。天在地中，地與天合，天地并氣，故能生物。北方陰也，合體并氣，故居北方。」晉志曰：「仲任據蓋天之説，以駁渾儀云：『舊説天轉從地下過，今掘地一丈，輒見水，天何得從水中行乎？』云云。」（隋志同。）然則「或曰」以下，渾天説也。攷渾天儀注云：「天如鷄子，地如中黄，孤居於天内，天大而地小，天表裏有水，天地各乘氣而立，載水而行，周天三百六十五度四分度之一，又中分之，則半覆地上，半繞地下。」（見隋志。）又鄭注考靈耀云：「天北高南下。」（亦渾天説，見月令疏。）此云「天北際下地中」，與渾天説「北高南下」之説不合。「天在地中」，與「地孤居於天内」又不合。晉志謂爲渾儀，疑失其實。隋志誤同。據「天北際下地中」句，知是蓋天説也。仲任以方天説駁之，志云「據蓋天説」亦非。天運行於地中乎？不則，「不」讀「否」。北方之地低下而不平也？如審運行地中，鑿地一丈，轉見水源，天行地中，出入水中乎？虞喜安天論曰：「古之遺語『日月行於飛谷』，謂在地中。不聞列星復流於地。」又云：「『飛谷』一道，何以容此？且谷中有水，日爲火精，冰炭不共器，得無傷日之明乎？」（事類賦引。）與此義相發明。如北方低下不平，是則九川北注，朱校作「涯」。不得盈滿也。

實者，天不在地中，日亦不隨天隱。天平正，與地無異。然而日出上、日入下者，隨天轉運，視天若覆盆之狀，故視日上下然，似若出入地中矣。然則日之出，近也；其入，遠，不復見，故謂之入。運見於東方，近，故謂之出。何以驗之？繫明月之珠於車蓋之橑，大戴禮保傅篇：「二十八橑，以象列星。」盧注：「橑，蓋弓也。」孔廣森補注：「屋上椽謂之橑，蓋弓似之。」轉而旋之，明月之珠旋邪？仲任以爲日行附天，不離天自行，故以珠喻日，車蓋喻天。蓋轉珠旋，明日隨天轉也。人望不過十里，晉志引「人」上有「夫」字，「望」上有「目所」二字。隋志同。天地合矣；遠，非合也。晉志引作「實非合也，遠使然耳」。隋志同。今視日入，非入也，亦遠也。當日入西方之時，其下民亦將謂之日中。晉志引作「其下之人」。隋志同。疑此文「民」上脱「之」字。從日入之下，東望今之天下，或時亦天地合。如是，方〔今〕天下在南方也，孫曰：「方」下脱「今」字。下云：「方今天下在東南之上。」談天篇：「方今天下在極之南。」又云：「方今天下在極南也。」並有「今」字。故日出於東方，入於〔西方〕。北方之地，日出北方，入於南方。各於近者爲出，遠者爲入。「入於」下當有「西方」二字。方今天下，謂中國也。位在東南，於東方爲近，故日出於東方，入於西方。今脱「西方」二字，則以「入於北方之地」爲句，遂使此文難通。日既出東方，不得入於北方，於理最明，其證一。出於東方，入於西方；日出北方，入於南方，并以近者爲出，立意正同，其證二。晉志引作「四方之人，各以其近者爲出，遠者爲入矣」，（隋志同。）乃節引此文。實者不入，遠矣。臨大澤之濱，望四邊之際與天屬；其實不屬，遠若屬矣。日以遠爲人，澤以遠爲屬，其實一也。澤際有陸，人望而不見。陸在，察之若望（亡）；先孫曰：「望」當作「亡」，聲近，又涉上文而誤。日亦在，視之若入，皆遠之故也。太山之高，參天入雲，去之百里，不見埵塊。注書虛篇。夫去百里不見太山，況日去人以萬里數乎？盼遂案：下文「天之去地六萬餘里」，則此脱一「六」字。太山之驗，則既明矣。試使一人把大炬火夜行於道，平易無險，意林、御覽四引並作「夜行平地」。晉志、隋志引作「夜行於平地」。去人不一（十）里，火光滅矣。非滅也，遠也。孫曰：去人不一里，火光未必滅而不見。且人之見火光，較見尋常之物尤遠，何至不一里而滅邪？「去人不一里」，當作「去人十里」。上文云：「人望不過十里，天地合矣，遠，非合也。」書虛篇云：「蓋人目之所見，不過十里；過此不見，非所明察，遠也。」並其證。今「十」誤爲「一」，又衍「不」字，故於理不合。晉書天文志、隋書天文志、御覽四引並作「去人十里」。又按：「火光滅矣」，御覽「滅」作「藏」，亦較今本爲優。暉按：孫説是也。意林引亦作「去人十里」。又晉志、隋志正引作「火光滅矣」。是「滅」字不誤。今日西轉不復見者，非入也。晉志、隋志引作「是火滅之類也」。

問曰：「天平正，與地無異。今仰視天，觀日月之行，天高南方下北方，何也？」曰：方今天下在東南之上，視天若高。日月道在人之南，今天下在日月道下，故觀日月之行，若高南下北也。何以驗之？即天高南方，即，若也。〔南方〕之星亦當高。「之」上脫「南方」二字，遂使此文失其讀。「即天高南方」，承上「天高南方下北方」爲文。「南方之星亦當高」，與下「今視南方之星低下」反正相承。是其證。今視南方之星低下，天復低南方乎？夫視天之居，近者則高，遠則下焉。極北方之民以爲高，南方爲下。極東、極西，亦如此焉。皆以近者爲高，遠者爲下。從北塞下，近仰視斗極，且在人上。匈奴之北，地之邊陲，北上視天，天復高北下南，「天」下舊校曰：一有「下」字。日月之道，亦在其上。立太山之上，太山高；去下十里，太山下。夫天之高下，猶人之察太山也。平正，四方中央高下皆同。今望天之四邊若下者，非也，遠也。非徒下，若合矣。

儒者或以旦暮日出入爲近，日中爲遠；或以日中爲近，日出入爲遠。桓譚新論云：「漢長水校尉平陵關子陽以爲：『日之去人，上方遠，而四傍近。何以知之？星宿昏時出東方，其間甚疎，相離丈餘。及夜半，在上方，視之甚數，相離一二尺。以準度望之，逾益明白，故知天上之遠於傍也。日爲天陽，火爲地陽，地陽上升，天陽下降。今置火於地，從傍與上診其熱，遠近殊不同焉。日中正在上覆蓋，人當天陽之衝，故熱於始出時。又新從太陰中來，故復涼於其西在桑榆間也。』桓君山曰：『子陽之言，豈其然乎？』」（隋書天文志。）據此，當時儒生，必多以日出遠近相驗議，今不可攷矣。其以日出入爲近，日中爲遠者，見日出入時大，日中時小也。

察物，近則大，遠則小，故日出入爲近，日中爲遠也。其以日出入爲遠，日中時爲近者，見日中時温，日出入時寒也。夫火光近人則温，遠人則寒，故以日中爲近，日出入爲遠也。列子湯問篇云：「孔子東遊，見兩小兒辯鬬。問其故。一兒曰：『我以日始出時去人近，而日中時遠也。』一兒以日初出遠，而日中時近也。一兒曰：『日初出，大如車蓋，及日中，則如盤盂，此不爲遠者小近者大乎？』一兒曰：『日初出，滄滄涼涼，及其日中時，熱如探湯，此不爲近者熱，遠者涼乎？』」張湛注曰：「桓譚新論亦述此事。」與此文正同。二論各有所見，故是非曲直未有所定。如實論之，日中近而日出入遠。何以驗之？以植竿於屋下。夫屋高三丈，竿於屋棟之下，正而樹之，上扣棟，下抵地，是以屋棟去地三丈。如旁邪倚之，則竿末旁跌，不得扣棟，是爲去地過三丈也。日中時，日正在天上，猶竿之正樹去地三丈也。日出入，邪在人旁，疑當作「邪在天旁」，與「正在天上」相對爲文。猶竿之旁跌去地過三丈也。夫如是，日中爲近，出入爲遠，可知明矣。試復以屋中堂而坐一人，一人行於屋上。其行中屋之時，正在坐人之上，是爲屋上之人與屋下坐人相去三丈矣。如屋上人在東危若西危上，若，或也。言在屋脊東西。其與屋下坐人相去過三丈矣。日中時，猶人正在屋上矣；其始出與入，猶人在東危與西危也。日中，去人近，故温；日出入，遠，故寒。然則日中時日小，其出入時大者，日中光明，故小；

其出入時光暗，故大。盼遂案：晉書天文志天體篇載葛洪議曰：「渾天理妙，學者多疑。漢王仲任據蓋天之説，以駁渾儀，云：『舊説天轉從地下過。今掘地一丈輒有水，天何得從水中行乎？甚不然也。日隨天而轉，非入地。夫人目所望，不過十里，天地合矣。實非合也，遠使然耳。今視日入，非入也，亦遠耳。當日入西方之時，其下之人，亦將謂之爲中也。四方之人，各以其近者爲出，遠者爲入矣。何以明之？今試使一人把大炬火，夜半行於平地，去人十里，火光滅矣。非滅也，遠使然耳。今日西轉不復見，是火滅之類也。日月不員也，望視之所以員者，去人遠也。夫日，火之精也。月，水之精也。水火在地不員，在天何故員？』故丹陽葛洪釋之曰：『渾天儀注云：「天如雞子，地如雞中黄，孤居於天内，天大而地小。天表裏有水，天地各乘氣而立，載水而行。周天三百六十五度四分度之一，又中分之，則半覆地上，半繞地下，故二十八宿半見半隱，天轉如車轂之運也。」諸論天者雖多，然精於陰陽者，張平子、陸公紀之徒，咸以爲推步七曜之道度，以度〔一〕曆象昏明之證候，校以四八之氣，考以漏刻之分，占晷景之往來，求形驗於事情，莫密於渾象者也。張平子既作銅渾天儀於密室中，以漏水轉之，令伺之者閉户而唱之。其伺之者，以告靈臺之觀天者曰，「璇璣所加，某星始見，某星已中，某星今没」，皆如合符也。崔子玉爲其碑銘曰：「數術窮天地，制作侔造化，高才偉藝，與神合契。」蓋由於平子渾儀及地動儀之有驗故也。若天果

〔一〕「以度」二字原本脱，今據晉書天文志補。

如渾者，則天之出入行於水中，爲的然矣。故黄帝書曰「天在地外，水在天外」，水浮天而載地者也。又易曰：「時乘六龍。」夫陽爻稱龍，龍者居水之物，以喻天。天，陽物也，又出入水中，與龍相似，故以比龍也。聖人仰觀俯察，審其如此，故晉卦坤下離上，以證日出於地也。又明夷之卦離下坤上，以證日入於地也。需卦乾下坎上，此亦天入水中之象也。天爲金，金水相生之物也。天出入水中，當有何損，而謂爲不可乎？故桓君山曰：「春分日出卯入酉，此乃人之卯酉。天之卯酉，常值斗極爲天中。今視之乃在北，不正在人上。而春秋分時，日出入乃在斗極之南。若如磨右轉，則北方道遠而南方道近，晝夜漏刻之數不應等也。」後奏事待報，坐西廊廡下，以寒故暴背。有頃，日光出去，不復暴背。君山乃告信蓋天者曰：「天若如推磨右轉而日西行者，其光景當照此廊下稍而東耳，不當拔出去。拔出去是應渾天法也。渾爲天之真形，於是可知矣。」然則天出入水中，無復疑矣。又今視諸星出於東者，初但去地小許耳。漸而西行，先經人上，後遂西轉而下焉，不旁旋也。其先在西之星，亦稍下而没，無北轉者。日之出入亦然。若謂天磨右轉者，日之出入亦然，衆星日月宜隨天而迴，初在於東，次經於南，次到於西，次及於北，而復還於東，不應横過去也。今日出於東，冉冉轉上，及其入西，亦復漸漸稍下，都不繞邊北去。了了如此，王生必固謂爲不然者，疏矣。今日徑千里，圍周三千里，中足以當小星之數十也。若日以轉遠之故，但當光耀不能復來照及人耳，宜猶望見其體，不應都失其所在也。日光既盛，其體又大於星多矣。今見極北之小星，而不見日之在北者，明其不北行也。若日以轉遠之故，不復可見，其北入之間，應當稍小，而日方入之時乃更大，此非轉遠之徵也。王生以火炬喻日，吾亦將借子之矛以刺子之楯焉。把火之去人轉遠，其光轉微，而日月自出至入，不漸小也。王生以火喻之，謬矣。又日之入西方，視之稍稍去，初尚有半，如橫破鏡之狀，須臾淪没矣。若如王生之言，日轉北去有半者，其北都没之頃，宜先如豎破鏡之狀，不應如橫破鏡也。如此言之，日入西方，不亦孤子乎？又月之光微，不及日遠矣。月盛之時，雖有重雲蔽之，不見月體，而夕猶朗然，是光猶存雲中而照外也。日若繞西及北者，其光故應如月在雲中之狀，不得夜便大暗也。又日入則星月出焉。明知天以日月分主晝夜，相代而照也。若日常出者，不應日亦入而星月亦出也。又案河、洛之文，皆云水火者，陰陽之餘氣也。夫言餘氣，則不能生日月可知也，顧當言日陽精生火者可耳。若水火是日月所生，則亦何得盡如日月之員乎？今火出於陽燧，陽燧員而火不員也。水出於方諸，方諸方而水不方也。又陽燧可以取火於日，而無取日於火之理，此則日精之生火明矣。方諸可以取水於月，而無取月於水之道，此則月精之生水了矣。王生又云，遠故視之員。若審然者，月初生之時及既虧之後，何以視之不員乎？而日食或上或下，從側而起，或如鉤至盡。若遠視見員，不宜見其殘缺左右所起也。此則渾天之理，信而有徵矣。』」**猶晝日察火，光小；夜察之，火光大也。**俞曰：此論甚精。且以鐙火爲喻，遠視甚大，近視之轉小矣。列子湯問篇載兩小兒論日遠近，孔子不能答，此可以解之。暉按：除仲任持此説外，尚有漢張衡、晉束晳（見隋志。）及隋書天文志，并各釋日之遠近之故。今不具出。**既以火爲效，又以星爲驗。晝日星不見者，光耀滅之也。夜無光耀，**

星乃見。夫日月，星之類也。平旦，日入光銷，故視大也。

儒者論：「日旦出扶桑，暮入細柳。書鈔一四九、張刻、趙刻御覽四引並無「旦」字。陳本書鈔「日」下有「旦」字。明鈔御覽「日」作「曰」，亦無「旦」字。疑此文當作：「儒者論曰：日旦出扶桑。」扶桑，東方〔之〕地；細柳，西方〔之〕野也。兩「方」字下，書鈔一四九、類聚一、御覽四、事類賦日部引並有「之」字。當據補。淮南天文訓：「日拂于扶桑，是謂晨明；登于扶桑，爰始將行，是謂朏明。」初學記天部上、御覽三並引舊注曰：「扶桑，東方之野。」淮南又云：「日入崦嵫，經於細柳。」注云：「細柳，西方之野。」（今天文訓無此文。據初學記引。御覽引略同。）皮錫瑞曰：「細柳，即堯典之『柳谷』。」（古文作「昧谷」。）桑、柳天地之際，日月常所出入之處。」問曰：仲任問。歲二月、八月時，日出正東，日入正西，可謂日出於扶桑，入於細柳。今夏日長之時，日出於東北，入於西北；冬日短之時，日出東南，依上文例，「出」下當有「於」字。入於西南。冬與夏，日之出入，在於四隅，扶桑、細柳，正在何所乎？所論之言，猶〔獨〕謂春秋，不謂冬與夏也。「猶」當作「獨」，「猶謂春秋」，於義無取。儒者論日入細柳，出扶桑。扶桑在東，細柳在西。只二月八月日之出入如是，而冬夏則在四隅。故譏其獨謂春秋，不謂冬夏。如實論之，日不出於扶桑，入於細柳。何以驗之？隨天而轉，「隨」上疑脱「日」字。近則見，遠則不見。當在扶桑、細柳之時，從扶桑、細柳之民，謂之日中。

**之時，從扶桑、細柳察之，或時爲日出入。**「之時」上疑脱「日中」二字。「日中之時」，與「當在扶桑、細柳之時」平列爲文。「日中之時」，指日在方今天下也。仲任以爲：當日在桑、柳之時，則其民謂之日中，日在其上也。當方今天下時爲日中，則在桑、柳，或爲日出日入。故下文云：「若以其上者爲中，旁則爲旦夕。」蓋傳寫脱「日中」二字，遂使此文義不可通。**若以其上者爲中，**「若」猶「乃」也。盼遂案：「若」當爲「皆」，形近而誤。**旁則爲旦夕，安得出於扶桑，入細柳？**

**儒者論曰：「天左旋，日月之行，不繫於天，各自旋轉。」**尸子曰：（御覽三七。）「天左舒而起牽牛。」淮南天文訓曰：「紫宮執斗而左旋，日行一度，以周於天。」錢塘補注曰：「北斗左旋，即天之行。」白虎通日月篇：「天左旋，日月五星右行。日月五星比天爲陰，故右行。」晉書天文志引漢郄萌記先師相傳宣夜説云：「天了無質，仰而瞻之，蒼蒼然，非有體也。日月衆星，空中行止，皆積氣焉。故七曜或逝或往，伏見無常，進退不同，由無所根繫，故各異也。故辰極常居其所，北斗不與衆星西没焉。攝提、填星皆東行。日〔一〕行一度，月行十三度，遲疾任情，若綴附天體，不得爾也。」**難之曰：使日月自行，不繫於天，日行一度，月行十三度，**淮南天文訓曰：「日移一度，六月行百八十二度八分度之五。（「月」上「六」字今脱，依錢塘校補。）反覆三百六十五度四分度之一，而成一歲。」又曰：「月，日行十三度七十六分度之二十八。」（今誤作「六」，依劉校。）

〔一〕「日」上原本衍一「日」字，據晉書天文志删。

按三統、四分曆并云「十九分度之七」，即七十六分度之二十八之分子分母以四約之。當日月出時，當進而東旋，何還始西轉？繫於天，隨天四時轉行也。其喻若蟻行於磑上，日月行遲，天行疾，天持日月轉，故日月實東行而反西旋也。御覽二、事類賦引論衡云：「日月五星隨天而西移，行遲天耳，譬若磑上之行蟻，蟻行遲，磑轉疾，內雖異行，外猶俱轉。」疑即此文，而義較足，今本或有脱誤。白虎通日月篇引刑德放曰：「日月東行。」淮南修務篇：「攝提、鎮星，日月東行，而人謂星辰日月西移者，以大氐爲本。」與仲任異義。又晉書天文志周髀家云：「天旁轉如推磨而左行，日月右行，隨天左轉，故日月實東行，而天牽之以西没，譬之蟻行磨上，磨左行，而蟻右去，磨疾而蟻遲，故不得不隨磨以左迴焉。」與此義同。仲任方天説，蓋取周髀蓋天爲説耳。舊本段。

或問：「日、月、天皆行，行度不同，三者舒疾，驗之人、物，爲以何喻？」盼遂案：悼厂云：「『爲』字當與『何』字互易。」曰：天，日行一周。淮南天文訓：「紫宫執斗而左旋，日行一度，以周於天。」錢補注曰：「謂北斗也。北斗左旋，即天之行，日行一度，故一歲而周。」按此云：「天，日行一周。」下文又云：「天一日一夜行三百六十五度。」未知其審。月令疏曰：「凡二十八宿及諸星皆循天左行，一日一夜一周天。一周天之外，更行一度，計一年三百六十五周天四分度之一。」仲任意即此歟？日行一度二千里，謂日，日行一度也。日行遲，一歲一周天。鄭注考靈耀曰：（月令疏。）「一度二千九百三十二里千四百六十一分里之三百四十八。」淮南天文篇高注同。此云「一度二千里」，未聞。**日晝行千里，夜行千里。**「日晝」當作「晝日」。朱子曰：「如此，則天地之間狹甚。王充陋也。」**麒（騏）麟（驥）晝日亦行千里。**孫曰：此喻行之迅速，無取於麒麟也。「麒麟」當作「騏驥」，並字之誤也。狀留篇云：「驥一日行千里者，無所服也。」初學記一、御覽四、錦繡萬花谷後集一引並作「騏驥」。下文諸「麒麟」字，並當作「騏驥」。暉按：事類賦一引亦作「騏驥」。又「晝日亦行千里」，陳本書鈔一四九引無「日」字，疑是。盼遂案：吴承仕曰：「鹽鐵論第二十二『騏驥之輓鹽車』，各本誤作『騏驎』，與此同。」**然則日行舒疾，與麒（騏）麟（驥）之步，相似類也。月行十三度，十度二萬里，三度六千里，月一旦（日）〔一〕夜行二萬六千里，**「一旦夜」，初學記日部、御覽四、玉海一引並作「一日一夜」。盼遂案：「旦」字爲「日一」二字之誤合。上文「日晝行千里，夜行千里」，據晝夜言，下文天一日一夜「行三百六十五度」，亦據晝夜言，則此文爲「月一日一夜行二萬六千里」，明矣。**與晨鳧飛相類似也。**詩鄭風女曰鷄鳴：「弋鳧與鴈。」爾雅釋鳥：「鳧，雁醜，其足蹼，其踵企。」陸氏云：「鳧鴈常以晨飛，賦曰『晨鳧旦至』，此之謂也。」風土記（書鈔百三十七。）曰：「若乃越騰百川，濟江汎舡，則東甄晨鳧。」注云：「吴太傅諸葛恪制以爲晨鳧舡，（御覽七百七十引作「所造鴨頭船也」。）以鳧爲名，以其陵波不避水也。」**天行三百六十五度，積凡七十三萬里也。**事類賦天部、御覽二引並無「七」字。

玉海一、困學紀聞天道引並有「七」字。按：「七」字當有。仲任以每度二千里，天行三百六十五度，其積正得七十三萬里也。考靈耀曰：「一度二千九百三十二里千四百六十一分里之三百四十八。周天百七萬一千里，是天圓周之里數也。以圍三徑一言之，則直徑三十五萬七千里。」（見月令疏。晉天文志引甄曜度、考異郵略同。）孝經援神契曰：「周天七衡六間者，相去萬九千八百三十三里三分里之一，合十一萬九千里。」關尹内傳曰：「天地南午北子相去九十一萬里，東卯西酉亦九十一萬里，四隅空相去亦爾。」（并見開元占經天占篇。）春秋元命包曰：「陽極於九，故周天九九八十一萬里。」（類聚一。）廣雅釋天曰：「天圜廣南北二億三萬三千五百里七十五步，東西短減四步，周六億十萬七百里二十五步。」周天里數，諸書並異，不可考也。**其行甚疾，無以爲驗，當與陶鈞之運，**孫曰：御覽二引「當」作「儻」。「當」與「儻」同。管子〔一〕七法篇尹注：「均，陶者之輪也。」「均」、「鈞」字通。淮南原道訓高注：「鈞，陶人作瓦器法，下轉旋者。」史記鄒陽傳集解：「陶家名模下圓轉者爲鈞。」索隱引韋昭曰：「鈞，木長七尺，有絃，所以調爲器具也。」廣雅曰：「運，轉也。」**弩矢之流，相類似乎？天行已疾，去人高遠，視之若遲。蓋望遠物者，動若不動，行若不行。何以驗之？乘船江海之中，**宋本、朱校元本「船」作「舡」。下同。**順風而驅，近岸則行疾，遠岸則行遲。船行一實也，或疾或遲，遠近之視使之然也。仰**

〔一〕「子」，原本作「字」，今改。

視天之運，不若麒（騏）麟（驥）負日而馳，皆盼遂案：「皆」字是「比日」二字之誤合。「比日暮」者，及日暮也。（比）〔日〕暮，而日在其前。「麒麟」當作「騏驥」，校見上。「負」讀「背」。「皆暮」義不可通，當作「比日暮」。比，及也。蓋「比」、「日」二字誤合爲「皆」。淮南泰族篇：「日之行也，不見其移，騏驥背日而馳，草木爲靡，懸峯未薄，而日在其前。」呂氏春秋別類篇：「驥驁綠耳，背日而西走，至乎夕，則日在其前矣，目固有不見也。」文與此同。何則？麒（騏）麟（驥）近而日遠也。遠則若遲，近則若疾，六萬里之程，天去地里數。難以得運行之實也。舊本段。

儒者說曰：「日行一度，天一日一夜行三百六十五度。天左行，日月右行，與天相迎。」[問]獨一「問」字，文不成義。蓋涉上下文諸「問曰」、「或問」而衍。下文仲任意也。先引儒說，直接己見，無緣着一「問」字。本篇文例可證。日月之行也，繫著於天也。日月附天而行，不直行也。不離天自行。盼遂案：「直」爲「自」之形誤。古文「自」字作「𦣹」，與「直」相似。下文「何知不離天直自行也」，又云「此日能直自行，當自東行」，皆「自行」之證。何以言之？易曰：「日月星辰麗乎天，百果草木麗於土。」易離卦彖辭。麗者，附也。附天所行，若人附地而圓行，其取喻若蟻行於磑上焉。舊本段。

問曰：或難也。「何知不離天直自行也？」如日能直自行，當自東行，無爲隨天而西轉也。月行與日同，亦皆附天。「亦」，錢、黃、王、崇文本作「行」。何以驗之？驗之似(以)雲。吴曰：「似」當作「以」。雲不附天，常止於所處。使不附天，亦當自止其處。由此言之，日行附天，明矣。問曰：「日，火也。火在地不行，日在天何以爲行？」曰：附天之氣行，附地之氣不行。火附地，地不行，故火不行。難曰：「附地之氣不行，水何以行？」曰：水之行也，東流入海也。西北方高，東南方下，水性歸下，猶火性趨高也。使地不高西方，則水亦不東流。難曰：「附地之氣不行，人附地，何以行？」曰：人之行，求有爲也。人道有爲，故行求。古者質朴，鄰國接境，鷄犬之聲相聞，終身不相往來焉。難曰：「附天之氣行，列星亦何以不行？」公羊莊七年傳注：「列星者，天之常宿。」曰：列星著天，天已行也；隨天而轉，是亦行也。難曰：「人道有爲故行，天道無爲何行？」曰：天之行也，施氣自然也，施氣則物自生，非故施氣以生物也。不動，日鈔引作「天不動」。疑是。氣不施；氣不施，物不生，與人行異。日月五星之行，皆施氣焉。舊本段。

儒者曰：「日中有三足烏，月中有兔、蟾蜍。」淮南精神訓：「日中有踆烏，而月中有蟾蜍。」注：「踆，猶蹲也。謂三足烏。蟾蜍，蝦蟆。」説林訓：「月照天下，蝕於詹諸。烏力勝日。」注：「詹諸，月中蝦蟆。烏在日中而見，故曰勝日。」元命苞曰：「陽數起於一，成於三，故日中有三足烏。（御覽三。）烏者陽精。」（文選蜀都賦注、天問洪補注。）楚辭天問曰：「夜光何德？死則又育。厥利維何？而顧菟在腹。」注：「言月中有菟。」元命包曰：「月兩設以蟾蜍與兔者，陰陽雙居，明陽之制陰，陰之倚陽。」（初學記三。）張衡靈憲曰：「月者，陰精之宗，積而成獸，象兔，陰之類，其數偶。」（天問洪補注。）**夫日者，天之火也，與地之火無以異也。地火之中無生物，天火之中何故有烏？火中無生物，生物入火中，燋爛而死焉，烏安得立？**廣雅釋詁三：「立，成也。」**夫月者，水也。水中有生物，非兔、蟾蜍也。兔與蟾蜍，久在水中，無不死者。**蟾蜍，注無形篇。**日月毀於天，螺蚌汨（泊）於淵，**「日」字疑涉上下文諸「日」字而衍。自「夫月者」以下，乃言月，不當涉及日也。月，陰精，與螺蚌同氣；日，陽精，非其類也。鶡冠子天則篇：「月毀於天，珠蛤蠃蚌虛於深淵。」淮南地形訓：「蛤蠏珠龜，與月盛衰。」天文訓：「月者陰之宗也，是以月虧（今誤「虛」，依王念孫校。）而魚腦減，月死而蠃蛖膲。」說山訓：「月盛衰於上，則蠃蛖應於下，同氣相動。」注：「月盛則蠃蛖內減，故曰蠃蛖應於下。月，陰精也，蠃蛖亦陰也。」呂氏春秋精通篇：「月也者，羣陰之精也。月望則蚌蛤實，羣陰盈；月晦則蚌蛤虛，羣陰虧。夫月形於天，而羣陰化於淵。」注：「形，見也。羣陰，蚌蛤也。」劉子類感篇：「月虧而蚌蛤消。」本書偶會篇：「月毀於天，螺消於淵。」順鼓篇：「月中之獸，兔、蟾蜍也。其類在地，螺與蚄也。月毀於天，螺蚄舀缺，同類明矣。」是諸書並以月蚌同陰，氣類相感，與此文語意並同，是其證。又鹽鐵論論菑篇：「月望於天，蚌蛤盛於淵。」

與此文句法正同，而無「日」字，尤其切證。一曰：意本言「月」而語及「日」，古文法有此例。家語執轡篇：「蚌蛤龜珠，與日月而盛衰。」注：「月盛則蚌蛤之屬滿，月虧則虛。」正其比例也。「汩」，宋本、朱校元本並作「泊」，是也。「泊」即厚薄之「薄」，本書「薄」作「泊」。率性篇：「性有厚泊。」又云：「酒之泊厚同一麴蘗。」又云：「人生子陰陽有渥有泊。」泊，減小也。言螺蚌減縮不滿。盼遂案：「汩」字宋本作「泊」，誤也。**同氣審矣。所謂兔**〔二〕**、蟾蜍者，豈反螺與蚌邪？且問儒者：烏、兔、蟾蜍死乎？生也？如死，久在日月，燋枯腐朽；如生，日蝕時既，**讀作「暨」。說文：「暨，日頗見也。既，小食也。」阮元揅經堂集曰：「『暨』字从『既』，亦專爲日食而造。言日爲月食，偏見不全也。」盼遂案：穀梁傳桓公三年：「日有食之，既。既者，盡也。」「日食既」與「月晦盡」同一句法。黃暉引說文「日頗見也」爲解，失之。**月晦常盡，**四諱篇曰：「三十日，日月合宿謂晦。」釋名釋天曰：「晦，月盡之名也。晦，灰也，火死爲灰，月光盡似之也。」**烏、兔、蟾蜍皆何在？夫烏、兔、蟾蜍，日月氣也，若人之腹臟，萬物之心膂也。月尚可察也；人之察日，無不眩，**「無」上疑脫「目」字，下文：「仰察一日，目猶眩耀。」語意正同。**不能知日審何氣，通（遏）而見其中有物名曰烏乎？**「通」字義不可通，當爲「遏」字形譌。曷，何也。字

〔二〕「兔」，原本作「菟」，據通津草堂本改。

一作「遏」。「而」、「能」古通。「遏而」，何能也。「遏能」與上「不能」語氣相貫。**審日不能見烏之形，通（遏）而能見其足有三乎？**「通」當作「遏」，説見上。「能」爲「而」字旁注誤入正文，上句只作「通而」可證。**此已非實。且聽儒者之言，蟲物非一，日中何爲有「烏」？月中何爲有「兔」、「蟾蜍」？**

**儒者謂：「日蝕，月蝕也。」**齊曰：「月蝕」下疑脱「之」字。下文云：「故得蝕之。」又云：「知月蝕之。」釋名釋天：「日月虧曰蝕。（今作「食」，從廣韻二十四職「蝕」字注引。）稍稍侵虧，如蟲食草木葉也。」**彼見日蝕常於晦朔，晦朔月與日合，故得蝕之。**京房易飛候占曰：「凡日蝕皆於晦朔，不於晦朔，蝕者，名曰薄。」（文選江文通雜體詩注。）春秋日食三十七，除隱三年、莊十八年、僖十二年、又十五年、文元年、宣八年、又十年、十七年、襄十五年，共九不書朔，餘并朔蝕。阮元揅經堂集堯典四時東作南僞西成朔易解云：「朔者月死盡而未初生，與日但同經度，相并，而不同緯度，則爲合朔。若又同經度而又同緯度，日月人目三者相直，則必日食。日月食非朔望不定，朔望亦非日月食不定。故唐一行曰：『日月合度，謂之朔，無所取之，取之蝕也。』」春秋隱三年二月己巳日有食之。穀梁傳曰：「言日不言朔，食晦日也。」又宣十年夏四月丙辰日有食之。范寧注：「傳例曰：『言日不言朔，食晦日。』則此丙辰晦之日也。」漢書高祖本紀：「高祖即位三年十月十一月，晦日頻食。」日行遲，一日一度；月行疾，一日十三度十九分度之七。更詳校之，則月一日至於四日，行最疾，日行十四度餘；自五日至八，行次疾，日行十三度餘；自九日至十九日行則遲，日行十二度餘；自二十日至二十三日又小疾，日行十三度餘；自二十四日至於晦，行又最疾，日行十四度餘；二十七日，月行一周天；至二十九日强半，月及於日，與日其會，（本月令疏。）謂之一月。交會則日蝕，故日蝕必於晦朔也。然每月常會而有不蝕之時，左傳隱三年杜注曰：「日月動物，雖行度有大量，不能不小有盈縮，故有雖交會而不食者，或有頻交而食者。」**夫春秋之時，日蝕多矣。**春秋二百四十二年，日蝕三十七。**經曰：「某月朔，日有蝕之。」**春秋經也。**日有蝕之者，未必月也。知月蝕之，何諱不言月？**穀梁隱三年傳曰：「其不言食之者何也？知其不可知，知也。」左傳疏云：「聖人不言日被月食，而云日有食之者，以其月不可見，作不知之辭。」

**〔或〕説：「日蝕之變，陽弱陰彊也。」**「説」上脱「或」字。下文「或説日食者月掩之也」，文例同。京房易傳曰：「日者陽之精，人君之象，驕溢專明，爲陰所侵，則有日有食之災。」（穀梁隱三年范注。）漢書孔光曰：「日者衆陽之宗，人君之表，至尊之象。君德衰微，陰道盛强，侵蔽陽明，則日食應之。」又杜欽曰：「日食地震，陽微陰盛也。」後書丁鴻曰：「日者陽之積，守實不虧，君之象也。月者陰之精，盈縮有常，臣之表也。故日蝕者，陰凌陽。」白虎通災變篇曰：「日食必救之何？陰侵陽也。」是當時説災異變復者，並有此説。**人物在世，氣力勁彊，乃能乘凌。案月晦光既，**穀梁桓三年傳：「既者，盡也。」**朔則如盡，微弱甚矣，安得勝日？夫日之蝕，月**

蝕也。「月」上疑有「非」字。日蝕，謂月蝕之，月誰蝕之者？無蝕月也，月自損也。以月論日，亦如(知)日蝕，光自損也。「如」字難通，當爲「知」字形誤。一曰：「日」當作「月」。大率四十一二月，日一食；百八十日，月一蝕。蝕之皆有時，非時爲變，及其爲變，氣自然也。日時晦朔，月復爲之乎？夫日當實滿，以虧爲變，元命包曰：「日之爲言實也。」(月令疏。)釋名釋天：「日，實也，光明盛實也。」必謂有蝕之者，山崩地動，蝕者誰也？

或說：「日食者，月掩之也。日在上，月在下，障於日(月)之形也。「障於日之形」，當作「障於月之形」。日在月上，日光不得爲日形所障，於理至明。後漢書五行志注引杜預曰：「日月同會，月奄日，故日蝕。」上文云：「日食者，月掩之也。」下文云：「月光掩日光。」並謂月形障日光也。是其證。又下文云：「障於月也，若陰雲蔽日月不見也。」正作「障於月」，尤其切證。下文「月在日下，障於日」，亦當作「障於月」。日月合相襲，月在上，日在下者，不能掩日。日在上，月在日下，「日」字疑衍。障於日(月)，「日」當作「月」，校見上。月光掩日光，上「光」字衍文。周髀算經曰：「月光生於日所照，當日則光盈，就日則明盡。」京房曰：「月有形無光，日照之乃有光。」(月令疏。)是則單言「月光」則可。云「月光掩日光」，則於義未安。下文：「日食，月掩日光，非也。」又云：「使日月合，月掩日光。」並無「光」字，是其證。故謂之食也。障於月也，若陰雲蔽日月不見矣。其端合者，相食是也。其合相當如襲辟者，盼遂案：

「辟」當爲「璧」之壞字。「襲璧」亦猶緯候所云「日月合璧矣」。日既是也。」端合，正相合也。襲亦合也。辟、璧同。「既」讀「曁」，徧食也。杜預曰：「曆家之說，謂日光以望時遥奪月光，故月蝕。日月合會，月奄日，故日蝕。蝕有上下者，行有高下。日光輪存，而中食者，相奄密，故日光溢出。皆既者，正相當，而相奄間疏也。」（續五行志劉昭注。）日月合於晦朔，天之常也。日食，月掩日光，非也。何以驗之？使日月合，月掩日光，其初食崖當與旦（其）復時易處。崖，邊也。「旦復」無義，當作「其復」。復謂光復也。「旦」、「其」形誤。下文云：「今察日之食，西崖光缺；其復也，西崖光復。」即謂初食崖與其復時不易處。假令日在東，月在西，月之行疾，東及日，掩日崖，須臾過日而東，西崖初掩之處光當復，東崖未掩者當復食。今察日之食，西崖光缺，其復也，西崖光復，過掩東崖復西崖，謂之合襲相掩障，如何？

儒者謂：「日月之體皆至圓。」彼從下望見其形，若斗筐之狀，狀如正圓。不如望遠光氣，氣不圓矣。此義難通。「如」疑爲「知」形誤。下「不」字，爲「若」字草書形誤。夫日月不圓，視若圓者，晉志、隋志、御覽四引「視」下并有「之」字，疑是。〔去〕人遠也。孫曰：「人遠也」，當作「去人遠也」。脱「去」字，文義不完。下文云：「列星不圓，光耀若圓，去人遠也。」語意正同。晉書天文志、隋書天文志、法苑珠林七、御覽四引並有「去」字。何以驗之？夫日者，火之精也；月者，水之精也。在地，水火不圓；在天，水火何故獨圓？日月在天猶五星，五星，東方歲星，南方熒惑，西方太白，北方辰星，中央鎮星也。五星猶列星，列星不圓，光耀若圓，去人遠也。何以明之？春秋之時，星霣宋都，就而視之，石也，不圓。魯僖十六年，霣石於宋五。左氏傳曰：「星也。」公羊傳曰：「視之則石，察之則五。」以星不圓，知日月五星亦不圓也。抱朴子曰：「王生云：月不圓，望之圓者。月初生及既虧之後，視之宜如三寸鏡，稍稍轉大，不當如破環漸漸滿也。」（御覽四。）舊本段。

儒者說日，及工伎之家，皆以日爲一。禹、貢（益）山海經言：「日有十。先孫曰：禹貢無十日之文。「貢」當作「益」。別通篇云：「禹、益以所聞見作山海經。」此下文又云：「禹、益見之，不能知其爲日也。」又云：「當禹、益見之，若斗筐之狀。」又云：「禹、益所見，意是日非日也。」又云：「且禹、益見十日之時，終不以夜猶以晝也。」皆其證。在海外東方有湯谷，上有扶桑，十日浴沐水中；有大木，九日居下枝，一日居上枝。」海外東經：「黑齒國，有湯谷。湯谷上有扶桑，十日所浴，在黑齒北，居水中。有大木，九日居下枝，一日居上枝。」郭注：「湯谷，谷中水熱也。扶桑，木也。」淮南天文訓：「日出湯谷，浴於咸池，拂於扶桑。」許注：（史記司馬相如傳正義。）「湯谷，熱如湯也。」舊注：「扶桑，東方之野。」（御覽三。）楚詞九歌東君王注：「東方有扶桑之木，其高萬仞，日出，下浴於湯谷，上拂其扶桑。」東方朔十洲記曰：「扶桑在碧海中，葉似桑，樹長數千丈，大二千圍，兩兩同根，更相依倚，是名扶桑。」（離騷洪補注。）淮南地形訓：「扶木在陽州，日之所曊。」注：「扶木，扶桑也，在湯谷之南。」又道應訓注：「扶桑，日所出之木也。」又時則訓：「東至日出之次，榑木之地。」注：「榑木，榑桑，日所出也。」説文木部曰：「榑桑，神木，日所出也。」又叒部：「日初出東方湯谷，所登榑桑，叒木也。」按以上諸説，湯谷，水耳；扶桑，木耳，不必拘於實地。仲任亦云：「湯谷，水也。扶桑，木也。」章太炎文始曰：「南史夷貊傳：『扶桑在大漢國東二萬餘里，其上多扶桑木，扶桑葉似桐，初生如筍，國人食之，實如棃而赤，績其皮爲布，以爲衣，亦以爲錦。』此據齊永平元年扶桑沙門慧深來至荆州所説，乃實事也。其地當即今墨西哥。」湯谷所在，諸説更乖錯不一。堯典曰：「宅嵎夷曰暘谷。」馬曰：（釋文。）「嵎，海嵎也。夷，萊夷也。暘谷，海嵎萊夷之地。」僞孔曰：「東表之地稱嵎夷。」説文土部：「堣夷在冀州。暘谷，立春日，日值之而出。」又山部：「嵎山在遼西，一曰嵎鐵暘谷也。」後漢書東夷傳：「夷有九種，昔堯命羲、和宅嵎夷曰暘谷，日之所出也。」薛季宣書古文訓謂嵎夷暘谷在登州府治蓬萊縣。蔡沈集傳同。即今蓬萊縣。于欽齊乘謂在海寧州，即今山東牟平縣。皆據青州爲言。段氏説文注謂堯典嵎夷在冀州，禹貢嵎夷在青州。孫星衍謂在遼西，即永平府地，今盧龍等縣。依許氏爲説也。江聲、洪亮吉并以説文冀州爲青州之誤。王鳴盛謂在正東之青州，胡渭、蔣廷錫謂即朝鮮，則從後漢書東夷傳及杜佑通典邊防典者。沈濤、皮錫瑞謂即日本。按浴湯谷，拂扶桑，乃神話耳。如云日浴咸池。咸池，天池，日所浴也。諸儒必求其地，則失之鑿空。**淮南書又言：「燭十日。堯時**

十日並出，萬物焦枯，堯上射十日。」以故不並一日見也。淮南俶真訓：「若夫真人則動溶於至虛，燭十日而使風雨。」又本經訓：「堯之時，十日並出，焦禾稼，殺草木，而民無所食，堯乃使羿上射十日。」世俗又名甲乙爲日，甲至癸凡十日；淮南天文、地形並云：「日之數十。」注云：「十，從甲至癸也。」日之有十，猶星之有五也。五星注見上。通人談士，歸於難知，不肯辨明，是以文二傳而不定，世兩言而無主。

誠實論之，且無十焉。何以驗之？夫日猶月也，日而有十，月有十二乎？星有五，五行之精，荆州占曰：「五星者，五行之精也。」唐書天文志：「五行見象于天，爲五星。」木爲歲星，火爲熒惑，金爲太白，水爲辰星，土爲鎮星。見漢書天文志。金、木、水、火、土各異光色。如日有十，其氣必異。今觀日光，無有異者，察其小大，前後若一。如審氣異，光色宜殊；如誠同氣，宜合爲一，無爲十也。驗日陽遂，火從天來。注率性篇。案：「日」字未妥，疑當作「以」。「以」一作「目」，與「日」形近而誤。日者，大（天）火也。「大火」當作「天火」，與下文「察火在地」相對成義。上文：「日者火之精也，在天水火何故獨圓？」感虛篇：「日火也，地火不爲見射而滅，天火何爲見射而去？」並其證。察火在地，一氣也；地無十火，天安得十日？然則所謂十日者，殆更自有他物，光質如日之狀，居湯谷中水，二字疑倒。時緣據扶桑，禹、益見之，則紀

**十日。**

**數家度日之光，數日之質，刺徑千里。**白虎通日月篇曰：「日月徑皆千里〔一〕。」**假令日出，是扶桑木上之日，扶桑木宜覆萬里，乃能受之。何則？一日徑千里，十日宜萬里也。天之去人，〔六〕萬里餘〔里〕也。**「萬里餘也」，當作「六萬餘里也」，「六」字脱，「里餘」二字誤倒。天地相去，諸家説雖不一，而未有言「萬里」者。（詳談天篇。）變虛篇云：「天之去人，高數萬里。」感虛篇云：「天之去人，以萬里數。」是仲任以天地相去數萬里，非只一萬里也。談天篇云：「天之離天下，六萬餘里。」本篇上文云：「六萬里之程，難以得運行之實也。」下文云：「望六萬里之形，非就見即察之體也。」（今脱「里」字。但「六」字不誤。）又云：「天之去地，六萬餘里。」並有「六」字，是其證。**仰察之，日（目）光眩耀。**「日」當作「目」。上文云：「月尚可察也，人之察日，無不眩。」是「眩耀」謂目也。若作「日光眩耀」，則與下文「火光盛明」於義爲複。下文云：「仰察一日，目猶眩耀。」是其明證。**火光盛明，不能堪也。使日出是扶桑木上之日，**「使」舊作「便」，从崇文本正。**禹、益見之，不能知其爲日也。何則？仰察一日，目猶眩耀，況察十日乎？**

〔一〕「里」，原本作「皆」，據白虎通改。

**當禹、益見之，若斗筐之狀，故名之爲日。夫火（大）如斗筐，**「火」不得言如斗筐。「火」當作「大」。上文云：「儒者謂日月之體皆至圓。彼從下望見其形，若斗筐之狀，狀如正圓。」是斗筐狀日之圓。火不圓，可目驗也。**望六萬〔里〕之形，**「萬」下脱「里」字，語意不明。仲任以天去地六萬里，日在天，故謂「望六萬里之形」。**非就見之即察之體也。**上「之」字衍。「非就見即察之體也」八字爲句。即亦就也。若著一「之」字，則義不可通。**由此言之，禹、益所見，意似日非日也。**廣雅曰：「意，疑也。」下同。盼遂案：「意」當爲「竟」之誤字。上文已決禹、益所見非日，則此處更不容作遊疑之辭。下文「是意似日而非日也」，「意」亦「竟」之訛。答佞篇「佞人意不可知乎」句，吴承仕説「意」是「竟」之誤字。正與此同例。**天地之間，物氣相類，其實非者多。海外西南有珠樹焉，**山海經海外南經：「海外自西南陬，至東南陬者，三株樹在厭火北，生赤水上，其爲樹如柏，葉皆爲珠。」吴任臣廣注曰：「三株通作三珠，淮南子云：（按：見地形訓。）『三珠樹在其東北方。』博物志云：『三珠樹生於赤水之上。』」按：海内西經云：「崑崙有珠樹。」非此文所指。**察之是珠，然非魚中之珠也。**中謂腹也。自紀篇曰：「珠匿魚腹。」陸佃曰：「龍珠在頷，蛇珠在口，魚珠在眼，鮫珠在皮，鼈珠在足，蛛珠在腹。」此云：「魚中之珠。」未聞。**夫十日之日，猶珠樹之珠也，**御覽八〇三引無「之珠」二字，疑是。下句「珠樹似珠非真珠」，亦只承「珠樹」爲文。**珠樹似珠非真珠，十日似日非實日也。淮南見山海經，則虚言「真人燭**

十日」，妄紀「堯時十日並出」。

且日，火也；湯谷，水也。水火相賊，則十日浴於湯谷，當滅敗焉。火燃木，扶桑，木也，十日處其上，宜燋枯焉。今浴湯谷而光不滅，登扶桑而枝不燋不枯，與今日出同，不驗於五行，故知十日非真日也。且禹、益見十日之時，終不以夜。猶以晝也，則一日出，九日宜留，安得俱出十日？如平旦日未出，且天行有度數，日隨天轉行，安得留扶桑枝間，浴湯谷之水乎？留則失行度，行度差跌，不相應矣。如行出之日，與十日異，是意似日而非日也。

春秋「莊公七年夏四月辛卯，夜中，恒星不見，星霣如雨」者。孫曰：此文不當有「者」字，蓋涉下文「如雨者何，非雨也」而衍。藝增篇及公羊春秋並無「者」字，當刪。公羊傳曰：「如雨者何？非雨也。非雨，則曷爲謂之『如雨』？不修春秋曰：『雨星，不及地尺而復。』君子修之曰：『星霣如雨。』」不修春秋者，未修春秋時魯史記，曰：「星霣如雨〔星〕，不及地尺而復。」孫曰：「星霣如雨」，乃孔子已修之語。「不及地尺而復」，乃不修春秋之語。魯史記，即不修春秋。不得混「星霣如雨」、「不及地尺而復」爲一意矣。此文本作「雨星不及地尺而復」，重述不修春秋原文。「星霣如雨」涉上下文而衍，又脱「雨星」二字。藝增篇作「雨星不及地尺而復」，不誤。君子者，孔子。孔子修之曰：「星霣如雨。」孔子之意，以爲地有山陵樓臺，云「不及地尺」，恐失其實；更正之曰：「如雨。」「如雨」者，爲從地上而下，「爲」讀作「謂」。藝增篇曰：「山氣爲雲上不及天，下而爲雨。」即其義。星亦從天霣而復，與同，故曰「如」。

夫孔子雖〔不〕云不「及地尺」，但言「如雨」，「云不」當作「不云」，蓋涉上文「不及地尺」而誤。「星霣不及地尺」，魯史記文，非孔子言也。孔子以「不及地尺」之文失實，正之曰「如雨」，故此文云：「孔子雖不云及地尺，但言如雨。」「雖不云」與「但言」語氣相貫。「不云及地尺」，謂不定星霣及地之尺數也。下文云「孔子雖不合言及地尺」，語意同。其謂霣之者，皆是星也。孔子雖〔不〕定其位，「定」上脱「不」字。「孔子雖不定其位」，即承「孔子雖不云及地尺」爲文。「位」謂星霣及地高下之位。藝增篇云：「星霣或時至地，或時不能。」即此「位」字之義。「定其位」，即魯史記云「不及地尺」。孔子正言「如雨」，不言及地尺數，不得言孔子定其位也。蓋因上文「孔子雖不云及地尺」誤作「孔子雖云不及地尺」，後人則妄删此「不」字，以爲「孔子定其位」，與「孔子云不及地尺」義正相屬。因誤致誤，失之甚也。著其文，謂霣爲星，與史同焉。史，魯史記。從平地望泰山之巔，鶴如烏，烏如爵者，爵通雀。泰山高遠，物之小大失其實。天之去地六萬餘里，高遠非直泰山之巔也。星著於天，人察之，失星之實，非直望鶴烏之類也。數等星之質百里，「等」字疑衍，上文「數日之質」句同。體大光盛，故能垂耀。人望見之，若鳳卵之狀，王本、崇文本誤作「將」。遠，失其實也。如星霣審者天之星，「者」當爲「在」字之誤。霣而至地，人不知其爲星也。何則？霣時小大，不與在天同也。今見星霣，如在天時，是時星也；「時」當作「非」。非星，則氣爲之也。人見鬼如死人之狀，其實氣象聚，非真死人。「聚」涉「象」字譌衍。訂鬼篇曰：「鬼者，人所得病之氣也。氣不和者中人，中人爲鬼，其氣象人形而見。」又云：「氣能象人聲而哭，則亦能象人形而見，則人以爲鬼矣。」是其義。然則霣星之形，其實非星。孔子〔不正〕云正霣者非星，而徙（徒）正言「如雨」非雨之文，蓋俱失星之實矣。此文當作：「孔子不正云霣者非星，而徒正言如雨非雨之文，蓋俱失星之實矣。」「不」字脱。「正云」二字誤倒。「徒」、「徙」二字形近而誤。上文云：「其謂霣之者皆是星也。」又云：「著其文謂霣爲星。」此云「孔子不正云霣者非星」，正與之相承。「不正云」與「而徒正言」語氣相貫。孔子只正言「如雨」，則以所霣者爲星，與魯史記同。仲任意霣者非星乃氣，故謂「孔子不正云霣者非星」。

春秋左氏傳：「四年辛卯，夜中，恒星不見，夜明也；星霣如雨，與雨俱也。」見莊七年。「俱」作「偕」。五行志載劉歆曰：「如，而也。星隕而且雨，故曰與雨偕也。」其言夜明故不見，與易之言「日中見斗」豐卦六二爻辭。相依類也。「依」疑是「似」字。上文：「與騏驥之步，相似類也。」又云：「與晨鳧飛相類似也。」句與此同。日中見斗，幽不明也；夜中，星不見，夜光明也。事異義同，蓋其實也。其言「與雨俱」之集也。三字無義。「集也」疑是「集地」之誤。尚有脱文。朱校元本「其」作「妄」，「與」作「月」，亦不可通。夫辛卯之夜明，故星不見；明則不雨之驗也，雨氣陰暗，安得明？明則無雨，安得「與雨俱」？夫如是，言「與雨俱」者，非實。且言夜明不見，安得見星與雨俱？

又僖公十六年正月戊申，霣石于宋五。左氏傳曰：「星也。」夫謂霣石爲星，則謂霣〔星〕爲石矣。「霣爲石」不詞，當作「霣星爲石」，誤脱「星」字。下文：「辛卯之夜，星霣爲星，則實爲石矣。」又云：「辛卯之夜，星霣如是石。」並承此「霣星爲石」爲文。辛卯之夜，星霣爲星，則實爲石矣。辛卯之夜，星霣如是石，地有樓臺，樓臺崩壞。孔子雖不合言「及地尺」，雖（離）地必有實數，孫曰：「雖地」無義，「雖」疑「離」字之誤。魯史目見，不空言者也；云「與雨俱」，雨集於地，石亦宜然。霣星爲石，故言石。至地而樓臺不壞，非星明矣。

且左丘明謂石爲星，何以審之？當時石霣輕（硜）然。孫曰：「輕然」當作「硜然」。史記樂書：「石聲硜。」是其義也。公羊僖十六年傳：「曷爲先言霣，而後言石？霣石記聞，聞其磌然。」釋文：「磌或作砰。」穀梁疏云：「『磌』字，説文、玉篇、字林等無其字，學士多讀爲『砰』。據公羊古本並爲『砰』字。張揖讀爲『磌』，是石聲之類。不知出何書也。」臧琳經義雜記謂「磌」不具石聲。經義叢鈔洪頤煊謂廣雅釋詁：「砰，聲也。」是亦讀「磌」爲「砰」也。然「砰」爲雷聲，非石聲也。實則真、庚韻古多通用，「磌然」即「硜然」也。以論衡證之，「磌」爲石聲，乃漢儒舊義。張揖之言，未爲無據。諸説並失之。盼遂案：廣雅疏證四下「鎮，聲也」條下，引本論此句，云樂記「鐘聲鏗」，論語「鏗然舍瑟而作」。孔傳：「鏗者，投瑟之聲。」説文『𨍭，車𨍭鈏聲也，讀若「鏗爾舍瑟而作」』。鎮、鏗、輕、𨍭義同。」今案曹憲博雅音「鎮，苦萌反」，與「輕」同聲，故得通借。何以其從天墜也？元本無「其」字，朱校同。暉按：當有「其」字。「以」下疑脱「知」字。仲任意：夷狄之山從集於宋，不信從天降，故云「何以知其從天墜也」。秦時三山亡，注見儒增篇。亡有不消散，先孫曰：「亡有」疑「亡者」之誤。有在其集下時，「有」字疑衍。必有聲音。或時夷狄之山，從集於宋，「從」疑「徙」誤。宋聞石霣，則謂之星也。左丘明省，省其文。則謂之星。夫星，萬物之精，説文晶部：「萬物之精，上爲列星。」與日月同。春秋説題辭：「陽精爲日，日分爲五星。」（書鈔一五〇。）説五星者，謂五行之精之光也。注見前。五星、衆星同光耀，獨謂列星爲石，恐失其實。

實者，辛卯之夜，霣星若雨而非星也。與彼湯谷之十日若日而非日也。

儒者又曰：「雨從天下。」謂正從天墜也。如當（實）論之，吴曰：「當」乃「實」字之誤。「如實論之」，本書常語。雨從地上，不從天下。見雨從上集，集，止也。言從上注下。則謂從天下矣，其實地上也。然其出地起於山。何以明之？春秋傳曰：「觸石而出，膚寸而合，不崇朝而徧〔雨〕天下，惟太山也。」此公羊僖三十一年傳文。「徧」下當據補「雨」字。「不崇朝而徧天下」，文不成義。本書效力篇、明雩篇、風俗通正失篇、祀典篇並作「徧雨天下」，是其證。春秋元命苞曰：「山者氣之苞，所以含精藏雲，故觸石而出。」（御覽地部三。）公羊何注：「側手爲膚，案指爲寸。言其觸石理而出，無有膚寸而不合。」淮南氾論注：「崇，終也，日旦至食時爲終朝。」太山雨天下，小山雨一國，各以小大爲遠近差。

雨之出山，或謂雲載而行，雲散水墜，名爲雨矣。文選謝朓拜中軍記室辭隋王牋注引「墜」作「墮」，「名」作「成」。夫雲則雨，雨則雲矣。初出爲雲，雲繁爲雨。文選張景陽雜詩注引作「繁雲爲翳」。猶甚而泥露濡污衣服，若雨之狀。此義不明。「甚」疑爲「湛」字壞字。「露」爲「路」字之譌。非雲與俱，雲載行雨也。「行雨」當倒。

或曰：「尚書曰：『月之從星，則以風雨。』洪範文。注感虛篇。詩曰：『月麗于畢，俾滂沲矣。』小雅漸漸之石篇。月離于畢星則雨。漢書天文志：「月失節而妄行，出陽道則旱風，出陰道則陰雨，故月移而西入畢則多雨。」二經咸言，所謂爲之非天，如何？」夫雨從山發，月經星麗畢之時，麗畢之時當雨也。時不雨，月不麗，山不雲，天地上下自相應也。月麗於上，山烝於下，氣體偶合，自然道也。雲霧，雨之徵也，夏則爲露，冬則爲霜，温則爲雨，寒則爲雪。雨露凍凝者，皆由地發，朱曰：日本刻御覽十二引「皆」作「其」。暉按：天啓本御覽亦作「其」。不從天降也。

# 答佞篇

或問曰：「賢者行道，得尊官厚禄；矣（人）何必爲佞，以取富貴？」「矣」，宋本作「人」，較今本爲優，當據正。曰：佞人知行道可以得富貴，必以佞取爵禄者，不能禁欲也。知力耕可以得穀，勉貿可以得貨，宋本「貿」作「商」，疑是。然而必盜竊，情欲不能禁者也。以禮進退也，人莫不貴，然而違禮者衆，尊義者希，「尊」讀「遵」。「希」讀「稀」。心情貪欲，宋本作「之」。朱校同。志慮亂溺也。宋本「志」作「知」。夫佞與賢者同材，盼遂案：宋本「者」下多「何」字，蓋由下文「同」字誤衍。佞以情自敗；偷盜與田商同知，偷盜以欲自劾也。從舊本段。下並同。

問曰：「佞與賢者同材，材行宜鈞，而佞人曷爲獨以情自敗？」曰：富貴皆人所欲也，雖有君子之行，猶有飢渴之情。君子則（耐）以禮防情，宋、元本「則」作「耐」，朱校同。按：作「耐」是也。「耐」、「能」古通。以義割欲，宋、元、天啓本並作「割欲」。朱校同。程、錢、黄、王、崇文本並作「制欲」。本性篇云：「禁情割欲。」程材篇云：「割切將欲。」則作「制欲」非也。故得循道，循道則無禍；小人縱貪利之欲，踰禮犯義，故進得苟佞，「進」字疑衍。

「故得苟佞」與上「故得循道」句法一律。苟佞則有罪。夫賢者，君子也；佞人，小人也。君子與小人，本殊操異行，取捨不同。

問曰：「佞與讒者同道乎？有以異乎？」曰：讒與佞，俱小人也，同道異材，俱以嫉妬爲性，而施行發動之異。「之」猶「則」也。見釋詞。讒以口害人，佞以事危人；讒人以直道不違，道，言也。「以」字無取，疑涉上文衍。「讒人直道不違」，與下「佞人依違匿端」，正反成義。佞人依違匿端；漢書劉歆傳注：「依違，言不專決也。」讒人無詐慮，佞人有術數。故人君皆能遠讒親仁，莫能知賢別佞。難曰：「人君皆能遠讒親仁，而莫能知賢別佞，然則佞人意不可知乎？」吴曰：「意」疑當作「竟」，形近而誤。曰：佞可知，人君不能知。庸庸之君，庸，凡庸也。庸庸，言凡常無奇異。不能知賢；不能知賢，不能知佞。唯聖賢之人，以九德檢其行，以事效考其言。尚書皋陶謨曰：「『亦行有九德，亦言其有德，』（其下「人」字，唐石經、史記夏本紀並無，依江聲、孫星衍校删。皮錫瑞謂今文無「人」字。）乃言曰：載采采。』禹曰：『何？』皋陶曰：『寬而栗，柔而立，愿而恭，亂而敬，擾而毅，直而温，簡而廉，剛而塞，彊而義。』」孫星衍曰：「行謂寬、柔、愿、亂、擾、直、簡、剛、彊之行。九德謂栗、立、恭、敬、毅、温、廉、塞、義之德。」玉篇云：「亦，臂也。今作掖。書云：亦行有九德。」是讀「亦行」爲「掖行」。此云「以九德檢其行」，是其讀亦，謂有九德扶掖九行。顧野王，晉人，或引今文舊説，故與仲任合。江聲曰：「言人掖扶其行有九德，則亦稱道其有德，乃言其始時某事某事以爲驗。」按：此云「以事效考其言」，疑其讀「亦言」與「亦行」對文，「言」非謂他人之「稱道」也。蓋今文尚書說。皮錫瑞曰：「據仲任說，則『乃言』當作『考言』，乃丂形近，疑今文有作『考言』者。」行不合於九德，言不驗於事效，宋、元本並無「九」字。「驗」作「檢」。朱校並同。按下文「行不合於九德，效不檢於考功」，字亦作「檢」。人非賢則佞矣。「人」上，宋、元本多「考其言」三字，朱校同。「人」作「於」。疑並非。夫知佞以知賢，知賢以知佞；知佞則賢智自覺，知賢則姦佞自得。讀如「罪人斯得」之得。戴鈞衡曰：「得者，出也。」賢佞異行，考之一驗，宋、元本作「檢」。朱校同。情心不同，觀之一實。錢、黄、王、崇文本「心」作「性」。

問曰：「九德之法，張設久矣，觀讀之者，莫不曉見，斗斛之量多少，權衡之縣輕重也。縣，稱也。然而居國有土之君，盼遂案：「居」字宋本作「君」，是也。曷爲常有邪佞之臣，與常有欺惑之患？」〔曰〕：「曰」字據本篇文例增。〔不〕無患〔無〕斗斛過，「無患斗斛過」，文不成義。當作「不患無斗斛」，與下「不患無銓衡」相對爲文。蓋「不」字脱，「無患」二字誤倒，又衍「過」字。盼遂案：依上下文例，句首宜補「曰」字。此下皆仲任答問者之辭也。所量非其穀；不患無銓衡，所銓非其物故也。在人君位者，皆知九德之可以檢行，事效可以知情，然而惑亂不能見者，則明不察之故也。人有不能行，行無不可檢；人有不能考，情無不可知。

問曰：「行不合於九德，效不檢於考功，進近非賢，非賢則佞。夫庸庸之材，無高之知，宋、元本「之」並作「又」。朱校同。孫曰：「無高之知」，義不可通。元本「之」作「又」，亦費解，疑當作「又無高知」。不能及賢，盼遂案：「高」字絶句。宋本「之」作「又」，「又知不能及賢」爲句。孫説非。賢功不效，賢行不應，可謂佞乎？」曰：材有不相及，行有不相追，功有不相襲。若知無相襲，人材相什百，取舍宜同。「無」字疑衍。「人」當作「合」，屬上爲句。「知相襲合」、「材相什百」對文，「材」上不當有「人」字。本篇多以「材」、「知」對舉。「舍」同「捨」。賢佞殊行，是是非非，實名俱立，而效有成敗，是非之言俱當，功有正邪，「效有成敗，功有正邪」，相對爲文。羼入「是非之言俱當」句，則義難通。蓋「實名俱立」句注語，傳寫誤入正文。言合行違，下節「佞人」二字，疑當在此句上。名盛行廢。

佞人問曰：吴云：「佞人」二字當删。盼遂案：「佞人」下應有「也」字，屬上節讀，正答「可謂佞乎」之問。「行合九德則賢，不合則佞。世人操行者，可盡謂佞乎？」曰：諸非皆惡，惡中之逆者，謂之無道；惡中之巧者，謂之佞人。盼遂案：「巧」字宜依宋本改作「功」。下文云：「惡中立功者謂之佞。能爲功者，才高知明。」皆足證通津改「功」爲「巧」之誤。聖

**王刑憲，佞在惡中；聖王賞勸，賢在善中。純潔之賢，**盼遂案：此句上下文義不貫，疑有譌脱。或此爲衍文。**善中大佞，**「善」疑當作「惡」。上文：「惡中之巧者，謂之佞人。」又云：「聖王刑憲，佞在惡中。」下文：「察佞由惡。」並其證。**惡中之雄也。**盼遂案：「善」當爲「惡」。此涉上句「善」字而誤。上文「善中殊高，賢中之聖也」，下文「察佞由惡」，皆本文應作「惡中大佞」之證。**故曰：「觀賢由善，**宋本、朱校元本同。程本以下並誤作「義」。**察佞由惡。」**蓋引傳文。**善惡定成，賢佞形矣。**

**問曰：「聰明有蔽塞，推行有謬誤，**「推行」疑當作「操行」，下同。**今以是者爲賢，非者爲佞，殆不得賢之實乎？」曰：聰明蔽塞，推行謬誤，人之所歉也。**言人之所短也。宋本「歉」作「兼」。朱校同。**故曰：「刑故無小，宥過無大。」**僞大禹謨有此文。仲任蓋別有據。孔傳曰：「過誤雖大必宥，故犯雖小必刑。」盼遂案：此二語今見僞古文尚書大禹謨。仲任蓋據佚尚書文也。近代輯古文書者，皆失此語。**聖君原心省意，**漢書王嘉傳云：「聖王斷獄，必先原心定罪，探意立情。」後書霍諝傳云：「諝聞春秋之義，原情定過，赦事誅意。」廣雅釋詁曰：「謜，度也。」原、謜字通。**故誅故貰誤。**貰，緩恕其罪也。故，故意犯。誤，過失犯。董仲舒決獄曰：「意苟不惡，釋而無罪。」（書鈔四四。）周禮秋官司刺注鄭司農引律曰：「過失殺人不坐死。」**故賊加增，過誤減損，**孫曰：疑當作「故誤則加增，過誤則減損」。「賊」即「則」字之誤。故誤者，有心之誤。有心之誤，則加重其罪。過誤者，無心之誤。無心之誤，則減損其罪。後漢書郭躬傳云：「有兄弟共殺人者，而罪未有所歸。帝以兄不訓弟，故報兄重而減弟死。中常侍孫章宣詔，誤言兩報重，尚書奏章矯制，罪當腰斬。帝召躬問之。躬對章應罰金。帝曰：『章矯詔殺人，何謂罰金？』躬曰：『法令有故、誤。章傳命之繆，於事爲誤，誤者其文則輕。』帝曰：『章與囚同縣，疑其故也。』躬曰：『周道如砥，其直如矢。君子不逆詐。君王法天，刑不可以委曲〔一〕生意。』帝曰：『善。』」躬之所謂「故」者，即「故誤」。「誤」者，即「過誤」也。暉按：孫説非也。「故誅故貰誤」句絶。孫讀「誤故賊加增」，故使其義難通。漢人言律，或以「故」、「過」對言，或以「故」、「誤」對言。過、誤義同，故有以「過誤」連言。此文云：「刑故無小，宥過無大。」又云：「故賊加增，過誤減損。」以「故」、「過」對言者。雷虚篇：「天不原誤，反而貰故。」此文云：「誅故貰誤。」郭躬云：「法令有故、誤。」此以「故」、「誤」對言者。後漢紀九：「時詔賜降胡子縑，尚書案事，誤以十爲百。上欲鞭之。鍾離意曰：過誤者，人所有也。」雷虚篇曰：「以冬過誤。」此文云：「過誤減損。」潛夫論述赦篇：「雖有大罪，非欲以終身爲惡，乃過誤爾。」又云：「時有過誤，不幸陷離者爾。」並以「過誤」連文者。張斐律表曰：（晉書刑法志。）「知而犯之謂之故，不意誤犯謂之過失。」是「故」與「誤」義正相反。孫氏云：「所謂故者，即故誤也。」其説殊非。盼遂案：此當以「貰誤」句絶，即僞尚書之「宥

〔一〕「曲」，原本作「典」，據後漢書改。

過無大」意。「誅故」與「貰誤」相對爲文，即僞尚書「刑故無小」之意。「故賊」者，書堯典「怙終賊刑」，鄭玄注：「怙其奸邪，終身以爲殘賤則用刑之。」此「故賊」猶尚書之「怙賊」矣。此文應解作聖君原心省意，故誅故者而貰誤者。于故賊者則加增其刑，過誤者則減損其刑也。孫氏舉正誤以「貰誤」之「誤」屬下句讀，欲改成「故誤則加增，過誤則減損」，此文益難通矣。一獄吏所能定也，賢者見之不疑矣。

問曰：「言行無功效，可謂佞乎？」〔曰〕：吴曰：「可謂佞乎」下脱一「曰」字。蓋問者以有無功效爲疑，論家答以蘇、張立功，適足爲佞。蘇秦約六國爲從，彊秦不敢窺兵於關外；張儀爲横，六國不敢同攻於關内。六國約從，則秦畏而六國彊；三秦稱横，則秦彊而天下弱。功著效明，載紀竹帛，雖賢何以加之？太史公敍言衆賢，儀、秦有篇，史記各有傳。無嫉惡之文，惡，烏路切。功鈞名敵，不異於賢。夫功之不可以效賢，猶名之不可實也。儀、秦，排難之人也，處擾攘之世，行揣摩之術，秦策一：「得太公陰符之謀，伏而誦之。簡練以爲揣摩。」高注：「揣，定也。摩，合也。定諸侯使讎其術，以成六國之從也。」史記蘇秦傳集解曰：「鬼谷子有揣摩篇。」索隱引王劭曰：「揣情摩意，是鬼谷之二章名，非爲一篇也。」按：高誘説是。當此之時，稷、契不能與之争計，禹、臯陶不能與之比效。若夫陰陽調和，風雨時適，五穀豐熟，盜賊衰息，人舉廉讓，家行道德之功，命禄貴美，術數所致，非道德之所成也。太史公記功，故高來禩，「祀」或从「異」。記録成則著效明驗，攬載高卓，數句義難通。以儀、秦功美，故列其狀。由此言之，佞人亦能以權説立功爲效。無效，未可爲佞也。難曰：「惡中立功者謂之佞。能爲功者，材高知明。思慮遠者，必傍義依仁，亂於大賢。故覺佞之篇曰：劉盼遂曰：「論衡逸篇名也。」盼遂案：覺佞當是論衡佚篇，與答佞爲姐妹篇，舊相次也。猶實知之後有知實，能聖之後有實聖也。能聖、實聖見須頌篇，亦佚篇也。詳予論衡篇數次第考。『人主好辨，通「辯」。佞人言利；人主好文，佞人辭麗。』心合意同，偶當人主，説而不見其非，何以知其僞而伺其姦乎？」盼遂案：「伺」，宋本作「司」。司、伺古今字。曰：是謂庸庸之君也，材下知昬，蔽惑不見。后又賢〔聖〕之君，孫曰：「后又賢之君」，文不成義。御覽四百二引作「賢聖之君」。此文「又」字，即「聖」字之誤。「聖」俗寫作「圣」，因壞爲「又」耳。「后」疑「若」字之譌。「后又賢之君」，當作「若聖賢之君」。暉按：此文本作「賢聖之君」。「后又」二字並俗寫「聖」字之譌，又誤倒耳。非本作「聖賢」。本書言「聖賢」，多作「賢聖」。書虚篇：「賢聖所傳，無不然之事。」問孔篇：「以爲賢聖所言皆無非。」別通篇：「不與賢聖通業，望有高世之名，難哉。」又云：「孔、墨之業，賢聖之書。」並其例。盼遂案：此句當是「若大賢之君」。「若」與「后」，「大」與「又」，皆形近字。察之審明，若視俎上之脯，指掌中之理，數局上之棊，摘轅中之馬。魚鼈匿淵，捕漁者知其源；禽獸藏山，畋獵者見其脉。佞人異行於世，世不能見，庸庸之主，無高材之人也。難曰：「人君好辨，佞人言利；人主好文，佞人辭麗。言操合同，何以覺之？」曰：文王官人法曰：推其往行，以揆其來言，聽其來言，以省其往行，俞曰：今大戴禮文王官人篇：「王曰：大師，汝推其往言，以揆其來行；聽其來言，以省往行。」與此不同。盧辨注引孔子曰：「始吾於人，聽其言而信其行；今吾於人，聽其言而觀其行。」然則無論來與往，皆以言揆行，不以行揆言，此所引或有誤也。暉按：俞説是也。「推其往行」，宋本作「推其往言」。朱校元本同。正與大戴禮合。疑當據改。蓋後人誤據「推其往行」而改「揆其來行」爲「揆其來言」矣。觀其陽以考其陰，察其内以揆其外。是故詐善設節者可知，「詐善設節」，大戴記作「隱節」。飾僞無情者可辨，質誠居善者可得，含忠守節者可見也。」「含忠守節」，大戴記作「忠惠守義」。人之舊性不辨，人君好辨，佞人學，求合於上也。文有誤衍。此與下文「佞人意欲稱上」對文，句法當一律。「求」，宋、元本作「表」，朱校同。「上」，宋本作「心」，朱校同。義亦難通。人之故能不文，宋、元本「故」作「敢」，朱校同。非也。「故能」、「舊性」對文。人君好文，佞人意欲稱上。宋、元本「意」作「繫」，朱校同。上奢，己麗服；上儉，己不餝。宋本作「餝」，元本作「飾」，字並同。「餝」、「餝」俗字。今操與古殊，古謂往日。朝行與家別。考鄉里之迹，證朝廷之行，「廷」，通津本、王本誤作「庭」。今據朱校元本、崇文本正。察共親之節，明事君之操，外内不相稱，名實不相副，際會發見，姦僞覺露也。「僞」，舊作「爲」，從崇文本改。盼遂案：「爲」宜作「僞」。「姦僞」與「際會」皆雙字也。

問曰：「人操行無恒，權時制宜，信者欺人，直者曲撓。權變所設，前後異操；事有所應，左右異語。儒書所載，權變非一。今以素故考之，毋乃失實乎？」曰：賢者有權，佞者有權。賢者之有權，後有應；佞人之有權，亦反經，後有惡。公羊桓十一年傳：「權者，反於經然後有善者也。行權有道，不害人以行權。」説苑權謀篇曰：「權謀有正有邪，君子之權謀正，小人之權謀邪。正者，其權謀公，故其爲百姓盡心也誠；彼邪者，好私尚利，故其爲百姓也詐。」此云「賢者權後有應，佞人權後有惡」，與之義同。故賢人之權，爲事爲國；佞人之權，爲身爲家。觀其所權，賢佞可論，察其發動，邪正可名。

問曰：「佞人好毁人，有諸？」曰：佞人不毁人。如毁人，是讒人也。何則？佞人求利，故不毁人。苟利於己，曷爲毁之？苟不利於己，元、通津、程、何本並作「己於」，今從王本、崇文本正。毁之無益。盼遂案：「己於」二字宜互倒，上文「苟利於己」，其證也。以計求便，以數取利，利則(取)便得，孫曰：「利則」無義。「則」當作「取」，字之誤也。此承上文「以計求便，以數取利」言之。下文云：「安能得容世取利於上。」妬人共事，然後危人。其危人也，非毁之；而其害人也，非泊之。譽而危之，故人不知；厚而害之，盼遂案：

宋本「而」作「也」，誤。故人不疑。是故佞人〔危人，人〕危而不怨；害人，之〔人〕敗而不仇，吴曰：此文疑當作「危人人危而不怨，害人人敗而不仇」。大意如是，各本奪誤不可讀。暉按：吴説是也。本書「人」多誤作「之」。以「害人人敗」例之，則知「危」上脱「危人人」三字。隱情匿意爲之功也。如毁人，人亦毁之，衆不親，士不附也，安能得容世取利於上？

問曰：「佞人不毁人於世間，毁人於將前乎？」將，郡將也。前漢書嚴延年傳：「延年新將。」注：「新爲郡將也。謂郡爲郡將者，以其兼領武事也。」曰：佞人以人欺將，盼遂案：宋本「欺」作「斯」。此本亦係剜改。不毁人於將。朱校元本、程、何本並同。王本、崇文本並誤作「不毁於將將」。「然則佞人奈何？」或問也。曰：佞人毁人，譽之；危人，安之。毁危奈何？假令甲有高行奇知，名聲顯聞，將恐人君召問，扶而勝己，欲故廢不言，將不言於上。常騰譽之。薦之者衆，將譽甲賢於郡。薦，衆薦於將。將議欲用，問〔佞〕人；〔佞〕人必不對曰：疑此文當作：「問佞人，佞人必對曰。」此爲設事，以明「佞人欺將」，「毁人譽之」之狀。自此至「舍之不兩相損」，爲佞人對詞。下文「信佞人之言，遂置不用」，可證。蓋「佞」字脱，「不」字衍，遂使此文上下隔斷，義難通矣。「甲賢而宜召也。何則？甲意不欲留縣，前聞其語矣，聲望欲入府，「聲」字誤。「望」，非爲「聲望」之義。在郡則望欲入州。志高則操與人異，望遠則意不顧近。屈而用之，其心不滿，不則卧病。「不」讀「否」，下同。賤而命之，則傷賢，不則損威。故人君所以失名損譽者，好臣所常臣也。「常」，宋、元本並作「當」。朱校同。自耐下之，「耐」通「能」。用之可也；自度不能下之，用之不便。夫用之不兩相益，舍之不兩相損。」人君畏其志，「人君」當作「將」，蓋淺者不明其義而妄改也。此謂將畏甲賢之志而不用，無涉「人君」。上文「將議欲用」，是用不用，據「將」言也。信佞人之言，遂置不用。置，廢也。

問曰：「佞人直以高才洪知考上世人乎？「上」，宋本作「正」，朱校同。將有師學檢也？」「將」猶「抑」也。曰：〔佞〕人自有知以詐人，齊曰：「曰」下脱「佞」字。及其說人主，須術以動上，猶上人自有勇〔以〕威人，齊曰：以「佞人自有知以詐人」例之，「勇」下脱「以」字。及其戰鬭，須兵法以進衆。術則從横，師則鬼谷也。從，蘇秦合關東諸侯也。横，張儀連關中也。史記蘇秦傳集解引徐廣曰：「潁川陽城有鬼谷，蓋是其人所居，因爲號。」駰案：風俗通義曰：「鬼谷先生，六國時從横家。」索隱引樂臺注鬼谷子書云：「蘇秦欲神祕其道，故假名鬼谷。」文選二十一注引鬼谷子序曰：「周時有豪士隱於鬼谷者，自號鬼谷子，言其自遠也。然鬼谷之名，隱者通號也。」傳曰：蘇秦、張儀〔習〕從横習之〔術於〕鬼谷先生，孫曰：當作「蘇秦、張儀習從横之術於鬼谷先生。」今脱「術」字、「於」字，又將「習」字誤倒於「從横」之下，故文義不順。御覽六十二（暉按：「六十二」當作「四百六十二」。）及四百八十八引並作「蘇秦、張儀學從横之術於鬼谷先生」。暉按：類聚三五引與御覽正同。「習」作「學」。**掘地爲坑，曰：「下，説令我泣出，則耐分人君之地。」**「曰」字上，御覽四八八、類聚三五引並有「先生」二字。「下，説令我泣出」，並作「能説我泣出」。御覽四六二引「下説」上亦有「能」字。疑此文「能」字今脱。「人君」，御覽兩引並作「人主」。**蘇秦下，説鬼谷先生泣下沾襟。張儀不（亦）若。**「不若」當作「亦若」。「亦若」猶「亦然」也。御覽四六二引作「蘇秦説，鬼谷先生泣沾衿。張儀下，説，鬼谷先生泣亦沾衿」。即意引此文。若作「張儀不若」，則不得引作「張儀下，説，鬼谷先生泣亦沾衿」矣。又御覽五五引典略曰：「蘇秦與張儀始俱東學於齊鬼谷先生，皆通經藝百家之言。鬼谷弟子五百餘人，爲作窟，深二丈，曰：有能獨下在窟中，説使泣者，則能分人主之地矣。秦下，説之，鬼谷泣下沾衿。秦與儀説一體也。」是亦謂儀説若秦。又明雩篇曰：「蘇秦、張儀悲説坑中，鬼谷先生泣下沾襟。儻可出蘇、張之説以感天乎。」亦以蘇、張相若爲義。並其證也。蓋後人見下文云「張儀曰：此吾所不及蘇君者」，則妄改此文「亦若」爲「不若」矣。**蘇秦相趙，並相六國。張儀貧賤往歸，蘇秦座之堂下，食以僕妾之食，數讓激怒，**讓，責也。**欲令相秦。儀忿恨，遂西入秦。蘇秦使人厚送。其後覺知，曰：「此在其術中，**盼遂案：「其」，宋本作「吾」，蓋涉下文而誤。**吾不知也，**「其」，宋本作「吾」，朱校同。按：史記張儀傳云：「此吾在術中而不悟。」疑此文原作「此吾在術中」，宋本「吾在」二字誤倒，今本則妄改作「其」。**此吾所不及蘇**

君者。」事見史記張儀傳。知深有術，權變鋒出，故身尊崇榮顯，爲世雄傑。深謀明術，「謀」，宋、元本並作「須」，朱校同。深淺不能並行，明闇不能並知。

問曰：「佞人養名作高，有諸？」曰：佞人食（貪）利專權，「食利」於義未妥。「食」當作「貪」，形之誤也。下文：「佞人貪利名之顯。」又云：「佞人懷貪利之心。」並其證。不養名作高。貪權據凡，則高名自立矣。稱於小人，不行於君子。何則？利義相伐，正邪相反。義動君子，利動小人。佞人貪利名之顯，君[子]不安。下（不）則身危。「下則」無義，當爲「不則」之誤。「不則」即「否則」。上文「不則臥病」，「不則損威」，正其比。宋本正作「不則」，朱校同。當據正。又「君子不安」，當作「君不安」。此文言佞者貪利，人君不得安於位。不然，則佞人自身危殆。不當插言「君子不安」也。「君不安」，因佞人「貪權據凡」。「身危」，即下文「佞者皆以禍終不能養其身」也。蓋「子」字涉上文「君子」而衍，遂使其義難通。舉世爲佞者，「舉」，宋、元本並作「安」，朱校同。疑是「案」之壞字。後人不得其義，妄改作「舉」。皆以禍衆。「衆」、「終」古通。詩振鷺：「以永終譽。」後漢書崔駰傳「終」作「衆」。韓策：「臣使人刺之，終莫能就。」史記刺客傳「終」作「衆」。士相見禮：「衆皆若是。」注曰：「今文『衆』爲『終』。」不能養其身，安能養其名？上世列傳，棄宗（榮）養身，吳曰：「宗」疑當作「榮」，形近而誤。違利赴名，竹帛所載，伯成子高委國而耕，出莊子，注逢遇篇。於陵子辭位灌園。史記鄒陽上書曰：「於陵子仲辭三公，爲人灌園。」索隱曰：孟子云：「陳仲子，齊陳氏之族。兄爲齊卿，仲子以爲不義，乃適楚，居于於陵，自謂於陵子仲。楚王聘以爲相，子仲遂夫妻相與逃，爲人灌園。」**近世蘭陵王仲子、**孫曰：後漢書王良傳：「字仲子，東海蘭陵人也。少好學，習小夏侯尚書。王莽時，稱病不仕，教授諸生千餘人。建武二年，大司馬吴漢辟，不應。後連徵，輒稱〔二〕病。詔以玄纁聘之，遂不應。後光武幸蘭陵，遣使者問良所疾苦，不能言對。詔復其子孫邑中徭役，卒於家。」**東都（郡）昔廬君陽，**「廬」當作「盧」。孫曰：「東都」疑當作「東郡」。昔盧君陽，即索盧放也。後漢書獨行傳：「索盧放，字君陽，東郡人也。」章懷注：「索盧，姓也。」此作「昔盧」者，索、昔聲近。呂氏春秋尊師篇云：「禽滑釐弟子索盧參，東方之巨狡也。」則索盧之姓，戰國時已有之。吴説同。**寢位久病，不應上徵，可謂養名矣。夫不以道進，必不以道出身；不以義止，必不以義立名。佞人懷貪利之心，輕禍重身，傾死爲僇矣，何名之養？義廢德壞，操行隨辱，何云作高？**

**問曰：「大佞易知乎？小佞易知也？」曰：大佞易知，小佞難知。何則？大佞材高，其迹易察；小佞知下，其效難省。何以明之？成事：小盜難覺，大盜易知**

〔二〕「輒稱」二字原本誤倒，據後漢書乙。

**也。攻城襲邑，剽劫虜掠，發則事覺，道路皆知盜也；穿鑿垣牆，狸步鼠竊，莫知謂誰。曰：「大佞姦深，惑亂**盼遂案：「曰」字應在下文「書曰：知人則哲」句端。蓋此文仍爲仲任所持「大佞易知」之論。「書曰：知人則哲」至「何易之有」七語，乃或人與仲任辨詰之詞也。自脱「曰」字，遂難于索解矣。**其人，如大盜（佞）易知，人君何難？**「大盜」，宋、元本並作「大佞」，朱校同。按：作「大佞」是也。此設或難，以破「大佞易知」。**書曰：『知人則哲，惟帝難之。』**皋陶謨：「皋陶曰：『都！在知人，在安民。』禹曰：『吁！咸若是。惟帝其難之！知人則哲，能官人。』」此作「知人則哲，惟帝難之」。是應篇、定賢篇、漢書武帝紀元狩元年詔、後漢紀九永平三年明帝語、後漢書虞延傳、三國志魏志三少帝紀博士庾峻對引經並同。皮錫瑞曰：「無『其』字，蓋三家異文。」又按：是應篇曰：「舜何難於知佞人，而使皋陶陳知人之術。」下引此經。正説篇曰：「舜難知佞，使皋陶陳知人之法。」後漢書楊秉傳秉上疏：「皋陶誡虞，在於官人。」是帝謂舜也。僞孔傳：「言帝堯亦以知人安民爲難。」江聲曰：「僞孔以帝爲堯。堯既崩，臣子不應平議其短，僞孔非是。」張文虎舒藝室隨筆曰：「上下文帝皆稱舜，此何獨屬堯？」其説是也。**虞舜大聖，驩兜大佞。**皋陶謨曰：「能哲而惠，何憂乎驩兜？何遷乎有苗？何畏乎巧言令色孔壬？」馬注：「禹爲父隱，故不言鯀。」（見釋文。史記五帝紀集解引作「鄭曰」。）是其意以「孔壬」指共工，蓋古文説。此文云「驩兜大佞」。恢國篇云：「三苗巧佞之人。」楚辭九嘆王注：「三苗，堯之佞臣也。」是以「巧言令色孔壬」指驩兜、有苗，蓋今文說。皮錫瑞曰：「淮南修務訓引書曰：『能哲且惠，黎民懷之。何憂驩兜？何遷有苗？故仁莫大於愛人，知莫大於知人。』無下『何畏乎』句，似亦以『巧言令色孔壬』即指驩兜與有苗也。」僞孔傳以「巧言令色」指共工，「孔壬」總指三人，則又異說也。**大聖難知大佞，大佞不憂大聖，何易之有？」是謂下知之，上知之。**知佞有上下之異。盼遂案：句首疑脱「曰」字。此仲任答或人「大佞難知」之問也。**上知之，大難小易；下知之，大易小難。何則？〔大〕佞[人]材高，**「佞人」當作「大佞」。「大」、「人」形譌，文又誤倒。「大佞材高」，與下「小佞材下」相對爲文。上文「大佞材高，其迹易察；小佞知下，其效難省」，是其證。**論說麗美，因麗美之說，人主之威，**人主心三字疑衍。**並不能責，**盼遂案：「立」字疑當爲「主」字，形之誤也。**知或不能覺。**「知」讀「智」。**小佞材下，對鄉失漏，**「鄉」讀「向」。盼遂案：「鄉」讀爲「向」。程材篇：「對向謬誤。」此用叚字，彼用正字。**際會不密，人君警悟，得知其故。大難小易也。屋漏在上，知者在下。**書解篇曰：「知屋漏者在宇下。」**漏大，下見之著；漏小，下見之微。或曰：**言於孔子也。**「雍也仁而不佞。」孔子曰：「焉用佞？禦人以口給，屢憎於民。」**「民」，朱校元本同。王本、崇文本作「人」，蓋依論語公冶長篇改。集解馬曰：「雍，弟子仲弓名，姓冉。」孔曰：「屢，數也。佞人口辭捷給，數爲人所憎。」引之者，明下知佞，大易小難也。盼遂案：吴承仕曰：「『民』本是『人』字，後世改回。唐人避諱而誤改之。」**誤設計數，**「計」，宋本作「繫」，朱校元本同。**煩擾農商，損下益上，愁民說主。**「說」讀「悅」。**損上益下，忠臣之說也；損下益上，佞人之義也。季氏富於周公，而求也爲之聚斂而附益之。小子鳴鼓而攻之可也。**此孔子語，見論語先進篇。「小子」上當有「孔子曰」三字。順鼓篇、鹽鐵論刺議篇並謂孔子語。若無「孔子曰」三字，則失論語原意。集解孔曰：「周公，天子之宰，卿士也。」**聚斂，季氏不知其惡，不知百姓所共非也。**盼遂案：自「或曰：雍也」以下，文有脱誤。此節本係辨證大佞小佞易知難知之事，最後舉屋漏之大小，下見之著微爲例，以明大小佞之區別，語意未完，即接以「雍也仁而不佞」之文，將以何明？苟非脱誤，則仲任難免落葉不復歸根之譏矣。

# 論衡校釋卷第十二

## 程材篇

盼遂案：量知篇云：「材盡德成，其比於文吏亦彫琢者，程量多矣。」

論者多謂儒生不及彼文吏，漢書兒寬傳：「文史法律之吏。」見文吏利便，而儒生陸落，文選蜀都賦注引蔡邕曰：「凝雨曰陸。」釋名釋地曰：「陸，漉也，水流漉而去也。」畢沅曰：「陸有流漉之誼。」按：說文曰：「漉，水下貌。」「陸」、「落」雙聲，猶言「沉淪」也。莊子則陽篇「陸沉」，義亦當如此。司馬彪注：「陸沉，無水而沉也。」恐失之迂〔一〕。淮南覽冥篇云：「是謂坐馳陸沉，晝冥宵明。」則其義又如司馬說。王本、崇文本改作「墮落」，妄也。盼遂案：「陸落」雙聲連綿字，失意之貌。或作「牢落」、「遼落」、「寥落」，皆一聲轉變。則詆訾儒生以爲淺短，稱譽文吏謂之深長。是不知儒生，亦不知文吏也。儒生、文吏皆有材智，非文吏材高而儒生智下也；文吏更事，「更」猶「經歷」也。儒生不習也。「不」猶「未」也。謂文吏更事，儒生不習，可也；謂文吏深長，儒生淺短，知妄矣。「知」字無取。「可也」、「妄矣」相對成義。「知」

〔一〕「迂」，原本作「适」，形近而誤，今改。

字蓋涉「短」字譌衍。

世俗共短儒生，儒生之徒，亦自相少。何則？並好仕學宧，用吏爲繩表也。儒生有闕，俗共短之；文吏有過，俗不敢訾。歸非於儒生，付是於文吏也。夫儒生材非下於文吏，又非所習之業非所當爲也，然世俗共短之者，見將不好用也。將，郡將。注前篇。將之不好用之者，事多已不能理，須文吏以領之也。夫論善謀材，呂氏春秋當染篇注：「論猶擇也。」施用累能，「施」讀作「貤」。說文：「貤，重次弟物也。」累，序累也。下文「科用累能」，語意正同。超奇篇：「能差衆儒之才，累其高下，賢於所累。」書解篇：「析累二字，孰者爲賢。」定賢篇：「太史公序累，以湯爲酷。」並與此「累」字義同。漢書谷永傳：「絫親疏，序材能。」「絫」亦當作「貤累」、「序累」解。師古曰：「累，謂積累其次而計之也。」期於有益。文吏理煩，身役於職，職判功立，盼遂案：「判」爲「辨」之借字。考工記注：「辨，具也。」荀子議兵篇注：「辨，治也。」「職辨」與「功立」爲駢詞。將尊其能。儒生栗栗，不能當劇；將有煩疑，不能效力。力無益於時，則官不及其身也。將以官課材，材以官爲驗，是故世俗常高文吏，賤下儒生。儒生之下，文吏之高，本由不能之將。世俗之論，緣將好惡。

今世之將，「今」猶「若」也。材高知深，通達衆凡，元本「凡」作「事」，朱校同。按：答佞篇曰：「貪權據凡。」與此「衆凡」義同。元本作「衆事」，非也。舉綱持領，事無不定；其置文吏也，備數滿員，足以輔己志。志在修德，務在立化，則夫文吏瓦石，儒生珠玉也。夫文吏能破堅理煩，不能守身，身則亦不能輔將。孫曰：「身」字不當重，疑衍一「身」字。或當重「不能守身」一句，而今本脱三字耳。儒生不習於職，長於匡救；將相傾側，諫難不懼。案世間能建蹇蹇之節，易蹇卦六二爻曰：「王臣蹇蹇，匪躬之故。」離騷王注：「謇謇，忠貞貌也。」謇、蹇字同。成三諫之議，「議」當作「義」。公羊莊二十四年傳：「三諫不從，遂去之。故君子以爲得君臣之義。」注：「諫必三者，取月生三日而成魄，臣道就也。」楚詞七諫王逸章句曰：「諫者，正也，謂陳法度以諫正君也。古者人臣三諫不從，退而待放。」令將檢身自勑，勑，誡也。不敢邪曲者，率多儒生。阿意苟取容幸，將欲放失，低嘿不言者，率多文吏。文吏以事勝，以忠負；儒生以節優，以職劣。二者長短，各有所宜；世之將相，各有所取。取儒生者，必軌德立化者也；取文吏者，必優事理亂者也。

材不自能則須助，須助則待勁。孫曰：「勁」與「繕」通。説文：「繕，補也。」左僖十五年傳注：「繕，治也。」周官繕人注：「繕之言勁也，善也。」疏以其所掌弓弩，有堅勁而善，堪爲王用者。是「繕」有以善補治其不足之意。此謂己既無材，則須輔；既須輔助，則必待善人以補治其缺也。故下云：「官之立佐，爲力不足也；吏之取能，爲材不及也。」是其義矣。曲禮：「急繕其怒。」注：「繕讀曰勁。」官之立佐，爲力不足也；吏之取能，爲材不及也。日之照幽，不須燈燭；賁、育當敵，孟賁、夏育，古勇士。廣韻以「賁」爲姓，非。不待輔佐。使將相知（之）力，若日之照幽，「知」當從朱校元本作「之」，聲之誤也。上文「官之立佐，爲力不足也」，兩「力」字相承。賁、育之難敵，則文吏之能無所用也。病作而醫用，禍起而巫使。如自能案方和藥，入室求祟，則醫不售而巫不進矣。橋梁之設也，足不能越溝也；車馬之用也，走不能追遠也。足能越溝，走能追遠，則橋梁不設，車馬不用矣。天地事物，人所重敬，皆力劣知極，須仰以給足者也。今世之將相，不責己之不能，而賤儒生之不習；不原文吏之所得得用，「得」字不當重。疑衍一「得」字。而尊其材，謂之善吏。非文吏，憂不除；非文吏，患不救。是以選舉取常故，意林引仲長統昌言曰：「天下士有三俗：其一俗，選士而論族姓閥閱。」後漢書章帝紀詔曰：「選舉乖實，可不憂與？鄉選里舉，今刺史守相，不明真僞。每尋前世，舉人貢士，或起甽畝，不繫閥閱。」注：「言前代舉人，務取賢才，不拘門地。」又韋彪傳彪上議曰：「伏惟明詔，垂恩選舉，士宜以才行爲先，不可純以閥閱。」後漢紀九宋均曰：「今選舉不得幽隱側陋，但見長吏耳。」是東漢選舉，多以門地爲限。此云「取常故」，蓋即其義。下文云「儒生無閥閱」，即承此爲言。案吏取無害。後謝短篇曰：「文吏曉簿書，自謂文無害。」墨子號令篇曰：「舉吏貞廉忠信無害可任事者。」又曰：「謹擇吏之忠信無害可任事者。」史記蕭相國世家：「以文無害，爲沛主吏掾。」集解：漢書音義云：「文無害，有文無所枉害也。律有無害都吏，如今言公平吏。一曰：無害者，如言無比，陳留間語也。」索隱引應劭云：「雖爲吏而不刻害。」韋昭云：「爲有文理，無傷害也。」漢書蕭何傳注服虔曰：「爲人解通無嫉害也。」應劭曰：「雖爲文吏，而不刻害也。」蘇林曰：「毋害，若言無比也。一曰：害，勝也，無能勝害之者。」師古曰：「害，傷也，無人能傷害之也。」今按：「無害」、「文無害」，漢人常語。（墨子號令篇，後人作也。）「文」謂論獄之文辭。史、漢所言「文深」、「文惡」、「舞文弄法」，諸「文」字義並同。「文無害」，文辭無傷害也。漢書音義謂「如言公平吏」，其說得之。後漢書百官志：「秋冬遣無害吏。」劉昭注同。史記趙禹、張湯、減宣、杜周諸傳所言「無害」，其義並同。至趙禹傳：「禹無害，然文深。」「無害」者，案法爲文，不以私意陷害。「文深」者，引據法憲，多從其重也。劉奉世惑於此，謂「無害」爲無害於行，非也。至蘇林、師古説，無人能傷害之，則「害」字對吏言，失之遠矣。儒生無閥閱，注謝短篇。所能不能任劇，繁劇也。故陋於選舉，佚於朝廷。通津本、王本作「庭」，今從崇文本。

聰慧捷疾者，謂儒生。隨時變化，學知吏事，則踵文吏之後，未得良善之名。守古循志，案禮脩義，輒爲將相所不任，文吏所毗戲。「毗」讀作「卑」，音同字通。（詩節南山：「天子是毗。」釋文：「『毗』，王本作『埤』。」荀子宥坐篇引作「庳」。）卑戲，謂爲文吏所賤視也。盼遂案：「毗戲」疑爲「兒戲」之誤。「毗」字或體爲「毘」，故易與「兒」互譌。不見任則執欲息退，見毗戲則意不得，臨職不勸，察事不精，遂爲不能，「爲」讀作「謂」。斥落不習。有俗材而無雅度者，學知吏事，亂於文吏，謂混入文吏之間。觀將所知，「知」字無義，疑當作「之」，聲之誤也。「之」，往也。謂觀將所旨趨，言投其好也。適時所急，轉志易務，晝夜學問，無所羞恥，期於成能名文而已。名文，言以文法名。其高志妙操之人，恥降意損崇，以稱媚取進，深疾才能之儒。泊入文吏之科，疾，惡也。泊入，猶言浸入也。惡趨時之儒亂於文吏。盼遂案：「泊」爲「汩」之誤。堅守高志，不肯下學。亦時或精闇不及，「亦時或」，疑當作「亦或時」，本書常語。意疏不密，臨事不識；對向謬誤，拜起不便，拜起，拜跪也。説詳是應篇。下文云：「習對向，滑習跪拜。」與此正反爲文。進退失度；奏記言事，後漢書班固傳注：「奏，進也。記，書。前書：『待詔鄭朋奏記於蕭望之。』奏記自朋始也。」蒙士解過，解過，謂指摘過失。自紀篇：「專薦未達，解已進者過。」一曰：「解過」疑當作「解逅」。莊子胠篋篇：「解垢同異之變多，則俗惑於辯矣。」淮南俶真篇：「孰肯解構人間之事，以物煩其性命乎？」後漢書閻后紀：「濟陰王在內，邂逅公卿立之，還爲大害。」隗囂傳：「帝報以手書曰：『自今以後，手書相聞，勿用傍人解構之言。』」竇融傳：「欲設間離之説，亂惑真心，轉相解搆，以成其姦。」解垢、解構、邂逅，並聲近義通。莊子釋文：「解垢，詭曲之辭。」李賢於隗囂傳注曰：「解構，猶間構也。」並得其義。「蒙士解逅」，謂遭多口之士間構也。蓋淺人不知「解逅」有「間構」之義，而妄改之。援引古義；割切將欲，直言一指，觸諱犯忌；封蒙約縛，簡繩檢署，事不如法；文辭卓詭，辟刺離實，曲不應義。故世俗輕之，文吏薄之，將相賤之。

是以世俗學問者，不肯竟經明學，深知古今，忽欲成一家章句。義理略具，同超（趨）學史書，吴曰：「同超」無義。以文勢測之，「同」疑當作「因」，「超」疑當作「趨」，並形近之譌。論言俗人不肯竟經明學，因趨學史書，以就諸曹掾史之職。下文云：「趨讐不存志。」義與此同。鹽鐵論利議篇：「趨遷官史。」「趨」，張之象本作「超」。此「趨」、「超」形近互譌之證。「史書」者，藝文志稱「太史試學僮，能諷書九千字以上，乃得爲史」是也。嚴延年、貢禹、王尊傳皆有「善史書」之語。孫曰：吴謂「超」爲「趨」字之誤，是也。「同趨學史書」句，與上下文義正相一貫，不必改「同」爲「因」也。讀律諷令，注見下。治作情奏，盼遂案：「情」疑爲「請」之誤。請者，箋啓之類。墨子書中多以「請」代「情」。莊子天下篇：「請欲固置五升之飯。」「請欲」亦「情欲」也。此情、請通假之證。論衡則由形近而致誤寫也。習對向，滑習跪拜，盼遂案：下「習」字蓋涉上「習」字而誤衍。「滑」猶「習」也。廣雅釋詁：「滑，美也。」又釋言：「滑，津也。」「滑跪拜」亦猶「習跪拜」耳。本論謝短篇「滑習義理」、「滑習章句」，皆「滑習」連用，是「滑」亦訓「習」之證。家成室就，召署輒能。徇今不顧古，趨讎不存志，「讎」即「售」字。「讎」正，「售」俗。競進不案禮，廢經不念學。是以古經廢而不修，舊學闇而不明，儒者寂於空室，文吏譁於朝堂。材能之士，隨世驅馳；節操之人，守隘屏竄。「屏」，意林引作「迸」。下同。驅馳日以巧，屏竄日以拙。非材頓、知不及也，「頓」讀「鈍」。意林引無「頓」字。希見闕爲，不狎習也。蓋足未嘗行，堯、禹問曲折；目未嘗見，孔、墨問形象。齊部（郡）世刺繡，意林、御覽八一五引「部」並作「郡」。當據正。淮南説林訓：「臨淄之女，織紈而思行者。」高注：「臨淄，齊都。」考工記：「五采備謂之繡。」恒女無不能；襄邑俗織錦，鈍婦無不巧。「能」下，「巧」下，意林、御覽引並有「者」字。「鈍」並作「恒」。陳留風俗傳：（御覽一五八。）「襄邑睢、渙之水出文章，故曰黼黻藻錦，日月華蟲，以奉天子宗廟御服。」説文云：「錦，襄邑織文也。」日（目）見之，日爲之，意林、御覽引「日見之」並作「目見之」。宋本、朱校元本正作「目」。當據正。手狎也。盼遂案：上「日」字宋本作「目」，是也。此承上文「目未嘗見」而來。使材士未嘗見，巧女未嘗爲，異事詭手，「異」，元本作「易」，朱校同。暫爲卒睹，顯露易爲者，猶憒憒焉。廣雅釋訓：「憒憒，亂也。」方今論事，不爲希更，「爲」讀「謂」。「希」讀「稀」。言不謂儒生未習。而曰材不敏；不曰未嘗爲，而曰知不達，失其實也。儒生材無不能敏，業無不能達，朱校「達」作「通」。下同。志不有（肯）爲。「有」，元本作「肯」，朱校同。孫曰：當從元本作「肯」。盼遂案：宋本亦作「肯」。今俗見不習，謂之不能；睹不爲，謂之不達。

科用累能，科，科別也。後漢書和帝紀：「科別行能。」故文吏在前，儒生在後，是從朝廷謂之也。通津本「廷」作「庭」。今從崇文本。下同。如從儒堂訂之，則儒生在上，文吏在下矣。從農論田，田夫勝；從商講賈，「講」，朱校元本作「論」。賈人賢；今從朝廷，謂之文吏。或以「謂之」屬上讀，「文吏」屬下讀。非也。朝廷之人也，幼爲幹吏，以朝廷爲田畝，以刀筆爲耒耜，以文書爲農業（桑），吴曰：意林引作「農桑」。以上文「田畝」、「耒耜」諸語例之，當以「農桑」爲長。猶家人子弟，生長宅中，意林引作「狎習」。其知曲折，愈於賓客也。賓客暫至，雖孔、墨之材，不能分別。儒生猶賓客，文吏猶子弟也。以子弟論之，則文吏曉於儒生，儒生闇於文吏。今世之將相，知子弟以文吏爲慧，文不成義。疑當作「知子弟以久爲慧」，與下「知賓客以暫爲固」正反爲文。上文「家人子弟，生長宅中，其知曲折，愈於賓客」，即此文所據爲義。蓋「久」、「文」二字形近而誤，又涉上下諸「文吏」而衍「吏」字。盼遂案：「文吏」二字有誤，當作「生長」爲是。上文：「家人子弟，生長宅中，其知曲折，愈於賓客也。」此語正承述其事。不能知文吏以狎爲能；兩「能」字於詞爲複。以下「不知儒生以希爲拙」例之，上「能」字衍。一曰：「不能」當作「而不」。本書「能」、「而」通用。知賓客以暫爲固，陋也。不知儒生以希爲拙，惑蔽闇昧，不知類也。

一縣佐史之材，任郡掾史；漢書百官公卿表曰：「縣有丞尉，秩百石以下，有斗食佐史之秩，是爲少吏。」師古注引漢官名秩簿云：「佐史月俸八斛也。」後漢書百官志曰：「郡置諸曹掾史。」注引漢書音義曰：「正名掾，副曰屬。」一郡脩行之能，堪州從事。「一郡脩行之能」，疑當作「一郡循行之能」。「循」、「脩」形近而誤。「佐史」、「循行」並官名〔一〕。若作「脩行」，則屬辭不類矣。後漢書百官志注引漢官曰：「雒陽令員吏七百九十六人，鄉有秩、獄史五十六人，佐史、鄉佐七十七人，循行二百六十人。」是「佐史」、「循行」並爲縣員，故對舉爲文也。後漢書百官志曰：「有從事史。」**然而郡不召佐史，州不取脩行者，巧習無害，**無害，無傷害人，言公平也。盼遂案：「無害」爲兩漢考吏等級之名。漢書蕭何傳：「何以文毋害爲沛主吏掾。」注引蘇林曰：「無害猶言無比也。」史記索隱引漢書音義云：「無害者，如言無比，陳留間語也。」則「無害」殆爲上考之名類。**文少德高也。**佐史、循行，皆一鄉小吏，未習文法，故曰文少。漢世鄉官如三老孝悌力田，皆所以勸導鄉里，助成風化者。此亦宜然，故云德高。**五曹自有條品，**後漢書應劭傳：「五曹詔書。」注：「成帝初置尚書員五人。漢舊儀：有常侍曹，二千石曹，户曹，主客曹，三公曹。」按：後漢書百官志：「尚書六人，屬少府。」本注曰：「成帝初置尚書四人，分爲四曹。世祖後分爲六曹。」又曰：「每郡置諸曹掾史。」本注曰：「諸曹略如公府曹，無東西曹，有功曹史。」又曰：「縣置諸曹掾史。」本注曰：「諸曹略如郡員。」是縣曹如郡，郡曹如公府，而無東西曹。按續志，公府曹屬太尉，有西曹、東曹、户曹、奏曹、辭曹、法曹、尉曹、賊曹、決曹、兵曹、金曹、倉曹。此云「五曹」，未知其所屬。豈舉成帝時制，屬少府歟？**簿書自有故事，**故事，猶章程也。**勤力玩弄，成爲**

〔一〕「名」，原本作「各」，形近而誤，今改。

巧吏，安足多矣？賢明之將，程吏取材，禮記儒行：「不程勇。」注：「程猶量也。」不求習論高，言不以所習爲尚。存志不顧文也。言察其忠節公行之志，不以文法簿書爲程。稱良吏曰忠，忠之所以爲效，非簿書也。夫事可學而知，禮可習而善，忠節公行不可立也。文吏、儒生皆有所志，然而儒生務忠良，文吏趨理事。賈誼新書大政下篇：「吏者，理也。理之所出。」楊泉物理論曰：（書鈔七七。）「吏者，理也。理萬物，平百揆。」苟有忠良之業，疏拙於事，無損於高。

論者以儒生不曉簿書，置之於下第。法令比例，吏斷決也。鹽鐵論曰：「春夏生長，聖人象而爲令。秋冬殺藏，聖人則而爲法。故令者教也，法者刑罰也。」漢書宣帝紀注文穎曰：「天子詔所增損不在律上者爲令。」禮記王制注：「已行故事故曰比。」刑法志師古注：「比，以例相比況也。」周禮秋官大司寇注：「若今時決事比。」疏曰：「若今律，其有斷事，皆依舊事斷之。其無條，取比類以決之。」暉按：比，今言判例也。文吏治事，必問法家。縣官事務，莫大法令。史記周勃世家索隱：「縣官，謂天子也。所以謂國家爲縣官者，夏官王畿內縣即國都也。王者官天下，故曰縣官。」按：漢書武帝紀：「縣官衣食不足。」哀帝紀：「沒入縣官。」東平王宇傳：「縣官年少。」並謂天子也。必以吏職程高，是則法令之家宜最爲上。或曰：「固然。法令，漢家之經，漢人以經目律。見謝短篇。吏議決焉。事定於法，誠爲明矣。」謂法令家當高文吏也。曰：夫五經亦漢家之所立，儒林傳贊：「武帝立五經博士。」儒生善政，大義皆出其中。董仲舒表春秋之義，稽合於律，無乖異者。春秋繁露楚莊王篇：「春秋之辭，多所況，是文約而法明。」又曰：「春秋，義之大者。觀其是非，可以得其正法。」玉杯篇：「論春秋者，合而通之，緣而求之，是以人道浹而王法立。」又曰：「春秋之法，以人隨君，以君隨天。」竹林篇：「春秋之法，卿不憂諸侯，政不在大夫。」玉英篇：「宣公不與其子而與其弟，其弟亦不與子而反與之兄子，雖不中法，皆有讓高，不可棄也。棄之則棄善志，取之則害王法。」又曰：「春秋之法，大夫不得用地，公子無去國之義，君子不避外難。」精華篇：「春秋之法，大夫無遂事，出境有可以安社稷利國家者，則專之可也。」又曰：「春秋之聽獄者，必本其事而原其志。」此皆仲舒以律表春秋義也。鹽鐵論曰：「春秋之治獄，論心定罪，志善而違於法者免，志惡而合於法者誅。」義與之同。漢書藝文志有公羊董仲舒春秋治獄十六篇。後漢書應劭傳：「故膠東相董仲舒老病致仕，朝廷每有政議，數遣廷尉張湯親至陋巷，問其得失，於是作春秋決獄二百三十二事。」今其書亡，引見白帖、御覽、通典。詳困學紀聞六、程樹德漢律考七春秋決獄考。然則春秋，漢之經，孔子制作，垂遺於漢。論者徒尊法家，不高春秋，是闇蔽也。春秋五經，義相關穿，錢大昕曰：「『關穿』猶言『貫穿』也。」按：錢說是也。鄉射禮：「不貫不釋。」古文「貫」作「關」。大戴禮子張問入官篇「察一而不關於多」，家語入官篇「關」作「貫」。關、貫字通。既是春秋，不大五經，是不通也。五經以道爲務，事不如道，道行事立，無道不成。然則儒生所學者，道也；文吏所學者，事也。假使材同，當以道學。如比於文吏，洗洿泥者以水，燔腥生者用火，水火，道也，用之者，事也，事末於道。儒生治本，文吏理末，道本與事末比，定尊卑之高下，可得程矣。

堯以俊德，致黎民雍。堯典：「克明俊德，黎民於變時雍。」孔傳：「能明俊德之士任用之。黎，衆也。雍，和也。」孔子曰：「孝悌之〔一〕至，通於神明。」孝經感應章文。張釋之曰：「秦任刀筆小吏，漢書蕭何傳注：「刀所以削書也。古者用簡牒，故吏皆以刀筆自隨也。」陵遲至於二世，「陵遲」猶「陵夷」也。天下土崩。」語見史記本傳。張湯、趙禹，漢之惠吏，惠、慧通。太史公序累，盼遂案：「太史公序累」當即史記。仲任時，史記之名尚未凝固，故論衡於史記名稱極不一律。「太史公序累」之名，又見定賢篇。置於酷部，並見酷吏傳。釋名釋典藝曰：「誄，累也，累列其事而稱之也。」「累」、「誄」聲同義通。而致土崩。而，如也。孰與通於神明令人填膺也？將相知經學至道，而不尊經學之生，彼見經學之生，能不及治事之吏也。

牛刀可以割鷄，鷄刀難以屠牛；刺繡之師能縫帷裳，納縷之工不能織錦；廣雅：

〔一〕「之」上，原本衍一「子」字，據通津草堂本删。

「衲，補也。」章氏新方言六曰：「今淮南、吳、越謂破布牽連補綴者爲衲頭，亦謂刺繡爲納繡。直隸謂粗縫曰納。」**儒生能爲文吏之事，文吏不能立儒生之學。文吏之能，誠劣不及；儒生之不習，實優而不爲。**孫曰：「儒生」二字當重。**禹決江河，不秉钁鍤；**韓非五蠹篇：「禹之王天下也，身執耒臿，以爲民生。」淮南子要略亦云：「禹身執虆臿。」（今譌「垂」，依王念孫校。）與此異義。淮南齊俗訓注：「钁，斫屬。」爾雅釋器釋文引字林曰：「钁，大鋤也。」淮南精神訓注：「臿，青州謂之鏵，有刃也。」釋名曰：「鍤或曰鏵。鏵，刳也，刳地爲坎也。」按：今俗謂之鏵鍬。**周公築雒，不把築杖。**把，持也。**夫筆墨簿書，钁鍤築杖之類也，而欲合志大道者**謂欲使儒生。**躬親爲之，是使將軍戰而大匠斲也。**

**説一經之生，治一曹之事，旬月能之；典一曹之吏，學一經之業，一歲不能立也。**禮記冠義注：「立猶成也。」**何則？吏事易知，而經學難見也。儒生擿（籀）經，窮竟聖意；**「擿」字義不可通。説文：「擿，搔也。一曰：投也。」「擿」當作「籀」。「籀」一作「擂」，形壞爲「捅」或「摘」，（説文言部：「讀，籀書也。」「籀」，各本譌作「誦」。別通篇：「經徒能摘。」「摘」亦「籀」之誤。並其比。）再譌爲「擿」。説文：「籀，讀也。」段注：「紬繹其義蘊至於無窮，是謂之讀。」「窮竟聖意」，正其義也。**文吏搖筆，考跡民事。夫能知大聖之意，曉細民之情，孰者爲難？以立難之材，**吳曰：意林引昌言：「智足以立難成之事。」「立難」意與彼同。**含懷章句**

十萬以上，「萬」，元本作「篇」，朱校同。行有餘力。博學覽古今，計胸中之穎，出溢十萬。文吏所知，不過辨解簿書。富累千金，孰與貲直百十也？京廩如丘，孰與委聚如坻也？說文：「坻，小渚也。」水中可居之最小者。世名材爲名器，器大者盈物多。然則儒生所懷，可謂多矣。

蓬生麻間，不扶自直；白紗入緇，不染自黑。注率性篇。此言所習善惡，變易質性也。儒生之性，非能皆善也，被服聖教，日夜諷詠，得聖人之操矣。文吏幼則筆墨，手習而行，無篇章之誦，不聞仁義之語。長大成吏，舞文巧法，徇私爲己，勉赴權利；考事則受賂，考事，謂考案獄訟也。臨民則采漁，處右則弄權，幸上則賣將；一旦在位，鮮冠利劍，一歲典職，田宅并兼。御覽八一五引作「併集」。性非皆惡，所習爲者，違聖教也。故習善儒路，歸化慕義，志操則勵變從高，明將見之，顯用儒生。「故習」以下文有奪誤。盼遂案：「將見」爲「將相」之誤。論衡例稱郡守爲將，國相爲相也。東海相宗叔犀（庠）犀廣召幽隱，孫曰：「犀」當作「庠」，字之誤也。宗叔庠即宗均也。後漢書：「宗均（今本誤作「宋均」。）字叔庠，南陽安衆人也。永平元年遷東海相。」干祿字書：「犀俗作庠。」故「庠」誤爲「犀」。又按：此文「庠」字不當重，疑衍一「庠」字。下文云：「陳留太守陳子瑀開廣儒路。」文例正同。暉按：孫說是也。「犀」，朱校元本作「庠」，可見「庠」誤「犀」之跡。又按：均召幽隱，本傳未見。後漢紀九載均言曰：「今選舉不得幽隱側陋，但得見長吏耳。」春秋會饗，設置三科，以第補吏，一府員吏，儒生什九。陳留太守陳子瑀，開廣儒路，列曹掾史，皆能教授；簿書之吏，什置一二。兩將知道事之理，曉多少之量，故世稱褒其名，書記紀累其行也。「記」，朱校元本作「紀」。疑此文當作「書紀累其行」，與「世稱褒其名」句法一律。蓋「紀」字誤重，今本妄改作「記」。

## 量知篇

程材所論，論材能、行操，未言學、知之殊奇也。

夫儒生之所以過文吏者，學問日多，簡練其性，彫琢其材也。故夫學者所以反情治性，盡材成德也。材盡德成，其比於文吏，亦彫琢者，亦，語詞。程量多矣。貧人與富人，俱賫錢百，並爲賻禮死哀之家。知之者，知貧人劣能共百，以爲富人饒羨有奇餘也；不知之者，見錢俱百，以爲財貨貧富皆若一也。文吏儒生，皆有似於此。孫曰：「皆」字疑涉下「皆」字而衍。下文云：「文吏、儒生，有似於此，俱有材能，並用筆墨。」文例正同。皆爲掾吏（史），並典一曹，「掾吏」當作「掾史」，涉上下諸「文吏」而誤。漢書翟方進傳：「數爲掾史所詈辱。」後漢書百官志：「掾史、屬，二十四人。」又曰：「郡置諸曹掾史。縣署諸曹掾史。」程材篇曰：「一縣佐史之材，任郡掾史。」又曰：「列曹掾史，皆能教授。」並其證。將知之者，知文吏、儒生筆同，而儒生胸中之藏，尚多奇餘；不知之者，以爲皆吏，深淺多少同一量，失實甚矣。地性生草，山性生木。如地種葵韭，注自紀篇。山樹棗栗，文選秋興賦注引「樹」作「種」。名曰美園茂林，不復與一恒地庸山比矣。文吏、儒生，有似於此。俱有材能，並用筆墨，而儒生奇有先王之道。先王之道，非徒葵韭棗栗之謂也。恒女之手，紡績織經，經亦織也。盼遂案：「經」爲「紝」之形誤。漢書嚴助傳：「婦人不得紡績織紝。」爲此四字連用之證。如或奇能，織錦刾繡，「刾」即「刺」字，注語增篇。名曰卓殊，不復與恒女科矣。夫儒生與文吏程材，而儒生侈有經傳之學，猶女工織錦刾繡之奇也。

貧人好濫，而富人守節者，論語衞靈公篇何注：「濫，溢也。濫溢爲非。」貧人不足而富人饒侈。儒生不爲非，而文吏好爲姦者，文吏少道德，而儒生多仁義也。貧人富人，並爲賓客，受賜於主人，富人不慙而貧人常媿者，富人有以效，貧人無以復也。儒生、文吏，俱以長吏爲主人者也。所事者，故云「長吏」，與百官表所云「長吏」不同。儒生受長吏之禄，報長吏以道；文吏空胸，無仁義之學，居住食禄，「住」疑當作「位」。終無以效，所謂「尸位素飡」者也。「素」者，空也，空虛無德，飡人之禄，「飡」，元本作「食」，朱校同。故曰「素飡」。無道藝之業，不曉政治，默坐朝廷，各本作「庭」，今從元本。朱校同。不能言事，與尸無異，故曰「尸位」。俞曰：「素飡尸位」之語，至今猶爲恒言，而實本於「素飡尸禄」之古語。文選潘安仁關中詩注引薛君韓詩章句曰：「何謂素餐？素者質也，人但有質朴而無治民之材，名曰素餐。尸禄者，頗有所知，善惡不言，默然不語，（「不語」二字，據文選求自試表注引韓詩增。俞原引無。）苟欲得祿而已，譬如尸焉。」是古有「素餐尸祿」之語。後漢梁冀傳論：「永言終制，未解尸官之尤。」注曰：「尸官猶尸祿。」「尸祿」二字，即本韓詩，然變「祿」言「官」，「官」即「位」矣。此言「素湌尸位」，當是漢人常語。至東晉古文出，乃有「太康尸位」之文，然僞傳訓「尸」爲「主」，義又有別。暉按：「尸位素餐」，見漢書朱雲傳、潛夫論思賢篇。**然則文吏，所謂「尸位素湌」者也。居右食嘉**居右，居尊位也。程材篇云：「處右則弄權。」左閔二年傳：「在公之右。」注：「在右言用事。」**見將傾邪，豈能舉記陳言得失乎？**「舉記」猶「奏記」也。**一則不能見是非，二則畏罰不敢直言。**

**禮曰：「情欲巧。」**未知何出。禮記表記：「子曰：情欲信，辭欲巧。」盼遂案：所引禮爲小戴表記篇文，當是「情欲信，辭欲巧」，所以證本文「陳言舉記」之說。脱去「辭」字，則徵引無所取矣。**其能力言者，文醜不好者，**吴曰：「者」字衍。**有骨無肉，脂腴不足，犯干將相指，**盼遂案：「相」字疑爲衍文。「將指」謂長官之意指也。此處皆四字句，或後人習於前篇多「將相」連文，因沾「相」字耳。**遂取間郤。爲地戰者，不能立功名；貪爵祿者，不能諫於上。文吏貪爵祿，一日居位，輒欲圖利，以當資用，**「當」疑當作「富」。**侵漁徇身，**侵漁，言侵奪百姓，若漁者之取魚也。**不爲將貪官顯義，**孫曰：「貪」字涉上文「貪爵祿」而衍。此言文吏但知貪利，不能助將官伸明大義也。若著「貪」字，不可解矣。暉按：「官」字亦疑後人妄增。本書或言

「將」，或言「將相」，無言「將官」者。雖見太山之惡，安肯揚舉毛髮之言？事理如此，「事理如此」，於義無施，疑當作「理事如此」。程材篇云：「文吏趨理事。」又曰：「文吏治事。」下文云：「文吏考理煩事。」何用自解於尸位素飡乎？儒生學大義，以道事將，不可則止，有大臣之志，以經勉爲公正之操，敢言者也，位又疏遠。遠而近諫，禮謂之諂，此則郡縣之府庭所以常廓無人者也。無賢人也。

或曰：「文吏筆札之能，而治定簿書，考理煩事，雖無道學，筋力材能盡於朝庭，此亦報上之效驗也。」曰：此有似於貧人負官重責，讀作「債」。貧無以償，則身爲官作，責乃畢竟。夫官之作，非屋廡則牆壁也。屋廡則用斧斤，牆壁則用築鍤。荷斤斧，把築鍤，與彼握刀持筆何以殊？苟謂治文書者報上之效驗，此則治屋廡牆壁之人，亦報上也。俱爲官作，刀筆、斧斤、築鍤鈞也。抱布貿絲，交易有亡，各得所願。儒生抱道貿祿，文吏無所抱，何用貿易？農商殊業，所畜之貨，貨不可同，計其精麤，量其多少，其出溢者，名曰富人。富人在世，鄉里願之。夫先王之道，非徒農商之貨也，其爲長吏立功致化，非徒富多出溢之榮也。且儒生之業，豈徒出溢哉？其身簡練，知慮光明，見是非審，尤可奇也。盼遂案：「可」字疑涉「奇」字而衍。論以「尤奇」與「是非」爲對文。

蒸所與衆山之材榦同也，淮南主術訓注：「大者曰薪，小者曰蒸。」代（伐）以爲蒸，先孫曰：「代」當作「伐」。燻以火，烟（熛）熱究（突）浹（突），先孫曰：「烟」當作「熛」。暉按：孫説是也。「熛」、「烟」二字，書傳多譌。説文：「熛，火飛也。」又按：「究浹」二字無義。「究」當作「突」，「浹」當作「突」。廣雅釋室：「竈窗謂之堗。」玉篇：「堗，竈堗，徒忽切。」墨子號令篇：「諸竈必爲屏，火突高出屋四尺。愼無敢失火。」是突即今烟囱。高突屋外，以泄煙火。此作「究」，形近而誤。説文：「突，深也。一曰竈突。讀若導服之導。」淮南修務篇：「孔子無黔突。」注：「突竈不至於黑。」突、突，并即今烟囱。以其顛言謂之突，以其中深曲通火言謂之突。今山西平陽、蒲、絳、澤、潞、汾之間，皆謂竈上曲突爲竈突，或曰煙突，並讀如導。突、突雙聲字。吴夌雲小學説、畢沅校墨子，並誤「突」、「突」爲一字，非也。蓋「突」壞爲「夹」，又涉下文「光色澤潤」而誤加「氵」旁，遂成「浹」字。「熛熱突突」，謂熛熱烟囱也。下文云：「火竈之效加〔一〕也。」義正相承。光色澤潤，炳之於堂，玉篇：「炳，本作爇。」説文：「爇，燒也。」其耀浩廣，火竈之效加也。繡之未刺，錦之未織，恒絲庸帛，何以異哉？加五綵之巧，「加」上，白帖八引有「及」字。御覽八一五引有「及其」二字。「綵」並作「采」。「巧」並作「功」。施針縷之餝，白帖、御覽引並作「飾」。干祿

〔一〕「加」，原本作「力」，據正文改。

字書：「餝通，飾正。」文章炫耀，黼黻華蟲，山龍日月。注語增篇。學士有文章，之學猶絲帛之有五色之巧也。孫曰：據上下文校之，不當有「之學」二字，蓋誤衍也。文選陸士衡文賦注、劉孝標廣絶交論注、初學記二十七引並無「之學」二字。劉先生曰：孫説是也。御覽八百十五引亦無「之學」二字。祕府略殘卷八百六十四引初學記同。暉按：「巧」，文選廣絶交論注引同。文賦注、初學記二七、御覽八一五引「巧」並作「功」。本質不能相過，學業積聚，超踰多矣。物實無中核者謂之郁，字書未見此義。無刀斧之斲者謂之樸。先孫曰：「斲」當爲「斵」之誤。淮南精神訓：「契大渾之樸。」注：「樸猶質也。」文吏不學，世之教無核也。句有誤。意謂猶物實無核。郁樸之人，孰與程哉？骨曰切，象曰瑳，玉曰琢，石曰磨，見爾雅釋器。「瑳」作「磋」。郝疏曰：「説文：『瑳，玉色鮮白。』蓋治象齒令其鮮白如玉。『磋』當依論衡作『瑳』。」切瑳琢磨，乃成寶器。人之學問，知能成就，猶骨象玉石，切瑳琢磨也，雖欲勿用，賢君其舍諸？孫武、闔廬，世之善用兵者也，或知學其法者，「知」疑當作「如」。戰必勝。不曉什伯之陣，不知擊刺之術者，彊使之軍，軍覆師敗，無其法也。

穀之始熟曰粟，説文：「粟，嘉穀實也。」嘉穀，禾也。熟謂秋成。舂之於臼，簸其粃糠，「粃」，宋本作「粄」，朱校元本同。「粃」，説文作「粊」，云：「惡米也。」「糠」，説文从「禾」。蒸之於甑，書鈔一四四引作「蒸於釜甑」。爨之以火，成熟爲飯，乃甘可食。春秋説題辭（類聚八十五。）曰：「粟五變：生爲苗，秀爲禾，三變而祭謂之粟，四變曰米，五變而蒸飯可食。」注：「稟受五行氣而成，故五變乃可食。」可食而食之，味生肌腴成也。粟未爲米，粟，禾實連秠者。米，粟中之人。米未成飯，氣腥未熟，食之傷人。夫人之不學，猶穀未成粟，米未爲飯也。知心亂少，句有誤。猶食腥穀，氣傷人也。學士簡練於學，成熟於師，身之有益，猶穀成飯，食之生肌腴也。銅錫未採，在衆石之間，工師鑿掘，鑪槖鑄鑠，乃成器。盼遂案：「槖」當爲「橐」。「橐」，鼓冶吹炭之器也。後漢書杜詩傳：「造作水排，鑄爲農器。」李賢注：「冶鑄爲排以炊炭。『排』當作『橐』，古字通用。」未更鑪槖，程、王、崇文本並作「鑄槖」。宋本、朱校元本同此。名曰積石。孫詒讓曰：「積爲礦樸之名。淮南覽冥訓：『金積折廉。』」積石與彼路畔之瓦，山間之礫，一實也。說文：「礫，小石也。」故夫穀未舂蒸曰粟，銅未鑄鑠曰積石，人未學問曰矇。說文：「矇，不明也。」矇者，竹木之類也。夫竹生於山，木長於林，未知所入。截竹爲筒，破以爲牒，牒，小簡也。漢書路温舒傳：「取澤蒲，截以爲牒，編用寫書。」加筆墨之跡，乃成文字，大者爲經，小者爲傳記。經簡長二尺四寸。傳記長尺。斷木爲槧，說文：「槧，牘樸也。」釋名釋書契：「槧，版之長三尺者也。」西京雜記：「揚雄懷鉛提槧，從諸計吏，訪殊方絕俗之語，作方言。」枏之爲板，五經文字：「析」作「枏」訛。力加刮削，乃成奏牘。「力」字未妥。以上「加筆墨之跡乃成文字」例之，「力」字疑衍。日鈔引作：「加刮乃成奏牘。」説文：「牘，書版也。」釋名釋書契：「牘，睦也，手執之以進見，所以爲恭睦也。」漢書東方朔傳云：「上三千奏牘。」夫竹木，麤苴之物也，彫琢刻削，乃成爲器用。況人含天地之性，最爲貴者乎！

不入師門，無經傳之教，以郁樸之實，不曉禮義，立之朝庭，植笮樹表之類也，其何益哉？廣雅釋宮曰：「榕謂之笮。」逸周書作雒解：「復榕藻梲。」孔晁注：「復榕，累芝栭也。」（今本「榕」誤作「格」。）魯靈光殿賦：「芝栭欑羅以戢孴。」張載注：「芝栭，柱上節，方小木爲之，長三尺。」山野草茂，鉤鐮斬刈，乃成道路也。士未入道門，邪惡未除，猶山野草木未斬刈，不成路也。染練布帛，名之曰采，貴吉之服也。無染練之治，名縠（觳）麤，縠（觳）麤不吉，喪人服之。「縠」，朱校元本作「縠」。吴曰：縳之細者爲「縠」，與「麤」義相反，不得連用。且非凶禮所施縠[一]，「縠」當作「觳」。觳訓瘠薄，蓋與麤疏同義。形誤作「縠」，失之遠矣。人無道學[二]，仕宦朝庭，其不能招致也，「致」疑誤。猶喪人服麤，不能招吉也。

能斲削柱梁，謂之木匠；能穿鑿穴埳（臽），孫曰：「埳」當作「臽」。本書从「臽」之字

〔一〕「施縠」，原本作「縠施」，據文意乙。
〔二〕「道學」，原本作「學道」，據通津草堂本乙。

並誤从「舀」。謂之土匠；能彫琢文書，謂之史匠。夫文吏之學，學治文書也，當與木土之匠同科，安得程於儒生哉？御史之遇文書，不失分銖；有司之陳籩豆，不誤行伍。其巧習者，亦先學之，人不貴者也，「也」字疑衍。小賤之能，非尊大之職也。無經藝之本，有筆墨之末，大道未足，而小伎過多，雖曰吾多學問，御史之知，有司之惠也。惠、慧通。飯黍粱者饜，飡糟糠者飽，饜亦飽也。雖俱曰食，爲腴不同。儒生文吏，學俱稱習，其於朝庭，有益不鈞。

鄭子皮使尹何爲政，子産比於未能操刀使之割也。見左襄三十一年傳。子路使子羔爲費宰，孔子曰：「賊夫人之子。」見論語先進篇。皆以未學，不見大道也。醫無方術，云：「吾能治病。」問之曰：「何用治病？」曰：「用心意。」病者必不信也。吏無經學，曰：「吾能治民。」問之曰：「何用治民？」曰：「以材能。」是醫無方術，以心意治病也，百姓安肯信嚮，而人君任用使之乎？「用」字衍。「任使」連用，與「信嚮」對文。下文「欲人君任使之，百姓信嚮之」可證。今著一「用」字，文殊不詞。手中無錢，之市使（決）〔貨〕，貨主問曰：「錢何在？」對曰：「無錢。」貨主必不與也。劉先生曰：「之市」下當有「決貨」二字。御覽兩引此文，並作「之市決貨」。暉按：「使」即「決」字之譌。「貨」字當重，本書重文多脱。御覽六〇七引作：「手無錢而之市決貨，貨主必不與也。」又八三六引作：「手中無錢，而欲往市決貨，貨主問錢何在。」蓋「決」、「使」二字形近而誤，又脱一「貨」字。宋本「使」正作「決」，（朱校元本作「泱」，尚見其由「決」譌「使」之跡。）是其切證。夫胸中不（無）學，猶手中無錢也，孫曰：書鈔八十三引「不學」作「無學」，是也。劉先生曰：孫説是也。御覽六百七、八百三十六引「不」並作「無」。暉按：意林引亦作「無」。欲人君任使之，百姓信嚮之，奈何也？

# 謝短篇

淮南俶真訓：「二者代謝舛馳。」高注：「謝，敍也。」「謝」、「敍」音同字通。

**程材、量知，言儒生、文吏之材不能相過，以儒生脩大道，以文吏曉簿書，道勝於事，故謂儒生頗愈文吏也。此職業外相程相量也，其內各有所以爲短，未實謝也。**「實」，程本作「嘗」。**夫儒生能説一經，自謂通大道，以驕文吏；文吏曉簿書，自謂文無害，**義見程材篇注。**以戲儒生。各持滿而自藏，**詩齊風還篇毛傳：「臧，善也。」「藏」即「臧」字。盼遂案：「藏」爲「臧」之誤字。「自臧」，自善也。古無「藏」字。**非彼而是我，不知所爲短，**「所」下疑有「以」字。上文「其內各有所以爲短」。**不悟於己未足。論者訓之，**「訓」，舊作「詶」，朱校元本、天啓本、程、何、錢、黄本並同。按：説文言部：「詶，詛也。」俗用作「酬應」字，於義無取。今從王本、崇文本改。下「不能訓之」同。爾雅疏：「訓，道也，道物之貌以告人也。」**將使慡（⿱眀大）然各知所之（乏）。**孫志祖讀書脞録：「傸，一作慡，疑爽之譌。」吳曰：屈賈傳有「爽然自失」之語，孫意讀與彼同，其説非也。徐廣集解：「爽，一本作奭。」疑「奭」當作「⿱眀大」，从「眀」从「大」，音義並與「瞿」同。「瞿然」，古之常語。「瞿然失席」、「瞿然易容」等等，傳注家皆訓爲驚視失守貌。史記作「爽」者，「⿱眀大」字形近之譌。此言「傸然」，其義亦同。通津本从「心」，程榮本从「人」，傳寫者隨意作之。又按：「各知所之」，「之」當爲「乏」。下文云：「二家各短，不能自知。」正與此語相應。

夫儒生所短，不徒以不曉簿書；文吏所劣，不徒以不通大道也，反以閉闇不覽古今，不能各自知其所業之事未具足也。二家各短，不能自知也；世之論者，而亦不能訓之，如何？

夫儒生之業，五經也。南面爲師，旦夕講授章句，滑習義理，滑，亂也。究備於五經，可也。五經之後，秦、漢之事，無不能知者，短也。劉先生曰：「無」字疑衍。此文正謂不能知爲短。若無不能知，則何短之有乎？夫知古不知今，謂之陸沉，注程材篇。然則儒生，所謂陸沉者也。五經之前，至於天地始開，帝王初立者，主名爲誰，天地開闢，有天皇、地皇、人皇。出自河圖，不足徵信。談天篇云：「女媧以前，齒爲人者，人皇最先。」是仲任意謂如此。儒生又不知也。夫知今不知古，謂之盲瞽。五經比於上古，猶爲今也。徒能說經，不曉上古，然則儒生，所謂盲瞽者也。

儒生猶曰：「上古久遠，其事闇昧，故經不載而師不說也。」

夫三王之事雖近〔遠〕矣，尋案文義，「近」當爲「遠」字形譌。經雖不載，義所連及，五經〔家〕所當共知，儒生所當審說也。吴曰：「五經」下疑脱一「家」字。暉按：吴說是。下文「五經之家所共聞也」，句法相同。夏自禹嚮國，幾載而至於殷？吴曰：「嚮」當作「饗」，義與

「亨」同。史記三代世表：「從禹至桀十七世。」夏本紀集解徐廣曰：「從禹至桀十七君，十四世。」漢書律曆志載劉歆說云：「夏后氏繼世十七王，四百三十二歲。」（前漢紀一載劉向父子說。「三」作「四」，蓋誤。）世紀帝王數同。竹書紀年：「自禹至桀十七世，有王與無王，用歲四百七十一年。」爲數差異。刺孟篇云：「禹至湯且千歲。」其説未碻。**殷自湯幾祀而至於周？**史記三代世表：「從湯至紂，二十九世。」竹書紀年：「湯滅夏以至於受，二十九王。」（王鳴盛十七史商榷以竹書云「三十王」，蓋誤。）殷本紀：「商三十王。」晉語、漢書律曆志、殷本紀集解引譙周說、皇甫謐説則爲三十一王。所識互異。至其年數，漢律曆志引劉歆説六百二十九年。皇甫謐説同。左傳云：「商祀六百。」蓋舉其成數。竹書紀年則起癸亥終戊寅，四百九十六年，其數又少於漢志。通鑑前編則爲六百四十四年，又多於漢志，未知何據。至胡渭洪範正論、萬氏紀元彙考，又於六百四十四之外更增一年，不足據。刺孟篇云：「湯至周且千歲。」説亦非。**周自文王幾年而至於秦？**律曆志：「春秋魯桓公元年，上距代紂四百歲。春秋盡哀十四年，二百四十二年。秦昭王五十一年，秦始滅周。周凡三十六王，八百六十七歲。」國策載呂不韋説、皇甫謐説並同。（皇甫謐云：「三十七王。」前漢紀載劉向父子説：「七百六十七年。」「七王」、「七百」並誤。）爾雅釋天：「載，歲也，夏曰歲，商曰祀，周曰年。」白虎通四時篇曰：「五帝言載，三王言年。」**桀亡夏而紂棄殷，滅周者何王也？**謂周赧王。

**周猶爲遠，秦則漢之所伐也。夏始於禹，殷本於湯，周祖后稷，秦初爲人者誰？**

帝王世紀：「秦，嬴姓也。昔伯翳爲舜主畜多，故賜姓嬴氏。孝襄公始修霸業，壞井田，開阡陌，天子命爲伯。至昭襄王自稱西帝，攻周，廢赧王，取九鼎。至莊襄王滅東、西周。莊襄王崩，政立爲始皇帝。」秦燔五經，坑殺儒士，五經之家所共聞也。秦何起而燔五經？何感而坑儒生（士）？「生」當作「士」。此承上「坑殺儒士」爲文，語增篇正作「坑儒士」，是其證。語增篇：「燔詩、書起淳于越之諫，坑儒士起自諸生爲妖言。」事見史記始皇紀。盼遂案：「感」爲「憾」之叚借字，俗作「恨」。

秦則前代也，漢國自儒生之家也。從高祖至今朝幾世？歷年訖今幾載？宣漢篇：「至今且三百歲。」「今」謂章帝。論衡已作於永平中，此云「今朝」，未知何指。前漢十二帝，自高祖至平帝。王莽立孺子嬰，居攝三年，篡位十五年，更始二年。皇甫謐曰：「自高祖元年，至更始二年，凡二百三十年。」搜神記六曰：「二百一十年。」其數差者，不數王莽以下二十年也。初受何命？復獲何瑞？班彪王命論：「劉氏承堯之祚，氏族之世，著於春秋。唐據火德，其漢紹之。始起沛澤，則神母夜號，以彰赤帝之符。」得天下難易孰與殷、周？恢國篇：「高祖誅秦殺項，兼勝二家，力倍湯、武。」家人子弟學問歷幾歲，人問之曰：「居宅幾年？祖先何爲？」不能知者，愚子弟也。然則儒生不能知漢事，世之愚蔽人也。温故知新，中庸鄭注：「温，讀如燖温之温。」論語集解云：「尋繹故者。」公卿表師古注：「温猶厚也。」說並非。可

**以爲師；古今不知，稱師如何？**

**彼人問曰：**「問」字衍。「彼人曰」，乃答上「稱師如何」之難。下文「請復別問儒生」，又以駁彼人也。著一「問」字，則文義斷矣。**「二尺四寸，聖人文語，朝夕講習，義類所及，故可務知。**宣漢篇：「唐、虞、夏、殷，同載在二尺四寸，儒者推讀，朝夕講習。」左傳杜預序孔疏引鄭玄注論語序：「以鉤命決云：『春秋二尺四寸書之，孝經一尺二寸書之。』故知六經之策，皆稱長二尺四寸。」儀禮聘禮疏引鄭玄論語序云：「易、詩、書、禮、樂、春秋，皆二尺四寸。（「二尺四寸」，譌作「尺二寸」，依清人金鶚、日人島田翰說改。）孝經謙半之。論語八寸策者，三分居一，又謙焉。」鹽鐵論詔聖篇：「二尺四寸之律，古今一也。」朱博傳：「三尺律令，人事出其中。」三尺者，周尺八寸，三八二十四寸也。律亦經也，故策長同。**漢事未載於經，名爲尺籍短書，**正說篇：「論語所獨一尺之意，以其遺非經，傳文紀志恐忘，故但以八寸尺，不二尺四寸也。」書解篇：「諸子尺書。」說文木部：「檄，尺二書。」光武紀李注：「說文以木簡爲長尺二寸，謂檄以徵召也。」此云尺籍說漢事，蓋亦徵召之類。云「尺籍」者，或約言之。如論語尺二簡，而云一尺。又漢人有言「尺一」者，後漢書、水經注皆云：「李雲上書曰：『孔子言帝者諦也，今尺一拜用，不經御省，是帝欲不諦乎？』」又後漢書儒林傳云：「詔曰：『乞楊生師。』即尺一出升。」文選注引蕭子良古今篆隸文體曰：「鶴頭書，偃波書，俱詔板所用，在漢時謂之尺一簡。」**比於小道，其能知，非儒者之貴也。」**

儒〔生〕不能都曉古今，「生」字據上下文義增。欲各別説其經；經事義類，乃以不知爲貴也？「也」讀作「邪」。事不曉，不以爲短！

請復別問儒生，各以其經，旦夕之所講説。

先問易家：「易本何所起？造作之者爲誰？」彼將應曰：「伏羲作八卦，文王演爲六十四，易下繫辭曰：「宓羲氏仰觀象於天，俯觀法於地，觀鳥獸之文與地之宜，近取諸身，遠取諸物，於是始作八卦。」演卦之説有四，易正義曰：「王弼以爲伏羲，鄭玄以爲神農，孫盛以爲夏禹，史遷以爲文王。」此則因史遷爲説。孔子作彖、象、繫辭。史記孔子世家：「孔子晚而喜易，序彖、繫、象、説卦、文言。」三聖重業，易乃具足。」問之曰：「易有三家，一曰連山，二曰歸藏，三曰周易。伏羲所作，文王所造，連山乎？歸藏、周易也？周禮：「大卜掌三易之法，一曰連山，二曰歸藏，三曰周易。」注云：「名曰連山，似山出内氣也。（汪中述學曰：「連山即烈山，語之轉耳，鄭注望文生義。」）歸藏，萬物莫不歸藏於其中也。杜子春曰：『連山伏羲，歸藏黄帝〔一〕。』」又易正義引鄭玄易贊及易論曰：「夏曰連山，殷曰歸藏，周曰周易。」帝王世紀曰：「庖羲作八卦，神農重之爲六十四卦，黄帝、堯、舜引而伸之，分爲二易：夏人因炎帝曰連山，

〔一〕「黄」，原本作「皇」，聲近而誤，今改。

殷人因黄帝曰歸藏。文王廣六十四卦，著九六之爻，謂之周易。」（御覽六〇九。）金樓子立言篇曰：「禮記曰：『我欲歸殷道，得坤乾焉。』今歸藏先坤後乾，則知是殷，明矣。推歸藏既是殷制，連山理是夏書。」正説篇曰：「列山氏得河圖，夏后因之曰連山。歸藏氏得河圖，殷人因之曰歸藏。伏羲氏得河圖，周人因之曰周易。」是並以連山屬夏，歸藏屬殷，至其造作爲誰，則難質定。趙商問：「連山伏羲，歸藏黄帝，今當從此説以否？敢問杜子春，何以知之？」鄭答曰：「此數者非無明文，改之無據，故著子春説而已。近師皆以爲夏、殷、周。」是鄭氏已不能定，直據近師爲言耳。朱亦棟曰：「夏曰連山，殷曰歸藏，此爲定説。皇甫謐云：『夏人因炎帝曰連山，殷人因黄帝曰歸藏。』則兼而用之。彼蓋以連山爲烈山氏，故易宓戲爲炎帝也。然則歸藏何義矣？」**秦燔五經，易何以得脱？** 藝文志：「及秦燔書，而易爲筮卜之事，傳者不絶。」**漢興幾年而復立？** 儒林傳：「初立易楊。至孝宣世，復立施、孟、梁丘易。至孝元世，復立京氏易。」王先謙曰：「儒林傳贊〔一〕言：『武帝立五經博士，易唯楊何。』」**宣帝之時，河内女子壞老屋，得易一篇，名爲何易？** 宣帝本始中，得易，儒林傳、藝文志未載。隋志：「得説卦一篇。」姚範曰：「想房、宏當時有此説。」餘注正説篇。**此時易具足未？」** 正説篇：「得佚易一篇，易篇數始足。」

**問尚書家曰：「今旦夕所授二十九篇，** 尚書二十九篇，伏生所授今文也。漢書藝文志：

〔一〕「儒」，原本作「傳」，形近而誤，今改。

「經二十九卷。」注：「大、小夏侯二家。歐陽經三十二卷。」奇有百二篇，「奇」字誤，未知所當作。恢國篇：「孝明麒麟神雀，甘露醴泉，白雉黑雉，芝草連木嘉禾，與宣帝同，奇有神鼎黃金之怪。」亦「奇有」連文。又有百篇。二十九篇何所起？百二篇何所造？具見佚文篇、正説篇。

秦焚諸（詩）書之時，「諸」當作「詩」。正説篇：「有敢藏詩、書百家語者，刑。」今「詩」譌作「諸」，是其比。語增篇、正説篇並作「燔詩、書」，是其證。尚書諸篇皆何在？藝文志曰：「秦燔書禁學，濟南伏生獨壁藏之。」經典釋文序録曰：「及秦禁學，孔子末孫惠壁藏之。」附注云：「漢紀尹敏傳（蓋東觀漢記。）以爲孔鮒藏之。」孔叢子説同。家語後序以爲孔騰。三説皆謂古文尚書。漢興，始録尚書者何帝？初受學者何人？」史記儒林傳：「孝文帝時，欲求得治尚書者，乃聞伏生能治，老不能行，乃使朝錯往受。」仲任以爲景帝始立尚書，見正説篇。誤，不足據。

問禮家曰：「前孔子時，周已制禮，藝文志：「帝王質文，世所損益。至周曲爲之防，事爲之制，故曰禮經三百，威儀三千。」殷禮，夏禮，凡三王因時損益，子曰：「殷因於夏禮，所損益可知也。周因於殷禮，所損益可知也。」篇有多少，文有增減。不知今禮，周乎？殷、夏也？」彼必以漢承周，將曰：「周禮。」夫周禮六典，又六轉，六六三十六，三百六十，是以周官三百六十也。周禮天官冢宰鄭注：「周公居攝，而作六典之職，謂之周禮。」六典者，即大宰云：「天官治典，地官教典，春官禮典，夏官政典，秋官刑典，冬官事典。」案今禮（經）不見

**六典，**正説篇句有「經」字，此據補。**無三百六十官，又不見天子，天子禮廢何時？豈秦滅之哉？** 禮經，即漢志「經十七篇」也。（「十七」二字，今誤倒，此依劉校。）經十七篇，爲正經，故列爲六藝之目，稱曰禮經，單言曰禮。 **宣帝時，河内女子壞老屋，得佚禮一篇，六十〔六〕篇中，是何篇是者？** 「六十」當作「十六」。下文「十六篇何在」，「見在十六篇」，「今禮經十六」，並作「十六」，是其證。 姚範曰：「六十」當作「十六」。然士禮十七篇，而充屢言「十六」，豈以「既夕」合「士喪」耶？ 暉按：漢志「經十七篇」，與劉歆、鄭玄所述古禮經相較數合，陸氏序録、阮氏七録因之。志又言高堂生傳十七篇。此云「十六」，又云其間一篇得於河内，未聞。困學紀聞五曰：「孔壁古文多三十九篇，康成不注，遂無傳焉。」原注曰：「論衡以爲宣帝時，河内女子壞老屋，得佚禮，恐非。」按：佚文篇曰：「恭王壞孔子宅以爲宫，得佚禮三百。」此即漢志所言禮古經出於孔氏者。河内得佚禮，亦見正説篇，與孔壁爲兩事，志未舉耳。房、宏、陸德明亦言宣帝本始中，河内女子得泰誓，則仲任所述，事足徵信。王氏執志規此，非也。 **高祖詔叔孫通制作儀品，十六篇何在？** 盼遂案：「十六篇」當依後漢書作「十二篇」，蓋涉下文有十六篇字而誤。曹褒傳：「章和元年正月，令小黄門持班固所上叔孫通漢儀十二篇，勑褒依禮條正。」漢書叔孫通本傳所稱起定朝儀，漢諸儀法、宗廟儀法及諸經注疏所引禮器制度，即此之儀品十二篇也。 而漢書禮樂志則言：「今叔孫通所撰禮儀及律令同藏埋於理官，法家又復不傳。漢典寢而不著，民臣莫有言者。」則是儀品罕行於世，故仲任云「何在」也。**而復定儀禮〔儀〕？**黄以周讀漢書禮樂志曰：「王充論衡謝短篇云：『高祖詔叔孫通制作儀品十六篇何在？而復定儀禮？見在十六篇，秦火之餘也。』『儀品十六篇』，當依曹襃傳作『十二篇』，蓋涉下文而誤。本傳所稱定朝儀，漢諸儀法、宗廟儀法及注疏所引禮器制度，即此云『儀品十二篇』是也。云『何在』者，王充亦未見其書也。充亦章帝時人，東漢之初，其書不絶如綫可想也。其云『復定儀禮，見在十六篇』，未知亡於何時。或以爲即今儀禮十七篇，古本少牢饋食與有司徹連篇，難信。通所揖禮十六篇中，有爾雅，必非禮經。」暉按：黄讀非也。齊召南前漢書禮樂志考證、程樹德漢律考並以「叔孫通制作儀品十六篇」句絶，誤同。此謂禮經十六篇何在，而庸叔孫通再定儀品也。後漢書曹襃傳論：「漢初，朝制無文，叔孫通頗采禮經，參酌秦法，有救崩弊，先王容典，蓋多闕矣。」張揖上廣雅表曰：「叔孫通撰制禮制，文不違古。」是儀品本於禮經，故仲任詰之曰：時十六篇何在也。「禮儀」即謂「儀品」。司馬遷傳、劉歆移太常博士書、儒林傳、禮樂志、本書率性篇，並可證。此作「儀禮」，字誤倒也。或以「儀禮」爲禮經，失之。據曹襃傳，叔孫通所作，只十二篇，未云十六。且此文屢云「禮經十六篇」，則此「十六篇何在」五字爲句，以指禮經，明矣。此句既謂禮經，則下句又云「儀禮」，於義難通。且禮經有儀禮之名，始見後漢書鄭玄傳，（吴承仕釋文序録講疏謂始自晉書荀崧傳。）仲任未及稱也。程樹德曰：「禮樂志云：『今叔孫通所撰禮儀與律令同録，藏於理官。』蓋與律令同録，故謂之傍章。應劭傳：『劭删定律令爲漢儀。』是可證通之傍章即漢儀也。」暉按：曹襃傳：「漢儀十二篇。」晉書刑法志云：「傍章十八篇。」十八篇者，與律令同録，删律令爲漢儀，則爲十二篇也。洪頤煊讀書叢録四：「班固上叔孫通漢儀十二篇。此云儀品十六篇，視班固所上增加四篇。」亦因誤讀而妄説也。見在十六篇，秦火之餘也，盼遂案：叔孫通所定儀禮十六篇，或以爲即今之儀禮。古本少牢饋食與有司徹連篇，故得十六。其説難信。通所定儀禮中有爾雅，（見張揖上廣雅表。）其非今之儀禮必矣。以上二則，參取黄以周讀漢書禮樂志説。更秦之時，篇凡有幾？史記儒林傳：「禮自孔子時，而其經不具，及至秦焚書，書散亡益多，於今獨有士禮。」

問詩家曰：「詩作何帝王時也？」彼將曰：「周衰而詩作，蓋康王時也。康王德缺於房，大臣刺晏，故詩作（也）。」「也」字據宋本補。此魯詩説也。路史後紀九注以爲齊、魯詩三家同。列女傳仁智篇魏曲沃負傳：「周之康王夫人晏出朝，關雎豫見。」藝文類聚三五引張超誚青衣賦：「周漸將衰，康王晏起，畢公喟然深思古道，感彼關雎，德不雙侶。」此云「大臣」，蓋畢公也。史記十二諸侯年表、法言至孝篇、漢書杜欽傳、匡衡傳、後漢書明帝紀、后紀序、楊賜傳、春秋説題辭、（明帝紀注引。）後漢紀，並以爲刺康王而作。夫文、武之隆，貴（遺）在成、康，「貴」爲「遺」之壞字，句亦見語增篇，今據正。康王未衰，詩安得作？周非一王，何知其康王也？二王之末皆衰，夏、殷衰時，詩何不作？尚書曰：「詩言志，歌詠言。」今見尚書舜典。「詠」字古文作「永」。馬曰：「歌所以長言詩之意也。」鄭曰：「聲爲曲折，又依長言。」史記改「永」

作「長」，蓋從孔安國故。今文作「詠」。藝文志引書，釋之曰：「誦其言謂之詩，詠其聲謂之歌。」禮樂志作「咏」。説文：「詠」或作「咏」。班氏多用今文。仲任與同。師古注：「詠爲永長。」亂家法也。**此時已有詩也。斷取周以來，而謂興於周。**藝文志：「孔子純取周詩，上采殷，下取魯，凡三百五篇。」釋文曰：「既取周詩，上兼商頌。」暉按：韓詩以商頌爲正考父作，是亦周詩，故曰斷取周以來。蓋用韓詩説也。**古者采詩，詩有文也；**藝文志：「古有采詩之官。」説文：「古之辺人以木鐸記詩。」**今詩無書，何知非秦燔五經，詩獨無餘禮（札）也？**先孫曰：「禮」疑「札」之誤。「札」誤爲「礼」，轉寫作「禮」，遂不可通。（莊子人間世篇：「名也者，相札也。」釋文引崔譔云：「札」或作「禮」。與此誤同。）藝文志：「詩遭秦而全者，以其諷誦，不獨在竹帛也。」蓋無餘札，口授而幸全耳。

**問春秋家曰：「孔子作春秋，周何王時也？」**孔子世家：「魯哀公十四年，西狩獲麟，乃作春秋。」諸侯年表：「時周敬王三十九年。」仲任不從此説。詳下。**自衛反魯，然後樂正，**論語子罕篇鄭注：「魯哀公十一年，是時道衰樂廢，孔子來還以正之。」**春秋作矣。**杜預左傳序：「春秋之作，左傳及穀梁無明文。説者以仲尼自衛反魯，修春秋。」疏：「説左傳者，言孔子自衛反魯，則便撰述春秋，三年文成，而致得麟。」公羊家則謂：樂正，雅、頌得所，料理舊經，在自衛反魯時，作春秋，則在獲麟之後。（公羊哀十四年疏。）論語讖亦謂自衛反魯作春秋。據正説、案書，知仲任三傳宗左氏。**自衛反魯，哀公時也。自衛，何君也？**諸侯年表：「衛出公九年。」**俟孔子以何禮，而孔子反魯作春秋乎？**左哀十一年傳：「孔文子將攻大叔，訪於仲尼。仲尼曰：『胡簋之事，則嘗學之；甲兵之事，未之聞也。』退，命駕而行。文子止之。將止，魯人以幣召之，乃歸。」史記孔子世家同。此文似謂作春秋，乃因衛君所俟之禮。孔叢子居衛篇、史記自序、公羊篇首注又謂因厄陳、蔡。**孔子録史記以作春秋，史記本名春秋乎？制作以爲經，乃歸（號）春秋也？**」「歸」字無義，字當作「號」。「號」借作「遞」。「歸」一作「逿」，「遞」、「逿」形近故誤。（漢書王褒傳：「伯牙操遞鍾。」臣瓚注：「楚詞云：『奏伯牙之號鍾。』漢書多借假，或以『遞』爲『號』。」二句文選聖主得賢臣頌注引，漢書今佚。）「號」草書作「[illegible]」，「歸」作「[illegible]」，形亦相似。正説篇曰：「春秋者，魯史記之名，孔子因舊故之名，以號春秋之經。」即其義。公羊莊七年何注：「古者謂史記爲春秋。」孔叢子執節篇：「魯之史記曰春秋，經因以爲名焉。」杜預春秋左傳集解序、陸德明釋文序録並謂春秋即魯史記之名。史通六家篇：「『汲冢瑣記，太丁時事，以爲夏、殷春秋。』國語曰：『晉羊舌肸習于春秋。』左傳昭二年：『晉韓宣子來聘，見魯春秋。』斯則春秋之目，事匪一家，故墨子曰：『吾見百國春秋。』」杜預曰：「史之所記，表年以首事，年有四時，故錯舉以爲所記之名。」此説甚是。正説篇曰：「夫言春秋，實及言冬夏也。」（今挩「冬」字。）蓋杜説所本。

**法律之家，亦爲儒生。問曰：「九章，誰所作也？」**刑法志：「蕭何攈摭秦法，取其宜於時者，作律九章。」唐律疏議曰：「李悝集諸國刑典，造法經六篇，一盜法，二賊法，三囚法，四捕法，五雜法，六具法。商鞅傳授，改法爲律。漢相蕭何更加悝所造户、興、廄三篇，謂九章之律。」據此，則蕭何九章律爲盜律、賊律、囚律、捕律、雜律、具律、户律、興律、廄律也。**彼聞皋陶作獄，**堯典：「皋陶作士。」馬注：「獄官之長。」**必將曰：「皋陶也。」詰曰：「皋陶，唐、虞時，唐、虞之刑五刑，**堯典稱堯曰：「流宥五刑。」稱舜曰：「五刑有服。」馬注：「五刑者，墨、劓、剕、宫、大辟也。」**案今律無五刑之文。」**崔寔政論謂九章具五刑。**或曰：「蕭何也。」詰曰：「蕭何，高祖時也。孝文之時，齊太倉令淳于德（意）有罪，**「德」當作「意」。「德」或作「悳」，作「惪」，與「意」形近，故誤。史記倉公傳：「姓淳于氏，名意。」盼遂案：「淳于德」依史記倉公傳作「淳于意」。「德」與「意」爲形近之誤。古「德」字作「悳」，與「意」字極似。**徵詣長安。其女緹縈爲父上書，言肉刑壹施，不得改悔。文帝痛其言，乃改肉刑。**見史記倉公傳、文帝紀。漢書刑法志：「文帝十三年除肉刑三。」孟康曰：「黥、劓二，刖左右趾合一，凡三也。」**案今九章象刑，非肉刑也。**程樹德漢律考卷二曰：「論衡謝短篇云：『今律九章象刑，非肉刑也。』言毒篇云：（當云四諱篇。）『方今象刑，象刑重者，髡鉗之法也。』意者文帝廢肉刑之後，改稱象刑歟？考荀子正論篇云：『治古無肉刑而有象刑，墨黥、慅嬰、共艾畢、菲對屨、殺赭衣而不純。』初學記引白虎通：『五帝畫象者，其服象五刑也，犯墨者蒙巾，犯劓者赭其衣，犯臏者以墨幪其臏處而畫之，犯宫者屨扉，犯大辟者布衣無領。』又見尚書大傳及通典引孝經緯。漢人解象刑，大都如是。文帝雖除肉刑，以笞代之，改稱象刑，非其義也。王充生漢末，其言必有所本。」暉按：周禮秋官司圜職：「掌收教罷民凡害人者，弗使冠飾而加明刑焉，任之以事而收教之。」鄭注：「弗使冠飾者，著墨幪若古之象刑。」先鄭注：「不使冠飾任之以事，若今時罰作。」疏：「明刑者，以版牘書其罪狀與姓名，著於背，表示於人。」禮記玉藻：「垂緌五寸，惰游之士也。」鄭注：「惰游，罷民也。」據以上諸文，鄭以象刑即明刑，而明刑若漢之罰作刑，書罪於背，冠垂長緌。按：四諱篇云：「象刑重者，髡鉗之法也。若完旦城以下，施刑綵衣系躬，冠帶與人殊。」則知仲任所據以言象刑者，即完城旦，綵衣系躬也。此即司圜之「明刑」。然則仲任與鄭說合。何休注公羊襄二十九年傳云：「古者肉刑。」疏云：「文帝除肉刑，故以肉刑爲古。」是其義亦同仲任也。**文帝在蕭何後，知時肉刑也，**「知」字無義，疑爲「始」譌。又誤奪在「時」上。史記文帝紀集解李奇曰：「約法三章無肉刑，文帝則有。」**蕭何所造，反具肉刑也？**盼遂案：「肉刑」當是「象刑」之誤。「也」古通「邪」，爲問詞。**而云九章蕭何所造乎？」古禮三百，威儀三千，**禮記中庸曰：「禮儀三百，威儀三千。」禮器曰：「經禮三百，曲禮三千。」藝文志、禮樂志：「禮經三百，威儀三千。」孔子家語弟子行篇語同。韋昭注漢志曰：「周禮三百六十官，三百舉成數也。」臣瓚曰：「禮經三百，謂冠婚吉凶；周禮三百，是官名也。」王應麟曰：「朱文公從漢書臣瓚注，謂儀禮乃禮經也。曲禮皆微文小節，如曲禮、少儀、內則、玉藻、弟子職，所謂威儀三千也。」是則「禮儀」、「經禮」、「禮經」三者於實一也。即士禮十七篇，或稱儀禮。鄭玄等俱以爲周禮，與韋說誤同。此云「古禮」，亦即「士禮」，不得以周禮古文經亂之。一曰：「古」當作「士」，字之譌也。禮經一稱士禮，見史記儒林傳及藝文志。**刑亦正刑三百，科條三千，出於禮，入於刑，禮之所去，刑之所取，故其多少同一數也。**後漢書陳寵傳：「禮經三百，威儀三千，故甫刑大辟二百，五刑之屬三千。禮之所去，刑之所取，失禮則入刑，相爲表裏者也。」與此義同。彼云「二百」，此云「三百」者，元命包云：（公羊襄二十九年傳疏。）「墨劓辟之屬各千，臏辟之屬五百，宫辟之屬三百，大辟之屬二百，列爲五刑，罪次三千。」（吕刑文略同。）蓋彼據大辟，而此據宫辟言之也。**今禮經十六，蕭何律有九章，不相應，又何？**「又」字衍。「不相應何」，與下「律言盜律何」句法相同。**五經題篇，皆以事義别之，**皇侃論語義疏序曰：「名書之法，必據體以立稱，如以孝爲體者，則謂孝經，以莊敬爲體者，則謂之禮記。」**至禮與律獨（猶）經也，**吴曰：「獨」當作「猶」。暉按：吴説是。李悝集諸國刑典，著法經。漢書宣帝紀注文穎曰：「蕭何承秦法所作爲律，今律經是也。」又漢律與經簡同長二尺四寸，是漢人以經目律也。程材篇云：「法令漢家之經。」**題之，禮言昏（經）禮，**「昏禮」，儀禮篇名，於此無義。王、崇文本「昏」作「經」，當據正。禮器曰：「經禮三百。」經禮即儀禮。義見前。**律言盜律何？**晉書刑法志：「悝以爲王者之政，莫急於盜賊，故其律始於盜賊。」唐律疏議：「李悝首制法經，有盜法、賊法，以爲法之篇目。自秦、漢逮至後魏，皆名賊律、盜律。」是盜律爲九章之目。此義未聞。

盼遂案：昏禮爲禮之首章，盜律爲律之首章。唐律疏議名例一曰：「魏文侯師李悝〔一〕造法經六篇，一盜，二賊，三囚，四捕，五雜，六具。商鞅傳授，改法爲律。蕭何更加户興廄，爲九章之律。」

**夫總問儒生以古今之義，儒生不能知，别名（各）以其經事問之，又不能曉，**劉先生曰：「名」當爲「各」。上文「欲各别説其經」，「請復别問儒生各以其經」，是其證。**斯則坐守何言（信）師法，不頗博覽之咎也。**吴曰：此文當作「斯則坐守信師法」。「信」以形近誤爲「何」，又誤移「信」字之半於下，遂分爲「何言」兩字矣。效力篇云：「諸生能傳百萬言，不能覽古今，守信師法，雖辭説多，終不爲博。」文義正與此同，是其切證。

**文吏自謂知官事，曉簿書。問之曰：「曉知其事，當能究達其義，通見其意否？」文吏必將罔然。**「罔」讀作「惘」。惘然，無知貌。**問之曰：「古者封侯，各專國土，今置太守令長，何義？**地理志：「秦以周制微弱，終爲諸侯所喪，故不立尺土之封，分天下爲郡縣。漢興，因秦制度，以撫海内。」百官公卿表：「郡主秦官，掌治其郡，秩二千石，景帝更名太守。」又曰：「縣令、長，皆秦官，掌治其縣，萬户以上爲令，減萬户爲長。」**古人井田，民爲公家耕，**詩小雅大田：「有渰萋萋，興雨祁祁。雨我公田，遂及我私。」孟子滕文公篇：「方里而井，井九

〔一〕「李」，原本作「里」，聲近而誤，今改。

百畝，其中爲公田，八家皆私百畝，同養公田。公事畢，然後敢治私事。」**今量租芻，何意？**淮南氾論訓：「秦之時，入芻稾。」注：「入芻稾之税，以供國用。」史記始皇紀：「二世元年，度不足，下調郡縣轉輸菽粟芻藁。」文選任彦昇天監三年策秀才文注引漢舊儀：「民田租芻藁，以給經用。」後漢書光武紀：「中元元年復嬴、博、梁父、奉高，勿出田租芻稾。」章帝紀：「勿收兖、豫、徐田租芻藁。」和帝紀：「勿收田租〔二〕、芻藁。」**一業（歲）使民居更一月，何據？**先孫曰：漢書昭帝紀顔注如淳曰：「古者正卒無常人，皆當迭爲之，一月一更，是爲卒更也。律説，卒踐更者，居也，居更縣中五月乃更也。後從尉律，卒踐更一月，休十一月也。」此云「一業使民居更一月」，「業」疑當爲「歲」之誤。暉按：昭帝紀注引律説誤。史記游俠傳集解引如淳引律説曰：「卒更、踐更者，居縣中五月乃更也。」史記吴王濞傳注引漢律：「卒更有三：踐更，居更，過更。」居更即卒更。後漢書明帝紀注：「更，謂戍卒更相代也。」食貨志：「秦用商鞅之法，月爲更卒。漢興，循而未改。」**年二十三儒（傅），十五賦，七歲頭錢二十三，何緣？**先孫曰：高帝紀注如淳曰：「律，年二十三傅之疇官。」顔師古云：「傅，著也。言著名籍，給公家傜役也。」此云「年二十三儒」，「儒」即「傅」之誤。「儒」俗書或作「僡」，（干禄字書：「繻」通作「繐」，亦以「需」爲「恵」。）與「傅」形相似。又漢舊儀云：「算民年七歲以至十四歲，出口錢，人二十三，二十錢以食天子，其三錢者，武帝加口錢

〔二〕「田租」，原本作「租更」，據後漢書改。

以補車騎馬。又令民男女年十五以上至五十六，出賦錢百二十爲一算，以給車馬。」即此云十五賦，七歲頭錢二十三也。暉按：漢舊儀見漢書高帝紀、昭帝紀、後書光武紀注，及今四庫全書内漢舊儀。貢禹傳曰：「古民無賦算，口錢起武帝征伐四夷，重賦於民，民産子三歲，則出口錢，故民重困，至於生子輒殺，甚可悲痛。宜令民七歲去齒乃出口錢，年二十乃算。天子下其議，令民産子七歲乃出口錢，自此始。」又説文貝部引漢律曰：「民不繇，貲錢二十三。」（「三」譌作「二」，依段校改。）段注云：「民不傜者，謂七歲至十四歲。貲錢二十三，口錢二十，并武帝所加三錢也。」**有臈，何帝王時？**「臈」或作「臘」。説文：「臘，冬至後三戌臘祭百神。」風俗通祀典篇：「禮傳云：夏曰嘉平，殷曰清祀，周曰大蜡。漢改爲臘。臘者，獵也，言田獵取獸以祭祀其先祖也。或曰：臘者，接也。新故交接，故大祭以報功也。」據應説，是臘始於漢。然或以臘即蜡，月令有「臘先祖五祀」，左氏傳存「虞不臘矣」之文。故史記秦紀，惠王十二年初臘，記秦始行周正亥月大蜡之禮，是臘已起於周。但有以月令、左傳爲不足徵。世説新語德行篇注引晉博士張亮議云：「蜡謂合聚百物而索享之。臈謂祭宗廟。臈則服玄，蜡則服黄，蜡臈不同，總之非也。」又玉燭寶典云：「臘者祭先祖，蜡者報百神，同日異祭。」是則以臘即蜡，非也。**門户井竈，何立？**説文：「門从二户，象形。半門曰户。」餘注祭意篇。**社稷、先農、靈星，何祠？**獨斷曰：「先農者，蓋神農之神，神農作耒耜，教民耕農。」後漢書祭祀志：「縣邑常以乙未日祠先農於乙地。」漢舊儀曰：「春始東耕於籍田，祠先農黄帝也。（續漢志補注引作「炎帝」。）祠以一太牢，百官皆從。」（書鈔九十一引。）餘注祭意篇。歲終逐疫，何驅？使立桃〔梗〕象人於門户，何旨？挂蘆索於户上，畫虎於門闌，何放？「使」爲「梗」字形近之譌，又誤奪在「立」字上。當作「立桃梗」。後漢書禮儀志：「百官官府，各設桃梗。」又注引山海經：「敺除畢，因立桃梗於門户。」風俗通：「桃梗，梗者更也。」並其證。孫讀連下「除」字，作「何放除」三字爲句，非也。畫虎與逐疫，並爲大儺一事。若依孫讀，是訓「放」爲「逐」，則與「何驅」義複矣，且與「何立」、「何祠」、「何驅」文不一律。廣雅釋詁：「放，效也。」即應劭所云「追效前事」之意。呂氏春秋季冬紀注：「前歲一日，擊鼓驅疫癘之鬼，謂之逐除，一曰儺。」後漢禮儀志：「先臘一日大儺，謂之逐疫。」注云：蔡邕月令章句曰：「日行北方之宿，北方大陰，恐爲所抑，故命有司大儺，所以扶陽抑陰也。」盧植禮記注：「所以逐衰而迎新。」獨斷曰：「帝顓頊有三子，生而亡去爲鬼，（續漢禮儀志注引漢舊儀，「鬼」上有「疫」字。）其一者居江水，是爲瘟鬼；（「瘟鬼」，漢舊儀作「虎」。）其一者居若水，是爲魍魎；其一居人宫室樞隅，善驚小兒。于是命方相氏，黄金四目，蒙以熊皮，玄衣朱裳，執戈揚楯，常以歲竟十二月從百隸及童兒而時儺於宫中，敺疫鬼也。桃弧棘矢，土鼓，鼓且射之以赤丸，五穀播灑之，以除疾殃。已而立桃人葦索，儋牙虎，神荼、鬱壘以執之。儋牙虎，神荼、鬱壘二神，海中有度朔之山，上有桃木，蟠屈三千里，卑枝東北有鬼門，萬鬼所出入也。神荼與鬱壘居其門，主閱領諸鬼。其惡害之鬼，執以葦索食虎。故十二月歲竟，常以先臘之夜逐除之也。乃畫荼壘，懸葦索爲門户，以禦凶也。」風俗通祀典篇：「黄帝書，上古之時，有荼與鬱壘，昆弟二人，性能執鬼，度朔山上，桃樹下，（「桃」上今衍「章」）

字，依書鈔一五五引刪。）簡閱百鬼。無道理妄爲人禍害，荼與鬱壘縛以葦索，執以食虎。於是縣官常以臘除夕，飾桃人，垂葦茭，畫虎於門。皆追效前事，冀以禦凶也。桃梗，梗者更也，歲終更始，受介祉也。春秋左氏傳曰：『魯襄公朝楚，會楚康王卒，楚人使公視襚，公患之。叔孫穆叔曰：祓殯而襚，則布幣也。乃使巫以桃茢先祓殯。楚人弗禁，既而悔之。』（左襄二十九年傳。）『古者日在北陸，而藏冰深山窮谷。其藏之也，黑牡秬黍，以享司寒；其出之也，桃弧棘矢，以除其災也。』（左昭四年傳。）葦茭，傳曰：『萑葦有藂。』呂氏春秋：『湯始得伊尹，祓之於廟，薰以萑葦。』周禮：『卿大夫之子名曰門子。』論語：『誰能出不由户。』故用葦者，欲人子孫蕃殖，不失其類，有如萑葦。茭者交易，陰陽代興也。虎者陽物，百獸之長也，能執搏挫鋭，噬食鬼魅。」孫曰：桃人、蘆索、畫虎之事，本書亂龍篇、訂鬼篇、風俗通祀典篇並謂緣神荼、鬱壘執鬼而起。而後漢書禮儀志注引春秋内事云：「夏后氏金行，初作葦茭，言氣交也。殷人水德，以螺首填其閉塞，使如螺也。周人木德，以桃爲梗，言氣相更也。今人元日以葦插户，螺則今之門鐶也。桃梗今之桃符也。」御覽二十九引玄中記云：「東南有桃都山，山上有大樹，名曰桃都。枝相去三千里，上有天鷄，日初出，照此木，天鷄即鳴，天下鷄皆隨之鳴。今人正朝作兩桃人立門旁，以雄鷄毛置索中，蓋遺象也。」此又異説也。

**除牆壁書畫厭火丈夫，何見？**

呂氏春秋高注：「見，效也。」謂何效於前事。厭火丈夫，未聞，疑即周禮之「赤犮」。周禮秋官之屬：「赤犮氏掌除牆屋，以蜃炭攻之，以灰洒毒之。」説文鬼部：「魃，旱鬼也。」周禮有赤魃氏除牆屋之物也。」魃爲旱神，故此云「厭火丈夫」。

爲除牆屋之鬼物，故除牆壁時晝之。又疑「丈夫」或「夫人」字誤。山海經：「黄帝女妭，本天女也。所居不雨。」神異經：「魃，一名旱母。」玉篇引文字指歸：「女妭，禿無髮，所居之處，天不雨也。」**步之六尺，冠之六寸，何應？**史記秦始皇紀：「秦水德，數以六爲紀，符法冠皆六寸。六尺爲步。」集解張晏曰：「水北方黑，終數六，故以六寸爲符，六尺爲步。」**有尉史、令史，無承（丞）長史，何制？**先孫曰：「承」當爲「丞」。漢舊儀云：「更令史曰令史，丞史曰丞史，尉史曰尉史。」然則漢時自有丞史。此疑有譌。無長史者，蓋小縣令爲長，其史則不曰長史，仍曰令史也。暉按：百官表：「邊郡有長史，掌兵馬，秩六百石。」續百官志：「郡當邊戍者，丞爲長史。」孫校「承」作「丞」，是也。然「丞長史」三字不譌。漢舊儀曰：「御史大夫勅上計丞長史。」是「丞長史」三字連文者。又古今注曰：「建武六年三月，令郡太守諸侯相病，承長史行事。十四年罷邊郡太守丞，長史領丞職。」又匈奴傳注師古引漢律曰：「近塞郡置尉，百里一人，士史、尉史各二人，巡行徼塞。」百官志引漢儀注：「令史秩百石。」**兩郡移書，曰『敢告卒人』，兩縣不言，何解？**移者，官曹文書相移與也。後漢書袁紹傳：「移書傳驛州郡。」「敢告卒人」，蓋與左傳虞箴「敢告僕夫」，揚雄州箴「敢告在階」、「敢告執御」義同。不敢直言，但告其僕御耳。朱曰：蓋漢時公文程式如此。王嘉所謂章文必有「敢告」之字乃下，是也。**郡言事二府，曰『敢言之』；**朱曰：此亦漢時公文程式也。王莽傳曰：「加公爲宰衡，位上公。三公言事，稱『敢言之』。」言使三公之於莽，猶郡守言事于二府也。**司空曰『上』，何狀？**二府，丞相及御史大夫也。詳王鳴盛十七史商榷卷二三。餘未聞。**賜民爵八級，何法？名曰簪褭、上造，何謂？**漢書百官公卿表：「爵一級曰公士，二上造，三簪褭，四不更，五大夫，六官大夫，七公大夫，（史記秦本紀集解「官」、「公」二字倒。）八公乘，九五大夫，十左庶長，十一右庶長，十二左更，十三中更，十四右更，十五少上造，十六大上造，十七駟車庶長，十八大庶長，十九關内侯，二十徹侯。皆秦制，以賞功勞。」後漢書明帝紀：「爵過公乘，得移與子，若同産、同産子。」注云：「漢置賜爵，自公士以上，不得過公乘，故過者得移授也。」今按：自公士至公乘，適爲八級。賜民爵八級，是賜爵於民不得過公乘也。又漢書高帝紀五年詔曰：「民各歸其縣，復故爵。其七大夫以上，皆令食邑。非七大夫以下，皆復其身，及户，勿事。」又曰：「七大夫公乘以上皆高爵也。諸侯子從軍歸者，（「子」下「及」字，依劉校删。）甚多高爵。」是公乘以下，皆賜夫庶民，故尚有户賦役使。公乘以上，則賜夫諸侯子，乃高爵也。師古曰：「高爵，有國邑者。」故此云賜民爵只八級耳。方以智曰：「漢賜民爵，疑民盡賜之，則無百姓。漢詔：『賜高年帛。』又因宋賜民爵，必以高年，則漢詔所稱『民』，殆鄉老或里長之謂。猶今之耆民壽官也。其公乘以下，觀高祖詔令『諸吏善遇高爵』，則公士等猶夫民耳。即漢詔所云『久立吏前，曾不爲決』也。特用以贖罪而已。」百官表師古注：「以組帶馬曰褭。簪褭者，言飾此馬也。上造者，造，成也，言有成命於上也。」百官志注：「造，成也。古者成士，升爲司徒，曰造士。簪褭，御駟馬者。要褭，古之名馬也。駕駟馬者，其形似簪，故曰簪褭也。」**吏上功曰伐閱，**史記功臣侯表：

「古者人臣功有五品，明其等曰伐，積日曰閱。」説文新序：「閥閱，自序也。」伐、閥字通。**名籍墨將，何指？**漢官解詁：（初學記十二、類聚四九、御覽二三〇。）「凡居宮中者，皆施籍於掖門，案其姓名，當入者，本官長吏爲之封啓傳，審其印信，然後受之。有籍者皆復有符，用木長二寸，以所屬官兩字爲鐵印分符，當出入者，案籍畢，復識齒符，識其物色，乃引內之。」「墨將」未聞。盼遂案：唐蘭云：「將當爲狀，猶行狀也。今按漢書高祖紀，詔『詣相國府，署行、義、年』。蘇林注曰：『行狀年紀也。』知漢時攷吏有行狀之制也。」**七十賜王杖，何起？**先孫曰：「王」，何允中本作「玉」，非。元本、程本並作「王」。周禮伊耆氏：「共王之齒杖。」鄭司農注云：「謂年七十當以王命受杖者，今時亦命之爲王杖。」續漢書禮儀志云：「仲秋之月，縣道皆案户比民，年始七十者，授之以玉杖。玉杖長九尺，（暉按：「九」字今本後漢書捝。孫氏蓋據藝文類聚一百、書鈔八三引。）端以鳩鳥爲飾。」「玉」亦「王」字之譌。（暉案：類聚、書鈔引誤同。）**著鳩於杖末，不著爵，何杖？**「爵」借作「雀」。**苟以鳩爲善，不賜鳩而賜鳩杖，而不爵何説？**「而不爵」三字涉上文衍。續漢書禮儀志曰：「鳩者，不噎之鳥，欲老人不噎，所以愛民也。」（末句今佚，依類聚一百引補。）風俗通曰：「俗説高祖與項羽戰，敗於京索，遁叢薄中，羽追求之。時鳩正鳴其上，追者以爲鳥在無人，遂得脱。及即位，異此鳥，故作鳩杖，以賜老者。按：少皞五鳩，鳩者聚民也。周禮羅氏獻鳩養老，漢無羅氏，故作鳩杖以扶老。」惠士奇禮説：「鷹化爲鳩，不仁之鳥，感春之生氣，變而爲仁，故羅氏獻鳩以養國老，因著其形於杖，以扶之，助生氣也。」**日分六十，**此日長至時也。尚書堯典正義引馬曰：「古制刻漏，晝夜百刻，晝長六十刻，夜短四十刻，晝短四十刻，夜長六十刻，晝中五十刻，夜亦五十刻。」月令疏引鄭注：「日長五十五刻，日短四十五刻。」高注呂氏春秋「日長至」云：「晝漏水上刻六十五，夜漏水上刻三十五。」日短至與鄭説同。江聲曰：「鄭注考靈耀云：『九日增一刻。』計春分至夏至，九十二日，當增十刻。春分晝漏五十刻，則夏至之晝六十刻矣。鄭注此云：『日長之漏五十五刻。』非也。」續漢書律曆志：「冬至晝四十五刻，夜五十五刻；夏至晝六十五刻，夜三十五刻。」梁漏刻經：（初學記二五。）「冬至晝漏四十五刻。冬至之後，日長，九日加一刻，以至夏至，晝漏六十五刻。夏至之後，日短，九日減一刻。或秦遺法，漢代施用。」此説與續漢志同。蓋東漢時曆法也。仲任云「日分六十」，與馬融同，舉古制耳。**漏之盡自（百），**先孫曰：「『自』當爲『百』字之譌。」周禮挈壺氏鄭注云：「漏之箭，晝夜共百刻。」説文曰：「漏以銅受水，（書鈔一三〇引作「以箭盛水」。）刻節，晝夜百刻。」段玉裁曰：「晝夜百刻，每刻爲六小刻，每六小刻又十分之，故晝夜六千分，每大刻六十分也。其散於十二辰，每一辰八大刻、二小刻，共得五百分也。此是古法。」**鼓之致五，**顏氏家訓書證篇：「魏漢以來，謂爲甲夜、乙夜、丙夜、丁夜、戊夜。又鼓，一鼓、二鼓、三鼓、四鼓、五鼓。亦云一更、二更、三更、四更、五更。皆以五爲節。所以爾者，假令正月建寅，斗柄夕則指寅，曉則指午矣。自寅至午，凡歷五辰。冬夏之月，雖復長短參差，然辰間遼闊，盈不至六，縮不至四，故進退長在五者之間也。」**何故？吏衣黑衣，宮闕赤單**

（墀），何慎？「單」當作「墀」。「墀」壞爲「犀」，再譌爲「單」。説文：「墀，涂地也。禮：『天子赤墀。』」蔡質漢官典職曰：（御覽一八五。）「以丹漆地，故曰丹墀。」應劭漢官儀曰：（初學記十一。）「明光殿省中，皆以胡粉塗壁，丹朱漆地。」漢唯宮闕丹墀，故未央宮青瑣丹墀，後宮則玄墀而彤庭。劉向新序曰：「諸侯垣牆有黝堊之文，無丹青之彩。」漢官典職曰：「曲陽侯王根，僭作赤墀青瑣。司隸京兆奏，王根負鉞謝罪。」（御覽一八五。亦見漢書元后傳。）並其證。惠士奇禮説讀「單」作「襌」，謂「漢之衛卒皆服絳襌之衣」。以「衛卒」釋「宮闕」，或未是也。「宮闕赤墀」，與韓非子十過篇所言「殷人四壁堊墀」句同。漢以赤伏符，故宮闕赤墀。殷人尚白，故堊墀。「吏衣黑衣」，謂秦尚黑。並終始五德之説也。史記始皇紀：「秦水德之始，衣服上黑。」**服革（鞶）於腰**，「服革於腰」，於古無説。「革」當爲「鞶」之譌。蓋「般」譌爲「服」，（廣雅卷一：「服，行也。」二：「服，任也。」五：「犕，服也。」「服」並譌作「般」。「服」作「舨」，與「般」形近，故譌。此正其比。）校者以爲衍文，妄删之。易訟上九：「或錫之鞶帶。」禮記内則：「男鞶革，女鞶絲。」鄭注：「鞶，小囊，盛帨中者。男用革，女用繒，有飾緣之。」（詩毛傳，左傳服虔、賈逵、杜預説，許慎説文，以鞶爲大帶，並非。）宋書禮志：「漢代著鞶囊者，側在腰間，或謂之傍囊。」是漢俗猶有服鞶者。晉書輿服志：「革帶，古之鞶帶也。」隋書禮儀志：「阮諶以爲有章印，則於革帶佩之。」是革帶名起魏、晉後。**（著絇於履，何備？**」六字誤奪在下，今正。説見下。「絇」舊作「鉤」。先孫曰：「鉤」當爲「絇」。儀禮士冠禮鄭注云：「絇之言拘，以爲行戒，狀如刀衣鼻，在屨頭。」暉按：「絇」亦作「句」。漢書王莽傳作

「句履」。孟康注：「今齋祀履舃頭飾也。出履二寸。」師古曰：「其形岐頭。句音巨俱反。」宋祁曰：韋昭云：「句，履頭飾，形如刀鼻，音劬，禮作約，亦是。」「何備」，舊奪在「著」字上，今正。「何」下又衍「人」字，據上下「何慎」、「何象」、「何王」文例刪。**佩刀於右，舞（帶）劍於左，何人備，**盼遂案：「人」字衍文，宜據上下文例刪。**著鉤於履冠在於首，何象？**「著約於履」，義無所象，是此句失其次也。原文當作：「服鞶於腰，著約於履，何備？佩刀於右，帶劍於左，冠在於首，何象？」鄭玄曰：「約之言拘，以爲行戒。」白虎通衣裳篇曰：「男子所以有鞶帶者，示有金革之事。」服鞶，著約，故以「何備」詰之。備，戒也。（方言、廣雅、曾子問鄭注並云：「戒，備也。」）春秋繁露服制像篇曰：「劍之在左，蒼龍之象也；刀之在右，白虎之象也；韍之在前，朱雀之象也；冠之在首，玄武之象也，四者人之盛飾也。」故於佩刀、帶劍、著冠以「何象」詰之。今本「何人備，著鉤於履」七字誤奪入此，遂使文不可通矣。先孫曰：「舞」當作「帶」。隸書「帶」字或作「帶」，又變作「帶」。（禮記雜記：「率帶。」釋文云：「本又作帶。」漢孟郁脩堯廟碑、張壽碑「帶」並作「帶」。）與「舞」形近而誤。**吏居城郭，出乘車馬，坐治文書，起城郭，何王？**風俗通曰：（意林引，今捝。）「世本：『鮌作城郭。』城，盛也。郭，大也。」呂氏春秋君守篇：「夏鮌作城。」吳越春秋曰：「鮌築城以衛君，造郭以守民。」博物志曰：「處士東里隗，責禹亂天下，禹退三城，强者攻，弱者守，敵者戰，城郭蓋禹始也。」漢書郊祀志言黃帝時爲五城十二樓，食貨志載鼂錯引神農之教，有石城十仞。禹、鯀造城郭，已不足徵，更上溯神農、黄帝，當爲方士臆説也。**造車輿，何工？生馬，何地？**左昭四年傳：「冀之北土，馬之所生。」**作書，何人？」**王「王」字涉上文衍。**造城郭，及馬所生，難知也，遠也。造車作書，易曉也，必將應曰：「倉頡作書，奚仲作車。」**「作書」注見奇怪篇。左定元傳：「奚仲居薛，爲夏車正。」杜注：「爲夏掌車服大夫。」呂氏春秋君守篇高注：「奚仲，黄帝之後，任姓也。」車之始作者有二説：説文：「車，夏后時奚仲所造。」尸子曰：「造車者，奚仲也。」管子曰：「奚仲之爲車器，方圓曲直，皆中規矩。」荀子解蔽篇、呂氏春秋君守篇並云：「奚仲作車。」此主奚仲説者，仲任從之。宋書禮志：「世本云：『奚仲始作車。』案：庖犧畫八卦而爲大輿，服牛乘馬，以利天下。奚仲乃夏之車正，安得始造乎？世本之言非也。」續漢書輿服志説同。荀子楊注：「奚仲，夏禹時車正。黄帝時已有車服，故謂之軒轅。此云奚仲者，亦改制耳。」山海經内經曰：「奚仲生吉光，吉光始以木爲車。」此不主奚仲説者。古史考曰：（御覽七七三。）「黄帝作車，至少皞時略加牛，禹時奚仲駕馬。」朱駿聲曰：「車，少皞時駕牛，奚仲始駕馬，世因以車爲奚仲所造。」此溝通兩説也。並爲肊度，事涉荒遠，當存而不論。**詰曰：「倉頡何感而作書？奚仲何起而作車？」**感類篇曰：「見鳥跡而知爲書，見蜚蓬而知爲車，奚仲感蜚蓬，而倉頡起鳥跡也。」淮南子説山訓：「見飛蓬而知爲車，見鳥跡而知著書，以類取之。」但孝經援神契（初學記二十一。）曰：「奎主文章，蒼頡效象洛龜，曜書丹青，垂萌字畫。」宋均注：「蒼頡視龜而作書。是非起鳥跡也。」後漢輿服志曰：「古聖人見轉蓬始知爲輪，輪行可載，因物知生，復爲之輿。自是以來，世加其飾，至奚仲建其斿旐。」是感飛蓬者，非奚仲也。**又不知也。文吏所當知，然而不知，亦不博覽之過也。**

**夫儒生不覽古今，何（所）知〔一永〕不過守信經文，**盼遂案：「何」字疑爲「所」字之誤。草書「所」字作「」，與「何」極肖。「一永」二字疑衍。此句本爲「所知不過守信經文」，與下文「所能不過按獄考事」，正相儷爲章也。**滑習章句，**孫曰：「何」當作「所」，草書形近，又涉上文諸「何」字而誤。「一永」二字，疑即「不」字誤衍。原文當作：「夫儒生不覽古今，所知不過守信經文，滑習章句。」下文云：「文吏不曉吏道，所能不過案獄考事，移書下記。」文正相對。**解剥互錯，分明乖異。文吏不曉吏道，所能不過案獄考事，移書下記，**下記，郡府下記屬縣也。後漢書鍾離意傳注：「記，文符也。」**對卿（鄉）便給，**吳曰：「卿」當作「鄉」，形近而誤。程材篇云：「對向謬誤，拜起不便。」又云：「治作情奏，習對向。」別通篇云：「縣邑之吏，對向之語。」「鄉」、「向」通用。「對向」猶言「酬對」。盼遂案：「卿」當爲「鄉」，形近之誤。「鄉」亦「向」也。答佞篇：「對鄉失漏。」程材篇：「對向謬誤。」皆「對鄉」連用。**之准无一閱備，**吳曰：文有脱誤。盼遂案：「之准」疑爲「准之」誤倒。「准之」者，猶言準繩之、比挈之也。儒生文吏之短既如上述，故于此准衡其值，而無一人能閱備也。閱者，具也。見尚書呂刑注。**皆淺略不及，偏駮不純，俱有闕遺，何以相言？**

# 論衡校釋卷第十三

## 效力篇

廣雅：「效，考也。」

程才、量知之篇，徒言知學，未言才力也。人有知學，則有力矣。文吏以理事爲力，而儒生以學問爲力。

或問揚子雲曰：「力能扛鴻鼎、揭華旗，知德亦有之乎？」答曰：「百人矣。」見法言孝至篇。李軌注：「此力百人便能敵之。」夫知德百人者，與彼扛鴻鼎、揭華旗者爲料敵也。說文：「料，量也。」言兩者爲量相均。夫壯士力多者，扛鼎揭旗；儒生力多者，博達疏通。故博達疏通，儒生之力也；舉重拔堅，壯士之力也。梓材曰：「彊人有王開賢，厥率化民。」梓材，尚書篇名。此今文經也。古文經：「肆往姦宄殺人歷人宥。肆亦見厥君事，戕敗人宥。王啓監，厥亂爲民。」惠棟九經古義曰：「梓材：『戕敗人宥。王啓監，厥亂爲民。』今文尚書曰：『彊人有王開賢，厥率化民。』古『宥』字或作『有』。（古「有」字皆作「又」。王制曰：「王三又，然後制刑。」鄭注云：「又當作宥。」管子書又以「侑」爲「宥」。）『開』本『啓』字，避漢帝諱，故作『開』。以『亂』爲『率』，以『爲』爲『化』，（古「貨」字作「䝫」，「訛」字作「譌」，或從「化」，或從「爲」，字本相通。）古今文之異如此。」段玉裁曰：「『彊』、『戕』音同，『有』、『宥』音同，『啓』、『開』音同，『爲』、『化』音同。『率』古讀『律』，與『亂』雙聲，且古文『亂』字作『𤔔』，與『率』相似。而『敗』字則古有今無。『賢』與『監』則形略相似。」孫星衍曰：「以『彊』爲『戕』、『宥』爲『有』者，說文云：『能，獸堅中，故稱賢能，而彊壯稱能傑也。』是知彊人爲彊壯人，謂賢傑也。中庸：『子路問强。』又云：『發强剛毅，足以有執。』是彊爲美德也。『開』者，韋昭注晉語云：『通。』『率』義同『帥』。王開賢，厥率化民者，言彊能者有爲王所通達之賢，在其督帥化民之事。漢舊儀，丞相御史大夫初拜策皆曰：『往悉乃心，和裕開賢。』用此經文。」皮錫瑞曰：「鄭注尚書大傳云：『天於不中之人，恒耆其味，厚其毒，增其病，將以開賢代之也。』亦用今文『開賢』字。」江聲、王鳴盛譏爲謬妄，趙坦疑爲佚文，並失之。**此言賢人亦壯彊於禮義，故能開賢，其率化民。化民須禮義，禮義須文章。**「行有餘力，則以學文。」論語學而篇孔子語。集解馬曰：「文者，古之遺文也。」皇疏：「即五經六籍。」釋文鄭曰：「文，道藝也。」按此義，是文謂文章，與鄭、馬義近。論語述何、四書賸言並謂文爲文字，疑非。**能學文，有力之驗也。**

**問曰：「說一經之儒，可謂有力者？」曰：非有力者也。陳留龐少都每薦諸生之吏，常曰：「王甲某子，才能百人。」太守非其能，不答。少都更曰：「言之尚少。**

王甲某子，才能百萬人。」太守怒曰：「親吏妄言！」少都曰：「文吏不通一經一文，先孫曰：「經」上「一」字，疑涉下而衍。不調師一言；諸生能說百萬章句，非才知百萬人乎？」太守無以應。夫少都之言，實也，然猶未也。何則？諸生能傳百萬言，不能覽古今，守信師法，雖辭說多，終不爲博。殷、周以前，頗載六經，儒生所不能說也。秦、漢之事，儒生不見，力劣不能覽也。「儒生所不能說」，當作「儒生所能說」，「不」字蓋涉上下文衍。此言儒生通經，經載殷、周前事，故儒生能說。秦、漢之事，未見於經，故不能覽。謝短篇云：「夫儒生之業，五經也，究備於五經，可也。五經之後，秦、漢之事，不能知者，短也。」與此義同。且下文只云：「周、秦以來，儒生不知。」則此文不當言殷、周以前儒生不能說，明矣。周監二代，監，視也。二代，夏、殷。漢監周、秦，周、秦以來，儒生不知，漢欲觀覽，儒生無力。使儒生博觀覽，則爲文儒。文儒者，力多於儒生。如少都之言，文儒才能千萬人矣。

曾子曰：「士不可以不弘毅，任重而道遠。仁以爲己任，不亦重乎？死而後已，不亦遠乎？」見論語泰伯篇。由此言之，儒者所懷，獨已重矣；志所欲至，獨已遠矣；身載重任，至於終死，不倦不衰，力獨多矣。夫曾子載於仁，而儒生載於學，所載不同，輕重均也。夫一石之重，一人挈之，十石以上，二人不能舉也。世多挈一石之任，寡有舉十石之力。儒生所載，非徒十石之重也。地力盛者，草木暢茂，一畝之收，當中田五畝之分。苗田，二字有誤。人知出穀多者地力盛，不知出文多者才知茂，失事理之實矣。

夫文儒之力，過於儒生，況文吏乎？能舉賢薦士，世謂之多力也。然能舉賢薦士，上書日（白）記也。「日」當作「白」。校見下。盼遂案：「日」當爲「占」之形譌。占者，隱度也。漢書游俠陳遵傳：「口占書吏。」注：「口隱其辭以授吏也。」後漢書袁敞傳：「占獄吏上書自訟。」注占謂口述也。文選陶徵士誄：「式遵遺占。」李注：「口隱度其事，令人書也。」是「占記」與「上書」自爲儷文。今本誤「日記」，所宜亟正。能上書日（白）記者，文儒也。「日記」無義。「日」當作「白」，形近而誤。「下記」、「奏記」、「白記」，漢人常語也。文選永明十一年策秀才文注引作「白記」，是其證。文儒非必諸生也，「諸生」，疑當作「儒生」。賢達用文則是矣。谷子雲、唐子高章奏百上，筆有餘力，極言不諱，文不折乏，漢書谷永傳：「谷永字子雲。」又游俠傳：「長安號曰：谷子雲之筆札。」（「之」字今本脱，依王念孫校補。）唐林字子高，見漢書鮑宣傳、儒林傳。非夫才知之人不能爲也。孔子，周世多力之人也，作春秋，删五經，祕書微文，無所不定。山大者雲多，泰山不崇朝辦（辨）雨[雨]天下。孫曰：「辦」當作「辨」，「辨」與「偏」通。衍一「雨」字。原文當作：「泰山不崇朝辨雨天下。」明雩篇云：「不崇朝而辨雨天下，泰山也。」亦作「辨雨」。文選陸士衡文賦注引正作「辨雨天下」，並其切證。暉按：朱校元本「辨」正作「辨」。類要二十一名臣之文類引作「便雨天下」，不重「雨」字。**夫然則賢者有雲雨之知，**此文不當有「夫」字。宋本「夫」作「而」，朱校同。蓋「而」、「然」字通。此文本作「而」，「然」字爲旁注誤入正文，校者則妄改「而」爲「夫」矣。文選文賦注、齊故安陸昭王碑文注、類要二十一引並無「夫」字，是其證。又「賢者」，文賦注引作「賢聖」，疑是。此承上唐子高、谷子雲、孔子爲言。類要引作「聖賢」，蓋以意乙。（本書言「聖賢」，多作「賢聖」，說見答佞篇。）齊故安陸昭王碑文注引同今本。**故其吐文萬牒以上，**「故」下舊校曰：一有「曰」字。暉按：「曰」字不當有，文選注、類要引並無。又文賦注、類要引「故」並作「彼」。齊故安陸昭王碑文注引同今本。**可謂多力矣。**

**世稱力者，常褒烏獲，**烏獲之力，孟子告子下篇、荀子富國篇、韓非子觀行篇、秦策三范雎說昭王、燕策一蘇代說燕昭王、司馬相如諫獵書皆稱之。孟子趙注：「烏獲，古之有力人也。」梁玉繩漢書人表攷曰：「文子自然篇，老子曰：『用衆人之力者，烏獲不足恃。』是古有烏獲，後人慕之以爲號也。」按：史記秦本紀謂爲秦武王力士，淮南主術訓注因之。蓋非實也。**然則董仲舒、楊子雲，文之烏獲也。秦武王與孟說舉鼎不任，**不任，力不堪也。**絶脉而死。**史記秦本紀：「武王與孟說舉鼎絶臏。八月，武王死。族孟說。」**少文之人，與董仲舒等涌胸中之思，**「等涌」，元本作「較其」，朱校同。疑「涌」當作「較其」二字。**必將不任，有絶脉之變。王莽之時，**

省五經章句，皆爲二十萬，博士弟子郭路御覽二三六、又三七六、又五四八引「路」並作「略」。夜定舊説，死於燭下，精思不任，絶脉氣滅也。初學記十四、御覽三七五、又五八四引「絶脉」並作「脉絶」。顔氏之子，已曾馳過孔子於塗矣，劣倦罷極，髮白齒落。書虚篇曰：「顔淵髮白齒落，用精於學，勤力不休，氣力竭盡，故至於死。」夫以庶幾之材，易繫辭傳曰：「顔氏之子，其殆庶幾乎。」論語後録曰：「庶幾，猶云冀近於知幾也。知幾者唯聖人，顔子亞聖，但近之。」猶有仆頓之禍，孔子力優，顔淵不任也。御覽八九七引新論曰：「顔淵所以短命，慕孔子所以傷其年也。若庸馬良馬相追，至暮共列，（疑是「到」字。）良馬鳴食如故，庸馬垂頭，不復食。何異顔淵與孔子優劣。」才力不相如，則其知思（惠）不相及也。吴曰：「知思」無義。「思」當作「惠」。「知惠」即「智慧」。量知篇云：「御史之知，有司之惠也。」是其證。勉自什伯，鬲中嘔血，失魂狂亂，遂至氣絶。書五行之牘，書十奏之記，盼遂案：此句當是「奏十言之記」，後「言」訛爲「書」，而又誤與「奏」倒，遂不通矣。其才劣者，筆墨之力尤難，况乃連句結章，篇至十百哉！力獨多矣！

江河之水，馳涌滑漏，席地長遠，無枯竭之流，本源盛矣。知江河之流遠，地中之源盛，不知萬牒之人胸中之才茂，舊校曰：一有「無」字。迷惑者也。故望見驥足，不異於衆馬之蹄，躡平陸而馳騁，千里之跡，斯須可見。夫馬足人手，同一實也，稱驥之足，不薦文人之手，不知類也。夫能論筋力以見比類者，則能取文力之人立之朝廷。各本作「庭」，今從王本、崇文本。

故夫文力之人，助(因)有力之將，乃能以力爲功。此言文儒因有力之將相薦舉乃能爲功。作「助」，失其義也。「助」，元本作「因」，當從之。宋本、朱校元本並作「固」，蓋「因」之誤。有力無助，以力爲禍。何以驗之？長巨之物，彊力之人乃能舉之。重任之車，魯語注：「任，負荷也。」彊力之牛乃能輓之。是任車上阪，彊牛引前，力人推後，乃能升踰。如牛羸人罷，任車退却，還墮坑谷，有破覆之敗矣。文儒懷先王之道，含百家之言，其難推引，非徒任車之重也。薦致之者，罷羸無力，遂却退竄於巖穴矣。

河發崑崙，江起岷山，水力盛多，滂沛之流，「之」，錢、黃、王、崇文本作「不」，誤。浸下益盛，不得廣岸低地，不能通流入乎東海。如岸狹地仰，溝洫決泆，說文：「泆，水所蕩泆也。」散在丘墟矣。文儒之知，有似於此。文章滂沛，不遭有力之將援引薦舉，亦將棄遺於衡門之下，固安得升陟聖主之庭，論說政事之務乎？火之光也，不舉不明。有人於斯，其知如京，意林引「京」作「源」，疑是。韓詩外傳五云：「智如泉源。」御覽四三二引作「傾」。其德如山，力重不能自稱，稱，舉也。須人乃舉，而莫之助，抱其盛高之力，竄於閭巷之深，宋、元本「深」作「滯」，朱校同。何時得達？奡、育，古之多力者，奡、育注語增篇。身能負荷千鈞，手能決角伸鉤，使之自舉，不能離地。智能滿胸之人，宜在王闕，須三寸之舌，一尺之筆，盼遂案：民國辛未冬，西北科學考察團團員貝格曼於蒙古額濟納河西岸發現漢代木簡，中間附有一筆，筆管及毫通長公尺二寸三分二釐。馬叔平先生校定劉歆銅斛尺，每尺當今公尺二寸三分一釐。漢筆約得漢尺一尺之度。則論衡一尺之説，信有徵矣。至若楊子雲把三寸弱翰，本以取便懷挾，非常制也。然後自動，御覽四三二、又六〇五引「動」並作「通」。不能自進，進之又不能自安，須人能動，待人能安。兩「能」字並讀作「而」。道重知大，位地難適也。

小石附於山，山力能得持之；在沙丘之間，小石輕微，亦能自安。至於大石，沙土不覆，山不能持，處危峭之際，則必崩墜於坑谷之間矣。大智之重，遭小才之將，無左右沙土之助，雖在顯位，將不能持，則有大石崩墜之難也。或伐薪於山，輕小之木，合能束之。「能」讀「而」。類聚八十引作「而」。至於大木十圍以上，引之不能動，推之不能移，則委之於山林，收所束之小木而歸。由斯以論，知能之大者，其猶十圍以上木也，人力不能舉薦，其猶薪者不能推引大木也。孔子周流，無所留止，非聖才不明，道大難行，人不能用也。故夫孔子，山中巨木之類也。舊本段。

桓公九合諸侯，一匡天下，管仲之力。見論語憲問篇。管仲有力，桓公能舉之，可謂壯彊矣。吳不能用子胥，楚不能用屈原，並注命義篇。二子力重，兩主不能舉也。舉物不勝，委地而去，可也。時或恚怒，宋本「或」作「惑」，朱校同。斧斲破敗，此則子胥、屈原所取害也。淵中之魚，遞相吞食，度口所能容，然後嚥之，口不能受，哽咽不能下。故夫商鞅三説孝公，後説者用，前二難用，後一易行也。注逢遇篇。觀管仲之明法，察商鞅之耕戰，耕戰，篇名。注超奇篇。固非弱劣之主所能用也。

六國之時，賢才之臣，入楚楚重，出齊齊輕，爲趙趙完，畔魏魏傷。韓用申不害，行其三符，三符，申子篇名。淮南俶真訓注：「申不害，韓昭侯相，著三符之命，而尚刻削。」又泰族訓云：「申子之三符。」注：「申不害治韓，有三符驗之術。」漢志法家：「申子六篇。」其書南宋已亡，今只三符、大體、君臣三篇存目。兵不侵境，蓋十五年。不能用之，又不察其書，兵挫軍破，國并於秦。「之」，宋本作「韓」，朱校元本同。無「用」字。「察」上有「能」字。按：此文疑誤。史記韓世家：「昭侯八年，申不害相韓。二十二年，申不害死。」計十五年。漢志班固注亦云：「相韓昭侯，終其身，諸侯不敢侵韓。」是十五年後，申子已死，不當言「不能用之」也。蓋「不能用」句上尚有脱文，非指申子言也。（韓非子定法篇云：「申不害託萬乘之勁韓，十七年而不至於霸。」「十七」誤作「七十」，今依顧校。與史記、論衡並不合，不足據。）殷、周之世，亂跡相屬，亡禍比肩，豈其心不欲爲治乎？力弱智劣，不能納至言也。是故塠（碓）重，一人之跡

**不能蹈也；**「䟪」當作「碓」。「碓」、「堆」字通。「䟪」、「堆」古今字。（説文：「𠂤，小𨸏也。」徐鉉曰：「今俗作『堆』。」河東風陵堆，戴延之謂之「風䟪」。）説文：「碓，所以舂也。」段注：「不用手而用足謂之碓。」桓譚新論：「宓犧制杵臼，後世加巧，借身踐碓。」（御覽八二九，又七六二。）此云「一人之跡不能蹈」，其義正合。説文：「蹈，踐也。」**礚（磑）大，一人之掌不能推也。**「礚」同「磕」，石聲也。義不可通。「礚」爲「磑」形誤。（率性篇「闓導牖進」，今「闓」譌作「闔」。此「磑」譌作「礚」，正其比。）説文：「磑，䃺也。」「碓」、「磑」義相類，故並舉爲文。盼遂案：「重」與「大」二字宜互易。

**賢臣有勁彊之優，愚主有不堪之劣，以此相求，禽魚相與遊也。干將之刃，人不推頓，苽瓠不能傷；篠簬之箭，機不能動發，魯縞不能穿。**元本「推」上有「能」字，朱校同。孫曰：據上下文例校之，當有「能」字。暉按：「推」上不當有「能」字。此文以人不推頓喻君不用賢，義無取於「能」也。荀子性惡篇：「繁弱鉅黍，古之良弓，不得排檠，則不能自正；干將莫邪，古之良劍，不加砥礪，則不能利，不得人力，則不能斷。」韓詩外傳三：「劍雖利，不厲不斷。」其立意並與此同。「動」上「能」字，乃爲衍文，不得據爲句例而過信元本也。御覽九七九引作「干將之刃未磨，瓜瓠不能傷」。類要三四士未遇類引作「干將之刃未磨，故瓜瓠不能傷；篦簬之機不發，魯縞不能穿」。「未磨」、「不發」，正與「人不推頓」、「機不動發」義相合。又「刃」字，張刻御覽引作「劍」。「劍」、「箭」對文，疑是。又「苽瓠」當從御覽、類要引作「瓜瓠」。（下文「苽瓠」字，並當作「瓜瓠」。）苽，蔣草也，生水上相連，與「瓠」不類。淮南主術：「人莫抓玉石而抓瓜瓠。」亦取瓜瓠爲物易破。

干將，吳劍名。「頓」讀作「鈍」。篠簵，竹箭。「簵」「簬」字同。漢書韓安國傳注：「縞，素也。曲阜之地，俗善作之，尤爲輕細。」爾雅曰：「繒之細者曰縞。」盼遂案：「動」上「能」字衍文。上句「干將之刃，人不推頓，苽瓠不能傷」，無「能」字。知此亦無「能」字。元本於上句亦誤沾「能」字。孫人和乃以元本爲是，失之。仲任意謂干將之刃，若不加推頓，則雖苽瓠之弱不能傷也。篠簵之箭機，若不加動發，則雖魯縞之輕細，亦不能穿也。非無干將、篠簵之才也，無推頓發動之主，苽瓠、魯縞不穿傷，焉望斬旗穿革之功乎？故引弓之力不能引彊弩。說文：「弩，弓有臂者。」弩力五石，引以三石，筋絶骨折，不能舉也。故力不任彊引，則有變惡折脊之禍；知不能用賢，宋本作「貪賢」，朱校同。則有傷德毀名之敗。論事者不曰才大道重，上不能用，而曰不肖不能自達。自達者帶絶不抗，「帶」疑是「滯」誤。自衒者賈賤不讎。

案諸爲人用之物，須人用之，功力乃立。鑿所以入木者，盼遂案：「入」字上，依下文例，應是脱一「能」字。槌叩之也；槌、叩並擊也。鍤所以能撅地者，鍤，今之鏵鍬。跖蹈之也。諸有鋒刃之器，所以能斷斬割削者，手能把持之也，力能推引之也。韓信去楚入漢，項羽不能安，高祖能持之也。能用其善，能安其身，則能量其力，能別其功矣。樊、酈有攻城野戰之功，樊噲、酈商，事見史記本傳。高祖行封，先及蕭何，則比蕭何於獵人，同樊、酈於獵犬也。見蕭相國世家。夫蕭何安坐，樊、酈馳走，封不及馳走而先安坐者，蕭何以知爲力，而樊、酈以力爲功也。蕭何所以能使樊、酈者，以入秦收斂文書也。衆將拾金，何獨掇書，坐知秦之形勢，見蕭相國世家。是以能圖其利害。衆將馳走者，何驅之也。故叔孫通定儀，叔孫通作儀品，注謝短篇。而高祖以尊；漢七年，長樂宮成，諸侯羣臣皆朝，行儀，竟朝置酒，無敢讙譁失禮者。見通傳。蕭何造律，注謝短篇。而漢室以寧。案儀、律之功，重於野戰；斬首之力，不及尊主。故夫墾草殖穀，農夫之力也；勇猛攻戰，士卒之力也；構架斲削，工匠之力也；治書定簿，佐史之力也；論道議政，賢儒之力也。人生莫不有力，所以爲力者，或尊或卑。孔子能舉北門之關，不以力自章，「能舉北門之關」，宋本作「力糾國門之關」。呂氏春秋愼大覽：「孔子之勁，舉國門之關，而不肯以力聞。」淮南道應訓：「孔子勁杓（今從「木」，依王念孫校。）國門之關。」列子説符篇：「孔子之勁，能招國門之關。」（「招」，今誤作「拓」，依文選吴都賦注引正。）並作「國門」。疑宋本爲是。淮南主術訓：「孔子力招城關，然而勇力不聞。」顔氏家訓誡兵篇：「孔子力翹門關，不以力聞。」此云「北門關」，未詳。畢沅曰：「此殆即孔子之父事也。左氏襄十年傳：『偪陽人啓門，諸侯之士門焉。縣門發，郰人紇抉之，以出門者。』非孔子也。」盼遂案：「章」與「彰」通，今作「彰」。知夫筋骨之力，不如仁義之力榮也。「力」，朱校元本作「爲」。

# 別通篇

富人之宅，以一丈之地爲內，內中所有，柙匱所羸（贏），「柙匱」，元本作「匱柙」，朱校作「櫝柙」。「柙」與「匣」同。吴曰：「羸」當作「贏」，形近而誤。暉按：宋本正作「贏」。縑布絲綿也。「綿」，宋本、朱校元本同。程、王、崇文本並作「帛」。盼遂案：「綿」爲「帛」之誤。又案：宋本「贏」不誤「羸」。程本「帛」不誤「綿」。貧人之宅，亦以一丈爲內，內中空虛，徒四壁立，故名曰貧。夫通人猶富人，不通者猶貧人也。俱以七尺爲形，通人胸中懷百家之言，不通者空腹無一牒之誦，貧人之內，徒四所壁立也。「貧」上疑有「猶」字。盼遂案：依上兩句文例，此上宜有「富人之內，贏縑布絲帛」九字方合。又案：「所」字疑爲衍文。慕料貧富不相如，則夫通與不通不相及也。孫曰：「慕」與「料」義不相屬，不當連用。超奇篇云：「退與儒生相料。」又云：「如與俗人相料。」此「料」字與彼義同。「慕」字疑涉下文「慕富」、「可慕」諸「慕」字而衍。盼遂案：「慕料」二字爲古成語，猶言概要，亦辜較也，或作「孟浪」。莊子齊物論：「夫子以爲孟浪之言。」釋文引李云：「孟浪猶較略也，亦作莫絡。」文選吴都賦劉注：「孟浪猶莫絡也，不委細之貌。」慕與孟、莫，料與浪、絡，皆一聲之轉。孫氏舉正乃謂慕字爲衍文，殊失之。世人慕富不榮通，羞貧不賤不賢，不推類以況之也。

夫富人可慕者，貨財多則饒裕，故人慕之。夫富人不如儒生，儒生不如通人。超奇篇云：「博覽古今者爲通人。」元和姓纂魚韻曰：「新論有通人如子禮。」御覽天部引新論：「通人楊子雲。」蓋「通人」當時常語。通人積文，十篋以上，聖人之言，賢者之語，上自黃帝，下至秦、漢，治國肥家之術，盼遂案：禮記禮運云：「父子篤，兄弟慕，夫婦和，家之肥也。」與後世以發富爲肥家異義。刺世譏俗之言，備矣。使人通明博見，其爲可榮，非徒縑布絲綿也。先孫曰：「綿」，上文作「帛」，此誤益「糸」形。暉按：先孫説非。上文宋、元、通津本正作「綿」，此文正與之合。蕭何入秦，收拾文書，見蕭何世家。漢所以能制九州者，文書之力也。以文書御天下，天下之富，孰與家人之財？

人目不見青黃曰盲，耳不聞宮商曰聾，鼻不知香臭曰癰。御覽三六七引作「齆」。注云：「烏貢切。」廣韻一送云：「鼻塞曰齆。」衆經音義二十引埤蒼曰：「齆，鼻疾也。」又引通俗文曰：「鼽鼻曰齆。」則御覽引作「齆」爲是。「癰」乃癰疽之「癰」。説文：「癰，腫也。从疒，雝聲。」釋名釋疾病：「癰，壅也，氣壅否結裹而潰也。」俗言「鼻癰」，字亦當作「齆」。癰、聾與盲，不成人者也。人不博覽者，不聞古今，不見事類，不知然否，猶目盲、耳聾、鼻癰者也。儒生不〔博〕覽，猶爲閉闇，「博」字依朱校元本補。謝短篇曰：「夫總問儒生以古今之義，儒生不能知；别各以其經事問之，又不能曉，斯則坐守信師法，不頗博覽之咎也。」效力篇：「使儒生博觀覽，則爲文儒。」下文云：「或以説一經爲是，何須博覽。」並以「博覽」連文。「儒生不博覽」，承上「人不博覽」爲義。今本脱「博」字。況庸人無篇章之業，不知是非，其爲閉闇，甚矣。此則土木之人，耳目俱足，無聞見也。涉淺水者見蝦，其頗深者察魚鼈，其尤甚者觀蛟龍。足行跡殊，故所見之物異也。入道淺深，其猶此也。淺者則見傳記諧文，深者入聖室觀祕書。故入道彌深，所見彌大。人之遊也，必欲入都，都多奇觀也。入都必欲見市，市多異貨也。百家之言，古今行事，「行事」猶「故事」。其爲奇異，非徒都邑大市也。遊於都邑者心厭，厭，足也。觀於大市者意飽，況遊於道藝之際哉？

大川旱不枯者，多所疏也；疏，通也。潢汙兼日不雨，泥輒見者，無所通也。是故大川相間，小川相屬，東流歸海，故海大也。海不通於百川，安得巨大之名？夫人含百家之言，猶海懷百川之流也，不謂之大者，是謂海小於百川也。夫海大於百川也，人皆知之，通者明於不通，莫之能别也。潤下作鹹，水之滋味也。禹貢曰：「水曰潤下，潤下作鹹。」東海水鹹，流廣大也；西州鹽井，源泉深也。裴矩西域記：「鹽水在西州高昌縣東。」書鈔一四六引「大」作「潤」，「西」下有「海」字，「深」下有「潤」字，并非。人或無井而食，或穿井不得泉，有鹽井之利乎？不與賢聖通業，望有高世之名，難哉！法令之家，不見行事，謂無故事比決。議罪不可審；孫曰：「議罪不可審」，當作「議罪不審」。「可」字衍。蓋「不」字草書作「ホ」，「可」作「ㄎ」，形誤而衍也。下云：「章句之生，不覽古今，論事不實。」文正相對。章句之生，不覽古今，論事不實。

或以說一經爲是，盼遂案：吴承仕曰：「是疑應作足。後文『其謂一經是者，其宜也』，亦應作足。」何須博覽？

夫孔子之門，講習五經，五經皆習，庶幾之才也。謂庶幾聖道。顔淵曰：「博我以文。」見論語子罕篇。才智高者，能爲博矣。顔淵之曰「博」者，豈徒一經哉？我不能博五經，「我」字無義，蓋「哉」字譌衍。又不能博衆事，守信一學，不好廣觀，無温故知新之明，而有守愚不覽之闇，其謂一經是者，其宜也。開户內日之光，「內」讀「納」。日光不能照幽；鑿窗啓牖，以助户明也。夫一經之說，猶日明也；助以傳書，猶窗牖也。百家之言，令人曉明，非徒窗牖之開、日光之照也。是故日光照室內，道術明胸中。開户內光，坐高堂之上，眇升樓臺，「眇」疑「陟」字之誤。窺四鄰之庭，各本作「廷」，今從王本、崇文本。人之所願也。閉户幽坐，向冥冥之內，穿壙穴臥，造黃泉之際，人之所惡也。夫閉心塞意，不高瞻覽者，死人之徒也哉。

孝武皇帝時，燕王旦在明光宮，欲入所卧〔處〕，户三[百]盡〔自〕閉，先孫曰：漢書燕剌王旦傳云：「殿上户自閉，不可開。」又云：「因迎后姬諸夫人之明光殿。」當即此明光宮也。殿上户，不當有三百，此云「户三百盡閉」，疑當作「户三盡自閉」。今本「自」譌「百」，又誤著「盡」上，遂不可通。孫曰：六帖十引「卧户」作「卧處」，「三百」作「三户」。疑此文當作「欲入所卧處，户三盡自閉」。劉先生曰：御覽一八四引作「三户盡閉」。今本「三」字誤置「户」字下，又衍「百」字耳。暉按：御覽一八四、合璧事類別集十五引「卧」下有「處」字，與白帖同。孫補是也。「户三百盡閉」，白帖、合璧事類引與御覽同。然「百」、「自」形近，作「自閉」又與漢書合。兩孫説疑是，當從之。又按：時武帝已死，昭帝元鳳元年事也。仲任云孝武時，誤也。使侍者二十人開户，户不開。其後，旦坐謀反自殺。漢書本傳：「以綬自絞。」夫户閉，燕王旦死之狀也。死者，凶事也，故以閉塞爲占。齊慶封不通，六國大夫會而賦詩，慶封不曉，其後果有楚靈之禍也。左襄二十七年傳：「齊慶封來聘，叔孫與慶封食，不敬；爲賦相鼠，亦不知也。」又昭四年傳：「楚靈王伐吴，執齊慶封，盡滅其族。」夫不開通於學者，户尚能行者也。亡國之社，屋其上、柴其下者，示絶於天地。禮記郊特牲：「天子大社，必受霜露風雨，以達天地之氣也。是故喪國屋之，不受天陽也。」公羊哀四年傳：「亡國之社，蓋揜之，揜其上而柴其下。」注：「揜、柴之者，絶不得使通天地四方。」獨斷曰：「古者天子亦取亡國之社，以分諸侯，使爲社以自儆戒，屋掩其上，使不通天，柴其下，使不通地，自與天地絶也。面北向陰，示滅亡也。」**春秋薄社，**郊特牲鄭注：「薄社，殷之社，殷始都薄。」左氏、穀梁同。公羊何注：「先世之亡國，在魯竟。」**周以爲城（戒）。**朱校元本、程本亦誤作「城」。天啓、黄、王、錢、崇文本並作「戒」，是也。初學記十三、類聚三九引正作「戒」。穀梁哀四年傳：「亡國之社，以爲廟屏，戒也。」范注：「殷都於亳，武王克紂，而班列其社于諸侯，以爲亡國之戒。」公羊何注：「以爲有國者戒。」吕氏春秋貴直篇：「亡國之社，不得見於天，所以爲戒。」韓詩外傳十：「亡國之社，以戒諸侯。」白虎通社稷篇：「王者諸侯必有誡社者何？示有存亡也。明爲善者得之，爲惡者失之。」五行志：「董仲舒、劉向以爲亡國之社，所以爲戒也。」王莽傳：「古者叛逆之國，既以誅討，則四牆其社，覆上棧下，示不可通。辨社諸侯，出門見之，著以爲戒。」是薄社著戒，乃春秋家舊説。此文作「城」，爲「戒」形譌。**夫經藝傳書，人當覽之，猶社當通氣於天地也。故人之不通覽者，薄社之類也。是故氣不通者，彊壯之人死，榮華之物枯。**

**東海之中，可食之物，集（雜）糅非一，**「集」當作「雜」。「雜」一作「襍」，字壞爲「集」。語增篇：「悉詣守尉雜燒之。」元本作「襍」，今本誤作「集」，是其比。王念孫曰：「集、襍字通。」盼遂案：「集」，古「雜」字。方言、廣雅皆云：「集，雜也。」「雜」从「集」聲。**以其大也。夫水精氣渥盛，**朱校元本「夫」作「海」。**故其生物也衆多奇異。故夫大人之胸懷非一，才高知大，故**

其於道術無所不包。學士同門，高業之生，衆共宗之。何則？知經指深，曉師言多也。夫古今之事，百家之言，其爲深，多也，豈徒師門高業之生哉？上文：「百家之言，古今行事，其爲奇異，非徒都邑大市也。」立文與此正同。此據博覽經傳爲言，作「古今行事」，義長。疑後人不明「行事」之意，改作「之事」。

甘酒醴，不酟（酟）飴蜜，未爲能知味也。孫曰：「酟」字於義無取。「酟」當作「酟」，字之誤也。文選張景陽七命云：「燀以秋橙，酟以春梅。」呂向注：「酟，和也。」李善注引劉梁七舉曰：「酟以醯醢，和以蜜飴。」又引廣雅曰：「沾，溢也。」酟與沾同。（六臣本「溢」作「益」，與今本廣雅同。）今本廣雅作「沾，益也」。王念孫疏證曰：「王逸注招魂云：『勺，沾也。』『勺』與『酌』通。」是酟爲調和之意。此云：雖有甘酒醴，而不調以飴蜜，未爲能知味也。若作「酟」，失其旨矣。耕夫多殖嘉穀，謂之上農夫；其少者，謂之下農夫。學士之才，農夫之力，一也。能多種穀，謂之上農；能博學問，〔不〕謂之上儒，吴曰：當作「不謂之上儒」，脱「不」字，尋義自明。盼遂案：「問」字下疑當有「不」字。是稱牛之服重，不譽馬速也。譽手毁足，孰謂之慧矣？元本作「夫」，朱校同。屬下爲文。

縣道不通於野，野路不達於邑，騎馬乘舟者，必不由也。故血脉不通，人以甚病。夫不通者，惡事也，故其禍變致不善。是故盜賊宿於穢草，邪心生於無道。無道者，無道術也。醫能治一病謂之巧，能治百病謂之良。是故良醫服百病之方，服，用也。治百人之疾；大才懷百家之言，故能治百族之亂。扁鵲之衆方，史記本傳：「勃海郡鄭人，姓秦氏，名越人。」周禮天官疾醫釋文引史記作「姓秦，名少齊，越人」。法言重黎篇：「扁鵲，盧人也。」李注：「太山盧人。」淮南齊俗訓注：「扁鵲，盧人，姓秦，名越人。趙簡子時人。」孰若巧〈醫〉之一伎？吴曰：「巧」下疑奪一「醫」字。上文云：「醫能治一病謂之巧。」子貢曰：「不得其門而入，不見宗廟之美，百官之富。」見論語子張篇。蓋以宗廟、百官喻孔子道也。孔子道美，故譬以宗廟；衆多非一，故喻以百官。由此言之，道達廣博者，孔子之徒也。

殷、周之地，極五千里，此今文家説也。注藝增篇。荒服、要服，勤能牧之。「勤」讀作「僅」。禮記射義釋文：「廑音勤，又音覲，少也。」恢國篇：「周成之開貫，廑能逮此。」（「廑」今誤作「勵」。）「廑」即「僅」異文。漢氏廓土，牧萬里之外，要、荒之地，褒衣博帶。言荒遠向化也。褒，博并大也。禮記儒行：「衣逢掖之衣。」鄭注：「逢猶大也。大掖之衣，大袂襌衣也。」周禮司服鄭注：「士之衣袂皆二尺二寸，而屬幅其袂尺二寸，大夫以上侈之。」列子黄帝篇釋文向秀注：「儒服寬而長大。」夫德不優者，不能懷遠；才不大者，不能博見。故多聞博識，無頑鄙之訾；深知道術，無淺闇之毁也。

人好觀圖畫者，圖上所畫，古之列人也。「列」，御覽七五〇引作「死」，下同。須頌篇云：「圖畫漢列士。」漢書景十三王傳〔一〕：「其殿門有成慶畫。」注：「成慶，古勇士。」疑今本作「列人」不誤。盼遂案：「列人」，古語。莊子至樂篇：「列士爲天下見善矣。」漢書劉向「爲列女傳凡八篇」。列人、列士、列女同一語法。見列人之面，孰與觀其言行？置之空壁，形容具存，人不激勸者，不見言行也。古賢之遺文，竹帛之所載粲然，豈徒牆壁之畫哉？空器在廚，金銀塗飾，其中無物益於饑，人不顧也；肴膳甘醢，土釜之盛，入者鄉（饗）之。先孫曰：「鄉」當爲「饗」之壞字。古賢文之美善可甘，非徒器中之物也；讀觀有益，非徒膳食有補也。故器空無實，意林引作「器虛無食」。饑者不顧；胸虛無懷，朝廷不御也。

劍伎之家，鬬戰必勝者，得曲城、越女之學也。史記褚補日者傳曰：「齊張仲、曲成侯以善擊刺學用劍，立名天下。」吳越春秋句踐陰謀外傳：「越有處女，出於南林，越王使使聘之，問以劍戟之術，號曰越女，乃命教軍士。（本作「乃命五板之墮長高習之教軍士」，義不能明。）當此之時，皆稱越女之劍。（本作「當世勝越女之劍」，此據書鈔一二二引。）」盼遂案：越女善劍事，見吳越春秋卷九，人習知之。曲成者，漢將蟲達也。漢書高惠功臣表「曲成圉侯蟲達，從起碭，定三秦，

〔一〕「王」，原本作「五」，形近而誤，據漢書改。

破項籍，擊燕、代」，拔之。知達精於劍術矣。兩敵相遭，一巧一拙，其必勝者，有術之家也。孔、墨之業，賢聖之書，非徒曲城、越女之功也。成人之操，益人之知，非徒戰鬭必勝之策也。故劍伎之術，有必勝之名；賢聖之書，有必尊之聲。縣邑之吏，召諸治下，將相問以政化，曉慧之吏，陳所聞見，將相覺悟，得以改政右文。「右」，宋本作「古」，朱校同。按：「右文」二字無義，疑涉下「聖」字譌衍。「聖」俗寫作「圣」，因壞爲「右文」耳。答佞篇「賢聖之君」，譌作「后又賢之君」，正其比。盼遂案：「右文」，宋本作「古文」，則應屬下讀。賢聖言行，竹帛所傳，練人之心，聰人之知，非徒縣邑之吏對向之語也。

禹、益並治洪水，禹主治水，益主記異物，海外山表，無遠不至，以所聞見，作山海經。吴越春秋越王無余外傳：「禹遂巡行四瀆，與益、夔共謀。所至（今誤作「行到」，依路史後記十二注引正。）名山大澤，召其神而問之。山川脉理，金玉所有，鳥獸昆蟲之類，及八方之民俗，殊國異域，土地里數，使益疏而記之，故名曰山海經。」劉秀上山海經奏，亦謂禹、益所著。按：此説杜佑已疑之。太史公時，只見「山經」，（詳談天篇注。）尚無「山海經」之目。惜抱軒筆記曰：「其書出於秦、漢之間。西漢流俗乃有以此爲禹、益所作者。」所説近是。畢沅仍謂其中三十四篇爲禹書，則昧於古矣。近人陸侃如曰：「山經，戰國時楚人作。海内外經，西漢（淮南以後，劉歆以前。）

作。大荒經及海内經，東漢、魏、晉（劉歆以後，郭璞以前。）作。」其餘諸説，詳吴任臣〔一〕山海經廣注雜述。**非禹、益不能行遠，山海不造。**路史後記十二注引作：「非禹行遠，山海經不造。」疑此文不當有「不能」二字。下云：「使禹、益行地不遠，不能作山海經。」語意與此正同。若著「不能」二字，則文難通。**然則山海之造，見物博也。董仲舒睹重常之鳥，**孫曰：劉歆上山海經奏云：「孝武皇帝時，常有獻異鳥者，食之百物所不肯食。東方朔見之，言其鳥名，又言其所當食。如朔言。問朔何以知之。即山海經所出也。」郭璞山海經序云：「東方生曉畢方之名。」並與仲任説異。又按「重常」，玉篇、廣韻並作「鶇鶬」。**劉子政曉貳負之尸，**孫曰：劉歆上山海經奏云：「孝宣帝時，擊磻石於上郡，陷得石室，其中有反縛盜械人。時臣秀父向爲諫議大夫，言此貳負之臣也。詔問何以知之。亦以山海經對。其文曰：『貳負殺窫窳，帝乃梏之疏屬之山。桎其右足，反縛兩手。』上大驚。朝士由是多奇山海經者。」郭璞山海經序云：「劉子政辨盜械之尸。」即此所云「曉貳負之尸」也。暉按：劉向引文，見海内西經。**皆見山海經，故能立二事之説。使禹、益行地不遠，不能作山海經；董、劉不讀山海經，不能定二疑。實沉、臺台，子産博物，故能言之；**左昭元年傳：晉侯有疾，鄭伯使公孫僑如晉問疾。叔向問曰：「寡君之疾病，

〔一〕「任」，原本作「仕」，形近而誤，今改。

卜人曰：『實沈、臺駘爲崇。』史莫之知，敢問此何神也？」子産曰：「實沈，參神；臺駘，汾神。」晉侯聞之曰：「博物君子也。」此引「臺駘」作「臺台」，水經注引同。**龍見絳郊，蔡墨曉占，故能禦之。**見左昭二十九年傳。杜注：「絳，晉國都。蔡墨，晉太史。」曉占，謂其舉周易爻辭。「禦」讀作「御」，養也。然左氏未言其御龍。**父兄在千里之外，且死，遺教戒之書。子弟賢者，求索觀讀，服臆不舍，**盼遂案：「服臆」猶「服膺」也。臆、膺一聲之轉，同訓爲胸。「服臆不舍」，猶記中庸所謂「拳拳服膺而弗失之矣」。楚策「驥服鹽車，遷延負棘而不能上」，漢書陳湯傳「策慮愊臆」，後漢馮衍顯志賦「心愊臆而紛紜」，文選張平子、左太沖賦「贔屓」字，與「服臆」皆形異音義同之連語矣。**重先敬長，謹慎之也；**「之」下舊校曰：一有「力」字。**不肖者輕慢佚忽，**說文：「詄，忘也。忽，忘也。」廣雅釋詁曰：「忽、慌、詄，忘也。」「佚」與「詄」同。**無原察之意。古聖先賢，遺後人文字，其重非徒父兄之書也，或觀讀采取，或棄捐不録，二者之相高下也，行路之人，皆能論之，況辯照然否者，不能別之乎？**宋本「不」作「實」，朱校同。

**孔子病，商瞿卜期日中。**繹史孔子類記四引莊子：「孔子病，子貢出卜。孔子曰：吾坐席不敢先，居處若齋，飲食若祭，吾卜之久矣。」商瞿卜，未聞。史記弟子傳：「商瞿，魯人，字子木。」師古曰：商瞿，姓也。司馬貞曰：商姓，瞿名。王鳴盛曰：司馬說是，子木其字也。**孔子曰：「取書來，比至日中何事乎？」**劉子崇學篇：「宣尼臨没，手不釋卷。」蓋本此文。**聖人**

之好學也，且死不休，且，將也。念在經書，不以臨死之故，棄忘道藝，其爲百世之聖，師法祖脩，「法」，宋本作「漢」，朱校同。蓋不虛矣！盼遂案：「法祖」，宋本作「漢祖」，是也。「漢祖脩」，即漢人所稱宣聖爲漢制法也。自孔子以下，至漢之際，有才能之稱者，非有飽食終日無所用心也，不說五經則讀書傳。書傳文大，難以備之。疑當作「知」，與下「曾又不知」相應爲文。卜卦占射凶吉，皆文、武之道。昔有商瞿，能占爻卦；史記弟子傳：「孔子傳易於瞿。」末有東方朔、翼少君，盼遂案：少君，翼奉字，漢書七十五有傳。能達（逢）占射覆。「達」當作「逢」，校見道虛篇。翼奉字少君。道雖小，亦聖人之術也，「亦」，宋本作「微」，朱校同。屬上爲文。曾又不知。

人生稟五常之性，御覽六〇七引「稟」作「懷」。好道樂學，故辨於物。御覽引「辨」作「別」。按：「辨」讀作「別」。言好道樂學者，則能與物相異。下文云：「是則物也。」又云：「與三百倮蟲何以異。」正與此正反爲文。今則不然，飽食快飲，慮深求臥，腹爲飯坑，腸爲酒囊，是則物也。倮蟲三百，人爲之長。大戴禮易本命：「倮之蟲三百六十，而聖人爲之長。」「天地之性人爲貴」，孝經聖治章文。貴其識知也。今閉闇脂塞，無所好欲，與三百倮蟲何以異？而謂之爲長而貴之乎？上「而」讀作「能」。舊本段。

諸夏之人所以貴於夷狄者，以其通仁義之文，知古今之學也。如徒作（任）其胸

**中之知以取衣食，**陳世宜曰：知不得言「作」，「作」當爲「任」，字之誤也。「任其胸中之知」，猶言用其胸中之知也。下文云：「任胸中之知，舞權利之詐，以取富壽之樂。」可爲切證。**經歷年月，白首没齒，終無曉知，夷狄之次也。觀夫蜘蛛之經絲以罔飛蟲也，**文選張景陽雜詩注引「經」作「結」，「罔」作「網」。又江文通雜體詩注引作「經」，與今本同。**人之用作（詐），安能過之？**劉先生曰：「作」當爲「詐」，形近而誤也。下文「任胸中之知，舞權利之詐」，即承此而言。若作「用作」，則非其指矣。御覽九百四十八引正作「用詐」，尤其明證矣。暉按：文選張景陽雜詩注引作「用計」，蓋亦「用詐」之誤。**任胸中之知，舞權利之詐，以取富壽之樂，無古今之學，蜘蛛之類也。含血之蟲，無餓死之患，皆能以知求索飲食也。**宋本作「之」，朱校同。

**人不通者，亦能自供，仕宦爲吏，亦得高官，將相長吏，**長吏，注感虚篇。**猶吾大夫高子也，**論語公冶長篇：「崔子弑齊君，陳文子有馬十乘，棄而違之。至於他邦，則曰：猶吾大夫崔子也。」釋文引鄭注：「魯讀『崔』爲『高』。」惠棟九經古義曰：「此用魯論語之言。」宋翔鳳過庭録曰：「高、國爲齊之世臣，當先討賊而不能。陳文子有馬十乘，下大夫之禄，力不能討，故之他邦，以求爲君討賊，而無一應者，故曰『猶吾大夫高子』。」盼遂案：論語公冶長篇：「猶吾大夫崔子也。」釋文：「崔子，鄭注云：魯讀崔爲高。今從古。」知仲任所本出魯論語也。崔子弑齊君，高氏爲齊命卿而不討賊，故陳文子惡之。**安能別之？隨時積功，以命得官，不曉古今，以位**

爲賢，與文之（人）異術，吳曰：「『文之』當作『文人』。超奇篇以俗人、儒生、通人、文人、鴻儒爲差。此言非文人不能識通人也。」安得識別通人，俟以不次乎？句不可通。盼遂案：待以不次之位，是漢人常語。黄暉云「句不可通」，失言。將相長吏不得若右扶風蔡伯偕、王本、崇文本「右」作「有」，非。地理志注：「太初元年，更名主爵都尉爲右扶風。」十駕齋養新録十二：「此蔡伯偕未詳其名，非陳留蔡邕也。」鬱林太守張孟嘗、東萊太守李季公之徒，心自通明，「自」，元本作「目」。覽達古今，故其敬通人也如見大賓。燕昭爲鄒衍擁篲，見史記孟子荀卿傳。索隱曰：「彗，帚也，謂爲之掃地以衣袂擁帚而却行，恐塵埃之及長者，所以爲敬也。」彼獨受何性哉？東成令董仲綏，知爲儒梟，海内稱通，故其接人，能别奇律。「律」疑「偉」字之誤。盼遂案：「律」當爲「偉」，形近而譌。是以鍾離産公，以編户之民，受圭璧之敬，知之明也。故夫能知之也，凡石生光氣；不知之也，金玉無潤色。

自武帝以至今朝，下文稱「孝明」，則「今朝」謂章帝也。數舉賢良，令人射策甲乙之科。漢書儒林傳贊：「自武帝立五經博士，開弟子員，設科射策。」法言學行篇：「發策決科。」漢書儒林傳：「平帝時，王莽秉政，歲課甲科四十人爲郎中，乙科二十人爲太子舍人，丙科四十人補文學掌故。」又蕭望之傳：「望之以射策甲科爲郎。」師古注：「射策者，謂難問疑義書之於策，量其大小署爲甲乙之科，列而置之，不使彰顯。有欲射者，隨其所取得而釋之，以知優劣。射之言投射也。對策者，顯問以政事經義，令各對之，而觀其文辭定高下也。」方以智曰：「由師古注論之，今嘗以射策即對策者非矣。余以爲，量其大小，列而置之，隨人欲射之説，恐未必然，或似今出題試法耳。摭言且言題于几上，令士人以矢投之。此説尤非。」今按：漢書匡衡傳：「衡射策甲科以不應令，除爲太常掌故。」史記褚先生補匡衡傳：「數射策不中，至九，乃中丙科。」漢書兒寬傳：「以射策爲掌故。」馬宮、翟方進、何武、王嘉並以射策甲科爲郎。儒林傳：「房鳳以射策乙科爲太子掌故。」**若董仲舒、唐子高、谷子雲、丁伯玉，**盼遂案：「丁伯玉」疑是劉伯玉之誤。伯玉，劉棻字，歆之子也。馬總意林三卷引桓譚新論：「劉子政、子駿、伯玉並呻吟左氏。」漢書楊雄傳：「棻從雄問古文奇字。」是伯玉學術意必有大過人者，故仲任極推挹之矣。程榮本作「丁伯玉」，亦非也。**策既中實，文説美善，博覽膏腴之所生也。使四子經徒能摘（㨨），**説文：「摘，拓果樹實也。一曰指近之也。」義俱於此無施。「摘」乃「㨨」之形譌。「㨨」通「籀」，讀也。程材篇：「儒生籀經。」今本「籀」譌作「擿」，正其比。**筆徒能記疏，**盼遂案：「記」字，蓋後學者爲「疏」字作注，誤羼入正文耳。上句「經徒能摘」，亦四字句也。**不見古今之書，安能建美善於聖王之庭乎？孝明之時，讀蘇武傳，**蓋即漢書蘇武傳。班書作於顯宗時，故得讀之。**見武官名曰「栘中監」，**今漢書武傳「監」上有「廄」字。按昭帝紀、常惠傳並云：「栘中監蘇武。」新序節士篇云：「孝武皇帝時，以武爲栘中監。」並無「廄」字，與此合。蓋古本漢書如是。昭帝紀注蘇林曰：

「栘音移，廐名也。」應劭曰：「栘，地名。監，其官也，掌鞍馬鷹犬射獵之具。」如淳曰：「栘，爾雅：唐棣，栘也。栘園之中有馬廐也。」按：郭注爾雅云：「似白楊，江東呼爲栘。」以問百官，百官莫知。夫倉頡之章，小學之書，文字備具，藝文志六藝略：「蒼頡一篇。」注：「上七章秦丞相李斯作。爰歷六章，車府令趙高作。博學七章，太史令胡毋敬作。」序云：「漢興閭里書師，合蒼頡、爰歷、博學三篇，斷六十字以爲一章，凡五十五章，並爲蒼頡篇。」至於無能對聖國之問者，是皆美命隨牒之人「隨牒」未明。多在官也。「木」旁「多」文字且不能知，「文」疑爲「之」形譌。「『木』旁『多』之字」，謂「栘」字也。奇怪篇云：「乃爲『女』旁『臣』，非基跡之字。」商蟲篇：「『凡』、『虫』爲『風』之字。」立文正同。其欲及若董仲舒之知重常，劉子政之知貳負，難哉！

或曰：「通人之官，蘭臺令史，後漢書班固傳注引漢官儀：「蘭臺令史六人，秩百石，掌書劾奏。」職校書定字，對作篇曰：「漢立蘭臺之官，校審其書，以考其言。」比夫太史、太柷，宋本作「祝」。百官志：「太史令一人，六百石。本注曰：掌天時星曆，凡歲將終，奏新年曆；凡國祭祀喪娶之事，掌奏良日及時節禁忌；凡國有瑞應灾異，掌記之。」又云：「太祝令一人，六百石。本注曰：凡國祭祀，掌讀祝及迎送神。」職在文書，無典民之用，不可施設。是以蘭臺之史，班固、賈逵、楊終、傅毅之徒，後漢書班固傳：「顯宗詔詣校書郎，除蘭臺令史。」班超傳、謝承書（御覽四百八十四。）並云：「在永平五年。」周廣業曰：「逵字景伯，毅字武仲，肅宗時敕爲蘭臺令史。終字子山，孝明時上哀牢傳，徵在蘭臺。」華譚漢書：「賈逵字景伯，有贍才，能通古今學。神雀集宮殿，上召見，敕蘭臺令史。」魏文帝典論，班固與弟超書：「武仲以能屬文，爲蘭臺令史。」**名香文美，委積不紲，**周禮地官遺人注曰：「少曰委，多曰積。」疏曰：「若散言則多亦曰委。」**〔無〕大用於世。**」吴曰：「大」字上脱一「無」字。意林引云：「班固、賈逵、楊終、傅毅之徒，名芳文美，無大用也。」意林雖多刪節，然不得與論指相反。尋檢文勢，亦當有「無」字。下文云：「委積不紲，豈聖國微遇之哉。」亦言其無大用也。文義相應。盼遂案：「紲」疑爲「泄」之誤。超奇篇：「口不能紲。」孫仲容校云：「宜爲『泄』。『大』疑爲『失』之壞字。」**曰：此不繼。**「繼」疑當作「然」。超奇篇曰「此不然，周世著書之人」云云，文例同。**周世通覽之人，鄒衍之徒，孫卿之輩，受時王之寵，尊顯於世。**史記孟子荀卿傳：「騶子重於齊。適梁，梁惠王郊迎，執賓主之禮。適趙，平原君側行襒席。如燕，昭王擁彗先驅，請列弟子之座而受業。築碣石宮，身親往師之。齊襄王時，荀卿三爲祭酒。適楚，春申君以爲蘭陵令。」**董仲舒雖無鼎足之位，**漢禮儀曰：（書鈔五〇。）「三公，三人以承君，蓋由鼎有足，故易曰鼎象也。」**知在公卿之上。周監二代，漢監周、秦。然則蘭臺之官，國所監得失也。**書鈔六二引作「監國得失」。漢官典職曰：「中丞掌蘭臺。」漢官解故：「建武省御史大夫，置中丞一人，總蘭臺之官。此官得舉非法。」（書鈔六二。）續漢書百官志注引蔡質漢儀曰：「執憲中司，朝會獨坐，内掌蘭臺，督諸州刺史，糾察百寮。」故云「監得失」也。**以心如丸卵，爲體内藏；眸子如豆，爲身光明。令史雖微，典國道藏，**盼遂案：後漢書二〔一〕十三竇章傳：「是時學者稱東觀爲老氏藏室，道家蓬萊山，遂薦章入東觀爲校書郎。」又百官志：「蘭臺令史六百石。」則東漢時蘭臺爲經籍總匯，故足稱典國道藏也。**通人所由進，猶博士之官，儒生所由興也。**漢書儀云：「博士，秦官，博者通於古今，士者辨於然否。」漢舊儀云：「武帝初置博士，取學通行修，博學多藝，曉古文爾雅。」（並見書鈔六七。）**委積不紲，豈聖國微遇之哉？殆以書未定而職未畢也。**

〔一〕「二」，原本作「五」，據後漢書改。

# 超奇篇

通書千篇以上，萬卷以下，弘暢雅閑，朱校元本作「閉」，程本同此。王本、崇文本作「言」，非。御覽四〇四引作「敷暢壅閉」。審定文讀，御覽引作「義」。而以教授爲人師者，通人也。杼其義旨，損益其文句，而以上書奏記，或興論立説，結連篇章者，文人、鴻儒也。好學勤力，博聞强識，世間多有；著書表文，論説古今，萬不耐一。「耐」、「能」古通。然則著書表文，博通所能用之者也。入山見木，長短無所不知；入野見草，大小無所不識。然而不能伐木以作室屋，採草以和方藥，朱校元本有「者」字。此知草木所不能用也。夫通人覽見廣博，不能掇以論説，此爲匿生書主人，句有衍誤。孔子所謂「誦詩三百，授之以政，不達」者也，見論語子路篇。與彼草木不能伐採，一實也。「彼」下疑有「見」字。孔子得史記以作春秋，魯史記。及其立義創意，褒貶賞誅，不復因史記者，眇思自出於胸中也。「眇」讀「妙」。凡貴通者，貴其能用之也。即徒誦讀，即，若也。讀詩諷術，雖千篇以上，鸚鵡能言之類也。衍傳書之意，出膏腴之辭，非俶儻之才，不能任也。俶儻，卓異貌。夫通覽者，世間比有；著文者，歷世希然。「希」讀

「稀」。近世劉子政父子、劉向、劉歆也。楊子雲、桓君山，楊雄、桓譚也。其猶文、武、周公並出一時也；其餘直有，往往而然，譬珠玉不可多得，以其珍也。

故夫能説一經者爲儒生，博覽古今者爲通人，采掇傳書以上書奏記者爲文人，能精思著文連結篇章者爲鴻儒。孫曰：何休公羊序云：「是以治古學貴文章者，謂之俗儒。」徐彦疏云：「謂之俗儒者，即繁露云：『能通一經曰儒生，博覽羣書號曰洪儒。』」今本繁露脱此文。疑儒生、通人、文人、鴻儒之分別，仲任蓋依舊説也。故儒生過俗人，通人勝儒生，文人踰通人，鴻儒超文人。金樓子立言篇曰：「蓋儒生轉通人，通人爲文人，文人轉鴻儒也。」故夫鴻儒，所謂超而又超者也。以超之奇，退與儒生相料，文軒之比於敝車，錦繡之方於緼袍也，盼遂案：墨子公輸篇：「有人於此，舍其文軒，鄰有敝轝而欲竊之；舍其錦繡，鄰有短褐而欲竊之。荆之地方五千里，宋之地方五百里，此猶文軒之與敝轝也。荆有長松、文梓、楩、柟、豫章，宋無長木，此猶錦繡之與短褐也。」論用其語。其相過，遠矣。如與俗人相料，太山之巔墆，長狄之項跖，不足以喻。故夫丘山以土石爲體，其有銅鐵，山之奇也。銅鐵既奇，或出金玉。然鴻儒，世之金玉也，奇而又奇矣。

奇而又奇，才相超乘，皆有品差。

儒生説名於儒門，過俗人遠也。「人」，宋、天啓、朱校元本同。程本以下作「元」，誤。

或不能説一經，教誨後生。或帶徒聚衆，説論洞溢，稱爲經明。或不能成牘，治一説。或能陳得失，奏便宜，言應經傳，文如星月。其高第若谷子雲、唐子高者，説書於牘奏之上，不能連結篇章。或抽列古今，「抽」與「籀」通。「列」，詸列也。紀著行事，往事也。若司馬子長、劉子政之徒，累積篇第，文以萬數，其過子雲、子高遠矣，然而因成紀前，無胸中之造。若夫陸賈、董仲舒，論説世事，由意而出，不假取於外，然而淺露易見，觀讀之者，猶曰傳記。陽成子長作樂經，孫曰：對作篇作「陽成子張」。此即補史記之陽城衡也。御覽八十五引桓子新論云：「陽城子姓（姓字衍文。）張名衡，蜀郡人。」通志略引風俗通：「陽城氏，漢有諫議大夫陽城衡。」即子長也。成城、長張並通。華陽國志作「陽城子元」。盼遂案：章士釗云：「後漢書班彪傳有陽城衡，即子長也。又桓譚新論云：『陽城子張名衡，蜀人，與吾俱爲祭酒。』仲任所説，殆即其人。」楊子雲作太玄經，造於助（眇）思，先孫曰：「助」當爲「眇」，形近而誤。上文云：「眇思自出於胸中也。」極窅冥之深，非庶幾之才，不能成也。孔子作春秋，二子作兩經，所謂卓爾蹈孔子之跡，鴻茂參貳聖之才者也。

王公[子]問於桓君山以楊子雲。君山對曰：「漢興以來，未有此人。」先孫曰：此「王公」即王莽也。「子」字衍。此文出桓譚新論。御覽四百三十二引新論云：「楊子雲何人邪？答曰：才知開通，能入聖道，漢興以來，未有此人也。」即仲任所本。譚嘗仕王莽，故新論多稱莽爲王翁。（見意林。）此「王公」，猶云「王翁」也。御覽引新論，不著所問之人，此可以補其缺。君山差才，可謂得高下之實矣。采玉者心羨於玉，「羨」，疑當作「美」。鑽龜者知神於龜。「者」字，通津本作「能」，今從王本。荀子王制篇注：「鑽龜，謂以火爇荆萐灼之也。」盼遂案：「能」當爲「者」，涉下文「能」字而誤。上句「采玉者心羨於玉」，「羨」釋爲「長」，與此爲對文。能差衆儒之才，累其高下，累，序累也。賢於所累。又作新論，後漢書桓譚傳：「譚著書言當世行事，二十九篇，號曰新論。」按：此論南宋時已軼，今有孫馮翼輯本。論世間事，辯照然否，虛妄之言，僞飾之辭，莫不證定。彼子長、子雲論説之徒，君山爲甲。自君山以來，皆爲鴻眇之才，故有嘉令之文。筆能著文，則心能謀論，文由胸中而出，心以文爲表。觀見其文，奇偉俶儻，可謂得論也。由此言之，繁文之人，人之傑也。

有根株於下，有榮葉於上；有實核於內，有皮殼於外。文墨辭説，士之榮葉、皮殼也。實誠在胸臆，文墨著竹帛，外內表裏，自相副稱。意奮而筆縱，故文見而實露也。人之有文也，猶禽之有毛也。毛有五色，皆生於體。苟有文無實，是則五色之禽，毛妄生也。選士以射，心平體正，執弓矢審固，然後射中。文本禮記射義也。論説之出，猶弓矢之發也。論之應理，猶矢之中的。夫射以矢中效巧，論以文墨驗奇。奇巧俱發於心，其實一也。

**文有深指巨略，君臣治術，身不得行，口不能紲（泄），**先孫曰：「紲」當爲「泄」，形聲相近而誤。**表著情心，以明己之必能爲之也。孔子作春秋，以示王意。**文選答賓戲注引春秋元命包曰：「孔子曰：丘作春秋，始於元，終於麟，王道成也。」淮南主術訓：「春秋二百四十二年，亡國五十二，殺君三十六，采善鉏醜，以成王道。」春秋繁露俞序篇〔一〕：「仲尼之作春秋也，上探正天端王公之位，萬物民之所欲，下明得失，起賢才，以待後聖。」**然則孔子之春秋，素王之業也；**困學紀聞八曰：「家語齊太史子餘歎美孔子云：『天其素王之乎。』素，空也，言無位而空王之也。董仲舒對策云：（見漢書本傳。）『見素王之文。』賈逵春秋序云：『立素王之法。』鄭玄六藝論云：『自號素王。』盧欽公羊序云：『制素王之道。』皆因家語之言，而失其義。」暉按：文選思友人詩注引論語崇爵讖曰：「子夏共撰仲尼微言，以當素王。」御覽六百十引鉤命決：「子曰：吾作孝經，以素王無爵之賞，斧鉞之誅，與先王以託權。」淮南主術訓：「專行孝（一作教。）以成素王。」春秋緯：「孔子作春秋，立素王之法。」（賈逵注左傳「九丘」。）後定賢篇亦云：「孔子不王，素王之業，在於春秋。」公羊哀十四年疏引孝經說：「丘以匹夫徒步，以制正法。」亦即此義。蓋孔子殷人，又天縱將聖，時人謂當受命爲王，而孔子亦以爲己任，故有素王之説。王應麟謂皆因家語本姓解爲説，失之。**諸子之傳書，素相之事也。觀春秋以見王意，讀諸子以睹相指。故**

〔一〕「序」，原本作「予」，形聲近而誤，今改。

曰：陳平割肉，丞相之端見；見史記陳丞相世家。叔孫敖決期思，令君（尹）之兆著。先孫曰：「期」下當捝「思」字。「君」當爲「尹」。淮南子人間訓云：「孫叔敖決期思之水，而灌雩婁之野。莊王知其可以爲令尹也。」暉按：各本「期」下並有「思」字。蓋孫氏所見本不同。「君」當作「尹」，孫説是也。朱校元本正作「尹」。「叔孫」當作「孫叔」，傳寫誤倒。春秋地名考略：「期思，故蔣國，楚滅之，爲邑。今在河南光州固始縣西北七十里。」後漢王景傳：「景爲廬江太守，郡界有楚相孫叔敖所起芍陂稻田。」芍陂即期思陂也。孫叔敖本期思人。（據荀子非相篇、呂覽賢能篇。）盼遂案：當是「思」下脱一「水」字，孫氏誤筆也。觀讀傳書之文，治道政務，非徒割肉決水之占也。足不彊則跡不遠，鋒不銛銛，利也。則割不深。連結篇章，必大才智鴻懿之俊也。

或曰：著書之人，博覽多聞，學問習熟，則能推類興文。文由外而興，未必實才學（與）文相副也。「學文」二字連文未妥。「學」爲「與」字形譌。（漢志：禮古經。班注：「與十七篇文相似。」今「與」譌作「學」。）仲任以爲實才與文，表裏相副。上文云：「皆爲鴻眇之才，故有嘉令之文。」又云：「實誠在胸臆，文墨著竹帛，外内表裏，自相副稱。」此云「未必實才與文相副」，即設或難以破其義也。初學記二一、御覽五八五並引「學」作「與」，是其明證。四庫寫本因「與」譌「學」，乃妄改「文」爲「問」，更謬矣。且淺意於華葉之言，孫曰：語意不明。文選陸士衡文賦注引作：「虛淡意於華葉之言。」疑此文有脱誤。暉按：初學記二十一引與今本同。無根核之深，漢書五行志師古注：「核」亦「荄」字。**不見大道體要，故立功者希。安危之際，文人不與，無能建功之驗，徒能筆說之效也。**

**曰：此不然。周世著書之人，皆權謀之臣；漢世直言之士，皆通覽之吏，豈謂文非華葉之生，根核推之也？**句有脱誤。**心思爲謀，集扎爲文，**「扎」，朱校元本从「木」，是也。**情見於辭，意驗於言。商鞅相秦，致功於霸，**朱校「功」作「力」。**作耕戰之書；**「耕戰」，商君書篇名。案書篇曰：「商鞅作耕戰之術，管仲造輕重之篇。」以「輕重」例之，是「耕戰」篇名。史記商鞅傳贊：「余嘗讀商君開塞、耕戰書。」開塞乃其書第七篇。（從焦竑説。索隱非。）則「耕戰」爲篇名，明矣。漢志：「商君二十九篇。」今亡三篇。刑約篇存目，六法篇目見羣書治要。第二十一篇無目，或即此。**虞卿爲趙，決計定説，行退作□□□□。春秋之思，起（趙）城中之議；**先孫曰：「虞卿」二句，有挩文。「春秋之思」四字，疑當重。「起」，元本作「趙」，是，當據正。暉按：宋本、朱校元本「起」並作「趙」。孔叢子執節篇：「虞卿著書，名曰春秋。」史記十二諸侯年表序曰：「趙孝成王時，其相虞卿，上采春秋，下觀近世，亦著八篇，爲虞氏春秋。」藝文志：「虞氏春秋十五篇。春秋虞氏微傳〔一〕二篇。」劉向別録：「虞卿作鈔撮九卷。」（杜預春秋序正義。）

〔一〕「微」字原本空缺，據藝文志補。

耕戰之書，秦堂上之計也。陸賈消呂氏之謀，與新語同一意；陸賈爲陳平畫策，結歡絳侯，以弭呂氏謀。粗述存亡之徵，凡著十二篇，號其書曰新語。見史記本傳。正義引七録云：「新語二卷，陸賈撰也。」藝文志：「陸賈二十三篇。」十七史商榷云：「本作十二，作二十三，誤。」顧實曰：「志云二十三者，兼他著言之。」按：見存新語，二卷十二篇。桓君山易鼂錯之策，與新論共一思。譚易錯策，未詳。本傳載譚上疏云：「夫更張難行，而拂衆者亡，是故賈誼以才逐，而鼂錯以智死。」疑即此文所指。觀谷永之陳説，唐林之宜言，「宜」，元本作「直」，朱校同。作「直言」疑是。漢書鮑宣傳：「沛郡唐林子高數上疏諫正，有忠直節。」劉向之切議，以知爲本，「知」讀「智」。筆墨之文，將而送之，詩烈祖箋：「將猶助也。」豈徒雕文飾辭，苟爲華葉之言哉？精誠由中，故其文語感動人深。是故魯連飛書，燕將自殺；燕將攻下聊城，固守不去。齊田單攻之，歲餘不下。魯連乃爲書，約之矢，以射城中，遺燕將。燕將見書泣，計歸燕降齊俱不可，乃自殺。見齊策六、史記魯仲連傳。抱朴子曰：（今本佚，書鈔一〇三引。）「魯連射書，以下聊城，是分毫之力，過百萬之衆。」鄒陽上疏，梁孝開牢。鄒陽游梁，羊勝等嫉之，讒於梁孝王。王怒，下之吏，將欲殺之。鄒陽乃從獄中上書。孝王遂使人出之。見史記本傳。書疏文義，奪於肝心，「奪」疑爲「奮」字形譌。奮，動也。上文云：「意奮而筆縱，故文見而實露。」即此義。非徒博覽者所能造，習熟者所能爲也。

夫鴻儒希有，而文人比然，將相長吏，安可不貴？豈徒用其才力，游文於牒牘哉？州郡有憂，能治章上奏，解理結煩，使州郡連事。「連事」疑當作「無事」。下文云：「事解憂除，州郡無事。」盼遂案：「連事」疑爲「從事」之誤。古「從」字作「从」。有如唐子高、谷子雲之吏，出身盡思，竭筆牘之力，煩憂適有不解者哉？「適」疑當作「啇」，何也。字一作「過」，與「適」形近而誤。説日篇：「過而見其中有物曰烏乎。」「過」誤作「通」，正其比。古昔之遠，四方辟匿，文墨之士，難得記録，且近自以會稽言之。周長生者，文士之雄也，先孫曰：長生名樹，北堂書鈔七十三引謝承後漢書有周樹傳。（范書無。）在州，爲刺史任安舉奏；在郡，爲太守孟觀上書，事解憂除，州郡無事，二將以全。謝承後漢書〔一〕周樹傳云：（據汪文臺輯本。）「周樹達於法，善能解煩釋疑，八辟從事。（書鈔七三。）樹爲從事，刺史孟觀有罪，俾樹作章，陳事序要，得無罪也。」（御覽七十三。）又案：後書儒林傳云：「任安字定祖，初任州郡。」或即此任安也。州牧郡守，漢人亦稱「將」，故云「二將」。長生之身不尊顯，非其才知少、功力薄也，二將懷俗人之節，不能貴也。使遭前世燕昭，則長生已蒙鄒衍之寵矣。注別通篇。長生死後，州郡遭憂，無舉奏之吏，以故事結不解，徵詣相屬，文軌不

〔一〕「後漢書」，原本誤作「後書漢」，今乙。

**尊，筆疏不續也。豈無憂上之吏哉？乃其中文筆不足類也。**言不與長生相類似。

**長生之才，非徒鋭於牒牘也，作洞歷十篇，**先孫曰：洞歷，隋、唐志不著録，惟范成大吴郡志人物門甪里先生，引史記正義：「周樹洞歷云：『姓周，名術，字元遂，太伯之後。漢高帝時，與東園公、綺里季、夏黄公俱出，定太子，號四皓。』」（今宋本史記附正義，爲宋人所删削，無此文。）則其書唐時尚存也。暉按：通志藝文略三：洞歷記九卷，周樹撰。**上自黄帝，下至漢朝，鋒芒毛髮之事，莫不紀載，與太史公表、紀相似類也。**蓋謂史記年表與本紀也。朱校元本「紀」作「記」，非。**上通下達，故曰洞歷。然則長生非徒文人，所謂鴻儒者也。**

**前世有嚴夫子，**藝文志：「莊夫子賦二十四篇。」原注：「名忌，吴人。」史記鄒陽傳：「吴人莊忌夫子。」索隱：「忌，會稽人，姓莊氏，字夫子。後避漢明帝諱，改姓曰嚴。」司馬相如傳集解引徐廣注亦云：「名忌，字夫子。」漢書司馬相如傳師古注、楚辭哀時命洪補注並云：「當時尊尚，號曰夫子。」按「夫子」當是美稱，非字也。**後有吴君商（高），**先孫曰：「商」當作「高」。君高，吴平字。案書篇云：「會稽吴君高。」又云：「君高之越紐録。」即今越絶書也。書虚篇述君高説會稽山名，亦見越絶外傳記越地傳。**末有周長生。白雉貢於越，**周成王時，越嘗獻白雉，注見異虚篇。抱朴子曰：「白雉有種，南越尤多。」爾雅釋鳥：「韓雉，鵫雉。」郭注：「今白鵫也。江東呼曰白韓，亦名白雉。」**暢草獻於宛，**案：儒增篇、恢國篇並云「倭人貢暢」。與此説異。説文鬯部云：「鬱，芳草也，遠方鬱人所貢。鬱，今鬱林郡也。」疑「宛」即「鬱」。禮記內則注：「『宛』或作『鬱』。」雍州出玉，禹貢：「雍州，厥貢惟球琳琅玕。」荆、揚生金。禹貢：「揚州，厥貢惟金三品。」禮器疏：「荆、揚二州，貢金三品。」珍物産於四遠，幽遼之地，未可言無奇人也。孔子曰：「文王既没，文不在兹乎！」見論語子罕篇。「兹」，孔子自謂也。文王之文在孔子，孔子之文在仲舒，董仲舒也。佚文篇曰：「文王之文，傳在孔子，孔子爲漢制文，傳在漢也。」仲舒既死，豈在長生之徒與？何言之卓殊，文之美麗也！唐勒、宋玉，亦楚文人也，史記屈原傳：「屈原既死之後，楚有宋玉、唐勒皆好辭，而以賦見稱。」漢志：唐勒賦四篇，宋玉賦十六篇。竹帛不紀者，屈原在其上也。會稽文才，豈獨周長生哉？所以末論列者，「末」，各本同。王、崇文本作「未」。長生尤踰出也。九州多山，而華、岱爲嶽；四方多川，而江、河爲瀆者，華、岱高而江、河大也。長生，州郡高大者也。同姓之伯賢，舍而譽他族之孟，未爲得也。長生説文辭之伯，文人之所共宗，朱校元本無「之」字。獨紀録之，春秋記元於魯之義也。

俗好高古而稱所聞，前人之業，菜果甘甜，後人新造，蜜酪辛苦。長生家在會稽，生在今世，文章雖奇，論者猶謂稺於前人。天稟元氣，人受元精，豈爲古今者差殺哉？孫曰：此文不當有「者」字。疑涉上下文諸「者」字而衍。優者爲高，明者爲上。實事之人，見然否之分者，睹非，却前退置於後，見是，推今進置於古，心明知昭，不惑於俗也。班叔皮續太史公書百篇以上，記事詳悉，義淺（浹）理備，「淺」，宋本作「浹」。史通鑒識篇自注引此文云：「王充謂彪文義浹備，紀事詳贍。」今本「淺」爲「浹」形誤。後漢書班彪傳：「武帝時，司馬遷著史記，自太初以後，闕而不録。後好事者，頗或綴集時事，然多鄙俗，不足以踵繼其書。彪乃繼採前史遺事，傍貫異聞，作後傳數十篇。」盼遂案：「淺」當爲「洽」之聲誤。觀讀之者以爲甲，而太史公乙。子男孟堅，爲尚書郎，光武分尚書爲六曹，每一尚書領六郎，凡三十六郎，秩四百石，主作文書起草。見後漢書百官志。固於永平五年爲郎。注別通篇。文比叔皮，非徒五百里也，乃夫周、召、魯、衛之謂也。周廣業曰：「蓋比之大國。」苟可高古，而班氏父子不足紀也。「而」猶「則」也。盼遂案：吴承仕曰：「苟以高古爲尚，則班氏父子不足紀也。論意亦甲班而乙太史公。」

周有郁郁之文者，在百世之末也。論語八佾篇：「周監於二代，郁郁乎文哉。」漢在百世之後，文論辭説，安得不茂？喻大以小，推民家事，以睹王廷之義。廬宅始成，桑麻纔有，居之歷歲，子孫相續，桃李梅杏，菴丘蔽野。日鈔曰：以此則見「菴」之爲義，正取「掩」故耳。孫曰：「菴」當作「奄」。説文：「奄，覆也。」根莖衆多，則華葉繁茂。漢氏治定久矣，土廣民衆，義興事起，華葉之言，安得不繁？夫華與實，俱成者也，無華生實，物

**希有之。山之禿也，孰其茂也？地之瀉（潟）也，孰其滋也？**劉盼遂曰：「地瀉」與「山禿」對文，蓋「瀉」爲「舄」之音誤。「舄」者，地鹹鹵不生殖也。漢書溝洫志：「終古舄鹵兮生稻粱。」文選海賦：「襄陽廣舄。」暉按：「瀉」當作「潟」。書解篇云：「地無毛則爲瀉土。」「瀉」誤同。又云：「瀉土無五穀。」宋本亦作「潟」，與通津本同。程、王、崇文本並誤作「瀉」。可證此文及書解篇作「瀉」者，並爲「潟」之誤。禹貢：「海濱廣斥。」史記夏本紀、漢書地理志「斥」並作「潟」。師古曰：「潟，鹵鹹之地。」段玉裁曰：「作『斥』者，古文尚書。作『潟』者，今文尚書。『潟』古作『舄』。」廣韻三十五馬：「瀉，悉姐切，瀉水也。」二十二昔：「舄，思積切，鹹土也。」音義並不同。盼遂案：「地瀉」與上文「山禿」爲對，蓋借爲「舄」字。「舄」者，地鹹鹵不生殖也。漢書溝洫志：「終古舄鹵兮生稻粱。」文選海賦：「襄陽廣舄。」皆其例。書解篇云：「地無毛則爲瀉土。」又云：「瀉土無五穀。」皆假「瀉」爲「舄」也。**文章之人，滋茂漢朝者，乃夫漢家熾盛之瑞也。天晏，列宿煥炳；**淮南繆稱訓注：「晏，無雲也。」漢書郊祀志如淳注：「三輔謂日清濟爲晏。」**陰雨，日月蔽匿。方今文人並出見者，乃夫漢朝明明之驗也。**下「明」，宋本作「朗」。

**高祖讀陸賈之書，歎稱萬歲；**賈著新語，每奏一篇，高帝未嘗不稱善，左右呼萬歲。見史記本傳。日知録曰：「萬歲，當時慶幸之通稱，然亦非常之辭。」**徐樂、主父偃上疏，徵拜郎中，**史記主父偃傳：主父偃上書闕下，朝奏，暮召入見。是時趙人徐樂亦上書言世務，上乃拜偃、樂爲郎中。方今未聞。此「方今」蓋指章帝。（考見年譜。）陸、徐、主父并前漢事，故云「未聞」。膳無苦酸之肴，口所不甘味，手不舉以啖人。盼遂案：吴承仕曰：「膳無苦酸」以下數語，疑有誤。詔書每下，文義經傳四科，此義未審。應劭漢官儀曰：建初八年十二月己未，詔書（百官志注引作「世祖詔」。）辟士四科：其一曰德行高妙，志節清白；二曰經明行修，能任博士；三曰明曉法律，足以決疑，能案章覆問，才任御史；四曰剛毅多略，遭事不惑，明足照姦，勇足決斷，才任三輔。（見後漢書和帝紀注。）疑即此云「四科」也。詔書斐然，郁郁好文之明驗也。上書不實核，著書無義指，「萬歲」之聲，「徵拜」之恩，何從發哉？飾面者皆欲爲好，而運目者希；文（聞）音者皆欲爲悲，而驚耳者寡。「文」當作「聞」，聲之誤也。當據宋本、朱校元本正。古人好悲音，注見感虚篇。陸賈之書未奏，徐樂、主父之策未聞，羣諸瞽言之徒，言事麤醜，文不美潤，不指盼遂案：「潤不指」當是「指不潤」之誤倒。「指」與「旨」、「恉」古通用。所謂，文辭淫滑，不被濤沙之謪，幸矣！焉蒙徵拜爲郎中之寵乎？

# 論衡校釋卷第十四

## 狀留篇

留，稽留也，言賢儒稽留難進。盼遂案：「狀」者，原起也。本篇云：「賢儒遲留，皆有狀故。狀故云何？學多道重，爲身累也。」狀留之義，此數語揭盡之矣。

論賢儒之才，既超程矣。即超奇篇所論。世人怪其仕宦不進，官爵卑細。以賢才退在俗吏之後，信不怪也。「不」疑當作「可」。盼遂案：當是「信可怪也」。「可」字行書與「不」相近而譌。夫如是，而適足以見賢不肖之分，睹高下多少之實也。「而」猶「乃」也。

龜生三百歲，大如錢，游於蓮葉之上。玉策記（抱朴子對俗篇引。）曰：「千歲之龜，五色具焉。其額上兩骨起，似角。浮於蓮葉之上，或在叢蓍之下，其上時有白雲蟠施。」史記龜策傳：「江南父老云：龜千歲乃遊蓮葉之上。」博物志又云：「龜三千歲，遊於蓮葉，巢於卷耳之上。」此云「三百歲」，數并差異，蓋各紀所聞耳。三千歲青邊緣，巨尺二寸。公羊定八年傳：「龜青純。」注：「純，緣也，謂緣甲頤也。千歲之龜青髯。」禮記樂記：「青黑緣者，天子之寶龜也。」漢書食貨志：「元龜，岠冉長尺二寸。」孟康曰：「冉，龜甲緣也。岠，至也。度背兩邊緣尺二寸也。」褚補史記龜策傳：「龜千歲乃滿尺二寸。」御覽九三一引作「三千歲則青邊有距」，疑失其義。蓍生七十歲生一莖，七百歲生十莖。洪範五行傳曰：（曲禮上疏。）「蓍生百年，一本生百莖。」說文：「蓍，蒿屬也，生千歲三百莖。」博物志亦云「一千歲而三百莖」，與許說同。陸機草木疏云：「似藾蕭，青色，科生。」神靈之物也，故生遲留，孫曰：此書每以「遲留」連文。曲禮疏引作「神靈之物，故生遲也」，亦通。暉按：陸氏周易音義（說卦第九。）引此文與孔疏同。御覽九九七引「物」下亦無「也」字。歷歲長久，故能明審。注卜筮篇。實賢儒之在世也，「實」字疑衍。猶靈蓍、神龜也。計學問之日，固已盡年之半矣。銳意於道，遂無貪仕之心。及其仕也，純特方正，無員銳之操，「員」讀「圓」。故世人遲取進難〔一〕也。針錐所穿，無不暢達。使針錐末方，穿物無一分之深矣。賢儒方節而行，無針錐之銳，固安能自穿，取暢達之功乎？

且驥一日行千里者，無所服也，服，負也。使服任車輿，魯語韋注：任，負荷也。駑馬同。盼遂案：「任車」，載重之車，亦謂之役車也。「輿」當爲「與」之誤。言驥服重車則不能一日千里，與駑馬同也。音。「音」字疑誤。驥曾以引鹽車矣，盼遂案：「音」當爲「昔」之誤字。垂頭落汗，行不能進。鹽鐵論訟賢篇：「騏驥之輓鹽車，垂頭於太行。」伯樂顧之，王良御之，伯樂

〔一〕「進難」，原本作「難進」，據通津草堂本乙。

有二，一秦穆公時，一趙簡子時。王良，郵無恤也。謂即伯樂，非。注詳命義篇。空身輕馳，故有千里之名。今賢儒懷古今之學，負荷禮義之重，內累於胸中之知，外劬於禮義之操，「劬」，元本作「拘」，朱校同，疑是。不敢妄進苟取，故有稽留之難。無伯樂之友，不遭王良之將，謂無薦舉徵用。「將」，郡守也。下並同。安得馳於清明之朝，立千里之迹乎？

且夫含血氣物之生也，行則背在上，而腹在下；其病若死，則背在下，而腹在上。何則？背肉厚而重，腹肉薄而輕也。賢儒、俗吏，並在當世，有似於此。將明道行，則俗吏載賢儒，賢儒乘俗吏。將闇道廢，則俗吏乘賢儒，賢儒處下位，猶物遇害，腹在上而背在下也。且背法天而腹法地，生行得其正，故腹背得其位；病死失其宜，故腹反而在背上。非唯腹也，凡物仆僵者，足又在上。「又」疑當作「必」。賢儒不遇，仆廢於世，踝（躁）足之吏，「踝〔一〕足」無義。朱校元本「踝」作「躁」，是。說文：「趮，疾也。」內則：「狗赤股而躁。」疏云：「躁謂舉動急躁。」皆在其上。

東方朔曰：「目不在面而在於足，救昧（眯）不給，能何見乎？」先孫曰：「昧」當爲「眯」，形近而誤。說文目部云：「眯，草入目中也。」暉案：未知何出。羣書治要引尸子明堂篇

〔一〕「踝」，原本作「躁」，據正文改。

云：「目在足下，則不可以視矣。」與朔語意同。汲黯謂武帝曰：「陛下用吏，如積薪矣，後來者居上。」見史記本傳。原汲黯之言，察東方朔之語，獨以非俗吏之得地，賢儒之失職哉？孫曰：「以非」當從元本作「非以」。故夫仕宦〔一〕，失地難以觀德，得地難以察不肖。名生於高官，而毁起於卑位。卑位，固賞賢儒之所在也。遵禮蹈繩，脩身守節，在下不汲汲，故有沉滯之留。沉滯在能自濟，「在」當作「不」。故有不拔之扼。其積學於身也多，故用心也固。俗吏無以自修，身雖拔進，利心搖動，則有下道侵漁之操矣。「侵漁」注量知篇。

楓桐之樹，生而速長，故其皮肌不能堅剛。意林引「肌」作「脃」。（此據張刻本。周廣業注本作「肌」。）説文云：「脃，小耎易斷也。」則以作「脃」義長。樹檀以五月生葉，孫曰：「樹檀」疑當作「檀樹」。暉按：日鈔引已與今本同。意林引作「檀欒」，疑是。沈括補筆談三云：「欒有二種：樹生，其實可作數珠者，謂之木欒，即本草『欒花』是也。叢生，可爲杖棰者，謂之牡欒，又名黄金，即本草『牡荆』是也。」按：「欒」蓋即沈氏所謂「牡欒」，可作杖棰者。檀亦堅韌之木，其材中車輻。詩魏風伐檀：「坎坎伐檀兮。」下云「伐輻」、「伐輪」，變文也。（戴震毛詩考正説。）盼遂

〔一〕「宦」，原本作「官」，形近而誤，據通津草堂本改。

案：「樹檀」仍言「檀」也。詩鄭風：「將仲子兮，無折我樹檀。」小雅鶴鳴：「樂彼之園，爰有樹檀。」傳云：「何樂於彼園之觀乎，尚有樹檀而下其蘀。」是皆以「樹檀」爲一名稱。仲任所本，殆出於此。黄氏日鈔引作「樹檀」，孫氏舉正謂「樹檀」當是「檀樹」，大非。意林引此文亦删「樹」字。後彼春榮之木，日鈔引「彼」作「於」，疑是。其材彊勁，車以爲軸。殷之桑穀，七日大拱，長速大暴，故爲變怪。詳異虚篇。大器晚成，寶貨難售也。今從錢、黄、王本作「也」。朱校元本、通津、天啓、程榮本並作「者」。盼遂案：「者」字涉下句「者」字而衍。此敍述語，非起下之辭。不崇一朝，崇，終也。輒成賈者，菜果之物也。是故湍瀨之流，沙石轉而大石不移。何者？大石重而沙石輕也。沙石轉積於大石之上，大石没而不見。賢儒俗吏，並在世俗，有似於此。遇闇長吏，錢、黄、王本作「長史」，非也。「長吏」本書常語。别通篇：「將相長吏。」本篇下文云：「咎在長吏不能知賢。」又云：「長吏力劣，不能用也。」「長吏」注感虚篇。轉移俗吏，超在賢儒之上，賢儒處下，受馳走之使，至或巖居穴處，没身不見。咎在長吏不能知賢，而賢者道大，力劣不能拔舉之故也。謂長吏力劣。

夫手指之物器也，此義不通。「指」疑爲「於」形譌，（「於」或作「扵」。）又誤奪在「之」字上。盼遂案：「之」字當爲「於」譌，隸書「於」作「扵」，易誤作「之」字。度力不能舉，則不敢動。賢儒之道，非徒物器之重也。是故金鐵在地，焱（猋）風不能動，孫曰：「焱」當作「猋」，下同。暉按：漢書韓長孺傳：「至如猋風。」注：「猋，疾風也。」猋、飄字同。爾雅：「迴風爲飄。」月令「飄」作「猋」。焱，火華也，非其義。毛芥在其間，飛揚千里。「揚」，通津、天啓本從「木」，誤。今據宋殘卷、錢、黃、王、鄭本正。夫賢儒所懷，其猶水中大石、在地金鐵也。其進不若俗吏速者，長吏力劣，不能用也。毛芥在鐵石間也，一口之氣，能吹毛芥，非必焱（猋）風。俗吏之易遷，猶毛芥之易吹也。故夫轉沙石者，湍瀨也；飛毛芥者，焱（猋）風也。活水洋風，洋風，和風也。趙注孟子：「洋洋，舒緩貌。」盼遂案：「活水」下宜有「沙石不轉」四字，今脱。下文「猛水之轉沙石，焱風之飛毛芥」，正承此二句爲言。毛芥〔沙石〕不動。「毛芥」下脱「沙石」二字。上下文俱以「毛芥」、「沙石」並言。「毛芥不動」，承「洋風」爲文。「沙石不動」，承「活水」爲文。無道理之將，用心暴猥，孫曰：「猥」即「畏」之借字。說文：「畏，惡也。」是其義。察吏不詳，遭以好遷，妄授官爵，猛水之轉沙石，焱（猋）風之飛毛芥也。是故毛芥因異風而飛，沙石遭猛流而轉，俗吏遇悖將而遷。

且圓物投之於地，東西南北，無之不可，策杖叩動，纔微輒停。方物集地，壹投而止，及其移徙，須人動舉。「舉」，元本作「之」，朱校同。賢儒，世之方物也，其難轉移者，其動須人也。鳥輕便於人，趨遠，人不如鳥，然而天地之性人爲貴。蝗蟲之飛，能至萬里，麒麟須獻，乃達闕下；然而蝗蟲爲災，麒麟爲瑞。麟有四足，尚不能自致，人有兩足，安能自達？故曰：「鸞飛輕於鳳皇，兔走疾於麒麟，鼃躍躁於靈龜，蚍騰便於神龍。」蓋引傳文，未知何出。

呂望之徒，白首乃顯；說苑雜言篇：「呂望行年五十，賣飯棘津；（「飯」今作「食於」，依御覽八五〇引。）行年七十，屠牛朝歌；行年九十，爲天子師。」百里奚之知，明於黃髮。秦誓曰：「雖則云然，尚猶詢兹黃髮，則罔所愆。」漢書李尋傳尋說王根曰：「昔秦穆公說諓諓之言，任仡仡之勇，身受大辱，社稷幾亡，悔過自責，思惟黃髮，任用百里奚。」曲禮：「故君子式黃髮。」疏：「黃髮，太老人也。人初老則髮白，太老則髮黃。」御覽四〇四引新論曰：「周之太公，秦之百里，雖咸有天才，然皆年七十餘乃升爲王霸師。」深爲國謀，因爲王輔，皆夫沉重難進之人也。輕躁早成，禍害暴疾，故曰：「其進銳者，退速。」見孟子盡心下。陽溫陰寒，歷月乃至；災變之氣，一朝成怪。故夫河冰結合，非一日之寒；積土成山，非斯須之作。樂記注：「斯須，猶須臾也。」干將之劍，久在鑪炭，銛鋒利刃，百熟煉厲。久銷乃見「熟」，元本作「熱」，朱校同。案：率性篇云：「試取東下直一金之劍，更熟鍛鍊，足其火，齊其銛，猶千金之劍。」字亦作「熟」。作留，成遲故能割斷。肉暴長者曰腫，泉暴出者曰涌，酒暴熟者易酸，「熟」，元本作「熱」，朱校同。醯暴酸者易臭。盼遂案：二語有誤。御覽卷八百六十六醯類引博物志曰：「酒暴熟者酢，醯酸者易臭。」案：博物志二語當是「酒暴熟者易酢，醯暴酸者易臭」。

蓋此二語引入醯類，不可與醯無干，且「醯」亦非酸性故也，則論衡此文正可借御覽訂之。疑博物志所云，即本於仲任之書也。由此言之，賢儒遲留，皆有狀故。狀故云何？學多道重，爲身累也。

草木之生者濕，濕者重；死者枯，〔枯者輕〕。枯而輕者易舉，濕而重者難移也。孫曰：「死者枯」下，疑脱「枯者輕」一句。然〔能〕元氣所在，在生不在枯。「然」下舊校曰：「一有『能』字。」吳曰：一有「能」字是也。「能」讀爲「而」。此書「而」、「能」多互用。本無「能」字者，淺人不了而妄删之。是故車行於陸，船行於溝，其滿而重者行遲，空而輕者行疾。先王之道，載在胸腹之內，宋殘卷「腹」作「中」，朱校同。其重不徒船車之任也。任重，其取進疾速，難矣。「重」，宋殘卷作「貴」，朱校同。疑此文本作「責其取進疾速，難矣」。「任」字衍，「責」、「貴」形誤，今本又改「貴」爲「重」。竊人之物，其得非不速疾也，然而非其有，得之非己之力也。世人早得高官，非不有光榮也，而尸禄素飡之謗，諠譁甚矣。「禄」，朱校元本作「位」。

且賢儒之不進，將相長吏不開通也。不開通，謂不薦拔也。漢書李尋傳：「人人自賢，不務於通人。」農夫載穀奔都，賈人齎貨赴遠，皆欲得其願也。如門郭閉而不通，津梁絶而不過，雖有勉力趨時之勢，奚由早至以得盈利哉？長吏妬賢，不能容善，不被鉗赭之刑，幸矣，漢書高祖紀注：「鉗，以鐵束頭也。」酷吏義縱傳注服虔〔一〕引律：「諸囚徒私解脱桎梏鉗赭，加罪一等。」焉敢望官位升舉，道理之早成也？

〔一〕「服虔」，依漢書注當作「孟康」。

# 寒温篇

自然篇謂：寒温、譴告、變動、招致，皆儒者之説，違黄、老之旨，失天道自然之義。譴告尤與天道相詭。

説寒温者曰：人君喜則温，怒則寒。何則？喜怒發於胸中，然後行出於外，外成賞罰。賞罰，喜怒之效，故寒温渥盛，凋物傷人。春秋繁露王道通三篇：「人主立於生殺之位，與天共持變化之勢，喜則爲暑氣而有養長也，怒則爲寒氣而有閉塞也。」淮南原道訓：「人大怒破陰，大喜墜陽。」亦喜怒寒温相感之義。又大、小夏侯推五行傳，劉向父子傳以五事，謂洪範「舒，恒燠若；急，恒寒若」爲君行天應。是皆説寒温者也。

夫寒温之代至也，在數日之間，人君未必有喜怒之氣發胸中，盼遂案：「未」疑爲「先」之誤。「先必」與下文「然後」相應。然後渥盛於外。見外寒温，則知胸中之氣也。當人君喜怒之時，胸中之氣未必更寒温也。胸中之氣，何以異於境内之氣？胸中之氣，不爲喜怒變，境内寒温，何所生起？六國之時，秦、漢之際，諸侯相伐，兵革滿道，國有相攻之怒，將有相勝之志，夫有相殺之氣，「夫」當作「人」。國、將、人三字平列。當時天下未必常寒也。太平之世，唐、虞之時，政得民安，人君常喜，絃歌鼓舞，比屋而有，當時天下未必常温也。豈喜怒之氣爲小發，不爲大動邪？何其不與行事相中得也？相中得，謂相合也。

夫近水則寒，近火則温，遠之漸微。「漸」，宋殘卷作「纔」，朱校同。狀留篇：「纔微輒停。」亦以「纔微」連文。何則？氣之所加，遠近有差也。成事：注書虚篇。盼遂案：「成事」猶「故事」也。漢書賈誼傳引諺曰：「不習爲吏，視已成事。」訂鬼篇：「成事：俗間與物交者，見鬼之來也。」又云：「成事：俗間家人且凶，見流光集其室，或見其形若鳥之狀，時流入堂室。」（「入」字今本訛作「人」。）皆以「成事」爲「往事」也。火位在南，水位在北，北邊則寒，南極則熱。火之在鑪，水之在溝，氣之在軀，其實一也。當人君喜怒之時，寒温之氣，閨門宜甚，境外宜微。今案寒温，外内均等，殆非人君喜怒之所致。世儒説稱，妄處之也。處，審度也。注本性篇。

王者之變在天下，諸侯之變在境内，卿大夫之變在其位，庶人之變在其家。夫家人之能致變，則喜怒亦能致氣。父子相怒，夫妻相督，若當怒反喜，「若」猶「或」也。縱過飾非，一室之中，宜有寒温。由此言之，變非喜怒所生，明矣。

或曰：「以類相招致也。喜者和温，和温賞賜，陽道施予，陽氣温，故温氣應之。怒者愠恚，愠恚誅殺，陰道肅殺，「肅」，宋殘卷作「者」，朱校同。陰氣寒，故寒氣應之。虎嘯而谷風至，龍興而景雲起，注見偶會篇、龍虛篇。同氣共類，動相招致，故曰：『以形逐影，以龍致雨。』雨應龍而來，影應形而去，天地之性，自然之道也。秋冬斷刑，小獄微原，大辟盛寒，寒隨刑至，相招審矣。」

夫比寒温於風雲，齊喜怒於龍虎，同氣共類，動相招致，可矣。虎嘯之時，風從谷中起；龍興之時，雲起百里內。他谷異境，無有風雲。今寒温之變，並時皆然。百里用刑，千里皆寒，殆非其驗。齊、魯接境，賞罰同時，設齊賞魯罰，所致宜殊，當時可齊國温、魯地寒乎？

案前世用刑者，蚩尤、亡秦甚矣。蚩尤之民，湎湎紛紛；呂刑曰：「民興胥漸，（謂民起相詐。）泯泯棼棼。」漢書敍傳亦作「湎湎紛紛」，與此同，今文經也。僞孔傳曰：「三苗之民，泯泯爲亂，棼棼同惡。」此云「蚩尤之民」者，今文説也。詳非韓篇注。亡秦之路，赤衣比肩，赤衣，徒人衣也。風俗通（書鈔四五。）云：「秦始皇遣蒙恬築長城，徒工犯罪，皆髡頭衣赭。」赭，赤也。當時天下未必常寒也。帝都之市，屠殺牛羊，日以百數。刑人殺牲，皆有賊心，帝都之市，氣不能寒。

或曰：「人貴於物，唯人動氣。」夫用刑者動氣乎？用受刑者爲變也？「用」猶「以」也。如用刑者，刑人殺禽，同一心也。如用受刑者，人禽皆物也，俱爲萬物，百賤不能當一貴乎？

或曰：「唯人君動氣，衆庶不能。」

夫氣感必須人君，世何稱於鄒衍？鄒衍匹夫，一人感氣，見感虛篇。世又然之。刑一人而氣輒寒，生一人而氣輒温乎？赦令四下，萬刑並除，當時歲月之氣不温。往年，萬户失火，煙（熛）焱參天；孫曰：「煙」當作「熛」，形近而誤。暉按：說文：「熛，火飛也。」河決千里，四望無垠。火與温氣同，水與寒氣類。下「氣」字，宋、元本作「爲」。宋殘卷、朱校並同。失火河決之時，不寒不温。然則寒温之至，殆非政治所致。然而寒温之至，遭與賞罰同時，變復之家，因緣名之矣。變復，注感虛篇。

春温夏暑，秋涼冬寒，人君無事，四時自然。夫四時非政所爲，而謂寒温獨應政治？正月之始，正月之後，盼遂案：「正月之後」四字宜衍。漢以立春爲正月節。續漢書禮儀志：「立春之日，下寬大書，詔罪大殊死，且勿案驗。」是後漢停止詔獄在正月之始、立春之際矣。衍「正月之後」四字，則不合漢制。立春之際，百刑皆斷，囹圄空虛，月令曰：「仲春之月，命有司省囹圄，去桎梏，毋肆掠，止獄訟。」鄭注：「囹圄所以禁守繫者。」然而一寒一温。「一」猶「或」也。當其寒也，何刑所斷？當其温也，何賞所施？由此言之，寒温，天地節氣，非人所爲，明矣。

人有寒温之病，非操行之所及也。遭風逢氣，身生寒温。變操易行，先孫曰：「操」，元本作「慘」。案：順鼓篇亦云：「變操易行。」則元本非是。暉按：宋殘卷、朱校元本亦誤作「慘」。寒温不除。夫身近而猶不能變除其疾，國邑遠矣，安能調和其氣？人中於寒，中，傷也。飲藥行解，所苦稍衰；轉爲温疾，吞發汗之丸而應愈。燕有寒谷，不生五穀。鄒衍吹律，寒谷可種。燕人種黍其中，號曰黍谷。文選魏都賦注引劉向别録曰：「方士傳言：（四字據類聚五、御覽五四引增。）鄒衍在燕，燕（據類聚增。）有谷，地美而寒，不生五穀。鄒子居之，吹律而温氣至，黍生，今名黍谷。」穀梁定元年疏曰：「寒涼之地，本不種苗，鄒衍吹律，乃始谷生物，謂之黍。」如審有之，寒温之災，復以吹律之事，復，消復也。調和其氣，變政易行，何能滅除？是故寒温之疾，非藥不愈；黍谷之氣，非律不調。堯遭洪水，使禹治之。寒温與堯之洪水，同一實也。堯不變政易行，知夫洪水非政行所致。洪水非政行所致，亦知寒温非政治所招。

或難曰：洪範庶徵曰：「庶」上無「八」字，此今文也。訂鬼篇「五行」上無「一」字，感虚、卜筮篇「稽疑」上無「七」字，並今文之異。詳孫星衍尚書今古文注疏、皮錫瑞今文尚書考證。王鳴盛謂「五行」以下有「一」、「二」等字，是僞孔妄加。「急，恒寒若；舒，恒燠若。」若，順；燠，温；恒，常也。「舒」，今文，古文作「豫」。尚書「寒若」句，在「燠若」句下。下文引經與此同。皮錫瑞曰：「荀悦漢高后紀、三國志毛玠傳鍾繇詰玠引經，亦皆先寒後燠。疑三家尚書之異文。」人君急，則常寒順之；舒，則常温順之。尚書鄭注：「急促自用也。寒，水氣也。舒，舉遲也。言人君舉事大舒，則有常燠之咎氣來順之。」五行傳曰：「不謀，厥咎急，厥罰恒寒。」鄭彼注云：「君臣不謀則急矣。聽曰水，水主冬，冬氣藏，藏氣失，故常寒也。」五行傳曰：「不悊，厥咎舒，厥罰恒燠。」鄭注：「君臣不瞭，則舒緩矣。視曰火，火主夏，夏氣長，長氣失，故常燠也。」寒温應急舒，謂之非政，如何？

夫豈謂急不寒、舒不温哉？人君急舒而寒温遞至，偶適自然，若故相應。猶卜之得兆，筮之得數也，曲禮曰：「龜曰卜，蓍曰筮。」洪範疏：「灼龜曰兆。」周禮大卜注：「兆者，灼龜發於火，其形可占者。」史記日者傳索隱曰：「筮必以易，易用大衍之數也。」人謂天地應令問，左文十八年傳：「惠伯令龜。」正義曰：「周禮大卜：『大祭祀，則視高命龜。』鄭玄云：『命龜，告龜以所卜之事。』令者，告令，使知其意，與『命』同也。」其實適然。義詳卜筮篇。夫寒温之應急舒，猶兆數之應令問也，外若相應，其實偶然。何以驗之？夫天道自然，自然無爲。二令參偶，當作「二偶參合」。「令」、「合」形誤，文又誤倒。偶會篇：「二偶三合，似若有之，其實自然。」文義同。盼遂案：「令」疑爲「合」之形譌。「二合」與「三偶」爲駢文也。遭適逢會，人事始作，天氣已有，治期篇曰：「人事未爲，天氣已見。」句義正同。疑「有」當是「見」字。故

**曰道也。**漢書翼奉傳奉奏封事曰：「天地設位，懸日月，布星辰，分陰陽，定四時，列五行，以視聖人，名之曰道。聖人見道，然後知王治之象。」亦即此義。**使應政事，是有〔爲〕，非自然也。**吴曰：「有」下脱一「爲」字。「有爲自然」，與上「自然無爲」二義相應。譴告篇云：「如譴告人，是有爲，非自然也。」文句正同。

**易京氏布六十四卦於一歲中，六日七分，**盼遂案：「四」字衍，當是「六十卦」。漢書京房傳：「房分六十卦，更直日用事。」孟康注：「餘四卦震、離、兑、坎爲方伯監司之官。」今案：以六十卦分配三百六十五日又四分日之一，破一日爲八十分，則爲六日七分者，恰得六十而止。若作「六十四」，則於「六日七分」之説乖矣。**一卦用事。卦有陰陽，氣有升降，陽升則温，陰升則寒。**漢書京房傳：「房治易，事梁人焦贛，其説長於災變，分六十四卦，（今本脱「四」字。）更直日用事，以風雷寒温爲候，各有占驗，房用之尤精。」孟康注：「分卦直日之法，一爻主一日，六十四卦爲三百六十日，餘四卦震、離、兑、坎，爲方伯監司之官。所以用震、離、兑、坎者，是二至二分用事之日，又是四時各專王之氣。各卦主時，其占法，各以其日觀其善惡也。」易復卦正義曰：「易緯稽覽圖云：卦氣起中孚，故離、坎、震、兑各主其一方。其餘六十卦，卦有六爻，爻別主一日，凡主三百六十日餘有五日四分日之一者，每日分爲八十分，五日分爲四百分，四分日之一又爲二十分，是四百二十分，六十卦分之，六七四十二，卦别各得七分，是每卦得六日七分也。」按後漢書崔瑗傳：「瑗明京房易傳六日七分。」隋書經籍志有京房周易飛候六日七分八篇。（五行家。）惠棟漢易學卷二有「六日七分圖」，卷五有「京氏占風雨寒温」，言之詳矣。**由此言之，寒温隨卦而至，不應政治也。案易無妄之應，**釋文引鄭、馬、王云：「妄猶望，謂無所希望也。」史記春申君傳正作「毋望」。正義曰：「猶不望而忽至也。」漢書谷永傳永對曰：「涉三七之節紀，遭无妄之卦運。」應劭曰：「无妄者，無所妄也，萬物無所望於天，災異之最大者也。」曹植漢二祖優劣論：「世祖值陽九無妄之世，遭炎光厄會之運。」（類聚十二。）明雩篇云：「政治之災，無妄之變，何以別之？曰：德酆政得，災猶至者無妄也。德衰政失，變應來者，政治也。」與鄭、馬義不同。按：文選吳都賦劉逵注引易无妄曰：「災氣有九，陽阨五，陰阨四，合爲九。一元之中，四千六百一十七歲，各以數至。」正與仲任意合。必晚周舊説，而仲任據之。谷永云：「遭无妄之卦運。」亦謂時物氣運，與仲任意同。應劭據馬、鄭義説之，非也。**水旱之至，自有期節，百災萬變，殆同一曲。**義詳明雩、治期篇。

**變復之家，**注感虛篇。**疑且失實。何以爲疑？**

**夫大人與天地合德，先天而天不違，後天而奉天時。**易乾卦文言語。**洪範曰：「急，恒寒若；舒，恒燠若。」如洪範之言，天氣隨人易徙，當先天而天不違耳，何故復言「後天而奉天時」乎？「後」者，天已寒温於前，而人賞罰於後也。由此言之，人言與尚書不合，**「人」疑當作「易」。**一疑也。京氏占寒温以陰陽升降，變復之家以刑賞喜**

**怒，**王本「賞」作「罰」，非。崇文本誤同。**兩家乖迹，**「迹」疑爲「違」形譌。**二疑也。民間占寒温，今日寒而明日温，**「而」猶「則」也。**朝有繁霜，夕有列光，**盼遂案：「列」當爲「烈」之譌脱。「烈光」者，日也，與「繁霜」對，故稱「烈光」。**旦雨氣温，旦暘氣寒。**説文：「暘，日出也。」盼遂案：「旦」字皆「且」之誤。且，將也。天將雨，其氣温；天將暘，其氣寒也。本論變動篇：「天且風，巢居之蟲動；且雨，穴處之物擾。」與此同一文法。下文〔一〕「雨旦暘」、「暘旦雨」，二「旦」字亦「且」之誤。**夫雨者陰，暘者陽也；寒者陰，而温者陽也。雨旦暘反寒，暘旦雨反温，**孫曰：「雨旦暘反寒」，當作「旦暘反寒」；「暘旦雨反温」，當作「旦雨反温」。二句首「雨」「暘」二字，並涉上文而衍。此謂暘爲陽，宜温，而反寒；雨爲陰，宜寒，而反温，不以類相應，故可疑也。正承上文「旦雨氣温，旦暘氣寒」言之。**不以類相應，三疑也。三疑不定，「自然」之説，亦未立也。**「亦」，語詞，非承上也。易井卦彖辭：「亦未繘井。」句例同。言三疑不定，乃天道自然之義不明也。自然篇即申此義。

〔一〕「下文」，原本作「文下」，據原書文例乙。

# 譴告篇

**論災異〔者〕，謂古之人君爲政失道，天用災異譴告之也。**「論災異」下，脱「者」字。寒温篇云：「説寒温者曰：人君喜則温，怒則寒。」句例正同。洪範五行傳：「凡有所害謂之災，無所害而異於常謂之異。故災爲已至，異爲方來。」漢書董仲舒傳仲舒對策曰：「國家將有失道之敗，而天乃先出災害以譴告之。不知自省，又出怪異以警懼之。尚不知變，而傷敗乃至。」三國志魏志高堂隆傳引孔子曰：「災者修類應行，精祲相感以戒人君。」白虎通災變篇：「天所以有災變何？所以譴告人君，覺悟其行，欲令悔過修德，深思慮也。災異者，何謂也？春秋潛潭巴曰：『災之言傷也，隨事而誅。異之言怪也，先發感動之也。』」漢代言陰陽災異者，初有董仲舒，治公羊，以推陰陽。繼有夏侯始昌，授尚書，明於陰陽，作洪範五行傳。後有眭孟、夏侯勝、京房、翼奉、李尋、劉向、谷永等，皆明災異以規時政。法言淵騫篇曰：「災異：董相、夏侯勝、京房。」**災異非一，復以寒温爲之效。人君用刑非時則寒，施賞違節則温。**廣州先賢傳曰：「和帝時，策問陰陽不和，或水或旱。方正鬱林布衣養奮字叔高對曰：『天有陰陽，陰陽有四時，四時有政令，春夏則予惠，布施寬仁；秋冬則剛猛，盛威行刑。賞罰殺生，各應其時。』」（續五行志注。）後漢書韋彪傳彪上疏曰：「臣聞政化之本，必順陰陽，伏見立夏以來，當暑而寒，殆以刑罰刻急，郡國不奉時令之所致。」天神譴告人君，猶人君責怒臣下也。故楚嚴王曰：「天不下災異，天其忘子（予）乎！」吳曰：當作「楚莊王」。「莊」作「嚴」者，王充避明帝諱改之。下文「楚莊王好獵」，恢國篇「楚莊赦鄭伯之罪」，則後人復改也。「天其忘子乎」，「子」當作「予」。（崇文局本已改作「予」。）說苑：「楚莊王見天不見妖，而地不出孽，則禱於山川，曰：天其忘予歟？」此論衡所本。暉按：吳說是也。「子」，宋本、鄭本正作「予」。說苑見君道篇。此語始見春秋繁露必仁且智篇。災異爲譴告，故嚴王懼而思之也。

曰：此疑也。夫國之有災異也，猶家人之有變怪也。有災異，謂天譴〈告〉人君，「告」字據上下文增。有變怪，天復譴告家人乎？「家人」謂「庶民」，漢時常語。家人既明，人之身中，亦將可以喻。身中病，猶天有災異也。血脉不調，人生疾病；風氣不和，歲生災異。災異謂天譴告國政，疾病天復譴告人乎？釀酒於罌，烹肉於鼎，皆欲其氣味調得也。時或鹹苦酸淡不應口者，猶人勺藥失其和也。文選司馬相如子虛賦：「勺藥之和具而後御之。」注文穎曰：「五味之和也。」王引之曰：「勺藥之言適歷也。適歷，均調也。說文曰：『厤，和也，从甘从厤。厤，調也。』周官遂師注曰：『磿者適歷。』疏曰：『分布希疏得所，名爲適歷也。』然則均調謂之適歷，聲轉則爲勺藥。」陳喬樅魯詩遺説考曰：（鄭風溱洧〔一〕。）「魯詩皆以勺藥爲調和之名。」盼遂案：「猶」爲「由」之音譌。猶、由雖古通，然猶可以作由，由不可以作猶也。勺藥之言適歷也。適歷，均調也。漢書司馬相如傳「勺藥之和具而後御之」；文選枚乘七發「勺藥之醬」；漢書楊雄傳「乃使有伊之徒，調夫五味，甘甜之和，芍藥之羹」；文選張衡南都賦「歸雁鳴鵽，香稻鮮魚，以爲芍藥」；稽康集聲無哀樂論「太羹不和，不極芍藥之味」；文選張協七命「味重九沸，和兼芍藥」；抱朴子内篇論仙篇「熬煎芍藥，旨嘉饜飫」，注家皆以和味爲説。論亦然也。劉禹錫嘉話録有芍藥爲和物一條，極言其事，是晚唐此解尚未昧也。見王讜唐語林卷二引。　夫政治之有災異也，猶烹釀之有惡味也。苟謂災異爲天譴告，是其烹釀之誤，得見譴告也。占大以小，明物事之喻，足以審天。使嚴王知如孔子，則其言可信。衰世霸者之才，楚莊王，春秋五霸之一。猶夫變復之家也，言未必信，故疑之。

夫天道，自然也，無爲。如譴告人，是有爲，非自然也。吴曰：上「也」字衍。暉按：「無爲」上疑脱「自然」二字。寒温篇云：「夫天道自然，自然無爲。」句例正同。黄、老之家，論説天道，得其實矣。義詳自然篇。且天審能譴告人君，審，實也。宜變易其氣以覺悟之。

〔一〕「溱洧」，原本作「漕洧」，據毛詩改。

用刑非時，刑氣寒，而天宜爲温；「而」猶「則」也。下同。施賞違節，賞氣温，而天宜爲寒。變其政而易其氣，故君得以覺悟，知是非。今乃隨寒從温，爲寒爲温，以（非）譴告之意，欲令變更之且（宜）。舊讀「今乃隨寒從温，爲寒爲温以譴告之，（句。）意欲令變更之」。則語意未足。「以」，宋本、宋殘卷、朱校元本并作「非」，是也。「且」當爲「宜」字形誤。此文當作：「非譴告之意，欲令變更之宜。」下文「今刑賞失法，天欲改易其政，宜爲異氣」，即承此「非欲令變更之宜」爲文。又下文「非皇天之意，愛下譴告之宜」，句例正同。蓋「宜」形誤作「且」，校者則妄改「非」爲「以」矣。太王亶父以王季之可立，御覽九八四引「以」作「睹」。故易名爲歷。「歷」者，適也。孫曰：漢書孝成趙皇后傳耿育上疏曰：「太伯見歷知適，逡循固讓。」顔師古曰：「歷謂王季，即文王之父也。知適，謂知其當爲適嗣也。」仲任所言，蓋先儒舊説。又按：「適歷」，乃漢人通語。「歷」即「秝」之借字。説文：「秝，稀疏適也，讀若歷。」周禮遂師：「抱磿。」後鄭注：「磿者，適歷。」賈疏云：「謂之適歷者，分布稀疏得所，名爲適歷也。」洨長以通語解字，後鄭以通語解經耳。暉按：吴越春秋吴太伯傳曰：「古公三子，長曰太伯，次曰仲雍，雍一名吴仲，少曰季歷。季歷娶妻太任氏，生子昌，昌有聖瑞。古公知昌聖，欲傳以及昌，曰：『興王業者，其在昌乎！』因更名曰『季歷』。太伯、仲雍望風知指，曰：『歷者，適也。』知古公欲以國及昌。古公病，二人託名採藥於衡山，遂之荆蠻，斷髮文身，爲夷狄之服，示不可用。」爾雅釋言：「辟，歷也。」翟灝爾雅補郭曰：「辟讀毗義切，謂他適以違避人也。歷亦他適避人之義，故以歷釋辟也。」引史記自序

「大伯避歷，江蠻是適」，及吴越春秋、論衡此文以證之。是翟氏訓「適」爲「往」，與師古訓爲「適嗣」不同，未知孰是。太伯覺悟，之吴、越採藥，以避王季。使太王不易季名，而復字之「季」，太伯豈覺悟以避之哉？今刑賞失法，天欲改易其政，宜爲異氣，若太王之易季名。今乃重爲同氣以譴告之，人君何時將能覺悟，以見刑賞之誤哉？

鼓瑟者誤於張弦設柱，瑟，朱校元本、天啓本同。錢、黄、王、崇文本作「琴」。下文云「瑟師」，則作「瑟」者，是也。宮商易聲，其師知之，易其弦而復移其柱。夫天之見刑賞之誤，猶瑟師之睹弦柱之非也，不更變氣以悟人君，反增其氣以渥其惡，則天無心意，苟隨人君爲誤非也。紂爲長夜之飲，文王朝夕曰：「祀，兹酒。」尚書酒誥文。注語增篇。齊奢於祀，晏子祭廟，豚不掩俎。禮記雜記下曰：「晏平仲祀其先人，豚肩不揜豆。」鄭注：「豚，俎實。豆徑尺，言并豚兩肩，不能覆豆，喻小也。」正義：「依禮，豚在於俎，今云『不揜豆』者，以豆形既小，尚不揜豆，明豚小之甚，不謂豚在豆也。」故此文變云「掩俎」。何則？非疾之者，宜有以改易之也。子弟傲慢，父兄教以謹敬；吏民横悖，長吏示以和順。是故康叔、伯禽失子弟之道，見於周公，拜起驕悖，三見三笞。往見商子，商子令觀橋梓之樹。二子見橋梓，心感覺悟，以知父子之禮。尚書大傳周傳曰：「伯禽與康叔見周公，三見而三笞之。康叔有駭色，謂伯禽曰：『有商子者，賢人也，與子見之。』乃見商子而問焉。商子曰：『南山之陽有木焉，名喬，二三子往觀之。』見喬實高高然而上。反以告商子。商子曰：『喬者，父道也。南山之陰有木焉，名梓，二三子復往觀之。』見梓實晉晉然而俯。反以告商子。商子曰：『梓者，子道也。』二三子明日見周公，入門而趨，登堂而跪，周公迎拂其首，勞而食之。曰：『爾安見君子乎？』」亦見説苑建本篇。盼遂案：「子」下宜有「兄弟」二字。蓋父子之禮，斥伯禽言；兄弟之禮，斥康叔言。脱「兄弟」字，則康叔事無著。事見説苑建本篇。周公可隨爲驕，商子可順爲慢，必須加之捶杖，教觀於物者，冀二人之見異，以奇自覺悟也。夫人君之失政，猶二子失道也，天不告以政道，令其覺悟，若二子觀見橋梓，而顧隨刑賞之誤，爲寒温之報，此則天與人君俱爲非也。無相覺悟之感，有相隨從之氣，非皇天之意，愛下譴告之宜也。

凡物能相割截者，必異性者也；能相奉成者，奉，助也。必同氣者也。是故離下兑上曰「革」。革卦䷰，離下兑上也。革，更也。鄭、馬云：「改也。」義同。火金殊氣，故能相革。漢書五行志：「兑，西方爲金。離，南方爲火。」鴻範曰：「火曰炎上，金曰從革。」如俱火而皆金，安能相成？盼遂案：「成」當爲「截」之誤。「相截」承上文之金火能相革言也。屈原疾楚之臰洿，故稱香潔之辭；漁父議以不隨俗，故陳沐浴之言。王逸離騷章句曰：「屈原執履忠貞，而被讒衺，憂心煩亂，不知所愬，乃作離騷經，依詩取興，引類譬諭，故善鳥香草，以配忠貞，惡禽臭物，以比讒佞，靈脩美人，以媲於君，宓妃佚女，以譬賢臣，虬龍鸞鳳，以託君子，飄風雲霓，以爲小人。」又「陳沐浴之言」，見楚詞漁父。

凡相溷者，或教之薰隧（燧），或令之負豕。「相」疑爲「抒」形誤。「隧」當作「燧」。淮南說山訓：「以潔白爲汙辱，譬猶沐浴而抒溷，薰燧而負彘。」高注：「燒薰自香也，楚人謂之薰燧。」二言之於除臰洿也，孰是孰非？非有不易，少有以益。二句有誤。夫用寒温非刑賞也，能易之乎？西門豹急，佩韋以自寬；董安于緩，帶絃以自促。注率性篇。二賢知佩帶變己之物，朱校元本、程、鄭本作「己」，與此同。天啓、黃、錢、王、崇文本作「色」，非。而以攻身之短。「而」讀作「能」。夫（天）至明矣，宋、元本「夫」作「天」，是也。朱校同。當據正。盼遂案：「夫」爲「天」誤，與「人君」爲對應也。人君失政，不以他氣譴告變易，反隨其誤，就起其氣，此則皇天用意，不若二賢審也。楚莊王好獵，樊姬爲之不食鳥獸之肉；秦繆公好淫樂，華陽后爲之不聽鄭、衛之音。列女傳王妃篇：「樊姬者，楚莊王之夫人也。莊王即位，好狩獵，樊姬諫，不止，乃不食禽獸之肉。」不聽鄭、衛之音，列女傳謂衛姬事。彼文云：「衛姬者，衛侯之女，齊桓公之夫人也。桓公好淫樂，衛姬爲之不聽鄭、衛之音。」漢書張敞傳敞奏書亦載此二事。「秦繆公」作「秦王」，孟康注謂「秦昭王」，又與此異。二姬非兩主，拂其欲而不順其行。皇天非賞罰，而順其操，而渥其氣，此蓋皇天之德，不若婦人賢也。

**故諫之爲言，「間」也。**顏氏家訓音辭篇曰：「穆天子傳音『諫』爲『間』。」按：穆天子傳三云：「道里悠遠，山川諫之。」郭注：「諫音間。」（今「諫」作「間」，注文「諫」、「間」互倒，依段玉裁説正。）段玉裁曰：「讀『諫』爲『間』，於六書則假借之法，於注則爲易字之例。」鍾山札記三曰：「韓非子外儲説下六微：『文王資費仲而遊於紂之旁，令之諫紂而亂其心。』（淩瀛初本改作「間」，非。）風俗通：『陳平諫楚千金。』（意林。）御覽三百四十六引零陵先賢傳：『劉備謂劉璋將楊懷曰：女小子何敢諫我兄弟之好。』并以『諫』爲『間』。」按：「諫」、「間」同音義通。「之爲言」者，就字之本音本義而轉之也，漢儒多有此例。韓非子十過篇：「以疏其諫。」史記秦本紀、説苑反質篇「諫」並作「間」。白虎通諫諍篇曰：「諫者何？諫者間也，更也。是非相間，革更其行也。」**持善間惡，必謂之一亂。**文有脱誤。持善間惡，不能謂亂。下文云：「以善駮惡，告人之理。」**周繆王任刑，甫刑篇曰：**尚書「吕刑」，今文「吕」作「甫」。**「報虐用威。」**盼遂案：孔安國尚書吕刑「皇帝哀矜庶僇之不辜，報虐以威，遏絶苗民」，爲穆王述帝堯時事。論引作斥穆王事，殆所據本與孔書異也。**威、虐皆惡也。用惡報惡，亂莫甚焉。**吕刑曰：「皇帝哀矜庶戮之不辜，報虐以威。」按：鄭玄以此爲顓頊誅苗之事，僞孔謂帝堯報爲虐者威誅，并與此異。仲任今文説也，今文經無「皇」字，（孟子盡心章趙注引無「皇」字。）謂「帝」爲「天」。（皮錫瑞説。）「報虐以威」，乃苗民淫刑之事，非謂帝報淫刑之虐者以誅絶之威。然仲任以爲周繆王任刑者，皮錫瑞曰：「非韓篇云：『繆王任蚩尤之刑。』今文説以爲苗民即蚩尤，故以爲苗民之刑，即周繆王所任之刑也。」王鳴盛、段玉裁、孫星衍說，并失其旨。趙坦謂仲任以報虐用威爲穆王則誤，亦失之。今刑〔賞〕失賞寬（實），惡也，夫（天）復爲惡以應之，「今刑失賞，寬惡也」，當作「今刑賞失實，惡也」。下文云：「刑賞失實，惡也，爲惡氣以應之。」句意正同。「賞」、「失」誤倒，「寬」、「實」形誤。（王本、崇文本改「賞」作「當」，非也。朱校元本、天啓本、程、何、錢、黃本，并與此同。）「夫」，崇文本作「天」，是也。當從之。盼遂案：「夫」當爲「天」之誤。下文「皇天之操」，即承此立言。此則皇天之操，與繆王同也。

故以善駮惡，以惡懼善，告人之理，勸厲爲善之道也。舜戒禹曰：「毋若丹朱敖。」注問孔篇。周公勑成王曰：「毋若殷王紂。」尚書無逸篇曰：「無若殷王受之迷亂酗于酒德哉。」段玉裁曰：「『無』作『毋』，『受』作『紂』者，今文尚書然也。漢書楚元王傳劉向上奏、翼奉傳奉上疏并作『毋』、作『紂』。後漢書梁冀傳袁著上書作『紂』。」毋者，禁之也。檀弓下疏曰：「依說文，止、毋是禁辭。故說文『毋』字從『女』，有人從中欲干犯，故禁約之。」丹朱、殷紂至惡，故曰「毋」以禁之。夫言「毋若」，孰與言「必若」哉？故「毋」、「必」二辭，聖人審之，況肯讁非爲非，順人之過，以增其惡哉？天人同道，大人與天合德。聖賢以善反惡，皇天以惡隨非，豈道同之效，合德之驗哉？

孝武皇帝好仙，司馬長卿獻大人賦，漢書司馬相如傳曰：「上既美子虛之事，相如見上好僊，因曰：『上林之事，未足美也，尚有靡者。臣嘗爲大人賦，未就，請具而奏之。』相如以爲列僊之儒，居山澤間，形容甚臞，此非帝王之僊意也，乃遂奏大人賦。」**上乃僊僊有凌雲之氣。**「僊僊」，舊校曰：宜讀爲「飄飄」字。方以智曰：弱侯以大人賦云「僊僊有凌雲之氣」，讀爲「飄」。飄、僊古通。智謂此未必然。蓋翩僊之「翩」字，與「飄」字相轉有之耳。沈濤銅熨斗齋隨筆卷四據論衡此文，謂史、漢古本作「僊僊」，不作「飄飄」。詩賓之初筵傳曰：「僊僊，舞貌。」僊僊即飄然輕舉之意，今本乃淺人妄改。孫曰：史記、漢書作「飄飄」，揚雄傳作「縹縹」，此作「僊僊」。「飄」、「縹」音同，「飄飄」、「僊僊」義近。「僊」無「飄」音，原校但據史、漢言之，不當云「讀爲飄飄」也。**孝成皇帝好廣宮室，揚子雲上甘泉頌，妙稱神怪，若曰非人力所能爲，鬼神力乃可成。**漢書揚雄傳作「甘泉賦」。彼文云：「正月，從上甘泉，還，奏甘泉賦以風。甘泉本因秦離宮，既奢泰，而武帝復增之，屈奇瑰偉，非木摩而不彫，牆塗而不畫，周宣所考，般庚所遷，夏卑宮室，唐、虞採椽三等之制也。且其爲已久矣，非成帝所造，欲諫則非時，欲默則不能已，故遂推而隆之，迺上比於帝室紫宮，若曰此非人力之所爲，黨鬼神可也。」按此云成帝好廣宮室，與漢書異。**皇帝不覺，爲之不止。**謂成帝。**長卿之賦，如言仙無實效；子雲之頌，言奢有害，**「如」字省。見上文。**孝武豈有僊僊之氣者，孝成豈有不覺之惑哉？然即天之不爲他氣以譴告人君，**「然即」，猶「然則」也。盼遂案：「即」與「則」通。「然即」亦「然則」也。**反順人心以非應之，猶二子爲賦頌，令兩帝惑而不悟也。**

**竇嬰、灌夫疾時爲邪，相與日引繩以糾纆之，**纆，朱校元本、程本作「纏」。吳曰：史記魏其武安侯列傳云：「魏其侯失勢，亦欲倚灌夫引繩批根生平慕之後棄之者。」漢書「批」作「排」。孟康曰：「根者，根格，引繩以抨彈排擯根格之也。」此言竇、灌失勢，賓客引去，竇、灌忿其諂曲，故引繩墨以排格之。彼云「批根」，此云「糾纆」，字異而意同。以論衡證史、漢，其義益顯。**心疾之甚，安肯從其欲？太伯教吳冠帶，孰與隨從其俗，與之俱倮也？故吳之知禮義也，太伯改其俗也。**左哀七年傳：「太伯端委，以治周禮。」**蘇武入匈奴，終不左衽；**漢書匈奴傳贊曰：「夷狄之人，被髮左〔一〕衽。」事詳漢書本傳。**趙他入南越，箕踞椎髻。**注率性篇。**漢朝稱蘇武，而毀趙他之性，**齊曰：「之性」，當作「他性」，屬下讀。盼遂案：此句當于「他」字句絕。「之性」當是「他性」，古重文多作小「＝」字，遂譌爲草書「之」字。宜改正爲「＝」，屬下句讀爲「他性習越土氣」。**習越土氣，畔冠帶之制。陸賈説之，夏服雅禮，風告以義，**「風」讀「諷」。**趙他覺悟，運心嚮內。如陸賈復越服夷談，從其亂俗，安能令之覺悟，自變從漢制哉？**

**三教之相違，**三教，王本作「政教」，非。禮記表記疏引元命包曰：「三王有失，故立三教以

〔一〕「左」，原本作「右」，形近而誤，據漢書匈奴傳改。

相變。夏人之立教以忠，其失野，故救野莫若敬。殷人之立教以敬，其失鬼，故救鬼莫若文。周人之立教以文，其失蕩，故救蕩莫若忠。如此循環，周則復始，窮則相承。」亦見本書齊世篇。**文質之相反，**表記：「子曰：虞、夏之質，殷、周之文，至矣。虞、夏之文，不勝其質；殷、周之質，不勝其文。」疏曰：「按三正記〔一〕云：『質再而後始。』則虞質，夏文。殷質，周文。」盼遂案：「三教」即史記之「三統」。齊世篇引傳曰：「夏后氏之王教以忠。殷王之教以敬。周王之教以文。」此三教相違之説也。**政失，不相反襲也。**襲，因也。**譴告人君誤，不變其失，而襲其非，欲行譴告之教，不從如何？**「不」疑爲「相」字壞字。「相從如何」，爲反詰之詞，謂天「隨寒從温」也。「如何」二字，本書常語。此文用法，非其類，撿案全書自明。**管、蔡篡畔，周公告教之，至于再三。**尚書多方：「我惟時其教告之，我惟時其戰要囚之，（大傳：戰者，憚警之也。）至于再，至于三。」漢書梁懷王揖傳廷尉賞、大鴻臚由移書傅、相、中尉，引經與此同，無下「至于」二字，今文經然也。考今古文，并無多方爲告管、蔡之説，經云：「惟爾殷侯尹民，我惟大降爾命。」又云：「非我有周秉德不康寧，乃惟爾自速辜。」明非告管、蔡者，未知仲任所據。或直取經語爲文耳。**其所以告教之者，豈云當篡畔哉？人道善善惡惡，施善以賞，加惡以罪，天道宜然。刑賞**

〔一〕「云」上原本衍一「文」字，據禮記表記疏删。

**失實，惡也，爲惡氣以應之，惡惡之義，安所施哉？漢正首匿之罪，**公羊閔元年傳注引律：「親親得相首匿。」鹽鐵論〔二〕文學曰：「自首匿相坐之法立，骨肉之恩廢，而刑罪多。」漢書宣帝紀地節四年詔：「自今子匿父母，妻匿夫，孫匿大父母，皆勿坐；其父母匿子，夫匿妻，大父母匿孫，罪殊死。」後漢書梁統傳梁上疏曰：「武帝重首匿之科，著知從之律。」師古、李賢注并云：「凡首匿者，言爲謀首而藏匿罪人。」方以智曰：「首匿，自首出其所匿也。首謂出首。」按方説，與下文「束罪人以詣吏」義合。**制亡從之法，**「亡從」未聞，據下文義，亡讀「毋」，從謂從犯，謂毋助人犯罪。一曰：即「知從」。「從」讀「縱」，放也。後漢書梁統傳：「武帝著知從之律。」晉書刑法志：「張湯、趙禹始作監臨部主見知故從之例。」**惡其隨非而與惡人爲羣黨也。**「惡人」，王本作「人人」，非。**如束罪人以詣吏，離惡人與異居，首匿、亡從之法除矣。狄牙之調味也，**狄牙即「易牙」。大戴禮保傅篇、法言問神篇、文選琴賦、北齊書顔之推傳并作「狄牙」。「狄」、「易」古通。「簡狄」，詩緯作「簡易」。**酸則沃之以水，淡則加之以鹹，水火相變易，故膳無鹹淡之失也。今刑罰（賞）失實，**「罰」當作「賞」。本文以刑賞寒温對言，上文云：「今刑賞失實，惡也。」（今本「賞失」誤倒。）又云：「刑賞失實，惡也。」句例正同。刑應寒，賞應温，下文「而又爲寒於

〔二〕「鹽」，原本作「監」，形近而誤，今改。

寒，爲温於温」，正承「刑」、「賞」爲文，是其切證。寒温篇：「變復之家以刑賞喜怒。」王本「賞」誤爲「罰」，是其比。不爲異氣以變其過，而又爲寒於寒，爲温於温，舊校曰：一有「寒温」字。此猶憎酸而沃之以鹹，惡淡而灌之以水也。由斯言之，譴告之言，疑乎？必信也？今熯薪燃釜，火猛則湯熱，火微則湯冷。夫政猶火，寒温猶熱冷也。顧可言人君爲政，賞罰失中也，逆亂陰陽，使氣不和，「顧」猶「但」也。據文，「也」字不當有。乃言天爲人君爲寒爲温以譴告之乎！宋殘卷、元本「之」作「人」，朱校同，并非也。

儒者之説又言：異虚篇云：「説災異之家。」「人君失政，天爲異；不改，災其人民；不改，乃災其身也。先異後災，災爲已至，異爲方來。注見前。先教後誅之義也。」曰：此復疑也。以夏樹物，物枯不生；以秋收穀，穀棄不藏。夫爲政教，猶樹物收穀也。顧可言政治失時，氣物爲災；乃言天爲異以譴告之，不改，爲災以誅伐之乎！儒者之説，俗人言也。盛夏陽氣熾烈，陰氣干之，激射襞裂，盼遂案：「襞裂」即「劈歷」也，同聲之轉。倉頡篇曰：「霆，劈歷也。」説文：「震，劈歷振物者。」皆以言疾雷激射之狀。中殺人物，謂天罰陰過。詳雷虚篇。外〔一〕盼遂案：衍「一」字。聞若是，内實不然。「一」字不當有。寒温篇云：「外若相應，其實偶然。」自然篇：「外若有爲，内實自然。」句例正同。夫謂災異爲譴告誅伐，猶爲雷殺人罰陰過也。説見雷虚篇。「爲」讀作「謂」。非謂之言，不然之說也。

或曰：谷子雲上書陳言變異，明天之譴告，不改，後將復有，願貫械待時。後竟復然。漢書谷永傳：「永於天官、京氏易最密，故善言災異，前後所上四十餘事，略相反覆，專攻上身與後宮而已。」「貫械」，本傳未載。即不爲譴告，即，若也。舊校曰：一有「復告復」字。何故復有？承「後將復有」爲文。舊讀屬下，非也。子雲之言，故後有以示改也。「改」，疑爲「效驗」之「效」字。

曰：夫變異自有占候，陰陽物氣自有終始。履霜以知堅冰必至，天之道也。易坤卦初六爻曰：「履霜，堅冰至。」蔡邕釋誨曰：「君子推微達著，履霜知冰。」子雲識微，知後復然，借變復之說，以效其言，故願貫械以待時也。猶齊晏子見鉤星在房、心之間，則知地且動也。見變虛篇。使子雲見鉤星，則將復曰：「天以鉤星譴告政治，不改，將有地動之變矣。」然則子雲之願貫械待時，猶子韋之願伏陛下，以俟熒惑徙，見變虛篇。處必然之驗，故譴告之言信也。處，審度也。注詳本性篇。

予之譴告，何傷於義？

損皇天之德，使自然無爲轉爲人事，故難聽之也。稱天之譴告，譽天之聰察也，反以聰察傷損於天德。「何以知其聾也？以其聽之聰也。何以知其盲也？以其視之明也。何以知其狂也？以其言之當也。」此申不害語，見呂氏春秋任數篇。仲任謂道家言，蓋不害亦明黃、老者。夫言當、視〔明〕、聽聰明，此蒙上爲文，當作：「言當，視明，聽聰。」蓋傳寫誤倒。而道家謂之狂而盲聾。今言天之譴告，是謂天狂而盲聾也。

易曰：「大人與天地合其德。」乾卦文言。故太伯曰：「天不言，殖其道於賢者之心。」未詳何出。夫大人之德，則天德也；則，即也。賢者之言，則天言也。大人刺而賢者諫，禮運孔疏：「大人，天子也。」周禮秋官：「小司寇以三刺斷庶民獄訟之中，一曰訊羣臣，二曰訊羣吏，三曰訊萬民。」鄭注：「刺，殺也。」賈疏：「所刺不必是殺，兼輕重皆刺也。」禮記少儀曰：「爲人臣下者，有諫而無訕。」是則天譴告也，而反歸〔譴〕告於災異，「譴」字舊挩，今以意增。故疑之也。

六經之文，聖人之語，動言「天」者，欲化無道，懼愚者。之〔欲〕言非獨吾心，亦天意也。宋殘卷、元本「之」作「欲」，是也。朱校同。當據正。及其言天，猶以人心，非謂上天蒼蒼之體也。變復之家，見誣言天，「誣」字無義，當爲「諸」字形誤。災異時至，則生譴告之言矣。

驗古以知今，〔知〕天以人。孫曰：當作「驗古以今，知天以人」。今本誤倒，不可通矣。

暉按：孫說是也。漢書董仲舒傳云：「善言天者，必有徵於人；善言古者，必有驗於今。」李尋傳亦有「善言天者必有效於人」之語。**「受終于文祖」**，見書舜典。言舜受堯終帝之事於文祖也。史記五帝本紀曰：「文祖，堯太祖也。」鄭曰：「文祖者，五府之大名，猶周之明堂。」明堂乃尊祖配天之處，與史公說合。王莽以漢高祖廟爲文祖廟，是自比爲舜代堯。則其亦謂文祖爲太祖廟，如史公說。馬曰：「文祖，天也，天爲文，萬物之祖，故曰文祖。」按：仲任云：「受終于文祖，不言受終于天。」明與馬說異，亦謂爲堯太祖也。馬氏云：「天爲文，萬物之祖。」正仲任所謂「蒼蒼之體」者。皮錫瑞云：「仲任亦以文祖爲天，與馬氏同。」蓋未深考也。鄭氏「五府」之說，乃本書緯。尚書帝命驗曰：「五府，五帝之廟，蒼曰靈府，赤曰文祖。」又曰：「唐、虞謂之五府，夏謂之世室，殷謂之重屋，周謂之明堂，皆祀五帝之所也。文祖者，赤帝熛怒之府，名曰文祖。火精光明，文章之祖，故謂之文祖。」（見五帝紀索隱、集解。）是「文祖」爲赤帝之府。緯書說堯感赤帝精而生，故謂文祖爲堯太祖廟，與馬氏所謂「天」乃蒼蒼之體、萬物之祖者義自不同。皮氏謂史公以爲太祖，馬以爲天，其實爲一。亦非。盼遂案：論意謂文祖爲帝堯也，故下文即云「不言受終于天」也。而尚書堯典「受終於文祖」句，古來注者，馬融云「文祖，天也」；鄭玄注「文祖，五府之大名，猶周之名堂」；王肅注「文祖，廟名」；僞孔傳謂「文祖，堯文德之祖廟」，皆與仲任說異。論所據，殆歐陽三家書歟？

**不言受終于「天」，堯之心知天之意也。**盼遂案：「知」字衍。上文「知天以人」，故此處「天」字上遂衍「知」字。**堯授之，天亦授之，百官臣子皆鄉與舜。**「鄉」讀「嚮」。**舜之授**

禹，禹之傳啓，皆以人心效天意。孟子萬章篇云：「天不言，以行與事示之而已矣。」亦即此義。詩之「眷顧」，見大雅皇矣。注初禀篇。洪範之「震怒」，洪範曰：「鯀陻洪水，汩陳其五行，帝乃震怒。」鄭曰：「帝，天也。」皆以人身（心）效天之意。「身」當作「心」，聲之誤也。謂以「人心」效「天意」。上文「舜之授禹，禹之傳啓，皆以人心效天意」，文意正同。上文「欲言非獨吾心，亦天意也」；又云「及其言天，猶以人心」；又云「堯之心，知天之意也」，并爲以「人心」效天意之義。人之身，非可以效天意也。文、武之卒，成王幼少，周道未成，周公居攝，類聚引元命包曰：「文王造之而未遂，武王遂之而未成，周公旦抱少主而成之。」當時豈有上天之教哉？周公推心合天志也。「心」上疑脱「人」字。上天之心，在聖人之胸，及其譴告，在聖人之口。不信聖人之言，反然災異之氣，求索上天之意，何其遠哉？世無聖人，安所得聖人之言？意林引作「安得知天」。御覽四〇一引作「安得知天變動」。賢人庶幾之才，注效力篇。亦聖人之次也。潛夫論考績篇曰：「聖人爲天口，賢人爲聖譯，是故聖人之言，天之心也；賢者之所説，聖人之意也。」義與此同。

# 論衡校釋卷第十五

## 變動篇

論災異者，已疑於天用災異譴告人矣。義詳譴告篇。更説曰：「災異之至，殆人君以政動天，天動氣以應之。譬之以物擊鼓，以椎扣鐘，扣，擊也。鐘，各本作「鍾」。下同。今從王本。鼓猶天，椎猶政，鐘鼓聲猶天之應也。人主爲於下，則天氣隨人而至矣。」漢書翼奉傳奉上封事曰：「臣聞人氣内逆，則感動天地。」即此義也。

曰：此又疑也。夫天能動物，物焉能動天？何則？人物繫於天，天爲人物主也。故曰：「王良策馬，車騎盈野。」非車騎盈野，而乃王良策馬也。天氣變於上，人物應於下矣。孫曰：王良，主天馬之星也。其動策馬，則車騎盈野。車騎盈野者，喻刀兵之亂也。「王良策馬，車騎盈野」，蓋占星家常語，而仲任引之。故云：「天氣變於上，人物應於下也。」史記天官書：「漢中四星曰天駟，旁一星曰王良。王良策馬，車騎滿野。」索隱曰：「春秋合誠圖云：『王良，主天馬也。』」正義曰：「王良五星，在奎北河中，天子奉御官也。其動策馬，則兵騎滿野。客星守之，津橋不通。金火守入，皆兵之憂。」又曰：「策一星，在王良前，主天子僕也。占以動摇移易在王良前，或居馬後，則爲策馬，策馬而兵動也。」**故天且雨，商羊起舞，〔非〕使天雨也。**尋上下文義，「使」上當脱「非」字。此文在明天能動物，物不能動天。今本脱「非」字，則謂商羊使天雨矣，殊失其義。**商羊者，知雨之物也，天且雨，屈其一足起舞矣。**說苑辨物篇：「齊有飛鳥一足，來下，止於殿前，舒翅而跳。齊侯大怪之，使人聘問孔子。孔子曰：『此名商羊，急告民趣治溝渠，天將大雨。』於是如之，天果大雨。孔子歸，弟子請問。孔子曰：『異時，小兒有兩兩相牽，屈一足而跳曰：天將大雨，商羊起舞。』」亦見家語辨政篇。並曰：「商羊，水祥也。」方以智曰：「臨海志有獨足鳥，聲如人，將雨轉鳴，是商羊也。」**故天且雨，螻蟻徙，丘蚓出，**東觀漢記曰：「螻封穴户，大雨將至。」**琴絃緩，固疾發，**春秋繁露同類相動篇：「天將陰雨，人之病故爲之先動，是陰相應而起也。」**此物爲天所動之驗也。故天且風，巢居之蟲動；且雨，穴處之物擾，**漢書翼奉傳：「巢居知風，穴處知雨。」師古曰：「巢居，鳥鵲之屬；穴處，狐狸之類。」易通卦驗曰：（御覽九二一。）「鵲，陽鳥，先物而動，先事而應，見於未風之象。」春秋漢含孳〔一〕曰：「穴藏先知雨，陰曀未集，魚已噞喁；巢居之鳥先知風，樹木未摇，鳥已翔。」韓詩薛君章句曰：

〔一〕「漢」，原本作「漠」，形近而誤，今改。

「鸛，水鳥，巢處知風，穴處知雨，天將雨而蟻出壅土，鸛鳥見之，長鳴而喜。」（並見文選張茂先情詩注。）**風雨之氣感蟲物也。故人在天地之間，猶蚤虱之在衣裳之内，螻蟻之在穴隙之中。蚤虱螻蟻爲順逆橫從，能令衣裳穴隙之間氣變動乎？蚤虱螻蟻不能，而獨謂人能，不達物氣之理也。**

**夫風至而樹枝動，樹枝不能致風。是故夏末蜻蛪鳴，寒螿啼，感陰氣也。**御覽二二引舊注云：「蜻蛚，蟋蟀也。」月令曰：「季夏之月，蟋蟀居壁。」爾雅釋蟲曰：「蟋蟀，蛬也。」孫炎曰：「蜻蛚也，梁國謂蛬。」郭景純云：「今促織。」吕氏春秋季夏紀高注：「蟋蟀，蜻蛪，爾雅謂之暴。陰氣應，故居宇鳴以促織。」許慎淮南子説林篇注曰：「寒螿，蟬屬也。」（文選擣衣詩注。）月令：「孟秋之月，寒蟬鳴。」鄭注：「寒蟬，寒蜩，謂蜺也。」爾雅釋蟲：「蜺，寒蜩。」郭注：「寒螿也。似蟬而小，青赤。」吕氏春秋孟秋紀高注：「寒蟬，得寒氣鼓翼而鳴，時候應也。」按：方言、廣雅以爲「瘖蜩」。（廣雅作「闇」，字同。）然古傳記，並謂能鳴。郝懿行曰：「寒蟬閟響，當在深秋，涼風初至，方始有聲，故方言謂之瘖。」又按：淮南説林篇高注：「寒螿，（今作「將」，此依文選三一注引。）水鳥。」其義獨異。**雷動而雉驚，發蟄而蛇出，**孫曰：疑當作「雷動而雉發，驚蟄而蛇出。」暉按：孫説未是。御覽二二引作「雷動而雉驚，啓蟄而蛇出」。啓、發義同，明此文本作「發蟄」。大戴禮夏小正篇：「啓蟄，言始發蟄也。」是發蟄義猶「啓蟄」，不必改作「驚蟄」也。大戴禮夏小正曰：「雉震呴，正月必雷，雷不必聞，惟雉爲必聞之。何以謂之？雷則雉震呴，相識以雷。」説文亦云：「雷始動，雉鳴而句其頸。」月令：「孟春之月，蟄蟲始振。」呂覽高注：「蟄伏之蟲，乘陽始振動蘇生也。」**起〔陽〕氣也。**朱校元本、程本亦脱「陽」字。錢、黄、王本有「陽」字，御覽二二引同，今據增。「起」，御覽引作「感」，蓋以意改。盼遂案：「起」當爲「趨」之誤。下又脱一「陽」字。「趨陽氣也」，與上文「感陰氣也」爲對句。**夜及半而鶴唳，晨將旦而鷄鳴，**淮南説山篇云：「鷄知將旦，鶴知夜半。」注：「鶴夜半而鳴也。」春秋説題辭曰：（類聚九一。）「鷄爲積陽，南方之象，火陽精，物美上。故陽出鷄鳴，以類感也。」注云：「離爲日，積陽之象也。日將出，預喜於類見而鳴也。」春秋考異郵曰：（見修文御覽。）「鶴知夜半。」宋均注：「鶴，水鳥。夜半，水位。感其氣則益鳴也。」説題辭亦云：「鶴知夜半。」**此雖非變，天氣動物，物應天氣之驗也。顧可言寒温感動人君，人君起氣而以賞罰，**盼遂案：「起」亦「趨」之誤。趨，赴也，赴所期也。（釋名。）**迺言以賞罰感動皇天，天爲寒温以應政治乎！**

**六情風家言，風至，爲盜賊者感應之而起，**吴曰：五行大義云：「翼奉以風通六情。」此言「六情風家」，蓋即齊詩學也。翼奉上封事曰：「東方之情，怒也。怒行陰賊，亥卯主之。貪狼必待陰賊而後動，陰賊必待貪狼而後行。」五行大義引服虔左氏説曰：「風作木，木屬東方。」又曰：「怒爲風。」論衡風應盜賊之説，蓋本諸此。暉按：六情者，好惡喜怒哀樂也。漢書翼奉傳奉上封事曰：「北方之情，好也，好行貪狼，甲子主之。東方之情，怒也，怒行陰賊，亥卯主之。南方之情，惡也，惡行廉貞，寅午主之。西方之情，喜也，喜行寬大，已酉主之。上方之情，樂也，樂行姦邪，辰未主之。（上方，北與東。）下方（南與西。）之情，哀也，哀行公正，戌丑主之。」陳啓源毛詩稽古編曰：「後世風占有六情之説，蓋本於此。各以其日時與方，占風之來，以觀休咎。」**非盜賊之人精氣感天，使風至也。風至，怪（搖）不軌之心，**「怪」當作「搖」。孫校見下。盼遂案：「怪」當爲「感」之聲誤。怪、感同屬見母。上文「六情風家言，風至，爲盜賊者感應之而起，非盜賊之人精氣感天，使風至也」。此承述其文。孫人和疑爲「搖」之誤，非也。**而盜賊之操發矣。何以驗之？盜賊之人，見物而取，睹敵而殺，皆在徙倚漏刻之間，未必宿日有其思也，而天風已以貪狼陰賊之日至矣。**義見上。**以風占貴賤者，風從王相鄉來則貴，從囚死地來則賤。**孫曰：開元占經風占云：「凡吉祥之風，日色清明，風勢和緩，從歲月日時德上來，或乘王相上來，去地稍高，不揚塵沙，人心喜悦，是謂祥風，人君德令下施之應。凡凶災之風，日色白濁，天氣昏寒，風聲叫怒，飛沙捲塵，乘刑殺而至。當詳五音，定八方，觀其起止占之。」又云：「怒風起生，皆詳其五音，與歲月日時刑德合沖墓殺五行生尅王相囚死，以言吉凶。仍以六情推之，萬不失一。」**夫貴賤多少，斗斛故也。風至，而糴穀之人貴賤其價，**盼遂案：「糴」當爲「糶」。蓋糴穀之人無權能貴賤其價也。治期篇：「穀糶在市，一貴一賤。」知糶穀之人於穀價能貴之能賤之也。**天氣動怪（搖）人物者也。**孫曰：此文及下「登樹怪其枝」二語，「怪」字並不可通，疑「搖」字之誤。俗書「搖」作「揺」，五音類聚又作「𢪃」，作「搖」，並與「怪」字形近。又按：上文「風至怪不軌之心」，「怪」亦難通，或亦「搖」字之誤。搖，動也。搖不軌之心，猶言動不軌之心也。故穀價低昂，一貴一賤矣。「一」猶「或」也。天官之書，以正月朝，占四方之風。風從南方來者旱，從北方來者湛，東方來者爲疫，西方來者爲兵。孫曰：史記天官書云：「凡候歲美惡，謹候歲始。歲始或冬至日，産氣始萌。臘明日，人衆卒歲，一會飲食，發陽氣，故曰初歲。正月旦，王者歲首。立春日，四時之卒始也。四始者，候之日。而漢魏鮮集臘明正月旦決八風。風從南方來，大旱。西南，小旱。西方，有兵。西北，戎菽爲，小雨，趣兵。北方，爲中歲。東北，爲上歲。東方，大水。東南，民有疾疫，歲惡。故八風各與其衝對，課多者爲勝。多勝少，久勝亟，疾勝徐。」仲任引天官之書，但云四方之風，故文多删節，然不得違乎論指。此云「從北方來者湛」，史記及漢書天文志並作「東方大水」。但水屬北方，論衡未必非也。太史公實道，言以風占水旱兵疫者，人物吉凶統於天也。「統」猶「本」也。

使物生者，春也；物死者，冬也，春生而冬殺也。天者盼遂案：此句當是「春生而冬殺者，天也」，方與上文「人物吉凶統于天也。使物生者，春也；物死者，冬也」三句文法一致。如或欲春殺冬生，物終不死生，何也？物生統於陽，物死繫於陰也。故以口氣吹人，人不能寒；吁人，人不能温。使見吹吁之人，涉冬觸夏，將有凍暍之患矣。「暍」讀作

「煬」。莊子徐无鬼釋文：「郭音羊。李云：『煬，炙也。』」寒温之氣，繫於天地，而統於陰陽，人事國政，安能動之？

且天本而人末也。登樹怪(搖)其枝，不能動其株。如伐株，萬莖枯矣。人事猶樹枝，能(寒)温猶根株也。吴曰：「能温」當作「寒温」。此涉上文「不能動其株」而誤。〔人〕生於天，含天之氣，以天爲主，猶耳目手足繫於心矣。孫曰：「生」上疑脱「人」字。此以耳目繫心，喻人之繫於天也。脱去「人」字，不可解矣。自然篇云：「人生於天地。」訂鬼篇云：「天能生人之體。」並其證。心有所爲，耳目視聽，手足動作。謂天應人，是謂心爲耳目手足使乎？旌旗垂旒，禮含文嘉曰：「禮：天子旗九仞十二旒，至地。諸侯七仞九旒，齊軫。卿大夫五仞七旒，齊轂。士三仞五旒，齊首。」(書鈔百二十。)旒綴於杆。舊校曰：「杆」宜讀「韜杠」之「杠」。儀禮鄉射記：「旌各以其物。無物，則以白羽與朱羽糅。杠長三仞，以鴻脰韜上二尋。」注：「杠，橦也。」後漢書馬融傳注：「橦者，旗之竿也。」「杠」、「杆」聲近字通。杆東則旒隨而西。苟謂寒温隨刑罰(賞)而至，「刑罰」當作「刑賞」，傳寫誤也。寒對「刑」言，温對「賞」言。寒温篇「變復之家，以刑賞喜怒」，王本誤作「刑罰」，正其比。是以天氣爲綴旒也。鉤星在房、心之間，崇文本作「房星」，誤。變虚、譴告、恢國篇並作「房、心」。地且動之占也。齊太卜知之，謂景公〔一〕：「臣能動地。」盼遂案：「臣」上宜有「曰」字。此敍事之體宜如此也。景公信之。見前變虚篇。夫謂人君能致寒温，猶齊景公信太卜之能動地。夫人不能動地，而亦不能動天。「而」猶「則」也。

夫寒温，天氣也。天至高大，人至卑小。篙（箸）不能鳴鍾，「篙」當作「箸」。刺船之篙，非不可以撞鍾。此文意明小不可以動大，故下云：「鍾長而篙（字亦誤。）短。」則「篙」字於義無取矣。感虚篇云：「夫以筯撞，所用擊之者小也。」干禄字書〔二〕：「箸」俗作「筯」。則此文「篙」字，蓋爲「箸」字形誤。又按：「篙」字下舊校曰：「或作筳。」（通津本、鄭本誤作「筳」，今從錢、王本。）漢書：「以蠡測海，以筳撞鍾。」離騷王注：「筳，小折竹也。」文選五臣注：「筳，竹筭也。」但筳、篙形不相近，疑非「筳」誤爲「篙」，蓋一本作「筳」耳。[而]螢火不（而）爨鼎者，「而」當在「不」字下，「而」讀作「能」，校者不明，妄乙之也。「篙不能鳴鍾，螢火不能爨鼎」，相對爲文。下文「鍾長而篙短，鼎大而螢小」，亦以對承此文。何也？鍾長而篙（箸）短，鼎大而螢小也。以七尺之細形，感皇天之大氣，其無分銖之驗，必也。

〔一〕「景公」下原本衍「曰」字，據通津草堂本删。
〔二〕「禄」，原本作「録」，形近而誤，今改。

占大將且入國邑，據下文「未入界，未見吏民，是非未察」，則州刺史、郡太守之事，非謂大將軍者。將謂州牧、郡守，本書屢見，乃當時常語。（累害篇：「進者争位，見將相毁。」又曰：「將吏異好，清濁殊操。」答佞篇：「佞人毁人於將前。」程材篇：「職判功立，將尊其能。」又云：「將有煩疑，不能效力。」超奇篇：「周長生在州爲刺史任安舉奏，在郡爲太守孟觀上書，事解憂除，州郡無事，二將以全。」齊世篇：「郡將撾殺非辜。」又後漢書第五倫傳：「等輩笑之曰：爾説將尚不下，安能動萬乘乎？」注：「將謂州將。」又曰：「會稽民常以牛祭神，前後郡將莫能禁。」）「大」字蓋後人不明「將」字之義而妄加者。氣寒，則將且怒；温，則將喜。夫喜怒起事而發，「起」猶「因」也。盼遂案：依上句「氣寒則將且怒」校之，則「喜」上脱「且」字，應補入。又案：「起」亦「趨」之誤字。未入界，未見吏民，是非未察，喜怒未發，而寒温之氣已豫至矣。怒喜致寒温，怒喜之後，氣乃當至。據變復家言，人君喜則温，怒則寒。是竟寒温之氣，使人君怒喜也。

或曰：「未至誠也。行事至誠，若鄒衍之呼天而霜降，杞梁妻哭而城崩，並見感虚篇。何天氣之不能動乎？」

夫至誠，猶以心意之好惡也。盼遂案：「以」當是「似」之誤字。有果蓏之物，淮南時則訓高注：「有核曰果，無核曰蓏。」説文「蓏」字解云：「在木曰果，在地曰蓏。」在人之前，去口一尺，心欲食之，口氣吸之，不能取也；手掇掇，拾也。送口，然後得之。夫以果蓏之細，員圌易轉，「員」讀「圓」。廣雅釋詁曰：「圌，圓也。」去口不遠，至誠欲之，不能得也，況天去人高遠，其氣莽蒼無端末乎！盛夏之時，當風而立；隆冬之月，鄉日而坐。其夏欲得寒，而冬欲得溫也，御覽二二引無「而」字。至誠極矣。欲之甚者，至或當風鼓箑，鄉日燃爐，而天終不爲冬夏易氣，御覽二二引「而」上有「然」字，「氣」下有「者」字。七五七引同今本。寒暑有節，不爲人變改也。夫正欲得之而猶不能致，況自（以）刑賞意（喜）思（怒）不（而）欲求寒溫乎！文不可通。「自」當作「以」，「意思」當作「喜怒」，「不」當作「而」。「以」一作「㠯」，與「自」形近。「喜」隸書作「憙」，與「意」形近。「思」與「怒」形近。「不」、「而」草書形近。故並致誤。寒溫篇云：「喜怒發於胸中，然後行出於外，外成賞罰。賞罰，喜怒之效，故寒溫渥盛，凋物傷人。」又云：「京氏占寒溫以陰陽升降，變復之家以刑賞喜怒。」又上文云：「氣寒，則將且怒；溫，則將喜。」又云：「怒喜致寒溫。」此正力辯其妄，謂刑賞喜怒不能致寒溫也。

萬人俱歎，未能動天，一鄒衍之口，安能降霜？鄒衍之狀，孰與屈原？見拘之冤，孰與沈江？衍見拘，見感虛篇。原沈江，注書虛篇。離騷、楚辭悽愴，孰與一歎？史記屈原傳：「屈平憂愁幽思而作離騷，離騷者，猶離憂也。」屈原死時，楚國無霜，此懷、襄之世也。厲、武之時，卞和獻玉，刖其兩足，奉玉泣出，涕盡續之以血。韓非子和氏篇：

「楚人和氏，得玉璞楚山中，奉而獻之厲王。厲王使玉人相之。玉人曰：『石也。』王以和爲誑，而刖其左足。及厲王薨，武王即位，和又奉其璞而獻之武王。武王使玉人相之，又曰：『石也。』王又以和爲誑，而刖其右足。武王薨，文王即位，和乃抱其璞，而哭於楚山之下，三日三夜，泣盡而繼之以血。」盧文弨〔二〕韓非子拾補曰：「孫詒穀云：楚世家無厲王。後漢書孔融傳注引作武王、文王、成王，是也。疑今本誤。」王先慎曰：「御覽引亦並作武王、文王、成王。」按：淮南修務訓高注述此事云：「獻楚武王，刖其右足，及文王，遂爲剖之，果如和言。」覽冥訓注亦謂武王、文王、成王，與李賢注引韓非子同。孟子盡心下疏引韓詩，謂獻之武王，成王琢之。是並不云「厲王」。然新序雜事五則云厲王、武王、共王，與今本韓非子及論衡此文同。然則云「厲、武」者，據劉向爲説歟？琴操（類聚八三。）又云：「獻懷王，懷王死，子平王立，和復獻之。」其説妄謾無稽，已辨見孫星衍晏子音義。

**夫鄒衍之誠，孰與卞和？見拘之冤，孰與刖足？仰天而歎，孰與泣血？夫歎固不如泣，拘固不如刖，料計冤情，**料，量也。**衍不如和，當時楚地不見霜。李斯、趙高讒殺太子扶蘇，并及蒙恬、蒙驁。**盼遂案：「蒙驁」當作「蒙毅」。據史記驁不與恬同禍。**其時皆吐痛苦之言，**事見史記李斯、蒙恬兩傳。按：驁乃恬大父。此文當謂「蒙毅」，誤爲驁也。恬弟毅爲胡亥所殺。**與歎聲同，又禍至死，非徒〔見〕苟（拘）徙，**「苟徙」二字無義。

〔二〕「弨」，原本作「紹」，形近而誤，今改。

「苟」爲「拘」字形誤。「徙」涉「徒」字譌衍，又脱「見」字。扶蘇、蒙恬自殺，鄒衍見拘，兩者相較，故云：「又禍至死，非徒見拘。」上文：「見拘之冤，孰與沈江；離騷、楚辭悽愴，孰與一歎。」又云：「見拘之冤，孰與刖足；仰天而歎，孰與泣血。」其立文正同。盼遂案：唐蘭云：「苟爲拘之誤。」「苟」或「苛」之形譌，漢律有苛人受錢科，解「苛」之字爲「止可」也。「止可」合爲「苛」字。玉篇：「苛，古文訶。」（王筠説文句讀説。）「訶」與「徙」正同類也。而其死之地，寒氣不生。秦坑趙卒於長平之下，四十萬衆，同時俱陷。注命義篇。當時啼號，非徒歎也。誠雖不及鄒衍，四十萬之冤，度當一賢臣之痛；入坑埳之啼，度過拘囚之呼，當時長平之下，不見隕霜。甫刑曰：「庶僇旁告無辜于天帝。」呂刑曰：「虐威，庶戮方告無辜于上。」僞孔傳：「三苗虐政作威，衆被戮者，方方各告無罪於天。」「戮」作「僇」，「方」作「旁」，「上」作「天帝」，并今文也。皮錫瑞曰：「『虐威』二字，疑今文尚書本無之。」此言蚩尤之民被冤，以三苗之民爲蚩尤者，今文説也。説詳非韓篇注。旁告無罪于上天也。以衆民之叫，不能致霜，鄒衍之言，殆虚妄也。

南方至熱，煎沙爛石，父子同水而浴；北方至寒，凝冰坼土，父子同穴而處。王制疏曰：「南方曰蠻者，風俗通云：『君臣同川而浴，極爲簡慢，蠻者慢也。』北方曰狄者，風俗通云：『父子嫂叔同穴無别，狄者辟也，其行邪辟。』」燕在北邊，鄒衍時，周之五月，正歲三月也。正歲，夏正也。周以十一月建子爲正，夏以十三月建寅爲正。中州内，正月二月霜雪時降；北邊至寒，三月下霜，未爲變也。此殆北邊三月尚寒，霜適自降，而衍適呼，與霜逢會。

傳曰：「燕有寒谷，不生五穀，鄒衍吹律，寒谷復温。」見劉向别録。注寒温篇。則能使氣温，亦能使氣復寒。盼遂案：「則」讀爲「既」。何知衍不令時人知己之寃，以天氣表己之誠，竊吹律於燕谷獄，齊曰：「谷」字疑涉上「寒谷」衍。令氣寒而因呼天乎？即不然者，「即」猶「若」也。霜何故降？

范睢爲須賈所讒，魏齊僇之，折幹摺脅。事見史記范睢傳。須賈，魏中大夫。魏齊，魏相，魏之諸公子。僇，僇辱也。史記云：「折脅摺齒。」張儀遊於楚，楚相掠之，被捶流血。史記本傳曰：「楚相亡璧，門下意張儀，共執之。掠笞數百，不服，醳之。」二子寃屈，太史公列記其狀。鄒衍見拘，睢、儀之比也，且子長何諱不言？案衍列傳，附見孟子傳。不言見拘而使霜降。僞書遊言，猶太子丹使日再中、天雨粟也。見感虛篇。由此言之，衍呼而降霜，虛矣！則杞梁之妻哭而崩城，妄也！亦辯見感虛篇。

頓牟叛，盼遂案：儒增篇亦作頓牟。案：頓牟即中牟之異稱。晉人中、頓互混，語音則然。趙襄子帥師攻之。軍到城下，頓牟之城崩者十餘丈，襄子擊金而退之。淮南子道應訓、韓詩外傳六、新序雜事四并作「中牟」。案：儒增篇云：「并費與頓牟。」是「頓牟」即「中牟」。「叛」者，淮南許注云：「中牟自入臣於齊也。」夫以杞梁妻哭而城崩，襄子之軍有哭者乎？秦之將滅，都門内崩；漢書劉向傳，向上封事曰：「秦始皇末，至二世時，都門内崩。」師古曰：「内嚮而崩。」説苑辨物篇謂在二世時。霍光家且敗，第墻自壞，漢書霍光傳云：「第門自壞。」誰哭於秦宮、泣於霍光家者？然而門崩墻壞，秦、霍敗亡之徵也。或時杞國且圮，盼遂案：依左襄公二十三年傳，「杞」當作「莒」。此鈔胥涉下文杞梁之妻而誤也。而杞梁之妻適哭城下，杞梁，齊大夫也。（左傳杜注、孟子告子下趙注。）伐莒戰死，齊侯歸，遇杞梁之妻於郊。見左襄二十三年傳。此云「杞國且圮」，下文云「魯君弔之途」，並妄説也。猶燕國適寒，而鄒衍偶呼也。事以類而時相因，聞見之者，或而然之。又（夫）城老墻朽，猶有崩壞。一婦之哭，崩五丈之城，是城則一指摧三仞之楹也。孫曰：下「城」字衍。暉按：「又」爲「夫」形譌。春秋之時，山多變。僖十四年，沙麓崩。（從穀梁、左氏説。公羊以爲河上邑。）成五年，梁山崩。山、城，一類也。哭能崩城，復能壞山乎？女然素縞而哭河，河流通，信哭城崩，固其宜也。孫曰：感虚篇亦説哭河事。事見穀梁成五年傳。此文「女」字殊不可解，豈涉上下「哭」字之誤而衍歟？案杞梁從軍死，不歸。謂不生還。其婦迎之，魯君弔於途，妻不受弔，棺歸於家，魯君就弔。見左氏傳。不言哭於城下。列女傳云：「枕其夫之屍於城下而哭。」本從軍死，從軍死不在城中，妻向城哭，非其處也。然則杞梁之妻哭而崩城，復虛言也。

因類以及，荆軻〔刺〕秦王，吴曰：「荆」下脱一「刺」字。孫曰：崇文本有「刺」字，蓋據別本校補。盼遂案：感虛篇「荆軻刺秦王」。白虹貫日；衛先生爲秦畫長平之計，太白食昴，並注感虛篇。復妄言也。夫豫子謀殺襄子，伏於橋下，襄子至橋心動；貫高欲殺高祖，藏人於壁中，高祖至柏人，亦動心。春秋大事表七之三：「今柏人故城，在直隸順德府唐山縣西二十里。」餘注感虛篇。二子欲刺兩主，兩主心動。實論之，尚謂非二子精神所能感也，「之」讀作「者」，「者」、「之」聲紐同。「實論者」，本書常語，仲任自謂也。謂非二子所感，義見感虛篇。道虛篇云：「實論者聞之，乃知不然。」雷虛篇：「實事者謂之不然。」感虛篇：「實論者猶謂之虛。」明雩篇：「實論者謂之未必真是。」立文正同。而況荆軻欲刺秦王，秦王之心不動，而白虹貫日乎？然則白虹貫日，天變自成，非軻之精爲虹而貫日也。鉤星在房、心間，地且動之占也。地且動，鉤星應房、心。已見前。夫太白食昴，猶鉤星在房、心也。謂衛先生長平之議，令太白食昴，疑矣！歲星害鳥尾，周、楚惡之；左襄二十八年傳：「裨竈曰：『今兹周王及楚子皆將死。歲棄其次，而旅於明年之次，以害鳥帑，周、楚惡之。』」杜曰：「旅，客處也。歲星棄星紀之次，客在玄枵。歲星所在，其國有福。失次於此，禍衡在南。南爲朱鳥，鳥尾曰帑。鶉火鶉尾，周、楚之分，故周王、楚子受其咎。」綝然之氣見，盼遂案：章太炎云：「左氏昭公十七年傳梓慎曰：『其居火也久矣，其與不然乎？』證以論衡此語，則『不然』者，『林然』之誤，借『林』爲『綝』。」（見太炎文録卷二俞先生傳。）宋、衛、陳、鄭災。見左昭十七、十八年傳。「綝然」未詳。案時周、楚未有非，而宋、衛、陳、鄭未有惡也。五行志曰：「董仲舒以爲象王室將亂，天下莫救，故災四國，言亡國四方也。又宋、衛、陳、鄭之君皆荒淫於樂，不恤國政，與周室同行。陽失節，則火災出，是以同日災也。劉向以爲皆外附於楚，亡尊周室之心，故天災四國。」皆災異譴告之説，故仲任不從。然而歲星先守尾，災氣署（著）垂於天，先孫曰：「署」當作「著」，形聲相近而誤。其後周、楚有禍，宋、衛、陳、鄭同時皆然。「然」讀「燃」。傳曰：「宋、衛、陳、鄭皆火。」此言天變在先，明非人動天。盼遂案：「然」疑爲「災」之誤。治期篇亦云「宋、衛、陳、鄭皆災」。歲星之害周、楚，天氣災四國也。何知白虹貫日，不致刺秦王；太白食昴，使長平計起也？「使」上「不」字省，見上文。盼遂案：「使」上宜有「非」字，上句「何知白虹貫日，不致刺秦王」有「不」字可證。

## 招致篇

盼遂案：此篇今缺，不知始于何時。唐馬總意林卷三引論衡曰：「亡獵犬于山林，大呼犬名，其犬則鳴號而應其主人。人犬異類而相應者，識其主也。」又引：「東風至，酒湛溢。案酒味從酸，東方木，其味酸，故酒湛溢。」又引：「將有赦，鑰動，感應也。」又引：「蠶合絲而商弦易，新穀登而舊穀缺。案子生而父母氣衰，新絲既登，故舊者自壞耳。」凡上四則，周氏廣業意林注定其爲招致篇佚文。案：此亦猶九鼎一臠，桂林一枝矣。

## 明雩篇

須頌篇曰：「治有期，亂有時，能以亂爲治者優，優者有之。建初孟年，無妄氣至，聖世之期也。皇帝敦德，救備其災，故順鼓、明雩，爲漢應變。」

**變復之家，以久雨爲湛，**「湛」注感虛篇。**久暘爲旱，**「暘」，日出也。「久暘」謂久不雨。**旱應亢陽，湛應沈溺。**春秋説曰：「人君亢陽致旱，沈溺致雨。」（見後順鼓篇。）案書篇云：「春秋公羊説，亢陽之節，足以復政。」春秋考異郵曰：「旱之言悍也，陽驕蹇所致也。」（御覽八七九。）洪範五行傳説同。并云：「持亢陽之節，暴虐於下，故旱災應也。」（合璧事類二十。）漢書五行志：「君炕陽而暴虐。」師古曰：「凡言炕陽者，枯涸之意，謂無惠澤於下也。」按：公羊僖九年傳：「震之者何？猶曰振振然。」何注：「亢陽之貌。」洪範五行傳：「魯宣公十年秋大旱，時公興師伐邾，取繹。夫伐國亢陽，應是大旱。」（御覽三五。）然則亢陽不止枯涸無惠之意，師古説未具。**或難曰：夫一歲之中，十日者一雨，五日者一風。雨頗留，湛之兆也；暘頗久，旱之漸也。湛之時，人君未必沈溺也；旱之時，未必亢陽也。人君爲政，前後若一，然而一湛一旱，時氣也。**「一」猶「或」也。**范蠡計然曰：**意林引范子曰：「計然者，葵丘濮上人也。姓辛，名文子。其先晉國公子。不肯自顯，天下莫知，故稱曰計然。」史記貨殖傳集解徐廣曰：「計然者，范蠡之師也，名研。」索隱以計倪與研是一人。周廣業曰：「計然自爲辛文子，而倪別是一人。」唐志農家：范子計然十五卷。注：「范蠡問，計然答。」「太歲在子（于）水，毁；金，穰；木，饑；火，旱。」孫曰：「子」當作「于」，字之誤也。此言太歲在于水則毁，在于金則穰，在于木則饑，在于火則旱。若作「在子」，不相貫矣。史記天官書：「察太歲所在，在金穰，水毁，木饑，火旱。此其大經也。」（漢書天文志「在」字不重。）越絶書計倪内經云：「太陰三歲處金，則穰；三歲處水，則毁；三歲處木，則康；（按「康」與「糠」同。）三歲處火，則旱。」史記貨殖列傳引計然曰：「故歲在金穰，水毁，木饑，火旱。」並其證。夫如是，水旱饑穰，有歲運也。歲直其運，氣當其世，變復之家，指而名之。人君用其言，求過自改。暘久自雨，雨久自暘，變復之家，遂名其功。人君然之，遂信其術。試使人君恬居安處，不求己過，天猶自雨，雨猶自暘。暘濟雨濟之時，濟，止也。字本作「霽」。説文：「霽，雨止也。从雨，齊聲。」洪範鄭注：「霽者，如雨之止，雲在上也。」霽本謂雨止，假「濟」爲之。此云「暘濟」者，引申之，凡「止」可曰「濟」。莊子齊物論：「厲風濟，則萬竅爲虚。」淮南天文訓：「大風濟。」則又謂風止爲「濟」也。人君無事，變復之家，猶名其術。是則陰陽之氣，以人爲主，不説（統）於天也。「説」當作「統」。變動篇云：「人物吉凶，統於天也。」又云：「寒温之氣，繫於天地而統於陰陽。」夫人不能以行感天，天亦不隨行而應人。義詳變動篇。

春秋魯大雩，旱求雨之祭也。桓公五年秋，大雩。公羊曰：「大雩者，旱祭也。」旱久不

**雨，禱祭求福，若人之疾病，祭神解禍矣，此變復也。**變復，見感虛篇注。**詩云：「月離于畢，比滂沲矣。」**見小雅漸漸之石。「比」作「俾」，音同。「離」讀「麗」。離畢謂宿畢也。餘注說日篇。**書曰：「月之從星，則以風雨。」**見洪範。注感虛篇。**然則風雨隨月所離從也。房星四表三道，**盼遂案：「房」當爲「畢」。此涉上篇多言房星而誤也。畢爲西方宿，房爲東方宿，各不相及，寧容溷視？又本篇皆就畢星立言，不應此處獨作房也。**日月之行，出入三道。出北則湛，出南則旱。或言出北則旱，南則湛。**天官書索隱引尚書運期授曰：「所謂房，四表之道。」宋均云：「四星間，有三道，日月五星所從出入也。」春秋佐助期曰：「房爲四表，布三公道，故昴畢爲天街。」（書鈔百五十。）隋書天文志曰：「房四星。下第一星，上將也。次，次將也。次，次相也。上星，上相也。南二星，君位。北二星，夫人位。又爲四表。中間爲天衢之大道，爲天闕，黄道之所經也。南間曰陽環，其南曰太陽。北間曰陰間，其北曰太陰。七曜由乎天衢，則天下平和。由陽道則主旱喪，由陰道則主水兵。」漢書天文志云：「月出房北爲雨，出房南爲旱。」或言北旱南湛，與漢、隋志異，未聞。盼遂案：此九字非本文，亦非自注語，或出後人誤沾耳。本篇屢言南則暘，北則雨，知仲任定從北湛南旱之說，不應於此處操兩可之說也。**案月爲天下占，房爲九州候。**盼遂案：「房」亦「畢」之誤字。下文孔子、子路以月離于畢而齎雨具，不作房星。又云「月離於畢爲雨占，天下共之」，又云「月畢天下占」，與此「爲九州候」同也。**月**

之南北，非獨爲魯也。

孔子出，使子路齎雨具。有頃，天果大雨。子路問其故，孔子曰：「昨暮月離于畢。」後日，後日，猶他日也。月復離畢。孔子出，子路請齎雨具，孔子不聽。出果無雨。子路問其故，孔子曰：「昔日，月離其陰，故雨；昨暮，月離其陽，故不雨。」史記弟子傳有若傳亦述此事，但不言「子路」。家語弟子解又作「司馬期」。夫如是，魯雨自以月離，豈以政哉？如審以政，令月離于畢爲雨占，天下共之，魯雨，天下亦宜皆雨。六國之時，政治不同，人君所行，賞罰異時，必以雨爲應政，令月離六七畢星，然後足也。

魯繆公之時，歲旱。繆公問縣子：「天旱不雨，寡人欲暴巫，奚如？」檀弓下鄭注：「巫主接神，覬天哀而雨之。」春秋傳説巫曰：『在女曰巫，在男曰覡。』」周禮：「女巫，旱暵則舞雩。」縣子不聽。不聽從其言。「欲徙市，奚如？」對曰：「天子崩，巷市七日；諸公(侯)薨，「公」，元本作「侯」，朱校同，是也。檀弓正作「侯」。巷市五日。檀弓作「三日」。爲之徙市，不亦可乎！」鄭曰：「徙市者，庶人之喪禮。今徙市，是憂戚於旱，若喪。」正義曰：「巷市者，以庶人憂戚，無復求覓財物，要有急須之物，不得不求，故於邑里之内而爲巷市。」案縣子之

**言，徙市得雨**〔一〕**也。案詩、書之文，月離星（畢）得雨。**月離箕者風，離畢者雨，不當汎言「月離星得雨」。「離星」當作「離畢」。此即據「月離于畢」爲言。説日篇曰：「麗畢之時當得雨。」下文云：「肯爲徙市故離畢之陰乎。」即承此爲文。是其證。**日月之行，有常節度，肯爲徙市故，離畢之陰乎？夫月畢天下占，徙魯之市，安耐移月？**「耐」、「能」古通。**月之行天，三十日而周。**白虎通日月篇：「日，日行一度；月，日行十三度。月及日爲一月，至二十九日未及七度，即三十日者，過行七度。」**一月之中，一過畢星，離陽則陽（暘），**吳曰：下「陽」字當作「暘」。「暘」、「雨」對文。**〔離陰則雨〕。**「離陽則暘」下，當脱「離陰則雨」句。此文意在月離畢陰，天則自雨，以明徙市求雨之非。若只及「離陽則暘」，則此文義無所取，其證一。下文：「假令徙市之感，能令月離畢陰，其時徙市能得雨乎。」即據「離陰則雨」爲説。今本脱此四字，則使其義無屬，其證二。**假令徙市之感，能令月離畢陽（陰），**「陽」當作「陰」。上文：「日月之行，有常節度，肯爲徙市故，離畢之陰乎？」此文正與相應。意謂月離畢陰則雨，若徙市能使月宿畢之陰，則可徙市求雨。今譌作「畢陽」，則失其義。盼遂案：「陽」當爲「陰」之誤，上文皆作離畢之陰。**其時徙市而得雨乎。**「而」讀「能」，「乎」當作「也」。盼遂案：「時」疑爲「將」之誤。**夫如縣子**

〔一〕「雨」，原本作「兩」，形近而誤，今改。

言，「如」下疑脱「是」字。未可用也。

董仲舒求雨，申春秋之義，亂龍篇作「雩」。設虚立祀。「虚」讀「墟」，爲四通之壇也。漢書本傳：「仲舒治國，以春秋災異之變，推陰陽所以錯行，故求雨，閉諸陽，縱諸陰。其止雨反是。」春秋繁露有求雨篇。父不食於枝庶，曲禮下曰：「支子不祭，祭必告于宗子。」天不食於下地，諸侯雩禮所祀，未知何神。月令：「仲夏之月，大雩帝，用盛樂，乃命百縣雩祀百辟卿士有益於民者，以祈穀實。」鄭注：「雩帝，謂爲壇南郊之旁，雩五精之帝，配以先帝也。百辟卿士，古者上公，若句龍、后稷之類也。天子雩上帝，諸侯以下雩上公。」左桓五年傳服虔注（見後漢書禮儀注。）曰：「大雩，夏祭天名。一説，大雩者，祭於帝而祈雨也。一説，郊祀天祈農事，雩祭山川而祈雨也。」賈逵注（見本疏。）曰：「言『大』者，别山川之雩，蓋以諸侯雩山川，魯得雩上帝，故稱『大』。」據此，則知天子祭天，諸侯祭上公山川。仲任云：「諸侯雩祭所祀，如天神也。」又云：「大雩所祭，豈祭山乎？」蓋以疑詞設難，非不明乎此也。如天神也，唯王者天乃歆，諸侯及今長吏，天不享也。神不歆享，安耐得神？如雲雨者（之）氣也，「者」，宋殘卷、元本作「之」，是也。朱校同。此文言：若所祭者是「雲雨之氣」，非言雲雨是「氣」也。今本作「者」，失之。下文「雲雨之氣，何用歆享」，即複述此語，是其證。雲雨之氣，何用歆享？觸石而出，膚寸而合，不崇朝而辨雨天下，泰山也。公羊僖三十一年傳文。注見説日篇。泰山雨天下，小山雨國邑。說日篇作「小山雨一國」。然則大雩所祭，豈祭山乎？假令審然，而不〔而〕得也。孫曰：「而不」當作「不而」。「不而得也」，即「不能得也」。仲任之意，假令大雩專爲祭山，則不能得雨也。故下文應之曰：「雨無形兆，深藏高山，人君雩祭，安耐得之。」今作「而不」者，亦後人不達古語而妄改之。何以效之？水異川而居，相高分寸，不決不流，不鑿不合。誠令人君禱祭水旁，能令高分寸之水流而合乎？夫見在之水，相差無幾，人君請之，終不耐行，況雨無形兆，深藏高山，人君雩祭，安耐得之？

夫雨水在天地之間也，猶夫涕泣在人形中也。或賫酒食，請於惠人之前，未（求）出其泣，「未」爲「求」形誤。宋、王本同。程本、崇文本作「求」，是也，當據正。惠人終不爲之隕涕。盼遂案：「未」疑爲「求」之誤。下文「泣不可請而出，雨安可求而得」，正承此求泣爲說也。夫泣不可請而出，雨安可求而得？雍門子悲哭，孟嘗君爲之流涕；注感虛篇。蘇秦、張儀悲說坑中，鬼谷先生泣下沾襟。注答佞篇。或者儻可爲雍門之聲，出蘇、張之說，以感天乎？天又耳目高遠，音氣不通。杞梁之妻，又已悲哭，天不雨而城反崩。注感虛篇。夫如是，竟當何以致雨？雩祭之家，何用感天？

案月出北道，離畢之陰，希有不雨。由此言之，北道，畢星之所在也。北道星肯爲雩祭之故下其雨乎？「星」上疑脫「畢」字。孔子出，使子路齎雨具之時，魯未必雩祭也。不祭，沛然自雨；不求，曠然自暘。夫如是，天之暘雨，自有時也。一歲之中，暘雨連屬。當其雨也，誰求之者？當其暘也，誰止之者？

人君聽請，以安民施恩，必非賢也。天至賢矣，時未當雨，僞請求之，故妄下其雨，盼遂案：「僞」當作「爲」，音於僞反。人君聽請之類也。變復之家，不推類驗之，空張法術，惑人君。或未當雨，而賢君求之而不得；盼遂案：「雨」下「而」字衍文。或適當自雨，惡君求之，遭遇其時。是使賢君受空責，而惡君蒙虛名也。

世稱聖人純而賢者駁，吴曰：潛夫論實貢篇云：「聖人純，賢者駁。」此蓋漢世傳語，故二王用之。汪繼培曰：「漢書梅福傳云：『一色成體謂之純，白黑雜合謂之駁。』」純則行操無非，無非則政治無失。然而世之聖君，莫有如堯、湯。堯遭洪水，湯遭大旱。如謂政治所致，堯、湯惡君也；如非政治，是運氣也。運氣有時，安可請求？世之論者，猶謂堯、湯水旱，水旱者，時也；「水旱」二字不當重出。其小旱湛，皆政也。假令審然，何用致湛？盼遂案：據上下文例，「湛」上應有「旱」字。此總承「堯遭洪水，湯遭大旱」立言，脱一「旱」字，則偏而不周矣。審以政致之，不脩所以失之，謂不脩政。而從（徒）請求，「從」字未妥，當爲「徒」形誤。安耐復之？「耐」、「能」古通。復，消復也。世審稱堯、湯水旱，天之運氣，非政所致。白虎通災變篇曰：「堯遭洪水，湯遭大旱，亦有譴告乎？堯遭洪水，湯遭大旱，命運時然。」夫天之運氣，時當自然，雖雩祭請求，終無補益。而世又稱湯以五過禱於桑林，感類篇亦作「五過」。當作「六過」，說詳感虚篇。盼遂案：「五過」當是「六過」之誤。本論感虚篇「湯禱於桑林，自責以六過」可證。後漢書鍾離意傳：「成湯遭旱，以六事自責。」亦不作五事。感類篇之「五過」，并宜據改。時立得雨。夫言運氣，則桑林之説絀；稱桑林，則運氣之論消。世之説稱者，竟當何由？救水旱之術，審當何用？

夫災變大抵有二：宋殘卷、朱校元本「抵」作「都」。有政治之災，有無妄之變。「無妄」注寒温篇。政治之災，須耐求之。「求」謂立祀請求。求之雖不耐得，「耐」讀「能」。而惠愍惻隱之恩，不得已之意也。慈父之於子，孝子之於親，知病不祀神，疾痛不和藥。兩「不」字當作「必」。本書「必」、「不」常誤。盼遂案：二「不」字疑當爲「而」，形近之誤。或淺人誤涉下文多不字而改也。下文云「知病之必不可治，治之無益，然終不肯安坐待絶，猶卜筮求祟，召醫和藥」，即此「知病而求神，疾痛而和藥」之事也。又(夫)知病之必不可治，「又」，日鈔引作「夫」，是也。當據正。治之無益，然終不肯安坐待絶，猶卜筮求祟，召毉和藥者，惻痛慇懃，冀有驗也。既死氣絶，不可如何，升屋之危，以衣招復，儀禮七喪禮曰：「升自前東榮中屋，北面，招以衣，曰：皐某復。三，降衣于前。」禮記喪大記曰：「復，皆升自東榮中屋，履危，北面三號，捲衣投于前。唯哭先復，復而後行死事。」鄭注：「復，招魂復魄也。危，棟上也。

氣絶則哭，哭而復，復而不蘇，可以爲死事。」悲恨思慕，冀其悟也。雩祭者之用心，慈父孝子之用意也。無妄之災，百民不知，必歸於主。爲政治者，慰民之望，故亦必雩。

問：政治之災，無妄之變，何以別之？「問」下當有「曰」字。

曰：德酆政得，災猶至者，無妄也；德衰政失，變應來者，政治也。夫政治，舊校曰：一有「也治」字。則外雩而內改，以復其虧；無妄，則內守舊政，外脩雩禮，以慰民心。故夫無妄之氣，歷世時至，當固自一，不宜改政。何以驗之？周公爲成王陳立政之言曰：「時則物有間之，盼遂案：物謂災物或鬼物也。孔安國本尚書立政作「時則勿有間之」。傳云：「如是則勿有以代之。」不如王説之長。自一話一言，我則末，維成德之彥，以乂我受民。」見尚書立政篇。「物」作「勿」。王鳴盛曰：「據此，則『勿』當作『物』，謂災物也。劉逵吴都賦注引易无妄曰：『災氣有九，陽阨五，陰阨四，合爲九。一元之中，四千六百一十七歲，各以數至。』王充據此，以説此經，爲災物間至，不宜改政，此必晚周學者相傳古訓，當從之。僞傳出魏、晉人，擅改古訓，非也。」段玉裁曰：「論衡作『物』，此今文尚書也。訓爲災物，此今文尚書説也。作『勿』者，古文尚書也。」侯康曰：「仲任説此經，與古文絶殊，蓋以『物』爲『災物』。考僖公四年左傳：『必書雲物。』注：『雲物，氣色災變也。』又史記留侯世家：『然言有物。』漢書東平王宇傳：『或明鬼神，信物怪。』仲任以『物』爲災怪，義同於此。」段玉裁曰：「詳仲任意，於『末』字絶句。

『末』，無也，謂無非也。」暉按：段說是。江聲從仲任說，而乃沿舊讀，以「末」爲「終」，失之。又按：「之」讀「至」，謂災物乘間而至。彥，美士也。「乂」讀「艾」，爾雅釋詁云：「相也。」孫奕示兒編十三云：「立政曰：『以乂我受民。』論衡明雩篇引之曰：『以友我愛民。』」按：今本引與經同，孫志祖曰：「蓋明人所改。」**周公立政，可謂得矣。知非常之物，不賑不至，**段玉裁曰：「至」當作「去」，謂去非常之災異也。**故勑成王自一話一言，政事無非，毋敢變易。然則非常之變，無妄之氣間而至也。水氣間堯，旱氣間湯。周宣以賢，遭遇久旱。**注藝增篇。**建初孟季（年），北州連旱，**「季」當作「年」。「年」一作「季」，與「季」形近而誤。恢國、須頌并云：「建初孟年，無妄氣至。」對作篇云：「建初孟年，中州頗歉。」并一事也。北州謂兗、豫、徐三州。盼遂案：「孟季」當是「孟年」，形之誤也。「孟年」猶「元年」矣。亂龍篇有「季年」之言，與此正同例。後漢書楊終傳：「建初元年，大旱，穀貴。」又續漢書五行志注引孔叢曰：「建初元年，大旱，天子憂之。侍御史孔豐請如成湯省畋散積，減損衣食，天子從之。」殆即仲任此篇所言之事。顧章帝紀書此事於即位未改元年之時，云「京師及三州大旱，詔勿取兗、豫、徐州田租芻藁，以其見穀賑給貧民」云云，與諸書所紀建初元年實一事也。本論恢國篇亦有「建初孟年，無妄氣至」之言，與此文同，亦確證也。**牛死民乏，放流就賤。聖主寬明於上，百官共職於下，太平之明時也。政無細非，旱猶有，氣間之也。聖主知之，不改政行，轉穀賑贍，損鄷濟耗。斯**

見之審明，所以救赴之者得宜也。魯文公間歲大旱，僖公二十一年事也。此云「文公」，誤。臧文仲曰：「脩城郭，貶食省用，務嗇勸分。」左傳「嗇」作「穡」，字通。鄭玄兵禮注：「收斂曰穡。」文仲知非政，故徒脩備，脩城郭，爲守備。不改政治。變復之家，見變輒歸於政，不揆政之無非；見異懼惑，變易操行。以不宜改而變，秖取災焉。「秖」，朱校元本、程、鄭本同。錢、黃、王本并从「示」。

何以言必當雩也？

曰：春秋大雩，傳家在（左）宣〔丘明〕、公羊、穀梁無譏之文，孫曰：此節文不可通，且春秋宣公無大雩，疑當作「曰：春秋大雩，傳家左丘明、公羊、穀梁無譏之文」。「在」即「左」字之誤，「宣」涉上文「宜」字之譌而衍者，又脱去「丘明」二字，故文不成義。書虛篇云：「如經失之，傳家左丘明、公羊、穀梁何諱不言。」亦以「傳家左丘明、公羊、穀梁」並言，可證。當雩明矣。曾晳對孔子言其志曰：「暮春者，春服既成，冠者五六人，童子六七人，浴乎沂，風乎舞雩，詠而歸（饋）。」齊曰：「歸」當作「饋」。下文「詠而饋，詠歌饋祭也」，即釋此文。後人見與今本論語不合，因妄改「饋」爲「歸」。祭意篇誤同。孔子曰：「吾與點也。」見論語先進篇。魯設雩祭於沂水之上。鄭曰：「沂水出沂山，（水經沂水注。）在魯城南，雩壇在其上。」（禮記郊特牲正義。）皇疏引王弼曰：「沂水近孔子宅，舞雩壇在其上。」左昭二十五年傳杜注：「魯城南自有沂水，大沂水出蓋縣南，至下邳入泗。」正義引釋例土地名：「襄十八年，沂水出東莞蓋縣艾山南，經琅邪、東海，（案：今本釋例「南」上有「東」字。）至下邳縣入泗。此沂水出魯國魯縣西南入泗水。（案：今本作「東南入泗」。）是沂水有二也。」四書釋地、春秋地名考二並謂出魯縣尼丘山者，即論語所謂「浴乎沂」者。其出蓋縣臨樂山，即所謂大沂水，與此別。**暮者晚也，春謂四月也。**此據周正。集解包曰：「暮春者，季春三月也。」皇疏：「謂建辰夏之三月也。」故與此異。按：月令鄭注：「龍見而雩，雩之正，當以四月。」周禮春官司巫賈疏：「若四月正雩，非直有男巫女巫。按論語曾晳云：『春服既成，童子六七人，冠者五六人。』兼有此等。」是亦以暮春爲四月，以符龍見之期。公羊桓五年疏、月令疏亦以此爲魯人正雩，但并昧於節氣。龍見爲建巳之月，於夏正爲四月，於周正則爲六月，以龍見當周之四月，失之。**「春服既成」，謂四月之服成也。**包曰：「春服既成者，衣單袷之時也。」按：此文以周正釋暮春，則四月于夏正爲二月，非得和煦單衫。是包說不通於此。**冠者、童子，雩祭樂人也。**公羊桓五年何注：「使童男女各八人，舞而呼雩。」疏曰：「論語云：『冠者五六人，童子六七人。』與此異者，魯人正雩，故其數少，復不言男女。今此書見于經，非正雩也。凡脩雩者，皆爲旱甚而作之，故其數多，又兼男女矣。是以司巫職曰『若國大旱，則率巫而舞雩』是也。春秋說云『冠者七八人，童子八九人』者，蓋是天子雩也。」周禮春官司巫職：「司巫掌羣巫之政令，若國大旱，則帥巫而舞雩。」疏曰：「謂帥女巫。若四月正雩，非直有男巫女巫，按論語曾晳云：『春服既成，童子六七人，冠者五六人。』兼有此等。故舞師云：『教皇舞，帥而舞旱暵之事。』舞師謂（阮校「謂」當作「誨」。）野人能舞者，明知兼有童子冠者可知。」按：上引二事，皆以冠者童子爲樂人，其別據論語舊説，抑本仲任此文，今不可考。集解包説，謂冠者童子爲友朋，（從皇疏。）乃三家論之異。**「浴乎沂」，涉沂水也，象龍之從水中出也。**桂馥札樸曰：「論衡謂『浴乎沂』當爲『沿乎沂』，古人無入水浴體之事。」暉按：論衡無此説，論語筆解載韓愈曰：「『浴』當爲『沿』之誤也。周三月，夏之正月，安有浴之理哉。」武億曰：「筆解謂『浴』作『沿』，亦廣王氏之義。」桂氏蓋以筆解誤作論衡。凌曙羣書答問又據此文謂「浴」當爲「涉」之誤，亦非。「浴」，舊説有三：訓「浴」爲「涉」，涉水不浴，爲雩祭威儀，此仲任義也。蓋亦舊説，然書缺有間，今難詳究。相往水浴，濯洗逐風耳，此包氏義也。浴謂禊祓，此蔡邕義也。月令「暮春天子始乘舟」，蔡邕章句：「乘舟禊於名川也。論語『暮春浴乎沂』，自〔一〕上及下，古有此禮，今三月上巳祓於水濱，蓋出此也。」（見後漢書禮志〔二〕、宋書禮志。）論語發微曰：「浴言祓濯於沂水，而後行雩祭。」此又溝通王、蔡二説也。**「風乎舞雩」，風，歌也。**後漢書仲長統傳：「統欲卜居清曠以樂其志，論之曰：『諷於舞雩之下，詠歸高堂之上。』」注引論語。按：此「風」亦讀作「諷」，與統説合。集解包曰：「風涼於舞雩之下。」兩漢刊誤補遺十曰：「説者以爲風乾身，時尚寒，安得風乾身乎？

〔一〕「自」，原本作「泊」，據後漢書禮儀志注改。
〔二〕「禮」，原本作「體」，下「宋書禮志」同，形近而誤，今改。

充説與統合，包氏諸家其于本字誤矣。」困學紀聞七曰：「以『風』爲『諷』，則與『詠而歸』一意，當從舊説。」水經泗水注：「沂水出魯城東南尼丘山西北，北對稷門，亦曰雩門。門南隔水有雩壇，高三丈，曾點所欲風舞處也。」困學紀聞曰：「以酈注推之，則出魯門，即爲沂水，而舞雩又在沂水之南。」方輿紀要曰：「舞雩壇在曲阜城東南二里。」「**詠而饋**」，**詠歌饋祭也**，今本「饋」作「歸」。包曰：「歌詠先王之道，歸夫子之門。」釋文：「鄭本作『饋』，饋，酒食也。魯讀『饋』爲『歸』，今從古。」按：此作「饋」，從古論也。仲任今文家，本書多從魯論，如「子疾病」、（感虚篇。）「猶吾大夫高子也」、（別通篇。）「雖疏食菜根，瓜（魯讀爲「必」。）祭必齋如也」（祭意篇。）等是也。此文又從古，蓋范書所謂「不守章句」者。臧鏞堂曰：「説文解字：『饋，餉也。餽，吴人謂祭曰餽。』是古論『饋』本作『餽』也。」暉按：鄭曰：「饋，酒食也。」是讀「饋」本義。仲任曰：「饋，祭也。」是讀「饋」爲「餽」。祭爲「餽」字本義，古論只作「饋」。如「歸孔子豚」，「齊人歸女樂」，鄭并從古作「饋」。史記弟子傳「詠而歸」，徐廣曰：「一作饋。」史公采古論，故作「饋」。臧〔二〕氏疑古論本作「餽」，非也。王云「饋祭」，鄭謂「酒食」，義稍不同耳。又按：陳鱣、臧鏞堂以詠饋爲祓禊之禮，則又失之。以爲祓禊者，只見蔡邕月令章句。（已見前。）仲任則明謂雩祭，本文可按。鄭注論語説同。月令：「命有司祈祀山川百源，大雩帝，用盛樂。」鄭注：「自鞀鞞至柷敔皆作，曰盛樂。凡他雩用歌舞而已。」疏曰：

〔二〕「臧」，原本作「藏」，形近而誤，今改。下文「臧鏞堂」同此。

「女巫云：『旱暵則無雩。』是用歌舞。正雩則非唯歌舞，兼用餘樂。故論語云『舞雩，詠而歸』是也。」是亦以詠饋爲雩祭。翟灝曰：「自鄭讀『歸』爲『饋』，附和者以爲饋祭，後之儒者，遂以雩爲雩祭。」按仲任在鄭氏前，翟說亦非。論語發微謂：「詠是歌絲衣篇。雩爲靈星之祭。」**歌詠而祭也。**徐養原論語魯讀考曰：「充此論，乃古文說。」**説論之家，以爲浴者，浴沂水中也；風，乾身也。**集解包說如是。論語發微曰：「『說論之家』，當指魯論，當時今文魯論最盛也。」**周之四月，正歲二月也，**俞曰：包注以暮春爲季春三月，自是建辰之月。周頌臣工篇：「維暮之春。」鄭箋謂：「周之季春，於夏爲孟春。」則以爲建寅之月。而此乃以爲建卯之月。在夏正爲仲春，不得爲暮；在周正爲孟夏，并不得言春，雖漢人舊說，不敢從也。**尚寒，安得浴而風乾身？**此仲任駁論說也。**由此言之，涉水不浴，雩祭審矣。**桂馥札樸曰：論衡說論語「風乎舞雩」爲行雩祭，鄭注論語同。月令「大雩帝」，公羊傳「大雩」，疏並引論語「舞雩」、「冠者」、「童子」。案：大雩在四月，即周之六月，「龍見而雩」是也。其他爲旱修雩，多在秋冬，無暮春雩祭之禮。賈逵曰：「言大雩者，别於山川之雩。」豈山川之雩，不關龍見邪？暉按：公羊桓五年傳疏、周禮司巫疏並以論語「風乎舞雩」爲行雩祭。姚範以爲唐以前經師有此說。**春秋左氏傳曰：「啓蟄而雩。」又曰：「龍見而雩。」啓蟄、龍見，皆二月也。**俞曰：桓五年左傳：「啓蟄而郊，龍見而雩。」杜注：「龍見，建巳之月。」禮記月令篇：「仲夏之月，乃命百縣雩祀。」鄭注曰：「雩之正，當以四月，凡周之秋三月之中而旱，亦脩雩禮以求雨，因著正雩此月，失之矣。」然則正雩在建巳之月，而午未申三月不雨，亦得行雩禮，若卯月非雩時也。左傳言「啓蟄而郊」，此乃改爲「啓蟄而雩」，未知其說。先孫曰：左桓五年傳作「啓蟄而郊」，不云「雩」。仲任不知據何本。後祭意篇亦云：「二月之時，龍星始出，故傳曰：龍見而雩，龍星見時，歲已啓蟄而雩。」（此文有譌。疑當云：「故又曰啓蟄而雩。」今本挩五字耳。）論語發微曰：「以雩在正歲二月，非。蒼龍昏見東方，在正歲四月，始舉雩祭。故左傳『龍見而雩』，杜注以爲建巳。若啓蟄，則夏正郊天，而非雩。」暉按：杜注：「啓蟄，夏正建寅之月；龍見，建巳之月。」是啓蟄於夏正爲正月，於周正爲三月，龍見於夏正爲四月，於周正爲六月。仲任並云二月者，太初以後，以雨水爲正月中，驚蟄爲二月節，昧于曆法之變，誤沿當時俗習，故以啓蟄爲二月。龍見于夏正爲四月，誤以四月爲周正，故據夏正言二月也。後漢書禮儀志中注引左桓五年傳服虔注：「大雩，夏祭天名。雩，遠也，遠爲百穀求膏雨也。龍見而雩，龍，角亢也，謂四月昏，龍星體見，萬物始盛，待雨而大，故雩祭以求雨也。」**春二月雩，秋八月亦雩。春祈穀雨，秋祈穀實。**云「春二月雩」者，誤據「啓蟄而雩」、「龍見而雩」也。後漢書禮儀志：「自立春，至立夏，盡立秋，其旱也，公卿官長以次行雩禮求雨。」劉寶楠愈愚録二曰：「雩正祀在建巳月，左傳所謂『龍見而雩』。若春秋所書秋冬雩，皆因旱而請雨，非正祀也。今誤據漢儀，以爲二月八月有兩雩，並非。」又卷三云：「左桓五年傳：『凡祀，啓蟄而郊，龍見而雩。』郊，雩各別，不得以郊爲雩。且龍見在建巳月，非在二月。春秋所書秋雩，皆是因旱而雩，不得列爲正祀。

周正建子，而仍用夏令，不得以莫春爲周正。且周正三月，於夏爲正月，不得云周四月、夏二月。此皆論衡顯然之誤。而以論語曾點所言爲指雩祀，則確不可易。惟春旱用雩，未有證説。今案左氏云：（桓五年傳。）『秋大雩，書不時也。龍見而雩，過則書。』『不時』者，言非龍見之時。明此秋爲旱而請雨。故公羊直以爲旱，非有所譏禮之失也。（杜預經注，乃云「失龍見之時」。語不合。）雩正祀在四月，若春秋冬三時有旱，則亦用此雩禮行之。春秋於正不書，惟因旱而雩則書。是故雩而得雨則書雩，雩而不得雨則書旱，不書雩。左僖二十一年『夏大旱』，杜注：『雩不獲雨，故書曰旱。』然則凡書旱，皆爲雩不獲雨矣。又僖三年，正月不雨，夏四月不雨。二年，冬十月不雨。文二年云：『自十有二月不雨，至于秋七月。』十年、十三年並云：『正月不雨，至于秋七月。』公羊説僖公勤民，文公不勤民。此雖未用雩，然既書不雨，則皆可用雩矣。康成月令注：『周冬及春夏雖旱，禮有禱無雩。』然雩爲求雨，必先用禱。既用禱，安見爲不雩乎？秋旱可用雩，豈春夏冬旱，不可用雩乎？此説之不可通者。左襄五年傳正義引釋例曰：『始夏而雩者，爲純陽用事，防有旱災而祈之也。至于四時之旱，則又用此禮而求雨，故亦曰雩。』杜以四時求雨皆爲雩，則無禱、雩之分矣。董仲舒春秋繁露求雨篇備列春、夏、季夏、秋、冬雩祭之法，當是公羊家相傳如是。」**當今靈星，秋之雩也。**注祭意篇。**春雩廢，秋雩在，故靈星之祀，歲雩祭也。孔子曰：「吾與點也。」善點之言，欲以雩祭調和陰陽，故與之也。**集解周生烈曰：「善點之獨知時也。」皇疏：「言我志與點同，善其能樂道知時，逍遥游詠之至也。」邢疏：「吾與點之志，善其獨知時，而不求爲政也。」并與仲任說異。論語發微曰：「若以魯論所說，（按即集解包說。）則點有遺世之意，不特異三子，并與夫子問意反矣。」論語補疏亦謂邢疏失之，是也。當以仲任此說爲是。又按：此文訓「與」爲「許」，邢疏義同。皇疏謂「與點同」，則異。**使雩失正，點欲爲之，孔子宜非，不當與也。樊遲從游，感雩而問，刺魯不能崇德，而徒雩也。**論語顔淵篇：「樊遲從遊於舞雩之下，曰：『敢問崇德脩慝辨惑。』」皇疏：「舞雩之處，近孔子家。」按：即論語先進篇云「風乎舞雩」也。通志禮略第一注：「衛宏漢儀稱：『魯人爲雩壇，在城東南。論語：樊遲從遊于舞雩之下。』衛宏所說魯城東南，舊跡猶存。」公羊桓五年「秋大雩」，何注：「不地者，常地也。」疏曰：「謂在魯城南沂水上。」是舞雩爲魯雩常地，故樊遲感而刺魯。劉逢禄論語述何曰：「此章蓋在孫齊之年，春秋書：『上辛大雩，季辛又雩。』傳曰：『又雩者，非雩也，聚衆以逐季氏也。』樊遲欲究昭公喪亂之由。」宋翔鳳四書纂言曰：「此當是孔子自衛反魯，由後追前之言，時哀公亦欲去季氏，故舉昭公前事以危之。」今按二說，並謂舉昭公時事，疑近其實。樊遲蓋刺昭公也。**夫雩，古而有之，故禮曰：「雩祭（宗），祭水旱也。」**先孫曰：此祭法文。「雩祭」當作「雩宗」。（祭意篇引禮不誤。）鄭注：「『宗』當爲『禜』，字之誤也。『禜』之言『營』也。雩禜亦謂水旱壇也。」說文示部：「禜，設緜蕝以營，㠯禳風雨雪霜水旱厲疫于日月星辰山川也。」初學記二引三禮義宗曰：「雩，祈雨之祭。禜，止雨之祭。」**故有雩禮，**盼遂案：當是「古有雩禮」，始與下句相應。下文云：「大水，鼓用牲于社，亦古禮也。」亦者，亦此句也。**故孔子不譏，而仲舒申之。夫如是，雩祭，祀禮也。**

疑不當有「祀」字。宋殘卷「祭祀」二字倒，朱校同。雩祭得禮，則大水，鼓用牲于社，注見順鼓篇。亦古禮也。得禮無非，當雩一也。

禮：祭也社，報生萬物之功。先孫曰：「也」當爲「地」之壞字。暉按：「也」字疑衍。禮記郊特牲曰：「社所以神地之道也。地載萬物，取財於地，是以親地也，故教民美報焉。」土地廣遠，難得辨祭，「辨」讀「徧」。故立社爲位，主心事之。此今文説也。詳祭意篇。爲水旱者，陰陽之氣也，滿六合，難得盡祀，故脩壇設位，敬恭祈求，效事社之義，復災變之道也。推生事死，推人事鬼。陰陽精氣，儻如生人能飲食乎，故共馨香，奉進旨嘉，區區惓惓，冀見荅享。推祭社言之，當雩二也。

歲氣調和，災害不生，尚猶而雩。盼遂案：「尚猶而」三字當有誤。此處複語，非其所施。左傳僖公四年云：「一薰一蕕，十年尚猶有臭。」言十年且如有蕕氣未歇。「十年尚」連文，「猶有臭」連文，非以「尚猶」爲複語也。明論文之「尚猶」爲誤矣。（略本俞氏癸巳類稿説。）今有靈星，古昔之禮也。況歲氣有變，水旱不時，人君之懼，必痛甚矣。雖有靈星之祀，猶復雩，恐前不備，形繹之義也。公羊宣八年傳：「繹者何？祭之明日也。」何注：「必繹者，尸屬昨日配先祖食，不忍輒忘，故因以復祭，禮則無有誤，敬慎之至。殷曰彤，周曰繹。繹者，據今日道昨日，不敢斥尊言之，文意也。形者，形形不絶，據昨日道今日，斥尊言之，質意也。」冀復災變之虧，獲豐穰之報，三也。

禮之心悃愊，後漢書章帝紀：「悃愊無華。」注：「說文云：悃愊，至誠也。」樂之意歡忻。樂記曰：「樂者，樂也。」悃愊以玉帛效心，歡忻以鍾鼓驗意。論語陽貨篇子曰：「禮云，禮云，玉帛云乎哉？樂云，樂云，鍾鼓云乎哉？」集解鄭注：「玉，圭璋之屬。帛，束帛之屬。」雩祭請祈，人君精誠也。精誠在内，無以效外，故雩祀盡己惶懼，關納精心於雩祀之前，玉帛鍾鼓之義，四也。

臣得罪於君，子獲過於父，比自改更，且當謝罪。惶懼於旱，如政治所致，臣子得罪獲過之類也。默改政治，潛易操行，不彰於外，天怒不釋，故必雩祭。惶懼之義，五也。

漢立博士之官，漢官儀曰：「博士，秦官也。武帝初置五經博士，後增至十四人。」（後漢書朱浮傳注。）師、弟子相訶難，欲極道之深，形是非之理也。不出橫難，不得從說，「從」讀「縱」。不發苦詰，不聞甘對。導才（米）低仰，欲求裨（粺）也；先孫曰：此文難通，疑當作：「導米低仰，欲求粺也。」後漢書和熹鄧皇后紀李注云：「導官，主導擇米，以供祭祀，謂導擇米粟簸揚低仰之，所以去粗糲求精粺也。」（說文米部云：「粺，毇也。」九章算術粟米篇云：「糲米三十，粺米二十七。」）「米」、「才」，「粺」、「裨」，形聲相近而誤。砥石劘厲，欲求銛也。銛，利也。

推春秋之義，求雩祭之説，實孔子之心，考仲舒之意。孔子既歿，仲舒已死，世之論者，孰當復問？唯若孔子之徒，仲舒之黨，爲能説之。

# 順鼓篇

伐鼓謂攻社，於義爲逆。告社爲順，故曰「順鼓」。

**春秋之義，大水，鼓用牲于社。説者曰：「鼓者，攻之也。」或曰：「脅之。」脅則攻矣。**孫曰：春秋莊二十五年六月辛未朔，日有食之，鼓用牲于社。秋，大水，鼓用牲于社，于門。公羊傳曰：「日食則曷爲鼓用牲于社？求乎陰之道也。以朱絲營社。或曰脅之。」（日食鼓用牲于社，與大水鼓用牲于社同意，前既明其義，後則略之，公羊省文之例也。）何注：「求，責求也。或曰者，或人辭，其義各異也。或曰脅之，與責求同義。朱絲營之，助陽抑陰也。」春秋繁露精華篇云：「大水者，陰滅陽也。陰滅陽者，卑勝尊也。日食亦然。皆下犯上，以賤傷貴者，逆節也。故鳴鼓而攻之，朱絲而脅之，爲其不義也。」説苑辨物篇云：「陽者，陰之長也。其在鳥則雄爲陽，雌爲陰；其在獸則牡爲陽，而牝爲陰；其在民則夫爲陽，而婦爲陰；其在家則父爲陽，而子爲陰；其在國則君爲陽，而臣爲陰。故陽貴而陰賤，陽尊而陰卑，天之道也。大水及日蝕者，皆陰氣太盛，而上滅陽精。以賤乘貴，以卑陵尊，大逆不義，故鳴鼓而懾之，朱絲縈而劫之。」**陽（陰）勝，攻社以救之。**孫曰：「陽」當作「陰」，義見上條。暉按：禮記郊特牲曰：「社祭土，而立陰氣也。」陰勝故攻社。

或難曰：仲任難。攻社謂得勝負之義，未可得順義之節也。人君父事天，母事地。母之黨類爲害，可攻母以救之乎？以政令失道，陰陽繆盭者，人君也。「盭」，古「戾」字。不自攻以復之，反逆節以犯尊，天地安肯濟？「濟」讀「霽」，雨止也。使湛水害傷天，不以地害天，「使」，若也。「不」字難通，疑爲「夫」形誤。攻之可也。今湛水所傷，物也。萬物於地，卑也。害犯至尊之體，於道違逆。論春秋者，曾不知難。

案雨出於山，雨出於山，詳說日篇。流入於川，湛水之類，山川是矣。大水之災，不攻山川。社，土也。土地廣，難偏祭，乃立社，故云社土。五行之性，水土不同。以水爲害而攻土，土勝水，攻社之義，毋乃如今世工匠之用椎鑿也？以椎擊鑿，令鑿穿木。今儻攻土，令厭水乎？厭，厭勝也。

且夫攻社之義，以爲攻陰之類也。甲爲盜賊，傷害人民，甲在不亡，舍甲而攻乙之家，耐止甲乎？今雨者，水也。水在，不自攻水，而乃攻社。案天將雨，山先出雲，雲積爲雨，雨流爲水。然則山者父母，水者子弟也。重罪刑及族屬，罪父母子弟乎？罪其朋徒也？計山水與社，俱爲雨類也，孰爲親者？社，土也，五行異氣，相去遠。

殷太戊，桑穀俱生。或曰高宗。恐駭，盼遂案：「太戊」爲「大社」之誤。「或曰」二字又淺人於太戊誤後而沾之也。本論異虛篇「殷高宗之時，桑穀俱生於朝」，不作太戊。是仲任所據自與史記殷本紀有異。此篇上文就社立言，故云「殷太社桑穀俱生，高宗恐駭，」所以顯春秋攻社之非。後人習於史記，因改作太戊，則與攻社之事不應，故決其爲淺人所改，而又誤沾「或曰」二字也。側身行道，思索先王之政，興滅國，繼絕世，舉逸民，明養老之義，桑穀消亡，享國長久。注見異虛篇。此說[者]春秋〔者〕所共聞也。孫曰：當作：「此說春秋者所共聞也。」上文云：「論春秋者，曾不知難。」可證。暉按：「說春秋」，謂說春秋災異者。水災與桑穀之變何以異？殷王改政，春秋攻社，道相違反，行之何從？

周成王之時，天下（大）雷雨，偃禾拔木，雨得言「下」，雷不得言「下」。「下」當作「大」，形近而誤。金縢正作「天大雷電以風」。感類篇亦作「大」。後漢書周舉傳注引洪範五行傳曰：「周公死，成王不圖大禮，故天大雷雨。」並其證。又下文云：「大雨久湛，其實一也。」「大雨」即承此爲文，尤其切證。爲害大矣。成王開金縢之書，求索行事周公之功，金縢曰：「王與大夫盡弁以啓金縢之書，乃得周公所自以爲功代武王之説。」執書以泣遏（過），雨止，風反，禾、大木復起。「遏」當作「過」，形近之譌也。此文原讀「執書以泣過，（句。）雨止，風反，禾、大木復起」。今本「過」誤作「遏」，則以「遏雨，止風，反禾」爲讀，非也。經只言「反風，禾盡起」，未有「止風反禾」之文。經作「執書以泣」，此作「泣過」者，感類篇云「見周公之功，執書泣過」，又云「成王覺悟，執書泣過」，又云「見公之功，執書泣過」，并爲「泣過」連文之證。經作「天乃雨反風」，此作「雨止風反」者，感類篇云「出郊觀變，天止雨反風」，琴操説金縢曰：「天乃反風霽雨。」雨止爲霽，與此文言「止雨」義合。蓋古文經「雨」字，而今文作「止雨」也。「禾、大木復起」者，經云「禾則盡起，凡大木所偃，盡起而築之」，感類篇云「天乃反風，偃禾復起」，又云「天止雨反風，禾盡起」，是「起」字以「禾」言，「反」字以「風」言，「止」字以「雨」言，則「遏」當爲「過」，屬上讀，明矣。皮錫瑞曰：「『遏』與『止』同義，蓋仲任所据今文作止雨也。」其説殊非。大雨久湛，其實一也。成王改過，春秋攻社，兩經二義，行之如何？

月令之家，盼遂案：詳商蟲篇。惟彼謂爲變復之家，謂「蟲食穀者，部吏所致也」。知月令家，即衍五行變復者也。蟲食穀稼，取蟲所類象之吏，笞擊僇辱，以滅其變。實論者謂之未必真是。辨詳商蟲篇。然而爲之，厭合人意。令致雨者，「令」，朱校元本作「令」。政也，吏也，不變其政，不罪其吏，而徒攻社，能何復塞？當作「何能復塞」。下文「擊鼓攻社，何而救止」，句例同。苟以爲當攻其類，衆陰之精，月也。方諸鄉月，水自下來。淮南天文訓：「月者，陰之宗也。故方諸見月，則津而爲水。」高注：「方諸，陰燧，大蛤也。熟摩令熱，月盛時以向月下，則水生，以銅盤受之，下水數滴。」許注：「諸，珠也。方，石也。以銅盤受之，下水數升。」錢塘補注：「方諸用金，亦有用石。依高注，方諸爲蚌。」月離于畢，出房北道，希有不雨。注明雩篇。月中之獸，兔、蟾蜍也。其類在地，螺與蚄也。吴曰：諸子傳記説此義者，通作「螺蚌」，唯此作「蚄」。「蚄」者蚌之異文，東旁轉陽，故字亦作「蚄」，而蚌字相承亦有并梗一切。類篇、集韻：「蚄、蚄蚄，食苗蟲。」別是一義，非此所施。暉按：字彙補曰：「蚄疑即蚌字。」可引此文爲證。月毀於天，螺、蚄舀缺，盼遂案：「舀」當是「臽」之誤。臽、陷通用。同類明矣。注説日篇。雨久不霽，攻陰之類，宜捕斬兔、蟾蜍，椎祓(破)螺、蚄，宋殘卷、錢、黄、王、崇文本「祓」并作「破」，是也。鄭本誤同。盼遂案：「祓」爲「破」之誤。「椎破」、「捕斬」對文。爲其得(其)實。孫曰：當作：「爲得其實。」本書常語。崇文局本作「爲得其實」，不誤。未知所據何本。蝗蟲時至，或飛或集，所集之地，穀草枯索。吏卒部民，塹道作埳，榜驅内於塹埳，杷蝗積聚以千斛數。正攻蝗之身，蝗猶不止，況徒攻陰之類，雨安肯霽？

尚書大傳曰：舊「大」作「太」，非。今從宋殘卷、崇文本正。「煙氛郊社不脩，山川不祝，盼遂案：「祝」當爲「祀」，形近而譌。風雨不時，霜雪不降，責於天公。臣多弑主，孽多殺宗，五品不訓，責於人公。城郭不繕，溝池不脩，水泉不隆，水爲民害，責於地公。」先孫曰：此引尚書大傳語。「不隆」當爲「不降」，二字聲類同，故伏傳「降」字多作「隆」。王應麟王會篇補注引大傳：「隆谷玄玉。」鄭注云：「『隆』讀如『龐降』之『降』。」是其證。孫曰：楊慎丹鉛總録二十六璅語類引書大傳曰：「太師，天公也。太傅，地公也。太保，人公也。煙氛郊社不脩，山川不祀，風雨不時，雪霜不降，責在天公。臣多弑主，孽多殺宗，五品不訓，責在人公。城郭不繕，溝池不脩，水泉不隆，責在地公。」與此微異。**王者三公，各有所主；諸侯卿大夫，各有分職。大水不責卿大夫，而擊鼓攻社，何知(如)？** 吴曰：「何知」疑當作「何如」。論衡每以「何如」、「如何」、「奈何」爲徵詰之詞，此亦同例。蓋謂大水不責卿大夫而攻社，於義無取。

**不然，魯國失禮，孔子作經，表以爲戒也。** 言孔子作春秋，書「大水鼓用牲於社」者，蓋譏魯國失禮，非謂當攻社以救災也。**公羊高不能實，** 公羊傳謂：「求乎陰之道。」何注：「求，責求。」故云「不能實」。**董仲舒不能定，** 繁露謂：「鳴鼓而攻之，爲其不義也。」故云「不能定」。**故攻社之義，至今復行之。** 孫曰：通典云：「成帝五年六月，始命諸官止雨，朱繩乃縈社，（續漢書禮儀志注引漢舊儀，「五」作「二」，「乃」作「反」，并云：「後水旱常不和。」按：作「反」是。求雨反縈，止雨順縈，今反縈，故水旱不和。）擊鼓攻之。」御覽五百二十六引漢舊儀云：「五儀（疑有誤。）元年，儒術奏施行董仲舒請雨事，始令丞相以下求雨雪曝城南，舞童女禱天神五帝。五年，始令諸官止雨，朱繩縈社，擊鼓助之。」可知攻社遏止雨水，漢人多試行之，故仲任云云。**使高尚生，仲舒未死，將難之曰：久雨湛水溢，誰致之者？使人君也，宜改政易行，以復塞之；如人臣也，宜罪其人，以過解天。如非君臣，陰陽之氣，偶時運也，擊鼓攻社，[而]何**

〔而〕救止？當作「何而救止」。「而」、「能」古通。上文：「而徒攻社，何能復塞。」下文：「攻社，一人擊鼓，無兵革之威，安能救雨。」句例並同。今本由不達古語者妄乙也。春秋説曰：「人君亢陽致旱，沈溺致水。」注明雩篇。夫如是，旱則爲沈溺〔亢陽〕之行，水則爲亢陽〔沈溺〕之操，當作「旱則爲亢陽之行，水則爲沈溺之操」，與上文義方相屬。明雩篇曰「旱應亢陽，湛應沈溺」，與此文義同。何乃攻社？

攻社不解，朱絲縈之，亦復未曉。説者以爲，社，陰；朱，陽也。水，陰也，以陽色縈之，助鼓爲救。春秋繁露止雨篇曰：「凡止雨之大體，女子欲其藏而匿也，丈夫欲其和而樂也。開陽而閉陰，闔水而開火，以朱絲縈社十周。」干寶曰：「朱絲縈社，社，太陰也。朱，火色也。絲，維屬。」（後漢禮儀志注。）夫大山失火，灌以壅（甕）水，先孫曰：「壅」當爲「甕」，形聲之誤，下同。衆知不能救之者，何也？火盛水少，熱不能勝也。今國湛水，猶大山失火也；以若繩之絲，縈社爲救，猶以壅（甕）水灌大山也。「猶」，錢、黃、王本並作「若」。原天心以人意，狀天治以人事，人相攻擊，氣不相兼，兵不相負，不能取勝。盼遂案：「負」讀爲「倍」，一聲之轉。與上句「氣不相兼」之「兼」字文義同也。古「負」讀若「倍」。穆天子傳「茅萯」，郭注「萯」音「倍」。漢書宣帝紀「萯陽宮」，李斐音「萯」爲「倍」。皆其證也。今一國水，使真欲攻陽（陰）以絕其氣，「陽」當作「陰」。社，陰也。水，陰也。大水陰勝，攻之以絕其氣。

悉發國人，操刀把杖以擊之，若歲終逐疫，注謝短篇。然後爲可。楚、漢之際，六國之時，兵革戰攻，力彊則勝，弱劣則負。攻社，一人擊鼓，無兵革之威，安能救雨？

夫一暘一雨，猶一晝一夜也；其遭若堯、湯之水旱，猶一冬一夏也。如或欲以人事祭祀復塞其變，冬求爲夏，夜求爲晝也。何以效之？久雨不霽，試使人君高枕安臥，雨猶自止。止久，至於大旱，試使人君高枕安臥，旱猶自雨。何則？暘（陽）極反陰，陰極反暘（陽）。孫曰：「暘」字並當作「陽」。本書「陰」與「陽」、「暘」與「雨」，相對而用，全不混亂，故知二「暘」字當作「陽」也。故夫天地之有湛也，何以知不如人之有水病也？其有旱也，何以知不如人有癉疾也？盼遂案：「人」下宜有「之」字，方與上句一律。癉疾者，旱疾也。見史記扁鵲倉公傳正義。禱請求福，終不能愈；變操易行，終不能救。使醫食藥，冀可得愈；宋殘卷作「衰」，朱校同。命盡期至，醫藥無效。堯遭洪水，春秋之大水也，聖君知之，不禱於神，不改乎政，使禹治之，百川東流。夫堯之使禹治水，猶病水者之使醫也。病水，謂人得水病。然則堯之洪水，天地之水病也；禹之治水，洪水之良醫也。說者何以易之？

攻社之義，於事不得。雨不霽，祭女媧，於禮何見？路史後紀二注曰：「董仲舒法，攻社不霽，則祀女媧。」伏羲、女媧，俱聖者也，舍伏羲而祭女媧，春秋不言。董仲舒之議，其故何哉？盼遂案：仲舒議上文不顯，蓋即「雨不霽，祭女媧」之語也，由下文「仲舒之意，殆謂女媧古婦人帝王者也」一段自明。此等處，須好學深思而後知也。復閱路史後紀卷二女皇氏篇注云：「董仲舒法，攻社不霽，則祀女媧。」自幸所見不誤。

夫春秋經但言「鼓」，豈言「攻」哉？說者見有「鼓」文，則言「攻」矣。夫鼓未必爲攻，說者用意異也。季氏富於周公，而求也爲之聚斂而附益之。孔子曰：「非吾徒也，小子鳴鼓攻之，可也。」「鼓」下元本有「而」字，朱校同。按：答佞有「而」字，與論語先進篇邢疏本合。皇疏本無「而」字，疑古本如是。攻者，責也，責讓之也。六國兵革相攻，不得難此。「季氏」以下，又一義也。訓「攻」爲「責」，與前文謂「攻擊」不同，故云「六國兵革相攻，不得難此」。疑「季氏」上，脱「或曰」二字。

此又非也。以卑而責尊，爲逆矣。或據天責之也。「或」下疑有「曰」字。王者母事地，母有過，子可據父以責之乎？下之於上，宜言諫。若事，若，順也。臣子之禮也；責讓，上之禮也。乖違禮意，行之如何？

夫禮以鼓助號呼，明聲響也。程、黃、錢、王本「明」作「鳴」。宋本同此。古者人君將出，撞鍾擊鼓，故警戒下也。必以伐鼓爲攻此社，「此」字衍。此則鍾聲鼓鳴攻擊上也。大水用鼓，或時再告社。「再」字疑誤。陰之太盛，雨湛不霽，陰盛陽微，非道之宜。口祝不副，以鼓自助，與日食鼓用牲于社，同一義也。俱爲告急，彰陰盛也。事大而急者用鍾鼓，小而緩者用鈴𥬠（篍），先孫曰：「𥬠」非鈴之類，字當作「篍」。説文竹部云：「篍，吹箫也。」急就篇云：「箛篍起居課後先。」「篍」與「𥬠」形近而誤。彰事告急，助口氣也。大（天）道難知，吴曰：「大」當作「天」，形近而誤。紀妖、訂鬼、譏日等篇並有「天道難知」語，應據正。（崇文局本校改作「天」。）大水久湛，假令政治所致，猶先告急，乃斯政行。盜賊之發，與此同操。盜賊亦政所致，比求闕失，猶先發告。鼓用牲于社，發覺之也。社者，衆陰之長，故伐鼓使社知之。説鼓者以爲「攻」之，故「攻母」、「逆義」之難，緣此而至。今言「告」以陰盛陽微，攻尊之難，奚從來哉？且告宜於用牲，用牲不宜於攻。告事用牲，禮也；攻之用牲，於禮何見？

朱絲如繩，示在暘（陽）也。暘（陽）氣實微，故用物微也。孫曰：二「暘」字并當作「陽」。上文云：「説者以爲，社，陰；朱，陽也。水，陰也，以陽色縈之，助鼓爲救。」故知二「暘」字當作「陽」也。投一寸之鍼，布一丸之艾於血脈之蹊，篤病有瘳。朱絲如一寸之鍼、一丸之艾也。

吴攻破楚，昭王亡走，申包胥間步赴秦，哭泣求救，卒得助兵，却吴而存楚。事見左定四年傳、説苑至公篇、新序節士篇。擊鼓之人，伐如何耳。盼遂案：「伐」當爲「誠」之誤。下句「使誠，若申包胥」，「誠」字即承此爲文也。使誠若申包胥，一人擊得。假令一人擊鼓，義不可通，文有捝誤。將耐令社與秦王同感，「耐」、「能」古通。以土勝水之威，却止雲雨。雲雨氣得與吴同恐，消散入山，百姓被害者，得蒙霽晏，晏，天無雲也。有楚國之安矣。

迅雷風烈，君子必變，雖夜必興，衣冠而坐，禮記玉藻文。懼威變異也。釋名釋言語曰：「威，畏也。」夫水旱，猶雷風也，雖運氣無妄，「無妄」，注寒温篇。欲令人君高枕幄（据）卧，舊校曰：「幄」字一本作「据」。吴曰：一本作「据」是也。「据」本作「據」。左氏僖五年傳：「神必據我。」杜解云：「據，安也。」「据」亦作「倨」。淮南子覽冥篇：「卧倨倨。」高注云：「倨倨卧，無思慮也。」上文云：「試使人君高枕安卧。」安、据義同。作「幄」者，「据」之形譌，義不可通。暉按：「欲」疑當作「設」。言若人君不鳴鼓告社，則非愛民之意。以俟其時，無惻怛憂民之心。堯不用牲，或時上世質也。倉頡作書，奚仲作車，可以前代之時無書、車之事，非後世爲之乎？時同作殊，事乃可難；異世易俗，相非如何？

〔世〕俗圖畫女媧之象，「世」字据宋本補。爲婦人之形，吴曰：北齊書祖珽傳云：「太姬雖云婦人，實是雄傑，女媧已來無有也。」然則以女媧爲婦人，自漢訖南北朝皆有其說。暉按：鄭注中候勑省圖引運斗樞：「伏犧、神農、女媧爲三皇。」（曲禮疏。）鄭注明堂位引春秋緯說同，未言女皇。説文女部：「媧，古之神聖女，化萬物者也。」帝王世紀曰：「女媧虵身人首，一曰女希，是爲女皇。」風俗通：「女媧，伏希之妹。」（路史後紀二注。）又其號曰「女」。仲舒之意，殆謂女媧古婦人帝王者也。男陽而女陰，陰氣爲害，故祭女媧求福祐也。傳又言：「共工與顓頊爭爲天子，不勝，怒而觸不周之山，使天柱折，地維絶。女媧消煉五色石以補蒼天，斷鼇之足以立四極。」注見談天篇。仲舒之祭女媧，殆見此傳也。本有補蒼天、立四極之神，天氣不和，陽道不勝，儻女媧以精神助聖王止雨湛乎！

# 論衡校釋卷第十六

## 亂龍篇

土龍以象類實，以禮示意。亂，終也。以終仲舒之説，故曰「亂龍」。或以此篇設十五證以明土龍之能致雨，與王氏全書徵實祛惑之旨不合。死僞篇：「董仲舒請雨之法，設土龍以感氣。夫土龍非實，不能致雨。仲舒用之致精誠，不顧物之僞真也。」王氏之意可見。故學者多疑其僞。暉按：此篇意在終仲舒之説，代子駿以應難，非仲任本旨所在。定賢篇云：「董仲舒信土龍之能致雲雨，蓋亦有以也。」案書篇云：「孔子終論，定於仲舒之言，其脩雩治龍，必將有義，未可怪也。」其列證十五，又有四義，即所謂「蓋亦有以也」、「必將有義」之意。明雩篇自「何以言必當雩也」以下，順鼓篇「用鼓告社」以下，并就仲舒設雩鼓社之義以求其説，與此篇文例正同。龍虛篇云：「雷龍同類，感氣相致。龍與雲同招，虎與風相致，故董仲舒雩祭之法，設土龍以爲感也。」則仲任於董氏之説，未全蔑棄。疑其僞作，非也。

董仲舒申春秋之雩，設土龍以招雨，其意以雲龍相致。春秋繁露求雨篇曰：「春旱求雨，以甲乙日，爲大青龍一，長八丈，居中央；爲小龍七，各長四丈，於東方，皆東鄉，其間相去八尺。夏求雨，以丙丁日，爲大赤龍一，長七丈，居中央；又爲小龍六，各長三丈五尺，於南方，皆南鄉，其間相去七尺。季夏，以戊己日，爲大黃龍一，長五丈，居中央；又爲小龍四，各長二丈五尺，於南方，皆南鄉，其間相去五尺。秋，以庚辛日，爲大白龍一，長九丈，居中央；爲小龍八，各長四丈五尺，於西方，皆西鄉，其間相去九尺。冬，以壬癸日，爲大黑龍一，長六丈，居中央；又爲小龍五，各長三丈，於北方，皆北鄉，其間相去六尺。」山海經曰：「大荒東北隅，有山名曰凶犂土丘，應龍處南極。殺蚩尤與夸父，不得復上，故下數旱。旱而爲應龍之狀，乃得大雨。」郭璞曰：「今之土龍本此。氣應自然冥感，非人所能爲也。」易曰：「雲從龍，風從虎。」易乾卦文言文。以類求之，故設土龍，陰陽從類，雲雨自至。

儒者或問曰：夫易言「雲從龍」者，謂真龍也，豈謂土哉？楚葉公好龍，墻壁槃盂皆畫龍。莊子曰：「葉公子高之好龍，屋室雕龍，盡寫以龍。於是天龍下之，窺頭於牖，拖尾於堂。葉公見之，失其魂魄。」（今本逸，見困學紀聞十。）亦見新序雜事五、申子。呂氏春秋分職篇高注：「葉公，楚葉縣大夫沈諸梁〔一〕子高也。」必以象類爲若真是，則葉公之國常有雨也。易又曰「風從虎」，謂虎嘯而谷風至也。注偶會篇。風之與虎，亦同氣類。設爲土虎，置

〔一〕「諸」字原本脱，據呂氏春秋高注補。

之谷中，風能至乎？夫土虎不能而致風，土龍安能而致雨？二「能」字并衍。「而」、「能」古通，本書多「而」、「能」互用。此「能」字，蓋「而」字旁注誤入正文。下文誤同。古者畜龍，乘車駕龍，路史後紀九上注引有「故今畫之」句。按不當有。又路史注曰：「大戴禮云：『春夏乘馬，秋冬乘龍。』龍，馬八尺者，王充説非也。」按：公羊隱元年傳注：「天子馬曰龍，高七尺以上。」仲任誤爲「雲龍」之「龍」。故有豢龍氏、御龍氏。注龍虛篇。夏后之庭，二龍常在，季年夏衰，二龍低伏。「低」當作「坻」，注龍虛篇。真龍在地，猶無雲雨，況僞象乎？禮，畫雷樽象雷之形，注雷虛篇。雷樽不聞能致雷，土龍安能而動雨？盼遂案：下「而」字疑係衍文。「能」即「而」也。淺人因上土虎句而沾此「而」字耳。頓牟掇芥，盼遂案：王筠菉友臆説云：「頓牟豈虎魄之異名邪？抑别自一物邪？是頓牟之爲物，宜存區蓋。」磁石引針，「針」，疑當作「鐵」。「針」作「鍼」，「鐵」或省作「銕」，形近而誤。淮南道應訓：「投金鍼焉，則形見於外。」「鍼」今譌作「鐵」，是其比。呂氏春秋精通篇：「慈石召鐵，或引之也。」（意林引誤作「鍼」。）淮南説山訓：「慈石能引鐵。」又覽冥訓：「慈石之引鐵。」春秋繁露郊語篇：「慈石取鐵，頸金取火。」春秋考異郵：「承石取鐵，瑇瑁吸褚。」承石，磁也。漢藝文志序醫經家：「慈石取鐵，以物相使。」並其證。但亦有作「針」者。本草經：（續博物志九。）「磁石引鍼，琥珀入芥。」皆以其真是，不假他類。他類肖似，不能掇取者，何也？氣性異殊，不能相感動也。劉子駿掌雩祭，典土龍事，桓君山亦難以頓牟、磁石不能真是，何能掇針取芥？子駿窮無以應。孫曰：劉昭續禮儀志注引桓譚新論云：「劉歆致雨，具作土龍，吹律，及諸方術，無不備設。譚問：『求雨所以爲土龍，何也？』曰：『龍見者，輒有風雨興起，以送迎之，故緣其象類而爲之。』」仲任所引，蓋本桓氏書，或即此節佚文也。子駿，漢朝智囊，筆墨淵海，窮無以應者，是事非議誤，不得道理實也。

曰：夫以非真難，是也；不以象類説，非也。夫東風至，舊校曰：一有「感」字。酒湛溢。〔按酒味酸，從意林作「從酸」。東方木也。其御覽無此字。味酸，故酒湛溢也〕。意林無「也」字。以上十七字，依意林及御覽八四五引補。周廣業意林注以爲招致篇逸文。孫曰：「按語以下，與淮南覽冥篇注正同，疑論衡本有舊注，而今本脱之。」暉按：本書多著「按」字，御覽引論衡他文「按」字以下，皆出正文，非爲注語。孫氏以爲舊注，疑難徵信。意林、御覽並引此文於「酒湛溢」下，明爲此篇逸文。周氏係之招致篇，亦非。疑此下尚有脱文。意林及御覽八一四引論衡云：「蠶合絲而商弦易，（御覽作「絶」。）新穀登而舊穀缺，（御覽無此句。）按子生而父母氣衰，（御覽無「母」字。）新絲既登，故體者自壞耳。」（意林無此二句。）或即此下逸文。淮南覽冥訓亦以「蠶咡絲而商弦絶」次於「酒湛溢」與「鯨魚死」之間。論衡多本淮南也。淮南覽冥訓高注：「東風，木風也。酒湛，清酒也。米物下湛，故曰湛。木味酸，酸風入酒，故酒酢而湛者沸溢，物類相感也。」王念孫曰：「『湛溢』二字當連讀，『湛』與『淫』同，『淫溢』猶『衍溢』也。酒性温，故東風至而酒爲之加長。春秋繁露同類相動篇曰：『水得夜，益長數分，東風而酒湛溢，故陽益陽而陰益陰也。』義與此同也。」**鯨魚死，彗星出。**淮南覽冥訓高注：「鯨魚，大魚。蓋長數里，死于海邊，魚之身賤也。彗星爲變異，人之害也。類相動也。」又天文訓許注：「鯨，海中魚之王也。」説文作「鱷」，云：「海大魚也。」字或从『京』作『鯨』。」御覽引魏武四時食制曰：「東海大魚如山，長五六里，謂之鯨鯢。」春秋孔演圖曰：「海精，鯨魚也。」**天道自然，非人事也。事與彼雲龍相從，同一實也。**

**日，火也；月，水也。水火感動，常以真氣，今伎道之家，鑄陽燧取飛火於日，**注率性篇。盼遂案：「飛」字疑衍。下句「取水於月」與此對文，又下文屢言陽燧取火，皆無飛字，可證。**作方諸取水於月，**注順鼓篇。**非自然也，而天然之也。**「天」當作「人」。**土龍亦非真，何爲不能感天？一也。**

**陽燧取火於天，五月丙午日中之時，消煉五石，鑄以爲器，**盼遂案：此文五石殆與漢、晉間之五石散異類。趙翼陔餘叢考卷三十二琉璃條引此文云：「即琉璃也。」又云：「魏太武時，大月氏國人至京師，能鑄石爲五色琉璃，即五石之説也。」漢書西域傳：「罽賓國出流離。」顔注引魏略云：「大秦國出赤白黑黄青緑縹紺紅紫十種流離。」則又似在三國時。仲任所云五石，其殆琉璃之嚆矢歟？**乃能得火。今妄取刀劍偃月之鉤，摩以向日，**注率性篇。**亦能感天。夫土龍既不得比於陽燧，當與刀劍偃月鉤爲比。**盼遂案：「既」疑爲「即」之誤。王意謂土龍縱不得比于陽燧，亦當與刀劍等爲比也。二也。

齊孟常君程、錢、黄、王本並作「孟嘗」，是也。宋本同此。盼遂案：史記田文封孟嘗君，不作「常」，此誤。夜出秦關，關未開，客爲鷄鳴，而真鷄鳴和之。秦關，函谷關也。見史記本傳。夫鷄可以姦聲感，則雨亦可以僞象致。三也。

李子長爲政，欲知囚情，以梧桐爲人，象囚之形，鑿地爲⿰土舀（埳），以盧（蘆）爲槨（郭），臥木囚其中。囚罪正，則木囚不動；囚冤侵奪，木囚動出。不知囚之精神着木人乎？將精神之氣動木囚也？吴曰：虞喜志林云：「李子長欲知囚情，以梧桐爲人，蘆葦爲牢。當罪，木囚不動；或冤，木囚乃奪。」（據陶宗儀説郛本。）又按：太平廣記一百七十一引論衡，「李子長」作「李子萇」，「梧桐」作「梧櫝」，「象囚之形」作「象囚人形」。「鑿地爲⿰土舀，以蘆爲槨」，「⿰土舀」作「陷」，「盧」作「蘆」，「槨」作「郭」。「囚罪正，則木囚不動」，作「囚罪正是，木囚不動」。皆是也。當據改。「精神」作「天神」，疑廣記誤。暉按：吴氏謂「⿰土舀」當作「陷」，「盧」當作「蘆」，「槨」當作「郭」，並是也。「⿰土舀」，白帖四五引作「坎」，初學記二十作「牀」，酉陽雜俎十作「臼」，蓋並意引。御覽六四二作「埳」，（事類賦二五引同。）九五六作「陷」。（明鈔本從「土」。）則「⿰土舀」當作「埳」。本書从「舀」从「臽」之字多譌。「以盧爲槨」，酉陽雜俎引作「以蘆葦爲郭」，並足證成吴説。又按：「李子長」、「梧桐」，白帖、御覽、事類賦二五、酉陽雜俎引並與今本同。（初學記二十引作「梧樹」。）

「象囚之形」，白帖、酉陽雜俎、御覽六四二引并同。則廣記作「人」誤。「囚罪正」四句，白帖作：「罪若正，木囚不動；若有怨，木囚即動。」初學記作：「罪正者，不動；寃者，木自動出。」雜俎作：「囚當罪，木囚不動；囚或寃，木囚乃奮起。」御覽六四二作：「罪正者，木囚不動；囚寃侵奪者，木囚動出。」九五六作：「囚罪若正，木囚不動；若有寃，木囚動出。」（事類賦引同。）諸類書引，互有出入，足明今本不誤。吴氏謂當據廣記改，非也。又按：「囚之精神」，御覽九五六、事類賦引並作「人之精誠」，白帖引作「豈囚之誠著木人也」。是所據本亦作「精誠」。疑當據改。（但御覽六四二引與今本同。）又「精神之氣」，御覽六四二引亦作「天神之氣」，與廣記同。夫精神感動木囚，何爲獨不應從土龍？四也。癸巳存稿三：「以梧桐爲偶人，漢俗如此。說文：『偶，桐人也。』說文多言漢制。高誘說：『偶，相人也。』『相人偶』，見禮注，高說乃是『像人』。」

舜以聖德，入大麓之野，虎狼不犯，蟲蛇不害。尚書今文說也。注正說篇。禹鑄金鼎象百物，以入山林，亦辟凶殃。見左宣三年傳。注儒增篇。論者以爲非實。辯見儒增篇。然而上古久遠，周鼎之神，不可無也。夫金與土，同五行也，使作土龍者如禹之德，則亦將有雲雨之驗。五也。

頓牟掇芥，磁石、鉤象之石句有誤。非頓牟也，皆能掇芥。土龍亦非真，當與磁石、鉤象爲類。六也。

楚葉公好龍，墻壁盂樽皆畫龍象，真龍聞而下之。夫龍與雲雨同氣，故能感動，以類相從。葉公以爲畫致真龍，「以」字當在「畫」字下。盼遂案：「爲」借作「僞」。「僞畫」與「真龍」對文。上文「楚葉公好龍，墻壁樽盂皆畫龍象」，此「僞畫」之説也。下文「土龍何獨不能以僞致真」，尤爲佳證。今獨何以不能致雲雨？七也。

神靈示人以象，不以實，故寢卧夢悟見事之象。將吉，吉象來；將凶，凶象至。神靈之氣，雲雨之類。八也。

神靈以象見實，土龍何獨不能以僞致真也？盼遂案：上句「八」字當在「以僞致真」下。論中以象類説土龍凡十五事，此其第八也。如今文，則神靈、土龍與神荼、鬱壘頓成兩橛，而强爲一貫矣。上古之人，有神荼、鬱壘者，昆弟二人，性能執鬼，孫曰：御覽八百八十三、一千並引作「生而執鬼」。生、性同。能、而通。疑作「而」者，爲古本；作「能」者，後人校改也。（風俗通典祀篇作「性能執鬼」。）居東海度朔山上，立桃樹下，簡閲百鬼。鬼無道理，妄爲人禍，荼與鬱壘縛以盧（蘆）索，孫曰：「盧」當作「蘆」。謝短篇作「蘆索」，訂鬼篇及風俗通並作「葦索」，御覽八百八十三、一千並引「盧索」作「蘆索」。執以食虎。故今縣官縣官，謂天子也。注程材篇。斬桃爲人，立之户側；畫虎之形，著之門闌。注謝短篇、訂鬼篇。夫桃人，非荼、鬱壘也；畫虎，非食鬼之虎也，刻畫效象，冀以禦凶。今土龍亦非致雨之龍，獨信桃人、畫虎，不知土龍。九也。

此尚因緣昔書，不見實驗。魯般、墨子刻木爲鳶，蜚之三日而不集，注儒增篇。爲之巧也。使作土龍者若魯般、墨子，則亦將有木鳶蜚不集之類。夫蜚鳶之氣，雲雨之氣也。氣而蜚木鳶，「而」讀作「能」。盼遂案：「而」讀爲「能」。下「能」字疑本亦作「而」，讀者誤改之也。何獨不能從土龍？十也。

夫雲雨之氣也，知於蜚鳶之氣，盼遂案：「也」字涉上文「雲雨之氣也」句衍。或本在「蜚鳶之氣」下。未可以言。釣者以木爲魚，「以」，意林、御覽九三五引並作「刻」。丹漆其身，近（迎）[之]水流（浮）而擊之，「近之水流而擊之」，文不成詞。「近」當作「迎」，形近而誤。「之」字涉上下文衍。「流」當作「浮」，亦形近而誤。原文當作「迎水浮而擊之」。意林、御覽并引作「迎水浮之，起水動作」。（御覽無「起」字。）是其證。起水動作，魚以爲真，並來聚會。夫丹木，非真魚也，魚含血而有知，猶爲象至。雲雨之知，不能過魚，見土龍之象，何能疑之？十一也。

此尚魚也，知不如人。匈奴敬畏郅都之威，刻木象都之狀，交弓射之，莫能一中。見史記酷吏傳。不知都之精神在形象邪？亡[也]將匈奴敬鬼（畏）精神在木〔人〕

也？吴曰：「亡也」，「也」字衍。「亡」疑詞，爲下句首。「亡」在陽部，對轉「魚」，則爲「無」，爲「莫」，爲「模」。重言之曰「無慮」，曰「模慮」。省言之曰「亡」，曰「無」，曰「莫」。定賢篇云：「不知壽王不得治東郡之術邪？亡將東郡適當復亂，而壽王之治偶逢其時也？」句例正與此同。呂氏春秋審爲篇：「子華子曰：君將攫之乎？亡其不與？」愛類篇：「墨子曰：必得宋乃攻之乎？亡其不得宋且不義猶攻之乎？」「亡其」猶「亡將」矣。今人多以「抑」字爲之。唐人言「遮莫」，今人言「莫不是」，皆其遺語。暉按：「敬鬼」當作「敬畏」。「鬼」、「畏」形近而誤。上文云：「匈奴敬畏郅都之威。」可證。又按：「木」下脱「人」字。上文云：「不知囚之精神著木人乎？」句意正同。又下文云：「如匈奴精在於木人。」即承此爲文，並其證。如都之精神在形象，天龍之神亦在土龍；如匈奴精在於木人，盼遂案：「精」上宜有「之」字，今脱。上文「都之精神」、「天龍之神」，下文「雩祭者之精」，皆有「之」字，可證。則雩祭者之精亦在土龍。十二也。

金翁叔，休屠王之太子也，與父俱來降漢。父道死，與母俱來，拜爲騎都尉。母死，武帝圖其母於甘泉殿上，署曰「休屠王焉提」。盼遂案：「焉提」即史、漢中之「閼氏。」閼、焉，氏、提，皆聲韻之轉。翁叔從上上甘泉，拜謁起立，向之泣涕沾襟，久乃去。見漢書金日磾傳。師古曰：「署題其畫。」錢大昕曰：「『焉提』即『閼氏』，古書『氏』、『是』通用。『提』从『是』，亦與『氏』通。」夫圖畫，非母之實身也，因見形象，涕泣輒下，思親氣感，不待實然也。夫土龍猶甘泉之圖畫也，雲雨見之，何爲不動？十三也。

此尚夷狄也。有若似孔子，孔子死，弟子思慕，共坐有若孔子之座。史記弟子傳：「孔子既没，弟子思慕。有若狀似孔子。弟子相與共立爲師，師之如夫子時也。」翟灝曰：「有若之似孔子，據檀弓，特其言耳；史乃以狀説之。徒以其狀，陽貨且似孔子矣，子夏等寧汙下若此乎？」按：史通暗惑篇、困學紀聞七亦並疑其事。攷孟子滕文公上：「孔子没，他日子夏、子張、子游以有若似聖人，欲以所事孔子事之。」趙注：「有若之貌似孔子，此三子者，思孔子而不可復見，故欲尊有若以作聖人，朝夕奉事之。禮如事孔子，以慰思也。」是漢儒并以狀説之。仲任意同。亦見講瑞篇。弟子知有若非孔子也，猶共坐而尊事之。雲雨之知，使若諸弟子之知，雖知土龍非真，然猶感動，思類而至。十四也。

有若，孔子弟子疑其體象，則謂相似。孝武皇帝幸李夫人，夫人死，思見其形。道士以術爲李夫人，自然篇作「王夫人」。史記封禪書：「齊人少翁以鬼神方見上，上有所幸王夫人。夫人卒，少翁以方，蓋夜致王夫人及竈鬼之貌云。天子自帷中望見之。」褚補武紀同。集解曰：「徐廣曰：『王夫人，齊懷王閎之母也。』」駰按：桓譚新論云：『武帝有所愛幸姬王夫人，窈窕好容，質性嫽佞。』」攷書鈔一三二引新論曰：「武帝所幸王夫人（文選潘安仁悼亡詩注、御覽六九九引並作「李夫人」，殊失其舊。封禪書索隱亦云新論作「王夫人」。）死，帝痛惜之。方士李少君言能致其神魂，乃夜設燭，張帳，令帝居於他帳中，遥望見好女似夫人。」漢書郊祀志、外戚傳、漢武故事、王子年拾遺記并作「李夫人」。通鑑十九作「王夫人」。考異曰：「漢書以此事置李夫人傳中，古今相承，皆以爲李夫人事。史記封禪書：『少翁見上，上有所幸王夫人卒。少翁以方，夜致王夫人之貌云。』按：李夫人卒時，少翁死已久。漢書誤也。」暉按：仲任述漢事，多本史記，則自然篇作「王夫人」是。此則後人妄改也。**夫人步入殿門，武帝望見，知其非也，然猶感動，喜樂近之。使雲雨之氣，如武帝之心，雖知土龍非真，然猶愛好感起而來。十五也。**

**既效驗有十五，又亦有義四焉。**

**立春東耕，爲土象人，男女各二人，**御覽二十、又五三七、事類賦五、日鈔引并無「人」字，疑是。**秉耒把鋤；**類聚三九引作「執耒鉗錢」，御覽二十引作「秉耒鉏」，並注云：「與『鋤』同。」五三七、事類賦五引作「秉耒耜」。**或立土牛。〔象人、土牛〕，未必能耕也。**孫曰：「立土牛」當作「立土象牛」，與上文「爲土象人」句意相同。此脱「象」字。「未必能耕也」，當作「土牛未必能耕也」，又脱「土牛」二字，故文義不明。類聚三十九、御覽五百三十八（當作七。）並引作「或立土牛象人，土牛未畢而耕也」。「土牛」二字未脱。「或立土牛」，作「或立土牛象人」，亦非也。惟事類賦四（當作五。）引作「或立土象牛」，不誤，當從之。至於類聚、御覽所引以「畢」爲「必」，假「而」爲「能」，蓋古本論衡如此，今乃淺人妄改者也。暉按：類聚、御覽引作「或立土牛。（句。）象人土牛，未畢而耕也」，（御覽二十引同。）當據補「象人土牛」句。「未必能耕也」，是承「爲土象人」、「或立土牛」兩層爲文。言土人與土牛，並不能耕。下文「與立土人、土牛，同一義也」，亦以「人」、「牛」並舉。「象人、土牛」，「象人」即承「爲土象人」，「土牛」即承「或立土牛」。類聚、御覽所引不誤。今本脱去「象人土牛」四字耳。孫氏誤以「或立土牛象人」句絶，而信事類賦之孤證，非也。**順氣應時，示率下也。**吕氏春秋季冬紀：「出土牛，以送寒氣。」高注：「出土牛，今之郡縣（今本誤作「令之鄉縣」。此依畢校。）得立春節出勸耕土牛於東門外是也。」畢曰：「續漢禮儀志亦於季冬出土牛。此云『立春節』，説又異也。」暉按：後漢書禮儀志上：「立春之日，京師百官，皆衣青衣，郡國縣道官，下至斗食令史，皆服青幘，立青旛，施土牛耕人于門外，以示兆民。」鹽鐵論授時篇云：「發春之後，懸青幡，築（此依書鈔百二十引，近本作「策」。）土牛。」是漢時于立春有出土牛事，故高、王云然。畢氏未深考也。隋禮儀志亦有立春出土牛事，蓋因漢制。**今設土龍，雖知不能致雨，亦當夏時，以類應變，與立土人、土牛同〔義〕。一義也。**以下文例之，「一」當在「義」字下。

盼遂案：文當是：「與立土人、土牛同義。一也。」此段爲四義之一。

**禮，宗廟之主，以木爲之，長尺二寸，以象先祖。孝子入廟，主心事之，雖知木主非親，亦當盡敬，**書鈔八十七引「禮云」，與此文同，未知何出。孔廣陶云：此文「禮」下脱「云」字，「廟」上脱「宗」字，下脱「之中」二字。**有所主事。**禮記曲禮下：「措之廟，立之主。」白虎通宗廟篇：「祭所以有主者，神無所依據，孝子以主繼心焉。主用木，木有終始，又與人相似也。蓋題之以爲記，欲令後可知也。方尺，或曰長尺二寸。孝子入宗廟之中，雖見木主，亦當盡焉。（依盧校本。）」公羊文二年傳注：「主狀正方，穿中央，達四方，天子長尺二寸，諸侯長一尺。」疏云：「孝經說文。」**土龍與木主同，雖知非真，示當感動，立意於象。二也。**「示」當作「亦」。「亦當感動」，與上「雖知木主非親，亦當盡敬」文例同。又「立」當作「示」。下文云：「以禮示意，有四義。」

**塗車、芻靈，聖人知其無用，示象生存，不敢無也。**檀弓下曰：「孔子謂爲明器者，知喪道也。備物而不可用也。塗車、芻靈，自古有之，明器之道也。」注：「芻靈，束茅爲人馬。謂之靈者，神之類。」周禮夏官校人賈疏：「古者以泥塗爲車。芻靈，謂以芻草爲人馬神靈。」**夫設土龍，知其不能動雨也，示若塗車、芻靈而有致。**義不明。**三也。**

**天子射熊，諸侯射麋，卿大夫射虎豹，士射鹿豕，**先孫曰：此文據儀禮。鄉射記：「天子熊侯，諸侯麋侯。大夫布侯，畫以虎豹。士布侯，畫以鹿豕。」與周禮司裘大射侯異也。吳曰：白虎通鄉射篇引含文嘉曰：「天子射熊，諸侯射麋，大夫射虎豹，士射鹿豕。」與鄉射記同。論衡亦本之禮緯，不必與周禮合。**示服猛也。**儀禮鄉射記鄭注：「熊麋虎豹鹿豕，皆正面畫其頭於正鵠之處。射熊虎豹，不忘上下相犯；射麋鹿豕，志在君臣相養也。」此云「示服猛」，則義不同。白虎通鄉射篇曰：「天子所以射熊何？示服猛，遠巧佞也。熊爲獸猛巧者，非但當服猛也，示當服天下巧佞之臣也。諸侯射麋何？示遠迷惑人也，麋之言迷也。大夫射虎豹何？示服猛也。士射鹿豕何？示除害也。（説文矢部云：「爲田除害。」）各取德所能服也。」與此義同。名布爲侯，示射無道諸侯也。周禮天官司裘鄭注：「所射正謂之侯者，天子中之，則能服諸侯。諸侯以下中之，則得爲諸侯。」儀禮大射儀鄭注：「侯謂所射布也。尊者射之以威不寧，侯卑者射之以求爲侯。」與此文統謂射諸侯，其義不同。周禮司裘先鄭注：「射所以直己志，用虎熊豹麋之皮，示服猛討迷惑者。」疏云：「虎熊豹是猛獸，將以爲侯，侯則諸侯也，是示能伏得猛厲諸侯；麋者迷也，將以爲侯，示能討擊迷惑諸侯。」白虎通鄉射篇：「名布爲侯者何？明諸侯有不朝者，則當射之。」楚詞大昭王注：「侯謂所射布也。王者當制服諸侯，故名布爲侯而射之。」其義并與充説同也。夫畫布爲熊麋之象，名布爲侯，禮貴意象，示義取名也。土龍亦夫熊麋布侯之類。四也。

夫以象類有十五驗，盼遂案：「象類」下脱一「説」字。「以象類説」與下句「以禮示義」爲對文。夫以非難真是也，不以象類説非也，此正承用其説。以禮示意有四義。仲舒覽見深鴻，立事不妄，設土龍之象，果有狀也。龍暫出水，雲雨乃至。古者畜龍、御龍，常存，「常」上疑挩一「龍」字。無雲雨。猶舊交相闊遠，卒然相見，歡欣歌笑，或至悲泣涕，偃伏少久，則示行各恍忽矣。易曰「雲從龍」，非言龍從雲也。雲（雷）樽刻雷雲之象，「雲樽」當作「雷樽」。雷虛篇：「刻尊爲雷之形。」儒增篇：「雷罇刻畫雲雷之形。」漢書文三王傳：「孝王有罍尊。」「罍」即「雷」字。應劭注：「詩云：『酌彼金罍。』罍畫雲雷之象，以金飾之也。」鄭氏曰：「上蓋，刻爲山雲雷之象。」並爲此文當作「雷樽」之證。上文「儒者或問曰：禮畫雷樽，象雷之形，雷樽不聞能致雷」。此即承彼爲文，以解儒問也。尤其切證。盼遂案：「雲樽」當是「雷樽」之誤，「雲樽」於古未聞。上文「禮畫雷樽象雷之形」，此宜據以改正。龍安肯來？夫如是，傳（儒）之者（之）何（問）可解，當作「儒者之問可解」。「儒」或作「儁」，與「傳」形近；「何」與「問」形近，故并致誤；「者之」二字誤倒，故文不成義。前文儒者難以「雲從龍」、「雷樽」，仲任一一破之，故曰「夫如是，儒者之問可解」也。盼遂案：「傳之者何」四字，當是「儒者之問」四字之倒譌。篇首儒者或問曰云云，此正應其文也。緣「儒」或作「儁」，形近於「傳」。「問」草書作「问」，易誤爲「何」矣。則桓君山之難可說也，則劉子駿不能對，劣也，劣則董仲舒之龍說不終也。論衡終之，故曰「亂龍」。〔亂〕者，終也。「亂」字，據崇文本增。意林引正有「亂」字。

## 遭虎篇

**變復之家，謂虎食人者，功曹爲姦所致也。**後漢書百官志：「郡縣有功曹史，主選署功勞。」**其意以爲，功曹衆吏之率，虎亦諸禽之雄也。**書鈔七七引「率」作「帥」，字通。又引「禽」作「獸」。按：本書禽獸字多互稱，説詳物勢篇注，非字誤也。**功曹爲姦，采漁〔一〕於吏，故虎食人，以象其意。**漢名臣奏張文上疏曰：「獸齧人者，象暴政若獸而齧人。京房易傳曰：『小人不義而反尊榮，則虎食人。』」（後漢書蔡邕傳注。）風俗通正失篇：「九江多虎，太守宋均移記屬縣曰：『夫虎豹在山，今數爲民害者，咎在貪殘（司馬彪續漢書同。范書作「咎在殘吏」。）居職使然。』」又光武問劉昆，虎北渡河，爲何政所致？是並以虎害爲政治所招致也。京房易傳曰：「君將無道，厥災狼食人。」東觀漢記載詔曰：「政失厥中，狼災爲應，至乃殘食孩幼。」（並見後漢五行志。）謂狼應災，亦此義也。

**夫虎食人，人亦有殺虎。謂虎食人，功曹受取於吏，如人食虎，吏受於功曹也**

---

〔一〕「漁」，原本作「魚」，據通津草堂本改。

乎？盼遂案：「乎」蓋衍字。論例以「也」爲「邪」。感應篇：「三王乎？周公也？」舊校云：「一本『也』下有『乎』字。」此亦淺人昧于論例而誤沾「乎」字。案世清廉之士，百不能一，居功曹之官，皆有姦心，私舊故可以倖；「以倖」，宋本作「所幸」，朱校元本同。苞苴賂遺，苞苴，饋遺也。禮記少儀注：「苞苴，謂編束萑葦以裹魚肉也。」饋遺貨賂，亦必裹以物，故云「苞苴」。小大皆有。必謂虎應功曹，是野中之虎常害人也。夫虎出有時，猶龍見有期也。陰物以冬見，陽蟲以夏出。出應其氣，氣動其類。參、伐以冬出，事類賦四引「伐」作「昴」。下同。心、尾以夏見。參、伐則虎星，心、尾則龍象。參、伐，西方宿。心、尾，東方宿。史記天官書：「東宮蒼龍，心爲明堂，尾爲九子。」索隱：「文耀鉤云：『東宮蒼帝，其精爲龍。』爾雅云：『大辰，房、心、尾也。』李巡曰：『大辰，蒼龍宿。』」天官書又曰：「西宮，參爲白虎，下有三星兑，曰罰。」索隱：「文耀鉤云：『西宮白帝，其精白虎。』」正義：「觜三星，參三星，外四星爲實沉，爲白虎形也。『罰』亦作『伐』。」集解：「孟康曰：『在參間。』」象出而物見，御覽二二、事類賦四引作「星出」。氣至而類動，天地之性也。動於林澤之中，遭虎搏噬之時，稟性狂勃，盼遂案：「勃」讀爲「悖」。勃、悖古同聲通用。莊子庚桑楚「徹志之勃」，釋文：「勃本又作悖。」貪叨飢餓，觸自來之人，安能不食？人之筋力，羸弱不適，「適」讀「敵」。巧便不知，「知」疑當作「如」，謂人之巧便不如虎也，與「不適」立文正同。作「知」，義難通。盼遂案：「知」當爲「如」之形誤。「不如」與「不適」意同。「適」通作「敵」。舍弟銘恕謂：「知讀詩萇楚『樂子之無知』。箋云：『知，匹也。』爾雅釋詁：『知，匹也。』詩芄蘭『能不我知』與『能不我甲』爲儷文。知亦訓匹。此『不知』與上句『不適』正爲對文。」故遇輒死。使孟賁登山，馮婦入林，亦無此害也。孟賁，衛勇士。或曰齊人。注詳累害篇。説苑謂其「陸行不避狼虎」。孟子盡心下「晉人有馮婦者，善搏虎。」趙注：「馮姓，婦名也。」

孔子行魯林中，檀弓下云：「過泰山側。」家語正論解云：「適齊，過泰山側。」新序雜事五云：「北至山戎氏。」注定賢篇。婦人哭，甚哀，使子貢問之：今檀弓作「使子路」。按：家語正作「子貢」，今本檀弓誤也。説詳阮元校勘記。「何以哭之哀也？」曰：「去年虎食吾夫，今年食吾子，是以哭哀也。」檀弓、家語並有「舅死於虎」，總三人。此與新序同。子貢曰：檀弓、新序並作「孔子」。家語同此。「若此，何不去也？」對曰：「吾善其政之不苛，吏之不暴也。」子貢還報孔子。檀弓、新序無此句。家語作「子貢以告孔子」。孔子曰：「弟子識諸！苛政暴吏，甚於虎也！」夫虎害人，古有之矣。政不苛，吏不暴，德化之足以却虎，然而二歲比食二人，林中獸不應善也。爲廉不應，姦吏亦不應矣。

或曰：「虎應功曹之姦，所謂不苛政者，非功曹也。婦人，廉吏之部也，部，所部也。凡州所監曰部。此據漢制言也。雖有善政，安耐化虎？」夫魯無功曹之官，功曹之官，相國是也。此以漢官況魯制。魯相者，殆非孔、墨，必三家也，三家，謂仲孫、叔孫、季孫也。爲相必無賢操。以不賢居權位，其惡，必不廉也。必以相國爲姦，令虎食人，是則魯野之虎常食人也。

水中之毒，不及陵上，陵上之氣，不入水中，各以所近，罹殃取禍。是故漁者不死於山，獵者不溺於淵。好入山林，窮幽測深，涉虎窟寢，虎搏噬之，何以爲變？魯公牛哀病化爲虎，搏食其兄。注無形篇。同變化者，不以爲怪，入山林草澤，見害於虎，怪之，非也。蝮蛇悍猛，亦能害人。名醫別録陶注云：「蝮蛇黄黑色，黄頷尖口，毒最烈。」類聚引廣志云：「蝮虵與土色相亂，長三四尺，其中人，以牙櫟之，裁斷皮出血，則身盡痛，九竅血出而死。」行止（山）澤中，〔中〕於蝮蛇，應何官吏？「止」當爲「山」字形譌。「行山澤中」，與下「行山林中」句法同。「中」字當重，本書重文屢脱。「中」，傷也。言毒篇云：「蝮蛇蜂蠆，犯中人身。」又云：「爲蝮所中。」並其義。盼遂案：「於」上疑脱一「害」字。此應上文「蝮蛇悍猛，亦能害人」而言也。蜂蠆害人，[入]「入」字涉「人」字譌衍，下同。毒氣害人，[入]言毒篇云：「太陽火氣，常爲毒也。」水火害人。人爲蜂蠆所螫，爲毒氣所中，爲火所燔，爲水所溺，又誰致之者？苟諸（謂）禽獸乃應吏政，「諸」爲「謂」字形譌。「苟謂禽獸，乃應吏政」，與下「苟謂食人，乃應爲變」文例同。行山林中，麋鹿野猪，牛象熊羆，豺狼蜼蠼，說文：「蜼，如母猴，卬鼻長尾。」又云：「玃，母猴也。」呂覽察傳篇云：「玃似母猴。」史記司馬相如傳上林賦：「蜼玃飛鸓。」索隱引郭璞曰：「玃色蒼黑，能玃搏人，故云玃也。」「蠼」、「玃」字通。皆復殺人。苟謂食人乃應爲變，䗩虱閩蚉皆食人，「䗩」同「蚤」。「虱」同「蝨」。「閩」同「蟁」。「蚉」同「䖟」。人身彊大，故不至死。倉卒之世，倉卒，謂喪亂也。穀食乏貴，「乏」舊作「之」，今從宋本正。百姓飢餓，自相啖食，厥變甚於虎，變復之家，不處苛政。

且虎所食，非獨人也，含血之禽，有形之獸，虎皆食之。〔食〕人謂應功曹之姦，孫曰：「人」上脱「食」字。食他禽獸，應何官吏？夫虎，毛蟲；人，倮蟲。見大戴禮易本命。毛蟲飢，食倮蟲，何變之有？四夷之外，大人食小人，虎之與蠻夷，氣性一也。平陸廣都，虎所不由也；山林草澤，虎所生出也。必以虎食人應功曹之姦，是則平陸廣都之縣，功曹常爲賢；山林草澤之邑，功曹常伏誅也。

夫虎食人於野，應功曹之姦，虎時入邑，行於民間，功曹游於閭巷之中乎？實說，虎害人於野，不應政，其行都邑，乃爲怪。

夫虎，山林之獸，不狎之物也，荀子臣道篇曰：「狎虎則危，災及其身。」楊注：「狎，輕侮也。」常在草野之中，不爲馴畜，猶人家之有鼠也，伏匿希出，非可常見也。命吉居安，鼠不擾亂；禄衰居危，鼠爲殃變。京房易傳曰：「臣私禄罔辟，厥妖鼠巢。誅不原情，厥妖鼠舞門。」黄鼠銜尾舞宫門中，爲燕王旦敗亡之象。并見漢書五行志。夫虎亦然也，邑縣吉安，長吏無患，虎匿不見；長吏且危，則虎入邑，行於民間。何則？長吏光氣已消，都邑之地，與野均也。推此以論，虎所食人，亦命時也。命訖時衰，光氣去身，視肉猶尸也，故虎食之。天道偶會，虎適食人，長吏遭惡，故謂爲變，應上天矣。變復家以虎變應姦吏。仲任意：吏惡與虎變相遭適耳。因相遭適，故誤謂虎應吏變。本書每以世儒謬説，由於不明兩事適偶之象，三增、九虚，立文多如此。此亦其例。則知「應上天矣」句，於義無施。宋殘卷、元本「矣」作「吏」，朱校同。疑此文當作「故謂爲變應吏」。「上天矣」三字並爲「吏」譌衍。

古今凶驗，非唯虎也，野物皆然。楚王英宫〔一〕樓未成，鹿走上堦，後漢書本傳未見。其後果薨。死於永平十四年。魯昭公旦（且）出，「旦」當作「且」，各本並譌。盼遂案：「旦」當爲「且」，形近而譌。鸜鵒來巢，其後季氏逐昭公，昭公奔齊，遂死不還。注偶會篇、異虚篇。賈誼爲長沙王傅，鵩鳥集舍，發書占之，曰：「主人將去。」其後遷爲梁王傅。懷王好騎，墜馬而薨；賈誼傷之，亦病而死。見史記、漢書本傳。昌邑王時，夷鴣鳥集宫殿下，盼遂案：「夷鴣鳥」，漢書五行志作「鵜鶘」。夷聲弟聲古通用。周禮序官薙氏注：「薙讀

〔一〕「宫」，原本作「官」，形近而誤，據通津草堂本改。

如鬀小兒頭之鬀。書或作夷」。又「雉」字説文古文作「𨾔」，殷虛文字則皆作「𨾚」，從夷，知夷、弟古同聲，故可互用。王射殺之，漢書昌邑哀王傳：「見大鳥，飛集宮中。」五行志中之下：「有鵜鶘，或曰禿鶖，集殿下，王使人射殺之。」師古曰：「鵜鶘即汙澤也。一名淘河。腹下胡大如數升囊，好羣入澤中，抒水食魚，因名禿鶖，亦水鳥也。」按：夷鴣即鵜鶘。説文：「鴺胡，污澤也。从『鳥』，『夷』聲。『鵜』或从『弟』。」以問郎中令龔遂。龔遂對曰：「夷鴣野鳥，入宮，亡之應也。」其後昌邑王竟亡。五行志載劉向説。龔對無。此可補班書。盧奴令田光與公孫弘等謀反，先孫曰：「公孫弘」，元本作「桑弘羊」，是也。朱校元本同。暉按：後漢書虞延傳有幽州刺史公孫弘，與楚王英交通。盼遂案：此公孫弘，後漢書虞延傳所云「幽州從事，交通楚王英」者，非前漢平津侯也。章士釗云。其且覺時，宋殘卷、元本「且」作「旦」，朱校同。狐鳴光舍屋上，光心惡之。其後事覺，坐誅。會稽東部都尉禮文伯時，羊伏廳下，其後遷爲東萊太守。都尉王子鳳時，麕入府中，其後遷〔爲〕丹陽太守。孫曰：「遷」下脱「爲」字。此與上文「其後遷爲東萊太守」句例正同。類聚九十五、御覽九百零七引並有「爲」字。夫吉凶同占，遷免一驗，俱象空亡，精氣消去也。故人且亡也，野鳥入宅；城且空也，草蟲入邑。等類衆多，行事比肩，略舉較著，以定實驗也。

## 商（適）蟲篇

「商」，御覽九四四引作「適」，是也。篇末云：「天道自然，吉凶偶會，非常之蟲適生，貪吏遭署。人察貪吏之操，又見蟲災之生，則謂部吏之所爲致也。」即此「適蟲」之義。本書常以「遭」、「適」、「偶」、「會」對言，故以「遭虎」、「適蟲」題篇。「遭」、「適」義同。今本形譌作「商」，則無義矣。

**變復之家，**順鼓篇云：「月令之家。」**謂蟲食穀者，部吏所致也。貪則（狼）侵漁，**御覽九四四引作「吏貪狼所致也」。按：「貪則」當作「貪狼」，「貪狼」、「侵漁」立文相同。「侵漁」，謂侵奪百姓，若漁者之取魚。貪狼亦謂其貪若狼。漢書翼奉傳：「好行貪狼。」孟康曰：「貪而無厭，故爲貪狼。」盼遂案：「則」當爲「賊」，形近之譌。「賊」从「則」聲，或亦聲誤。**故蟲食穀。**孫曰：漢書五行志引京房易傳云：「臣安禄，茲謂貪，厥災蟲，蟲食根。德無常，茲謂煩，蟲食葉。不絀無德，蟲食本。與東作争，茲謂不時，蟲食節。蔽惡生孽，蟲食心。」即蟲應貪吏之説也。暉按：説文虫部：「蟊，蟲食苗根者，吏牴冒取民財則生。蟘，蟲食苗葉者，吏乞貣則生。螟，蟲食穀心者，吏冥冥犯法，即生螟。」春秋考異郵曰：「貪擾生蝗。」（後漢書五行志注。）五行傳曰：「貪利傷人，則蝗蟲損稼。」（後漢書和帝紀注。）漢名臣奏張文上疏曰：「春秋義曰：蝗者貪擾之氣所生。天意若曰：『貪狼之人，蠶食百姓，若蝗食禾稼而擾萬民。』」（後漢書蔡邕傳注。）後漢書五行志曰：「光和元年，詔策問曰：『連年蝗蟲，至冬踊，其咎焉在？』蔡邕對曰：『河圖祕徵篇曰：帝貪則政暴而吏酷，酷則誅深必殺，主蝗蟲，蝗蟲貪苛之所致也。』」據以上諸文，蟲應貪吏，當時諸儒通説也。朱曰：詩小雅大田鄭箋孔疏引李巡、孫炎説，並以蟲災爲政貪所致云。郝懿行爾雅釋蟲疏曰：「許慎、李巡、孫炎並言政惡吏貪所致，大意皆本漢五行志、京房易傳而爲説。然水旱災厲，天道難詳，論衡商蟲篇辨之，當矣。」**身黑頭赤，則謂武官；頭黑身赤，則謂文官。**御覽引作「文吏」。按：下文「使」字，宋本、宋殘卷、朱校元本并作「吏」，疑此文本作「文吏」，與御覽引同。「官」字涉上「武官」譌衍。今本因改「吏」作「使」，以屬下讀。沈欽韓左傳補注曰：「文吏者，習文法之事，若功曹五官掾史等。武吏者，劾捕之事，若督盜賊游擊等。」**使加罰於蟲所象類之吏，則蟲滅息，不復見矣。**

**夫頭赤則謂武吏，頭黑則謂文吏所致也，時或頭赤身白，頭黑身黃，或頭身皆黃，或頭身皆青，或皆白若魚肉之蟲，**言白如此蟲。是應篇云：「魚肉之蟲，集地北行。」并未聞也。**應何官吏？時或白布豪民、猾吏**「或」，錢、黃、王、崇文本並作「謂」，非。「白布」義不明，或云：猶布衣也。**被刑乞貸者，**「被」猶「加」也。盼遂案：「白布」，連綿字，凶橫恣縱之意，與跋扈、拵扈諸詞，蓋同一聲韻之轉。**威勝於官，取多於吏，**後漢書桓譚傳譚上疏曰：「今富商大賈，多放錢貨，中家子弟，爲之保役，趨走與臣僕等勤，收稅與封君比入。」即此所謂。**其蟲形象何如狀哉？蟲之滅也，皆因風雨。**吾鄉老農云：夏月西風暴雨殺蟲。**案蟲滅之時，則**

吏未必伏罰也。陸田之中時有鼠，鼠，田鼠，即鼢鼠、鼷鼠也。見爾雅釋獸。水田之中時有魚蝦蟹之類，皆爲穀害。或時希出而暫爲害，或常有而爲災，等類衆多，應何官吏？

魯宣公履畝而稅，公羊何注：「履踐案行，擇其善畝穀最好者稅取之。」應時而有蝝生者，或言若蝗。孫曰：漢書五行志云：「宣公十五年冬，蝝生。劉歆以爲，蝝，蚍蠹之有翼者，食穀爲災，黑眚也。董仲舒、劉向以爲，蝝，螟始生也。一曰螟始生。（近人葉德輝謂下螟字當作「蝗」，是也。左傳釋文云：蝝，董仲舒言蝗子。）是時民患上力役，解於公田，宣是時初稅畝，稅畝就民田畝擇美者，稅其什一，亂先王制，而爲貪利，故應是而蝝生，屬蠃蟲之孽。」蝗時至，蔽天如雨，集地食物，不擇穀草。察其頭身，象類何吏？變復之家，謂蝗何應？建武三十一年，蝗起太山郡，西南過陳留、河南，遂入夷狄。所集鄉縣，以千百數，後漢書光武紀、古今注并只言是年大蝗，未紀其狀。此可補其缺。盼遂案：續漢書五行志注引古今注云：「建武三十一年，郡國大蝗。」較論衡爲略。當時鄉縣之吏，未皆履畝。蝗食穀草，連日老極，或蜚徙去，或止枯死，當時鄉縣之吏，未必皆伏罪也。夫蟲食穀，自有止期，猶蠶食桑，自有足時也。生出有日，死極有月，期盡變化，不常爲蟲。使人君不罪其吏，蟲猶自亡。夫蟲，風氣所生，蒼頡知之，故「凡」、「蟲」（「虫」）爲「風」之字。「蟲」當作

「虫」。孔廣森大戴禮易本命篇補注引作「虫」，蓋以義正。説文風部云：「風，八風也。从『虫』，『凡』聲。風動蟲生，故蟲八日而化。」春秋考異郵曰：「風之爲言萠也。其立字，『虫』動於『凡』中者爲風。」（古微書引。）此文「『凡』、『虫』爲『風』」，即言「風」字从「虫」，「凡」聲。「虫」、「蟲」字不同，許慎分别部居。説文虫部曰：「物之微細，或行或飛，或毛或蠃，或介或鱗，目『虫』爲象。」蟲部曰：「蟲，有足謂之蟲，無足謂之豸，从三虫。」後人相承以「虫」爲「蟲」，或寫「蟲」作「虫」，故此誤「虫」爲「蟲」，遂使「凡」下从「蟲」，不成「風」字矣。取氣於風，故八日而化。春秋考異郵曰：「二九十八，主風，精爲蟲，八日而化。」（御覽九四四。）大戴禮易本命曰：「二九十八，八主風，風主蟲，故蟲八日化也。」（「日」，今誤「月」。）亦見淮南地形訓。生春夏之物，或食五穀，或食衆草。食五穀，吏受錢穀也；其食他草，受人何物？

倮蟲三百，人爲之長。見大戴禮易本命篇。由此言之，人亦蟲也。人食蟲所食，蟲亦食人所食，倶爲蟲而相食物，何爲怪之？設蟲有知，亦將非人曰：「女食天之所生，吾亦食之，謂我爲變，不自謂爲災。」凡含氣之類，所甘嗜者，口腹不異。人甘五穀，惡蟲[之]食（之）；「之食」，宋殘卷、朱校元本作「食之」，是也。「惡」音烏故切，下同。自生天地之間，惡蟲之出。設蟲能言，以此非人，亦無以詰也。夫蟲之在物間也，知者不怪；其食萬物也，不謂之災。

**甘香渥味之物，蟲生常多，故穀之多蟲者，粢也。**爾雅釋草：「粢，稷。」程瑤田九穀考以稷爲高粱。郝懿行爾雅疏：「黍爲大黄米，稷爲穀子，其米爲小米，然稷又包高粱，高粱謂之木稷，亦謂之蜀黍。蜀黍假黍爲名，高粱假稷爲名。蓋稷米之精者稱粱，粱亦大名，故高粱與穀子通矣。」**稻時有蟲，麥與豆無蟲。必以有蟲責主者吏，是其粢鄉部吏常伏罪也。神農、后稷藏種之方，煮馬屎以汁漬種者，令禾不蟲。**孫曰：漢書藝文志農家：神農二十篇。班氏自注云：「六國時諸子疾時怠於農業，道耕農事，託之神農。」顔師古曰：劉向別録云：「疑李悝及商君所説。」后稷無書，此云「有藏種之方」者，蓋亦農家所依託也。（呂氏春秋上農、任地二篇皆引后稷。疑戰國時農家欲伸己説，託於后稷也。）仲任見農家之書，故轉引之。賈思勰齊民要術卷一引氾勝之曰：「驗美田至十九石，中田十三石，薄田一十石。尹澤取減法，神農復加之。骨汁糞汁種種，剉馬骨、牛羊猪麋鹿骨一斗，以雪汁三斗煑之，三沸，取汁以漬附子。率汁一斗，附子五枚。漬之五日，去附子。擣麋鹿羊矢，分等置汁中，熟撓和之，候晏温，又溲曝，狀如后稷法，皆溲汁乾，乃止。若無骨，煑繰蛹汁和溲。如此，則以區種之。大旱澆之。其收至畝百石以上，十倍於后稷。此言馬蠶，皆蟲之先也。及附子令稼不蝗蟲。」與仲任所引相近，蓋皆因於周禮草人糞種之法也。**如或以馬屎漬種，其鄉部吏，鮑焦、陳仲子也。**鮑焦非其世，不爽行以毁廉，槁死於洛水之上。見韓詩外傳一、新序節士篇。陳仲子見孟子，亦見前刺孟篇。**是故后稷、神農之術用，則其鄉吏**據上文，「吏」上疑脱「部」字。**何（可）免爲姦。**吴曰：「何」當作「可」，形近而誤。

崇文局本改作「可」。何則？蟲無從生，上無以察也。

蟲食他草，平事不怪，盼遂案：「平事」當是「平常」之誤。食五穀葉，乃謂之災。桂有蠹，桑有蝎，桂中藥，而桑給蠶，南方草木狀曰：「桂有三種：葉如柏葉，皮赤者，爲丹桂；葉似柿葉者爲菌桂；葉似枇杷葉者爲牡桂。」説文：「梫，桂也。桂，南方木，百藥之長。」爾雅釋木：「梫，木桂。」郭注：「今南人呼桂厚皮者爲木桂。桂樹葉似枇杷而大，白華，華而不著子，叢生巖嶺，枝葉冬夏常青，間無雜木。」郭氏讚云：「桂生南裔，氣王百藥。」（類聚八九引。）范成大桂海虞衡志曰：「桂，南方奇木，上藥也，出於賓宜州。凡木，葉心皆一縱理，獨桂有兩文，形如圭，製字者意或出此。葉味辛甘，與皮無別，而加芳，美人喜咀嚼之。」方以智曰：「菌桂一曰筒桂，以其皮嫩而卷成筒。醫所用肉桂、桂心，皆版桂也。尸子言『桂，春華秋英』，正謂此。俗以八月黃花者爲桂。此古所謂木犀者也。」漢書南越王傳：「獻桂蠹一器。」應劭曰：「桂樹中蝎蟲也。」師古曰：「此蟲食桂，故味辛，而漬之以蜜食之也。」大業拾遺録云：「桂蠹，紫色，香卒有味，噉之，去陰痰之疾。」（事文類聚後集四九。）方以智曰：「桂蠹，桂樹所生之蟲，大如指，色紫而青，蜜漬之，可爲珍味。廣東新語謂漢趙佗獻文帝者即此。」爾雅釋蟲：「蝎，桑蠹。」郭注：「即蛣蝠。」郝疏曰：「亦即蝤蠐。」其用亦急，與穀無異。蠹蝎不爲怪，獨謂蟲爲災，不通物類之實，闇於災變之情也。穀蟲曰蠱，左昭元年傳：「穀之飛，亦爲蠱。」杜注：「穀久積則變爲飛蟲，名曰蠱。」惠棟補注：「外傳云：『蠱之慝，穀之飛實生之。』」史記秦本紀正義顧野王云：「穀皆積變爲飛蠱也。」

任昉述異記：「晉末，荆州久雨，粟化爲蠹蟲害民。」蠹若蛾矣。元本作「夫」，朱校同。疑是「蚨」字。粟米饐熱生蠹。說文：「饐，飯傷溼也。」字林：「饐，飯傷熱溼也。」葛洪字苑：「饐，餿臭也。」（爾雅釋文。）今語亦言餿，讀若蘇。饐本謂食饐臭，此文施其義於穀粟。下文「温溼饐餲」同。爾雅釋器：「食饐謂之餲。」論語鄉黨篇孔注：「饐餲，臭味變也。」夫蠹食粟米，不謂之災，蟲食苗葉，歸之於政。如說蟲之家，謂粟輕苗重也。

蟲之種類，衆多非一。魚肉腐臭有蟲，醯醬不閉有蟲，飯温濕有蟲，書卷不舒有蟲，衣襞不懸有蟲，漢書揚雄傳注：「襞，疊衣也。」爾雅釋蟲：「蟫，白魚也。」郭注：「衣書中蟲。」蝸（瘑）疽螥（瘡）螻（瘻）⿰虫徵（癥）蝦（瘕）有蟲。先孫曰：此當作「瘑疽瘡瘻癥瘕」。玉篇疒部云：「瘑、疽，瘡也。」說文疒部云：「瘻，頸腫也。」（山海經郭注云：「瘻癰屬中多有蟲。」）瘕，女病也。急就篇顏注云：「瘕癥也。」暉按：史記倉公傳：「臨菑女子薄吾病甚，意診其脈曰：蟯瘕。蟯瘕爲病，腹大，上膚黄麤，循之戚戚然。飲以芫華一撮，即出蟯可數升。病蟯得之於寒溼，寒溼氣宛篤不發，化爲蟲。」是瘕之蟲爲蟯也。餘未聞。或白或黑，或長或短，大小鴻殺，不相似類，皆風氣所生，並連以死。生不擇日，若生日短促，若，或也。見而輒滅。變復之家，見其希出，出又食物，則謂之災。災出當有所罪，則依所似類之吏，順而說之。人腹中有三蟲，三國志魏志華佗傳：「漆葉青黏散：漆葉屑一升，青黏屑十四兩，以是爲率。」言久服去三蟲，利五藏。」據神農本草經、名醫别録，三蟲乃濕熱所化之蟲，天門冬、白殭蠶、胡粉、貫衆、梹榔，並主殺三蟲者。**下地之澤，其蟲曰蛭。蛭食人足，**爾雅釋蟲：「蛭蝚，至掌。」郝疏：「説文：『蛭蝚，至掌也。』本草『水蛭』。别録：『一名蚑，一名至掌。』然則釋魚『蛭蟣』，即是物也。然水族而在釋蟲者，陶注本草有『山蚑』，唐本注有『草蛭，在深山草木』。蜀本注有『石蛭』、『泥蛭』。論衡云：『下地之澤，其蟲曰蛭，蛭食人足。』此則蛭屬有在草泥山石間者，並能齧人手足，恐人不識，是以爾雅疏『至掌』之稱矣。」**三蟲食腸。順説之家，將謂三蟲何似類乎？**先孫曰：「將謂」，元本作「輕與」。以上下文校之，「輕」疑「蛭」之形誤。暉按：宋殘卷、朱校元本亦作「輕與」。**凡天地之間，陰陽所生，蛟（蚑）蟯之類，**孫曰：「蛟」當作「蚑」。説文：「蚑，徐行也。凡生之類，行皆曰蚑。」淮南原道訓：「澤及蚑蟯。」注：「蟯，微小之蟲。」**蜫蠕之屬，**説文：「蚰，蟲之總名也，讀若昆。」蜫俗字。蟲動曰蠕。**含氣而生，開口而食。食有甘不，**淮南覽冥篇注：「甘猶嗜也。」「不」同「否」。**同心等欲，彊大食細弱，知慧反頓愚。**楊曰：「頓」讀如「鈍」。盼遂案：「庋」當是「飯」之壞字，與上句「食」字相對爲文。論語「飯疏食飲水」，寧戚歌「長夜飯牛何時旦」，以「飯」爲動字。此正相同。**他物小大連相齧噬，不謂之災，獨謂蟲食穀物爲應政事，失道理之實，不達物氣之性也。**

**然夫蟲之生也，必依温濕。温濕之氣，常在春夏。秋冬之氣，寒而乾燥，蟲未曾**

生。若以蟲生，罪鄉部吏，是則鄉部吏貪於春夏，廉於秋冬，雖盜跖之吏，以秋冬署，蒙伯夷之舉矣。「舉」讀作「譽」。夫春夏非一，而蟲時生者，温濕甚也，甚則陰陽不和。陰陽不和，政也，徒當歸於政治，而指謂部吏爲姦，失事實矣。何知蟲以温濕生也？以蠱蟲知之。穀乾燥者，蟲不生；温濕饐餲，注見上文。蟲生不禁。言不能禁止蟲生也。藏宿麥之種，烈日乾暴，「暴」讀「曝」。下同。投於燥器，則蟲不生。如不乾暴，閘喋之蟲，漢書司馬相如傳：「唼喋菁藻。」注：「唼喋，銜食也。」「唼喋」、「閘喋」，聲近義通。生如雲煙。盼遂案：「閘喋」讀爲「唼喋」。「唼喋」者，食吸之聲也。見史記司馬相如傳正義。亦瑣細之貌，淮南子覽冥訓「而不嚶喋苛事也」。作「嚶喋」同。又案：「蟲」當是「蠱」之殘。下文「以蠱閘喋，淮況衆蟲」，則此當作「蠱」，明矣。以蠱閘喋，崇文本改「蠱」作「蟲」，非。淮況衆蟲，温濕所生，明矣。

詩云：「營營青蠅，止于藩。愷悌君子，無信讒言。」見小雅青蠅。馮登府曰：「魯詩作『至於藩』。見漢書昌邑王傳。」此據魯詩也，當與昌邑王傳同，「止」當作「至」，「無」當作「毋」。此後人據毛詩校改。讒言傷善，青蠅污白，同一禍敗，詩以爲興。此魯詩説也。鄭箋：「蠅之爲蟲，污白使黑，污黑使白，喻佞人變亂善惡也。」陳喬樅曰：「亦用魯訓之義。」昌邑王夢西階下有積蠅矢，明旦召問郎中龔遂。遂對曰：「蠅者，讒人之象也。夫矢積於階下，王將用讒臣之言也。」見漢書昌邑王傳。由此言之，蠅之爲蟲，應人君用讒，何故不謂蠅爲災乎？如蠅可以爲災，夫蠅歲生，世間人君常用讒乎？

案蟲害人者，莫如蚊虻，蚊虻歲生。如以蚊虻應災，世間常有害人之吏乎？必以食物乃爲災，人則物之最貴者也，蚊虻食人，尤當爲災。必以暴生害物乃爲災，暴，猝也。夫歲生而食人，與時出而害物，災孰爲甚？人之病疥，亦希非常，疥蟲何故不爲災？

且天將雨，螘出蚋蜚，螘，蟻也。說文：「蜹，秦、晉謂之蜹，楚謂之蟁。」蜹，蚋同。爲與氣相應也。或時諸蟲之生，自與時氣相應，如何輒歸罪於部吏乎？天道自然，吉凶偶會，非常之蟲適生，貪吏遭署，人察貪吏之操，又見災蟲之生，則謂部吏之所爲致也。

## 講瑞篇

須頌篇云：「古今聖王不絕，則其符瑞亦宜累屬。符瑞之出，不同於前，或時已有，世無以知，故有講瑞。」

**儒者之論，自説見鳳皇騏驎而知之。**「而」、「能」古通。**何則？案鳳皇騏驎之象。又春秋獲麟文曰：「有麏而角。」**見公羊哀十四年傳。王本、崇文本「麏」並作「麞」，蓋據下文改。疑是。後文亦云：「魯之獲麟云：『有麞而角。』」考工記畫繢之事，鄭注：「齊人謂麇爲獐。」公羊傳釋文：「麞本又作麇，皆九倫反，麞也。」獐、麞字同。**麞而角者，則是騏驎矣。**盼遂案：春秋文作麏，論文作麞者，説文鹿部：「麇，麞也。」麏、麇同字，故作麏者，文言之；麞者，質言之也。**其見鳥而象鳳皇者，則鳳皇矣。黄帝、堯、舜、周之盛時，皆致鳳皇。**朱校元本「之」作「文」。竹書：「黄帝五十七年，秋七月庚申，鳳凰至。」白虎通曰：「黄帝之時，鳳皇蔽日而至，止於東園，食常竹實，棲常梧桐。」尚書中候握河紀：「堯即位七十年，鳳凰止庭。」雒書靈準聽：「舜受終，鳳凰儀，黄龍感。」周語内史過曰：「周之興也，鸑鷟鳴於岐山。」韋注：「鸑鷟，鳳之別名。」**孝宣帝之時，鳳皇集于上林，後又於長樂之宫東門樹上，高五尺，文章五色。**漢書宣帝紀鳳皇二次集上林，一在元康四年，一在神爵四年。本書宣漢篇同。集長樂宫東門樹上，宣帝紀在五鳳三年，宣漢篇在四年。**周獲麟，麟似麞而角；**即春秋獲麟。**武帝之麟，亦如麞而角。**史記郊祀：「郊雍，獲一角獸，若麟然。」注異虛篇。**如有大鳥，文章五色；獸狀如**

麞，首戴一角，考以圖象，驗之古今，則鳳麟可得審也。

夫鳳皇，鳥之聖者也；騏驎，獸之聖者也；五帝、三王、皐陶、孔子，人之聖也。十二聖，相各不同，見骨相篇。而欲以麞戴角則謂之騏驎，相與鳳皇象合者謂之鳳皇，如何？夫聖鳥獸毛色不同，猶十二聖骨體不均也。戴角之相，猶戴午（干）也。「午」當作「干」，下同，說詳骨相篇。顓頊戴午（干），堯、舜必未然。「必未然」，朱校元本作「未必然」，與下「未必戴角」語氣一貫，疑是。今魯所獲麟戴角，即後所見麟未必戴角也。如用魯所獲麟，求知世間之麟，則必不能知也。何則？毛羽骨角不合同也。假令不（合）同，或時似類，未必真是。「不同」，當作「合同」，涉上文誤也。此反承上文。仲任意：即有合同者，不過體貌相似，實性自別。下文即申此義。奇怪篇云：「空虛之象，不必實有。假令有之，時特能罷先化爲人，乃生二卿。」變虛篇：「此非實事也。假使真然，不能至天。」是應篇云：「屈軼之草，或時實有，而虛言能指。假令能指，或時草性見人而動，則言能指。」祭意篇：「實論以爲人死無知，其精不能爲鬼。假使有之，與人異食。」立文與此正同。虞舜重瞳，王莽亦重瞳；晉文騈脅，張儀亦騈脅。漢書王莽傳：「莽露眼赤睛。」餘見骨相篇。盼遂案：骨相篇作「重耳仳脇，張儀仳脇」。騈與仳雙聲字。如以骨體毛色比，則王莽，虞舜；而張儀，晉文也。有若在魯，最似孔子。孔子死，弟子共坐有若，問以道事，有若不能對者，見史記弟子傳。何也？體狀似類，實性非也。今五色之鳥，一角之獸，或時似類鳳皇騏驎，其實非真，而説者欲以骨體毛色定鳳皇騏驎，誤矣。是故顔淵庶幾，論語：「回也其庶乎。」不似孔子；有若恒庸，反類聖人。由是言之，或時真鳳皇騏驎，骨體不似；恒庸鳥獸，毛色類真。知之如何？

儒者自謂見鳳皇騏驎輒而知之，「而」讀「能」，下同。則是自謂見聖人輒而知之也。皋陶馬口，孔子反宇，見骨相篇。設後輒有知而絶殊，盼遂案：「知而」即「知能」也。論中「才能」、「知能」之「能」皆作「能」，不作「而」，惟動字作「而」。此文疑本是「知能」，由淺人改之也。下文「聖人賢人亦有知而絶殊，骨無異者」，與此文同誤。宜加省改。馬口反宇，尚未可謂聖。「輒」字涉上文衍。「而」讀「能」。下文云：「聖人賢者，亦有知而絶殊，骨無異者。」「後」，元本作「復」，朱校作「使」。何則？十二聖相不同，前聖之相，難以照後聖也。骨法不同，姓名不等，身形殊狀，生出異土，雖復有聖，何如知之？盼遂案：以上文「知之如何」句例之，此處亦當是「知之如何」。「知之如何」者，言知之之道奈何也，所以起下文。桓君山謂楊子雲曰：「如後世復有聖人，徒知其才能之勝己，多不能知其聖與非聖人也。」子雲曰：「誠然。」此文疑出新論，孫馮翼輯本無。夫聖人難知，知能之美若桓、楊者，「知」讀作「智」。尚復不能知，世儒懷庸庸之知，齎無異之議，見聖不能知，可保必也。夫不能知聖，則不能知鳳皇與騏驎。世人名鳳皇騏驎，何用自謂能〔知〕之乎？「能」下脱「知」字。上文云：「儒者之論，自説見鳳凰麒驎而知之。」又云：「儒者自謂見鳳皇麒驎輒而知之。」並其證。今脱「知」字，則語意未足。夫上世之名鳳皇騏驎，聞其鳥獸之奇者耳。「耳」，朱校作「其」，屬下讀。毛角有奇，又不妄翔苟遊，與鳥獸争飽，則謂之鳳皇騏驎矣。類聚引樂汁圖曰：「鳳皇雞頭燕喙，蛇頸龍形，麟翼魚尾，五采。」説文：「鳳，麐前鹿後，蛇頸魚尾，龍文龜背，燕頷鷄喙，五色備舉。」韓詩外傳：「鳳象，鴻前而麟後，蛇頸而魚尾，龍文而龜身，燕頷而鷄喙。」説苑辨物篇、京房易傳（史記司馬相如傳正義。）説略同。山海經南山經：「鳳皇首文曰德，翼文曰順，背文曰義，（今本「順」作「義」，「義」作「禮」。此依王引之校。）膺文曰仁，腹文曰信。」公羊哀十四年傳注：「麟狀如麕，一角而戴肉，設武備而不爲害。」周南麟之趾鄭箋：「麟角之末有肉。」京房易傳：（左哀十四年疏。）「麟，麕身，牛尾，狼額，馬蹄，有五采，腹下黄，高丈二。」説苑辨物篇：「麒麟，含仁懷義，音中律吕，行步中規，折旋中矩，擇土而踐，位平然後處，不羣居，不旅行。」以上諸説，皆極言鳳皇騏驎毛角性識之奇者。然並誇飾虚增，不足信也。

世人之知聖，亦猶此也。聞聖人人之奇者，身有奇骨，知能博達，則謂之聖矣。及其知之，非卒見暫聞[而]輒〔而〕名之爲聖也。「輒而」，「輒能」也。後人不達古語，妄乙。與之偃伏，從文（之）受學，然後知之。吴曰：「文」當作「之」。下文云：「不從之學。」與此相應。何以明之？子貢事孔子，一年自謂過孔子，二年自謂與孔子同，三年自知不及孔子。當一年二年之時，未知孔子聖也，三年之後，然乃知之。未知何本。以子貢知孔子，三年乃定，世儒無子貢之才，其見聖人，不從之學，任倉卒之視，無三年之接，自謂知聖，誤矣。少正卯在魯，與孔子並。劉子心隱篇云：「與孔子同時。」淮南氾論訓注：「少正，官。卯，其名也。魯之諂人。」按：康誥有「少正」。左傳鄭有「少正公孫僑」。則少正官，其姓未聞。孔子之門，三盈三虛，唯顏淵不去，顏淵獨知孔子聖也。夫門人去孔子歸少正卯，不徒不能知孔子之聖，又不能知少正卯〔之佞〕，孫楷第劉子新論校釋曰：「卯」下脱「之佞」二字。下文云：「夫才能知佞若子貢。」「知佞」二字無義，當即「之佞」之誤，傳寫誤置於下耳。劉子心隱云：「非唯（孫校增。）不知仲尼之聖，亦不知少正卯之佞。」正有「之佞」二字，是其證。暉按：孫校增「之佞」二字是也，劉子即本此文。下文「知佞」二字，謂即此「之佞」之誤，非也。説見下。門人皆惑。子貢曰：「夫少正卯，魯之聞人也，〔夫〕子爲政，何以先〔誅〕之？」「子」上脱「夫」字。子貢稱其師，不得直言「子」也。荀子宥坐篇、尹文子聖人篇、説苑指武篇、劉子心隱篇並有「夫」字，是其證。「何以先之」，語意不明，當作「何以先誅之」。荀子宥坐篇：「夫子爲政而始誅之，得無失乎？」尹文子聖人篇：「夫子爲政而先誅，得無失乎？」並有「誅」字。説苑指武篇：「夫子始爲政，何以先誅之？」句例正同，尤其切證。劉子心隱篇與此誤同。孔子曰：「賜退！非爾所及！」夫才能知佞若子貢，尚不能知聖，「才能知佞」，疑當作「才能之美」。「知」、「之」聲誤。「佞」俗作「倿」，「美」形譌爲「妾」，再誤爲「佞」。上文「知能之美若桓、楊者，尚復不能知」，句例正同，是其證。世儒見聖，自謂能知之，妄也。

夫以不能知聖言之，則亦知其不能知鳳皇與騏驎也。使鳳皇羽翮長廣，騏驎體高大，則見之者以爲大鳥巨獸耳，何以別之？如必〔以〕巨大別之，則其知聖人亦宜以巨大。孫曰：「必」下脱「以」字。下文云：「必以附從效鳳皇，是用和多爲妙曲也。」句意相同。本書反詰之詞，或用「如」，或用「如以」，或用「必以」，或用「如必以」，其例甚多。春秋之時，鳥有爰居，魯語：「海鳥爰居，止於魯東門之外，三日，臧文仲命國人祭之。」左文二年傳仲尼曰：「臧文仲祀爰居，不知也。」莊子至樂篇釋文引司馬彪曰：「爰居一名雜縣，舉頭高八尺。」樊光注爾雅云：『形似鳳皇。』」不可以爲鳳皇；長狄來至，不可以爲聖人。長狄，注語增篇。然則鳳皇騏驎與鳥獸等也，世人見之，何用知之？如以中國無有，從野外來而知之，公羊傳云：「麟非中國之獸也。」説文云：「天老曰：『鳳出於東方君子國。』」則是鸜鵒同也。鸜鵒，非中國之禽也；公羊昭二十五年傳：「有鸜鵒來巢，何以書？記異也。何異爾？非中國之禽也。」穀梁傳：「來者，來中國也。」注：「鸜鵒不渡濟，非中國之禽，故曰來。」禮緯稽命徵：「孔子謂子夏曰：鸜鵒至，非中國之禽也。」春秋考異郵：「鸜鵒者，飛行屈於陽，夷狄之鳥，穴居於陰。」〔並見御覽九二三。）漢書五行志引劉向說：「鸜鵒，夷狄穴居之禽，來至中國。」仲任此文，蓋隱據諸說。左氏傳云：「有鸜鵒來巢，書所無也。」杜注：「此鳥穴居，不在魯界，故曰來巢。非常，故書。」是不以爲夷狄禽也。五經異義：先、後鄭從左氏說，許慎從二傳說。鳳皇騏驎，亦非中國之禽獸也。皆非中國之物，儒者何以謂鸜鵒惡，如劉向、何休謂鸜鵒爲臣逐君之象。鳳皇騏驎善乎？

或曰：「孝宣之時，鳳皇集于上林，羣鳥從上（之）以千萬數。孫曰：「從上」無義，「上」當作「之」，此涉「上林」而誤。下文云：「如見大鳥來集，羣鳥附之，則是鳳皇。」「羣鳥附之」與「羣鳥從之」，其義一也。注見後宣漢篇。以其衆鳥之長，聖神有異，故羣鳥附從。說文：「鳳飛，則羣鳥從以萬數。」如見大鳥來集，羣鳥附之，則是鳳皇。鳳皇審，則〔騏驎〕定矣。」「鳳皇審，則定矣」，文不成義，當作「則麒麟定矣」。意謂見有羣鳥附從，則爲鳳皇，然則麒麟亦可據此定之。下文云：「鳳皇與麒麟同性，鳳皇見，羣鳥從，麒麟見，衆獸亦宜隨。」據此爲說。夫鳳皇與騏驎同性，鳳皇見，羣鳥從，騏驎見，衆獸亦宜隨。案春秋之麟，不言衆獸隨之。宣帝、武帝皆得騏驎，宣帝時，九真獻麟，見後注。武帝得麟，注見前。無衆獸附從之文。如以騏驎爲人所獲，附從者散；鳳皇人不獲，自來蜚翔，附從可見。書曰：「蕭韶九成，鳳皇來儀。」見皋陶謨。（謁孔本，見益稷謨。）以鳳皇爲瑞應，今文說也。齊世篇云：「無嘉瑞之應，若叶和萬國，鳳皇來儀之類。」又云：「有虞氏之鳳皇，宣帝以五致之矣。」其義並同。馬注以鳥獸爲筍簴，乃古文説。風俗通聲音篇：「其形參差，象鳳之翼。」與馬義近。鄭注：「簫韶，舜所制樂，樂備作，謂之成，簫韶作九備，而鳳皇乃來儀，止巢乘匹。」（公羊哀十四年疏。）則亦用今文説也。大傳曰：「鳳皇在列樹。」大傳曰：「舜好生惡殺，鳳皇巢其樹。」（玉海一九九。）不言羣鳥從也。豈宣帝所致者異哉？

或曰：「記事者失之。唐、虞之君，鳳皇實有附從。上世久遠，記事遺失；經書之文，未足以實也。」夫實有而記事者失之，亦有實無而記事者生之。夫如是，儒書之文，難以實事。案附從以知鳳皇，未得實也。且人有佞猾而聚者，鳥亦有佼黠而從羣者。當唐、虞之時，鳳愨愿；宣帝之時，佼黠乎？何其俱有聖人之德行，動作之操不均同也？

無鳥附從，或時是鳳皇；羣鳥附從，或時非也。君子在世，清節自守，不廣結從，「從」疑當作「徒」。定賢篇云：「廣交多徒。」盼遂案：章士釗云：「從爲徒之誤。」是也。作「從」則與下文「人不附從」相複。出入動作，人不附從。豪猾之人，任使（俠）用氣，「使」疑爲「俠」形誤。史記游俠傳：「解父以任俠。」又季布傳：「爲氣任俠。」「任俠」當時常語。「用氣」猶「任氣」。自紀篇：「世祖勇任氣。」「任」亦「用」也。季布傳集解孟康曰：「信交道曰任。」如淳曰：

「相與信爲任，同是非爲俠。或曰：『任氣力也；俠，甹也。』」玉篇人部：「任俠，以權力俠輔人也。」說文：「甹，俠也，三輔謂輕財者爲甹。」按：「任俠」當從許說。往來進退，錢、黃、王本衍「進退」二字。士衆雲合。夫鳳皇，君子也，必以隨多者效鳳皇，錢、黃、王、崇文本並脱「必以」二字。是豪黠爲君子也。歌曲彌妙，和者彌寡；行操益清，交者益鮮。鳥獸亦然。必以附從效鳳皇，是用和多爲妙曲也。龍與鳳皇爲比類。宣帝之時，黄龍出于新豐，宣漢篇云：「甘露元年。」羣蛇不隨。神雀、鸞鳥，皆衆鳥之長也，漢書宣帝紀：「神爵集雍。」注晉灼曰：「漢注：大如鷃爵，黄喉，白頸，黑背，腹斑文也。」說文：「鸞，赤神靈之精也。赤色五采，鷄形，鳴中五音，頌聲作則至。」周書王會解孔注：「鸞，大於鳳，亦歸於仁義者也。」類聚引決疑注云：「象鳳，多青色者，鸞也。」其仁聖雖不及鳳皇，然其從羣鳥亦宜數十。信陵、孟嘗，食客三千，稱爲賢君；漢將軍衛青及將軍霍去病，門無一客，亦稱名將。並見史記本傳。太史公曰：「盜跖横行，聚黨數千人；伯夷、叔齊，隱處首陽山。」見史記伯夷列傳。鳥獸之操，與人相似。人之得衆，不足以别賢，以鳥附從審鳳皇，如何？

或曰：「鳳皇騏驎，太平之瑞也。太平之際，見來至也。公羊哀十四年傳：「麟者，仁獸也，有王者則至，無王者則不至。」注：「上有聖帝明王，天下太平，然後乃至。援神契曰：『德至鳥獸，則鳳皇翔，麒麟臻。』」然亦有未太平而來至也。鳥獸奇骨異毛，卓絶非常，則是矣，何爲不可知？」鳳皇騏驎，通常以太平之時來至者？「通」當作「曷」。「曷」一作「遏」，與「通」形近而誤。例見説日篇。春秋之時，騏驎嘗嫌於〔不〕王孔子而至。「王」上脱「不」字。孔子不王，見偶會篇、問孔篇、刺孟篇、定賢篇。孔子當王而不王，故麟爲不王孔子而至。公羊哀十四年傳：「麟者，仁獸也，有王者則至，無王者則不至。有以告者曰：『有麕而角者。』孔子曰：『孰爲來哉？孰爲來哉？』」何注：「見時無聖帝明王，怪爲誰來。」即此文所據。後指瑞篇曰：「儒者説之，以爲天以驎命孔子，孔子不王之聖也。夫驎爲聖王來，孔子自以不王，而時王魯君，無感驎之德，怪其來而不知所爲，故曰：『孰爲來哉？孰爲來哉？』知其不爲治平而至，爲己道窮而來。」亦即此義。今脱「不」字，則失之遠矣。光武皇帝生於濟陽，鳳皇來集。見吉驗篇。夫光武始生之時，成、哀之際也，哀帝建平元年十二月生。時未太平，而鳳皇至。如以是爲光武有聖德而來，是則爲聖王始生之瑞，不爲太平應也。嘉瑞或應太平，或爲始生，其實難知。獨以太平之際驗之，如何？

或曰：「鳳皇騏驎，生有種類，若龜龍有種類矣。龜故生龜，龍故生龍，形色小大，不異於前者也。見之父，察其子孫，何爲不可知？」夫恒物有種類，瑞物無種適生，「瑞物」，宋本作「瑞祐」。按：「瑞物」二字亦見下文。故曰「德應」，龜龍然也。言常龜有種，其神靈者則不然。人見「神」龜「靈」龍，而別之乎？「而」讀「能」。宋元王之時，漁者網得神龜焉，漁父不知其神也。莊子外物篇：「宋元君夜半而夢人被髮闚阿門，曰：『予自宰路之淵，予爲清江使河伯之所，漁者余且得予。』元君覺，使人占之，曰：『此神龜也。』君曰：『漁者有余且乎？』左右曰：『有。』君曰：『令余且會朝。』明日，余且朝。君曰：『漁何得？』對曰：『且之網，得白龜焉，其圓五尺。』」方今世儒，漁父之類也。以漁父[而]不〔而〕知神龜，則亦知夫世人[而]不〔而〕知靈龍也。「而不」，並當作「不而」。「不而」猶「不能」也。淺者妄乙。上文「以不能知聖言之，則亦知其不能知鳳皇與麒麟也」，句例正同。盼遂案：「而」，古「能」字。此文當是「不而知神龜」、「不而知靈龍也」。

龍或時似蛇，蛇或時似龍。韓子曰：「馬之似鹿者千金。」見韓非子外儲說左上。注詳非韓篇。良馬似鹿，神龍或時似蛇。如審有類，形色不異。王莽時，有大鳥如馬，五色龍文，與衆鳥數十，「十」，朱校元本作「千」，下同。疑是。集于沛國蘄縣。漢書本傳未見。宣帝時，鳳皇集于地，高五尺，注見前。與言「如馬」，身高同矣；盼遂案：宋刻殘本，「高五尺」作「高五赤」，此古本也。古書「尺」字多借用「赤」，如穆天子傳、齊民要術、說文繫傳、師曠禽經、楊慎赤牘清裁等，皆有其例。「赤子」本與「丈夫」爲對文，亦叚「赤」爲「尺」之例。盼遂有赤子解一文，詳其事。文章五色，與言「五色龍文」，物色均矣；「衆鳥數十」，與言「俱集」、「附從」等也。「十」，元本作「千」，「言」作「之」，朱校同。孫曰：「言」字無義，當從元本作

「之」，草書形近而誤。暉按：孫説非也。此以王莽時大鳥與宣帝時鳳皇相較爲文。「衆鳥數十」，即複述上文「與衆鳥數十集於沛國蘄縣」。「俱集」，謂宣帝時，鳳皇集上林，羣鳥從之以千萬數。（亦見前文。）兩相比較，故云：「與言俱集、附從等也。」上文「與言如馬」，「與言五色龍文」，句例正同。若作「衆鳥數十與之俱集」，則「等」字於義無著矣。如以宣帝時鳳皇體色、衆鳥附從安（案）知鳳皇，「安」爲「案」之壞字。上文「案附從以知鳳凰，未得實也。」盼遂案：「安」者，於是也，則也。詳王氏經傳釋詞。則王莽所致鳥，鳳皇也。如審是，王莽致之，是非瑞也。如非鳳皇，體色、附從，何爲均等？

且瑞物皆起和氣而生，生於常類之中，而有詭異之性，則爲瑞矣。故夫鳳皇之至也，猶赤烏之集也。赤烏，武王瑞應，見初稟篇。謂鳳皇有種，赤烏復有類乎？嘉禾、醴泉、甘露，宋殘卷有「出而美甘也，皆泉露之所生出，非天上有甘露之種，地下有醴泉之類乎」二十八字，朱校元本同。按：此涉下文衍，非今本脱也。嘉禾生於禾中，與禾中異穗，盼遂案：下「中」字涉上文「禾中」而衍。謂之嘉禾。醴泉、甘露，出而甘美也，先孫校元本作「美甘」。按：即據上衍文云然。皆泉、露（之所）生出，先孫校元本「露」下有「之所」二字。按：亦即據上衍文云然。尋此文有「之所」二字義長，蓋此文衍出時，尚未脱誤，今據增。非天上有甘露之種，地下有醴泉之類，聖治公平，而乃沾下產出也。漢儒通謂甘露沾下，味甜。

醴泉從地中出。是應篇謂醴泉即甘露。盼遂案：「而乃」二字互倒，應乙作「乃而」。「乃而」者，「乃能」也。蓂莢、朱草，蓂莢，詳見是應篇。朱草，注初稟篇。亦生在地，宋、元本、宋殘卷「在」作「出」，朱校同。集於衆草，無常本根，暫時産出，旬月枯折，故謂之瑞。夫鳳皇騏驎，亦瑞也，何以有種類？

案周太平，越常獻白雉。注異虚篇。白雉，生短（雉）〔生〕而白色耳，先孫曰：「生短」當作「雉生」，謂白雉猶常雉，但生而毛色白耳，非別有種類也。爾雅釋鳥：「雗雉鵫雉。」郭注：「今白鵫也。江東呼白雗亦名白雉。」抱朴子曰：「白雉有種，南越尤多。」郝疏：「此則越裳所獻，自其土貢，非以爲瑞而珍之。」非有白雉之種也。魯人得戴角之麏，謂之騏驎，亦或時生於麏，非有騏驎之類。由此言之，鳳皇亦或時生於鵠鵲，毛奇羽殊，出異衆鳥，則謂之鳳皇耳，安得與衆鳥殊種類也？有若曰：「騏驎之於走獸，鳳皇之於飛鳥，太山之於丘垤，河海之於行潦，類也。」見孟子公孫丑篇。然則鳳皇騏驎，都與鳥獸同一類，體色詭耳！安得異種？同類而有奇，奇爲不世，不世難審，識之如何？

堯生丹朱，舜生商均。商均、丹朱，堯、舜之類也，骨性詭耳。盼遂案：「骨」當爲「情」之爛訛。上文「體色詭耳」，下句「知德殊矣」，與此「情性」爲對文。此言堯、舜與丹朱、商均特情性不同，與骨格無與也。鯀生禹，瞽瞍生舜。舜、禹，鯀、瞽瞍之種也，知德殊矣。試種嘉禾之實，不能得嘉禾。恒見粢梁之粟，莖穗怪奇。盼遂案：與下文不接，此處疑有脱誤。人見叔梁紇，不知孔子父也；見伯魚，不知孔子之子也。張湯之父五尺，湯長八尺，湯孫長六尺。亦見齊世篇。按：此乃張蒼也。史記、漢書任敖傳並同。仲任誤記。盼遂案：楊樹達云：「張湯爲張蒼之誤。史、漢湯傳不見此事，惟史記、漢書任敖傳記張蒼父長不滿五尺，蒼長八尺，蒼子復長八尺，及孫類長六尺餘。則此湯爲蒼誤無疑。蓋仲任家貧無書，從市肆借讀，又蒼、湯音近，故誤記蒼爲湯爾。」孝宣鳳皇高五尺，所從生鳥謂鳳皇母。或時高二尺，後所生之鳥或時高一尺，安得常種？種類無常，故曾晳生參，氣性不世，顔路出回，古今卓絶。馬有千里，不必騏驎（驥）之駒；孫曰：「騏驎」當作「騏驥」。（詳前説日篇）鳥有仁聖，不必鳳皇之鶵。山頂之溪，不通江湖，然而有魚，水精自爲之也。廢庭壞殿，基上草生，地氣自出之也。按溪水之魚，殿基上之草，無類而出，瑞應之自至，天地未必有種類也。

夫瑞應猶災變也。瑞以應善，災以應惡，善惡雖反，其應一也。災變無種，瑞應亦無類也。陰陽之氣，天地之氣也，遭善而爲和，遇惡而爲變，豈天地爲善惡之政，更生和變之氣乎？然則瑞應之出，殆無種類，因善而起，氣和而生。亦或時政平氣和，衆物變化，猶春則鷹變爲鳩，秋則鳩化爲鷹，月令：「仲春之月，鷹化爲鳩。」注：「鳩，搏穀也。」疏：「周書時訓：『驚蟄之日，桃始華；又五日，倉庚鳴；又五日，鷹化爲鳩。至秋則鳩化爲鷹。』故王制云：『鳩化爲鷹，然後設罻羅。』司裘注：『中秋鳩化爲鷹。』夏小正云：『正月鷹化爲鳩，五月鳩化爲鷹。』」類聚九一引京房易占云：「七月鳩化爲鷹。」蛇鼠之類輒爲魚鼈，蛇變鼈，今俗猶云。蝦蟇爲鶉，雀爲蜄蛤。注無形篇。物隨氣變，不可謂無。黃石爲老父，授張良書，去復爲石也，見史記留侯世家。儒知之。「儒」下疑有「者」字。或時太平氣和，麞爲騏驎，鵠爲鳳皇。是（因）故氣性，「是」，宋殘卷、朱校元本作「因」，是也。謂就其舊有氣性，隨和氣變化。隨時變化，豈必有常類哉？褒姒，玄黿之子，二龍漦也。晉之二卿，熊羆之裔也。吞燕子、薏苡、履大跡之語，「玄黿」以下，並見奇怪篇。世之人然之，獨謂瑞有常類哉？以物無種計之，以人無類議之，以體變化論之，鳳皇騏驎生無常類，則形色何爲當同？

案禮記瑞命篇云：大戴禮逸篇名。「雄曰鳳，雌曰皇。雄鳴曰即即，雌鳴〔曰〕足足。」朱校元本、程本亦無下「曰」字。今據王本、崇文本增。御覽引韓詩外傳云：「鳳鳴，雄曰節節，雌曰足足。」白虎通、（今本佚，據抱經堂本輯。）廣雅釋蟲、宋書符瑞志説並同。「即即」並作「節節」。説文鬯部：「爵，所以飲器，象雀者，取其鳴節節足足也。」然則不限於鳳皇鳴也。困學紀聞八疑爵即鳳皇，未是。盼遂案：以上句〔二〕「雄鳴曰即即」例之，則「足」上宜補「曰」字。詩云：「梧桐生矣，于彼高岡。鳳皇鳴矣，于彼朝陽。菶菶萋萋，噰噰喈喈。」見大雅卷阿。毛傳：「山東曰朝陽。菶菶萋萋，梧桐盛也。雝雝喈喈，鳳皇鳴也。」宋殘卷作「唪唪唼唼」，朱校同，蓋涉「噰噰喈喈」而誤。毛詩「梧桐生矣」、「鳳皇鳴矣」二句，與此文次異。陳喬樅曰：「初學記引此四語，亦同論衡。考説苑辨物篇引此詩『鳳皇鳴矣』六句，高誘吕覽開春論注引『鳳皇鳴矣，於彼高岡』二句，（暉按：周語韋注引同。）仍與毛詩合，疑論衡及初學記所引，或記憶之誤，偶倒其文也。」瑞命與詩，俱言鳳皇之鳴，瑞命之言「即即足足」，詩云「雍雍喈喈」，此聲異也。使聲審〔異〕，則形不同也；使〔聲〕審同，詩與禮異。下「審」字，元本作「聲」，朱校同。孫曰：「使聲審」下，脱「異」字。「使審同」，疑當作「使聲審同」。世傳鳳皇之鳴，故將疑焉。

案魯之獲麟，云「有麐而角」。言「有麐」者，色如麐也。麐色有常，麐似麇而黄黑色，比鹿爲小。若烏色有常矣。武王之時，火流爲烏，云「其色赤」。注初禀篇。赤非烏之色，故言「其色赤」。如似麐而色異，亦當言其色白若黑。「若」猶「或」也。今成事色同，成事，謂已成事也。注詳書虚篇。故言「有麐」。麐無角，有異於故，故言「而角」也。

〔二〕「以上句」，原本作「上句以」，今乙。

夫如是，魯之所得驎者，若麞之狀也。武帝之時，西巡狩，得白驎，一角而五趾。注異虛篇。角或時同，言「五趾」者，足不同矣。魯所得麟，云「有麞」，不言色者，麞無異色也。武帝云「得白驎」，色白不類麞，故〔不〕言「有麞」，吳曰：當作「故不言有麞」。脱「不」字。正言「白驎」，色不同也。孝宣之時，九真貢，獻驎，狀如麞而兩角者，

宣漢篇：「元康四年，九真獻麟。」指瑞篇云：「宣帝時，騏麟一至。」本篇上文亦云：「宣帝得麒麟。」按：漢書宣帝紀神爵元年詔曰：「迺者元康四年，九真獻奇獸。」注蘇林曰：「白象也。」晉灼曰：「漢注：駒形，麟色，牛角，仁而愛人。」此文正與漢注狀相似，當時必有謂爲麟者。西都賦云：「其中乃有九真之麟。」故仲任云然。蘇林謂是白象，非也。吾友崔垂言文選釋名考曰：「孟堅所稱之『麟』，即宣帝紀所言之『獸』。尒疋釋獸：『麐，麕身，牛尾，一角。』陸璣毛詩草木鳥獸魚蟲疏云：『麐，麕身，牛尾，馬足，黃色，圓蹄，一角，端有肉。』而此言『兩角』，其與禹域所固有者不同，明甚。明馬歡〔二〕瀛涯勝覽云：『阿丹國有麒麟，前足高九尺餘，後足高六尺餘，項長，頭昂至一丈六尺，傍耳生二短肉角，牛尾，鹿身。』法儒G. Ferrand氏考定『麒麟』爲東非阿丹灣索馬利語『giri』之音譯。『giri』之言長頸鹿。疑九真之麟，亦『giri』音譯之渻稱。長頸鹿形略似鹿，頸長，顛至趾高丈餘，牝牡皆有兩

〔二〕「歡」，原本作「觀」，形近而誤，今改。

短角，形如截木，外被皮膚，尖端簇生短毛，頭小眼大，耳短脣修，尾細長，全體毛色橙赤，黑紋斑駁，腹下色淡黃，性温順，步行迅速，産于非洲。考説文云：『麟，大麚也。』麕身，牛尾，狼額，馬蹄，五彩，腹下黄，高丈二。正與長頸鹿之狀合。且説文又有『麐』字以當一角之麟，可知漢時海運已通，九真得長頸鹿于海外而獻之，中國遂傳來其名矣。」盼遂案：「麐」當爲「鹿」之累增，下文「春秋之驎如麞，宣帝之驎言如鹿，鹿與麞，大小相倍，體不同也」，正承此句而言。孝武言一，角不同矣。春秋之驎如麞，宣帝之驎言如鹿，如麞而兩角，正似鹿，蓋述當時語也。鹿與麞，小大相倍，麞比鹿小。體不同也。

夫三王之時，三王，謂魯哀、孝宣、孝武也。驎毛色、角趾、身體高大不相似類。推此准後世，驎出必不與前同，明矣。夫騏驎，鳳皇之類，騏驎前後體色不同，而欲以宣帝之時所見鳳皇，高五尺，文章五色，準前況後，當復出鳳皇，「當」讀「儻」，下同。謂與之同，誤矣。後當復出見之鳳皇騏驎，必已不與前世見出者相似類，而世儒自謂見[而]輒〔而〕知之，奈何？「而輒」當作「輒而」，「而」讀「能」。上文「儒者自謂見鳳皇麒麟輒而知之」，是其證。

案魯人得驎，不敢正名驎，曰「有麞而角」者，時誠無以知也。武帝「得驎」二字省，見上。使謁者終軍議之，終軍曰：「野禽并角，漢書終軍傳、異虛篇並作「野獸」。此作

「禽」，非誤文也。注詳物勢篇。明天下同本也。」「明天下同本也」，當作「明同本也」。通津本「天下」二字雙行，可知此文原以「明同本也」四字爲句，校者妄依誤本剜補耳。宋殘卷作「明本同大也」，（朱校元本作「明本高大也」，則又妄改「同」爲「高」。）「大」字涉「本」字誤衍，「同本」二字誤倒，尚無「天下」二字，可證今本之誤。漢書終軍傳、前漢紀十二并作「明同本也」，是其證。後指瑞篇亦作「明同本也」，無「天下」二字，尤其切證。（異虛篇作「象天下合同爲一也」，乃隱括軍意，非引其原語，故文與此異。）不正名驎，而言「野禽」者，終軍亦疑無以審也。當今世儒之知，不能過魯人與終軍，其見鳳皇騏驎，必從而疑之非恒之鳥獸耳，盼遂案：「疑」讀爲儀禮士相見禮「不疑君」之「疑」。鄭注：「疑，度之也。」周禮司服：「爲大夫士疑衰。」鄭注：「疑之言擬也。」釋名釋喪制廿七：「疑，儗也。儗于吉也。」是古人多以「疑」爲比擬。論亦謂世儒見鳳驎，比度之爲非恒之鳥獸也。何能審其鳳皇騏驎乎？

以體色言之，未必等；以鳥獸隨從多者〔言之〕，未必善；「多者」下脱「言之」二字。「以鳥獸隨從多者言之」，上下文例正同。以希見言之，有鸜鵒來；宋殘卷「來」作「嗛」，朱校同。疑「嗛」爲「巢」字之譌，當作「鸜鵒來巢」。宋、元本脱「來」字，今本脱「巢」字。以相奇言之，聖人有奇骨體，賢者亦有奇骨。聖賢俱奇，人無以別。由賢聖言之，聖鳥聖獸，亦與恒鳥庸獸俱有奇怪。聖人賢者，亦有知而絶殊，「而」、「能」古通。骨無異者；聖賢鳥獸，亦有仁善廉清，體無奇者。世或有富貴不聖，身有骨爲富貴表，不爲聖賢驗。然則鳥亦有五采，獸有〔一〕角，而無仁聖者。宋殘卷「無」在「有」字下，朱校同。「獸有角」，當作「獸有一角」。下文云：「鳳皇騏驎以仁聖之性，無一角五色表之，世人不之知。」可證。盼遂案：「角」上應有「一」字。「一角」與「五采」同一文法。夫如是，上世所見鳳皇騏驎，何知其非恒鳥獸？今之所見鵲麐之屬，安知非鳳皇騏驎也？

方今聖世，堯、舜之主，流布道化，仁聖之物，何爲不生？或時以有鳳皇騏驎，「以」、「已」通。亂於鵠鵲麞鹿，世人不知。美玉隱在石中，楚王令尹不能知，故有抱玉泣血之痛。謂卞和也。注變動篇。今或時鳳皇騏驎以仁聖之性，隱於恒毛庸羽，無一角五色表之，世人不之知，猶玉在石中也，何用審之？爲此論草於永平之初，論衡造於永平末。蓋草於初年，故稿已成。時未有瑞，其孝明宣惠，衆瑞並至。如永平十一年漅湖出黃金。十七年，神雀羣集，芝生前殿。宣漢篇：「孝明時，致麒麟、甘露、醴泉、神雀、白雉、紫芝、嘉禾，金出鼎見，離木復合。」至元和、章和之際，孝章耀德，天下和洽，嘉瑞奇物，同時俱應，鳳皇騏驎，連出重見，東觀漢記：鳳皇百三十九見，騏驎五十一見。餘詳年譜。盛於五帝之時。此篇已成，故不得載。

或問曰：「講瑞謂鳳皇騏驎難知，世瑞不能別。今孝章之所致鳳皇騏驎，不可得知乎？」曰：五鳥之記：「四方中央皆有大鳥，其出，衆鳥皆從，小大毛色類鳳皇。」實難知也。說文鳥部：「五方神鳥：東方發明，南方焦明，西方鷫鷞，北方幽昌，中央鳳皇。」後漢書五行志引樂叶圖徵說：「五鳳（當作「五鳥」，因中央者，方名鳳皇。）皆五色，爲瑞者一，爲孽者四。」注引叶圖徵曰：「似鳳有四，並爲妖。一曰鷫鷞，鳩喙，圓目，身義，戴信，嬰禮，膺仁，負智，至則旱役之感也。二曰發明，烏喙，大頸，大翼，大脛，身仁，戴智，嬰義，膺信，負禮，至則喪之感也。三曰焦明，長喙，疏翼，圓尾，身義，戴信，嬰仁，膺知，負禮，至則水之感也。四曰幽昌，鋭目，小頭，大身，細足，脛若鱗葉，身智，戴信，負禮，膺仁，至則旱之感也。」隋書經籍志梁有樂五鳥圖一卷，亡。五鳥，即謂五方神鳥。此「五鳥記」，蓋緯書也。故夫世瑞不能別。別之如何？以政治、時王之德。不（夫）[及]唐、虞之時，其鳳皇騏驎，目不親見，「不」疑爲「夫」字形譌。「及」字後人妄增。「目不親見」，謂不能親見唐、虞之瑞。下文「唐、虞之瑞，必真是者」，與之正反相承。意謂：唐、虞之瑞，雖目不親見，然據唐、虞之德，其瑞必真。以明別瑞當以政治與王德也。今本誤作「時王之德，不及唐、虞之時」，則與上下義違。上文云：「方今聖世，堯、舜之主。」又云：「孝章耀德，鳳皇麒麟連出重見，盛於五帝之時。」下文云：「孝宣比堯、舜，天下太平。」仲任進化論者，不重古非今。其義屢見本書。其證一。依今本，則「唐、虞之時」四字，屬上爲文，遂使「其鳳皇麒麟，目不親見」句，於義無指矣。其證二。然而唐、虞之瑞，必真是者，堯之德明也。孝宣比堯、舜，天下太平，萬里慕化，仁道施行，鳥獸仁者，感動而來，瑞物小大、毛色、足翼必不同類。以政治之得失，主之明闇，準況衆瑞，無非真者。事或難知而易曉，其此之謂也。又以甘露驗之。甘露，和氣所生也。露無故而甘，是應篇謂甘露有二，爲瑞應者則味甘。和氣獨已至矣。和氣至，甘露降，德洽而衆瑞湊。案永平以來，訖於章和，甘露常降，永平十七年，樹葉有甘露。建初四年，甘露降五縣。元和二年，甘露降自京都。故知衆瑞皆是，而鳳皇騏驎皆真也。

# 論衡校釋卷第十七

## 指瑞篇

離騷王注：「指，語也。」盼遂案：篇中「天地之間常有吉凶，吉凶之物來至，自當與吉凶之人相逢遇矣」數語，即仲任本篇大旨。

**儒者說鳳皇騏驎爲聖王來，**墨子備城門篇：「禽滑釐問於子墨子曰：由聖人之言，鳳鳥之不出，諸侯畔殷、周之國。」荀子哀公篇曰：「古之王者，其政好生惡殺，鳳在列樹，麟在郊野。」春秋繁露曰：「恩及羽蟲，則麒麟至。」公羊哀十四年何注：「上有聖帝明王，天下太平，然後乃至。」說苑辨物篇：「凡六經帝王之所著，莫不致四靈焉，德盛則以爲畜，治平則時氣至。」諸儒多有此說，或阿世主，或規時政，非實然也。**以爲鳳皇騏驎，仁聖禽也，**大雅卷阿毛傳：「鳳皇，靈鳥，仁瑞也。」五行傳及左氏說皆云：「貌恭體仁，則鳳皇翔。」公羊哀十四年傳：「麟者，仁獸也。」說文同。公羊何注：「狀如麕，一角而戴肉，設武備而不爲害，所以爲仁也。麟者木精。」按：召南麟之趾毛傳：「麟信而應禮。」左哀十四年傳服虔注：「麟，中央土獸，土，爲信。」（禮運疏。）異義云：「公羊說，麟，木精；左氏說，麟，中央軒轅大角之獸。（禮運疏。）」是左氏、毛氏以麟屬中央，土精，信獸。公羊屬木，木性仁，故爲仁獸。仲任從公羊也。鄭玄駁異義云：「洪範，五行事，二曰言，言作從，從作乂。乂，治也。言於五行屬金。孔子時，周道衰亡，已有聖德，無所施用，作春秋以見志，其言可從，（「可」誤「少」，從召南麟之趾疏正。）以爲天下法，故應以金獸性仁之瑞。」（禮運疏。）云「性仁」，與公羊說同。公羊云屬木，鄭云屬金者，禮運疏：「麟屬東方，取其性仁，則屬木也。故公羊說：『麟者，木精。』鄭云：『金九以木八爲妻。』金性義，木性仁，得陽氣，性似父，得陰氣，性似母。麟，毛蟲，得木八之氣，而性仁。」屬金屬木，未知仲任所居。麟獸，通言禽者，詳物勢篇注。思慮深，避害遠，中國有道則來，無道則隱。公羊哀十四年傳：「麟非中國之獸也。有王者則至，無王者則不至。」注：「辟害遠也。」楚詞惜誓王注：「麒麟，仁智之獸，遠見避害，常藏不見，有聖德之君，乃肯來出。」稱鳳皇騏驎之仁知者，欲以褒聖人也，非聖人之德，不能致鳳皇騏驎。原儒說之意。此言妄也。

夫鳳皇騏驎聖，聖人亦聖。聖人恓恓憂世，鳳皇騏驎亦宜率教。聖人游於世間，鳳皇騏驎亦宜與鳥獸會，何故遠去中國，處於邊外？豈聖人濁，鳳皇騏驎清哉？何其聖德俱而操不同也？如以聖人者當隱乎，十二聖宜隱；十二聖，見骨相篇。如以聖者當見，鳳驎亦宜見。如以仁聖之禽，思慮深，避害遠，則文王拘於羑里，注累害篇。孔子厄於陳、蔡，注逢遇篇。非也。文王、孔子，仁聖之人，憂世憫民，不圖利害，故其有仁聖之知，遭拘厄之患。凡人操行，能脩身正節，不能禁人加非於己。

案人操行，莫能過聖人，聖人不能自免於厄，而鳳驎獨能自全於世，「能」下舊校曰：一有「而」字。孫曰：據原校，知古本論衡作「獨而」。「獨而」即「獨能」也。淺人不達，改「而」爲「能」。校者不慎，又混合「能而」二字。原校所云，蓋即誤合之本也。是鳥獸之操，賢於聖人也。且鳥獸之知，不與人通，何以能知國有道與無道也？人同性類，好惡均等，尚不相知，鳥獸與人異性，何能知之？人不能知鳥獸，鳥獸亦不能知人，兩不能相知，鳥獸爲愚於人，何以反能知之？儒者咸稱鳳皇之德，欲以表明王之治，反令人有不及鳥獸，論事過情，使實不著。

且鳳驎豈獨爲聖王至哉？孝宣皇帝之時，鳳皇五至，齊世篇亦云。注見下。騏驎一至，元康四年。注講瑞篇。神雀、黄龍、甘露、醴泉，莫不畢見，故有五鳳、神雀、甘露、黄龍之紀。文選兩都賦序：「神雀、五鳳、甘露、黄龍之瑞，以爲年紀。」注：「漢書宣帝紀曰：『神雀元年。』應劭曰：『前年（按：元康四年。）神雀集長樂宫，故改年也。』又曰：『五鳳元年。』應劭曰：『先者，鳳皇五至，因以改元。』又甘露元年詔曰：（按：是二年。）『乃者鳳皇至，甘露降。』故以名元年。又曰：『黄龍元年。』應劭曰：『先是，黄龍見新豐，（按：在甘露元年。）因以改元焉。』」吴仁傑兩漢刊誤補遺曰：郊祀志明言「帝幸河東，祠后土，有神爵集，改元爲神爵」。劭乃舉前年長樂宮事，非是。紀載改元之詔曰：「幸萬歲宮，神爵翔集，其以五年。（元康。）爲神爵元年。」按黃圖，萬歲宮在汾陰，正祠后土也。此詔上文云：「神爵仍集。」謂二年集雍，三年集泰山，四年集長樂也。又歷敍金芝奇獸白虎威鳳珍祥之象，末乃言萬歲宮神爵，則冠元之意，在此不在彼。郊祀志〔一〕曰：「上自幸河東之明年正月，鳳皇集祋祤。後間歲，鳳皇、神爵、甘露降集京師。其冬，鳳皇集上林。明年正月，改元曰五鳳。」論衡曰：「孝宣皇帝之時，鳳皇五至。」應劭說似本此。然以宣紀考之，亦不甚合。宣紀：本始元年正月，鳳皇集膠東。四年五月，鳳皇集北海、安丘、淳于。地節二年四月，鳳皇降魯。元康元年三月，詔曰：「迺者鳳皇集泰山、陳留。」二年三月以鳳皇、甘露降集，賜天下爵，吏三級，民一級。神爵二年詔曰：「迺者鳳皇、甘露降集京師。」四年冬十月，鳳皇十一集杜陵。十二月鳳皇集上林。是綜改元前計之，實不止五至。至於五鳳之名，殆取五方神鳥之義，見說文鳥部鷫字解，而非取於五至也。暉按：吴氏以「五鳳」爲五方神鳥之義。攷五鳥，一爲瑞，四爲孽，唯中央者得有鳳名，見後漢書五行志。則吴說疑非。蓋鳳至雖不止五，而可以「五」言之，如論語「九合諸侯」之例，「三」、「九」、「五」、「七」，以舉成數，於傳有之。宣漢篇言宣帝時鳳皇五六至，則仲任亦知其實至不只五也。而必以五至釋「五鳳」者，必當時冠元之義如此。仲任漢人，得知其實，未可駁議。郊祀志：「明年（五鳳三年。）幸河東，祠后土，赦天下。後間歲，改元爲

〔一〕「祀」，原本作「記」，形近而誤，今改。

甘露。其夏，黃龍見新豐。後間歲，上郊泰畤。後間歲，改元爲黃龍。」宣紀師古注：「漢注云：『此年二月，黃龍見廣漢郡，故改元。』然則應説非也。見新豐者，於此五載矣。」劉攽兩漢刊誤曰：「宣帝率四年改元，而郊祀志先言改元甘露，其夏，黃龍見新豐，其下乃云：『後間歲，改元黃龍。』然後又云：『正月復幸甘泉。』然則宣帝自追用五年前黃龍改元爾，若是年黃龍見，史官焉得不書？漢注未可據也。」吳仁傑亦不從漢注説。使鳳驎審爲聖王見，則孝宣皇帝聖人也；如孝宣帝非聖，則鳳驎爲賢來也。爲賢來，則儒者稱鳳皇騏驎，失其實也。鳳皇騏驎爲堯、舜來，亦爲宣帝來矣。夫如是，爲聖且賢也。齊曰：「『且』下當有『爲』字。」儒者説聖太隆，則論鳳驎亦過其實。

春秋曰：「西狩獲死驎，見魯哀十四年。臧氏經義雜記十六曰：「今三傳本無『死』字。而公羊傳云：『顏淵死，子曰：噫！天喪予。子路死，子曰：噫！天祝予。西狩獲麟，孔子曰：吾道窮矣。』注云：『時得麟而死，此亦天告夫子將没之徵。』則此傳本作『西狩獲死麟』，與上『顏淵死〔一〕』、『子路死』一例。『吾道窮矣』，與上『天喪予』、『天祝予』一例。」人以示孔子。孔子曰：『孰爲來哉？孰爲來哉？』反袂拭面，泣涕沾襟。」公羊傳「襟」作「袍」。疏曰：「『袍』亦有

〔一〕「死」，原本作「孔」，據上文改。

作『衿』字者。」經義雜記六曰：「當作『袷』。『衿』、『襟』皆俗字。作『袍』，非也。據此文，是仲任所見之傳亦作『袷』。」經義述聞曰：論衡蓋據嚴氏春秋，故與何本異。儒者說之，以爲天以麟命孔子，孔子不王之聖也。「聖」，宋殘卷、元本作「瑞」，朱校同。夫麟爲聖王來，孔子自以不王，宋殘卷「不」作「來」，朱校元本同。疑是「未」字。而時王魯君無感麟之德，怪其來而不知所爲，故曰：「孰爲來哉？孰爲來哉？」知其不爲治平而至，爲己道窮而來，望絕心感，故涕泣沾襟。公羊哀十四年傳何注：「見薪采者獲麟，夫子知其將有六國爭彊從横相滅之敗，秦、項驅除積骨流血之虞，然後劉氏乃帝，深閔民之離害甚久，故豫泣也。」經義雜記曰：「何說妖妄之至。當從此文引儒者說：『爲己道窮而來，望絕心感，故涕泣沾襟。』服注左傳亦云：『麟爲仲尼至。』（見春秋正義。）仲任遠在何劭公之前，所引蓋西漢公羊說也。」以孔子言「孰爲來哉」，知麟爲聖王來也。曰：前孔子之時，世儒已傳此說。孔子聞此說，而希見其物也，見麟之至，怪所爲來。實者，麟至無所爲來，常有之物也，行邁魯澤之中，而魯國見其物，遭獲之也。孔子見麟之獲，獲而又死，則自比於麟，自謂道絕不復行，將爲小人所徯獲也。吴曰：「徯」假爲「係」。「徯獲」猶言「係累」。淮南子本經篇：「徯人之子女。」高注云：「徯，繫囚之繫。」是其證。故孔子見麟而自泣者，宋殘卷、元本作「自知」，朱校同。據其見得而死也，非據其本所爲來也。然則麟之至也，自與獸會聚也，其死，人殺之也。使驎有知，爲聖王來，時無聖王，何爲來乎？思慮深，避害遠，何故爲魯所獲殺乎？夫以時無聖王而驎至，知不爲聖王來也；盼遂案：此句宜改作「知其思慮不能深也」，與上下文方一貫。上下文皆以「思慮深」與「避害遠」連言，此處單言「避害遠」，於文爲不類。改訂後，爲「夫以時無聖王而驎至，知其思慮不能深也；爲魯所獲殺，知其避害不能遠也」，然後文法一致。爲魯所獲殺，知其避害不能遠也。聖獸不能自免於難，聖人亦不能自免於禍。禍難之事，聖者所不能避，而云鳳驎思慮深，避害遠，妄也。

且鳳驎非生外國也，中國有聖王乃來至也。齊曰：上「也」字衍。生於中國，長於山林之間，性廉見希，人不得害也，則謂之思慮深，避害遠矣。生與聖王同時，行與治平相遇，世間謂之聖王之瑞，爲聖來矣。剥巢破卵，鳳皇爲之不翔；焚林而畋，漉池而漁，龜龍爲之不遊。史記孔子世家、説苑權謀篇、淮南本經訓、家語困誓篇並有此文。鳳皇，龜龍之類也，皆生中國，與人相近。巢剥卵破，屏竄不翔；林焚池漉，伏匿不遊。無遠去之文，何以知其在外國也？龜龍鳳皇，同一類也。盼遂案：「鳳皇」疑爲「鳳驎」之誤。上下屢以「鳳驎」連言。希見不害，謂在外國，龜龍希見，亦在外國矣。孝宣皇帝之時，鳳皇、騏驎、黄龍、神雀皆至。其至同時，則其性行相似類，則其生出宜同處矣。龍不生於外國，外國亦有龍；鳳驎不生外國，外國亦有鳳驎。然則中國亦有，未必外國之鳳驎也。人見鳳驎希見，則曰在外國；見遇太平，則曰爲聖王來。

夫鳳皇騏驎之至也，猶醴泉之出，朱草之生也。醴泉，見是應篇。朱草，注初禀篇。謂鳳皇在外國，聞有道而來，醴泉、朱草何知，而生於太平之時？醴泉、朱草，和氣所生，然則鳳皇騏驎，亦和氣所生也。和氣生聖人，聖人生於衰世。二句不當有，涉下文衍也。物生爲瑞，人生爲聖，同時俱然，時其長大，相逢遇矣。衰世亦有和氣，和氣時生聖人。聖人生於衰世，衰世亦時有鳳驎也。孔子生於周之末世，騏驎見於魯之西澤；光武皇帝生於成、哀之際，鳳皇集於濟陽之地。見吉驗篇。聖人聖物，生於盛、衰世。「世」上疑有「之」字。盼遂案：上文累言「衰世」，明此「盛」字衍文。聖王遭〔出，聖物遭見〕，見聖物，猶吉命之人逢吉祥之類也，其實相遇，非相爲出也。「聖王遭」下，舊校曰：一有「出聖物遭」字。暉按：一本有此四字是也。此文當作「聖王遭出，聖物遭見，見聖物，猶吉命之人逢吉祥之類也」。「見」字涉重文脱。仲任意：聖王聖物，兩相遭適。今本作「聖王遭見聖物」，只舉其一端，非其旨也。初禀篇：「吉人舉事無不利者，出門聞吉，顧睨見善，吉物動飛，而聖人遇也。」即其義。

夫鳳驎之來，與白魚赤烏之至，無以異也。魚遭自躍，王舟逢之；火偶爲烏，王仰見之。見初禀篇。非魚聞武王之德，而入其舟；烏知周家當起，集於王屋也。謂鳳驎爲聖王來，是謂魚烏爲武王至也。王者受富貴之命，故其動出，見吉祥異物，見則謂之瑞。瑞有小大，各以所見，定德薄厚。若夫白魚、赤烏，小物，小安之兆也；鳳皇、騏驎，大物，太平之象也。故孔子曰：「鳳鳥不至，河不出圖，吾已矣夫。」見論語子罕篇。不見太平之象，自知不遇太平之時矣。

且鳳皇騏驎何以爲太平之象？鳳皇騏驎，仁聖之禽也，仁聖之物至，天下將爲仁聖之行矣。尚書大傳曰：「高宗祭成湯之廟，有雉升鼎耳而鳴。「鳴」當作「雊」。異虛篇、御覽九一七、類聚九十引大傳并作「雊」。書序亦作「雊」。說文：「雊，雄雉鳴也。」又「之廟」二字，大傳無。異虛同此。高宗問祖乙（己）。孫曰：異虛篇作「祖己」，類聚、御覽、記纂淵海等書引尚書大傳並作「祖己」。此「乙」字乃「己」字形近之譌。祖乙（己）曰：『遠方君子殆有至者。』」祖乙（己）見雉有似君子之行，雉性耿介，有似於士，故云：「有似君子之行。」說詳異虛篇。今從外來，則曰「遠方君子將有至者」矣。夫鳳皇騏驎猶雉也，其來之象，亦與雉同。

孝武皇帝西巡狩，得白驎，一角而五趾；注異虛篇。又有木，枝出復合於本（末）。枝生於本，而復合於本，於理難通。「本」，宋殘卷作「末」，朱校元本同，是也。漢書終軍傳：「時又得奇木，其枝旁出，輒復合於木上。」（前漢紀十二無「木」字。）上即「末」也。「末」、「本」

形誤。**武帝議問羣臣。謁者終軍曰：「野禽并角，明同本也；衆枝內附，**獸皆兩角，今獨一，故云「并」。後漢書明帝紀注：「內附，謂木連理也。」**示無外也。如此瑞者，外國宜有降者。是若應，殆且有解編髮、削左衽、襲冠帶而蒙化焉。」**孫曰：漢書終軍傳「是若應」作「若此之應」。此當作「若是應」，文誤倒也。「如此瑞者，外國宜有降者」十字，漢書所無。細閲之，此二句與「若是應」二語意複，不當有也。此蓋論衡舊注混於正文，又錯入於上也。（論衡有注，說見前亂龍篇。）「如此瑞者」，解「若是應」句也。（論衡多瑞應連文，故以瑞解應。）「外國宜有降者」，解「殆且有解編髮、削左衽、襲冠帶而蒙化焉」句也。暉按：孫說非也。「瑞」與「應」有別。物遭和氣而生爲瑞。瑞以應善，災以應惡。本書屢見此義，不可以瑞應連文，即謂於義一也。應有二義：一應既往者，應往善以生瑞，應往惡以生災。一應未來者，禎瑞災孽之象見於前，而吉凶驗於後。（仲任雖不信感應，而常言太平之象，變亂之妖。）此文「是若應」之「應」，即謂應驗此瑞。「外國宜有降者」，是言此瑞之象，「是若應」云云，是據瑞象以推知將來之吉驗也，於義不複。「如此瑞者」二句，非是注文。仲任述漢事，多不同漢書。班著漢書，與王作論衡同時，仲任不得據以爲文。據終軍傳改此，失之。**其後數月，越地有降者；匈奴名王亦將數千人來降，**漢書武紀：「元狩二年，夏，南越獻馴象、能言鳥。秋，匈奴昆邪王殺休屠王，并將其衆合四萬餘人來降。」此事距元年十月獲白麟，只數月耳。**竟如終軍之言。終軍之言，得瑞應之實矣。**

**推此以況白魚赤烏，猶此類也。魚，木（水）精；白者，殷之色也。**「木」當作「水」，形近之誤。儀禮有司徹疏引中候云：「魚者水精，隨流出入，得申朕意。」鄭注：「春秋緯璇璣樞曰：『魚無足翼，紂如魚乃討之。』是也。紂雖有臣，無益於股肱，若魚雖有翼不能飛。」蓋仲任亦本緯說。漢書終軍傳張晏注：「周，木德也。舟，木也。殷，水德。魚，水物。魚躍登舟，象諸侯順周，以紂畀武王也。」雖以魚爲水物，與此義近，然不取魚無足翼之說，而卮造木德水德之義，臣瓚、師古非之，是也。**烏者，孝烏；赤者，周之應氣也。**據上文例，上「者」字不當有。書鄭注：「烏瑞臻。赤，周之正。」先得白魚，後得赤烏，殷之統絶，色移在周矣。（詩思文疏。）「燎後五日，而有火爲烏。天報武王以此瑞。書說曰：烏有孝名，武王卒父大業，故**先得白魚，後得赤烏，殷之統絶，色移在周矣。據魚烏之見，以占武王，則知周之必得天下也。世見武王誅紂，出遇魚烏，則謂天用魚烏命使武王誅紂。事相似類，其實非也。**仲任以爲王者生稟吉命，不再受命。辨詳初稟篇。

**春秋之時，鸜鵒來巢，占者以爲凶。夫野鳥來巢，魯國之都且爲丘墟，昭公之身且出奔也。後昭公爲季氏所攻，出奔於齊，死不歸魯。**注偶會篇、異虛篇。**賈誼爲長沙太傅，服鳥集舍。發書占之，云：「服鳥入室，主人當去。」其後賈誼竟去。**見史、漢賈生傳。**野鳥雖殊，其占不異。夫鳳驎之來，與野鳥之巢，服鳥之集，無以異也。**「後昭公」以下，宋本、宋殘卷、朱校元本作「服鳥入室，主人當去，其後賈誼竟去。夫鳳驎之來，與野鳥巢，服鳥之集，無以異他禍福。（元本作「禍」。）後昭公爲季氏所攻，出奔於齊，死不歸魯。賈誼爲長沙太傅，服鳥集舍，發書占之云，野鳥雖殊，其占不異」。又無下文「是」字。並非，今本不誤。是鸜鵒之巢，服鳥之集，偶巢適集，占者因其野澤之物，巢集城宮之內，則見魯國且凶、傳（傅）舍人不吉之瑞矣。「傳舍」，王本同。崇文本作「傅舍」，是也。謂太傅舍，當據正。盼遂案：「舍」當爲「主」之誤。「主人」即斥長沙太傅賈誼矣。非鸜鵒服鳥知二國禍將至，而故爲之巢集也。

王者以天下爲家。家人將有吉凶之事，而吉凶之兆豫見於人。「而」猶「則」也。知者占之，則知吉凶將至，非吉凶之物有知，故爲吉凶之人來也。猶蓍龜之有兆數矣。龜兆蓍數，常有吉凶，吉人卜筮與吉相遇，凶人與凶相逢，非蓍龜神靈，知人吉凶，出兆見數以告之也。虛居卜筮，前無過客，「虛居」謂平居無事。「客」字疑誤。猶得吉凶。然則天地之間，常有吉凶，吉凶之物來至，自當與吉凶之人相逢遇矣。或言天使之所爲也。如山陽侯天使遺書趙襄子也。夫巨大之天使，「使」字句。或屬下讀，非。細小之物，音語不通，情指不達，何能使物？物亦不爲天使，其來神怪，若天使之，則謂天使矣。

夏后孔甲畋于首山，天雨晦冥，入于民家，主人方乳。或曰：「后來，之子必大貴。」或曰：「不勝，之子必有殃。」「首山」，注詳書虛篇。夫孔甲之入民室也，偶遭雨而廕庇也，「偶」，崇文本作「遇」，非。非知民家將生子，而其子必凶，盼遂案：「凶」上當有「吉」字。下文「人占則有吉凶矣」，正承此文。吉者承上「后來，之子必大貴」言，凶者承上「不勝，之子必有殃」言也。奪一「吉」字，遂嫌不完。爲之至也。既至，人占則有吉凶矣。夫吉凶之物見於王朝，若入民家，猶孔甲遭雨入民室也。孔甲不知其將生子，爲之故到，謂鳳皇諸瑞有知，應吉而至，誤矣。

## 是應篇

須頌篇曰：「俗儒好長古而短今，言瑞則渥前而薄後。是應實而定之，漢不爲少。漢有實事，儒者不稱。」

**儒者論太平瑞應，皆言氣物卓異，朱草、醴泉、翔鳳（風）、甘露、景星、嘉禾、萐脯、蓂莢、屈軼之屬；**

孫曰：「翔鳳」當作「翔風」，（「翔」與「祥」同。）字之誤也。（下文「鳳翔甘露」，當作「風翔露甘」。）「翔風」與「甘露」，平列言之。下文云：「其盛茂者，致黃龍、騏麟、鳳皇。」言可知此處不當言「翔鳳」矣。此一證也。下文云：「言其鳳翔甘露，風不鳴條，雨不破塊，可也；言其五日一風，十日一雨，褒之也。」「風」、「雨」正承「風」、「露」言之，可知「鳳翔」當作「風翔」。此二證也。下文又云：「翔風起，甘露降。」正以「翔風」、「甘露」並言。此三證也。類聚九十八引「翔鳳」正作「祥風」，下文「鳳翔甘露」正作「風祥露甘」。此四證也。尚書中候曰：「堯即位七十載，朱草生郊。」大戴明堂篇：（孔補注本，合盛德篇。）「朱草日生一葉，至十五日生十五葉。十六日，一葉落，終而復始。」大傳曰：「德先地序，則朱草生。」瑞應圖曰：「朱草亦曰朱英。」斗威儀：「人君乘土而王，其政太平，而遠方獻其朱英。」白虎通封禪篇：「朱草者，赤草也，可以染絳，別尊卑也。」餘注初稟篇。孝經援神契：「德至八方，則祥風至。」禮稽命徵：「出號令合民心，則祥風至。」（類聚一。）禮斗威儀曰：「君乘火而王，其政頌平，則祥風至。」宋均注：「即景風也。」（文選東都賦注。）禮運疏引援神契：「德及於地，則嘉禾生。」詩含神霧：「堯時嘉禾七莖，三十五穟。」（路史後紀十注。）白虎通封禪篇：「嘉禾者，大禾也。成王時有三苗異畝而生，同爲一穟。大幾盈車，長幾充箱。」帝王世紀曰：「堯時景星曜於天，甘露降於地，朱草生於郊，鳳皇止於庭，嘉禾孳於畝，醴泉湧於山。」（類聚十一。）餘注見下文。**又言山出車**，禮運曰：「山出器車。」孔疏：禮斗威儀云：「其政太平，山車垂鉤。」注云：「山車，自然之車，垂鉤不揉治而自圓曲。」援神契（類聚七一。）曰：「德至山陵，則山出根車。」注：「根車，應載養萬物也。」**澤出舟（馬）**，「舟」當作「馬」，傳寫之誤。類聚九十八引正作「馬」。援神契曰：「德至山陵，則澤出神馬。」（文選曲水詩序注。）**男女異路**，王制曰：「道路男子由右，婦人由左，車從中央。」公羊定十四年何注：「孔子由大司寇攝相事，男女異路，道不拾遺。」**市無二價，耕者讓畔，行者讓路，頒白不提挈**，王制：「輕任并，重任分，斑白不提挈。」注：「雜色曰斑。」「頒」讀「斑」。家語好生篇：「西伯，仁人也。其境耕者讓畔，行者讓路。其邑男女異路，斑白不提挈。」淮南泰族篇：「孔子爲魯司寇，市不豫賈，斑白者不戴負。」**關梁不閉，道無虜掠，風不鳴條，雨不破塊，五日一風，十日一雨**；西京雜記董仲舒曰：「太平之時，風不搖條，開甲破萌而已。雨〔一〕不破塊，津莖潤葉而已。」徐整長曆曰：（御覽三七。）

〔一〕「雨」，原本作「兩」，形近而誤，今改。

「黃帝時，風不鳴條，雨不破塊。」搜神記四：「文王以太公爲灌壇令，期年，風不鳴條。」鹽鐵論水旱篇曰：「周公之時，風不鳴條，雨不破塊，旬而一雨，雨必以夜。」京房易傳曰：「太平之時，十日一雨，凡歲三十六雨，此休徵時若之應。」（初學記。）其盛茂者，致黃龍、騏驎、鳳皇。孝經援神契曰：「德至水泉，則黃龍見者，君之象也。」孫氏瑞應圖曰：「黃龍者，四龍之長，四方之正色，神靈之精也。能巨細，能幽明，能短能長，乍存乍亡。王者不漉池而漁，則應和氣而遊於池沼。」

夫儒者之言，有溢美過實。瑞應之物，或有或無。夫言鳳皇、騏驎之屬，大瑞較然，不得增飾；其小瑞徵應，恐多非是。夫風氣雨露，本當和適，言其鳳（風）翔甘露〔甘〕，此文當作「風翔露甘」。「翔」同「祥」。當據類聚九八引正。風不鳴條，雨不破塊，可也；言其五日一風，十日一雨，褒之也。風雨雖適，不能五日十日正如其數。言男女不相干，市價不相欺，可也；言其異路，無二價，褒之也。太平之時，豈更爲男女各作道哉？不更作道，一路而行，安得異乎？太平之時，無商人則可，如有，必求便利以爲業，買物安肯不求賤？賣貨安肯不求貴？有求貴賤之心，必有二價之語。此皆有其事，而褒增過其實也。

若夫蓮脯、萐莢、屈軼之屬，殆無其物。何以驗之？說以實者，四字有誤。太平無有此物。

**儒者言蓮脯生於庖廚者，**孫曰：「儒者言」下脱「太平時」三字。下文云：「夫太平之氣雖和，不能使廚生肉蓮，以爲寒涼。」正承此言。若無「太平時」三字，則仲任詰難之語，無所屬矣。書鈔一百四十五、類聚七十二引並有「泰平時」三字。暉按：此承上文「儒者論太平瑞應」云云爲文，書鈔、類聚通上文引之，故有「泰平時」三字，非今本脱也。書鈔、類聚引「脯」作「莆」，類聚九八引上文亦作「莆」。羅泌路史後紀十注：「倚翣，蓮莆也。冬死夏生，俗作蓮脯。謂肉物者，妄。」按：此文本作「蓮脯」。下文言「肉蓮」，明爲肉質，與他書以爲樹名不同。説文草部：「蓮莆，瑞艸也。堯時生於庖廚，扇暑而涼。」白虎通封禪篇曰：「孝道至，則蓮莆生庖廚。蓮莆者，樹名也。其葉大於門扇，不搖自扇，於飲食清涼，助供養也。」續博物志卷二：「蓮莆者，其狀如蓬，枝多葉少，根〔一〕如絲，葉如扇，不搖自動風生，主庖廚清涼，驅殺蟲蠅，以助供養〔二〕。」類聚十一引帝王世紀云：「堯時生蓮莆。」言廚中自生肉脯，薄如蓮形，搖鼓生風，寒涼食物，使之不臰。

**夫太平之氣雖和，不能使廚生肉蓮，以爲寒涼。若能如此，則能使五穀自生，不須人爲之也。能使廚自生肉蓮，何不使飯自蒸於甑，火自燃於竈乎？凡生蓮者，欲以風吹食物也，何不使食物自不臰？何必生蓮以風之乎？**上「何」字疑當作「而」。**廚**

〔一〕「根」上原本衍一「根」字，據續博物志删。
〔二〕「助供養」，原本作「供養助」，據續博物志改。

中能自生萐，則冰室何事而復伐冰以寒物乎？人夏月操萐，萐，扇也。須手搖之，然後生風。從手握持，「從」讀「縱」。下同。以當疾風，萐不鼓動。言萐脯自鼓，可也，須風乃鼓，不風不動。從手風來，自足以寒廚中之物，何須萐脯？世言燕太子丹使日再中，天雨粟，烏白頭，馬生角，廚門象生肉足。疑當作「木象」。宋殘卷「象」下有「夫」字，「足」作「萐」。朱校元本同。「夫」疑爲「木」字形誤，文又誤倒。「足」、「萐」形近，又涉上文諸「萐」字而誤。感虛篇正作「廚門木象生肉足」。盼遂案：「象」上脱「木」字，宜依感虛篇〔二〕補。史記刺客列傳索隱引論衡作「廐門木鳥生肉足」。古「鳥」、「象」字形極似。其上亦有「木」字。若風俗通卷二作「廚人生害（「害」亦「肉」之誤字。）足，井上株木跳度瀆」，則又異矣。論之既虛，見感虛篇。則萐脯之語，五應之類，「日再中」以下五應也。謂語萐脯者，其虛與同。恐無其實。

儒者又言，古者蓂莢夾階而生，月朔〔一〕日一莢生，「朔日」，宋殘卷作「一日」，朱校元本同，是也。一日一莢生，故至十五日得十五莢。若只每月朔日生一莢，焉得有十五莢？校者見下文「來月朔，一莢復生」，則以爲其生在每月朔，而妄改此文爲「朔日」，悖謬甚矣。白虎通封禪篇正作「月一日一莢生」。（路史注引帝王世紀作「每月朔則生一莢」，疑非原文。）至十五日而十

〔二〕「虛」，原本作「應」，形近而誤，今改。

五莢；於十六日，日一莢落，至月晦，莢盡。來月朔，一莢復生。王者南面視莢生落，則知日數多少，不須煩擾案日曆以知之也。援神契曰：「德及於地，蓂莢起。」（禮運疏。）白虎通封禪篇：「日曆得其分度，則蓂莢生於階間。蓂莢，樹名也。月一日一莢生，十五日畢，至十六日一莢去，故夾階而生，以明日月也。」初學記引帝王世紀曰：「蓂莢一名曆莢，一名仙茆。」述異記曰：「堯爲仁君，歷草生階。」尚書帝命驗曰：「舜受命，蓂莢孳。」（文選曲水詩序注。）路史餘論七曰：「蓂莢，曆莢也。世紀云：『堯時蓂莢夾階而生，每月朔則生一莢，至月半而十五莢，十六日後，日落一莢，至晦而盡。若月小盡，則餘一莢，厭而不落。王者以之占曆。應和氣而生。舜亦如之。一名仙茅。』故田俅子云：『堯爲天子，蓂莢生於庭，爲帝成曆。』瑞應圖云：『葉圓而五色，日生一莢，至十六，則落一莢，及晦而盡。』白虎通義云：『攷曆得度則生。』書中候摘落戒云：『堯、舜時皆有之。周公攝政七年又生。』亦見伏書大傳。或云：『朱草。』大戴禮云：『朱草日生一葉，至十五日後，日落一葉，周而復始。』按：孝經援神契云：『朱草生，蓂莢孳。』則二物也。注：『朱草者，百草之精，狀如小桑，栽長三四尺，枝莖如珊瑚，生名山石岩之下，刺之如血，其葉生落隨月晦朔，亦如蓂莢。』則蓂莢之類耳。三禮義宗云：『朱草，赤草也。可以染絳，爲服以別尊卑。王者施德有常，則應德而生。』則非蓂莢矣。」

夫天既能生莢以爲日數，何不使莢有日名，王者視莢之字，則知今日名乎？徒知日數，不知日名，猶復案曆然後知之，是則王者視日，則更煩擾不省，蓂莢之生，安能爲福？

夫蓂〔莢〕，草之實也，疑當作「蓂莢，草之實也」。因其有莢，故謂草之實，故下文以豆莢相比。説文：「莢，艸實也。」廣雅釋草：「豆角謂之莢。」今本脱「莢」字，則不當言「草之實」矣。是其證。猶豆之有莢也，春夏未生，其生必於秋末。冬月隆寒，霜雪霣零，萬物皆枯，儒者敢謂蓂莢達冬獨不死乎？如與萬物俱生俱死，莢成而以秋末，是則季秋得察莢，春夏冬三時不得案也。且月十五日生十五莢，於十六日莢落，二十一日六莢落，落莢棄殞，不可得數，猶當計未落莢以知日數，是勞心苦意，非善祐也。崇文本「祐」作「祜」，非。

使莢生於堂上，人君坐戶牖間，望察莢生，以知日數，匪謂善矣。宋殘卷「匪」作「豈」，朱校元本同。疑「蓋」字之誤。盼遂案：「匪」疑爲「叵」之誤。叵者，遂也。後漢書隗囂傳：「帝知其終不爲用，叵欲討之。」班超傳：「超欲因此叵平諸國。」李賢注皆云：「叵猶遂也。」是後漢人多以「叵」爲「遂」矣。今云「夾階而生」，生於堂下也。王者之堂，墨子稱堯、舜〔堂〕高三尺，劉先生曰：「堯、舜高三尺」不詞，「高」上當有「堂」字。藝文類聚六十三、御覽百七十六引並作「堂高三尺」，是其明證。暉按：初學記二四引亦有「堂」字。史記李斯傳、太史公自序引墨子亦有此文。今見墨子閒詁附録。儒家以爲卑下。假使之然，高三尺之堂，蓂莢生於階下，王者欲視其蓂，不能從户牖之間見也，須臨堂察之，乃知蓂數。夫起視堂下之蓂，孰與懸曆日〔曆〕於扆坐，「曆日」當作「日曆」。上文「不須煩擾案日曆以知之也」，類聚六三、御覽一七六引並作「日曆」，俱其證。爾雅釋宫：「户牖之間謂之扆。」禮記曲禮下：「天子當扆而立。」傍顧輒見之也？天之生瑞，欲以娱王者；須起察乃知日數，是生煩物以累之也。

且蓂，草也。王者之堂，旦夕所坐，古者雖質，宫室之中，草生輒耘，安得生蓂而人得經月數之乎？且凡數日一二者，欲以紀識事也。古有史官典曆主日，王者何事而自數蓂？堯候四時之中，命曦、和察四星以占時氣。堯典：「乃命羲、和，敬授人時。分命羲仲，宅嵎夷，日中星鳥，以殷仲春。申命羲叔，宅南交，敬致日永星火，以正仲夏。分命和仲，宅西曰昧谷，宵中，星虚，以殷仲秋申命和叔，宅朔方，日短星昴，以正仲冬。」此文以「曦、和」即是羲仲、羲叔，乃和仲、和叔四人者，今文説也，與鄭、馬古文説不同。鄭、馬以「羲氏掌天官，和氏掌地官，四子掌四時」。（羲仲、和仲等四人。）説詳皮錫瑞今文尚書考證。「候四時之中」，謂仲春仲夏也。今文四仲並作「中」。「羲、和」，今文作「曦、和」。皮錫瑞曰：「羲、和本日御之名，今文从『日』作『曦』者，蓋因此也。」四星至重，猶不躬視，而自察蓂以數日也？「而」猶「乃」。「也」讀「邪」。

儒者又言，太平之時，屈軼生於庭之末，若草之狀，主指佞人。佞人入朝，屈軼庭末以指之，聖王則知佞人所在。田俅子曰：「黄帝時有草生於帝庭階，若佞臣入朝，則草指之，名曰屈軼，是以佞人不敢進。」（文選曲水詩序注。）博物志曰：「一名指佞草。」

夫天能故生此物以指佞人，不使聖王性自知之，或佞人本不生出，宋殘卷「或」作「若」，朱校元本同。必復更生一物以指明之，何天之不憚煩也？聖王莫過堯、舜，堯、舜之治，最爲平矣。即屈軼已自生於庭之末，「即」猶「若」也。佞人來，輒指知之，則舜何難於知佞人，而使皋陶陳知人之術？經曰：「知人則哲，惟帝難之。」尚書皋陶謨文。注詳問孔篇、答佞篇〔一〕。人含五常，音氣交通，且猶不能相知。屈軼，草也，安能知佞？如儒者之言，是則太平之時，草木踰賢聖也。獄訟有是非，人情有曲直，何不并令屈軼指其非而不直者，必苦心聽訟，三人斷獄乎？「聽」下舊校曰：一有「獄」字。按：此文有誤。

故夫屈軼之草，或時無有而空言生，或時實有而虚言能指。假令能指，或時草性見人而動，古者質朴，見草之動，則言能指；能指，則言指佞人。司南之杓，投之於地，其柢指南。宋殘卷「杓」作「酌」，朱校元本同，非也。御覽七六二引作「勺」。又七六二及

〔一〕「篇」，原本誤作「答」，今改。

九四四引「柢」作「柄」。按：說文：「杓，科柄也。」是「杓」即「柄」。又云：「勺，所以挹取也。科，勺也。」是「勺」即「斗」，「杓」爲「斗柄」。若依御覽引作「其柄指南」，則與上「杓」字義複。「司南之杓」，字當作「杓」，不當從御覽作「勺」。（御覽九四四引同今本。）知者，「司南」謂司南車也。鬼谷子曰：「鄭人取玉，必載司南。」（宋書禮志。）韓非子有度篇：「立司南以端朝夕。」舊注：「司南，即指南車。」後漢書輿服志：「聖人觀於天，視斗周旋，魁方杓曲，以攜龍角，爲帝車。」注引孝經援神契曰：「斗曲杓橈，象成車。」是「司南之杓」，象天文之杓也。疑今本「杓」字、「柢」字不誤。

**魚肉之蟲，集地北行，夫蟲之性然也。**御覽九四四引作「自然之性也」。**今草能指，亦天性也。聖人因草能指，宣言曰：「庭末有屈軼，能指佞人。」百官臣子懷姦心者，則各變性易操，爲忠正之行矣。猶今府廷畫臯陶、觟䚦（𧣾）也。**孫曰：「䚦」當作「𧣾」。（本書「虒」旁，多壞作「虎」。）開元占經獸占引「觟𧣾」作「獬豸」，事類賦二十二引作「獬廌」，說文作「解廌」，此作「觟𧣾」，並音近古通。暉按：白帖九八、合璧事類別集七六引作「獬廌」。初學記二九引作「解豸」。稽瑞、御覽六四三、又八九〇、又九〇二引作「獬豸」。路史餘論四引作「解廌」。廣韻十二蟹獬字注云：「字林〔一〕、字樣俱作『解廌』，廣雅作『𤞞𤟘』，陸作『獬豸』。」又云：「『廌』，解廌。『豸𤟘』，同上。」按：廣雅今無「𤞞𤟘」二字。淮南主術訓：「楚文王好服獬冠。」御覽、韻會引並作「觟冠」。

〔一〕「字林」，原本誤作「林字」，今乙。

餘見下注。

儒者説云：觟⿰角虎（䚦）者，一角之羊也，〔青色四足，或曰似熊，能知曲直〕，性知（識）有罪。白帖引「一角之羊也」下，有「青色」以下十二字。「性知」作「性識」。合璧事類别集引亦有「或曰似熊，能知曲直，性識有罪」三句。路史引作「如羊而一角，青色四足，性知曲直，識有罪，能觸不直」。御覽八九〇引「性知」亦作「性識」。當據補正。皋陶治獄，其罪疑者，令羊觸之。有罪則觸，無罪則不觸。稽瑞引「不」作「否」，無「觸」字。明鈔本御覽六四三亦無。「觸」字疑衍。斯蓋天生一角聖獸，助獄爲驗，故皋陶敬羊，起坐事之。白帖、稽瑞、御覽八九〇、又六四三、合璧事類、路史引「起」並作「跪」。按：「跪」、「起」於義一也。蓋一本作「跪」。小雅四牡：「不遑啓處。」毛傳：「啓，跪也。」爾雅訓同。釋名曰：「啓，起也，啓一舉體也。」古人坐則屈膝著席，形與跪似，惟跪則前聳其體，坐則下其臀，由坐而起，必先舉體，舉體則先跪矣，故跪、啓、起義同。説文：「跽，長跪也。㠱，長踞也。」廣雅云：「啓，踞也。」跽、㠱、啓、踞一聲之轉，其義并相近也。此則神奇瑞應之類也。説文廌部：「解廌，獸也，佀牛一角。古者決訟令觸不直者。古者神人㠯廌遺黄帝，（絫評曰解廌，單評曰廌。）帝曰：『何食何處？』曰：『食薦，夏處水澤，冬處松柏。』」廣韻：「解廌，仁獸，似牛一角。」後漢書輿服志：「法冠一曰柱後，執法者服之，侍御史、廷尉正監平也。或謂之獬豸冠。獬豸，神羊，能别曲直，楚王嘗獲之，故以爲冠。」注引異物志曰：

「東北荒中有獸名獬豸，一角，性忠，見人鬬，則觸不直者，聞人論則咋不正者。楚執法者所服也。」董巴曰：「獬豸，神羊也。」（御覽二二七。）金樓子曰：「神獸若羊，名曰獬豸。」漢書司馬相如傳注張揖曰：「解廌似鹿而一角，人君刑罰得中則生於朝廷，主觸不直者。」隋書禮儀志引蔡邕曰：「獬豸如麟一角。」神異經曰：「東北荒中有獸，如牛一角，毛青四足，似熊，見人鬬則觸不直，聞人論則咋不正，名曰獬豸。故立獄皆東北，依所在也。」蘇氏演義（路史餘論四引。）云：「毛青四足似熊。」田俅子曰：「堯時有獬廌，緝其皮毛爲帳。」（引同上。）按：以上諸文，或以似牛，或以似羊，或以似鹿，或以似麟，或以似熊，蓋皆隨意狀之，實不相戾。云似熊者，與此文合。羅泌曰：諸説皆非，解廌蓋羊耳，羊性自知曲直。若齊莊公之臣王國卑與東里檄訟，三年而不斷，乃令二人共一羊盟，二子相從刲羊，以血灑社。讀王國之辭已竟，東里辭未半，羊起觸之，齊人以爲有神。（按：此事見墨子明鬼篇。）則其性也。王充之言，吾不謂然。暉按：仲任亦以爲天性然耳。

曰：夫觟䚨（䚦）則復屈軼之語也。羊本二角，觟䚨（䚦）一角，體損於羣，不及衆類，何以爲奇？鼈三足曰能，龜三足曰賁。見爾雅釋魚。案能與賁不能神於四足之龜鼈，一角之羊何能聖於兩角之禽？狌狌知往，乾鵲知來，鸚鵡能言，並注龍虛篇。天性能一，不能爲二。或時觟䚨（䚦）之性徒能觸人，未必能知罪人，臯陶欲神事助政，惡受罪者之不厭服，因觟䚨（䚦）觸人則罪之，欲人畏之不犯，「欲人畏之不犯」，宋殘卷作「斯欲人刑之不犯」。元本作「斯欲刑之不犯」，朱校同。受罪之家，没齒無怨言也。夫物性各自有所知，宋殘卷「各自有」三字作「之」，朱校元本同。如以觟䚨（䚦）能觸謂之爲神，「如」上，宋殘卷有「時有」二字，朱校元本有「時」字。則狌狌之徒，皆爲神也。巫知吉凶，占人禍福，無不然者。如以觟䚨（䚦）謂之巫類，則巫何奇而以爲善？斯皆人欲神事立化也。

師尚父爲周司馬，鄭曰：（詩大明疏。）「師尚父，文王于磻溪所得聖人吕尚，立以爲太師，號曰尚父。」大明毛傳：「尚父，可尚可父。」劉向别録曰：「師之，尚之，父之，故曰師尚父。」（史記齊世家注。）將師伐紂，到孟津之上，類聚七十一引六韜曰：「武王伐殷，先出於河，吕尚爲後將，以四十七艘船濟於河。」杖鉞把旄，號其衆曰：「倉光（兕）！倉光（兕）！」「（倉兕）者，水中之獸也，元本「光」作「兕」，下并同。孫曰：元本作「倉兕」，是也。史記齊太公世家、郭璞山海經序並作「蒼兕」。「光」乃「兕」字之譌。（下文諸「蒼光」同。）「光」、「兕」形不甚相近，蓋「𠒋」或「𠒋」字形近之誤也。（吕氏春秋精通篇「兕」誤作「先」，與此可以互證。）日本山井鼎毛詩考文云：「『兕觥』，古本作『𠒋』。」毛詩釋文云：「『兕』本又作『𠒋』。」漢孔宙碑「兕」作「𠒋」。魏劉懿墓誌作「𠒇」。唐等慈寺碑作「兕」。論衡原文疑當作「兕」，寫者或作「𠒋」、「𠒋」、「𠒇」、「兕」等字。校者不達，遂誤爲「光」耳。類聚九十五引此文亦作「蒼兕」。劉先生曰：御覽三百七、八百九十引此文，「光」亦並作「兕」。可證孫説。暉按：類聚五八引亦作「倉兕」。又按：「號」謂呼號。鄭注：

「號令之，軍法重者。」（周本紀集解。）非仲任之義。此文謂令急渡，故呼倉兕以懼之。則原文當作「倉兕！倉兕！倉兕者，水中之獸也」。今本因重文脱一「倉兕」耳。御覽八九〇引作「渡孟津，杖鉞，呼曰：『蒼兕！蒼兕！』按：蒼兕，水獸也」。史記齊世家：「左杖黄鉞，右把白旄，以誓曰：『蒼兕！蒼兕！』」並其證。馬云：「蒼兕，主舟楫官名。」（史記齊世家索隱。）臧琳經義雜記一曰：「郭氏山海經序曰：『鈞天之庭，豈伶人之所躡？無航之津，豈蒼兕之所涉？』蒼兕與伶人相對，是郭氏亦同馬説，謂無涯之水，非世間主舟楫官所能涉也。蓋蒼兕本水獸，善覆船，故以此名官，欲令居是官者，盡其職，常以蒼兕爲警也。論衡是應篇云：『尚父威衆，欲令急渡，不急渡，蒼兕害汝。』此蓋今文家説，失呼而令之之旨矣。」善覆人船。因神以化，欲令急渡，不急渡，倉光（兕）害汝，則復鮭鯱（鱅）之類也。河中有此異物，時出浮揚，一身九頭，人畏惡之，未必覆人之舟也。御覽八九〇引有「亦謂蒼雉」四字。按：史記齊世家：「蒼兕。」索隱云：「本或作蒼雉。」疑御覽引舊注。尚父緣河有此異物，因以威衆。威，畏也。夫鮭鯱（鱅）之觸罪人，猶倉光（兕）之覆舟也，蓋有虚名，無其實效也。人畏怪奇，故空褒增。

又言太平之時有景星。禮運疏引斗威儀曰：「德至八極，則景星見。」禮稽命徵曰：「作樂制禮得天心，則景星見。」（類聚一。）尚書中候曰：隋書經籍志：「尚書中候五卷，鄭玄注。」

**「堯時景星見於軫。」**孫曰：類聚一、開元占經客星占、御覽七、又八十、又八百七十二，引尚書中候並作「景星出翼」。此作「軫」。翼、軫同朱鳥宿，躔次並當荆州，故或云「景星出於翼」，或云「出於軫」也。暉按：路史後紀十注引書中候曰：「堯即政七十載，德政清平，比隆伏羲，景星出翼、軫。」正以翼、軫並言。

**夫景星，或時五星也。**史記天官書：「天精而見景星。景星者，德星也。其狀無常，常出於有道之國。」隋志：「景星如半月，生於晦朔，助月爲明。或曰：星大而中空。或曰：有三星，在赤方氣與青方氣相連，黄星在赤方氣中，（按：史記集解孟康曰：「赤方中有兩黄星，青方中有一黄星，凡三星，合爲景星。」）亦名德星。」孫氏瑞應圖曰：「景星者，大星也。王者不敢私人則見。」（類聚一。）白虎通封禪篇曰：「景星者，大星也，月或不見，景星常見，可以夜作，有益於人民也。」按：仲任不以爲另有景星，疑即五星之一。五星：歲星，熒惑，鎮星，太白，辰星也。**大者，歲星、太白也。**於五星爲大。**彼或時歲星、太白行於軫度，古質不能推步五星，不知歲星、太白何如狀，見大星則謂景星矣。**

**詩又言：「東有啓明，西有長庚。」**見小雅大東。**亦或時復歲星、太白也。或時昏見於西，或時晨出於東，詩人不知，則名曰啓明、長庚矣。**孫曰：詩大東傳：「日既入謂明星爲長庚，日旦出謂明星爲啓明。」史記天官書索隱引韓詩云：「太白晨出東方爲啓明，昏見西方爲長庚。」仲任所云，固舊義也。爾雅釋天：「明星謂之啓明。」孫炎注：「明星，太白也。晨出東方，高三舍，命曰启明。昏出西方，高三舍，命曰太白。」（據史記天官書索隱引正。）劉寶楠愈愚録二曰：「史記天官書：『太白其他名明星。』又云：『以攝提格之歲，與營室晨出東方，至角而入。與營室夕出西方，至角而入。與角晨出，入畢。與角夕出，入畢。與畢晨出，入箕。與畢夕出，入〔一〕箕。與箕晨出，入柳。與箕夕出，入柳。與柳晨出，入營室。與柳夕出，入營室。凡出入東西各五，爲八歲，二百二十日，復與營室晨出東方。其大率，歲一周天。其始出東方，行遲，率日半度，一百二十日，必逆行一二舍。上極而反，東行，行日一度半，一百二十日入。其庳，近日，曰明星，柔。高，遠日，曰大囂，剛。其始出西，行疾，率日一度半，百二十日。上極而行遲，日半度，百二十日，旦入，必逆行一二舍而入。其庳，近日，曰太白，柔。高，遠日，曰大相，剛。』此言太白晨昏出入甚詳。又天官書：『歲星以五月與胃昴畢晨出曰開明。』此但言其晨出，不言其夕出，則別是一星。而後人疑爲詩之啓明，又避諱改『啓』作『開』也。王充論衡是應篇解啓明長庚，兼取歲星太白，正坐此失。」然則長庚與景星同，皆五星也。太平之時，日月精明。五星，日月之類也。太平更有景星，可復更有日月乎？詩人，俗人也；中候之時，質世也，俱不知星。王莽之時，太白經天，精如半月，漢書本傳未見。書鈔百五十引東觀漢記曰：「光武破

〔一〕「入」字原本脱，據史記天官書補。

二公，與朱伯然書曰：交鋒之月，神星晝見，太白清明。」或即仲任所指。二公，王尋、王邑也，與光武戰於昆陽。使不知星者見之，則亦復名之曰景星。

爾雅釋四時章曰：「春爲發生，夏爲長嬴，宋殘卷作「養」，朱校元本同。按：爾雅正作「嬴」。秋爲收成，冬爲安寧。四氣和爲景星。」見爾雅釋天篇祥章。爾雅章目，皆題上事，仲任失檢，誤爲出四時章也。「四氣」，今本爾雅作「四時」。白帖一、類聚一、文選新刻漏銘注引爾雅、尸子仁意篇並作「四氣」，與此文同。則古本爾雅如是。開成石經已誤作「四時」矣。「景星」，爾雅作「景風」，尸子作「永風」，錢坫爾雅古義曰：「古『永』、『景』字通。『景風』作『景星』，王充之誤。」郝疏曰：論衡所據本作「景星」。夫如爾雅之言，景星乃四時氣和之名也，恐非着天之大星。爾雅之書，五經之訓故，「故」讀「詁」。説文：「詁，訓故言也。」儒者所共觀察也，而不信從，更謂大星爲景星，豈爾雅所言景星，與儒者之所説異哉？

爾雅又言：「甘露時降，萬物以嘉，謂之醴泉。」見爾雅釋天篇祥章。「甘露」作「甘雨」。邢疏引尸子仁意篇：「甘雨時降，萬物以嘉，高者不少，下者不多，此之謂醴泉。」與爾雅文同，正作「甘雨」。阮元據此文，謂爾雅今本非。醴泉乃謂甘露也。今儒者説之，謂泉從地中出，其味甘若醴，周禮鄭注：「醴，今甜酒。」故曰醴泉。白虎通封禪篇：「甘露者，美露也。降則物無不盛者也。醴泉者，美泉也。狀若醴酒，可以養老。」禮運：「地出醴泉。」司馬相如上林賦：「醴泉涌於清室，通川過於中庭。」援神契：「德至深泉，則醴泉湧。」（禮運疏。）春秋曆命序：「成、康之際，醴泉踊。」（文選東都賦注。）尚書中候：「醴泉出山。」（路史後紀十注。）莊子秋水篇釋文引李曰：「醴泉，泉甘如醴。」凡此諸説，皆分甘露、醴泉爲二，以醴泉爲從地出。蓋當時圖緯盛行，陋儒久忘雅訓。講瑞篇云：「非天上有甘露之種，地下有醴泉之類。」亦不從俗儒説也。二説相遠，實未可知。案爾雅釋水泉章：「〔泉〕一見一否曰瀸。檻泉正出。正出，涌出也。沃泉懸出。懸出，下出也。」宋殘卷「泉」在「章」字下，朱校元本同，是也。此文正出爾雅釋水，「一見」上正有「泉」字。今本「章」、「泉」二字誤倒，則「一見一否」句無主詞矣。郭注：「瀸，纔有貌。」「檻」作「濫」，此借字也。説文：「濫，濡上及下也。」李巡注：「水泉從下上出曰涌。」公羊昭五年傳：「濆泉者，直泉也。直泉者，涌泉也。」釋名曰：「縣出曰沃，泉水從上下，有所灌沃也。」是泉出之異，輒有異名。使太平之時，更有醴泉從地中出，當於此章中言之，何故反居釋四時章中，言甘露爲醴泉乎？若此，儒者之言醴泉從地中出，又言甘露其味甚甜，未可然也。

儒曰：「道至大（天）者，日月精明，星辰不失其行，朱曰：御覽十一引「大」作「天」。援神契曰：（禮運疏。）「德及於天，斗極明，日月光，甘露降。」即王説所本，當以作「天」爲是。暉按：朱説是也。類聚二、事文類聚五亦並引作「天」，足證朱説。白虎通封禪篇曰：「德至天，則斗極明，日月光，甘露降。」亦其證。翔風起，甘露（雨）降。」「甘露」當作「甘雨」，涉上下諸「甘露」而誤。下文「雨霽而陰曀者，謂之甘雨」，即釋此「甘雨」之義。此文以甘雨非謂雨水味甘，證明甘露亦非味甘，故下文有「推此以論」云云。若此文亦作「甘露」，則無所據以推論矣。御覽十一、事文類聚五并引作「甘雨降」，是其證。雨濟（霽）而陰一（曀）者謂之甘雨，孫曰：「濟」當作「霽」，「一」當作「曀」。說文：「霽，雨止也。曀，陰而風也。」今「霽」作「濟」者，聲之誤也。「曀」作「一」者，蓋「曀」壞爲「壹」，又轉寫爲「一」耳。類聚二、御覽十一引「濟」正作「霽」，「一」正作「曀」。劉先生曰：類聚九十八引作「若甘露霽而陰翳者」，文雖小異，而「濟」、「一」之爲誤字，益明矣。暉按：事文類聚五引作「雨霽而陰曀者」，足證今本之誤。非謂雨水之味甘也。推此以論，甘露必謂其降下時，適潤養萬物，未必露味甘也。亦有露甘味如飴蜜者，俱太平之應，文選魏都賦注、御覽十二、又八七二、事類賦三引「太平」上并有「王者」二字。非養萬物之甘露也。非爾雅所言者。何以明之？案甘露如飴蜜者，着於樹木，不着五穀。東觀漢記：「永平十七年正月，樹葉有甘露。」彼露味不甘者，其下時，土地滋潤流濕，萬物洽沾濡溥。由此言之，爾雅且近得實。緣爾雅之言，驗之於物，案味甘之露下着樹木，察所着之樹，不能茂於所不着之木。然今之甘露，殆異於爾雅之所謂甘露。欲驗爾雅之甘露，以萬物豐熟，災害不生，此則甘露降下之驗也。甘露下，是則醴泉矣。

## 治期篇

須頌篇云：「儒者稱聖過實，稽合於漢，漢不能及。非不能及，儒者之説使難及也。實而論之，漢更難及。穀熟歲平，聖王因緣以立功化，故治期之篇，爲漢激發。」盼遂案：須頌篇云：「治期之篇，爲漢激發。治有期，亂有時，能以亂爲治者優，優者有之。」又案：此篇與偶會篇宗旨相通。

世謂古人君賢，則道德施行，施行則功成治安；人君不肖，則道德頓廢，頓廢則功敗治亂。古今論者，莫謂不然。何則？見堯、舜賢聖致太平，桀、紂無道致亂得誅。如實論之，命期自然，非德化也。

吏百石以上，若升食以下，先孫曰：此當作「吏百石以下，斗食以上」。今本「下」、「上」互易，又譌「斗」爲「升」，遂不可通。漢書百官公卿表云：「縣百石以下，有斗食佐史之秩，是爲少吏。」顔注引漢官名秩簿云：「斗食，月俸十一斛。」是也。汪繼培潛夫論箋曰：「漢隸『斗』作『斤』，『斤』、『升』字形近，往往致誤。」（交際篇。）居位治民，爲政布教，教行與止，民治與亂，皆有命焉。或才高行潔，居位職廢；或智淺操洿，治民而立。上古之黜陟幽明，考功，堯典：「三載考績，三考黜陟幽明。」（僞孔本，見舜典。）大傳曰：「三歲而小考者，正職而行事也；九歲而大考者，黜無職而賞有功也。一之三以至九，天數窮矣，陽德終矣，積不善至於幽，六極以類降，故絀之；積善至於明，五福以類升，故陟之。」史公云：「三歲一考功，三考絀陟，遠近衆功咸興。」以「絀陟」絶句，訓「幽明」爲遠近，非仲任之義。據有功而加賞，案無功而施罰。是考命而長禄，洪範：「五福，五曰考終命。」孔傳：「各成其短長之命以自終，不横夭。」「禄」謂禄命。非實才而厚能也。論者因考功之法，據效而定賢，效，事效。則謂民治國安者，賢君之所致；民亂國危者，無道之所爲也。故危亂之變至，論者以責人君，歸罪於爲政不得其道。人君受以自責，愁神苦思，撼動形體，而危亂之變，終不減除。空憤人君之心，使明知之主，虚受之責，世論傳稱，使之然也。

夫賢君能治當安之民，不能化當亂之世。良醫能行其針藥，使方術驗者，遇未死之人，得未死之病也。如命窮病困，則雖扁鵲末如之何。夫命窮病困之不可治，猶夫亂民之不可安也；藥氣之愈病，猶教導之安民也。皆有命時，不可令勉力也。公伯寮愬子路於季孫，子服景伯以告孔子，孔子曰：「道之將行也與，命也！道之將廢也與，命也！」見論語憲問篇。由此言之，教之行廢，國之安危，皆在命時，非人力也。

夫世亂民逆，國之危殆，災害繫於上天，賢君之德，不能消卻。詩道周宣王遭大旱矣。道，稱也。詩曰：「周餘黎民，靡有孑遺。」見大雅雲漢。注詳藝增篇。言無有可

**(孑)遺一人不被害者。**「可」爲「孑」字形誤。藝增篇引此詩釋之曰：「言無有孑遺一人不愁痛者。」**宣王賢者，嫌於德微；**嫌，疑也。**仁惠盛者，莫過堯、湯，堯遭洪水，湯遭大旱。水旱，災害之甚者也，而二聖逢之，豈二聖政之所致哉？天地歷數當然也。**意林引作「天理歷數自然耳」。疑「天地」當作「天理」。上文云：「世亂民逆，國之危殆，災害繫於上天。」下文：「昌衰興廢，皆天時也。」且此文屢以禍亂歸之「命時」，「命」亦即天命，是其義無取於「地」。洪範：「五紀：五曰厤數。」王肅曰：「日月星辰所行布而數之，所以紀度數也。」(書疏。)論語堯曰篇曰：「咨，爾舜，天之歷數在爾躬。」皇疏：「歷數，謂天位列次也。」則歷數不當言「地」，明矣。漢律曆志：十九歲爲一章，四章爲一部，二十部爲一統，三統爲一元。則一元有四千五百六十歲。初入元一百六歲，有陽九，謂旱九年；次三百七十四歲，陰九，謂水九年。以一百六歲並三百七十四歲，爲四百八十歲；次四百八十歲，有陽九，謂旱九年；次七百二十歲，陰七，謂水七年；次七百二十歲，陽七，謂旱七年；次六百歲，陰五，謂水五年；次六百歲，陽五，謂旱五年。次四百八十歲，陰三；次四百八十歲，陽三。從入元至陽三，除去災歲，總有四千五百六十年。其災歲兩個陽九年，一個陰九年，一個陰陽各七年，一個陰陽各五年，一個陰陽各三年，災歲總有五十七年。並前四千五百六十年，通爲四千六百一十七歲。此一元之氣終矣。即仲任所謂歷數當然者。**以堯、湯之水旱，準百王之災害，非德(政)所致。**「德」當作「政」，下同。災害本非德所致，不待仲任辯之。上文云：「故危亂之變至，論者以責人君，歸罪於爲政不得其道。」此文正駁其義。

上文云：「水旱，災害之甚者也，而二聖逢之，豈二聖政之所致哉？天地歷數當然也。」此文即據以立論。意謂：二聖災害，既非政之所致，則百王災害，亦非政所致矣。今作「非德所致」，遂與上文二聖災害非政所致之義了不相涉，則不得以二聖準百王矣。又下文云：「堯之洪水，湯之大旱，皆有遭遇，非政惡之所致。堯、湯證百王，百王遭變，非政所致。」立文正與此同。並其〔一〕證。非德（政）所致，則其福祐，非德所爲也。盼遂案：「非德」二字，涉上句「非德所致」而衍。

賢君之治國也，猶慈父之治家。慈父耐平教明令，〔不〕耐使子孫皆爲孝善。吳曰：「耐使子孫」句上脱一「不」字。意林引云：「猶慈父治家，亦不能使子孫皆孝也。」尋檢文義，當有「不」字。子孫孝善，是家興也；百姓平安，是國昌也。昌必有衰，興必有廢。下「必」字，宋殘卷作「則」，朱校元本同。興昌非德所能成，然則衰廢非德所能敗也。盼遂案：「敗」當爲「救」，形近而譌，應上「賢君之德不能消卻」之言，亦與上句「興昌非德所能成」相對。昌衰興廢，皆天時也。此善惡之實，未言苦樂之效也。家安人樂，富饒財用足也。案富饒者命厚所致，非賢惠所獲也。人皆知富饒居安樂者命祿厚，而不知國安治化行者歷數吉也。故世治非賢聖之功，衰亂非無道之致。國當衰亂，賢聖不能盛；時

〔一〕「其」，原本作「共」，形近而誤，今改。

當治，惡人不能亂。世之治亂，在時不在政；國之安危，在數不在教。賢不賢之君，明不明之政，無能損益。

世稱五帝之時，天下太平，家有十年之蓄，人有君子之行。或時不然，世增其美；亦或時〔然〕，〔非〕政〔所〕致。「亦」下舊校曰：一有「然」字。暉按：「然」字當在「或時」下，「或時」與「亦或時」平列，本書常語。「然」與「不然」正反相承。蓋舊校所據本「然」字誤倒，今本則刊落矣。宋殘卷「政」下有「所」字，朱校元本同。按：有「所」字是也。此文當作「亦或時然，非政所致」。宋、元本已脱「非」字矣。此文意謂：世稱五帝之盛，其説不然。若然，亦非政治所致。下文「五帝致太平，非德所就，明矣」，正與此文相應。若脱「非」字，則與治期之旨戾矣。盼遂案：此數語文義與上下不貫，疑有脱誤。何以審之？夫世之所以爲亂者，不以賊盜衆多，兵革並起，民棄禮義，負畔其上乎？若此者，由穀食乏絶，不能忍饑寒。夫饑寒並至而能無爲非者寡，然則温飽並至而能不爲善者希。孫曰：「能不」當作「不能」，文誤倒也。傳曰：「倉廩實，民知禮節；衣食足，民知榮辱。」讓生於有餘，爭起於不足。注問孔篇。穀足食多，禮義之心生；禮豐義重，平安之基立矣。故饑歲之春，不食親戚；親戚，謂父母也。穰歲之秋，召及四鄰。不食親戚，惡行也；召及四鄰，善義也。爲善惡之行，不在人質性，在於歲之饑穰。由此言之，禮義之行，在穀足也。案穀成敗，自有年歲。年歲水旱，五穀不成，非政所致，時數然也。鹽鐵論水旱篇：「大夫曰：太歲之數，在陽爲旱，在陰爲水，六歲一饑，十二歲一荒，天道固然，殆非獨有司之罪也。」袁準正書：「太歲在酉，乞漿得酒，太歲在己，販妻鬻子。則知災祥有自然之理。」（施元之注蘇詩次韻孔毅父久旱引意林。）范蠡計然謂「太歲在于水毀，金穰，木饑，火旱」，即仲任所謂時數也。必謂水旱政治所致，不能爲政者莫過桀、紂，桀、紂之時，宜常水旱。案桀、紂之時，無饑耗之災。災至自有數，或時返在聖君之世。實事者説堯之洪水，湯之大旱，皆有遭遇，非政惡之所致。此義亦見明雩篇。説百王之害，疑當作「災害」。獨謂爲惡之應，此見堯、湯德優，百王劣也。審一足以見百，明惡足以照善。堯、湯證百王，至百王遭變，「至」字衍。非政所致。以變見而明禍福，此句非其次，疑是下文羼入也。此文以「百王遭變，非政所致」證「五帝太平，非德所就」，意正相貫。若有此句，則義斷矣。五帝致太平，非德所就，明矣。

人之温病而死也，先有凶色見於面部。其病，遇邪氣也。其病不愈，至於身死，命壽訖也。國之亂亡，與此同驗。有變見於天地，猶人温病而死，色見於面部也。有水旱之災，猶人遇氣而病也。災禍不除，至於國亡，猶病不愈，至於身死也。論者謂變徵政治，賢人温病色凶，可謂操行所生乎？謂水旱者無道所致，賢者遭病，可謂無狀所得乎？謂亡者爲惡極，賢者身死，可謂罪重乎？夫賢人有被病而早死，惡人有完彊而老壽，人之病死，不在操行爲惡也。然則國之亂亡，不在政之是非。惡人完彊而老壽，非政平安而常存。由此言之，禍變不足以明惡，福瑞不足以表善，明矣。

在天之變，日月薄蝕。四十二月日一食，五十六月月亦一食。胡先生曰：「五十六月」，當作「五六月」。說日篇曰：「大率四十一二月，日一食；百八十日，月一食。蝕之皆有時。」故改正。西漢天文家測定五個月又二十三分之二十爲一個月蝕之限，故知「五十六月」必誤也。暉按：宋殘卷作「五月六月」，朱校元本同。宋、元本衍「月」字，今本則妄改作「十」也。盼遂案：「五十六月」當是「五六月」，「十」衍字也。說日篇云：「大率四十一二月日一食，百八十日月一食。」百八十日，即六個月的日數也。宋本作「五月六月月亦一食」，亦謂五個月或六個月也。食有常數，不在政治。百變千災，皆同一狀，未必人君政教所致。歲〔星〕害鳥帑，周、楚有禍；此文亦見變動篇，據補「星」字。綝然之氣見，宋、衛、陳、鄭皆災。並注變動篇。當此之時，六國政教未必失誤也。歷陽之都，一夕沈而爲湖，注命義篇。當時歷陽長吏未必誑妄也。成敗繫於天，吉凶制於時。人事未爲，天氣已見，非時而何？五穀生地，一豐一耗；穀糴在市，一貴一賤。「一」猶「或」也。豐者未必賤，耗者未必貴。

豐耗有歲，貴賤有時。時當貴，豐穀價增；時當賤，耗穀直減。夫穀之貴賤不在豐耗，猶國之治亂不在善惡。

賢君之立，偶在當治之世，德自明於上，民自善於下，世平民安，瑞祐並至，世則謂之賢君所致。無道之君，偶生於當亂之時，世擾俗亂，災害不絕，遂以破國亡身滅嗣，世皆謂之爲惡所致。若此，明於善惡之外形，不見禍福之内實也。禍福不在善惡，善惡之證不在禍福。長吏到官，未有所行，政教因前，無所改更，然而盜賊或多或寡，災害或無或有，夫何故哉？長吏秩貴，當階平安以升遷；或命賤不任，當由危亂以貶詘也。以今之長吏，況古之國君，安危存亡，可得論也。偶會篇：「命當貴，時適平；時當亂，禄遭衰。治亂成敗之時，與人興衰吉凶適相遭遇。」亦「治期」之旨。

# 論衡校釋卷第十八

## 自然篇

盼遂案：篇末云：「天地安能爲氣變？然則氣變之見，殆自然也。變自見，色自發，占候之家，因以言也。」

天地合氣，萬物自生，猶夫婦合氣，子自生矣。此義亦見物勢篇。萬物之生，含血之類，知飢知寒。見五穀可食，取而食之；見絲麻可衣，取而衣之。或説以爲天生五穀以食人，生絲麻以衣人。此謂天爲人作農夫桑女之徒也，不合自然，故其義疑，未可從也。試依道家論之。

天者，普施氣萬物之中，穀愈飢而絲麻救寒，故人食穀、衣絲麻也。夫天之不故生五穀絲麻以衣食人，由其有災變不欲以譴告人也。「由」讀作「猶」。物自生，而人衣食之；氣自變，而人畏懼之。以若説論之，「若」猶「此」也。厭於人心矣。厭，合也。如天瑞爲故，自然焉在？無爲何居？何以〔知〕天之自然也？吴曰：「何以」下疑脱一字。劉先生曰：「何以」下當敚「知」字，下文「何以知天無口目也」，正與此文一例。盼遂案：「何以」下脱一「知」字，據下文「何以知天無口目也」句可證。吴氏舉正疑而不能訂補，失之。以天無口目也。案有爲者，口目之類也。口欲食而目欲視，有嗜欲於内，發之於外，口目求之，得以爲利，欲之爲也。今無口目之欲，於物無所求索，夫何爲乎？何以知天無口目也？以地知之。地以土爲體，土本無口目。天地，夫婦也，地體無口目，亦知天無口目也。使天體乎？宜與地同。仲任意，天是體。見談天篇。使天氣乎？氣若雲煙，雲煙之屬，安得口目？

或曰：「凡動行之類，皆本無有爲。孫曰：「無」字涉上下文諸「無」字而衍。盼遂案：「有」衍文。此言「皆本無爲」，故下言「動則有爲」也。孫氏舉正謂「無」係衍字，則與文義乖剌矣。有欲故動，動則有爲。今天動行與人相似，安得無爲？」曰：天之動行也，施氣也，體動氣乃出，物乃生矣。由人動氣也，體動氣乃出，子亦生也。夫人之施氣也，非欲以生子，氣施而子自生矣。天動不欲以生物，而物自生，此則自然也。施氣不欲爲物，而物自爲，此則無爲也。謂天自然無爲者何？氣也宋本、朱校元本「自然」作「有爲」。疑此文原作：「謂天有爲，如何？無爲者氣也。」或意天動如人，是有爲，故此云「謂天有爲，如何」。「如何」，反詰之詞，本書常語。上文云：「施氣不欲爲物，而物自爲，此則無爲也。」故此云：「無爲者氣也。」下文「無爲無事」云云，正釋此無爲爲氣之義。蓋「如」字脱，「何」字又錯入

「者」字下，校者則妄改「有爲」爲「自然」矣。恬澹無欲，無爲無事者也，老聃得以壽矣。莊子大宗師：「夫道有情，有信，無爲，無形。彭祖得之，上及有虞，下及五伯。」道虛篇不信此說，前後乖戾。老聃稟之於天，使天無此氣，老聃安所稟受此性？師無其説而弟子獨言者，未之有也。或復於桓公，復，白也。公曰：「以告仲父。」左右曰：「一則仲父，二則仲父，爲君乃易乎！」桓公曰：「吾未得仲父，故難；已得仲父，何爲不易？」注語增篇。夫桓公得仲父，任之以事，委之以政，不復與知。皇天以至優之德，與王政〔隨〕而譴告人(之)，「政」下脱「隨」字。「人」爲「之」字形誤。下文「謂天與王政，隨而譴告之，是謂天德不若曹參厚，而威不若汲黯重也」，句例正同，是其證。譴告篇曰：「天不告以政道，令其覺悟，而顧隨刑賞之誤，爲寒温之報。」又云：「人君失政，不以他氣譴告變易，反隨其誤，就起其氣。」即此文「與王政隨而譴告之」之義。今本脱「隨」字，則「與」字於義無着。則天德不若桓公，而霸君之操過上帝也。

或曰：「桓公知管仲賢，故委任之；如非管仲，亦將譴告之矣。使天遭堯、舜，必無譴告之變。」曰：天能譴告人君，則亦能故命聖君，擇才若堯、舜，受(授)以王命，孫曰：「受」當作「授」。盼遂案：説文：「受，相付也。」即「付與」之意。授从受从手，乃後起累增字。「受以王命」與下句「委以王事」文法正同。委以王事，勿復與知。今則不然，生庸庸之君，失道廢德，隨譴告之，何天不憚勞也？　曹參爲漢相，縱酒歌樂，不聽政治。　其子諫之，笞之二百。惠帝命參子窋諫之。見漢書曹參傳。　當時天下無擾亂之變。　淮陽鑄僞錢，時更立五銖錢，民多盜鑄者。　吏不能禁。　汲黯爲太守，不壞一鑪，不刑一人，高枕安臥，而淮陽政清。見漢書本傳。　夫曹參爲相，若不爲相；　汲黯爲太守，若郡無人。然而漢朝無事，淮陽刑錯者，錯，廢也。參德優而黯威重也。　計天之威德，孰與曹參、汲黯？　而謂天與王政，隨而譴告之，是謂天德不若曹參厚，而威不若汲黯重也。　蘧伯玉治衛，淮南主術訓云「爲相」也。子貢使人問之：淮南云：「往觀之。」「何以治衛？」對曰：「以不治治之。」夫不治之治，無爲之道也。

或曰：「太平之應，河出圖，洛出書。注感虛篇。不畫不就，不爲不成。　天地出之，有爲之驗也。　張良遊泗水之上，遇黃石公，授太公書。紀妖篇作「下邳泗上」。宋、孫、吳並謂「泗」爲「汜」之誤。暉按：此文「泗」亦當作「汜」。後漢書郡國志下邳注引戴延之西征記曰：「有沂水自城西，西南注泗，別下迴城南亦注泗。舊有橋處，張良與黃石公會此橋。」水經注：「沂水於下邳縣北，西流分爲二：一水於城北，西南入泗水；一水逕城東，屈從縣南，亦注泗，謂之小沂水，水上有橋，徐泗間以爲圯。昔張子房遇黃石公於圯上，即此處。」是張良與黃石公會於小沂水上，非於泗水也。小沂水別沂水而復注泗，故曰汜水。説文：「汜，水別後入水也。」驗符篇曰：

「汜橋老父遺張良書。」（今誤作「圯橋」。宋云「圯」亦「橋」，非也。）汜水上橋也。則此文「泗水」當作「汜水」。蓋天佐漢誅秦，故命令神石爲鬼書授人，復爲有爲之效也。」曰：此皆自然也。夫天安得以筆墨而爲圖書乎？天道自然，故圖書自成。晉唐叔虞、舊校曰：一有「生」字。魯成季友生，文在其手，故叔曰虞，季曰友。左昭元年傳：「武王邑姜方震大叔，夢帝謂己：『余命而子曰虞，將與之唐。』及生，有文在其手，曰『虞』，遂以命之。」左昭三十二年傳：「成季有，文姜之愛子，始震而卜，卜人謁之曰：『生有嘉聞，其名曰友，爲公室輔。』及生，如卜人之言，有文在其手曰『友』，遂以名之。」左隱元年傳疏：「古文『虞』作『炏』，手文容或似之。其『友』固當有似之者。」宋仲子生，有文在其手，曰：「爲魯夫人。」注異虛篇。三者在母之時，文字成矣，而謂天爲文字，在母之時，天使神持錐筆墨刻其身乎？自然之化，固疑難知，外若有爲，内實自然。是以太史公紀黃石事，疑而不能實也。見史記留侯世家。實，定也。趙簡子夢上天，見一男子在帝之側。後出，見人當道，則前所夢見在帝側者也。事詳紀妖篇。論之以爲趙國且昌之狀（妖）也。「論」上疑脱「實」字。變動篇：「實論之，尚謂非二子精誠所能感也。」句例同。「之」猶「者」。「實論者」，仲任自謂，例詳變動篇。簡子夢上天，爲且昌之妖，義詳紀妖篇。「狀」當作「妖」。「妖」或作「祅」，與「狀」形近，又涉下文「且興之象」之「象」字而誤。紀妖篇論此事曰：「是皆妖也。其占皆如當道言，所見於帝前之事，所見當道之人，妖人也。」即此義。下文「妖氣爲鬼，鬼象人形」，即承此言之。奇怪篇：「簡子所射熊羆，二卿祖當亡，簡子當昌之妖也。」今「妖」誤作「秋」，可與此文互證。黄石授書，亦漢且興之象也。義詳紀妖篇。妖氣爲鬼，鬼象人形，自然之道，非或爲之也。

草木之生，華葉青葱，皆有曲折，象類文章，謂天爲文字，復爲華葉乎？宋人或刻木爲楮葉者，「木」，列子説符篇作「玉」，韓非喻老篇、淮南泰族訓並作「象」。「楮」下舊校曰：「一本作『約』。」按：作「楮葉」不誤。三年乃成。孔子曰：「使〔天〕地三年乃成一葉，則萬物之有葉者寡矣。」劉先生曰：「孔子」，列子説符篇、韓非子喻老篇、淮南泰族篇並作「列子」。又案：「地」上當有「天」字，列子、韓非子、淮南子並作「天地」。上文「謂天爲文字，復爲華葉乎」，皆其證。如孔子之言，萬物之葉自爲生也。自爲生也，「也」字宋本無。故能並成。如天爲之，其遲當若宋人刻楮葉矣。觀鳥獸之毛羽，毛羽之采色，通（遏）可爲乎？「通」字無義，當爲「遏」，讀作「曷」。説日篇：「遏能見其中有物曰烏乎？遏能見其足有三乎？」兩「遏」字，今並誤作「通」，是其比。鳥獸未能盡實。實，定也。春觀萬物之生，秋觀其成，天地爲之乎？物自然也？如謂天地爲之，爲之宜用手，天地安得萬萬千千手，並爲萬萬千千物乎？諸物在天地之間也，猶子在母腹中也。母懷子氣，十月而生，鼻口耳目，髮膚毛理，血脉脂腴，骨節爪齒，自然成腹中乎？母爲之也？偶人千萬，偶人，象人也。不名爲人者，何也？鼻口耳目非性自然也。武帝幸王夫人，王夫人死，盼遂案：「王夫人」當是「李夫人」之誤。本書亂龍篇紀此事正作「李夫人」。漢書外戚傳：「李夫人死，方士少翁致其神。」此仲任所本。惟史記封禪書作王夫人事，後學逕據史記，改本文爲王夫人矣。思見其形。亂龍篇作「李夫人」。此文是也。注詳彼篇。道士以方術作夫人形，道士，齊人李少翁也。形成，出入宮門。武帝大驚，立而迎之，忽不復見。蓋非自然之真，方士巧妄之僞，故一見恍忽，消散滅亡。有爲之化，其不可久行，猶王夫人形不可久見也。道家論自然，不知引物事以驗其言行，宋本作「行言」，疑當作「所言」。「行」、「所」形誤。故自然之説未見信也。

然雖自然，亦須有爲輔助。老子曰：「聖人輔萬物之自然而不敢爲。」即此義。耒耜耕耘，因春播種者，人爲之也。及穀入地，日夜長夫（大），人不能爲也。「夫」，程、錢、黄本同。當從王本、崇文本作「大」。或爲之者，敗之道也。宋人有閔其苗之不長者，就而揠之，明日枯死。此本孟子公孫丑篇。趙曰：「揠，挺拔之，欲亟長也。」陳士元孟子雜記曰：「揚雄方言云：『揠，拔也。東齊海、岱之間曰揠。』又小爾雅云：『拔心曰揠。』」左宣十二年傳注：「閔，憂也。」夫欲爲自然者，宋人之徒也。

問曰：「人生於天地，天地無爲，人稟天性者，亦當無爲，而有爲，何也？」曰：

至德純渥之人，稟天氣多，故能則天，自然無爲。稟氣薄少，不遵道德，不似天地，故曰不肖。不肖者，不似也。禮記雜記下鄭注：「肖，似也。言不如人也。」説文：「肖，骨肉相似也。不似其先，故曰不肖。」風俗通曰：「生子鄙陋，不似父母，曰不肖。」（意林引。）刑法志：「夫人宵天地之顡，有生之最靈者也。」應劭注：「宵，類也，頭圜象天，足方象地。」孟康注：「宵，化也，言稟天地氣化而生也。」并與仲任之義不同。不似天地，不類聖賢，故有爲也。天地爲鑪，造化爲工，注物勢篇。稟氣不一，安能皆賢？賢之純者，黄、老是也。黄者，黄帝也；老者，老子也。齊曰：「黄、老」，漢世通語，文中無爲自釋，疑後人注語誤入正文。黄、老之操，身中恬澹，其治無爲，正身共己「共」讀「恭」。而陰陽自和，無心於爲而物自化，無意於生而物自成。

易曰：「黄帝、堯、舜垂衣裳而天下治。」見易繫辭。垂衣裳者，垂拱無爲也。孔子曰：「大哉，堯之爲君也！惟天爲大，惟堯則之。」注初稟篇。又曰：「巍巍乎！舜、禹之有天下也，而不與焉。」注語增篇。周公曰：「上帝引佚。」上帝，謂舜、禹也。注語增篇。盼遂案：「舜、禹」當爲「虞舜」，聲誤而又倒植也。上下文皆以黄帝、堯、舜連言，無與禹事，明「禹」爲誤。下文「舜、禹承安繼治」，「舜、禹承堯之安」，二「禹」字亦「虞」之誤。本論語增篇引經曰：「上帝引佚，謂虞舜也。」亦不及禹。益可證此處之失。舜、禹承安繼治，任賢使能，恭己無爲而天下治。舜、禹承堯之安，堯則天而行，不作功邀名，無爲之化自成，故曰：「蕩蕩乎，民無能名焉！」論語泰伯篇述孔子語。皇疏引王弼曰：「蕩蕩，無形無名之稱也。則天成化，道同自然，百姓日用而不知其所以然，夫又何可名也？」與仲任義合。集解包氏說，非其義。年五十者擊壤於塗，不能知堯之德，注感虛篇。蓋自然之化也。易曰：「大人與天地合其德。」乾卦文言。黄帝、堯、舜，大人也，其德與天地合，故知無爲也。天道無爲，故春不爲生，而夏不爲長，秋不爲成，冬不爲藏。陽氣自出，物自生長；陰氣自起，物自成藏。汲井決陂，灌溉園田，物亦生長。霈然而雨，物之莖葉根垓（荄）莫不洽濡。「垓」，元本作「荄」，朱校同。孫曰：「垓」字當從元本作「荄」。程量澍澤，孰與汲井決陂哉？故無爲之爲大矣。本不求功，故其功立；本不求名，故其名成。沛然之雨，功名大矣，而天地不爲也，氣和而雨自集。

儒家說夫婦之道，取法於天地。知夫婦法天地，不知推夫婦之道，以論天地之性，可謂惑矣。夫天覆於上，地偃於下，偃，仰也。下氣烝上，上氣降下，萬物自生其中間矣。當其生也，天不須復與也，由子在母懷中，父不能知也。物自生，子自成，天地父母，何與知哉？及其生也，人道有教訓之義。天道無爲，聽恣其性，故放魚於川，縱獸於山，從其性命之欲也。不驅魚令上陵，不逐獸令入淵者，老子曰：「不致魚於木，沉鳥於冰。」何哉？拂詭其性，失其所宜也。夫百姓，魚獸之類也，上德治之，若烹小鮮，見老子。謂勿撓也。與天地同操也。商鞅變秦法，欲爲殊異之功，不聽趙良之議，以取車裂之患，事詳史記本傳。德薄多欲，君臣相憎怨也。道家德厚，下當其上，上安其下，孫曰：「當」讀爲「向」。樂記：「樂行而民鄉。」吕氏春秋音初篇注：「鄉，仰也。」「鄉」與「向」同。純蒙無爲，何復譴告？故曰：「政之適也，君臣相忘於治，魚相忘於水，獸相忘於林，人相忘於世，故曰天也。」未知何出。莊子大宗師曰：「孔子曰：魚相造乎水，人相造乎道。相造乎水者，穿池而養給；相造乎道者，無事而定生。故曰：魚相忘乎江湖，人相忘乎道術。」與此文義近。淮南俶真訓亦云：「魚相忘於江湖，人相忘於道術。」孔子謂顔淵曰：「吾服汝，忘也；汝之服於我，亦忘也。」莊子田子方篇、淮南齊俗訓並有此文。郭向曰：「服者，思存之謂也。甚忘，謂過去之速也。言汝去，忽然思之，恒欲不及。」許慎曰：「孔子謙，自謂無知而服回，此忘行也。」按：仲任意，讀若「人相忘於道術」之「忘」，較郭、許説義長。以孔子爲君，顔淵爲臣，尚不能譴告，況以老子爲君，文子爲臣乎？藝文志：文子九篇。注云：「老子弟子，與孔子並時。」今本十二篇，僞書也。以文子爲計然者，非。老子、文子，似天地者也。淳酒味甘，飲之者醉不相知；薄酒酸苦，賓主嚬蹙。夫相譴告，道薄之驗也。謂天譴告，曾謂天德不若淳酒乎？

禮者，忠信之薄，亂之首也。出老子。相譏以禮，故相譴告。三皇之時，坐者于于，行者居居，乍自以爲馬，乍自以爲牛。莊子應帝王篇：「泰氏其卧徐徐，其覺于于，一以己爲馬，一以己爲牛。」郭向曰：「夫如是，又奚是人非人之有哉？斯可謂出於非人之域。」釋文司馬彪曰：「于于，無所知貌。」淮南覽冥篇：「卧倨倨，興盱盱，（「盱」今譌「眄」，依王念孫校。）一自以爲馬，一自以爲牛。」高注：「倨倨，卧無思慮也。盱盱然，視無智巧貌也。」「居」與「倨」，「于」與「盱」，并聲近義同。純德行而民瞳矇，「純」，朱校元本、程本同。錢、黄、王、崇文本作「繩」，非。曉惠之心未形生也。「惠」讀「慧」。當時亦無災異。如有災異，不名曰譴告。何則？時人愚惷，不知相繩責也。末世衰微，上下相非，災異時至，則造譴告之言矣。夫今之天，古之天也。非古之天厚而今之天薄也。譴告之言生於今者，人以心准況之也。誥誓不及五帝，要盟不及三王，交質子不及五伯，此文出荀子大略篇、穀梁隱八年傳。范甯曰：「五帝謂黄帝、顓頊、帝嚳、帝堯、帝舜也。誥誓，尚書六誓、七誥是其遺文。五帝之世，道化淳備，不須誥誓，而信自著。」楊倞曰：「誥誓，以言辭誡約也。禮記云：『約信曰誓。』又曰：『殷人誓而民始畔。』」「要盟」，荀子、穀梁作「盟詛」。公羊莊十三年傳：「要盟可犯。」何注：「臣約其君曰要，彊見要脅而盟。」曲禮下：「涖牲曰盟。」鄭注：「涖，臨也。坎用牲，臨而讀其盟書。」左氏説以太平之時有盟詛之禮。此公羊、穀梁義也。見異義。（曲禮下疏。）范甯曰：「三王謂夏、殷、周也。」五伯，穀梁作「二伯」。伯讀「霸」。孫盛曰：「五帝無誥誓之文，三王無盟祝之事，然則盟誓之文，始自三季；質任之作，起於周微。」（魏志高柔傳注。）德彌薄者信彌衰。鹽鐵論詔聖篇：「夏后氏不信言。殷誓，周盟，德信彌衰。」心險而行詖，則犯約而負教。教約不行，則相譴告。譴告不改，舉兵相滅。由此言之，譴告之言，衰亂之語也，而謂之上天爲之，斯蓋所以疑也。

且凡言譴告者，以人道驗之也。人道，君譴告臣，上天譴告君也，謂災異爲譴告。夫人道，臣亦有諫君，以災異爲譴告，而王者亦當時有諫上天之義，「而」猶「則」也。其效何在？苟謂天德優，人不能諫，優德亦宜玄默，不當譴告。萬石君子有過，不言，對案不食，漢書石奮傳：「萬石君子孫有過失，不譙讓，爲便坐，對案不食，然後諸子相責，因長老肉袒固謝罪改之。」至優之驗也。夫人之優者，猶能不言，皇天德大，而乃謂之譴告乎？夫天無爲，故不言。災變時至，氣自爲之。夫天地不能爲，亦不能知也。腹中有寒，腹中疾痛，人不使也，氣自爲之。夫天地之間，猶人背腹之中也，謂天爲災變，凡諸怪異之類，無小大薄厚，皆天所爲乎？牛生馬，桃生李，如論者之言，天神入牛腹中爲馬，把李實提桃間乎？牢曰：「子云：『吾不試，故藝。』」見論語子罕篇。集解鄭曰：「牢，弟子子牢也。試，用也。言孔子自云：我不見用，故多能伎藝也。」又曰：「吾少也賤，故多能鄙事。」子罕篇述孔子語。人之賤不用於大者，類多伎能。天尊貴高大，安能撰爲災變以譴告人？且吉凶蜚色見於面，人不能爲，色自發也。孫曰：自紀篇云：「人面色部七十有餘，頰肌明潔，五色分別，隱微憂喜，皆可得察，占射之者，十不失一。」荀子非相篇云：「相人之形狀顔色，而知其吉凶妖祥。」潛夫論相列篇云：「夫骨法爲禄相表，氣色爲吉凶候。」皆吉凶蜚色之説也。天地猶人身，氣變猶蜚色。人不能爲蜚色，天地安能爲氣變？然則氣變之見，殆自然也。變自見，色自發，占候之家，因以言也。

夫寒温、譴告、變動、招致，四疑皆已論矣。譴告於天道尤詭，故重論之，論之所以難别也。「也」猶「者」也。説合於人事，不入於道意。從道不隨事，雖違儒家之説，合黄、老之義也。

# 感類篇

陰陽不和，災變發起，或時先世遺咎，或時氣自然。賢聖感類，慊懼自思，災變惡徵，何爲至乎？引過自責，恐有罪，畏慎恐懼之意，未必有其實事也。何以明之？以湯遭旱自責以五過也。明雩篇亦作「五過」。感虛篇作「六過」。注詳彼篇。聖人純完，行無缺失矣，何自責有五過？然如書曰：「湯自責，天應以雨。」蓋出商書。說詳感虛篇注。湯本無過，以五過自責，天何故雨？以無過致旱，亦知自責不能得雨也。盼遂案：文當是：「使以過致旱，不知自責，亦能得雨也。」下文「旱不爲湯至，雨不應自責」，即總結此文。由此言之，旱不爲湯至，雨不應自責。然而前旱後雨者，「雨」下舊校曰：一有「之」字。自然之氣也。感虛、明雩並見此義。此言，書之語也。雨不應禱，時氣自然，蓋本於舊傳，故云：「此言，書之語。」難之曰：書言「天應以雨」，故難之。春秋大雩，義見明雩。董仲舒設土龍，義見亂龍。皆爲一時間也。一時不雨，恐懼雩祭，求陰請福，憂念百姓也。湯遭旱七年，以五過自責，謂何時也？夫遭旱一時，輒自責乎？旱至七年，乃自責也？謂一時輒自責，舊校曰：一有「也」字。按：當作「如謂一時輒自責也」。本書屢見此句例。**七年乃雨，天〔之〕應[之]誠，**「天應之誠」，當作「天之應誠」。感虛篇曰：「湯用七尺之形，形中之誠，自責禱謝，安能得雨耶？」即此義。**何其留也？始（如）謂七年乃自責，憂念百姓，何其遲也？**「始」，元本作「如」。朱校作「始」，與先孫〔一〕所見本不同。孫曰：當從元本作「如」。**不合雩祭之法，不厭憂民之義，書之言，未可信也。由此論之，周成王之雷風發，亦此類也。**

**金縢曰：「秋大熟未穫，天大雷電（雨）以風，**王引之經義述聞三曰：古文「雷電」，今文作「雷雨」。今本「雷雨」作「雷電」，乃後人據古文改之。下文「雷雨」字凡數十見。又曰：「雷爲天怒，雨爲恩施，使天爲周公怒，徒當雷不當雨，今雷雨俱至，天怒且喜乎？」則此文本作「雷雨」，非作「雷電」，明矣。**禾盡偃，大木斯拔，邦人大恐。」**「邦」當作「國」。仲任習今文者。今本淺人據古文改之。**當此之時，周公死。儒者說之，以爲成王狐疑於〔葬〕周公。**孫曰：「周公」上脫「葬」字。金縢雷風偃禾拔木之事，今文家謂周公已死，成王欲以天子禮葬之，以周公非天子，恐越禮也；又欲以人臣之禮葬之，恐不足以表周公之功。狐疑之間，天爲雷雨以彰周公。古文家謂周公未死，居攝之時，管、蔡流言，成王狐疑於周公，天乃爲雷雨以警悟成王。二說不相同

〔一〕「先孫」二字，原本誤倒，今乙正。

也。此所言者，乃今文家説也。若去「葬」字，似成王不悦於周公而狐疑之，與古文家説相混殽矣。且下文申明其意云：「欲以天子禮葬公，公人臣也；欲以人臣禮葬公，公有王功。狐疑於葬周公之間，天大雷雨，動怒示變，以彰聖功。」則此文有「葬」字，殆無疑矣。**欲以天子禮葬公，公人臣也；欲以人臣禮葬公，公有王功。狐疑於葬周公之間，天大雷雨，動怒示變，以彰聖功。**臧氏經義雜記曰：「此今文尚書説。」大傳曰：「周公致政，封魯三年之後，周公老於豐，心不敢遠成王而欲事文、武之廟，然後周公卒，曰：『吾死必葬於成周。』示天下臣於成王。成王曰：『周公生欲事宗廟，死欲聚骨於畢。』畢者，文王之墓也。周公死，成王欲葬之於成周，天乃雷雨以風，禾盡偃，大木斯拔，國人大恐。王與大夫開金縢之書，執書以泣曰：『周公勤勞王家，予幼人，弗及知。』乃不葬於成周，而葬之於畢，示天下不敢臣，所以明有功，尊有德。」**古文家以武王崩，周公居攝，管、蔡流言，王意狐疑周公，周公奔楚，**盼遂案：據仲任此言，是古文尚書金縢篇「周公居東二年」，東者爲奔楚也。而史記以居東爲畢定諸侯，馬融言辟東都，鄭康成言出處東國，墨子耕柱言東處於商蓋，越絶書言出巡狩於邊，琴操言奔魯，傳聞不同。今案：流言時，商奄未滅，東都未營，未命伯禽爲公後，公歸無所，故知是奔楚也。譙周言：「史記由秦燔書，説金縢事，失其本末。」案：蒙恬時，秦未燔書。恬言周公奔楚，不容失其本末。又左傳昭公七年：「將如楚，夢襄公祖。梓慎曰：『襄公之適楚也，夢周公祖而行。』子服惠伯曰：『先君未嘗適楚，故周公祖以道之。襄公適楚矣，而祖以道君。』」然則襄公曾適楚，故祖以導昭公，以見周公曾適楚，故祖以導襄公。不應梓愼、子服惠伯、蒙恬三周人説周事，反不如譙周也。史記魯世家云：「成王少時病，周公揃爪沈河祝神，藏册於府。及成王用事，人或譖周公。公奔楚。成王發府，見禱書，乃泣反公。」蒙恬列傳云：「成王有病，周公揃爪沈河，書藏記府。及成王治國，有賊臣言周公欲爲亂者，公走而奔於楚。」此記府禱書，與金縢祝册，自别爲一書，成王同時見之。史世家兩言見者，非也。（本條取癸巳類稿周公奔楚義。）**故天雷雨，以悟成王。**鄭曰：「武王崩，周公爲冢宰。三年服終，將欲攝政，管、蔡流言，即避居東都。成王多殺公之屬黨，公作鴟鴞之詩，救其屬臣，請勿奪其官位土地。及遭風雷之異，啓金縢之書，迎公來反，反乃居攝，後方始東征管、蔡。」（書疏。）中論智行篇：「武王崩，成王幼，周公居攝。管、蔡啓殷畔亂，周公誅之。成王不達，周公恐之。天乃雷電風雨，以彰周公之德，然後成王寤。」并古文説。師伏堂筆記二：「魯世家載奔楚事，或本蒙恬。論衡載古文説，蓋出衛、賈古文。西漢以前，無避居東都説。毛詩雖古文，亦以『居東』即『東征』。」盼遂案：論衡列舉金縢兩説，而於後説斥爲古文家，則前説決爲今文家矣。史記魯世家紀此事，亦兩説並舉。而前漢人多從今文家説。（如伏生大傳、白虎通等。）惟孔安國本尚書止載管、蔡流言一事，鄭康成遵用之，後人遂以古文爲定説矣。**夫一雷一雨之變，或以爲葬疑，或以爲信讒，二家未可審。且訂葬疑之説。**

**秋夏之際，陽氣尚盛，未嘗無雷雨也，顧其拔木偃禾，頗爲狀耳。**狀，雨雷狀。經義雜記引「狀」上增「變」字，非。盼遂案：「狀」疑「奘」之脱譌，或即「壯」之形誤。**當雷雨時，成**

王感懼，開金縢之書，見周公之功，執書泣過，自責之深。自責適已，天偶反風，書家則謂天爲周公怒也。千秋萬夏，不絕雷雨。苟謂雷雨爲天怒乎？是則皇天歲歲怒也。正月陽氣發泄，雷聲始動，秋夏陽至極而雷折。苟謂秋夏之雷舊校曰：一有「陽至極」字。爲天大怒，正月之雷天小怒乎？雷爲天怒，雨爲恩施。使天爲周公怒，徒當雷，不當雨。今〔雷〕雨俱至，盼遂案：「雨」上當有「雷」字。故下句言「天怒且喜乎。」上下文皆以雷雨連言，此不應獨偏舉也。惟雷且雨，故言俱。若一「雨」字，不得言「俱」也。天怒且喜乎？「雨」上脱「雷」字。經義述聞引增「雷」字，是也。「子於是日也，哭則不歌。」見論語述而篇。邢疏本無「也」字，皇本同此。鄭志引論語「哭」字亦屬下讀。周禮：「子、卯稷食菜羹。」禮記玉藻文。注：「忌日貶也。」疏：「紂以甲子死，桀以乙卯亡。以其無道被誅，後王以爲忌日。稷食者，食飯也。以稷穀爲飯，以菜爲羹而食之。」云出周禮，未聞。哀樂不並行。哀樂不並行，喜怒反并至乎？

秦始皇帝東封岱嶽，雷雨暴至。史記始皇紀：「二十八年，始皇上泰山，立石封祠祀。下，風雨暴至，休於樹下。」劉媪息大澤，雷雨晦冥。見史記高祖紀。始皇無道，自同前聖，治亂自謂太平，天怒可也。劉媪息大澤，夢與神遇，覯精也。是生高祖，何怒於生聖人而爲雷雨乎？堯時大風爲害，堯激大風於青丘之野。「激」，朱校元本、程本同。錢、黃、王、崇文本作「繳」，是也。淮南本經訓：「堯時九嬰大風皆爲民害，堯乃使羿繳大風於青丘之野。」注：「大風，風伯也，能壞人屋舍。繳遮使不爲害也。一曰：以繳繫矢射殺也。」海外東經：「青丘國在朝陽北。」逸周書王會解孔晁曰：「青丘，海東地名。」服虔注漢書司馬相如傳曰：「青丘國，在海東三百里。」舜入大麓，烈風雷雨。書今文說。見後正説篇。堯、舜世之隆主，何過於天，天爲風雨也？大旱，春秋雩祭；又董仲舒設土龍，以類招氣。如天應雩、龍，必爲雷雨。何則？秋夏之雨，與雷俱也。必從春秋、仲舒之術，則大雩、龍，求怒天〔怒〕乎？孫曰：「怒天」疑當作「天怒」。師曠奏白雪之曲，雷電下擊；鼓清角之音，風雨暴至。注感虛篇。苟爲盼遂案：「爲」與「謂」字通用。雷雨爲天怒，天何憎於白雪、清角，而怒師曠爲之乎？此雷雨之難也。

又問之曰：仲任問。「成王不以天子禮葬周公，天爲雷風，偃禾拔木。成王覺悟，執書泣過，天乃反風，偃禾復起。何不爲疾反風以立大木，必須國人起築之乎？」金縢曰：「二公命邦人凡大木所偃，盡起而築之。」今文「邦」作「國」。「築」，馬、鄭、王并作「筑」。（爾雅釋言：「筑，拾也。」鄭、馬、王訓作「拾」，則知本作「筑」。從王鳴盛說。）書疏引鄭、王說：「築，拾也。禾爲大木所偃者，起其木，拾下禾，無所亡失。」馬云：「築，拾也。」見釋文。是古文經作「筑」。「起筑」，謂「起其木，拾下禾」。古文說也。據仲任此文，則謂築大木，與鄭、馬、王說異。皮錫瑞曰：「此今文説也。」按：説文木部：「築，擣也。」釋名釋言語：「篤，築也，築堅實也。」是今文經作「築」。僞孔傳云：「木有偃拔，起而立之，築有其根。」即本此文。應曰：「天不能。」曰：「然則天有所不能乎？」應曰：「然。」難曰：仲任難。「孟賁推人，人仆；接人而起，接人立。當作「接人人立」，與「推人人仆」句法同。「而起接」三字涉上下文衍。盼遂案：「起」字蓋涉下文「不能復起」之「起」而衍。此文當是「孟賁推人而人仆，接人而人立」，傳鈔者傎亂之耳。天能拔木，不能復起，是則天力不如孟賁也。秦時三山亡，注説日篇。猶謂天所徙也。夫木之輕重，孰與三山？能徙三山，不能起大木，非天用力宜也。如謂三山非天所亡，然則雷雨獨天所爲乎？」

問（應）曰：「問曰」當作「應曰」，傳寫誤也。上文「難曰：孟賁推人人仆」云云，下文「難之曰：伊尹相湯伐夏」云云，并仲任詰難之詞，若此着「問曰」二字，則不知誰問。若謂仲任問，則上文「難曰」云云，於下無以應；下文「難之曰」云云，於義無屬，不得自言自難也。若謂或問，檢尋此文，乃自出旨意，并引經證，非問語也。且此篇凡著「問曰」者，仲任語也，不得獨以此「問曰」二字系之或問，使與全篇文例不合。上文仲任難，此乃或答，下文「難之曰」，又據此以難也。此篇以一難一應爲文，則此當作「應曰」，明矣。「天之欲令成王以天子之禮葬周公，以公有聖德，以公有王功。公羊僖三十一年傳注：「武王既没，成王幼少，周公居攝，行天子事，制禮作樂，致太平，有王功。」經曰：「王乃得周公死（所）自以爲功代武王之說。」「死」，金縢作「所」，二字形近而誤，非異文也。臧氏經義雜記引改作「所」，是也。元本正作「所」，朱校同。陳壽祺曰：「古文『所』字，今文作『死』。」非也。金縢：「周公曰：『未可以戚我先王。』公乃自以爲功。」又云：「王與大夫盡弁，以啓金縢之書，乃得周公所自以爲功，代武王之說。」按：仲任讀「功」爲功德之「功」。順鼓篇曰：「成王開金縢之書，求索行事周公之功。」本篇上文云：「成王感懼，開金縢之書，見周公之功，執書泣過。」又下文云：「開匱得書，見公之功，覺悟泣過。」又云：「武王夢帝予其九齡，其天已予之矣，武王已得之矣，何須復請？周公因必效之夢，請之於天，功安能大乎？」并其證。史記周本紀云：「周公乃祓齋，自爲質，以代武王。」魯世家前作「質」，後作「功」。江聲、孫星衍并據史記謂「自以爲功」，言以身爲質也。按：訓「功」爲「質」者，蓋古文說。此文若訓「質」，則不可解。此蓋今文說也。皮錫瑞曰：「今文『功』作『質』。」豈歐陽、夏侯之異，故仲任與史公說不同歟？江聲曰：「得周公所藏請命册書，及命龜書。」盼遂案：「死」當爲「所」之誤。草書「所」爲「[illegible]」，與「死」形近故也。書金縢正作「所」。今天動威，以彰周公之德也。」「威」，朱校元本同。王本、崇文本誤「感」。

難之曰：「伊尹相湯伐夏，爲民興利除害，致天下太平。湯死，復相大甲。大甲佚豫，放之桐宮，攝政三年，乃退復位。孟子萬章上：「伊尹相湯，以王於天下。湯崩，太丁未立，外丙二年，仲壬四年，太甲顛覆湯之典刑，伊尹放之於桐。三年，太甲悔過，自怨自艾，於桐處仁遷義，三年，以聽伊尹之訓己也，復歸於亳。」鄭曰：（史殷紀集解。）「桐，地名也。有王離宮焉。」史公亦云：「桐宮。」並與仲任合。僞孔以爲湯葬地，非也。周公曰：『伊尹格于皇天。』見尚書君奭。格，至也。孫星衍曰：「湯得伊尹輔佐，成功，升配于天。」按：漢儒并謂伊尹也，孔彪碑云：「伊尹之休，格于皇天。」漢書王莽傳：「伊尹、周公咸有聖德，假于皇天。」可證。孫説非。江聲謂「升封於天」，亦非。謂伊尹功德升格皇天也。天所宜彰也。伊尹死時，天何以不爲雷雨？」應曰：「以百雨（兩）篇曰：先孫曰：「百雨」當作「百兩」。漢書儒林傳云：「世所傳百兩篇者，出東萊張霸，分析二十九篇以爲數十。又采左氏傳、書敍爲作首尾，凡百二篇。」（亦見後佚文篇。）『伊尹死，大霧三日。』」孫曰：御覽十五引帝王世紀云：「帝沃丁八年，伊尹卒，年百有餘歲。天霧三日。（暉按：水經泗水注、初學記二引并作「大霧三日」。「天」字誤。）沃丁葬以天子之禮，祀以太牢，親自臨喪三年，以報大德焉。」此謂伊尹病卒而大霧也。竹書紀年：「太甲元年，伊尹放太甲于桐，乃自立。七年，王潛出，自桐殺伊尹。天大霧三日，乃立其子伊陟、伊奮，命復其父之田宅，而中分之。」抱朴子良規篇云：「伊尹終於受戮，大霧三日。」（陸機豪士賦序云：「伊尹抱明允以嬰戮。」亦謂伊尹被戮。）此並謂伊尹被戮而大霧也。蓋百兩篇傳在民間，人習其説，侈張其辭。竹書本魏、晉間人僞撰，此亦襲舊説也。大霧三日，亂氣矣，廣韻十遇引元命包曰：「陰陽氣亂爲霧。」非天怒之變也。東海張霸造百雨（兩）篇，其言雖未可信，且假以問：先孫曰：「東海張霸」下十八字，審校文義，似是仲任自注之語。蓋此書本有自注，今本皆與正文淆亂，不可析別矣。暉按：先孫説非。此文不誤。書鈔一五一引作：「東海張霸造百兩篇曰：伊尹死，大霧三日。」盼遂案：此十八字爲上文百兩篇之附注。「天爲雷雨以悟成王，成王未開金匱，雷〔雨〕止乎？「雷」下脱「雨」字，下同。下文「已開金匱，雷雨止也」，與此正反爲文。又「由此言之，成王未覺悟，雷雨止也」，承此爲文。並作「雷雨」，是其證。已開金匱，雷雨乃止也？」應曰：「未開金匱，雷〔雨〕止也。開匱得書，見公之功，覺悟泣過，決以天子禮葬公。出郊觀變，皮錫瑞曰：「今文説，王出郊，爲郊祭，因郊祭止天變，遂賜魯郊。史記魯世家、洪範五行傳、白虎通封公侯篇、喪服篇、公羊僖三十一年傳解詁，其説皆同。仲任以出郊爲觀變，不以爲郊祭，三家異説不同。」按：竹書云：「秋大雷電以風，王逆周公于郊。」則亦以郊爲近郊，非郊祭也。但謂郊迎周公，又近古文説也。徐時棟煙嶼樓讀書志力闢郊祭之非，而信郊迎周公之説，於今古文進退無據。天止雨反風，宋本作「乃雨」，非也。古文「天乃雨」今文作「止雨」。説詳王氏經義述聞、皮氏今文尚書考證。禾盡起。由此言之，成王未覺悟，雷雨止矣。」難曰：「伊尹〔死〕，霧三日。孫曰：「伊尹」下，脱「死」字。天何不三日雷雨，須成王覺悟乃止乎？須，待也。太戊之時，桑穀生朝，七日大拱。太戊思政，桑穀消亡。注異虛篇。宋景公時，熒〔惑〕守心，孫曰：「熒」下脱「惑」字。出三善言，熒惑徙舍。注變虛篇。使太戊不思政，景公無三善言，桑穀不消，熒惑不徙。此與變虛、異虛之旨相背。何則？災變所以譴告也，所譴告未覺，災變不除，天之至意也。此又與譴告、自然之旨相違。易稽覽圖曰：「凡異所生，災所起，各以政變之則除。其不可變，則施之亦除。」鄭玄注云：「改其政者，謂失火令，則行水令；失土令，則行木令；失金令，則行火令，則災除去也。不可變，謂殺賢者也。施之者，死者不可復生，封祿其子孫使得血食，則災除也。」（後書郎顗傳注。）今天怒爲雷雨，以責成王，成王未覺，雨雷之息，何其早也？」

又問曰：「禮，諸侯之子稱公子，諸侯之孫稱公孫，見儀禮喪服傳。「諸侯之孫」作「公子之子」，義同。皆食采地，殊之衆庶。何則？公子公孫，親而又尊，得體公稱，又食采地，名實相副，猶文質相稱也。天彰周公之功，令成王以天子禮葬，何不令成王號周公以周王，副天子之禮乎？」應曰：「王者，名之尊號也，人臣不得名也。」難曰：「人臣猶得名王，禮乎？「王」，元本作「大」，朱校同。「猶得」二字空缺。按：此文難通，疑有脱誤。武王伐紂，下車追王大王、王季、文王。禮記大傳曰：「牧之野，武王之大事也。既事而退，柴於上帝，祈於社，設奠於牧室。遂率天下諸侯，執豆籩，逡奔走，追王大王亶父、王季歷、文王昌。不以卑臨尊也。」逸周書世俘解：「王烈祖自太王、太伯、虞公、王季、文王、邑考，以列升。」（張惠言曰：「追王太王、王季、文王，以太伯、虞公、邑考配也。」）孔叢子居衛篇申祥問曰：

「殷人有契至湯而王，周人自棄至武王而王。周，嚳之後也。周人追王太王、王季、文王，而殷人獨否，何也？」並與仲任說同，皆謂文王是追王。獨中庸云：「武王未受命，周公成文、武之德，追王太王、王季。」似文王已自稱王，故追王不及之。其實不然。說詳劉氏愈愚録卷二。三人者，諸侯，亦人臣也，以王號加之。何爲獨可於三王，不可於周公？天意欲彰周公，豈能明乎？豈以王迹起於三人哉？鄭志答趙商問曰：「曲禮：『已孤暴貴，不爲父作謚。』而武王即位，追王太王、王季、文王，改謚爵，何也？」答曰：「周道之基，隆於二代，功德由之，王迹興焉。凡爲人父，豈能盡賢乎？若夏禹、殷湯，則不追謚耳。」然而王功亦成於周公。江起岷山，流爲濤瀨。相濤瀨之流，相，視也。孰與初起之源。秬鬯之所爲到，白雉之所爲來，並注異虛篇。三王乎？周公也？「公」下舊校曰：一有「乎」字。周公功德盛於三王，不加王號，豈天惡人妄稱之哉？周衰，六國稱王，齊、秦更爲帝，齊湣王爲東帝。秦昭王爲西帝。當時天無禁怒之變。周公不以天子禮葬，天爲雷雨以責成王，何天之好惡不純一乎？」

又問曰：「魯季孫賜曾子簀，曾子病而寢之。童子曰：『華而睆者，大夫之簀。』而曾子感慙，命元易簀。檀弓上：「曾子寢疾病，樂正子春坐於牀下，曾元、曾申坐於足，童子隅坐而執燭。童子曰：『華而睆，大夫之簀與？』子春曰：『止。』曾子聞之，瞿然曰：『呼。』曰：

『華而睆，大夫之簀與？』曾子曰：『然。斯季孫之賜也，我未之能易也，元起易簀！』曾元曰：『夫子之病，革矣，不可以變，幸而至於旦，請改易之。』曾子曰：『爾之愛我也，不如彼。君子之愛人也以德，細人之愛人也以姑息，吾何求哉？吾得正而斃焉，斯已矣。』舉扶而易之，反席未安而没。」注：「元，曾參之子。華，畫也。簀謂牀笫也。説者以睆爲刮節目。字或爲刮。」蓋禮，大夫之簀，士不得寢也。今周公，人臣也，以天子禮葬，魂而有靈，將安之不也？」「而」猶「若」。「不」讀「否」。應曰：「成王所爲，天之所予，何爲不安？」難曰：「季孫所賜大夫之簀，豈曾子之所自制乎？何獨不安乎？子疾病，子路遣門人爲臣。病間，曰：『久矣哉，由之行詐也！無臣而爲有臣。吾誰欺？欺天乎？』見論語子罕篇。集解鄭曰：「孔子嘗爲大夫，故子路欲使弟子行其臣之禮也。」孔曰：「病少差曰間。」孔子罪子路者也。「罪」，元本作「非」，朱校同。己非人君，舊校曰：一有「也」字。盼遂案：「也」字宜在「君」下。舊校云：「一有也字。」所見乃未誤本。子路使門人爲臣，非天之心，而妄爲之，是欺天也。周公亦非天子也，以孔子之心況周公，周公必不安也。季氏旅於太山，孔子曰：『曾謂泰山不如林放乎？』見論語八佾篇。集解馬曰：「旅，祭名也。禮，諸侯祭山川在其封内者也。今陪臣祭泰山，非禮也。」包曰：「神不享非禮，林放尚知問禮，泰山之神反不如林放耶？欲誣而祭之也？」鄭曰：「林放，魯人也。」以曾子之細，猶却非禮，周公至聖，豈安天子之葬？曾謂周公不如曾子乎？由此原之，周公不安也。大人與天地合德，周公不安，天亦不安，何故爲雷雨以責成王乎？」

又問曰：「死生有命，富貴在天。武王之命，何可代乎？」應曰：「九齡之夢，天奪文王年以益武王。禮記文王世子：「文王謂武王曰：『女何夢矣？』武王對曰：『夢帝與我九齡。』文王曰：『古者謂年齡，齒亦齡也。我百，爾九十，吾與爾三焉。』文王九十七乃終，武王九十三而終。」克殷二年之時，九齡之年未盡，詩豳譜疏引鄭曰：「文王十五生武王，九十七而終，終時武王年八十三矣；於文王受命爲七年。後六年伐紂，後二年有疾，疾瘳後二年崩，崩時年九十三矣。」律曆志曰：「文王十五而生武王，受命九年而崩，崩後四年而武王克殷，克殷之歲，八十六矣。」與鄭説相差三年，未知仲任何居。武王不豫，「不豫」注福虛篇。則請之矣。書疏引鄭曰：「周公内知武王有九齡之命，又有文王曰『吾與爾三』之期，今必瘳，不以此終。」與此因有九齡之夢則請之説相合。人命不可請，獨武王可。非世常法，故藏於金縢；不可復爲，故掩而不見。」難曰：「九齡之夢，武王已得文王之年未？」應曰：「已得之矣。」難曰：「已得文王之年，命當自延。克殷二年，雖病猶將不死，周公何爲請而代之？」應曰：「人君爵人以官，儀禮士冠禮：「以官爵人。」疏曰：「爵者，位次高下之稱也。」議定，未之即與，曹下案目，然後可諾。天雖奪文王年以益武王，猶須周公請，乃能得之。命數精微，非一臥之夢所能得也。」應曰：「九齡之夢能得也。」此九字不當有。本篇以一難一應爲文。此以兩「應曰」相次，文殊不通。疑是注語，誤入正文。原作「非九齡之夢所能得也」。以「九齡之夢」釋「一臥之夢」，羼入正文後，淺人則妄改之。盼遂案：此九字衍文。蓋係讀是書者於上文「應曰：人君爵人以官」一段之撮要語誤羼正文也，亟宜刊去。難曰：「九齡之夢，文王夢與武王九齡，據文王世子，武王夢，非文王也。文王曰：「我百，爾九十，吾與爾三焉。」非與武王九齡也。此說訛誤。武王夢帝予其九齡，其天已予之矣，武王已得之矣，何須復請？人且得官，先夢得爵，其後莫舉，謂無薦者。猶自得官。何則？兆象先見，其驗必至也。古者謂年爲齡，已得九齡，猶人夢得爵也。周公因必效之夢，請之於天，功安能大乎？」羅泌路史發揮四夢齡篇謂王充不信金縢之事，而信九齡之說，非也。

又問曰：「功無大小，德無多少，人須仰恃賴之者，廣雅釋詁：「賴，仰恃也。」則爲美矣。使周公不代武王，武王病死，周公與成王而致天下太平乎？」「而」讀「能」。應曰：「成事，周公輔成王而天下不亂。使武王不見代，遂病至死，周公致太平何疑乎？」難曰：「若是，武王之生無益，其死無損，須周公功乃成也。周衰，諸侯背畔，管仲九合諸侯，一匡天下。孔子曰：『微管仲，吾其被髮左衽矣。』見論語憲問篇。使無管仲，不合諸侯，夷狄交侵，中國絕滅，此無管仲有所傷也。程量有益，管仲之功，偶於周公。管仲死，桓公不以諸侯禮葬，以周公況之，天亦宜怒，微雷薄雨不至，何哉？豈以周公聖而管仲不賢乎？ 盼遂案：章士釗云：「不爲衍字。」是也。

夫管仲爲反坫，有三歸，孔子譏之，以爲不賢。 論語八佾篇：「子曰：『管仲之器小哉！』或曰：『管仲儉乎？』曰：『管氏有三歸，官事不攝，焉得儉乎？』曰：『然則管仲知禮乎？』曰：『邦君爲兩君之好，有反坫，管氏亦有反坫，管氏而知〔一〕禮，孰不知禮也？』」翟灝曰：「禮記、韓非子、論衡所譏管之語，均與論語不同。」按：禮記雜記云：「孔子曰：管仲旅樹而反坫，賢大夫也，而難爲上。」韓非子外儲説左下：「管仲父庭有陳鼎，家有三歸。孔子曰：良大夫也，其侈逼上。」正與此文謂譏管仲僭禮説同。論語謂「小器」，此云「不賢」者，管子中匡篇曰：「施伯謂魯侯曰：管仲者，天下之賢人也，大器也。」故此文於論語小器，變言「不賢」。過庭録據史記管晏傳贊及新序雜事篇，謂「小器」乃孔子惜其遇桓公至於伯而不能以王，非也。若惜其不能以王，則不當以反坫、三歸譏之。

反坫、三歸，諸侯之禮； 集解包曰：「三歸者，娶三姓女也。婦人謂嫁爲歸。」鄭曰：「反坫，反爵之坫也，在兩楹之間。若與鄰國君爲好會，其獻酢之禮，更酌，酌畢，則各反爵於坫上。」皇疏：「禮：諸侯一娶，三國九女。以一大國爲正夫人。正夫人之兄弟女一人，又夫人之妹一人，謂之姪娣，隨夫人來，爲妾。又二小國之女來媵，媵亦有姪娣自隨。既每國三人，三國故九人也。大夫婚

〔一〕「知」，原本作「能」，據論語改。

不越境，但一國娶三女，以一爲正妻，二人姪娣，從爲妾也。管仲是齊大夫，而一娶三國九人，故云有三歸也。」按：此云「諸侯之禮」，是亦謂三歸爲娶三國女也。後儒據管子、晏子、韓非子、説苑謂三歸爲臺名、地名，又謂臺即府庫之屬，并與此義不合。論語發微曰：「包氏説，是魯論所傳。時説苑未出，韓非子及晏子春秋俱未顯，説經家皆不用，故班氏作漢志（地理志。）亦云『取三歸』，説本戰國策。（周策。）」然則仲任亦本魯論舊説也。敬孚類稿曰：説苑善説篇以三歸爲臺名，朱子本之。劉向乃本國策周文君事，而誤以三歸繫于築臺之下，故以爲臺名。何晏、國策、韓非、晏子、史、漢并不然。**天子禮葬，王者之制，皆以人臣，俱不得爲。大人與天地合德，孔子，大人也，譏管仲之僭禮；皇天欲周公之侵制，非合德之驗，書家之説，未可然也。」**

**以見鳥跡而知爲書，見蜚蓬而知爲車，天非以鳥跡命倉頡，以蜚蓬使奚仲也。奚仲感蜚蓬，而倉頡起鳥跡也。**注謝短篇。**晉文反國，命徹麋墨，舅犯心感，辭位歸家。**吴曰：韓非子外儲説左上云：「文公反國，至河，令手足胼胝、面目黧黑者，後之。咎犯聞而夜哭，再拜而辭。」此云「麋墨」者，「麋」假爲「黴」，麋、黴同部，聲近。淮南子説山篇云：「文公棄荏席，後黴黑，咎犯辭歸。」「麋墨」即「黴黑」也。暉按：説苑復恩篇亦作「黧黑」。麋黑謂人顔色。淮南高、許注謂卧席之黑，非是。**夫文公之徹麋墨，非欲去舅犯；舅犯感慙，自同於麋墨也。宋華臣弱其宗，**臣侵易其兄子臯比之室。華臣，華元之子。**使家賊六人，以鈹殺華吴**

於宋命合左師之後。吳曰：此約左氏襄十七年傳文。傳曰：「殺諸盧門合左師之後。」杜解：「盧門，宋城門。合，向戌邑。後，屋後。」此文作「殺華吳於宋命合左師之後」，「命」字即「合」字之誤而衍。華吳，皐比家宰。左師，向戌也。洪亮吉左傳詁曰：「鈹，劍屬。」左師懼曰：「老夫無罪。」其後左師怨咎華臣，華臣備之。國人逐瘈狗，洪亮吉曰：「説文：『狾，狂犬也。』春秋傳曰：狾犬入華臣氏之門。』案：今本作『瘈』。説文：『瘈，小兒瘈，瘲病也。』此非其義。當從『狾』爲是。漢書五行志及字林亦皆作『狾』。廣雅：『狾，狂也。』與説文同。吕覽胥時篇：『鄭子陽之難，狾狗潰之。』義亦同。」然則論衡此文，後人據左傳妄改也。瘈狗入華臣之門。吳曰：傳曰「瘈狗入於華臣氏」。此作「瘈狗入於華臣之門」。臧琳經義雜記云：「説文引春秋傳曰：『狾狗入於華臣氏之門。』論衡與説文同有『之門』二字。」華臣以爲左師來攻己也，踰墻而走。夫華臣自殺華吳而左師懼，國人自逐瘈狗而華臣自走，成王之畏懼，猶此類也。心疑於不以天子禮葬公，卒遭雷雨之至，則懼而畏過矣。夫雷雨之至，天未必責成王也。雷雨至，成王懼以自責也。夫感則蒼頡、奚仲之心，懼則左師、華臣之意也。懷嫌疑之計，遭暴至之氣，以類之驗見，則天怒之效成矣。見類驗於寂漠，猶感動而畏懼，況雷雨揚軒（軿）轞之聲，「軒」當作「軿」。説詳雷虛篇。「轞」，鄭本作「轞」，是也。盼遂案：章士釗云：「軒當爲軿之誤。軿轞，震雷聲也。」成王庶幾能不怵惕乎？迅雷風烈，孔子必變。禮，君子聞雷，雖夜，衣冠而坐，所以敬雷懼激氣也。注雷虛篇。聖人君子，於道無嫌，然猶順天變動，況成王有周公之疑，「有」下疑脱「葬」字。古文家謂「王意狐疑周公」，今文家以爲「狐疑於葬周公」。此篇只訂葬疑之説，此文當言「成王有葬周公之疑」。今脱「葬」字，則與古文説相混。聞雷雨之變，安能不振懼乎？「振」讀「震」。然則雷雨之至也，殆且自天氣；成王畏懼，殆且感物類也。

夫天道無爲。如天以雷雨責怒人，則亦能以雷雨殺無道。古無道者多，可以雷雨誅殺其身，必命聖人興師動軍，頓兵傷士。難以一雷行誅，難，重難也。輕以三軍尅敵，何天之不憚煩也？或曰：「紂父帝乙，射天毆地，游涇（河）、渭之間，雷電擊而殺之。「涇、渭」當作「河、渭」。史記殷本紀：「帝武乙無道，爲偶人，謂之天神。與之搏，令人爲行。天神不勝，乃僇辱之。爲革囊，盛血，仰而射之，命曰射天。武乙獵於河、渭之間，暴雷，武乙震死。」即此文所本。竹書：「武乙三十五年畋于河、渭，大雷震死。」史記封禪書索隱：「武乙射天，後獵於河、渭而震死。」並作「河、渭」，是其證。又按：此謂「紂父帝乙」，非也。武乙後有太丁，有帝乙，方及紂。是雷擊死乃紂曾祖武乙，非紂父帝乙。郊祀志曰：「武丁後五世，帝乙嫚神而震死，後三世，帝紂淫亂。」雖言「帝乙」，（封禪書作「帝武乙」，前漢紀二四亦作「帝乙」。）而其世系不誤。仲任蓋因武乙譌爲帝乙，而誤謂紂父也。梁玉繩瞥記亦辯之。斯天以雷電誅無道也。」

帝乙之惡，孰與桀、紂？鄒伯奇案書篇云：「東番人。」著有元思及檢論，見案書、對作篇。錢大昕養新録十二云：「太平御覽引鄒子曰：『朱買臣孜孜脩學，不知雨之流麥。』（按：見御覽十。）伯奇豈即鄒子之字耶。」王應麟亦謂漢時別有鄒子。論桀、紂惡恢國篇「惡」上有「之」字。不如亡秦，亡秦不如王莽，然而桀、紂、秦、莽之地（死），「地」，朱校元本作「死」，是也。當據正。不以雷電。盼遂案：「地」當爲「死」，形近而誤。此句應上文「雷電擊殺帝乙」而言也。孔子作春秋，采毫毛之善，貶纖介之惡，采善不踰其美，貶惡不溢其過。責小以大，夫人無之。「夫」，元本作「天」，朱校同。成王小疑，天大雷雨。如定以臣葬公，其變何以過此？洪範稽疑，稽，考也。疑事考之於著龜。不悟災變者，人之才不能盡曉，天不以疑責備於人也。成王心疑未決，天以大雷雨責之，殆非皇天之意。書家之説，恐失其實也。

# 齊世篇

須頌篇云：「今上（章帝）即命，未有褒載，故有齊世、宣漢、恢國、驗符。」盼遂案：篇首云：「聖人之德，前後不殊，則其治世，古今不異。上世之天，下世之天也。上世之民，下世之民也。」此數語是齊世命名之義。

語稱上世之人，侗長佼好，侗亦長也。注氣壽篇。說文：「姣，好也。」「佼」，假字。堅強老壽，百歲左右；此儒者之說。見氣壽篇。下世之人，短小陋醜，夭折早死。洪範鄭注：（史宋世家集解。）「未冠曰短，未婚曰折。」大戴禮盛德篇：「聖王之盛德，人民不疾。」韓詩外傳三：「太平之時，無瘖、𤺋、跛、眇、尪、蹇、侏儒、折短。」董仲舒曰：「堯、舜行德，則民仁壽；桀、紂行暴，則民鄙夭。」何則？上世和氣純渥，婚姻以時，人民稟善氣而生，生又不傷，骨節堅定，故長大老壽，狀貌美好。下世反此，故短小夭折，形面醜惡。此言妄也。

夫上世治者，聖人也；下世治者，亦聖人也。聖人之德，前後不殊，則其治世，古今不異。上世之天，下世之天也，天不變易，氣不改更。上世之民，下世之民也，俱稟元氣。後漢書郎顗傳注：「元謂天。春秋演孔圖曰：『正氣爲帝，間氣爲臣，宮商爲佐，秀氣爲民。』」元氣純和，古今不異，則稟以爲形體者，何故不同？夫稟氣等，則懷性均；

懷性均，則形體同；形體同，則醜好齊；醜好齊，則夭壽適。一天一地，並生萬物。萬物之生，俱得一氣。氣之薄渥，萬世若一。帝王治世，百代同道。人民嫁娶，同時共禮，雖言男三十而娶，女二十而嫁，法制張設，未必奉行。周禮地官媒氏：「令男三十而娶，女二十而嫁。」王肅、（見媒氏賈疏。）譙周、范寧（見穀梁文十二年傳。）皆以三十、二十之限爲不然。仲任謂「未必奉行」，蓋意亦與同。何以效之？以今不奉行也。禮樂之制，存見於今，今之人民，肯行之乎？今人不肯行，古人亦不肯舉。以今之人民，知古之人民也。

〔人，物也〕；物，亦物也。孫曰：當作「人，物也；物，亦物也」，脱「人物也」三字。下文以物形不異證人形不異，故此云：「人，物也；物，亦物也。」若作「物亦物也」，則文義無所屬矣。蓋人與物本無異也。仲任屢用此語。論死篇云：「人，物也；物，亦物也。」四諱篇云：「人，物也；子，亦物也。」並其證。人生一世，壽至一百歲。生爲十歲兒時，所見地上之物，生死改易者多。下文言「無以異」，此不當言「改易者多」，疑有誤。至於百歲，臨且死時，所見諸物，與年十歲時所見，無以異也。使上世下世，民人無有異，使，若也。「無」字衍。下文「使氣有異」，句例同。則百歲之間，足以卜筮。句難通。六畜長短，五穀大小，昆蟲草木，金石珠玉，蜎蜚蠕動，「蜎」當作「鵑」。爾雅釋蟲：「蜎蠉，井中小赤蟲也。」說文：「蜎，肙也。」肉部云：「肙，小蟲也。」「肙」、「蜎」古今字。則「蜎」與「蜚」義不相屬。淮南本經訓：「翾飛蠕動。」（今譌作「蠉」，從類聚十一引。）説文：「翾，小飛也。」「翾」或作「鵑」。此文「鵑」誤作「蜎」，淮南「翾」誤作「蠉」，正其比。一曰：「蜎」、「鵑」字通。元命包、（文選頭陀寺碑注。）陸賈新語、白虎通並作「蜎」。吴禪國山碑作「蠉」。蚑行喙息，王念孫曰：「蚑者，行貌也。喙者，息貌也。謂蚑蚑而行，喙喙而息。廣雅：『喘、喙，息也。』喙息，猶言喘息。」無有異者，此形不異也。古之水火，今之水火也。今氣爲水火也，使氣有異，則古之水清火熱，而今水濁火寒乎？人生長六七尺，大三四圍，面有五色，周禮天官疾醫注：「五色，面貌青赤黄白黑也。」壽至於百，萬世不異。如以上世人民，侗長佼好，堅彊老壽，下世反此，則天地初立，始爲人時，長可如防風之君，注語增篇。色如宋朝，論語雍也篇：「宋朝之美。」左定十四年傳注：「朝，宋公子，舊通于南子。」壽如彭祖乎？注道虚篇。從當今至千世之後，人可長如莢英，色如嫫母，注逢遇篇。壽如朝生乎？朝生謂朝蟜，朝生暮死之蟲也。生水上，狀似蠶蛾。王莽之時，長人生長一丈，名曰霸出。先孫曰：漢書王莽傳云：「有奇士，長丈，大十圍，自謂巨毋霸，出於蓬萊東南，五城西北昭如海濱。」「出」下疑有捝文。建武年中，潁川張仲師長一（二）丈（尺）二寸。孫曰：御覽三七八引纂文云：「漢光武時，潁川張仲師長二尺二寸。」注云：「亦出王充論衡。」纂文所云「二尺二寸」，疑有脱文。暉按：初學記十九短人類引何承天纂文曰：「漢光武時，潁川張仲師長二尺。」此文「一丈」二字，當據改作「二尺」。御覽引纂文注云：「亦出論衡。」明其文相同。初學記引入短人類，則不得作「一丈」，明矣。作「二尺」者，省「二寸」二字耳。御覽引作「二尺二寸」不誤。下文云：「俱在今世，或長或短。」短即指張仲師也。續博物志三云：「長二寸。」殊不近理。當有誤。梁書劉杳傳：「沈約曰：『何承天纂文載張仲師事，此何所出？』杳曰：『仲師長尺二寸，出論衡。』約取書檢按，一如杳言。」南史劉懷珍傳同。又疑原作「一尺二寸」。張湯八尺有餘，其父不滿五尺。亦見講瑞篇。俱在今世，或長或短，儒者之言，竟非誤也。盼遂案：「非」疑爲「大」，形近而誤。語稱上世使民以宜，傴者抱關，侏儒俳優。傴，背僂也。抱關，守門者。侏儒，短人。俳優，倡戲也。禮記王制：「瘖、聾、跛、躃、斷者、侏儒、百工，各以其器食之。」注：「器，能也。」晉語：「戚施植鎛，蘧除蒙璆，侏儒扶廬，矇瞍循聲，聾聵司火，其童昏嚚瘖憔僥官司所不材，宜於掌土。」淮南齊俗訓：「伊尹之興土功也，修脛者使之跖钁，强脊者使之負土，眇者使之準，傴者使之塗，各有所宜，而人性齊矣。」並爲使民以宜之說。如皆侗長佼好，安得傴、侏之人乎？

語稱上世之人，質朴易化；下世之人，文薄難治。故易曰：「上古之時，結繩以治，後世易之以書契。」見易繫辭。先結繩，易化之故（效）；後書契，難治之驗也。「故」當爲「效」字形誤。本書多以「效」、「驗」對言。譴告篇：「豈道同之效、合德之驗哉？」薄葬篇：「儒家無無知之驗，墨家有有知之效。」故夫宓犧之前，人民至質朴，卧者居居，坐者于于，注自然篇。羣居聚處，知其母不識其父。至宓犧時，人民頗文，知欲詐愚，勇欲恐怯，彊欲凌弱，衆欲暴寡，故宓犧作八卦以治之。書鈔歲時部引尸子曰：「伏羲始畫八卦，別八節，而化天下。」白虎通號篇曰：「古之時，未有三綱六紀，民人但知其母，不知其父，能覆前而不能覆後。卧之詓詓，起之吁吁，飢即求食，飽即棄餘，茹毛飲血，而衣皮葦。於是伏羲仰觀象於天，俯察法於地，因夫婦，正五行，始定人道，畫八卦，以治天下，（「天」字今本脱，依惠定宇校增。下同。）天下伏而化之。」至周之時，人民文薄，八卦難復因襲，故文王衍爲六十四首，盼遂案：「首」猶「耑」也，章也。「六十四首」，六十四章也。左傳魯襄公二十三年：「季孫召外史掌惡臣，而問盟首焉。」杜注：「盟首，載書之章首也。」史記田儋傳：「蒯通論戰國之權變爲八十一首。」後世復以詩一章或文一章爲一首。則此六十四首，非僅言重卦而已，殆斥卦辭爲説也。極其變，使民不倦。白虎通五經篇：「文王所以演易何？商王受不率仁義之道，失爲人法矣，己之調和陰陽尚微，故演易所以使我得卒至于太平，日月之光明則如易矣。」至周之時，人民久薄，孫曰：「久薄」當作「文薄」，「文」、「久」形近之譌。人民文薄者，言人民浮蕩無質朴之風也。上文云：「上世之人，質朴易化，下世之人，文薄難治。」又云：「至周之時，人民文薄。」下文云：「孔子知世浸弊，文薄難治。」又云：「下世何以文薄。」又云：「則謂上世質朴，下世文薄矣。」又云：「然而於質朴文薄之語者。」又云：「世人見當今之文薄也。」又云：「下世文薄。」對作篇云：「周道不弊，則民不文薄；民不文薄，則春秋不作。」並其切證。暉按：若作「文薄」，則與上文「至周之時，人民文薄」義複。承上爲文，故云「久薄」。疑今本不誤。前言「文薄」，後言「久薄」，相較之詞也。白虎通崩薨篇曰：「夏、殷彌文，齊之以器械；至周大文，緣夫婦生時同室，死同葬之。」其立文正同。**故孔子作春秋，采毫毛之善，貶纖介之惡，稱曰：「周監於二代，郁郁乎文哉！吾從周。」**見論語八佾篇。論語發微曰：「春秋王者繼文王之體，守文王之法度。（公羊文九年傳。）隱元年春王正月，傳曰：『王者孰謂？謂文王也。』何休說：『以上繫王於春，知謂文王也。文王，周始受命之王，天之所命，故上繫天端。方陳受命制正月，故假以爲王法。不言謚者，法其生不法其死，與後王共之，人道之始也。』按：此知春秋雖據魯新周，然必託始於文王，故孔子曰：『文王既没，文不在茲乎。』以是知『周監於二代，郁郁乎文哉』，謂文王之法度也。自杞、宋不足徵，乃據魯作春秋；魯，周公之後。周公成文、武之德，而制作明備，孔子從而損益之，故曰『從周』。從周者，即監二代之義，謂將因周而損益之也。」按：此文以孔子作春秋與文王衍易并爲救世文薄以極其變，下引「吾從周」之言，則其義當如宋氏發微說也。**孔子知世浸弊，文薄難治，故加密致之罔，設纖微之禁，檢狎（柙）守持，**先孫曰：「狎」當爲「柙」。法言君子篇云：「蠢迪檢柙。」李注：「檢柙，猶隱括也。」（說文木部云：「梜，檢柙也。」）暉按：櫽栝，矯制衺曲之器也，假作「隱括」。後漢書仲長統傳注：「檢柙，謂規矩也。」義同。盼遂案：「檢狎」當爲「檢押」，漢人常語。揚雄法言君子敍目：「蠢迪檢柙。」李軌注：「檢柙，猶隱括也。」漢書雄傳顔注同。「檢柙」與「守持」文義一致。備具悉極。此言妄也。

上世之人，所懷五常也；下世之人，亦所懷五常也。俱懷五常之道，共稟一氣而生，上世何以質朴？下世何以文薄？彼見上世之民，飲血茹毛，無五穀之食，後世穿地爲井，耕土種穀，飲井食粟，有水火之調；又見上古巖居穴處，衣禽獸之皮，後世易以宮室，有布帛之飾，則謂上世質朴，下世文薄矣。

夫器業變易，性行不異，然而有質朴、文薄之語者，世有盛衰，衰極久有弊也。譬猶衣食之於人也，初成鮮完，始熟香潔，少久穿敗，連日臭茹矣。文質之法，古今所共。一質一文，一衰一盛，古而有之，非獨今也。何以效之？傳曰：「夏后氏之王教以忠。上教以忠，君子忠，其失也，小人野。鄭玄曰：「忠，質厚也。野，小禮節也。」（見史記高祖紀集解。下同。）救野莫如敬，殷王之〔王〕教以敬。當作「殷之王教以敬」，與上下文一律。白虎通三教篇作「殷人之王教以敬」，可證。「之王」二字誤倒。盼遂案：據上文「夏后氏之王」，下文「周之王」例，則此句應是「殷之王教以敬」。上教用敬，君子敬，其失也，小人鬼。鄭玄曰：「多威儀，如事鬼神。」救鬼莫如文，故周之王教以文。上教以文，君子文，其失也，小人薄。鄭玄曰：「文，尊卑之差也。薄，苟習文法，無悃誠也。」救薄莫如忠。」孫曰：此引傳説三教，出於史記高帝紀贊及元命苞。史記「薄」作「僿」。徐廣曰：「僿」一作「薄」。索隱曰：鄒本作「薄」。仲任所見與鄒本同。表記疏引元命包「薄」作「蕩」。蕩、薄義相近也。暉按：説苑修文篇、白虎通三教篇亦有此文。承周而王者，當教以忠。夏所承唐、虞之教薄，故教以忠。唐、虞以文教，則其所承有鬼失矣。世人見當今之文薄也，狎侮非之，則謂上世朴質，下世文薄，猶家人子弟不謹，則謂他家子弟謹良矣。

語稱上世之人，重義輕身，遭忠義之事，得已所當赴死之分明也，則必赴湯趨鋒，死不顧恨。故弘演之節，注儒增篇。陳不占之義，韓詩外傳：（御覽四一八引，今本佚。）「崔杼殺莊公，陳不占聞君難，將死之。食則失哺，上車失軾。僕曰：『雖往，其有益乎！』不占曰：『死君，義也，無勇，私也，不以私害公。』遂往，聞戰鬭之聲，遂駭而死。」亦見新序義勇篇。行事比類，行事，故事也。書籍所載，亡命捐身，衆多非一。今世趨利苟生，棄義妄得，不相勉以義，不相激以行，義廢身不以爲累，行隳事不以相畏。此言妄也。

夫上世之士，今世之士也，俱含仁義之性，則其遭事，並有奮身之節。古有無義之人，今有建節之士，善惡雜廁，何世無有？述事者好高古而下今，貴所聞而賤所見。辨士則談其久者，文人則著其遠者。近有奇而辨不稱，今有異而筆不記。若夫琅邪兒子明，歲敗之時，兄爲飢人所（欲）食，「所」當作「欲」。「爲飢人所食」，則已食矣，與下文「兩舍不食」，義相乖戾。意林引作「兄曾爲飢人欲食」，當據正。**自縛叩頭，代兄爲食。餓（飢）人美其義，**上文言「飢人」，此不當變言「餓人」。意林引作「飢人善其義」，當據正。**兩舍不食。**孫曰：後漢書趙孝傳：「齊國兒萌子明，梁郡車成子威二人，兄弟並見執於赤眉，將食之，萌、成叩頭，乞以身代，賊哀而兩釋焉。」暉按：東觀漢記：「倪萌字子明，齊國臨淄人。孝友敦篤，不好榮貴，常勤身田農。遭歲倉卒，兵革并起，人民饑餓，相啖。與兄俱出城採疏，爲赤眉賊所得，欲殺啖之。萌詣賊叩頭，言兄年老羸瘠，不如萌肥健，願代兄。賊義而不啖，命歸求豆來贖兄。萌歸，不能得豆，復自縛詣賊，賊遂放之。」此云琅邪人，蓋以與臨淄處地甚近而誤。**兄死，收養其孤，愛不異於己之子。歲敗穀盡，不能兩活，餓殺其子，活兄之子。臨淮許君叔**周廣業意林注：「名荆。」按：許荆見後漢書循吏傳。字少張，會稽陽羡人。周説誤也。**亦養兄孤子，歲倉卒之時，餓其親子，活兄之子，與子明同義。會稽孟章父英，爲郡決曹掾。郡將撾殺非辜，事至覆考。英引罪自予，卒代將死。章後復爲郡功曹，從役攻賊，兵卒比敗，**錢、黄、王、崇文本作「北敗」。**爲賊所射，以身代將，卒死不去。**御覽四二一引會稽典録：「孟英字公房，上虞人，爲郡掾史。王憑坐罪未應死，太守下縣殺憑。憑家詣闕稱寃，詔書下州檢栲。英出定文書，悉著英名。楚毒慘至，辭色不變。言太守病，不關衆事，英以冬至日入占病，因竊印以封文書，下縣殺憑，非太守意也。繫歷冬夏，肉皆消爛，遂不食而死。」三國志吳志虞翻傳注引會稽典録：「決曹掾上虞孟英三世死義。」此弘演之節、陳不占之義何以異？當今著文書者，肯引以爲比喻乎？　比喻之證，上則求虞、夏，下則索殷、周，秦、漢之際，功奇行殊，猶以爲後，又況當今在百代下，言事者目親見之乎？

畫工好畫上代之人，秦、漢之士，功行譎奇，不肯圖今世之士者，盼遂案：「不肯圖」三字宜重書。此本以「秦、漢之士，功行譎奇，不肯圖」爲句，「不肯圖今世之士者」爲句。上文「秦、漢之際，功奇行殊，猶以爲後，」知當時畫工，以秦、漢之士爲今世而不肯圖也。尊古卑今也。貴鵠賤雞，鵠遠而雞近也。使當今説道深於孔、墨，名不得與之同；立行崇於曾、顔，聲不得與之鈞。何則？世俗之性，賤所見，貴所聞也。有人於此，立義建節，實核其操，古無以過，爲文書者，肯載於篇籍，表以爲行事乎？作奇論，造新文，不損於前人，好事者肯舍久遠之書，而垂意觀讀之乎？楊子雲作太玄，造法言，張伯松伯松名竦，見漢書陳遵傳。張敞傳云：「敞孫竦，王莽時至郡守，封侯。」按：莽傳：「封竦爲淑德侯。」不肯壹觀。與之併肩，故賤其言。使子雲在伯松前，伯松以爲金匱矣。金匱，太公書名。漢書楊雄傳贊桓譚謂嚴尤曰：「凡人賤近而貴遠，親見子雲禄位容貌不能動人，故輕其書。若遭遇時君，更閲賢智，爲所稱善，則必度越諸子矣。」意與此同。劉晝新論曰：「張伯松遠羨仲舒之博，近道子雲之美，豈非貴耳而賤目耶？」御覽引揚雄方言曰：「雄以此篇目煩，示其成者張伯松。伯松曰：是懸諸日月不刊之書也。」又書鈔一百歎賞類引楊雄答劉歆書：「張伯松不好雄賦頌之文，然亦有以奇之。雄以此篇目頻示之，伯松曰：是懸諸日月不刊之書也。」此乃伯松奇賞子雲。又晏殊類要二十一引方言曰：「張伯松言楊子雲爲玄經，由（同猶。）是鼠坻之與牛場也。如其用，則實五穀（字誤。）飽邦民；否則，爲柦糞弃之於道矣。」

語稱上世之時，聖人德優，而功治有奇，故孔子曰：「大哉，堯之爲君也！唯天爲大，唯堯則之。蕩蕩乎民無能名焉！巍巍乎其有成功也！煥乎其有文章也！」見論語泰伯篇。邢、皇疏本「章」下并無「也」字。七經考文曰：「一本有。」按：漢書儒林傳敍傳、陳書文學傳序、唐文粹柳冕答孟判官書引論語，「章」下並有「也」字，與此同。舜承堯，不墮洪業；禹襲舜，不虧大功。其後至湯，舉兵伐桀，武王把鉞討紂，無巍巍蕩蕩之文，而有動兵討伐之言。蓋其德劣而兵試，武用而化薄。化薄，不能相逮之明驗也。及至秦、漢，朱校元本無「漢」字，疑是。下文「秦以得天下」，亦只以「秦」承之。兵革雲擾，戰力角勢，秦以得天下。既得天下，無嘉瑞之美，若「叶和萬國」、注儒增篇。「鳳皇來儀」之類，注講瑞篇。非德劣不及、功薄不若之徵乎？此言妄也。

夫天地氣和，即生聖人，聖人之治，即立大功。和氣不獨在古先，則聖人何故獨優？朱校元本「則」作「之」，是以「古」字句絕。世俗之性，好褒古而毀今，少所見而多所聞，又見經傳增賢聖之美，孔子尤大堯、舜之功，又聞堯、禹禪而相讓，「堯、禹」當作「堯、舜」。下文云：「堯、舜之禪，湯、武之誅。」又云：「堯、舜在殷、周，亦誅而不讓。」盼遂案：「禹」爲「舜」之誤字。上下文皆堯、舜連言，且禹亦非禪讓，書中無以堯、禹連言者，益明此文之誤。湯、武伐而相奪，則謂古聖優於今，功化渥於後矣。夫經有褒增之文，世有空加之言，讀經覽書者所共見也。孔子曰：「紂之不善，不若是之甚也。是以君子惡居下流，天下之惡皆歸焉。」子貢語，見論語子張篇。語增篇亦引作「孔子曰」。世常以桀、紂與堯、舜相反，稱美則説堯、舜，言惡則舉紂、桀。孔子曰：「紂之不善，不若是之甚也。」則知堯、舜之德，不若是其盛也。

堯、舜之禪，湯、武之誅，皆有天命，非優劣所能爲，人事所能成也。使湯、武在唐、虞，亦禪而不伐；堯、舜在殷、周，亦誅而不讓。蓋有天命之實，而世空生優劣之語。經言「叶和萬國」，時亦有丹朱（水）；「朱」爲「水」字形誤。丹朱，堯子，不得與「叶和萬國」相較，又與下文「兵皆動而並用」義不相屬。此文謂雖經言堯、舜太平，而實有兵禍。恢國篇曰：「堯有丹水之師，舜時有苗不服。」是其義。「鳳皇來儀」，時亦有有苗。並注儒增篇。兵皆動而並用，則知德亦何優劣而小大也？

世論桀、紂之惡，甚於亡秦，實事者謂亡秦惡甚於桀、紂。秦、漢善惡相反，猶堯、舜、桀、紂相違也。亡秦與漢，皆在後世，亡秦惡甚於桀、紂，則亦知大漢之德不劣於唐、虞也。唐之「萬國」，謂叶和萬國。固增而非實者也。義詳藝增篇。有虞之「鳳皇」，謂鳳皇來儀。宣帝已五致之矣。注指瑞篇。孝明帝符瑞並至。注講瑞篇。夫德優故有瑞，瑞鈞則功不相下。宣帝、孝明如劣，不及堯、舜，何以能致堯、舜之瑞？光武皇帝龍興鳳舉，取天下若拾遺，何以不及殷湯、周武？世稱周之成、康，不虧文王之隆，注儒增篇。舜巍巍不虧堯之盛功也。方今聖朝，聖朝，謂章帝也。錢、黄、王、崇文本作「聖明」，非。承光武，襲孝明，有浸酆溢美之化，無細小毫髮之虧，上何以不逮舜、禹？下何以不若成、康？世見五帝、三王事在經傳之上，而漢之記故尚爲文書，「尚」下舊校曰：一有「書」字。則謂古聖優而功大，後世劣而化薄矣。

# 論衡校釋卷第十九

## 宣漢篇

詩淇澳釋文引韓詩曰：「宣，顯也。」恢國篇曰：「宣漢之篇，高漢於周，擬漢過周。」須頌篇曰：「宣漢之篇，論漢已有聖帝，治已太平。」

儒者稱五帝、三王致天下太平，漢興已來，未有太平。彼謂五帝、三王致太平，漢未有太平者，見五帝、三王聖人也，聖人之德，能致太平；謂漢不太平者，漢無聖帝也，賢者之化，不能太平。又見孔子言：「鳳鳥不至，河不出圖，吾已矣夫！」見論語子罕篇。方今無鳳鳥、河圖，瑞頗未至悉具，故謂未太平。此言妄也。

夫太平以治定爲效，百姓以安樂爲符。疑當作「以百姓安樂爲符」。符謂太平之符。下文云：「百姓安者，太平之驗也。」是其證。「百姓以安樂爲符」，文殊無義，蓋淺人援上句例妄乙。孔子曰：「脩己以安百姓，堯、舜其猶病諸！」見論語憲問篇。病，難也。百姓安者，太平之驗也。夫治人以人爲主，百姓安，而陰陽和；陰陽和，則萬物育；萬物育，則奇瑞出。視今天下，安乎？危乎？安則平矣，瑞雖未具，無害於平。故夫王道定事以驗，立實以效，效驗不彰，實誠不見。時或實〔一〕然，錢、黄、王、崇文本「或」作「哉」，非。證驗不具，是故王道立事以實，不必具驗。聖主治世，期於平安，不須符瑞。

且夫太平之瑞，猶聖主（王）之相也。吴曰：「主」當作「王」。下文云：「聖王骨法未必同。」聖王骨法未必同，宋、元本「骨」作「國」，朱校同。先孫曰：疑「圖」之誤。暉按：今本不誤。太平之瑞何爲當等？彼聞堯、舜之時，鳳皇、景星皆見，鳳皇注講瑞篇。景星注是應篇。河圖、洛書皆出，中候握河紀：「堯時受河圖，龍銜赤文緑色。」（禮運疏。）後漢書襄楷傳注引尚書中候：「舜沈璧於清河，黄龍負圖出水。」以爲後王治天下，當復若等之物，乃爲太平。「復」下疑挩「有」字。下文：「未必謂世當復有鳳皇與河圖也。」用心若此，猶謂堯當復比齒，舜當復八眉也。「比」，路史後紀十注引作「仳」，是也。骨相篇云：「帝嚳駢齒。」駢、仳字通。言聖相各異，堯不當類帝嚳，舜亦不當似堯。夫帝王聖相，前後不同，則得瑞古今不等。而今王無鳳鳥、河圖，爲未太平，妄矣。孫曰：「爲」當作「謂」。上文云：「夫方今無鳳鳥、河圖，瑞頗未至悉具，故謂未太平。此言妄也。」下文云：「況至三百年，謂未太平，誤也。」並其證。暉按：「爲」讀作「謂」，本書常見此例。

〔一〕「或實」，原本作「實或」，據通津草堂本乙。

孔子言鳳皇、河圖者，假前瑞以爲語也，未必謂世當復有鳳皇與河圖也。夫帝王之瑞，衆多非一，或以鳳鳥、麒麟，或以河圖、洛書，或以甘露、醴泉，或以陰陽和調，或以百姓乂安。五行志應劭注：「艾，治也。」説文辟部：「嬖，治也，从辟，乂聲。」乂、艾並以聲假。今瑞未必同於古，古應未必合於今，孫經世曰：「未必，不必也。」遭以所得，未必相襲。何以明之？以帝王興起，命祜（祐）不同也。「祜」爲「祐」形誤。下文：「高祖、光武初起之祐。」恢國篇：「堯母感於赤龍，及起不聞奇祐。」並其證。初稟篇云：「非天之命，昌熾祐也。」命、祐對言，命謂初稟天命，祐謂興起之瑞，義詳彼篇。盼遂案：「祜」當爲「祐」，形近而譌。祐者，助也。命祐者，天所命祐助之事，如鳳鳥、麒麟、河圖、洛書、周之烏魚、漢之大蛇皆是。周則烏、魚，見初稟篇。漢斬大虵。見吉驗篇。推論唐、虞，猶周、漢也。知其亦不襲同。初興始起，事效物氣，無相襲者，太平瑞應，何故當鈞？以已至之瑞，效方來之應，猶守株待兔之蹊，藏身破置之路也。守株待兔，見韓非子五蠹篇。「蹊路」二字誤。

天下太平，瑞應各異，猶家人富殖，物不同也。或積米穀，或藏布帛，或畜牛馬，或長田宅。夫樂米穀不愛布帛，歡牛馬不美田宅，則謂米穀愈布帛，牛馬勝田宅矣。今百姓安矣，符瑞至矣，朱校元本無此四字。終謂古瑞河圖、鳳皇不至，鄭本作「致」，非。謂之未安，是猶食稻之人，入飯稷之鄉，不見稻米，謂稷爲非穀也。周禮夏官職方氏：

「揚州、荆州其穀宜稻。雍州、冀州其穀宜黍稷。」

實者，天下已太平矣。未有聖人，何以致之？未見鳳皇，何以效實？問世儒不知聖，何以知今無聖人也？世人見鳳皇，何以知之？既無以知之，何以知今無鳳皇也？講瑞篇極明此義。委不能知有聖與無，又不能別鳳皇是鳳與非，則必不能定今太平與未平也。

孔子曰：「如有王者，必世然後仁。」見論語子路篇。集解孔曰：「三十年曰世，如有受命王者，必三十年仁政乃成也。」三十年而天下平。盼遂案：「三十年而天下平」七字爲釋上句之語，仲任喜于文中解經，語尾定有也字。疑此「平」下脱一「也」字。漢興，至文帝時，二十餘年。賈誼創議，以爲天下洽和，當改正朔、服色、制度，定官名，興禮樂。文帝初即位，謙讓未遑。見漢書本傳。師古曰：「皇，暇也，自以爲不當改。」藝文志陰陽家：「五曹官制五篇。」班注：「漢制，似賈誼所條。」本傳曰：「迺草具其儀法，色上黄，數用五，爲官名，悉更奏之。」此五曹官制，蓋其所條定官名也。禮記大傳鄭注：「服色，車馬也。」疏：「正謂年始，朔謂月初，周子，殷丑，夏寅，是改正也。周夜半，殷鷄鳴，夏平旦，是易朔也。」夫如賈生之議，文帝時已太平矣。漢興二十餘年，應孔子之言「必世然後仁」也。漢一代（世）之年數已滿，太平立矣，賈生知之。「一代」當作「一世」。唐人避「世」作「代」，今本沿之。況至今且三百年，謂未太平，誤也。今謂章帝也。且孔子所謂一世，三十年也。漢家三百歲，十帝耀德，未平如何？河圖曰：（後漢書曹褒傳元和二年詔。）「赤九會昌，十世以光，十一以興。」李賢注：「九謂光武，十謂明帝，十一謂章帝也。」夫文帝之時，固已平矣，歷世持平矣。盼遂案：「持平」當是「治平」。論例皆作「治平」。此亦係唐人避高宗諱而改也。本篇專言漢太平之事，故此云「治平」。作「持平」，則不相應。至平帝時，前漢已滅，光武中興，復致太平。

問曰：「文帝有瑞，可名太平，光武無瑞，謂之太平，如何？」曰：夫帝王瑞應，前後不同，雖無物瑞，百姓寧集，風氣調和，是亦瑞也。何以明之？帝王治平，升封太山，告安也。注書虛篇。秦始皇升封太山，遭雷雨之變，注感類篇。治未平，氣未和。光武皇帝升封，天晏然無雲，孫曰：後書光武紀：「中元元年二月辛卯，柴望岱宗，登封太山。」初學記五、御覽三九引袁山松後漢書：「光武封泰山，雲氣成宮闕。」暉按：光武紀只言「登封太山」，「天無雲」未著。後漢紀八：「中元元年二月辛卯，上登封于太山，事畢，乃下。是日山上雲氣成宮闕，百姓皆見之。」又應劭漢官儀引馬第伯封禪儀記曰：「建武三十二年，車駕正月二十八日發雒陽宮，二月九日到魯，遣守謁者郭堅伯將徒五百人治泰山道。車駕十九日之山虞，國家居亭，百官布野。此日山上雲氣成宮闕，百官並見之。二十一日夕牲時，白氣廣一丈，東南極望致濃

**厚。時天清和無雲。」**（據後漢書祭祀志〔一〕注、初學記十三、容齋隨筆引。）建武三十二年，即中元元年。范史本紀建武止三十一年。次年改爲中元，直書爲中元元年。尊楗閣碑及蜀郡治道記并云：「建武中元二年。」是雖別爲中元，猶冠以「建武」。又後漢書祭祀志載封禪後赦天下詔，明言以建武三十二年爲建武中元元年。故漢官儀以中元元年事屬之建武也。**太平之應也，**瑞命篇曰：（祭祀志注。）「岱嶽之瑞，以日爲應也。」時天清無雲，則日應也，故云。**治平氣應。光武之時，氣和人安，物瑞等至。人氣已驗，論者猶疑。孝宣皇帝元康二年，鳳皇集於太山，後又集于新平。**漢書宣紀：「元康元年三月詔曰：『迺者鳳皇集泰山、陳留。』二年三月，以鳳皇、甘露集，賜吏民爵。」與此文異。又「集新平」，未詳。**四年，神雀集於長樂宮，或集于上林，**宣紀元康四年三月詔曰：「迺者神爵五采，以萬數，集長樂、未央、北宮、高寢、甘泉泰畤殿中，及上林苑。」三輔黃圖曰：「長樂宮，本秦之興樂宮也。」三輔舊事、宮殿疏皆曰：「興樂宮，秦始皇造，漢修飾之。周回二十里，前殿東西四十九丈七尺，兩序中三十五丈，深十二丈。」**九真獻麟。**宣紀神爵元年詔：「迺元康四年，九真獻奇獸。」即此。注詳講瑞篇。**神雀二年，鳳皇、甘露降集京師。**宣紀神爵二年春二月詔曰：「迺者正月乙丑，鳳皇、甘露降集京師，羣鳥從以萬數。」**四**

〔一〕「祀」，原本作「禮」，據後漢書改。

年，鳳皇下杜陵及上林。宣紀：「冬十月，鳳皇十一集杜陵。十二月，鳳皇集上林。」五鳳三年，帝祭南郊，神光並見，或興子（于）谷，燭耀齋宮，十有餘日（刻）。吳曰：此文應據宣紀改「子」爲「于」，改「日」爲「刻」。師古曰：燭亦照也。刻者，以漏言時也。明年，祭后土，靈光復至，至如南郊之時。按：云「明年」，則五鳳四年也，宣紀無此事。下文云：「其年三月，鸞鳳集長樂宮東門中樹上。」宣紀在五鳳三年。據此文則在四年，亦與漢書異。甘露、神雀降集延壽萬歲宮。宣紀未見。秦、漢瓦當文字載有「延壽萬歲」瓦當，即此宮物也。或以爲萬歲殿或延壽觀瓦，據此文足證其非。其年三月，鸞鳳集長樂宮東門中樹上。宣紀在五鳳三年。彼文云：「三月辛丑，鸞鳳集長樂宮東闕中樹上，飛下止地，文章五色，留十餘刻，吏民並觀。」講瑞篇亦作「門中」。甘露元年，黃龍至，見于新豐，宣紀云：「夏四月。」醴泉滂流。宣紀甘露二年正月詔：「迺者黃龍登興，醴泉滂流。」是亦述去年事也。彼鳳皇雖五六至，注指瑞篇。或時一鳥而數來，或時異鳥而各至，麒麟、神雀、黃龍、鸞鳥、甘露、醴泉，祭后土天地之時，神光靈耀，可謂繁盛累積矣。孝明時雖無鳳皇，亦致麟、甘露、醴泉、神雀、白雉、紫芝、嘉禾，盼遂案：「麟」上宜有「麒」字。恢國篇「孝明麒麟、神雀、甘露、醴泉、白雉、黑雉、芝草、連木、嘉禾」，有「麒」字。金出鼎見，離木復合。後漢書明帝紀：永平六年二月，王雒山出寶鼎，廬江太守獻之。十一年，漅湖出黃金，廬江太守以獻。時麒麟、白雉、醴泉、嘉禾，所在出焉。

十七年正月，甘露降於甘陵。是歲甘露仍降，樹枝內附，芝草生殿前，神雀五色，翔集京師。五帝、三王，經傳所載瑞應，莫盛孝明。如以瑞應效太平，宣、明之年，倍五帝、三王也。夫如是，孝宣、孝明，可謂太平矣。

能致太平者，聖人也，世儒何以謂世未有聖人？天之稟氣，豈爲前世者渥，後世者泊哉？周有三聖，文王、武王、周公，並時猥出。漢亦一代也，何以當少於周？周之聖王，何以當多於漢？漢之高祖、光武，周之文、武也。文帝、武帝、宣帝、孝明、今上，今上，章帝。下同。過周之成、康、宣王。非以身生漢世，可褒增頌歎，以求媚稱也。核事理之情，定說者之實也。

俗好褒遠稱古，講瑞上世爲美，論治則古王爲賢，以文例求之，「瑞」下疑脱「則」字。睹奇於今，終不信然。使堯、舜更生，恐無聖名。獵者獲禽，觀者樂獵，不見漁者，之心不顧也。「之」疑是「人」字之誤，「顧」當作「願」，並形誤也。言觀獵者，見其獲禽，則好之。不見漁者，則不知其能得魚，故人心不願也。下文：「觀於齊不虞魯，遊於楚不懽宋。」不虞、不懽、不願，義並同。又下文：「遊齊、楚不願宋、魯也。」並其證。盼遂案：「之」字衍文。下文有「觀獵不見漁」句，則此文當解爲觀者所以樂獵而不見漁者，以其心不願也。是故觀於齊不虞魯，「虞」讀「娱」。遊於楚不懽宋。唐、虞、夏、殷，同載在二尺四寸，二尺四寸，經簡也。注詳謝短篇。儒者推讀，朝夕講習，盼遂案：「推」疑爲「㨨」之誤。方言十三：「抽，讀也。」「抽」與「㨨」同字，與「推」字形近致誤。不見漢書，謂漢劣不若。亦觀獵不見漁，游齊、楚不願宋、魯也。使漢有弘文之人，經傳漢事，則尚書、春秋也。儒者宗之，學者習之，將襲舊六爲七，史記司馬相如傳載封禪文曰：「雜薦紳先生之略術，使獲耀日月之末光絶炎，以展采錯事，猶兼正列其義，校飭厥文，作春秋一藝，將襲舊六爲七，攄之無窮。」集解：「春秋者，正天時，列人事，諸儒既得展事業，因兼正天時，列人事，敍述大義爲一經。」「今漢書增一，仍舊六爲七也。」爲此文所本。今上上王至高祖，孫曰：「王」字即「上」字之誤而衍。皆爲聖帝矣。觀杜撫、班固等所上漢頌，後漢書儒林傳：「杜撫字叔和。」班固傳：「肅宗雅好文章，每行巡守，固輒獻上賦頌。」頌功德符瑞，汪濊深廣，滂沛無量，踰唐、虞，入皇域。

三代隘辟，厥深洿沮也。「殷監不遠，在夏后之世。」見詩大雅蕩篇。且舍唐、虞、夏、殷，近與周家斷量功德，實商優劣，周不如漢。何以驗之？

周之受命者，文、武也，漢則高祖、光武也。文、武受命之降怪，不及高祖、光武初起之祐。孝宣、明之瑞，「明」上當有「孝」字。美於周之成、康、宣王。孝宣、孝明符瑞，唐、虞以來，可謂盛矣。今上即命，奉成持滿，四海混一，天下定寧。物瑞已極，人應訂隆。盼遂案：「訂隆」當是「斯隆」之誤。「斯」字草書作「[illegible]」，因誤作「訂」。唐世黎民雍熙，潛夫論本政篇：「稷、禼、皋陶聚，而致雍熙。」後漢書方術傳第五倫令班固爲文薦謝夷吾曰：「臣聞堯登稷、契，政隆太平；舜用皋陶，政致雍熙。」今亦天下脩仁，歲遭運氣，穀頗不登，明雩篇云：「建初孟年，北州連旱。」蓋即此。恢國篇、須頌篇并云：「建初孟年，無妄氣至。」即所謂運氣也。盼遂案：「穀頗不登」者，穀無不登也。漢人「頗」字多用作稍少之義，獨仲任常用爲鮮少之義。本篇而外，如論死篇：「能使滅灰更爲然火，吾乃頗疑死人能復爲形。」「頗疑」即「無疑」也。「穀頗不登」，與下句「迴路無絶道之憂，深幽無屯聚之姦」，正同一語法矣。「頗」亦「無」也。迴路無絶道之憂，深幽無屯聚之姦。周家越常獻白雉，注異虚篇。方今匈奴、善鄯、哀牢貢獻牛馬。周時僅治五千里内，注藝增篇。漢氏廓土，收（牧）荒服之外。「收」當作「牧」，形近而誤。别通篇云：「漢氏廓土，牧萬里之外。」漢書王莽傳：「漢家地廣二帝三王，廓土遼遠，州牧行部，遠者三萬餘里。」注服虔曰：「唐、虞及周，要服之内方七千里，夏、殷方三千里，漢地南北萬三千里。」牛馬珍於白雉，近屬不若遠物。古之〔二〕戎狄，今爲中國；古之躶人，今被朝服；玉藻鄭注：「朝服，冠玄端素裳也。」古之露首，今冠章甫；章甫，殷冠也。古之跣跗，今履商（高）舄。吴曰：「商」當作「高」，形近之譌也。超奇篇有吴君商，孫詒讓據

〔二〕「古之」二字原本脱，據通津草堂本補。

案書篇改「商」爲「高」，是也。此文誤與彼同。王莽好高冠厚履。杜氏幽求亦有「高冠厚舄」之語。（見御覽六九七引。）「高」、「厚」義同。盼遂案：「商」疑「絇」之誤。禮書言絇履者多矣。後漢書明帝紀「帝及公卿列侯始服冠冕衣裳玉佩絇屨以行事」，明後漢崇絇舄矣。以盤石爲沃田，以桀暴爲良民，夷埳坷爲平均，化不賓爲齊民，不賓，謂不賓服者。淮南原道篇注：「齊於凡民，故曰齊民。」俶真訓注同。漢書如淳注：「齊，等也，無有貴賤，謂之齊民。」非太平而何？

夫實德化則周不能過漢，論符瑞則漢盛於周，度土境則周狹於漢，漢何以不如周？獨謂周多聖人，治致太平？儒者稱聖泰隆，使聖卓而無跡；廣雅：「踔，絶也。」卓、踔聲義同。稱治亦泰盛，使太平絶而無續也。

# 恢國篇

須頌篇曰：「恢國之篇，極論漢德非徒實然，乃在百代之上。」盼遂案：篇首云：「恢論漢國，在百代之上，審矣。」

顏淵喟然歎曰：「仰之彌高，鑽之彌堅。」見論語子罕篇。此言顏淵學於孔子，積累歲月，見道彌深也。宣漢之篇，高漢於周，擬漢過周，論者未極也。「者」猶「之」也。恢而極之，彌見漢奇。夫經熟講者，要妙乃見；國極論者，恢奇彌出。恢論漢國，在百代之上，審矣。何以驗之？

黃帝有涿鹿之戰；史記五帝紀：「黃帝與炎帝戰於阪泉，與蚩尤戰於涿鹿。」刑法志：「黃帝有涿鹿之戰，以定火災。」注謂「炎帝火行」。賈子新書制不定篇：「黃帝行道，而炎帝不聽，故戰涿鹿之野。」梁履繩左通補釋（僖二十五年。）曰：以涿鹿即阪泉，非也。當以史記爲定。蚩尤乃神農時諸侯，（本莊子釋文。）與炎帝之後自別。故秦策：「黃帝伐涿鹿而禽蚩尤。」莊子盜跖篇：「黃帝與蚩尤戰於涿鹿之野。」可證。堯有丹水之師；舜時有苗不服；夏啓有扈叛逆；書序：「啓與有扈戰於甘之野。」呂氏春秋先己篇：「夏后伯啓（舊本誤作夏后相，孫星衍今古文尚書注疏謂即伯禹，非。）與有扈戰於甘澤而不勝。」淮南齊俗訓：「昔有扈氏爲義而亡。」

注：「有扈，夏啓之庶兄也。以堯、舜與賢，禹獨與子，故伐啓，啓亡之。」史夏本紀：「有扈不服，啓伐之。」諸説並謂啓伐之也。墨子明鬼篇引夏書禹誓曰：「大戰於甘，誓於中軍，曰：『有扈氏威侮五行，怠棄三正，予共行天之罰。』」吕氏春秋召類篇：「禹攻曹、魏、屈驁、有扈以行其教。」説苑政理篇：「昔禹與有扈氏戰。」此則謂禹伐之也。蓋舊説有二，此則取前説。高宗伐鬼方，三年剋之；易既濟九三爻辭。鬼方，或謂在南方，或謂西方，或謂北方，今不能定。沈濂懷小編二曰：「西南北三方荒遠之夷，無不可被以鬼方之名，自不必專屬一方。」此説甚通。周成王管、蔡悖亂，周公東征。史記：「管、蔡、武庚等，果率淮夷而反，周公乃奉成王命，興師東伐。」前代皆然，漢不聞此。高祖之時，陳豨反，彭越叛，治始安也。史記高紀：十年，趙相國陳豨反代地。十一年，梁王彭越謀反，廢遷蜀，復欲反。孝景之時，吳、楚興兵，怨鼂錯也。史記景帝紀：「三年，吳王濞、楚王戊反，發兵西鄉。」鼂錯傳：「錯請諸侯之罪過，削其地，收其枝郡。諸侯皆諠譁疾錯，吳、楚七國反，以誅錯爲名。」匈奴時擾，正朔不及，天荒之地，王功不加兵，今皆内附，貢獻牛馬。此則漢之威盛，莫敢犯也。

紂爲至惡，天下叛之。武王舉兵，皆願就戰，語增篇云：「武王有八百諸侯之助。」此文謂助武王戰，非謂就紂戰，疑此文原作「皆願助戰」。八百諸侯，不期俱至。項羽惡微，號而用兵，而、能古通。盼遂案：論言項羽之惡微小，而羽又號能用兵也。俗讀爲一句者，誤也。

與高祖俱起，威力輕重，未有所定，則項羽力勁。折鐵難於摧木。高祖誅項羽，折鐵；武王伐紂，摧木。然則漢力勝周多矣。凡克敵，一則易，二則難。湯、武伐桀、紂，一敵也；高祖誅秦殺項，兼勝二家，力倍湯、武。武王爲殷西伯，臣事於紂。以臣伐周，齊曰：「周」當作「君」，形近又涉上下文「周」字而誤。夷、齊恥之，扣馬而諫，武王不聽，不食周粟，餓死首陽。見史記伯夷傳。高祖不爲秦臣，光武不仕王莽，誅惡伐無道，無伯夷之譏，可謂順於周矣。

丘山易以起高，淵洿易以爲深。起於微賤，無所因階者難；襲爵乘位，尊祖統業者易。堯以唐侯入嗣帝位，注吉驗篇。舜以司徒因堯授禪，淮南齊俗訓：「堯之治天下也，舜爲司徒。」堯典曰：「愼徽五典。」皮錫瑞曰：「鄭注云：『五典，五教也，蓋試以司徒之職。』是也。」禹以司空緣功代舜，堯典：「伯禹作司空。」尚書刑德放曰：「禹長於地理水泉九州，得括地象圖，故堯以爲司空。」湯由七十里，文王百里，武王爲西伯，襲文王位。三郊孫曰：文選陸佐公石闕銘注引作「文王百里爲西伯，武王襲文王」是也。暉按：上文亦有「武王爲殷西伯」句。「襲文王位」，程本作「襲承帝位」。宋本同此。「三郊」字誤。盼遂案：唐蘭云：「三郊二字衍文。」五代之起，皆有因緣，力易爲也。高祖從亭長泗上亭長。提三尺劍取天下，光武由白水袁山松後漢書：（御覽九十。）「世祖以渺渺之胤，起於白水之濱。」東觀漢記云：「光武皇考封南陽之白水鄉。」水經淯水注：「白水北有白水陂，其陽有光武故宅，所謂白水鄉。」奮威武〔帝〕海内，孫曰：類聚十二引作「帝海内」，有「帝」字，「海内」不屬下爲句，義較長。暉按：當据補「帝」字。「帝海内」與「取天下」相對爲文。無尺土所因，一位所乘，直奉天命，推自然。此則起高於淵洿，爲深於丘山也。比方五代，孰者爲優？

傳書或稱武王伐紂，太公陰謀，書鈔一一四、御覽三百十六、又八七〇、又九八五引並作「太公陰謀書稱：（御覽三一六、又九八五無「稱」字。）武王伐紂」，無「傳書或稱」四字，疑是。此事蓋出太公陰謀也。語增篇正謂出陰謀之書。但據意林、御覽四九四引，則今本不誤，未能諟定。食小兒以丹，令身純赤，長大，教言殷亡。殷民見兒身赤，以爲天神，及言殷亡，皆謂商滅。兵至牧野，晨舉脂燭。通典引衛公兵法守城門篇云：「脂油燭炬，燃燈秉燭，用備非常。」姦謀惑民，權掩不備，惑民，謂食小兒丹。權掩不備，謂掩人不備也。周之所諱也，世謂之虛。漢取天下，無此虛言。武成之篇，言周伐紂，血流浮杵。注語增篇。以武成言之，食兒以丹，晨舉脂燭，殆且然矣。漢伐亡新，光武將五千人，王莽遣二公將三萬人，戰于昆陽，俞曰：二公者，王莽大司徒王尋、大司空王邑也。袁宏後漢紀載此事，亦屢言二公，殆由東漢時侈言光武昆陽之戰，以爲美談，人所熟習，故於尋、邑止言二公，不舉其名也。暉按：王莽傳云：「邑與司徒尋過昆陽，昆陽時已降漢，漢兵守之。嚴尤、陳茂與二公會，二公縱兵圍昆陽。」蔡邕光武濟陽宮碑：「帝乃龍見白水，淵躍昆、滍，破前隧之衆，殄二公之師。」此「二公」并謂尋、邑也。盼遂案：「三」當爲「百」之壞字。後漢書光武紀：「莽遣王尋、王邑將兵百萬，其甲士四十二萬。」雷雨晦冥，前後不相見。漢兵出昆陽城，擊二公軍，一而當十，二公兵散。錢、黄、王、崇文本作「敗」。朱校元本同此。東觀記：「帝選精兵三千人，從城西水上奔陣，尋、邑兵大奔北，於是殺尋。而昆陽城中兵亦出，中外並擊。會天大雷風，暴雨下如注，水潦成川，滍水盛溢，邑大衆遂潰，赴水溺死者以數萬。」天下以雷雨助漢威敵，孰與舉脂燭以人事謫取殷哉？

或云：「武王伐紂，紂赴火死，武王就斬以鉞，懸其首於大白之旌。」逸周書克殷解：「武王既以虎賁戎車馳商陣，商師大敗，商辛奔内，登於廪臺之上，屏遮而自燔於火。武王乃手太白，以麾諸侯，遂揖之。武王先入，適王所，乃剋射之，三發而後下車，斬之以黄鉞，折懸諸太白。適二女之所，乃既縊，王又射之。」荀子正論篇、解蔽篇亦見此事，云：「縣之赤旆。」楊注：禮記明堂位説旗曰：「殷之大白，周之大赤。」則史記云「懸之太白旗」，非是。齊宣王憐釁鍾之牛，睹其色之觳觫也。見孟子梁惠王篇。趙注：「觳觫，牛當到死地處恐貌。」新鑄鐘，殺牲以血塗其釁郄，因以祭之，曰釁。」廣雅釋詁曰：「⿰歹角殐，死也。」楚莊王赦鄭伯之罪，盼遂案：東漢避明帝諱「莊」之字曰「嚴」。此宜作楚嚴王，而後人回改之。見其肉袒而形暴也。鄭伯，襄公。事見左宣十二年傳。君子惡〔惡〕，不惡其身。吴曰：此文當作：「君子惡惡，不惡其身。」各本誤脱一「惡」字。紂尸赴於火中，所見悽愴，非徒色之觳觫，袒之暴形也。就斬以鉞，懸乎其首，何其忍哉？高祖入咸陽，閻樂誅二世，項羽殺子嬰，高祖雍容入秦，不戮二屍。光武入長安，劉聖公已誅王莽，東觀漢記曰：「劉玄，字聖公，光武族兄也。」漢書王莽傳曰：「莽之漸臺，商人杜吴殺之。」乘兵即害，不刃王莽之死。先孫曰：死、尸通。不刃，謂不戮尸也。元本作「不忍」，非。夫斬赴火之首，與貫被刃者之身，德虐孰大也？豈以羑里之恨哉？紂拘文王於羑里。以人君拘人臣，其逆孰與秦奪周國、莽酖平帝也？注語增篇。鄒伯奇論桀、紂之惡不若亡秦，亡秦不若王莽。注感類篇。然則紂惡微而周誅之痛，秦、莽罪重而漢伐之輕，寬狹誰也？

高祖母妊之時，蛟龍在上，夢與神遇。注吉驗篇。好酒貫（貰）飲，錢、王、黄、崇文本作「貰飲」，是。吉驗篇亦云「貰酒」。盼遂案：「貫」當爲「貰」，形近而誤。漢書高帝紀：「高祖好酒及色，常從王媪、武負貰酒。」顔注：「貰，賒也。」此論所本。酒舍負讎。「負」讀「倍」。吉驗篇曰：「酒售數倍。」史高紀集解如淳曰：「讎亦售。」索隱曰：「既貰飲，且讎其數倍價。」按此文，知小司馬説非。盼遂案：「負」古音如「倍」，恒與「倍」通用。此「負讎」即史記高祖紀所謂「每酤留飲，酒讎數倍」也。及醉留卧，其上常有神怪。夜行斬虵，虵嫗悲哭。與吕后俱之田盧，時自隱匿，光氣暢見，呂后輒知。始皇望見東南有天子氣。亦見吉驗篇。及起，五星聚於東井。史記天官書曰：「漢之興，五星聚於東井。」又陳餘傳甘公曰：「漢王之入關，五星聚東井之時，東井者，秦分也，先至必王。」漢書高紀應劭注：「東井，秦之分野，五星所在，其下當有聖人以義取天下。」占見天文志。楚望漢軍，雲氣五色。注吉驗篇。光武且生，鳳皇集於城，嘉禾滋於屋。皇妣之身，讀作「傛」。夜半無燭，空（宮）中光明。「空」，類要九引作「宮」，是也。吉驗篇：「室內自明。」初禀篇：「內中光明。」水經濟水注：「光明照室。」宮，濟陽宮也。初者，蘇伯阿望舂陵氣，鬱鬱葱葱。光武起，過舊廬，見氣憧憧上屬於天。並注吉驗篇。五帝三王初生始起，不聞此怪。堯母感於赤龍，注奇怪篇。及起，不聞奇祐。禹母吞薏苡，注奇怪篇。將生（王），得玄圭。類要九引「生」作「王」，是。玉海二百引誤同。諸書無禹生得玄圭說。禹貢：「禹錫玄圭，告厥成功。」夏本紀：「帝錫禹玄圭，告成功於天下。」即此云「將王得玄圭」也。僞孔傳、史記正義並謂帝堯賜之。按此以爲瑞應，則謂天也。尚書旋機鈐曰：「禹開龍門，導積石，玄珪出，刻曰：延喜王受德，天賜佩。」鄭注：「禹功既成，天出玄圭賜之，占者以德佩，禹有治水之功，故天佩以玄玉。」魏曹植畫贊曰：「天錫玄圭，奄有萬邦。」并同此說。皮錫瑞曰：或以爲帝錫，蓋三家尚書不同。契母咽鷰子，注奇怪篇。湯起，白狼銜鉤。尚書璇璣鈐曰：「湯受金符帝籙，白狼銜鉤入殷朝。」（類聚十二。）田俅子曰：「商湯爲天子都於亳，有神手牽白狼，口銜金鉤而入湯庭。」（類聚九九。）帝王世紀曰：「湯時有神牽白狼銜鉤入殷朝者，乃東觀沉璧於洛，獲黄魚黑玉之瑞，於是始受命稱王。」（合璧事類七。）抱朴子對俗篇：「白狼知殷家之興。」后稷母履大人之跡，注奇怪篇。文王起，得赤雀，武王得魚、烏。注初禀篇。皆不及漢太平之瑞。

黄帝、堯、舜，鳳皇一至。注講瑞篇。凡諸衆瑞，重至者希。漢文帝黄龍、十五年見成紀。玉棓（栝）。先孫曰：驗符篇亦云：「文帝之時玉棓見。」「棓」當作「栝」，即「杯」字也。（山海經海内北經：「蛇巫之山有人操柸。」郭注云：「柸或作棓，字同。」彼以「柸」爲「棓」，與此以「棓」爲「杯」同。）文帝十六得玉杯，事見漢書文帝紀、郊祀志。暉按：玉海二百引作「玉栝」。武帝黄龍、麒麟、連木。元狩元年，獲白麟。連木，即終軍傳所云「衆枝内附」者。宣帝鳳皇五至，麒麟、神雀、甘露、醴泉、黄龍、神光。并見宣漢篇。平帝白雉、黑雉。元始元年，越裳重譯，獻白雉一，黑雉二。孝明麒麟、神雀、甘露、醴泉、白雉、黑雉、芝草、連木、嘉禾，與宣帝同，奇有神鼎、黄金之怪。並注宣漢篇。一代之瑞，累仍不絕，此則漢德豐茂，故瑞祐多也。孝明天崩，今上嗣位，元二之間，嘉德布流。「元二」謂建初元年二年。後漢書鄧騭傳：「時遭元二之災，人士荒饑，死者相望。」陳忠傳：「自帝即位以後，頻遭元二之戹。」楊孟文碑：「中遭元二，西戎虐殘。」孔耽碑：「遭元二轗軻，人民相食。」并謂元年二年也。鄧騭傳注謂

「元二即元元」，失之。建初元年二年，兗、豫、徐三州牛疫大旱，詔書數下，免三州租芻。以見穀，賑給貧民。其各實覈尤貧者，計所貸并與之。又以上林池籞田賦與貧民。並見章帝紀。故曰：「元二之間，嘉德布流。」左暄三餘偶筆八曰：「元二乃指運數之災戹而言。」章懷以爲元元固非，容齋以爲元年二年，亦恐不然。元二謂一元中，次二之戹也。」按此文，從容齋説爲妥。**三年，零陵生芝草五本。**章帝紀：「建初三年，零陵獻芝草。」餘見驗符篇。王本改「元二」爲「元年」，「三年」爲「二年」。崇文本因之，非也。朱校元本、程、何、錢、黄各本并與此本同。**四年，甘露降五縣。**章帝紀：「甘露降泉陵、洮陽二縣。」注：「二縣屬零陵郡。」驗符篇亦云：「降五縣。」**五年，芝復生六年（本），**吴曰：「六年」當作「六本」。「芝復生六本」爲句。三年生芝五本，五年復生六本，故下云「十一芝累生」也。驗符篇云：「建初三年，零陵生芝草五本，五年復生六本，並前凡十一本。」與此篇及後漢書章帝紀並相應。今作「六年」，沿譌之甚者。容齋隨筆卷五引論衡亦作「六年」，則宋本已誤矣。（王楙野客叢書卷十轉引容齋隨筆誤同。）**黄龍見，大小凡八。**孫曰：黄龍事，詳驗符篇。後漢書章帝紀：「建初五年，有八黄龍見於泉陵。」注引伏侯古今注云：「見零陵泉陵湘水中，相與戲，其二大如馬，有角。六枚，大如駒，無角。」**前世龍見不雙，芝生無二，甘露一降，而今八龍並出，十一芝累生，甘露流五縣，德惠盛熾，故瑞繁夥也。自古帝王，孰能致斯？**

儒者論曰：「王者推行道德，受命於天。」論衡初秉（稟）以爲王者生稟天命。「秉」，宋本作「稟」，朱校同，當據正。前初稟篇也。性命難審，且兩論之。酒食之賜，一則爲薄，再則爲厚。如儒者之言，五代皆一受命，唯漢獨再，此則天命於漢厚也。如審論衡之言，生稟自然，此亦漢家所稟厚也。絶而復屬，死而復生。世有死而復生之人，人必謂之神。漢統絶而復屬，光武存亡，可謂優矣。

武王伐紂，庸、蜀之夷，佐戰牧野。牧誓曰：「及庸、蜀、羌、髳、微、盧、彭、濮人。」馬曰：「武王所率，將伐紂也。」左文十六年傳：「庸人叛楚。」杜注：「庸，今上庸縣。」王鳴盛曰：「晉上庸，今爲湖北鄖陽府房縣，其地在江之北，漢之南。」華陽國志曰：「蜀世爲侯伯，歷夏、商、周，武王伐紂，蜀與焉。其地東接於巴，南接於越，北與秦分，西奄峨、嶓。」成王之時，越常獻雉，倭人貢暢。注異虚篇。幽、厲衰微，戎、狄攻周，平王東走，以避其難。至漢，四夷朝貢。孝平元始元年，越常重譯，獻白雉一，黑雉二。夫以成王之賢，輔以周公，越常獻一，平帝得三。後至四年，金城塞外，羌良橋橋種良願等，獻其魚鹽之地，願内屬漢，遂得西王母石室，因爲西海郡。孫曰：「羌良橋橋種良願等」句，文有譌衍。據王莽傳校之，「羌良」之「良」，疑涉「良願」而衍。「橋」蓋「豪」字之誤，「豪」誤爲「喬」，又改作「橋」耳。下一「橋」字衍。「種」字疑在「等」字之下。原文疑當作：「羌豪良願等種。」王莽傳云：「平憲奏言：羌豪良願等種，人口可萬二千人，願爲内臣，獻〔二〕鮮水海、允谷鹽池。莽奏請受良願等所獻地爲西海郡。」又地理志：金城郡臨羌注：「西北至塞外，有西王母石室、僊海、鹽池。」暉按：書鈔三一引此文「羌」下有「人」字，「橋橋」作「橋橋」，義亦難通。疑當從孫校。地理志金城郡注：「昭帝始元六年置，莽曰西海。」臨羌縣，師古注：闞駰曰：「西有卑和羌，即獻王莽地爲西海郡者。」平帝紀元始四年冬置西海郡，與此同。莽傳在五年。**周時戎、狄攻王，至漢内屬，獻其寶地。西王母國在絶極之外，而漢屬之。德孰大？壤孰廣？方今哀牢、鄯善、諾（婼）降附歸德。**吴曰：「諾」當作「婼」。西域傳：「出陽關自近者始曰婼羌。」師古曰：音而遮反。盼遂案：西域傳：「婼羌。」孟康曰：「婼音兒。」又案：婼羌，後漢時無單稱「婼」者，疑此下仍當有「羌」字。**匈奴時擾，遣將攘討，獲虜生口千萬數。夏禹倮入吴國。**注問孔篇。**太伯採藥，斷髮文身。**注初禀、譴告篇。**唐、虞國界，吴爲荒服，越在九夷，罽衣關頭，**説文：「𦇧，西胡毳布也。」爾雅釋言：「氂，罽也。」禹貢疏引舍人注：「氂謂毛罽也。胡人績羊毛作衣。」「𦇧」通「罽」，一作「罽」。**今皆夏服，褒衣履舄。巴、蜀、越嶲、鬱林、日南、遼東、樂浪，**郡國志：「巴郡，秦置，雒陽西三千七百里。蜀郡，秦置，雒陽西三千一百里。越嶲郡，雒陽西四千八百里。鬱林郡，雒陽南六千

〔二〕「獻」字原本脱，據漢書王莽傳補。

四百一十里。日南郡，雒陽南萬三千四百里。遼東郡，秦置，雒陽東北三千六百里。樂浪郡，雒陽東北五千里。」地理志：「越嶲郡，武帝元鼎六年開。鬱林郡，故秦桂林郡，屬尉佗，武帝元鼎六年開，更名。日南郡，故秦象郡，武帝元鼎六年開，更名。樂浪郡，武帝元封三年開。」應劭注：「故朝鮮國。」周時被髮椎髻，今戴皮弁；周時重譯，今吟詩、書。

春秋之義，君親無將，將而必誅。公羊莊三十二年、昭元年傳並有此文。將，將爲逆弒。「而」猶「則」。廣陵王荊迷於孽巫，楚王英惑於狹（俠）客，孫曰：「狹」當作「俠」。事見後漢書光武十王列傳。事情列見，孝明三宥，二王吞藥。周誅管、蔡，違斯遠矣！楚外家許氏與楚王謀議，孝明曰：「許民（氏）有屬於王，欲王尊貴，人情也。」孫曰：「許民」當作「許氏」，崇文本改作「氏」，是也。後漢書楚王英傳制詔許太后曰：「諸許願王富貴，人情也。」聖心原之，不繩於法。隱彊侯傅〔一〕懸書市里，誹謗聖政；今上海思（恩），犯奪爵土。孫曰：後漢書樊陰傳：「永平元年詔，以汝南之鮦陽，封興子慶爲鮦陽侯，慶弟博爲濦彊侯，博弟員、丹並爲郎。」袁宏紀云：「建初元年三月丙午，博坐驕溢，免爲庶人。四月丙戌，詔復封興子員爲濦彊侯。」又按：「海思」無義，元本「思」作「恩」，是也。海恩，謂封員嗣祀陰氏也。暉按：朱校

〔一〕「傅」，原本作「傳」，形近而誤，今改。

元本亦作「海恩」。又「犯」作「免」，亦較今本義長。盼遂案：「思」當從元本作「恩」。「犯」疑爲「弗」，音近而誤。上文「聖心原之，不繩於法」，與此文一例。**惡其人者，憎其肙餘。**說苑貴德篇：「太公曰：憎其人，惡其餘胥。」「肙」即「胥」字。（累害篇：「取子肙之誅。」天啓本作「子胥」。）王本作「貴」，崇文本作「屋」，並非也。趙氏寶甓齋札記曰：「尚書大傳周傳牧誓篇云：（暉按：盧輯入武成。）『太公曰：臣聞之也，愛人者，兼其屋上之烏；不愛人者，及其肙餘。』鄭注：『肙餘，里落之壁。』董豐坦曰：杜詩箋引尚書大傳：『憎其人者，憎其儲胥。』丁小疋云：萬花谷前集才德引六韜作『余胥』。說苑作『餘胥』。坦案：作『儲胥』者近是。長安志圖中漢瓦有曰：『儲胥未央。』（當云「未央儲胥」。此漢未央宮瓦。）蓋士人謂瓦爲『儲胥』。鄭注以爲里落之壁，『壁』與『甓』古字通，甓爲瓴，亦得爲瓦。」**立二王之子，安楚、廣陵，**後漢書明帝紀：「永平十四年，封故廣陵王荆子元壽爲廣陵侯。」楚王英傳：「建初二年，封英子楚侯、种五弟皆爲列侯。」**彊弟員嗣祀陰氏。**孫曰：當作「隱彊弟員」。或即作「傅弟員」。「彊」字涉上下「隱彊」而誤。（又按：「傅」，袁、范書並作「博」，東觀記作「傳」，殊難正定。今但從本書。）**二王，帝族也，位爲王侯，與管、蔡同。管、蔡滅嗣，二王立後，恩已褒矣。隱彊，異姓也，尊重父祖，復存其祀。立武庚之義，繼禄父之恩，**尚書大傳曰：「武王殺紂，立武庚而繼公子禄父。」（據詩邶、鄘、衛譜疏引。豳風破斧疏、左定四年傳疏引，皆無「立武庚」三字。乃後人不知武庚、禄父爲二人而誤刪之。）此以武庚、禄父爲兩人，用大傳之説。大傳周傳洪範篇鄭注：「武庚字禄父，紂子也。」鄭古文説，故不同。白虎通姓名篇：「禄甫元名武庚。」亦以爲一人。皮錫瑞曰：班氏蓋用夏侯説，與仲任用歐陽義不同。方斯羸矣。方，比也。何則？並爲帝王，舉兵相征，貪天下之大，絶成湯之統，非聖君之義，失承天之意也。隱彊，臣子也，漢統自在，絶滅陰氏，無損於義，而猶存之，惠滂沛也。故夫雨露之施，内則注於骨肉，外則布於他族。唐之晏晏，堯典：「欽明文思安安。」今文作：「欽明文塞晏晏。」後漢書馮衍傳顯志賦曰：「思唐、虞之晏晏。」崔瑗司隸校尉箴曰：「昔唐、虞晏晏。」馮衍傳注考靈耀曰：「放勛欽明文思（段玉裁曰：當作「塞」。）晏晏。」鄭注：「道德純備謂之塞，寬容覆載謂之晏。」説文日部：「晏，天清也。」爾雅釋訓：「晏晏，温和也。」釋名釋言語篇：「安，晏也，晏晏然和喜無動懼也。」江聲曰：「天地惟清晏和柔，故能覆載萬物，故寬容覆載謂之晏，言堯德之大，與天地同。」舜之烝烝，堯典：「父頑，母嚚，象傲克諧，（句。）以孝烝烝，（句。）艾不格姦。」（從王引之讀。）王引之曰：「烝烝，言孝德之厚美也。」僞孔以「烝烝艾」句，訓「烝」爲進，非。説詳經義述聞卷三、皮氏今文尚書考證。豈能踰此？驩兜之行，靖言庸回，盼遂案：尚書堯典作「静言」，史記釋作「善言」。「靖言」亦「善言」也。王氏廣雅疏證一：「竫〔一〕，善〔二〕也。」云：「韓詩曰：『東門之栗，有靖家室。』靜，善也。史記秦紀云：『賜謚爲竫公〔三〕。』襄公十年左傳云：『單靖公爲卿士。』竫、靖、靜並通。書盤庚『自作弗靖』，亦謂『弗善』也。」今書作「靜言庸違」，「違」亦「回」也。**共工私之，稱薦於堯。**堯典：「帝曰：『疇？咨！若予采？』驩兜曰：『都！共工方鳩僝功。』帝曰：『吁！靜言庸違。』」靜、靖同。漢書王尊傳，湖三老公乘興等上書曰：「靖言庸違。」皮錫瑞曰：「靖言，巧言也。」「回」、「違」古通。段玉裁曰：「左氏春秋云：『靖譖庸回。』即『靖言庸違』也。回，邪也。」庸，用也。史記五帝紀：「共工善言，其用僻。」善言即巧言。僻，謂其行邪僻。案：此文謂驩兜之行，與尚書適反。皮錫瑞曰：「驩兜、共工互易，乃不可通，蓋傳寫之誤。」**三苗巧佞之人，**注答佞篇。**或言有罪之國。**書舜典釋文馬、王云：「三苗，國名也。」左昭元年傳：「自古諸侯不用王命者，虞有三苗，夏有觀扈。」國策吴起對魏文侯曰：「三苗之國，左洞庭而右彭蠡。」并以爲國。**鯀不能治水，知力極盡。**洪範：「鯀陻洪水。」堯典：「九載績用弗成。」**罪皆在身，不加於上，唐、虞放流，死於不毛。**堯典：「流共工於幽州，放驩兜於崇山，竄三苗於三危，殛鯀於羽山。四罪而天下咸服。」楚辭天問王

〔一〕「竫」，原本作「靖」，據廣雅疏證改。
〔二〕「善」下原本有「言」字，據廣雅疏證删。
〔三〕「竫」，原本作「靖」，據廣雅疏證改。

注：「堯長放鯀於羽山，絶在不毛之地。」鄭玄曰：（舜典疏。）「舜不刑此四人者，以爲堯臣，不忍刑之。」又云：「流四凶者，卿爲伯子，大夫爲男，降其位耳，猶爲國君。」後漢書朱浮傳樊儵言於帝曰：「唐堯大聖，兆人獲所，尚優游四凶之獄，厭服海内之心，使天下咸知，然後殛罰。」此云「罪皆在身，不加於上」，謂雖不加刑，而放流至死。怨惡謀上，懷挾叛逆，考事失實，誤國殺將，罪惡重於四子。謂四凶。孝明加恩，則論徙邊，後漢書明帝紀：「永平八年，詔三公募郡國中都官死罪繫囚，減罪一等，勿笞，詣度遼將軍營，屯朔方、五原之邊縣，妻子自隨，便占著邊縣。」今上寬惠，還歸州里。章帝紀：「建初元年詔，流人欲歸本者，郡縣其實稟，令足還到，聽過止官亭，無雇舍宿。長吏親躬，無使貧弱遺脱。」又：「二年，詔還坐楚、淮陽事徙者四百餘家，令歸本郡。」開闢以來，恩莫斯大？

晏子曰：「鉤星在房、心之間，地其動乎？」注變虚篇。夫地動，天時，非政所致。皇帝振畏，猶歸於治，廣徵賢良，訪求過闕。後漢書章帝紀：「建初元年三月甲寅，山陽、東平地震，詔求賢良。」高宗之側身，見異虚篇。周成之開匱，成王感雷雨之變，開金縢。勵（勴）能逮此。吴曰：「勵」當作「勴」，即「僅」之異文。記射義：「蓋勴有存者。」釋文云：「音勤，又音覲，少也。」暉按：吴説是也。朱校元本正作「勴」。盼遂案：「勵」當爲「勴」，字形之誤。「勴」于説文作「廑」，在广部，云：「少劣之居也。」

穀登歲平，庸主因緣，以建德政；顛沛危殆，聖哲優者，盼遂案：「者」當爲「著」字之誤也。乃立功化。是故微病恒醫皆巧，篤劇扁鵲乃良。建初孟年，無妄氣至，無妄注寒温篇。歲之疾疫也，比旱不雨，牛死民流，可謂劇矣。章帝紀：「永平十八年牛疫，京師及兗、豫、徐三州大旱。」建初元年詔曰：「比年牛多疾疫，墾田減，穀價頗貴，人以流亡。」皇帝敦德，俊乂在官，尚書皋陶謨文。中候曰：「文命盛德，俊乂在官。」孫星衍曰：「俊乂，謂大臣耆老也。」皮錫瑞曰：「俊，賢。艾，治也。」第五司空，股肱國維，第五，第五倫也。章帝紀：「永平十八年八月即帝位，十一月第五倫爲司空。」盼遂案：後漢書第五倫傳：「肅宗初立，代牟融爲司空，奉公盡節，言事無所依違。吏人奏記及便宜者，亦並封上。性質慤，少文采。在位以貞白稱，時人方之前朝貢禹。」此其股肱國維之事也。轉穀振贍，「振」，救也。「贍」，足也。民不乏餓，賑穀注見前。天下慕德，雖危不亂。民饑於穀，飽於道德，身流在道，心回鄉内，「鄉」讀「嚮」。以故道路無盜賊之跡，深幽迴絶無劫奪之姦。盼遂案：「深幽」當是「迴絶」之傍注，後人因以誤入正文，遂致文意複沓，又與上句不對。以危爲寧，以困爲通，五帝三王，孰能堪斯哉？

# 驗符篇

永平十一年，廬江皖侯國民際有湖。湖，濼湖也。孫曰：「民」字涉下句「皖民」而衍，太平廣記四百引無。皖民小男廣記引作「兒」。曰陳爵、陳挺，年皆十歲以上，相與釣於湖涯。挺先釣，爵後往。爵問挺曰：「釣寧得乎？」挺曰：「得！」爵即歸取竿綸。去挺四十步所，「四」，廣記作「三」。「所」讀「許」。見湖涯有酒罇，色正黃，没水中。爵以爲銅也，涉水取之，滑重不能舉。挺望見，號曰：「何取？」爵曰：「是有銅，不能舉也。」挺往助之，涉水未持，罇頓衍更爲盟盤，御覽八一一引作「樽更爲沉盤」。動行入深淵中，復不見。挺、爵留顧，見如錢等，正黃，數百千枝(枚)，孫曰：錢不得言「枝」，「枝」當作「枚」，形近之誤。事類賦九、太平廣記引并作「枚」。暉按：御覽引亦作「枚」，朱説同。即共掇擁，孫曰：事類賦、太平廣記引并作「掇摭」，是也。當據正。暉按：御覽引正作「掇擁」。各得滿手，走歸示其家。爵父國，故免吏，字君賢，驚曰：「安所得此？」爵言其狀。君賢曰：「此黃金也！」即馳與爵俱往。到金處，水中尚多。賢自涉水掇取。爵、挺鄰伍並聞，俱競採之，合得十餘斤。賢自言於相，皖侯國相。相言太守。太守遣吏收取。遣門下掾程躬奉獻，孫曰：太平廣記作「裕躬」。具言得金狀。孫曰：後漢書明帝紀：「永平十一年漅湖出黃金，廬江太守以獻。」即此事也。詔書曰：「如章則可。不如章，有正法。」躬奉詔書，歸示太守。太守以下，思省詔書，以爲疑隱，言之不實，苟飾美也，即復因却上得黃金實狀如前章。事寢。十二年，賢等上書曰：「賢等得金湖水中，郡牧獻，訖今不得直。」吴曰：「今」當作「金」。暉按：「今」字不誤。「獻」字句絶。獻金在去年，故云「訖今不得直」。詔書下廬江，上不畀賢等金直狀。郡上「賢等所採金，自官湖水，非賢等私瀆，故不與直」。十二年，詔書曰：盼遂案：「十二年」三字與上複，疑爲衍文。或「二」字爲「三」之誤。「視時金價，畀賢等金直。」漢瑞非一，金出奇怪，故獨紀之。金玉神寶，故出詭異。金物色□，先爲酒罇，後爲盟盤，動行入淵，豈不怪哉？「金物色」文不成義，「色」下疑脱「黃」字。此複述前事，上文「見湖涯有酒罇，色正黃」。

夏之方盛，遠方圖物，貢金九牧，禹謂之瑞，鑄以爲鼎。注儒增篇。周之九鼎，遠方之金也。謂禹鼎即周鼎，即九牧貢金。儒增篇云：「周鼎之金，遠方所貢，禹得鑄以爲鼎也。」人來貢之，自出於淵者，其實一也，皆起盛德，爲聖王瑞。禮斗威儀曰：「君乘金而王，其政平，則黃金見深山。」孫氏瑞應圖曰：「王者不藏金玉，則黃金見深山。」（並類聚八三引。）金玉

**之世，故有金玉之應。文帝之時，玉棓（桮）見。**注恢國篇。**金之與玉，瑞之最也。金聲玉色，人之奇也。永昌郡中亦有金焉，纖靡大如黍粟，**「如」，元本作「類」，朱校同。**在水涯沙中。**後漢書郡國志：「永昌郡博南縣南界出金。」華陽國志：「西山高三十里，越得蘭滄水，有金沙，洗取融爲金。」亦見水經若水注。纖靡如黍粟，正金沙狀也。**民採得，日重五銖之金，一色正黄。土生金，土色黄。漢，土德也，故金化出。金有三品，**禹貢：「揚州厥貢惟金三品。」疏引鄭曰：「三品者，銅三色也。」王肅、僞孔并云：「金、銀、銅也。」陳喬樅曰：「鄭以金三品爲銅色，當是今文家説。三色者，蓋青白赤也。」按此文，則謂黄金、白金、赤金，非如鄭説銅三色也。漢書食貨志曰：「金有三等：黄金爲上，白金爲中，赤金爲下。」注：孟康曰：「白金，銀也。赤金，丹陽銅也。」爾雅釋器亦以銀爲白金，與仲任説合。孟堅、仲任并習今文，王肅治古文，而其説相同，蓋王肅於鄭氏，有意求異，故襲今文説，而斥鄭義。陳氏以鄭氏爲今文説，書傳無證。**黄比見者，黄爲瑞也。圯橋老父遺張良書，**宋翔鳳過庭録十一曰：史記「圯上」本一作「汜上」。「圯」是橋，與從水之「汜」，音同叚藉。字雖從「水」，訓亦爲橋。故漢書張良傳「圯上」之「圯」從「土」，「汜下」之「汜」從「水」，音訓並同，故兩字互見。「汜」非水名。爾雅：「窮瀆，汜。」説文：「汜，水別後入水也。一曰汜，窮瀆也。從水，巳聲。」又：「圯，南楚謂橋爲圯，從土，巳聲。」知「圯」是正字，「汜」爲叚藉。水經注：「沂水於下邳縣北西流分爲二水：一水於城北西南入泗水，一水逕城東屈從縣南，亦注泗，謂之小沂水，水上有橋，徐、泗間以爲圯。昔張子房遇黄石公於圯上，即此處。」按：橋之高處，謂之圯上；橋之低處，謂之圯下。「圯下」非水中也。圯訓橋，而此文言「圯橋」，猶他書言「宫室」也。紀妖篇云：「張良變姓名，亡匿下邳，常從步游下邳泗上，有一老父衣褐至良所，直墮其履泗下。」「泗」是水名，不可言「下」，當是「汜」之誤。（「圯橋」之圯，從辰巳之「巳」，讀頤，亦讀祀，與毁圮之「圮」，從人己之「己」，讀起者異。）暉按：「圯」字本書原從「水」，説見紀妖篇。汜橋，汜水上橋也。自然篇曰：「張良遊汜（今譌作「泗」。）水之上，遇黄石公授太公書。」是其義。宋謂「汜橋」猶他書言「宫室」，其説非也。**化爲黄石。黄石之精，出爲符也。**紀妖篇云：「高祖將起，張良爲輔之祥。」**夫石，金之類也，質異色鈞，皆土瑞也。**

**建初三年，零陵泉陵女子傅寧宅，土中忽生芝草五本，**御覽八七三引作「博寧」。司馬彪續漢書同。（御覽九八五。）又「宅」下有「内」字，無「土中忽」三字。類聚九八引同。司馬彪書亦云「宅内」。朱校元本「忽」作「内」。疑此文原作「宅内生芝草五木」。「土中」涉「宅」字譌衍，今本又改「内」爲「忽」。玉海一九七引無「忽」字。**長者尺四五寸，短者七八寸，莖葉紫色，**程、錢、黄、王本并誤作「也」。元本（朱校同。）作「色」。類聚、御覽、玉海引同。**蓋紫芝也。太守沈酆遣門下掾衍盛奉獻。皇帝悦懌，賜錢衣食。詔會公卿，郡國上計吏民皆在，**上計，計吏也。周禮地官大司徒疏：「漢時考吏謂之計吏，計吏，據其使人也。」**以芝告示天下。**孫曰：御覽九八五引續漢書：「建初五年，（疑「三年」之誤，范書亦作「三年」。）零陵女子傅寧宅內生紫芝五株，長者尺四寸，（類聚九八引論衡亦作「尺四寸」。）短者七八寸。太守沈豐使功曹齎芝以聞，帝告示天下。」暉按：東觀記二一：「沈豐字聖達，爲零陵太守。到官一年，甘露降，芝草生。」謝承後書：「吴郡沈豐爲零陵太守。」（類聚九八。）沈豐即沈酆。（左宣十五傳「酆舒」，古今人表、水經注并作「豐舒」。）**天下並聞，吏民歡喜，咸知漢德豐雍，瑞應出也。四年，甘露下泉陵、零陵、洮陽、始安、冷道五縣，**謝承書：「吴郡沈豐爲零陵太守。到官一年，甘露降泉陵、洮陽五縣，流被山表，膏潤草木。」（類聚九八。）後漢書章紀云：「二縣。」**榆柏梅李，葉皆洽薄（溥），**元本「薄」作「溥」，朱校同。當正。**威委流漉，**威委，流盛貌。文選文賦：「紛葳蕤以馺遝。」注：「葳蕤，盛貌。」威委、葳蕤聲義同。玉藻：「緇布冠繢緌。」注：「緌或爲蕤。」威夷、威遲、逶迆、遺蛇、葳蕤、威委并聲義同。盼遂案：「威委」，盛貌，與「威蕤」同。文選東京賦：「羽蓋威蕤。」景福殿賦：「流羽毛之威蕤。」**民嗽吮之，甘如飴蜜。五年，芝草復生泉陵男子周服宅上，六本，**盼遂案：「宅上」當是「宅土」之誤。上文「傅寧宅土中忽生芝草五本」，此「宅土」連文之證。「宅上」非芝草所生之地。**色狀如三年芝，并前凡十一本。**後書章帝紀：建初五年，零陵獻芝草。**湘水去泉陵城七里，水上聚石曰燕室丘，臨水有侠山，其下巖淦（唫），水深不測。**先孫曰：水經深水篇云：「過泉陵縣西北七里，至燕室，邪入于湘。」酈注云：「水上有燕室丘，亦因爲聚名也。其下水深不測，號曰龍淵。」即此。「淦」，元本作「唫」，是也。穀梁僖三十三年傳：「蹇叔子送其子而戒之曰：『女死，必於殽之巖唫之下。』」釋文云：「『唫』本或作『崟』。」「唫」即「崟」之借字。二黄龍見，長出十六丈，身大於馬，章帝紀注引伏侯古今注云：「大如馬有角。」舉頭顧望，狀如圖中畫龍。燕室丘民皆觀見之。去龍可數十步，又見狀如駒馬，大小凡六，古今注云：「小六枚，大如駒，無角。」出水遨戲陵上，蓋二龍之子也。并二龍爲八。出移一時乃入。

宣帝時，鳳皇下彭城，彭城以聞。宣帝詔侍中宋翁一。翁一曰：「鳳皇當下京師，集於天子之郊，乃遠下彭城，不可收，與無下等。」宣帝曰：「方今天下合爲一家，下彭城與京師等耳，何令可與無下等乎？」「令」，元本作「命」，朱校同。盼遂案：「令」字涉下句「令」而衍。本爲「何可與無下等乎」，或是「何可令與無下等乎」。令左右通經者，論難翁一。「論」舊作「語」，從朱校元本正。盼遂案：「語」當爲「詰」，形近之誤。翁一窮，免冠叩頭謝。宣帝之時，與今無異。鳳皇之集，黄龍之出，鈞也。彭城、零陵，遠近同也。帝宅長遠，四表爲界，零陵在内，猶爲近矣。

魯人公孫臣，孝文時言漢土德，其符黄龍當見。其後，黄龍見于成紀。見漢書文帝紀、郊祀志、任敖傳。成紀之遠，猶零陵也。孝武、孝宣時，黄龍皆出。宣帝時黄龍見新

**豐。黄龍比出，於兹爲四，漢竟土德也。賈誼創議於文帝之朝云：「漢色當尚黄，數以五爲名。」**「數以五爲名」，文不成義，疑當作：「數以五，爲官名。」今本脱「官」字。「數以五」，即郊祀志所云「官吏印章以五字」也。「爲官名」，蓋即藝文志賈誼所條定五曹官制也。史記賈生傳：「賈生以爲漢興至孝文二十餘年，天下和洽而固，當改正朔，易服色，改制度，定官名，興禮樂，乃悉具其事儀法，色尚黄，數用五，爲官名，悉更秦之法。」漢書本傳略同。又贊曰：「誼以漢爲土德，色上黄，數用五。」武帝紀：「太初元年，色上黄，數用五，定官名，協音律。」張晏注：「漢據土德，土數五，故用五。謂印文也。若丞相，曰『丞相之印章』。諸卿及守相，印文不足五字者，以『之』足之。」宣漢篇：「誼以爲當改正朔、服色、制度，定官名，興禮樂。」並其證。**賈誼，智囊之臣，云色黄數五，土德審矣。**漢書郊祀志贊曰：「孝文時，張蒼據水德，公孫臣、賈誼更以爲土德。孝武世，兒寬、司馬遷猶從臣、誼之言，服色數度，遂順黄德。彼以五德之傳，從所不勝，秦在水德，故謂漢據土而克之。劉向父子以爲漢得火焉。」按：仲任然臣、誼之説。

**芝生於土，土氣和，故芝生土。**孫曰：證類本草卷六引論衡云：「芝生於土，土氣和，故芝草生。」義較今本爲長。暉按：廣韻七之芝字注、通鑑二一胡注引與證類本草同。瑞命記曰：「王者慈和，則芝草生。」（通鑑注。）盼遂案：「芝生」下一「土」字衍。「土氣和，故芝生」六字，即釋上文「芝生于土」句也。**土爰稼穡，稼穡作甘，**禹貢文。皮錫瑞曰：「論衡引經，『爰』作『曰』。」

按：各本作「爰」，皮説誤也。白虎通五行篇曰：「土味所以甘，何？中央者，中和也，故甘。猶五味以甘爲主也。」故甘露集。龍見，往世不雙，唯夏盛時，二龍在庭，奇怪、異虚篇並云「夏衰時」。此云「盛時」，殊違實矣。事見鄭語、史記周本紀。今龍雙出，應夏之數，治諧偶也。龍出往世，其子希出，今小龍六頭，並出遨戲，象乾坤六子，嗣後多也。吴曰：「嗣後」疑當作「後嗣」。易説卦曰：「乾，天也，故稱乎父；坤，地也，故稱乎母。震一索而得男，故謂之長男。巽一索而得女，故謂之長女。坎再索而得男，故謂之中男。離再索而得女，故謂之中女。艮三索而得男，故謂之少男。兑三索而得女，故謂之少女。」唐、虞之時，百獸率舞，堯典曰：「擊石拊石，百獸率舞。」（僞孔本見舜典。）皋陶謨曰：（僞孔本見益稷篇。）「簫韶九成，鳳皇來儀，百獸率舞。」（從孫星衍、皮錫瑞説。今文「百獸」上無「夔曰」八字。）今亦八龍遨戲良久。芝草延年，仙者所食，往世生出，不過一二，今并前後凡十一本，多獲壽考之徵，生育松、喬之糧也。赤松子，王子喬。甘露之降，往世一所，今流五縣，應土之數，德布濩也。

皇瑞比見，其出不空，必有象爲，隨德是應。孔子曰：「知者樂，仁者壽。」見論語雍也篇。中論夭壽篇云：「仁者壽，此行仁之壽也。孔子云，以仁者壽，利養萬物，萬物亦受利矣，故必壽也。」仲任義同。皇帝聖人（仁），故芝草壽徵生。「人」當作「仁」。下同。聲之誤也。此據「仁者壽」以明「芝草壽徵生」，爲應聖仁之德。下文據東方爲仁，龍屬東方，以明聖仁之應。

若作「聖人」，則與「仁者壽」、「東方曰仁」義不相屬矣。「聖」不能包「仁」。黄爲土色，位在中央，故軒轅德優，以黄爲號。史記五帝紀：「黄帝名軒轅，有土德之瑞，故號黄帝。」郊祀志云：「黄帝得土德，黄龍地螾見。」風俗通皇霸篇：「黄者，光之厚也，中和之色，德四季與地同功，故先黄以别之也。」白虎通號篇：「黄帝始作制度，得其中和，萬世常存，故稱黄帝也。」道虚篇讀「黄」作「皇」，謂「黄帝者，安民之謚」，説與此異。皇帝寬惠，德侔黄帝，故龍色黄，示德不異。東方曰仁，龍，東方之獸也，皇帝聖人（仁），故仁瑞見。仁（甘）者，養育之味也，「仁」不得言「味」。宋本作「甘」，朱校同，是也。當據正。皇帝仁惠愛黎民，故甘露降。龍，潛藏之物也，易乾卦初九爻：「潛龍勿用。」象曰：「潛龍勿用，陽在下也。」陽見於外，皇帝聖明，招拔巖穴也。瑞出必由嘉士，祐至必依吉人也。「也」猶「者」也。天道自然，厥應偶合。聖主獲瑞，亦出羣賢。君明臣良，庶事以康。尚書皋陶謨：「元首明哉，股肱良哉，庶事康哉。」文、武受命，力亦周、邵也。

# 論衡校釋卷第二十

## 須頌篇

盼遂案：本篇云：「頌四十篇，詩人所以嘉上也。由此言之，臣子當頌，明矣。」

古之帝王建鴻德者，須鴻筆之臣褒頌紀載，御覽七七、又五八八引「載」作「德也」。鴻德乃彰，萬世乃聞。問說書者：「『欽明文思』以下，誰所言也？」曰：「篇家也。」「篇家誰也？」「孔子也。」段玉裁、孫星衍并謂今文尚書「思」作「塞」。皮錫瑞曰：「今文亦作『文思』，或三家本異，不盡由後人改之。仲任以『欽明文思』以下爲孔子所言，蓋指書序言之，漢人皆以書序爲孔子作。今書序作『聰明文思』，而仲任云『欽明文思』者，或今文書序與古文書序之字不同也。」宋翔鳳書譜據此文謂「漢儒有以堯典爲孔子之言」，非也。然則孔子鴻筆之人也。「自衞反魯，然後樂正，雅、頌各得其所也。」論語子罕篇文。鴻筆之奮，蓋斯時也。白虎通五經篇：「孔子自衞反魯，自知不用，追定五經。」或說尚書曰：「尚者，上也；上所爲，下所書也。」注詳正說篇。「下者誰也？」曰：「臣子也。」然則臣子書上所爲矣。問儒者：「禮言制，樂言作，何也？」曰：「禮者上所制，故曰制；樂者下所作，故曰作。禮記明堂位云：「周公治天下六年，制禮作樂。」樂記云：「王者功成作樂，治定制禮。」是禮言「制」，樂言「作」也。白虎通禮樂篇曰：「樂言作，禮言制。樂者，陽也，動作倡始，故言作也。禮者，陰也，繫制於陽，故云制也。」（此據樂記疏引，與今本稍異。）與此義異。**天下太平，頌聲作。**」詩含神霧：「頌者，王道太平，功成治定而作也。」（據馬國翰輯。）公羊宣十五年傳：「什一行而頌聲作矣。」注：「頌聲者，太平歌頌之聲，帝王之高致也。」**方今天下太平矣，頌詩樂聲可以作未？傳（儒）者不知也，**盼遂案：「傳」當爲「儒」。隸書「儒」或作「僡」，故易訛爲「傳」。下句有「拘儒」之說，正斥此「儒者」也。**故曰拘儒。**「傳」當作「儒」，形誤，尋義自明。**衛孔悝之鼎銘，**見禮記祭統。衛莊公褒孔悝之祖也。**周臣勸行。孝宣皇帝稱潁川太守黄霸有治狀，賜金百斤，**神爵四年事。見漢書宣紀及霸傳。**漢臣勉政。夫以人主頌稱臣子，臣子當褒君父，於義較矣。**

**虞氏天下太平，夔歌舜德；**史記夏紀：「舜德大明，於是夔行樂。」**宣王惠周，詩頌其行；**漢書董仲舒傳仲舒對曰：「周宣王思昔先王之德，興滯補弊，明文、武之功業。周道粲然復興，詩人美之而作。」毛詩序：「六月，宣王北伐也。采芑，宣王南征也。車攻，宣王復古也。宣王能内脩政事，外攘夷狄，復文、武之境土，脩車馬，備器械，復會諸侯於東都，因田獵而選車徒焉。吉日，美宣王田也。能慎微接下，無不自盡，以奉其上焉。鴻鴈，美宣王也。萬民離散，不安其居，而能勞來還定安集之，至於矜寡無不得其所焉。庭燎，美宣王也，因以箴之。斯干，宣王考室也。無羊，宣王考牧也。」又劉歆説六月篇曰：「周室既衰，四夷並侵，玁狁最彊，至宣王而伐之，詩人美而頌之。」（見漢書韋玄成傳。鄭箋義同。）又漢書劉向疏曰：「周德既衰而奢侈，宣王賢而中興，更爲儉宮室，小寢廟，詩人美之，斯干之詩是也。」**召伯述職，周歌棠樹。**孟子梁惠王篇：「諸侯朝於天子曰述職，述職者，述所職也。無非事者，春省耕而補不足，秋省斂而助不給。」詩下泉疏引服虔左傳注：「諸侯適天子曰述職，謂六年一會王官之伯，命事考績，述職之事也。」按：謂「召公述職」者，魯詩説也。説苑貴德篇引詩傳曰：「自陝以東者，周公主之；自陝以西者，召公主之。召公述職，當桑蠶之時，不欲變民事，故不入邑中，舍於甘棠之下，而聽斷焉。陝間之人皆得其所，是故後世思而歌詠之。」向治魯詩者，知據魯詩傳。説從陳氏魯詩遺説考。白虎通巡狩篇云：「召公述職，親説，舍於野樹之下。」鹽鐵論授時篇云：「古者春省耕以補不足，秋省斂以助不給，民勤於財則貢賦省，民勤於力則功業牢。（陳云：當作「築罕」。）爲民愛力，不奪須臾，召伯聽斷於甘棠樹下，爲妨農業之務也。」是亦謂「述職」。桓寬用齊詩，則齊、魯説同。韓詩外傳一：「召公在朝，有司請營召以居。召伯曰：嗟！以吾一身而勞百姓，此非吾先君文王之志也。於是出而就烝庶於阡陌隴畝之間而聽斷焉。召伯暴處遠野，廬於樹下。其後在位者不恤元元，於是詩人見召伯之所休息樹下，美而歌之。」是韓詩不言「述職」也。然王吉治韓詩，亦云「述職」，（見漢書本傳。）未得其審。**是故周頌三十一，殷頌五，魯頌四，凡頌四十篇，詩人所以嘉上也。**陸德明曰：「周頌三十一篇，皆是周室太平德洽，著成功之樂謌也。名之曰頌。頌者，誦也，容也，歌誦盛德也。」商頌那篇序云：「有正考父者，得商頌十二篇於周之太師。」鄭箋：「自正考甫至孔子之時，又無七篇。」魯頌駉篇序：「魯人尊僖公，於是季孫行父請命于周，而史克作是頌。」法言學行篇李軌注曰：「尹吉甫〔一〕，周宣王之臣也，吉甫作周頌。正考父，宋襄公之臣也，慕吉甫而作商頌。奚斯，魯僖公之臣也，慕正考父作魯頌。」或說正考父得殷頌，非作也。奚斯作閟宫一篇，史克作魯頌四篇，清儒多有辯證，今不具出。由此言之，臣子當頌，明矣。

儒者謂漢無聖帝，治化未太平。宣漢之篇，論漢已有聖帝，治已太平；恢國之篇，極論漢德非常（徒）實然，乃在百代之上。「常」，宋本作「徒」，朱校元本同，是也。今本淺人妄改。表德頌功，宣褒主上，詩之頌言，右臣之典也。宋本「右」作「古」。朱校元本無「之」字。吳曰：禮記玉藻：「動則左史書之，言則右史書之。」此云「右臣」，蓋即「右史」也。暉按：「頌言」連讀，非謂右史頌其言。下文「夫頌言，非徒畫文也」，可證。今本有誤，不可據以爲訓。舍其家而觀他人之室，忽其父而稱異人之翁，未爲德也。「德」讀作「得」。漢，今天下之家也；先帝、今上，今上，章帝。民臣之翁也。夫曉主德而頌其美，識國奇而恢其功，孰與疑暗不能也？

〔一〕「尹」，原本作「吉」，據法言改。

孔子稱：「大哉！堯之爲君也，唯天爲大，唯堯則之。蕩蕩乎民無能名焉！」見論語泰伯篇。或年五十擊壤於塗。或曰：「大哉！堯之德也。」擊壤者曰：「吾日出而作，日入而息，鑿井而飲，耕田而食，堯何等力？」亦見感虛篇。孔子乃（及）言「大哉！堯之德（也）」者，乃（皆）知堯者也。朱校元本「德」下有「也」字。下「乃」字，宋本作「皆」，朱校同。並是也。上「乃」字當作「及」。「大哉堯之德也」，是「或曰」，非孔子言也。仲任意，孔子及言「大哉堯之德也」之人，皆知堯者也。下文「孔子及唐人言『大哉』者知堯德」，義與此同。今本則由淺人妄改。涉聖世不知聖主，是則盲者不能別青黃也；知聖主不能頌，是則喑者不能言是非也。類要二十一引「喑」作「瘖」，下同，是也。說文：「瘖，不能言也，從疒，音聲。」然則方今盲喑之儒，與唐擊壤之民，同一才矣。夫孔子及唐人言大哉者，知堯德，蓋堯盛也；擊壤之民云「堯何等力」，是不知堯德也。夜舉燈燭，光曜所及，可得度也；日照天下，遠近廣狹，難得量也。浮於淮、濟，皆知曲折；入東海者，不曉南北。故夫廣大，從橫難數；「大」下舊校曰：一又有「廣大」字。（「又」字脱，據宋本補。）極深，揭厲難測。「揭厲」，猶言深淺也。詩邶風匏有苦葉：「深則厲，淺則揭。」毛傳：「以衣涉水爲厲，謂由帶以上也。揭，褰衣也。如遇水深則厲，淺則揭也。」漢德酆廣，日光海外也。知者知之，不知者不知漢盛也。漢家著書，多上及殷、周，諸子並作，皆論他事，無褒頌之言，論衡有之。又詩頌國名周頌，「又」疑是「夫」。「頌國」當作「頌周」。頌周名周頌，與班固頌漢名漢頌相同，故云相依類。杜撫、〔班〕固所上漢頌，相依類也。先孫曰：「固」上脱「班」字。後文云：「班孟堅頌孝明。」（亦見後佚文篇。）暉按：宣漢篇云：「觀杜撫、班固等所上漢頌。」更可證。宣帝之時，畫圖漢列士，前漢紀四：「甘露元年冬十月，趙充國薨，謚曰壯武侯，以功德與霍光等，圖畫相次於未央宮。第一曰大司馬大將軍博陸侯霍光，次曰衛將軍富平侯張安世，次曰車騎將軍龍頟侯韓增，次曰後將軍營平侯趙充國，次曰丞相高平侯魏相，次曰丞相博陸侯邴吉，次曰御史大夫建平侯杜延年，次曰宗正陽城侯劉德，次曰少傅梁丘賀，次曰太子太傅蕭望之，次曰典屬國蘇武。皆有功德，知名當世。」或不在於畫上者，子孫恥之。何則？父祖不賢，故不畫圖也。夫頌言非徒畫文也，如千世之後，讀經書不見漢美，後世怪之。故夫古之通經之臣，紀主令功，記於竹帛；頌上令德，刻於鼎銘。文人涉世，以此自勉。

漢德不及六代，論者不德之故也。「德」讀「得」。地有丘洿，故有高平，或以钁鍤平而夷之，爲平地矣。世見五帝、三王爲經書，漢事不載，則謂五、三優於漢矣。或以論爲當作「或論以爲」。钁鍤，損三、五，盼遂案：「三五」二字宜互倒，上下文皆作「五三」。五，五帝。三，三王也。少豐滿漢家之下，盼遂案：「漢家之下」疑當爲「漢家之土」，上下文皆以土地爲喻故也。豈徒並爲平哉？漢將爲丘，五、三轉爲洿矣。司馬相如難蜀父老曰：「上減五，下登三。」李奇注：「五帝之德，比漢爲減；三王之德，漢出其上。」湖池非一，廣狹同也，樹竿測之，深淺可度。漢與百代，俱爲主也，實而論之，優劣可見。孫曰：當作「而實論之」。本書多作「如實論之」，此作「而實論之」者，「而」、「如」通用，猶言「如實論之」也。（本書「而」、「如」互用。）此乃淺人不了「而」妄改也。暉按：下文亦見此句。故不樹長竿，不知深淺之度；無論衡之論，不知優劣之實。漢在百代之末，上與百代料德，湖池相與比也，無鴻筆之論，不免庸庸之名。論〔者〕好稱古而毀今，「論」下當有「者」字。齊世篇云：「述事者好高古而下今。」又本篇下文云：「俗儒好長古而短今。」句意與此並同。恐漢將在百代之下，豈徒同哉！

謚者，行之跡也。注福虛篇。謚之美者，成、宣也；惡者，靈、厲也。周書謚法解：「安民立政曰成，聖善周聞曰宣，亂而不損曰靈，殺戮無辜曰厲。」成湯遭旱，湯旱七年。周宣亦然，大旱五年。然而成湯加「成」，宣王言「宣」。白虎通謚篇云：「湯死後，世稱成湯，以兩言爲謚也。」風俗通皇霸篇曰：「湯者，攘也，昌也，言其攘除不軌，改亳爲商，成就王道，天下熾盛，文武皆以其所長。」詩商頌那篇疏曰：「殷本紀云：『主癸生天乙，是爲成湯。』案：中候雒予命云：『天乙在亳。』注云：『天乙，湯名。』是鄭以湯之名爲天乙也。則成湯非復名也。周書謚法者，周公所爲。禮記檀弓云：『死謚，周道也。』則殷以上，未有謚法。蓋生爲其號，死因爲謚耳。謚法：『安民立政曰成，除殘去虐曰湯。』蓋以天乙有此行，故號曰『成湯』也。長發稱『武王載旆』。又呼湯爲武王者，以其伐桀革命，成就武功，故武名之，非其號謚也。」僞孔傳仲虺之誥：「成湯放桀于南巢。」注：「湯伐桀，武功成，故以爲號。」是僞孔不取謚法「安民立政」之義。疏無明解，蓋仲達不然其説。湯誓序釋文引馬曰：「俗儒以湯爲謚，或爲號。號者似非其意，言謚近之。然不在謚法，故無聞焉。」湯遭旱，注感虚篇。周宣王遭旱，注藝增篇。**無妄之災，不能虧政，**無妄注寒温篇。**臣子累謚，不失實也。**累謚注道虚篇。**由斯以論堯，堯亦美謚也。時亦有洪水，百姓不安，**堯典：「湯湯鴻水滔天，浩浩懷山襄陵。」（從皮錫瑞説，今文如是。）**猶言「堯」者，得實考也。**堯典疏曰：「謚周以堯爲號。案謚法：『翼善傳聖曰堯。』是堯，謚也。故馬融亦云謚也。檀弓曰：『死謚，周道也。』周書謚法，周公所作，而得有堯者，以周法死後乃追，故謂之謚。謚者，累也，累其行而號之，隨其行以名之，則死謚猶生號。因上世之生號，陳之爲死謚，明上代生死同稱。上世質，非至善至惡無號，故與周異。以此，堯、舜或云號，或云謚也。」白虎通謚篇曰：「以爲堯猶謚，顧上世質，直死後以其名爲號耳。所以謚之爲堯何？謚有七十二品，禮謚法曰：翼善傳聖曰堯。」書孔疏義同，并謂以生名爲死謚。班固用今文説，馬亦云謚，蓋古文説無別。又按：風俗通皇霸篇引大傳説：「堯者，高也，饒也，言其隆興焕炳，最高明也。」白虎通號篇：「謂之堯者何？堯猶嶢嶢也。至高之貌，清妙高遠，優游博衍，衆聖之主，百王之長也。」「得實考」，謂謚不失實。

夫一字之謚，尚猶明主，況千言之論，萬文之頌哉？

船車載人，類要二一引「船」作「舡」，下同。說日篇：「乘船江海之中。」宋本「船」作「舡」。疑論衡「船車」字有作「舡車」者。孰與其徒多也？吳曰：「徒多」當作「徒步」。孫曰：吳說非也。徒即徒步也。「徒」實「赴」之借字。說文：「赴，步行也。」若改「多」爲「步」，失其旨矣。暉按：孫說是也。類要引正作「孰與其徒多也」。焦氏易林賁之恒曰：「舍車而徒，亡其駁牛。」盼遂案：孫說「赴」字不合許書。素車朴船，孰與加漆采畫也？然則鴻筆之人，國之船車、采畫也。農無彊夫，「彊」誤「疆」，依王本、崇文本正。穀粟不登；國無彊文，德闇不彰。漢德不休，亂在百代之間，彊筆之儒不著載也。高祖以來，著書非（者）不講論漢。宋本「非」作「者」，朱校元本同，是也。上文：「漢家著書，多上及殷、周，諸子並作，皆論他事，無褒頌之言。」即此義。今本淺人妄改。「漢」字舊屬下讀，亦非。司馬長卿爲封禪書，文約不具。見史、漢本傳。司馬子長紀黃帝以至孝武。今史記。揚子雲録宣帝以至哀、平。困學紀聞十二曰：「今子雲書不傳。」案：史通正史篇紀續太史公書者，有劉向、劉歆、楊雄等十五人，并云：「相次撰續，迄於哀、平間，猶名史記。」陳平仲紀光武。孫曰：後漢書班固傳：「顯宗召固詣校書部，除蘭臺令史。與前睢陽令陳宗、長陵令尹敏、司隸從事孟冀，共成世祖本紀。」惠棟後漢書補注據論衡謂「宗字平仲」，其說是也。暉按：閻若璩亦云：「據班固傳推之，知平仲是陳宗字。」又按：史通覈才篇引傅玄云：「孟堅與陳宗、尹敏、杜撫、馬嚴撰中興紀傳，其文曾不足觀。」中興紀傳即此云「紀光武」者。班孟堅頌孝明。困學紀聞曰：「孟堅頌亡。」漢家功德，頗可觀見。今上即命，今上，章帝。未有褒載，論衡之人，爲此畢精，故有齊世、宣漢、恢國、驗符。

龍無雲雨，不能參天，鴻筆之人，國之雲雨也。載國德於傳書之上，宣昭名於萬世之後，厥高非徒參天也。城牆之土，平地之壤也，人加築蹈之力，樹立臨池。池，城邊池也。無水曰隍，有水曰池。國之功德，崇於城牆；文人之筆，勁於築蹈。聖主德盛功立，莫不褒頌紀載，盼遂案：「莫」當爲「若」之誤，方與下句「奚得」云云相應。奚得傳馳流去無疆乎？各本誤作「彊」。人有高行，或譽得其實，或欲稱之不能言，或謂不善，不肯陳一。「謂」當作「言」。此承「人有高行」言之，則「謂不善」於義無指。「言不善」，謂言不美善。下文「孰與不能言，言之不美善哉」，即與此文相應。盼遂案：「一」字疑爲衍文，「陳」字絶句。斷此三者，孰者爲賢？五、三之際，於斯爲盛。斯謂漢。若比於漢，漢爲盛。孝明之時，衆瑞並至，百官臣子，不爲少矣，唯班固之徒，稱頌國德，可謂譽得其實矣。頌文譎以奇，「譎奇」連文，「以」字屬下讀，今本誤倒。彰漢德於百代，使帝名如日月，「名」，錢、黃、王、崇文本作「明」，非。孰與不能言，言之不美善哉？秦始皇東南遊，升會稽山，李斯刻石，紀頌帝德。至瑯琊亦然。見史記始皇紀。秦，無道之國，刻石文世，文謂文飾其過。觀讀之者，見堯、舜之美。由此言之，須頌明矣。當今非無李斯之才也，無從升會稽、歷瑯琊之階也。

絃歌爲妙異之曲，坐者不曰善，絃歌之人，必怠不精。何則？妙異難爲，觀者不知善也。聖國揚妙異之政，衆臣不頌，將順其美，安得所施哉？今方板（技）之書「板」當作「技」，形近而誤。或謂「方板」即「不及百名書於方」之「方」。鄭注：「方，板也。」（儀禮聘禮記。）按：若此，則與下文「在竹帛」義複。在竹帛，盼遂案：「方板」當是「方技」之誤。漢時方技之書，包該醫經、經方、房中、神仙四種。下文云：「甲甲某子之方，若言已驗嘗試，人争刻寫，以爲珍祕。」知此文爲「方技之書」。無主名所從生出，見者忽然，不卸（御）服也。「卸」，各本誤同。當從朱校元本改作「御」。盼遂案：「卸」爲「暇」字假借。卸、暇聲近而然。如題曰「甲甲某子之方」，盼遂案：當是「某甲某子之方」。漢書藝文志方技略中多言某氏之方。如泰始黄帝扁鵲俞拊方〔二〕二十三卷、黄帝三王養陽方二十卷、三家内房有子方十七卷等，皆是。「某甲某子」亦漢人常語。抱朴子鈞世篇：「弊方以僞題見寶。」與此文正同義也。若言「已驗嘗試」，人争

〔二〕「泰」，原本作「秦」，形近而誤，據漢書藝文志改。

刻寫，盼遂案：藥方刻板，始見於此。然則謂板刻始於隋、唐，猶未爲探本之論也。以爲珍祕。上書於國，記奏〔記〕於郡，「上書於國，奏記於郡」對文。效力篇云：「上書白記。」對作篇云：「上書奏記。」今本「奏記」誤倒。譽薦士吏，稱術行能，「術」、「述」通。「能」猶「才」。盼遂案：「術」爲「述」之借字。漢人多通用。如漢修堯廟碑「歌術功稱」，韓勑後碑「共術韓君德政」，樊敏碑「臣子褒術」，靈臺碑陰「州里稱術」，皆借「術」爲「述」。章下記出，士吏賢妙。何則？章表其行，記明其才也。國德溢熾，莫有宣褒，使聖國大漢有庸庸之名，咎在俗儒不實論也。

古今聖王不絶，則其符瑞亦宜累屬。符瑞之出，不同於前，或時已有，世無以知，故有講瑞。俗儒好長古而短今，言瑞則渥前而薄後，是應實而定之，錢、黃、王、崇文本改「實」作「變」，妄也。朱校元本同此。漢不爲少。漢有實事，儒者不稱；古有虛美，誠心然之。信久遠之僞，忽近今之實，斯蓋三增、九虛所以成也，三增，謂語增以下三篇。九虛，謂書虛以下九篇。能聖、實聖所以興也。劉盼遂曰：能聖、實聖，論衡逸篇名也。儒者稱聖過實，稽合於漢，漢不能及。非不能及，儒者之説，使難及也。實而論之，盼遂案：孫人和曰：「當作『而實論之』。本書多作『如實論之』，此作『而實論之』者，而、如通用，猶言『如實論之』也。（本書而、如互用。）此乃淺人不了『而』妄改也。」漢更難及。穀熟歲平，聖王因緣以立功化，「聖王」疑當作「庸主」，校者嫌於義與頌漢相戾而妄改也。仲任意：庸主偶遭治世，故因緣以立德；聖王遭無妄之厄，則空受其惡。治期篇義正如是。然則聖王立功，乃其當然，不得言其因緣治世也。恢國篇云：「穀登歲平，庸主因緣以建德政；顛沛危殆，聖哲優者，乃立功化。」義與此文正同，是其切證。故治期之篇，爲漢激發。治有期，亂有時，能以亂爲治者優。優者有之。言漢有此優主。建初孟年，無妄氣至，指兗、豫、徐三州牛疫大旱。聖世之期也。皇帝執（敦）德，「執」爲「敦」形誤。恢國篇亦見此文。救備其災，故順皷、明雩，爲漢應變。是故災變之至，或在聖世，時旱禍湛，盼遂案：「禍」疑爲「偶」之誤。「偶」與「時」與「或」同意。四諱篇「父母禍死」，太平御覽引作「偶」，亦其證也。爲漢論災。「時旱禍湛」文不成義，以句倒求之，當亦舉論衡篇名，今本脱。是故春秋爲漢制法，注正説篇。論衡爲漢平説。

從門應庭，聽堂室之言，什而失九；如升堂闚室，百不失一。論衡之人，在古荒流之地，時仲任已歸會稽。其遠非徒門庭也。日刻（刺）徑重千里，先孫曰：「重」字衍。談天篇云：「日刺徑千里。」説日篇云：「數家度日之光，數日之質，刺徑千里。」此「刻」疑亦「刺」之誤。暉按：先孫説是也。朱校元本刻作「刾」。「刾」即「刺」字。人不謂之廣者，遠也。望夜甚雨，望，十五日。月光不暗，人不睹曜者，隱也。聖者垂日月之明，處在中州，朱校元本「處」作「遂」，疑是「遠」字誤。**隱於百里，遥聞傳授，不實。形耀不實，難論。得詔書到，**朱校元本「得」字在「論」字上，屬上讀，疑是。**計吏至，乃聞聖政。**後漢書百官志：「諸州常以八月巡行所部郡國，録囚徒，考殿最。初，歲盡，詣京都奏事，中興但因計吏。」**是以褒功失丘山之積，頌德遺膏腴之美。使至臺閣之下，**後漢書仲長統傳注：「臺閣謂尚書也。」王鳴盛十七史商榷曰：「漢世官府不見臺閣之號，所云臺閣者，猶言宫掖中祕云爾。據蔡邕傳，邕上封事，以『公府』與『臺』並稱，所謂宫中，府中也。黄瓊傳、黄香傳，香上疏，皆謂尚書爲臺閣。又袁紹傳，檄曹操云：『坐召三臺，專制朝政。』注云：『漢官：尚書爲中臺，御史爲憲臺，謁者爲外臺，是三臺。』據此，則知臺閣者，尚書也。」**蹈班、賈之跡，**班固、賈逵。**論功德之實，不失毫釐之微。武王封比干之墓，孔子顯三累之行。**春秋桓二年：「宋督弒其君與夷及其大夫孔父。」公羊傳：「及者何？累也。弒君多矣，舍此無累者乎？曰：有，仇牧、荀息是也。」注：「累，累從君而死。齊人語也。」仇牧事在莊十二年，荀息事在僖十年，公羊傳義並同。則「三累」者，孔父、仇牧、荀息也。晉書王接傳，蕩陰之役，侍中嵇紹爲亂兵所殺，接議曰：「依春秋褒三累之義，加紹致命之賞。」其説可與仲任相證。盼遂案：何休公羊傳注：「累，累從君而死。齊人語也。漢世謂罪臣曰累，故漢代稱屈平爲湘累。」荀子成相云：「比干見刳箕子累。」三累亦三罪臣之義也。又案：春秋公羊傳桓公二年：「宋督弒其君與夷及其大夫孔父。」莊公十二年：「宋萬弒其君接及其大夫仇牧。」僖公十年：「晉里克弒其君卓子及其大夫荀息。」傳皆曰：「及者何？累也。孔父、仇牧、荀息皆累也。何以書？賢也。何賢乎孔父？孔父可謂義形于色矣。何賢乎仇牧？仇牧可謂不畏强禦矣。何賢乎荀息？荀息可謂不食其言矣。」仲任所云「顯三累之行」，蓋綜公羊傳文而言。晉書五十一束晳傳王接曰：「春秋顯三累之誼。（嵇）紹宜加致命之賞。」知三累自成春秋學之專門術語，漢、晉間人習知之矣。**大漢之德，非直比干、三累也。道立國表，路出其下，望國表者，昭然知路。**周語中：「周制，列樹以表道。」**漢德明著，莫立邦表之言，**上文作「國表」，蓋此校者誤爲漢諱改回作「邦」。盼遂案：「邦表」本爲「國表」，淺人不知漢諱而改之也。上文兩言「國表」可證。又案：「國表」爲「邦表」之誤，「邦」又爲「郵」之誤。「邦表」即「郵表」之誤。人習見「邦」，改「郵」爲「邦」，又以王充應爲漢避諱，後改「邦」爲「國」，失之逾遠。説文木部：「桓，亭郵表也。」崔豹古今注：「今之華表木以横木交柱，狀若花，形似桔槔，大路交衢悉施焉。亦以表識衢路也。秦乃除之，漢始復修焉。今西京謂之交午木。」崔氏説即東漢郵表之制。再詳求，則參之阮元揅經室一集卷一釋郵表畷之文。其要旨云：郵表畷之古義，皆以立木綴毛裘之物而垂之，分其間界行列遠近，使人可準視望，止行步，而命名者也。談天篇説：「二十八宿爲日月舍，猶地有郵亭爲長吏廨矣。郵亭著地，亦如星宿著天也。」郵亭當即郵表所在之亭。由是亦可知漢代亭表之制焉。**故浩廣之德，未光於世也。**

# 佚文篇

孝武皇帝封弟爲魯恭王。恭王壞孔子宅以爲宮，得佚尚書百篇、漢志：「尚書古文經四十六卷。」班注：「爲五十七篇。」桓譚新論云：「古文尚書舊有四十五卷，爲五十八篇。」（御覽六百八。）劉向別録亦曰：「五十八篇。」（王應麟漢志考證。）劉歆曰：「得古文於壞壁之中，書十六篇。」（移太常博士書。）所説數有出入而實同。新論「四十五卷」者，於今文同者二十九篇，加古文多得十六篇。班志「四十六卷」者，於今文同者二十九篇中，分康王之誥於顧命成爲三十，加以十六篇。新論、別録所謂「五十八篇」者，十六篇中，九共爲九；三十篇中，盤庚、泰誓各爲三，是爲五十八。班志所謂「五十七篇」者，武成亡於建武，班據見存者。是班志所云古文尚書篇數可據。此云得尚書百篇，正説篇亦云：「得百篇尚書于壞壁中。」法言問神篇曰：「昔之説書者，序以百。」又曰：「書之不備過半矣。」李軌注曰：「本百篇，今五十九，故曰過半。」史通六家篇：「尚書家者，其先出于太古，至孔子觀于周室，得虞、夏、商、周四代之典，乃删其善者，定爲尚書百篇。」是孔壁尚書實有百篇。正説篇云：「按百篇之序，空造百兩之篇，獻之成帝，帝出祕百篇以校之，皆不相應。」豈百篇尚書遂祕於中，外不得見，而劉、班俱未得一睹，故云然歟？閻若璩古文尚書疏證曰：「成帝時校理祕書，正劉向、劉歆父子及東京班固亦典其職，豈有親見古文尚書百篇，而乃云爾者乎？劉則云十六篇逸，班則云多得十六篇，確然可據。至王充則得於傳聞。傳聞之說，與親見固難并論也。」按：閻說近是。或曰：蓋有書序百篇，其篇不必實有百也。按：王充明云：「出祕百篇。」是謂其數實有百也。**禮三百、**漢志：「禮古經五十六卷。」班固曰：「禮古經者，出於魯淹中及孔氏，與十七篇文相似，多三十九篇。」（「與十七」誤作「學七十」，此依劉校改。）十七篇，指禮今文經十七篇也。漢志：「經十七篇。」（字亦誤作「七十」。）劉歆曰：（移太常博士書。）「魯共王壞孔子宅，得古文於壞壁之中，逸禮有三十九篇。」逸禮三十九，即班氏所謂多三十九也。禮古經本五十六，與今文同者十七，故曰多三十九篇，是劉、班說同。隋志：「古經出於淹中，河間獻王好古愛學，收集餘燼，得而獻之，合五十六篇，并威儀之事。」篇即卷也，與班志亦合。此云得禮三百，其說獨異，未知所據。**春秋三十篇、**錢、黃、王、崇文本作「三百」，非。朱校元本、程、何本同此。班志：「春秋古經十二篇。左氏傳三十卷。」然則此左氏傳也。許慎說文序謂張蒼所獻，而此系之孔壁，疑非。說詳案書篇。**論語二十一篇。**班志：「論語古二十一篇。」注：「出孔子壁中，兩子張。」如淳曰：「分堯曰篇後子張問『何如可以從政』以下爲篇，名曰從政。」**闓（聞）絃歌之聲，**吴曰：「闓」當作「聞」。下文「而有闓絃歌之聲」，「闓」亦當爲「聞」。「有」讀爲「又」。暉按：此「闓」字，宋本正作「聞」。「有」當讀如字。**懼復封塗。上言武帝。武帝遣吏發取，**班志云：「古文出魯淹中及孔氏。」鄭玄六藝論曰：「後得孔氏壁中河間獻王。」然則古文經乃孔安國及河間獻王所獻。各說并同。此云「武帝遣吏發取」，正說篇云「使使者取視」，其說又異。閻若璩曰：「不云安國獻之，而云武帝取視，此何據也？」古經、論語，盼遂案：「古」乃衍字。下文云「文當興於漢」，「文」上應有「古」字，而訛錯在此。此時皆出。經傳也，而有闓（聞）絃歌之聲，文當興於漢，喜樂得闓之祥也。當傳於漢，寢藏牆壁之中，恭王闓之，聖王感動絃歌之象，此則古文不當掩，漢俟以爲符也。

孝成皇帝讀百篇尚書，博士郎吏莫能曉知，徵天下能爲尚書者。東海張霸通左氏春秋，漢書儒林傳云：「東萊人。」此云「東海」，正説篇同。吴承仕經典釋文序録講疏云：「當作『東萊』。」案百篇序，以左氏訓詁，造作百二篇，書鈔九九兩引并作「百二十篇」，非是。具成奏上。成帝出祕尚書以考校之，盼遂案：孫人和曰：「書鈔九十九兩引此文，並重『成帝』二字。疑今本脱。」無一字相應者。陸氏尚書釋文序録云：「劉向校之。」成帝下霸於吏，吏當器辜大不謹敬。「器」爲「霸」之壞字。「辜」當作「罪」。「罪」或作「辠」，與「辜」形近而誤。史記蒙恬傳：「趙高有罪，蒙毅法治之。毅不敢阿法，當高罪死。」漢書楊惲傳：「廷尉當惲大逆無道。」師古曰：「當，謂處斷其罪。」賈誼傳如淳曰：「決罪曰當。」「吏當某以某罪」，乃漢律常語，史、漢諸傳中屢見。此作「吏當器」，文不成義矣。正説篇云：「下霸於吏，吏白霸罪當至死。」「吏白霸罪」，「吏當霸罪」，意正同。盼遂案：「器辜」疑當是「棄市」之誤。器、棄音近，辜、市形譌也。漢律凡當以大不敬者棄市。本論正説篇：「吏白霸罪當至死，成帝高其才而不誅。」即此事也。當者，漢書賈誼傳：「望夷之事，二世見當。」如淳曰：「決罪曰當。」成帝奇霸之才，赦其辜，亦不滅（滅）其經，孫曰：「減」當作「滅」。下文云：「故不燒滅之。」正與此文相應。崇文局本校改作「滅」，是也。暉按：正説篇：「成帝高其才而不誅，亦惜其文而不滅。」字正作「滅」，足證成孫説。又案：「辜」當作「辠」。故百二尚書傳在民間。錢、黃、王、崇文本「尚」作「篇」，非。朱校元本、程、何本、書鈔九九引并同此。漢書儒林傳曰：世所傳百兩篇者，出東萊張霸，分析合二十九篇以爲數十，（王念孫讀書雜志曰：『「合」爲「今」字之誤，「今」謂伏生所傳之書也。』）又采左氏傳、書敍爲作首尾，凡百二篇。篇或數簡，文意淺陋。成帝時求其古文者，霸以能爲百兩徵。以中書校之，非是。霸辭受父，父有弟子尉氏樊並。時大中大夫平當、侍御史周敞勸上存之。後樊並謀反，迺黜其書。孔子曰：「才難。」見論語泰伯篇。能推精思，作經百篇，才高卓遹，説文：「逴，遠也。趫，狂走也。」卓逴、遹趫聲義同。希有之人也。成帝赦之，多其文也。雖姦非實，次序篇句，依倚事類，有似真是，故不燒滅之。疏一櫝，「櫝」當作「牘」。相遺（遺）以書，「遺」，宋本作「遺」，朱校同。書十數札，奏記長吏，文成可觀，讀之滿意，百不能一。張霸推精思至於百篇，漢世實（寡）類，成帝赦之，不亦宜乎？孫曰：「實」當作「寡」，字之誤也。此言張霸百兩篇雖姦非實，然依倚事類多至百篇，漢世諸儒，無可比也。成帝赦其辜而不滅其經，不亦宜乎？「寡類」猶言少比也。若作「實類」，不可通矣。楊子山楊終字子山，蜀郡成都人。見後漢書本傳。爲郡上記吏，禮記射義疏：「漢時謂郡國送文書之使爲計吏。」見三府爲哀牢傳不能成，後漢書承宮傳：「三府更辟皆不應。」注：「三府，謂太尉、司徒、司空府。」類要二一引「三府」下有「掾吏」二字。歸郡作上，孝明奇之，徵在蘭臺。本傳無作哀牢傳事。史通史官建置篇蓋本此文。夫以三府掾吏（史），「吏」當作「史」。百官志云：「太尉掾史屬二十四人。」叢積成才，不能成一篇。子山成之，上覽其文。子山之傳，豈必審是？傳聞依盼遂案：「依」下疑脱一「倚」字。上文「依倚事類，有似真是」，與此處同一文法。爲之有狀，會三府之士，終不能爲，子山爲之，斯須不難。成帝赦張霸，豈不有以哉？

孝武之時，詔百官對策，董仲舒策文最善。王莽時，使郎吏上奏，劉子駿章尤美。美善不空，才高知深之驗也。易曰：「聖人之情見於辭。」見易繫辭下〔二〕。文辭美惡，足以觀才。永平中，神雀羣集，孝明詔上〔神〕爵頌。孫曰：當作「神爵頌」。此脱「神」字，本因神雀羣集故詔上神爵頌，非爵頌也。書鈔一百二引有「神」字。劉先生曰：孫説是也。御覽五八八引亦作「神雀頌」。後漢書賈逵傳：「帝敕蘭臺給筆札，使作神雀頌。」皆其證。暉按：類要二一、玉海六十引亦作「神雀頌」。東觀漢記十八賈逵傳：「永平十七年，（范書作「永平

〔二〕「易繫辭下」，原本作「易下繫辭」，今乙。

中」。）公卿以神雀五采，翔集京師，奉觴上壽。上召逵，敕蘭臺給筆札，使作神雀頌。」司馬彪續漢書、華嶠後漢書（據汪文臺輯。）並見此事。百官頌上，文皆比瓦石，唯班固、賈逵、傅毅、楊終、侯諷五頌金玉，孝明覽焉。夫以百官之衆，郎吏非一，唯五人文善，非奇而何？孝武善子虛之賦，徵司馬長卿。漢書本傳：「相如客游梁，著子虛賦。上讀子虛賦而善之，曰：『朕獨不與此人同時哉！』楊得意曰：『臣邑人司馬相如自言爲此賦。』上驚，乃召問相如。相如曰：『有是。』」孝成玩弄衆書之多，善楊子雲，出入遊獵，子雲乘從。文選甘泉賦注引雄答劉歆書曰：「雄作成都城四隅銘，蜀人有楊莊者爲郎，誦之於成帝，以爲似相如，雄遂以此得見。」羽獵賦序曰：「孝成帝時羽獵，雄從。」七略曰：「永始三年十二月上羽獵賦。」使長卿、桓君山、子雲作吏，齊曰：「桓君山」三字衍。此承上文武帝徵長卿、成帝善子雲爲言，與桓君山無涉，淺者蓋誤據下文而妄增之。書所不能盈牘，文所不能成句，則武帝何貪？成帝何欲？故曰：「玩楊子雲之篇，樂於居千石之官；百官志：「三府長史秩千石，奉月八十斛。」挾桓君山之書，富於積猗頓之財。」淮南氾論訓高注：「猗頓，魯之富人，能知玉理。」尸子曰：「相玉而借猗頓。」路史國名記：「河東猗氏縣南二十里有猗氏故城。魯人因陶朱興富於猗氏，故曰猗頓。」韓非之書，傳在秦庭，始皇歎曰：「獨不得與此人同時！」史記韓非傳：「人或傳其書至秦，秦王見孤憤、五蠹之書，曰：『嗟乎！寡人得見此人，與之游，死不恨矣。』」亦見自紀篇。陸賈新語，每奏一篇，高祖左右，稱曰萬歲。注超奇篇。夫嘆思其人，與喜稱萬歲，豈可空爲哉？誠見其美，懽氣發於内也。

候氣變者，於天不於地，天文明也。衣裳在身，文着於衣，不在於裳，衣法天也。易繫辭下云：「黄帝、堯、舜垂衣裳而天下治，蓋取諸乾坤。」詩豳風七月正義引鄭注：「乾爲天，坤爲地，天色玄，地色黄，故玄以爲衣，黄以爲裳，象天在上，地在下。」又御覽六八九引易注（鄭氏周易注補遺認爲鄭注。）云：「上衣下裳，乾坤之象。」察掌理者，〔在〕左不觀右，左文明也。以下文例之，「左」上脱「在」字。宋本、朱校元本作「左右不觀」，亦誤。占在右，不觀左，右文明也。「占」下「者」字，省見上文。舜典僞孔傳：「在，察也。」易曰：「大人虎變其文炳，君子豹變其文蔚。」易革卦象辭。此言天人以文爲觀，大人君子以文爲操也。又曰：「觀乎天文，觀乎人文。」賁卦彖辭。高祖在母身之時，息於澤陂，蛟龍在上，龍鱗炫燿；説文：「觓，角貌，从角，丩聲。」觓、觩同。王本、崇文本誤从「舟」。按：此事出史、漢高紀，謂遇龍而妊。奇怪篇、雷虚篇同。此文則謂先有身而後遇龍，不知仲任意在頌漢，抑誤違史實？及起，楚望漢軍，氣成五采；注吉驗篇。將入咸陽，五星聚東井，星有五色。説日篇：「星有五，五行之精，金木水火土，各異光色。」歲星屬春，屬東方木，青色。熒惑屬夏，屬南方火，赤色。鎮星屬季夏，屬中央土，黄色。太白屬秋，屬西方金，白色。辰星屬冬，屬北方水，黑色。故云五色。餘注恢國篇。天或者憎秦，滅其文章；欲漢興之，故先受命，以文爲瑞也。

惡人操意，前後乖違。始皇前歎韓非之書，後惑李斯之議，燔五經之文，設挾書之律。詳語增篇。應劭曰：「挾，藏也。」張晏曰：「秦律，敢有挾書者族。」五經之儒，抱經隱匿；伏生之徒，竄藏土(山)中。「竄藏土中」義未妥，「土」當作「山」，形誤。正説篇云：「濟南伏生抱百篇藏於山中。景帝時，伏生已出山中。」是其證。漢書儒林傳張晏曰：「伏生名勝。」殄賢聖之文，厥辜深重，嗣不及孫。及二世而亡。李斯創議，身伏五刑。注禍虛篇。漢興，易亡秦之軌，削李斯之跡。高祖始令陸賈造書，書解篇云：「陸賈造新語，高祖粗納采。」未興五經。惠、景以至元、成，經書並修。漢書惠帝紀：「四年，除挾書律。」藝文志：「孝武建藏書之策，置寫書之官。成帝時，使謁者陳農求遺書於天下。」正説篇：「景帝始存尚書。」實乃文帝，説詳彼篇。此云景帝修經書，蓋仲任意與彼同。漢朝郁郁，厥語所聞，孰與亡秦？王莽無道，漢軍雲起，臺閣廢頓，文書棄散。光武中興，修存未詳。詳，悉也。後漢書儒林傳序：「光武中興，愛好經術，採求闕文，補綴漏逸。先是四方學士多懷挾圖書，遁逃林藪。自是莫不抱負墳策，雲會京師。范升、陳元、鄭興、杜林、衛宏、劉昆、桓榮之徒，繼踵而集，於是立五經博士，各以家法教授。易有施孟、梁丘、京氏。尚書歐陽、大小夏侯。詩齊、魯、韓、毛。禮大小戴。春秋嚴、顏。凡十四博士。」漢官儀文同。(徐防傳注。)章帝紀，建初四年詔亦云：「建武中，置顏氏、嚴氏春秋，大小戴禮博士，扶進微學，尊廣道埶。中元元年詔書五經章句煩多，議欲減省。」翟酺傳，酺上言：「光武初興，愍其荒廢，起太學博士舍内外講堂，諸生横卷，爲海内所集。」孝明世好文人，並徵蘭臺之官，文雄會聚。文選別賦李注：「蘭臺，臺名也。傅毅、班固等爲蘭臺令史是也。」東觀漢記明帝紀：「帝尤重意經學，每饗射禮畢，正坐自講，諸儒并聽，四方欣欣，是時學者尤盛，冠帶搢紳，遊辟雍而觀化者以億萬計。」餘注別通篇。今上即令（命），盼遂案：「即令」當爲「即命」。宣漢篇、須頌篇皆有「今上即命」之文。雖銅器中「王命」皆作「王令」，然非此處所施也。詔求亡失，購募以金，劉先生曰：「令」當作「命」。作「令」者，疑後人不解「即命」二字之誼，誤以「命詔」爲連文而妄改之也。宣漢篇、須頌篇並作「今上即命」。暉按：書鈔一〇一引作「令詔求亡失」，則虞世南所見本已誤矣。安得不有好文之聲？唐、虞既遠，所在書散；殷、周頗近，諸子存焉。漢興以來，傳文未遠，以所聞見，伍唐、虞而什殷、周，焕炳郁郁，莫盛於斯！天晏暘者，星辰曉爛；人性奇者，掌文藻炳。漢今爲盛，故文繁湊也。孔子曰：「文王既殁，文不在兹乎！」見論語子罕篇。兹，孔子自謂。文王之文，傳在孔子。孔子爲漢制文，注正説篇。傳在漢也。受天之文。四字於義無屬，疑涉下文「文人」譌衍，「受」字後人妄加。

文人宜遵五經六藝爲文，諸子傳書爲文，造論著説爲文，上書奏記爲文，文德之操爲文。「文德」之説，亦見書解篇。立五文在世，皆當賢也。造論著説之文，尤宜勞焉。造論著説者，書解篇謂之「文儒」。賢、勞義同。何則？發胸中之思，論世俗之事，非徒諷古經、續故文也。論發胸臆，文成手中，非説經藝之人所能爲也。周、秦之際，諸子並作，皆論他事，不頌主上，無益於國，無補於化。造論之人，頌上恢國，國業傳在千載，主德參貳日月，非適諸子書傳所能並也。朱校元本「並」作「立」。上書陳便宜，奏記薦吏士，一則爲身，二則爲人，繁文麗辭，無上書文德之操，治身完行，徇利爲私，無爲主者。夫如是，五文之中，論者之文多矣，則可尊明矣。「論者」疑當作「論著」，承上「造論著説之文」爲言。

孔子稱周曰：「唐、虞之際，於斯爲盛。周之德，其可謂至德已矣！」見論語泰伯篇。「於斯爲盛」，言比於周，周爲最盛。孔子，周之文人也，設生漢世，亦稱漢之至德矣。趙他王南越，倍主滅使，不從漢制，箕踞椎髻，沉溺夷俗。陸賈説以漢德，「説」，元本作「動」，朱校同。按率性篇正作「説」，今本不誤。懼以帝威，心覺醒悟，蹶然起坐。注率性篇。世儒之愚，有趙他之惑，鴻文之人，陳陸賈之説，觀見之者，將有蹶然起坐，趙他之悟。漢氏浩爛，不有殊卓之聲。吴曰：「不」字疑衍。或「不」讀爲「丕」，亦通。孫曰：吴説非也。「不」爲發聲之詞，「不有」即有也。書西伯戡黎：「我生不有命在天。」不有命在天者，即有命在天也。漢書王尋傳：「不有洪水將出，災火且起。」「不有洪水將出，災火且起」者，即有洪水將出，災火且起也。此云「不有殊卓之聲」者，即有殊卓之聲也。若去「不」字，或讀「不」爲「丕」，大失古人用文之意矣。

文人之休，國之符也。望豐屋知名家，睹喬木知舊都。鴻文在國，聖世之驗也。「驗」，元本作「徵」，朱校同。御覽一八一、類要二一引並作「驗」，今本不誤。孟子相人以眸子焉，心清則眸子瞭。瞭者，目文瞭也。注本性篇。夫候國占人，同一實也。國君聖而文人聚，人心惠而目多采。「而」猶「則」也。「惠」讀「慧」。蹂蹈文錦於泥塗之中，聞見之者，莫不痛心。知文錦之可惜，不知文人之當尊，不通類也。

天（夫）文人文文（章），豈徒調墨弄筆，爲美麗之觀哉？此文當作「夫文人文章，豈徒調墨弄筆，爲美麗之觀哉」。「夫」形誤爲「天」，校者又妄改「章」爲「文」，以屬下讀。意林引作「文章載人之行，傳人之美，豈徒調弄筆墨」，御覽八三六引作「夫文章豈徒調墨弄筆，爲美麗哉」，並作「文章」，是其證。宋本、朱校元本正作「夫文人文章」，是其切證。載人之行，傳人之名也。善人願載，思勉爲善；邪人惡載，力自禁裁。然則文人之筆，勸善懲惡也。謚法所以章善，即以著惡也。加一字之謚，人猶勸懲，聞知之者，莫不自勉。況極筆墨之力，定善惡之實，言行畢載，文以千數，傳流於世，成爲丹青，朱校元本「世成」二字作「萬歲」。故可尊也。

楊子雲作法言，蜀富〔賈〕人齎錢千（十）萬，願載於書。子雲不聽，〔曰〕：「夫富無仁義之行，〔猶〕圈中之鹿，欄中之牛也，安得妄載？」孫曰：初學記十八、御覽四七二引此文「富」下並有「賈」字，「千萬」作「十萬」，「聽」下有「曰」字，「之行」二字作「猶」，皆是也。今本脱誤，當據補正。暉按：孫校補「賈」字、「曰」字，改「千」作「十」，是也。御覽八二九、又八三六引亦有「賈」字，「千」作「十」。又朱校元本、事文類聚别集二引亦作「十」。孫謂「之行」二字當作「猶」，非也。御覽八二九引「之行」下有「正如」二字，又八三六引「之行」下有「猶」字。事文類聚引同。則「之行」二字不誤，當據補「猶」字。盼遂案：「夫」字是「云」之誤。班叔皮續太史公書，載鄉里人以爲惡戒。邪人枉道，繩墨所彈，安得避諱？是故子雲不爲財勸，叔皮不爲恩撓。文人之筆，朱校元本作「文筆之人」。獨已公矣！賢聖定意於筆，筆集成文，文具情顯，後人觀之，見以正邪，盼遂案：「見以」二字宜互倒。安宜妄記？足蹈於地，跡有好醜；文集於禮（札），吴曰：「禮」當作「札」。「札」譌爲「礼」，傳寫者又改作「禮」，遂不可通。書解篇：「出口爲言，集札爲文。」其明驗也。謝短篇云：「詩獨無餘禮。」孫詒讓校改作「札」，是也。此文誤與彼同。暉按：吴説是也。宋本正作「札」。志有善惡。故夫占跡以睹足，觀文以知情。詩三百，一言以蔽之，曰：「思無邪。」論衡篇以十數，劉盼遂曰：「十數」當作「百數」，各本皆誤。百數者，百許也，百所也，今山東言千之左右曰千數，百之左右曰百數，其遺語也。此本由後人誤認八十四篇爲足本，故妄改「百數」爲「十數」，而不顧其欠通也。其實論衡篇數應在一百以外，至今佚失實多，説詳論衡篇數殘佚考。盼遂案：「十數」二字疑誤。論衡今存八十四篇，合諸闕佚當近百篇，則此「十數」疑當爲「百數」二字。「百數」者，一百内外也，今山東猶行此語法。自紀篇云：「吾書亦纔出百，而云泰多。」此亦論衡百篇之證。**亦一言也，曰：「疾虚妄。」**宋本「妄」作「矣」，朱校元本同。

## 論死篇

對作篇云："論死、訂鬼，所以使俗薄喪葬也。"又云："今著論死及死僞之篇，明人死無知，不能爲鬼，冀觀覽者將一曉解約葬，更爲節儉。"

世謂[死]人〔死〕爲鬼，有知，能害人。試以物類驗之，[死]人〔死〕不爲鬼，無知，不能害人。孫曰："世謂死人爲鬼"，當作"世謂人死爲鬼"。"死人不爲鬼"，當作"人死不爲鬼"。文誤倒也。下文云："物死不爲鬼，人死何故獨能爲鬼。"又云："人死精神升天，骸骨歸土，故謂之鬼。鬼者，歸也。"又云："人死血脉竭，竭而精氣滅，滅而形體朽，朽而成灰土，何用爲鬼。"是此文當作"人死"，明矣。世說新語方正篇注引並作"人死"，尤其切證。何以驗之？驗之以物。人，物也；物，亦物也。物死不爲鬼，人死何故獨能爲鬼？世能別人物不能爲鬼，則爲鬼不爲鬼尚難分明。如不能別，則亦無以知其能爲鬼也。人之所以生者，精氣也，死而精氣滅。"而"猶"則"也。下諸"而"字同。能爲精氣者，血脉也。人死血脉竭，竭而精氣滅，滅而形體朽，朽而成灰土，何用爲鬼？人無耳目，則無所知，故聾盲之人，比於草木。夫精氣去人，豈徒與無耳目同哉？朽則消亡，荒忽不見，故謂之鬼神。人見鬼神之形，故非死人之精也。何則？鬼神，荒忽不見之名也。人死

**精神升天，骸骨歸土，故謂之鬼〔神〕。**「神」字挩。上下文並以「鬼神」並言。「神」承「精神升天」爲義。**鬼者，歸也；神者，荒忽無形者也。**家語哀公問政篇：「宰我問鬼神，孔子曰：『人生有氣有魄。氣者，神之盛也。衆生必死，死必歸土，此謂鬼。魂氣歸天，此謂神。』」漢書楊王孫傳：「精神者，天之有也。形骸者，地之有也。精神離形，各歸其真，故謂之鬼。鬼之爲言歸也。」韓詩外傳曰：（御覽八八三引。）「人死曰鬼，鬼者歸也。精氣歸於天，肉歸於土，血歸於水，脉歸於澤，聲歸於雷，動則歸於風，眠歸於日月，骨歸於木，筋歸於山，齒歸於石，膏歸於露，髮歸於草，呼吸之氣，復歸於人。」**或說：鬼神，陰陽之名也。陰氣逆物而歸，故謂之鬼；陽氣導物而生，故謂之神。**大戴禮曾子天圓篇：「陽之精氣曰神，陰之精氣曰靈。」盧注：「神爲魂，靈爲魄，魂魄陰陽之精，有生之本也。及其死也，魂氣上升於天，爲神；體魄下降於地，爲鬼。」五行大義論配藏府：「氣之清者曰神，即陽魂也；氣之濁者曰鬼，即陰魄也。」魄陰，魂陽，存亡既異，則改生魂曰神，生魄曰鬼。白虎通情性篇：「神者，恍惚太陽之氣也。」洪範五行傳：「陽曰神。」易睽卦上九爻曰：「載鬼一車。」虞注：「坤爲鬼。」説文：「鬼，从『人』，『囟』，象鬼頭，从『厶』，鬼陰气賊害，故从『厶』。」是並爲神陽而鬼陰之説也。**神者，伸也，**「伸」當作「申」。下文正作「申復」。（日鈔作「伸復」，非。）五行大義論諸神：「神，申也。萬物皆有質礙，屈而不申；神是清虛之氣，無所擁滯，故曰申也。」禮運鄭注：「神者引物而出。」風俗通怪神篇：「神者，申也。」説文：「神，天神引出萬物者也。」又云：「申，神也。」廣雅釋詁：「神，引也。」引亦「申」也。申有引申之義者，説文云：「七月陰氣成，體自申束，從臼自持也。」段注：「臼，叉手也。」方以智曰：「臼、□總從申束，以形會意。體自臼束，从『臼』，象人身之申，『臼』象腰脊也。『申』本形作『□』，象草木萌芽。古文作『□』，作『□』，作『□』，俱如『申』之形。許强从『臼』，會意，其説自拙。」按：方以□象脊形，是也。寅古文作□，正象脊形，故寅訓演。演，引也，申也。又按：「神」古直用「申」字。克鼎：「顯孝子□。」杜伯簋：「亯孝于皇□且考。」並以「申」作「神」。申復無已，終而復始。人用神氣生，其死復歸神氣。陰陽稱鬼神，人死亦稱鬼神。氣之生人，猶水之爲冰也。水凝爲冰，氣凝爲人；冰釋爲水，人死復神。其名爲神也，猶冰釋更名水也。人見名異，則謂有知，能爲形而害人，無據以論之也。

人見鬼若生人之形。以其見若生人之形，故知非死人之精也。何以效之？以囊橐盈粟米。米在囊中，若粟在橐中，「若」猶「或」也。滿盈堅彊，立樹可見，人瞻望之，則知其爲粟米囊橐。何則？囊橐之形，若其容可察也。朱校元本無「若」字，是。如囊穿米出，橐敗粟棄，則囊橐委辟，「委」讀「萎」，耎弱也。「辟」讀「襞」，卷疊不申也。人瞻望之，弗復見矣。人之精神，藏於形體之内，猶粟米在囊橐之中也。死而形體朽，精氣散，猶囊橐穿敗，粟米棄出也。粟米棄出，囊橐無復有形，精氣散亡，何能復有體，而人得見之乎！禽獸之死也，其肉盡索，皮毛尚在，制以爲裘，人望見之，似禽獸之形。故世有衣狗裘爲狗盜者，人不覺知，假狗之皮毛，故人不意疑也。今人死，皮毛朽敗，雖精氣尚在，神安能復假此形而以行見乎？夫死人不能假生人之形以見，猶生人不能假死人之魂以亡矣。六畜能變化象人之形者，其形尚生，精氣尚在也。如死，其形腐朽，雖虎光勇猂，「光」古「兕」字。不能復化。魯公牛哀病化爲虎，注無形篇。亦以未死也。世有以生形轉爲生類者矣，未有以死身化爲生象者也。舊本段。

天地開闢，人皇以來，注談天篇。隨壽而死，若中年夭亡，以億萬數。「若」猶「及」也。計今人之數，不若死者多。如人死輒爲鬼，則道路之上，一步一鬼也。人且死見鬼，宜見數百千萬，滿堂盈廷，錢、黄、王、崇文本作「庭」，是。填塞巷路，不宜徒見一兩人也。人之兵死也，世言其血爲燐。寇死曰兵。燐，説文作「粦」，云：「兵死及牛馬血爲粦。粦，鬼火也。」淮南氾論訓：「久血爲燐。」注：「血精在地，暴露百日則爲燐，遥望炯炯若燃火也。」博物志雜説篇：「鬭戰死亡之地，其人馬血積年化爲燐。」血者，生時之精氣也。人夜行見燐，不象人形，渾沌積聚，若火光之狀。燐，死人之血也，其形不類生人之血（形）也。「血」當作「形」。此承上「人夜行見燐，不象人形」爲文。下文「其形不類生人之形」，即複述此語，是其證。朱校元本、錢、黄本誤同。王本、崇文本校改作「形」，是也。盼遂案：「生人之血」下，當有「鬼死人之形」五字，今脱。其形不類生人之形，精氣去人，何故象人之體？人見鬼也，皆象死人之形，則可疑死人爲鬼，或反象生人之形。病者見鬼，云甲來，甲時不死，氣象甲形。如死人爲鬼，病者何故見生人之體乎？舊本段。

天地之性，能更生火，不能使滅火復燃；能更生人，不能令死人復見。〔不〕能使滅灰更爲燃火，吾乃頗疑死人能復爲形。上「能」字上脱「不」字。上下文並言火滅不能復燃。因滅灰不能更爲燃火，故頗疑於死人能復爲形。若謂死灰能復爲火，則不得疑於死人能復爲形矣。案火滅不能復燃以況之，死人不能復爲鬼，明矣。夫爲鬼者，人謂死人之精神。如審鬼者死人之精神，則人見之，宜徒見裸袒之形，無爲見衣帶被服也。何則？衣服無精神，人死，與形體俱朽，衣與人體同朽。何以得貫穿之乎？精神本以血氣爲主，血氣常附形體。形體雖朽，精神尚在，能爲鬼可也。今衣服，絲絮布帛也，生時血氣不附着，而亦自無血氣，敗朽遂已，與形體等，衣服敗朽與人形體等。安能自若爲衣服之形？由此言之，見鬼衣服象之（人），則形體亦象之（人）矣。象之（人），則知非死人之精神也。孫曰：此文「象之」並當作「象人」，字之誤也。上文云：「六畜能變化象人之形者，其形尚生，精氣尚在也。」又云：「其形不類生人之形，精氣去人，何故象人之體？人見鬼也，皆象死人之形，則可疑死人爲鬼，或反象生人之形。病者見鬼，云甲來，甲時不死，氣象甲形。如死人爲鬼，病者何故見生人之體乎？」世説新語注引此文云：「見衣服象人，則形體亦象人矣。象人知非死人之精神也。」並其切證。暉按：唐釋湛然輔行記曰：「阮咸有從子修亦執無鬼。有論者云：『人死爲鬼，君何獨言無？』曰：『今有見鬼者，言著生時衣。若人有鬼，衣亦有鬼耶？』論者伏焉。」即襲仲任此論。舊本段。

夫死人不能爲鬼，則亦無所知矣。何以驗之？以未生之時無所知也。人未生，在元氣之中；元氣，天氣。既死，復歸元氣。元氣荒忽，人氣在其中。人未生無所知，其死歸無知之本，何能有知乎？人之所以聰明智惠者，以含五常之氣也；五常之氣所以在人者，以五藏在形中也。五藏不傷，則人智惠；五藏有病，則人荒忽，荒忽則愚癡矣。人死，五藏腐朽，腐朽則五常無所託矣，所用藏智者已敗矣，所用爲智者已去矣。下「用」字，朱校元本、程本同。錢、黄、王、崇文本改作「謂」，非。形須氣而成，氣須形而知。天下無獨燃之火，世間安得有無體獨知之精？

人之死也，其猶夢也。夢者，殄之次也；殄者，死之比也。人殄不悟則死矣。案人殄復悟，死從（復）來者，吴曰：「從來」當作「復來」，形近而誤。與夢相似，然則夢、殄、死，一實也。人夢不能知覺時所作，猶死不能識生時所爲矣。人言談有所作於卧人之旁，卧人不能知，猶對死人之〔一〕棺，「對」，王本作「發」，非。爲善惡之事，死人不能復知也。夫卧，精氣尚在，形體尚全，猶無所知，況死人精神消亡，形體朽敗乎？

人爲人所毆傷，朱校元本、程本亦作「毆」，錢、黄、何、崇文本作「歐」，王本作「毆」。朱曰：説文：「毆，捶擊物也。」何作「歐」，亦通。「毆」，古「驅」字。詣吏告苦以語人，有知之故也。或爲人所殺，則不知何人殺也，或家不知其尸所在。使死人有知，必恚人之殺己也，當能言於吏旁，告以賊主名；若能歸語其家，若，或也。告以尸之所在。今則不能，無知之效也。世間死者，今（令）生人殄，而用其言，吳曰：「今」當作「令」，猶云鬼馮人以言也。錢、黄、王、崇文本「其」作「之」，非。朱校元本同此。盼遂案：上文云：「殄者，死之比也。」猶今人所謂假死矣。應劭風俗通卷九有「世間多有亡人魄持其家語聲氣，所説良是」一目，並引「陳國張漢直出行，有鬼物持其女弟，言我痛死，葬在陌上，父母諸弟衰絰迎喪」云云，正與論衡符合矣。及巫叩元絃，下死人魂，「巫叩元絃」，義不可通，疑當作「及巫袀袨下死人魂」。「袀」壞作「扣」，傳寫作「叩」。「絃」爲「袨」之形譌。「元」爲「袨」之殘體而復譌衍。淮南齊俗篇：「尸巫袀袨，大夫端冕，以送迎之。」注：「袀，純服。袨，墨齋衣也。」因巫口談，皆誇誕之言也。如不

〔一〕「之」，原本作「不」，據通津草堂本改。

誇誕，物之精神爲之象也。或曰：不能言也。夫不能言，則亦不能知矣。知用氣，言亦用氣焉。人之未死（病）也，智惠精神定矣，宋本「死」作「病」，是也。「未病」與下文「病」正反相承，當據正。盼遂案：「夫」上應有一「曰」字，此後爲仲任駁前者之説也。餘十三章皆有「曰」字，不應此章獨闕。又案：「矣」字誤，當是「也」字。下句「病則惛亂，精神擾也」，皆申明之辭，可據以訂正。病則惛亂，精神擾也。夫死，病之甚者也。病，死之微，猶惛亂，況其甚乎！精神擾，自無所知，況其散也！況人死精神散。

人之死，文選恨賦注、御覽五四八引並有「也」字，疑是。猶火之滅也。火滅而燿不照，人死而知不惠，二者宜同一實。朱曰：御覽引作「二者下齊」四字。疑有誤。論者猶謂死〔者〕有知，惑也。下「者」字據御覽引補。人病且死，與火之且滅何以異？火滅光消而燭在，人死精亡而形存，謂人死有知，是謂火滅復有光也。楊泉物理論云：「人含氣而生，精盡而死。死猶澌也，滅也。譬火焉，薪盡而火滅，則無光矣。故滅火之餘，無遺炎矣；人死之後，無遺魂矣。」（初學記十四。）隆冬之月，寒氣用事，水凝爲冰。踰春氣温，冰釋爲水。人生於天地之間，其猶冰也。陰陽之氣，凝而爲人，年終壽盡，死還爲氣。夫春水不能復爲冰，死魂安能復爲形？

妬夫娼妻，説文：「妬，婦妬夫也。娼，夫妬婦也。」按：此「娼」義與「妬」同。同室而處，淫亂失行，忿怒鬬訟。夫死，妻更嫁，妻死，夫更娶，以有知驗之，宜大忿怒。今夫妻死者，寂莫無聲，更嫁娶者，平忽無禍，無知之驗也。舊本段。今不從。孔子葬母於防，既而雨甚至，防墓崩。孔子聞之，泫然流涕曰：「古者不修墓。」見檀弓上。遂不復修。俞曰：禮記鄭注於「防墓崩」下注云：「言所以遲者，脩之而來。」是謂門人已脩訖也。正義引庾蔚之説，解「防墓崩」爲「防守其墓，備擬其崩」，則是墓並不崩。而如論衡之言，則又崩而不脩。三説乖異，自以鄭義爲安。暉按：漢書劉向傳向上疏云：「遇雨而崩，弟子修之，以告孔子，孔子云云，蓋非之也。」潛夫論浮侈篇云：「仲尼喪母，冢高四尺，遇雨而墮，弟子請治之。」家語子貢問亦云：「墓崩脩之。」並與鄭玄義同。又按：仲任云：「遂不復脩。」謂此後不再脩也。非釋「防墓崩」爲「崩而不脩」。俞説失之。使死有知，必恚人不脩也。孔子知之，宜輒修墓，以喜魂神，然而不修，聖人明審，曉其無知也。以上説鬼無知，以下説鬼不能言。今段。舊本連下。

枯骨在野，時鳴呼有聲，錢、黄、王、崇文本作「嗚呼」。盼遂案：「呼」爲「呻」誤，又與「鳴」字誤倒。下文屢見「呻鳴」二字連文，決此爲誤。若夜聞哭聲，朱校元本作「者」。謂之死人之音，非也。何以驗之？生人所以言語吁呼者，朱校元本作「吁呵」。氣括口喉之中，動摇其舌，張歙其口，故能成言。譬猶吹簫笙，簫笙折破，氣越不括，手無所弄，則不成音。夫簫笙之管，猶人之口喉也；手弄其孔，猶人之動舌也。人死口喉腐敗，舌不復動，何能成言？然而枯骨時呻鳴者，人骨自有能呻鳴者焉。或以爲秋（妖）也，孫曰：「秋」下脱「氣」字。下文「秋氣爲呻鳴之變，自有所爲」。暉按：「秋」當作「妖」，説見下。是與夜鬼哭無以異也。秋（妖）氣爲呻鳴之變，自有所爲，「秋」當作「妖」。「妖」一作「祆」，與「秋」形近而誤。奇怪篇：「簡子當昌之妖也。」「妖」今譌作「秋」，正其比。感虚篇云：「鬼哭，自有所爲。」紀妖篇云：「鬼之類人，則妖祥之氣也。」此文謂鬼爲妖，謂鬼哭自有所爲，義正相合，非謂別有秋氣鳴也。訂鬼篇云：「世稱紂之時，夜郊鬼哭，及蒼頡作書，鬼夜哭。氣能象人聲而哭，則亦能象人形而見，則人以爲鬼矣。鬼之見也，人之妖也。」據此，則知仲任以鬼哭爲妖氣變也。依倚死骨之側，人則謂之骨尚有知，呻鳴於野。草澤暴體以千萬數，呻鳴之聲，宜步屬焉。

夫有能使不言者言，朱校元本「不」作「未」。未有言者死能復使之言，言者亦不能復使之言。盼遂案：此文舛譌特甚，幾不可讀。當是「夫有言者能使不言。（句。）未有言者死，（讀。）能復使之言。（句。）言者死不能復使之言（句。）」也。猶物生以青爲氣，盼遂案：「氣」當爲「色」，涉下文多「氣」字而誤。青者物之色，非其氣也。下文云「青青之色」，又云「死物之色不能復青」，則此「氣」爲「色」誤，益足徵矣。或予之也；物死青者去，或奪之也。予之物青，奪之青去，去後不能復予之青，物亦不能復自青。聲色俱通，並禀於天。青青之色，猶梟梟之聲也，死物之色不能復青，獨爲死人之聲能復自言，惑也。「爲」讀「謂」。

人之所以能言語者，以有氣力也；氣力之盛，以能飲食也。飲食損減，則氣力衰，衰則聲音嘶。嘶，聲沙也。困不能食，則口不能復言。夫死，困之甚，何能復言？或曰：「死人歆肴食氣，故能言。」夫死人之精，生人之精也。使生人不飲食，而徒以口歆肴食〔之〕氣，孫曰：「之」字涉上下文而衍。此乃答或人之問也。上云：「或曰死人歆肴食氣，故能言。」是其切證。不過三日，則餓死矣。或曰：「死人之精，神於生人之精，故能歆氣爲音。」夫生人之精，在於身中，死則在於身外。死之與生何以殊？身中身外何以異？取水實於大盎中，盎破水流地，地水能異於盎中之水乎？地水不異於盎中之水，身外之精何故殊於身中之精？

人死不爲鬼，無知，不能語言，則不能害人矣。何以驗之？夫人之怒也用氣，其害人用力，用力須筋骨而彊，「而」通「能」。彊則能害人。忿怒之人，呴呼於人之旁，下文作「呴吁」。口氣喘射人之面，雖勇如賁、育，氣不害人。使舒手而擊，舉足而蹶，則所擊蹶無不破折。夫死，骨朽筋力絕，手足不舉，雖精氣尚在，猶呴吁之時無嗣助也，何以能害人也？凡人與物所以能害人者，手臂把刃，爪牙堅利之故也。今人死，手臂朽敗，不能復持刃；爪牙隳落，不能復齧噬，安能害人？兒之始生也，手足具成，手不能搏，足不能蹶者，「蹶」下舊校曰：一有「蹶」字。氣適凝成，未能堅彊也。由此言之，精氣不能堅彊，審矣。氣爲形體，形體微弱，猶未能害人，況死，氣去精神絶〔微弱〕猶（乎）？未（安）能害人？「微弱」二字涉上文衍。人死則精氣消亡，不得言「微弱」也。上文云：「死則形體朽，精氣散。」又云：「死人精神消亡，形體朽敗。」故此云：「死，氣去精神絶。」今衍「微弱」二字，則以「精神絶微弱」爲句，文不成義。宋本、朱校元本「猶」作「乎」，（宋本作「手」。）「未」作「安」，是，當據正。

寒骨謂能害人者邪？死人之氣不去邪？何能害人？雞卵之未字也，朱校元本「字」作「孚」，義長。澒溶於㲉中，潰而視之，若水之形。良雌傴伏，禮記樂記曰：「羽者嫗伏。」體方就成；就成之後，能啄蹶之。夫人之死，猶澒溶之時，宋本、朱校元本「猶」作「歸」，疑是。澒溶猶澒濛，自然未分之象。上文云：「人死復歸元氣。」即此義也。澒溶之氣，安能害人？人之所以勇猛能害人者，以飲食也，飲食飽足則彊壯勇猛，彊壯勇猛則能害人矣。人病不能飲食，則身蠃弱，蠃弱困甚，故至於死。吳曰：「蠃」當作「羸」，形近之譌。崇文本校改作「羸」，後文並作「羸」，是也。暉按：錢、黃、王本並作「羸」。病困之時，仇在其旁，不能咄叱，人盜其物，不能禁奪，羸弱困劣之故也。夫死，羸弱困劣之甚者也，何能害人？有雞犬之畜，爲人所盜竊，雖怯無勢之人，莫不忿怒，忿怒之極，至相賊滅。敗亂之時，人相啖食者，使其神有知，宜能害人。身貴於雞犬，己死重於見盜，忿怒於雞犬，無怨於食己，不能害人之驗也。蟬之未蜕也，爲復育；注無形篇。已蜕也，去復育之體，更爲蟬之形。使死人精神去形體，若蟬之去復育乎？則夫爲蟬者，不能害爲復育者。夫蟬不能害復育，死人之精神，何能害生人之身？夢者之義疑。惑（或）言：「夢者，精神自止身中，爲吉凶之象。」吴曰：「夢者之義疑」爲句，句有脱誤。「惑」當作「或」，爲下句首。蓋「夢者之義」句，籠括下文，次分二説，均以「或言」爲句首，次依二説而破之。或言：「精神行，與人物相更。」今其審止身中，死之精神，亦將復然。今其審行，孫曰：二「今」字並當作「令」。暉按：「今」猶「若」也。義可通。人夢殺傷人，夢殺傷人，盼遂案：「夢殺傷人」四字誤重書。「若」者，「及」也，「或」也。若爲人所復殺，若猶或也。明日視彼之身，察己之體，無兵刃創傷之驗。夫夢用精神，精神，死之精神也。盼遂案：「用」爲「由」之訛字，而又誤重「精神」字。此文當是「夫夢之精神，由（論衡中由、猶互用。）死之精神也」。下文「夫人之精神，猶物之精神也」，與此同一文例。夢之精神不能害人，死之精神安能爲害？火熾而釜沸，沸止而氣歇，以火爲主也。精神之怒也，乃能害人；不怒，不能害人。火猛竈中，釜涌氣蒸；精怒胸中，力盛身熱。今人之將死，身體清涼，涼益清甚，朱校元本作「身體涼，涼益清，清甚」，義並通。遂以死亡。當死之時，精神不怒；身亡之後，猶湯之離釜也，安能害人。

物與人通，人有癡狂之病。如知其物然而理之，理，治也。言若識其所爲物，如是則治之。病則愈矣。夫物未死，精神依倚形體，故能變化，與人交通；已死，形體壞爛，精神散亡，無所復依，不能變化。夫人之精神，猶物之精神也。物生，精神爲病；其精神能病害人。其死，精神消亡。孫曰：「爲病其死」，「其」疑「且」字之誤。暉按：孫讀誤也。「爲病」屬上讀，「其」字不誤。人與物同，死而精神亦滅，「而」猶「則」也。安能爲害禍？設謂人貴，精神有異，成事，物能變化，人則不能，是反人精神不若物，物精〔神〕奇於人也。孫曰：以上下文校之，「物精」下當有「神」字。盼遂案：「精」下宜有「神」字，今脱。上句「是反人精神不若物」，其證也。本篇「精神」二字例連用。

水火燒溺，凡能害人者，皆五行之物。金傷人，木毆人，錢、黄、王、崇文本作「毆人」。程本同此。土壓人，水溺人，火燒人。使人死，精神爲五行之物乎，害人；不爲乎，不能害人。不爲物，則爲氣矣。氣之害人者，太陽之氣爲毒者也。義見言毒篇。使人死，其氣爲毒乎，害人；不爲乎，不能害人。夫論死不爲鬼，無知，不能害人，則夫所見鬼者，非死人之精，其害人者，非其精所爲，明矣。孫曰：「精」下並脱「神」字。上文云：「夫人之精神，猶物之精神也，物生精神爲病，其死精神消亡。人與物同，死而精神亦滅，安能爲害禍。」世説方正篇注節引此文云：「凡天地之間有鬼，非人死之精神也。」並其證。暉按：孫説非。此文不誤。死僞篇：「信所見之鬼，以爲死人之精。此人物之精未可定。」紀妖篇：「人謂鬼者死人之精。」讖日篇：「鬼者死人之精也。」案書篇：「使鬼非死人之精。」並其證。

# 論衡校釋卷第二十一

## 死僞篇

傳曰：盼遂案：係引墨子明鬼篇文。其小異處，當兼采他書。「周宣王殺其臣杜伯而不辜，宣王將田於囿（圃），杜伯起於道左，執彤弓而射宣王，宣王伏韔而死。「囿」當作「圃」。爾雅釋地：「鄭有圃田。」釋文：「本或作囿，字同。」囿、圃形近而誤。墨子明鬼篇曰：「周宣王殺其臣杜伯而不辜，杜伯曰：『吾君殺我而不辜，若以死者爲無知則止矣；若死而有知，不出三年，必使吾君知之。』其後三年，（「後」字依俞樾校增。）周宣王合諸侯而田於圃，（句。）田車數百乘。日中，杜伯乘白馬素車，朱衣冠，執朱弓，挾朱矢，追周宣王，射之車上，中心折脊，殪車中，伏弢而死。」又國語周語韋注、史記周本紀正義引周春秋云：「宣王殺杜伯而無辜。後三年，宣王會諸侯田于圃。日中，杜伯起於道左，衣朱衣冠，操朱弓矢，射宣王，中心折脊而死。」並作「田於圃」，是其證。周語韋注：「杜國，伯爵，陶唐氏之後。」又晉語曰：「范宣子曰：昔匄之祖在周爲唐杜氏。」韋注：「周成王滅唐，而封弟唐叔虞。遷唐于杜，謂之杜伯。」封禪書曰：「杜主，故周之右將軍。」地理志京兆尹杜陵縣注：「故杜伯國，有周右將軍杜祠四所。」顏介寃魂志引周春秋：「周杜國之伯名恒，爲宣王大夫。宣王之妾曰女鳩，欲通之。杜伯不可，女鳩訴之于王，曰：『恒竊與妾交。』宣王信之，囚杜伯于焦。友左儒争之。王不許，曰：『女別君而異友也。』儒曰：『君道友逆，則順君以誅友；友道君逆，則師友以違君。』王怒曰：『易而言則生，不易則死。』儒曰：『士不可枉義以從死，不易言以求生。臣能明君之過以正杜伯之無罪。』九諫而王不聽，王使薛甫司工錡殺杜伯。左儒死之。（説苑立節篇文略同。）杜伯既死，即爲人，見王曰：『恒之罪，何哉？』召祝而以杜伯語告之。祝曰：『始殺杜伯，誰與王謀之？』王曰：『司工錡也。』祝曰：『何不殺錡以謝之？』宣王乃殺錡，使祝以謝杜伯。錡又爲人而至曰：『臣何罪之有？』宣王告皇甫曰：『祝也與我謀而殺人，吾所殺者，又皆爲人而見，奈何？』皇甫曰：『殺祝以兼謝焉。』又無益也，皆爲人而至。祝亦曰：『我焉知之，奈何以爲罪而殺臣也？』後三年，遊於圃田，從人滿野。杜伯乘白馬素車，司工錡爲左，祝爲右，朱衣朱冠」云云。下與墨子略同。「圃」，楚詞九歎惜賢：「覽芷圃之蠡蠡。」注：「圃，野也。」周語：「杜伯射王於鄗。」韋注：「鄗，鄗京也。」風俗通怪神篇引董無心曰：「杜伯死，親射宣王於鎬京。」圃蓋謂鄗京之野。俞樾讀墨子以「圃田」爲句，云：「圃田，地名。」詩車攻篇：『東有甫草，駕言行狩。』鄭箋以『鄭有甫田』説之。爾雅釋地作『鄭有圃田』，即其地也。」孫詒讓曰：「周語云：『杜伯射王於鄗。』韋注云：『鄗，鄗京也。』史記周本紀集解引徐廣云：『豐在京兆鄠縣東，鎬在上林昆明北，有鎬池，去豐二十五里，皆在長安南數十里。』周禮職方氏鄭注云：『圃田在中牟。』以周地理言之，鄗在西都，圃田在東都，相去甚遠。又漢、唐舊讀並於「圃」字斷句，皆不以圃爲「圃田」。（按：郊祀志師古注引墨子以「圃田」句絶。）荀子王霸篇楊注引隨巢子云：「杜伯射宣王於畝田。」「畝」與「牧」聲轉字通，疑即鄗京遠郊之牧田，亦與圃田異。但隨巢子以「圃田」爲「畝田」，似可爲俞讀左證。近胡承珙亦謂此即圃田，而謂國語「鄗」即敖鄗，庰韋以爲鄗京之誤，其説亦可通。説文云：「韔，弓衣也。」趙（燕）簡公殺其臣莊子義而不辜，「趙」當從墨子作「燕」。訂鬼篇不誤。書虚篇作「趙簡子」，誤同。「義」，墨子作「儀」，古通。簡公將入於桓門，莊子義起於道左，執彤杖而捶之，斃於車下。」墨子明鬼篇云：「燕簡公殺其臣莊子儀而不辜，莊子儀曰：『吾君王殺我而不辜，死人毋知亦已；死人有知，不出三年，必使吾君知之。』期年，燕將馳祖。日中，燕簡公方將馳於祖塗。莊子儀荷朱杖而擊之，殪之車上。」孫詒讓曰：論衡文與此小異，疑兼采它書。「桓」與「和」通。桓門當即周禮大司馬中冬狩日之和門，與此云「馳於祖塗」不同也。二者，死人爲鬼之驗，鬼之有知、能害人之效也。無之，奈何？

曰：人生萬物之中，物死不能爲鬼，人死何故獨能爲鬼？如以人貴能爲鬼，則死者皆當爲鬼，盼遂案：「死者」當作「貴者」，方與上句相應。杜伯、莊子義何獨爲鬼也？如以被非辜者能爲鬼，世間臣子被非辜者多矣，比干、子胥之輩不爲鬼。夫杜伯、莊子義無道忿恨，報殺其君，罪莫大於弑君，則夫死爲鬼之尊者，當復誅之，非杜伯、莊子義所敢爲也。凡人相傷，憎其生，惡見其身，故殺而亡之。見殺之家，詣吏訟其仇，仇人亦惡見之。生死異路，人鬼殊處。如杜伯、莊子義怨宣王、簡公，不宜殺也，當復爲鬼，謂宣王、簡公。與己合會。人君之威，固嚴人臣，「嚴」下舊校曰：一本作「壓」。按：作「壓」是。營衛卒使固多衆，盼遂案：「多衆」二字誤倒。兩臣殺二君，二君之死，亦當報之，非有知之深計，憎惡之所爲也。如兩臣神，宜知二君死當報己；如不知也，則亦不神。不神胡能害人？世多似是而非，虛僞類真，故杜伯、莊子義之語，往往而存。舊本段。

晉惠公改葬太子申生。晉語三注：「獻公時，申生葬不如禮，故改葬之。」秋，其僕狐突適下國，服虔曰：「晉所滅國，以爲下邑。一曰：曲沃有宗廟，故謂之國；在絳下，故曰下國也。」洪亮吉曰：說苑立節篇：「獻公卒，突即辭歸自殺。」蓋屬虛語。遇太子。水經涑水注：「于涑水側。」太子趨（使）登僕車而告之，俞曰：左傳曰：「太子使登僕。」杜注曰：「狐突本申生御，故復使登車爲僕。」是狐突登太子之車也。此文所云，則是太子登狐突之車也。下云：「許之，遂不見。」則似以太子登狐突之車爲是。若狐突登太子之車，則其象既没，突將焉在乎？疑左傳之文有誤。王仲任所見，與今本殊也。吴曰：元本論衡作「太子使登僕車」，左氏僖十年傳作「太子使登僕」，蓋狐突見太子而下，太子使之登車爲僕。語自可通。杜注亦未誤。古文簡質，論衡引之，自有增省，此例甚多，不必所見異本也。苟如俞氏所言，須申生御鬼車而後可，說更難了。要之，鬼事荒忽難知，俞氏據誤本論衡，乃以左傳爲疑，迂而無當。暉按：吴説是也。趋，（鄭、錢、黄、王本并作「趨」。洪亮吉左傳詁引作「超」。）宋本亦作「使」，朱校元本同。曰：「夷吾無禮，賈逵曰：「烝於獻公夫人賈君，故曰無禮。」馬融曰：「申生不自明而死，夷吾改葬之，章父之過，故曰無禮。」下文云：「恨惠公之改葬。」則仲任義與馬同。余得請於帝矣，服虔曰：「帝，天帝。」謂罰有罪。」（史記集解。）將以晉畀秦，秦將祀余。」狐突對曰：「臣聞之，神不歆非類，民不祀非族，君祀無乃殄乎？杜曰：「歆，饗也。殄，絶也。」且民何罪？失刑乏祀，左傳足利本注：「乏祀，無主祭也。」（山井鼎七經孟字考文。）君其圖之！」太子曰：「諾，吾將復請。七日，新城西偏，將有巫者，而見我焉。」許之，遂不見。及期，狐突之新城西偏巫者之舍，復與申生相見。申生告之曰：「帝許罰有罪矣！左傳「許」下有「我」字。此與史記晉世家合。斃之於韓。」左傳「斃」作「敝」。日庫本作「弊」，與晉世家同。賈逵曰：「弊，敗也。韓，晉韓原。」按：韓之戰，秦敗晉師，獲晉侯以歸，未斃於韓。下文亦云：「爲穆公所獲，竟如其言。」又訂鬼篇云：「晉惠公身當獲，命未死，故妖直見而毒不射。」則「斃」非其義，字當作「弊」，形誤，非異文也。其後四年，惠公與秦穆公戰於韓地，爲穆公所獲，竟如其言。事見左僖十五年傳。非神而何？

曰：此亦杜伯、莊子義之類。何以明之？夫改葬，私怨也；上帝，公神也。以私怨争於公神，何肯聽之？帝許以晉畀秦，狐突以爲不可，申生從狐突之言，是則上帝許申生非也。神爲上帝，不若狐突，必非上帝，明矣。且臣不敢求私於君者，君尊臣卑，不敢以非干也。申生比於上帝，豈徒臣之與君哉？恨惠公之改葬，干上帝之尊命，錢、王、黄、崇文本「干」并誤「於」。非所得爲也。驪姬譖殺其身，事見左僖四年傳。惠公改葬其尸。改葬之惡，微於殺人；惠公之罪，輕於驪姬。請罰惠公，不請殺驪姬，是則申生憎改葬，不怨見殺也。秦始皇用李斯之議，燔燒詩、書，後又坑儒。宋本「後」字下，有「一有曰字」四字校語。博士之怨，不下申生；坑儒之惡，痛於改葬。然則秦之死儒，不請於帝，見形爲鬼，諸生會告以始皇無道，李斯無狀。舊本段。盼遂案：「諸生」與「會告」四字宜互倒。「會告諸生」云云者，正承上文「秦之死儒」而言也。

周武王有疾不豫，注福虚篇。周公請命，設三壇同一墠，禮記祭法注：「除地曰墠。封土曰壇。」植璧秉圭，段玉裁曰：「今文尚書作『戴璧秉珪』。史記魯世家、漢書王莽傳、太玄挩皆作『戴』，可證。易林无妄之繇曰：『戴璧秉珪。』載、戴古通用也。此文作『植璧』，恐是後人改之。」陳喬樅曰：「古者以玉禮神，皆有幣以薦之，璧加於幣之上，故曰『戴璧』，亦作『載璧』，讀如『束牲載書』之『載』。今文家説當如是也。」乃告于太王、王季、文王。史乃策祝，史記魯世家亦作「策祝」，今文也。集解引鄭玄曰：「策，周公所作，謂簡書也。祝者讀此簡書，以告三王。」武億曰：「鄭以『史乃册』爲句，『祝』字下屬『曰』字讀。」按：魯世家後文云：「周公已令史策告大王、王季、文王。」則史公謂令史告祝，（孔傳亦云：「告謂祝辭。」）非別有「祝者」。蓋今文讀也。本書下文云：「史策告祝，祝畢辭已。」實知篇云：「策祝已畢。」則謂令史告祝，與史公義同。**辭曰：「予仁若考，多才多藝，能事鬼神。乃元孫某，不若旦多才多藝，不能事鬼神。」**經義述聞曰：「『巧』、『考』古字通，『若』、『而』語之轉。『予仁若考』者，予仁而巧也。」戴均衡書傳補商曰：「薛季宣書古文訓凡『考』皆作『丂』。說文丂部云：『丂，古文以爲于字，又以爲巧字。』禮記表記云：『辭欲考。』鄭注：『考，巧也。』是考、巧古通用。」孫星衍曰：「史公作『巧能』，知『考』字當爲『巧』。『仁若考能』，言仁順巧能也。」江聲曰：「『仁若』衍字。薛季宣書古文訓，『考』字作『丂』。『丂』，古文『巧』，俗讀『丂』爲『考』。或且改作『考』字，非也。『耐』屬『巧』讀，『巧能』故多材藝也。魯世家：『旦巧能，多材多藝。』無『仁若』字。」皮錫瑞曰：「今文『予仁若考』作『旦巧』，『元孫』作『王發』，『若』作『如』。史記魯世家曰：『旦巧，能多材多藝，能事鬼神，乃王發不如旦多材多藝，不能事鬼神。』江聲說『仁若』衍字，是也。論衡引經，與今本尚書同。仲任習歐陽尚書，其所引經，與史公所引歐陽尚書異者，乃後人以古文尚書改之。如『植璧』不作『戴璧』，此後人改之之證也。」按：皮氏定史公爲今文，而謂此文爲後人所改。他書無證，疑非定論，故具録諸說以俟考。**鬼神者，謂三王也。**知實篇謂天，與此文異。戴均衡曰：「三王之精爽常在天，詩所謂『在帝左右』。告三王，即陰寓請命於天之意。」仲任意若是歟？**即死人無知，**「即」猶「若」也。**不能爲鬼神，**

周公，聖人也，聖人之言審，則得幽冥之實，得幽冥之實，則三王爲鬼神，明矣。

曰：實〔聖〕人能神乎？不能神也？「人」上脱「聖」字。此承上「聖人之言審」爲文。下文：「如不能知，謂三王爲鬼，猶世俗之人也。」「世俗之人」，即承此「聖人」爲義。今脱「聖」字，則「世俗之人」於義失所較矣。如神，宜知三王之心，不宜徒審其爲鬼也。周公請命，史策告祝，祝畢辭已，不知三王所以與不，孫曰：「所以與不」，義不可通。「所以」當作「許己」。己、以形聲並近。「己」改爲「以」，後人不達，復改「許」爲「所」。（所、許聲亦相近。）不可解矣。下文云：「能知三王有知爲鬼，不能知三王許己與不。」是其證。暉按：陳喬樅今文尚書經説曰：「『所以』即許己也。古所、許、以、己通用。下文云『許己』，是其驗也。」按：下文「許己」二字兩見，知實篇亦作「許己」。似當從孫説，後人所改，非通用也。盼遂案：「所以」二字爲「許己」之誤。所、許聲近，以、己形近也。後文：「不能知三王許己與不。」又云：「能知三王之必許己。」正與此文一貫。乃卜三龜，孫星衍曰：三王之前，各置一龜。三龜皆吉，然後乃喜。能知三王有知爲鬼，不能知三王許己與不，須卜三龜，乃知其實。定其爲鬼，須有所問，然後知之。死人有知無知，與其許人不許人，一實也。能知三王之必許己，錢、黄、王、崇文本「必」作「不」。朱校元本同此。則其謂三王爲鬼，可信也；如不能知，謂三王爲鬼，猶世俗之人也；與世俗同知，則死人之實，未可定也。且周公之請命，用何得之？以至誠得之乎？以辭正得之也？如以至誠，則其請〔命〕之說，盼遂案：「請」下宜有「命」字，今脱。上文屢言周公請命可證。精誠致鬼，不顧辭之是非也。「請之說」無義，疑當作「請命之說」。金縢曰：「王啓金縢之書，乃得周公所自以爲功，代武王之說。」說，即周公請命之策。策辭云：「事鬼神。」故仲任以其不足據，乃精誠致鬼，不顧辭之是非。董仲舒請雨之法，設土龍以感氣。夫土龍非實，不能致雨，仲舒用之致精誠，不顧物之僞真也。然則周公之請命，猶仲舒之請雨也；三王之非鬼，猶聚土之非龍也。舊本段。

晉荀偃伐齊，不卒事而還。中行獻子名偃，字伯游。伐齊，見左襄十八年傳。癉疽生，瘍於頭，說文：「癉，勞病也。疽，癰也。癰，腫也。瘍，頭創也。」服虔通俗文：「頭創曰瘍。」（衆經音義。）玉篇：「疸，黄病也。多但切。左氏傳曰：『荀偃疸疽生瘍于頭。』疸疽，惡創也。疸一作癉。」及著雍之地，病，目出，左通補釋汪瑜曰：「靈樞經寒熱病篇云：『足太陽有通頂入于腦者，正屬目，本名眼系。』頭瘍傷其經絡，目無所系，而突出矣。」卒而視，不可唅。杜注：「目開口噤。」公羊文五年傳：「含者何？口實也。」注：「孝子所以實親口也。緣生以事死，不忍虚其口。天子以珠，諸侯以玉，大夫以碧，士以貝〔一〕，春秋之制也。文家加飯以稻米。」含、唅同，說文作

〔一〕「貝」，原本作「具」，據公羊傳注改。

「琀」。范宣子浣而撫之，傳「浣」作「盥」。宣子，士匄也。士燮之子，士會之孫。曰：「事吳敢不如事主。」世本曰：「偃生穆伯吳。」（趙世家索隱。）姚範曰：春秋多稱大夫爲主。猶視。以上左襄十九年傳文。宣子睹其不瞑，以爲恨其子吳也。人情所恨，莫不恨子，故言吳以撫之。猶視者，不得所恨也。欒懷子曰：「其爲未卒事於齊故也乎？」杜曰：「懷子，欒盈。」日知録四：「晉人殺欒盈，安得有謚？傳言懷子好施，士多歸之。豈其家臣爲之謚，而遂傳於史策耳？」盼遂案：論例以「也」代「邪」。「乎」字出淺人誤沾。乃復撫之，據後漢書袁譚傳注引傳，謂士匄撫之。據下文，仲任以爲懷子。曰：「主苟死，所不嗣事于齊者，有如河！」乃瞑受唅。欒懷子以下，左傳文。伐齊不卒，未卒事。荀偃所恨也，懷子得之，故目〔二〕瞑受唅；宣子失之，目張口噤。

曰：荀偃之病卒，苦目出，目出則口噤，口噤則不可唅。新死氣盛，本病苦目出，宣子撫之早，故目不瞑，口不闓。少久氣衰，懷子撫之，故目瞑口受唅。此自荀偃之病，非死精神見恨於口目也。桓譚以爲荀偃病而目出，初死，其目未合，尸冷乃合。非其有所知也，傳因其異而記之耳。（見釋文。）義與仲任同。凡人之死，皆有所恨。志士則恨

---

〔二〕「目」，原本作「自」，據通津草堂本改。

義事未立，學士則恨問多不及，農夫則恨耕未畜穀，商人則恨貨財未殖，仕者則恨官位未極，勇者則恨材未優。天下各有所欲乎，然而各有所恨，有所欲，如是則各有所恨。必有(以)目不瞑者爲有所恨，吴曰：「必有」當作「必以」。「有」、「以」草書形近，又涉上下文諸「有」字而誤。夫天下之人，死皆不瞑也。且死者精魂消索，不復聞人之言。不能聞人之言，是謂死也。離形更自爲鬼，立於人傍，雖〔聞〕人之言，已與形絶，安能復入身中，瞑目闔口乎？孫曰：「雖人之言」，文不成義。「雖」下蓋脱「聞」字。上文云：「且死者精魂消索，不復聞人之言，不能聞人之言，是謂死也。」故此云「雖聞人之言」云云，義正一貫。能入身中以尸示恨，則能不免，與形相守。言精神不離形爲鬼。錢大昕、李賡芸並云：漢人讀「免」爲「脱」。盼遂案：「免」當爲「死」，形近之誤。案世人論死，謂其精神有(自)若，能更以精魂立形見面，使尸若生人者，誤矣。劉先生曰：「精神」下當有脱文，元本此下空一字。暉按：「有」疑「自」字形譌。論死篇：「夫爲鬼者，人謂死人之精神。」即其義。

楚成王廢太子商臣，欲立王子職。賈逵曰：「職，商臣庶弟。」(史記楚世家集解。)商臣聞之，以宮甲圍王。宮甲，韓非子内儲説下云：「起宿營之甲。」史公説「以宮衛兵」。杜曰：「太子宮甲。」王請食熊蹯而死，説文：「熊獸似豕，山居冬蟄。」爾雅釋獸：「其足蹯。」鄭玄周禮注：「蹯，掌也。」説文：「獸足謂之番，从釆田，象其掌。」宣二年傳服虔注：「膰，熊掌，其肉難熟。」

（史晉世家集解。）弗聽。王縊而死。謚之曰「靈」，不瞑；曰「成」，乃瞑。事見左文元年傳。謚法：亂而不損曰靈，安民立政曰成。夫爲「靈」不瞑，爲「成」乃瞑，成王有知之效也。謚之曰「靈」，心恨，故目不瞑；更謚曰「成」，舊校曰：一有「人」字。心喜乃瞑。精神聞人之議，見人變易其謚，故喜目瞑。本不病目，人不撫慰，目自翕張，非神而何？

曰：此復苟偃類也。雖不病目，亦不空張。成王於時縊死，氣尚盛，新絶，目尚開，因謚曰「靈」。少久氣衰，目適欲瞑，連更曰「成」。目之視瞑，與謚之爲「靈」，偶應也。盼遂案：當是「謚爲靈、成，偶應也」。今本脱一「成」字，文義不完。又案：左傳文公元年正義引桓譚説，與論衡推斷全同。仲任蓋本君山。時人見其應「成」乃瞑，則謂成王之魂有所知。桓譚以爲自縊而死，其目未合，尸冷乃瞑，非由謚之善惡也。（正義。）與仲任説同。□□□□□□□，則宜終不瞑也。劉先生曰：此文不可通。「則謂成王之魂有所知」下，疑當有「成王之魂有所知」七字。盼遂案：「有所知」三字宜重。何則？太子殺己，大惡也；加謚爲「靈」，小過也。不爲大惡懷忿，反爲小過有恨，非有神之效，見示告人之驗也。夫惡謚非「靈」則「厲」也，紀於竹帛，爲「靈」、「厲」者多矣，其尸未斂之時，未皆不瞑也。孫經世曰：「未皆不瞑」，目不皆不瞑也。二字義同互用。豈世之死君不惡，而獨成王憎之哉？何其爲「靈」者衆，不瞑者寡也？舊本段。

鄭伯有貪愎而多欲，子皙好在人上，二子不相得。子皙攻伯有，伯有出奔。伯有，良霄字。子皙，公孫黑字。並鄭大夫。愎，恨也。子皙以駟氏之甲伐伯有，奔雍梁。駟帶率國人以伐之，伯有死。死於羊肆。杜曰：「駟帶，子西之子，子皙之宗主。」事見左襄三十年傳。其後九年，鄭人相驚以伯有，曰：「伯有至矣。」則皆走，不知所往。後歲，人或夢見伯有介而行，傳云：「鑄刑書之歲二月。」按：在魯昭六年。此云「後歲」，承上「後九年」爲文，則若魯昭八年矣。失之。杜曰：「介，甲也。」曰：「壬子，余將殺帶也。」杜曰：「昭六年三月三日。」明年壬寅，余又將殺段也。杜曰：「公孫段，駟氏黨。壬寅，七年正月二十八日。」及壬子之日，駟帶卒，國人益懼。後至壬寅日，公孫段又卒，國人愈懼。子產爲之立後以撫之，乃止矣。立伯有子良止爲大夫，使有宗廟。伯有見夢曰：壬子，余將殺帶。壬寅，又將殺段。及至壬子日，駟帶卒，至壬寅，公孫段死。孫曰：伯有、子皙、帶、段事見左氏襄三十年傳，及昭公七年傳。此七句，與前節語意並複，且文意亦不銜結，不當有也。疑此爲前節舊注而竄入正文者。或即兩本字句微異，校者不慎，誤合爲一耳。盼遂案：此五語本在子產對趙景子語所云「而彊死，不亦宜乎」後，與「伯有殺駟帶、公孫段不失日期，神審之驗也」二語相接爲一氣。考本篇舉死僞故事十四則，皆先臚列其事實，加以申明，而後予以辨駁。獨此文五語爲敍事未畢，忽闌入申説，使事實成兩槩，文義爲複出，蓋淺人之失也。孫人和舉正疑此文爲前節舊注而竄入正文，或即兩本字句微異，校者不慎，誤合爲一。亦非也。其後子產適晉，趙景子問曰：杜曰：「景子，晉中軍佐趙成。」「伯有猶能爲鬼乎？」子產曰：「能。人生始化曰魄，既生魄，陽曰魂。説文：「魄，陰神也。魂，陽神也。」用物精多，則魂魄彊，孔疏曰：「物謂奉養之物，衣食所資之總名。」是以有精爽至於神明。疋夫疋婦彊死，其魂魄猶能憑依人以爲淫厲，杜曰：「强死，不病也。」鄭玄曰：「厲者，陰陽之氣相乘不和之名，尚書五行傳六厲是也。人死體魄則降，和氣在上。有尚德者，附和氣而興利。爲厲者，因害氣而施災，故謂之厲鬼。」（孔疏。）況伯有，我先君穆公之胄，子良之孫，子耳之子，弊邑之卿，從政三世矣。鄭雖無腆，小爾雅：「腆，厚也。」抑諺曰：『蕞爾小國。』杜曰：「蕞，小貌。」洪亮吉曰：「説文：『撮，兩指撮。』今本『蕞』當作『撮』。」而三世執其政柄，其用物弘矣，取精多矣。其族又大，所憑厚矣。而彊死，能爲鬼，不亦宜乎？」見左昭七年傳。伯有殺駟帶、公孫段不失日期，神審之驗也。子產立其後而止，知鬼神之操也。知其操，則知其實矣。實有不空，故對問不疑。子產，智人也，知物審矣。如死者無知，何以能殺帶與段？如不能爲鬼，子產何以不疑？

曰：與伯有爲怨者，子晳也。子晳攻之，伯有犇，駟帶乃率國人遂伐伯有。公孫段隨駟帶，不造本辯，盼遂案：「不造本辯」，語難索解。疑「辯」爲「讎」之壞字。伯有之本讎，自爲子皙，若公孫段、駟帶非伯有之本讎，故其惡微小也。其惡微小。殺駟帶不報子皙，公孫段惡微，與帶俱死，是則伯有之魂無知，爲鬼報仇，輕重失宜也。且子産言曰：「彊死者能爲鬼。」何謂彊死？謂伯有命未當死而人殺之邪？將謂伯有無罪而人寃之也？「將」猶「抑」也。如謂命未當死而人殺之，未當死而死者多；如謂無罪人寃之，被寃者亦非一。伯有彊死能爲鬼，比干、子胥不爲鬼。春秋之時，弑君三十六。隱公四年，衛州吁弑其君完。十一年，羽父使賊弑公于寪氏。桓二年，宋督弑其君與夷。七年，曲沃伯誘晉小子侯殺之。十七年，鄭高渠彌弑昭公。莊八年，齊無知弑其君諸兒。十二年，宋萬弑其君捷。十四年，傅瑕弑其君鄭子。三十二年，共仲使圉人犖賊子般。閔二年，共仲使卜齮賊公于武闈。僖十年，晉里克弑其君卓。二十四年，晉弑懷公于高粱。文元年，楚太子商臣弑其君頵。十四年，齊公子商人弑其君舍。十六年，宋人弑其君杵臼。十八年，齊人弑其君商人。魯襄仲殺子惡。莒弑其君庶其。宣二年，晉趙盾弑其君夷皋。四年，鄭公子歸生弑其君夷。十年，陳夏徵舒弑其君平國。成十八年，晉弑其君州蒲。襄七年，鄭子駟使賊夜弑僖公。二十五年，齊崔杼弑其君光。二十六年，衛甯喜弑其君剽。二十九年，閽弑吴子餘祭。三十年，蔡太子般弑其君固。三十一年，莒人弑其君密州。昭元年，楚公子圍問王疾，縊而弑之。十三年，楚公子比弑其君虔于乾谿。十九年，許太子止弒其君買。二十七年，吴弒其君僚。定十三年，薛弒其君比。哀四年，盜殺蔡侯。十六年，齊陳乞弒其君荼。十年，齊人弒悼公。凡三十六。君爲所弒，可謂彊死矣。典長一國，用物之精可謂多矣。繼體有土，非直三世也。貴爲人君，非與卿位同也。始封之祖，必有穆公、子良之類也。以至尊之國君，受亂臣之弒禍，其魂魄爲鬼，必明於伯有；報仇殺讎，禍繁於帶、段。三十六君無爲鬼者，三十六臣無見報者。如以伯有無道，其神有知，世間無道莫如桀、紂，桀、紂誅死，魄不能爲鬼。然則子産之説，因成事者也。見伯有彊死，則謂彊死之人能爲鬼。如有不彊死爲鬼者，則將云不彊死之人能爲鬼。子皙在鄭，與伯有何異？死與伯有何殊？俱以無道爲國所殺，見左昭二年傳。伯有能爲鬼，子皙不能。彊死之説，通於伯有，塞於子皙。然則伯有之説，杜伯之語也，杜伯未可然，伯有亦未可是也。舊本段。

秦桓公伐晉，次于輔氏。高士奇春秋地名考略四：「今朝邑縣（屬陝西同州府。）西北十三里有輔氏城。」晉侯治兵于稷，郡國志：「河東郡聞喜邑有稷山亭。」酈道元云：「汾水又逕稷山，山上有稷祠，山下稷津，晉侯治兵于稷是也。」春秋大事表七之三：「今山西絳州稷山縣南五十里有稷神山，山下有稷亭，即晉侯治兵處。」以略翟土，廣雅：「略，取也。」立黎侯而還。及〔雒〕，魏顆敗秦師于輔氏，孫曰：左氏宣十五年傳作「及雒」。此蓋脱「雒」字。獲杜回。杜回，秦之力人也。朱校元本「力」上有「有」字。按：今本正與傳合。傳不重「杜回」二字。洪亮吉云：「張衡傳注引左傳同此。」初，魏武子有嬖妾無子。武子疾，命顆曰：「必嫁是妾。」傳無「妾」字。張衡傳注同此。盼遂案：「妾」字疑後人傍注之誤入正文者也。「是」字正承上文「嬖妾」而言。下句「必以是爲殉」，「是」者，是妾也，亦省妾字。左宣十五年傳作「必嫁是」，無「妾」字，可證。病困，則更曰：「必以是爲殉。」及武子卒，顆不殉妾。人或難之，顆曰：「疾病則亂，吾從其治也。」及輔氏之役，魏顆見老人結草以亢杜回。杜曰：「亢，禦也。」洪曰：「廣雅：『亢，遮也。』詳此傳文義，當從廣雅訓爲是。」杜回躓而顛，說文：「躓，跲也。」詩毛傳：「顛，仆也。」故獲之。夜夢見老父曰：「余是所嫁婦人之父也。爾用先人之治命，「用」下石經有「而」字。而，汝也。疑此文「而」字，校者妄删。是以報汝。」事見左宣十五年傳。夫嬖妾之父知魏顆之德，故見體爲鬼，結草助戰，神曉有知之效驗也。

曰：夫婦人之父能知魏顆之德，爲鬼見形以助其戰，必能報其生時所善，殺其生時所惡矣。凡人交遊，必有厚薄，厚薄當報，猶婦人之當謝也。吳曰：「婦人」上疑脱一「嫁」字。今不能報其生時所厚，獨能報其死後所善，非有知之驗，能爲鬼之效也。張良行泗水上，老父授書；見紀妖篇。光武困厄河北，老人教誨，孫曰：後漢書光武紀：「更始二年，光武至呼沱河，無船，適遇冰合，得過。未畢，數車而陷。進至下博城西，遑惑不知所之。有白衣老父在道旁指曰：『努力！信都郡爲長安守，去此八十里。』光武即馳赴之。」章懷注：「老父，蓋神人也。今下博縣西猶有祠堂。」命貴時吉，當遇福喜之應驗也。魏顆當獲杜回，戰當有功，故老人妖象結草於路人者也。舊本段。盼遂案：「路人」之「人」衍字。

王季葬於滑山之尾，孫曰：滑山，魏策作「楚山」，吕氏春秋開春論作「渦山」。疑「渦」即「滑」字之譌。楚山其別名也。吴師道魏策補注引皇甫謐云：「楚山一云潏山。」潏、滑音近。暉按：類聚二引孟子亦見此事。「滑山」亦作「渦山」。欒（灓）水擊其墓，孫曰：「欒水」當從魏策作「灓水」。「擊」，魏策及吕氏春秋並作「齧」，義並得通。暉按：孟子（見周氏孟子四考。）亦作「灓水齧其墓」。説文：「灓，漏流也。」廣雅釋詁：「漬也。」見棺之前和。吕覽高注：「棺題曰和。」章炳麟新方言六曰：「今浙江猶謂棺之前端曰前和頭，音如華。淮南謂題字於棺前端曰題和，音如壺。」文王曰：「嘻！先君必欲一見羣臣百姓也夫！故使灓水見之。」孫曰：吕氏春秋「夫」作「天」，屬下爲句，義亦得通。暉按：國策作「夫」。吕覽高注：「見猶出也。」於是也（出）而爲之張朝，孫曰：「也」字當從國策及吕氏春秋改作「出」。劉先生曰：孫改是也。下文「知其精神欲見百姓，故出而見之」，即承此而言。而百姓皆見之。三日而後更葬。文王，聖人也，知道事之實。見王季棺見，知其精神欲見百姓，故出而見之。

曰：古今帝王死，葬諸地中，有以千萬數，盼遂案：「有」字爲「者」之誤，屬上句讀。

無欲復出見百姓者，王季何爲獨然？河、泗之濱，立（丘）家（冢）非一，吴曰：「立家」當作「丘冢」，并形近之譌。（程榮本與通津本同誤作「立家」。崇文局本作「立冢」。）暉按：吴校是也。朱校元本「立」正作「丘」。王本「家」亦作「冢」。水湍崩壞，棺椁露見，不可勝數，皆欲復見百姓者乎？欒水擊滑山之尾，猶河、泗之流湍濱圻也。文王見棺和露，惻然悲恨，當先君欲復出乎？慈孝者之心，盼遂案：「者」字蓋涉「孝」字之形誤而衍。此「慈孝之心」，與下句「幸冀之意」爲儷語也。幸冀之意，賢聖惻怛，不暇思論，推生況死，故復改葬。世俗信賢聖之言，則謂王季欲見百姓者也。各本并段。崇文本誤合下節。

齊景公將伐宋，師過太山，公夢二丈人立而怒甚盛。公告晏子，晏子曰：「是宋之先，湯與伊尹也。」公疑以爲泰山神。晏子曰：「公疑之，則嬰請言湯、伊尹之狀。湯皙，以（而）長頤（頭）以髯，此文當作：「湯皙，（句。）而長頭以髯。」說文：「顄，𦣝也。」𦣝、頤古今字。又云：「顄，頤也。」方言作「頷」。公羊傳何注：「頷，口也。」則「頤以髯」猶「口以髯」也，文不成義。晏子春秋内篇諫上：「湯質皙，（句。）而長頭以髯。」（「頭」今誤作「顔」。藝文類聚十七引作「湯長頭而髯鬚」。御覽三六四引作「湯長頭而寡髮」。又三七四引作「長頭而髯」。並作「長頭」。今據正。）則「長」謂頭長，非謂其質白而長也。此文即本晏子，當不能背戾其義。蓋「頭」字形譌作「頤」，淺者則據下文「伊尹黑而短，蓬而髯」句例，妄以「長」字屬上讀，又改「而」爲「以」。銳上而豐下，据（倨）身而揚聲。」先孫曰：此文見晏子春秋諫上篇，「据」彼作「倨」，是也。當據校正。暉按：類聚十二引帝王世紀亦作「倨」。公曰：「然！是已！」「伊尹黑而短，蓬〔頭〕而髯，當作「蓬頭而髯」。若脱「頭」字，「蓬」字無所狀矣。晏子内篇諫上今本亦脱「頭」字。御覽三七四、又三九九引晏子正作「蓬頭而髯」。此文蓋後人據誤本晏子妄删之。豐上而鋭下，僂身而下聲。」公曰：「然！是已！今奈何？」晏子曰：「夫湯、太甲、武丁、祖乙，天下之盛君也，「祖乙」舊作「祖已」，朱校元本、程本同。今據錢、黄、王、崇文本正。晏子正作「祖乙」。孫星衍晏子春秋音義曰：「太甲，湯孫。武丁，小乙子。祖乙，河亶甲子。」不宜無後。今唯宋耳，而公伐之，故湯、伊尹怒。請散師和於宋。」公不用，終伐宋，軍果敗。晏子春秋曰：「景公不用，終伐宋。晏子曰：『伐無罪之國，以怒神明。不易行以續蓄，進師以近過，非嬰所聞也。師若果進，軍必有殃。』軍進再合，鼓毁將殪。公乃辭乎晏子，散師，不果伐宋。」夫湯、伊尹有知，惡景公之伐宋，故見夢盛怒以禁止之。景公不止，軍果不吉。

曰：夫景公亦曾夢見彗星，其時彗星不出，果不吉。曰夫五字涉上文衍也，不當有。彗爲妖星，淮南覽冥訓注：「彗星爲變異，人之害也。」此文既明言「彗星不出」，則無災變，而此云「果不吉」，理不可通。其證一也。晏子外篇七：「景公夢見彗星，明日召晏子而問焉。『寡人聞之，有彗星者，必有亡國。夜者寡人夢見彗星，吾欲召占夢者使占之。』晏子對曰：『君居處無節，衣食無度，不聽正諫，興事無已，賦斂無厭，使民如將不勝，萬民懟怨，茀星又將夢見，奚獨彗星乎？』」即此文所指。然未言果有不吉之事。（內篇諫上云：「景公日暮西望彗星。」即左昭二十六年傳所云「陳氏之祥」者。與此夢見者爲兩事。）此云「果不吉」，於事不合。其證二也。此篇文例，「曰」字以上，援引史實，以設人死爲鬼有知之説；「曰」字以下，仲任意旨所在。則「曰」字猶五經異義、風俗通之「謹案」，非問答之「曰」，則此重出「曰」字，於全例不合。其證三也。**然而夢見之者，**盼遂案：「果不吉曰夫」五字衍文，「見彗星」三字亦衍文。上文「景公不止，軍果不吉。曰：夫景公亦曾夢見彗星，其時彗星不出」云云，兹涉之而衍也。**見彗星其實非。夢見湯、伊尹，實亦非也。或時景公軍敗不吉之象也。晏子信夢，明言湯、伊尹之形，景公順晏子之言，然而是之。秦并天下，絶伊尹之後，**「絶」下當有「湯」字。**遂至於今，湯、伊尹不祀，何以不怒乎？**舊本段。盼遂案：漢書成帝紀：「綏和元年，詔封孔吉爲殷紹嘉侯。三月，進爵爲公，地百里。」司馬彪續漢書百官志：「光武建武五年，封殷後孔安爲殷紹嘉公。十三年，改安爲宋公，以爲漢賓，在三公上。」是成湯之靈在兩漢未嘗放而不祀也。仲任此言，殆失考矣。

**鄭子産聘於晉。晉侯有疾，**晉平公。**韓宣子逆客，私焉，**説苑辨物篇云：「宣子贊授館客，客問君疾。」**曰：「寡君寢疾，於今三月矣，並走羣望，**杜曰：「晉所望祀山川，皆往祈禱。」**有加而無瘳。今夢黄熊入於寢門，**黄熊注無形篇。**其何厲鬼也？」**説文：「魅，厲鬼也。」段注：「厲之言烈也。厲鬼謂虐厲之鬼。」對曰：「以君之明，子爲大政，國語晉語八注：「大政，美大之政。」其何厲之有？昔堯殛鯀于羽山，其神爲黃熊，以入于羽淵，晉語八注：「殛，放殛而殺之。羽淵，羽山之淵。鯀既死而神化也。」餘注無形篇。實爲夏郊，三代祀之。晉爲盟主，其或者未之祀乎？」杜曰：「鯀，禹父，夏家郊祭之。歷殷、周二代，又通在羣神之數，并見祀。言周衰，晉爲盟主，得佐天子祀羣神。」韓子祀夏郊，晉侯有間。杜曰：「祀鯀。間，差也。」疏曰：言祀夏家所郊者，故云「祀鯀」。說苑曰：「祀夏郊，董伯爲尸，五日瘳。」以上見左宣七年傳。黃熊，鯀之精神，晉侯不祀，故入寢門。晉知而祀之，故疾有間。非死人有知之驗乎？盼遂案：「乎」下應有一「曰」字。

〔曰〕：夫鯀殛於羽山，人知也；神爲黃熊，入于羽淵，人何以得知之？「夫」字上脱「曰」字。本篇文例，「曰」字以上，刺取史實，以設人死有知之說；「曰」字以下，申明己意，以駁其妄。此「曰」字，蓋寫者脱耳。使若魯公牛哀病化爲虎，注無形篇。在，故可實也。在，謂有生形在。盼遂案：「虎」字宜重。「虎在」與下「鯀遠殛於羽山，人不與之處」爲對文。今鯀遠殛於羽山，人不與之處，何能知之？且文曰：「其神爲〔黃〕熊。」是死也。此複述傳語，當有「黃」字。下文云「死而神魂爲黃熊」，即承此爲文。又云：「審鯀死，其神爲黃熊。」又云：「信黃熊謂之鯀神。」又云：「黃熊爲鯀之神未可審。」又云：「使鯀死，其神審爲黃熊。」并作「黃熊」，可證。死而魂神爲黃熊，非人所得知也。路史餘論九引「人」下有「之」字。人死世謂鬼，鬼象生人之形，見之與人無異，然猶非死人之神，況熊非人之形，不與人相似乎！審鯀死，其神爲黃熊，則熊之死，其神亦或時爲人，人夢見之，何以知非死禽獸之神也？信黃熊謂之鯀神，又信所見之鬼以爲死人精也，此人物之精未可定，黃熊爲鯀之神未可審也。且夢，象也，吉凶且至，神明示象，熊羆之占，自有所爲。使鯀死，其神審爲黃熊，夢見黃熊，必鯀之神乎？言所夢見者，未必即鯀所化者。諸侯祭山川，設晉侯夢見山川，何復不以祀山川，山川自見乎？據下文例，「何復」當作「可復以」。今本「可」譌作「何」，「以不」二字誤倒。盼遂案：「何復不以祀山川」句，當爲「可復以不祀山川」之譌倒。下文「可復謂先祖死人求食，故來見形乎」，與此同一文法。人病，多或夢見先祖死人來立其側，可復謂先祖死人求食，故來見形乎？人夢所見，更爲他占，未必以所見爲實也。何以驗之？夢見生人，明日〔問〕所夢見之人，不與己相見。宋本「所」上有「問」字，無「夢」字，朱校元本同，是也，當據正。紀妖篇曰：「夢見甲，夢見君。明日見甲與君，如問甲與君，甲與君則不見也。」是其義。今本蓋校者不審而妄删改。夫所夢見之人不與己相見，則知鯀之黃熊不入寢門。不入，則鯀不求食。不求食，則晉侯之疾非廢夏郊之禍。非廢夏郊之禍，則晉侯有間，非祀夏郊之福也。無福之實，則無有知之驗矣。

亦猶淮南王劉安坐謀反而死，世傳以爲仙而升天。注道虚篇。本傳之虚，子産聞之，亦不能實。偶晉侯之疾適當自衰，盼遂案：「衰」爲「瘊」之借字。說文：「瘊，減也。」謂病減也，轉注爲一切消退之稱，經傳通以「衰」爲之。下節「田蚡病不衰」，同此。子産遭言黄熊之占，則信黄熊鯀之神矣。舊本段。

高皇帝以趙王如意爲似我而欲立之，吕后恚恨，後酖殺趙王。其後，吕后出，見蒼犬，祓霸上，還過軹道，見之。噬其左腋。史記吕后紀云：「據高后掖。」集解徐廣曰：「據音戟。」按：五行志作「橶」。師古曰：「橶謂拘持之也。」此文與史、漢微異。怪而卜之，趙王如意爲祟，遂病腋傷，不愈而死。蓋以如意精神爲蒼犬，見變以報其仇也。

曰：勇士忿怒，交刃而戰，負者被創，仆地而死。目見彼之中己，死後其神尚不能報。吕后酖如意時，身不自往，使人飲之，不知其爲酖毒，憒不知殺己者爲誰，盼遂案：「憒」字衍文。蓋學者習見後節「毒憒」連文，而加此字於「毒」字下，不知其不辭也。安能爲祟以報吕后？使死人有知，恨者莫過高祖。高祖愛如意，而吕后殺之，高祖魂怒，宜如雷霆，吕后之死，宜不旋日。豈高祖之精，不若如意之神？將死後憎如意，善吕后之殺也？「將」猶「抑」也。舊本段。

丞相武安侯田蚡與故大將軍灌夫杯酒之恨，事至上聞。灌夫繫獄，竇嬰救之，勢不能免。灌夫坐法，竇嬰亦死。其後，田蚡病甚，號曰：「諾諾！」漢書灌夫傳：「蚡疾，一身盡痛，若有擊者，謼服謝罪。上使視鬼者瞻之，曰：魏其侯與灌夫共守，笞欲殺之。」晉灼曰：「服音㕮。關西俗謂得杖呼及小兒啼爲呼㕮。或言蚡號呼謝服罪也。」按：此文「號曰諾諾」，則謂號呼謝服罪也。使人視之，見灌夫、竇嬰俱坐其側，蚡病不衰，遂至死。

曰：相殺不一人也，殺者後病，不見所殺，田蚡見所殺。田蚡獨然者，心負憒(懷)恨，宋本「憒」作「懷」。朱校元本作「性」。按：作「懷」，是也。今本作「憒」，當爲「懷」字之譌。灌夫、竇嬰已被誅戮，田蚡私恨已逞，不得言其尚有憒恨也。「恨」讀李廣傳「豈嘗有恨者乎」之「恨」。師古曰：「恨，悔也。」是其義。病亂妄見也。或時見他鬼，而占鬼之人，聞其往時與夫、嬰爭，欲見神審之名，見其狂「諾諾」，則言夫、嬰坐其側矣。舊本段。

淮陽都尉尹齊，爲吏酷虐，及死，怨家欲燒其尸，〔尸〕亡去歸葬。孫曰：史記重「尸」字，漢書作「妻亡去歸葬」，「尸」下有「妻」字。論衡定脱「尸」字。仲任言史事，多本太史公。此一證也。果作「妻亡去歸葬」，則是妻竊尸而去。竊尸而去，事何足異？則仲任之所辯論，爲無據矣。此二證也。論衡原文與史記同，毫無可疑。班氏蓋以己意改之也。劉先生曰：史記酷吏傳集解徐廣曰：「尹齊死，未及斂，恐怨家欲燒之，屍亦飛去。」明屍自亡，非其妻竊之也。御覽五百四十九引此文作「怨家欲取其屍，屍亡歸」。孫謂「尸」字當重，此其確證矣。風俗通怪神篇同。

夫有知，故人且燒之也；「故」下疑脱「知」字。神，故能亡去。

曰：尹齊亡，神也，有所應。秦時三山亡，周末九鼎淪，并注儒增篇。必以亡者爲神，三山、九鼎有知也。或時吏知怨家之謀，竊舉持亡，懼怨家怨己，云自去。黄震曰：「漢注謂鬼有知而亡去。每疑棺尸無亡去之理。如論衡之説，近之矣。」楊慎曰：「尸亡去者，謂齊死而遺命其家潛逃歸葬耳。」按：如楊説，則史文當作「遺命亡去歸葬」，不得云「尸」也。至以「尸亡去」爲事涉神怪，當以仲任此説解之。凡人能亡，足能步行也。今死，血脈斷絶，足不能復動，何用亡去？吴烹伍子胥，漢菹彭越。並注書虚篇。燒、菹，一僇也；胥、越，一勇也。子胥、彭越不能避烹亡菹，獨謂尹齊能歸葬，失實之言，不驗之語也。舊本段。

亡新改葬元帝傅后，發其棺，錢、王、黄、崇文本「發」誤「廢」。取玉柙印璽，送定陶，以民禮葬之。發棺時，臭憧于天，「憧」下舊校曰：一本作「燻」。（「燻」各本誤作「爐」，今據宋、元本正。）洛陽丞臨棺，聞臭而死。又改葬定陶共王丁后，火從藏中出，燒殺吏士數百人。漢書外戚傳：「孝元傅昭儀，哀帝祖母，葬渭陵，稱孝元傅皇后。定陶丁姬，哀帝母，葬于定陶。王莽奏貶傅太后號爲定陶共王母，丁太后號曰丁姬。復言共王母、丁姬前不臣妾，至葬渭陵，冢高與元帝山齊，懷帝太后、皇太太后璽以葬，不應禮。禮有改葬，請發共王母及丁姬冢，取其璽消滅，徙共王母及丁姬歸定陶，葬共王冢次，而葬丁姬復其故。謁者護既發傅太后冢，崩壓殺數百人。開丁姬椁户，火出炎四五丈，吏卒以水沃滅，迺得入，燒燔椁中器物。」水經渭水注引潘岳關中記：「王莽奏毀傅太后冢，冢崩，壓殺數百人，開棺，臭聞數里。」又濟水注：「今丁姬墳冢，巍然尚秀，隅阿相承，列郭數周，面開重門，南門内夾道有崩碑二所，世尚謂之丁昭儀墓，又謂之長隧陵。蓋所毀者，傅太后陵耳。丁姬墳墓，事與書違，不甚過毀，未必一如史説也。」夫改葬禮卑，又損奪珍物，二恨怨，「二」下疑有「后」字。故爲臭、出火，以中傷人。

曰：臭聞於天，多藏食物，腐朽猥發，人不能堪毒憒，而未爲怪也。火出於藏中者，怪也，非丁后之神也。何以驗之？改葬之恨，孰與掘墓盜財物也？歲凶之時，「凶」，朱校元本作「亂」。掘丘墓取衣物者以千萬數，死人必有知，盼遂案：「必」疑爲「亡」之誤。「亡」讀若「無」。若作「必」，則與仲任所立之無鬼論義違矣。人奪其衣物，倮其尸骸，時不能禁，後亦不能報。此尚微賤，未足以言。秦始皇葬於驪山，二世末，天下盜賊掘其墓，漢書劉向傳向上疏曰：「秦始皇葬於驪山之阿。其高五十餘丈，周回五里有餘。天下苦其役而反之。驪山之作未成，而周章百萬之師至其下矣。項籍燔其宫室營宇。往者咸見發掘。其後牧兒亡羊，羊入其鑿，牧者持火照求羊，失火，燒其臧椁。」不能出臭、爲火，以殺一人。貴爲天子，不能爲神，丁、傅婦人，安能爲怪？變神非一，發起殊處，見火聞臭，則謂丁、傅之神，誤矣。

新編諸子集成

# 論衡校釋

（附劉盼遂集解）

下

黄暉撰

中華書局

# 論衡校釋卷第二十二

## 紀妖篇

衛靈公將之晉，至濮水之上，夜聞鼓新聲者，説之，使人問之，左右皆報弗聞。召師涓而告之，曰：「有鼓新聲者，使人問左右，盡報弗聞。其狀似鬼，子爲我聽而寫之。」師涓曰：「諾。」因靜坐撫琴而寫之。明日報曰：「臣得之矣！然而未習，請更宿而習之。」靈公曰：「諾。」因復宿。明日已習，遂去之晉。晉平公觴之施夷之臺。「施夷」即「虒祁」，聲之轉也。左昭八年傳：「晉侯方築虒祁之宫。」預曰：「虒祁，地名也，在絳州西四十里，臨汾水也。」春秋大事表七之三：「今平陽府曲沃縣西四十九里，有虒祁宫址，地連絳州之聞喜縣界。」盼遂案：史紀樂書作施惠之臺。論作施夷，與韓非子十過同。左傳作虒祁宫，音相同也。酒酣，靈公起曰：「有新聲，願請奏以示公。」公曰：「善。」乃召師涓，令坐師曠之旁，援琴鼓之。未終，曠撫而止之，曰：「此亡國之聲，不可遂也。」王先謙曰：「遂，竟也，謂終曲。」平公曰：「此何道出？」王念孫曰：「道者，由也。言此聲何由出也。」師曠曰：「此師延所作淫聲，盼遂案：史記殷本紀：「紂使師涓作新淫聲。」楚辭九懷：「惜師延之浮渚兮。」王逸章句：「師延，殷紂之臣也。爲紂作新聲。」洪氏補註引史記亦作師延。與紂爲靡靡之樂也。呂覽本生篇注：「紂使樂師作朝歌北鄙靡靡之樂，以爲淫亂。」武王誅紂，懸之白旄，師延東走，至濮水而自投，高誘曰：「紂之太師，以此音自投於濮水。」故聞此聲者，必於濮水之上。先聞此聲者，其國削，不可遂也。」平公曰：「寡人〔所〕好者音也，孫曰：下文云：「寡人所好者音也。」又云：「寡人老矣，所好者音也。」語例並同。疑此句「寡人」下脱「所」字。韓非子十過篇、史記樂書並有「所」字。朱説同。盼遂案：孫人和曰：「下文云：『寡人所好者音也。』又云：『寡人老矣，所好者音也。』語例並同。疑此句『寡人』下脱『所』字。韓非子十過篇、史記樂書並有『所』字。」黄氏校釋本於「寡人」下沾一「所」字，不注明所據，因不收孫氏此條校語，似非忠於所從事業。子其使遂之。」師涓鼓究之。平公曰：「此所謂何聲也？」師曠曰：「此所謂清商。」公曰：「清商固最悲乎？」師曠曰：「不如清徵。」公曰：「清徵可得聞乎？」師曠曰：「不可。古之得聽清徵者，皆有德義之君也。今吾君德薄，不足以聽之。」公曰：「寡人所好者音也，願試聽之。」師曠不得已，援琴鼓之。一奏，有玄鶴二八從南方來，集於郭（廊）門之上危；先孫曰：異虚篇作「郎門之危」，是也。（按：當作「感虚」。「郎」，各本并作「廊」。）下云：「廊瓦。」（各本正作廊。）」又云：「廊室。」「廓」亦當作「廊」。郎、郭、廊、廓，並形之誤。韓非子十過篇作「郎門之垝」。（危、垝字通。喪大記云：「中屋履危。」）盼遂案：儀禮鄭注：「危，棟上也。」孫氏失引。再奏而列；三奏，延頸而鳴，舒翼而舞。音中宫商之聲，聲徹于天。平公大悦，坐者皆喜。平公提觴而起，爲師曠壽，反坐而問曰：「樂莫悲于清徵乎？」師曠曰：「不如清角。」平公曰：「清角可得聞乎？」師曠曰：「不可。昔者黄帝合鬼神於西大山之上，王先慎曰：「小泰山稱東泰山，故泰山爲西泰山。」駕象輿，六玄（交）龍，孫曰：韓非子作「蛟龍」。疑「玄」爲「交」字之誤。暉按：孫説是也。風俗通聲音篇亦作「交龍」。墨子：「黄帝合鬼神於泰山，駕象車，六蛟龍。」文選七發：「六駕交龍。」李注：「以蛟龍若馬而駕之，其數六也。」畢方並轄，文選東京賦薛注：「畢方，父老神也。」盼遂案：山海經：「鳥名畢方，見則其邑有譌火。」白澤圖作「必方」，云：「火之精也。」蚩尤居前，風伯進掃，雨師灑道，虎狼在前，鬼神在後，蟲虵伏地，白雲覆上，大合鬼神，乃作爲清角。今主君德薄，不足以聽之。聽之，將恐有敗。」平公曰：「寡人老矣，所好者音也，願遂聽之。」師曠不得已而鼓之。一奏之，有雲從西北起；再奏之，風至，大雨隨之，「風」上疑脱「大」字。感虚篇、韓非子十過篇、史記補樂書并作「大風」。裂帷幕，破俎豆，墮廊瓦。坐者散走。平公恐懼，伏于廊室。盼遂案：「廊室」下應依史記、韓非補「之間」二字。古者廊下無室，不得云廊室也。晉國大旱，赤地三年。平公之身遂癃病。「瘥」，正字作「癃」。說文：「罷病也。」各本改作「癃」，是。以上見韓非子十過篇。〔是〕何謂也？「是」字據本篇文例增。

曰：是非衛靈公國且削，則晉平公且病，若國且旱亡（之）妖也。「若」猶「或」也。「亡」當作「之」，形近而誤。下文云：「曰：是蓋襄子且勝之祥也。」又云：「曰：皆始皇且死之妖也。」又云：「曰：是高祖初起威勝之祥也。」又云：「曰：是高祖將起，張良爲輔之祥也。」句例並同。盼遂案：「亡」當爲「之」，隸形相近而誤。此言晉平公且病及國且旱之妖也。下文「是蓋襄子且勝之祥也」，「是始皇且死之妖」，皆與此同例。師曠曰：「先聞此聲者國削。」二國先聞之矣。

何〔以〕知新聲非師延所鼓也？「何」下脱「以」字。下文云：「何以知天不實告之也。」又云：「何以知簡子所見帝非實帝也。」又云：「何以知非霍太山之神也。」語例並同。曰：師延自投濮水，形體腐於水中，精氣消於泥塗，安能復鼓琴？屈原自沉於江，赴汨淵自沉而死。屈原善著文，師延善鼓琴，如師延能鼓琴，則屈原能復書矣。楊子雲弔屈原，漢書雄傳：「作書往往摭離騷文而反之。自嶓山投諸江流，以弔屈原，名曰反離騷。」屈原何不報？屈原生時，文無不作，不能報子雲者，死爲泥塗，手既朽，無用書也。屈原手朽無用書，則師延指敗無用鼓琴矣。孔子當泗水而葬，泗水却流，注書虛篇。世謂孔子神而能却泗水。盼遂案：論衡恒用「而」代「能」字。此「能」字，後人旁注「而」誤入正文者。孔子好教授，猶師延之好鼓琴也，師延能鼓琴於濮水之中，孔子何爲不能教授於泗水之側乎？舊本段。

趙簡子病，五日不知人。漢書郊祀志：「病卧五日不寤。」不覺寤，故不知人也。大夫皆懼，於是召進扁鵲。扁鵲入視病，出，董安于問扁鵲。扁鵲曰：「血脉治也而怪。孫曰：史記趙世家作「而何怪」。此脱「何」字。扁鵲謂簡子血脉平治，汝何怪邪？故下引秦繆公之事以告董安于，言此不能爲病，數日即愈，不足異也。脱去「何」字，不成義矣。暉按：風俗通皇霸篇作「勿怪」。疑此「而」字爲「勿」字形譌。昔秦繆公嘗如此矣，七日悟。悟之日，告公孫支與子輿曰：『我之帝所，甚樂。吾所以久者，適有學也。帝告我晉國且大亂，五世不安，其復（後）將霸，孫曰：史記「復」作「後」，是也。朱、吳説同。按：史記扁鵲傳、風俗通皇霸篇亦並作「後」。未老而死。霸者之子，且令而國男女無別。』公孫支書而藏之，于（秦）篋（策）於是〔出〕。史記趙世家作「公孫支書而藏之，秦讖於是出矣」。扁鵲傳「讖」作「策」。風俗通皇霸篇同。錢大昕曰：「讖、策聲近。」按：此文「于篋」當作「秦策」，「於是」下又脱「出」字。「策」或寫作「筴」，再譌作「篋」，後人遂以「篋」字句絶，妄改「秦」作「于」。宋本、朱校元本尚作「秦」，則其妄自明人始矣。晉獻公之亂，文公之霸，襄公敗秦師於崤而歸縱淫，此之所謂。孫曰：史記作「此子之所聞」，義較長。暉按：扁鵲傳亦作「此子之所聞」。風俗通皇霸篇作「此子所聞」。吴曰：此文疑誤。今主君之病與之同，不出三日病必間，間必有言也。」居二日半，簡子悟，告大夫曰：「我之帝所，甚樂。與百神游于鈞天，靡（廣）樂九奏萬舞，孫曰：史記作「廣樂」。各書述此事者，亦多作「廣樂」。「靡」、「廣」義並得通。暉按：宋本正作「廣」，則今本誤也。不類三代之樂，其聲動人心。有一熊欲授（援）我，孫曰：「授」當從史記作「援」，形近之誤。（崇文局本校改作「援」。）吴說同。帝命我射之，中熊，熊死。有羆來，我又射之，中羆，羆死。帝甚喜，賜我二笥，皆有副。「二」舊作「一」。孫曰：「一」當作「二」，字之誤也。下文「簡子問當道者曰：『帝賜我二笥皆有副，何也』」可證。史記亦作「二笥」。暉按：宋本正作「二笥」，不誤。今據正。吾見兒在帝側。帝屬我一翟犬，曰：『及而子之長也，以賜之。』帝告我：『晉國且襄（衰），「襄」，程本誤同。黄、王、崇文本作「衰」。史正作「衰」。風俗通作「襄」，亦誤。十（七）世而亡，孫曰：「襄」當作「衰」，「十」當作「七」，並字之誤也。史記云：「帝告我晉國且世衰，七世而亡。」正義謂晉定公、出公、哀公、幽公、烈公、孝公、静公爲七世。（崇文局本「襄」改「衰」，「七」仍誤作「十」。）嬴姓將大敗周人於范魁之西，史記扁鵲傳正義曰：「嬴，趙氏本姓也。周人謂爲衛也。晉亡之後，趙成三年伐衛，取鄉邑七十三，是也。賈逵曰：『川阜曰魁也。』」盼遂案：列子湯問有「魁父之丘」，是「魁」亦丘阜之名。而亦不能有也。今余將思虞舜之勳，適余將以其胄女孟姚配而十（七）世之孫。』」孫曰：「十」字亦當從史記改作「七」。索隱：「七代孫，武靈王也。」梁玉繩史記志疑曰：簡子至武靈王十世，史譌作「七」。論衡紀妖篇作「十世」。吴曰：梁説非也。父子相繼爲世，兄終弟及不入世數。如以襄子弟桓子、列侯弟武公並數之，亦不得言十世孫也。今檢史記，簡子生襄子，襄子生獻侯，獻侯生列侯，列侯生敬侯，敬侯生成侯，成侯生肅侯，肅侯生武靈王，則武靈王爲簡子七世孫，甚明。此作「十世」，形近而誤。下文云「自簡子後十世至武靈王」，「十」亦當作「七」，誤與此同。董安于受言而書藏之，以扁鵲言告簡子。簡子賜扁鵲田四萬畝。他日，簡子出，有人當道，辟之不去。從者將拘之。史作「刃之」。當道者曰：「吾欲有謁於主君。」從者以聞。簡子召之，曰：「嘻！吾有所見子遊（晰）也！」孫曰：史記作「子晰」，此「遊」字誤。吴曰：索隱曰：「簡子見當道者，乃寤曰：嘻，是故吾前夢所見者，知其名曰子晰也。」史詮曰：「晰，明也。謂夢中明見子耳。」案：史説近之。「晰」形近「游」，後又誤改爲「遊」，應據史記改爲「晰」。暉按：孫、吴説是。風俗通字亦作「晰」。「所」，俞正燮訓「地」。當道者曰：「屏左右，願有謁。」簡子屏人。當道者曰：「日者主君之病，臣在帝側。」簡子曰：「然。有之。子見我何爲？」當道者曰：「帝令主君射熊與羆皆死。」簡子曰：「是何也？」當道者曰：「晉國且有大難，主君首之。帝令主君滅二卿，夫罷（熊）羆皆其祖也。」孫曰：當作「熊羆」。史記云：「夫熊與羆皆其祖也。」（崇文局本已改作「熊」。）朱說同。簡子曰：「帝賜我二笥，皆有副，何也？」當道者曰：「主君之子，將剋二國於翟，皆子姓也。」正義曰：「謂代及智氏也。」簡子曰：「吾見兒在帝側，帝屬我一翟犬，曰：『及而子之長，以賜之。』夫兒何說以賜翟犬？」史作「何謂」。風俗通同此。錢、王、崇文本誤作「可說」。當道者曰：「兒，主君之子也；翟犬，代之先也。主君之子，且必有代；及主君之後嗣，且有革政而胡服，并二國〔於〕翟。」孫曰：「并二國翟」，文不成義。「翟」上蓋脱「於」字。史記云：「并二國於翟。」正義：「武靈王略中山地至寧葭，西略胡地至樓煩、榆中是也。」暉按：孫說是也。風俗通亦有「於」字。簡子問其姓而延之以官。當道者曰：「臣，野人，致帝命。」遂不見。以上并見史記趙世家。是何謂也？

曰：是皆妖也。其占皆如當道者言所見於帝前之事。所見當道之人，妖人也。其後晉二卿范氏、中行氏作亂，簡子攻之，中行昭子、范文子敗，出犇齊。吳曰：范氏、中行氏作亂，事見左氏定十三年傳。中行文子，荀寅；范昭子，士吉射也。此作「中行昭子、范文子」，上下互誤，應據傳正。

始，簡子使姑布子卿相諸子，莫吉。至翟婦之子無恤，以爲貴。骨相篇作「翟婢」，與史記合。簡子與語，賢之。簡子募諸子曰：「募」下舊校曰：一本作「乃告」。按：史文正作「乃告」。「吾藏寶符於常山之上，先得者賞。」諸子皆上山，無所得。無恤還曰：「已得符矣！」簡子問之。無恤曰：「從常山上臨代，代可取也。」簡子以爲賢，乃廢太子而立之。太子伯魯。簡子死，無恤代，是爲襄子。襄子既立，誘殺代王而并其地。吕氏春秋長攻篇：「襄子慮所以取代，乃先善之。代君好色，請以其姊妻之，代君許諾。姊已往，所以善代者，乃萬故。襄子謁於代君，而請觴之。先令舞者置兵其羽中，數百人，先具大金斗，代君至酒酣，反斗而擊之，一成，腦塗地。」史趙世家云：「遂以代封伯魯子周爲代成君。」又并知氏之地。智伯請趙地，不與，遂率韓、魏攻趙。襄子使張孟談私於韓、魏。韓、魏與合謀，三國反滅知氏，共分其地。後取空同戎。「取」讀「娶」。「戎」當從史記作「氏」。淺人讀「取」本字，又見上文言并地，則妄改「氏」爲「戎」也。自簡子後，十（七）世至武靈王，孫曰：「十」當作「七」。朱、吴説同。吴慶（廣）入其母（女）姓（娃）嬴（嬴）[子]孟姚。孫曰：「慶」當作「廣」，「母」當作「女」，（母、女草書形近。）「姓嬴」當作「娃嬴」，並形近之誤。「子」字蓋涉上文「簡子」而衍。原文當作「吴廣入其女娃嬴孟姚」。史記趙世家云：「王夢見處女鼓琴而歌詩曰：『美人熒熒兮，顏若苕之榮。命乎命乎，曾無我嬴。』異日，王飲酒樂，數言所夢，想見其狀。吴廣聞之，因夫人而内其女娃嬴孟姚也。」朱説同。并云：「事又詳列女傳七。」吴曰：「廣」、「慶」形近，未能定其是非。餘與朱、孫説同。其後，武靈王遂取中山，并胡地。武靈王之十九年，更爲胡服，國人化之。事並見趙世家。皆如其言，無不然者。蓋妖祥見於兆，審矣，宋、元本無「於」字，「兆」下有「神」字。朱校同。皆非實事。宋本「皆」作「雖」，朱校元本同。吉凶之漸，盼遂案：「吉」上應有「曰」字。若天告之。

何以知天不實告之也？以當道之人在帝側也。夫在天帝之側，皆貴神也，致帝之命，是天使者也。人君之使，車騎備具，錢、黄、王、崇文本「騎」誤「馬」。天帝之使，單身當道，非其狀也。天官百二十，與地之王者無以異也。地之王者，官屬備具，法象天官，稟取制度。公羊桓八年傳注：「天子置三公、九卿、二十七大夫、八十一元士，凡百二十官。」疏引春秋説曰：「法（今誤「立」，依浦校〔一〕改。）三台以爲三公，北斗九星爲九卿，二十七大夫内宿部衛之列，（「内」上當有「爲」字。）八十一紀以爲元士。凡百二十官焉。」五經異義曰：（書鈔五十引。）「今尚書夏侯、歐陽説：天子三公，一曰司徒，二曰司馬，三曰司空。九卿、二十七大夫、八十一元士，凡百二十。在天爲星辰，在地爲山川。」天地之官同，則其使者亦宜鈞。官同人異者，未可然也。

何以知簡子所見帝非實帝也？以夢占知之。樓臺山陵，官位之象也，孫曰：當

---

〔一〕「校」，原本作「較」，形近而誤，今改。

作「以夢占之，知樓臺山陵，官位之象也」。「之知」二字誤倒。下文云：「以人臣夢占之，知帝賜二笥、翟犬者，非天帝也。」文例正同。御覽三百九十七引正作「以夢占之，知樓臺山陵官位之象也」。暉按：孫説非也。今本不誤。自然篇云：「何以知天無口目也？以地知之。」句例正同。樓臺山陵，爲官位之象，占夢家之説耳。若如孫説，則謂樓臺山陵爲官位之象，必待夢占而後知之，理難通也。下文云：「實樓臺山陵非官位也，則知簡子所夢見帝者非天帝也。」正據夢占而推知簡子所見帝非實帝，文義甚明。人夢上樓臺，升山陵，輒得官位。實樓臺山陵非官位也，則知簡子所夢見帝者非天帝也。人臣夢見人君，人君必不見，又必不賜。以人臣夢占之，知帝賜二笥、翟犬者，非天帝也。非天帝，則其言與百鬼游于鈞天，非天也。魯叔孫穆子夢天壓己者，事見左昭四年傳。「者」字無義，疑當作「若」，屬下讀。審然，是天下至地也。至地，則有樓臺之抗，不得及己。及己，則樓臺宜壞。樓臺不壞，是天不至地。不至地，則不得壓己。不得壓己，則壓己者，非天也，則天之象也。叔孫穆子所夢壓己之天非天，則知趙簡子所游之天非天也。

或曰：「人亦有直夢。孫曰：潛夫論夢列篇云：「凡夢：有直，有象，有精，有想，有人，有感，有時，有反，有病，有性。在昔武王，邑姜方震太叔，夢帝謂己：『命爾子虞，而與之唐。』及生，手掌曰『虞』，因以爲名。成王滅唐，遂以封之。此謂直應之夢也。」暉案：淮南地形訓：「西方有形殘之尸，寢居直夢。」高注：「悟如其夢，故曰直夢。」〔夢〕見甲，明日則見甲矣；吴曰：「見甲」上疑脱一「夢」字。暉按：「夢見甲」與「夢見君」對文。下文云：「直夢者，夢見甲，夢見君，明日見甲與君。」「夢」字蓋涉重文脱。潛夫論夢列篇汪繼培箋引此文，意增「夢」字，是也。夢見君，明日則見君矣。」曰：然。人有直夢，直夢皆象也，其象直耳。何以明之？直夢者，夢見甲，夢見君，明日見甲與君，此直也。如問甲與君，甲與君則不見也。甲與君不見，所夢見甲與君者，象類之也。乃甲與君象類之，則知簡子所見帝者，象類帝也。且人之夢也，占者謂之魂行。夢見帝，是魂之上天也。上天猶上山也。夢上山，足登山，手引木，然後能升。升天無所緣，何能得上？天之去人，以萬里數。仲任以爲天去人六萬餘里。見談天篇。人之行，日百里，魂與形體俱，尚不能疾，況魂獨行，安能速乎？使魂行與形體等，則簡子之上下天，宜數歲乃悟。七日輒覺，期何疾也？夫魂者，精氣也，精氣之行與雲煙等，案雲煙之行不能疾。使魂行若蜚鳥乎？行不能疾。人或夢蜚者，用魂蜚也，其蜚不能疾於鳥。天地之氣，尤疾速者，飃風也。飃風之發，不能終一日。使魂行若飃風乎？則其速不過一日之行，亦不能至天。人夢上天，一卧之頃也，其覺，或尚在天上，未終下也。若人夢行至雒陽，覺，因從雒陽悟矣。魂神蜚馳何疾也！疾則必非其狀，必非其狀則其上天非實事也，非實事則爲妖祥矣。夫當道之人，簡子病，見於帝側，後見當道象人而言，與相見帝側之時無以異也。由此言之，臥夢爲陰侯，覺爲陽占，審矣。舊本段。孫曰：潛夫論夢列篇云：「十者占夢之大略也。（即上條直、象、精、想、人、感、時、反、病、性十種。）而決吉凶者之類以多反，其何故哉？豈人覺爲陽，人寐爲陰，陰陽之務相反故耶？」

趙襄子既立，知伯益驕，請地韓、魏，韓、魏予之；請地於趙，趙不予。知伯益怒，齊曰：「益」字當據史記刪。遂率韓、魏攻趙襄子。襄子懼，乃犇保晉陽。原過從，後，至於託平（王）驛（澤），孫曰：「至於託平驛」，當作「至於王澤」。「託」即「於」字草書之誤而衍者。（「於」之草書與「托」形近，又改寫爲「託」。）「平驛」與「王澤」，並形近而誤。史記趙世家云：「原過從後，至於王澤。」正義引括地志云：「王澤在絳州正平縣南七里也。」見三人，自帶以上可見，自帶以下不可見。予原過竹二節，莫通，曰：「爲我以是遺趙無恤。」既至，以告襄子。襄子齊三日，親自割（剖）竹，吳曰：「割」字誤，當依史記作「剖」。暉案：風俗通皇霸篇亦作「剖」。有赤書曰：「趙無恤！余霍大山〔山〕陽侯，天子（使）。孫曰：史記作「余霍泰山山陽侯，天使也」。此文脱一「山」字。（本書重文多脱其一。）「子」疑當作「使」。梁玉繩曰：史作「天使」，論衡作「天子」，同誤。當依風俗通卷一作「余霍太山陽侯大吏」。吳曰：當依史記作「天使」。此作「天子」，風俗通作「大吏」，並非。上文云：「致天之命，是天使者也。」簡子得二筐，襄子得竹二節，其事相類。且論明云「大山之神」，則改爲「大吏」，又無義矣。梁說非。暉按：孫、吴說，是也。郡國志注引史記作「余霍大山山陽侯，天吏也」。「吏」字亦誤。指瑞篇云：「吉凶，或言天使之所爲。」水經洞過水注：「原過水西阜上有原過祠，懷道協靈，受書天使，故水取名。」亦足證此文當作「天使」。三月丙戌，余將使汝滅知氏，孫曰：「滅」上當從史記補「反」字。（說見下。）汝亦祀我百邑，水經汾水注：「觀阜，故百邑也。」余將賜汝林胡之地。」襄子再拜，受神之命（令）。宋本「命」作「令」，朱校元本同，是也。史記、風俗通並作「令」。以上見史趙世家。是何謂也？

曰：是蓋襄子且勝之祥也。三國攻晉陽歲餘，三國，知伯并韓、魏也。引汾水灌其城，城不浸者三板。何休公羊注：「八尺曰板。」襄子懼，使相張孟談私於韓、魏，韓、魏與合謀，竟以三月丙戌之日，大（反）滅知氏，孫曰：「大」字於義無取。史記作「反滅知氏」。「大」蓋「反」字形近之譌。以此證之，上文亦當有「反」字，明矣。共分其地。蓋妖祥之氣，象人之形，稱霍大山之神，猶夏庭之妖象龍，稱褒之二君；事見國語鄭語。趙簡子之祥象人，稱帝之使也。

何以知非霍大山之神也？曰：大山，地之體，地理志：「河東郡彘縣，霍大山在東。」郡國志：「永安有霍大山。」注：「縣東北有霍大山。」水經汾水注：「太岳山，禹貢所謂岳陽，即霍太山。」不當省「霍」字。猶人有骨節，骨節安得神？如大山有神，宜象大山之形。何則？人謂鬼者死人之精，其象如生人之形。今大山廣長不與人同，而其精神不異於人。不異於人，則鬼之類人。鬼之類人，則妖祥之氣也。舊本段。

秦始皇帝三十六年，熒惑守心，有星墜下，至地爲石。〔民或〕刻其石，「刻其石」句無主詞，當有「民或」二字。本書語增篇、漢書五行志并有「民或」二字。史作「黔首或刻其石」。曰：盼遂案：「刻」上脱一「民」字。無「民」字，則疑于石之自刻也。下文「始皇時，石墜東郡，民刻之」，是其證。「始皇死而地分。」始皇聞之，令御史逐問，莫服，盡取石旁家人誅之，因燔其石。妖（秋），使者從關東夜過華陰（平野舒），「妖」當作「秋」，屬下讀。本書「秋」、「妖」二字屢誤。（説見奇怪篇。）本篇文例，先舉史實，後乃論之曰「妖」。此正引史記秦始皇紀文，不當言其石爲妖也。史記云「因燔銷其石。秋，使者從關東」云云，是其證。孫曰：「野」當作「舒」，形近之譌。史記秦始皇本紀作「使者從關東夜過華陰平舒道」。正義曰：「括地志云：『平舒故城在華州華陰縣西北六里。』水經注云：『渭水又東經平舒北，城枕渭濱，半破淪水，南面通衢。昔秦之將亡也，江神返璧于華陰平舒道，即其處也。』」或有人持璧遮使者曰：「爲我遺鎬池君。」孫曰：史記作「滈池君」。集解：「服虔曰：『水神也。』張晏曰：『武王居鎬，鎬池君則武王也。武王伐商，故神云始皇荒淫若紂矣，今亦可伐也。』孟康曰：『長安西南有滈池。』」索隱：

「按：服虔云『水神』，是也。江神以璧遺鎬池之神，告始皇之將終也。且秦水德王，故其君將亡，水神先自相告也。」是張晏與小司馬所據並作「鎬池君」，與論衡合。暉按：五行志亦作「鎬池君」。注引孟康說亦作「鎬」，不作「滈」。郡國志：「京兆尹，長安，鎬在上林苑中。」注：「孟康曰：『長安西南有鎬池。秦始皇江神反璧曰：爲吾遺鎬池君。』古史考曰：『武王遷鎬，長安豐亭鎬池也。』」是並作「鎬池君」。今本史記作「滈」，非其舊也。樂資春秋後傳曰：（後漢書襄楷傳注、初學記五、御覽五一引，文有出入，今互校正。）「秦始皇使者鄭客（五行志、襄楷傳、書鈔百六十同。初學記、御覽、水經渭水注誤「容」。）將入函谷關，至平舒，見華山有素車白馬，疑爲神鬼，孰視。稍近，問鄭客曰：『安之？』答曰：『之咸陽。』素車上人曰：『吾華山使，（後書注作「君」。）願託一牘書致鎬池君所。子之咸陽，道過鎬池，見一大梓樹，有文石，取以款樹，當有應者。』以書與之。鄭客如其言，以石款梓樹，見宮闕如王者居。謁者出受書，入有頃，云：『今年祖龍死。』」**因言曰：「今（明）年祖龍死。」**潛邱劄記二：「『今』爲『明』字之譌。三十六年言祖龍死，果三十七年始皇崩，其言驗。始皇曰：『山鬼不過知一歲事。』譏其伎倆，僅知今年。若彼所云明年之事，彼豈能預知乎？幸其言不驗。李白古風詩：『璧遺鎬池君，明年祖龍死。』乃知唐時見史記本尚無譌。」梁玉繩曰：「搜神記亦作『明年』。文選潘岳西征賦注、初學記卷五引史俱作『明年』。」暉按：路史後紀三注引史記亦正作「明年祖龍死」，則宋人所見史記本尚有不誤者。此文作「今年」，蓋後人據誤本史記妄改。五行志、後漢書襄楷傳作「今年」，蓋亦後人改之也。**使者問之，因忽不見，置其璧去。**

使者奉璧，具以言聞。始皇帝默然良久，曰：「山鬼不過知一歲事。」乃言曰：「『祖龍』者，人之先也。」使御府視璧，乃二十八年行渡江所沉璧也。明三十七年，夢與海神戰，如人狀。以上見史記始皇紀。是何謂也？

曰：皆始皇且死之妖也。始皇夢與海神戰，恚怒入海，候神射大魚，自琅邪至勞、成山不見。盼遂案：「勞、成山」，宜依史記改作「榮成山」。或論自斥勞山、成山，又省去一山字也。至之罘山，還見巨魚，「還」字無義。琅邪已是其歸程，不當於之罘言「還」也。「還」涉「罘」字譌衍。史云：「還過吳，從江乘渡，並海上，北至琅邪。乃令入海者齎捕巨魚具，而自以連弩候大魚出，射之。自琅邪北至榮成山，弗見。至之罘，見巨魚，射殺一魚。」當從史記刪「還」字。射殺一魚，遂旁海西至平原津而病，到沙丘而崩。當星墜之時，熒惑爲妖，故石旁家人刻書其石，若或爲之，文曰「始皇死」，或教之也。言若有人教之。「若」字省，見上文。黄、錢、王、崇文本「教」誤「殺」。猶世間童謡，非童所爲，氣導之也。

凡妖之發，或象人爲鬼，或爲人象鬼而使，其實一也。晉公子重耳失國，乏食於道，從耕者乞飯。耕者奉塊土以賜公子，公子怒。咎犯曰：「此吉祥，天賜土地也。」事見左僖二十三年傳。其後公子得國復土，如咎犯之言。齊田單保即墨之城，欲詐燕軍，云：「天神下助我。」有一人前曰：「我可以爲神乎？」田單却走再拜事之，竟以神下之言聞於燕軍。燕軍信其有神，又見牛若五采之文，遂信畏懼，軍破兵北。田單卒勝，復獲侵地。此人象鬼之妖也。史記田單傳：「田單令城中人食必祭其先祖於庭，飛鳥悉翔舞城中下食。燕人怪之。田單因宣言曰：『神來下教我。』乃令城中人曰：『當有神人爲我師。』有一卒曰：『臣可以爲師乎？』因反走。田單乃起，引還，東鄉坐，師事之。卒曰：『臣欺君，誠無能也。』田單曰：『子勿言也。』因師之，每出約束，必稱神師。」「神來下教我」，此作「助我」。「可以爲師」，此作「可以爲神」。「卒因反走」，此云「田單卻走」。并與史異。此本兵家出奇之策，而謂「人象鬼之妖」，則穿鑿矣。使者過華陰，人持璧遮道，委璧而去，妖鬼象人之形也。夫沉璧於江，欲求福也。今還璧，示不受物，福不可得也。璧者象前所沉之璧，其實非也。何以明之？以鬼象人而見，非實人也。人見鬼象生存之人，定問生存之人，不與己相見，妖氣象類人也。妖氣象人之形，則其所賫持之物，非真物矣。「祖龍死」，謂始皇也。「也」猶「者」也。祖，人之本；龍，人君之象也。史始皇紀集解引蘇林、應劭說同。服虔云：「龍，人之先象也。言王亦人之先也。」失之。盼遂案：史記始皇紀集解引應劭曰：「祖，人之先；龍，君之象。」（此二語蓋風俗通佚文。）即本仲任此說。人、物類，則其言禍亦放矣。放，謂相似也。舊本段。

漢高皇帝以秦始皇崩之歲，爲泗上亭長，送徒至驪山。因始皇崩而起陵驪山，高祖以亭長爲縣送徒也，非謂其時方爲亭長也。「泗上」，史誤作「泗水」，漢書、前骨相篇作「泗上」。徒多道亡，因縱所將徒，將，送也。遂行不還。被酒，師古曰：「被，加也。被酒者，爲酒所加被。」夜經澤中，「經」，史、漢并作「徑」，謂小道。索隱曰：「舊音經。」與此文合。盼遂案：「經」當依史記作「徑」，方與下文「徑開」、「化爲蛇，當徑」二「徑」字相應。徑本小道，而用爲動詞。令一人居前。前者還報曰：「前有大虵當道，願還。」高祖醉曰：「壯士行，何畏？」乃前，拔劍擊斬虵，虵遂分兩，徑開。行數里，醉因卧。高祖後人至虵所，錢、黃、王、崇文本作「從人」，非。史、漢并無「高祖」二字。吴曰：衍文，當删。有一老嫗夜哭之。「之」字疑涉下「人」字譌衍。當據史、漢删。人曰：「嫗何爲哭？」嫗曰：「人殺吾子。」人曰：「嫗子爲何見殺？」錢、黃、王、崇文本作「爾子何爲見殺」，非也。嫗曰：「吾子，白帝子，化爲虵，當徑。今者，赤帝子斬之，故哭。」人以嫗爲妖言，史、漢并作「人乃以嫗爲不誠」。因欲笞之。嫗因忽不見。以上見史記高祖紀。〔是〕何謂也？「是」字依本篇文例增。

曰：是高祖初起威勝之祥也。何以明之？以嫗忽然不見也。不見，非人，非人則鬼妖矣。夫以嫗非人，則知所斬之虵非虵也。云白帝子，何故爲虵夜而當道？謂虵白帝子，高祖赤帝子，白帝子爲虵，赤帝子爲人。五帝皆天之神也，蒼帝，靈威仰。赤帝，赤熛怒。黃帝，含樞紐。白帝，白招拒。黑帝，汁光紀。子或爲虵，或爲人。人與虵異物，而其爲帝同神，錢、黄、王、崇文本「神」作「人」，誤。非天道也。且虵爲白帝子，則嫗爲白帝后乎？帝者之后，前後宜備；帝者之子，官屬宜盛。今一虵死於徑，一嫗哭於道，云白帝子，非實，明矣。夫非實則象，象則妖也，妖則所見之物皆非物也，非物則氣也。高祖所殺之虵非虵也，則夫鄭厲公將入鄭之時，邑中之虵與邑外之虵鬬者非虵也，厲公將入鄭，妖氣象虵而鬬也。事見左莊十四年傳。洪範五行傳：「初，鄭厲公劫相祭仲而篡兄昭公，立爲鄭君。後雍糾之難，厲公出奔，鄭人立昭公。既立，内蛇與外蛇鬬鄭南門中，内蛇死。是時傅瑕仕於鄭，欲納厲公，故内蛇死者，昭公將敗，厲公將勝之象也。」（後漢書楊賜傳注。）漢書五行志引京房易傳曰：「立嗣子疑，厥妖蛇居國門鬬。」仲任以蛇非實，妖氣象蛇，與京房、劉向不同。鄭國鬬虵非虵，則知夏庭二龍爲龍象，夏二龍，見鄭語及周本紀。五行志曰：「劉向以爲夏后季世，周之幽、厲，皆誖亂逆天，故有龍黿之怪，近龍蛇孽也。」「爲」，宋本作「之」，下文「爲」作「非」，朱校元本同。爲龍象，則知鄭子産之時龍戰非龍也。龍鬬於鄭時門之外洧淵，見左昭十九年傳。五行志：「劉向以爲近龍孽也。鄭以小國，攝乎晉、楚之間，重以彊吴，鄭當其衝，不能修德，將鬬三國以自危亡。是時子産任政，内惠於民，外善辭令，以交三國，鄭卒亡患，能以德洧變之效也。京房易傳曰：『衆心不安，厥妖龍鬬。』」天道難知，使非，妖也；使是，亦妖也。舊本段。

留侯張良椎秦始皇，誤中副車。始皇大怒，索求張良。張良變姓名，亡匿下邳。常（嘗）閑從容步游下邳泗（汜）上，吴曰：「常」，當據史、漢作「嘗」，形聲相近而誤。孫曰：史記、漢書「泗」並作「圯」。此「泗」當作「汜」。（下文同。）文穎曰：「汜水上橋也。」（史記索隱引作「汜水」，漢書注作「沂水」。）應劭曰：「汜水之上也。」（此從漢書注。史記索隱引作「圯水」，非。）張佖曰：「從水，乃詩云『江有汜』，及今有汜水縣，字音詳里反。據許慎説文云：『東楚謂橋爲圯。』在土部。本從土，傳寫蓋誤從『水〔一〕』。合從土，作頤音。與下文『直墮其履汜下』，並作『圯』字校定。」劉攽曰：「予謂若本實作『圯』，則應劭無緣解作『汜上』。疑『汜』亦自爲頤音，而釋爲橋也。譬如『瞻辭』作『澹辭』矣。然則『汜』字從『水』，亦未爲誤。而校定亦未宜從『土』也。」宋祁曰：「舊本『汜』從『水』，張佖改作『土』，謂從『水』者，是『江有汜』之『汜』，音詳里反。余謂佖説非也。近胡旦作圯橋贊，字從『水』。旦，碩儒也，予嘗問之。旦曰：『汜』音『頤』，何所疑憚！説文從『圯』，蓋本字。原後人從『水』，未容無義。佖改從『土』，奈應注爲『汜水』之『汜』，又何以辨應之誤耶？用此，尤見張佖之率爾。」按：劉、胡、宋三家説是也。史記、漢書原文疑皆作「汜」，不作「圯」也。今作「圯」者，後人所改也。宋祁見舊本漢書皆從「水」，已爲一證。史記索隱云：「姚察見史記本有作『土』旁者。」可知從「水」者多，從「土」者少，故姚氏云云，此二證也。論衡引史，多本史記，此作

〔一〕「水」，原本誤作「汜」，據文義改。

「泗」者，實「汜」字之譌。仲任所據從「水」無疑。果使史記作「圯」，從「土」，無緣誤作「泗」也。吴曰：「泗上」，今本史、漢並作「圯上」。王念孫曰：「字當作『汜』，作『圯』者，乃張佖所改。」此作「泗」者，「汜」字形近之誤。若本作「圯」，即不得誤作「泗」矣。足與王説相證。有一老父，衣褐至良所，直墮其履泗（汜）下，王念孫曰：「直之言特也。謂特墮其履於橋下。」盼遂案：「直」讀爲「特」，謂故意爲之。顧謂張良：「孺子下取履！」良愕然，欲敺之，以其老，爲彊忍下取履，因跪進履。父以足受履，笑去。良大驚。父去里所，「所」讀「許」。復還曰：「孺子可教矣！後五日平明，與我期此。」良怪之，因跪曰：「諾。」吴曰：汲古閣本漢書曰：「良因怪之，跪曰諾。」劉攽曰：「『怪』字合在『因』字上。」宋祁曰：「浙本『怪』字下有『之』字。」周壽昌曰：「古書自有此句法，劉刊非也。」案：劉、宋校正與論衡相應，疑史記古本如是，周説似誤。五日平明，良往。父已先在，怒曰：「與老人期，後，何也？去！後五日早會。」今本史記「去」下衍「曰」字。漢書同此。下同。五日雞鳴復往。父又已先在，復怒曰：「後，何也？去！後五日復早來。」五日，良夜未半往。有頃，父來，喜曰：「當如是矣！」出一篇書，曰：「讀是則爲帝者師。」後漢書臧宮傳光武詔報臧宮、馬武，引黄石公記曰：「柔能制剛，弱能制彊。」注云：「即張良於下邳圯上所見老父出一編書者。」文選運命論注引黄石公記序曰：「黄石者，神人也。有上略，中略，下略。」河圖曰：「黄石公謂張良曰：讀此爲劉帝師。」初學記職官部御史大夫下引有黃石公陰謀祕法。四庫全書總目兵家類，素書一卷，宋張商英以爲即圯上老人所授者。晁公武郡齋讀書志以爲採摭諸書而成者。唐李靖曰：張良所學，六韜、三略也。隋志兵家有三略三卷。館閣書目亦疑爲後人依託。暉按：史公明言「視其書乃太公兵法」，又云「老父與太公書」，則所授者，太公書，黃石公自無書也。則光武所引黃石公記，亦好事者爲之。**後十三年，子見我濟北，穀成山下黃石即我也。」**孫曰：「後十三年」句有脱文。下文云：「良居下邳，任俠。（史記、漢書「任」上並有「爲」字。）十年，陳涉等起，沛公略地下邳，良從，遂爲師將，封爲留侯。後十三年，後（當作「從」。）高祖過濟北界，得穀成山下黃石，取而葆祠之。」仲任擇述此二節，乃徵驗老父之語，十年爲師，十三年見黃石，語意層次分别清晰。若此文但云十三年見黃石事，則下文後十年數語無所屬矣。且此文本于史記留侯世家，史記作「後十年興，十三年孺子見我濟北，穀城山下黃石即我矣」。（漢書「矣」作「已」，餘並同。）論衡「後」下殆脱三字歟？盼遂案：孫氏語意不明。所謂「後下脱三字」，乃「後下」脱「十年興」三個字也。**遂去，無他言，弗復見。旦日視其書，乃太公兵法也。**孔安國祕記：（抱朴子至理篇引。）「良得黃石公不死之法，不但兵法而已。」**良因異之，習讀之。**以上并見史記留侯世家。**是何謂也？**

**曰：是高祖將起，張良爲輔之祥也。良居下邳，任俠。〔後〕十年陳涉等起，**吳曰：「十年」上，當據史、漢補「後」字，今本脱。沛公略地下邳，良從，遂爲師將，拜良爲廐將。封爲留侯。後十三年，從高祖盼遂案：「後高祖」，史記作「從高祖」，是也。宜據改。過濟北界，得穀成山下黄石，「從」，舊誤「後」，從宋本、錢、王、黄、崇文本正。吴曰：史、漢並作「果得穀城山下黄石」。此作「界」，疑形近而誤。取而葆祠之。及留侯死，并葬黄石。史記「石」下有「冢」字。王念孫云：「誤衍。」此足證成王説。蓋吉凶之象，神矣；天地之化，巧矣。使老父象黄石，黄石象老父，何其神邪！「邪」猶「也」也。

問曰：「黄石審老父，老父審黄石耶？」曰：〔黄〕石不能爲老父，老父不能爲黄石。「曰」下脱「黄」字，程本同。今依錢、黄、王、崇文本增。妖祥之氣，見故驗也。「故」疑「吉」字之誤。「吉」壞爲「古」，寫者妄作「故」。吉驗篇：「吉驗見於地，或以人物，或以禎祥，或以光氣。」下文「皆妖祥之氣，吉凶之端也」並其證。何以明之？晉平公之時，石言魏榆。水經洞過水注服虔曰：「魏，晉邑。榆，州里名。」元和郡志：「太原郡榆次，漢舊縣，春秋時，晉魏榆地。史記秦莊襄王二年，使蒙驁攻趙魏榆。」（洪亮吉曰：「今本史記作『榆次』，或因注文而誤。」）春秋大事表七之三：「今山西太原府榆次縣西北有榆次故城。」平公問於師曠曰：「石何故言？」對曰：「石不能言，或憑依也。「或憑依也」，疑當作「神或憑也」。左昭八年傳作「或馮焉」。杜注：「謂有精神馮依石而言。」明左傳本有「神」字，而今本脱之。日庫本正作「神或馮焉」，漢書五行志同。説苑辨物篇作「有神憑焉」。臧琳經義雜記、李賡芸炳燭編謂左傳脱「神」字，是也。阮元謂漢志有「神」字，爲後人依杜注增，失之。此文即後人習於左傳誤本而妄删「神」字。「依」字爲「馮」字旁注誤入正文。不然，民聽偏（濫）也。」「偏」，宋本作「濫」，正與左傳同。杜曰：「濫，失也。」夫石不能人言，則亦不能人形矣。石言，與始皇時石墜東郡，「東」舊誤「車」。各本同。今從元本、朱校元本、崇文本正。盼遂案：「車郡」當是「東郡」之訛。民刻之，無異也。刻爲文，言爲辭，辭之與文，一實也。民刻文，氣發言，民之與氣，一性也。夫石不能自刻，則亦不能言；不能言，則亦不能爲人矣。

太公兵法，氣象之也。何以知非實也？以老父非人，知書亦非太公之書也。氣象生人之形，則亦能象太公之書。問曰：「氣無刀筆，何以爲文？」曰：魯惠公夫人仲子，生而有文在其掌，曰「爲魯夫人」。注雷虚篇。晉唐叔虞文在其手，曰「虞」。魯成季友文在其手，曰「友」。注自然篇。盼遂案：掌文成書，世人恒疑其不經。然兩周之時，書體概用古文，「爲魯夫人」四字，當於掌上作。「爲」古文作，見説文解字「爲」字重文。「魯」作，見説文於部「旅」之古文，从「止」从「从」，云古文以爲魯、衛之魯。則「爲魯夫人」四字，在古文回曲，極象掌螺，在隸楷則不肖矣。至若「虞」之古文作㚇，見左傳隱公元年正義所引石經古文。「友」之古文作作，篆文作，見説文解字又部「友」字説解。皆可用掌文説也。三文

之書，性自然；老父之書，氣自成也。性自然，氣自成，與夫童謠口自言，無以異也。當童之謠也，不知所受，口自言之。口自言，文自成，或爲之也。外若有爲之者。推此以省太公釣得巨魚，刳魚得書，云「吕尚封齊」，說苑：「吕望年七十，釣于渭渚，三日三夜，魚無食者。與農人言，農人者，古之老賢人也，謂望曰：『子將復釣，必細其綸，芳其餌，徐徐而投之，無令魚駭。』望如其言。初下得鮒，次得鯉，刳腹得書，書文曰：『吕望封于齊。』」（今本佚，見史記齊世家正義、類聚六六。）尚書中候雒師謀曰：「吕尚釣其崖，王下拜曰：『望公七年矣，乃今見光景於斯。』尚立變名，曰：望釣於渭濱，魚腹得玉璜，刻曰：『姬受命，吕佐旌，（注：旌，理也。）德合昌，來提撰，爾雒鈐，報在齊。』」此文蓋本說苑。及武王得白魚，喉下文曰「以予發」，尚書中候合符后曰：「太子發即位稱王，渡於盟津，中流受文命，待天謀，白魚躍入王舟。王取魚，長三尺，赤文，有字，題之目下：『授右。』注云：『右，助也。天告以伐紂之意，是其助。』」（周頌思文疏、御覽八四引。）思文疏云：「『授右』之下，猶有一百二十餘字，乃云王維退寫成以二十字，魚文消，蓋其鱗甲之上有此字，非目下所能容。」此云「喉下」，與中候異。「以予發」，與中候「授右」義同。蓋不虛矣。因此復原河圖、洛書言興衰存亡、帝王際會，審有其文矣。皆妖祥之氣，吉凶之端也。

# 訂鬼篇

凡天地之間有鬼，非人死精神爲之也，皆人思念存想之所致也。致之何由？由於疾病。人病則憂懼，憂懼則鬼出。「則」舊作「見」，元本作「則」，朱校同。孫曰：作「則」近是，與上句文例同。今據正。

凡人不病則不畏懼。故得病寢衽，畏懼鬼至。畏懼則存想，存想則目虛見。何以效之？傳曰：「伯樂學相馬，顧玩所見，無非馬者。宋之庖丁學解牛，三年不見生牛，所見皆死牛也。」「生牛」，朱校元本作「全牛」。按：今本作「生牛」不誤。元本作「全牛」，蓋據莊子養生主篇妄改也。呂氏春秋精通篇云：「伯樂學相馬，所見無非馬者，誠乎馬也。宋之庖丁好解牛，所見無非死牛者。三年而不見生牛，用刀十九年，刃若新鄽研，順其理，誠乎牛也。」即此文所本，正作「生牛」。「生牛」與「死牛」相對成義。若作「全」，失之矣。劉先生莊子補正以今本莊子作「全」爲「生」字之誤，是也。莊子釋文：「庖人，丁其名也。」淮南齊俗訓注：「庖丁，齊屠伯也。」此據呂覽云「宋人」。二者用精至矣，思念存想，自見異物也。朱校元本作「虛見其物也」，疑是。上文「存想則目虛見」。精誠所加，所見無非馬，所見皆生牛，不得言「見異物」也。

盼遂案：「自」當爲「目」字，形相近之誤。下文「泄于目，目見其形」，即承此文。人病見鬼，猶伯樂之見馬，庖丁之見牛也。伯樂、庖丁所見非馬與牛，則亦知夫病者所見非鬼也。病者困劇身體痛，則謂鬼持箠杖敺擊之，若見鬼把椎鏁繩纆立守其旁，「若」猶「或」也。病痛恐懼，妄見之也。初疾畏驚，宋本作「懼」。見鬼之來；疾困恐死，見鬼之怒；身自疾痛，見鬼之擊，皆存想虛致，未必有其實也。夫精念存想，或泄於目，或泄於口，或泄於耳。泄於目，目見其形；泄於耳，耳聞其聲；泄於口，口言其事。晝日則鬼見，暮臥則夢聞。「日」，疑是「覺」之壞字。「晝覺」、「暮臥」對文。下文「覺見臥聞，俱用精神」，即承此爲文。獨臥空室之中，若有所畏懼，則夢見夫人據案其身哭矣。盼遂案：「夫」本當是「妖」，緣脱「女」旁，徑誤爲「夫」。〔夫〕覺見臥聞，俱用精神；吴曰：「夫人」字疑誤。「哭」字無義，疑當作「猒」，形近而誤。「猒」即「厭」也。西山經云：「服之使人不厭。」郭注：「不夢也。」玄應一切經音義引蒼頡篇云：「伏合人心曰厭。」説文新附作「魘」，則俗字也。夢厭者，如有物據案其身。晉侯夢楚子伏己而鹽其腦；穆子夢天厭己，弗勝，皆其類也。暉按：宋本「夫人」作「丈夫」，朱校元本作「大夫」。按：文作「丈夫」、「大夫」，義並未安。又宋本無「哭」字，「矣」下有「夫」字。（朱校元本「矣」作「夫」。）則今本「哭」字衍，「矣」下挩「夫」字，當據宋本正。吴説「哭」字無義，是也。若作「厭」，則與「據案」義複矣。畏懼、存想，同一實也。舊本段。

一曰：人之見鬼，目光[與]臥亂也。「與」字涉上下文「覺」字謁衍。此言人臥時，目光亂，則見鬼。下文云：「夜則欲臥，臥而目光反，反而精神見人物之象矣。」又云：「目雖不臥，光已亂於臥也，故亦見人物象。」即此義。今著一「與」字，則義不通。人之晝也，氣倦精盡，夜則欲臥，臥而目光反，反而精神見人物之象矣。人病亦氣倦精盡，目雖不臥，光已亂於臥也，故亦見人物象。病者之見也，若臥若否，「若」猶「或」也。與夢相似。當其見也，其人不自知覺與夢，故其見物不能知其鬼與人，上「不」字舊作「能」。元本作「不」，朱校同。孫曰：「其人能自知覺與夢」句，與下句文意不相應。元本「能」作「不」，是也。言人氣倦精盡之時，所見物象，如在臥夢之中，當其見時，不自知其覺也夢也，故亦不能辨其爲鬼與人也。若作「能」，不可解矣。今據正。精盡氣倦之效也。何以驗之？以狂者見鬼也。狂癡獨語，不與善人相得者，病困精亂也。孫曰：「相得」猶「相中」也。漢人謂相同相合，或謂之相中，或謂之相得。不相同，不相合，或謂之不相中，或謂之不相得。相得即相中者，古音讀「中」如「得」也。史記絳侯世家：「孝文帝十一年卒，謚爲武侯。子勝之代侯。六歲，尚公主，不相中。」漢書亦作「不相中」。如淳曰：「猶言不相合當也。」春秋繁露四時之副篇云：「以此言道之，亦宜以類相應，猶其形也，以數相中也。」相中猶言相合也。此謂狂癡之人，不與無病之人相同者，困於病而精神亂也。夫病且死之時，亦與狂等。臥、病及狂，三者皆精衰倦，吳曰：「精」下疑脱「氣」

字。上文「精盡氣倦」之語凡三見。目光反照，故皆獨見人物之象焉。舊本段。

一曰：鬼者，人所[見]得病之氣也。「見」字無義，涉「得」字譌衍。左僖二十八年傳：「我得天，楚伏其罪。」説苑權謀篇「得」作「見」。隸書「得」、「見」形近。禍虛篇：「以得見封邑者，何也。」「見」字亦爲衍文，正其比。此言鬼即人所得病之氣也。下文云：「得病山林之中，其見鬼則見山林之精。人或病越地者，病見越人坐其側。」即此義。氣不和者中人，中人爲鬼，其氣象人形而見。故病篤者氣盛，氣盛則象人而至，至則病者見其象矣。假令得病山林之中，其見鬼則見山林之精。人或病越地者，病見越人坐其側。盼遂案：下「病」字爲「則」之誤，「則」上又當有「其見鬼」三字，因冒上文而省爾。上文云：「假令得病山林之中，其見鬼則見山林之精。」故此文云：「人或病越地者，其見鬼則見越人坐其側。」與之相儷也。由此言之，灌夫、竇嬰之徒，或時氣之形象也。注死僞篇。凡天地之間，氣皆純（統）於天，「純」當作「統」，形之譌也。變動篇曰：「人物吉凶，統於天也。」又云：「寒温之氣，繫於天地，統於陰陽。」統、繫義同。盼遂案：「純」字當是「統」字之誤。變動篇曰：「人物吉凶，統於天也。」即其證。下句「氣和者養生，不和者傷害」，夫氣有和有不和，則非純矣。天文垂象於上，其氣降而生物。氣和者養生，不和者傷害。本有象於天，則其降下，有形於地矣。故鬼之見也，象氣爲之也。衆星之體，爲人與鳥獸，注命義篇。盼遂案：「星」字疑當是「氣」字之訛。本章專就氣能病人爲言，開端即言「氣不和者中人，中人爲鬼，其氣象人形而見」。此正回照其語，不宜於此忽插入星體。故其病人，則見（爲）人與鳥獸之形。「見」，宋本作「爲」，朱校元本同，是也。此據天地之氣爲言，非謂鬼病人，則見其形如人、如鳥獸。仲任意：天施氣而衆星布精，天所施氣而衆星之氣在其中矣。（命義篇語。）氣和者養生，故人與鳥獸稟其氣而成形；不和者傷害，故其害人，則爲人與鳥獸之形。校者未審其義，改「爲」作「見」，妄謬甚矣。舊本段。盼遂案：「見」讀爲「現」。或改作「爲」，非也。

一曰：鬼者，老物精也。錢、黄、王、崇文本「物」下有「之」字。下文「物」上無「夫」字。説文：「鬽，老物精也。从『鬼』、『彡』，『彡』，鬼毛。或从『未』，作『魅』。」周禮：凡以神仕者，「以夏日至地示物鬽」。鄭注：「百物之神曰鬽。」疏引左文十八年傳服虔注：「魅，怪物。」廣雅釋天云：「物神謂之鬽。」章太炎文始二曰：「説文：『由，鬼頭也，象形。』唐韻作敷勿切，聲與『鬽』近。鬽，老精物也。論衡云：『鬼者，老物之精。』尋老物之精，即鬽也。」按：下文仲任以魅爲龍類，與諸説不同。夫物之老者，其精爲人；抱朴子登涉篇：「萬物之老者，其精能假託人形，以眩惑人目，而常試人。」亦有未老，性能變化，象人之形。人之受氣，有與物同精者，則其物與之交。及病，精氣衰劣也，則來犯陵之矣。何以效之？成事：俗間與物交者，見鬼之來也。夫病者所見之鬼，與彼病物何以異？「病物」疑誤。人病見鬼來，象其墓中死人來迎呼之者，宅中之六畜也。及見他鬼，非是所素知者，他家若草野之中物爲之也。「若」猶「或」也。舊本段。

一曰：鬼者，本生於人。時不成人，變化而去。天地之性，本有此化，非道術之家所能論辯。與人相觸犯者病，病人命當死，死者不離人。何以明之？禮曰：禮，禮緯也。御覽禮儀部九、路史餘論並引禮緯，有此文。「顓頊氏有三子，生而亡去爲疫鬼：錢、黄、王、崇文本「亡」作「死」，非。獨斷、漢舊儀、（續禮儀志注。）禮緯（路史餘論三引。）並作「亡」。一居江水，是爲虐鬼；文選東京賦注引漢舊儀作「瘧鬼」。路史引禮緯同。獨斷作「瘟鬼」。劉昭注禮儀志、通志禮略三並作「虎」，蓋字誤。一居若水，是爲魍魎鬼；文選注、漢志注、通志「鬼」上有「蜚」字。魯語韋注：「蝄蜽，山精，好斆人聲，而迷惑人也。」左宣三年傳杜注：「蝄蜽，水神。」韋、杜説異。説文云：「蝄蜽，山川之精物也。」兼言山川，則備其義矣。説文引淮南王説：「蝄蜽，如三歲小兒，赤目長耳，美髮。」蝄蜽正字。魍魎俗字。一居人宮室區隅漚庫，善驚人小兒。」先孫曰：「庫」，續漢書禮儀志劉注引漢舊儀作「庾」。暉按：解除篇云：「居區隅之間。」獨斷、文選注、路史餘論並無「漚庫」二字。劉昭注「庫」作「庾」，義亦難明。疑并涉「區」字譌衍。「善驚人小兒」，獨斷、漢志注、路史餘論、通志同。文選注云：「善驚人，爲小鬼。」搜神記云：「善驚人小兒，爲小鬼。」説文：「鬾，小兒鬼也。」疑此文捝「是爲小兒鬼」五字。前顓頊之世，生子必多，若顓頊之鬼神以百數也。諸鬼神有形體法，能立樹與人相見者，皆生於善人，得善人之氣，故能似類善人之形，能與善人相害。陰陽浮游之類，若雲煙之氣，不能爲也。論死篇引或曰：「鬼神，陰陽之名也。」又云：「荒忽不見，故謂之鬼神。鬼神，荒忽不見之名也。」即此謂「陰陽浮游之類」。此據禮緯，謂鬼本生於人，有形體法相，非所謂陰陽之名，荒忽不見者。舊本段。

一曰：鬼者，甲乙之神也。甲乙者，天之別氣也，「別」下舊校曰：一本作「剛」。暉按：「別」一作「剛」，與「剛」形近，故一本作「剛」。其形象人。人病且死，甲乙之神至矣。假令甲乙之日病，則死見庚辛之神矣。何則？甲乙鬼，庚辛報甲乙，故病人且死，殺鬼之至者，庚辛之神也。何以效之？以甲乙日病者，其死生之期，常在庚辛之日。天官書：「日庚辛，主殺。」鄭希誠觀星要訣：「甲乙日干，庚辛月時夾，雖未死，見庚辛必死。」郎瑛曰：「王論未知何從生。蓋五行相剋之理，如木日鬼，金爲之殺；金日鬼，火爲之殺。死者七七之說，亦是此理。」此非論者所以爲實也。盼遂案：此「論者」，仲任自稱也。天道難知，鬼神闇昧，故具載列，令世察之也。舊本段。

一曰：鬼者，物也，與人無異。天地之間，有鬼之物，常在四邊之外，時往來中國，與人雜則，「則」讀作「廁」。盼遂案：「則」爲「廁」字形誤。雜廁連言。急就章「分別部居不雜廁」，其例也。**凶惡之類也，故人病且死者乃見之。天地生物也，有人如鳥獸，**「如」猶「與」也。盼遂案：「如」猶「及」也，「與」也。王引之經傳釋詞舉例甚詳。下句「似人」之「人」，承此「人」字言，「象鳥獸」，承此「鳥獸」字言，顯爲二事。又上文累見人與鳥獸之句，明此處之「如」非動詞，乃連接詞矣。**及其生凶物，亦有似人象鳥獸者。故凶禍之家，或見蜚尸，或見走凶，**解除篇云：「飛尸流凶。」潛夫論巫列篇有「飛尸神」。**或見人形，三者皆鬼也。或謂之鬼，或謂之凶，或謂之魅，或謂之魑，**說文：「离，山神，獸形。」左文十八年傳：「投諸四裔，以禦螭魅。」賈、服注：（周禮「凡以神仕者」疏。）「螭，山神，獸形。或曰如虎而噉虎。魅，怪物。或曰人面獸身而四足，好惑人，山林異氣所生，爲人害者。」按：「离」本字，「螭」借字，「魑」俗字。下文以魑爲龍類，與服、許異，則當作「螭」。**皆生存實有，非虛無象類之也。何以明之？成事：俗間家人且凶，見流光集其室，或見其形若鳥之狀，時流人堂室，**家人，謂庶人也。三國志魏管輅傳：「清河王經去官還家，輅與相見。經曰：『近有一怪，大不喜之，欲煩作卦。』卦成，輅曰：『爻吉，不爲怪也。君夜在堂户前，有一流光，如燕爵者，入居懷中，殷殷有聲，内神不安，解衣彷徉，招呼婦人，覓索餘光。』經大笑曰：『實如君言。』輅曰：『吉，遷官之徵也。其應行至。』頃之，經爲江夏太守。」盼遂案：「人」當爲「入」，字之誤也。上文「家人且凶，見流光集其室」，「入」與「集」正同例也。**察其不謂若鳥獸矣。**此文難通。「不」疑當作「形」。「形」壞爲「开」，

「不」一作「丕」，形近而誤。「察其形謂若鳥獸矣」，承上文「或見其形若鳥獸之狀」，又冒下文「夫物有形則能食」。**夫物有形則能食，能食則便利。**便利，謂動作巧便。盼遂案：「便利」謂拉屎撒尿也。漢書韋賢傳：「狂臥便利，妄笑語昏亂。」師古注：「便利，大小便也。」黄暉説爲「動作巧便」，失之。**便利有驗，則形體有實矣。左氏春秋曰：「投之四裔，以禦魑魅。」**文十八年傳。**山海經曰：「北方有鬼國。」**海内北經曰：「鬼國在貳負之尸北，爲物人面一目。」**説螭者謂之龍物也，**「魑魅」，今本左傳作「螭魅」。此文以螭爲龍物，則字亦當作「螭」。作「魑」，乃俗寫之誤。服虔、賈逵注並云：「螭，山神，獸形。」（周禮疏。）杜注因之。山神之字，則當作「离」，蓋賈、服所據本與仲任不同，故其説異也。説文内部：「离，山神也，獸形。」虫部曰：「螭，若龍而黄，北方謂之地螻。或云無角曰螭。」司馬相如上林賦：「蛟龍赤螭。」文穎曰：「龍子爲螭。」張揖曰：「赤螭，雌龍也。」廣雅釋魚：「有角曰虯龍，無角曰䖣龍。」「螭」與「䖣」同。王念孫曰：「有角者雄，無角者雌也。」後漢書張衡傳注：「無角曰螭龍。」是李賢、張揖説同。許慎云：「龍而黄。」疑非確詁。吕氏春秋舉難篇高注：「螭，龍之別也。」楚辭遠遊王注：「螭，龍類也，水中神物。」並不別以色。**而魅與龍相連，魅則龍之類矣。**與賈、服、許説亦異。注見前。**又（夫）言「國」，人物之黨也。**「又」當作「夫」，形譌。（本書「夫」、「又」多誤。變動篇云：「夫城老牆朽，猶有崩壞。」定賢篇云：「夫鷄可以奸聲感。」「夫」今並誤「又」。）「説螭者」云云，釋左傳；此文釋山海經「鬼國」

也。若作「又言」，則「山海經曰」以下，並山海經文，失之遠矣。祀義篇引易，下解云「夫言東鄰不若西隣」云云；定賢篇引檀弓，下解云「夫酷，苛暴之黨也」，並與此文例同。**山海經又曰：「滄海之中，有度朔之山，**亂龍篇：「滄海」作「東海」。按：史記五帝紀集解、後漢書禮儀志注、通志禮略三引山海經並作「東海」。文選東京賦舊注、國策齊策三高注、齊民要術十引漢舊儀同。則作「東海」者是。戴埴鼠璞引山海經作「滄海」，乃轉引此文也。**上有大桃木，其屈蟠三千里，其枝間東北曰鬼門，**孫曰：意林、御覽二引論衡有「天門西北，地户東南」之語，而今本脱之。考古有天門、地户、鬼門、人門之説。周禮大司徒疏引河圖括地象曰：「天不足西北，地不足東南，西北爲天門，東南爲地户，天門無上，地户無下。」易乾鑿度曰：「乾爲天門，巽爲地户。」後漢書郎顗傳，詩汜歷樞曰：「神在天門，言神在戌亥。」宋均注曰：「神，陽氣，君象也。天門，戌亥之間，乾所據者。」吴越春秋句踐歸國外傳曰：「西北立龍飛翼之樓，以象天門；東南伏漏石竇，以象地户。」隋書王劭傳：「時有人於黄鳳泉浴，得二白石，頗有文理。遂附致其文以爲字，而上奏曰：其大玉有『天門地户人門鬼門閉』九字。」蕭吉傳：「艮地鬼門，西南人門。」黄帝宅經（此乃六朝以後僞撰之書。）云：乾位曰天門，巽位曰地户，坤位曰人門，艮位曰鬼門。」是古以西北爲天門，東南爲地户，西南爲人門，東北爲鬼門。山海經已有東北曰鬼門之語，則其説不自緯書始矣。暉按：孫氏所引諸説，並非此文鬼門之義也。説見下。**萬鬼所出入也。上有二神人，一曰神荼，一曰鬱壘，主閲領萬鬼。惡害之鬼，執以葦索，而以食虎。於是黄帝乃作禮以時驅之，**

路史後紀五注引莊子云：「游島問於雄黄曰：逐疫出魅，擊鼓噪呼，何也？曰：黔首多疾，黄帝氏立巫咸，使之沐浴齋戒，以通九竅，鳴鼓振鐸，以動其心，勞其形，趍步以發陰陽之氣，飲酒茹葱，以通五藏，擊鼓噪呼，逐疫出魅，黔首不知，以爲魅祟耳。」立大桃人，門户畫神荼、鬱壘與虎，懸葦索以禦。」路史餘論三引「禦」下有「鬼」字。疑今本脱。孫曰：今本山海經脱此文。裴駰史記集解、劉昭續禮儀志注並引之，字句頗有異同，因備録焉。史記五帝紀集解云：駰案：海外經曰：「東海中有山焉，名度索。上〔一〕有大桃樹，屈蟠三千里。東北有門，名曰鬼門，萬鬼所聚也。天帝使神人守之，一名神荼〔二〕，一名鬱壘，主閲領萬鬼。若害人之鬼，以葦索縛之，射以桃弧，投虎食也。」劉昭續禮儀志注云：「山海經曰：東海中有度朔山，上有大桃樹，蟠屈三千里，其卑枝門曰東北鬼門，（按此句有誤。）萬鬼出入也。上有二神人，一曰神荼，一曰鬱儡，主閲領衆鬼之惡害人者。執以葦索，而用食虎。於是黄帝法而象之，敺除畢，因立桃梗於門。户上畫鬱儡持葦索，以禦凶鬼。畫虎於門，當食鬼也。」暉按：裴駰引作「度索山」，非。獨斷、風俗通祀典篇、國策齊策高注、文選東京賦舊注、齊民要術十引漢舊儀并作「度朔山」。劉昭引作「其卑枝門曰東北鬼門」，上「門」字當作「間」，「曰」字當在「鬼」字上。獨斷曰：「卑枝東北有鬼門。」高誘曰：「其卑枝間東北

〔一〕「上」，原本作「山」，據集解改。
〔二〕「一名神荼」，原本脱，據集解補。

曰鬼門。」則此「鬼門」謂桃木枝葉之東北，緣萬鬼由此枝葉下往來，故曰鬼門。似與孫説天門、地户、人門、鬼門之説異義。凶魅盼遂案：黄氏以「凶魅」屬下句，謂「禦」字下脱一「鬼」字，非也。「有形」即承「凶魅」言，與下文「空虚」相對。有形，故執以食虎。案可食之物，無空虚者。其物也，性與人殊，時見時匿，與龍不常見，無以異也。以上六説，非仲任之旨。舊本段。

一曰：人且吉凶，妖祥先見。人之且死，見百怪，鬼在百怪之中。故妖怪之動，象人之形，或象人之聲爲應，故其妖動不離人形。天地之間，妖怪非一，言有妖，聲有妖，文有妖。或妖氣象人之形，或人含氣爲妖。象人之形，諸所見鬼是也；人含氣爲妖，巫之類是也。盼遂案：「象人」上當有「妖氣」二字，今脱。下句「人含氣爲妖，巫之類是也」，全牒上文。此其如台而獨闕也。是以實巫之辭，無所因據，實，審也。其吉凶自從口出，若童之謡矣。童謡口自言，巫辭意自出。口自言，意自出，則其爲人，與聲氣自立，音聲自發，同一實也。世稱紂之時，夜郊鬼哭，帝王世紀曰：「帝紂六月大風雨，飄牛馬，或鬼哭，或山鳴。」（御覽八三。）及倉頡作書，鬼夜哭。注感虚篇。氣能象人聲而哭，則亦能象人形而見，則人以爲鬼矣。

鬼之見也，人之妖也。天地之間，禍福之至，皆有兆象，有漸不卒然，有象不猥來。天地之道，人將亡，凶亦出；國將亡，妖亦見。猶人且吉，吉祥至；國且昌，昌瑞到矣。故夫瑞應妖祥，其實一也。而世獨謂鬼者不在妖祥之中，謂鬼猶神而能害人，不通妖祥之道，不睹物氣之變也。國將亡，妖見，其亡非妖也。人將死，鬼來，其死非鬼也。亡國者，兵也；殺人者，病也。「殺人」，朱校元本作「人死」。何以明之？齊襄公將爲賊所殺，游于姑棼，梁履繩曰：「即薄姑。今山東博興縣東北十五里。」遂田于貝丘，水經淄水注京相璠曰：「博昌縣南近澠水，有地名貝丘，東齊城西北四十里。」梁云：「今博興縣南五里有貝中聚，即此。」見大豕。從者曰：「公子彭生也。」公怒曰：「彭生敢見！」服虔曰：「公見彘，從者乃見彭生，鬼改形爲豕也。」（史記齊世家集解。）引弓射之，豕人立而啼。服虔曰：「啼，呼也。」（文選蜀都賦注。）梁云：「啼亦呼號也。」公懼，墜于車，傷足，喪履，宋本「履」作「屨」。而爲賊殺之。事見左莊八年傳。夫殺襄公者，賊也。先見大豕於路，則襄公且死之妖也。人謂之彭生者，有似彭生之狀也。世人皆知殺襄公者非豕，而獨謂鬼能殺人，一惑也。

天地之氣爲妖者，太陽之氣也。妖與毒同，氣中傷人者謂之毒，氣變化者謂之妖。世謂童謠，熒惑使之，彼言有所見也。孫曰：此文義不可通，疑當作「世謂童謠妖言，使人有所見也」。下文云：「鴻範五行二曰火，五事二曰言。言、火同氣，故童謠、詩歌爲妖言。言出文成，故世有文書之怪。世謂童子爲陽，故妖言出於小童。」正承此文言之。「熒惑」二字，即涉下句「熒惑火星」而衍。「使之」、「之」當作「人」，二字誤錯入於上。「妖言」又誤作「彼言」。（史記五帝本紀：「旁羅日月星辰。」徐廣曰：「波一作沃。」可證「彼」、「妖」之誤。）故文不成義。暉按：孫說非也。今本不誤。此文謂熒惑星使童謠。謂此説爲有所見者，仲任意：熒惑火星，言、火同氣，火，陽也，童子爲陽，故以此説爲有所見。紀妖篇云：「當星墜之時，熒惑爲妖，故石旁家人刻書其石，若或爲之，文曰『始皇死』，或教之也。猶世間謠童，非童所爲，氣導之也。」亦謂童謠爲氣導童子使言，與此義同。史記天官書正義引天官占曰：「熒惑爲執法之星，其精爲風伯，感童兒歌謠嬉戲也。」晉書天文志曰：「凡五星盈縮失位，其精降於地爲人，熒惑降爲兒童，歌謠嬉戲。」是其義。錢、黃、王、崇文本「使之」改作「使人」，亦未審其義而誤也。盼遂案：古傳熒惑星化爲小兒，下教羣兒謠諺。論衡爲「世謂童謠」句，「熒惑使之」句，「彼言有所見也」句，蓋上二句，世俗所説如此。仲任謂世俗之言亦有所見，非可盡誣，以後則重伸其義也。孫氏校謂，熒惑二字涉下文而衍，當是世謂童謠妖言，使人有所見也。其説大非。三國志吴志：「孫休永安三年，將守質子羣聚嬉。有異小兒忽來言曰：『三公鉏，司馬如。』又曰：『我非人，乃熒惑星也。』言畢，乃縱身而躍。仰視之，若曳一匹練，有頃而没。」唐潘炎童謠賦云：「熒惑之星兮列天文，降爲童謠兮告聖君。」此皆論衡童謠熒惑使之之證也。**熒惑火星，火有毒熒，故當熒惑守宿，國有禍敗。**漢書天文志曰：「熒惑曰南方夏火，禮也，視也。禮虧視失，逆夏令，傷火氣，罰見熒惑。爲亂，爲賊，爲疾，爲喪，爲饑，爲兵，所居之宿，國受殃。」**火氣恍惚，故妖象存亡。龍，陽物也，故時變化。鬼，**

陽氣也，時藏時見。陽氣赤，故世人盡見鬼，其色純朱。蜚凶，陽也，陽，火也，故蜚凶之類爲火光。火熱焦物，故止集樹木，枝葉枯死。鴻範五行二曰火，五事二曰言。言、火同氣，故童謡、詩歌爲妖言。王鳴盛尚書後案曰：「五事配五行，諸説互異。貌木、言金、視火、聽水、思土。伏生、董仲舒、劉歆、眭孟等之言災異，班固之志五行，鄭康成之注大傳及孔傳、孔疏，並同此説，是也。劉向則別爲一説。考庶徵恒雨，乃貌不恭之罰。劉歆以爲即春秋大雨，而劉向以爲即大水。以恒雨爲大水當貌不恭之罰，則貌應改屬水矣。（皮錫瑞曰：「劉向以貌屬木，未嘗改屬水。」）王充論衡訂鬼篇云：『鴻範五行，言、火同氣，故童謡爲妖言。世謂童子爲陽，故妖言出小童。童、巫含陽，故大雩舞童暴巫。』又言毒篇云：『諺曰：衆口鑠金。口者，火也。五行二曰火，五事二曰言，言與火直，故云鑠金。金制于火，火口同類也。』如劉向、王充説推之，既以貌、言改屬水、火，則當以視、聽改屬木、金。惟思屬土，仍伏生之舊耳。此説在漢儒刱爲異論者，誤以五事之次，即五行之次故也。近人又衍其説云：雨爲水，易象坎爲雨，雨與肅應，則貌當屬水。暘爲火，易象離爲火，暘與乂應，則言當屬火。木爲燠，燠應哲，則視屬木。金爲寒，寒應謀，則聽屬金，云云。不知坎本水也，借雨以爲坎象，不可即以雨爲水。離本火也，借日以爲離象，不可即以日爲火。況强木以爲燠，而火位正南，于時夏也，反不得爲燠；强金以爲寒，而水位正北，于冬也，反不得爲寒，有是理乎？然則謂貌、言屬水、火，視、聽屬木、金者，其説妄也。」皮錫瑞曰：「古尚書説云：『肺，火也。』肺主音聲語言，言與火同氣，故肺屬火，則仲任謂言與火直，其説有本。且仲任專主妖言言之，五行傳亦云：『言之不從，時有詩妖。』仲任說與五行傳合，非誤也。」暉按：古文說乃以「貌爲木，言爲火，思爲土，視爲金，聽爲水」。只言火、視金與伏生說異，餘具同。不得以仲任謂言屬火，見其一端相同，而謂其本古文說也。五行傳明以言屬金，視屬火。仲任以言屬火，正與相反，亦不得如皮說，謂仲任專主妖言言之，而强與相合也。緣皮氏之意，以仲任說既不本于歐陽，又不合于伏傳，故如此左右其辭耳。考仲任云：「五行，言、火同氣。」又云：「五行二曰火，五事二曰言，言與火直。」則其據五行五事之次爲說，其義甚明。宋蔡沈傳即本此爲說。毛奇齡經問曰：「遠宗問：『洪範五事配五行，自伏氏大傳及劉向、董仲舒輩，皆據易繫以貌、言、視、聽、思配木、金、火、水、土。而宋蔡沈注尚書，則一概反之，配以水火木金土。雖似背易傳，而于洪範五行次第較爲獨合。況考八庶徵原文，又以雨、暘、燠、寒、風爲五事之徵驗，則雨似屬水，暘似屬火，燠似屬木，寒似屬金。其于貌水、言火、視木、聽金之配，分明一串。此其說，未爲過否？』答曰：『自三古及漢、唐至今，并無貌屬水、言屬火、視屬木、聽屬金之解，則杜撰矣。』」今按：仲任正與蔡傳同，不得言其自古及今無此說也。毛遠宗所舉，或即仲任所據以更易舊說者。

言出文成，故世有文書之怪。世謂童子爲陽，故妖言出於小童。童、巫含陽，故大雩之祭，舞童暴巫。公羊桓五年傳注：「使童男女各八人，舞而呼雩。」檀弓：「魯繆公時，歲旱，欲暴巫。」雩祭之禮，倍陰合陽，故猶日食陰勝，攻社之陰也。義見順鼓篇。日食陰勝，故攻陰之類。天旱陽勝，故愁陽之黨。巫爲陽黨，故魯僖遭旱，議欲焚巫。見左僖二十一年傳。巫含陽氣，以故陽地之民多爲巫。依上下文例，不當有「以」字。漢時有越巫。巫黨於鬼，故巫者爲鬼巫。宋本「爲」作「能」，朱校元本同。鬼巫比於童謡，故巫之審者，能處吉凶。處，辯察也。吉凶能處，吉凶之徒也，故申生之妖見於巫。見死僞篇。巫含陽，能見爲妖也。申生爲妖，則知杜伯、莊子義、厲鬼之徒皆妖也。杜伯之厲（屬）爲妖，則其弓矢、投（杖）、措（楫）皆妖毒也。先孫曰：杜伯以弓矢射周宣王。莊子義荷朱杖擊燕簡公。厲鬼杖楫擊詬觀辜。事並見墨子明鬼篇。此「杜伯之厲」，「厲」當作「屬」。（後文亦云：「杜伯之屬，見其體、施其毒者也。」）「投措」當作「杖楫」，即指莊子義之杖與厲鬼之楫言之。（亦見死僞、祀義二篇。）妖象人之形，其毒象人之兵。鬼、毒同色，故杜伯弓矢皆朱彤也。毒象人之兵，則其中人，人輒死也。中人微者即爲腓，言毒篇云：「人行無所觸犯，體無故痛，痛處若箠杖之跡。人腓，（有脱文。）腓謂鬼敺之。」先孫曰：「腓」當爲「痱」之叚字。說文疒部云：「痱，風病也。」風俗通義怪神篇云：「今人卒得鬼刺痱悟，（與「忤」同。）殺雄雞以傅其心上。」巢元方諸病源候總論云：「鬼擊一名爲鬼排。」（亦與「痱」通。）皆與王説鬼敺同。病者不即時死。何則？腓者，毒氣所加也。盼遂案：今俗仍唤作鬼風疙瘩。

妖或施其毒，不見其體；或見其形，不施其毒；或出其聲，不成其言；或明其言，不知其音。若夫申生，見其體、成其言者也；杜伯之屬，見其體、施其毒者也；

詩妖、童謠、石言之屬，明其言者也；五行志曰：「君炕陽而暴虐，臣畏刑而拑口，則怨謗之氣發於謌謠，故有詩妖。」石言，如左昭八年傳，石言於晉魏榆。五行志言成帝鴻嘉三年，天水冀南山大石鳴。濮水琴聲，紂郊鬼哭，見紀妖篇。出其聲者也。妖之見出也，或且凶而豫見，或凶至而因出。因出，則妖與毒俱行；豫見，妖出不能毒。申生之見，豫見之妖也；杜伯、莊子義、厲鬼至，因出之妖也。周宣王、燕簡公、宋夜姑時當死，故妖見毒因擊。先孫曰：「宋夜姑」，墨子明鬼篇作「詬觀辜」。後祀義篇亦作「射姑」。「射」、「夜」音近字通。（春秋文六年，晉狐射姑出奔狄。穀梁經「射」作「夜」。）今本墨子譌舛不足據。暉按：宋夜姑，宋人，名夜姑。晉惠公身當獲，命未死，故妖直見而毒不射。見死僞篇。然則杜伯、莊子義、厲鬼之見，周宣王、燕簡、夜姑且死之妖也。申生之出，晉惠公且見獲之妖也。伯有之夢，駟帶、公孫段〔一〕且卒之妖也。老父結草，魏顆且勝之祥，亦或時杜回見獲之妖也。蒼犬噬呂后，呂后且死，妖象犬形也。〔魏其、灌夫守武安〕，武安且卒，妖象竇（魏）嬰（其）、灌夫之面也。「武安」上，朱校元本有「魏其、灌夫守武安」句，是也。今據補。又「竇嬰」，宋本、朱校元本並作「魏其」，當據改。「伯有」以下，事並見論死篇。

〔一〕「段」，原本作「叚」，形近而誤，今改。

故凡世間所謂妖祥、所謂鬼神者，皆太陽之氣爲之也。太陽之氣，天氣也。天能生人之體，故能象人之容。夫人〔之〕所以生者，陰、陽氣也。朱校元本「人」下有「之」字，日鈔引正同，當據補。陰氣主爲骨肉，陽氣主爲精神。先孫曰：「生」當爲「主」。日鈔所引不誤。暉按：孫據程本校也。錢、黄、王、崇文本誤同。此本、朱校元本並作「主」。玉房祕訣曰：（醫心方二十四引。）「陽精多則生男，陰精多則生女。陽精爲骨，陰精爲肉。」與此説異。人之生也，陰、陽氣具，故骨肉堅，精氣盛。精氣爲知，骨肉爲强，故精神言談，形體固守。骨肉精神，合錯相持，日鈔引作「待」，疑是。待，須也。故能常見而不滅亡也。太陽之氣，盛（孤）而無陰，宋本「盛」作「孤」，日鈔引正同。當據正。故徒能爲象，不能爲形。無骨肉，有精氣，故一見恍惚，輒復滅亡也。章太炎小學問答曰：「古言鬼者，其初非死人神靈之稱。鬼宜即『夔』。説文言：『鬼頭爲田，禺頭與鬼頭同。』禺是母猴，何甹象鬼？且鬼頭何因可見？明鬼即是夔。夔即猴身，其字上象有角，下即『夒』字，夒亦母猴。則夔特母猴有角者爾。樂緯言：『昔歸典樂律。』地理志『歸子國』即『夔子國』。釋訓云：『鬼之爲言歸也。』則『夔』、『歸』、『鬼』同聲。魖爲秏鬼，亦是獸屬，非神靈也。韋昭説『夔爲山繅』，後世變作『山魈』，『魈』亦獸屬，非神靈。東京賦言：『殘夔魖與网象。』魯語言：『木石之怪夔网兩，水之怪龍网象。』並是生物。内傳言：『离魅网兩。』説文言：『禽』、『离』、『兕』頭相似。歐陽喬説：『离，猛獸也。』則『离』亦獸屬。「鬽」字从「鬼」，有毛。服虔云：「鬽，人面獸身，而四足，好惑人。」籀文「鬽」作「[illegible]」，彖首，从尾省聲。有毛，有首，有面，有身，有足，非無形之神靈明矣。詳此諸物，以異物詭見，古者疑其有怪，若今狐貓等物，世亦謂神所凭依，故「鬼」即「夔」字，引申爲死人神靈之偁。然古文「鬼」作「䰟」，從古文「示」，則鬼神之字，或當别作「䰟」耳。「鬼」字从「厶」，「厶」，姦衺也，亦粤鬽好惑人，非必黔气賊害矣。」章氏此論，祛惑發蒙，與仲任同旨。而其説更爲徵實，故具録於此。

# 論衡校釋卷第二十三

## 言毒篇

盼遂案：篇末：「君子不畏虎，獨畏讒夫之口。讒夫之口，爲毒大矣。」仲任此篇殆傷於讒而作歟？

或問曰：「天地之間，萬物之性，含血之蟲，有蝮、虵、蜂、蠆，咸懷毒螫，犯中人身，謂（渭）護（濩）疾痛，當時不救，流徧一身。先孫曰：「謂」當作「渭」，「護」當作「濩」，並聲近而誤。周禮秋官賈疏引左傳服注云：「蜮含沙射入人皮肉中，其瘡如疥，徧身中濩濩蜮蜮。」左傳莊十八年孔疏引作「濩濩或或」。初學記引春秋説題辭云：「渭之言渭渭也。」注云：「渭渭，流行貌。」（今本初學記引緯文「渭」字不重。今依注增。）「渭濩疾痛」，言渭渭濩濩，亦猶言濩濩或或，皆疾痛流行之狀，故云「流徧一身」也。草木之中，有巴豆、野葛，食之湊懣，頗多殺人。「湊懣」，謂脉氣湊踊滿實也。卜筮篇：「身體疾痛，血氣湊踊。」素問大奇論：「肝滿、腎滿、肺滿皆實即爲腫。」注：「滿謂脉氣滿實也。」滿、懣通。不知此物，稟何氣於天？萬物之生，皆稟元氣，元氣之中，有毒螫乎？」

曰：夫毒，太陽之熱氣也，中人人毒。人食湊懣者，其不堪任也。不堪任，則謂

**之毒矣。太陽火氣，常爲毒螫，氣熱也。太陽之地，人民促急，促急之人，口舌爲毒。故楚、越之人，促急捷疾，與人談言，口唾射人，則人脈胎（脹），腫而爲創。**「脈」，崇文本作「脈」，各本並作「脈」。「胎」，宋、元本作「胎」，朱校元本同。吴曰：「脈胎」當作「脈脹」。今作「胎」者，「脹」字草書形近之誤。「脈」即「膜」之異文。説文云：「膜，起也。」太玄争次六：「股脚膜如。」釋文：「膜，肉脹起也。」素問：「濁氣在上，則生膜脹。」王砅注：「膜，脹起也。」白虎通情性篇字作「脈張」，音義並同。「脹」誤作「胎」，義不可説。盼遂案：章士釗云：「脈爲胗之形誤。説文肉部：『胗，脣傷也。』」**南郡極熱之地，**盼遂案：南郡，今湖北襄陽之地，未爲極熱。「南郡」疑爲「南部」之誤。後漢人恒以州部連言，南部即南方諸州郡也。**其人祝樹樹枯，唾鳥鳥墜。巫咸能以祝延□人之疾、愈人之禍者，生於江南，含烈氣也。**吴曰：「延」讀爲「移」。郊特牲：「以移民也。」鄭注：「移之言衍也。」衛世家：「共伯入釐侯羨道自殺。」索隱：「羨音延。」移、羨、延三文以雙聲相轉，而義亦從之。諸子傳記説宋景公熒惑徙舍事，皆作延年二十一歲，唯淮南子道應篇作移年二十一歲。移年即延年也。彼以「移」爲「延」，此以「延」爲「移」，其比正同。暉按：吴説疑非。「祝延」連讀。「人」上疑脱一「已」字。（類要二四祝延類云：「巫咸能祝延人之疾，愈人之禍福。」未著何出，當本此文。以「祝延」連讀是，而所據本「已」字已脱矣。）解除篇云：「令巫祝延以解土神。」漢書外戚傳傅昭儀傳：「宫人左右飲酒酹地，皆祝延之。」五經異義：「魯郊禮，祝延帝尸。」此並「祝延」連文之證。唯其義未審。漢書師古注：「祝延，祝之使長年也。」然於此文，義有未洽。上文云：「祝樹樹枯，唾鳥鳥墜。」疑此讀作「祝涎」，「涎」亦「口唾」也。淮南俶真訓注：「鑄讀如唾祝之祝。」以「唾祝」連文，可見其義。非洲夏加尼格羅人，巫醫治病，或看新生嬰兒，就其身上吐四次唾液，以祓不祥。此祝延，或即其義，雖他書無説，疑仲任紀當時巫風之實。如祝樹唾鳥，他書亦未見也。（齊民要術十引神仙傳，劉綱夫婦呪樹，與此不同。）若謂祝之長年，則與上下文義不類矣。汪文臺輯七家後漢書云：「嫣皓字元起，吴郡餘杭人，皓母炙瘡發膿，皓祝而愈之。」或即祝延之術也。又皮錫瑞以「巫咸」連讀，謂即君奭「巫咸乂王家」之「巫咸」，亦非。此文謂江南諸巫，皆能此術也。

夫毒，陽氣也，故其中人，若火灼人。或爲蝮所中，割肉置地焦沸，中，傷也。史記〔一〕田儋傳：「蝮螫手則斬手，螫足則斬足。何者？爲害於身也。」火氣之驗也。四方極皆爲維邊，淮南天文訓注：「四角爲維。」唯東南隅有温烈氣。温烈氣發，常以春夏。春夏陽起。東南隅，陽位也。他物之氣，入人鼻目，不能疾痛。火煙入鼻鼻疾，入目目痛，火氣有烈也。物爲靡屑者多，唯一火最烈，火氣所燥也。食甘旨之食，無傷於人。食蜜少多，則令人毒。蜜爲蜂液，蜂則陽物也。

〔一〕「記」，原本作「紀」，形近而誤，今改。

人行無所觸犯，體無故痛，痛處若箠杖之跡。人腓，腓謂鬼敺之。注訂鬼篇。鬼者，太陽之妖也。微者，疾謂之邊，未聞。盼遂案：微，惡疾也。詩巧言篇：「既微且尰。」爾雅釋訓篇：「骭瘍爲微。」孫叔然注：「微尰皆水濕之疾也。」本字作黴。」說文黑部：「黴，中久雨青黑也。」章氏新方言說：「古之黴，今之楊梅也。」其治用蜜與丹。蜜、丹陽物，以類治之也。夫治風用風，治熱用熱，治邊用蜜、丹，則知邊者陽氣所爲，流毒所加也。天地之間，毒氣流行，人當其衝，則面腫疾，世人謂之火流所刺也。

人見鬼者，言其色赤，太陽妖氣，自如其色也。鬼爲烈毒，犯人輒死，故杜伯射，周宣立崩。鬼所賫物，陽火之類，疑脱「故」字。杜伯弓矢，其色皆赤。見死僞篇。南道名毒曰短狐。說文禾部：「北道名禾主人曰私主人。」段注：「北道，蓋許時語，立乎南以言北之辭。」按：道，猶言方也，當時常語。史記游俠傳：「北道姚氏，南道仇景。」「狐」當作「弧」，以與下文「激而射」之義相應。今書傳多作「短狐」，誤同。惟漢書五行志、左傳釋文作「弧」，不誤。左傳釋文曰：「短弧本又作狐。」段玉裁曰：「此因其以氣射害人，故謂之『短弧』。作『狐』，非也。其氣爲矢，則其體爲弧。」說文虫部：「蜮，短弧（本作「狐」，從段注改。）也。佀鼈三足，㠯气䠶害人。」詩小雅何人斯毛傳：「蜮，短狐也。」釋文：「蜮，狀如鼈，三足。一名射工，俗呼之水弩。在水中，含沙射人。一云射人影。」洪範五行傳云：「蜮如鼈，三足，生於南越。南越婦人多淫，故其地多蜮。

淫女惑亂之氣所生也。」陸機毛詩義疏云：「蜮，短狐也，一名射景，如鼈，三足，在江、淮水中。人在岸上，景見水中，投人景則殺之，故曰射景。南人將入水，先以瓦石投水中，令水濁然後入。或曰含沙射人，入人皮肌，其創如疥。」（引據小雅何人斯疏、左氏、穀梁莊十八年傳疏。）服虔曰：「短狐，南方盛暑所生，其狀如鼈，含沙射人，入皮肉中，其瘡如疥，徧身濩濩或或。」（見周禮秋官序官疏。）春秋莊十八年秋「有蜮」，左傳杜注：「蜮，短狐也，蓋以含沙射人爲災。」公羊何注：「蜮之猶言惑也，其毒害傷人形體，不可見。」穀梁范注：「蜮，短狐也。蓋含沙射人。」草木志云：「在水中，射人影即死。」（公羊傳疏。）本草謂之「射工」。楚辭大招：「魂乎無南，蜮傷躬只。」注：「鰅鱅，短狐類也。短狐，鬼蜮也。蜮，短狐也。」洪補注孫真人云：「江東、江南有虫名短狐谿毒，亦名射工。其虫無目而利耳能聽，在山源谿水中，聞人聲，便以口中毒射人。」漢書五行志下之上曰：「劉向以爲蜮生南越。越地多婦人，男女同川，淫女爲主，亂氣所生，故聖人名之曰蜮。蜮猶蜮也。在水旁，能射人。射人有處，甚者至死。南方謂之短弧。」抱朴子登涉篇：「吴、楚之野，有短狐，一名蜮，一名射工，一名射影，其實水蟲也。狀如鳴蜩，大似三合盃，有翼能飛，無目而利耳，口中有横物角弩，如聞人聲，緣口中物如角弩，以氣爲矢，則因水而射人。中人身者，即發瘡；中影者，亦病而不能即發瘡，不曉治之者，殺人。其病似大傷寒，不十日皆死。又射工蟲，冬天蟄於山谷間。大雪時索之。此蟲所在，其雪不積留，氣起如灼蒸，當掘之，不過入地一尺，則得也。陰乾末帶之，夏天自辟射工也。」博物志：「江南山谿中水射工蟲，甲類也。長一二寸，口中有弩形，氣射人影，隨所著處發瘡，不治則殺人。」周去非嶺外代答：「余在欽，一夕燕坐，見有似蜥蜴而差大者，身黃脊黑，頭有黑毛，抱疏籬之杪，張頷四顧，聳身如將躍也。適有士子相訪，因請問之。答曰：此名十二時，其身色，一日之内，逐時有異。口嘗含毒，俟人過，則射其影，人必病。余曰：非所謂蜮者與？生曰：然。鄺露赤雅，斑衣山子，插青銜弩，裸體獸交，遺精降於草木，嵐蒸瘴結，盎然化生。狐長三寸，狀如黃熊，口銜毒弩，巧伺人影，胎性使然也。予南海有水弩蟲，四月一日上弩，八月一日卸弩，亦能射人，與此不同。予游六磨，影落澗水，爲短狐所射，毒中左足。適欲撲殺，有大蟾鼓腹踴躍，搤其喉而食之。未幾，痛入骨髓，始殆如蟻卵，乍如蜂房，乍如盤渦，乍如蛇菌，一日一夜，其變百出，其大二寸。聞過三寸則死，毒大如狐，則對時死。遍走羣醫，命在呼吸。蘧然猛省，蟾能食之，必能制之。偶有八字丹蟾，跳躍草際，取向毒處，一吸，支體立運，毒口出涎，滴石石爛。魂魄漸復，如坐冰壺。其口兩月方合。聞鴛鴦鸂鷘皆能食之。腦可止痛。」**杜伯之象，執弓而射。陽氣因（困）而激，激而射，**孫曰：此文「因、激、射」三字平列。「因」當作「困」，形近之誤。下云：「火困而氣熱。」又云：「氣困爲熱也。」並其證。**故其中人象弓矢之形。火困而氣熱，〔氣熱〕血（而）毒盛，**孫曰：當作「火困而氣熱，氣熱而毒盛」，「血」即「而」字之誤，又脱去「氣熱」二字，故文義不明。下文云：「盛夏暴行，暑暍而死，熱極爲毒也。」即氣熱而毒盛之説。史記封禪書索隱引此文作「氣勃而毒盛」，可證。劉先生曰：孫説是也。史記儒林傳正義引正作「氣熱而毒盛」。封禪書注引作「氣勃而毒盛」，文雖小異，作「而毒盛」則同。**故食**

**走馬之肝殺人，**封禪書曰：「文成食馬肝死耳。」**氣困爲熱也。盛夏暴行，暑暍而死，熱極爲毒也。**史記儒林傳正義引作「盛夏馬行，多渴（字誤。）死，殺氣爲毒也」。**人疾行汗出，對鑪汗出，嚮日亦汗出，疾温病者亦汗出，四者異事而皆汗出，困同熱等，火日之變也。**

**天下萬物，含太陽氣而生者，皆有毒螫。毒螫渥者，在蟲則爲蝮、蛇、蜂、蠆，**名醫別録陶注云：「蝮蛇，黄黑色，黄頷尖口，毒最烈。虺形短而扁，毒不異於蚖，中人不即療，多死。」蜀圖經曰：「蝮形麄短，黄黑如土色。」類聚引廣志云：「蝮蛇與土色相亂，長三四尺。其中人，以牙嚙之，截斷皮，出血，則身盡痛。九竅血出而死。」爾雅、説文皆以蝮即虺。漢書田儋傳應劭注本之。師古曰：「郭璞云：『各自一種蛇。』以今俗名證之，郭説得矣。虺若土色，所在有之，俗呼土虺。其蝮唯出南方。」郝懿行曰：「詩疏引舍人曰：『蝮一名虺，江、淮以南曰蝮，江、淮以北曰虺。』郭云：『此自一種蛇。』本草陶注分蝮蛇與虺及蚖爲三物，并非。蝮虺乃即土虺，北人謂之土脚蛇，江、淮間謂之土骨蛇。」御覽引詩義疏曰：「蠆，一名杜伯，幽州〔一〕謂之蠍。」小雅都人士釋文引通俗文曰：「長尾爲蠆，短尾爲蠍。」説文作「蠆」，云：「毒蟲也。」**在草則爲巴豆、冶葛，**「冶」下舊校曰：一作「野」字。續博物志曰：「巴豆，神仙食一枚即死。鼠食三年，重三十斤。」證類本草十四引圖經曰：「巴豆，出巴郡川谷，今嘉眉、戎州皆有之。木高一二丈，葉如櫻桃而厚大，初生青，後

〔一〕「州」，原本作「川」，形近而誤，今改。

漸黄赤，至十二月，葉漸凋，二月復漸生，至四月舊葉落盡，新葉齊生。即花發成穗，微黄色。五六月結實作房，生青，至八月，熟而黄，類白豆蔻。漸漸自落，即收之。一房三瓣，一瓣有實一粒，一房共實六粒也。」博物志曰：「野葛食之殺人。家葛種之三年不收，後旅生亦不可食。」唐釋湛然輔行記引博物志曰：「太陰之精，名曰鉤吻，入口則死。鉤吻者，野葛也。」沈括補筆談曰：「鉤吻，本草一名野葛，主療甚多。注釋者多端，或云可入藥用，或云有大毒，食之殺人。予嘗到閩中，土人以野葛毒人，及自殺，或誤食者，但半葉許入口即死。以流水服之，毒尤速，往往投杯已卒矣。經官司勘鞫極多，灼然如此。予嘗令人完取一株，觀之，其草蔓生如葛，其藤色赤，節粗似鶴膝，葉圓有尖，如杏葉，而光厚似柿葉。三葉爲一枝，如菉豆之類。葉生節間，皆相對。花黄細，戢戢然如一茴香花，生於節葉之間。酉陽雜俎言花似梔子稍大，謬説也。根皮亦赤，閩人呼爲吻莽，亦謂之野葛。嶺南人謂之胡蔓，俗謂之斷腸草。此草人間最毒之物，不可入藥，恐本草所云，别是一物，非此鉤吻也。」**在魚則爲鮭與鮗、鮛，故人食鮭肝而死，爲鮗、鮛螫有毒。**北山經郭璞注：「今名鯸鮐爲鮭魚，音圭。」左思吴都賦劉注：「鯸鮐魚狀如科斗，大者尺餘，腹下白，背青黑，有黄文。性有毒，雖小獺及大魚，不敢餤之。蒸煮餤之肥美，豫章人珍之。」本草拾遺曰：「鯢魚肝及子有大毒，一名鶘夷魚。以物觸之，即嗔，腹如氣球，亦名嗔魚。腹白，背有赤道，如印魚，目得合，與諸魚不同。」王引之廣雅疏證曰：「『鯢』即『鮭』之俗體。鶘夷即鯸鮧之轉聲。今人謂河豚者是也。河豚善怒，故謂之鮭，又謂之魺。鮭之言恚，魺之言訶。釋詁云：『恚、訶，怒也。』玉篇：『魺，户多切，魚名。』正與『河』字同音。又云：『鯸鮔，䱌也。食其肝，殺人。』」章炳麟新方言十曰：「今所在皆稱河豚，廣東香山謂之鮭泡。」鮗鮍未聞。魚與鳥同類，故鳥蜚魚亦蜚，鳥卵魚亦卵，大戴禮易本命曰：「鳥魚皆生於陰而屬於陽，故鳥魚皆卵。魚游於水，鳥飛於雲。」蝮、蛇、蜂、蠆皆卵，同性類也。

其在人也爲小人，故小人之口，爲禍天下。小人皆懷毒氣，陽地小人，毒尤酷烈，故南越之人，祝誓輒效。先孫曰：「誓」，元本作「禁」。日鈔引同。暉按：宋本、朱校元本亦並作「禁」。又按：「效」下，日鈔引有「口舌爲毒也」五字。諺曰：「衆口爍金。」國語周語、鬼谷子權篇、史記鄒陽傳、楚辭九章惜誦並有此文。賈逵曰：「鑠，銷也。衆口所惡，金爲之銷亡。」風俗通曰：「衆口鑠金。俗説有美金於此，衆人咸共詆訿，言其不純。賣金者欲其售，取鍛以見真，此爲衆口爍金。」（御覽八百十一、事文類聚別集二十一。）口者，火也。五行二曰火，五事二曰言。注訂鬼篇。言與火直，故云爍金。道口舌之爍，不言「拔木焰火」，必云「爍金」，金制於火，火、口同類也。

藥生非一地，太伯辭之吴；楚辭天問：「吴獲迄古，南嶽是止。」王注：「言吴國得賢君，至古公亶父之時而遇太伯，陰讓，避王季，辭之南嶽之下，采藥，於是遂止而不還。」餘注見四諱篇。盼遂案：章士釗云：「辭爲采之聲誤。」今案四諱篇「太伯入吴采藥」，是其明證。鑄多非一工，

**世稱楚棠溪。**棠溪出利劍。鹽鐵論論勇篇：「世言强楚勁鄭，有犀兕之甲，棠谿之鋌。」史記蘇秦傳：「棠谿、墨陽，皆陸斷牛馬，水截鵠鴈。」集解徐廣曰：「汝南吴房有棠谿亭。」春秋大事表七之四：「今河南汝寧府遂平縣西吴房故城北有堂谿城。」潛夫論志氏姓：「堂谿，谿谷名也。」**温氣天下有，**寒温篇云：「陽氣温。」温氣謂陽氣也。**路畏入南海。**因陽氣烈也。**鴆鳥生於南，人飲鴆死。**左莊三十二年傳：「使鍼季酖之。」正義引晉諸公讚云：「鴆鳥食蝮，以羽翮櫟酒水中，飲之則殺人。」漢書高五王傳應劭曰：「鴆鳥黑身赤目，食蝮蛇、野葛。以其羽畫酒中，飲之立死。」中山經郭注：「鴆大如鵰，紫緑色，長頸，赤喙，食蝮虵頭。雄名運日，雌名陰諧。」廣志曰：（廣韻五十二沁引。）「鴆鳥大如鴞，紫緑色，有毒，頸長七八寸，食蝮蛇，以其毛歷飲食則殺人。」名醫别録曰：「鴆鳥毛有大毒，生南海。」**辰爲龍，巳爲蛇，辰、巳之位在東南。**注物勢篇。**龍有毒，蛇有螫，故蝮有利牙，**小雅斯干篇疏引爾雅孫炎注：「江、淮以南謂虺爲蝮，廣三寸，頭如拇指，有牙最毒。」**龍有逆鱗。**韓非子説難篇云：「龍喉下有逆鱗徑尺。」**木生火，火爲毒，故蒼龍之獸含火星。**爾雅釋天：「大辰，房、心、尾也。大火謂之大辰。」左昭十七年傳疏李巡曰：「大辰，蒼龍宿之，體最爲明，故曰房、心、尾也。大火，蒼龍宿心，以候四時，故曰辰。」盼遂案：「獸」字當是「宿」誤。東方蒼龍七宿中有大火星也。爾雅釋天云：「大辰，房、心、尾也。大火謂之大辰。」郭注云：「龍星明者以爲時候，故云大辰。大火，心也，在中最明，故時候主焉。」故王氏云

「蒼龍之宿含火星」也。冶葛、巴豆皆有毒螫，故冶在東南，巴在西南。巴豆出於巴，注見上文。冶葛生冶，未審其地。

土地有燥濕，故毒物有多少；生出有處地，故毒有烈不烈。蝮、虵與魚比，故生於草澤。蜂、蠆與鳥同，故産於屋、樹。江北地燥，故多蜂、蠆；江南地濕，故多蝮、虵。生高燥比陽，陽物懸垂，故蜂、蠆以尾刺。生下濕比陰，陰物柔伸，故蝮、虵以口齰。後漢書謝弼傳弼上封事曰：「蛇者，陰氣所生。」洪範五行傳：「蛇龍，陰類也。」（後漢書楊賜傳注。）小雅斯干鄭箋：「虺蛇穴居，陰之祥也。」説文：「齰，齧也。」毒或藏於首尾，故螫齰有毒；或藏於體膚，故食之輒懣；懣，注見前「湊懣」。或附於脣吻，故舌鼓爲禍。毒螫之生，皆同一氣，發動雖異，内爲一類。故人夢見火，占爲口舌；史記天官書：「箕爲敖客，曰口舌。」索隱引宋均云：「敖，調弄也。箕以簸揚調弄爲象。」是口舌爲簸弄是非之義，俗語猶存。潛夫論浮侈篇云：「事口舌而習調欺。」五行志云：「言之不從，時則有口舌之痾，於易兑爲口，人則多病口喉欬者，故有口舌痾。」兑爲金爲口，言屬金，故言不順，有口舌痾。仲任以言屬火，故火見，占爲口舌，與漢志異。夢見蝮、蛇，亦口舌。火爲口舌之象，口舌見於蝮、虵，「見」，宋本作「兆」。同類共本，所稟一氣也。

故火爲言，言爲小人，小人爲妖，由口舌。口舌之徵，由人感天。故五事二曰言，言之咎徵，惡行之驗。「僭恒暘（陽）若」。洪範文。「暘」當作「陽」。今文作「陽」，古文作「暘」也。此文言陽氣爲毒，故引經證之，義無取於「暘」也。不雨曰暘。五行志曰：「言之不從，厥咎僭，厥罰恒陽。言上號令不順民心，虛譁憒亂，則不能治海内，失在過差，故其咎僭。僭，差也。刑罰妄加，羣陰不附，則陽氣勝，故其罰常陽也。」亦謂陽爲陽氣，與此同。此作「暘」，後人改之也。下同。僭者奢麗，僭差無度，故云「奢麗」。故蝮、蛇多文。文起於陽，衆經音義二引三蒼曰：「蝮蛇色如綬文，文間有髫鬣。」説文：「巳，巳也。四月昜气已出，陰氣已臧，萬物見，成彣彰，故『巳』爲『它』，象形。」故若致文。若，順也。暘（陽）若則言〔不〕從，故時有詩妖。「言」下脱「不」字。五行志曰：「言之不從，時則有詩妖。」皮錫瑞引增「不」字，是也。

妖氣生美好，故美好之人多邪惡。叔虎之母美，叔向之母知（妬）之，吴曰：事見左襄廿一年傳。「知」當據改作「妬」。暉按：宋、元本、朱校元本並作「妬」，吴説是也。不使視寢。左傳無「視寢」二字。唐石經旁增此二字。阮校謂即依此文所增，不足據。檀弓鄭注：「可以御婦人矣，尚不復寢。」即此「寢」字之義，謂不使叔向父御之。盼遂案：「不使視寢」，左傳杜注作「不使見叔向父」，較此明晰。叔向諫其（之）。「其」，宋本、朱校元本並作「之」，當據正。母曰：「深山大澤，實生龍、虵。彼美，吾懼其生龍、虵以禍汝。汝弊族也，「弊」，傳作「敝」。杜曰：「衰壞也。」洪亮吉曰：「當作『敝』。」國多大寵，不仁之人間之，不亦難乎？

余何愛焉？」使往視寢，生叔虎，美有勇力，嬖於欒懷子。欒盈也。及范宣子遂（逐）懷子，「遂」當作「逐」。宋本、王本、崇文本並作「逐」，是。盈母欒祁與人通，盈患之。祁懼，愬於其父范宣子，宣子使城著，遂逐之。殺叔虎，賈逵曰：「叔虎皆欒盈之黨，知范氏將害欒氏，故先爲之作難，討范氏，不克而死。」（孔疏引。）盼遂案：依左氏襄公二十一年傳，「遂」字爲「逐」字之誤。禍及叔向。囚叔向。夫深山大澤，龍、蛇所生也，比之叔虎之母者，美色之人懷毒螫也。生子叔虎，美有勇力。勇力所生，生於美色；禍難所發，由於勇力。火有光耀，木有容貌。龍、蛇，東方、木，含火精，故美色貌麗。膽附於肝，故生勇力。火氣猛，故多勇；木剛强，故多力也。生妖怪者，常由好色；爲禍難者，常發勇力；爲毒害者，皆在好色。美酒爲毒，酒難多飲；蜂液爲蜜，蜜難益食；勇夫强國，勇夫難近；好女說心，「說」下舊校曰：一作「悦」。好女難畜；辯士快意，辯士難信。故美味腐腹，元本作「腸」，朱校同。好色惑心，勇夫招禍，辯口致殃。四者，世之毒也。

辯口之毒，爲害尤酷。何以明之？孔子見陽虎，却行，白汗交流。亦見物勢篇。陽虎辯，有口舌。口舌之毒，中人病也。中，傷也。下同。人中諸毒，一身死之；中於口舌，一國潰亂。詩曰：「讒言罔極，交亂四國。」小雅青蠅篇。毛詩作「讒人」。陸賈新語輔政篇、史記滑稽傳、漢書戾太子傳並作「讒言」。漢書賈誼傳注、敍傳註引詩與此同。魯詩也。

李富孫曰：古本當作「言」。罔極，無窮極也。四國，四方之國。四國猶亂，況一人乎！故君子不畏虎，獨畏讒夫之口。宋本獨作「狼」。讒夫之口，爲毒大矣！

## 薄葬篇

賢聖之業，皆以薄葬省用爲務。舊作「聖賢」，各本同。今據宋本乙。本書多作「賢聖」，説詳答佞篇。然而世尚厚葬，有奢泰之失者，儒家論不明，墨家議之非故也。墨家之議右鬼，以爲人死輒爲[神]鬼而有知，「神」字傳寫誤增。「人死爲鬼，有知能害人」，論死篇數見此語。下文「不能爲鬼」，正與此「輒爲鬼」正反相承。感虛篇〔一〕：「雨粟鬼哭，自有所爲。」福虛篇：「墨家右鬼。」今「鬼」下並衍「神」字，正其比。能形而害人，故引杜伯之類以爲效驗。見墨子明鬼篇。儒家不從，以爲死人無知，不能爲鬼，然而賻祭備物者，示不負死以觀生也。「負」，背也。陸賈依儒家而説，故其立語，不肯明處。新語無論薄葬事，蓋本陸賈他著。劉子政舉薄葬之奏，務欲省用，不能極論。奏見漢書本傳。是以世俗内持狐疑之議，外聞杜伯之類，又見病且終者，墓中死人來與相見，故遂信是，謂死如生。閔死獨葬，魂孤無副，丘墓閉藏，穀物乏匱，故作偶人以侍尸柩，多藏食物以歆精魂。

〔一〕「虛」，原本作「書」，據論衡改。

積浸流至，或破家盡業，以充死棺；盼遂案：「死」字疑衍。「死棺」不辭，且與下句不復對稱。殺人以殉葬，盼遂案：「人」下衍「以」字，故與上句不勻。以快生意。非知其内無益，盼遂案：當是「非不知其内無益」，今本脱一「不」字，則不通矣。而奢侈之心外相慕也。不明死無知，故不知其無益，非徒尚奢侈也。

以爲死人有知，與生人無以異，孔子非之，而亦無以定實然。而陸賈之論，兩無所處。處，辯定也。劉子政奏，亦不能明。儒家無〔無〕知之驗，墨家有〔有〕知之故〔效〕。「無」字，「有」字，並涉重文脱。「故」爲「效」字形譌。效亦驗也。本書常以效驗對文。上文云：「墨家以爲人死有知，引杜伯之類以爲效驗。儒家以爲人死無知。」下文云：「辯士文人有效驗，若墨家之以杜伯爲據，則死人無知之實可明。」則知此文當作「儒家無無知之驗，墨家有有知之效」，明矣。事莫明於有效，論莫定於有證。空言虚語，雖得道心，「雖」，朱校元本作「難」，義較長。人猶不信。是以世俗輕愚信禍福者，畏死不懼義，盼遂案：「死」字當爲「鬼」之誤字。下句「重死不顧生」，此涉之而誤。重死不顧生，竭財以事神，空家以送終。辯士文人有效驗，若墨家之以杜伯爲據，則死〔人〕無知之實可明，薄葬省財之教可立也。當作「死人無知」，今脱「人」字。上文云：「儒家不從，以爲死人無知。」下文云：「不明死人無知之義，而著丘墓必抇之諫。」並其證。

今墨家非儒，儒家非墨，各有所持，故乖不合，業難齊同，故二家争論。世無祭祀復生之人，故死生之義未有所定。實者死人闇昧，與人殊途，其實荒忽，難得深知。有知無知之情不可定，爲鬼之實不可是。通人知士，雖博覽古今，窺涉百家，條入葉貫，不能審知。唯聖心賢意，方比物類，爲能實之。

夫論不留精澄意，苟以外效立事是非，信聞見於外，不詮訂於內，是用耳目論，不以心意議也。夫以耳目論，則以虚象爲言，虚象效，則以實事爲非。是故是非者吴曰：「是故」下疑有脱文。不徒耳目，必開心意。墨議不以心而原物，苟信聞見，則雖效驗章明，猶爲失實。失實之議難以教，雖得愚民之欲，不合知者之心，喪物索用，無益於世，「喪」上疑脱「雖不」二字。墨家薄葬節用，不得言其「喪物索用」。下文「奢禮不絶，則喪物索用」，是儒家之失。此蓋墨術所以不傳也。

魯人將以璵璠斂，左定五年傳：「季平子卒，陽虎將以璵璠斂。」説文：「璵璠，魯之寶玉。」吕氏春秋安死篇高注：「璵璠，君珮玉也。昭公在外，平子行君事，入宗廟，珮璵璠，故用之。」孔子聞之，徑庭麗級而諫。吕氏春秋安死篇：「魯季孫有喪，孔子往弔之，入門而左，從容也。主人以璵璠收。孔子徑庭而趨，歷級而上。」家語子貢問曰：「孔子初爲中都宰，聞之，歷級而救。」王肅注：「歷級，遽登階，不聚足。」麗亦歷也。見詩魚麗毛傳。夫徑庭麗級，非禮也，孔子爲救患也。患之所由，常由有所貪。璵璠，寶物也，魯人用斂，姦人僴（間）之，「僴」，宋、元本作「間」，朱校同。吴曰：「僴」當作「間」。間之，猶言司其間隙。左氏傳莊十五年：「鄭人間之而伐宋。」釋文云：「間，間廁之間。」吴語：「以司吾間。」韋注：「間，隙也。」皆其義。欲心生矣。姦人欲生，不畏罪法。不畏罪法，則丘墓抽（抇）矣。先孫曰：「抽」當爲「抇」，下同。暉按：廣雅：「抇，掘也。」字本作「搰」。説文：「搰，掘也。」吕氏春秋：「孔子曰：以寶玉收，譬之猶暴骸中原也。」家語云：「其示民以姦利之端，而有害於死者，安用之。」孔子睹微見著，故徑庭麗級，以救患直諫。夫不明死人無知之義，而著丘墓必抽（抇）之諫，雖盡比干之執人，「執」讀作「摯」。（吕氏春秋遇合篇：「嫫母執乎黄帝。」列女傳辯通篇：「衒嫁不售，流棄莫執。」曲禮：「執友稱其仁也。」鄭注：「執友志同。」皆讀「執」爲「摯」。）詩鄭箋：「摯之言至，謂情意至然。」「盡比干之執」，謂盡比干之情意。論語云：「比干諫而死。」「人」字涉下文衍。人必不聽。盼遂案：章士釗云：「此下疑有脱文，與上文不銜接。」何則？諸侯財多不憂貧，威彊不懼抽（抇）。死人之議，狐疑未定；孝子之計，從其重者。如明死人無知，厚葬無益，論定議立，較著可聞，則璵璠之禮不行，徑庭之諫不發矣。今不明其説而彊其諫，此蓋孔子所以不能立其教。

孔子非不明死生之實，其意不分別者，亦陸賈之語指也。夫言死〔人〕無知，則臣子倍其君父。當作「死人無知」，脱「人」字。下同。「死人無知」，上文數見。意林引此及下文並作「死者無知」。則今本脱「人」字，明矣。故曰：「喪祭禮廢，則臣子恩泊；臣子恩泊，則倍死亡先；倍死亡先，則不孝獄多。」此本禮記經解。大戴禮察篇、韓詩外傳三並見此文。「亡先」並誤作「亡生」。漢書禮樂志同此。師古曰：「先者，先人，謂祖考。」王念孫曰：「喪禮廢，則民倍死。祭禮廢，則民忘先。」「泊」讀「薄」，「倍」讀「背」。聖人懼開不孝之源，故不明死〔人〕無知之實。説苑辯物篇：「子貢問孔子：『死人有知，將無知也？』」（「將」字依御覽五四八引增。）孔子曰：『吾欲言死者有知也，恐孝子順孫妨生以送死也；欲言無知，恐不孝子孫棄親不葬也。』」（「親」字依御覽增。）異道不相連，事生厚，化自生，雖事死泊，何損於化？使死者有知，倍之非也；如無所知，倍之何損？明其無知，未必有倍死之害；不明無知，成事已有賊生之費。

孝子之養親病也，未死之時，求卜迎醫，冀禍消、藥有益也。廣韻六至：「兾」同「冀」。見經典省。既死之後，雖審如巫咸，良如扁鵲，巫咸〔一〕，古神巫。尚書曰：「巫咸乂王家。」扁鵲注別通篇。終不復生（使）。「生」，宋本作「使」，朱校元本同，是也。此據巫咸、扁鵲

〔一〕〔巫〕，原本誤作「咸」，據正文改。

言。「使」，用也。若謂人死不復生，則與「終無補益」義不相屬矣。校者妄改，失之。盼遂案：「生」字與上下文不應，疑當爲「求」，草書形近之誤。下文「絶卜拒醫」，即回應此處「終不復求」之言也。何則？知死氣絶，終無補益。治死無益，厚葬何差乎？爾雅釋詁：「流、差，擇也。」釋言：「流，求也。」「求」、「擇」義近。盼遂案：章士釗云：「何差當是何義之誤。」倍死恐傷化，絶卜拒醫，獨不傷義乎？親之生也，坐之高堂之上；其死也，葬之黄泉之下。黄泉之下，非人所居，然而葬之不疑者，以死絶異處，不可同也。如當亦如生存，恐人倍之，宜葬於宅，與生同也。不明無知，爲人倍其親，獨明葬黄泉，不爲離其先乎？親在獄中，罪疑未定，孝子馳走，以救其難。如罪定法立，終無門户，雖曾子、子騫，坐泣而已。何則？計動無益，空爲煩也。今死親之魂，定無所知，與拘親之罪決不可救何以異？不明無知，恐人倍其先，獨明罪定，不爲忽其親乎？聖人立義，有益於化，雖小弗除；無補於政，雖大弗與。今厚死人，何益於恩？倍之弗事，何損於義？孔子又謂，爲明器不成，示意有明。禮記檀弓上云：「孔子曰：是故竹不成用，瓦不成味，木不成斲，其曰明器，神明之也。」鄭注：「成猶善也。竹不可善，謂邊無縢。言神明，死者也。神明者非人所知，故其器如此。」俑則偶人，象類生人，檀弓下鄭注：「俑，偶人也。有面目機發，有似於生人。」故魯用偶人葬，孔子嘆。睹用人殉之兆也，故嘆以痛之。檀弓下：「孔子曰：哀哉，死者而用生者之器也。不殆於用殉乎哉？孔子謂爲芻靈者善，謂爲俑者不仁，殆於用人乎哉？」鄭注：「殺人以衛死者曰殉。」即如生當備物，即，則也。當備物，謂爲明器，備物如生人而不可用。不示如生，示其神明，非示死者如生。意悉其教，悉，詳也。自意立教詳悉。用偶人葬，恐後用生殉；用明器，獨不爲後用善器葬乎？絶用人之源，不防喪物之路，重人不愛用，「用」謂器物。痛人不憂國，傳議之所失也。「傳」，疑爲「儒」形譌。此篇並舉儒墨議非。

救漏防者，悉塞其穴，則水泄絶。穴不悉塞，水有所漏，漏則水爲患害。論死不悉，則奢禮不絶，不絶則喪物索用。用索物喪，民貧耗之盼遂案：「耗之」當是「耗乏」，涉下文「危亡之道」而誤。至，危亡之道也。蘇秦爲燕，使齊國之民高大丘冢，多藏財物，史蘇秦傳：「秦説齊湣王厚葬以明孝。高宮室，大苑囿，以明得意。欲破敝齊而爲燕。」蘇秦身弗盼案按：疑「弗」爲「先」之誤。（茀）以勸勉之。吴曰：「弗」當作「茀」。「茀」即「紼」之異文。左傳宣八年：「始用葛茀。」茀所以引棺。蘇秦送葬，自執茀以勸勉之。此事不見史記、國策，論衡蓋別有所本。財盡民貪（貧），孫曰：「貪」當作「貧」，形近之誤。上文云：「論死不悉，則奢禮不絶，不絶則喪物索用，用索物喪，民貧耗之至，危亡之道也。」此即證彼文也。暉按：孫説是也。朱校元本正作「貧」。國空兵弱，燕軍卒至，無以自衛，國破城亡，主出民散。今不明死之無知，「之」疑爲「人」字形誤。「死人無知」，本篇屢見。使民自竭以厚葬親，與蘇秦姧計同一敗。

墨家之議，自違其術，其薄葬而又右鬼。右鬼引效，以杜伯爲驗。杜伯死人，如謂杜伯爲鬼，則夫死者審有知。如有知而薄葬之，是怒死人也。〔人〕情欲厚而惡薄，「情」上脱「人」字。案書篇正作「人情欲厚惡薄」。以薄受死者之責，雖右鬼，其何益哉？如以鬼非死人，則其信杜伯非也；如以鬼是死人，則其薄葬非也。術用乖錯，首尾相違，故以爲非。非與是不明，皆不可行。

夫如是，世俗之人，可一詳覽。詳覽如斯，可一薄葬矣。

## 四諱篇

說文：「諱，忌也。」楚辭七諫謬諫王注：「所畏爲忌，所隱爲諱。」按：對文義別，散文則通也。

俗有大諱四：

一曰諱西益宅。西益宅謂之不祥，不祥必有死亡。孫曰：御覽一百八十引風俗通曰：「宅不西益。俗說西南爲上，上益宅者，妨家長也。原其所以不西益者，禮記曰：『西向北向，西方爲上。』爾雅曰：『西南隅謂之隩。』尊長之處也。不西益者，恐動搖之也。審西益有害，增廣三面，豈能獨吉乎？」相懼以此，故世莫敢西益宅。

防禁所從來者遠矣。傳曰：「魯哀公欲西益宅，史爭以爲不祥。哀公作色而怒，左右數諫而弗聽，以問其傅宰質睢淮南人間訓作「宰折睢」。注云：「傅名姓。」新序雜事五、家語正論解並云：「問於孔子。」曰：『吾欲西益宅，史以爲不祥，何如？』宰質睢曰：『天下有三不祥，西益宅不與焉。』哀公大說。有頃，復問曰：『何謂三不祥？』對曰：『不行禮義，一不祥也；嗜欲無止，二不祥也；不聽規諫，三不祥也。』哀公繆然深惟，慨然自反，「繆」通「穆」。穆然，默然靜思貌。遂不〔西〕益宅。孫曰：「益」上脫「西」

字。淮南子人間篇有「西」字，是也。又曰：仲任所引，蓋出淮南子人間篇。又新序雜事篇云：「哀公問於孔子曰：『寡人聞之，東益宅不祥，信有之乎？』孔子曰：『不祥有五，而東益不與焉。夫損人而益己，身之不祥也；棄老取幼，家之不祥也；釋賢用不肖，國之不祥也；老者不教，幼者不學，俗之不祥也；聖人伏匿，天下之不祥也。故不祥有五，而東益不與焉。詩曰：「各敬爾儀，天命不又。」未聞東益之與爲命也。』」孔子家語正論解與新序略同。此又以東益宅爲不祥，與淮南子、論衡説異。令史與宰質睢止其益宅，徒爲煩擾，「令」猶「若」也。下同。則西益宅祥與不祥，未可知也。令史〔與〕質睢以爲西益宅審不祥，「與」字脱，今據上下文例增。則史與質睢與今俗人等也。

夫宅之四面皆地也，三面不謂之凶，盼遂案：「三面」上應有「益」字，與下句相呼應。或下句「益」字本在「三面」上，「西面」上無「益」字，後人誤解倒置耳。益西面獨謂不祥，何哉？西益宅，何傷於地體？何害於宅神？西益不祥，損之能善乎？西益不祥，東益能吉乎？夫不祥必有祥者，猶不吉必有吉矣。宅有形體，神有吉凶，動德致福，犯刑起禍。今言西益宅謂之不祥，何益而祥者？且惡人西益宅者誰也？如地惡之，益東家之西，損西家之東，何傷於地？如以宅神不欲西益，神猶人也，人之處宅，欲得廣大，何故惡之？而以宅神惡煩擾，「而」猶「如」也。則四面益宅，「面」，舊誤「而」，今從宋本、錢、黄、王、崇文本正。皆當不祥。盼遂案：「而」當爲「面」之壞字。上文「夫宅之四面皆地也」，正作「四面」。諸工技之家，説吉凶之占，皆有事狀。宅家言治宅犯凶神，見調時篇。盼遂案：「言」字疑爲「説」之譌脱。「宅」下復應有一「言」字。此句爲「宅家説」讀，「治宅言犯凶神」，以統下文「移徙言忌歲月，祭祀言觸血忌，喪葬言犯剛柔」三言也。譌脱後，遂不可究詰矣。移徙言忌歲月，見難歲篇。祭祀言觸血忌，喪葬言犯剛柔，並見譏日篇。皆有鬼神凶惡之禁。人不忌避，有病死之禍。至於西益宅何害，而謂之不祥？不祥之禍，何以爲敗？

實説其義，「不祥」者，義理之禁，非吉凶之忌也。夫西方，長老之地，尊者之位也。義注前。尊長在西，卑幼在東。尊長，主也；卑幼，助也。主少而助多，尊無二上，卑有百下也。西益主（宅），「主」當作「宅」，形誤。益主不增助，盼遂案：「西益主」當爲「西益宅」之誤。「西益宅」則爲「益主」，非「益助」矣。二上不百下也，於義不善，故謂不祥。不祥者，不宜也。於義不宜，未有凶也。何以明之？夫墓，死人所藏；田，人所飲食；宅，人所居處。三者於人，吉凶宜等。西益宅不祥，西益墓與田，不言不祥。夫墓，死人所居，因忽不慎。田，非人所處，不設尊卑。宅者，長幼所共，加慎致意者，何可不之諱？義詳於宅，略於墓與田也。舊本段。

二曰諱被刑爲徒，不上丘墓。孫曰：御覽六百四十二引風俗通云：「徒不上墓。俗說新遭刑罪原解者，不可以上墓祠祀，令人死凶。謹案孝經：『身體髮膚，受之父母。』曾子病困，啓手足，以歸全也。遭刑者髡首剔髮，身被加笞，新出犴狴，臭穢不潔。凡祭祀者，孝子致齋貴馨香，如親存時也。見子被刑，心有惻愴，緣生事死，恐神明不歆，家當不上墓耳。」（句有錯誤。）仲任分爲二義。仲遠合二義言之耳。但知不可，不能知其不可之意。問其禁之者，不能知其諱；受禁行者，亦不要（曉）其忌。「要」字難通。宋本作「曉」，是。連相放效，至或于被刑，父母死，不送葬；若至墓側，不敢臨葬；甚失至於不行弔傷（喪），見佗人之柩。「甚」疑當作「其」，形近而誤。「傷」當作「喪」，聲近而誤。傷不得言弔。下文云：「其失至於不弔鄉黨屍，不升他人之丘，惑也。」即據此爲說，可證。

夫徒，善（皐）人也，吳曰：「善人」無義。「善」疑當作「皐」，形近之誤。被刑謂之徒。丘墓之上，二親也，死亡謂之先。宅與墓何別？親與先何異？如以徒被刑，先人責之，則不宜入宅與親相見；如〔以〕徒不得與死人相見，「以」字依上下句例增。則親死在堂，不得哭柩；如以徒不得升丘墓，則徒不得上山陵。世俗禁之，執據何義？

實說其意，徒不上丘墓有二義，義理之諱，非凶惡之忌也。徒用心以爲先祖全而生之，子孫亦當全而歸之。故曾子有疾，召門弟子曰：「開予足！開予手！而今而後，吾知免夫。小子！」見論語泰伯篇。「啓」，避景帝諱作「開」。鄭注：「曾子以爲受身體於父母，不敢毁傷之，故使弟子開衾而視之也。（以上集解。）父母全而生之，亦當全而歸之。」（後漢書崔駰傳注。）曾子重慎，臨絶效全，喜免毁傷之禍也。孔子曰：「身體髮膚，受之父母，弗敢毁傷。」見孝經。孝者怕入刑辟，吴曰：「怕」假爲「迫」。盼遂案：「怕」字用爲「懼怕」，始見此書，古皆訓爲「憺怕」。刻畫身體，毁傷髮膚，少德泊行，不戒慎之所致也。愧負刑辱，深自刻責，宋、元本「深」在「責」字下。朱校同。故不升墓祀於先。「升墓」二字涉下文衍。仲任意：古者負刑，毁傷形體，爲人子者，深自刻責，故不祀於先，（親死亡謂之先。見上。）刑餘之人，不得入乎宗廟也。下文方言「不得升墓」，若此文作「故不升墓祀於先」，於義爲複。其證一。刻畫形體，乃古之肉刑，（據下文。）升墓乃漢俗，異時殊俗，不得合之而言因被肉刑故不升墓也。其證二。下文云「古禮廟祭，今俗墓祀，故不升墓」，明今俗負刑不升墓者，原於古負刑不入宗廟。廟祀、墓祭，先後層次甚明。若此有「不升墓」三字，則彼文於義無取矣。其證三。古禮廟祭，今俗墓祀，漢官儀曰：「古不墓祭，秦始皇起寢於墓側，漢因而不改。諸陵寢皆以晦望二十四氣三伏社臘及四時上飯。其親陵所宫人，隨鼓漏理被枕，具盥水，陳莊具。天子以正月上原陵，公卿百官及諸侯王郡國計吏皆當軒下占其郡國穀價，四方改易，欲先帝魂魄聞之也。」（後漢書明帝紀注。）謝承書云：「蔡邕曰：古不墓祭，朝廷有上陵之禮。」（後漢書禮儀志注。）故不升墓，慙負先人。一義也。墓者，鬼神所在，祭祀之處。祭祀之禮，齊戒潔清，重之至也。今已被刑，刑殘之人，不宜與祭供侍先人，卑謙謹敬，退讓自賤之意也。緣先祖之意，見子孫被刑，惻怛憯傷，恐其臨祀，不忍歆享，故不上墓。二義也。昔太伯見王季有聖子文王，知太王意欲立之，入吴采藥，斷髮文身，以隨吴俗。太王薨，太伯還，王季辟主。吴曰：「王季辟主」，語不可通。繹史引作「王季避之」，是也。各本並作「辟主」。「辟」、「避」字通，「主」爲「之」字形譌，當爲馬氏校改，非別據善本也。暉按：作「之」非，作「主」不誤。若作「太伯還，王季辟之」，則意謂王季避太伯不見也，殊失其義。「辟主」，謂避爲宗廟社稷主。下文云：「吾刑餘之人，不可爲宗廟社稷之主。」又云：「太伯不爲主之義也。」並其證。路史國名記丙注引作「避位」，義亦可通。太伯再讓，王季不聽。三讓，曰：「吾之吴、越，吴、越之俗，斷髮文身。吾刑餘之人，不可爲宗廟社稷之主。」穀梁昭二十五年傳：「何爲不爲君？曰：有天疾者不入乎宗廟。」古今樂録曰：（路史國名記注。）「泰伯與虞仲俱去，被髮文身變形，託爲王采藥。及聞古公卒，乃還，發喪，哭於門外，示夷狄之人，不得入王庭。」王季知不可，權而受之。韓詩外傳十：「太王亶甫有子曰太伯、仲雍、季歷，歷有子曰昌。太伯長，太王賢昌而欲立季爲後。太伯去之吴。太王將死，謂曰：『我死，汝往讓兩兄，彼即不來，汝有義而安。』太王薨，季之吴，告伯、仲。伯、仲從季而歸。羣臣欲伯之立季，季又讓，伯謂仲曰：『今羣臣欲我令季，季又讓，何以處之？』仲曰：『刑有所謂矣，（句誤。）要於扶微者，可以立季。』季遂立。」吳越春秋太伯傳：「太伯、仲雍知古公欲以國及昌。古公病，二人託名採藥於衡山，遂之荆蠻，斷髮文身，爲夷狄之服，示不可用。古公卒，太伯、仲雍歸赴喪。畢，還荆蠻。古公病，將卒，令季歷讓國於太伯。而三讓不受，故云『太伯三以天下讓』。於是季歷蒞政。」按：韓嬰、趙曄並不載三讓之辭，仲任蓋别有所本。論語泰伯篇：「子曰：泰伯三以天下讓。」鄭注：（後漢書丁鴻傳論注。）「太王疾，泰伯因適吳、越採藥，太王殁而不返，季歷爲喪主，一讓也。季歷赴之，不來奔喪，二讓也。免喪之後，遂斷髮文身，三讓也。」皇疏引范甯曰：（史記吳世家正義引作「江熙」。）「一云：泰伯少弟季歷，生子文王昌，昌有聖德，泰伯知其必有天下，故欲令傳國於季歷以及文王，因太王病，託採藥於吳、越不反，太王薨而季歷立，一讓也。季歷薨而文王立，二讓也。文王薨而武王立，於此遂有天下，是爲三讓也。又一云：太王病而託採藥出，生不事之以禮，一讓也。太王薨而不反，使季歷主喪，死不葬以禮，二讓也。斷髮文身，示不可用，使季歷主祭，祀不祭之以禮，三讓也。」古今樂録曰：「季歷謂泰伯：『長，當立。』伯曰：『吾生不供養，死不含飯，哭不臨喪，猶不孝之子也，三者不除，何得爲君？』季乃去之。」晉孫盛太伯三讓論（御覽四百二十四。）曰：「棄周太子之位，一讓也。假托逐遁，受不赴喪之譏，潛推大美，二讓也。無胤嗣而不養仲雍之子以爲己後，是深思遠防，令周嗣在昌，天人叶從，四海悠悠，無復纖芥疑惑，三讓也。」以上諸説，並與仲任不同。朱子或問以再讓爲固辭，三讓爲終辭，不指實言之。其説近是。

夫徒不上丘墓，太伯不爲主之義

也。是謂祭祀不可，非謂柩當葬，身不送也。當，值也。

葬死人，先祖痛；見刑人，先祖哀。權可哀之身，送可痛之屍，權使徒人送葬。權，變非常也。使先祖有知，痛屍哀形，何愧之有？如使無知，丘墓，田野也，何慙之有？慙愧[先]者，盼遂案：「先者」二字不詞，疑當爲「先祖」之誤。上文累見先祖字，此正承以爲說。謂身體刑殘，與人異也。孫曰：「先」字涉上文「先祖」而衍。上文云：「何愧之有。」又云：「何慙之有。」此云俗人所以慙愧者，以其身體形殘與人異也。若著「先」字，不可解矣。暉按：「刑殘」，崇文本作「形殘」，非。古者用(肉)刑，形毀不全，先孫曰：「用」當作「肉」。下云「方今象刑」，正與「肉刑」文相對。公羊襄二十九年傳何注：「古者肉刑，墨、劓、臏、宫與大辟而五。孔子曰：三皇設言民不違，五帝畫象世順機，三王肉刑揆漸加，應世黠巧姦僞多。」疏云：「何氏所以必言古者肉刑者，正以漢文帝感女子之訴，恕倉公之罪，除肉刑之制，故指肉刑爲古者矣。」乃不可耳。方今象刑，注謝短篇。象刑重者，髡鉗之法也。説文：「髡，鬄髮也。」急就篇顔注：「以鐵錔頭曰鉗，錔足曰釱，鬄髮曰髡。」高祖紀注：「鉗，以鐵束頸也。」西漢會要曰：「文帝除肉刑，當黥者，髡鉗爲城旦舂。當劓者，笞三百。當斬左止者，笞五百。當斬右止者，及殺人先自告，及吏坐受賕枉法，守縣官財物而即盜之，已論命，復有笞罪者，棄市。」尚書吕刑疏、周禮秋官司刑疏並謂「漢除肉刑，宫刑猶在」。仲任直以髡鉗爲重法，何也？若完城旦以下，漢書惠帝紀：「民年七十以上，若不滿十歲，有罪當刑者，皆完之。」孟康注：「不加肉刑，髠鬄也。」秋官掌戮鄭司農注：「完者，但居作三年不虧體者也。」刑法志云：「諸當完者，完爲城旦舂。」後漢書郎顗傳：「文帝除肉刑，當黥者，城旦舂。」漢舊儀云：「男髠鉗爲城旦，女爲舂，皆作五歲。」後漢書韓棱傳注：「城旦，輕刑之名也。晝日伺寇虜，夜暮築長城，故曰城旦。」**施刑綵衣系躬，冠帶與俗人殊，**漢書賈山傳秦時「赭衣半道」。師古注：「犯罪者，則衣赭衣。」漢律多襲秦制，故賈山又云：「陛下即位，赦罪人，憐其亡髮，賜之巾；憐其衣赭，書其背；父子兄弟相見也，而賜之衣。」又義縱傳服虔注引律：「諸囚徒私解脱桎梏鉗赭，加罪一等。」**何爲不可？世俗信而謂之皆凶，其失至於不弔鄉黨屍，不升佗人之丘，惑也。**舊本段。

**三曰諱婦人乳子，以爲不吉。**說文女部：「姅，婦人污也。漢律：見姅變，不得待祠。」廣韻二十九換云：「姅，傷孕也。」段玉裁曰：「姅謂月事及免身及傷孕皆是也。見姅變，如今俗忌入産婦房也。」按：産婦不吉，在月内，隣舍禁其往來。雖母家，亦忌之。俗習尚然。**將舉吉事，入山林，遠行，度川澤者，皆不與之交通。乳子之家，亦忌惡之，丘墓廬道畔，踰月乃入，**吴曰：「丘墓」字疑誤。論言俗忌乳子，則置之道畔，踰月始歸。下文云：「江北乳子，不出房室，江南反之。」故知江南乳子，置之宅外矣。**惡之甚也。暫卒見若爲不吉，極原其事，何以爲惡？**「暫」下疑脱「聞」字。禍虚篇云：「始聞暫見，皆以爲然。」

夫婦人之乳子也，宋本無「婦」字，「乳」下有「母」字。朱校元本同。子含元氣而出。元氣，天地之精微也，何凶而惡之？人，物也；子，亦物也。子生與萬物之生何以異？諱人之生謂之惡，萬物之生又惡之乎？生與胞俱出，說文包部：「胞，兒生裹也。」段注云：「胞謂胎衣。」如以胞爲不吉，人之有胞，猶木實之有扶（核）也。先孫曰：「扶」當爲「核」，形近而誤。下文「扶穀」同。盼遂案：孫說非也。果核在內不在外，與人之有胞爲不類。今實稽之，「扶」當爲「柎」之誤字矣。山海經西山經：「崇吾之山有木焉，員葉而白柎。」郭注：「今江東人呼草木子房爲柎，音府。一曰柎，花下鄂，音丈夫。」「柎」字音與「扶」同，故譌爲「扶」。仲任正用其江東語也。包裹兒身，「裹」，舊誤「裏」，今據宋本正。朱校元本、錢、黃、王、崇文本不誤。因與俱出，若鳥卵之有殼，何妨謂之惡？如惡以爲不吉，則諸生物有扶（核）殼者，宜皆惡之。萬物廣多，難以驗事。人生何以異於六畜？皆含血氣懷子，子生與人無異，獨惡人而不憎畜，豈以人體大，氣血盛乎？則夫牛馬體大於人。凡可惡之事，無與鈞等，獨有一物，不見比類，乃可疑也。今六畜與人無異，其乳皆同一狀。六畜與人無異，句疑衍。諱人不諱六畜，不曉其故也。世能別人之產與六畜之乳，吾將聽其諱；如不能別，則吾謂世俗所諱妄矣。

且凡人所惡，莫有腐臰。盼遂案：「有」當爲「若」，形近之誤也。腐臰之氣，敗傷人心，故鼻聞臭，口食腐，心損口惡，霍亂嘔吐。夫更衣之室，可謂臭矣；鮑魚之肉，可謂腐矣。然而有甘之更衣之室，不以爲忌；肴食腐魚之肉，不以爲諱。意不存以爲惡，故不計其可與不也。凡可憎惡者，若濺墨漆，附著人身。今目見鼻聞，一過則已，忽亡輒去，何故惡之？出見負豕於塗，腐澌於溝，澌，死人也。不以爲凶者，洿辱自在彼人，不著己之身也。今婦人乳子，自在其身，齋戒之人，何故忌之？

江北乳子，不出房室，淮南本經訓高注：「孕婦，妊身將就草之婦也。」方苞曰：「淮南子稱婦人産子爲就草。北人卧炕，以草藉席，將産則去席就草也。」按此，則北方乳子不出室也。知其無惡也。至於犬乳，置之宅外，此復惑也。江北諱犬不諱人，江南諱人不諱犬，謠俗防惡，吴曰：「防」當作「妨」。妨惡，猶言嫌惡，蓋連語也。此涉下文「防禁」而誤。各不同也。夫人與犬何以異？房室、宅外何以殊？或惡或不惡，或諱或不諱，世俗防禁，竟無經也。

月之晦也，日月合宿，紀爲一月。釋名釋天曰：「晦，月盡之名也。晦，灰也。火死爲灰，月光盡，似之也。」猶八日，月中分謂之弦；盼遂案：「日」字下應重一「日」字。「八日（讀），日月中分謂之弦」，與下文「十五日（讀），日月相望謂之望」、「三十日（讀），日月合宿謂之晦」文法一律。十五日，日月相望謂之望；釋名：「弦，月半之名也。其形一旁曲，一旁直，若張弓施弦也。望，月滿之名也。月大十六日，小十五日，日在東，月在西，遥相望也。」三十日，日月合宿謂之晦。日月交會之後，積二十九日九百四十分日之四百九十九，月一周天，又行及日而一會，此其常也。但日月之行有緩急，故有二十九日不及九百四十分日之四百九十九而一會者；亦有過乎九百四十分日之四百九十九而一會者，故有月之大小，三十日，或二十九日。此云「三十」，辭之便也。晦與弦望一實也，非月晦日月光氣與月朔異也，何故踰月謂之吉乎？如實凶，踰月未可謂吉；如實吉，雖未踰月，猶爲可也。

實説諱忌産子、乳犬者，欲使人常自潔清，不欲使人被污辱也。夫自潔清則意精，意精則行清，行清而貞廉之節立矣。舊本段。

四曰諱舉正月、五月子。以爲正月、五月子殺父與母，不得〔舉也〕。已舉之，父母禍（偶）死，則信而謂之真矣。孫曰：原文當作「以爲正月五月子，殺父與母，不得舉也。已舉之，父母偶死，則信而謂之真矣」。今本「不得」下脱「舉也」二字，「偶」又以形近誤爲「禍」，失古本矣。御覽二十二引正有「舉也」二字，「禍」正作「偶」，當據補正。風俗通正失篇：「今俗多有禁忌，生三子者，五月生者，以爲妨害父母。」西京雜記：「王鳳以五月五日生，其父欲勿舉。其叔曰：以田文推之，非不祥，遂舉之。」世説曰：「胡廣本姓王，五月五日生，父母惡之。置之瓮中，流於江湖，胡公見瓮中有兒啼，取之，養爲己子。」

夫正月、五月子何故殺父與母？人之含氣，在腹腸之内，其生，十月而産，共一元氣也。正〔月〕與二月何殊？五〔月〕與六月何異？而謂之凶也？世傳此言久〔矣〕，孫曰：御覽引此文「正」下、「五」下並有「月」字，「久」下有「矣」字，皆是也。此脱，當據補。拘數之人，莫敢犯之；弘識大材，實核事理，深睹吉凶之分者，然後見之。昔齊相田嬰賤妾有子，名之曰文。文以五月生，嬰告其母勿舉也，其母竊舉生之。及長，其母因兄弟而見其子文於嬰。嬰怒曰：「吾令女去此子，而敢生之，何也？」文頓首，因曰：「君所以不舉五月子者，何故？」嬰曰：「五月子者，長至户，將不利其父母。」文曰：「人生受命於天乎？將受命於户邪？」嬰嘿然。文曰：「必受命於天，君何憂焉？如受命於户，即高其户，誰能至者？」嬰善其言，曰：「子休矣！」其後使文主家，待賓客，賓客日進，名聞諸侯。事見史記孟嘗君傳。文長過户而嬰不死。以田文之説言之，以田嬰不死效之，世俗所諱，虚妄之言也。夫田嬰俗父，而田文雅子也。嬰信忌不實義，文信命不辟諱，雅俗異材，舉措殊操，故嬰名闇而不明，文聲馳而不滅。「馳」，朱校元本同。錢、黄、王、崇文本並作「賢」。

實説世俗諱之，亦有緣也。夫正月歲始，五月盛陽，子以〔此月〕生，精熾熱烈，劉先生曰：「盛陽」，御覽二十二引作「陽盛」，是也。又案：「子以生」不詞，御覽引「子」下有「此月」二字，當據增。厭勝父母，父母不堪，將受其患。傳相放傚，莫謂不然。有空諱之言，無實凶之效，世俗惑之，誤非之甚也。

夫忌諱非一，必託之神怪，若設以死亡，「若」猶「或」也。然後世人信用畏避。忌諱之語，四方不同，略舉通語，令世觀覽。若夫曲俗微小之諱，衆多非一，咸勸人爲善，使人重慎，無鬼神之害，凶醜之禍。世諱作豆醬惡聞雷，盼遂案：唐李匡乂資暇録卷中合醬條云：「人間多取正月晦日合醬，是日偶不暇爲之者，則云時已失，大誤也。案：昔者王政趨民正月作醬，是月以農事未興之時，俾民乘此閒隙，備一歲調鼎之用，故紿云雷鳴不作醬，腹中當鳴。所貴令民不於二三月作醬，恐奪農時也。今不躬耕之家，何必以正晦爲限？亦不須避雷。但問菽趜（案：當是「麴」之譌字。）得法否耳。」據李氏言，則此風至唐猶未衰矣。一人不食，孫曰：論語比考讖（據古微書。）云：「子路感雷精而生。尚剛好勇，親涉衛難，結纓而死。孔子聞而覆醢。每聞雷鳴，乃中心惻怛。故後人忌焉，以爲常也。」御覽十三引論衡，正與論語讖同。蓋論衡本有此文，出於論語讖，而今本脱也。風俗通云：「雷不作醬，俗説令人腹内雷鳴。」謹案：子路感雷精而生，尚剛好勇，死，衛人醢之。孔子覆醢，每聞雷，心惻怛耳。」（書鈔百四十六、御覽八百六十五引。）蓋亦本舊説也。欲使人急作，不欲積家踰至春也。〔世〕諱厲刀井上，恐刀墮井中也；劉先生曰：「諱」上當有「世」字。上文「世諱作豆醬惡聞雷」，正與此文一例。御覽三百四十六引作「世諱厲刀井上」，尤其明證矣。暉按：書鈔一二三引亦有「世」字。又「厲」字書鈔、意林並作「礪」。下同。**或説以爲「刑」之字，井與刀也，厲刀井上，井、刀相見，恐被刑也。**春秋元命包曰：「荆，刀守井也。飲水之人，入井争水，陷於泉，刀守之，割其情也。」按：刑字説文有二：在刀部者，从刀，从幵，云：「刑，剄也。从刀，幵聲。」在井部者，从刀，从井，云：「荆，罰辠也。从井，从刀。易曰：井者，法也。井亦聲。」荆訓罰辠，而刑訓剄，則荆罰之荆當作「荆」，刑戮之刑當作「刑」。復古篇曰：「今經史皆通作刑。」其通作「刑」者，自是後人傳寫併爲一字耳。據此文，則知漢人荆罰之「荆」不作「刑」也。**毋承屋檐而坐，恐瓦墮擊人首也。**司馬相如上書諫獵文曰：「家累千金，坐不垂堂。」**毋反懸冠，爲似死人服；或説惡其反而承塵溜也。毋偃寢，爲其象屍也。**偃，仰也。論語鄉黨篇：「寢不尸。」集解包曰：「不偃卧四體，布展手足，如死人也。」**毋以箸相受，爲其不固也。毋相代掃，爲脩冢之人，冀人求代己也。諸言「毋」者，教人重慎，勉人爲善。禮曰：「毋摶飯，毋流歠。」**見禮記曲禮。疏曰：「共器，若取飯作摶，則易得多，是欲争飽，非謙也。毋流歠者，謂開口大歠，汁入口，如水流，則欲多而速，是傷廉也。」**禮義之禁，未必吉凶之言也。**

**調時篇**盼遂案：説文解字言部：「讕，詆讕也。或从閒，作讇。」是「調時」即「讕時」也。漢書文三王傳：「詆讕置辭。」師古注：「抵，距也。」則「調時」即抵距歲時説之罔迷矣。集韻去聲二十九换，以「調」與「諫」爲同字，則「調時」亦即「諫時」，與下篇「譏日」同一命題。

世俗起土興功，歲、月有所食，「世俗」當作「世信」。譏日篇云：「世俗信歲時，而又信日。」卜筮篇云：「世信卜筮。」辯祟篇云：「世俗信禍祟。」解除篇云：「世信祭祀。」句例並同。祀義篇：「世信祭祀。」朱校元本「信」作「俗」，誤與此同。是其比。所食之地，必有死者。假令太歲在子，歲食於酉，正月建寅，月食於巳，子、寅地興功，則酉、巳之家見食矣。見食之家，作起厭勝，以五行之物，懸金木水火。假令歲、月食西家，西家懸金；歲、月食東家，東家懸炭。設祭祀以除其凶，或空亡徙以辟其殃。潛夫論巫列篇：「民間繕治，微蔑小禁，本非天王所當憚也。舊時京師不防動功。造禁以來，吉祥瑞應，子孫昌熾，不能過前。」連相倣效，皆謂之然。如考實之，虛妄迷也。宋本「迷」作「述」。何以明之？

夫天地之神，用心等也。人民無狀，加罪行罰，非有二心兩意，前後相反也。移徙不避歲、月，歲、月惡其不避己之衝位，怒之也。見難歲篇。今起功之家，亦動地體，無狀之過，與移徙等。起功之家，當爲歲、〔月〕所食，何故反令巳、酉之地受其咎乎？「歲」下脱「月」字，下文「歲寃無罪」同。上文云：「太歲在子，歲食於酉；正月建寅，月食於巳。」此文云：「何故反令巳、酉之地受其咎。」既以「巳、酉」並言，則當以「歲、月」連言也。又下文云：「豈歲、月之神怪移徙而不咎起功哉。」「歲、月」即承此文，並其證。豈歲、月之神恠移徙而〔不〕咎起功哉？「而」下脱「不」字，尋義自明。盼遂案：「咎」上當有一「不」字。「不咎起功」之間，正承上文「起功之家，當爲歲所食」而來，脱一「不」字，則不通矣。用心措意，何其不平也？鬼神罪過人，猶縣官謫罰民也。民犯刑罰多非一，「衆多非一」，本書常語，此文疑脱「衆」字。小過宥罪，大惡犯辟，未有以無過受罪。無過而受罪，世謂之寃。今巳、酉之家，無過於月、歲，當作「歲、月」。子、家（寅）起宅，盼遂案：「巳、酉」當是「酉、巳」之誤倒，「子家」當是「子、寅」之誤字。上文「子、寅地興功，則酉、巳之家見食矣」，此處正申明其義。空爲見食，此則歲、〔月〕寃無罪也。「家」爲「寅」形誤。上文云：「子、寅地興功，則酉、巳之家見食。」故此云：「巳、酉之家，無過於歲、月，子、寅起宅，空爲見食。」若作「子家起宅」，則不當言「巳家無過於歲、月，空爲見食」也。上以「巳、酉」並言，則下當以「子、寅」并承之。「子、寅起宅」即「子、寅之家起宅」也。「之家」二字，省見上文。下文「待子宅有爲」，「宅」亦當作「寅」，誤與此同。且夫太歲在子，子宅直符，午宅爲破，孫曰：難歲篇云：「移徙之家，禁南北徙者，以爲歲在子位，子者破午，南北徙者抵觸其衝，故謂之凶。」潛夫論卜列篇云：「宅有直符之歲。」蓋相衝則破，不相衝則不破也。衝破或以死生，或以相對。支干位置，各自相對，故各有衝；各有衝，則各有破也。若太歲在丑，丑宅直符，未觸其衝，則未宅爲破。太藏在寅，寅宅直符，申觸其衝，則申宅爲破。太歲在卯，卯宅直符，酉觸其衝，則酉宅爲破。餘類此。不須興功起事，空居無爲，猶被其害。今歲、月所食，待子、宅(寅)有爲，巳、酉乃凶。盼遂案：二語當是「子、寅有爲，酉、巳乃凶」，蓋涉上文子宅而誤也。篇首云：「太歲在子，歲食于酉，正月建寅，月食于巳。」謂子宅食酉宅，而寅宅食巳宅也。此云「子、寅有爲，酉、巳乃凶」，正謂此矣。太歲歲、月之神，用罰爲害，動静殊致，孫曰：「太歲」二字涉下文太歲而衍，歲即太歲也。故下文解歲、月之神云：「歲則太歲也。」則此文不當有「太歲」二字，明矣。非天從歲、月神意之道也。

審論歲、月之神，歲則太歲也，在天邊際，立於子位。起室者在中國一州之内，假令楊州在東南，使如鄒衍之言，天下爲一州，又在東南，詳談天篇。歲食於西，食西羌之地，東南之地安得凶禍？假令歲在人民之間，西宅爲西地，則起功之家，宅中亦有西地，何以不近食其宅中之西地，而反食佗家乎？且食之者審誰也？如審歲、月，歲、月，天之從神，飲食與天同。天食不食人，故郊祭不以爲牲。如非天神，亦不食人。天地之間，百神所食，聖人謂當與人等。推生事死，推人事鬼，故百神之祀，皆用衆物，無用人者。物食人者，虎與狼也。歲、月之神，豈虎狼之精哉？倉卒之世，穀食乏匱，人民饑餓，自相啖食。豈其啖食死者，其精爲歲、月之神哉？

歲、月有神，日亦有神，歲食、月食，日何不食？積日爲月，白虎通日月篇：「天左旋，日月右行。日，日行一度；月，日行十三度，月及日爲一月。至二十九日未及七度；即三十日者，過行七度。日不可分，故月乍大乍小。」積月爲時，禮記鄉飲酒義：「三月則成時。」白虎通四時篇：「歲時何？謂春夏秋冬也。時者，期也，陰陽消息之期也。」積時爲歲，内經曰：「五日謂之候，三候謂之氣，六氣謂之時，四時謂之歲。」白虎通四時篇曰：「所以名爲歲何？歲者，遂也，三百六十六日一周天，萬物畢成，故爲一歲也。」尚書曰：「朞三百有六旬有六日以閏月定四時成歲。」千五百三十九歲爲一統，四千六百一十七歲爲一元，漢書律曆志：「日法乘閏法，是謂統歲。三統是爲元歲。凡四千六百一十七歲，與一元終。」又云：「統法，一千五百三十九，以閏法乘日法，得統法。元法，四千六百一十七，參統法，得元法。」周髀算經、乾鑿度、淮南天文訓并以千五百二十歲爲一統，（算經云「遂」，乾鑿度云「終」。）四千五百六十歲爲元。（算經云「首」。）仲任用三統曆也。增積相倍之數，分餘終竟之名耳，穀梁文六年傳：「閏月者，附月之餘日也，積分而成於月者也。」注：「一歲三百六十日餘六日，又有小月六，積五歲得六十日而再閏。積衆月之餘分，以成此月。」白虎通日月篇曰：「月有閏餘何？周天三百六十五度四分度之一。歲十二月，日過十二度，故三年一閏，五年再閏，明陰不足，陽有餘也。故讖曰：閏者陽之餘。」**安得鬼神之怪，禍福之驗乎？如歲月終竟者宜有神，則四時有神，統、元有神。月三日魄，八日弦，十五日望，**乾鑿度：「月三日成魄，八日成光。」（類聚一。）説文：「霸，月始生霸然也。承大月二日，承小月三日。」尚書康誥〔一〕馬注：「魄，朏也，謂月三日生始兆朏。」律曆志孟康注：「魂，月質也。」霸、魂古通。餘注四諱篇。**與歲、月終竟何異？歲、月有神，魄與弦、〔望〕復有神也？**孫曰：「弦」下疑脱「望」字。上文云：「月三日魄，八日弦，十五日望，與歲月終竟何異？」故此反詰曰：如使歲、月有神，魂與弦、望復有神邪？（「也」讀爲「邪」。）暉按：孫説是也。難歲篇云：「積分爲日，累日爲月，連月爲時，結時爲歲，歲而有神，日、月亦復有神乎？」文例正同。**一日之中，分爲十二時，**盼遂案：王筠菉友肊説云：「一日之中分爲十二時，平旦寅日出卯云云也。案：此爲十二時之明證。顧亭林之説非也。然充，漢末人。在漢初説此者，惟司馬子長也。」**平旦寅，日出卯也。**俞曰：日知録有古無十二時之説，未及引此文。顧氏之博，猶有所遺。左昭五年傳注：「日中當王，食時當公，平旦爲卿，鷄鳴爲士，夜半爲皁，人定爲輿，黄昏爲隸，日入爲僚，晡時爲僕，日昳爲臺，隅中、日出，闕不在第，尊王公，曠其位。」日知録二十：「杜元凱以

〔一〕「誥」，原本作「詔」，形近而誤，今改。

爲十二時，雖不立十二支之目，然其曰夜半者，即今之所謂子也；鷄鳴者，丑也；平旦者，寅也；日出者，卯也；食時者，辰也；隅中者，巳也；日中者，午也；日昳者，未也；晡時者，申也；日入者，酉也；黄昏者，戌也；人定者，亥也。一日分爲十二，始見於此。（南齊書天文志始有子時、丑時、亥時。北齊書南陽王綽傳有景時、午時。景時者，丙時也。）考之史記天官書曰：『旦至食，食至日昳，日昳至餔，餔至下餔，下餔至日入。』素問藏氣法時論有曰夜半，曰平旦，曰日出，曰日中，曰日昳，曰下晡。（王冰注以日昳爲土王，下晡爲金王。又有曰四季者，注云：土王。是今人所謂丑辰未戌四時。）吴越春秋曰：『時加日出，時加鷄鳴，時加日昳，時加禺中。』則此十二名，古有之矣。史記孝景紀：『五月丙戌地動，其蚤食時復動。』漢書武五子廣陵王胥傳：『奏酒至鷄鳴時罷。』王莽傳：『以鷄鳴爲時。』後書隗囂傳：『至昏時，遂潰圍。』齊武王傳：『至食時，賜陳潰。』耿弇傳：『人定時，步果引去。』來歙傳：『臣夜人定後，爲何人所賊傷。』竇武傳：『自旦至食時，兵降略盡。』皇甫嵩傳：『夜勒兵，鷄鳴馳赴其陳，戰至晡時，大破之。』晉書戴洋傳：『永昌元年四月庚辰禺中時，有大風起自東南折木。』宋書符瑞志：『延康元年九月十日，黄昏時，月蝕熒惑，過人定時，熒惑出營室，宿羽林。』皆用此十二時。淮南子：『日出於暘谷，浴於咸池，拂於扶桑，是謂晨明；登於扶桑之上，爰始將行，是謂朏明；至於曲阿，是謂朝明；臨於曾泉，是謂早食；次於桑野，是謂晏食；臻於衡陽，是謂禺中；對於昆吾，是謂正中；靡於鳥次，是謂小還；至於悲谷，是謂晡時；迴於女紀，是謂大遷；經於泉隅，是謂高舂；頓於連石，是謂下舂；爰止羲和，爰息六螭，是謂懸車；薄於虞泉，是謂黃昏；淪於蒙谷，是謂定昏。』（案：見天文訓。此依初學記所引之文。）案：此自晨明至定昏，爲十五時，而卜楚丘以爲十時，未知今之所謂十二時者，自何人定之也。（素問中有言歲甲子者，有言寅時者，皆後人僞撰入之。）」左暄三餘偶筆十四：「子至亥爲十二時，見於漢人之書，則不可枚舉。尚書大傳曰：『夏以十三月爲正，平旦爲朔；殷以十二月爲正，鷄鳴爲朔；周以十一月爲正，夜半爲朔。』三代子、丑、寅迭建，以初昏爲斗柄所指爲驗。今曰周之正，夜半爲朔；殷之正，鷄鳴爲朔；夏之正，平旦爲朔，則是夜半爲子，鷄鳴爲丑，平旦爲寅，自古有此語矣。伏生生於秦、漢之間，而亦云然，則一日分爲十二時，不始於漢以後。」十二月建寅、卯，則十二[月]時所加寅、卯也。則，即也。「加」、「建」并猶「在」也。月言建，日言加。下「月」字衍。此言十二月所建辰，即十二時所加辰也。於月則言正月建寅，二月建卯；於日則言平旦加寅，日出加卯。日加十二辰不食，月建十二辰獨食，豈日加無神，月建獨有哉？何故月建獨食，日加不食乎？如日加無神，盼遂案：「加」下疑當有一「時」字，方與下文一致。用時決事，非也；如加時有神，獨不食，非也。

神之口腹，與人等也。人饑則食，飽則止，不爲起功乃一食也。歲、月之神，起功乃食，一歲之中，興功者希，歲、月之神饑乎？倉卒之世，人民亡，室宅荒廢，興功者絶，歲、月之神餓乎？且田與宅俱人所治，興功用力，勞佚鈞等。宅掘土而立木，田鑿溝而起堤，堤與木俱立，掘與鑿俱爲。起宅，歲、月食，治田，獨不食，豈起宅時歲、月饑，治田時飽乎？何事鈞作同，飲食不等也？

説歲、月食之家，必銓功之小大，功，謂起土興功。立遠近之步數。假令起三尺之功，食一步之内；起十丈之役，食一里之外。功有小大，禍有近遠。蒙恬爲秦築長城，極天下之半，淮南人間訓：「蒙公、楊翁子將築修城，西屬流沙，北擊遼水，東結朝鮮。」則其爲禍宜以萬數。案長城之造，秦民不多死。周公作雒，興功至大，周書作雒解曰：「周公將致政，乃作大邑成周於中土。立城方千七百二十丈，郛方七十里。南繫於雒水，北因於郟山，以爲天下之大湊。」當時歲、月宜多食。聖人知其審食，宜徙所食地，置於吉祥之位。如不知避，人民多凶，經傳之文，賢聖宜有刺譏。今聞築雒之民，盼遂案：後漢書明帝紀：「永平三年，起北宮及諸官府。」文選班孟堅兩都賦序：「臣竊見京師修宮室，浚城隍，起苑囿，以備制度。」即説永平三年事。王充當永平初草創論衡，此處所云今聞者，與兩都賦之作，蓋同時也。黄暉引康誥「作新大邑於東國洛，四方民大和會」之語，以釋論衡，不知仲任引古語以説當時，所以有「不聞多死」之句也。四方和會，尚書康誥曰：「周公初基，作新大邑於東國洛，四方民大和會。」功成事畢，不聞多死。説歲、月〔食〕之家，殆虚非實也。此脱「食」字。上文正作「説歲、月食之家」。

且歲、月審食，猶人口腹之饑必食也；且爲巳、酉地有厭勝之故，畏一金刃，懼一死炭，豈閉口不敢食哉？如實畏懼，宜如其數。五行相勝，物氣鈞適。如秦山失火，「秦」當作「泰」。沃以一杯之水；河決千里，塞以一掊之土，能勝之乎？非失五行之道，小大多少不能相當也。天地之性，人物之力，少不勝多，小不厭大。使三軍持木杖，匹夫持一刃，伸力角氣，「角」，猶「校」也，「競」也。匹夫必死。金性勝木，然而木勝金負者，木多而金寡也。積金如山，燃一炭火以燔爍之，金必不消。元本作「銷」，是。非失五行之道，金多火少，少多小大不鈞也。五尺童子與孟賁争，童子不勝。非童子怯，力少之故也。狼衆食人，人衆食狼。敵力角氣，能以小勝大者希；争彊量功，能以寡勝衆者鮮。天道人物，不能以小勝大者，少不能服多。以一刃之金，一炭之火，厭除凶咎，却歲之殃，如何也？

# 論衡校釋卷第二十四

## 譏日篇

盼遂案：篇中「人生飲食無日，鬼神何故有日」，此最爲扼要語。

世俗既信歲時，而又信日。舉事若病、死、災、患，大則謂之犯觸歲、月，小則謂之不避日禁。歲、月之傳既用，日禁之書亦行。世俗之人，委心信之；「之」，宋、元本作「是」，朱校同。辯論之士，亦不能定。是以世人舉事，不考於心而合於日，不參於義而致於時。「致」，宋本作「驗」，是。時日之書，衆多非一，略舉較著，明其是非，使信天時之人，將一疑而倍之。夫禍福隨盛衰而至，代謝而然。舉事曰凶，人畏凶有效；曰吉，人冀吉有驗。兩「曰」字，崇文本改作「日」，非。「曰」猶「爲」也。禍福自至，則述前之吉凶，以相戒懼。此日禁所以累世不疑，「日禁」，錢、黄、王、崇文本作「日記」，誤。惑者所以連年不悟也。

葬歷曰：孫曰：葬歷蓋即卜葬之書，所以趨吉避凶也。唐書吕才傳葬篇云：「後代葬説，出於巫史。一物有失，便謂災及死生，多爲妨禁，以售其術，附妄憑妖。至其書乃有百二十家。」可知唐以前葬書之多矣。「葬避九空、地臽，及日之剛柔，淮南天文訓：「凡日甲剛乙柔，丙剛丁柔，以至於壬癸。」曲禮上疏：「剛，奇日也。十日有五奇五偶，甲丙戊庚壬五奇爲剛也，乙丁己辛癸五偶爲柔也。」月之奇耦。」日吉無害，剛柔相得，奇耦相應，乃爲吉良。不合此歷，轉爲凶惡。

夫葬，藏棺也；禮記檀弓上國子高曰：「葬也者，藏也。藏也者，欲人之弗得見也。」斂，藏尸也。禮記喪大記曰：「衣尸曰斂。」初死藏尸於棺，少久藏棺於墓。墓與棺何別？斂與葬何異？斂於棺不避凶，葬於墓獨求吉。如以墓爲重，夫墓，土也，棺，木也，白虎通崩薨篇：「有虞氏瓦棺，今以木。」五行之性，木、土鈞也。治木以贏尸，贏，裹也。盼遂案：「贏」當「裹」字之展轉而誤也。「裹」字从衣从果，俗誤作「裸」，或又改作「裸」。「裸」之正字爲「贏」。世人少見「贏」字，因改爲「贏」矣。「贏尸」不可解。今世猶謂死者入斂爲裹尸。此語蓋自東京而然矣。莊子胠篋篇「贏糧而從之」，音義云：「贏，裹也。」此以正字破訛字也。穿土以埋棺，治與穿同事，尸與棺一實也。白虎通崩薨篇曰：「尸之爲言陳也，失氣亡神，形體獨陳。棺之爲言完，所以藏尸令完全也。」如以穿土賊地之體，鑿溝耕園，亦宜擇日。世人能異其事，吾將聽其禁；不能異其事，吾不從其諱。

日之不害，又求日之剛柔，剛柔既合，又索月之奇耦。夫日之剛柔，月之奇耦，

**合於葬歷，驗之於吉（古），無不相得。**「吉」當作「古」。古、吉形近，又涉上文諸「吉」字而誤。「不」，語詞。「相得」，相合也，漢人常語。言葬歷以葬墳必求合日之剛柔，月之奇耦，今證之於古，無與相合者。下文引春秋與禮，即證其不合於古也。今誤作「吉」，則此文難通。**何以明之？春秋之時，天子、諸侯、卿、大夫死以千百數，案其葬日，未必合於歷。**日知録四：「春秋葬皆用柔日。」**又曰：「雨不克葬，庚寅日中乃葬。」**上文言春秋時葬，不合葬歷。此引經文以證。上文未引春秋文，則此不當言「又曰」，甚明。按春秋經：「宣八年冬十月己丑葬我小君敬嬴，雨不克葬，庚寅日中而克葬。」則此文「又曰」上當脱「十月己丑葬我小君敬嬴」之文。下文云：「假令魯小君以剛日死，至葬日己丑。」即據以爲論。今本脱去「己丑葬敬嬴」之文，則彼文於上無據，而「又曰」二字又無所承矣。**假令魯小君以剛日死，至葬日己丑，剛柔等矣。剛柔合，善日也。不克葬者，避雨也。如善日，不當以雨之故，廢而不用也。何則？雨不便事耳，**五經異義：「公羊説：雨不克葬，謂天子、諸侯也。卿、大夫臣賤，不能以雨止。穀梁説：葬既有日，不爲雨止。左氏説：卜葬先遠日，辟不懷，言不汲汲葬其親。雨不可行事，廢禮不行。庶人不爲雨止。許慎謹案：論語云：『死，葬之以禮。』以雨而葬，是不行禮。穀梁説非也。從公羊、左氏之説。鄭氏無駁，與許同。」釋廢疾云：「雖庶人葬爲雨止。公羊説卿、大夫臣賤，不能以雨止。此等之説，則在廟未發之時，庶人及卿、大夫亦得爲雨止。若已發在路，及葬，則不爲雨止。

其人君在廟，及在路，及葬，皆爲雨止。」（禮記王制疏。）按：仲任亦以葬當避雨，是從公羊、左氏說。唯以爲「不便事」，與左氏「辟不懷」義異。不用剛柔，重凶不吉，欲便事而犯凶，非魯人之意，臣子重慎之義也。今廢剛柔，待庚寅日中，以暘爲吉也。暘，晴不雨也。禮：「天子七月而葬，諸侯五月，卿、大夫、士三月。」見禮記王制。鄭玄箴何休膏肓云：「禮，人君之喪，殯葬皆數來月來日，士殯葬皆數往月往日，尊卑相下之差數。故大夫、士俱三月，其實不同。士之三月，乃大夫之踰月也。」（王制疏。）假令天子正月崩，七月葬；二月崩，八月葬。諸侯、卿、大夫、士皆然。如驗之葬歷，則天子、諸侯葬月常奇常耦也。衰世好信禁，不肖君好求福。春秋之時，可謂衰矣！隱、哀之間，不肖甚矣！然而葬埋之日，不見所諱，無忌之故也。周文之世，法度備具，孔子意密，春秋義纖，如廢吉得凶，妄舉觸禍，宜有微文小義，貶譏之辭。今不見其義，無葬歷法也。唐呂才敍葬書據禮、春秋，謂葬古不擇年、月、日、時。

祭祀之歷，亦有吉凶。假令血忌、月殺之日固凶，「假令」與「固」，詞不相屬。「殺之日」三字無義。疑此文當作「假令血忌月殺牲見血，凶」。「牲」壞爲「生」，再譌爲「之」。「日固」與「見血」并形誤。下文云：「如以殺牲見血，避血忌、月殺。」即承此爲文。以殺牲設祭，必有患禍。四諱篇云：「祭祀言觸血忌。」黃帝元辰經云：「血忌，陰陽精氣之辰，天上中節之位，亦名天之賊曹，尤忌針灸。」（路史後紀五注。）三餘帖曰：「六甲乃上帝造物之日，是日殺生，上帝所惡。」

夫祭者，供食鬼也；鬼者，死人之精也。若非死人之精，人未嘗見鬼之飲食也。推生事死，推人事鬼，見生人有飲食，死爲鬼當能復飲食，感物思親，故祭祀也。及（若）他神百鬼之祠，「及」，宋本作「若」。朱校元本作「右」，即「若」字形殘。則今本作「及」，非。雖非死人，其事之禮，亦與死人同。蓋以不見其形，但以生人之禮准況之也。生人飲食無日，鬼神何故有日？如鬼神審有知，與人無異，則祭不宜擇日。如無知也，不能飲食，雖擇日避忌，其何補益？

實者，百祀無鬼，死人無知。百祀報功，示不忘德；死如事生，「死」上疑有「事」字。示不背亡。祭之無福，不祭無禍。祭與不祭，尚無禍福，況日之吉凶，何能損益？

如以殺牲見血，避血忌、月殺，則生人食六畜，亦宜辟之。海内屠肆，六畜死者，日數千頭，不擇吉凶，早死者，未必屠工也。天下死罪，冬月斷囚，「冬」，舊作「各」。先孫曰：「各」疑爲「冬」，形近而誤。暉按：先孫説是也。宋本正作「冬」，今據正。刑於市，不擇吉日，受禍者，「受」，宋本作「更」，朱校元本同。二字古通。未必獄吏也。肉（屠）盡殺牲，獄具斷囚。「肉盡殺牲」，文不成義。肉當作「屠」。「屠」、「獄」對言。屠工、獄吏對舉，上下文並見。囚斷牲殺，創血之實，何以異於祭祀之牲？獨爲祭祀設歷，不爲屠工、獄吏立日，「日」，舊作「見」。「立見」無義。「立日」、「設歷」相對爲文。今從宋本正。世俗用意不實類也。祭非其鬼，又信非其諱，持二非往求一福，不能得也。

沐書曰：隋志五行家有沐浴書一卷。「子日沐，令人愛之；卯日沐，令人白頭。」

夫人之所愛憎，在容貌之好醜；頭髮白黑，在年歲之稚老。使醜如嫫母，「嫫母」注逢遇篇。以子日沐，能得愛乎？使十五女（童）子，以卯日沐，能白髮乎？孫曰：意林及御覽三百九十五引「女子」並作「童子」，是也。且沐者，去首垢也。洗去足垢，盥去手垢，浴去身垢，皆去一形之垢，錢、黃、王、崇文本「皆」作「能」，非。其實等也。洗、盥、浴不擇日，而沐獨有日。如以首爲最尊，尊則浴亦治面，面亦首也。孫曰：「尊則浴亦治面」，文不成義，當有脫誤。以下文例之，此當作「如以首爲最尊，則浴面亦宜擇日，面亦首也」。各本皆誤，無可據校。吳曰：下「尊」字衍。如以髮爲最尊，則櫛亦宜擇日。櫛用木，沐用水，水與木俱五行也。用木不避忌，用水獨擇日。如以水尊於木，則諸用水者宜皆擇日。且水不若火尊，如必以尊卑，則用火者宜皆擇日。

且使子沐，人愛之；卯沐，其首白者，誰也？夫子之性，水也；卯，木也。水不可愛，木色不白。子之禽鼠，卯之獸兔也。鼠不可愛，兔毛不白。以子日沐，誰使可愛？卯日沐，誰使凝白者？夫如是，沐之日無吉凶，爲沐立日歷者，不可用也。

裁衣有書，說文衣部：「裁，製衣也。」孫曰：漢志雜占有武禁相衣器十四卷。隋志梁有裁衣書一卷，亡。書有吉凶。凶日製衣則有禍，吉日則有福。

夫衣與食俱輔人體，食輔其内，衣衛其外。飲食不擇日，製衣避忌日，豈以衣爲於其身重哉？人道所重，莫如食急，故八政一曰食，二曰貨。衣服，貨也。見洪範。大傳曰：「八政何以先食？食者萬物之始，人事之所本也，故先食。貨所以通有無，利民用，故即次之。」漢書食貨志曰：「洪範八政一曰食，二曰貨。食謂農殖嘉穀可食之物，貨謂布帛可衣，及金刀龜貝所以分財布利通有無者也。」王莽傳：「民以食爲命，以貨爲資，是以八政以食爲首。」並與仲任義同，今文說也。鄭曰：「此數本諸其職先後之宜也。食謂掌民食之官，貨掌金帛之官。」與仲任異義。如以加之於形爲尊重，在身之物，莫大於冠。造冠無禁，裁衣有忌，是於尊者略，卑者詳也。且夫沐去頭垢，冠爲首飾，浴除身垢，衣衛體寒。沐有忌，冠無諱，浴無吉凶，衣有利害。俱爲一體，共爲一身，或善或惡，所諱不均，俗人淺知，不能實也。且衣服不如車馬。九錫之禮，一曰車馬，二曰衣服。禮含文嘉〔一〕曰：「九賜，

〔一〕「禮」，原本作「體」，形近而誤，今改。

一曰車馬，二曰衣服，三曰樂則，四曰朱户，五曰納陛，六曰虎賁，七曰斧鉞，八曰弓矢，九曰秬鬯。」宋均注云：「進退有節，行步有度，賜以車馬，以代其步。言成文章，行成法則，賜以衣服，以表其德。」（曲禮疏。）穀梁莊元年疏引舊説曰：「九錫之名：一曰輿馬，大輅戎輅各一，玄馬二也。二曰衣服，謂玄衮也。」作車不求良辰，裁衣獨求吉日，俗人所重，失輕重之實也。

工伎之書，起宅蓋屋必擇日。御覽一八一引作「擇吉日」。風俗通曰：（初學記四。）「五月蓋屋，令人頭禿。」又曰：（續博物志六。）「俗諱五月上屋，言五月人蜕，上屋見影，魂當去。」禮記王制鄭注：「令時持喪葬築蓋嫁取卜數文書，使民倍禮違制。」疏：「築謂垣牆，蓋謂舍宇。」

夫屋覆人形，宅居人體，何害於歲、月而必擇之？如以障蔽人身者神惡之，則夫裝車、治船、着蓋、施帽亦當擇日。如以動地穿土神惡之，則夫鑿溝耕園亦宜擇日。夫動土擾地神，地神能原人無有惡意，但欲居身自安，則神之聖心必不忿怒。不忿怒，雖不擇日，猶無禍也。如土地之神不能原人之意，苟惡人動擾之，則雖擇日，何益哉？王法禁殺傷人，殺傷人皆伏其罪，雖擇日犯法，終不免辠。如不禁也，雖妄殺傷，終不入法。縣官之法，縣官謂天子。猶鬼神之制也；穿鑿之過，猶殺傷之罪也。人殺傷，不在擇日；繕治室宅，何故有忌？

又學書〔者〕諱丙日，路史前紀六注引「書」下有「者」字，當據補。御覽七四七引作「書官」。

「官」、「者」形誤。**云：「倉頡以丙日死也。」**路史注云：「古五行書：『倉頡丙寅死，辛未葬。』蓋五日始葬。或疑其時未有甲乙。然世皆言大撓作甲子，而伏羲已有甲歷，出於上古，特未可執。」**禮不以子、卯舉樂，殷、夏以子、卯日亡也。**檀弓下杜蕢曰：「子卯不樂。」鄭注：「紂以甲子死，桀以乙卯亡，王者謂之疾日，不以舉樂爲吉事，所以自戒懼。」賈逵、（釋文。）何休、（公羊莊二十二年注。）杜預説同。先鄭、翼奉、張晏則以爲子卯相刑。按：桀亡非乙卯，則子卯之忌，不因桀、紂。**如以丙日書，子、卯日舉樂，未必有禍，重先王之亡日，悽愴感動，不忍以舉事也。忌日之法（發），**宋本「法」作「發」，朱校元本同。是也。「忌日之發」，謂忌日之所由起。作「法」，則失其義。**蓋丙與子、卯之類也，殆有所諱，未必有凶禍也。堪輿曆，**隋志五行家有堪餘曆二卷。「餘」、「輿」字通。孫曰：漢志五行類堪輿金匱十四卷。師古曰：「許慎云：堪，天道。輿，地道也。」淮南子天文篇云：「厭日不可以舉百事，堪輿徐行，雄以音知雌。」小顔所引，蓋許氏淮南注也。史記日者傳：「武帝聚會占家，問某日可娶婦否。堪輿家言不可。」後漢書循吏王景傳：「參紀衆家數術文書，冢宅禁忌，堪輿日相之屬，集爲大衍玄基。」魏書殷紹傳上四序堪輿表曰：「歷觀時俗，堪輿八會，逕世已久，傳寫謬誤，吉凶禁忌，不能備悉。或考良日而值惡會，舉吉用凶，多逢殃咎。」周禮占夢疏：「堪輿天老曰：假令正月陽建於寅，陰建在戌。」又引鄭志：「堪輿黄帝問天老事云：四月陽建於巳，破於亥，陰建於未，破於癸。」綜合觀之，古代堪輿，僅爲擇日之用，與葬歷、圖宅術等，固有別矣。今人混曰堪輿，非古也。**曆上諸神非一，聖人不言，諸子**

不傳，殆無其實。天道難知，假令有之，諸神用事之日也，忌之何福？不諱何禍？王者以甲子之日舉事，民亦用之，王者聞之，不刑法也。夫王者不怒民不與己相避，天神何爲獨當責之？王法舉事，以人事之可否，不問日之吉凶。孔子曰：「卜其宅兆而安厝之。」見孝經喪親章。鄭注：「宅，葬地。兆，吉兆也。葬大事，故卜之，慎之至也。」（書鈔九二。）春秋祭祀，不言卜日。禮曰：「内事以柔日，外事以剛日。」曲禮上：「外事以剛日。」鄭注：「順其出爲陽也。出郊爲外事。」又曰：「内事以柔日。」注：「順其居内爲陰。」剛柔以慎内外，不論吉凶以爲禍福。

## 卜筮篇

曲禮上：「龜爲卜，筴爲筮。」疏：「師説云：卜，覆也，以覆審吉凶；筮，決也，以決定其惑。劉氏以爲，卜，赴也，赴來者之心；筮，問也，問筮者之事。赴、問互言之。」白虎通蓍龜篇：「龜曰卜，蓍曰筮。何卜？赴也，爆見兆也。筮也者，信也，見其卦也。」説文卜部：「卜，灼剥龜也，象灸龜之形。一曰：象龜兆之縱横也。」竹部：「䈂䈂，易卦用蓍也。从竹、从𢍰，𢍰，古文巫字。」

**俗信卜筮，謂卜者問天，筮者問地，**周禮春官天府注：「凡卜筮實問於鬼神，龜筮能出其卦兆之占耳。」賈疏：「易繫辭云：『精氣爲物，游魂爲變。』是故知鬼神之情狀與天地相似。注云：『精氣謂七八，游魂謂九六。』則筮之神，自有七八九六成數之鬼神。春秋左氏傳云：『龜象筮數。』則龜自有一二三四五生數之鬼神。則知吉凶者自是生成鬼神，龜筮直能出外兆之占耳。」又云：「七八九六及一二三四五之鬼神，並非天地之鬼神。」此云：「卜問天，筮問地。」其説未聞。**蓍神龜靈，**易繫辭云：「定天下之吉凶，成天下之亹亹者，莫大乎蓍龜。」又云：「蓍之德圓而神，卦之德方以知。神以知來，知以藏往。」又説卦云：「昔聖人幽贊於神明而生蓍。」**兆數報應，**龜言兆。蓍言數。説文卜部：「𠧞，灼龜坼也。」數，算也。占者以蓍計算。**故捨人議而就卜筮，違可否而信吉凶。其意謂天地審告報，蓍龜真神靈也。如實論之，卜筮不問天地，蓍**

龜未必神靈。有神靈，問天地，俗儒所言也。何以明之？

子路問孔子曰：「猪肩羊膊，可以得兆；盼遂案：一九五四年，鄭州二里岡殷虚遺址出土有卜用甲骨。經古脊椎動物研究室鑒定，有些是豬和羊的肩胛骨。此外輝縣琉璃閣出土也有些豬骨卜辭。就此可證論衡所引子路之言，是有依據者。（詳見文物參考資料一九五四年第十二期陳夢家甲骨補記。）雚葦藁芼，可以得數，何必以蓍龜？」孔子曰：「不然。蓋取其名也。夫蓍之爲言『耆』也，龜之爲言『舊』也，明狐疑之事，當問耆舊也。」禮記曲禮上疏引劉向曰：「蓍之言耆，龜之言久。龜千歲而靈，蓍百年而神，以其長久，故能辯吉凶也。」御覽引洪範五行傳曰：「龜之言久也，千歲而靈，此禽獸而知吉凶者也。蓍之爲言耆，百年，一本生百莖，此草木之壽知吉凶者也。聖人以問鬼神焉。」白虎通蓍龜篇曰：「乾草枯骨，衆多非一，獨以蓍龜何？此天地之間，壽考之物，故問之也。龜之爲言久也，蓍之爲言耆也，久長意也。」淮南説林訓曰：「牛蹏彘顱，亦骨也。而世弗灼，必問吉凶於龜者，以其歷歲久也。」章太炎文始八曰：「説文：『龜，舊也。』其得名㠯舊，則取諸久，㠯可灸，則取諸久。説文：『久，從後灸之也。』」由此言之，蓍不神，龜不靈，蓋取其名，未必有實也。無其實，則知其無神靈；無神靈，則知不問天地也。

且天地口耳何在，而得問之？天與人同道，欲知天，以人事。譴告篇曰：「驗古以今，知天以人。」相問，不自對見其人，廣雅釋詁：「對，嚮也。」親問其意，意不可知。欲問天，天高，耳與人相遠。如天無耳，非形體也。非形體，則氣也。氣若雲霧，何能告人？蓍以問地，地有形體，與人無異。問人，不近耳，則人不聞；人不聞，則口不告人。夫言問天，則天爲氣，不能爲兆；問地，則地耳遠，不聞人言。信謂天地告報人者，何據見哉？

人在天地之間，猶蟣虱之着人身也。如蟣虱欲知人意，鳴人耳傍，人猶不聞。何則？小大不均，音語不通也。今以微小之人，問巨大天地，安能通其聲音？天地安能知其旨意？或曰：「人懷天地之氣。天地之氣，在形體之中，神明是矣。人將卜筮，告令蓍龜，則神以耳聞口言。若己思念，若，設詞。神明從胸腹之中聞知其旨。故鑽龜揲蓍，鑽謂以火爇荆葦灼之也。揲，數也。兆見數著。」夫人用神思慮，思慮不決，故問蓍龜。蓍龜兆數，與意相應，則是神可謂明告之矣。當作「是則可謂神明告之矣」。上文或意：人體中有天地氣，即爲神明。能知人之旨，以告蓍龜，故兆見數著。仲任意：若思慮能與兆數相合，則可謂神明告之。若不然，則或說非。下文：「時或意以爲可，兆數不吉；或兆數則吉，意以爲凶。」又云：「如神明爲兆數，不宜與思慮異。」即證兆數與思慮不相合，以明兆數非神明告之。今作「則是神可謂明告之矣」，文不成義。盼遂案：「神」字當在「明」字上。以上多「神明」連言。時或意以爲可，兆數不吉；或兆數則吉，盼遂案：此「則」字作「即」字用。意以爲凶。夫思慮者，己之神也；爲兆數者，亦己之神也。一身之神，在胸中爲思慮，在胸外爲兆數，猶人入户而坐，出門而行也。行坐不異意，出入不易情。「情」，宋本作「務」。朱校元本作「矜」。如神明爲兆數，不宜與思慮異。

天地有體，故能摇動。摇動有（者），生之類也。「有」，宋本作「者」，朱校元本同，義較長。生，則與人同矣。問生人者，須以生人，乃能相報。如使死人問生人，則必不能相答。今天地生而蓍龜死，以死問生，安能得報？枯龜之骨，死蓍之莖，問生之天地，世人謂之天地報應，誤矣。

如蓍龜爲若版牘，兆數爲若書字，象類人君出教令乎？則天地口耳何在而有教令？孔子曰：「天何言哉？四時行焉，百物生焉。」見論語陽貨篇。釋文曰：「魯讀『天』爲『夫』，今從古。」然則此從古論。天不言，則亦不聽人之言。天道稱自然無爲，今人問天地，天地報應，是自然之有爲以應人也。案易之文，觀揲蓍之法，二分以象天地，四揲以象四時，歸奇於扐，以象閏月。易繫辭上曰：「大衍之數五十，其用四十有九。分而爲二，以象兩。掛一以象三。揲之四，以象四時。歸奇於扐，以象閏。」釋文：「揲，時設反，數也。扐，郎得反。」段氏説文注：「凡數之餘曰扐。」廣雅釋詁：「殑，盈也。」王念孫曰：「殑者殘餘之數。」奇、犄，音義並同。以象類相法，以立卦數耳。豈云天地告報人哉？「告」舊作「合」。孫曰：元本「合」作「告」，是也。上文云：「其意謂天地審告報，蓍龜眞神靈也。」又云：「信謂天地告報人者，何據見哉？」並其證。暉按：宋本亦作「告報」，今據正。

人道，相問則對，不問不應。無求，空扣人之門；無問，虛辨人之前，則主人笑而不應，或怒而不對。試使卜筮之人，空鑽龜而卜，虛揲蓍而筮，戲弄天地，亦得兆數，天地妄應乎？又試使人罵天而卜，毆地而筮，無道至甚，亦得兆數。苟謂兆數天地之神，何不滅其火，灼其手，振其指而亂其數，使之身體疾痛，血氣湊踊？而猶爲之見兆出數，何天地之不憚勞，用心不惡也？「用」，宋本作「困」，屬上讀。朱校元本同。由此言之，卜筮不問天地，兆數非天地之報，明矣。

然則卜筮亦必有吉凶。論者或謂隨人善惡之行也，猶瑞應應善而至，下「應」字，舊校曰：一作「隨」。災異隨惡而到。治之善惡，善惡所致也，疑非天地故應之也。吉人鑽龜，輒從善兆；凶人揲蓍，輒得逆數。何以明之？紂，至惡之君也，當時災異繁多，七十卜而皆凶，故祖伊曰：「格人元龜，罔敢知吉。」尚書西伯戡黎文。史記殷本紀集解引馬曰：「元龜，大龜也，長尺二寸。」白虎通蓍龜篇引禮三正記：「天子龜長一尺二寸。」潛夫論卜列篇引經「格人」作「假爾」，江聲曰：「『格人』，僞孔本誤。」孫星衍曰：「今文作『格介』。曲禮云：『格爾泰龜有常。』蓋命龜之詞。」段玉裁曰：「仲任以『賢者』訓『格人』，則今古文同也。」皮錫瑞曰：「王符蓋用夏侯尚書，與史公、仲任用歐陽不同。」王鳴盛曰：「『七十卜』，今不可考。」賢者不舉，大龜不兆，方言：「格，正也。」後漢書傅燮傳：「朝廷重其方格。」注：「方正也。」故訓「格人」爲「賢者」。災變亟至，周武受命。高祖龍興，天人並佑，奇怪既多，見初稟、講瑞、指瑞等篇。豐、沛子弟，卜之又吉。見骨相篇。故吉人之體，所致無不良；凶人之起，所招無不醜。衛石駘卒，檀弓下鄭注：「駘仲，衛大夫，石碏之族。」無適子，有庶子六人，卜所以爲後者，曰：「沐浴佩玉則兆。」鄭曰：「言齊絜則得吉兆。」五人皆沐浴佩玉。石祁子左莊十二年傳杜注：「石祁子，衛大夫。」六年正義曰：「謚法：『經典不易曰祁。』衛有石祁子，亦謚也。」曰：「焉有執親之喪而沐浴佩玉？」居喪必哀絰憔悴。不沐浴佩玉，石祁子兆。衛人[卜]以龜爲有知也。「卜」字無義，當據檀弓删。龜非有知，石祁子自知也。祁子行善政，有嘉言，言嘉政善，故有明瑞。使時不卜，謀之於衆，亦猶稱善。「亦」，宋本作「衆」。朱校元本無「亦」字。何則？人心神意同吉凶也。

此言若然，然非卜筮之實也。

夫鑽龜揲蓍，自有兆數，兆數之見，自有吉凶，而吉凶之人，適與相逢。吉人與善兆合，凶人與惡數遇，猶吉人行道逢吉事，顧睨見祥物，非吉事祥物爲吉人瑞應也。凶人遭遇凶惡於道，亦如之。宋本「遇」下有「之道」二字，無「於道」二字。朱校元本同。疑當作「凶人之道，遭遇凶惡亦如之」。「凶人之道」與「吉人行道」對文。之，往也。夫見善惡，非天應答，適與善惡相逢遇也。鑽龜揲蓍有吉凶之兆者，逢吉遭凶之類也。何以明之？周武王不豫，周公卜三龜。注福虛、死僞篇。公曰：「乃逢是吉。」尚書金縢曰：「啓籥見書，乃并是吉。」經無「公曰」字。魯世家曰：「卜人皆曰吉。周公喜，開籥乃見書，遇吉。」故知周公言也。鄭注曰：「乃復三王占書，亦合，（句。）於是吉。」則鄭讀「乃并」二字絶句，訓并爲「合」，蓋古文説也。此作「乃逢是吉」四字爲句，蓋今文也。史公作「遇吉」，與仲任合。「遇」爲「逢」之訓詁字。釋詁云：「逢，遇也。」「并」、「逢」亦聲之轉。魯卿莊叔生子穆叔，以周易筮之，遇明夷之謙。見左昭五年傳。夫卜曰「逢」，筮曰「遇」，實遭遇所得，非善惡所致也。善則逢吉，惡則遇凶，天道自然，非爲人也。推此以論，人君治有吉凶之應，亦猶此也。君德遭賢，時適當平，嘉物奇瑞偶至。不肖之君，亦反此焉。「反」，朱校元本作「及」。

世人言卜筮者多，得實誠者寡。論者或謂蓍龜可以叅事，不可純用。潛夫論卜列篇：「聖王之立卜筮也，不違民以爲吉，不專任以斷事。」夫鑽龜揲蓍，兆數輒見。見無常占，占者生意。吉兆而占謂之凶，凶數而占謂之吉，吉凶不效，則謂卜筮不可信。周

**武王伐紂，卜筮之，逆，占曰：「大凶。」**盼遂案：「卜」字衍文。筮爲一事，卜與占爲一事。蓍草不可言卜，猶靈龜之不可言筮矣。此淺人恒見經籍卜筮連文而誤沾也。**太公推蓍蹈龜而曰：「枯骨死草，何知而凶？」**王本、崇文本作「吉凶」。朱校元本、何、錢、黃本同此。按：當作「何而知凶」。「而」古「能」字。今本「而知」二字誤倒。意林引作「何能知吉凶乎」。史記齊世家：「武王將伐紂，卜龜兆不吉，風雨暴至，羣公盡懼。唯太公彊之，勸武王。」通典一六二引六韜曰：「武王伐紂，師至汜（淮南兵略同。御覽三二八誤「泥」。）水、牛頭山，風甚雷疾，鼓旗毁折；王之驂乘惶震而死。周公曰：『今時迎太歲，龜灼言凶，卜筮不吉，星變爲災，請還師。』太公怒曰：『今紂刳比干，囚箕子，以飛廉爲政，伐之有何不可？枯草朽骨，安可知乎？』乃焚龜折蓍，援枹而鼓，率衆先涉河，武王從之，遂滅紂。」又尚書泰誓疏引太公六韜曰：「卜戰，龜兆焦，筮又不吉。太公曰：枯骨朽蓍，不踰人矣。」今按：韓詩外傳三：「武王伐紂，到於邢丘，軛折爲三，天雨三日不休。武王心懼，召太公而問曰：意者紂未可伐乎？太公對曰：不然。軛折爲三者，軍當分爲三也；天雨三日不休，欲灑吾兵也。」説苑權謀篇：「武王伐紂，大風折旆，散宜生諫。風霽，而乘以大雨，水平地而嗇。散宜生又諫曰：『此其妖歟？』武王曰：『非也。天灑兵也。』卜而龜熸，散宜生又諫。武王曰：『不利以禱祠，利以擊衆，是熸之已。』」類聚二、御覽十引六韜曰：「文王問散宜生，『伐紂吉乎？』曰：『不吉。鑽龜，龜不兆。數蓍，蓍不交而如折。將行之日，雨輜重車至軫。行之日，幟折爲三。四不詳，不可舉事。』太公進曰：『是非子之所知也。祖行之日，雨輜重車至軫。是洗濯甲兵也。』」以上諸文，所說互異。下文以龜爥於祭則凶，爲太公語，又與說苑不同。盼遂案：意林卷三引無「而」字。下句作「枯骨死草，何能知吉凶乎」。知此文本作「何而知凶」。「而」讀爲「能」，淺人不知，因誤倒之爾。夫卜筮兆數，非吉凶誤也，占之不審吉凶，吉凶變亂，變亂，故太公黜之。夫蓍筮龜卜，猶聖王治世；卜筮兆數，猶王治瑞應。瑞應無常，兆數詭異。詭異則占者惑，無常則議者疑。疑則謂平未治，惑則謂吉不良。盼遂案：「平」而「未治」，「吉」而「不良」，語不可通，疑「平」爲「世」誤字。（「平」與「世」草體極近。）「吉」爲「占」之誤字。讀爲「疑則謂世未治，惑則謂占不良」，方與上文「詭異則占者惑，無常則議者疑」二語相爲照應也。何以明之？夫吉兆數，吉人可遭也；治遇符瑞，聖德之驗也。周王伐紂，遇烏魚之瑞，其卜曷爲逢不吉之兆？使武王不當起，出不宜逢瑞；使武王命當興，卜不宜得凶。孫曰：「不當起」上疑脫「命」字。由此言之，武王之卜，不得凶占，謂之凶者，失其實也。魯將伐越，筮之，得「鼎折足」。子貢占之以爲凶。易鼎卦九四爻：「鼎折足，覆公餗，其形渥，凶。」何則？鼎而折足，行用足，故謂之凶。孔子占之以爲吉，曰：「越人水居，行用舟，不用足，故謂之吉。」魯伐越，果克之。書鈔一三七引韓詩外傳：「孔子使子貢適齊，久而未回。孔子占之，遇鼎，謂弟子曰：『占之遇鼎。』皆言無足而不來。顏回掩口而笑，孔子曰：『回也，何哂乎？』曰：『回謂賜必來。』孔子曰：『如何？』曰：『卜而鼎無足，必乘舟而來矣。』賜果至。」薛氏孔子集語引呂氏春秋、類聚七十一、御覽七二八引衝波傳，亦見此事，並與此文稍異，未知何出。夫子貢占鼎折足以爲凶，猶周之占卜者謂之逆矣。逆中必有吉，猶折鼎足之占，宜以伐越矣。周多子貢直占之知，寡若孔子詭論之材，故覩非常之兆，不能審也。世因武王卜，無非而得凶，故謂卜筮不可純用，略以助政，示有鬼神，明己不得專。

著書記者，採掇行事，若韓非飾邪之篇，明已效之驗，毁卜訾筮，非世信用。韓非子飾邪篇曰：「龜筴鬼神，不足舉勝，左右背鄉，不足以專戰，然而恃之，愚莫大焉。」夫卜筮非不可用，卜筮之人，占之誤也。洪範稽疑，卜筮之變，必問天子卿士，或時審是。洪範曰：「稽疑：擇建立卜筮人，乃命卜筮。曰雨，曰霽，曰蒙，曰驛，曰克，曰貞，曰悔，凡七卜。（句。）五占用二，（句。）衍忒。汝若有大疑，謀反乃心，謀及卿士。」鄭讀「凡七。（句。）卜五占用，（句。）二衍貣」。王肅讀「凡七。（句。）卜五，（句。）占用二，（句。）衍忒（馬融「二」字亦屬上讀。）」。按：辨崇篇「書列七卜」，則仲任以「七卜」連讀。此文云「卜筮之變」，則斷「二」字從上讀，「衍忒」二字爲句。疏引鄭注：「『卜五占用』，謂雨、霽、蒙、驛、克也。『二衍忒』，謂貞、悔也。『二衍忒』者，指謂筮事。」王肅云：「『卜五』者，筮短龜長，故卜多而筮少。『占用二』者，以貞、悔占六爻。『衍忒』者，當推衍其爻義以極其意。」疏曰：「『卜五占二』，其義當如王解，其『衍忒』，宜揔謂卜、筮皆當衍其義極其變，非獨筮衍而卜否也。」按：此云「卜筮之變」，則「衍忒」總指卜、筮，非如鄭説獨筮變也。據此，則仲任讀與馬、王同，「衍忒」二字爲句。俞樾、皮錫瑞謂仲任以「二衍忒」爲句，非也。蓋未檢此文。鄭注云：「衍，演也。」爾雅釋言云：「爽，忒也。」孫炎云：「忒，變，雜不一。」説文心部：「忒，更也。」説傳云：「貳，變也。」忒與貳通，故訓「衍忒」爲變。堯典孔傳：「詢，謀也。」故訓「謀」爲問。夫不能審占，兆數不驗，則謂卜筮不可信用。

晉文公與楚子戰，見左僖〔一〕二十八年傳。夢與成王搏，成王在上而盬其腦。服虔曰：「即俗語相罵云啑汝腦。」（正義。）占曰：「凶。」左傳云：「是以懼。」説苑權謀篇云：「卜戰而龜熸。」非占夢也。未知仲任何據。咎犯曰：「吉！君得天，楚伏其罪。盬君之腦者，柔之也。」左通補釋曰：「腦能熟物。皮氏録曰：『羊腦豬腦，男子食之損精氣。』又云：『羊腦食之，令五藏消也。』（高似孫緯略九。）考工記曰：『角之本蹙於刲，而休於氣，是故柔，柔故欲其埶也。』刲、腦同。解云：『言角之本近於刲，得和煦之氣，故柔。柔欲其刑之自曲，反是爲埶也。』（見弓人。）始知古人立言之故，與制器之巧同。」以戰果勝，如咎犯占。夫占夢與占龜同。晉占夢者不見象指，猶周占龜者不見兆者爲也。象無不然，兆無不審，人之知闇，論之

〔一〕「僖」，原本作「傳」，形近而誤，據左傳改。

失實也。傳或言：武王伐紂，卜之而龜熸。占者曰：「凶。」太公曰：「龜熸，以祭則凶，以戰則勝。」注見前。武王從之，卒克紂焉。審若此傳，亦復孔子論卦、咎犯占夢之類也。蓋兆數無不然，而吉凶失實者，占不巧工也。

# 辨祟篇

世俗信禍祟，説文示部：「禍，害也，神不福也。祟，神禍也。」衆經音義曰：「祟謂鬼神作災禍也。」漢書江充傳師古注：「祟，謂禍咎之徵也。音息遂反。故其字从出从示。示者，鬼神所以示人也。」以爲人之疾病死亡，及更患被罪，「更」、「受」字通。譏日篇：「受禍者未必獄吏也。」宋、元本「受」並作「更」。戮辱懽笑，皆有所犯。起功、移徙、祭祀、喪葬、行作、入官、嫁娶，不擇吉日，不避歲、月，觸鬼逢神，忌時相害。風俗通曰：「五月到官，至免不遷。」（今本捝，意林引。）北齊書宋景業傳：「顯宗將受魏禪，或曰：陰陽書五月不可入官，犯之，終於其位。」故發病生禍，絓法入罪，至于死亡，殫家滅門，皆不重慎，犯觸忌諱之所致也。如實論之，乃妄言也。

凡人在世，不能不作事，作事之後，不能不有吉凶。見吉則指以爲前時擇日之福，見凶則刺以爲往者觸忌之禍。多或盼遂案：「或」作「有」字用，本書例甚多。擇日而得禍，觸忌而獲福。工伎射事者欲遂其術，見禍忌而不言，聞福匿而不達，積禍以驚不慎，列福以勉畏時。故世人無愚智、賢不肖、人君布衣，皆畏懼信向，不敢抵犯。

歸之久遠，莫能分明，錢、王、黃、崇文本作「莫不」，非。以爲天地之書，賢聖之術也。人君惜其官，人民愛其身，相隨信之，不復狐疑。故人君興事，工伎滿閤；各本同。崇文本作「閣」。人民有爲，觸傷問時。盼遂案：「傷」疑是「場」之誤。「觸場」即「逢處」之義，與上「滿閤」同例。奸書僞文，由此滋生。巧惠生意，作知求利，驚惑愚暗，漁富偷貧，愈非古法度聖人之至意也。聖人舉事，先定於義，義已定立，決以卜筮，示不專己，明與鬼神同意共指，欲令衆下信用不疑。白虎通蓍龜篇：「聖人獨見先覩，必問蓍龜何？示不自專也。」潛夫論卜列篇：「聖賢雖察，不自專，故立卜筮以質神靈。」故書列七卜，俞曰：洪範篇：「凡七卜五占用二衍忒。」鄭讀「卜五占用」爲句，「二衍忒」爲句。王肅讀「卜五」爲句，「占用二」爲句，「衍忒」爲句。兩讀不同，並見正義。若依此文，則又以「七卜」二字連讀。當云「凡七卜。（句。）五占用，（句。）二衍忒（句。）」。是亦漢世異説也。暉按：「二」字當屬上讀。説見卜筮篇。易載八卦，從之未必有福，違之未必有禍。然而禍福之至，時也；死生之到，命也。人命懸於天，「人」，文選辯命論注、馬汧督誄注引並作「夫」，是也。吉凶存於時。命窮操行善，天不能續；命長操行惡，天不能奪。天，百神主也。道德仁義，天之道也；戰栗恐懼，天之心也。廢道滅德，賤天之道；嶮隘恣睢，悖天之意。世間不行道德，莫過桀、紂；妄行不軌，莫過幽、厲，桀、紂不早死，幽、厲不夭折。由此言之，逢福獲喜，不在擇日避時；涉患麗禍，不在觸歲犯月，明矣。

孔子曰：「死生有命，富貴在天。」注命禄篇。苟有時日，誠有禍祟，聖人何惜不言？何畏不説？案古圖籍，仕者安危，千君萬臣，其得失吉凶，官位高下，位禄降升，各有差品。家人治産，貧富息耗，壽命長短，各有遠近。非高大尊貴舉事以吉日，下小卑賤以凶時也。以此論之，則亦知禍福死生，不在遭逢吉祥、觸犯凶忌也。然則人之生也，「也」猶「者」也。精氣育也；人之死者，命窮絶也。人之生，未必得吉逢喜；其死，獨何爲謂之犯凶觸忌？以孔子證之，以死生論之，則亦知夫百禍千凶，非動作之所致也。孔子聖人，知府也；死生，大事也；大事，道效也。孔子云：「死生有命，富貴在天。」衆文微言不能奪，俗人愚夫不能易，「奪」亦「易」也。注談天篇。明矣。

人之於世，禍福有命；人之操行，亦自致之。其安居無爲，禍福自至，命也；其作事起功，吉凶至身，人也。人之疾病，希有不由風濕與飲食者。當風卧濕，握錢問祟；儀禮士冠禮賈疏：「所卦者，所以畫地記爻者。筮法依七八九六之爻而記之。但古用木畫地，今則用錢。以三少爲重錢，重錢則九也。三多爲交錢，交錢則六也。兩多一少爲單錢，單錢則七也。兩少一多爲折錢，折錢則八也。」焦循易漢學曰：「古謂三代，今謂漢以後。」朱子語類卷六十六：「今人以三錢當揲蓍，此是以納甲附六爻。納甲乃漢焦贛、京房之學。」又引南軒曰：「卜易卦以錢擲，以甲子起卦，始於京房。」飽飯饜食，齋精解禍，「精」當作「糈」，形之誤也。莊子人間世云：「鼓筴播精。」精亦「糈」之誤。文選夏侯孝若東方朔畫贊〔一〕注引莊子作「播糈」。釋文云：「播精如字。一音所字，則當作數。」「數」爲「糈」之譌。文選李善注、史記日者傳徐廣注并云：「糈音所。」山海經云：「糈用稌米。」郭注：「糈，祀神之米。」離騷：「懷椒糈而要之。」注：「糈，精米，所以享神也。」說文貝部：「賝，齎財卜問爲賝。从貝，疋聲，讀若所。」「賝」本字，「糈」借字，同音相假。而病不治，謂祟不得；而，如也。命自絶，謂筮不審，俗人之知也。

夫倮蟲三百六十，人爲之長。見大戴禮易本命篇。人，物也，萬物之中有知慧者也。其受命於天，稟氣於元，與物無異。鳥有巢棲，獸有窟穴，蟲魚介鱗，各有區處，猶人之有室宅樓臺也。能行之物，死傷病困，小大相害。或人捕取，以給口腹，非作窠穿穴有所觸，東西行徙有所犯也。人有死生，物亦有終始；人有起居，物亦有動作。血脉、首足、耳目、鼻口與人不別，惟好惡與人不同，故人不能曉其音，不見其指耳！及其游於黨類，「及」，宋本作「乃」，朱校元本同，是也。「乃」猶「若」也。接於同品，其

〔一〕「畫」字原本脱，據文選補。

知去就，與人無異。共天同地，並仰日月，而鬼神之禍，獨加於人，不加於物，未曉其故也。天地之性，人爲貴，豈天禍爲貴者作，不爲賤者設哉？何其性類同而禍患别也？「刑不上大夫」，見禮記曲禮。聖王於貴者闊也。聖王刑賤不罰貴，鬼神禍貴不殃賤，非易所謂「大人與鬼神合其吉凶」也。乾文言文。「其吉凶也」，宋本作「其狀而曰」，朱校元本同。按：「其狀而曰」四字，屬下文讀。宋、元本脱「其吉凶也」四字，今本脱「其狀而曰」四字。説詳下文。

我有所犯，吴曰：「我」當作「或」，形近之譌。暉按：「我」字不誤，此上當有脱文。上文「其吉凶也」四字，宋、元本并作「其狀而曰」。以下文例之，則此文當作「□□□□，□□□□，不曰□其狀，而曰我有所犯」。下文云：「有事歸之有犯，無爲歸之所居。」「有犯」二字即承此「我有所犯」爲文。則此「犯」字，謂犯禁忌，非謂犯刑法也。今本脱誤，遂使「我有所犯」四字於義無屬。若改「我」作「或」，屬下爲義，則此「犯」字謂犯刑法，又使「有事歸之有犯」句於上文無所指矣。抵觸縣官，羅麗刑法，「麗」，宋本作「絓」。周禮司冠注：「麗，附也。」不曰過所致，而曰家有負。居處不慎，飲食過節，不曰失調和，而曰徙觸時。死者累屬，葬棺至十，不曰氣相汙，而曰葬日凶。有事歸之有犯，盼遂案：「有犯」之「有」，疑爲「所」字之誤。「所」字草書極似「有」也。「歸之所犯」與「歸之所居」，文體亦正相儷也。無爲歸之所居。居衰宅耗，蜚凶流尸，集人室居，又禱先祖，寢禍遺（遣）殃。吴曰：「遺」當作「遣」。「寢遣」猶「解除」矣。疾病不請醫，更患不修行，更、受字通，注見前。動歸於禍，名曰犯觸。用知淺略，原事不實，俗人之材也。

猶繫罪司空作徒，周禮秋官司寇職云：「以嘉石平罷民。凡萬民之有罪過，而未麗於灋，而害於州里者，桎梏而坐諸嘉石，役諸司空。」漢書賈誼傳：「輸之司空，編之徒官。」師古注：「司空，掌刑罪之官。」（「司空」，今本並譌作「司寇」，依宋翔鳳過庭録十二校改。）百官公卿表如淳注：「律，司空主水官及罪人。」未必到吏日惡，繫役時凶也。使殺人者求吉日出詣吏，剬罪，推善時入獄繫，「罪」下「者」字，蒙上文省。「剬」、「剸」字同。禮記文王世子：「其刑罪則纖剸。」注云：「纖讀爲殲。殲，刺也。剸，割也。宫割臏墨劓刖皆以刀鋸刺割人體也。」盼遂案：「罪」下應有「者」字，今脱。「制罪者」與上「殺人者」相爲對文。且脱一「者」，於文理亦難通矣。寧能令事解，赦令至哉？人不觸禍不被罪，不被罪不入獄。一旦令至，解械徑出，未必有解除其凶者也。天下千獄，獄中萬囚，其舉事未必觸忌諱也。居位食禄，專城長邑，以千萬數，其遷徙日未必逢吉時也。歷陽之都，一夕沉而爲湖，注命義篇。其民未必皆犯歲、月也。高祖始起，豐、沛俱復，史記高祖紀：「十二年，過沛，復其民，世世無有所與。沛父兄皆頓首曰：沛幸得復，豐未復，唯陛下哀憐之。乃并復豐，比沛。」後漢書光武紀注：「復謂除其賦役也。」**其民未必皆慎時日也。項羽攻襄安，襄安無噍類，**史記項羽本紀云：「羽別攻襄城，襄城堅守不下，已拔，皆阬之。」又云：「阬秦卒二十餘萬人新安城南。」「襄安」未詳。又「噍」當作「焦」。盼遂案：「襄」當爲「新」，聲之誤也。史記項羽本紀：「楚軍夜坑秦卒二十萬人於新安城南。」從來言坑降卒者，以項羽新安之役，與白起長平之事並舉，不聞別有襄安之地也，則此文譌謬殆無疑義矣。**未必不禱賽也。**以上文例之，「未必」上，疑有「其民」二字。盼遂案：句首當有「其被圍時」四字，方與下句相稱。**趙軍爲秦所坑於長平之下，四十萬衆，同時俱死，**注命義篇。**其出家時，未必不擇時也。辰日不哭，哭有重喪。**孫曰：顏氏家訓風操篇陰陽說云：「辰爲水墓，又爲土墓，故不得哭。」舊唐書張公謹傳：「有司奏言：『準陰陽書，日子在辰，不可哭泣，又爲流俗所忌。』太宗曰：『君臣之義，同於父子。情發於哀，安避辰日？』遂哭之。」又呂才傳敘葬書曰：「野俗無識，皆信葬書，巫者詐其吉凶，愚人因而徼幸。遂使擗踊之際，擇葬地而希官品；荼毒之秋，選葬時以規財禄。或云辰日不宜哭泣，遂莞爾而對賓客受弔。或云同屬忌於臨壙，乃吉服不送其親。聖人設教，豈其然也？葬書敗俗，一至於斯。」仲任所云，蓋亦本葬歷也。**戊、己死者，復尸有隨。一家滅門，先死之日，未必辰與戊、己也。血忌不殺牲，**注譏日篇。**屠肆不多禍；上朔不會衆，**孫曰：此蓋本於堪輿曆也。御覽八百四十九引風俗通曰：「堪輿書云：上朔會客必鬭爭。案劉君陽爲南陽牧，嘗上朔設盛饌，了無鬭者。」**沽舍不**

觸殃。塗上之暴尸，未必出以往亡；室中之殯柩，未必還以歸忌。孫曰：後漢書郭躬傳：「汝南有陳伯敬者，行必矩步，坐必端膝。呵叱狗馬，終不言死。目有所見，不食其肉。行路聞凶，便解駕留止。還觸歸忌，則寄宿鄉亭。」章懷注云：「陰陽書厤法曰：歸忌日，四孟在丑，四仲在寅，四季在子，其日不可遠行、歸家及徙也。」禮記王制正義引後漢書郭躬傳云：「有陳伯子者，出辟往亡，入辟歸忌。」此蓋別家後漢書，非范書也。暉按：晉武帝攻慕容起。諸將曰：「往亡之日，兵家所忌。」帝曰：「我往彼亡，吉孰大焉？」遂平廣固。又唐李愬攻蔡吴房。吏曰：「往亡，日法當避。」愬曰：「彼謂吾不來，此可擊也。」又顏氏家訓雜藝篇曰：「世傳術書，皆出流俗。言辭鄙陋，驗少妄多。如反支不行，竟以遇害；歸忘寄宿，不免凶終。拘而多忌，亦無益也。」由此言之，諸占射禍祟者，皆不可信用；信用之者，皆不可是。

夫使食口十人，居一宅之中，不動鑁鍤（鍤），先孫曰：「鍤」當爲「鍤」。俗書「臿」或作「凾」，（見廣韻十一洽。）隸書「垂」或作「臿」，（見漢富春丞張君碑。）二形相近，故「鍤」、「鍤」傳寫易誤。暉按：程材篇云：「不秉鑁鍤。」語意正同。不動鑁鍤，謂不起土興功犯歲月也。不更居處，謂不移徙以衝太歲。祠祀嫁娶，皆擇吉日，從春至冬，不犯忌諱，則夫十人比至百年，能不死乎？占射事者必將復曰：「宅有盛衰，隋志五行家有宅吉凶論三卷。若歲破、直符，「若」猶「或」也。調時篇云：「子宅直符，午宅爲破。」餘注彼文。不知避也。夫如是，令數問工伎之家，宅盛即留，衰則避之，孫曰：古昔宅有衝破，疑及凶災，或有寢疾，疑居宅不吉，必將避之，謂之避時，或謂之避衰。史記呂不韋傳：「太后詐卜，當避時徙宮居雍。」漢書天文志：「河平二年十二月壬申，太皇太后避時昆明東觀。」後漢書魯丕傳：「趙王商嘗欲避疾便時，移住學宮。丕止不聽。奏曰：禮，諸侯薨於路寢。死生有命，未有逃避之典也。」潛夫論浮侈篇云：「巫祝熒惑百姓，至使奔走便時，去離正宅。崎嶇路側，風寒所傷，姦人所利。」晉書庾翼傳：「自武昌移鎮襄陽，議者謂其避衰。」及歲破、直符，輒舉家移，比至百年，能不死乎？」占射事者必將復曰：「移徙觸時，往來不吉。」「來」，朱校元本作「逢」。夫如是，復令輒問工伎之家，可徙則往，可還則來，比至百年，能不死乎？占射事者必將復曰：「洎命壽極。」元本作「壽命已極」。朱校同。夫如是，人之死生，竟自有命，非觸歲、月之所致，無負凶忌之所爲也。宋本「無」作「犯」。負，背也。

## 難歲篇

盼遂案：此篇文字譌脱特多，難於驟理。

**俗人險心，好信禁忌，**「忌」，宋本作「龍」，朱校元本同。按：作「禁龍」是也。淮南子要略云：「操舍開塞，各有龍忌。」「禁龍」猶言「龍忌」也。墨子貴義篇：「墨子北之齊，日者曰：『帝以今日殺黑龍於北方，而先生之色黑，不可以北。』墨子曰：『帝以甲乙殺青龍於東方，以丙丁殺赤龍於南方，以庚辛殺白龍於西方，以壬癸殺黑龍於北方，若用子之言，則是禁天下之行者也。』」蓋即移徙家禁龍之術。盼遂案：「險心」即「倖心」。禮記中庸：「小人行險以徼倖。」險、倖並列，其義一也。本篇末言「俗心險危，死者不絶」，亦言俗人存徼倖之心而不免於死也。**知者亦疑，莫能實定。是以儒雅服從，工伎得勝。吉凶之書，伐經典之義；工伎之説，凌儒雅之論。今略實論，令〔世〕親（觀）覽，揔核是非，使世一悟。**「親」當作「觀」，形誤。「令」下又脱「世」字。四諱篇曰：「略舉通語，令世觀覽。」語意正同。「令世觀覽」與「使世一悟」對文。

**移徙法曰：「徙抵太歲，凶；**如太歲在北方子位，則不得向北徙也。荀子儒效篇云：「武王之誅紂也，行之日，以兵忌東面而迎太歲。」楊注：「迎，逆也。」尸子云：「武王伐紂，魚辛諫曰：歲在北方不北征。」越絶書曰：「舉兵無擊太歲。」**負太歲，亦凶。」**禮記明堂位注：「負之言背也。」背、負古通。如太歲在北方，則不可由北徙南也。淮南天文訓云：「太陰所居，不可背而可鄉。」**抵太歲名曰歲下，負太歲名曰歲破，**協紀辨方書云：「歲破，叢辰名，太歲所衝之辰也。例如子年在午，丑年在未，爲最凶之神。」**故皆凶也。假令太歲在甲子，天下之人皆不得南北徙，**「甲」字衍。子爲北方，太歲居子，北方爲歲下；南方爲午，即太歲所對之衝，爲歲破。故太歲在子，天下之人皆不得南北徙。調時篇云：「假令太歲在子。」本篇下文云：「當言太歲在北方，不當言在子。今正言在子位，子者破午，南北徙者，抵觸其衝，故謂之凶。」又云：「移徙之家禁南北徙者，以爲歲在子位，子者破午，南北徙者，抵觸其衝，故謂之凶。」又云：「今太歲在子位耳。」並其證。**起宅嫁娶亦皆避之。其移東西，若徙四維，**「若」猶「或」也。四維，四角也。淮南天文訓云：「東北爲報德之維，西南爲背陽之維，東南爲常羊之維，西北爲蹏通之維。」**相之如者，**之、如并往也。謂相往來。**皆吉。**淮南天文訓曰：「太陰在甲子，刑德合東方宮，常徙所不勝。」許慎注：「太陰在天爲歲星。」故太陰即太歲。錢塘補注：「太陰在甲子，太一在丙戌之歲也。甲子之歲，德在甲，刑在卯，子刑卯，故刑德合東方宮，徙所不勝，則自東而西。」此以移東西吉，即從其德、背其衝之説也。盼遂案：「徙」字衍文。之、如二字皆訓往，二字連用，疑亦當時術家之語。下文：「行人從東如西，四維相之如。」又云：「東西徙，若四維徙者。」言「徙」則不言「相之如」，言「相之如」則不言「徙」，知「相之如」即「相徙」也。則此文「徙」字爲衍文，審矣。**何者？不與太歲相觸，亦不抵太歲之衝也。**史記天官書：「歲星所在，其對爲衝。」衝者相對之名，謂與歲星所居之地相對則爲衝。如太歲在壽星，則降婁爲衝；在大火，則大梁爲衝。越絶書計倪内經曰：「陰陽萬物，各有紀綱，日月星辰刑德變爲吉凶，金木水火土更勝，月朔更建，莫主其常，順之有德，逆之有殃，是故聖人能明其刑而處其鄉，從其德而避其衝。」

實問：避太歲者，何意也？令太歲惡人徙乎？則徙者皆有禍；令太歲不禁人徙，惡人抵觸之乎？則道上之人，南北行者皆有殃。太歲之意，猶長吏之心也。長吏在塗，人行觸車馬，干其吏從，「干」，朱校元本同。鄭本作「于」，錢、黄、王、崇文本作「於」，並非。干，犯也。長吏怒之，豈獨抱器載物，去宅徙居觸犯之者，而乃責之哉？昔文帝出，過霸陵橋，史記張釋之傳云：「出中渭橋。」有一人行逢車駕，逃於橋下，以爲文帝之車已過，疾走而出，驚乘輿馬。文帝怒，以屬廷尉張釋之。師古曰：「屬，委也。」釋之當論。當論，並謂處其罪也。使太歲之神行若文帝出乎？則人犯之者，必有如橋下走出之人矣。方今行道路者，暴溺仆死，宋本「溺」作「病」，朱校元本同，是也。何以知非觸遇太歲之出也？爲移徙者，又不能處。「爲」讀作「謂」。謂移徙者，説移徙之家也。處，辯審也。不能處，則犯與不犯未可知。未可知，則其行與不行未可審也。

且太歲之神審行乎？則宜有曲折，不宜直南北也。長吏出舍，行有曲折。如天神直道不曲折乎？則從東西、四維徙者，猶干之也。若長吏之南北行，人從東如西，四維相之如〔者〕，猶抵觸之。「如」下脱「者」字。「相之如者」，謂相往來也。上文云：「若從四維，相之如者，皆吉。」此即破彼説。下文云：「從寅申徙，相之如者，無有凶害。」並其證。如不正南北，南北之徙又何犯？如太歲不動行乎？則宜有宫室營堡，不與人相見，人安得而觸之？如太歲無體，與長吏異，若煙雲虹蜺，直經天地，極子午南北陳乎？關尹内傳曰：「天地南午北子。」（御覽二。）則東西徙，若四維徙者，亦干之。譬若今時人行觸繁霧蜮氣，蜮，短狐也。注言毒篇。無從横負鄉皆中傷焉。「從」讀「縱」。「負」讀「背」。「鄉」讀「嚮」。中，亦傷也。如審如氣，人當見之，雖不移徙，亦皆中傷。

且太歲，天別神也，與青龍無異。淮南天文訓曰：「天神之貴者，莫貴於青龍。或曰天一，或曰太陰。」錢塘補注：「古亦以青龍爲太歲。」王引之太歲考曰：「古者天一、太歲、太陰，名異而實同。」龍之體不過數千丈，如令神者宜長大，饒之數萬丈，令體掩北方，當言太歲在北方，不當言「在子」。其東有丑，其西有亥，卯爲正東，午爲正南，子爲正北，酉爲正西，丑、寅爲東北之維，辰、巳爲東南之維，未、申爲西南之維，戌、亥爲西北之維。東西之廣，明矣。令正言在子位，觸土之中直子午者不得南北徙耳，直，當也。下同。明不專掩北方，極東邊直丑、巳之地，西邊直亥、未之民，何爲不得南北徙？丑與亥地之民，使太歲左右通，〔不〕得南北徙及東西徙。可盼遂案：「南北徙及」四字，蓋涉上文而衍。「徙可」二字，疑亦衍文。文本爲使太歲左右通及東西。東者，太歲東之丑與巳。西者，太歲西之亥與未也。(何)則？丑在子東，亥在子西，丑、亥之民東西徙，觸歲之位；巳、未之民東西徙，忌歲所破。「得」上脱「不」字。「可則」當作「何則」。說移徙者以爲天下之人皆不得南北徙。仲任以爲丑巳亥未之地得南北徙，因太歲直在子位。若不在子位，而左右通，則不只南北不能徙，東西亦不能徙也。何則？丑、亥之民東西徙，觸歲之位，巳、未之民忌歲所破。太歲居北方，北方爲歲下，丑爲東北，亥爲西北，故丑、亥對徙，必穿歲下，故云「觸歲之位」。南方爲太歲所對，即其所衝所破。巳爲東南，未爲西南，巳、未東西徙，必經歲破之下，故云「忌歲所破」。今本脱「不」字，則謂使太歲左右通，得南北徙及東西徙，殊失其義。

儒者論天下九州，禹貢九州。以爲東西南北，盡地廣長，九州之内五千里，書今文說。注藝增篇。竟三河土中。史記貨殖傳：「唐人都河東，殷人都河内，周人都河南。夫三河在天下之中，若鼎足，王者所更居也。」五行志曰：「三代居三河。」師古注：「夏都安邑，即河東也。殷都朝歌，即河内也。周都洛陽，即河南也。」周公卜宅，謂卜居成周。經曰：「王來紹上帝，自服于土中。」見尚書召誥。土中，謂八方之中。雒則土之中也。鄒衍論之，以爲九州之内五千里，竟合爲一州，在東南位，名曰赤縣州。「東南位」舊作「東東位」。孫曰：「在東東位」，當作「在東南位」。下文云：「使如鄒衍之論，則天下九州，在東南位，不直子午，安得有太歲？」談天篇云：「禹貢九州，方今天下九州也，在東南隅，名曰赤縣神州。」又云：「鄒衍曰：方今天下，在地東南，名赤縣神州。」並其證。暉按：孫説是也。宋本正作「東南位」，朱校元本同。今據正。自有九州者九焉，九九八十一，凡八十一州。此誤解鄒衍説也。詳談天篇。此言殆虛。地形難審，假令有之，亦一難也。謂可以難移徙説。使天下九州，如儒者之議，直雒邑以南，對三河以北，豫州、荆州、冀州之部有太歲耳。雍、梁之間，青、兖、徐、揚之地，安得有太歲？使如鄒衍之論，則天下九州在東南位，不直子、午，安得有太歲？

如太歲不在天地極，分散在民間，則一家之宅，輒有太歲，雖不南北徙，猶抵觸之。假令從東里徙西里，西里有太歲；從東宅徙西宅，西宅有太歲。或在人之東西，或在人之南北，猶行途上，東西南北皆逢觸人。孫曰：御覽五百六引徐邈別傳云：「邈字仙民，舉世諮承，傳爲定範。舊疑歲神在卯，此宅之左，即彼宅之右地，何得拘忌？邈以爲太歲之屬，自是游神，譬如日出之時，向東背朔，非爲定體。」正與仲任説同。（暉按：晉書徐邈傳「歲神」作「歲辰」。「拘忌」，本傳及御覽一八〇引邈別傳並作「俱忌」。又「向東背朔」，文不成義，本傳及御覽引別傳并作「向東皆逆」，是也。）太歲位數千萬億，天下之民徙者皆凶，爲移徙者「爲」讀作「謂」。錢、黃、王、崇文本作「謂」。何以審之？如審立於天地之際，猶王者之位在土中也。東方之民，張弓西射，人不謂之射王者，以不能至王者之都，自止射其處也。今徙豈能北至太歲位哉？自止徙百步之内，何爲謂之傷太歲乎？

且移徙之家謂説移徙者。如言變復之家、月令之家。禁南北徙者，以爲歲在子位，歲即太歲。子者破午，南北徙者，抵觸其衝，故謂之凶。夫破者，須有以椎破之也。如審有所用，則不徙之民，皆被破害；如無所用，何能破之？夫雷，天氣也，雷虚篇云：「夫雷，火也。火氣剡也。」此作「天氣」，疑誤。盛夏擊折，折木破山，「盛夏擊折」，文不成義。龍虚、雷虚並云：「盛夏之時，雷電擊折樹木。」此文有誤。盼遂案：二「折」字疑皆衍文。龍虚篇「盛夏之時，雷電擊折破樹木」，亦衍「折」字，與此文同誤。時暴殺人。使太歲所破，若迅雷也，則聲音宜疾，死者宜暴；如不若雷，亦無能破。如謂衝抵爲破，衝抵安能相破？東西相與爲衝，而南北相與爲抵。如必以衝抵爲凶，則東西常凶，而南北常惡也。如以太歲神，其衝獨凶，神莫過於天地，天地相與爲衝，則天地之間無生人也。或(式)上十二神，登明、從魁之輩，先孫曰：「或」疑「式」之誤。六壬式十二神，亥爲登明，酉爲從魁，見黃帝龍首經，又金匱玉衡經。工伎家謂之皆天神也，孫曰：孫詒讓謂「或」爲「式」字之誤，近之。十二神者，漢志五行類有轉位十二神二十五卷。五行大義卷五論諸神篇引玄女拭經云：「六壬所使十二神者：神后主子，水神。大吉主丑，土神。功曹主寅，木神。太衝主卯，木神。天罡主辰，土神。太乙主巳，火神。勝光（黄帝龍首經、金匱玉衡經、授三子元女經、太白陰經、吴越春秋、夢溪筆談、宋史律曆志並作「勝先」。）主午，火神。小吉主未，土神。傳送主申，金神。從魁主酉，金神。河魁主戌，土神。登明主亥，水神。子神后者，子爲黄鐘，君道，故稱后，陽之始也。陽動於内，而未形，故稱神也。丑大吉者，萬物至丑皆萌，得陽生，故大吉也。寅功曹者，萬物至寅，其功已見。曹，衆也，衆物功既成於寅也。卯太衝者，萬物至卯其皆太衝，其心皮舒放也。辰天罡者，當斗星之柄，其神剛强也。巳太乙者，純乾用事，天德在焉，故太乙神后也。午勝光者，陽氣大威，陰氣時動，惟陽在光爲勝也。未小吉者，萬物畢成熟，故爲小吉也。申傳送者，傳其成物，送與冬藏也。酉從魁者，從斗之魁，第二星也。戌河魁者，當河首也，當斗魁首也。亥登明者，水體内明，不見於外，微其陽氣，至子方明也。神后主婦女，大吉主田農，功曹主遷邦，太衝主對吏，天罡主殺伐，太乙主金寶，勝光主神祀，小吉主婚會，傳送主掩捕，從魁主死喪，河魁主疾病，登明主碎召。」夢溪筆談卷七象數類云：「六壬，天十二辰之名。古人釋其義曰：正月陽氣始建，呼召萬物，故曰登明。二月物生根魁，故曰天魁。三月華葉從根而生，故曰從魁。四月陽極，無所傳，故曰傳送。五月草木茂盛，踰於初生，故曰勝先。六月萬物小盛，故曰小吉。七月百穀成實，自能任持，故曰太一。八月枝條堅剛，故曰天罡。九月木可爲枝榦，故曰太衝。十月萬物登成，可以會計，故曰功曹。十一月月建在子，君復其位，故曰太吉。十二月爲酒醴以報百神，故曰神后。此説極無稽據、義理。予按：登明者，正月三陽始兆於地上，見龍在田，天下文明，故曰登明。天魁者，斗魁第一星也。斗魁第一星抵於戌，故曰天魁。從魁者，斗魁第二星也。斗魁第二星抵於酉，故曰從魁。（斗杓一星建方，斗魁二星建方，一星抵戌，一星抵酉。）傳送者，四月陽極將退，一陰欲生，故傳陰而生陽也。小吉，夏至之氣，大往小來，小人道長，小人之吉也，故爲婚姻酒食之事。勝先者，王者向明而治，萬物相見乎此，莫勝莫先焉。太一者，太微垣所在，太一所居也。天罡者，斗剛之所建也。（斗杓謂之剛，蒼龍第一星亦謂之亢，與斗剛相直。）太衝者，日月五星所出之門户，天之衝也。功曹者，十月歲功成而會計也。大吉者，冬至之氣，小往大來，君子道長，大人之吉也，故主文武大臣之事。十二月子位北方之中，上帝所居也。神后，帝君之稱也。天十二辰也，故皆以天事明之。」沈氏所解，或與蕭同，或與蕭異。班志所載轉位十二神之書既不可見，以其名義與論衡所載參證之，疑十二神者，本以配十二辰之方向，故亦稱爲十二辰也。占卜者準以干支，應以諸神。其取名也，或以星辰，或以舊占吉凶之語，定之時令之説，疑五行之家所演出也。即以加時論之，吴越春秋、龍首經、晉書藝術戴洋傳所載，多不相同。兩漢以來，人各爲説，彌失古旨。又按：「登明」本作「徵明」。夢溪筆談云：「亥曰登明。」注曰：「登，避仁宗嫌名。」可知趙宋以前，並作徵明也。今或作「徵明」，或作「微明」，或作「登明」。作「徵」者，其本字也；作「微」者，形近之誤也；作「登」者，宋人所改也。

**常立子、丑之位，俱有衝抵之氣，神雖不若太歲，宜有微敗。移徙者雖避太歲之凶，獨觸十二神之害，爲移徙時者，何以不禁？**「爲」讀作「謂」，指説移徙之家也。淺人不明「爲」、「謂」古通，而妄加「時」字，以指往來移徙之人。下文云：「爲移徙者，亦宜復禁東西徙。」又云：「爲移徙者，竟妄不可用也。」今「者」上並衍「時」字，與此誤同。彼文若原指往來移徙之人，則不當言其「竟妄不可用」。「竟妄不可用」，謂持移徙説者，其術妄不可用也。則知當作「爲移徙者」，甚明。足與此文互證。上文云：「爲移徙者，又不能處。」又云：「爲移徙者，何以審之。」句例并與此同，亦可證。

冬氣寒，水也，水位在北方。夏氣熱，火也，火位在南方。案秋冬寒、春夏熱者，天下普然，非獨南北之方水火衝也。今太歲位在子耳，天下皆爲太歲，非獨子、午衝也。水位北，火位南，而寒熱及於天下，非限南北。據此，則太歲雖在子位，其衝不當限於子、午。明不得南北徙之説之妄。審以所立者爲主，則午可爲大夏，子可爲大冬。午爲南方。夏氣熱，火也，火位南方，故謂午爲大夏。子爲北方。冬氣寒，水也，水位北方，故謂子爲大冬。冬夏南北徙者，當冬夏時，從南北徙者。可復凶乎？

立春，艮王、震相、巽胎、離没、坤死、兑囚、乾廢、坎休。孫曰：休、王之義，古昔或合言之，或分言之，義則一也。合言之者，並稱五行休王，若御覽二十五所引五行休王論是也。分言之者，區爲三部：一曰五行體休王，二曰支干休王，三曰八卦休王，若五行大義所載是也。仲任所言，蓋八卦休王也。五行大義卷二論八卦休王曰：「八卦休王者，立春艮王、震相、巽胎、離没、坤死、兑囚、乾廢、坎休。春分震王、巽相、離胎、坤没、兑死、乾囚、坎廢、艮休。立夏巽王、離相、坤胎、兑没、乾死、坎囚、艮廢、震休。夏至離王、坤相、兑胎、乾没、坎死、艮囚、震廢、巽休。立秋坤王、兑相、乾胎、坎没、艮死、震囚、巽廢、離休。秋分兑王、乾相、坎胎、艮没、震死、巽囚、離廢、坤休。立冬乾王、坎相、艮胎、震没、巽死、離囚、坤廢、兑休。冬至坎王、艮相、震胎、巽没、離死、坤囚、兑廢、乾休。其卦從八節之氣，各四十五日。」御覽二十五引京房易占及五行休王論，意並相同。（唐六典以王、相、囚、死、胎、没、休、廢爲卦之八氣。）王之衝死，相之衝囚，王、相衝位，有死、囚之氣。乾坤六子，注驗符篇。天下正道，伏羲、文王象以治世。文爲經所載，道爲聖所信，明審於太歲矣。人或以立春東北徙，抵艮之下，易説卦曰：「艮，東北之卦也。」此據上文「抵太歲名曰歲下」而言，故曰「抵艮之下」。不被凶害。太歲立於子，彼東北徙，坤卦近於午，猶艮以坤，坤位在西南，於辰爲未，故曰「坤卦近於午」。「以」猶「與」也。古有四維之卦，見周髀。宋本「徙」作「殺」，「近」作「也」，朱校元本同。義亦難明，疑此文有誤。徙觸子位，何故獨凶？正月建於寅，破於申，此月衝也。偶會篇曰：「正月建寅，斗魁破申。」從寅、申徙，寅爲東北。申爲西南。相之如者，無有凶害。太歲不指午，而空曰歲破；午實無凶禍，而虚禁南北，疑脱「徙」字。豈不妄哉？

十二月爲一歲，四時節竟，陰陽氣終，竟復爲一歲，疑當作「終竟復爲一歲」。「終」字涉重文脱。日、月積聚之名耳，何故有神而謂之立於子位乎？積分爲日，累日爲月，連月爲時，紀(結)時爲歲。「紀」，宋本作「結」，朱校元本同，是也。歲則日、月、時之類也。歲而有神，「而」猶「若」也。日、月、時亦復有神乎？千五百三十九〔歲〕爲一統，以下文例之，「九」下當有「歲」字，調時篇亦有此文，可證。盼遂案：依下句「四千六百一十七歲爲一元」例之，則此「三十九」下應有一「歲」字，今脱。且下文即云「歲猶統、元也」，所斥之「歲」，正承此文。四千六百一十七歲爲一元。注調時篇。歲猶統、元也。歲有神，統、元復有神乎？論之以爲無。假令有之，何故害人？神莫過於天地，天地不害人。人謂百神，百神不害人。太歲之氣，天地之氣也，何憎於人，觸而爲害？

且文曰：「甲子不徙。」言甲與子殊位，太歲立子不居甲，爲移徙者，運之而復居甲。此蓋旋式之法。史記日者傳：「分策定卦，旋式正棊。」索隱曰：「式即拭也。旋，轉也。拭之形，上圓象天，下方法地，用之則轉天綱，加地之辰，故曰旋式。」龜策傳曰：「運式定日月，分衡度，視吉凶。」移徙家運式，則天干加地支，故甲子合。爲之而復居甲，爲移徙[時]者，「時」字衍，校見上文。下誤同。盼遂案：章士釗云：「『甲爲之而復居』六字衍文。」是也。亦宜復禁東西徙。甲與子鈞，其凶宜同。不禁甲，而獨忌子，爲移徙[時]者，竟妄不可用也。人居不能不移徙，移徙不能不觸歲，不觸歲不能不得時死。句首「不」字，「得」字，并衍。三句相承爲文，句法一律。盼遂案：句首「不」字衍。工伎之人，見今人之死，則歸禍於往時之徙。

俗心險危，死者不絕，故太歲之言，傳世不滅。偶會篇：「世謂宅有吉凶，徙有歲月。實事則不然。命凶之人，當衰之家，治宅遭得不吉之地，移徙適觸歲月之忌。」

# 論衡校釋卷第二十五

## 詰術篇

**圖宅術曰：**孫曰：晉書魏舒傳：「少孤，爲外家寧氏所養。寧氏起宅，相宅者曰：『當出貴甥。』外祖母以魏氏甥小而慧，意謂應之。舒曰：『當爲外氏成此宅相。』」韓友傳：「善占卜，能圖宅相冢。」又按漢書藝文志形法有宫宅地形二十卷。隋書經籍志有宅吉凶論三卷，相宅圖八卷。蓋即仲任所謂圖宅術也。**宅有八術，**八術未詳。**以六甲之名，數而第之，第定名立，宫商殊别。**潛夫論卜列篇：「今俗有妄傳姓於五音，設五宅之符第。」又云：「宅有宫商之第。」亦即謂此。蓋五行納音術也。漢書律曆志曰：「日有六甲，辰有五子。」六甲，謂甲子、甲寅、甲辰、甲午、甲申、甲戌也。容齋四筆卷十云：「六十甲子納音，皆從五音所生。甲子爲首，而五音始於宫，宫土生金，故甲子爲金，而乙丑以陰從陽。商金生水，故丙子爲水，而丁丑從之。角木生火，故戊子爲火；徵火生土，故庚子爲土；羽水生木，故壬子爲木，而己丑、辛丑、癸丑各從之。至於甲寅，則納音起於商，商金生水，故甲寅爲水；角木生火，故丙寅爲火；徵火生土，故戊寅爲土；羽水生木，故庚寅爲木；宫土生金，故壬寅爲金，而五卯各從之。至甲辰，則納音起於角，角木生火，故甲辰爲火；徵火生土，故丙辰爲土；羽水生木，故戊辰爲木；宫土生金，故庚辰爲金；商金生水，故壬辰爲水，而五巳各從之。宫、商、角既然，惟徵、羽不得居首。如是甲午復如甲子，甲申如甲寅，甲戌如甲辰，而五未、五亥、五酉，亦各從其類。」宅有五音，姓有五聲。孫曰：周語：「司商協名姓。」白虎通論姓曰：「古者聖人吹律定姓，以記其族。人含五常而生，正聲有五：宫、商、角、徵、羽。轉而相雜，五五二十五，轉生四時異氣，殊音悉備，故姓有百也。」御覽十六引易是類謀曰：「聖人興起，不知姓名，當吹律聽聲，以別其姓。律者，六律也。」又引孝經援神契云：「聖王吹律定姓。」三百六十二引易是類謀曰：「黄帝吹律以定姓。」漢書京房傳：「房本姓李，推律自定爲京氏。」（合璧事類外集引古今姓纂云：「李姓徵音，京姓角音。」）本書奇怪篇：「孔子吹律，自知殷後。」潛夫論卜列篇云：「亦有妄傳姓於五音，其爲誣也甚矣。古有陰陽，然後有五行。五帝右據行氣，以生人民，載世遠，乃有姓名敬民。（「敬民」二字有誤。）名字者，蓋所以別衆猥而顯此人爾，非以紀五音而定剛柔也。今俗人不能推紀本祖，而反欲以聲音言語定五行，誤莫甚焉。」宅不宜其姓，姓與宅相賊，則疾病死亡，犯罪遇禍。唐書吕才傳才敍宅經曰：「近代師巫，更加五姓之説。言五姓者，謂宫、商、角、徵、羽等。天下萬物，悉配屬之。行事吉凶，依此爲法。至如張、王等爲商，武、庾等爲羽，欲似同韻相求。及其以柳姓爲宫，以趙姓爲角，又非四聲相管。其間亦有同是一姓，分屬宫、商；後有復姓數字，徵羽不別。驗於經典，本無斯説，諸陰陽書亦無此語，直是野俗口傳，竟無所出之處。」

詰曰：夫人之在天地之間也，萬物之貴者耳。其有宅也，猶鳥之有巢，獸之有穴也。謂宅有甲乙，巢穴復有甲乙乎？甲乙之神，獨在民家，不在鳥獸何？以下文例之，「何」下當有「也」字。夫人之有宅，猶有田也，以田飲食，以宅居處。人民所重，莫食最急，民以食爲天。洪範八政，一曰食，二曰貨。先田後宅，田重於宅也。田間阡陌，可以制八術，比土爲田，比，相屬也。可以數甲乙。「可」上舊校曰：一有「不」字。按：程本有「不」字，非也。甲乙之術，獨施於宅，不設於田，何也？府廷之内，吏舍比屬，吏舍之形制，何殊於宅？吏之居處，何異於民？不以甲乙第舍，獨以甲乙數宅，何也？民間之宅，與鄉、亭比屋相屬，接界相連。漢書百官表：「大率十里一亭，十亭一鄉。」風俗通（御覽一九四。）云：「春秋、國語有『寓望』，謂今亭也。民所安定也。亭有樓，從『高』省，『丁』聲也。漢家因秦，大率十里一亭。亭，留也，今語有亭待，蓋行旅宿食之所館也。」不并數鄉、亭，獨第民家。甲乙之神，何以獨立於民家也？數宅之術□行市亭，盼遂案：「行」上應有「亦當」二字。今既上文縱言數日之術行於民宅，故此復假設言其亦當行於市亭間也。下文「數宅既以甲乙，五行之家數日亦當以甲乙」，與此文法同。數巷街以第甲乙。「街」，宋、元本、朱校元本并作「術」。下「亦有巷街」同。按：作「術」是。下「街巷民家」誤同。墨子旗幟篇：「巷術周道者，必爲之門。」説文：「術，邑中道也。」此據巷術民宅數甲乙，以詰其術不行市亭。若作「巷街」，則下文「入市門曲折，亦有巷街」，不成文理矣。又「數宅之術」下疑脱「不」字。**入市門曲折，亦有巷街。人晝夜居家，朝夕坐市，**周禮地官司市：「大市，日昃而市，百族爲主。朝市，朝時而市，商賈爲主。夕市，夕時而市，販夫販婦爲主。」**其實一也，市肆户何以不第甲乙？州、郡列居，縣、邑雜處，與街巷民家何以異？州郡縣邑，何以不數甲乙也？**

**天地開闢有甲乙邪？後王乃有甲乙？**蔡邕月令章句曰：「大橈操五行之姓，占斗綱所建，於是始作甲乙以名日，謂之幹。作子丑以名日，謂之枝。枝幹相配，以成六旬。」郭沫若曰：「甲、乙、丙、丁，均爲魚身之物，其字象形。戊、巳、庚、辛、壬、癸六字均係器物之象形，且多係武器。」**如天地開闢本有甲乙，則上古之時，巢居穴處，無屋宅之居，街巷之制，甲乙之神皆何在？**

**數宅既以甲乙，五行之家數日，亦當以甲乙。**「當」疑當作「常」。**甲乙有支干，**白虎通姓名篇：「甲乙者，幹也。子丑者，枝也。」術家於支干上下生克以求日之吉凶，故謂數日以甲乙，甲乙有支干。**支干有加時。支干加時，專比者吉，相賊者凶。**專比，謂支干上下相生之日。賊，謂上下相克之日。淮南天文訓曰：「子生母曰義，母生子曰保，子母相得曰專，母勝子曰制，子勝母曰困。以勝擊殺，勝而無報。以專從事，事而有功。以義行理，名立而不墮。以保畜養，萬物蕃昌。以困舉事，破滅死亡。」母謂十干，子謂十二支也。抱朴子登涉篇引靈寶經曰：「所謂寶日者，謂支干上生下之日也。若甲午、乙巳之類是也。甲者，木也。午者，火也。乙亦木也，巳亦火也。火生於木故也。所謂義日者，支干下生上之日也。若壬申、癸酉之日是也。壬者，水也。申者，金也。癸者，水也。酉者，金也。水生於金故也。所謂制日者，支干上克下之日也。若戊子、己亥之日是也。戊者，土也。子者，水也。巳亦土也，亥亦水也。五行之義，土克水也。所謂伐日者，支干下克上之日也。若甲申、乙酉之日是也。甲者，木也。申者，金也。乙亦木也，酉亦金也。金克木故也。」伐日即淮南之困日。「保」、「寶」字通。不言專日，其義可類推得之。淮南、抱朴皆謂日有義、保、專、制、困五者。據此，則時亦有之，不獨日也。**當其不舉也，未必加憂支辱也。**孫曰：「支」字疑涉上下文「支干」而衍。暉按：朱校元本無「辱」字。「支」下空一格。疑「憂」字下半，爲「反」字誤合。「反支」見後漢書王符傳。「加憂」亦誤，未知所當作。**事理有曲直，罪法有輕重，上官平心，原其獄狀，未有支干吉凶之驗，而有事理曲直之效，爲支干者，何以對此？武王以甲子日戰勝，紂以甲子日戰負，**呂氏春秋貴因篇曰：「武王至鮪水，殷使膠鬲候周師。武王見之，曰：『將以甲子至殷郊，子以是報矣。』果以甲子至殷郊，殷已先陳矣。至殷，因戰，大克之。」禮記檀弓鄭注曰：「紂以甲子死。」**二家俱期，兩軍相當，旗幟相望，俱用一日，或存或亡。且甲與子專比，**甲，木也。子，水也。五行之義，水生木，是子生母，支干下生上之日也。即淮南所謂義日。**昧爽時加寅，**牧誓曰：「時甲子昧爽，王朝至于商郊牧野，乃誓。」僞孔傳：「昧，冥也。爽，明也，早旦也。」釋文引馬曰：「昧，未旦也。」疏曰：「蓋鷄鳴後也。」前調時篇曰：「平旦寅。」則以昧爽爲平旦。寅與甲乙(子)不相賊，「甲乙」當作「甲子」。甲子爲紂亡之日，寅爲紂亡之時。仲任意：時與日不相賊，何以紂亡。若作「甲乙」，則無義矣。寅亦木也，故與甲子不相克。武王終以破紂，何也？

日，火也，在天爲日，在地爲火。何以驗之？陽燧鄉日，火從天來。注率性篇。由此言之，火，日氣也。日有甲乙，火無甲乙何？日十而辰十二，日十，從甲至癸。辰十二，從子至亥。淮南天文訓曰：「五音六律，音自倍而爲日，律自倍而爲辰，故日十而辰十二。」漢律曆志載劉歆曰：「六律六吕，而十二辰立矣；五聲清濁，而十日行矣。」并謂音生日，律生辰。晉書律曆志云：揚子雲曰：「聲生於日，律生於辰。」日辰相配，故甲與子連。所謂日十者，何等也？端端之日有十邪？而將一有十名也？端端之日，謂在天之日。「而」當爲「亡」之譌。「亡將」連文，本書屢見。亡，發聲。將，猶抑也。亂龍篇：「不知都之精神在形象邪？亡將匈奴敬畏精神在木也？」定賢篇：「不知壽王不得治東郡之術邪？亡將東郡適將復亂，而壽王之治偶逢其時也？」句例正同。「亡將」，轉語詞，經典有作「亡其」者，「其」亦「將」也。「而將」未見。如端端之日有十，甲乙是其名，何以不從言甲乙，盼遂案：「從」字當爲「徒」字之誤也。必言子丑何？「從」，朱校元本、程、何、錢、黃本同。王本、崇文本作「徒」，疑是。下「何」

字，或屬下讀，非。**日廷圖甲乙有位，子丑亦有處，各有部署，列布五方，若王者營衞，常居不動。今端端之日中行，**「中行」，朱校元本作「衝」。通津本「中行」二字雙行，蓋據別本剜改。但義並難通。**旦出東方，夕入西方，行而不已，與日廷異，何謂甲乙爲日之名乎？術家更説，日甲乙者，自天地神也，日更用事，自用甲乙勝負爲吉凶，非端端之日名也。夫如是，於五行之象，**「於」，朱校元本作「則」。**徒當用甲乙決吉凶而已，何爲言加時乎？案加時者，端端之日加也。端端之日安得勝負？**郭沫若曰：「十干乃中國古代之次數，起源甚古，別無何等神祕之意義。由次數應用爲表示一旬之日次，故有十日之名。」

**五音之家，用口調姓名及字，**朱校元本作「五行之家」。按：「五行之家」、「五音之家」並見後文，殊難校定。**用姓定其名，用名正其字。口有張歙，聲有外内，**「口有張歙」，朱校元本作「以口張歙」。下文「以口張歙」、「用口張歙」之文數見。疑元本是。「以」一作「目」，與「有」形誤，文又誤倒。**以定五音宫商之實。**五行大義一引樂緯曰：「孔子曰：丘吹律定姓，一言得土曰宫，三言得火曰徵，五言得水曰羽，七言得金曰商，九言得木曰角。」易林曰：「剛柔相呼，二姓百家。」漢志五行家有五音定名十五卷。

**夫人之有姓者，用稟於天。**白虎通姓名篇云：「姓者生也，人稟天氣所以生者也。」**天**

**（人）得五行之氣爲姓邪？以口張歙、聲外内爲姓也？**「天」當作「人」。上下文義甚明。**如以本所禀於天者爲姓，若五穀萬物禀氣矣，何故用口張歙、聲内外定正之乎？**「口張歙」，各本并誤作「張口歙」。孫曰：「張口歙」，當作「口張歙」，文誤倒也。「口張歙」與「聲内外」相對。上文云：「以口張歙、聲外内爲姓也。」下文云：「不用口張歙外内。」（按：「外」上脱「聲」字，詳下條。）又云：「用口張歙調姓之義何居。」今據正。**古者因生以賜姓，因其所生賜之姓也。**左隱八年傳衆仲曰：「天子建德，因生以賜姓。」**若夏吞慧苡而生，則姓苡氏；**下「苡」字，奇怪篇作「姒」，書傳多作「姒」，一作「似」。以殷吞燕子而生則爲子氏例之，則此作「苡」，正符因生賜姓之義。説文無「姒」字。段玉裁曰：「『姒』蓋古祇作『以』。」其説近是。蓋因姓者本所生，神聖人母感天而生，故變「苡」爲「姒」，从「女」，从「以」，會意。餘注奇怪篇。**商吞燕子而生，則姓爲子氏；**注奇怪篇。**周履大人跡，則姬氏。**「跡」，宋本作「綦」，玉海五十引同。按：奇怪篇云：「姜原履大人跡，跡者基也，姓當爲其下土，乃爲女旁臣，非基跡之字，不合本事。」此文則因舊説，以明因生賜姓，因履大人基而姓姬。基、跡訓詁字，基、綦字通。今本改作「跡」，失其義也。餘注吉驗篇、奇怪篇。**其立名也，以信、以義、以像、以假、以類。**魯申繻説也，見左桓六年傳。白虎通姓名篇：「殷以生日名，如太甲、帝乙、武丁。或聽其聲，以律定其名。或依其事，旁其形。依其事者，若后稷是也。棄之，因名之爲棄也。旁其形者，孔子首類魯國尼丘山，故名爲丘。」則區爲四。旁形立名，即此以類名者。以律定名，爲仲任所破。然以生日名，依事名，申繻説不能該之。通志氏族略析爲三十二類。以下文「以德名」、「以類名」例之，則作「以生名」爲長。**以生名爲信，**元本作「名生」，朱校元本同，與左傳合。**若魯公子友生，文在其手曰「友」也。**魯季成也，見左閔二年傳。桓六年杜注云：「若唐叔虞、魯公子友。」杜蓋本此。沈欽韓左補曰：「『名生』之字，所包甚廣，唐叔虞、公子友之事，甚偶然者。白虎通：『殷以生日名子何？殷家質，故直以生日名子，以尚書道殷家太甲、武丁也。於臣民亦得以生日名子，以殷臣有巫咸、祖己。』又云：『或聽其聲，以律定其名。』此所謂以名生爲信也。」按：沈以律定名爲以生名，與仲任義反。**以德名爲義，**「名」，傳作「命」。下「類名」同。名、命字通。**若文王爲昌，武王爲發也。**杜注同。疏曰：「周本紀稱『大王見季歷生昌，有聖瑞，乃言曰：我世當有興者，其在昌乎』。是大王見其有瑞，度其當興，故名之曰昌，欲令昌盛周也。其度德名發，則無以言之。服虔云：『謂若大王度德命文王曰昌，文王命武王曰發。』似其有舊説也。舊説以爲文王見武王之生，以爲必發兵誅暴，故名曰發。」**以類名爲像，若孔子名丘也。**杜注：「若孔子首象尼丘。」疏：「孔子世家云：『叔梁紇與顏氏禱於尼丘，得孔子。孔子生而首上圩頂，故因曰丘，字仲尼。』是其象尼丘也。」**取於物爲假，若宋公名杵臼也。**杵臼，宋昭公名，見左文十六年傳。**取於父爲類，有似類於父也。**杜注：「若魯莊公與桓公同日生，名之曰同。」**其立字也，展名取同義，**白虎通姓名篇云：「或旁其名爲之字者，聞名即知其字，聞字即知其名。」王引之春秋名字解詁敍曰：「名之與字，義相比附，故叔重説文屢引古人名字，發明古訓，莫著於此。爰考義類，定以五體：一曰同訓，予字子我、常字子恒之屬是也。二曰對文，没字子明、偃字子犯之屬是也。三曰連類，括字子容、側字子反之屬是也。四曰指實，丹字子革、啓字子閭之屬是也。五曰辨物，鍼字子車、鱣字子魚之屬是也。」仲任僅謂取同義，未該之也。**名賜字子貢，**史記弟子傳：「衛端木賜字子貢。」「貢」當作「贛」。説文云：「贛，賜也。」「貢」爲假字。論語石經，凡「子貢」皆作「子贛」。五經文字曰：「貢，貢獻。贛，賜也。經典亦通用之。」**名予字子我。**弟子傳：「魯宰予字子我。」白虎通號篇：「予亦我也。」**其立姓則以本所生，置名則以信、義、像、假、類，字則展名取同義，不用口張歙、〔聲〕外内。**孫曰：「外」上脱「聲」字。「口張歙、聲外内」相對成文。上云：「以口張歙、聲外内爲姓也。」又云：「何故用口張歙、聲内外定正之乎？」並其證。**調宫商之義爲五音術，何據見而用？**

**古者有本姓，有氏姓。**禮記大傳鄭注曰：「玄孫之子，姓別於高祖。五世而無服，姓世所由生。姓，正姓也，始祖爲正姓，高祖爲庶姓。」正姓即此本性，庶姓即此氏姓。段玉裁曰：「尋姓氏之禮，姓統於上，氏別於下。鄭駁五經異義曰：『天子賜姓命氏，諸侯命族。族者氏之別名，姓者所以統繫百世不別也，氏者所以別子孫之所出。故世本之篇，言姓則在上，言氏則在下也。』此由姓而氏之説也。既别爲氏，則謂之『氏姓』。故風俗通、潛夫論皆以氏姓名篇。諸書多言氏姓，氏姓之見於經者，春秋隱九年，天王使南季來聘，穀梁傳曰：『南，（逗。）氏姓也。季，字也。』此『氏姓』之明文也。凡單云姓者，未嘗不爲氏姓；單云氏者，其後以爲姓，古則然也。至於周，以三代以上之姓及『氏姓』爲婚姻不通之姓，而近本諸氏於官、氏於事、氏於王父字者爲氏不爲姓，古今不同也。」**陶氏、田氏，事之氏姓也；**廣韻六豪曰：「陶姓，陶唐之後，今出丹陽。」風俗通曰：「凡氏於事，巫、卜、陶、匠是也。」潛夫論亦謂陶以事氏。通志氏族略四「以技爲氏」類曰：「陶氏，陶唐氏之後，因氏焉。虞思爲周陶正，亦爲陶氏。左傳，商人七族有陶氏。此皆以陶冶爲業者也。」廣韻一先：「田姓出北平，敬仲自陳適齊，後改田氏。」史記田敬仲完世家集解徐廣引應劭曰：「始食采地，由是改姓田氏。」索隱曰：「以陳、田二字聲相近，遂爲田氏。」唐田琬碑曰：「其先敬仲適齊，因陳爲族，周、齊聲近，遂氏於田。」通志氏族略二「以國爲氏」類曰：「田氏即陳氏，敬仲匿真氏爲田，陳、田聲近故也。齊無『田邑』，應劭説非。」並與索隱説同。仲任謂田以事氏，未聞。**上官氏、司馬氏，吏之氏姓也；**廣韻二十六桓：「楚莊王少子爲上官大夫，以上官爲氏。」通志氏族略三「以邑爲氏」類「楚邑」條曰：「上官氏，楚王子蘭爲上官邑大夫，因以爲氏。」按：吏氏、邑氏雖異，其義並通。史記太史公自序曰：「重黎氏世序天地，其在周，程伯休甫其後也。當周宣王時，失其守而爲司馬氏。」潛夫論志氏姓篇：「重黎氏世序天地，别其分主，以歷三代而封於程。其在周世，爲宣王大司馬，詩美『王謂尹氏，命程伯休父』。其後失守，適晉爲司馬，遷自謂其後。」又云：「宋司馬氏，子姓。」左哀十四年傳：「宋桓魋弟司馬牛。」史記弟子傳索隱曰：「以魋爲宋司馬，故牛遂以司馬爲氏。」廣韻七之：「司馬氏出河内。」**孟氏、仲氏，王父字之氏姓也。**諸侯之子稱公子，公子之子稱公孫，公孫之子以王父字爲氏。故魯隱公命無駭爲展氏。無駭，公子展之孫也。字有二等：有二十加冠之字，又有五十以伯仲叔季爲長幼之字，二者皆可爲氏。孟氏、仲氏，氏以長幼之字。展氏，氏以加冠之字。所以然者，服虔云：（左隱八年傳疏。）「公之母弟，則以長幼爲氏，貴適統，伯、仲、叔、季是也。庶公子，則以配字爲氏，尊公族，展氏、臧氏是也。」孔疏不然服説，於禮記大傳疏又從之。廣韻四十三映：「孟姓，本自周公。魯桓公之子仲孫之胤，仲孫爲三桓之孟，故曰孟氏。」孟子趙注題辭孫奭疏：「魯史，桓公之後，桓公適子莊公爲君，庶子公子慶父、公子叔牙、公子季友。仲孫是慶父之後，叔孫是叔牙之後，季孫是季友之後。其後子孫皆以仲、叔、季爲氏。至仲孫氏後世改仲曰孟。又云：孟，庶長之稱也。言己是庶，不敢與莊公爲伯仲叔季之次，故取庶長爲始也。又定公六年有仲孫何忌如晉，左傳即曰：『孟懿子往。』是孟氏爲仲孫氏之後改孟也。」潛夫論志氏姓篇：「魯之公族，有孟氏、仲孫氏。」左文十五年傳：「齊人或爲孟氏謀。」杜注：「慶父爲長庶，故或稱孟氏。」古今姓氏書辨證曰：「魯桓公四子，次曰慶父。慶父生穆伯公孫敖，敖生文伯穀、惠叔難，穀生孟獻子蔑，始以仲孫爲氏。」通志氏族略四「以次爲氏」類曰：「孟氏，姬姓。魯桓公子慶父之後。慶父曰共仲，本仲氏，亦曰仲孫氏。爲閔公之故，諱弑君之罪，更爲孟氏，亦曰孟孫氏。又衛有公孟縶之後，亦曰孟氏。齊有孟軻字子車。秦有孟説。」又曰：仲氏，高辛氏才子八元，仲堪、仲熊之後。又仲虺爲湯左相，其後並爲仲氏。又魯公子慶父曰共仲，亦爲仲氏，亦爲仲孫氏。慶父有弒君之罪，更爲孟氏。又公子譜云：「宋莊公子仲之後，亦稱仲氏。衞人仲由，爲孔子弟子。」**氏姓有三：事乎！吏乎！王父字乎！**白虎通姓名篇曰：「或氏其官，或氏其事。聞其事，即可知其德，（「德」字依盧校增。）所以勉人爲善也。或氏王父字，所以別諸侯之後，爲興滅國，繼絶世也。立氏三，以知其爲子孫也。」列以三目，與仲任同。官即吏也。王符、應劭則列爲九品。潛夫論志氏姓篇云：「或氏號、謚，（風俗通作「蓋姓有九：或氏於號，或氏於謚」。此文今本佚，據御覽三六二引。下同。）或氏於國，或氏於爵，或氏於官，或氏於字，或氏於事，或氏於居，或氏於志。（風俗通作「職」。下同。）若夫五帝三王之世，所謂號也。（風俗通作「以號，唐、虞、夏、殷也」。）文、武、昭、景、成、宣、戴、桓，所謂謚也。（風俗通作「以謚，戴、武、宣、穆也」。）齊、魯、吴、楚、秦、晉、燕、趙，所謂國也。（風俗通作「以國，齊、魯、宋、衞也」。）王氏、侯氏、王孫、公孫，所謂爵也。（風俗通作「以爵，王、公、侯、伯也」。）司馬、司徒、中行、下軍，所謂官也。（風俗通作「以官，司馬、司徒、司寇、司城也」。）伯有、孟孫、子服、叔孫，（今誤「子」，依事文類聚後集一引正。）所謂字也。（風俗通作「以字，伯、仲、叔、季也」。）巫氏、匠氏、陶氏，所謂事也。（風俗通作「以事，巫、卜、陶、匠也」。）東門、西門、南宮、東郭、北郭，所謂居也。（風俗通作「以居，城郭園池也」。）三烏、五鹿、青牛、白馬，所謂志也。」**以本姓則用所生，以氏姓則用事、吏、王父字，用口張歆調姓之義何居？**

匈奴之俗，有名無姓、字，無與相調諧，元本「無」下有「姓」字。朱校同。自以壽命終，禍福何在？禮：「買妾不知其姓則卜之。」禮記曲禮、坊記〔一〕並見此文。鄭注：「妾賤，或時非媵，取之於賤者，世無本繫。」又云：「妾言買者，以其賤，同之於衆物也。士庶之妾，恒多凡庸，有不知其姓者。」不知者，不知本姓也。夫妾必有父母家姓，然而必卜之者，父母姓轉易失實，禮重取同姓，曲禮云：「取妻不取同姓。」左僖二十三年傳：「男女同姓，其生不蕃。」白虎通五行篇：「不取同姓何？法五行，異類乃相生也。」故必卜之。姓徒用口調諧姓族，上「姓」字，疑當作「如」。則禮買妾何故卜之？舊本段。

圖宅術曰：「商家門不宜南向，徵家門不宜北向。」孫曰：潛夫論卜列篇云：「俗工曰：商家之宅，宜出西門。此復虛矣。五行當出乘其勝，入居其隩，乃安吉。商家向東入，東入反以爲金伐木，則家中精神日戰鬭也。五行皆然。」暉按：漢書王莽傳：「卜者王況謂李焉曰：君姓李，李音徵。」又呂才云：「王、張爲商。」則商金，南方火也；徵火，北方水也。水勝火，火賊金，五行之氣不相得，故五姓之宅，門有宜嚮。嚮得其宜，富貴吉昌；嚮失其宜，貧賤衰耗。

〔一〕「坊」，原本作「防」，形近而誤，今改。

夫門之與堂何以異？五姓之門各有五姓之堂，所向無宜何？門之掩地，不如堂廡，朝夕所處，於堂不於門。圖吉凶者，宜皆以堂。如門人所出入，則户亦宜然。説文：「門，从二户，象形。半門曰户。」孔子曰：「誰能出不由户？」論語雍也篇。言户不言門。五祀之祭，門與户均。見祭意篇。如當以門正所嚮，則户何以不當與門相應乎？且今府廷之内，吏舍連屬，門嚮有南北；長吏舍傳，漢書宣帝紀韋昭注：「傳謂傳舍。」閭居有東西。長吏之姓，必有宫、商；諸吏之舍，必有徵、羽。安官遷徙，未必角姓門南嚮也；失位貶黜，未必商姓門北出也。盼遂案：「門北出」當作「爲門南出」，後人求與上句「角姓門南嚮」對文而誤改也。角爲木，南方火也，木生火，故角姓門南嚮，則安官遷徙宜矣。商爲金，北方水也，金生水，商姓而門北出，則亦宜安官遷徙。今云「失位貶黜」，于義不合。故決「北出」爲「南出」之誤。南方火，賊商姓之金，故商姓門南出，則有失位貶黜之災也。上文明引「圖宅術曰：『商家門不宜南向，徵家門不宜北向』」，益證此處「北出」爲「南出」之誤矣。或云：「商姓爲徵姓之誤，作徵姓門北出，與角姓門南嚮對文。」然本篇上下文皆言商姓家門，無言徵姓家者，不應此語獨作徵姓。仍當以商姓門南出爲定也。或安官遷徙，或失位貶黜何？

姓有五音，人之性質，亦有五行。五音之家，商家不宜南嚮門，則人稟金之性者，可復不宜南嚮坐、南行步乎？一曰：五音之門，有五行之人。假令商姓口食

〔口〕五人，「口食」當作「食口」。辨崇篇云：「夫食口十人，居一宅之中。」五人中各有五色，木人青，火人赤，水人黑，金人白，土人黄。五色之人，俱出南嚮之門，或凶或吉，壽命或短或長。凶而短者，未必色白；吉而長者，未必色黄也。五行之家，何以爲決？

南嚮之門，賊商姓家，其實如何？南方，火也，使火氣之禍，若火延燔，徑從南方來乎？則雖爲北嚮門，猶之凶也。火氣之禍，若夏日之熱，四方洽浹乎？則天地之間，皆得其氣，南嚮門家，何以獨凶？南方火者，火位南方。一曰：其氣布在四方，非必南方獨有火，四方無有也，猶水位在北方，四方猶有水也。火滿天下，水辨四方，「辨」讀作「徧」。水或在人之南，或在人之北。謂火常在南方，是則東方可無金，西方可無木乎？

## 解除篇

盼遂案：莊子人間世篇云：「故解之以牛之白顙者，與豚之亢鼻者，與人之有痔病者，不可以適河。此皆巫祝以知之矣。」郭象注：「巫祝解除，棄此三者。」此「解」義之初見于古籍者。

世信祭祀，謂祭祀必有福；又然解除，謂解除必去凶。

解除初禮，先設祭祀。比夫祭祀，若生人相賓客矣。先爲賓客設膳，食已，驅以刃杖。鬼神如有知，必恚止戰，不肯徑去；孫曰：「必恚止戰」，與上下文義均不相應。且既云「必恚」，不得云「止戰」矣；既云「止戰」，不得云「不去」矣。「止」疑當作「與」，草書形近而誤。下文云：「挺劍操杖，與鬼戰鬬。」又云：「其驅逐之，與戰鬬無以異也。」並可證此文不當云「止戰」矣。暉按：疑當作「必恚戰不肯徑去」。「止」涉「恚」字下半「心」字而誤。「止」一作「已」，與「心」形近。若懷恨，反而爲禍。「若」猶「或」也。如無所知，不能爲凶，解之無益，不解無損。且人謂鬼神何如狀哉？如謂鬼有形象，形象生人，生人懷恨，必將害人。如無形象，與煙雲同，驅逐雲煙，亦不能除。形既不可知，心亦不可圖。鬼神集止人宅，欲何求乎？如勢欲殺人，當驅逐之時，避人隱匿；驅逐之止，則復還立故處。孫曰：

下「驅逐之」三字疑涉上而衍。盼遂案：「之」字衍文。「驅逐止」三字爲句。如不欲殺人，寄託人家，雖不驅逐，亦不爲害。

貴人之出也，萬民並觀，填街滿巷，爭進在前。士卒驅之，則走而却；士卒還去，即復其處；士卒立守，終日不離，僅能禁止。何則？欲在於觀，不爲壹驅還也。「還」當作「退」，形近又涉上下文諸「還」字而誤。上文云：「士卒驅之，則走而卻。士卒還去，即復其處。」下文云：「士卒驅逐，不久立守，則觀者不却。」即此不以壹驅而退之義。「還」字未妥。使鬼神與生人同，有欲於宅中，猶萬民有欲於觀也，士卒驅逐，不久立守，則觀者不却也。然則驅逐鬼者，不極一歲，鬼神不去。今驅逐之，終食之間，則舍之矣；舍之，鬼復還來，何以禁之？暴穀於庭，鷄雀啄之，「雀」，宋、元本作「鳥」，朱校同。主人驅彈則走，縱之則來，不終日立守，鷄雀不禁。使鬼神乎？不爲驅逐去止。使鬼不神乎？與鷄雀等，不常驅逐，不能禁也。

虎狼入都，弓弩巡之，雖殺虎狼，不能除虎狼所爲來之患。盜賊攻城，官軍擊之，雖却盜賊，不能滅盜賊所爲至之禍。虎狼之來，應政失也；盜賊之至，起世亂也；然則鬼神之集，爲命絶也。殺虎狼，却盜賊，不能使政得世治；然則盛解除，驅鬼神，不能使凶去而命延。與遭虎篇宗旨相違。蓋俗習共然，故因爲説。

病人困篤，見鬼之至，性猛剛者，挺劍操杖，與鬼戰鬭。戰鬭壹再，錯指受服，漢書文三王傳：「李太后與爭，門措指。」晉灼曰：「許慎云：措置字，借以爲笮耳。」師古曰：「音壯客反，謂爲門扉所笮。」此「錯指」謂爲杖所擊。知不服，必不終也。「知」，王本、崇文本作「如」。夫解除所驅逐鬼，與病人所見鬼無以殊也；其驅逐之，與戰鬭無以異也。病人戰鬭，鬼猶不去；宅主解除，鬼神必不離。「必」，宋本作「猶」，朱校元本同。由此言之，解除宅者，何益於事？信其凶去，不可用也。

且夫所除，宅中客鬼也。宅中主神有十二焉，青龍、白虎列十二位。龍、虎猛神，天之正鬼也，飛尸流凶，安敢妄集，「安」，崇文本作「不」。猶主人猛勇，姦客不敢闚也。有十二神舍之，舍之，止息之也。宅主驅逐，名爲去十二神之客，恨十二神之意，安能得吉？如無十二神，則亦無飛尸流凶。無神無凶，解除何補？驅逐何去？

解逐之法，緣古逐疫之禮也。注謝短篇。昔顓頊氏有子三人，生而皆亡，皆亡去。一居江水爲虐鬼，一居若水爲魍魎，一居歐隅之間，此爲小兒鬼。「歐隅」當作「區隅」。文選東京賦注、後書禮儀注引漢舊儀、路史餘論引禮緯、通志禮略三、前訂鬼篇並作「區隅」。主疫病人。三子皆然。出禮緯。注訂鬼篇。故歲終事畢，驅逐疫鬼，因以送陳、迎新、內吉也。世相倣效，故有解除。夫逐疫之法，亦禮之失也。行堯、舜之德，天下太平，百災消滅，雖不逐疫，疫鬼不往；行桀、紂之行，海内擾亂，百禍並起，雖日逐疫，疫鬼猶來。衰世好信鬼，愚人好求福。周之季世，信鬼脩祀，以求福助。郊祀志曰：「周史萇弘欲以鬼神之術輔尊靈王，會朝諸侯，而周室愈微，諸侯愈叛。」愚主心惑，不顧自行，功猶不立，治猶不定。故在人不在鬼，在德不在祀。國期有遠近，人命有長短。如祭祀可以得福，解除可以去凶，則王者可竭天下之財，以興延期之祀；富家翁嫗可求解除之福，以取踰世之壽。案天下人民，夭壽貴賤，皆有禄命；操行吉凶，皆有衰盛。祭祀不爲福，福不由祭祀，世信鬼神，故好祭祀。祭祀無鬼神，故通人不務焉。祭祀，厚事鬼神之道也，猶無吉福之驗，況盛力用威，驅逐鬼神，其何利哉？

祭祀之禮，解除之法，衆多非一，且以一事效其非也。夫小祀足以況大祭，一鬼足以卜百神。

世間繕治宅舍，鑿地掘土，功成作畢，解謝土神，名曰「解土」。孫曰：後漢書來歷傳：「時皇太子驚病不安，避幸安帝乳母野王君王聖舍。太子乳母王男、廚監邴吉等，以爲聖舍新繕修，犯土禁，不可久御。」鍾離意傳注引東觀記曰：「意在堂邑，撫循百姓如赤子。初到縣，市無屋。意出奉錢帥人作屋，人齎茅竹，或持材木，争起趨作，決日而成。功作既畢，謂解土祝曰：『興工役者令，百姓無事。如有禍祟，令自當之。』人皆大悦。」裴氏新言：「俗間有土公之神，云土不可動。玄有五歲女孫，卒得病，詣市卜云犯土。即依方治之，病即愈。然後知天下有土神矣。」（據周廣業意林附編輯引。）暉按：齊民要術載祝麴文曰「東方青帝土公，南方赤帝土公，西方白帝土公，北方黑帝土公，中央黃帝土公，主人某甲謹相祈請」云云。御覽方術部引江氏家傳：「江統爲太子洗馬，諫愍懷太子曰：臣聞土者民之主，用播殖築室，營都建邑，著在經典，無禁忌犯害之文。惟末俗小巫，乃有言佛書凡禁入地三尺，有四時方面，不皆禁也。竊見禁土令，不得繕治壇垣，動移屋瓦。此遠典制，不可爲永制。」容齋四筆：「今世俗營建宅舍，或小遭疾厄，皆云犯土。故道家有謝土司章醮文。」沈濂懷小編卷十五曰：「今道家章醮文正與齊民要術祝麴文相似。」爲土偶人，以像鬼形，令巫祝延，以解土神。「祝延」注言毒篇。已祭之後，心快意善，謂鬼神解謝，殃禍除去。如討論之，乃虛妄也。何以驗之？

夫土地猶人之體也，普天之下，皆爲一體，頭足相去，以萬里數。人民居土上，猶蚤虱着人身也。蚤蝨食人，賊人肌膚，猶人鑿地，賊地之體也。蚤蝨內知，有欲解人之心，相與聚會，解謝於所食之肉旁，人能知之乎？夫人不能知蚤蝨之音，「音」疑是「意」之壞字。猶地不能曉人民之言也。胡、越之人，耳口相類，心意相似，對口交耳而談，尚不相解，況人不與地相似，地之耳口與人相遠乎！「遠」舊作「達」。孫曰：「地之耳口與人相達」，與上下文義均不相應。「達」當作「遠」，字之誤也。下文云：「今所解者地乎？

則地之耳遠不能聞也。」是其證。暉按：孫説是也。宋本、朱校元本正作「遠」。今據正。盼遂案：「達」當爲「違」，字之誤也。上句「人不與地相似」，此正申明其説也。或謂當爲「遠」字，則與上下文「地之耳遠，不相聞也」句不相符。今所解者地乎？則地之耳遠，不能聞也。所解一宅之土，孫曰：此下疑脱「乎」字。則一宅之土，猶人一分之肉也，安能曉之？如所解宅神乎？則此名曰「解宅」，不名曰「解土」。

禮，人宗廟，無所主意，斬尺二寸之木，名之曰主，注亂龍篇。主心事之，不爲人像。今解土之祭，爲土偶人，像鬼之形，何能解乎？神，荒忽無形，出入無門，故謂之神。今作形像，與禮相違，失神之實，故知其非。象似布藉，「似」疑當作「以」。不設鬼形。解土之禮，立土偶人，如祭山可爲石形，祭門户可作木人乎？

晉中行寅將亡，召其太祝，欲加罪焉，曰：「子爲我祀(祝)，此文出新序雜事篇。「祀」當據改作「祝」。下文「君苟以祝爲有益於國乎」，即承此爲文，是其證。又下文云：「今世信祭祀，中行子之類也。不脩其行，而豐其祝。」則知仲任本作「祝」，非異文也。犧牲不肥澤也？且齊戒不敬也？「且」猶「抑」也。「也」並讀作「邪」。「齊」讀作「齋」。使吾國亡，何也？」祝簡對曰：「昔日(者)，「日」爲「者」之壞字。宋本作「者」，與新序合。吾先君中行密子新序作「穆子」。有車十乘，新序作「皮車」。不憂其薄也，憂德義之不足也。今主君有革車百乘，不憂〔德〕義之薄也，「不憂德義之薄也」，與上「憂德義之不足」正反相承爲文，「義」上當有「德」字。今據新序增。唯患車之不足也。夫舩車飭即「飾」字。則賦斂厚，賦斂厚則民謗詛。君苟以祀（祝）爲有益於國乎？詛亦將爲亡矣！此文以「祝」、「詛」對言，作「祀」非也。新序正作「祝」。一人祝之，一國詛之，一祝不勝萬詛，國亡，不亦宜乎？祝其何罪？」中行子乃慙。今世信祭祀，中行子之類也。不脩其行朱校元本作「德」。而豐其祝，不敬其上而畏其鬼；身死禍至，歸之於祟，謂祟未得；得祟脩祀，禍繁不止，「繁」，元本作「繫」，朱校同。歸之於祭，謂祭未敬。夫論解除，解除無益；論祭祀，祭祀無補；論巫祝，巫祝無力。竟在人不在鬼，在德不在祀，明矣哉！

# 祀義篇

世信祭祀，以爲祭祀者必有福，不祭祀者必有禍。是以病作卜祟，祟得脩祀，祀畢意解，意解病已，執意以爲祭祀之助，勉奉不絶。謂死人有知，鬼神飲食，猶相賓客，賓客悦喜，報主人恩矣。其脩祭祀，是也；信其享之，非也。「享」，舊作「事」。「信其事之，非也」，文不成義。「事」爲「享」之形譌，下文正辯言鬼能歆享之非。宋本「事」正作「享」，是其證，今據正。

實者，祭祀之意，元本作「義」，朱校同。按：以「祀義」題篇，則元本是。主人自盡恩懃而已，鬼神未必歆享之也。「歆」，舊作「欲」。孫曰：「欲」當作「歆」，形近而誤。下云：「何歆享之有？」又云：「何以審其不能歆享飲食也？」並承此文言之。且後文云：「未必有鬼神審能歆享之也。」與此句意正同。暉按：孫説是也。宋、元本、朱校元本並作「歆」，今據正。何以明之？今所祭者報功，「今」猶「若」也，下同。則緣生人爲恩義耳，何歆享之有？今所祭死人，死人無知，不能飲食。何以審其不能歆享飲食也？夫天者，體也，與地同。宋本、朱校元本「同」作「異」。按：當作「與地無異」。變虚篇云：「夫天，體也，與地無異。」語意正同。宋、元本脱「無」字，校者則改「異」爲「同」，失其舊矣。天有列宿，地有宅舍，宅舍附地之體，列宿着天之形。形體具，則有口乃能食。「形」，朱校元本作「人」。使天地有口能食祭，食宜食盡。宋本作「食祭宜盡」，朱校元本同。盼遂案：「宜」下「食」字疑衍。如無口，則無體，無體則氣也，若雲霧耳，亦無能食如（祭）。「如」，朱校元本作「祭」，是也。「亦無能食祭」，與上文「使天地有口能食祭」正反相承爲文。天地之精神，若人之有精神矣，以人之精神，何宜飲食？中人之體七八尺，身大四五圍，食斗食，歠斗羹，乃能飽足；多者三四斗。天地之廣大，以萬里數，圜丘之上，王肅聖證論云：「於郊築泰壇，象圓丘之形。以丘言之，本諸天地之性，故祭法云：『燔柴於泰壇。』則圓丘也。」（郊特牲疏。）禮記祭法疏云：「其祭天之處，冬至則祭圜丘。圜丘所在，應從陽位，當在國南。」按：董仲舒、劉向、馬融、王肅等並以圜丘即郊。郊、丘異名同實。鄭玄以祭法禘黄帝爲圓丘，謂天有六天，丘、郊各異。文具郊特牲、祭法疏。尋此文前云「圜丘」，後云「則夫古之郊者負天地」，則以郊、丘爲一，與鄭義異。一璽栗牛，禮記〔一〕王制曰：「祭天地之牛，角繭栗。」言牛角形小如繭如栗。粢〔二〕飴大羹，周禮天官

〔一〕「記」，原本作「制」，涉下文「王制」而誤，今改。

〔二〕「粢」，原本作「粲」，形近而誤，據通津草堂本改。下同。

亨人：「祭祀共大羹。」鄭注：「大羹，肉湆。」鄭司農云：「大羹，不致五味也。」疏云：「謂大古之羹，不調以鹽菜及五味。」不過數斛，以此食天地，天地安能飽？天地用心，猶人用意也，人食不飽足，則怨主人，不報以德矣。必謂天地審能飽（飲）食，則夫古之郊者負天地。「飽食」當作「飲食」。仲任意：若謂天地審能飲食，今食以一蠒栗牛，數斛粢餄大羹，天地安能飽？則古之郊者有負於天地矣。以證其「不能歆享飲食」之説。上文云：「以此食天地，天地安能飽。」則此作「天地審能飽食」，於義未安。

山，猶人之有骨節也；水，猶人之有血脈也。故人食腸滿，則骨節與血脈因以盛矣。今祭天地，則山川隨天地而飽。今別祭山川，以爲異神，禮記王制：「天子祭天地，祭天下名山大川。」是人食已，更食骨節與血脈也。社、稷，報生穀、物之功。注祭意篇。萬民（物）生於天地，「萬民」於義無取，當作「萬物」，承上「穀物」爲文。猶毫毛生於體也。祭天地，則社、稷設其中矣，人君重之，故復別祭。郊特牲曰：「郊特牲〔一〕，而社稷大牢。」必以爲有神，是人之膚肉當復食也。五祀初本在地，門、户用木與土，土木生於地，井、竈、室中霤皆屬於地，郊特牲曰：「家主中霤，而國主社。」注：「中霤亦土神也。」餘注

〔一〕「牲」，原本作「性」，形近而誤，今改。

祭意篇。盼遂案：「室」字衍文。下祭意篇：「諸侯爲國立五祀，曰司命，曰中霤，曰國門，曰國行，曰公厲。」此五祀無室之證也。蓋古以中霤代室，中霤者，室之主要處也。**祭地，五祀設其中矣，**祭法曰：「王自爲立七祀，諸侯自爲立五祀。」此云「祭地」不在諸侯祀典，而兼云「五祀」者，曲禮「天子、諸侯、大夫並祭五祀」，仲任蓋據彼爲説。**人君重之，故復別祭。必以爲有神，是食已當復食形體也。**盼遂案：「是」字下本有「人」字，今脱。上文「是人食已，更食骨節與血脈也」，「是人之膚肉當復食也」，下文「則人吹喣、精液、腹鳴當腹食也」，「則人之食已，復食目與髮也」，皆與此同一文法，而並有「人」字，亟宜據補。**風伯、雨師、雷公，是羣神也。**離騷王注：「飛廉，風伯也。」吕氏春秋曰：「風師曰飛廉。」應劭曰：「飛廉，神禽，能致風氣。」晉灼曰：「飛廉，鹿身，頭如雀，有角，而蛇尾豹文。」天問曰：「蓱號起雨。」王注：「蓱，蓱翳，雨師名也。號，呼也，言雨師號呼則雲起雨下。」郊祀志師古注云：「雨師，屏翳也。」當即本此。而云「一曰屏號」，似未撿王注。搜神記四：「雨師一曰屏翳，一曰號屏，一曰玄冥。」山海經：「屏翳在海東，時人謂之雨師。」天象賦云：「太白降神於屏翳。」注：「其精降爲雨師之神。」周禮春官大宗伯職先鄭注：「風師，箕也。雨師，畢也。」獨斷、風俗通祀典篇、淮南高誘注並同。按：此文既言風伯、雨師，下文又言日月星辰，則非謂箕、畢也。郊祀志以二十八宿、風伯、雨師並言，亦不從先鄭説也。鄭玄駁五經異義云：「今人謂雷曰雷公。」離騷王注：「豐隆，雲師，一曰雷師。」穆天子傳云：「天子升崑崙封豐隆之葬。」郭璞云：「豐隆，筮師，御雲，得大壯卦遂爲雷師。」張衡思玄賦云：「豐隆軯其震霆，雲師䨴以交集。」則謂豐隆，雷也。風猶人之有吹喣也，雨猶人之有精液也，雷猶人之有腹鳴也。三者附於天地，祭天地，三者在矣，人君重之，故〔復〕別祭。「復」字據上下文例增。周禮春官大宗伯職：「以禋祀祀昊天上帝，以槱燎祀飌師雨師。」月令：「立春後丑日，祭風師於國城東北。立夏後申日，祀雨師於國城西南。」後漢書祭祀志：「以丙戌日祠風伯於戌地，以己丑日祠雨師於丑地。」必以爲有神，則人吹喣、精液、腹鳴當復食也。日、月猶人之有目，星辰猶人之有髮。三光附天，祭天，三光在矣，人君重之，故復別祭。周禮大宗伯職：「以禋祀祀昊天上帝，以實柴祀日、月、星、辰。」鄭注：「星謂五緯，辰謂日月所會十二次。」按：此以日、月、星辰爲三光，是以「星辰」爲一，不同鄭氏分爲二也。必以爲有神，則人之食已，復食目與髮也。

宗廟，己之先也。四諱篇云：「親死亡謂之先。」生存之時，謹敬供養，死不敢不信，故修祭祀，緣生事死，示不忘先。「緣生」舊作「緣先」，宋、元本並作「緣生」，祭意篇亦有「緣生事死」句，今據正。白虎通宗廟篇曰：「王者所以立宗廟何？曰：生死殊路，故敬鬼神而遠之。緣生以事死，敬亡若事存，故欲立宗廟而祭之。此孝子之心所以追孝繼養也。宗者尊也，廟者貌也，象先祖之尊貌也。」五帝三王郊宗黄帝、帝嚳之屬，本禮記祭法。詳後祭意篇。報功堅(重)力，「堅力」無義。宋、元本作「重力」，是也。不敢忘德，未必有鬼神審能歆享之也。

夫不能歆享，則不能神；不能神，則不能爲福，亦不能爲禍。禍福之起，由於喜怒；喜怒之發，由於腹腸。有腹腸者輒能飲食，不能飲食則無腹腸，無腹腸則無用喜怒，無用喜怒則無用爲禍福矣。

或曰：「歆氣，不能食也。」夫歆之與飲食，一實也。用口食之，用口歆之。無腹腸則無口，無口，無用食，則亦無用歆矣。何以驗其不能歆也？以人祭祀有過，不能即時犯也。夫歆不用口則用鼻矣，口鼻能歆之，則目能見之，目能見之，則手能擊之。今手不能擊，則知口鼻不能歆之也。

或難曰：「宋公鮑之身有疾。墨子明鬼篇云：「宋文公（「公」今作「君」，引依吴鈔本。）鮑。」祝曰夜姑，有祝名夜姑，祝即周禮大小祝也。俞曰：此事見墨子明鬼下篇。「夜姑，」墨子作「祏觀辜」。字書無「祏」字，未詳也。暉按：「祏」即「祝」之譌。詳墨子閒詁。掌將事於厲者。墨子作「固嘗從事於厲」。疑「掌」與「嘗」字形近，又涉下文「審是掌之」而誤。字當作「嘗」。「將事」猶「從事」也。厲鬼杖檝而與之言曰：俞曰：墨子作「袾子杖揖出與言曰」，「揖」字不知何義，余作諸子平議，疑「杖揖」當作「揖杖」，引尚書大傳「八十者杖於朝，見君揖杖」爲證。今觀此文，乃知「揖」爲「楫」字之誤。此作「檝」，彼作「楫」，一字也。然「楫」爲舟楫字，施之於此，亦非所宜，仍當闕疑。』何而粢盛之不膏也？而，汝也。下同。何而芻犧之不肥碩也？何而

**珪璧之不中度量也？而罪歟？其鮑之罪歟？』夜姑順色而對曰：『鮑身尚幼，在繈褓，不預知焉。**朱校元本作「繈葆」，字通。史記魯世家云：「成王少，在强葆之中。」孫奭孟子音義引博物志云：「繈褓，織縷爲之，廣八寸，長一尺二寸，以負小兒於背上。」**審是掌之。』**墨子作「官臣觀辜特爲之」。盼遂案：句尾疑當有「罪也」二字，今脱。「掌」者，人名也。上文：「祝曰夜姑掌，（句絶。）將事於厲者。」蓋夜姑者字，掌者名也。故此云「審是掌之罪也」。墨子明鬼篇云：「觀辜曰：鮑幼，在荷繈之中，鮑何與識焉？官臣觀辜特爲之。」彼云「觀辜特爲之」，與此云「掌之罪也」同意。**厲鬼舉檝而掊之，**墨子作「祩子舉揖而稾之」。俞曰：如墨子所載，則舉揖而稾之者，祩子也。「祩」即「祝」之異文，是鬼神假手祝史以殺之，非能自殺之也。王仲任殆未見墨子之文，不然，則更足爲鬼神手不能擊之證，何不即此以曉難者乎？暉按：孫詒讓云：「以『祩』爲『祝』異文，説無所據。上文觀辜已是祝，則祩子不當復爲祝。」然則「祩子」既不得謂「祝」，則俞説失據。「祩子」之義，今不可明。仲任既以厲鬼釋之，當從其説。**斃於壇下。此非能言用手之驗乎？」曰：夫夜姑之死，未必厲鬼擊之也，時命當死也。妖象厲鬼，象鬼之形則象鬼之言，象鬼之言則象鬼而擊矣。何以明之？夫鬼者，神也。神則先知，先知則宜自見粢盛之不膏、珪璧之失度、犧牲之臞小，則因以責讓夜姑，以檝擊之而已，無爲先問。先問，不知之效也；不知，不神之驗也；不知不神，則不能見體出言，以檝擊**

人也。夜姑，義臣也，引罪自予已，朱校元本無「已」字。故鬼擊之。如無義而歸之鮑身，則厲鬼將復以檝掊鮑之身矣。且祭祀不備，神怒見體，以殺掌祀。如禮備神喜，肯見體以食賜主祭乎？人有喜怒，鬼亦有喜怒。人不爲怒者身存，不爲喜者身亡，厲鬼之怒，見體而罰。宋國之祀，必時中禮，夫神何不見體以賞之乎？夫怒喜不與人同，則其賞罰不與人等；賞罰不與人等，則其掊夜姑，不可信也。

且夫歆者，内氣也；「内」讀「納」。言者，出氣也。能歆則能言，猶能吸則能呼矣。如鬼神能歆，則宜言於祭祀之上。今不能言，知不能歆，一也。凡能歆者，口鼻通也。使鼻齆不通，齆，鼻齆塞也。口鉗不開，則不能歆〔之〕矣。「歆」下元本有「之」字，朱校同。上文云：「用口歆之。」又云：「口鼻能歆之。」又云：「則知口鼻不能歆之也。」則元本有「之」字是也。當據補。人之死也，口鼻腐朽，安能復歆？二也。禮曰：「人死也，斯惡之矣。」檀弓下述子游之詞。與人異類，故惡之也。檀弓下云：「君臨臣喪，以巫祝桃茢執戈，惡之也。所以異於生人也。」鄭注：「爲有凶邪之氣在側，人生無凶邪。」爲尸不動，朽敗滅亡，其身不與生人同，則知不與生人通矣。身不同，知不通，其飲食不與人鈞矣。胡、越異類，飲食殊味。死之與生，非直胡之與越也。由此言之，死人不歆，三也。當人之臥也，置食物其旁，不能知也。覺乃知之，知乃能食之。夫死，長臥不覺者也，安能知食？不能歆之，四也。

或難曰：「『祭則鬼享之』，何謂也？」曰：言其脩具謹潔，粢牲肥香，人臨見之，意飲食之。推己意以況鬼神，鬼神有知，必享此祭，故曰鬼享之也。「也」，舊作「祀」。孫曰：上文云：「或難曰：祭則鬼享之，何謂也？」此乃答語，不當有「祀」字。蓋涉下文「祭祀」而衍。暉按：孫説是也。宋本「祀」作「也」。「祀」爲「也」字形譌，今據正。

難曰：「易曰：『東鄰殺牛，不如西鄰之礿祭。』既濟九五爻辭。東鄰謂紂，紂治朝歌，在東。西鄰謂文王，文王國於岐周，在西。禮記坊記鄭注：「禴祭用豕。」郊祀志師古注：「禴謂瀹煑新菜以祭。言祭祀之道，莫盛修德，故紂之牛牲，不如文王之蘋藻也。」夫言東鄰不若西鄰，言東鄰牲大福少，西鄰祭少福多也。今言鬼不享，何以知其福有多少也？」曰：此亦謂脩具謹潔與不謹潔也。紂殺牛祭，不致其禮；文王礿祭，竭盡其敬。夫禮不至，「至」當作「致」，承上「不致其禮」爲言。則人非之；禮敬盡，則人是之。是之，則舉事多助；非之，則言行見畔。見畔，若祭不見享之禍；盼遂案：「不見享」當是「見不享」。多助，若祭見歆之福，非鬼爲祭祀之故有喜怒也。何以明之？苟鬼神，不當須人而食，須人而食，是不能神也。信鬼神歆祭祀，祭祀爲禍福，謂鬼神居處何如狀哉？自有儲偫邪？將以人食爲饑飽也？如自有儲偫，儲偫必與人異，不當食人之物；

如無儲偫，則人朝夕祭乃可耳。壹祭壹否，則神壹饑壹飽；壹饑壹飽，則神壹怒壹喜矣。「壹」並猶「或」也。

且病人見鬼，及臥夢與死人相見，如人之形，故其祭祀，如人之食。緣有飲食，則宜有衣服，故復以繒製衣，以象生儀。初學記十三引五經異義云：禮稽命潛曰：「三年一祫，五年一禘，以衣服想見其容色。」其祭如生人之食，人欲食之，冀鬼饗之。其製衣也，廣縱不過一尺若五六寸。「若」猶「或」也。周禮天官司裘：「大喪廞裘。」鄭注：「廞，興也，謂象飾而作之。凡爲神之偶衣物，必沽而小耳。」以所見長大之神，貫一尺之衣，其肯喜而加福於人乎？以所見之鬼爲審死人乎？則其製衣宜若生人之服。如以所製之衣審鬼衣之乎？則所見之鬼宜如偶人之狀。夫如是也，世所見鬼，非死人之神；或所衣之神，非所見之鬼也。以上二十字，何、錢、黄、王、崇文本並脱。「死人」二字，宋、元本並作「所衣」，朱校同。鬼神未定，厚禮事之，安得福祐而堅信之乎？

# 祭意篇

**禮：王者祭天地，諸侯祭山川，卿、大夫祭五祀，士、庶人祭其先。**「禮」舊作「樹」，朱校元本、錢、黄本同。宋本、王本、鄭本並作「禮」，今據正。白虎通五祀篇引禮曰：「天子祭天地，諸侯祭山川，卿大夫祭五祀，士祭其祖。」與此文同，蓋逸禮也。曲禮下：「天子祭天地，祭四方，祭山川，祭五祀，歲徧。諸侯方祀，祭山川，祭五祀，歲徧。大夫祭五祀，歲徧。士祭其先。」與此義同。盼遂案：「樹」當爲「禮」之形誤，漢魏叢書本已改作「禮」。此數語見禮記曲禮下及王制，禮運亦略有其文。**宗廟、社稷之祀，自天子達於庶人。**祭法云：「庶士、庶人無廟。」王制云：「士一廟，庶人祭於寢。」是庶人無廟祀。又祭法云：「大夫以下成羣立社曰置社。」大戴禮禮三本篇云：「社止諸侯，道及士大夫。待年而食者，不得立宗廟。」亦見荀子禮論篇。此文未知所本。後漢書郊祀志曰：「郡縣置社稷。」意仲任就漢制言之歟？**尚書曰：「肆類於上帝，**五經異義（御覽五二七。）引夏侯、歐陽説：「類，祭天名也，以事類祭也。」**禋于六宗，**注見下。**望于山川，**穀梁僖三十一年傳注引鄭曰：「望者，祭山川之名。」**偏于羣臣。」**堯典作「羣神」，錢、黄、王、崇文本同。漢白石神君碑作「偏于羣臣」，書鈔八八引書同。（但引孔注又作「羣神」。）蓋作「羣臣」

者，三家之異。禮曰：「有虞氏禘黄帝而郊嚳，祖顓頊而宗堯；夏后氏亦禘黄帝而郊鯀，祖顓頊而宗禹；殷人禘嚳而郊冥，祖契而宗湯；周人禘嚳而郊稷，祖文王而宗武王。鄭玄曰：「禘、郊、祖、宗，謂祭祀以配食也。此禘謂祭昊天於圜丘也。祭上帝於南郊曰郊。祭五帝五神於明堂曰祖。宗，祖宗通言爾。」燔柴於大壇，祭天也；瘞埋於大折，祭地也，用騂犢。鄭曰：「壇折，封土爲祭處也。地，陰祀，用黝牲，與天俱用犢，連言爾。」埋少牢於大昭，祭時也；相近於坎壇，祭寒暑也；王宮，祭日也；夜明，祭月也；幽宗，祭星也；雩宗，祭水旱也；四坎壇，祭四方也。山林、川谷、丘陵，能出雲，爲風雨，見怪物，皆曰神。有天下者祭百神。諸侯在其地則祭，亡其地則不祭。」禮記祭法文。鄭曰：「昭，明也，亦謂壇也。時，四時也，亦謂陰陽之神也。埋之者，陰陽出入於地中也。凡此以下，皆祭用少牢。『相近』當作『禳祈』，聲之誤也。禳猶卻也。祈，求也。寒暑不時，則或禳之，或祈之。寒於坎，暑於壇。王宮，日壇。王，君也。日稱君。宮、壇，營域也。夜明，亦謂月壇也。『宗』當爲『禜』，字之誤也。幽禜，亦謂星壇也。星以昏始見，禜之言營也。雩禜，亦謂水旱壇也，雩之言吁嗟也。四方，即謂山林川谷丘陵之神也。祭山林丘陵於壇，川谷於坎，每方各爲坎爲壇。怪物，雲氣非常見者也。有天下，謂天子也。百者，假成數也。」宋本「宗」作「禜」，朱校元本作「禜」。蓋此文本作「禜」，後人改作「宗」也。説文引禮亦作「禜」，是漢儒皆讀作「禜」，非自鄭始也。

又按：鄭氏以「四方」即謂「山林川谷丘陵之神」，下文云：「四方，氣所由來。山林川谷，民所取材用。」是仲任別爲二義，與鄭不同。**此皆法度之祀，禮之常制也。**

**王者父事天，母事地，推人事父母之事，故亦有祭天地之祀。**五經通義曰：（類聚三八。）「王者所祭天地何？王者父事天，母事地，故以子道也。」**山川以下，報功之義也。緣生人有功得賞，鬼神有功亦祀之。山出雲雨潤萬物。六宗居六合之間，助天地變化，王者尊而祭之，故曰六宗。**御覽五三二引五經異義：「今尚書歐陽、夏侯說，六宗者，上不及天，下不及地，旁不及四方，居中央恍惚無有，神助陰陽變化，有益於人，故郊天並祭之。」即仲任所據爲說。伏生、馬融說，天地四時。鄭玄說，星、辰、司中、司命、風伯、雨師。僞孔傳說，寒暑日月星水旱。劉歆說，乾坤六子。孔光、晁錯、王莽、王肅、顔師古說同。賈逵、許慎說，天宗三，地宗三。司馬彪說，天宗、地宗、四方宗。然以今文說爲是，餘並非也。說詳皮氏今文尚書考證。又按：路史餘論五謂王充從安國說，非也。**社稷，報生萬物之功，社報萬物，稷報五穀。**此今文說也。五經異義：「今孝經說曰：『社者，土地之主，土地廣博，不可徧敬，封五土爲社。』古左氏說：『共工爲后土，后土爲社。』許君謹案亦曰：『春秋稱公社，今人謂社神爲社公，故知社是上公，非地祇。』鄭駁之云：『社祭土而主陰氣。』又云：『社者，神地之道。謂之社神，但言上公失之矣。今人亦謂雷曰雷公，天曰天公，豈上公也？』」異義又云：「今孝經說：『稷者五穀之長，穀衆多不可偏敬，故立稷而祭之。』古左氏說：『列山氏之子曰柱，死，祀以爲稷，稷是田正。周棄亦爲稷，自商以來祀之。』許君謹案：『禮緣生及死，故社稷人事之。既祭稷穀，不得但以稷米祭，稷反自食。』同左氏義。鄭駁之云：宗伯以血祭祭社稷五嶽四瀆。社稷之神，若是句龍、柱、棄，不得先五嶽而食。又引司徒五土名，又引大司樂五變而致介物及土示。土示，五土之總神，即是社也。六樂於五地無原隰而有土祇，則土祇與原隰同用樂也。又引詩信南山云：『畇畇原隰』下之『黍稷』，或云原隰生百穀，黍爲之長，然則稷者原隰之神。若達此義，不得以稷米祭稷爲難。」（禮記郊特牲疏。）鄭以社爲五土之神，稷爲原隰之神，同今孝經說，非人鬼也。句龍有平水土之功，稷有播五穀之功，配社稷祀之耳。賈逵、馬融、王肅之徒，（見郊特牲疏。）應劭風俗通祀典篇並以社祭句龍，稷祭后稷，皆人鬼，非地祇。仲任從今文說，以爲地神，同鄭義也。知者，明雩篇云：「社，報生萬物之功，土地廣遠，難得辨祭，故立社爲位。」祀義篇云：「祭天地則社稷設其中矣。」若謂社稷爲人鬼，則不得謂祭天地即祭之也。後文復引左氏傳以社稷之神爲句龍、柱、棄者，明社稷之祀未有定說耳。

**五祀，報門、户、井、竈、室中霤之功，**五祀有三：司命、中霤、門、行、厲。見祭法。鄭氏以爲周制。此其一。户、竈、中霤、門、行。見曲禮、月令、吕氏春秋、獨斷。鄭氏以爲殷制。此其二。漢志、淮南時則篇、白虎通五祀篇與此文同。此其三。賈逵、范曄、高堂隆、劉昭之説皆然，後漢、魏、晉亦皆從之。隋、唐參用月令、祭法之説，以行代井。及李林甫之徒，復修月令，冬亦祀井，而不祀行。吕氏春秋高注：「行，門内地也，冬守在内，故祀之。行或作井，水給人，冬水王，故祀之也。」月令鄭注：「冬隆寒於水，祀之於行，從辟除之類也。」據此，祀行即所以祀水。盼遂案：「室」字衍文，淺人以中霤屬室而誤沾也。下文申之曰：「門、户人所出入，井、竈人所飲食，中霤人所託處，五者功鈞，故俱祀之。」言五者而不及室，則此室字宜刪。**門、户人所出入，井、竈人所飲食，中霤人所託處，**郊祀志注韋昭曰：「古者穴居，故名室中爲中霤。」**五者功鈞，故俱祀之。周（傳）棄（或）曰：**此引左昭二十九年傳也。宋本「周棄」作「傳或」，當據正。**「少昊有四叔，**賈逵注：「少皞，黄帝之後，金天氏也。四叔，四子皆叔。」（御覽禮儀部十一。）盼遂案：「周棄」疑當爲「周書」之誤。此事見左氏昭公二十九年傳及晉語二，爲晉太史蔡墨對魏獻子語，皆周時書也。**曰重，曰該，曰修，曰熙，實能金木及水。**「木及水」舊誤作「大木反」，宋本作「本及水」，元本作「大木及」，朱校同，崇文本作「火木乃」，諸本並誤。今從左傳正。賈注：「能順其成性也。」（見同上。）盼遂案：「大」字「反」字皆誤，而敍次亦倒，宜依左氏昭公二十九年傳改作「實能金木及水」爲是。下文「使重爲句芒」，此木正也，「該爲蓐收」，此金正也，「修及熙爲玄冥」，此二子相代爲水正也，若今本「木」誤作「大」，則三正亦無所著處也。**使重爲句芒，該爲蓐收，修及熙爲玄冥，世不失職，遂濟窮桑，**賈云：「處窮桑以登爲帝，故天下號之曰窮桑帝。」疏云：「賈以濟爲渡也。言四叔子孫無不失職，遂渡少皞之世。」**此其三祀也。**句芒，木正。蓐收，金正。玄冥，水正。爲三祀。**顓頊氏有子曰犁，爲祝融；共工氏有子曰句龍，爲后土，此其二祀**

也。祝融，水正。后土，土正。爲二祀。后土爲社。句龍既爲后土，又以祀社。稷，田正也。稷，官名，田官之長。有烈山氏之子曰柱，爲稷，盼遂案：左傳、魯語及漢書古今人表皆作柱，與論衡同。惟禮記祭法作農。左傳正義引劉炫曰：「蓋柱是名，其官曰農，猶呼周棄爲稷也。」自夏以上祀之。祀柱。周棄亦爲稷，自商以來祀之。」禮曰：「烈山氏之有天下也，其子曰柱，能殖百穀。夏之衰也，周棄繼之，故祀以爲稷。共工氏之霸九州也，其子曰后土，句龍也。能平九土，故祀以爲社。」禮記祭法文。「烈」作「厲」，字通。「柱」作「農」。柱，名。農，官也。傳或曰：「炎帝作火，死而爲竈。禹勞力天下，水死而爲社。」「水」字衍。此淮南氾論訓文。「勞力天下」，猶言勤勞天下。大雅烝民鄭箋云：「力猶勤也。」「勤勞天下水」，文不成義。高注：「勞力天下，謂治水之功也。」則不當有「水」字甚明。禮曰：「王爲羣姓立七祀，曰司命，曰中霤，舊誤作「靈」，鄭、王、崇文本改作「霤」，是也。今據正。曰國門，曰國行，曰泰厲，曰户，曰竈。諸侯爲國立五祀，曰司命，曰中霤，曰國門，曰國行，曰公厲。大夫立三祀，曰族厲，曰門，曰行。適士立二祀，曰門，曰行。庶人立一祀，或立户，或立竈。」祭法文。鄭注：「司命主督察三命。中霤主堂室屋處。門户主出入。行主道路行作。厲主殺罸。竈主飲食之事。」社稷、五祀之祭，未有所定，皆爲思其德，不忘其功也。中心愛之，故飲食之。愛其人，故食之。愛鬼神者祭祀之。

**自禹興脩社，稷祀后稷，其後絶廢。**據封禪書說。**高皇帝四年，詔天下祭靈星；**盼遂案：漢書郊祀志：「高祖二年冬，立黑帝祠。後四歲，令豐治枌榆社等。其後二歲，令天下立靈星祠。」是高祖立靈星祠爲八年事。後漢書祭祀志作八年，是也。論衡蓋誤讀漢書「後四歲」之語，因爲高皇帝四年詔天下祭靈星，大非。迨應仲遠作風俗通（卷八。）亦沿充誤，謂高帝四年，所宜糾正。**七年，使天下祭社稷。**吳曰：封禪書：「高祖二年詔曰：『上帝之祭及山川諸神當祠者，各以其時禮祠之如故。』（事亦見高紀。）後四歲，天下已定，置祠祝官。其後二歲，令郡國縣立靈星祠，常以歲時祠以牛。十年春，令縣常以春三月及時臘祠社稷以羊豕。民里社各自財以祠。」此云「天下已定」者，乃高帝五年，「其後二歲」則七年也。論以四年祭靈星，七年祭社稷，均與史異。暉按：玉海九九以「其後二歲」即高祖八年。後漢書祭祀志謂：「漢興八年，高祖立靈星祠。」獨斷、風俗通祀典篇、漢舊儀（封禪書正義引。）並云：「在高祖五年。」北史劉芳傳芳疏云：「靈星本非禮，事兆自漢初，專爲祈田，恒隸郡縣。」

**靈星之祭，祭水旱也，**郊祀志下：「夏旱，武帝詔令天下尊祠靈星。」益部耆舊傳：「趙瑤爲閬中令，遭旱，請雨於靈星，應時大雨。」（類聚二。）**於禮舊名曰雩。雩之禮，爲民祈穀雨，祈穀實也。春求〔雨，秋求〕實，**「雨秋求」三字據元本補。朱校同。日鈔引此文未脱。**一歲再祀，**盼遂案：春求實不得云再祀，此蓋「春」下脱「求雨秋」三字。「春求雨」者，下文所謂龍二月見，則雩祈穀雨也。「秋求實」者，下文所謂龍星八月將入，則秋雩祈穀食也。上文亦總言雩之禮爲民祈穀雨、祈穀實也，可證。蓋重穀也。漢舊儀曰：「古時歲再祠靈星。」（祭祀志注。）春以二月，秋以八月。故論語曰：「暮春者，春服既成，冠者五六人，童子六七人，浴乎沂，風乎舞雩，詠而歸。」「歸」當作「饋」，說見明雩篇。暮春，四月也。周之四月，正歲二月也。二月之時，龍星始出，故傳曰：「龍見而雩。」龍星見時，歲已啓蟄，□□□：「□□而雩。」先孫曰：此文有譌，疑當作「故又曰啓蟄而雩」。今本脱五字。餘注明雩篇。春雩之禮廢，秋雩之禮存，故世常脩靈星之祀，到今不絕。嵩高山記：「漢武遊登五岳，尊事靈星，遂移祠置南岳郊，築作殿壇。」（御覽五三二。）古今注：「元和三年初爲郡國立稷及祠社靈星禮器也。」（後漢書祭祀志注。）後漢書東夷傳：「高句驪好祠鬼神社稷零星。」名變於舊，故世人不識；禮廢不具，故儒者不知。世儒案禮，不知靈星何祀，其難曉而不識說，「而不」當作「不而」。「而」、「能」古通。宋、元本「而」作「亦」。縣官名曰「明星」，縣官，天子也。日鈔引作「又或訛爲明星」。緣明星之名，說曰「歲星」。獨斷曰：「明星神一曰靈星，其象在天。」地理志：「右扶風陳倉縣有明星祠。」亦見封禪書。甘氏星經曰：（說文引。）「太白號上公，妻曰女媊，居南斗，食厲，天下祭之曰明星。」蓋當時有誤明星爲靈星者。太白爲明星，說爲歲星，更誤之甚者。杜佑通典曰：「周制，仲秋之月，祭靈星於國之東南。東南祭之，就歲星之位也。歲星爲星之始，最尊，故就其位。王者所以復祭靈星者，爲民祈時，以種五穀，故報其功也。」亦謂靈星之祭，爲祭歲星，未知何本。歲星，東方也，東方主春，春主生物，故祭歲星，求春之福也。四時皆有力於物，獨求春者，重本尊始也。儒者之説。審如儒者之説，求春之福，及(反)以秋祭，非求春也。「及」，宋、元本作「反」，朱校同，是也。「非」，宋本作「此」，朱校同。月令祭户以春，祭門以秋，各宜其時。白虎通五祀篇曰：「春祭户，户者人所出入，春亦萬物始觸户而出也。秋祭門，門以閉藏自固也，秋亦萬物成熟，内備自守也。」如或祭門以秋，謂之祭户，論者肯然之乎？不然，則明星非歲星也，乃龍星也。龍星二月見，則〔春〕雩祈穀雨；龍星八月將入，則秋雩祈穀實。上「則」下脱「春」字。春雩、秋雩對文。儒者或見其義，語不空生。春雩廢，秋雩興，故秋雩之名，自若爲明星也，實曰「靈星」。靈星者，神也；「星」字衍。漢舊儀、風俗通並云：「靈者，神也。」神者，謂龍星也。史記封禪書：「高祖召令郡國立靈星祠。」集解張晏曰：「龍星左角曰天田，則農祥也。晨見而祭。」正義：漢舊儀云：「五年脩復周家舊祠，祀后稷於東南，爲民祈農，報厥功。夏則龍見而始雩。龍星左角爲天田，右角爲大庭。天田爲司馬，教民種百穀爲稷。靈者，神也。辰之神爲靈星，故以壬辰日祠靈星於東南。」獨斷曰：「舊説曰：靈星，火星也。一曰龍星。火爲天田，厲山氏之子柱及后稷，能殖百穀，以利天下，故祠此三神，以報其功也。」風俗通祀典篇曰：「漢書郊祀志，高祖五年，初置靈星，祀后稷也。毆爵簸揚，田農之事也。謹案：祀典既已立稷，又有先農，無爲靈星復祀后稷也。左中郎〔一〕將賈逵説，以爲龍第三有天田星。靈者，神也，故祀以報功。辰之神爲靈星，故以壬辰日祀靈星於東南。金勝木，爲土相。」後漢書祭祀志：「漢興八年，有言周興而邑立后稷之祀，於是高祖令天下立靈星祠。言祠后稷而謂之靈星者，以后稷又配食星也。舊説星謂天田星也。一曰龍左角爲天田官，主稷，祀用壬辰位祠之。壬爲水，辰爲龍，就其類也。」經義叢鈔：「曾釗曰：獨斷謂之火星者，大火也。月令章句云：『自亢八度至尾四度謂之大火之次，中有房星。』韋昭注周語曰：『農祥，房星也，房星晨正而農事起。』」朱亦棟羣書札記二曰：「『零星』二字切音爲『辰』，此古真青之所以通，猶曰『辰星』云耳。」劉寶楠愈愚録二曰：「靈星即龍星角亢也，故又曰角星。龍屬辰，爲大火，故又曰火星。辰爲農祥，故又曰農祥，又曰天田星。星色赤，又曰赤星。靈通作零，又曰零星。」以上諸文，並謂靈星爲龍星，與仲任義同。靈星祀后稷，應仲遠已駁之。仲任以爲雩禮，意亦不然祠后稷也。后稷配食靈星，於義自無齟齬，周語、晉語、後漢祭祀志、前漢郊祀志注引服虔注，並有此説。論語發微曰：「論衡以靈星爲龍星，龍與靈，聲之轉。張晏以爲農祥農見而祭，王充以爲二月祭，並非禮正。要之靈星之祭，即左傳龍見而雩，確然無疑。」黄震日鈔曰：「論衡釋靈星之名，似矣。實則古之雩祭，只因龍見而雩，祭之候也，未必祭其星也。」陳啓源毛詩稽古編

〔一〕「中郎」，原本作「郎中」，據風俗通乙。

曰：「農祥即房宿，以霜降晨見東方，則祠靈星當在夏九月矣。論衡以靈星即龍星，又謂周制，春雩，秋八月亦雩，今靈星乃秋之雩。此語非是。雩正祭在巳月，祈祭則秋之三月皆可行，春秋非雩之正期。又雩祭祭五帝精，非祭靈星，不得合爲一祭。且八月龍星未見，安得而祭之？通典（禮略一。）亦言：「周制，仲秋之月祭靈星於國之東南。」殆襲充之誤也。盼遂案：此亦音轉之理。昔嘗著淮南許注漢語疏，於要略篇注「中國以鬼神之亡日爲忌，北胡南越皆謂之請龍」一條，詳其條理，今追録之如次。要略篇：「操合開塞各有龍忌。」許注：「中國以鬼神之亡日爲忌，北胡南越皆謂之請龍。」盼遂案：「請龍」二字無義，「龍」當爲「靈」之借。張平子南都賦：「赤靈解角。」李注：「赤靈，赤龍也。」蔡邕獨斷：「靈星，火星也。一曰龍星。」漢書郊祀志：「立靈星祠。」顔注引張晏曰：「龍星左角曰天田，則農祥也。」此皆龍、靈通用之證。又案：詩周頌絲衣序：「高子曰：『靈星之尸也。』」風俗通：「辰之神爲靈星。」亦皆借靈爲龍，謂東宮倉龍七宿角、亢、氐、房、心、尾、箕也。故胡、越語得轉靈作龍，謂請靈爲請龍矣。靈者，本汎言鬼神。（大戴禮、尸子、風俗通、楚辭注。）中國謂爲鬼神忌日，胡、越謂爲請靈，文義實同，惟聲轉作龍，因難知耳。墨子貴義篇：「子墨子北之齊，遇日者曰：『帝以今日殺黑龍於北方，而先生之色黑，不可以行。』」孫仲容閒詁引許君此注，説曰：「案墨子遇日者以五色之龍定吉凶，疑即所謂龍忌。」許君請龍之説，未詳所出，恐非吉術也。」孫氏蓋不知淮南龍忌之爲靈忌，請龍之爲請靈，故有是説。實則龍僅爲天地間神祇之一，未能代表諸神也。

羣神謂風伯、雨師、雷公之屬。風以摇之，雨以潤之，雷以動之，四時生成，寒暑變化。日月星辰，人所瞻仰。水旱，人所忌惡。四方，氣所由來。山林川谷，民所取材用。此鬼神之功也。

凡祭祀之義有二：一曰報功，二曰修先。報功以勉力，修先以崇恩，力勉恩崇，功立化通，聖王之務也。是故聖王制祭祀也，法施於民則祀之，以死勤事則祀之，以勞定國則祀之，能禦大災則祀之，能捍大患則祀之。帝嚳能序星辰以著衆，堯能賞均刑法以義終，舜勤民事而野死，鯀勤洪水而殛死，禹能修鯀之功，黄帝正名百物以明民共財，顓頊能脩之，契爲司徒而民成，冥勤其官而水死，湯以寬治民而除其虐，文王以文治，武王以武功去民之災，凡此功烈，施佈於民，「是故聖王」以下，禮祭法文。「鯀勤洪水」，「勤」作「鄣」。鄭注：「著衆，謂使民興事知休作之期也。賞，賞善，謂禪舜封禹、稷等也；能刑，謂去四凶；義終，謂既禪二十八載乃死也。野死，謂征有苗死於蒼梧也。殛死，謂不能成其功也。明民，謂使之衣服有章也。民成，謂知五教之禮也。冥，契六世之孫也，其官玄冥，水官也。虐、菑，謂桀、紂也。烈，業也。」民賴其力，故祭報之。以上報功。宗廟先祖，己之親也，生時有養親之道，死亡義不可背，故修祭祀，示如生存。推人事鬼，神緣生事死，「神」字衍。明雩篇云：「推生事死，推人事鬼。」人有賞功供養之道，故有報恩祀祖之義。以上脩先。

孔子之畜狗死，使子贛埋之，曰：「吾聞之也，弊帷不棄，爲埋馬也；弊蓋不棄，爲埋狗也。丘也貧，無蓋，於其封也，「封」下舊校曰：一本註音「窆」。（「一本註」三字，宋本作「封發」。朱校元本同。）檀弓鄭注：「『封』當爲『窆』。」亦與之席，毋使其首陷焉！」「陷」，當從檀弓作「陷」。崇文本改作「陷」，是也。鄭曰：「陷謂没於土。」延陵季子過徐，新序節士篇云：「將西聘晉。」徐君好其劍，季子以當使於上國，未之許與。新序曰：「致使於晉故。」盼遂案：「之」字爲「心」之誤。漢人書法，之作㞢，與心之隸書極其形似，故易致誤。此句本當爲「心許未與」，故下文得云「前以心許之矣」。自「心」誤爲「之」，淺人因改如今文矣。季子使還，徐君已死，新序云：「死於楚。」按：劉向蓋以此徐君即徐偃王，爲楚文王所滅者。季子解劍帶其冢樹。元本「解」下有「其」字，「其」作「於」，朱校同。史記吳世家作：「乃解其寶劍，繫之徐君冢樹而去。」疑元本是。新序云：「脱劍致之嗣君，嗣君不敢受，於是以劍帶徐君墓樹而去。」史記吳世家正義引括地志云：「徐君廟，在泗州徐城縣西南一里，即延陵季子掛劍之徐君也。」後漢書郡國志下邳國徐縣注引北征記曰：「徐縣北有徐君墓，延陵解劍之處。」御者曰：「徐君已死，尚誰爲乎？」季子曰：「前已心許之矣，可以徐君死故負吾心乎？」負，背也。遂帶劍於冢樹而去。祀爲報功者，其用意猶孔子之埋畜狗也；祭爲不背先者，其恩猶季之帶劍於

**冢樹也。**「恩」字無義，疑當作「其用意」。「意」誤爲「恩」，又脱「用」字。此文以祀、祭對言。又「之」，朱校元本作「子」。疑今本脱「子」字，元本脱「之」字。盼遂案：「季」下脱一「子」字。論例稱季子。

**聖人知其若此，祭猶齋戒畏敬，若有鬼神，修興弗絶，若有禍福。重恩尊功，慇懃厚恩，未必有鬼而享之者。何以明之？以飲食祭地也。人將飲食，謙退，示當有所先。**曲禮上：「主人延客祭。」注：「祭，祭先也。君子有事，不忘本也。」疏：「祭者，君子不忘本，有德必酬之，故得食而種種出少許置在豆間之地，以報先代造食之人也。」公羊昭二十五年傳：「昭公蓋祭而不嘗。」注：「食必祭者，示有所先。」**孔子曰：「雖疏食菜羹，瓜祭必齋如也。」**論語鄉黨篇文。南史顧憲之傳亦引爲孔子語，同此。釋文鄭曰：「魯讀『瓜』爲『必』，今從古。」羣經識小曰：「『必』字从八弋，篆文作『[illegible]』，與『瓜』相近而誤。」潘維城論語古注集箋曰：「公羊襄二十九年傳『飲食必祝』注、論衡祭意篇並引作『瓜』。何休通今文，充書所引，亦多今文，魯論爲今文，並作『瓜』，不作『必』，則知魯論直讀『瓜』爲『必』，非誤字也。鄭所以不從者，以下文又有『必』字，故從古讀如字也。」**禮曰：「侍食於君，君使之祭，然後飲食之。」**儀禮士相見禮：「若君賜之食，則君祭，先飯，徧嘗膳，飲而俟，君命之食，然後食。」禮記玉藻：「若賜之食，而君客之，則命之祭，然後祭，先飯，辯嘗羞，飲而俟。」論語鄉黨篇亦云：「侍食於君，君祭先飯。」**祭，猶**

禮之諸祀也。飲食亦可毋祭，禮之諸神，亦可毋祀也。祭、祀之實一也，用物之費同也。知祭地無神，猶謂諸祀有鬼，不知類也。

經傳所載，賢者所紀，尚無鬼神，況不著篇籍！世間淫祀非鬼之祭，信其有神爲禍福矣。好道學仙者，絶穀不食，與人異食，欲爲清潔也。鬼神清潔於仙人，如何與人同食乎？論之以爲人死無知，「論」上疑脱「實」字。「實論之」，本書常語，説詳變動篇。自然篇：「論之以爲趙國且昌之妖也。」今本亦脱「實」字，正其比。其精不能爲鬼。辨見論死篇。假使有之，與人異食。異食則不肯食人之食，不肯食人之食舊校曰：一有「食」字。則無求於人，無求於人則不能爲人禍福矣。凡人之有喜怒也，有求得與不得。得則喜，不得則怒。喜則施恩而爲福，怒則發怒而爲禍。鬼神無喜怒，舊校曰：一有「其」字。則雖常祭而不絶，久廢而不修，其何禍福於人哉？

# 論衡校釋卷第二十六

## 實知篇

盼遂案：論語爲政篇：「子曰：『由，誨女知之乎？知之爲知之，不知爲不知，是知也。』」此篇實即發揮其義。末引見説用不能解不可解之結，尤爲善譬。

儒者論聖人，以爲前知千歲，後知萬世，有獨見之明，獨聽之聰，事來則名，不學自知，不問自曉，故稱聖，〔聖〕則神矣。疑脱一「聖」字，涉重文脱。若蓍、龜之知吉凶，蓍草稱神，龜稱靈矣。賢者才下不能及，智劣不能料，故謂之賢。夫名異則實殊，質同則稱鈞，以聖名論之，知聖人卓絶，與賢殊也。

孔子將死，遺讖書，衆經音義九引三蒼曰：「讖，祕密書也。出河圖。」薛居正孔子集語、御覽七〇六引並作「祕書」。則此作「讖書」不誤。按：書虚篇云：「讖書言，始皇到沙丘而亡。」案書篇云：「讖書云，董仲舒亂我書。」曰：「不知何一男子，自謂秦始皇，上我之堂，踞我之牀，顛倒我衣裳，至沙丘而亡。」其後，秦王兼吞天下，朱校元本「吞」作「并」。號始皇，巡狩至魯，觀孔子宅，乃至沙丘，道病而崩。又曰：「董仲舒亂我書。」亂，理也，或曰煩亂。仲任以爲終也。見案書篇。後漢書鍾離意傳注引意別傳曰：「意爲魯相，到官，出私錢萬三千文，付户曹孔訢修夫子車。身入廟，拭几席劍履。男子張伯除堂下草，土中得玉璧七枚，伯懷其一，以六枚白意。意令立主簿安置几前。孔子教授堂下牀首有懸甕，意召孔訢，問其何甕也。對曰：『夫子甕也。背有丹書，人莫敢發也。』意曰：『夫子聖人，所以遺甕，欲以懸示後賢。』因發之，中得素書，（郡國志注引漢晉春秋作「古文策書」。）文曰：『後世修吾書，董仲舒。護吾車，拭吾履，發吾笥，會稽鍾離意。（漢晉春秋云：「亂吾書，董仲舒。治吾堂，鍾離意。」）璧有七，張伯藏其一。』意即召問，伯果服焉。」水經注二十五泗水注言意永平中爲魯相。未審仲任此文，本於意所得素書，抑別有據？ **其後，江都相董仲舒，論思春秋，造著傳記。又書曰：「亡秦者，胡也。」**易緯通卦驗曰：「孔子表洛書摘亡辟曰：『亡秦者，胡也。丘以推秦白精也。其先皇感河出圖，挺白以胡。』」淮南人間訓曰：「秦皇挾録圖，見其傳曰：『亡秦者，胡也。』」公羊哀十三年傳疏引春秋説云：「趨作法，孔聖没，周姬亡，彗東出，秦正起，胡破術。」**其後二世胡亥，竟亡天下。用三者論之，聖人後知萬世之效也。孔子生不知其父，若母匿之，**史記孔子世家云：「孔子疑其父墓處，母諱之也。」禮記檀弓云：「孔子少孤，不知其墓。」鄭注：「孔子之父與徵在野合而生孔子，徵在恥焉不告。」**吹律自知殷宋大夫子氏之世也。**注奇怪篇、詰術篇。**不案圖、書，不聞人言，吹律精思，自知其世，聖人前知千歲之驗也。**

曰：此皆虚也。

案神怪之言，皆在讖記，所表皆效圖、書。「亡秦者胡」，河圖之文也。孔子條暢增益，以表神怪；或後人詐記，以明效驗。高皇帝封吳王，送之，拊其背曰：「漢後五十年，東南有反者，豈汝邪？」到景帝時，濞與七國通謀反漢。事見史記吳王濞傳。建此言者，或時觀氣見象，處其有反，不知主名；高祖見濞之勇，則謂之是。史記集解應劭曰：「克期五十，占者所知。若秦始皇東巡以厭氣，後劉、項起東南，疑當如此耳。」索隱曰：「案應氏之意，以後五十年東南有亂，本是占氣者所説，高祖素聞此説，自前難未弭，恐後災更生，故説此言，更以戒濞。」按：應説與仲任義同。原此以論，孔子見始皇、仲舒，「見」猶「知」也。下「空見」同。下文明「孔子知始皇、仲舒」之説所從生。盼遂案：「見始皇、仲舒」五字衍。此本文爲「孔子或時但言『將有觀我之宅』、『亂我之書』者」爾，論不謂孔子與始皇、仲舒見也。鈔胥見下文「後人見始皇入其宅，仲舒讀其書」，及「如孔子神而空見始皇、仲舒」諸語，因筆誤書此五字於此爾。或時但言「將有觀我之宅」、「亂我之書」者，後人見始皇入其宅，仲舒讀其書，則增益其辭，著其主名。如孔子神而空見始皇、仲舒，則其自爲殷後子氏之世，亦當默而知之，無爲吹律以自定也。孔子不吹律，不能立其姓；及其見始皇，睹仲舒，亦復以吹律之類矣。「睹」字衍。「見始皇、仲舒」，上文兩見。讖書並未言孔子與始皇、仲舒相見，則此不當言「見始皇，睹仲舒」，明矣。蓋淺人不知「見」訓爲「知」，而誤增「睹」字。案始皇本事，始皇不至魯，安得上孔子之堂，踞孔子之牀，顛倒孔子之衣裳乎？始皇三十七年十月癸丑出游，至雲夢，望祀虞舜於九嶷。浮江下，觀藉柯，度梅渚，史記始皇紀作「海渚」。正義：「括地志云：『舒州同安縣〔一〕東。』按：舒州在江中，疑『海』字誤，即此州也。」盼遂案：史記唐寫本已作「海渚」，應據此改作「梅」。過丹陽，至錢唐，臨浙江，濤惡，乃西百二十里，從陝（狹）中度，「陝中」當從史記作「狹中」。集解徐廣曰：「蓋在餘杭也。」劉昭郡國志吳郡餘杭縣注引史亦作「狹中」，并云：「始皇所過，乃在錢塘、富春，豈近餘杭之界乎？」水經注四十：「錢塘縣東有定、包諸山，皆西臨浙水，水流于兩山之間，江流急濬。秦始皇三十七年將遊會稽，至錢唐，臨浙江，所不能渡，故道餘杭之西津也。」上會稽，祭大禹，立石刊頌，望于南海。還過，從江乘，史作「還過吳，從江乘渡」。疑此脫「吳」字、「渡」字。地理志丹陽有江乘縣，渡謂濟渡也。盼遂案：始皇本紀「過」下有「吳」字，「乘」下有「渡」字，並宜據補。江乘渡在今江蘇句容縣。旁海上，北至琅邪。自琅邪北至勞、成山，因至之罘，遂並海，西至平原津而病，崩於沙丘平臺。既不至魯，盼遂案：史記秦始皇本紀：「二十八年，始皇東至鄒縣，上鄒嶧

〔一〕「同」，原本作「周」，形近而誤，據史記正義改。

山。立石，與魯諸儒生議，刻石頌秦德。乃遂上泰山。」是始皇未嘗不至魯也。仲任僅從史記三十七年之事爲説，疏矣。讖記何見，而云始皇至魯？至魯未可知，其言孔子曰「不知何一男子」之言，亦未可用。「不知何一男子」之言不可用，則言「董仲舒亂我書」，亦復不可信也。行事，文記譎常人言耳，「人」疑「之」誤。謂文記卓躒於恒庸之言耳。盼遂案：章士釗云：「譎當讀爲述。蓋譎與遹同聲，遹又與述古通用也。」非天地之書，則皆緣前因古，有所據狀；如無聞見，則無所狀。凡聖人見禍福也，亦揆端推類，原始見終，從閭巷論朝堂，由昭昭察冥冥。讖書祕文，「祕文」猶言「祕書」，謂緯書也。説文目部、易部引有祕書説。遠見未然，空虛闇昧，豫睹未有，達聞暫見，「達」，朱校元本作「遠」，是也。謂讖緯之書，初聞見之，若非庸口所可言者。若作「達聞」，則與「暫見」意不類矣。禍虛篇曰：「始聞暫見，皆以爲然。」四諱篇曰：「暫聞卒見，若爲小吉。」其立文並同。卓譎怪神，若非庸口所能言。

放象事類以見禍，推原往驗以處來事，〔賢〕者亦能，非獨聖也。朱校元本、程、何本無「賢」字，錢、黄、王、崇文本無「事」字。按：此文脱「賢」字，改「事」作「賢」，非也。前文云：「賢者才下不能及，智劣不能料。」此文即破其説。周公治魯，太公知其後世當有削弱之患；太公治齊，周公睹其後世當有劫弑之禍。呂氏春秋長見篇曰：「呂太公望封於齊，周公旦封於魯，二君相謂曰：『何以治國？』太公曰：『尊賢上功。』周公曰：『親親上恩。』太公曰：

『魯自此削矣。』周公曰：『魯雖弱，有齊者必非呂氏也。』」亦見韓詩外傳十、淮南齊俗訓。**見法術之極，睹禍亂之前矣。紂作象箸而箕子譏（嘰），**「譏」當作「嘰」。淮南繆稱訓正作「嘰」。高注：「嘰，唏也。」淮南説山訓作「唏」。史記十二諸侯年表序同。索隱曰：「唏，歎聲也。」楚詞天問王注：「紂作象箸而箕子歎，預知象箸必有玉杯，玉杯必盛熊蹯豹胎。」本書龍虚篇作「泣」。嘰、唏、嘆、泣義相近。若作「譏」，則非其義矣。（鹽鐵論散不足篇云：「夫一文杯，得銅杯十，賈賤而用不殊。箕子之譏，始在天子，今在匹夫。」「譏」亦「嘰」之誤。韓非子喻老篇、説林上作「怖」。王先慎曰：「作『怖』，是。史記、淮南作『唏』，誤。」其説非也。未檢淮南繆稱訓、天問注及論衡耳。當各依本書。）**魯以偶人葬而孔子嘆，**見淮南繆稱、説山篇。抱朴子嘉遯篇云：「尼父聞偶葬而永歎。」孟子梁惠王篇：「仲尼曰：『始作俑者，其無後乎？』爲其象人而用也。」餘注薄葬篇。**緣象箸見龍干之患，**「干」讀「肝」。注龍虚篇。盼遂案：「干」當爲「肝」字偏傍之脱也。龍虚篇云：「象箸所挾，則必龍肝豹胎。」正與此同一事也。**偶人睹殉葬之禍也。太公、周公，俱見未然；箕子、孔子，並睹未有，所由見方來者，賢聖同也。魯侯老，太子弱，次室之女，倚柱而嘯，**孫曰：潛夫論釋難篇亦作「次室」。列女傳作「漆室」。續漢書郡國志東海郡蘭陵有次室亭。劉昭注，地道記曰：「故魯次室邑。」當即此地。然御覽四百八十八引列女傳作「七室」，注云：「一邑七宮也。」此蓋舊注。漆、七通用，是古本列女傳作「七室」也。暉按：郡國志劉昭注云：「列女傳有漆室之女，或作次室。」初學記十六引琴操曰：「貞女引，魯次室女所作。」御覽五七八引琴操「次」作「漆」。并「次」、「漆」古通之證。**由老弱之徵，見敗亂之兆也。**列女傳貞女篇：「魯漆室邑之女，過時未適人。當穆公之時，君老太子幼，女倚柱而嘯。旁人聞之，莫不爲之慘者。鄰婦從之遊，謂曰：『何哭之悲？子欲嫁乎？吾爲子求偶。』漆室女曰：『嗟乎！始吾以子爲知，今反無識也。豈爲嫁之故不樂而悲哉？吾憂魯君老而太子少也。』」又御覽四六九引説苑曰：「魯有賢女，次室之子，適二十，常侍立而吟，涕泣如雨。有識謂之曰：『汝欲嫁邪？何悲之甚？』對曰：『魯君年老，太子尚小，憂其奸臣起也。』」説苑今逸。**婦人之知，尚能推類以見方來，況聖人君子，才高智明者乎？秦始皇十（七）年，**「十」誤，當從史記吕不韋傳作「七年」。**嚴襄王母夏太后夢（薨）。**「夢」，當從史記吕不韋傳改作「薨」。始皇紀亦云：「七年夏太后死。」夏太后，莊襄王子楚生母也。**孝文王后曰華陽后，**莊襄王養母。**與文王葬壽陵，夏太后〔子〕嚴襄王葬於范陵，**「子」字據史記吕不韋傳補。「范陵」，吕不韋傳作「芷陽」。秦本紀索隱云：「葬陽陵。」盼遂案：依史記吕不韋傳，「夢」爲「薨」之誤，「與文王」是爲「孝文王」之誤，「夏太后嚴襄王」是「夏太后子嚴襄王」之誤，「范陵」是「芷陽」之誤，皆宜據之訂正。**故夏太后別葬杜陵，**吕不韋傳作「杜東」。索隱曰：「杜原之東也。」**曰：「東望吾子，**子，莊襄王。**西望吾夫，**夫，孝文王。**後百年，旁當有萬家邑。」其後皆如其言。**索隱曰：「宣帝元康元年起杜陵。漢舊儀：『武、昭、宣三陵皆三萬户。』計去此一百六十餘年。」必以推類見方來爲聖，次室、夏太后聖也。秦昭王十(七)年，樗里子卒，「十年」，當從史記樗里子傳作「七年」。秦本紀同。葬于渭南章臺之東，曰：「後百年，當有天子宮挾我墓。」至漢興，長樂宮在其東，未央宮在其西，武庫正值其墓，史記本傳文。竟如其言。先知之效，見方來之驗也。如以此效聖，樗里子聖人也；如非聖人，先知、見方來，不足以明聖。「見」，錢、黄、王、崇文本改作「其」，非。然則樗里子見天子宮挾其墓也，亦猶辛有知伊川之當戎。昔辛有過伊川，見被髮而祭者，曰：「不及百年，此其戎乎！」其後百年，晉遷陸渾之戎於伊川焉，見左僖二十二年傳。竟如〔其言〕。「其言」二字舊脱，據上文例增。盼遂案：此下當有「辛有之言」四字，鈔者因下句「辛有之知當戎」一語而誤遺落也。辛有之知當戎，見被髮之兆也；樗里子之見天子〔宮〕挾其墓，據上文，「天子」下當增「宮」字。亦見博平之墓也。吴曰：「墓」疑當作「基」。韓信葬其母，亦行營高敞地，令其旁可置萬家。見史記淮陰侯傳贊。水經淮水注：「淮陰城東有兩冢，西者漂母冢，東一陵即信母冢。」其後竟有萬家處其墓旁。故樗里子之見博平王有宮臺之兆，據史記本傳，長樂宮、未央宮、武庫挾其墓，與博平王無涉，「王」疑是「土」字。盼遂案：「王」當爲「土」之誤。猶韓信之睹高敞萬家之臺也。

先知、[之]見方來之事，上「之」字涉「知」字聲近而衍。上文云：「先知之效，見方來之驗。」又云：「先知、見方來，不足以明聖。」可證。無達視洞聽之聰明，皆案兆察跡，推原事類。春秋之時，卿大夫相與會遇，見動作之變，聽言談之詭，善則明吉祥之福，惡則處凶妖之禍。齊慶封來聘，其車美，叔孫知其必惡終。鄭伯有賦鶉之賁賁，文子知其將爲戮。並見左襄二十七年傳。明福處禍，遠圖未然，無神怪之知，皆由兆類。以今論之，故夫可知之事者，思慮所能見也；不可知之事，不學不問不能知也。不學自知，不問自曉，古今行事，未之有也。夫可知之事，推精思之，「推」舊作「惟」，從朱校元本正。雖大無難；不可知之事，厲心學問，雖小無易。故智能之士，不學不成，不問不知。

難曰：「夫項託年七歲教孔子。見國策七、淮南修務訓、説林訓注、新序雜事五。御覽四〇四引春秋後語作「十歲」，誤。隸釋童子逢盛碑云：「才亞后橐，當爲師表。」「后、項」，「橐、託」，音近假借。新序雜事五云：「秦項橐。」是項橐秦人。漢書董仲舒傳仲舒對策曰：「此亡異於達巷黨人，不學而自知。」孟康注云：「人，項橐也。」淮南修務訓云：「項託七歲爲孔子師，孔子有以聽其言也。以年之少，爲閭丈夫説，救敲不給，何道之能明也？」似亦以項橐爲里黨人。史記孔子世家又云：「達巷黨人童子。」則孟康蓋本舊説也。以爲秦人者，潘維城曰：「當由甘羅嘗言之。」文選顏延之皇太子釋奠詩注引嵇康高士傳：「孔子問項橐曰：『居何在？』曰：『萬流屋。』

注：「『言與萬物同流匹也。』」此更神其説也。盼遂案：戰國策秦策五：「甘羅曰：『夫項橐七歲而爲孔子師。』」淮南子修務、説林皆作項橐。論衡此文作項託，與漢書董仲舒傳孟康注同。蓋古託、橐音同。又案：項託性自知説，亦本董仲舒傳。傳云：「良玉不琢，資質潤美。不待刻琢，此亡異于達巷党人，不學而自知也。」注：「党人項橐也。」此仲任所本。（此則梁玉繩古今人表考三及俞正燮癸巳類藁卷十一項橐考。）案七歲未入小學，王制疏引尚書大傳周傳曰：「王子公卿大夫元士之適子，十三入小學。」又略説曰：「餘子十五入小學。」而教孔子，性自知也。孔子曰：『生而知之，上也；學而知之，其次也。』見論語季氏篇。夫言生而知之，不言學問，謂若項託之類也。王莽之時，勃海尹方年二十一，無所師友，性智開敏，明達六藝。魏都牧淳于倉奏：『方不學，得文能讀誦，論義引五經文，文説議事，厭合人之心。』帝徵方，使射蜚蟲，筴射無非（弗）知者，先孫曰：「非」當爲「弗」。天下謂之聖人。夫無所師友，明達六藝，本不學書，得文能讀，此聖人也。不學自能，無師自達，非神而何？」曰：雖無師友，亦已有所問受矣；不學書，已弄筆墨矣。兒始生產，耳目始開，雖有聖性，安能有知？項託七歲，其三四歲時，而受納人言矣。「而」讀「能」。尹方年二十一，其十四五時，多聞見矣。性敏才茂，獨思無所據，御覽九七〇引作「使聖人空坐獨思」。不睹兆象，不見類驗，却念百世之後，有馬生牛，牛生驢，桃生李，李生

梅，聖人能知之乎？臣弑君，子弑父，仁如顔淵，孝如曾參，勇如賁、育，辯如賜、予，論語云：「言語，宰我、子貢。」聖人能見之乎？孔子曰：「其或繼周者，雖百世可知也。」論語爲政篇子曰：「殷因於夏禮，所損益可知也。周因於殷禮，所損益可知也。其或繼周者，雖百世亦可知也。」又曰：「後生可畏，焉知來者之不如今也？」論語子罕篇文。論損益，言「可知」；稱後生，言「焉知」。後生難處，損益易明也。此尚爲遠，非所聽察也。使一人立於牆東，令之出聲，使聖人聽之牆西，能知其黑白、短長、鄉里、姓字、所自從出乎？溝有流壍（澌），先孫曰：「壍」當作「澌」。四諱篇云：「出見負豕於塗，腐澌於溝。」（淮南泰族訓：「雖有腐髊流澌，弗能污也。」許注云：「漸，水也。」莊逵吉據御覽校改「漸」爲「澌」，與此誤同。）曲禮下鄭注：「死之言澌也，精神斯盡也。」澤有枯骨，髮首陋亡，肌肉腐絶，使〔聖〕人詢之，先孫曰：「使人」當作「使聖人」，此挩一「聖」字。能知其農商、老少、若所犯而坐死乎？「若」猶「與」也。非聖人無知，其知無以知也。知無以知，非問不能知也。不能知，則賢聖所共病也。

難曰：「詹何坐，弟子侍，有牛鳴於門外。弟子曰：『是黑牛也，而白蹄。』詹何曰：『然，是黑牛也，而白其蹄。』韓非解老篇「蹄」作「角」，下同。「白蹄」，蹄色白；「白其蹄」，蹄非白，而人白之也。使人視之，果黑牛而以布裹其蹄。詹何，賢者也，尚能聽聲而知其色，以聖人之智，反不能知乎？」曰：能知黑牛白其蹄，能知此牛誰之牛乎？白其蹄者以何事乎？夫術數直見一端，不能盡其實。雖審一事，曲辯問之，輒不能盡知。何則？不目見口問，不能盡知也。魯僖公二十九年，介葛盧來朝，舍于昌衍之上，聞牛鳴，曰：「是牛生三犧，皆已用矣。」或問：「何以知之？」曰：「其音云。」人問牛主，竟如其言。見左氏傳。此復用術數，非知所能見也。廣漢楊翁仲〔偉〕〔能〕聽鳥獸之音，乘蹇馬之野，〔而〕田間有放眇馬〔者〕，相去〔數里〕，鳴聲相聞。翁仲（偉）謂其御曰：「彼放馬知此馬而目眇。」孫曰：「聽鳥獸之音」，「聽」上脱「能」字。「田間有放眇馬，相去鳴聲相聞」，語意不明，當作「田間有放馬者，相去數里，鳴聲相聞」。「眇」字即涉下文諸「眇」字而衍。「馬」下脱「者」字。「相去」下脱「數里」二字。又「彼放馬知此馬而目眇」，語亦複贅，當作「彼放馬目眇」。「知此馬」三字，並涉下文而衍。「而」字疑在上文「田間有放馬者」之上，錯入於此也。類聚九十三引此文云：「廣漢陽翁偉能聽鳥獸之音，乘蹇馬之野，而田間有放馬者，相去數里，鳴聲相聞。翁偉謂其御曰：『彼放馬目眇。』」當據正。劉先生曰：孫説是。御覽八百九十七引亦正同。暉按：高似孫緯略一能六畜條引亦正同。又按：類聚、御覽、緯略、廣記四三五引「翁仲」並作「翁偉」。日鈔引與今本同。「彼放馬知此馬而目眇」，廣記引作「彼放馬目眇」。其御曰：「何以知之？」曰：「罵此轅中馬蹇，此馬亦罵之眇。」類聚、御覽、緯略引作「罵此轅中馬曰蹇馬，（御覽無「曰」字。）蹇馬亦罵之曰眇馬」。廣記引亦並有「曰」字。其御不信，往視之，目竟眇焉。類聚、御覽、緯略引無「其」字。「御」下有「者」字。「往」上有「使」字。（太平廣記四百三十五引同。緯略作「往視」。）「目竟眇焉」，作「馬目果眇」。（緯略作「馬目竟眇」。）疑「焉」爲「馬」字形誤，當在「目」字上。翁仲（偉）之知馬聲，猶詹何、介葛盧之聽牛鳴也，據術任數，相合其意，不達視、〔洞〕聽、遥見、流目以察之也。「聽」上，疑脱「洞」字。上文云：「先知、見方來之事，無達視、洞聽之聰明。」知實篇云：「又不能達視遥見以審其實。」盼遂案：「聽」字涉下文「聽聲有術」而衍，蓋達視、遥見同爲駢詞。知實篇云：「又不能達視遥見。」可據以正。夫聽聲有術，則察色有數矣。推用術數，若先聞見，衆人不知，則謂神聖。若孔子之見獸，名之曰狌狌；未聞。廣韻十三末，「鴰」字注：「鶬鴰，韓詩云：『孔子渡江見之異，衆莫能名。孔子嘗聞河上人歌曰：鴰兮鶬兮，逆毛衰分，一身九尾長兮，鶬鴰也。』」繹史孔子類記四引衝波傳云：「有鳥九尾，孔子與子夏見之。人以問，孔子曰：『鶬也。』子夏曰：『何以知之？』孔子曰：『河上之謌云云。』」下文云：「孔子名狌狌，聞昭人之謌。」與此相類。太史公之見張良，似婦人之形矣。史記留侯世家贊：「余以爲其人計魁梧奇偉，至見其圖，狀貌如婦人好女。」案孔子未嘗見狌狌，至輒能名之；太史公與張良異世，而目見其形。使衆人聞此言，則謂神而先知。然而孔子名狌狌，聞昭人之歌；太史公之見張良，觀宣室之畫也。朱校元本「畫也」作「圖像」。史記賈誼傳集解蘇林曰：「宣室，未央前正室。」索隱：三輔故事云：「宣室，在未央殿北。」陰見默識，用思深祕。衆人闊略，寡所意識，見賢聖之名物，則謂之神。推此以論，詹何見黑牛白蹄，猶此類也。彼不以術數，則先時聞見於外矣。方今占射事之工，據正術數，術數不中，集以人事。人事於術數而用之者，與神無異。詹何之徒，方今占射事者之類也。如以詹何之徒，性能知之，不用術數，是則巢居者先知風，穴處者先知雨。注變動篇。智明早成，項託、尹方其是也。

難曰：「黃帝生而神靈，弱而能言。注吉驗篇。帝嚳生而自言其名。見大戴禮五帝德篇。史記五帝紀正義引帝王世紀曰：「自言其名曰岌。」未有聞見於外，生輒能言，稱其名，非神靈之效，生知之驗乎？」曰：黃帝生而言，然而母懷之二十月生，注吉驗篇。盼遂案：「二十」下疑本有「五」字，今脱。宋書符瑞志作「孕二十五月而生」，宜據補。論文亦言「計其月數，亦已二歲在母身中矣」，亦于二十五月爲合。計其月數，亦已二歲在母身中矣。帝嚳能自言其名，然不能言他人之名，雖有一能，未能徧通。所謂神而生知者，豈謂生而能言其名乎？乃謂不受而能知之，未得能見之也。「不受能知之，未得能見之」對文，「而」字疑衍。「而」、「能」古通。黃帝、帝嚳雖有神靈之驗，亦皆早成之才也。人才早成，亦有晚就。雖未就師，家問室學。人見其幼成早就，稱之過度。云項託七歲，是

**必十歲；**盼遂案：天中記引圖經云：「項橐，魯人。十歲而亡，時人尸而祝之，號小兒神。」是仲任定項託十歲，竟有據也。俞理初必以論衡爲私議，失之拘墟矣。**云教孔子，是必孔子問之；云黄帝、帝嚳生而能言，是亦數月；云尹方年二十一，是亦且三十；云無所師友，有不學書，**「有」讀「又」。**是亦遊學家習。世俗褒稱過實，毁敗踰惡。世俗傳顔淵年十八歲升太山，望見吴昌門外**盼遂案：「十八」疑當爲「三十」之誤。下文云：「定考實顔淵年三十不升太山，不望吴昌門。」則此不爲十八明矣。書虚篇：「或言顔淵與孔子俱上魯太山。孔子東南望，吴閶門外有繫白馬。顔淵曰：『有如繫練之狀。』孔子撫其目而正之，因與俱下。下而顔淵髮白齒落，遂以病死。」據顔子死年三十餘，則此應作三十，不作十八。又其一證矣。**有繫白馬。**注書虚篇。**定考實顔淵年三十不升太山，不望吴昌門。**淮南精神訓高注云：「顔淵十八而卒。」此云年十八登太山，據書虚篇謂顔淵登太山即髮白齒落而死，是亦謂年十八而卒也。俗説與高同。後漢郎顗傳顗上書薦黄瓊、李固曰：「顔子十八，天下歸仁。」是漢時多有此説。仲任謂年三十，未知何據。列子力命篇云：「顔淵之才，不出衆人之下，而壽四八。」是謂顔子三十二而卒也。家語弟子解同。（今本誤作「三十一」。史記弟子傳索隱、公羊哀十四年疏引並作「三十二」。論語雍也篇、先進篇邢疏并云「三十二而卒」，即本家語也。）三國志吴志孫登傳登年三十三卒，臨終上疏曰：「顔回夭折，臣過其壽。」然則顔子之壽，漢、魏人俱謂其在三十上下，非王肅私説也。四書考異云：「顏子之死，在哀公十四年，實後伯魚死二年，時當四十一歲。」江永孔子年譜謂：「哀公十三年，孔子七十一歲，顏子卒。」是顏淵四十歲。拜經日記云：「顏子之死，必與獲麟、子路死、夫子卒相先後。」並力駁王肅之非。張惟驤疑年録彙編：「顏子三十二歲，生周景王二十四年庚辰，卒敬王三十年辛亥。」**項託之稱，尹方之譽，顏淵之類也。**

**人才有高下，知物由學。學之乃知，不問不識。子貢曰：「夫子焉不學？而亦何常師之有？」**見論語子張篇。**孔子曰：「吾十有五而志乎學。」**見論語爲政篇。「志乎學」，漢石經、高麗本同。今邢疏本作「于」，皇疏本作「於」，後知實篇引作「于」，蓋後人依邢疏本改。翟氏考異曰：「『于』疑屬『乎』字傳寫之誤。」**五帝、三王，皆有所師。**韓詩外傳五：「哀公曰：『五帝有師乎？』子夏曰：『臣聞黃帝學乎大塡，（今誤「墳」。）顓頊學乎〔一〕録圖，帝嚳學乎赤松子，堯學乎尹壽，舜學乎務成子附，（尹壽、務成子附，次誤倒，引正。）禹學乎西王國，湯學乎貸子相，文王學乎錫疇子斯，武王學乎太公。』」白虎通辟雍篇引論語讖曰：「五帝立師，三王制之。」又引傳，與外傳略同。**曰：**或曰也。**「是欲爲人法也。」曰：精思亦可爲人法，何必以學者？事難空知，**盼遂案：衍一「何」字，遂與下文義相違。**聖賢之才能立也。**句有脱文。

〔一〕「乎」，原本作「夫」，聲近而誤，據韓詩外傳改。

所謂「神」者，不學而知；所謂「聖」者，須學以聖。以聖人學，知其非聖。「聖」當作「神」。既言「須學以聖」，則不得言「以聖人學，知其非聖」也。前文云：「聖人不學自知，不問自曉，故稱聖，聖則神矣。」此文即破其說。以聖人學，知聖人非爲神也。下文云：「僮謠不學而知，可謂神而先知矣。如以聖人爲若僮謠乎？則夫僮謠者妖也。」又云：「巫與聖異，則聖不能神矣。」并證聖人須學以聖，非不學而知之神也。天地之間，含血之類，無性知者。狌狌知往，鳱鵲知來，並注龍虛篇。禀天之性，自然者也。如以聖人爲若狌狌乎？則夫狌狌之類，鳥獸也。僮謠不學而知，可謂神而先知矣。如以聖人爲若僮謠乎？則夫僮謠者，妖也。訂鬼篇謂童謠爲妖言，熒惑之氣使然也。世間聖神，以爲巫與？句有誤。鬼神用巫之口告人。論死篇云：「死人魂，因巫口言。」左傳謂太子申生，因巫而見。舊讀「鬼神」屬上，非。如以聖人爲若巫乎？則夫爲巫者，亦妖也。與妖同氣，則與聖異類矣。巫與聖異，則聖不能神矣。不能神，則賢之黨也。同黨，則所知者無以異也。及其有異，以入道也，聖人疾，賢者遲；賢者才多，聖人智多。所知同業，多少異量；所道一途，步騶相過。

事有難知易曉，賢聖所共關思也。若夫文質之復，禮記表記疏曰：「三正記云：『質再而復始。』則虞質，夏文，殷質，周文。」三教之重，元命包曰：「三王有失，故立三教以相變。」餘注齊世篇。盼遂案：齊世篇引傳：「夏后之王教以忠，其失也小人野。救野莫如敬，故殷之王教以敬，其失也小人鬼。救鬼莫如文，故周之王教以文，其失也小人薄。救薄莫若忠。」此即文質三教之説也。白虎通德論有三教篇，引樂緯稽耀嘉：「顏回問三教變虞、夏何如？曰：『教者所以追補敗政，靡敝溷濁，謂之治也。舜之承堯，無爲易也。』」正朔相緣，注宣漢篇。損益相因，論語爲政篇子曰：「殷因於夏禮，所損益可知也。周因於殷禮，所損益可知也。」賢聖所共知也。古之水火，今之水火也；今之聲色，後世之聲色也。鳥獸草木，人民好惡，以今而見古，以此而知來，千歲之前，萬世之後，無以異也。追觀上古，探察來世，文質之類，水火之輩，賢聖共之；見兆聞象，圖畫禍福，賢聖共之；見怪名物，無所疑惑，賢聖共之。事可知者，賢聖所共知也；不可知者，聖人亦不能知也。何以明之？使聖空坐先知雨也，有脱文。性能一事知遠道，句有挩誤。孔竅不普，未足以論也。所論（謂）先知性達者，「論」當作「謂」。上文云「雖有一能，未能徧通。所謂神而生知者」云云，文意正同。盡知萬物之性，畢睹千道之要也。如知一不通二，達左不見右，偏駮不純，踦校不具，非所謂聖也。如必謂之聖，是明聖人無以奇也。詹何之徒聖，孔子之黨亦稱聖，是聖無以異於賢，賢無以乏於聖也。賢聖皆能，何以稱聖奇於賢乎？如俱任用術數，賢何以不及聖？

實者，聖賢不能知性〔知〕，「知性」無義，當作「性知」。「性知」即「生知」，「性」、「生」字通。（亂龍篇「性能執虎」，御覽引作「生而執虎」。）全篇俱明聖人亦學而能，無神而生知之義。上文云：「天地之間，含血之類，無性知者。」須任耳目以定情實。其任耳目也，可知之事，思之輒決；不可知之事，待問乃解。天下之事，世間之物，可思而〔知〕，愚夫能開精；不可思而知，上聖不能省。「可思而知」與「不可思而知」對文。上「知」字各本並脱。孔子曰：「吾嘗終日不食，終夜不寢以思，無益，不如學也。」見論語衞靈公篇。經讀考異曰：「此凡兩讀。一讀『以思無益』句。一讀『以思』屬上二句，自『吾嘗』以下十二字作一氣讀，『無益』另作一讀。義並通。」今按大戴禮勸學篇云：「孔子曰：吾嘗終日思矣，不如須臾之所學。」荀子勸學篇同。是以「以思」二字屬上讀。天下事有不可知，朱校元本「事」上有「之」字。猶結有不可解也。見説善解結，盼遂案：「見説」疑爲人名，乃古之善解結者，故與下文聖人爲對語。又案：「結無有不可解」，衍一有字。下文「聖人知事，事無不可知」，其例也。又案：淮南子説山訓第十六：「兒説之爲宋王解閉結也。」許慎注：「結不可解者而能解之，解之以不解。」此文是仲任所本。則「見説」是「兒説」之誤，「見」與「兒」形極相近故耳。「兒」讀若「倪」。結無有不可解。結有不可解，見説不能解也。非見説不能解也，結有不可解；及其解之，用不能也。聖人知事，事無不可知。事有不可知，聖人不能知。非聖人不能知，事有不可知；

及其知之，用不知也。故夫難知之事，學問所能及也；不可知之事，問之學之，不能曉也。

# 知實篇

盼遂案：此篇列十六證，以論聖人不能神而先知，須待事以效實。

凡論事者，違實不引效驗，則雖甘義繁説，衆不見信。文選阮嗣宗詠懷詩注引「義」作「議」，「説」作「辭」，「衆」作「終」。議、義，終、衆，并通。「繁説」作「繁辭」，義長。「辭」或作「詞」，故誤爲「説」。論聖人不能神而先知，先知之間，不能獨見，非徒空説虚言，直以才智准況之工也，事有證驗，以效實然。何以明之？

孔子問公叔文子於公明賈曰：「信乎，夫子不言、不笑、不取？有諸？」「有諸」，論語憲問篇作「乎」。前儒增篇同。對曰：「以告者過也。夫子時然後言，人不厭其言；樂然後笑，人不厭其笑；義然後取，人不厭其取。」「其言」、「其笑」、「其取」下當並有「也」字。此依邢疏本妄删。説見儒增篇。孔子曰：「豈其然乎？豈其然乎？」論語上句作「其然」。注見儒增篇。天下之人，有如伯夷之廉，不取一芥於人，未有不言、不笑者也。孔子既不能如心揣度，以決然否，心怪不信，又不能達視遥見，以審其實，問公明賈乃知其情。孔子不能先知，一也。「孔子」，朱校元本、程、何、崇文本并同。王本作「聖人」，是也。此文乃證驗「聖人不能神而先知」。下文并作「聖人不能先知」。

陳子禽問子貢曰：論語學而篇集解鄭曰：「子禽，弟子陳亢也，字子禽也。」「夫子至於是邦也，必聞其政。求之與？抑與之與？」子貢曰：「夫子温良恭儉讓以得之。」見論語學而篇。温良恭儉讓，尊行也。有尊行於人，人親附之。人親附之，則人告語之矣。此釋舊有數通：集解鄭曰：「言夫子行此五德而得，與人求之異，明人君自願求與爲治也。」此其一。皇疏引顧歡曰：「此明非求非與，直以自得之耳。其故何也？夫五德內充，則是非自鏡也。夫子求知乎己，而諸人訪之於聞。」據顧義，則謂孔子身有此五德之美，推己以測人，故凡所至之邦，必逆聞之。此其二。引梁冀云：「夫子所至之國，入其境，觀察風俗，以知其政教。其民温良，則其君政教之温良也；其民恭儉讓，則政教恭儉讓也。孔子但見其民，則知其君政教之得失也。凡人求聞，見乃知耳，夫子觀化以知之。」此其三。論語述何：「禮經解引夫子曰：『入其國，其教可知也。』温，詩教也。良，樂教也。恭儉讓，禮教也。興於詩，立於禮，成於樂，易、書、春秋之旨已賅之矣。反是，則其政亂可知。孝經：『移風易俗，莫善於樂。安上治民，莫善於禮。』禮云：『王者陳詩以觀民風，不下堂而見天下。』」此與梁冀説義近。仲任云「人告語之」，與以上三説並異。張敬夫曰：「夫子至是邦，必聞其政，而未有能委國而授之以政者。蓋見聖人之儀刑而樂告之者，秉彜好德之良心也。」蓋襲仲任此義，而不然鄭氏「人君自願求與爲治」之説也。然則孔子聞政以人言，不神而自知之也。齊景公問子貢曰：「夫子賢乎？」子貢對曰：「夫子乃聖，豈徒賢哉！」韓詩外傳八：齊景公謂子貢曰：「先生何師？」對曰：「魯仲尼。」曰：「仲尼賢乎？」曰：「聖人也，豈直賢哉！」景公不知孔子聖，子貢正其名；子禽亦不知孔子所以聞政，子貢定其實。對景公云：「夫子聖，豈徒賢哉！」則其對子禽，亦當云：「神而自知之，不聞人言。」以子貢對子禽言之，聖人不能先知，二也。

顏淵炊飯，塵落甑中，欲置之則不清，投地則棄飯，掇而食之。孔子望見，以爲竊食。呂氏春秋任數篇曰：「孔子窮乎陳、蔡之間，藜羹不斟，七日不嘗粒。晝寢，顏回索米，得而爨之。幾熟，孔子望見顏回攫其甑中而食之。選間，食熟，謁孔子而進食，孔子佯爲不見之。孔子起曰：『今者夢見先君，食潔而欲饋。』（「欲」，今本作「後」，無義，從御覽八三八引正。家語困誓篇亦見此事。彼文云：「昔予夢見先人，豈或啓祐我哉！子炊而進飯，吾將進焉。」是其義。）』顏回對曰：『不可。嚮者煤炱（御覽引作「炲煤」，家語作「埃墨」。）入甑中，棄食不祥，回攫而食之。』」聖人不能先知，三也。

塗有狂夫，投刃而候；澤有猛虎，厲牙而望。知見之者，不敢前進。如不知見，則遭狂夫之刃，犯猛虎之牙矣。匡人之圍孔子，孔子如審先知，當早易道，以違其害。不知而觸之，故遇其患。以孔子圍言之，聖人不能先知，四也。

子畏於匡，顏淵後。孔子曰：「吾以汝爲死矣。」見論語先進篇。史記孔子世家曰：

「孔子去衛，將適陳，過匡，顏刻爲僕，以其策指之曰：『昔吾入此，由彼缺也。』匡人聞之，以爲魯之陽虎。陽虎嘗暴匡人，匡人於是遂止孔子。孔子狀類陽虎，拘之五日。顏淵後。」云云。如孔子先知，當知顏淵必不觸害，匡人必不加悖。見顏淵之來，乃知不死；未來之時，謂以爲死。聖人不能先知，五也。

陽貨欲見孔子，孔子不見，饋孔子豚。孟子滕文公篇云：「蒸豚。」趙注：「豚非大牲，故用熟饋也。」孔子時其亡也，而往拜之，遇諸塗。見論語陽貨篇。釋文云：「塗」當作「途」。翟氏考異曰：「此引作『途』。」按：各本并作「塗」，未審翟氏所據何本。孔子不欲見，既往，候時其亡，是勢必不欲見也。反，遇於路。以孔子遇陽虎言之，聖人不能先知，六也。

長沮、桀溺耦而耕。孔子過之，使子路問津焉。見論語微子篇。鄭注：「長沮、桀溺，隱者也。耜廣五寸，二耜爲耦。津，濟渡處也。」水經潕水注云：「方城西有黄城山，是長沮、桀溺耦耕之所。有東流水，則子路問津處。」如孔子知津，不當更問。論者曰：「欲觀隱者之操。」集解鄭曰：「長沮、桀溺，隱者也。」皇疏引范升曰：「欲顯之，故使問也。」與此論者義近。則孔子先知，當自知之，無爲觀也。如不知而問之，是不能先知，七也。

孔子母死，不知其父墓，母匿之也。殯於五甫之衢。謂殯其母。江永禮記訓義擇言以「不知其父墓殯於五父之衢」十字連讀，謂不知孔子父墓葬於五父之衢。與漢儒舊説皆異，今不

**取。**左襄十一年傳杜注：「五父衢，道名，在魯國東南。」郡國志：「魯國有五父衢。」注引地道記云：「在城東。」白褒晉記：「在魯國東南門外二里。」**人見之者，以爲葬也。蓋以無所合葬，殯之謹，**盼遂案：吳承仕曰：「禮記檀弓：『其慎也，蓋殯也。』鄭注：『慎讀爲引。』此云『殯之謹』，疑即約記文，與鄭義異。」宋人刻書，恒因避孝宗諱，而改「慎」字作「謹」字。**故人以爲葬也。**檀弓云：「人之見之者，皆以爲葬也。」鄭注：「見柩行於路。」又云：「其慎也，蓋殯也。」鄭注：「慎當爲引。殯引飾棺以輤，葬引飾棺以柳翣。孔子是時以殯引，不以葬引，時人見之，謂不知禮。」按：此文「人見之者」，謂見棺殯於五甫衢也。孔叢子陳士義篇：「孔子母死，殯於五父之衢，人見之，皆以爲孤葬。」與仲任說同。江永曰：「古人埋棺於坎爲殯，殯淺而葬深。今人有權厝，而覆土掩之爲浮葬，正此類。」其說是也。訓「慎」爲「謹」。史記孔子世家云：「孔子母死，乃殯於五父之衢，蓋其慎也。」是亦讀「慎」爲「謹慎」，並與鄭異。此謂殯之謹如葬然。索隱云：「謂孔子不知父墓，乃且殯於五父之衢，是其謹慎也。」則又異義。**鄰人鄒曼甫之母告之，然後得合葬於防。有塋自在防，**謂孔子父自有塋地在防山。御覽〔一〕五六〇引皇覽冢墓記云：「魯大夫叔梁紇冢在魯國東陽聚安泉東北八十五步，曰防冢。」春秋大事表列國地名考異曰：「在今曲阜縣東二十里。」**殯於衢路，聖人不能先知，八也。**

〔一〕「覽」，原本作「覺」，形近而誤，今改。

既得合葬，孔子反。先反虞。門人後，雨甚至。孔子問曰：「何遲也？」曰：「防墓崩。」注論死篇。孔子不應。檀弓鄭注：「以其非禮。」三，鄭曰：「三言之，以孔子不聞。」孔子泫然流涕曰：「吾聞之，古不脩墓。」如孔子先知，當先知防墓崩，比門人至，宜流涕以俟之。人至乃知之，盼遂案：「人至」當是「門人至」。上文累言門人，此承其文。聖人不能先知，九也。

子入太廟，每事問。見論語八佾篇。不知故問，爲人法也。盼遂案：「爲人法也」四字，疑涉下文累言「爲人法」而衍。仲任引論語子入太廟事，所以證孔子不能先知，有時須問乃知，並非故加問難以身作則。下文或人駁難之辭，乃言孔子太廟之事，實已知而復問，所以爲人法也。此實與論義大相觝忤，淺人不察，竟因本文沾此四字，致與文理有違，亟宜刊除。孔子未嘗入廟，廟中禮器，衆多非一，孔子雖聖，何能知之？呂氏春秋用衆篇：「無醜不能，無惡不知。」高注云：「孔子入太廟，每事問。是不醜不能，不惡不知。」與仲任說同。論語後録曰：「此當是入廟助祭，有所職守，當行之事，不敢自專，必咨之主祭者而後行。若問器物，則廟中爲嚴肅之地，夫子必不嬈嬈如是。充說非也。」論語述何曰：「魯自僖公僭禘於太廟，用四代之服器官。其後大夫遂僭大禮。每事問者，不斥言其僭，若爲勿知而問之。若曰『此事昉於何時？其義何居』耳。以天子之事，魯不當有也。」論語別記說同。並諱言孔子不知而問，乃曲爲之說。□□□：

「以嘗見，實已知，盼遂案：自此語至下文「實已知，當復問，爲人法」凡三十二字，乃或人辨難仲任所舉子入太廟之事，頗疑文端本有一「或」字，而今脱也。又案：自「孔子知五經，門人從之學」以下，則仲任解答或人之辭也。揆之文法物理，必如此而後此文可通。特褫譌已久，别無證佐，姑作此大膽之假設耳。而復問，爲人法？」「以嘗見」上，疑脱「論者曰」三字。仲任意孔子不知故問。論者意，實已知而復問。下文「疑思問」云云，即駁「知而復問」爲妄説也。今脱「論者曰」三字，遂使此文上下無屬矣。上文云：「論者曰：欲觀隱者之操。」下文云：「論者曰：孔子自知不用。」其立文並同。孔子曰：「疑思問。」見論語季氏篇。疑乃當問邪？盼遂案：「邪」當爲「也」之誤。論中「邪」、「也」二字雖互用，然疑問之「邪」可作「也」，而肯定之「也」不可作「邪」，則此文出淺人所改，明矣。實已知，當復問，爲人法？疑脱「也」字。本書多有此句例。孔子知五經，舊校曰：一有「問」字。門人從之學，當復行問，以爲人法，何故專口授弟子乎？不以已知五經復問爲人法，獨以已知太廟復問爲人法，聖人用心，何其不一也？以孔子入太廟言之，聖人不能先知，十也。

主人請賓飲食若呼，「主人」，錢、黄、王、崇文本作「生人」。下文云：「不知其家，不曉其實。」疑作「生人」是。賓頓若舍。上「若」猶「或」也。下「若」猶「其」也。文選陸士衡於承明作與士龍詩注云：「頓，止舍也。」賓如聞其家有輕子洎（泊）孫，「洎」當作「泊」。本書屢借「泊」爲

「薄」。「泊」非其義也。盼遂案：「泊」當爲「泊」，形近而誤。「泊」，今之「薄」字。說文解字作「怕」，在心部。注云：「憺也。」此澆薄、輕薄之本字。必教親徹饌退膳，不得飲食；閉館闗舍，不得頓。賓之執計，盼遂案：「賓」上疑當重「賓」字，屬上句讀。則必不往。何則？知請呼無喜，空行勞辱也。如往無喜，勞辱復還，不知其家，不曉其實。人實難知，吉凶難圖。如孔子先知，宜知諸侯惑於讒臣，必不能用，空勞辱己，聘召之到，宜寢不往。君子不爲無益之事，不履辱身之行。無爲周流應聘，以取削跡之辱；「削跡於衛」，注儒增篇。空說非主，以犯絶糧之厄。注儒增篇。由此言之，近不能知。論者曰：「孔子自知不用，聖思閔道不行，民在塗炭之中，庶幾欲佐諸侯，行道濟民，故應聘周流，不避患恥。爲道不爲己，故逢患而不惡；爲民不爲名，故蒙謗而不避。」曰：此非實也。孔子曰：「吾自衛反魯，然後樂正，雅、頌各得其所。」見論語子罕篇。是謂孔子自知時也。謂自知之時。何以自知？魯、衛，天下最賢之國也，魯、衛不能用己，則天下莫能用己也，故退作春秋，删定詩、書。以自衛反魯言之，知行應聘時，未自知也。「行」下當有「道」字。此承上文「行道濟民，故應聘周流」爲文。何則？無兆象效驗，聖人無以定也。魯、衛不能用，自知極也；魯人獲麟，自知絶也。說見指瑞篇。道極命絶，兆象著明，心懷望沮，退而幽思。夫周流不休，猶病未死，禱卜使痊也，死兆未見，冀得活也。然則應聘未見絶證，冀得用也。死兆見舍，「舍」字無義，疑當作「令」。寒温篇：「卜之得兆，人謂天地應令問。」卜還豎絶，攬筆定書。盼遂案：「絶」字疑衍，涉上下文多「絶」字而然。以應聘周流言之，聖人不能先知，十一也。

孔子曰：「游者可爲綸，走者可爲矰。吾友項伯弘曰：「走」字誤。史記老子韓非列傳正作「飛」。暉按：項説是也。龍虚篇亦正作「飛」。至於龍，吾不知。其乘雲風上升！今日見老子，其猶龍邪！」聖人知物知事。老子與龍，人、物也；所從上下，事也，「人」字疑衍。「物也」、「事也」並承上「知物知事」爲文。寒温篇云：「人禽皆物也。」論死篇云：「人，物也。物亦物也。」四諱篇云：「人，物也。子亦物也。」并仲任謂人爲物之證。故此老子與龍，通謂之物。蓋校者嫌老子不當稱「物」，而妄增「人」字。何故不知？如老子神，龍亦神，聖人亦神，神者同道，精氣交連，何故不知？以孔子不知龍與老子言之，聖人不能先知，十二也。

孔子曰：「孝哉，閔子騫！人不間於其父母昆弟之言。」見論語先進篇。舊有二釋：一謂人不非間閔子騫。一謂人不非間其父母昆弟。後漢書劉趙淳于等傳序云：「孔子稱：『孝哉，閔子騫！人不間於其父母昆弟之言。』言其孝皆合於道，莫可復間也。」（今本脱，依惠棟補注引。）集解引陳羣説同。並謂不非間閔子也。漢書杜鄴傳鄴對曰：「善閔子騫守禮不苟〔二〕，從親所行，無非理者，故無可間也。」後漢書范升傳升奏記曰：「升聞子以人不間於其父母爲孝。」注引論語，並云：「子騫子孝，化其父母兄弟，言人無非之者。」據此，則謂不非間其父母昆弟。閔子以孝烝烝，諭父母於道，納昆弟於義，故人言無非其父母昆弟也。此蓋漢儒相承古義，觀此下文云云，則知仲任義同。自集解著陳羣説，而此義泯滅，後儒莫聞。姚範援鶉堂筆記、惠棟九經古義、經義述聞、論語後録、論語補疏、論語稽求篇具表明斯義。虞舜大聖，隱藏骨肉之過，宜愈子騫。瞽叟與象，使舜治廩、浚井，意欲殺舜。注吉驗篇。當見殺己之情，早諫豫止；既無如何，宜避不行，若病不爲。若，或也。何故使父與弟得成殺己之惡，使人聞非父弟，「聞」當作「間」。盼遂案：「聞」疑當爲「閒」，字之誤也。「閒」亦「非」也。論語先進篇：「子曰：『孝哉，閔子騫！人不間于其父母昆弟之言。』」集解：「陳羣曰：『人不得有非間之言。』」萬世不滅？以虞舜不豫見，據上文例，「見」下疑脱「言之」二字。聖人不能先知，十三也。

武王不豫，周公請命。壇墠既設，筴祝已畢，不知天之許己與不，乃卜三龜。三龜皆吉。見金縢。注福虚、感類、死僞等篇。如聖人先知，周公當知天已許之，無爲頓復

〔二〕「苟」，原本作「苟」，形近而誤，據漢書改。

卜三龜知。疑「頓」字衍。或「須」字之誤。原無「爲」字。「知」上又脱「乃」字。死僞篇述此事云：「不能知三王許己與否，須占三龜，乃知其實。」故此文謂若聖人先知，則無須復卜三龜乃知也。聖人不以獨見立法，則更請命，祕藏不見。獨見，謂周公知武王九齡之年未盡，宜不死也。鄭玄亦有此義。感類篇云：「人命不可請，獨武王可。非世常法，故藏於金縢；不可復爲，故掩而不見。」天意難知，盼遂案：「不」字疑涉上下文而衍。此文正申論聖人不能先知，故云周公見意難知，故卜而合兆。今衍一「不」字，則文義乖違矣。故卜而合兆，兆決心定，乃以從事。聖人不能先知，十四也。

晏子聘於魯，堂上不趨，晏子趨；授玉不跪，晏子跪。門人怪而問於孔子。孔子不知，問於晏子。晏子解之，孔子乃曉。韓詩外傳四：「晏子聘魯，上堂則趨，授玉則跪。子貢怪之，問孔子曰：『晏子知禮乎？今者晏子來聘魯，上堂則趨，授玉則跪，何也？』孔子曰：『其有方矣。待其見我，我將問焉。』俄而晏子至，孔子問之。晏子對曰：『夫上堂之禮，君行一，臣行二。今君行疾，臣敢不趨乎？今君之授幣也，卑臣敢不跪乎？』孔子曰：『善，禮中又有禮。賜寡使也，何足以識禮也？』」聖人不能先知，十五也。

陳賈問於孟子曰：「周公何人也？」曰：「聖人。」「使管叔監殷，管叔畔也。二者有諸？」曰：「然。」「周公知其畔而使？不知而使之與？」曰：「不知也。」「然則聖人且有過與？」曰：「周公，弟也；管叔，兄也。周公之過也，不亦宜乎？」見孟子公孫丑下篇。孟子，實事之人也，言周公之聖，處其下，處，度審也。不能知管叔之畔。聖人不能先知，十六也。

孔子曰：「賜不受命，而貨殖焉，億則屢中。」見論語先進篇。「億」，邢疏本同。皇疏本、高麗本作「憶」。按：並當作「意」。意謂前識，無緣而妄意度也。下文「意貴賤之期，數得其時」，即釋此文，字正作「意」，則知此作「億」者，後人依邢疏本妄改也。下文「子貢億數中」及問孔篇誤同。漢書貨殖傳、隸續録漢陳度碑並作「意」。李覯集陳公變字序：「夫子謂賜也，意則屢中。」本史記作「意」。蓋漢時論語俱爲「意」字。今弟子傳「意」已作「億」。餘注率性、問孔篇。罪子貢善居積，億貴賤之期，數得其時，故貨殖多，富比陶朱。然則聖人先知也，「也」猶「者」。子貢億數中之類也。聖人據象兆，原物類，億而得之；其見變名物，博學而識之。巧商而善億，廣見而多記，由微見較，若揆之今睹千載，盼遂案：吳承仕曰：「此文疑有脱誤。」所謂智如淵海。孔子見竅睹微，思慮洞達，材智兼倍，彊力不倦，超踰倫等耳！目非有達視之明，知人所不知之狀也。「目」當作「自」。使聖人達視遠見，洞聽潛聞，與天地談，與鬼神言，知天上地下之事，乃可謂神而先知，與人卓異。今耳目聞見，與人無別；遭事睹物，與人無異，差賢一等爾，何以謂神而卓絶？

夫聖猶賢也，人之殊者謂之聖，則聖賢差小大之稱，非絕殊之名也。何以明之？

齊桓公與管仲謀伐莒，謀未發而聞於國。呂氏春秋重言篇注：「發，行。聞，知。」桓公怪之，問管仲曰：「與仲甫謀伐莒，未發，聞於國，其故何也？」呂氏春秋重言篇「未發」上有「謀」字。即此文所本。管仲曰：「國必有聖人也。」少頃，當東郭牙至，管子小匡篇、呂氏春秋重言篇、韓詩外傳四并作「東郭牙」。管子小問篇作「東郭郵」。說苑權謀篇作「東郭垂」。金樓子志怪篇作「東郭邛」。按：說文我字解云：「从戈，从𠂹。𠂹，或說古垂字。」蓋本名「垂」，「牙」爲古垂字之誤。「邛」通作「垂」。「郵」爲譌字。王引之春秋名字解詁云：「齊東郭牙，字垂。『牙』讀爲『圉』。爾雅：『圉，垂也。』孫炎云：『圉，國之四垂也。』」疑非確論。管仲曰：「此必是已。」乃令賓延而上之，分級而立。高誘曰：延，引。級，階陛。管〔仲〕曰：「仲」字據錢、黃、王、崇文本補。盼遂案：「管」下應有一「仲」字，今脫。本篇例稱管仲。「子邪，言伐莒？」管子、說苑作「子言伐莒者乎」。（說苑作「也」。）呂覽同此。畢云：「文似倒而實順。」朱校元本作「子言伐莒邪」。對曰：「然。」管仲曰：「我不〔言〕伐莒，子何故言伐莒？」「我不伐莒」，與上文「謀伐莒」義相背。當作「我不言伐莒」。管子小問篇、呂氏春秋重言篇、說苑權謀篇並有「言」字，是其證。對曰：「臣聞君子善謀，小人善意，臣竊意之。」管仲曰：「我不言伐莒，子何以億之？」對曰：「臣聞君子有三色：驩然喜樂者，鍾鼓之色；愁然清淨者，衰絰之色；佛然充滿，手足〔矜〕者，兵革之色。「佛然」與「手足」義不相屬，「佛然充滿」四字爲句。孟子公孫丑篇注：「艴然，愠怒色也。」「佛」、「艴」字通。「佛然充滿」與上文「驩然喜樂」、「愁然清淨」句例同。「充滿」據氣色言。禮記樂記注：「憤，怒氣充實也。」韓詩外傳四：「手足者」三字句，義不可通，當作「手足矜者」。仲任此文乃本呂覽，彼文云：「艴然充盈，手足矜者，兵革之色也。」正有「矜」字，是其證。王念孫曰：「矜，猶奮也。言手足奮動也。」按：「手足矜」，猶樂記言「奮末」。鄭注：「奮末，動使四支也。」管子小問篇作「漻然充滿，而手足拇動者，兵甲之色也」。動、矜義同，亦其證也。君口垂不噞，所言莒也；管子房玄齡注：「莒字兩口，故二君開口相對，即知其言莒。」宋翔鳳管子識誤：「注說大非。管子小問篇云：『口開而不闔，是言莒也』。呂氏春秋重言篇作『君呿而不唫，所言者莒也。』高誘注云：『呿開，唫閉。』按：莒字脣音，故言莒則開而不闔。說苑權謀篇作『吁而不吟』。吁亦用脣。論衡知實篇：『君口垂不噞，所言莒也。』凡出莒字，必口垂不噞。若齊、晉字用齒，魯邪字用舌，惟言莒獨異。」梁玉繩瞥記五曰：「字音有齒齶脣舌開合抵蹴等别。周、秦以前，少所論及，兹乃見其一端。顏氏家訓音辭篇曾舉之。而房玄齡注：『莒字兩口，故二君開口相對，即知其言莒。』房注本尹知章僞託，而此注甚謬。口開以音說，不以字形說，而『莒』象脊骨之形，亦非从兩『口』。且但云『兩口相對』，乃是『吕』字，何以知其更从『艸』耶？」暉按：「莒」字古音蓋爲開口呼，故口開不合，則知其言「莒」。顏氏家訓音辭篇云：「北人之音，多以『舉』、『莒』爲『矩』，李季節曰：東郭邪望見桓公口開而不閉，知所言『莒』。則『矩』、『莒』必不同呼。」其説是也。盼遂案：「噞」字不見于説文，唯徐鉉定新附字有之，云：「喁噞，魚口上見也。」然與此處文義不符。疑「噞」當爲「唫」之聲借。管子小問篇載此事作「開而不闔」，吕氏春秋重言篇作「呿而不唫」，説苑權謀篇作「吁而不吟」，顏氏家訓音辭篇作「開而不閉」，諸書皆謂管仲張口言莒，此獨稱口垂不噞，故決斯爲誤也。又案：此四字或原作「口噞不垂」，與別家相同。後人或疑其與今讀不合，（古讀莒或侈口音，今讀極閉口音，説本汪榮寶歌戈魚虞模古讀考及錢玄同附記。見北大國學季刊一卷二期。）而誤顛亂之也。君舉臂而指，所當又莒也。臣竊虞國小諸侯不服者，其唯莒乎！臣故言之。」夫管仲，上智之人也，其別物審事矣。「審事」二字當乙。云「國必有聖人」者，至誠謂國必有也。東郭牙至，云「此必是已」，謂東郭牙聖也。如賢與聖絶輩，管仲知時無十二聖之黨，十二聖見骨相篇。當云「國必有賢者」，無爲言「聖」也。謀未發而聞於國，管仲謂「國必有聖人」，是謂聖人先知也。及見東郭牙，云「此必是已」，謂賢者聖也。東郭牙知之審，是與聖人同也。

客有見淳于髡於梁惠王者，再見之，終無言也。惠王怪之，以讓客曰：「子之稱淳于生，史記孟子荀卿列傳作「淳于先生」。下同。言管、晏不及。及見寡人，寡人未有得也。寡人未足爲言邪？」「爲」猶「與」也。客謂髡。〔髡〕曰：「髡」字涉重文脱，當據史記增。「固也！吾前見王志在遠，後見王志在音，史記兩「王」字并重，疑此脱。「在遠」，史作「在驅逐」。吾是以默然。」客具報。王大駭曰：「嗟乎！淳于生誠聖人也？前淳于生之來，人有獻龍馬者，寡人未及視，會生至。後來，人有獻謳者，未及試，亦會生至。寡人雖屏左右，私心在彼。」夫髡之見惠王在遠與音也，「見」猶「知」也。雖湯、禹之察，不能過也。志在胷臆之中，藏匿不見，髡能知之。以髡等爲聖，則髡聖人也；如以髡等非聖，則聖人之知，何以過髡之知惠王也？觀色以窺心，皆有因緣以准的之。

楚靈王會諸侯。鄭子産曰：「魯、邾、宋、衛不來。」及諸侯會，四國果不至。左昭四年傳：「楚子問於子産曰：『諸侯其來乎？』對曰：『必來。不來者，其魯、衛、曹、邾乎。曹畏宋，邾畏魯，魯、衛偪於齊而親於晉，唯是不來。』夏，諸侯如楚，魯、衛、曹、邾不會。」洪亮吉曰：「論衡引作『魯、邾、宋、衛不來』，非。」史記楚世家云：「晉、宋、魯、衛不往。」杭世駿考證：「春秋經：『魯昭四年夏，楚子、蔡侯、陳侯、鄭伯、許男、徐子、滕子、頓子、胡子、沈子、小邾子、宋世子佐淮夷會於申。』此云『宋不往』，誤。」趙堯爲符璽御史，趙人方與公謂御史大夫周昌曰：「君之史趙堯且代君位。」其後堯果爲御史大夫。見史記周昌傳。集解孟康曰：「方與，縣名。

公，其號。」瓚曰：「方與縣令也。」然則四國不至，子産原其理也；趙堯之爲御史大夫，方與公睹其狀也。原理睹狀，處著方來，有以審之也。魯人公孫臣，孝文皇帝時，上書言漢土德，其符黄龍當見。後黄龍見成紀。注驗符篇。然則公孫臣知黄龍將出，案律曆以處之也。

賢聖之知事宜驗矣。賢聖之才，皆能先知。其先知也，任術用數，或善商而巧意，盼遂案：「善商而巧意」或當是「善意而巧商」之誤倒也。上文「巧商而善意，廣見而多記」，又云「君子善謀，小人善意」，下文「東郭牙善億，以知國情；子貢善億，以得貨利」，皆以善意、巧商各爲駢詞，知此文爲誤也。非聖人空知。神怪與聖賢，殊道異路也。聖賢知不踰，故用思相出入；遭事無神怪，故名號相貿易。故夫賢聖者，道德智能之號；神者，眇茫恍惚無形之實。實異，質不得同；實鈞，效不得殊。聖神號不等，故謂聖者不神，神者不聖。東郭牙善億，以知國情；子貢善億，以得貨利。聖人之先知，子貢、東郭牙之徒也。與子貢、東郭同，則子貢、東郭之徒亦聖也。夫如是，聖賢之實同而名號殊，未必才相懸絶，智相兼倍也。

太宰問於子貢曰：論語子罕篇釋文引鄭曰：「大宰是吴大宰嚭也。」集解孔曰：「或吴或宋未可分。」皇疏、論語稽求篇并從鄭説。經學卮言謂當爲宋大宰。四書釋地謂是陳大宰嚭。「夫子聖者歟？何其多能也？」子貢曰：「故天縱之將聖，又多能也。」程本依論語改「故」作「固」。宋本同此。將者，且也。不言已聖，言「且聖」者，以爲孔子聖未就也。集解孔注訓「將」爲「大」。皇疏、邢疏、潛研堂答問、四書考異並因其説。李賡芸炳燭編：「北宋以前皆訓『將』爲『大』，本爾雅釋詁文。惟論衡知實篇訓『將』爲『且』，集註本之。」孫經世經傳釋詞補曰：「將，語中助詞。『固天縱之將聖』，言天縱之聖也。論衡説，謬甚。」盼遂案：論語子罕篇孔安國注：「言天固縱大聖之德，又使多能也。」荀子堯問篇：「然則荀卿懷將聖之心，蒙佯狂之色。」亦謂「將聖」爲「大聖」。皆與論衡説異。疑仲任引齊論語也。夫聖若爲賢矣，「聖」上疑脱「爲」字。治行厲操，操行未立，則謂「且賢」。今言「且聖」，聖可爲之故也。孔子曰：「吾十有五而志于學，三十而立，四十而不惑，五十而知天命，六十而耳順。」論語爲政篇文。從知天命至耳順，學就知明，成聖之驗也。未五十、六十之時，未能知天命、至耳順也，則謂之「且」矣。當子貢答太宰時，殆三十、四十之時也。

魏昭王問於田詘曰：「寡人在東宮之時，呂氏春秋審應篇注：「東宮，世子也。」聞先生之議曰：『爲聖易。』有之乎？」田詘對曰：「臣之所學也。」呂覽「學」作「舉」，高注：「言有是言。」按：此文作「學」，不誤。蓋所據本不同。昭王曰：「然則先生聖乎？」田詘曰：「未有功而知其聖者，堯之知舜也。待其有功而後知其聖者，市人之知舜也。

今詘未有功，而王問詘曰：『若聖乎？』敢問王亦其堯乎？」夫聖可學爲，故田詘謂之易。如卓與人殊，禀天性而自然，焉可學？而爲之安能成？田詘之言「爲易聖」，當作「爲聖易」。盼遂案：「爲易聖」三字，當倒作「爲聖易」。此斥上文田詘爲「聖易」之議也。論衡凡較正他人之語，皆遠疊前文，此亦宜然。未必能成；田詘之言爲易，朱校元本無「未必能成」以下十字，疑是。未必能是。盼遂案：「能成田詘之言爲易未必能」凡十一字，疑當係衍文。此文本爲田詘之言「爲聖易」未必是，言「臣之所學」蓋其實也，文義暢適，與上下相貫。若今書，便成兩橛矣。言「臣之所學」，蓋其實也。賢可學盼遂案：「賢」當爲「聖」之誤字。論正詰駁田詘「學聖易」之非，故此處全就聖人爲説。兹獨作「賢」，明爲字誤。爲，「賢」下當有「聖」字。勞佚殊，故賢聖之號，仁智共之。子貢問於孔子：「夫子聖矣乎？」孔子曰：「聖則吾不能，我學不饜，而教不倦。」子貢曰：「學不饜者，智也；教不倦者，仁也。仁且智，孔子既聖矣。」見孟子公孫丑上篇。由此言之，仁智之人，可謂聖矣。孟子曰：「子夏、子游、子張得聖人之一體，冉牛、閔子騫、顔淵具體而微。」見同上。六子在其世，皆有聖人之才，或頗有而不具，頗，偏頗也。或備有而不明，然皆稱聖人，聖人可勉成也。孟子又曰：「非其君不事，非其民不使，治則進，亂則退，伯夷也。何事非君，何使非民，治亦進，亂亦進，伊尹也。可以仕則仕，可以已則已，可以久則久，可以速則速，孔子也。皆古之聖人也。」見同上。又曰：「聖人，百世之師也，伯夷、柳下惠是也。故聞伯夷之風者〔一〕，頑夫廉，懦夫有立志；聞柳下惠之風者，薄夫敦，鄙夫寬。奮乎百世之上，百世之下聞之者，莫不興起，非聖而若是乎？「而」讀作「能」。而況親炙之乎？」見孟子盡心下篇。「頑夫廉」，錢大昕謂當作「貪夫廉」。說見率性篇。夫伊尹、伯夷、柳下惠不及孔子，而孟子皆曰「聖人」者，賢聖同類，可以共一稱也。宰予曰：「以予觀夫子，賢於堯、舜遠矣。」見孟子公孫丑上篇。孔子聖，宜言「聖於堯、舜」，而言「賢」者，聖賢相出入，故其名稱相貿易也。

〔一〕「者」，原本作「也」，據通津草堂本改。

# 論衡校釋卷第二十七

## 定賢篇

聖人難知，賢者比於聖人爲易知。世人且不能知賢，安能知聖乎？世人雖言知賢，此言妄也。知賢何用？知之如何？

以仕宦得高官身富貴爲賢乎？則富貴者天命也。命富貴不爲賢，命貧賤不爲不肖。必以富貴效賢不肖，是則仕宦以才不以命也。

以事君調合寡過爲賢乎？夫順阿之臣，佞倖之徒是也。准主而説，適時而行，無廷逆之郄，則無斥退之患。或骨體嫺麗，「嫺」，元本作「蘭」，朱校同。按：逢遇篇「形佳骨嫺」，宋、元本及字彙引，「嫺」并作「蔨」。疑元本「蘭」爲「蔨」之誤。面色稱媚，上不憎而善生，恩澤洋溢過度，未可謂賢。

以朝庭選舉皆歸善爲賢乎？則夫著見而人所知者舉多，幽隱人所不識者薦少，「而人所知」，疑當作「人所而知」，與「人所不識」對文。「而」、「能」古通，校者不達古語而妄乙也。虞舜是也。堯典曰：「明明揚側陋。師錫帝曰：『有鰥在下曰虞舜。』」堯求，則咨於鯀、共工，則嶽已不得。堯典：「帝曰：『疇咨，若時登庸。』驩兜曰：『都！共工方鳩僝功。』」又云：「帝曰：『咨，四岳！下民其咨，有能俾乂。』僉曰：『於！鯀哉！』」即仲任所據爲説。「岳」今文作「嶽」。此文當有脱誤。盼遂案：句有脱誤。由此言之，選舉多少，未可以知實。「實」疑爲「賢」誤。「選舉多少未可以知賢」，與上文「以朝庭選舉皆歸善爲賢乎」相承爲文。或德高而舉之少，或才下而薦之多。明君求善察惡於多少之間，時得善惡之實矣。且廣交多徒，求索衆心者，人愛而稱之；清直不容鄉黨，志潔不交非徒，失衆心者，人憎而毁之。故名多生於知（和）謝，毁多失於衆意。孫曰：「知謝」義不可通。「知」當作「和」。「和謝」即書梓材之「和懌」。「謝」、「懌」聲同，古多通用。盼遂案：章士釗云：「『意』當爲『愛』之誤。古愛作炁，與意形近也。而『知謝』又與『衆愛』互倒。本作『名多生於衆愛，毁多失於知謝』，于文方合。」齊威王以毁封即墨大夫，以譽烹阿大夫。見史記田敬仲世家、劉向列女傳。即墨有功而無譽，阿無效而有名也。子貢問曰：「鄉人皆好之，何如？」孔子曰：「未可也。」朱校元本無「孔」字，下「曰」字上有「子」字，並與論語子路篇同。「鄉人皆惡之，何如？」曰：「未可也。不若鄉人之善者好之，其不善者惡之。」「若」，朱校元本作「如」，與今本論語同。公羊莊十七年傳注引論語亦作「若」。夫如是，稱譽多而小大皆言善者，非賢也。善人稱之，惡人毁之，毁譽者半，乃可有賢。「有」當作「目」，又脱「知」字。下文即據此而反詰之。以善人所稱，惡人所毁，可以知賢乎？夫如是，孔子之言可以知賢，此十一字，當爲上文誤奪於此，「孔子」八字，當在上「夫如是」下。不知譽此人者，賢盼遂案：「也」字疑應在「賢」字下。本作「不知譽此人者，賢也」，方與下句「毁此人者，惡也？或時稱者惡而毁者善也」三句一律。三「也」字皆爲問詞，與「邪」字通。也？毁此人者，惡也？舊作「不知譽此人也者賢」。朱校元本、程、何、錢、黄本並同。今據王本、崇文本正。或時稱者惡而毁者善也？人眩惑無别也。

以人衆所歸附、賓客雲合者爲賢乎？則夫人衆所附歸者，或亦廣交多徒之人也，衆愛而稱之，則蟻附而歸之矣。或尊貴而爲利，或好士下客，盼遂案：次「或」字衍文。此處本以「或尊貴而爲利，好士下客，折節俟賢」凡十四字爲一事，闌入一「或」字，則斷爲兩橛，不可通矣。折節俟賢。下「或」字疑衍。不然，則「或尊貴而爲利」句於義無取矣。信陵、孟嘗、平原、春申，食客數千，稱爲賢君。大將軍衛青及霍去病，門無一客，稱爲名將。故賓客之會，在好下之君，利害之賢。或不好士，不能爲輕重，則衆不歸而士不附也。

以居位治人，得民心歌詠之爲賢乎？則夫得民心者，與彼得士意者，無以異也。爲虛恩拊循其民，民之欲得，即喜樂矣。「樂」，元本作「心」。何以效之？齊田成子、越王句踐是也。成子欲專齊政，以大斗貸、小斗收而民悦；見韓非子外儲説右上、史記田敬仲世家。句踐欲雪會稽之耻，拊循其民，弔死問病而民喜。二者皆自有所欲爲於他，而僞誘屬其民，朱校元本「自」作「志」，「屬」作「厲」。誠心不加，而民亦説。孟嘗君夜出秦關，雞未鳴而關不闓，下坐賤客，鼓臂爲雞鳴，朱校元本作「鼓掌僞鳴」。而雞皆和之，關即闓，而孟嘗得出。又(夫)雞可以姦聲感，盼遂案：吴承仕曰：「『又』字疑當爲『夫』。」今人高魁光依藝文類聚校改「又」爲「夫」，是也。則人亦可以僞恩動也；孫曰：亂龍篇「又」作「夫」，是也。此「又」字即「夫」字形近之譌，當改正。人可以僞恩動，則天亦可巧詐應也。動致天氣，宜以精神，而人用陽燧取火於天，消鍊五石，五月盛夏，鑄以爲器，乃能得火。今又但取刀、劍、恒銅鉤之屬，御覽一二一引無「恒」字，疑是衍文。「銅」字疑涉「鉤」字譌衍，下文正作「刀劍鉤」。三者各自爲物，亦見率性、亂龍篇。切磨以嚮日，盼遂案：「又」當爲「人」之誤字，以言「又」則無所承也。「恒」字疑涉下文「恒非聖賢」而衍。率性篇：「今妄以刀劍之鉤刃，(依孫詒讓校。)摩拭朗白，仰以向日，亦得火焉。」亂龍篇：「今妄取刀劍偃月之鉤，摩以向日，亦能感天。」二文皆無「恒」字，足證此文之衍。亦得火焉。夫陽燧、刀、劍、鉤能取火於日，恒非賢聖亦能動氣於天。「恒」疑作「則」。上言「夫」，下言「則」，義正相承。上文

「夫鷄可以姦聲感，則人亦可以僞恩動也」，句例同。若董仲舒信土龍之能致雲雨，蓋亦有以也。夫如是，應天之治，尚未可謂賢，況徒得人心，即謂之賢，如何？

以居職有成功見效爲賢乎？夫居職何以爲功效？以人民附之，則人民可以僞恩說也。陰陽和、百姓安者，時也。時和，不肖遭其安；不和，雖聖逢其危。如以陰陽和而效賢不肖，則堯以洪水得黜，湯以大旱爲殿下矣。後漢書百官志注引胡廣曰：「課第長吏不稱職者爲殿。」如功效謂事也，身爲之者，功著可見；以道爲計者，效没不章。鼓無當於五音，五音非鼓不和；師無當於五服，五服非師不親；水無當於五采，五采非水不章。此文出禮記學記。鄭注：「當猶主也。五服，斬衰至緦麻之親。」御覽五八一引五經要義曰：「鼓所以檢樂，爲羣音之長也。」道爲功本，功爲道效，據功謂之賢，是則道人之不肖也。「人」下疑有「謂」字。高祖得天下，賞羣臣之功，蕭何爲賞首。何則？高祖論功，比獵者之縱狗也，見史記蕭相國世家。狗身獲禽，功歸於人。羣臣手戰，「手」，元本作「力」，朱校同。其猶狗也；蕭何持重，其猶人也。必據成功謂之賢，是則蕭何無功。功賞不可以效賢，一也。盼遂案：「賞」字疑爲衍文，「功」字上脱一「是」字。本作「是功不可以效賢，一也」，與下文「此功不可以效賢，二也」，「是功不可以效賢，三也」，文法一致。

夫聖賢之治世也有術，得其術則功成，失其術則事廢。譬猶醫之治病也，有方，篤劇猶治；無方，㒮微不愈。盼遂案：「㒮」爲「纔」之聲母，得叚借爲「纔」。三蒼云：「纔，劣也，僅也。」漢書注：「纔，淺也。」故論衡以「㒮微」連文。夫方猶術，病猶亂，醫猶吏，藥猶教也。方施而藥行，術設而教從，教從而亂止，藥行而病愈。治病之醫，未必惠於不爲醫者。上「醫」字，程、王、崇文本作「藥」，非也。「爲」亦「治」也。「惠」讀作「慧」。然而治國之吏，未必賢於不能治國者，偶得其方，遭曉其術也。治國須術以立功，亦有時當自亂，雖用術，功終不立者；亦有時當自安，雖無術，功猶成者。故夫治國之人，或得時而功成，或失時而無效。術人能因時以立功，不能逆時以致安。良醫能治未當死之人命，如命窮壽盡，方用無驗矣。故時當亂也，堯、舜用術，不能立功；命當死矣，扁鵲行方，不能愈病。射御巧技，百工之人，皆以法術，然後功成事立，效驗可見。觀治國，百工之類也；功立，猶事成也。謂有功者賢，是謂百工皆賢人也。趙人吾丘壽王，武帝時待詔，漢書本傳云：「以善格五，召待詔。」上使從董仲舒受春秋，高才，通明於事。後爲東郡都尉。上以壽王之賢，不置太守。時軍發，軍旅數發也。民騷動，歲惡，盜賊不息。上賜壽王書曰：「子在朕前時，輻湊並至，孫曰：「輻湊並至」，義無所屬。漢書吾丘壽王傳作「子在朕前之時，知略輻輳」。疑論衡「輻輳」上有脫文。以爲天下少雙，海内寡二，至連十餘城之勢，任四千石之重，師古曰：「郡守、都尉皆二千石，以壽王爲都尉，不置太守，兼總二任，故云四千石也。」而盜賊浮船行攻取於庫兵，甚不稱在前時，何也？」壽王謝言難禁。盼遂案：難禁猶言不勝任。復召爲光禄大夫，常居左右，論事説議，無不是者。才高智深，通明多見，然其爲東郡都尉，歲惡，盜賊不息，人民騷動，不能禁止。不知壽王不得治東郡之術邪？亡將東郡適當復亂，而壽王之治偶逢其時也？盼遂案：「亡將」爲疊韻連綿字，與晉朝諸人所習之將亡義同。「亡將」與「無慮」亦爲陰陽對轉字。廣雅釋訓：「嫴榷、提封、無慮，都凡也。」是「無慮」爲「大概」之意。「亡將」義亦同也。亂龍篇：「亡也將匈奴敬鬼，精神在木也。」吴氏校云：「衍上『也』字。」「亡將」之義與此文同。夫以壽王之賢，治東郡不能立功，必以功觀賢，則壽王棄而不選也。恐必世多如壽王之類，而論者以無功不察其賢。燕有谷，氣寒，不生五穀。鄒衍吹律致氣，既寒更爲温，燕以種黍，黍生豐熟，到今名之曰黍谷。注寒温篇。夫和陰陽，當以道德至誠。然而鄒衍吹律，寒谷更温，黍穀育生。推此以況諸有成功之類，有若鄒衍吹律之法。故得其術也，不肖無所能；失其數也，賢聖有不治。此功不可以效賢，二也。

人之舉事，或意至而功不成，事不立而勢貫山，荆軻、醫夏無且是矣。荆軻入秦之計，本欲刼秦王生致於燕，邂逅不偶，「邂逅不偶」，猶言遭遇不偶也。爲秦所擒。當荆軻之逐秦王，秦王環柱而走，醫夏無且以藥囊提荆軻。既而天下名軻爲烈士，秦王賜無且金二百鎰。事見史記荆軻傳。夫爲秦所擒，生致之功不立。藥囊提刺客，〔無〕益於救主，以上下文義求之，「益」上疑脱「無」字。然猶稱賞者，意至勢盛也。天下之士不以荆軻功不成不稱其義，秦王不以無且無見效不賞其志。志善不效成功，義至不謀就事。義有餘，效不足；志巨大，而功細小，智者賞之，愚者罰之。必謀功不察志，論陽效不存陰計，存亦察也。是則豫讓拔劍斬襄子之衣，見史記豫讓傳。不足識也；伍子胥鞭笞平王尸，不足載也；張良椎始皇，誤中副車，不足記也。三者道地不便，計畫不得，有其勢而無其功，懷其計而不得爲其事。是功不可以效賢，三也。

以孝於父、弟於兄爲賢乎？則夫孝弟之人，有父兄者也，父兄不慈，孝弟乃章。老子曰：「六親不和，有孝慈。」舜有瞽瞍，參有曾晳，孝立名成，衆人稱之。如無父兄，父兄慈良，無章顯之效，孝弟之名，無所見矣。忠於君者，亦與此同。龍逢、比干忠著夏、殷，桀、紂惡也；稷、契、皋陶忠闇唐、虞，堯、舜賢也。故螢火之明，掩於日月之光；忠臣之聲，蔽於賢君之名。死君之難，出命損身，與此同。臣遭其時，死其難，故立其義而獲其名。大賢之涉世也，翔而有（後）集，盼遂案：「有」當爲「后」之誤。隸書「有」與「后」形極近似。「后」古通「後」。吳承仕曰：「有讀爲又。」色斯而舉，先孫曰：「有」當作

「後」。暉按：孫説是也。此文本論語鄉黨篇，「後」一作「后」，故譌爲「有」。翟氏四書考異以「有」爲異文，失之。集解周生烈曰：「迴翔審觀而後下止也。」經義述聞曰：「斯猶然也。色斯者，狀鳥舉之疾也。呂氏春秋審應篇：『蓋聞君子猶鳥也，駭則舉。』哀六年公羊傳：『諸大夫皆色然而駭。』何注：『色然，驚駭貌。』與此相近。漢人多以『色斯』二字連讀，與集解馬説異。」盼遂案：二語見論語鄉黨篇。東漢文辭率以「色斯」二字連用，碑版中尤習見。如議郎元賓碑「翻翥色斯」，堂邑令費鳳碑「色斯輕揚，翻然高絜」，費鳳別碑「功成事就，色斯高舉」，皆其證也。亂君之患不累其身，危國之禍不及其家，安得逢其禍而死其患乎？齊詹（侯）問於晏子曰：「齊詹」當作「齊侯」。「侯」一作「矦」，與「詹」形近而誤。此事見晏子春秋問上。晏子作「景公問於晏子」，説苑臣術篇作「齊侯問於晏子」，是其證。下文「詹曰」，亦當作「齊侯曰」。「侯」譌爲「詹」，又脱「齊」字。晏子作「公不説曰」，説苑作「君曰」。盼遂案：劉向新序雜事記此事作「齊侯問」，疑此「詹」爲「侯」之形誤。「侯」正體作「矦」，與「詹」形近。「忠臣之事其君也，若何？」對曰：「有難不死，出亡不送。」詹曰：「列地而予之，踈爵而貴之，君有難不死，出亡不送，可謂忠乎？」對曰：「言而見用，臣奚死焉？諫而見從，「諫」，晏子作「謀」，下同。説苑此亦作「謀」，下作「諫」。當從晏子兩「諫」字并作「謀」。終身不亡，臣奚送焉？若言不見用，有難而死，是妄死也；諫而不見從，出亡而送，是詐僞也。故忠臣者能盡善於君，不能與陷於難。」案晏子之對，以求賢於世，死君之難、立忠節者不應科矣。是故大賢寡可名之節，小賢多可稱之行。可得箠（垂）者小，盼遂案：章士釗云：「箠字當爲筭之形誤。」吴承仕曰：「箠當爲垂，即錘字。今人稱稱之權爲錘，故與量對文。」「箠」字無義，説文箠部曰：「箠，所以擊馬也。」「箠」當作「垂」，俗作「錘」，權輕重也。下「箠」誤同。惡至大，箠弗能；「惡」疑是「量」字之誤。盼遂案：「惡至大」不可解，疑「惡」爲「物」之聲誤，北音讀「物」如「惡」而致譌耳。「惡」與「數」爲對文。「箠」字宜依章説改爲「筭」。數至多，升斛弗能。有小少易名之行，又發於衰亂易見之世，故節行顯而名聲聞也。浮於海者，迷於東西，大也；行於溝，咸識舟檝之跡，小也。小而易見，衰亂亦易察。故世不危亂，奇行不見；主不悖惑，忠節不立。鴻卓之義，發於顛沛之朝；清高之行，顯於衰亂之世。

以全身免害，不被刑戮，若南容懼白圭者爲賢乎？論語先進篇：「南容三復白圭。」則夫免於害者幸，而命禄吉也，非才智所能禁，推行所能却也。「推行」疑當作「操行」。神蛇能斷而復屬，不能使人弗斷；淮南説山篇語。聖賢能困而復通，不能使人弗害。南容能自免於刑戮，論語公冶長篇：「子謂南容邦有道不廢，邦無道免於刑戮。」公冶以非罪在縲絏，論語公冶長篇云：「子謂公冶長可妻也，雖在縲紲之中，非其罪也。」伯玉可懷於無道之國，論語衛靈公篇：「子曰：『君子哉，蘧伯玉！邦有道則仕，邦無道則可卷而懷之。』」文王拘羑里，孔子厄陳、蔡，非行所致之難，掩己而至，則有不得自免之患，累己而滯矣。夫不能自免於患者，猶不能延命於世也。命窮，賢不能自續；時厄，聖不能自免。

以委國去位，棄富貴就貧賤爲賢乎？則夫委國者，有所迫也。若伯夷之徒，昆弟相讓以國，耻有分争之名，見史記伯夷傳。及大王亶甫重戰重戰，謂矜惜不忍戰。其故民，皆委國及去位者，孫曰：下「及」字疑涉上「及」字而衍。下文云：「故委國去位，皆有以也。」與此文正相應。暉按：事見孟子梁惠王篇、莊子讓王篇、詩緜篇毛傳、尚書大傳、吕氏春秋審爲篇、淮南〔一〕道應訓。盼遂案：「重戰其民」斷句。重，難也。「故」字屬下句讀。次「及」字疑涉句端「及」字而衍。道不行而志不得也。如道行志得，亦不去位。故委國去位，皆有以也，謂之爲賢，無以者，可謂不肖乎？且有國位者，故得委而去之，無國位者何委？夫割財用及讓下受分，與此同實。無財何割？口飢何讓？倉廩實，民知禮節，衣食足，〔民〕知榮辱。「知」上脱「民」字。此文出管子。治期篇不誤。讓生於有餘，争生於不足。人或割財助用，袁將軍再與兄子分家財，多有以爲恩義。劉盼遂曰：「多」字當爲

〔一〕「淮」，原本作「誰」，形近而誤，今改。

「已」字之誤。漢隸「多」字作「𡖋」，與「已」形恒似。談天篇云：「女媧多前。」「多」亦「已」之誤，即其例矣。此文「家財已有」者，謂已與兄子分後之家財也。暉按：「多」字不誤，謂人多以爲恩義之行也。盼遂案：「多」字疑當爲「已」之誤字。漢隸「多」字與「已」字恒相似。談天篇「女媧多前」，「多」又爲「已」之誤。皆因形近而致。作「已」作「己」均可。「家財已有」者，家之財，已之有也。「家財已有」者，已與兄子分後之家財也。崑山之下，以玉爲石；彭蠡之濱，以魚食犬豕。御覽三八引作「鍾山之上，以玉抵鵲」，又無「豕」字。九三五引同。與今本稍異。鹽鐵論〔一〕崇禮篇亦云：「崑山之旁，以玉璞抵烏鵲。」使推讓之人，財若崑山之玉，彭蠡之魚，家財再分，不足爲也。韓信寄食於南昌亭長，見史記淮陰侯傳。何財之割？顏淵簞食瓢飲，論語雍也篇：「子曰：『賢哉，回也！一簞食，一瓢飲，在陋巷，人不堪其憂，回也不改其樂。賢哉，回也！』」何財之讓？管仲分財取多，見史記管晏列傳。無廉讓之節，貧乏不足，志義廢也。

以避世離俗，清身潔行爲賢乎？是則委國去位之類也。富貴，人情所貪；高官大位，人之所欲樂，去之而隱，生不遭遇，志氣不得也。長沮、桀溺避世隱居，伯

〔一〕「鐵」，原本作「鐶」，形近而誤，今改。

夷、於陵去貴取賤，非其志也。此下疑有脫文。意林引論衡云：「伯夷、叔齊爲庶兄奪國，餓死首陽山，非讓國與庶兄也，豈得稱賢人乎？」疑即出此。

〔以〕恬憺無欲，志不在於仕，苟欲全身養性爲賢乎？盼遂案：「恬」字上應有「以」字，今脫。是則老聃之徒也。齊曰：「恬」上脫「以」字，本篇文例可證。道人與賢殊科者，盼遂案：「者」字應在「賢」字下。憂世濟民於難，是以孔子棲棲，墨子遑遑。論語憲問篇微生畝謂孔子曰：「丘何爲是栖栖者與？」班固答賓戲曰：「棲棲遑遑，孔席不煖。」後漢書蘇竟傳：「仲尼棲棲，墨子遑遑。」不進與孔、墨合務，而還與黄、老同操，非賢也。

以舉義千里，師將朋友無廢禮爲賢乎？則夫家富財饒、筋力勁彊者能堪之。匱乏無以舉禮，羸弱不能奔遠，不能任也。是故百金之家，境外無絶交；千乘之國，同盟無廢贈，財多故也。使穀食如水火，雖貪恡之人，越境而布施矣。淮南主術訓：「爲惡者，尚布施也。」故財少則正禮不能舉一，有餘則妄施能於千。家貧無斗筲之儲者，難責以交施矣。舉擔千里之人，材筴越疆之士，盼遂案：吴承仕曰：「『擔』當作『儋』，『材』字疑當作『挾』。『舉儋』與『挾策』對文。」「材」當爲「杖」之誤字。杖者，持也，與上句「舉檐千里之人」對文。「魯連子曰：『連卻秦軍，平原君欲封之』。遂杖策而去。」（文選左思招隱詩注引。）後漢書鄧禹傳：「聞光武安集河北，即杖策北渡，追及于鄴。」此杖策之事也。方言曰：「木細枝曰策。」古之策，殆猶今之手杖矣。手足胼胝，面目驪黑，無傷感不任之疾，筋力皮革必有與人異者矣。推此以況爲君要證之吏，身被疾痛而口無一辭者，亦肌肉骨節堅彊之故也。堅彊則能隱事而立義，軟弱則誣時而毀節。豫讓自賊，妻不能識；見趙策一。貫高被箠，身無完肉，見史記張耳陳餘傳。實體有不與人同者，則其節行有不與人鈞者矣。

以經明帶徒聚衆爲賢乎？則夫經明，儒者是也。儒者，學之所爲也。儒者學；學，儒矣。傳先師之業，習口説以教，無胷中之造，思定然否之論。郵人之過書，韋昭釋名曰：「督郵主諸縣罰負殿糾攝之也。」辨位曰：「言督郵書掾者，郵，過也，此官不自造書，主督上官所下所過之書也。」（見文選長笛賦注。）門者之傳教也，封完書不遺，教審令不遺誤者，盼遂案：次「遺」字涉上句而誤。此「封完書不遺」句，承「郵人之過書」而言；「教審令不誤」，承「門者之傳教」而言也。則爲善矣。下「遺」字衍。「封完書不遺，教審令不誤」相對爲文。傳（儒）者傳學，盼遂案：上「傳」字是「儒」字之誤。下文「是則傳者之次也」，「傳」亦「儒」之誤。不妄一言，「傳者」當作「儒者」。仲任意，儒者經明帶徒，傳先師之業，無胸中之造，與郵人門者同耳。下文「是則儒者之次也」，「儒」今譌「傳」，可互證。先師古語，到今具存，雖帶徒百人以上，位博士、文學，郵人、門者之類也。

以通覽古今，祕隱傳記無所不記爲賢乎？是則傳（儒）者之次也。「傳」當作「儒」。上文云：「則夫經明，儒者是也。」此蒙彼爲文，故以通覽古今爲「儒者之次」。「傳」、「儒」形近而誤，義遂不通。才高好事，勤學不舍，若專成之苗裔，「專成」當作「專城」，猶典城也。自紀篇云：「則夫專城食土者，材賢孔、墨。」辨祟篇云：「專城長邑。」有世祖遺文，得成其篇業，觀覽諷誦。若典官文書，若太史公及劉子政之徒，有主領書記之職，則有博覽通達之名矣。意林引新論曰：「太史公不典掌書記，則不能條悉古今。」

以權詐卓譎，能將兵御衆爲賢乎？「卓譎」讀作「趠趫」，注佚文篇。「詐」，朱校元本作「謀」。是（則）韓信之徒也。「是」下脱「則」字。上文：「是則委國去位之類也。」又云：「是則老聃之徒也。」又云：「是則儒者之次也。」下文：「是則長沮、桀溺之類也。」句例正同。戰國獲其功，稱爲名將；世平能無所施，還入禍門矣。高鳥死，良弓藏，狡兔得，良犬烹。權詐之臣，高鳥之弓，狡兔之犬也。安平身無宜，則弓藏而犬烹。安平之主，非棄臣而賤士，世所用助上者，非其宜也。向令韓信用權變之才，爲若叔孫通之事，安得謀反誅死之禍哉？有功彊之權，無守平之智，「功」當作「攻」，聲之誤也。「攻彊」、「守平」對文。曉將兵之計，不見已定之義，居平安之時，爲反逆之謀，此其所以功滅國絶，不得名爲賢也。「名」，朱校元本作「稱」。

〔以〕辯於口，言甘辭巧爲賢乎？孫曰：「辯」上脱「以」字。上下文例可證。則夫子貢之徒是也。子貢之辯勝顏淵，孔子序置於下。論語先進篇：「德行，顏淵、閔子騫、冉伯牛、仲弓。言語，宰我、子貢。政事，冉有、季路。文學，子游、子夏。」史記弟子傳四科之次，一德行，二政事，三言語，四文學。鹽鐵論殊路篇同。後漢書文苑傳注四科謂德行、政事、文學、言語。又以言語居文學下。實才不能高，口辯機利，人決能稱之。夫自文帝「自」當作「以」。「以」一作「目」，故形譌爲「自」。尚多虎圈嗇夫，少上林尉，張釋之稱周勃、張相如，文帝乃悟。見史記張釋之傳。夫辯於口，虎圈嗇夫之徒也，難以觀賢。

以敏於筆，文墨兩（雨）集爲賢乎？先孫曰：「兩」當作「雨」，形近而誤。後自紀篇云：「筆瀧漉而雨集，言潏淈而泉出。」文選王褒四子講德論云：「莫不風馳雨集。」夫筆之與口，一實也。口出以爲言，筆書以爲文。口辯，才未必高，然則筆敏，知未必多也。且筆用何爲敏？以敏於官曹事？事之難者，莫過於獄，獄疑則有請讞。惠棟九經古義曰：「請讞之法，當在漢興律篇中。胡廣漢官篇解詁曰：『廷尉當疑獄。』（北堂書鈔引。）漢書景帝後元年詔：『獄疑者讞有司。有司所不能決，移廷尉。有令讞而後不當，讞者不爲失。』杜周傳：『周爲廷尉，二千石繫者新故相因，不減百餘人。郡吏大府，舉之廷尉，一歲至千餘章，大者連逮證案數百，小者數十，遠者數千里，近者數百里，會獄。』注云：『舉，皆也，言郡吏大府獄事，皆歸廷尉也。』陳湯傳：『廷尉增壽議，以爲臣下承用失其中，故移獄廷尉。』如淳曰：『移獄廷尉，如今讞罪輕重。』于定國傳：『定國爲廷尉，冬月治請讞，飲酒益精明。』是漢時疑獄，皆讞於廷尉。後漢襄楷上疏曰：『頃數十歲以來，州郡玩習，又欲避請讞之煩，輒託疾病，多死牢獄。』蓋自安、順而後，請讞之法稍弛矣。」**蓋世優者，莫過張湯，張湯文深，**文法深刻。**在漢之朝，不稱爲賢。太史公序累，以湯爲酷，**見史記酷吏傳。盼遂案：「太史公序累」五字，疑爲「太史公史記」之別名。今史記一百二十二酷吏傳有張湯，即仲任所指。程材篇「太史公序累置於酷部」同此。道虛篇云：「太史公記誄五帝，亦云黃帝封禪已仙去。」是又名史記爲「太史公記誄」矣。（累與誄古字通叚。）惟超奇、案書、對作等篇，則又作「太史公書」，亦不一致。**酷非賢者之行。魯林中哭婦，虎食其夫，又食其子，不能去者，善政不苛，吏不暴也。**「魯林中」，遭虎篇同。檀弓云：「過泰山側。」新序云：「北之山戎。」癸巳存稿：「此路蓋經泰山西。今泰山西，桃峪上源，有老虎窩、猛虎溝，云是當日遺跡。此稱『林中』者，殆齊『配林』之類，魯得祭泰山，亦有配林。續漢志注引盧植禮器『齊配林』注：『小山林麓配泰山者。』」**夫酷，苛暴之黨也，難以爲賢。**

**以敏於賦頌，爲弘麗之文爲賢乎？則夫司馬長卿、楊子雲是也。文麗而務巨，言眇而趨深，然而不能處定是非，辯然否之實。雖文如錦繡，深如河、漢，民不覺知是非之分，無益於彌爲崇實之化。**彌，弭也。「爲」讀作「僞」。

以清節自守，不降志辱身爲賢乎？是則避世離俗，長沮、桀溺之類也。雖不離俗，節與離世者鈞，清其身而不輔其主，守其節而不勞其民。大賢之在世也，時行則行，時止則止，銓可否之宜，以制清濁之行。子貢讓而止善，子路受而觀（勸）德。「觀」當作「勸」，形譌。淮南齊俗訓：「子路撜溺而受牛謝，孔子曰：『魯國必好救人於患。』子貢贖人而不受金於府，孔子曰：『魯國不復贖人矣。』子路受而勸德，子貢讓而止善。」即此文所本，是其證。又見呂氏春秋察微篇、淮南道應訓、説苑政理篇。夫讓，廉也；受則貪也。貪有益，廉有損，推行之節，不得常清眇也。「推行」當作「操行」。答佞篇：「推行有謬誤。」與此誤同。伯夷無可，孔子謂之非。論語微子篇：「子曰：『不降其志，不辱其身者，伯夷、叔齊與！』謂『柳下惠、少連降志辱身矣』。我則異於是，無可無不可。」後漢書黃瓊傳注引鄭玄曰：「不爲夷、齊之清，不爲惠、連之屈，故曰異於是也。」按鄭注「不爲夷、齊之清」釋「無可」，「不爲惠、連之屈」釋「無不可」。法言淵騫篇：「不屈其意，不累其身，曰：『是夷、惠之徒與？』曰：『不夷不惠，可否之間。』」黃瓊傳李固以書逆遺瓊曰：「君子謂伯夷隘，柳下惠不恭，故傳曰不夷不惠，可否之間。蓋聖賢居身之所珍也。」亦以伯夷爲「無可」者，並與仲任説同。集解馬曰：「亦不必進，亦不必退，惟義所在。」皇疏：「我則退不拘於世，故與物無異，所以是無可無不可也。」則以「無可無不可」據孔子言。蓋三家異説。操違於聖，難以爲賢矣。或問於孔子曰：子夏問也。「顏淵何人也？」曰：「仁人也，丘不如也。」「子貢何人也？」曰：「辯人也，丘弗如也。」「子路何人也？」曰：「勇人也，丘弗如也。」客曰：「三子者皆賢於夫子，而爲夫子服役，何也？」孔子曰：「丘能仁且忍，辯且詘，孫氏孔子集語引作「訥」，蓋依淮南改。史記萬石君傳贊徐廣曰：「訥字多作詘，古字假借。」勇且怯。以三子之能，易丘之道，弗爲也。」孔子知所設施之矣。此文本淮南人間訓。列子仲尼篇、說苑雜言篇、家語六本篇多「子張」一節，並四人。有高才潔行，無知明以設施之，則與愚而無操者同一實也。

夫如是，皆有非也。無一非者，可以爲賢乎？是則鄉原之人也。孟子曰：「非之，無舉也；刺之，無刺也。同於流俗，合於污世，居之似忠信，行之似廉潔，衆皆說之，自以爲是，而不可與入堯、舜之道。故孔子曰：『鄉原，德之賊也。』」見孟子盡心下。似之而非者，孔子惡之。

夫如是，何以知實賢？知賢竟何用？

世人之檢，苟見才高能茂，有成功見效，則謂之賢。若此甚易，知賢何難？書曰：「知人則哲，惟帝難之。」注答佞篇。據才高卓異者，則謂之賢耳，何難之有？然而難之，獨有難者之故也。夫虞舜不易知人，而世人自謂能知賢，誤也。然則賢者竟不可知乎？曰：易知也。而稱難者，不見所以知之，則難（雖）聖人不易知也；

「難」當作「雖」。「不見所以知之，則雖聖人不易知也」，與下文「及見所以知之，中才能察之」正反相承。今「雖」譌作「難」，屬上讀，遂使「聖人不易知也」句於義無屬矣。及見所以知之，中才而察之。而能古通。譬猶工匠之作器也，曉之則無難，不曉則無易。賢者易知於作器。世無別，故真賢集於俗士之間。「於作器」三字疑衍。「集」疑爲「雜」之壞字。俗士以辯惠之能，據官爵之尊，望顯盛之寵，遂專爲賢之名。賢者還在閭巷之間，貧賤終老，被無驗之謗。若此，何時可知乎？然而必欲知之，觀善心也。

夫賢者，才能未必高也而心明，智力未必多而舉是。盼遂案：「多」字下依上句例應有「也」字，今脱。何以觀心？必以言。有善心，則有善言。以言而察行，有善言則有善行矣。言行無非，治家親戚有倫，盼遂案：依下句例，則「治家」下應有「則」字。治國則尊卑有序。無善心者，白黑不分，善惡同倫，政治錯亂，法度失平。故心善，無不善也；心不善，無能善。心善則能辯然否。然否之義定，心善之效明，雖貧賤困窮，功不成而效不立，猶爲賢矣。

故治不謀功，要所用者是；行不責效，期所爲者正。正、是審明，則言不須繁，事不須多。故曰：「言不務多，務審所謂；行不務遠，務審所由。」見荀子哀公問篇、家語五儀解。言得道理之心，口雖訥不辯，辯在胷臆之内矣。故人欲心辯，不欲口辯。

心辯則言醜而不違，口辯則辭好而無成。孔子稱少正卯之惡曰：「言非而博，順非而澤。」見荀子宥坐篇、淮南氾論訓、説苑指武篇、白虎通誅伐篇。內非而外以才能飾之，衆不能見，則以爲賢。夫內非外飾是，盼遂案：「飾」字涉上文「內非而外以才能飾之」致衍。下文「夫內是外無以自表者，衆亦以爲不肖矣」，此「外是」與彼「內是」爲對文。世以爲賢，則夫內是外無以自表者，衆亦以爲不肖矣。

是非亂而不治，聖人獨知之。人言行多若少正卯之類，賢者獨識之。「者」，朱校元本作「聖」。世有是非錯繆之言，亦有審誤紛亂之事，決錯繆之言，定紛亂之事，唯賢聖之人爲能任之。聖心明而不闇，賢心理而不亂。用明察非，非無不見；用理銓疑，疑無不定。與世殊指，雖言正是，衆不曉見。何則？沉溺俗言之日久，不能自還以從實也。是故正是之言，爲衆所非；離俗之禮，爲世所譏。管子曰：「君子言堂滿堂，言室滿室。」見管子牧民篇。房注：「言堂室事而令滿，取其露見不隱也。」按：韓非子難三云：「管仲之所謂『言室滿室，言堂滿堂』，必謂大物。人主大物，非法則術。法莫如顯，而術不欲見，是以明主言法，則境內卑賤莫不聞知也，不獨滿於堂；用術，則親愛近習，莫之得聞也，不得滿室。管子非法術之言。」據此，與房注義同。此文則謂滿恰於心，後自紀篇義同。盼遂案：語見管子牧民篇。房注：「言堂室事而令滿，取其露見不隱也。」言堂室之人皆滿意也。怪此之言，何以得滿？如正是之言出，堂之人皆有正是之知，盼遂案：「堂」下疑脱一「室」字。此承上文管子滿堂滿室而言。下文又言：「君子言之，堂室安能滿。」皆堂室連文。然後乃滿。如非正是，人之乖刾異，字疑衍。安得爲滿？盼遂案：「刾」乃「刺」之俗體。「乖剌」字從「束」不從「朿」。此處「乖剌」字又因與「刺」形近而誤作「刾」。「異」字疑出衍文，或即「乖剌」之傍注而誤入也。「如非正是」者，指言説。易繫辭：「子曰：『君子居其室，出其言不善，則千里之外違之，況其邇者乎？』」與論義正同。夫歌曲妙者，和者則寡；言得實者，然者則鮮。和歌與聽言，同一實也。曲妙人不能盡和，言是人不能皆信。魯文公逆祀，去者三人；定公順祀，畔者五人。見公羊定七年傳。貫於俗者，貫、慣通。則謂禮爲非。曉禮者寡，則知是者希。君子言之，當作「之言」。堂室安能滿？

夫人不謂之滿，世則不得見口談之實語，筆墨之餘跡，陳在簡筴之上，乃可得知。故孔子不王，作春秋以明意。明王意也。注超奇篇。案春秋虚文業，以知孔子能王之德。孔子，聖人也。有若孔子之業者，雖非孔子之才，斯亦賢者之實驗也。夫賢與聖同軌而殊名，「軌」，朱校元本作「實」。賢可得定，則聖可得論也。

問：「周道不弊，孔子不作春秋。「問」下當有「曰」字。春秋之作，起周道弊也。孟子滕文公下：「世衰道微，邪説暴行有作，臣弑其君者有之，子弑其父者有之。孔子懼，作春秋。」

如周道不弊，孔子不作者，未必無孔子之才，無所起也。夫如是，孔子之作春秋，未可以觀聖；有若孔子之業者，未可知賢也。」曰：周道弊，孔子起而作之，文義褒貶是非，得道理之實，無非僻之誤，以故見孔子之賢，實也。夫無言，則察之以文；無文，則察之以言。設孔子不作，猶有遺言，言必有起，猶文之必有爲也。觀文之是非，不顧作之所起，世間爲文者衆矣，「世間」，朱校元本作「執簡」。是非不分，然否不定，桓君山論之，可謂得實矣。論文以察實，則君山漢之賢人也。陳平未仕，割肉閭里，分均若一，能爲丞相之驗也。「未仕」，朱校元本作「宰社」。事見史記陳丞相世家。亦見超奇篇。夫割肉與割文，同一實也。如君山得執漢文有脱誤。盼遂案：「執漢」語不辭，此中有脱誤，不可校。平，用心與爲論不殊指矣。孔子不王，素王之業，在於春秋。注超奇篇。然則桓君山〔不相〕，二字據元本補。朱校同。素丞相之跡，先孫曰：元本無「丞」字。按：「素相」亦見超奇篇。暉按：朱校元本無「素」字，蓋所見本不同。存於新論者也。

# 論衡校釋卷第二十八

## 正説篇

盼遂案：此篇可作兩漢經學源流讀。

儒者説五經，多失其實。前儒不見本末，空生虛説；後儒信前師之言，隨舊述故，滑習辭語，苟名一師之學，趨爲師教授，及時蚤仕，汲汲競進，不暇留精用心，考實根核。故虛説傳而不絶，實事没而不見，五經並失其實。尚書、春秋事較易，略正題目麤粗之説，「麤粗」，朱校元本、程本同。錢、黄、王、崇文本作「麤麤」，非。盧文弨鍾山札記二曰：「説文：『麤，行超遠也，倉胡切；粗，疏也，徂故切。』兩音兩義。昔人多以『麤粗』連用成文。繁露俞序篇〔一〕：『始於麤粗，終於精微。』論衡正説篇：『略正題目麤粗之説。』莊子則陽篇釋文司馬云：『鹵莽猶麤粗也。』改作『麤麤』，便不成文理。」以照篇中微妙之文。舊本段。

説尚書者，或以爲本百兩篇，尚書序正義引尚書緯云：「孔子求書，得黄帝玄孫魁之書，迄於秦穆公，凡三千二百四十篇，（史記伯夷傳索隱引作「三千三百三十篇」。）斷遠取近，定可爲世

〔一〕「序」，原本作「予」，據春秋繁露改。

法者，百二十篇。以百二篇爲尚書，十八篇爲中候。」**後遭秦燔詩、書，遺在者二十九篇。**

**夫言秦燔詩、書，是也；言本百兩篇者，妄也。蓋尚書本百篇，孔子以授也。**藝文志曰：「書之所起遠矣。至孔子纂焉，上斷於堯，下訖於秦，凡百篇。而爲之序，言其作意。」**遭秦用李斯之議，燔燒五經，濟南伏生抱百篇藏於山中。孝景皇帝時，始存尚書。**存，立也。「景帝」當爲「文帝」之誤，說見下。**伏生已出山中，景帝遣鼂錯往從受尚書二十餘篇。**漢書儒林傳：「伏生，濟南人，故爲秦博士。孝文時求能治尚書者，天下亡有。聞伏生治之，欲召，時伏生年九十餘，老不能行，於是詔太常掌故鼂錯往受之。」史、漢錯傳亦云文帝遣之。此云「景帝」，誤也。後漢書翟酺傳酺言：文帝始置一經博士。蓋即謂始存尚書。藝文志序曰：「孝文時頗登用，孝景不任儒。」充謂景帝始存尚書，亦非也。漢書儒林傳注張晏曰：「名勝。伏生碑云。」後書伏湛傳云：「九世祖勝，字子賤。」**伏生老死，書殘不竟。鼂錯傳於倪寬。至孝宣皇帝之時，河內女子發老屋，得逸易、禮、尚書各一篇，**盼遂案：隋書經籍志云：「及秦焚書，周易獨以卜筮得存，唯失說卦三篇。」知論所云逸易者，即今說卦三篇也。唯論衡云「一篇」，隋志作「三篇」。不同者，蓋說卦本合序卦、雜卦而爲一篇，故韓康伯注本及唐石經仍以說卦、序卦、雜卦爲一卷。後人猥稱爲三篇，實不足究。逸書一篇，則自來認爲太誓。隋書經籍志及經典釋文敍録皆明言之，可云無疑。惟逸禮一篇，究不能知爲某本某章，姑存疑而已。**奏之。宣帝下示**

**博士，然後易、禮、尚書各益一篇，而尚書二十九篇始定矣。**尚書序疏曰：「王充論衡及後漢史獻帝建安十四年黄門侍郎房宏等説云：宣帝本始元年，河内女子有壞老子屋，得古文泰誓三篇。論衡又云：『以掘地所得者。』」案：「掘地所得」，今書無此文。經義叢鈔徐養原曰：「充言益一篇，不知所益何篇。以他書攷之，易則説卦，書即太誓。唯禮無聞。而史、漢皆言高堂生傳士禮十七篇，初未嘗有所缺。」又按：書序疏云：「史記及儒林傳皆云：『伏生獨得二十九篇。』案馬融云：『泰誓後得。』鄭玄書論亦云：『民間得泰誓。』別録曰：『武帝末，民有得泰誓書於壁内者，獻之，與博士使讀説之，數月皆起傳以教人。』則泰誓非伏生所傳，而言二十九篇者，以司馬遷在武帝之世，見泰誓出，而得行入於伏生所傳内，故爲史揔之，并云伏生所得，不復曲別分析。」又云：「司馬遷時，已得泰誓，以并歸於伏生，不得云宣帝時始出也。則云宣帝時女子所得，亦不可信。或者爾時重得之，故於後亦據而言。」今按：關于泰誓，諸説莫一：有謂伏生前已見太誓。有謂泰誓後得，而「後得」又有二説：一謂得於武帝時，一謂於宣帝時。有謂伏書本有泰誓，所謂後得者，重得耳。有謂得於宣帝時，乃傳聞之誤。詳戴東原集尚書今古文考、陳壽祺左海經辨今文尚書大誓後得説、孫志祖讀書脞録、王鳴盛尚書後案、朱彝尊經義考、王引之經義述聞、經義叢鈔、徐養原今古文尚書增太誓説、錢大昕潛揅堂集、俞正爕癸巳類稿、皮錫瑞尚書通論、劉師培答方勇書、顧實漢書藝文志講疏、吴承仕經典釋文序録講疏。**至孝景帝時，**盼遂案：孝景皇帝爲孝武皇帝之誤。案書篇亦云：「孝武皇帝時，魯共王壞孔子教授堂以爲宮。」決此「景」字爲誤。**魯共王壞孔**

子教授堂以爲殿，得百篇尚書於牆壁中。閻若璩曰：「云『孝景時魯共王壞孔子宅』，較漢志『武帝末』三字則確甚。何也？魯恭王以孝景前三年丁亥徙王魯，徙二十七年薨，則薨於武帝元朔元年癸丑，武帝方即位十三年，安得云『武帝末』乎？且恭王初好治室，季年好音，則其壞孔子宅，以廣其宮，正初王魯之事，當作『孝景時』三字爲是。」暉按：佚文篇、案書篇並謂武帝時，則此作「孝景」，蓋傳寫之誤。漢志亦本作「武帝初」，「末」字譌也。武帝使使者取視，注佚文篇。莫能讀者，遂祕於中，外不得見。至孝成皇帝時，徵爲古文尚書學。東海張霸當作「東萊」，注見佚文篇。盼遂案：漢書儒林傳及經典釋文敍録並作東萊張霸。考東萊郡與東海郡非一地，疑論衡誤也。案百篇之序，空造百兩之篇，獻之成帝。帝出祕百篇以校之，皆不相應，於是下霸於吏。吏白霸罪當至死。成帝高其才而不誅，亦惜其文而不滅。故百兩之篇傳在世間者，傳見之人則謂尚書本有百兩篇矣。舊本段。

或言秦燔詩、書者，燔詩經之書也，其經不燔焉。聖人作經，賢者作書。言「燔詩書」，謂燔詩經之傳。

夫詩經獨燔「獨」疑爲「猶」形誤。猶，均也。言詩經亦燔，不獨傳。其詩。書，五經之總名也。傳曰：「男子不讀經，則有博戲之心。」未知何出。子路使子羔爲費宰，孔子曰：「賊夫人之子。」子路曰：「有民人焉，有社稷焉，何必讀書，然後爲學？」論語先進篇文。五經總名爲書。傳（儒）者不知秦燔書所起，故不審燔書之實。「傳者」當作「儒者」。秦始皇三十四年，「三」舊作「二」，依史記始皇紀正。語增篇不誤。置酒咸陽宮，博士七十人前爲壽。僕射周青臣進頌秦始皇。齊人淳于越進諫，以爲始皇不封子弟，卒有田常、六卿之難，無以救也；譏青臣之頌，謂之爲諛。秦始皇下其議丞相府，丞相斯以爲越言不可用，因此謂諸生之言惑亂黔首，乃令史官盡燒五經，有敢藏諸（詩）書百家語者刑，「諸書」當作「詩書」。史記始皇紀、前語增篇可證。唯博士官乃得有之。五經皆燔，非獨諸（詩）家之書也。「諸」當作「詩」。上文「或言秦燔詩、書者，燔詩經〔一〕之書也，其經不燔焉」，此文即破其說。傳（儒）者信之，「傳者」當作「儒者」。見言「詩書」，則獨謂〔詩〕經[謂]之書矣。下「謂」字，即「詩」字之譌，文又誤倒。舊本段。傳（儒）者或知尚書爲秦所燔，「傳者」當作「儒者」。而謂二十九篇，其遺脫不燒者也。

審若此言，尚書二十九篇，火之餘也。七十一篇爲炭灰，二十九篇獨遺邪？夫伏生年老，鼂錯從之學時，適得二十餘篇，伏生死矣，故二十九篇獨見，七十一篇遺

〔一〕「燔詩」，原本作「詩燔」，據正文乙。

**脱。遺脱者七十一篇，反謂二十九篇遺脱矣。**舊本段。

**或説尚書二十九篇者，法曰斗七宿也。**「曰」，朱校元本、程、何、錢、黄本同。王本作「四」，崇文本作「北」。江聲尚書集注音疏引「曰」在「法」字上，蓋以意乙，屬上爲句，與上下文例不合，非也。王鳴盛引作「法北斗七宿」。王引之經義述聞引作「法斗，四七宿也」。蓋亦意正。疑是。**四七二十八篇，其一曰斗矣，**盼遂案：上「曰」字當爲「四」字之誤，而又與「斗」字互倒。孔叢子連叢上：「孔藏與侍中從弟安國書云：『且曩所謂今學，亦多所不信。唯聞尚書二十八篇，取象二十八宿，謂爲自然也。河圖、洛書乃自百篇也。』」是太誓未出以前，尚書學通以二十八篇法四七宿矣。法斗者，太誓出後，尚書家以比二十八有斗星也。**故二十九。**江聲曰：「伏生尚書，實二十八篇，無序。故論衡云『或説尚書二十八篇者曰，法斗七宿也』云云。假使伏生尚書有敍，則百篇之名目具見，雖妄人亦不造此『法斗七宿』之説也。」經義述聞：「某孝廉曰：『此以四七宿當二十八篇，以序當斗，言序之隱括二十八篇，猶之臨制四鄉。若大誓，不足當斗矣。』王引之曰：論衡引或説『尚書二十九篇者』云云，而駁之曰：『案百篇之序，闕遺者七十一篇，猶爲二十九篇立法如何？』夫曰『百篇之序，闕遺者七十一篇，獨爲二十九篇立法』，則『法斗，四七宿』者，經文二十九篇，而序不與矣。」孔叢子連叢篇：「孔臧與弟書：『臧聞尚書二十八篇，取象二十八宿，何圖乃有百篇邪？』」漢書劉歆傳臣瓚注：「當時學者謂尚書唯有二十八篇，不知本有百篇也。」王引之曰：「蓋晉人始有是説。魏、晉間僞古文尚書已出，以僞作之大誓爲增多伏生之篇，而擯伏生之大誓而不數，故但云今文尚書二十八篇也。王充所謂其一曰斗者，非指太誓；所謂四七二十八篇，亦非除太誓計之也，特分言法宿法斗，以合成二九篇之數耳。孔叢子陽襲其說，而陰違其意，輒除太誓計之，而稱二十八篇取象二十八宿，則妄矣。」皮錫瑞曰：「伏生傳書二十九篇，有康王之誥而無太誓。史公云：『伏生獨得二十九篇。』亦當不數太誓。其後歐陽、夏侯三家，併入太誓，遂與二十九篇之數不符，乃以康王之誥合於顧命。兩漢人言今文尚書者，皆以爲二十九篇，無二十八篇之說。然史公所謂二十九篇者，當分顧命、康誥爲二篇數之；班孟堅、王仲任所謂二十九篇者，在三家增入太誓之後，當合顧命、康王之誥爲一篇數之。其後僞孔書出，別撰泰誓三篇，不數漢人太誓，又當顧命、康王之誥二篇合併之後，於是尚書止有二十八篇，而僞孔叢子及臣瓚漢書劉歆傳注遂有今文尚書二十八篇之說矣。」

夫尚書滅絶於秦，其見在者二十九篇，安得法乎？宣帝之時，得佚尚書及易、禮各一篇，禮、易篇數亦始足，焉得有法？案百篇之序，闕遺者七十一篇，獨爲二十九篇立法，如何？陳壽祺曰：「所引或說，乃今文家言。其駮詰，亦據今文爲說。若古文，則按百篇之序，二十九篇外，尚有逸書二十四篇，不得云『闕遺者七十一篇』。」或說曰：「孔子更選二十九篇，二十九篇獨有法也。」經義述聞載某孝廉書云：「論衡又引或說云云。按王仲任在東漢世，久見太誓在尚書中，故并數爲二十九，與前斗四七宿，又別爲一說，自不同也。」王引之曰：「所云『孔子更選二十九篇，二十九篇有法』，此今文家說也。曰『選二十九篇』，則爲經文甚明。若謂其一是序，則史記、漢書皆以序爲孔子所作，豈得自作之而自選之乎？又曰：『二十九篇獨有法。』出於或說，非仲任數之爲二十九也。或說二十九篇數大誓，而不數序，與史記儒林傳合。此二十九篇不計序之明證。又曰『二十九篇獨有法』，即承『法斗四七宿』而言，不得分以爲二。」**蓋俗儒之說也，未必傳記之明也。二十九篇殘而不足，有傳之者，因不足之數，立取法之說，失聖人之意，違古今之實。夫經之有篇也，猶有章句也；有章句，**「也」字舊在下「句」字下，今從崇文本正。盼遂案：「也」字崇文本在上「章句」下，宜依之。「猶有章句也」，「猶有文字也」，兩「猶」字皆爲「由」之借字。言篇之成立由於章句，章句之成立由於文字也。古書由、猶多通用。禮記雜記：「猶是附於王父也。」鄭注：「猶當作由。」雜記又云：「則猶是與祭也。」鄭注：「猶亦當爲由。」與論衡此處用法正同。**猶有文字也。文字有意以立句，句有數以連章，章有體以成篇，篇則章句之大者也。謂篇有所法，是謂章句復有所法也。**

**詩經舊時亦數千篇，孔子删去複重，正而存三百篇，**毛詩正義曰：「孔子删古詩三千餘篇，上取諸商，下取諸魯，皆絃歌以合韶、武之音，凡三百一十一篇。至秦滅學，亡六篇，今在者，有三百五篇。」**猶二十九篇也。謂二十九篇有法，是謂三百五篇復有法也。**詩譜序疏：「據今者及亡詩六篇，凡有三百一十一篇。云三百五篇者，或闕其亡者，以見在爲數。或不見詩序，不知六篇亡失，謂其唯有三百五篇。」

**或說春秋〔十二公，法〕十二月也。**「或說春秋十二月也」，語意不具，當作「或說春秋十二公，法十二月也」。下文云：「春秋十二公，猶尚書之有百篇，百篇無所法，十二公安得法？」即駁或說十二公法十二月之妄。今脫「十二公法」四字，則使下文所論無據矣。公羊隱元年何注：「所以二百四十二年者，取法十二公，天數備足。」哀十四年疏曰：「何氏以爲公取十二，則天之數。」此云「法十二月」，即法天數之義。

**春秋十二公，猶尚書之百篇，百篇無所法，十二公安得法？說春秋者曰：「二百四十二年，人道浹，王道備，善善惡惡，撥亂世，反諸正，莫近於春秋。」**公羊哀十四年傳：「春秋何以始乎隱？祖之所逮聞也。何以終乎哀十四年？曰：備矣。君子曷爲爲春秋？撥亂世，反諸正，莫近諸春秋。」何注曰：「人道浹，王道備。撥猶治也。孔子仰推天命，俯察時變，却觀未來，豫解無窮，知漢當繼大亂之後，故作撥亂之法以授之。」疏：「正以三代異辭，因父以親祖，以親曾祖，以曾祖親高祖，骨肉相親，極于此，故云人道浹也。云『王道備』者，正以撥亂于隱公，功成于獲麟，懍懍治之，至于太平，故曰『王道備』也。」春秋繁露玉杯篇、史記太史公自序、說苑至公篇亦有此說。**若此者，人道、王道適具足也。三軍六師萬二千人，足以陵敵伐寇，橫行天下，令行禁止，未必有所法也。**白虎通三軍篇：「三軍者何法？法天地人也。以爲五人爲伍，五伍爲兩，四兩爲卒，五卒爲旅，五旅爲師，五師爲軍，二千五百人爲師，萬二千五百人爲一軍，三軍三萬七千五百人也。雖有萬人，猶謙讓自以爲不足，故復加二千人，（「二」本作「五」，依抱經堂本校改。)因法月數。月者，羣陰之長也。十二月足以窮盡陰陽，備物成功。萬二千人，亦足以征伐不義，致天下太平也。」此云「未必有所法」，與孟堅説異。周禮夏官序曰：「凡制軍，萬有二千五百人爲軍，王六軍，大國三軍，次國二軍，小國一軍。二千有五百人爲師。」六師，即六軍也。穀梁襄十一年傳曰：「古者天子六師。」詩大雅常武曰：「整我六師。」又棫樸曰：「周王于邁，六師及之。」小雅瞻彼洛矣曰：「以作六師。」皆謂六軍爲六師。

孔子作春秋，紀魯十二公，猶三軍之有六師也；士衆萬二千，猶年有二百四十二也。六師萬二千人，足以成軍；十二公二百四十二年，足以立義。説事者好神道恢義，不肖以遭禍，文有脱誤。是故經傳篇數，皆有所法。考實根本，論其文義，與彼賢者作書，詩無以異也。「詩」字衍。故聖人作經，賢者作書，義窮禮竟，文辭備足，則爲篇矣。其立篇也，種類相從，科條相附。殊種異類，論説不同，更別爲篇。意異則文殊，事改則篇更，據事意作，安得法象之義乎？舊本段。

或説春秋二百四十二年者，上壽九十，中壽八十，下壽七十，文選養生論注，養生經：「人生上壽百二十，中壽百年，下壽八十。」左僖三十二年正義同。呂氏春秋安死篇：「人之壽，久之不過百，下壽不過六十。」莊子盜跖篇、意林引王孫子並云：「上壽百歲，中壽八十，下壽六十。」淮南原道訓：「凡人中壽七十歲。」晉書周訪傳陳訓謂陶侃上壽，周得下壽。後陶年止七十六，周止六十一。蓋壽有三品，古説如是。而各品實數則不齊也。

**孔子據中壽三世而作，三八二十四，故二百四十年也。**

春秋繁露楚莊王篇：「春秋分十二世以爲三等：有見，有聞，有傳聞。有見三世，有聞四世，有傳聞五世。故哀、定、昭，君子之所見也。襄、成、宣、文，君子之所聞也。僖、閔、莊、桓、隱，君子之所傳聞也。所見六十一年，所聞八十五年，所傳聞九十六年。」公羊隱元年注：「所見者，謂昭、定、哀，己與父時事也。所聞者，謂文、宣、成、襄，王父時事也。所傳聞者，謂隱、桓、莊、閔、僖，高祖曾祖時事也。所以三世者，禮爲父母三年，爲祖父母期，爲曾祖父母齊衰三月。立愛自親始，故春秋據哀録隱，上治祖禰。所以二百四十二年者，取法十二公，天數備足。」徐疏：「論象天數，則取十二；緣情制服，則爲三世。」據此，何休分三世，乃緣情制服，非據「中壽八十」也。徐疏又曰：「鄭氏云，九者陽數之極，九九八十一，是人命終矣，故孝經援神契云：『春秋三世，以九九八十一爲限。』然則隱元年盡僖十八年爲一世，自僖十九年盡襄十二年又爲一世，自襄十三年盡哀十四年又爲一世。所以不悉八十一年者，見人命參差不可一齊之義。又顔安樂以襄二十一年孔子生後即爲所見之世。」是鄭、顔又與何氏異義，而并與此據中壽之説不同。

**又説爲赤制之中數也。**

公羊傳「隱公第一」下疏曰：「春秋説云：『伏羲作八卦，丘合而演其文。瀆而出其神，作春秋以改亂制。』又云：『丘攬史記，援引古圖，推集天變，爲漢帝制法。』陳敍圖録又云：『丘水精，治法爲赤制功。』」漢史晨碑云：「伏念孔子乾坤所挺，西狩獲麟，爲漢制作。」又云：「昔在仲尼，主爲漢制，道審可行，乃作春秋。」又引尚書考靈耀曰：「丘生倉際，觸期稽度爲赤制，故作春秋。」韓勑碑云：「孔子近聖，爲制定道。」孔廟置守廟百石卒史碑云：「孔子大聖，則象乾坤，爲漢制作。」類聚九十引孔演圖曰：「孔提命，作應法，爲赤制。」須頌篇云：「春秋爲漢制法。」佚文篇云：「孔子爲漢制文。」以上諸文，皆以春秋爲赤制也。蓋出緯書及今文家說。「中數」未聞。盼遂案：揚子法言孝至篇：「漢興二百一十載而中天，其庶矣乎？」說者謂子雲豫知漢祚應享四百五十二歲，故云二百一十載而中天。仲任引春秋說二百四十二年，爲赤制之中數。意其時緯候之學，必盛此種傳說。又後漢書公孫述傳：「述夢人語之曰：『八厶子系，十二爲期。』」述好爲符命鬼神瑞應之事，妄引讖記，以爲孔子作春秋爲赤制，而斷十二公。明漢至平帝十二代，曆數盡也，一姓不得受命。是論衡所引春秋赤制中數之說，必本於符命讖記之事矣。又說二百四十二年，人道浹，王道備。注見前。

夫據三世，則浹備之說非；言浹備之說爲是，則據三世之論誤。二者相伐，而立其義，聖人之意何定哉？凡紀事言年月日者，詳悉重之也。洪範五紀，歲、月、日、星。紀事之文，非法象之言也。紀十二公享國之年，凡有二百四十二，凡此以立三世之說矣。實孔子紀十二公者，以爲十二公事，適足以見王義邪？據三世，三世之數，適得十二公而足也？孫曰：「三世」二字不當重，或即下「三世」二字當作「三八」。下文云：「如據三世，取三八之數，二百四十年而已，何必取二？」如據十二公，則二百四十二年不爲三世見也；如據三世，取三八之數，二百四十年而已，何必取「二」？說者又曰：「欲合隱公之元也。不取二年，隱公元年不載於經。」夫春秋自據三世之數而作，何用隱公元年之事爲始？須隱公元年之事爲始，是竟以備足爲義，據三世之說不復用矣。說（設）隱公享國五十年，先孫曰：「說」當作「設」，形聲相近而誤。將盡紀元年以來邪？中斷以備三八之數也？如盡紀元年以來，三八之數則中斷；如中斷以備三世之數，則隱公之元不合，何如？且年與月日，小大異耳；其所紀載，同一實也。二百四十二年謂之據三世，二百四十二年中之日月必有數矣。年據三世，月日多少何據哉？夫春秋之有年也，猶尚書之有章，章以首義，年以紀事。謂春秋之年有據，是謂尚書之章亦有據也。舊本段。

說易者皆謂伏羲作八卦，文王演爲六十四。注譾短篇。夫聖王起，河出圖，洛出書。伏羲王，河圖從河水中出，易卦是也。禹之時，得洛書，書從洛水中出，洪範九章是也。劉歆說同，見漢書五行志。注詳感虛篇。故伏羲以卦治天下，禹案洪範以治洪水。古者烈山氏之王得河圖，夏后因之曰連山；烈山（歸藏）氏之王得河圖，殷人因之曰歸藏；伏羲氏之王得河圖，周人（因之）曰周易。先孫曰：此文多譌捝。夏、殷二易，不宜同出烈山。下「烈山氏」當作「歸藏氏」。「周人曰周易」，當作「周人因之曰周易」。朱震漢上易傳引姚信云：「連山氏得河圖，（烈、連一聲之轉。）夏人因之曰連山；歸藏氏得河圖，商人因之曰歸藏；伏羲氏得河圖，周人因之曰周易。」（玉海三五同。）並與此説同。當據以校正。暉按：王應麟漢書藝文志考證、路史發揮一并引山海經云：「伏羲氏得河圖，夏后氏因之曰連山；黄帝氏得河圖，商人因之曰歸藏；列山氏得河圖，周人因之曰周易。」帝王世紀亦言：「殷人因黄帝曰歸藏。」與姚信説異。此文既謂夏人因烈山爲連山，周人因伏羲曰周易，則殷人因歸藏曰歸藏，當同姚信説也。餘注謝短篇。**其經卦〔皆八，其别〕皆六十四。**周禮春官：「大卜掌三易之法，一曰連山，二曰歸藏，三曰周易。其經卦皆八，其别皆六十有四。」鄭注：「三易卦别之數亦同，其名、占異也。每卦八，别者重之數。」疏云：「經卦皆八者，連山、歸藏、周易皆以八卦乾、坤、震、巽、坎、離、艮、兑爲本。據周易以八卦爲本，是八卦重之，則得六十四。」據此，則「卦」下脱「皆八其别」四字。若作「經卦皆六十四」，則差之遠矣。**文王、周公因彖十八章究六爻。**漢書藝文志曰：「文王重易六爻，作上下篇。」易正義曰：「周公作爻辭。」按諸儒以易爲三聖重業，即伏羲、文王、孔子。（漢書藝文志、前謝短篇同。）言周公，自此始。**世之傳説易者，言伏羲作八卦；不實其本，則謂伏羲真作八卦也。伏羲得八卦，非「作」之；文王得成六十四，非「演」之也。演作之言，生於俗傳。苟信一文，使夫真是幾滅不存。**

既不知易之爲河圖，又不知存於俗何家易也，或時連山、歸藏，或時周易。案禮夏、殷、周三家相損益之制，較著不同。如以周家在後，論今爲周易，則禮亦宜爲周禮。漢人稱士禮曰禮，即今儀禮。注謝短篇。六典不與今禮相應，六典，注謝短篇。今禮未必爲周，則亦疑今易未必爲周也。案左丘明之傳，引周家以卦，與今易相應，殆周易也。

説禮者，皆知禮也。爲禮〔爲〕何家禮也？孫曰：「爲禮何家禮也」，當作「禮爲何家禮也」。「禮爲」二字誤倒。下文云：「夏、殷、周各自有禮，方今周禮邪？夏、殷也？」故此云：「禮爲何家禮也？」若作「爲禮何家禮也」，不可通矣。孔子曰：「殷因於夏禮，所損益可知也。周因於殷禮，所損益可知也。」見論語爲政篇。由此言之，夏、殷、周各自有禮。方今周禮邪？夏、殷也？謂之周禮，周禮六典，案今禮經不見六典。或時殷禮未絶，而六典之禮不傳，世因謂此爲周禮也？案周官之法，不與今禮相應，然則周禮六典是也。其不傳，猶古文尚書、春秋左氏不興矣。後漢書儒林傳云：「建初中，大會諸儒于白虎觀，肅宗親臨稱制，又詔高才生受古今尚書，雖不立學官，皆擢第爲講郎，給事近署。」章帝紀建初八年詔曰：「其令羣儒選高才生受學左氏、穀梁春秋、古文尚書、毛詩，以扶微學，廣異義焉。」是於仲任時，古文學已盛。此云「不興」者，蓋據不立學官言也。荀悦漢紀論中興後經學曰：「古文尚書、毛詩、左氏春秋、周官，通人學者，多好尚之，然希得立於學官。」舊本段。或云「論」下當有「語」字，此誤脱。未知孰是。

**説論者，**島田翰曰：「論」即「論語」省略，古書往往有此例。**皆知説文解語而已，不知論語本幾何篇；但〔知〕周以八寸爲尺，**島田翰曰：「但」下當有「知」字。此蓋誤。禮記王制鄭注曰：「周尺之數，未詳聞也。按禮制，周猶以十寸爲尺。蓋六國時，多變亂法度，或言周尺八寸。」説文夫部：「周制八寸爲尺。」尺部：「中婦人手長八寸，謂之咫，周尺也。」白虎通曰：（通典禮十五引。今佚。）「夏法日，日數十也。日無不照，尺所度無所不極，故以十寸爲尺。殷法十二月，言一歲之中無所不成，故以十二寸爲尺。周據地而生，地者陰也，以婦人爲法，婦人大率奄八寸，故以八寸爲尺。」**不知論語所獨一尺之意。**

**夫論語者，弟子共紀孔子之言行，**鄭玄曰：「論語，仲弓、子夏等所定。」困學紀聞七曰：「或問論語首篇之次章，即述有子之言，而有子、曾子猶以子稱，何也？曰：程子謂此書成於有子、曾子之門人也。羅豫章二程語録曰：『伊川曰：論語，曾子、有子弟子論撰。所以知者，唯曾子、有子不名。』」按：論語載有孔子弟子言行，此云「共紀孔子」者，論語子夏曰「雖小道必有可觀者焉」云云，藝文志引作「孔子曰」。又有子曰「君子務本，本立而道生」，説苑建本篇作「孔子曰」，是諸弟子亦述師聞也。**勑記之時甚多，數十百篇，**四書考異總考九論語原始曰：「王氏云，論語本數十百篇，殊覺駭聽。然溯未輯論時言之，亦未可謂其夸誕。王此言，當時必更有本，今不可稽。」**以八寸爲尺，紀之約省，懷持之便也。以其遺非經，傳文紀識恐忘，故但以八寸**

尺，不二尺四寸也。島田翰曰：「以但」當作「但以」，此蓋誤倒。暉按：王本、崇文本作「但以」，今據乙。精簡二尺四寸，傳記一尺。詳謝短篇。量知篇云：「大者爲經，小者爲傳記。」尚書序疏：「漢武帝謂東方朔云：『傳曰：時然後言，人不厭其言。』又漢東平王劉雲與其大師策書云：『傳曰：陳力就列，不能者止。』是漢世通謂論語爲傳。以非先王之書，是孔子所傳說，故謂之傳。」四書考異論語稱傳考曰：「論語、孝經等博士，當時亦稱傳記博士。其所以謂傳，邢氏論語疏與書正義說同，孔、邢二氏之說，必無以易。」漢興失亡。至武帝發取孔子壁中古文，得二十一篇，隋書經籍志：「古論語與古文尚書同出。分子張爲二篇，故有二十一篇。」「同出」謂出孔壁而安國獻之也。此云武帝發取，其說獨異。注佚文篇。齊、魯二，河間九篇，三十篇。孫世揚論語考曰：「『魯』字疑衍，下『齊、魯』同。『九』當作『七』，合齊、古乃爲三十篇。章太炎曰：漢書藝文志論語家有孔子家語及孔子徒人圖法二書，太史公述仲尼弟子又提及弟子籍一書，三十篇中，或者有以上三書在內。孫曰：『齊、魯二，河間九篇』，當作『齊、魯、河間九篇』。『二』字涉上下諸『二』字而衍。合齊論語、魯論語、河間論語爲九篇，加古論語二十一篇，正得三十篇。至於仲任此說，與漢儒所言並異。翟灝四書考異論之曰：『河間論語，不惟漢志不載，諸儒皆絕口不言。據漢志論語十二家，有燕傳說三卷。燕傳猶言燕論語，疑即河間論語。河間故趙地，偪近於燕，或河間獻王得自燕境，因一稱燕傳歟？』劉寶楠論語正義曰：『魯論、齊論已見前志，不得別有齊、魯合云古文二十一篇，齊、魯、河間九篇，本三十篇。當時齊論已多於古二篇，則河間論語當有七篇。

河間爲九篇，出於漢志之外，又合古論爲三十篇。古論久入孔氏，昭帝女何由得讀？既帝女能讀，而宣帝博士轉難曉，此皆無稽之説，不足與深辨也。」黄以周儆季文鈔曰：「漢初稱論語，本不專指今所傳之二十篇。凡孔門師弟子討論之語，皆謂之論語。漢志論語十二家，如孔子家語、孔子三朝諸書皆屬焉。其在漢初所稱論語，尚不止孔子家語、孔子三朝諸書。時河間獻王好古學，所得論語有數十百篇，本不止三十篇。自昭帝女專讀孔壁諸篇，於是二十一篇勒成一書。仲任斯説，最爲覈實。攷古文論語與魯論語目本同，所異者，古文分堯曰篇『子張』以下別爲一篇，故魯論二十篇，古文有二十一篇，齊論又別有問王、知道，爲二十三篇。河間又附以孔子三朝七篇，爲三十篇。論衡於古文二十一篇之下，當云『齊、河間九篇』。『魯』字衍文也。」竊謂諸家所考，似難憑信。「魯」字亦非衍文。疑漢代所傳論語，各本互異，班志本於七略，與王充所論異，不可强同。漢志稱魯扶卿傳魯論，王充謂孔安國授魯扶卿，此又不同。且王充又云：「今時稱論語二十篇，又失齊、魯、河間九篇。」可知齊、魯、河間論語中所無者，或古文有之；古文中所無者，或齊、魯、河間有之。以四種論語較之，折累而言，即以齊、魯、河間論語所有而爲古論所無者，得九篇而已。若謂齊論比古論多二篇，河間論語多七篇，以符九篇之數，必不合矣。蓋班氏所注，與王氏所見之書，自不同也。

至昭帝女讀二十一篇。孫世揚曰：「女」字疑誤。昭帝讀之，而曰「未云有明」。見本紀。

宣帝下太常博士，時尚稱書難曉，名之曰傳；後更隸寫以傳誦。初，孔子孫孔安國以教魯人扶卿，官至荆州刺史，始曰論語。藝文志曰：「孔子應答弟子時人，及弟子相與言而接聞於夫子之語也。當時各弟子有所記，夫子既卒，門人相與輯而論纂，故謂之論語。」文選劉孝標辯命論注引傅子曰：「仲尼既殁，仲弓之徒追論夫子之言，謂之論語〔一〕。」論語皇疏序曰：「語是孔子在時所説，而論是孔子没後方論。」并謂弟子論纂孔子之語。故曰「論語」。章太炎曰：「論語命名，非孔子及七十子所定，乃扶卿所名。」即本此文爲説。四書考異論語稱傳考曰：「論語名，見禮坊記及今家語弟子解。今家語不可信，坊記可信也。蓋自孔氏門人相論纂畢，隨題之爲論語矣。漢文帝朝已置論語博士，王充云：『孔安國以授扶卿，始曰論語。』非也。」孫世揚曰：「據論衡此文，則扶卿之學，傳自孔安國。而藝文志以爲扶卿傳魯論，是魯論本出於古文也。藝文志傳齊論者有王吉以下六人，皆後於孔安國。其膠東庸生，則孔之再傳弟子也。（見儒林傳。）似壁中古文未出以前，不得有論語之書；古文出，而孔安國以教扶卿，始曰論語，似前此亦不得有論語之名。考坊記引論語曰：『三年無改於父之道，可謂孝矣。』則論語之名，不自安國始名。初陸賈新語、賈誼新書、董仲舒春秋繁露諸多稱引，是論語之書，不自古文始傳。蓋『論語』之名，初甚廣泛，凡記孔門言行者，如三朝記及仲尼閒居、孔子燕居之類，以及家語二十七篇、孔子徒人圖法二篇，悉以爲稱，故王充言論語有數十百篇也。秦火以後，傳誦不絶，而未有專師授受，故賈、董輩雖肄業及之，而史不明言其傳授。王充言漢興亡失者，亦謂其散亂不治而已。魯共王壞孔子

〔一〕「語」，原本作「論」，形近并涉上「論」字而誤，據文選注改。

宅，得壁中古文論語，（見藝文志及説文序。）還之孔氏安國，以授扶卿，自是論語之名始有限制，論語之學始有專師。此王充所謂始曰論語，别於前此之泛稱論語者矣。」今時稱論語二十篇，又失齊、魯、河間九篇。本三十篇，分布亡失；或二十一篇。〔篇〕目或少或多，文讚或是或誤。元本重「篇」字，今據補。「讚」字疑誤。説論語者，但知以剥解之問，以纖微之難，不知存問本根篇數章目。温故知新，可以爲師；今不知古，稱師如何？謝短篇亦有此文。作「古今不知」。舊本段。

孟子曰：「王者之迹熄而詩亡，詩亡然後春秋作。晉之乘，楚之檮杌，魯之春秋，一也。」見孟子離婁上。若孟子之言，春秋者，魯史記之名，乘、檮杌同。孔子因舊故之名，以號春秋之經，未必有奇説異意，深美之據也。今俗儒説之：「春者歲之始，秋者其終也。春秋之經，可以奉始養終，故號爲春秋。」此蓋出春秋緯也。公羊傳卷一徐疏，春秋説云：「始於春，終於秋，故曰春秋者，道春爲生物之始，而秋爲成物之終，故云始於春，終於秋，故曰春秋也。」春秋之經，何以異尚書？〔説〕尚書者，以爲上古帝王之書，「説」字今以意增。或以爲上所爲下所書，春秋説題辭曰：「尚者，上也，上世帝王之遺書也。」又曰：「尚書者，二帝之迹，三王之義，所以推期運，明受命之際。」（類聚五五、御覽六〇九。）僞孔書序曰：「伏生以其上古之書，謂之尚書。」疏引馬融曰：「上古有虞氏之書，故曰尚書。」以上諸文，并與仲任所引前説同。後一説，亦見須頌篇，彼文云：「或説尚書曰：尚者上也，上所爲，下所書也。下者誰也？曰：臣子也。」王肅曰：「上所言，下爲史所書，故曰尚書也。」（釋文序録。）義與後説同。漢人解「尚書」之義，有出此二説之外者。書序疏引鄭玄書贊曰：「孔子尊而命之曰尚書。尚者，上也，尊而重之，若天書然，故曰尚書。璿璣鈐云：『因而謂之書，加上以尊之。』又曰：『書務以天言之。』」史通六家篇引尚書璇璣鈐云：「尚者上也，上天垂文以布節度，如天行也。」鄭氏本璇璣鈐，爲今文，而與仲任不同者，皮錫瑞曰：「仲任所引皆今文説，而與鄭不同者，仲任習歐陽尚書，所引蓋歐陽説；鄭君殆用夏侯説，故不同歟？」又按：釋名釋典藝曰：「尚書，尚，上也。以堯爲上，始而書其時事也。」與上列三説並異。**授事相實而爲名，不依違作意以見奇。説尚書者得經之實，説春秋者失聖之意矣。春秋左氏傳：「桓公十有七年冬十月朔，日有食之，不書日，官失之也。」謂官失之言，蓋其實也。**元本「謂」作「言」，「言」作「者」，朱校同。按：元本義長。**史官記事，若今時縣官之書矣，**縣官謂天子。**其年月尚大難失，日者微小易忘也。蓋紀以善惡爲實，不以日月爲意。若夫公羊、穀梁之傳，日月不具，輒爲意使。**公羊、穀梁皆以日月爲例。公羊隱元傳：「公子益師卒，何以不日？遠也。」何注：「大夫卒，無罪者日録；有罪者不日，略之。」又三年傳：「日食，則曷爲或日，或不日？或言朔，或不言朔？曰：『某月某日朔，日有食之』者，食正朔也。其或日，或不日，或失之前，或失之後。失之前者，朔在前也；失之後者，朔在後也。」又云：「葬者，曷爲或日，或不日？不及時而日，謁葬也；不及時而不日，慢葬也；過時而日，隱之也；過時而不日，謂之不能葬也；當時而不日，正也。」桓十七年傳：「冬十月朔，日有食之。」何注：「去日者，著桓行惡，故深爲內懼，其將見殺無日。」穀梁隱元年傳：「不日，其盟渝也。」楊疏：「左氏惟大夫卒，及日食以日月爲例，自餘皆否。此傳凡是書經皆有日月之例者，以日月相承，其事可悉，史官記事，必當具文，豈有大聖脩撰，而或詳或略？故知無日者，仲尼略之，見褒貶耳。」傳又云：「卑者之盟不日。」又云：「大夫日，卒正也；不日，卒惡也。」又八年傳：「外盟不日。」凡此之例，皆謂故使日月不具也。唐陸淳春秋纂例謂公、穀以日月爲例，皆穿鑿妄説。**失（夫）平常之事，有怪異之説；徑直之文，有曲折之義，**先孫曰：「失」當爲「夫」。**非孔子之心。夫春秋實及言（冬）夏，**盼遂案：「及」疑當爲「冬」之誤字，古「冬」與「及」字形極近。「冬」與「言」又互倒。文本爲「夫春秋實言冬夏」。**不言者，亦與不書日月，同一實也。**「夏」上脱「冬」字。釋名釋典藝曰：「春秋，言春秋冬夏終而成歲，舉春秋則冬夏可知也。」孟子離婁篇趙注：「春秋以二始舉四時。」杜預左傳序：「史之所記，必表年以首事，年有四時，故錯舉以爲所記之名也。」穀梁傳楊疏曰：「名曰春秋者，以史官編年記事，年有四時之序，春先於夏，秋先於冬，故舉春秋二字以包之。」并其義也。按：所以名「春秋」者，除此所引俗儒及仲任己意二説外，尚有二通：賈逵曰：「取法陰陽之中，春爲陽中，萬物以生，秋爲陰中，萬物以成，欲使人君動作不失中也。」（左傳杜序疏。）服虔、何休義同。（據公羊疏。）釋名釋典藝云：「春秋書人事，卒歲而究備，春秋温涼中，象政和也，故舉以爲名也。」亦與賈、服不異。又一說曰：「春秋說云：哀十四年春，西狩獲麟作春秋，九月書成，以其書春作秋成，故云春秋也。」（公羊傳疏。）此二說，皆妄爲華葉之言。春秋之名，當以錯舉四時之說爲正。賀道養、孔穎達、楊士勛、徐彦言之詳矣。舊本段。

**唐、虞、夏、殷、周者，土地之名。堯以唐侯嗣位，**詩唐風鄭譜：「唐者，帝堯舊都之地，今曰太原晉陽，是堯始居此，後乃遷河東平陽。」是鄭以堯爲諸侯於唐，即漢晉陽；爲天子居平陽。皇甫謐曰：「堯始封於唐，今中山唐縣是也。後徙晉陽。及爲天子都平陽，於詩爲唐國。」（詩譜疏。）則謐說又異，以堯爲唐侯時，居中山唐縣。漢志中山國唐縣注應劭曰：「故唐國也，唐水在西。」張晏曰：「堯爲唐侯，國於此。」餘注吉驗篇。**舜從虞地得達，**左哀元年傳：「逃奔有虞。」杜注：「虞，舜後諸侯也。梁國有虞縣。」春秋大事表七之四：「堯典：『嬪于〔一〕虞。』虞在河東大陽縣西，山上有虞城，（皇甫謐〔二〕語。）今爲山西解州平陸縣，舜因以爲有天下之號。周興，封仲雍之後爲虞國，正是其地。而禹受舜禪，封商均于虞，却在梁國虞縣，今爲河南歸德府虞城縣。」餘注本性篇。**禹由夏而起，**史記夏本紀正義：「夏者，帝禹國號也。」帝王紀云：「禹受封爲夏伯，在豫州

---

〔一〕「于」，原本作「子」，形近而誤，據堯典改。

〔二〕「謐」，原本作「謚」，形近而誤，今改。

外方之南。」今河南陽翟是也。漢書地理志：「潁川郡陽翟縣，夏禹國，周末韓景侯自新鄭徙此。」注應劭曰：「夏禹都也。」臣瓚曰：「世本：禹都陽城，汲郡古文亦云居之，不居陽翟也。」師古曰：「陽翟本禹所受封耳。應、瓚之説皆非。」按：師古説是也。水經注云：「河南陽翟縣有夏亭城，夏禹始封於此，爲夏國。」詩唐風譜疏引皇甫謐曰：「禹受舜禪，都平陽，或於安邑，或於晉陽。」則是禹初封陽翟，後即天子位於平陽，或安邑，或晉陽。陽翟有夏亭，禹由夏而起，故重本不忘始，因以爲號。通鑑外紀云：「禹都安邑，或云平陽，亦云晉陽，及韓。」據漢志，韓即陽翟，乃始封地，與即位後所都混言不别，蓋襲皇甫謐説而不一考漢志與水經注也。又通鑑前編曰：「禹踐天子位于韓。」注引通志曰：「禹受帝舜之禪，踐天子之位於安邑，即韓國也。」謂韓即安邑，其説殊謬。湯因殷而興，商頌玄鳥鄭箋：「湯始居亳之殷地而受命。」疏曰：「書序云：『自契至於成湯八遷，湯始居亳。』又云：『盤庚五遷，將治亳殷。』於湯言居亳，於盤庚言亳殷，是殷是亳地之小别名。」書序鄭注、地理志并以殷都亳在河南偃師。皇甫謐謂湯都在穀熟，臣瓚謂在濟陰薄縣，與鄭玄、班固説不同。顔師古漢志注、孔穎達玄鳥疏、王鳴盛尚書後案并辯其誤。史記項羽紀云：「洹水南殷虚。」集解應劭曰：「洹水在湯陰界，殷虚故殷都也。」瓚曰：「洹水在今安陽縣北，去朝歌殷都一百五十里。然則此殷虚非朝歌也。汲冢古文曰『盤庚遷於此』，汲冢曰『殷虚南去鄴三十里』。是舊殷虚，然則朝歌非盤庚所遷者。」索隱：「釋例云『洹水出汲郡林慮縣，東北至長樂入清水』是也。」今按：偃師漢志屬河南郡；朝歌、湯陰、林慮屬河内郡。圖經曰：「安陽在淇、洹二水之間，本殷虛也。」是偃師殷都，與安陽殷都，二説不同。二十年前，河南安陽縣出土龜甲文字，足證後説非妄。蓋殷都數遷，偃師亦其一，不可執此以規班、鄭之非。俞正燮癸巳類稿、魏源書古微據史記六國表序「湯起於亳」，以爲湯因起之亳後以爲得天下之大名者，在陜西商州，非河南偃師，偃師爲其得天下後所遷之地。又按：詩譜疏曰：「成湯之初，以商爲號，及盤庚遷於殷以後，或呼爲殷，故書序曰：『盤庚五遷將治亳殷。』注云：『商家改號曰殷。』」此云「湯因殷而興」，則非盤庚後始改稱殷也。孔疏沿鄭玄之誤。毛奇齡經問曰：「盤庚無易國號之理，殷即商，同在亳都，皆在河南。盤庚云：『紹先王之大業。』正謂此殷地，即契所封，而湯所都，皆先王大業耳。況盤庚以前，早有殷名，盤庚以後，仍稱商號，皆前後互稱。」馮氏解舂集〔一〕亦謂「殷侯」，自夏帝泄以來皆然也。路史後記十二注引作「湯因商而興」。改「殷」爲「商」者，蓋以湯因契所封商地而興，因爲代號，不得言「殷」，亦失之未考也。**武王階周而伐**，地理志：「右扶風美陽縣中水鄉，周太王所邑。」郡國志：「美陽有岐山，有周城。」注杜預曰：「城在縣西北。」帝王世紀曰：「周太王所徙，南有周原。」史記周本紀集解引皇甫謐曰：「邑於周地，故始改國曰周。」商頌鄭譜疏曰：「周即處郃，處豳，國號變易，太王來居周地，其國始名曰周。文王以周受命，當以周爲號，不得遠取郃也。」盼遂案：吳承仕曰：「伐疑當爲代。」**皆本所興昌之地，重本不忘始，故以爲號，若人之有姓矣。説尚書**

〔一〕「舂」，原本作「春」，形近而誤，今改。

謂之有天下之代號唐、虞、夏、殷、周者，功德之名，盛隆之意也。故唐之爲言「蕩蕩」也，虞者「樂」也，夏者「大」也，殷者「中」也，周者「至」也。堯則蕩蕩民無能名；舜則天下虞樂；禹承二帝之業，使道尚蕩蕩，民無能名；殷則道得中；以上下文例之，「殷」下當有「湯」字。周武則功德無不至。白虎通號篇曰：夏、殷、周者，有天下之大號也。百王同天下，無以相別，改制天下之大號，（「號」上舊衍「禮」字。）以自別於前，所以表著己之功業也。故受命王者，必擇天下美號表著己之功業。夏者，大也，明當守持大道。殷者，中也，明當爲中和之道也；聞也，見也，謂當道著見中和之爲也。（句有誤。）周者，至也，密也，道德周密，無所不至也。或曰：唐、虞者，號也。唐，蕩蕩也；蕩蕩者，道德至大之貌也。虞者，樂也，言天下有道，人皆樂也。其立義美也，其褒五家大矣，然而違其正實，失其初意。唐、虞、夏、殷、周，猶秦之爲秦，漢之爲漢。秦起於秦，史記秦紀：「非子居犬丘，好馬及畜，善養息之。犬丘人言之周孝王。孝王召使主馬于汧、渭之間，馬大蕃息。孝王曰：『昔柏翳爲舜主畜，畜多息，故有土，賜姓嬴。今其後世，亦爲朕息馬，朕其分土爲附庸。』邑之秦，使復續嬴氏祀，號曰秦嬴。」集解徐廣曰：「今天水隴西縣秦亭也。」水經渭水注：「秦川有故秦亭，秦仲所封也，秦之爲號始自是。」漢興於漢中，蜀志先主傳：「夫漢者，高祖本所起定天下之國號也。」史記六國表序云：「漢自蜀漢。」公羊傳序疏云：「漢者，巴、漢之間地名也。項羽自立爲西楚霸王，分天下爲十八國，更立沛公爲漢王，王巴、漢之間，四十一縣，都於南鄭。至漢王五年冬十月乃破項羽軍，斬之。六年（阮校當作「其年」。）正月，乃稱皇帝，遂取漢爲天下號，若夏、殷、周既克天下，乃取本受命之地爲天下號。」**故曰猶秦、漢。**「猶」字衍。**猶王莽從新都侯起，故曰亡新。**漢書本傳：「成帝永始元年封莽爲新都侯，國南陽新野之都鄉，千五百户。」王鳴盛十七史商榷：「新野是南陽郡屬縣，而都鄉則新野之鄉也，故名新都侯。」盼遂案：亡新非莽初起之稱，特後漢人沿稱已久，仲任語焉不察爾。**使秦、漢在經傳之上，説者將復爲秦、漢作道德之説矣。**皮錫瑞曰：「此引當時博士今文家言，仲任非之，而自爲之説。其説雖不同，而以唐、虞、夏、殷、周爲五家則同。鄭君書贊曰：（堯典疏。）『三科之條，五家之教。』三科者，古文家説，謂虞、夏一科，商一科，周一科也。五家者，今文家説，謂唐一家，虞一家，夏一家，商一家，周一家也。」舊本段。

**堯老求禪，四嶽舉舜。堯曰：「我其試哉！」説尚書曰：「試者，用也；我其用之爲天子也。」**「説尚書」下，疑脱「者」字。上文「説論語者」、「説春秋者」句例同。「我其試哉」，堯典文。有「堯曰」二字，史記五帝紀同。今文經有「帝曰」二字也。僞孔本因之。正義曰：「馬、鄭、王本説此經皆無『帝曰』，當時庸生之徒漏之也。」段玉裁曰：「鄭、馬、王本，爲壁中真本，本無『帝曰』二字。枚頤僞本用今文尚書增之。故三家説皆不云有『帝曰』，直以『我其試哉』爲四岳語。」皮錫瑞曰：「古文以『我其試哉』爲四岳語，其義殊不可通。」按：此引書説，今文説也。「用爲天子」，與鄭注「試以爲臣之事」義異。**文爲天子也。文又曰：「女于時觀厥刑于二女。」**史記曰：「於是堯妻之二女，觀其德於二女。」用今文說。古文說以爲四岳説，謂四岳請堯以女妻舜。**觀者，觀爾（示）虞舜於天下，不謂堯自觀之也。**此引當時今文書説。段玉裁曰：「觀爾」乃「觀示」之誤。「尒」形近「示」，又誤爲「爾」也。**若此者，高大堯、舜，以爲聖人相見已審，不須觀試，精耀相炤，曠然相信。又曰：「四門穆穆，入于大麓，**堯典「入」作「納」。段曰：「今文作『入』，古文作『納』。」皮錫瑞曰：「夏侯本作『納』，歐陽本作『入』。」**烈風雷雨不迷。」**堯典「不」作「弗」。段、皮并云：此今文也。**言大麓，三公之位也。**宋翔鳳過庭録書説上曰：「『麓』當作『録』。此書古文説也。」並非。燕然山銘：「納于大麓。」案銘上云：「寅亮聖皇，登翼王室。」是以「大麓」爲大録三公之位。訓「麓」爲「録」，與此文同。不必改作「録」。餘詳下。**居一公之位，大總録二公之事，衆多並吉，若疾風大雨。**臧〔一〕氏經義雜記十一曰：「以上今文家説。以下王仲任義。」皮錫瑞曰：「據伏生、史公之義，則今文説以『大麓』爲『山麓』，伏生不以『麓』爲『録』。訓『麓』爲『録』，由漢博士傅會，改其師説。此文『言大麓三公之位』云云，即夏侯博士以『麓』訓『録』之説。而以『烈風雷雨』爲『衆多並吉』之喻，又傅士異説也。段玉裁以『山麓』之説爲古文，『大録』之説爲今文，蓋徒見今文説之誤者，解爲『大録』，（指夏侯説。）不知今文説之不

〔一〕「臧」，原本作「藏」，形近而誤，今改。

誤者，正解爲『山麓』。伏生、史公皆非古文説也。陳喬樅説，以『山麓』爲歐陽説，『大録』爲大、小夏侯説，證以史公與王仲任皆用歐陽尚書，周堪、孔霸俱事夏侯勝，授元帝經，則元帝報于定國，乃用夏侯尚書。分別甚確。」夫聖人才高，未必相知也。聖成事，「聖」字衍。「成事」二字爲句，總冒下文，本書常語。注書虛篇。舜難知佞，使皐陶陳知人之法。注答佞篇。佞難知，聖亦難別。堯之才，猶舜之知也，舜知佞，堯知聖。堯聞舜賢，四嶽舉之，心知其奇，而未必知其能，故言：「我其試哉！」「哉」，舊誤作「我」，今據錢、黄、王、崇文本正。試之於職，經義雜記曰：「鄭注云：『試以爲臣之事。』王肅云：『試之以官。』皆與仲任『試之於職』説合。」妻以二女，觀其夫婦之法，淮南泰族訓：「妻以二女，以觀其內；任以百官，以觀其外。」職治脩而不廢，夫道正而不僻。復令人（入）〔大〕庶（鹿）之野 盼遂案：文選齊竟陵文宣王行狀云：「置之虛室，人野何辨。」即本此文。善注引孟子「深山野人」之言，失之。而觀其聖，先孫曰：此用書舜典「納于大麓」義。「人庶之野」，當作「入大鹿之野」。「入」譌爲「人」，「鹿」譌爲「庶」，又挩「大」字。（麓、鹿字通。魏公卿上尊號奏、受禪表並作「大鹿」。前吉驗篇云：「堯使舜入大麓之野。」）宋翔鳳説同。逢烈風疾雨，終不迷惑。堯乃知其聖，授以天下。吉驗篇曰：「堯聞徵用，試之於職，官治職脩，事無廢亂，使入大麓之野，虎狼不搏，蝮蛇不噬，逢烈風疾雨，行不迷惑。」亂龍篇曰：「舜以聖德，入大麓之野，虎狼不犯，蟲蛇不害。」感類篇曰：「舜入大麓，烈風雷雨。」并與此同。仲任用今文歐陽說。前所引書說「大麓」爲「三公位」，乃夏侯說，仲任不從也。臧琳經義雜記曰：「書大傳云：『堯納舜大麓之野。』五帝本紀云：『堯使舜入山林川澤，暴風雷雨，舜行不迷。』此仲任之說所本。馬、鄭注尚書亦從其義。」皮錫瑞曰：「王仲任引其時博士書說，以爲試者，用之爲天子；觀者，觀之於天下。聖人相信，不待試之觀之。而仲任非之，以爲試者，試之於職；觀者，觀其夫婦之法也。二說皆今文義，而仲任之說爲長。後漢書章帝紀引建武詔書曰：『堯試臣以職，不直以言語筆札。』後漢紀楊賜上疏曰：『昔堯用舜，猶尚先試考績，以成厥功。』皆以爲堯試舜以職。楊賜習歐陽尚書者，故與仲任說同，無四岳試舜之說。」夫文言觀、試，觀試其才也。說家以爲譬喻增飾，使事失正是，誠（滅）而不存；「誠」疑爲「滅」字形誤。上文「使夫真是，幾滅不存」，句意與同。曲折失意，使僞說傳而不絕。

造說之傳，失之久矣。後生精者，苟欲明經，不原實，而原之者，亦校古隨舊，重是之文，「之」猶「其」也。以爲說證。經之傳不可從，五經皆多失實之說。尚書、春秋行事成文，較著可見，故頗獨論。

# 書解篇

或曰：士之論高，何必以文？

答曰：夫人有文質乃成。物有華而不實，有實而不華者。易曰：「聖人之情見乎辭。」易繫詞。出口爲言，集札爲文，「札」，舊作「扎」，今據朱校元本、程本正。文辭施設，實情敷烈。夫文德，世服也。空書爲文，實行爲德，著之於衣爲服。故曰：德彌盛者文彌縟，德彌彰者人（文）彌明。「人」當作「文」。上下文俱論「文」、「德」，不得轉入「人」也。「人」、「文」形近之誤。說苑修文篇：「德彌盛者文彌縟，中彌理者文彌章。」句意正同。是其證。儀禮士冠禮注：「彌猶益也。」大人德擴其文炳，小人德熾其文斑，官尊而文繁，德高而文積。華而睆者，大夫之簀，曾子寢疾，命元起易。事見檀弓。注感類篇。由此言之，衣服以品賢，賢以文爲差，愚傑不別，須文以立折。「折」疑爲「析」形誤。盼遂案：「折」讀爲「折獄制刑」之「折」及「折衷於夫子」之「折」，意言斷也。非唯於人，物亦咸然。龍鱗有文，於蛇爲神；盼遂案：「蛇」字當是「蚰」字之誤。說文十三云：「蚰，蟲之總名也。」十四云：「龍，鱗蟲之長。」龍亦蟲也，故仲任云龍於蚰爲神。人少見「蚰」字，遂訛爲「蛇」，不通矣。鳳羽五色，於鳥爲君；注講瑞篇。虎猛，毛蚡蜦；「蚡蜦」當作「紛綸」。漢書司馬相如傳：「紛輪威蕤。」張揖曰：「亂貌。」史記作「紛綸」。龜知，背負文。四者體不質，於物爲聖賢。孫曰：「不」當作「文」。暉按：今本不誤。且夫山無林，則爲土山；地無毛，則爲瀉土；公羊宣十二年傳注：「墝埆不生五穀曰不毛。」博物志曰：「地以草木爲之毛，土爲之肉。」「瀉」當作「潟」，聲之誤也。注超奇篇。人無文，則爲僕人。「僕」，元本同。錢、黃、王、崇文本改作「樸」，是。土山無麋鹿，瀉土無五穀，人無文德，不爲聖賢。上天多文而后土多理，意林引論衡佚文曰：「天有日月辰星謂之文，地有山川陵谷謂之理。」易通卦驗鄭注：「天文者，謂三光也。地理者，謂五土也。」二氣協和，聖賢稟受，法象本類，故多文彩。瑞應符命，莫非文者。晉唐叔虞、魯成季友、惠公夫人號曰仲子，生而怪奇，文在其手。注雷虛、自然篇。張良當貴，出與神會，老父授書，卒封留侯。事詳紀妖篇。河神，故出圖；洛靈，故出書。注感虛篇。竹帛所記怪奇之物，不出潢洿。物以文爲表，人以文爲基。棘（革）子成（城）欲彌文，子貢譏之。「棘子成」，朱校元本作「革子城」，下「子成」同。按：作「革子城」是也。論語顏淵篇：「棘子城曰：『君子質而已矣，何以文爲？』子貢曰：『惜乎！夫子之説君子也，駟不及舌。文猶質也，質猶文也，虎豹之鞹，猶犬羊之鞹也。』」鄭注：「舊説云：棘子城，衛大夫也。」即仲任所據。邢疏本作「棘子成」，皇疏本、高麗本并作「棘子城」，注同。漢書古今人表、三國志蜀志秦宓傳作「革子成」。論語後録、羣經義證、拜經日記并據詩「匪棘其欲」，禮記引作「匪革其猶」，謂「棘」、「革」古通。拜經日記又謂古論語作「棘」，今論語作「革」。即毛詩爲古文，禮記爲今文，可證。然則仲任多引魯論，元本作「革子城」，是也。今本乃後人據邢疏本妄改。説文心部：「⿰忄耳，止也。」經典作「弭」，作「彌」，並借字。謂文不足奇者，子成之徒也。舊本段。

著作者爲文儒，説經者爲世儒，章太炎國故論衡下原儒曰：「文儒者，九流六藝大史之屬。世儒者，即今文家。以此爲別，似可就部。然世儒之稱，又非可加諸劉歆、許慎也。」二儒在世，未知何者爲優。或曰：文儒不若世儒。世儒説聖人之經，解賢者之傳，義理廣博，無不實見，故在官常位；位最尊者爲博士，門徒聚衆，招會千里，身雖死亡，學傳於後。文儒爲華淫之説，於世無補，故無常官，弟子門徒不見一人，身死之後，莫有紹傳。此其所以不如世儒者也。

答曰：不然。夫世儒説聖情，□□□□□，共起並驗，俱追聖人。事殊而務同，言異而義鈞。「情」下脱「文儒」云云五字。文儒、世儒並言，故謂其「共起並驗，俱追聖人，事殊而務同，言異而義鈞」也。今本脱此五字，則「世儒」失所較矣。何以謂之文儒之説無補於世？世儒業易爲，故世人學之多，非事可析第，盼遂案：吴承仕曰：「非事二字疑誤。」故官廷設其位。文儒之業，卓絶不循，人寡其書，業雖不講，門雖無人，書文奇偉，世人亦傳。彼虚説，此實篇，折累二者，孰者爲賢？「折累」疑當作「析累」，析累猶「序累」也。注程材篇。佚文篇分文爲五品，造論著説之文爲上，即此所云「文儒」也。案古俊乂著作辭説，自用其業，自明於世。世儒當時雖尊，不遭文儒之書，其跡不傳。周公制禮樂，名垂而不滅；禮記明堂位：「周公踐天子之位以治天下，六年，朝諸侯於明堂，制禮作樂。」孔子作春秋，聞傳而不絶。周公、孔子，難以論言。漢世文章之徒，陸賈、司馬遷、劉子政、楊子雲，其材能若奇，其稱不由人。「若」字誤，未知所當作。世傳詩家魯申公，書家千乘歐陽，公孫，孫曰：公孫疑指公孫弘。弘傳春秋，非尚書。且本書多詩、書、春秋連用，「公孫」上當有脱文。不遭太史公，世人不聞。史記儒林傳：「申公者，獨以詩經爲訓以教，無傳，疑者則闕不傳。」（「疑」字重出，今删。）又曰：「伏生能治尚書，教濟南張生及歐陽生。」漢書儒林傳：「歐陽生字和伯，千乘人。」夫以業自顯，孰與須人乃顯？夫能紀百人，孰與廑能顯其名？舊本段。

或曰：著作者，思慮間也，「間」當作「閒」。下「思慮間」同。未必材知出異人也。居不幽，思不至。韓非子詭使篇：「閒静安居，謂之有思。」説苑雜言篇：「孔子曰：居不幽，則思不遠。」（荀子宥坐篇「幽」作「隱」。）吴越春秋勾踐入臣外傳：「范蠡曰：『聞古人曰：居不幽，志不度；形不愁，思不遠。』」使著作之人，總衆事之凡，典國境之職，汲汲忙忙，或暇著作？

孫曰："「或」當作「何」。下文云「何暇優游爲美麗之文於筆札」，與此文正相應。此作「或」者，蓋涉上文「或曰」而誤。"暉按："「或」疑「曷」聲誤。案書篇："「或蹈驥哉。」「或」亦當作「曷」，是其比。試使庸人積閑暇之思，亦能成篇八十數。文王日昃不暇食，周公一沐三握髮，並注見下。何暇優游爲麗美之文於筆札？孔子作春秋，不用於周也；司馬長卿不預公卿之事，故能作子虛之賦；楊子雲存中郎之官，錢、黄、王、崇文本作「宫」，誤。盼遂案："吴承仕曰："「『存』疑當爲『在』誤。」"故能成太玄經，就法言。意林引新論曰："「揚雄不貧，則不能作玄、言。」"使孔子得王，春秋不作；長卿、子雲爲相，賦、玄不工籍。「籍」字疑涉下文「答」字譌衍。朱校元本「工」作「二」。盼遂案："「籍」字疑當在句首「長卿、子雲」之前。籍亦使也。鈔胥誤置于此，亟宜更正。

答曰：文王日昃不暇食，此謂演易而益卦。尚書無逸曰："「文王自朝至于日中昃，不遑暇食，用咸和萬民。」"漢書董仲舒傳册曰："「周文王至于日昃不暇食。」"對曰："「當此之時，紂尚在上，尊卑昏亂，百姓散亡，故文王悼痛而欲安之，是以日昃而不暇食也。」"楚語左史倚相引周書曰："「文王至於日中昊不皇暇食，惠于小民，惟政之恭。」"説之云："「文王不敢驕。」"此文謂因演易而不暇食，未知所據。楚語注："「日昳曰昊。」"公羊定十五年傳注："「昊，日西也。」"周公一沐三握髮，爲周改法而制。韓詩外傳三："「周公誡伯禽曰："子無以魯國驕士，吾一沐三握髮，一飯三吐哺，猶恐失天下之士。」又見史記魯世家、説苑敬慎篇。并謂敬賢下士而然。此謂因爲周改法，又異説也。又「握髮」，他書並同。朱校元本上文及此并作「捉髮」，羣書治要引説苑同，與今本亦異。書鈔十一引帝王世紀云：「一沐三捉，一食三起。」蓋傳書有作「捉髮」者。又按：「爲周改法而制」，「而」字未妥，疑「立」字之誤。王本、崇文本并乙「而制」二字，屬下文讀作「爲周改法制而周道不弊」，非也。説見下。盼遂案：「而」讀若「如」，與也。坊本作「改法制」，以「而」字屬下句，始由昧于古訓而然。**周道不弊，孔子不作，休思慮間也，周法闊疏，不可因也。**「休」字疑誤。按：文當作「非思慮間也」。上文或曰：「孔子作春秋，不用於周也。」明孔子因「思慮間」而作。仲任意：孔子因周道弊，周法闊疏，不可因循，故作春秋，非思慮間也。定賢篇云：「周道不弊，孔子不作春秋，春秋之作，起周道弊也。」案書篇云：「孔子作春秋，周民弊也。是故周道不弊，則民不文薄；民不文薄，春秋不作。」説苑君道篇：「孔子曰：夏道不亡，商道不作；商德不亡，周德不作；周德不亡，春秋不作。春秋作，而後君子知周道亡也。」亦即此義。或以「周道不弊」屬上讀者，非也。**夫稟天地之文，發於胸臆，豈爲間作不暇日哉？**「不」疑當作「於」。**感僞起妄，源流氣烝。**起，因也。**管仲相桓公，致於九合；商鞅相孝公，爲秦開帝業，然而二子之書，篇章數十。**漢志道家：筦子八十六篇。法家：商君二十九篇。兩書皆見管子、商鞅後事，或疑非其手著，以爲先秦諸子，皆門弟子或賓客或子孫撰定，而無私人著述。按：超奇篇云：「商鞅相秦，功致於霸，作耕戰之書。」案書篇云：「商鞅作耕戰之術，管仲造輕重之篇。」本篇下文云：「管仲、晏嬰，功書並作；商鞅、虞卿，篇治俱爲。」是仲任不疑管仲、商鞅手著其書也。然管子小稱篇：「毛嬙、西施，天下之美人。」小問篇：「百里徯，秦國之飯牛者，秦穆公舉而相之。」輕重甲篇稱「梁、趙」，戊篇稱「代、趙」，商君書稱「秦孝公」之謚，皆爲非其手著之證。則充説不足據。傅玄、俞正燮并以爲後人附益之耳。**長卿、子雲，二子之倫也。俱感，故才並；才同，故業鈞。皆士而各著，不以思慮間也。問事彌多而見彌博，官彌劇而識彌泥。**「而」猶「則」也。「泥」疑爲「深」字形誤。此文義無取於「泥」也。**居不幽則思不至，思不至則筆不利。**「居不幽」，「不」字衍。或即「而」字形誤。此即破上文「居不幽，思不至」之説。下文：「嚚頑之人，有幽室之思，雖無憂，不能著一字。」即申明「居幽則思不至，思不至則筆不利」之義。**嚚頑之人有幽室之思，雖無憂，不能著一字。蓋人材有能，無有不暇。有無材而不能思，無有知而不能著；有鴻材欲作而無起，**無起，謂無所感動因起。**〔無〕細知以問（閒）而能記。**句上脱「無」字，「問」爲「閒」字形譌。「有鴻材欲作而無起，無細知以閒而能記」對文，與上「有無材而不能思，無有知而不能著」句法相同。上文云：「嚚頑之人有幽室之思，雖無憂不能著一字。」即此「無細知以閒而能記」之義。**蓋奇有無所因，無有不能言；兩有無所睹，**「兩」字誤。**無不暇造作。**舊本段。

**或曰：凡作者精思已極，居位不能領職。蓋人思有所倚着，則精有所盡索。著**

作之人，書言通奇，其材已極，其知已罷。「罷」讀「疲」。案古作書者，多位布散槃解；句有誤。輔傾寧危，非著作之人所能爲也。夫有所偪，有所泥，則有所自，篇章數百。當有脱文。呂不韋作春秋，舉家徙蜀；事見史記本傳。淮南王作道書，禍至滅族；事見史本傳。餘注道虚篇。韓非著治術，身下秦獄。見史本傳。身且不全，安能輔國？夫有長於彼，安能不短於此？深於作文，安能不淺於政治？「作文」，朱校元本作「作著」。疑此文原作「深於著作」。

答曰：人有所優，固有所劣；人有所工，固有所拙。非劣也，志意不爲也；非拙也，精誠不加也。志有所存，顧不見泰山；思有所至，有身不暇徇也。「有」字疑涉「身」字譌衍。盼遂案：下「有」字錯簡，本作「身有不暇徇也」。稱干將之利，「稱」上當有「世」字。刺則不能擊，擊則不能刺，非刃不利，不能一旦（且）二也。「旦」當作「且」。公羊文五年傳何注：「且，兼辭也。」蛢彈雀則失鶉（鷃），射鵲則失鴈；先孫曰：「蛢」疑「羿」，下同。「鶉」，黄氏日鈔引作「鷃」，當據校正。方員畫不俱成，左右視不並見，人材有兩爲，不能成一。使干將寡刺而更擊，蛢捨鵲而射鴈，則下射無失矣。人委其篇章，專爲政治，盼遂案：「攻」當爲「政」之誤。案書篇「劉子政」作「劉子攻」，誤與此同。政治本連文，此正承上文「安能不淺於政治」之語而爲言也。則子產、子賤之跡不足侔也。「政」舊作「攻」，今從崇文本校正。廣雅釋詁：「侔，齊也。」子賤，宓不齊字，治單父，彈琴，身不下堂而治。古作書者，多立功不用也。管仲、晏嬰，功書並作；管仲，注見前。漢志儒家：晏子八篇。柳宗元疑爲墨子之徒有齊人者爲之。崇文總目以爲後人輯嬰行事爲之。梁章鉅意同。孫星衍以爲其賓客爲之。並不謂其手著。充説未塙。商鞅、虞卿，篇治俱爲。商鞅注見前。虞卿注超奇篇。高祖既得天下，馬上之計未敗，陸賈造新語，高祖粗納采。史記陸賈傳：「陸生時時前説稱詩、書，高帝罵之曰：『迺公居馬上而得之，安事詩、書？』陸生曰：『居馬上〔一〕得之，寧可以馬上治之乎？』高帝不懌而有慙色，迺謂陸生曰：『試爲我著秦所以失天下，吾所以得之者何，及古成敗之國。』陸生迺粗述存亡之徵，著十二篇，號其書曰新語。」餘注超奇篇。呂氏横逆，劉氏將傾，非陸賈之策，帝室不寧。注超奇篇。蓋材知無不能，在所遭遇，遇亂則知立功，有起則以其材著書者也。「有起」，謂有所感動因起也。上文云：「感僞起妄。」又云：「有鴻材欲作而無起。」出口爲言，著文爲篇。古以言爲功者多，以文爲敗者希。呂不韋、淮南王以他爲過，不以書有非；呂不韋與太后私通，始皇壯，不韋恐，乃進嫪毐〔二〕。太后私與通。事覺，連

〔一〕「馬上」，原本作「上馬」，據漢書乙。
〔二〕「毐」，原本作「毒」，形近而誤，據史記改。

不韋，始皇以書責之。不韋恐誅，乃飲酖而死。淮南王安以父厲王死，時欲畔逆。事發，治其罪，遂自剄殺。并見史記本傳。使客作書，不身自爲，藝文志雜家：「吕氏春秋二十六篇，秦相吕不韋揖智略士作。」史記本傳：「使其客人人著所聞，集論以爲八覽六論十二紀，二十餘萬言，以爲備天地萬物古今之事，號曰吕氏春秋。」高誘淮南子序曰：「安爲辨達，善屬文，天下方術之士多往歸焉。於是遂與蘇飛、李尚、左吴、田由、雷被、毛被、伍被、晉昌等八人及諸儒大、小山之徒，共講論道德，總統仁義，而著此書。」意林引新論曰：「淮南不貴盛富饒，則不能廣聘俊士，使著文作書。」如不作書，猶蒙此章章之禍。人古今違屬，「人」，王本、崇文本改作「夫」，非。「違屬」疑「連屬」之誤。盼遂案：二「章」字，疑皆當爲「辜」之字誤。「違屬」疑當爲「連屬」，亦形似之誤。此文本作「如不作書，猶蒙此辜。辜之禍人，古今連屬」。未必皆著作材知極也。鄒陽舉疏，免罪於梁；徐樂上書，身拜郎中。並注超奇篇。材能以其文爲功於人，何嫌不能營衛其身？韓蚤信公子非，國不傾危。及非之死，李斯如（妬）奇，非以著作材極，盼遂案：「如」當爲「始」之譌脱。斯奇非於死後，嘆爲材極，蓋藉以掩媢嫉之咎歟？不能復有爲也。「如」爲「妬」字形誤。禍虛篇云：「李斯妬同才，幽殺韓非於秦。」是其義。上文或意：「韓非著治術，身下秦獄。」此即破其説，以爲乃李斯嫉妬，非關著作也。春物之傷，或死之也；殘物不傷，秋亦大長。假令非不死，秦未可知。朱校元本「假」作「嚮」，下缺一字，無「令」字。疑此文有誤。故才人能令其行可尊，不能使人必法己；能令其言可行，不能使人必采取之矣。舊本段。

或曰：古今作書者非一，各穿鑿失經之實，「失」，舊作「夫」，程、錢本同。今依黃、王、鄭、崇文本正。傳違〔傳〕聖人（之）質，「傳違聖人質」，當作「違傳之質」。「聖」字涉下文諸「聖」字衍。「人」爲「之」字形譌。「違傳」二字誤倒。此文以「經」、「傳」並言，傳謂傳經，若章句者；書謂諸子。謂諸子之書，皆失經之實，違傳之質。下文仲任難之曰：「何以獨謂經傳是，他書記非？」又云：「彼見經傳，傳經之文，經須而解，故謂之是；他書與傳相違，故謂之非。」則知或意以經傳爲是，他書記爲非。然則此文不當言「傳違聖人質」，明矣。謂「古今作書者，失經之實，違傳之質」，故仲任難以「何以獨謂經傳是」。若作「傳違聖人質」，則仲任詰難，失所據矣，是其證。盼遂案：「夫」當爲「失」之脱壞，「傳」疑當在「經」之下。此文本爲「各穿鑿失經傳之實，違聖人質」。故謂之蕞殘，比之玉屑。故曰：「蕞殘滿車，盼遂案：吴承仕曰：「蕞殘，蕞當爲菆，因譌爲蕺，故轉爲蕞。」不成爲道；玉屑滿篋，不成爲寶。」鹽鐵論相刺篇：「玉屑滿篋，不成其（「成其」今作「爲有」，依意林引。）寶。誦詩、書，負笈，不爲有道。要在安國家，利人民，不苟文繁衆辭而已。」前人近聖，猶爲蕞殘，況遠聖從後復重爲者乎？其作必爲妄，其言必不明，安可采用而施行？

答曰：聖人作其經，賢者造其傳，述作者之意，採聖人之志，故經須傳也。釋名釋典藝云：「傳，傳也，以傳示後人也。」張華博物志文籍考：「聖人制作曰經，賢人著述曰傳。」儀禮士冠禮賈疏：「孔子之徒言傳者，取傳述之意。」俱賢所爲，何以獨謂經傳是，他書記非？正説篇云：「聖人作經，賢者作書。」釋名釋典藝云：「記，紀也，紀識之也。」儀禮士冠禮賈疏：「凡言記者，皆是記經不備，兼記經外遠古之言。鄭注燕禮云：後世衰微，幽、厲尤甚，禮樂之書，稍稍廢棄，蓋自爾之後有記乎！」彼見經傳，傳經之文，經須而解，故謂之是。孫曰：此文當作「彼見經傳之文，經須傳而解，故謂之是」。他書與書（傳）相違，更造端緒，故謂之非。孫曰：依上文校之，「他書」下疑脱「記」字。暉按：本文以書、傳、經三者相較爲論。上文「書記」，下文「何以獨謂文書失經之實」之「文書」二字，並爲變文，此似不必據增。此句誤在「書」字。「他書與書相違」句出兩「書」字，文不成義。下「書」字當作「傳」。上文或意「古今作書者違傳之質」，故仲任以書所以與傳違者，因其更造端緒，不願沿襲傳説也。若此者，韙是於五經。使言非五經，雖是不見聽。使五經從孔門出，到今常（尚）令人不缺滅，「常」爲「尚」字形誤。「令人」二字爲「今」字譌衍。「到今尚不缺滅」，謂未遭秦火也。謂之純壹，信之可也。今五經遭亡秦之奢侈，觸李斯之横議，燔燒禁防，伏生之休（徒），先孫曰：「休」當作「徒」。盼遂案：「休」當爲「徒」之壞字。伏生之徒，謂張蒼、申公、田何諸人是矣。抱經深藏。漢興，收五經，經書缺滅而不明，篇章棄散而不具。鼂錯之輩，各以私意分拆文字，師徒相因相授，不知何者爲是。亡秦無道，敗亂之也。秦雖無道，不燔諸子，趙岐孟子章句題辭亦謂秦不焚諸子。文心雕龍諸子篇：「煙燎之毒，不及諸子。」諸子尺書，尺書，注謝短篇。文篇具在，可觀讀以正說，可采掇以示後人。後人復作，猶前人之造也。夫俱鴻而知，盼遂案：吴承仕曰：「鴻知二字，疑係連文。案書篇云『鴻智所言，參貳經傳』，即與此同。」皆傳記所稱，文義與經相薄，何以獨謂文書失經之實？由此言之，經缺而不完，書無佚本，經有遺篇，折累二者，孰與蕞殘？「折累」當作「析累」，下同。易據事象，詩采民以爲篇，樂須不（民）驩，吴曰：「不」當作「民」。樂記云：「樂者樂也，君子樂得其道，小人樂得其欲。」是其義。此文云：「詩采民以爲篇，樂須民驩，禮待民平。」並以民事爲說。誤「民」作「不」，義不可通。暉按：下文云：「四經有據，篇章乃成。」則謂樂待民驩而後成。春秋元命苞曰：「王者不空生樂。樂者和盈於內，動發於外，應其發時，制禮作樂以成之。」宋均注：「和盈於內，鄉人邦國咸歌之；發於外形，四方之風也。」（初學記十五。）是其義。吴校「不」作「民」，是也。引樂記，未得其義。禮待民平。四經有據，篇章乃成。尚書、春秋，采掇史記。公羊傳隱公第一疏引六藝論云：「春秋者，國史所記人君動作之事，左史所記爲春秋，右史所記爲尚書。」又引解疑論云：「乃遺子夏等求周史記百二十國寶書脩爲春秋。」尚書僞孔序疏引尚書緯云：「孔子求書，得黃帝玄孫帝魁之書，迄於秦穆公，凡三千三百四十篇，斷遠取近，定可爲世法者百二十篇，以百二篇爲尚書，十八篇爲中候。」史記興（與）〔書〕無異，書「興無異書」，文不成義，當作「與書無異」。「興」、「與」形近而誤，「書」字又誤奪在下，遂使此文不通矣。史記非「經」，故云「與『書』無異」。尚書、春秋本於史記，故下文云：「由此言之，書亦爲本。」以民、事一意。六經之作皆有據。由此言之，書亦爲本，經亦爲末，末失事實，本得道質，折累二者，孰爲玉屑？知屋漏者在宇下，知政失者在草野，知經誤者在諸子。諸子尺書，文明實是。說章句者，終不求解扣明，「求」，朱校元本作「味」。「扣」，元本作「何」，朱校同。此文有誤。師師相傳，初爲章句者，非通覽之人也。盼遂案：「初」疑當爲「仍」之形誤。既言「師師相傳」，不得云「初爲章句」。上文「說章句者，不知求解扣明」，此云「師師」，師即章句師也。

# 論衡校釋卷第二十九

## 案書篇

盼遂案：本篇尾云：「六略之録萬三千篇，略借不合義者，案而論之。」

儒家之宗，孔子也；墨家之祖，墨翟也。且案儒道傳而墨法廢者，「且」，元本作「儒」，朱校同。按：此文不當有「且」字，蓋「儒」字涉上下文衍，校者則妄改作「且」。儒之道義可爲，而墨之法議難從也。何以驗之？墨家薄葬、右鬼，道乖相反違其實，此文有誤。日鈔引作「自相乖反」。薄葬篇云：「墨家之議，自違其術。」宜以難從也。乖違如何？使鬼非死人之精也，右之未可知。今墨家謂鬼審〔死〕人之精也，孫曰：「審」下疑脱「死」字。上云：「使鬼非死人之精也，右之未可知。」與此文正反相應。厚其精而薄其屍，此於其神厚而於其體薄也。薄厚不相勝，華實不相副，則怒而降禍，雖有其鬼，終以死恨。「有」疑當作「右」，形聲相近而誤。薄葬篇云：「雖右鬼，其何益哉？」語意正同。此文乃明墨家右鬼薄葬，自違其術，義無取於鬼之有無也。若作「有鬼」，則與「薄厚不相勝，華實不相副」之義不相屬矣。人情欲厚惡薄，神心猶然。用墨子之法，事鬼求福，福罕至而禍常來也。

以一況百，而墨家爲法，皆若此類也。廢而不傳，蓋有以也。舊本段。

春秋左氏傳者，蓋出孔子壁中。孝武皇帝時，魯共王壞孔子教授堂以爲宮，得佚春秋三十篇，左氏傳也。

春秋左氏傳出於孔壁，佚文篇説同，恐非事實。許慎説文序曰：「北平侯張蒼獻春秋左氏傳。」隋志：「左氏，漢初出於張蒼之家。」是左氏傳張蒼所獻也。劉歆移太常博士書曰：「魯共王壞孔子宅，得古文於壞壁中，逸禮三十有九，書十六篇。」漢書藝文志曰：「魯共王壞孔子宅，得古文尚書及禮記、論語、孝經凡數十篇。」許慎説文敘：「魯共王壞孔子宅，得禮記、尚書、春秋、（段玉裁謂春秋經。或曰：「春秋」二字衍文，非也。三國志魏志劉劭傳注引衛恒四體書勢序曰：「漢武帝時，魯恭王壞孔子宅，得尚書、春秋、論語、孝經。」）論語、孝經。」是並未言左氏傳出於孔壁也。劉貴陽説經殘稿曰：壁中古文之數，詳於漢藝文志曰：「魯共王壞孔子宅，欲以廣其宮，得古文尚書及禮記、論語、孝經。」是也。其分列諸經，尚書家首列尚書古文經四十六卷，爲五十九篇。禮家首列禮古經五十六卷。論語家首列論語古二十一篇，出孔子壁中。孝經家首列孝經古孔氏一篇，二十二章。惟記不一種。禮家有記百三十一篇，明堂陰陽三十三篇，王史氏二十一篇。樂家有樂記二十三篇。論語家有孔子三朝七篇。此五種皆古文。隋書經籍志稱劉向考校經籍，得此五種記，共二百十四篇，而經典釋文敍録引劉向別録云：「古文記二百十（今脱此字。）四篇。」可證。然春秋家首列春秋古經十二篇，此亦當出自孔壁。説文敍云：「魯共王得禮記、尚書、春秋、論語、孝經。」是壁中原有春秋。班氏總敍處少此種，或文脱耳。説文敍又云：「左丘明春秋傳以古文，北平侯張蒼獻春秋左氏傳。」蓋春秋古文經出壁中，古文傳出張蒼所獻。段氏注說文，謂「班志春秋古經十二篇，左氏傳三十卷，皆謂蒼所獻。說文以春秋係孔壁，恐非事實」。此徒見志上列春秋古經十二篇，下列春秋經十一卷，云公羊、穀梁二家後，列左氏、公羊、穀梁三家之傳，意十一卷之經屬公、穀，十二篇之古經則屬左氏。不知孔壁之經，志皆首列，加以「古文」，此孟堅之特重古文也。張蒼有傳無經，即有經，亦以孔壁古文該之可耳。論衡說左氏傳出共王壁中，正見經出孔壁，即傳亦誤歸之矣。若記五種，不加「古」字，文省也。**公羊高、穀梁寘、胡母氏皆傳春秋，各門異户，**漢藝文志：公羊傳十一卷。公羊傳何序疏引春秋說題辭云：「傳我書者，公羊高也。」戴宏序云：「子夏傳與公羊高。」四庫總目以爲「不盡出於公羊高，定爲公羊壽撰，而胡母子都助成之。舊本首題高名，蓋未審也」。漢志：穀梁傳十一卷，穀梁子，魯人。先孫曰：漢書藝文志顏注云：「穀梁子名喜。」經典釋文序録引桓譚新論云：「穀梁赤。」又引七録及楊士勛疏並云：「穀梁子名淑，字元始。」（孝經正義「淑」作「俶」。）陸淳春秋纂例引風俗通亦云：「名赤。」並與此異。暉按：「名俶」，亦見元和姓纂一屋引尸子。作「淑」，形誤。「名赤」，亦見前漢紀二十五。漢書儒林傳：「胡母生，字子都，齊人也。治公羊春秋，爲景帝博士，與董仲舒同業，仲舒著書稱其德。」**獨左氏傳爲近得實。**漢志：左氏傳三十卷。御覽六一〇引新論曰：「左氏經之與傳，猶衣之表裏，相待而成。經而無傳，使聖人閉門思之，十年不能知也。」**何以驗之？禮記造於孔子之堂，**漢志：禮記百三十一篇。注：「七十子後學者所記也。」隋志說同，故云：「造於孔子之堂。」「禮記」之目，後儒相承指戴聖所傳四十九篇。志云「百三十一篇」者，合大戴所傳大戴禮，及小戴之禮記而言。（錢大昕二十二史考異說。王先謙漢書補注、顧實漢志講疏從之。）仲任意指小戴，抑包大戴，今不可知。**太史公漢之通人也，左氏之言與二書合，**與范升相難者，亦以太史公多引左氏。見後漢書范傳。**公羊高、穀梁寘、胡母氏不相合。又諸家去孔子遠，遠不如近，聞不如見。**左傳杜序疏引嚴氏春秋引觀周篇云：「孔子將修春秋，與左丘明乘如周，觀書於周史。歸而修春秋之經，丘明爲之傳，共爲表裏。」御覽六一〇引新論曰：「左氏傳遭戰國寢藏，（四字，經典釋文序録引有。）後百餘年，魯穀梁赤爲春秋，殘略多所遺失。又有齊人公羊高緣經文作傳，彌離其本事矣。」公羊隱二年傳何注：「孔子畏時遠害，又知秦將燔詩、書，其説口授，相傳至漢公羊氏及弟子胡母生等，乃始記於竹帛。」公羊大題疏：「公羊者，子夏口授公羊高，高五世相授，至漢景帝時，公羊壽共弟子胡母生，乃著竹帛。胡母生題親師，故曰公羊。穀梁者，亦是題其親師，故曰穀梁。」是公、穀雖受經於子夏，（從楊士勛、徐彦説。）而其書則晚出也。**劉子政玩弄左氏，童僕妻子皆呻吟之。**新論曰：「劉子政、子駿、伯玉三人，尤珍重左氏，教子孫，下至婦女，無不誦讀。」（書鈔九八、御覽六一六。）盼遂案：此二語本於桓譚新論。馬總意林引新論云：「劉子政、子駿，子駿兄弟子伯玉，俱是通人，尤重左氏，教授子孫，下至婦女，無不讀誦，此亦蔽也。」仲任正本斯文。又案：子政習左氏傳，漢書劉向傳所不載，唯言向治穀梁學而已。恐漢書向傳出自其子子駿之意，故削去左氏之學。君山之言，或反屬實録也。**光**

**武皇帝之時，陳元、范叔（升）上書連屬，條事是非，左氏遂立。**先孫曰：「范叔」當作「范升」。下並同。陳元與范升議立左氏博士事，並見後漢書本傳。「升」與「叔」艸書相似，古書多互誤。（後漢書周章傳：「字次叔。」李注云：「叔或作升。」）**范叔（升）尋因罪罷。元、叔（升）天下極才，講論是非，有餘力矣。陳元言訥，**盼遂案：「訥」疑當爲「納」，涉上「言」字而誤。後漢書陳元傳：「建武初，時議欲立左氏傳博士。范升奏，以爲左氏淺末不宜立。元詣闕上疏爭之。書奏，下其議。范升復與元相辨難，凡十餘上。帝卒立左氏學，太常選博士四人，元爲第一。帝以元新忿爭，乃用其次司隸從事李封。」此論所謂陳元言納、范叔章詘之事也。言納者，言見采納也。**范叔（升）章詘，左氏得實，明矣。言多怪，頗與孔子不語怪力相違返也。**論語述而篇：「子不語怪力亂神。」盼遂案：「返」本爲「反」，涉「違」字而誤沾「辵」也。**呂氏春秋亦如此焉。**劉逢禄左氏春秋考證曰：「左氏春秋與鐸氏、虞氏、呂氏并列，則非傳春秋也。故曰：『左氏春秋，舊名也；曰春秋左氏傳，則劉歆所改也。』」章太炎曰：「以左氏春秋同呂氏春秋者，亦本論衡。案書篇云：『左氏言多怪，頗與孔子不語怪力相違反也。呂氏春秋亦如此焉。』然仲任固云：『春秋左氏傳者，蓋出孔子壁中。』又云：『公羊高、穀梁寘、胡母氏皆傳春秋，各門異户，獨左氏傳爲近得實。』又云：『國語，左氏之外傳也，左氏傳經，辭語尚略，故復選録國語之辭以實。』然則左氏、國語，世儒之實書也。』據此諸語，仲任固以左氏爲傳，且謂勝彼二家。則其與呂氏春秋並論者，特吐言之庛謬耳。」（春秋左傳讀敍録。）**國語，左氏之外傳也，左氏傳經，辭語尚略，故復選録國語之辭以實。** 漢志：「國語二十一篇，左丘明著。」司馬遷傳贊：「孔子因魯史記而作春秋，而左丘明論輯其本事，以爲之傳；又纂異同爲國語。」國語韋昭解序：「孔子發憤於舊史，垂法於素王。左丘明因聖言以攄意，託王義以流藻。雅思未盡，故復采録前世穆王以來，下訖魯悼、智伯之誅，以爲國語。其文不主於經，故號曰外傳。」釋名釋典藝：「國語，記諸國君臣相與言語謀議之得失也。又曰外傳。」説文、風俗通引國語「稱春秋國語」，以國語爲春秋外傳故也。漢書律曆志引國語「少昊之衰，九黎亂德」等語，稱春秋外傳。隋志：「春秋外傳國語二十卷，賈逵注。」以上諸文，并以國語爲外傳者。至所以名「外傳」者，韋昭謂：「其文不主於經，故號曰外傳。」釋名曰：「春秋以魯爲内，以諸國爲外，外國所傳之事也。」畢沅曰：「外傳亦有魯語，則此語爲不可通。韋説得之。」案：仲任以國語爲補左傳之略，則義近韋説。又按：左襄二十六年傳正義曰：「劉炫謂國語非丘明作。」葉少藴曰：「古有左氏、左丘氏，太史公稱『左丘失明，厥有國語』。今春秋傳作左氏，而國語爲左丘氏，則不得爲一家，文體亦自不同，其非一家書，明甚。左氏蓋左史之後以官氏者。」朱文公謂左氏乃左史倚相之後，故其書説楚事爲詳。（並見困學紀聞六。）王安石左氏解疑左氏爲六國時人，鄭樵六經奥論舉八證以明左氏非丘明，葉夢得〔二〕春秋考以左丘明爲戰國周、秦之

〔二〕「葉」，原本作「棄」，形近而誤，今改。

**間人。**以上諸説，不以國語爲左氏外傳也。竊以後説爲是。**然則左氏、國語，世儒之實書也。**「實」，元本作「寶」。舊本段。盼遂案：「實書」疑當作「寶書」。古稱良史爲寶書。元刊本作「寶」。

**公孫龍著堅白之論，析言剖辭，務折曲之言，無道理之較，無益於治。**漢志名家：「公孫龍子十四篇，趙人。」列子釋文：「字子秉。」有堅白論篇。莊子秋水篇：「公孫龍合同異，離堅白，然不然，可不可，困百家之知，窮衆口之辯。」淮南齊俗訓云：「公孫龍析辯抗辭，别同異，離堅白。」又詮言訓注：「公孫龍以白馬非馬，冰不寒，炭不熱爲論。」新論云：「公孫龍，六國時辯士也。爲堅白之論，假物取譬，謂白馬爲非馬，非馬者，言白所以爲色，馬所以爲形也。色非形，形非色。」（御覽四六四。）别録曰：「公孫龍持白馬之論以過關。」（初學記七。）吕氏春秋高注亦云：「乘白馬，禁不得度關，因言馬白非白馬。」羅振玉刻古籍叢殘，有唐寫本古類書第一種，白馬注：「公孫龍度關，關司禁曰：馬不得過。公孫龍曰：我馬白，非馬。遂過。」**齊有三鄒衍之書，瀇洋無涯，其文少驗，多驚耳之言。**先孫曰：「三鄒衍」當作「三鄒子」。史記孟子荀卿傳説齊有三騶子，（騶、鄒字通。）衍其一也。暉按：「衍」當作「子」，是也。「三」疑當作「二」。漢志不見鄒忌書，史記孟荀傳亦只言其以琴干威王耳。漢志陰陽家有鄒子四十九篇，鄒子終始五十六篇，並鄒衍所説。又鄒奭子十二篇。史記孟荀傳曰：「鄒衍覩陰陽消息，作怪迂之變，其語閎大不經。」别録曰：「鄒奭者，頗采鄒衍之術，迂大而閎辯，文具難勝。」（御覽四六四。）**案大才之人，率多侈縱，無實是之驗；華虚誇誕，無審察之實。商鞅相秦，作耕戰之術。**注超奇篇。**管仲相**

**齊，造輕重之篇。**管子有輕重甲、乙等篇。梁章鉅曰：「輕重甲篇稱梁、趙，戊篇稱代、趙，皆非其真。」按此文，則以爲管仲手著。史記管晏傳贊曰：「吾讀管氏牧民、山高、乘馬、輕重、九府，詳哉其言之矣。既見其著書，欲觀其行事。」是與王義同。**富民豐國，彊主弱敵，**「弱」下舊校曰：一作「威」。**公賞罰，與鄒衍之書（不可）並言，而太史公兩紀，世人疑惑，不知所從。**疑此文當作「與公孫龍、鄒衍之書不可並言，而太史兩紀」。「公賞罰」爲「公孫龍」之誤，又誤奪在「與」字上，又脱「不可」二字。若此文有「公賞罰」句，則當在「富民」句上。知者，「公賞罰」乃其治術；「富民豐國，彊主弱敵」乃其政治所致之效。先言其效，後言其術，無此文理。其證一。此節乃評司馬遷史記之失，以公孫龍、鄒衍之虚誕無益於治，不當與商鞅、管仲並言。今本作「與鄒衍之書不可並言」，則上文公孫龍云云於義無取矣。其證二。知脱「不可」二字者，下文「二者不可兩傳，而太史公兼紀不別」，立文相同，可證。日鈔引作：「公孫龍、鄒衍書虚誇，與管、商書相反，而太史公兼紀。」雖約舉此文，但可推證此文原謂管、商書與公孫龍、鄒衍書不可並言也。則今本脱「公孫龍」三字，「不可」二字，甚明。太史公紀公孫龍，亦見孟荀傳。**案張儀與蘇秦同時，蘇秦之死，儀固知之。**盼遂案：史記張儀傳：「儀説楚王曰：蘇秦與燕王謀破齊。入齊，齊王大怒，車裂蘇秦於市。」是儀所説與史記蘇秦傳齊大夫争寵而刺秦者殊遠矣。自以儀説爲實也。**儀知各審，**「各」疑「秦」誤。盼遂案：章士釗云：「各當爲秦之誤字。」**宜從儀言，以定其實，而説**

**不明，兩傳其文。**史記蘇秦傳曰：「蘇秦詳爲得罪於燕，亡走齊，爲客卿，欲破敝齊而爲燕。其後齊大夫多與之争寵者，而使人刺之，不死，殊而走。齊王使人求賊，不得。蘇秦且死，乃謂齊王曰：『臣若死，車裂臣以狥於市，曰：蘇秦爲燕作亂於齊，如此則臣之賊必得矣。』於是如其言，而殺蘇秦者果自出，齊王因而誅之。蘇秦既死，其事大泄。齊後聞之，乃恨怒燕。」張儀傳：「儀説楚王曰：『蘇秦相燕，即陰與燕王謀伐〔一〕破齊而分其地；乃詳有罪出走入齊，齊王因受而相之。居二年而覺，齊王大怒，車裂蘇秦於市。』」是於秦之死，兩傳抵牾也。**東海張（馮）商亦作列傳，**孫曰：漢無張商補史記者。「張商」當作「馮商」，此涉上文「張儀」而誤。漢書藝文志春秋家：馮商續太史公書七篇。又張湯傳贊：「馮商稱張湯之先與留侯同祖，而司馬遷不言，故闕焉。」注引如淳曰：班固目録：「馮商，長安人，成帝時，以能續書待詔金馬門，受詔續太史公書十餘篇。」師古曰：劉歆七略云：「商，陽陵人，治易，事五鹿充宗，能屬文，博通强記，與孟柳俱待詔，頗序列傳，未卒，會病死。」史通正史篇：「史記所書，止漢武太初，已後闕而不録。其後劉向，向子歆，及諸好事者，若馮商、衛衡、揚雄、史岑、梁審、肆仁、晉馮、段肅、金丹、馮衍、韋融、蕭奮、劉恂等，相次撰續。迄於哀、平間，猶名史記。」據此，則當作「馮商」無疑。惟劉歆言商陽陵人，班固言長安人，仲任言東海人，三説不同。漢代長安屬京兆，陽陵屬左馮翊。後漢以陽陵改屬京兆。長安、陽陵

〔一〕「伐」，原本作「代」，形近而誤，據史記改。

相去甚近，東海太遠，豈傳聞之異歟？豈蘇秦商之所爲邪？何文相違甚也？三代世表言五帝三王皆黄帝子孫，自黄帝轉相生，不更稟氣於天。作殷本紀，言契母簡狄浴於川，遇玄鳥墜卵，吞之，遂生契焉。及周本紀，言后稷之母姜嫄野出，見大人跡，履之，則姙身，生后稷焉。夫觀世表，則契與后稷，黄帝之子孫也；讀殷、周本紀，則玄鳥、大人之精氣也。二者不可兩傳，而太史公兼紀不别。案帝王之妃，不宜野出，浴於川水。今言浴於川，吞玄鳥之卵；出於野，履大人之跡，違尊貴之節，誤是非之言也。奇怪篇亦辯其妄。舊本段。

新語，陸賈所造，注超奇篇。蓋董仲舒相被服焉，余嘉錫曰：漢書河間獻王傳云：「被服儒術，造次必於儒者。」注師古曰：「被服，言常居處其中也。」通鑑卷十八胡注云：「被服者，言以儒術衣被其身也。」與顔注雖異，而意亦不甚相遠。王先謙漢書補注定從胡注，未爲不可。乃又云：「史記作被服造次必於儒者，則謂不服奇衺，不苟行止也。」此則純出臆説，未免畫蛇添足。如此文之「董仲舒相被服」，可以不服奇衺解之乎？皆言君臣政治得失，言可采行，事美足觀。鴻知所言，參貳經傳，雖古聖之言，不能過增。陸賈之言，未見遺闕；而仲舒之言雩祭可以應天，土龍可以致雨，注明雩、亂龍篇。頗難曉也。夫致旱者以雩祭，不夏郊之祀，元本作「夏郊不之祀」。案：當作「夏郊不祀」。元本衍「之」字，今本後人妄改。豈晉侯之過邪？以政失道，陰陽不和也。晉廢夏郊之祀，晉侯寢疾，用鄭子産之言，祀夏郊而疾愈。詳死僞篇。如審雩不脩，龍不治，與晉同禍，爲之再也。「再」疑爲「可」誤。以政致旱，宜復以政。復，消復也。政虧，而復脩雩治龍，其何益哉？春秋公羊氏之説，亢陽之節，足以復政。順鼓篇引春秋説曰：「人君亢陽致旱，沈溺致雨。」陰陽相渾，旱湛相報，天道然也，何乃脩雩設龍乎？雩祀神喜哉？或雨至，亢陽不改，亢陽致旱，今雨至而亢陽不改，明變復説妄。旱禍不除，變復之義，安所施哉？且夫寒温與旱湛同，俱政所致，其咎在人。與寒温、譴告、治期之旨相違。獨爲亢旱求福，不爲寒温求祐，未曉其故。如當復報寒温，宜爲雩、龍之事。鴻材巨識，第兩疑焉。舊本段。

董仲舒著書，不稱子者，意殆自謂過諸子也。法言君子篇：「諸子者，以其知異於孔子者也。」漢志儒家：「董仲舒百二十三篇。」本傳云：「仲舒所著，皆明經術之意及上疏條教，凡百二十三篇。而説春秋事得失，聞舉〔一〕、玉杯、蕃露、清明、竹林之屬，復數十篇。」王先謙曰：「此百二十三篇早亡，不在繁露諸書内也。」今按：百二十三篇者，乃上疏條教，非仲任所指。實知篇云：「孔子云：董仲舒亂我書。其後仲舒論思春秋，造著傳記。」則知仲任殆指其「説春秋事得失」

〔一〕「聞」，原本作「間」，形近而誤，據漢書改。

者。而今傳春秋繁露八十二篇，玉杯第二，竹林第三，總名蕃露，與本傳不相應，或疑其後人採綴而成。仲任謂其不稱子，已見其題曰「繁露」歟？漢作書者多，司馬子長、楊子雲，河、漢也；其餘，涇、渭也。文選廣絶交注引「多」作「以」。然而子長少臆中之説，「臆」，舊誤从「耳」，今據各本正。感虚篇云：「太史公書漢世實事之人。」子雲無世俗之論。仲舒説道術奇矣，北方三家尚矣。「北」，元本作「比」。按：作「比」是。「三」當作「二」，以仲舒比方子長、子雲也，不當言「北方三家尚矣」。讖書云：「董仲舒，亂我書。」蓋孔子言也。實知篇力闢此語之妄，而於兹反信爲孔子之言，何也？讀之者或爲「亂我書」者，以下文例之，「或」下疑有「以」字。煩亂孔子之書也；或以爲亂者，理也，理孔子之書也。共一「亂」字，理之與亂，相去甚遠。然而讀者用心不同，不省本實，故説誤也。夫言煩亂孔子之書，才高之語也；其言理孔子之書，亦知奇之言也。出入聖人之門，亂理孔子之書，子長、子雲無此言焉。世俗用心不實，省事失情，二語不定，轉側不安。案仲舒之書，不違儒家，不及(反)孔子。先孫曰：「及」當爲「反」，形近而誤。其言煩亂孔子之書者，非也；孔子之書不亂，其言理孔子之書者，亦非也。孔子曰：「師摯之始，關雎之亂，洋洋乎盈耳哉！」論語泰伯篇文。引之者，明「亂」當訓「終」。集解鄭曰：「師摯，魯太師之名也。始猶首也。周道既衰微，鄭、衛之音作，正樂廢而失節，魯太師摯識關雎之聲，而首理其亂者。

洋洋乎盈耳哉，聽而美也。」晉書司馬彪傳：「春秋不修，則孔子理之；關雎之亂，則師摯修之。」并讀「亂」爲「治亂」之「亂」，非謂樂之卒章也。論語駢枝曰：「始者樂之始，亂者樂之終。樂記曰：『始奏以文，復亂以武。』又曰：『再始以著往，復亂以飭歸。』皆以始亂對舉，其義可見。凡樂之大節，有歌有笙，有間有合，是爲一成。始於升歌，終於合樂。是故升歌謂之始，合樂謂之亂。周禮大師職：『大祭祀，帥瞽登歌。』儀禮燕及大射，皆大師升歌。摯爲大師，是以云『師摯之始』也。合樂，周南關雎、葛覃、卷耳，召南鵲巢、采蘩、采蘋，凡六篇，而謂之『關雎之亂』者，舉上以該下，猶言『文王之三』、『鹿鳴之三』云耳。」禮經釋例說同。足證仲任訓「亂」爲「終」之說。**亂者，於（終）孔子言也。**孫曰：「於」字無義，「於」當作「終」，草書形近而誤。下云：「孔子生周，始其本；仲舒在漢，終其末。」又云：「孔子終論，定於仲舒之言。」並解釋此文。亂龍篇云：「劣則董仲舒之龍說不終也，論衡終之，故曰亂龍。亂者終也。」並其切證。**孔子生周，始其本；仲舒在漢，終其末。班叔皮續太史公書，蓋其義也。**「班叔」舊作「盡也」。先孫曰：「盡也」當作「班叔」。暉按：孫說是也。朱校元本「盡」正作「班」，可證。超奇篇亦見此文。今據正。**賦頌篇下其有「亂曰」章，蓋其類也。**離騷「亂曰」，王注：「亂，理也，所以發理詞指，總撮其要也。」魯語亦以商頌那篇之卒章爲「亂」。韋注：「篇章既成，撮其大要以爲亂辭也。」按：仲任訓「亂」爲「終」，與王逸異。**孔子終論，定於仲舒之言，其修雩治龍，**「治龍」亦見上文，各本誤作「始龍」，今依崇文本改。必將有義，未可怪也。舊本段。

顔淵曰：「舜何人也？予何人也？」見孟子滕文公上。五帝三王，顔淵獨慕舜者，知己步驟有同也。知德所慕，默識所追，同一實也。仲舒之言道德政治，可嘉美也；質定世事，論説世疑，桓君山莫上也。故仲舒之文可及，而君山之論難追也。論，新論也。超奇篇云：「君山作新論，論世間事，辯照然否，虛妄之言，僞飾之辭，莫不證定。」驥與衆馬絶跡，或蹈驥哉？或疑「曷」聲誤。謂何能蹈驥跡也。超奇篇曰：「卓爾蹈孔子之跡。」書解篇：「汲汲忙忙，或暇著作？」或亦「曷」之誤。是其比。有馬於此，足行千里，終不名驥者，與驥毛色異也。有人於此，文偶仲舒，論次君山，終不同於二子者，姓名殊也。故馬效千里，不必驥騄；人期賢知，不必孔、墨。何以驗之？君山之論難追也。兩刃相割，利鈍乃知；二論相訂，是非乃見。是故韓非之四難，韓非子有難一、二、三、四，凡四篇。古人行事或有不合理者，韓非立義以難之。桓寬之鹽鐵，漢志儒家：「桓寬鹽鐵論六十篇。」師古曰：「寬字次公，汝南人也。孝昭帝時，丞相御史與諸賢良論鹽鐵事，寬撰次之。」君山新論之類也。世人或疑，言非是僞，論者實之，論，謂著論者。故難爲也。卿決疑訟，獄定嫌罪，是非不決，曲直不立，世人必謂卿獄之吏才不任職。至於論，不務全疑，「全」當作「詮」。兩傳并紀，不宜明處，「宜」當作「肯」。處謂辯證也。薄葬篇：「故其立語，不肯明處。」孰與剖破渾沌，解決亂絲，言無不可知，文無不可曉哉？　案孔子作春秋，采毫毛之善，貶纖介之惡。可褒，則義以明其行善；以下句例之，知此文誤。可貶，則明其惡以譏其操。新論之義，與春秋會一也。新論曰：（據孫馮翼輯。）「余爲新論，述古今，亦欲興治也，何異春秋襃貶耶！」

夫俗好珍古不貴今，謂今之文不如古書。夫古今一也，才有高下，言有是非，不論善惡而徒貴古，是謂古人賢今人也。案東番鄒伯奇、注感類篇。臨淮袁太伯、袁文術、江南通志云：「越絶書外傳記卷末有隱語云：『以去爲姓，得衣乃成，厥名爲米，覆之以庚。』爲『袁康』二字。書爲袁康作也。康臨淮人，字文術，或曰字文伯。其書有經，子貢作；有内傳，吴平作；其外傳與記，乃袁康爲之。」袁文術名康，未知何據。會稽吴君高、周長生之輩，注超奇篇。位雖不至公卿，誠能知之囊橐，文雅之英雄也。觀伯奇之元思，太伯之易章句，「章」舊作「童」。元本作「易章句」，崇文本已校改作「章」，今據正。文術之咸銘，孫曰：「咸」疑「箴」之壞字。盼遂案：「咸銘」者，「函銘」也。枕函、杖函、劍函皆可謂之咸矣。周禮秋官伊耆氏：「掌國之大祭祀，共其杖咸。」鄭玄注：「咸讀爲函。老臣杖于朝，有司以此函藏之。」此「咸銘」即「函銘」之説也。昔武王有帶銘、杖銘，（大戴禮記踐祚篇。）後漢李尤有經襓銘、（藝文類聚五十五引。）匱匜銘，（太平御覽七百十四引。）與咸銘之意尤近。或謂「咸」爲「箴」之壞體，不如此不破字之爲愈也。君高之越紐録，孫曰：吴君高事見書虚、超奇諸篇。此云越紐録，即越絶書也。越絶篇敍外傳記云：「以『去』爲生，（按「生」當作「姓」。）得『衣』乃成。厥名有『米』，覆之以『庚』。禹來東征，死葬其疆。不直自斥，託類自明。寫精露愚，略與事類，俟告後人。文屬辭定，自于邦賢。邦賢以『口』爲姓，丞（與承同。）之以『天』，楚相屈原，與之同名。」楊慎云：「此以語隱語見其姓名也。『去』得『衣』乃『袁』字，『米』覆『庚』乃『康』字。禹葬之鄉，則會稽也。是乃會稽人袁康。其曰『不直自斥，託類自明』，厥旨昭然，欲後人知也。以『口』承『天』，『吴』字。屈原同名，『平』字。與康共著此書者，乃吴平也。」按：楊説最塙，然則君高殆吴平之字矣。長生之洞歷，注超奇篇。劉子政、揚子雲不能過也。「政」，各本誤「攻」，今從朱校元本、崇文本正。盼遂案：史記留侯世家正義引周樹洞歷云：「用里先生姓周，名術，字道原。太伯之後。」是周樹殆是長生之名矣。又考北堂書鈔卷七十三引謝承後漢書云：「周樹達于法，善能解煩釋疑，八辟從事。」太平御覽卷七十三引謝承後漢書云：「周樹爲從事，刺史孟觀有罪，俾樹作章，陳事敍要，得無罪。」謝書云「周樹爲從事」，與仲任所云「位不至公卿」合，決長生即周樹也。善（蓋）才有淺深，無有古今；孫曰：「善」疑「蓋」字之誤。文有僞真，無有故新。廣陵陳子迴、顔方，朱曰：楊州府志：「陳子迴、顔方，皆廣陵人，與王充同時。」今尚書郎班固，蘭臺令楊終、傅毅之徒，注別通篇。盼遂案：「令」下疑當有「史」字。蘭臺令爲長吏，史則其屬員，未可混而一之也。後漢書楊終傳：

「徵詣蘭臺，拜校書郎。」傳毅傳：「建初中〔一〕，以毅爲蘭臺令史，拜郎中，與班固、賈逵共典校書。」二人皆未嘗爲蘭臺令也。**雖無篇章，賦頌記奏，文辭斐炳，賦象屈原、賈生，奏象唐林、谷永，**注效力篇。**並比以觀好，其美一也。**「好」當在「其」字下。**當今未顯，使在百世之後，則子政、子雲之黨也。韓非著書，李斯采以言事；**李斯阿二世，以書對，引韓子曰：「慈母有敗子，而嚴家無格虜。」又引韓子曰：「布帛尋常，庸人不釋，鑠金百鎰，盜跖不搏。」見史記本傳。**楊子雲作太玄，侯鋪子隨而宣之。**方以智曰：「侯芭字鋪子。」惠棟漢書補注說同。並據此文也。俞曰：侯鋪即侯芭，「芭」與「鋪」一聲之轉也。世知侯芭，不知侯鋪，故表而出之。暉按：漢書揚雄傳贊云：「鉅鹿侯芭常從雄居，受其太玄、法言焉。」隋志有楊子法言六卷，侯芭注，亡。又案：侯芭字鋪子，疑方、惠說是。**非、斯同門，雲、鋪共朝，**「斯」舊作「私」。先孫曰：「私」當作「斯」，音近而誤。暉按：先孫說是也，朱校元本正作「斯」，今據正。非、斯俱受業荀卿。**覩奇見益，不爲古今變心易意；實事貪善，不遠爲術併肩以迹相輕，**句有衍誤。齊世篇：「楊子雲作太玄，造法言，張伯松不肯一觀。與之併肩，故賤其言。」此文「併肩」，意當與同。齊曰：「益」爲「異」字之誤，「遠」、「術」二字衍。**好奇無已，故奇名無窮。楊子雲反離騷之**

〔一〕「建初中」，原本作「建中初」，據後漢書乙。

**經。**漢書揚雄傳：「雄作書，往往摭離騷文而反之，名曰反離騷。」辭載本傳。王逸楚辭章句離騷下著「經」字，并云：「離騷經者，屈原之所作也。離，别也。騷，愁也。經，徑也。言已放逐離别，中心愁思，猶依道徑，以風諫君也。」洪興祖曰：「太史公曰：『離騷者，猶離憂也。』班孟堅曰：『離猶遭也，明己遭憂作辭也。』顔師古云：『憂動曰騷。』余按：古人引離騷，未有言『經』者。蓋後世之士，祖述其詞，尊之爲經耳，非屈原意也。逸説非是。」暉按：洪説是也。據此文，則充亦謂「離騷經」，非逸一人也。蓋當時詞人有此語。**非能盡反，一篇文往往見非，反而奪之。**文誤脱，不可讀。

**六略之録，萬三千篇，**藝文志：「大凡書，六略三十八種，五百九十六家，萬三千二百六十九卷。」阮孝緒七録序曰：「劉向别集衆録，謂之别録。子歆撮其指要，著爲七略。一篇即六篇之總最，故以輯略爲名。次六藝略，次諸子略，次詩賦略，次兵書略，次數術略，次方技略。」七略而稱「六略」者，沈欽韓曰：「其輯略即彙别羣書，標列指趣，若志之小序，實止有六略耳。」抱朴子自敍、廣弘明集引阮孝緒七録序、續博志并云别録、漢志「萬三千二百（七録誤作「三百」。）六十（抱朴子誤作「九十」。）九卷」。則此云「萬三千」者，舉成數。篇即卷也。亦見對作篇。隋志、舊唐書志、文獻通考「一萬」并作「三萬」，誤不足據。盼遂案：漢書藝文志云：「大凡書，六略三十八種，五百九十六家，萬三千二百六十九卷。」余嘗實考算之，得一萬二千九百九十四篇，則仲任所説萬三千篇之數較相近也。**雖不盡見，指趣可知，略借不合義者，案而論之。**

# 對作篇

翟灝曰：「論衡以對作篇爲序，其後更有自紀一篇，則附傳也。」盼遂案：篇内「論衡〔一〕者，所以銓輕重之言，立真僞之平。盡思極心〔二〕，以譏世俗」。又云：「故夫有益也，雖作無害也。」此數語本篇主旨。

或問曰：「賢聖不空生，必有以用其心。上自孔、墨之黨，下至荀、孟之徒，教訓必作垂文，何也？」對曰：聖人作經，藝（賢）者傳記，「藝」，各本同，王本、崇文本作「賢」，是也。正説篇云：「聖人作經，賢者作書。」案書篇云：「聖人作其經，賢者造其傳。」盼遂案：「者」當爲「著」之形殘。「著傳記」與「作經藝」對文。「匡濟薄俗」以下，所以言其效也。匡濟薄俗，驅民使之歸實誠也。案六略之書，萬三千篇，注案書篇。增善消惡，割截横拓，驅役遊慢，期便道善，盼遂案：「道」讀作「導」，動詞。歸正道焉。孔子作春秋，周民弊也。故采求毫毛之善，盼遂案：「求」字涉「采」字形近而衍。貶纖介之惡，撥亂世，反諸正，人道浹，王道備，注正説篇。所以檢柙靡薄之俗者，「柙」舊誤作「押」，今正。齊世篇云：「檢柙守持，

〔一〕「衡」字原本脱，據正文補。
〔二〕「盡思極心」，原本作「盡心極思」，據正文乙。

備具悉極。」悉具密致。夫防決不備，有水溢之害；綱解不結，有獸失之患。是故周道不弊，則民不文薄；民不文薄，春秋不作。齊世篇、定賢篇、書解篇並見此義。楊、墨之學不亂傳義，盼遂案：「傳」當「儒」之誤。則孟子之傳不造；孟子滕文公下：「孟子曰：『楊、墨之道不息，孔子之道不著，是邪説誣民，充塞仁義也。吾爲此懼，閑先聖之道，距楊、墨，放淫辭，邪説者不得作。』」韓國不小弱，法度不壞廢，則韓非之書不爲；史記本傳：「非見韓之削弱，數以書諫韓王，韓王不能用。於是韓非疾治國不務修明其法制，執勢以御其臣下，富國彊兵，而以求人任賢，反舉浮淫之蠹，而加之於功實之上。觀往者得失之變，故作孤憤〔一〕、五蠹、内外儲、説林、説難十餘萬言。」漢志法家：「韓子五十五篇。」高祖不辨得天下，馬上之計未轉，則陸賈之語不奏；書解篇云：「高祖既得天下，馬上之計未敗，陸賈造新語。」注見彼篇。衆事不失實，凡論不壞亂，則桓譚之論不起。注超奇、案書篇。故夫賢聖之興文也，起事不空爲，因因不妄作。下「因」字，朱校元本作「可」。作有益於化，化有補於正，故漢立蘭臺之官，校審其書，以考其言。「蘭臺」注別通篇。董仲舒作道術之書，頗言災異政治所失，「所」當作「得」。案書篇云：「新語皆言君臣政治得失。」書成文具，表在漢室。主父偃嫉之，

〔一〕「孤」，原本作「狐」，形近而誤，據史記改。

誣奏其書。天子下仲舒於吏，當謂之下愚。盼遂案：當，判決書也。仲舒當死，天子赦之。史記本傳：「仲舒廢爲中大夫，居舍，著災異之記。是時遼東高廟災，主父偃疾之，取其書奏之天子。天子召諸生，示其書，有刺譏。董仲舒弟子呂步舒不知其師書，以爲下愚。於是下董仲舒吏，當死，詔赦之。」史謂書未奏，主父偃竊奏之。此文則謂書成已奏，主父偃嫉而誣之，義稍不同。夫仲舒言災異之事，孝武猶不罪而尊其身，況所論無觸忌之言，核道實之事，收故實之語乎？故夫賢人之在世也，進則盡忠宣化，以明朝廷；退則稱論貶説，以覺失俗。俗也盼遂案：「也」字疑當在第一「俗」字下。其第二「俗」字屬下句讀。文本爲「退則稱論貶説，以覺失俗也。俗不知還，則立道輕爲非」。不知還，則立道輕爲非；論者不追救，則迷亂不覺悟。

是故論衡之造也，起衆書並失實，虚妄之言勝真美也。故虚妄之語不黜，則華文不見息；華文放流，盼遂案：「華文」下當有「不」字，今脱。上句「虚妄之語不黜，則華文不見息」，與此句爲駢偶也。則實事不見用。故論衡者，所以銓輕重之言，立真僞之平，非苟調文飾辭，爲奇偉之觀也。其本皆起人間有非，故盡思極心，以譏世俗。世俗之性，好奇怪之語，説虚妄之文。「説」讀「悦」。何則？實事不能快意，而華虚驚耳動心也。是故才能之士，好談論者，增益實事，爲美盛之語；「盛」下舊校曰：一作「盛溢」。

用筆墨者，造生空文，爲虚妄之傳。聽者以爲真然，説而不舍；「説」讀「悦」。覽者以爲實事，傳而不絶。不絶，則文載竹帛之上；不舍，則誤入賢者之耳。至或南面稱師，賦姦僞之説；典城佩紫，並注命禄篇。讀虚妄之書。明辨然否，疾心傷之，安能不論？孟子傷楊、墨之議大奪儒家之論，引平直之説，褒是抑非，世人以爲好辯。孟子曰：「予豈好辯哉？予不得已！」見滕文公篇〔一〕。今吾不得已也。虚妄顯於真，實誠亂於僞，世人不悟，是非不定，紫朱雜廁，瓦玉集糅，以情言之，豈吾心所能忍哉！衛驂乘者越職而呼車，惻怛發心，恐上之危也。「上」舊誤「土」，朱校元本同。今從錢、黄、鄭、王本正。事亦見幸偶篇。夫論説者閔世憂俗，與衛驂乘者同一心矣。愁精神而幽魂魄，動胷中之静氣，賊年損壽，無益於性，禍重於顔回，効力篇謂顔淵力不任，劣倦罷極，髮白齒落，有仆頓之禍。違負黄、老之教，非人所貪，不得已，故爲論衡。文露而旨直，辭姦而情實。「辭姦」非其義，「姦」疑爲「訐」之譌。「姦」或作「奸」，與「訐」形誤。説文：「訐，面相斥罪也。」後漢書袁安傳：「言辭驕訐。」注：「訐，謂發揚人之惡。」盼遂案：姦與露、直、實同列，則姦非惡詞。下文「被棺斂者不省」，「奉送藏者不約」，「爲明器者不姦」，又以姦與約、省

〔一〕「滕文公篇」，原本誤作「文公篇滕」，今乙。

同用。自紀篇「言姦辭簡，指趣妙遠」，又以姦與簡同用。然則姦殆即簡約質實，言無華澤之意矣。又按：「姦」疑「蕑」之簡寫。「蕑」相傳與「姸」同字，則此「辭姦而情實」，謂遣辭雖姸妙，而抒情卻真實也。黄暉説「姦」爲「訐」之譌，失之。其政務言治民之道。政務，本傳、隋志並未載，蓋久佚矣。論衡諸篇，實俗間之凡人所能見，與彼作者無以異也。若夫九虚、三增、論死、訂鬼，世俗所久惑，人所不能覺也。人君遭弊，改教於上；人臣愚（遇）惑，作論於下。「愚惑」無義，當作「遇惑」，與「遭弊」對文。本書屢以「遭」、「遇」、「適」、「偶」相對成義。〔下〕實得，則上教從矣。「下」字據朱校元本補。今本涉重文脱。冀悟迷惑之心，使知虚實之分。實虚之分定，而華僞之文滅；「而」下舊校曰：一有「後」字。華僞之文滅，則純誠之化日以孳矣。舊校曰：「純誠」一作「純厚」。舊本段。

或曰：聖人作，賢者述，以賢而作者，非也。論衡、政務，可謂作者。

曰：非作也，舊本「非」在「曰」字上。孫曰：『非曰作也』，當從元本作『曰非作也』。『曰』乃答詞。」今据正。亦非述也，論也。論者，述之次也。五經之興，可謂作矣。太史公書、即今史記。漢時則曰「太史公」，（漢書藝文志。）曰「太史公記」，（漢書楊惲傳、前漢紀十四、風俗通卷一、卷六。）曰「太史公書」，（漢書宣元六王傳、班彪論略、論衡。）曰「太史記」。（風俗通二。）王先謙曰：「隋志題史記，蓋晉後著録，改從今名。」詳史記考異、愈愚録。劉子政序、漢志：「劉向所序六十七篇。」注：「新序、説苑、世説、列女傳頌圖也。」按：「所序」謂其所序累者也。（「序累」二字，屢見本書。）顧實曰：「猶今之叢書。」似非其義。班叔皮傳，彪續太史公書，作後傳數十篇。見本傳。可謂述矣。桓山君新論，盼遂案：當是「桓君山」。鄒伯奇檢論，可謂論矣。今觀論衡、政務，桓、鄒之二論也，非所謂作也。造端更爲，前始未有，若倉頡作書，奚仲作車是也。易言伏羲作八卦，前是未有八卦，伏羲造之，故曰作也。文王圖八，自演爲六十四，故曰衍。正説篇以伏羲非作，文王非演，演作之言，生於俗傳。此又因俗傳爲説。謂論衡之成，猶六十四卦，而又非也。六十四卦以狀衍增益，其卦溢，其數多。孫曰：「溢其數多」，疑當作「溢多其數」。今論衡就世俗之書，訂其真僞，辯其實虚，非造始更爲，無本於前也。儒生就先師之説，詰而難之；文吏就獄卿之事，盼遂案：「獄卿」當乙爲「卿獄」。案書篇：「卿決疑訟，獄定嫌罪。」又云：「卿獄之吏，才不任職。」皆以「卿獄」聯文。覆而考之，案書篇：「卿決疑訟，獄定嫌罪。」謂論衡爲作，儒生、文吏謂作乎？

上書奏記，陳列便宜，皆欲輔政。今作書者，猶〔上〕書奏記，「上」字依朱校元本補。盼遂案：「猶」下疑脱一「上」字。上句「上書奏記，陳列便宜，皆欲輔政」，以「上書奏記」四字爲詞，此承疊其文也。説發胷臆，文成手中，其實一也。夫上書謂之奏，奏記轉易其名謂之書。盼遂案：二「奏」字蓋衍其一。「奏記」句絶。建初孟年，中州頗歉，潁川、汝南民流四散。聖主憂懷，詔書數至。章帝時，兖、豫、徐三州比年大旱，詔免租芻。詳後漢書本紀。論衡之人，奏記郡守，宜禁奢侈，以備困乏。言不納用，退題記草，名曰備乏。酒縻五穀，生起盜賊，沉湎飲酒，盜賊不絶，奏記郡守，禁民酒。退題記草，名曰禁酒。由此言之，夫作書者，上書奏記之文也。記謂之造作，上書上書奏記是作也？「記謂之造作上書」，文不成義，疑當作「論衡謂之造作」。上文「謂論衡爲作，儒生、文吏謂作乎」文例正同。「記」爲「論衡」之誤，又衍「上書」二字。盼遂案：「上書」二字誤重，當删去其一。

晉之乘，而楚之檮杌，魯之春秋，見孟子離婁上。人事各不同也。易之乾坤，春秋之元，公羊傳隱元年何注：「變一爲元，元者氣也。無形以起，有形以分，造起天地，天地之始也。」疏：「春秋説云：『元者端也。』『氣泉』注云：『元爲氣之始，如水之有泉，泉流之原，無形以起，有形以分。窺之不見，聽之不聞。』宋氏云：『無形以起，在天成象；有形以分，在地成形也。』然則有形與無形，皆生乎元氣而來，故言造起天地，天地之始也。」漢書董仲舒傳仲舒對策曰：「謹案春秋謂一元之意，一者萬物之所從始也，元者辭之所謂大也。謂一爲元者，視大始而欲正本也。」繁露二端、王道、玉英等篇並釋稱「元」之義。楊氏之玄，後漢書張衡傳注引新論曰：「揚雄作玄書，以爲玄者天也，道也。言聖賢制法作事，皆引天道以爲本統，而因附續萬類，王政人事法度。故宓羲氏謂之易，老子謂之道，孔子謂之元，而揚雄謂之玄。」卜氣號不均也。由此言之，唐林之奏，谷永之章，唐林、谷永，漢之善章奏者。見效力篇。論衡、政務，同一趨也。漢家極筆墨之林，書論之造，漢家尤多。陽成子張作樂，先孫曰：「張」當作「長」。超奇篇云：「陽城子長作樂經。」即此。暉按：新論亦作「張」。「張」、「長」字通。楊子雲造玄，二經發於臺下，讀於闕掖，卓絶驚耳，「卓絶」，朱校元本作「逴詭」，疑原作「逴譎」。佚文篇：「才高卓遹。」(元本作「譎」。)定賢篇：「權詐卓譎。」不述而作，材疑聖人，朱校元本「疑」作「擬」。而漢朝不譏。況論衡細説微論，解釋世俗之疑，辯照是非之理，使後進曉見然否之分，恐其廢失，著之簡牘，祖經章句之説，先師奇説之類也。文有脱誤。朱校元本無「祖」字，空一格。「先」下，「其」下，並空一字。其言伸繩，彈割俗傳。朱校元本「俗傳」二字作「憎」，屬下讀。疑非。俗傳蔽惑，僞書放流，賢通之人，疾之無已。孔子曰：「詩人疾之不能默，丘疾之不能伏。」是以論也。鹽鐵論相刺篇：「孔子曰：詩人疾之不能默，丘疾之不能伏，是以東西南北七十説而不用，然後退而修王道，作春秋，垂之萬載之後，天下折中焉。」玉亂於石，人不能別；或若楚之王尹以玉爲石，「王」，王本、崇文本作「工」。卒使卞和受刖足之誅。注變動篇。是反爲非，虛轉爲實，安能不言？俗傳既過，俗書又僞。若夫鄒衍謂今天下爲一州，四海之外有若天下者九州。注談天篇。盼遂案：「州」字疑涉上句之尾「州」字而衍。淮南書言共工與顓頊争爲天子，不勝，怒而觸不周之山，使天柱折，地維絶。注談天篇。堯時十日並出，堯上射九日。注感虛篇、説日篇。魯陽戰而日暮，援戈麾日，日爲卻還。注感虛篇。世間書傳，多若等類，浮妄虛僞，没奪正是。心濆涌，筆手擾，安能不論？論則考之以心，效之以事，浮虛之事，輒立證驗。若太史公之書，據許由不隱，見史記伯夷傳。「據」，疑當作「處」。「處」猶「辯」也。校者未審其義，則改作「據」。燕太子丹不使日再中，注感虛篇。讀見之者，莫不稱善。

政務爲郡國守相、縣邑令長陳通政事所當尚務，欲令全民立化，奉稱國恩。論衡九虛、三增，所以使俗務實誠也；論死、訂鬼，所以使俗薄喪葬也。孔子徑庭麗級，被棺斂者不省；劉子政上薄葬，奉送藏者不約；並注薄葬篇。光武皇帝草車茅馬，爲明器者不姦。何「姦」字誤。光武營陵地於臨平亭南，務從省約，曰：「古者帝王之葬，皆木車茅馬，使後世之人不知其處。」見東觀記、後書本紀。世書俗言不載？信死之語汶濁之也。今著論死及死僞之篇，明〔人〕死無知，不能爲鬼，「明」下疑脱「人」字。論死篇云：「人死不爲鬼，無知，不能害人。」冀觀覽者將一曉解約葬，更爲節儉。斯蓋論衡有益之驗也。言苟有益，雖作何害？倉頡之書，世以紀事；注奇怪篇。奚仲之車，世以自載；注謝短篇。伯余之衣，以辟寒暑；淮南氾論訓：「伯余作衣。」高注：「『伯余，黄帝臣。』世本曰：『伯余制衣裳。』一曰：『伯余，黄帝。』」路史後紀五：「黄帝名荼。注：字或作『余』，故世本云：『伯余作衣裳。』淮南子『伯余之初作衣』，許注云：『黃帝。』」**桀之瓦屋，以辟風雨。**史記褚先生補龜策傳曰：「桀爲瓦室。」博物志曰：「桀作瓦。」世本曰：「昆吾作陶。」古史考曰：「昆吾作瓦。」（御覽一八八。）龜策傳集解曰：「蓋是昆吾爲桀作也。」**夫不論其利害，而徒譏其造作，是則倉頡之徒有非，世本十五家皆受責也。**禮記明堂位疏曰：「世本有作篇，其篇記諸作事。」漢志：「世本十五篇。」史記集解序，索隱引劉向曰：「古史官明於古事者所記。」皇甫謐謂左丘明作，非也。其書久佚，清人有輯本。**故夫有益也，雖作無害也。雖無害，何補？**文不成義。疑當作「故夫有益也，雖作無害；若其無益，雖述何補」。自紀篇云：「爲世用者，百篇無害；不爲用者，一章無補。」文例同。盼遂案：二語間有脫文，文義不相承。

**古有命使采爵，欲觀風俗，知下情也。**「爵」疑「詩」誤。藝文志曰：「古有采詩之官，王者所觀風俗，知得失，自考正也。」劉歆與揚雄書曰：「三代、周、秦軒車使者，遒人使者，以歲八月巡路，求代語僮謡歌戲。」即此文所指。謝短篇云：「古者采詩。」**詩作民間，聖王可云「汝民也，何發作」，囚罪其身，殁滅其詩乎？今已不然，故詩傳亞今。**「亞」字誤。盼遂案：「亞」字因與「至」形近而致誤。**論衡、政務，其猶詩也，冀望見采，而云有過。斯蓋論衡之**

書所〔二〕以興也。且凡造作之過，意其言妄而謗誹也。意，發語詞也。劉盼遂改作「惡」，非。盼遂案：「意」字疑當爲「惡」之譌，形相似也。又或爲「忌」之譌，聲韻皆近。黄暉説「意」爲發語詞，似非。論衡實事疾妄，齊世、宣漢、恢國、驗符、盛褒、須頌之言，劉盼遂曰：盛褒，佚篇名。盼遂案：盛褒今無可考。惟盛褒名義與須頌爲偶，蓋亦姊妹篇之亡佚者。能聖、實聖，姊妹篇之全佚者。（須頌篇説。）答佞、覺佞，同見答佞篇，今覺佞無考，此姊妹篇之偏佚者。無誹謗之辭，造作如此，可以免於罪矣。

〔二〕「所」，原本作「有」，據通津草堂本改。

# 論衡校釋卷第三十

## 自紀篇

抱朴子自敍篇云：「昔王充年在耳順，道窮望絶，懼身名之偕滅，故自紀終篇。」

王充者，會稽上虞人也，字仲任。其先本魏郡元城一姓。元本「姓」上空一字，朱校元本「城」下空二字，無「一」字，則此有脱文。韓愈後漢三賢贊孫注云：「其先魏郡元城人。」當即本此。按王莽傳，莽封曾祖翁孺爲孺王，於魏郡元城，爲元城王氏。然則，仲任與莽同族也？孫盼遂案：漢書百官公卿表：「元帝初元三年丞相司直南郡李延壽。」蕭望之傳有丞相司直緐延壽，是李延壽一姓緐。漢書功臣侯表陳武，文紀作柴武，臣瓚注以爲二姓。一人二姓，殆兩京時有此風尚歟？孫一幾世嘗從軍有功，「孫一」二字誤。封會稽陽亭。一歲倉卒國絶，「國」，元本作「道」，朱校同。因家焉，以農桑爲業。世祖勇任氣，卒咸不揆於人。歲凶，横道傷殺，怨讎衆多。會世擾亂，恐爲怨讎所擒，朱校元本作「害」。祖父汎舉家檐載，「檐」，朱校元本从「扌」。就安會稽，留錢唐縣，以賈販爲事。元本作「業」，朱校同。生子二人，長曰蒙，少曰誦。誦即充父。祖世任氣，至蒙、誦滋甚，故蒙、誦在錢唐，勇勢凌人。末

**復與豪家丁伯等結怨，**元本「末」作「本」，「伯」作「某」，朱校同。先孫曰：「本」疑「卒」之誤。盼遂案：孫詒讓曰：「案元本『末』作『本』，『伯』作『某』。『本』疑『卒』之誤。」孫校非也。末字不誤，末者對上在會稽横道殺傷，在錢唐任氣滋甚爲言，故云末，以言後日之事也。**舉家徙處上虞。**十七史商榷曰：「王充傳：『充少孤，鄉里稱孝。』案：充自紀篇歷詆其祖父之惡，恐難稱孝。」史通序傳篇、惠棟於後漢書本傳補注、錢大昕養新録并詆訶之。暉按：王褒集僮約注云：「漢時官不禁報怨。」（引見御覽。）桓譚疏曰：「今人相殺傷，雖已伏法，而私結怨讎，子孫相報，後忿深前，至於滅户殄業，而俗稱豪健，故雖怯弱，猶勉而行之。」是世風所尚，非可謂其意在詆毁也。

**建武三年，充生。為小兒，與儕倫遨戲，不好狎侮。儕倫好掩雀、捕蟬，戲錢、林熙，充獨不肯。**先孫曰：「『林熙』，『林』疑當作『休』，『熙』與『嫛』通。（説文女部云：『嫛，説樂也。』）『戲錢』蓋即『意錢』，後漢書梁冀傳李注引何承天纂文云：『詭億一曰射意，一曰射數，即攤錢也。』」孫曰：孫詒讓謂「林」疑當作「休」，非也。「掩雀、捕蟬，戲錢、林熙」，乃四種遊戲之名。林熙者，即攀援樹木之戲也。淮南子脩務篇云：「木熙者，舉梧檟，據句枉。」高注：「熙，戲也。舉，援也。梧桐、檟梓皆大木也。句枉，曲枝也。」又云：「木熙者非眇勁。」高注：「眇，絶也，言其非能自有絶眇之强力也。」淮南子「木熙」，論衡「林熙」，其義一也。若改爲「休」，失其旨矣。**誦奇之。六歲教書，恭愿仁順，禮敬具備，矜莊寂寥，有巨人之志。**「巨」舊作「臣」，鄭本同，今依錢、黃、王、崇文本正。父未嘗笞，母未嘗非，十駕齋養新録七曰：充傳云：「充少孤。」按此文，不云「少孤」也。閭里未嘗讓。八歲出於書館，書館小僮百人以上，皆以過失袒謫，元本作「相摭」，朱校同。或以書醜得鞭。充書日進，又無過失。手書既成，辭師受論語、尚書，日諷千字。經明德就，謝師而專門，援筆而衆奇。所讀文書，亦日博多。才高而不尚苟作，口辯而不好談對，非其人，終日不言。其論説始若詭於衆，極聽其終，衆乃是之。以筆著文，亦如此焉；操行事上，亦如此焉。在縣位至掾功曹，後漢書百官志：「郡國及縣，諸曹皆置掾史。」又曰：「功曹主選署功勞。」注引漢書音義曰：「正曰掾，副曰屬。」在都尉府位亦掾功曹，百官志：「每屬國置都尉一人，比二千石。」漢官解故曰：「都尉，郡各一人，副佐太守，言與太守俱受銀印部符之任，爲一郡副將。然俱主其武職，不預民事。舊時常以八月都試講習其射力，以備不虞，皆絳衣戎服，示揚威武，折衝厭難者也。」（書鈔六三。）在太守爲列掾五官功曹行事，百官志：「每郡置太守一，二千石。」「行事」，程本作「從事」，誤。續漢書百官志五：「郡守都尉皆置諸掾史。」本注曰：「有功曹，主選署功勞；有五官掾，署功曹及諸曹事。」「列掾五官」，猶言列爲五官掾也。「功曹行事」，蓋即署功曹事。入州爲從事。百官志：「每州皆有從事史。」續漢志：郡國有從事，主督文書，察主非法，皆州自辟除，故通爲百石。不好徼名於世，不爲利害見將。「將」猶「從」也。言不爲利害動。常言人長，希言人短。專薦未達，解已進者過。及所不善，亦弗譽；有過不解，亦弗復陷。能釋人之大過，亦悲夫人之細非。「夫」，元本作「忘」，朱校同。疑當作「亦忘人之細非」，與「能釋人之大過」句法一律。校者改「忘」作「夫」，不知「悲」即「忘」之譌衍也。好自周，不肯自彰，勉以行操爲基，恥以材能爲名。衆會乎坐，不問不言；賜見君將，不及不對。在鄉里，慕蘧伯玉之節；在朝廷，貪史子魚之行。論語衛靈公篇：「子曰：直哉〔一〕，史魚！邦有道如矢，邦無道如矢。君子哉，蘧伯玉！邦有道則仕，邦無道則可卷而懷之。」集解孔曰：「史魚，衛大夫史鰌也。」左襄二十九年傳「史鰌」，杜注：「史魚。」杜氏世族譜：「衛雜人史鰌。」蓋鰌名，魚其字。見汙傷，不肯自明；位不進，亦不懷恨。貧無一畝庇身，志佚於王公；賤無斗石之秩，意若食萬鍾。類要二六鄉閭高士類、貧類引「庇身」並作「之貲」，疑是。又「志佚於王公」與「意若食萬鍾」兩句先後次倒。得官不欣，失位不恨。處逸樂而欲不放，居貧苦而志不倦。淫讀古文，甘聞異言。世書俗說，多所不安，幽處獨居，考論實虛。舊本段。

充爲人清重，遊必擇友，不好苟交。所友位雖微卑，年雖幼稚，行苟離俗，必與之友。好傑友雅徒，不氾結俗材。俗材因其微過，蜚條陷之，盼遂案：後漢書宦者傳：

〔一〕「哉」，原本作「或」，形近而誤，據論語改。

「競欲咀嚼，造作飛條。」章懷太子注：「飛條，飛書也。」案：殆如今世之匿名信，明季之没名揭帖矣。然終不自明，亦不非怨其人。或曰：「有良材奇文，無罪見陷，胡不自陳？羊勝之徒，摩口膏舌；鄒陽自明，入獄復出。羊勝讒鄒陽，注超奇篇。苟有全完之行，不宜爲人所缺；既耐勉自伸，不宜爲人所屈。」答曰：不清不見塵，不高不見危，不廣不見削，不盈不見虧。士茲多口，孟子盡心下：「士憎茲多口。」爲人所陷，蓋亦其宜。好進故自明，憎退故自陳。吾無好憎，故默無言。羊勝爲讒，或使之也；鄒陽得免，或拔之也。孔子稱命，孟子言天，偶會篇曰：「公伯寮愬子路於季孫，孔子稱命；魯人臧倉讒孟子於平公，孟子言天。」吉凶安危，不在於人。昔人見之，故歸之於命，委之於時，浩然恬忽，無所怨尤。福至不謂己所得，禍到不謂己所爲。故時進意不爲豐，時退志不爲虧。不嫌虧以求盈，不違險以趨平；不鬻智以干禄，不辭爵以弔名；盼遂案：「弔名」當是「釣名」之誤。漢書公孫弘傳：「飾詐欲以釣名。」師古曰：「釣，取也。言若釣魚。」則「釣名」正與「干禄」相對。不貪進以自明，不惡退以怨人。同安危而齊死生，鈞吉凶而一敗成，遭十羊勝，謂之無傷。動歸於天，故不自明。舊本段。

充性恬澹，不貪富貴。爲上所知，拔擢越次，不慕高官。不爲上所知，貶黜抑屈，不恚下位。比爲縣吏，無所擇避。或曰：「心難而行易，好友同志，仕不擇地，濁操傷行，世何效放？」答曰：可效放者，莫過孔子。孔子之仕，無所避矣。爲乘田委吏，無於邑之心；孟子萬章下：「孔子嘗爲委吏矣，曰：會計當而已矣。嘗爲乘田矣，曰：牛羊茁壯長而已矣。」注：「委吏，主委積倉庾之吏也。乘田，苑囿之吏也，主六畜之芻牧者也。」爲司空相國，無說豫之色。史記孔子世家曰：「孔子由中都宰爲司空，由司空爲大司寇，由大司寇行攝相事。」舜耕歷山，若終不免；史記五帝紀：「舜耕歷山，歷山之人皆讓畔。」盼遂案：孟子盡心下篇：「舜之飯糗茹草也，若將終身焉。」仲任此處，正同孟意。若世說新語排調篇：「劉夫人戲謂謝安曰：『大丈夫不當如此乎？』安乃捉鼻曰：『但恐不免耳。』」則自謂不免於富貴，與論衡謂舜不免，自指貧賤而言，固自不同。及受堯禪，若卒自得。憂德之不豐，不患爵之不尊；恥名之不白，不惡位之不遷。垂棘與瓦同櫝，公羊僖二年傳：「垂棘之白璧。」注：「垂棘，出美玉之地。」呂氏春秋權勳篇高注：「垂棘，美玉所出之地，因以爲名。」明月與礫同囊，淮南覽冥篇高注：「隋侯之珠，蓋明月珠也。」許慎淮南子注：「夜光之珠，有似明月，故曰明月也。」高以隋侯爲明月，許以夜光爲明月，兩說不同。始皇逐客，李斯上書曰：「有隋和之寶，垂明月之珠。」則斯不以隋侯爲明月。班固四都賦：「隨侯、明月，錯落其間；懸黎、垂棘，夜光在焉。」則固不以夜光爲明月，亦不以隋侯爲明月，而別爲三。苟有二寶之質，不害爲世所同。世能知善，雖賤猶顯；不能別白，雖尊猶辱。處卑與尊齊操，位賤與貴比德，斯可矣。舊本段。

**俗性貪進忽退，收成棄敗。充升擢在位之時，衆人蟻附；廢退窮居，舊故叛去。志俗人之寡恩，**齊曰：「志」疑是「恚」之壞字。**故閑居作譏俗節義十二篇。冀俗人觀書而自覺，故直露其文，集以俗言。或譴謂之淺。答曰：以聖典而示小雅，**「雅」疑當作「稚」。盼遂案：「小雅」之「雅」，古祇作「牙」，小兒之稱也。後漢書崔駰傳云：「甘羅以童牙而報趙。」章懷太子注：「童牙，謂幼小也。」後加子旁作「犽」。集韻九麻：「吳人呼赤子曰犽子。」「牙」與「吾」古同音，故古籍亦作「吾子」。管子海王篇：「吾子食鹽二升少半。」房玄齡注：「吾子，謂小男小女也。」今中國江、淮之域，尚多呼小兒爲小牙者。論衡之「小雅」，自係當時之習語矣。又案：「稚」字形與「雅」近，此「小雅」或亦「小稚」之誤爾。**以雅言而說丘野，不得所曉，無不逆者。故蘇秦精說於趙，而李兑不說；**趙策一：蘇秦說李兑曰：「願見於前，口道天下之事。」李兑曰：「先生以鬼之言見我則可，若以人之事，兑盡知之。」蘇秦曰：「臣固以鬼之言見君，非以人之言也。」李兑見之。蘇秦曰：「今日臣之來也暮，後郭門，藉席無所得，寄宿人田中，傍有大叢。夜半，土梗與木梗鬬曰：『汝不如我，我者乃土也。使我逢疾風淋雨，壞沮，乃復歸土。今汝非木之根，則木之枝耳。汝逢疾風淋雨，漂入漳、河，東流至海，氾濫無所止。』臣竊以爲木梗勝也。今君殺主父而族之，君之立於天下，危於累卵。君聽臣計則生，不聽臣計則死。」李兑曰：「先生就舍，明日復來見兑也。」蘇秦出。李兑舍人謂李兑曰：「君能聽蘇公之計乎？」李兑曰：「不能。」舍人曰：「君即不能，願君堅塞兩耳，無聽其談也。」明日復見，終日談而去。舍人出送蘇君，蘇秦謂舍人曰：「昨日我談粗而君動，今日精而君不動，何也？」舍人曰：「先生之計大而規高，吾君不能用也。乃我請塞兩耳，無聽談者。」商鞅以王説秦，而孝公不用。注逢遇篇。夫不得心意所欲，雖盡堯、舜之言，猶飲牛以酒，啖馬以脯也。故鴻麗深懿之言，關於大而不通於小。「關」讀作「貫」，貫亦通也。不得已而强聽，入胸者少。孔子失馬於野，野人閉不與；子貢妙稱而怒，馬圄諧説而懿（憙）。俗曉〔形〕露之言，勉以深鴻之文，先孫曰：「懿」，黄氏日鈔引作「喜」，疑當爲「憙」之誤。（馬圄事，見淮南子人間訓，亦見前逢遇篇。）孫曰：孫氏據黄氏日鈔疑「懿」爲「憙」之誤，是也。惟以「馬圄諧説而憙俗」爲句，則非。「子貢妙稱而怒，馬圄諧説而憙」，（馬圄事見呂氏春秋必己篇、淮南子人間篇，亦見前逢遇篇。抱朴子塞難篇云：「子貢不能悦禄馬之野人。」）皆六字句，相對成文。「俗曉露之言」，本當作「曉俗之言」。「露」字涉上「直露其文」而衍，又誤將「俗」字倒置於上，故文句不安。詳日鈔引作「曉俗而以鴻文」，雖有删節，而「曉俗」二字未倒，當是論衡原本如此。暉按：孫據日鈔以「俗曉露之言」當作「曉俗之言」，非也。「露」字不衍，「俗曉」二字亦不倒置。「露」上脱「形」字，「形露」二字連文。下文云：「充書形露易視。」又曰：「譏俗之書，欲悟俗人，故形露其指，爲分别之文。」「形露之言」與「深鴻之文」相對成義。日鈔引作「曉俗而以鴻文」，義自可通。若作「曉俗之言，免以深鴻之文」，則於義不貫。孫氏不得據彼改此。又按：朱校元本「懿」作「意」，足爲先孫説「懿」當作「憙」之證。猶和神仙之藥以治齀欬，盼遂案：「齀」當是「鼽」之誤體。説文鼻部：「鼽，病寒鼻窒也。」故與「欬」字並舉。制貂狐之裘以取薪菜也。且禮有所不待，事有所不須。斷決知辜，不必臯陶；調和葵韭，方以智曰：古人竟以葵爲呼菘菜野菜之通稱耳。晉以後曰菘，今謂菜，古謂葵。昔楚相拔園葵，韓詩外傳：「馬踐園葵。」古歌井上生族：「采葵待作羹。」王維詩：「松下清齊折露葵。」直謂菜也。暉按：量知篇：「地種葵韭，山樹棗栗，名曰美園茂林。」此文云：「調和葵韭。」下文云：「舒戟采葵。」並謂葵爲菜也。不俟狄牙；狄牙即易牙，注譴告篇。類要三二譬喻語類、官未達類引「不俟」并作「不事」。閭巷之樂，不用韶、武；論語八佾篇孔注：韶，舜樂名也。武，武王樂也。里母之祀，日鈔引作「祝」。不待太牢。既有不須，而又不宜。牛刀割雞，舒戟采葵，鈇鉞裁箸，盆盎酌卮，大小失宜，善之者希。何以爲辯？喻深以淺。何以爲智？喻難以易。賢聖銓材之所宜，盼遂案：「銓」當爲「輇」，形近之誤，猶下文「訂詮」之訛爲「釘銓」也。輇者，説文車部云：「輇，蕃車下庳輪也。」由「庳輪」引申爲凡庳小之義。莊子外物篇：「而後世輇人諷説之徒。」「輇人」謂「小人」也。論以「輇材」與「賢聖」相對，故下云文有深淺之差。故文能爲深淺之差。「銓」當作「詮」，謂詮訂材能之宜，以爲深淺之文。材謂讀者之材。舊本段。

充既疾俗情，作譏俗之書；又閔人君之政，徒欲治人，不得其宜，不曉其務，愁精苦思，不睹所趨，故作政務之書。又傷僞書俗文多不實誠，故爲論衡之書。夫賢聖殁而大義分，蹉跑殊趨，各自開門。通人觀覽，不能釘（訂）銓（詮）。先孫曰：「釘銓」當爲「訂詮」。薄葬篇云：「是非信聞見於外，不詮訂於内。」遥聞傳授，筆寫耳取，在百歲之前。歷日彌久，以爲昔古之事，所言近是，信之入骨，不可〔一〕自解，故作實論。其文盛，其辯争，浮華虚僞之語，莫不澄（證）定。孫曰：「澄」當作「證」。問孔篇云：「證定是非。」超奇篇云：「莫不證定。」並其證。没華虚之文，存敦厖之朴；撥流失之風，反宓戲之俗。舊本段。

充書形露易觀。或曰：「口辯者其言深，筆敏者其文沉。案經藝之文，賢聖之言，鴻重優雅，難卒曉睹。世讀之者，訓古乃下。蓋賢聖之材鴻，故其文語與俗不通。玉隱石間，珠匿魚腹，非玉工珠師，莫能采得。寶物以隱閉不見，實語亦宜深沉難測。譏俗之書，欲悟俗人，故形露其指，爲分别之文；論衡之書，何爲復然？豈材有淺極，不能爲〔深〕覆？孫曰：「覆」上疑脱「深」字。下文云：「故爲深覆。」正申此文。又云：「深覆典雅，指意難睹。」並其證。暉按：朱校元本「覆」作「復」。下兩「深覆」並作「深復」。

〔一〕「可」，原本作「能」，據通津草堂本改。

盼遂案：「覆」上疑脱一「深」字。下文「玉隱石間，珠匿魚腹，故爲深覆」，此深覆連文之證，且又上承此文，明此文爲脱誤矣。何文之察，與彼經藝殊軌轍也？」答曰：玉隱石間，珠匿魚腹，故爲深覆。及玉色剖於石心，珠光出於魚腹，其猶隱乎？舊本「猶」字在「乎」字下，屬下讀，今以意正。吾文未集於簡札之上，盼遂案：「其隱乎猶」，當是「其猶隱乎」之誤倒。藏於胸臆之中，猶玉隱珠匿也。及出荴露，疑當作「形露」。下文「筆辯以荴露爲通」，誤同。盼遂案：「荴」字不見于字書，疑爲「核」字之誤。「核露」者，顯著之義。下文「筆辯以荴〔一〕露爲通」，亦與此同。猶玉剖珠出乎！爛若天文之照，順若地理之曉，嫌疑隱微，盡可名處。「名」當作「明」，聲之誤也。薄葬篇：「故其立語，不肯明處。」案書篇：「兩傳並紀，不宜明處。」並其證。處謂辯定之也。且名白，事自定也。「名」，疑當作「明」。論衡者，論之平也。口則務在明言，筆則務在露文。高士之文雅，言無不可曉，指無不可睹。觀讀之者，曉然若盲之開目，聆然若聾之通耳。三年盲子，卒見父母，不察察相識，安肯說喜？「卒」讀「猝」。「説」讀「悦」。道畔巨樹，塹邊長溝，所居昭察，人莫不知。使樹不巨而隱，溝不長而匿，以斯示人，堯、舜猶惑。人面色部七十有餘，頰肌明潔，五色分別，

〔一〕「荴」，原本作「護」，形近而誤，據正文改。

隱微憂喜，皆可得察，占射之者，十不失一。潛夫論相列篇曰：「骨法爲主，氣色爲候，五色之見，王廢有時。」史記淮陰侯傳蒯通曰：「僕嘗受相人之術，貴賤在於骨法，憂喜在於容色。」長短經察相篇注引相經曰：「五色並以四時判之，春三月青色王，赤色相，白色囚，黄、黑二色皆死。夏三月赤色王，白色、黄色皆相，青色死，黄色囚。秋三月白色王，黑色相，赤色死，青、黄二色皆囚。冬三月黑色王，青色相，白色死，黄與赤二色囚。若得其時，色王相者吉；不得其時，色王相若囚死者凶。」使面黝而黑醜，垢重襲而覆部，盼遂案：章士釗云：「覆部駢詞。『部』古通作『蔀』。易豐卦：『豐其蔀。』王弼注：『蔀覆，障礙光明之物也。』此覆部與易注同意。」占射之者，十而失九。夫文由語也，或淺露分別，或深迂優雅，孰爲辯者？故口言以明志，言恐滅遺，故著之文字。文字與言同趨，何爲猶當隱閉指意？獄當嫌辜，決罪曰當。卿決疑事，渾沌難曉，與彼分明可知，孰爲良吏？夫口論以分明爲公，筆辯以荴露爲通，吏文以昭察爲良。深覆典雅，指意難覩，唯賦頌耳。經傳之文，賢聖之語，古今言殊，四方談異也。當言事時，非務難知，使指〔意〕閉隱也。孫曰：「指」下疑脱「意」字。上文云：「何爲猶當隱閉指意。」又云：「指意難睹。」並有「意」字。後人不曉，世相離遠，此名曰語異，不名曰材鴻。淺文讀之難曉，名曰不巧，不名曰知明。秦始皇讀韓非之書，嘆曰：「猶獨不得此人同時。」「猶」疑涉「獨」字譌衍。佚文篇作「始皇歎曰：獨不得與此人同時」，無「猶」字。王、崇文本「猶」作「朕」，非。其文可曉，故其事可思。如深鴻優雅，須師乃學，投之於地，何嘆之有？夫筆著者，欲其易曉而難爲，不貴難知而易造；口論務解分而可聽，不務深迂而難睹。孟子相賢，以眸子明瞭者；注本性篇。察文，以義可曉。舊本段。

充書違詭於俗。或難曰：「文貴夫順合衆心，不違人意，百人讀之莫譴，千人聞之莫怪〔一〕。故管子曰：『言室滿室，言堂滿堂。』注定賢篇。今殆説不與世同，故文刺於俗，不合於衆。」答曰：論貴是而不務華，事尚然而不高合。論説辯然否，安得不譎常心、逆俗耳？衆心非而不從，故喪黜其僞，而存定其真。如當從衆順人心者，循舊守雅，諷習而已，何辯之有？孔子侍坐於魯哀公，公賜桃與黍，孔子先食黍而〔後〕啖桃，可謂得食序矣，孫曰：「啖桃」上脱「後」字。韓非子外儲説左作「先飯黍而後啗桃」。家語子路初見篇作「先食黍而後食桃」。並有「後」字。可證。然左右皆掩口而笑，韓非子外儲説左下：「孔子侍坐於魯哀公，哀公賜之桃與黍。哀公曰：『請用。』仲尼先飯黍，而後啗桃。左右皆揜口而笑。哀公曰：『黍者非飯之也，以雪桃也。』仲尼對曰：『丘知之矣。夫黍者，五穀之長

〔一〕「怪」，原本作「怨」，據通津草堂本改。

也，祭先王爲上盛。果蓏有六，而桃爲下，祭先王不得入廟。丘聞之也，君子以賤雪貴，不聞以貴雪賤。今以五穀之長雪果蓏之下，是從上雪下也。丘以爲妨義，故不敢以先於宗廟之盛也。』」貫俗之日久也。今吾實猶孔子之序食也，俗人違之，猶左右之掩口也。善雅歌，於鄭爲人（不）悲；禮舞，於趙爲不好。「爲人悲」無義，當作「爲不悲」。「人」爲「不」之壞字。古人以音悲爲善。雅歌於鄭爲不悲，鄭聲淫，故不以雅歌爲善也。書虛篇云：「夔性知音律，故調聲悲善。」感虛篇云：「鳥獸好悲聲，耳與人耳同也。」超奇篇：「聞音者皆欲悲。」本篇下文云：「師曠調音，曲無不悲。」又云：「悲音不共聲，皆快於耳。」王仲宣公讌詩：「管弦發徽音，曲度清且悲。」潘安仁金谷集詩：「揚桴撫靈鼓，簫管清且悲。」陸機文賦云：「猶弦么而徽急，故雖和而不悲。」皆古人以悲音爲善之證。堯、舜之典，伍伯不肯觀；「伍」，元本作「五」。孔、墨之籍，季、孟不肯讀。季、孟，魯季孫、孟孫也。盼遂案：「季、孟」猶俗言「張三、李四」，不知誰何之人也，故與伍伯閭巷俗人並列。黄暉釋爲「魯季孫、孟孫」，失之固矣。孟子告子篇下：「趙孟能貴之，趙孟能賤之。」昔人固嘗以趙大、趙某釋之，不以爲晉卿也。寧危之計，黜於閭巷；撥世之言，訾於品俗。有美味於斯，俗人不嗜，狄牙甘食。有寶玉於是，俗人投之，卞和佩服。孰是孰非？可信者誰？禮俗相背，何事不然？魯文逆祀，畔者三人。「三人」舊作「五人」。孫曰：定賢篇云：「魯文逆祀，去者三人。」公羊定七年傳亦作「三人」。今據正。蓋獨是之語，「獨」舊作「猶」。孫曰：「猶」字當從元本作「獨」，形近之譌。今據正。高士不舍，俗夫不好；惑衆之書，賢者欣頌，愚者逃頓。舊本段。盼遂案：章士釗云：「逃頓即逃遯。本書遯字鈍字均以頓爲之。」「惑衆」之「惑」疑誤。惑衆，則愚者不逃頓，賢者不欣頌矣。不審是何字之誤。又案：當係「賢」、「愚」二字互倒致誤。

充書不能純美。或曰：「口無擇言，筆無擇文。孝經曰：「口無擇言，身無擇行。」呂刑曰：「敬忌罔或有擇言在身。」王引之曰：「擇」讀爲「斁」。洪範：「彝倫攸斁。」鄭注訓「斁」爲「敗」。（史記宋世家集解。）説文：「殬，敗也。」引商書曰：「彝倫攸殬。」斁、殬、擇，古音並同。文必麗以好，言必辯以巧。言瞭於耳，則事味於心；文察於目，則篇留於手。故辯言無不聽，麗文無不寫。今新書既在論譬，説俗爲戾，「爲」是「僞」之壞字。上文「衆心非而不從，故喪黜其僞〔一〕，而存定其真」，即此文據以爲説也。下文「爲文欲顯白其爲」，「爲」亦當作「僞」。盼遂案：「爲」疑當是「譌」或「僞」之形殘。又不美好，於觀不快。蓋師曠調音，曲無不悲；狄牙和膳，肴無澹味。然則通人造書，文無瑕穢。呂氏、淮南，懸於市門，觀讀之者，無訾一言。史記呂不韋傳：「不韋乃使其客人人著所聞，集論以爲八覽六論十二紀二

〔一〕「僞」，原本作「爲」，據正文改。

十餘萬言，以爲備天地萬物古今之事，號曰呂氏春秋。布咸陽市門，懸千金其上，延諸侯游士賓客，有能增一字者，予千金。」高誘呂氏春秋序云：「不韋乃集儒士，（據書鈔九九及意林引。今誤「儒書」。）使著其所聞，名爲呂氏春秋。暴之咸陽市門，懸千金其上，有能增損一字者，與千金。時人無能增損者。誘以爲時人非不能也，蓋憚相國，畏其勢耳。」文選揚德祖答臨淄侯牋注引桓譚新論曰：「秦呂不韋請迎高妙，作呂氏春秋；漢之淮南王，聘天下辯通以著篇章。書成皆布之都市，懸置千金，以延示衆士，而莫有能變易者，乃其事約艷，體具而言微也。」今無二書之美，文雖衆盛，猶多譴毁。」答曰：夫養實者不育華，調行者不飾辭。豐草多華英，茂林多枯枝。「華英」當作「落英」。豐草落英，正反成義，與「茂林多枯枝」句法一律，以喻華實不能相兼也。若作「華英」，則失其旨矣。爲文欲顯白其爲，安能令文而無譴毁？救火拯溺，義不得好；辯論是非，言不得巧。入澤隨龜，不暇調足；「隨」字疑誤。深淵捕蛟，不暇定手。言姦辭簡，指趨妙遠；語甘文峭，務意淺小。以上文例之，當作「意務淺小」。稻（舀）穀千鍾，糠皮太半；孫曰：程榮本亦作「稻」，崇文局本作「滔」，皆非也。字當作「舀」，說文：「舀，抒臼也。」「舀穀千鍾」與「閱錢滿億」對文。閱錢滿億，穿決出萬。廣雅釋詁：「閱，數也。」大羹必有澹味，朱校元本作「淡味」。揚雄解難曰：「大味必淡。」師古曰：「淡謂無至味也。」至寶必有瑕穢，大簡必有大好，「大好」當作「不好」。良工必有不巧。然則辯言必有所屈，通文猶有所黜。言金由貴家起，文糞自賤室出。淮南、呂氏之（文）〔不〕無累害，劉先生曰：仲任此文正謂淮南、呂覽亦不能無累害也。今作「淮南、呂氏之無累害」，非其指矣。御覽六百二引此文作「淮南、呂覽文不無累害」，當從之。今本「文」譌爲「之」，（草書「文」、「之」二字形近易譌。）淺人不達，又删「不」字耳。盼遂案：此言「淮南、呂氏無累害」，正承「言金由貴家起」而云，倘加不字，則義意乖忤。所由出者，御覽引「由」作「以」。家富官貴也。夫貴，故得懸於市；富，故有千金副。觀讀之者，惶恐畏忌，雖見乖不合，焉敢譴一字？呂氏春秋制樂篇高注：「曝咸陽市門，無敢增益一字者，明畏不韋之埶耳。故揚子雲恨不及其時，車載其金而歸也。」舊本段。

充書既成，或稽合於古，不類前人。孫曰：此文不當有「或」字，疑即「成」字之譌衍。盼遂案：「或」字係沿下文諸「或」字而增。或曰：「謂之飾文偶辭，或徑或迂，或屈或舒。「謂之飾文偶辭」，疑當作「飾文調辭」。「謂」爲「調」字譌衍。「之」爲「文」字譌衍，又誤置「飾」字上。「偶」爲「調」之形譌。超奇篇云：「雕文飾辭，爲華葉之言。」案書篇云：「調文飾辭爲奇偉之觀。」下文云：「調辭以務似者失情。」又云：「或調辭以巧文。」並其證。「或徑或迂，或屈或舒」，即狀「飾文調辭」也。謂之論道，實事委瑣，文給甘酸，字有誤。諧於經不驗，孫曰：說文：「諧，詥也。」廣雅釋詁四：「諧，耦也。」是其義。集於傳不合，稽之子長不當，內之子雲不人。文不與前相似，安得名佳好，稱工巧？」答曰：飾貌以彊類者失形，調辭以務似者失情。百夫之子，不同父母，殊類而生，不必相似，各以所稟，自爲佳好。文必有與合然後稱善，是則代匠斲不傷手，然後稱工巧也。老子曰：「夫代大匠斲者，稀有不自傷其手。」文士之務，各有所從，或調辭以巧文，或辯僞以實事。必謀慮有合，文辭相襲，是則五帝不異事，三王不殊業也。美色不同面，皆佳於目；悲音不共聲，皆快於耳。酒醴異氣，飲之皆醉；百穀殊味，食之皆飽。謂文當與前合，是謂舜眉當復八采，禹目當復重瞳。堯眉八采，舜目重瞳。注骨相篇〔一〕。舊本段。

充書文重。或曰：「文貴約而指通，言尚省而趍明。「趍」，元本作「趨」，朱校作「趣」。「趣」一作「趨」，「趍」俗字，作「趣」是也。文選東京賦注：「趣，意也。」「指通」、「趣明」對文。辯士之言要而達，文人之辭寡而章。今所作新書，出萬言，繁不省，朱校元本「不」上有「而」字。則讀者不能盡；篇非一，則傳者不能領。被躁人之名，以多爲不善。語約易言，文重難得。玉少石多，多者不爲珍；意林、高似孫子略並引作「石多玉寡，寡者爲珍」。龍少魚衆，少者固爲神。」意林、御覽六〇二、又九二九、子略引並無「固」字。答曰：有

〔一〕「骨」，原本作「首」，形近而誤，今改。

是言也。蓋寡言無多，盼遂案：「寡」當是「要」之形誤。「要言無多」者，與「華文無寡」爲對文。猶何晏贊管輅曰：「可謂要言不煩。」同意矣。而華文無寡。「寡言」當作「實言」。「實言無多，而華文無寡」，正反成義。佚文篇：「張霸推精思至於百篇，漢世寡類。」今譌作「實類」。此「實」譌「寡」，彼「寡」譌「實」，正其比。爲世用者，百篇無害；不爲用者，一章無補。如皆爲用，則多者爲上，少者爲下。累積千金，比於一百，孰爲富者？蓋文多勝寡，財富愈貧。「財富」舊作「財寡」，今據意林、御覽六〇二引正。世無一卷，意林、子略引「卷」並作「引」。類要二一自敘文類引同今本。吾有百篇，人無一字，吾有萬言，孰者爲賢？今不曰所言非，而云泰多；不曰世不好善，而云不能領，斯蓋吾書所以不得省也。夫宅舍多，土地不得小；户口衆，簿籍不得少。今失實之事多，華虚之語衆，指實定宜，辯争之言，安得約徑？韓非之書，一條無異，篇以十第，文以萬數。夫形大，衣不得褊；事衆，文不得褊。事衆文饒，水大魚多。帝都穀多，王市肩磨。書雖文重，所論百種。按古太公望，近董仲舒，傳作書篇百有餘，漢志道家：「太公二百三十七篇：謀八十一篇，言七十一篇，兵八十五篇。」又儒家：「董仲舒百二十三篇。」又春秋：「公羊董仲舒治獄十六篇。」後漢應劭傳曰：「董仲舒作春秋決獄二百三十二事。」又前書本傳云：「説春秋事得失，聞舉〔二〕、玉杯、蕃露、清明、竹林之屬，復數九篇。」即見存繁露。**吾書亦纔出百，**本傳載論衡八十五篇。今缺招致一篇。此云「出百」者，佚失實多，其本當在一百篇以外也。説詳劉盼遂論衡篇數殘佚考。**而云泰多，**盼遂案：論衡今存八十五篇，招致一篇有録無書。今云「吾書出百」，而佚文篇亦云「論衡篇以百數」。「百」，今本訛爲「十」，絶不合于情實。縱不計佚篇，論衡亦將九十矣。此其佚篇最少亦應在十五以上矣。今考論衡佚篇見于本書中者，有覺佞篇，（答佞篇「故覺佞之篇曰」云云。）有能聖篇，有實聖篇，（須頌篇云：「能聖、實聖所以興也。」）有時旱篇，有禍湛篇，（須頌篇云：「故順鼓、明雩爲漢應變，時旱、禍湛爲漢論災。」案：順鼓、明雩在論衡第十五卷，而時旱、禍湛俄空焉，亦當是論衡篇名而今佚者。）有盛褒篇。（對作篇云：「論衡實事疾妄，齊世、宣漢、恢國、驗符、盛褒、須頌之言，無誹謗之辭。」齊世等五篇見存論中，則盛褒爲篇名無疑。）馬總意林卷三引論衡云：「天門在西北，地户在東南。地最下者，楊、兖二州，洪水之時，二土最被水害。」又引：「伯夷、叔齊爲庶兄奪國，餓死首陽山，非讓國與庶兄也，豈得稱賢人乎？」又引：「天有日月星辰謂之文，地有山川陵谷謂之理。」凡上三條，皆不見于本書。又酉陽雜俎卷十石駝溺條云：「拘夷國北山有石駝溺，水溺下，以金銀銅鐵瓦木等器盛之皆漏，以掌盛之亦透，唯瓢不漏。服之

〔二〕「聞」，原本作「間」，形近而誤，據漢書改。

令人身上臭毛落盡，得仙。出論衡。」北齊書樊遜傳云：「劉向之信洪寶，没有餘責〔一〕；王充之非黄帝，比爲不相。」又陸佃埤雅卷四引論衡：「鹿制於犬，猨伏於鼠。」考此數處文義，似仍出于上舉五篇之外，則論衡佚篇，其多可見。仲任所云「吾書數纔出百」，及云「篇以百數」，蓋皆信史，非妄語也。**蓋謂所以出者微，觀讀之者不能不譴呵也。河水沛沛，比夫衆川，孰者爲大？蟲繭重厚，稱其出絲，孰爲多者？**王本、崇文本改作「孰者爲多」，是。舊本段。

**充仕數不耦，**御覽六〇二引作「遇」。**而徒著書自紀。或虧（戲）曰：**先孫曰：「虧」當爲「戲」，「戲」隸書或作「戱」，（見韓勑造禮器碑。）「虧」俗通作「虧」，（見干禄字書。）左皆從「虚」，故古書多互譌。**「所貴鴻材者，仕宦耦合，身容説納，事得功立，故爲高也。今吾子涉世落魄，仕數黜斥，材未練於事，力未盡於職，故徒幽思屬文，著記美言，何補於身？衆多欲以何趍乎？」答曰：材鴻莫過孔子。孔子才不容，斥逐，**鹽鐵論國病篇：「孔子斥逐於魯君。」又詔聖篇：「孔子治魯不遂，見逐於齊。」莊子山木篇、讓王篇、盜跖篇並云：「孔子再逐於魯。」**伐樹，接淅，**伐樹於宋，注儒增篇。先孫曰：「接淅」，元本作「浣淅」，字當爲「滰淅」。説文水部云：「滰，浚乾漬米也。」孟子曰：「孔子去齊，滰淅而行。」元本「浣」即「滰」之誤。明刻作

〔一〕「責」，原本作「貴」，形近而誤，據北齊書改。

「接」，乃淺學依今本孟子萬章篇文改。見圍，削迹，見圍於匡，注知實篇。削迹於衛，注儒增篇。困餓陳、蔡，門徒菜色。論語衛靈公篇：「在陳絶糧，從者病，莫能興。」今吾材不逮孔子，不偶之厄，「偶」，元本作「遇」，朱校同。未與之等，偏可輕乎？「偏」，元本作「徧」，朱校同。且達者未必知，窮者未必愚。遇者則得，不遇失之。故夫命厚禄善，庸人尊顯；命薄禄惡，奇俊落魄。必以偶合稱材量德，則夫專城食土者，材賢孔、墨。身貴而名賤，則居潔而行墨，「則」，疑涉〔一〕「賤」字譌衍。食千鍾之禄，無一長之德，乃可戲也。若夫德高而名白，官卑而禄泊，非才能之過，未足以爲累也。士願與憲共廬，不慕與賜同衡；莊子讓王篇：「原憲居魯，環堵之室，茨以生草，蓬户不完，桑以爲樞，而甕牖二室，褐以爲塞，上漏下溼，匡坐而弦。子貢乘大馬，中紺而表素，軒車不容巷，往見原憲。原憲華冠縰履，杖藜而應門。子貢曰：『嘻！先生何病？』原憲應之曰：『憲聞之，無財謂之貧，學而不能行謂之病。今憲貧也，非病也。』子貢逡巡而有愧色。原憲笑曰：『夫希世而行，比周而友，學以爲人，教以爲己，仁義之慝，輿馬之飾，憲不忍爲也。』」樂與夷俱旅，不貪與蹠比迹。高士所貴，不與俗均，故其名稱不與世同。身與草木俱朽，聲與日月並彰，行與孔子比窮，文與楊雄爲雙，

〔一〕「涉」，原本作「衍」，依文意改。

吾榮之。身通而知困，官大而德細，於彼爲榮，於我爲累。偶合容說，盼遂案：孟子盡心：「有事君人者事是君，則爲容悅者也。」趙注：「爲苟容以悅君者也。」說、悅古同字。古亦作「容閱」。身尊體佚，百載之後，與物俱歿，名不流於一嗣，文不遺於一札，官雖傾倉，文德不豐，非吾所臧。臧，善也。德汪濊而淵懿，知滂沛而盈溢，筆瀧漉而雨集，說文：「瀧，雨瀧瀧也。涿，流下滴也。」方言：「瀧涿謂之霑漬。」瀧涿、瀧漉語之轉。言溶（潏）淈而泉出，「溶」下舊校曰：一有「窟」字。孫曰：「溶」當作「潏」，形近之誤。「潏淈」疊韻連語，涌出之貌。正用上林賦「潏潏淈淈」之文。文選陸士衡文賦注引正作「潏」。富材羨知，貴行尊志，體列於一世，名傳於千載，乃吾所謂異也。舊本段。

充細族孤門。或啁之曰：「宗祖無淑懿之基，文墨無篇籍之遺，雖著鴻麗之論，無所稟階，終不爲高。夫氣無漸而卒至曰變，物無類而妄生曰異，不常有而忽見曰妖，詭於衆而突出曰怪。吾子何祖？其先不載。況未嘗履墨涂，出儒門，吐論數千萬言，宜爲妖變，安得寶斯文而多賢？」答曰：鳥無世鳳皇，獸無種麒麟，人無祖聖賢，物無常嘉珍。才高見屈，遭時而然。士貴故孤興，物貴故獨産。文孰常在，盼遂案：章士釗云：「『孰』疑當爲『族』，聲之誤也。『孰』與『族』疊韻。」章說「孰」爲「族」誤，是也。至謂本于疊韻，則非也。廣韻族、孰雖同在入聲一屋，然疊韻相借，古籍罕見。毋寧謂本于雙聲，

「族」爲昨木切，「孰」爲殊六切，同爲齒音，故得相叚。有以放賢，字有訛誤。是則澧（醴）泉有故源，而嘉禾有舊根也。錢、黄、王、崇文本「泉」作「水」，非。孫曰：「澧泉」當作「醴泉」。醴泉與嘉禾同爲吉祥之物。本書屢言醴泉，皆不作「澧」。盼遂案：「返」本爲「反」，涉「違」字而誤沾「辵」也。屈奇之士見，倜儻之辭生，度不與俗協，庸角（甬）不能程。「角」，元本作「用」，朱校同。先孫曰：「用」當作「甬」。「庸甬」見方言。盼遂案：吴承仕曰：「月令曰：『正鈞石，角斗甬。』疑『庸』爲『甬』，聲之誤。或王仲任讀月令與今本異。要之，『庸角』爲量之具，無可疑者。」是故罕發之迹，記於牒籍；希出之物，勒於鼎銘。五帝不一世而起，伊、望不同家而出。千里殊跡，百載異發。士貴雅材而慎興，不因高據以顯達。母驪犢騂，盼遂案：「母驪犢騂」一語，蓋本論語「犂牛之子騂且角」，惟「犂」作「驪」，與何晏所據本異。皇侃疏：「犂或音棃，謂耕牛。」陸氏釋文：「犂，又力兮反。耕犂之牛也。」不破字之説也。若何注「犂，雜文」，則與仲任之意符矣。無害犧牲；論語雍也篇：「子謂仲弓曰：『犂牛之子騂且角，雖欲勿用，山川其舍諸？』」集解：「犂，雜文也。騂，赤色也。角者，角周正，中犧牲也。雖欲以其所生犂而不用，山川寧肯舍之乎？言父雖不善，不害於其子之美也。」王引之述聞三一曰：「犂者，黄黑相雜之名也。驪與犂通。」祖濁裔清，不牓奇人。舊校曰：「牓」讀爲「妨」。鯀惡禹聖，叟頑舜神。伯牛寢疾，仲弓潔全。錢大昕曰：「伯牛與仲弓並在德行之科，俱出冉氏而族之親疏未聞。獨此文云：『鯀惡禹聖，叟頑舜神。伯牛寢疾，仲弓潔全。顏路庸固，回傑超倫。』是以伯牛爲仲弓之父矣。充言多誕妄，不可信。」沈濤銅熨斗齋隨筆七曰：「據此，是以仲弓爲伯牛子，當必古論語家相傳舊說。竊意仲弓爲伯牛之子，故孔子有『犂牛騂角』喻，以其字爲戲耳。否則，欲譽其子，而斥其父爲牛，恐聖人不如是也。史記仲尼弟子列傳亦有仲弓父賤之說，疑後人據王肅僞撰家語竄改。」嚴可均鐵橋漫稿曰：「史遷爲弟子傳，于父子宗族不著明，如曾蔵不云曾參父，其例也。如仲任說，則伯牛、仲弓父子，論衡非短書，嚮未舉出。」「寢疾」，謂病厲也。注命義篇。**顏路庸固，回傑超倫。孔、墨祖愚，丘、翟聖賢。**家語弟子解：「叔梁紇以力聞。」又本性解：「叔梁紇身長十尺，武絶倫，性嚴。」博物志曰：「叔梁紇，淫夫也。徵在，失行也。」**楊家不通，卓有子雲；桓氏稽可，**盼遂案：「稽可」未詳。**適出君山。**朱校元本「可」作「古」，「適」作「譎」。**更稟於元，故能著文。**元，謂更稟元氣於天也。書解篇云：「二氣協和，聖賢稟受，法象本類，故多文彩。」舊本段。

**充以元和三年**書鈔七三、意林、御覽六〇二引並作「章和二年」，非也。**徙家辟〔難〕，**書鈔、意林、御覽引並作「徙家避難」，則「辟」下今脱「難」字。「辟」、「避」字通。**詣楊州部丹陽、九江、廬江。**百官志：「楊州部郡國六。」吳郡、豫章、會稽，合此三，凡六。所監爲部。**後入爲治中，**百官志：「每州皆有從事史。其功曹從事，爲治中從事。」通志職官略第六曰：「治中從事史一人，居中治事，主衆曹文事，漢制也。」盼遂案：馬總意林引作「充章和二年徙家避難」。太平御覽六百二引作「充以章和二年徙家避難楊州丹陽，入爲治中」。據二書，則「避」下應有「難」字，宜補入。唯「元和三年」作「章和二年」則非是。下文云：「歷年寢廢。章和二年，罷州家居。」元和三年至章和二年凡歷三載，故云「歷年」。若既經章和二年，安得歷年復至章和二年耶？此亦文理所不許，故決意林、御覽爲誤也。**材小任大，職在刺割，**「割」，御覽引作「劾」。百官志：「郡國從事，每郡國各一人，主督促文書，察舉非法，皆州自辟除，秩百石。」光武傳：「從事司察。一如舊章。」前書朱博傳：「其民爲吏所寃，及言盜賊辭訟事，各使屬其部從事。」則從事之職權可知。**筆札之思，歷年寢廢。章和二年，罷州家居。**御覽引作「三年」，文選盧子諒贈劉琨詩注引作「二年」。章和止二年，作「三」誤也。文選潘安仁懷舊賦注、又悼亡詩注、謝靈運鄰里相送方山詩注、盧子諒贈劉琨詩注，引此文「罷州」下並有「役」字。**年漸七十，**盼遂案：御覽引作章和三年，非是。考漢章帝章和止二年，無三年。此緣御覽既譌元和三年爲章和二年，則不得改此爲三年耳。**時可懸輿。**公羊桓五年傳何注：「禮七十縣車致仕。」疏云：春秋説文。謂之縣輿者，淮南子曰：「日至於悲谷，是謂晡時；至於淵隅，是謂高春；至於連石，是謂下春；至於悲泉，爰止其女，爰息其馬，是謂縣輿。」舊説云：「日在縣輿，一日之暮；人年七十，亦一世之暮，而致其政事於君，故曰縣輿致仕也。亦有作縣車者。」**仕路隔絶，志窮無如。事有否然，身有利害。髮白**

**齒落，日月踰邁，**御覽六〇二、類要二六引「踰」並作「逾」。呂氏春秋高注：「逾，益也。」爾雅釋言：「邁，行也。」**儔倫彌索，鮮所恃賴。**類要引作「怙賴」。**貧無供養，志不娛快。曆數冉冉，**離騷王注：「冉冉，行貌。」五臣云：「漸漸也。」**庚辛域際，**「域」讀作「或」。説文戈部「或」字重文「域」。注云：「『或』又从『土』。」是「域」即「或」。惠士奇曰：「古文『域』作『或』，猶『記』作『己』。」説文：「際，壁會也。」孟子趙注：「際，接也。」訂鬼篇云：「病人且死，殺鬼之至者，庚辛之神也。」「庚辛或際」，謂將殞歿也。盼遂案：「庚辛」者，和帝永元十二年庚子，十三年辛丑，時王君年七十四五。蓋章和二年，王君年漸七十。明此「庚辛」，當和帝晚年矣。**雖懼終徂，愚猶沛沛，**方以智曰：「沛沛」即「怖怖」。「怖」與「邁」近。邁邁，雋永貌，去去而不相顧也。**乃作養性之書凡十六篇。**意林、類要引作「六十篇」，非。孫曰：御覽六百二引「性」作「生」，與會稽典録合。（見下條。）下有「論衡造於永平末，定於建初之年耳」十四字，頗似仲任自注之語。**養氣自守，適食則酒，**盼遂案：「則」當爲「節」，聲之誤也。古「則」與「即」同聲通用，「節」從「即」聲。**閉明塞聰，愛精自保，適輔服藥引導，**臧琳經義雜記四曰：「以上疑用十六篇之目。」暉按：此文云「養氣自守」，文心雕龍養氣篇云：「王充著述，制養氣之篇。」似足爲臧説旁證。**庶冀性命可延，斯須不老。**孫曰：此節韻語。「適輔服藥引導」句有竄脱。御覽七百二十引會稽典録曰：「王充年漸七十，乃作養生之書，凡十六篇。養氣自守，閉明塞聰，愛精自輔，服藥道引，庶幾獲道。」此蓋節録論衡之語，亦難以據校也。**既晚無還，垂書示後。惟人性命，長短有期，人亦蟲物，生死一時。年歷但記，**先孫曰：「記」當爲「訖」，形近而誤。**孰使留之？猶入黄泉，消爲土灰。上自黄、唐，下臻秦、漢而來，折衷以聖道，析理於通材，如衡之平，如鑑之開，幼老生死古今，罔不詳該。命以不延，吁嘆悲哉！**朱校元本「嘆」作「嗟」。盼遂案：「上自黄、唐」迄「罔不詳該」八句，蓋論衡自贊，與此處上下文語氣不貫，疑係錯簡闌入者，應删去，而系以「命以不延」二語，與上「消爲土灰」之語相接。自「惟人性命」起，至此十句，乃仲任自撰絶命之辭，其病榻綿惙垂死命筆之狀，蓋可想見。賢者自矜惜其作品，真性命以之哉。仲任絶筆之後二十年，汝南許沖表上其父許慎所著説文解字。表云：「慎以文字未定，未奏上。今慎已病，遣臣齎詣闕。」段玉裁注云：「古人著書，不自謂是。未死以前，不自謂成。許書雖綱舉目張，而文字實繁，聞疑稱疑，不無待於更正。逮病且死，則自謂不能復致力，而命子奏上矣。」盼遂沖年，肄業太原，讀説文至此，未嘗不反袂沾袍。迄今，老淚又爲仲任隕矣。

# 論衡校釋附編一

## 論衡佚文

伯夷、叔齊爲庶兄奪國，餓死首陽山，非讓國與庶兄也，豈得稱賢人乎？意林。周廣業曰：「此似出刺孟篇。而文異，義亦未安，疑有誤。」按：此出定賢篇。

天門在西北，又見御覽二、事類賦一。道虚篇亦見此句。地户在東南。地最下者，楊、兗二州，洪水之時，二土最被水害。意林、御覽三六。按：此文似出談天篇。

天有日月星辰謂之文，地有山川陵谷謂之理。又見御覽三六、天中記、事類賦六。地理上向，天文下向，天地合氣，而萬物生焉，天地，夫婦也。意林。「天地，夫婦也」句，見説日篇，而按其文義，不能據補，姑定爲彼篇佚文。

亡獵犬于山林，大呼犬名，則號呼而應。御覽九〇五引作「其犬則鳴號而應其主」。人犬異類而相應者，御覽作「聞呼而應者」。識其主也。意林。周廣業曰：「似出招致篇。」

赦令將至，繫室籥動，獄中人當出，故其感應令籥動也。初學記二十。意林引作

「將有赦，獄門動，感應也」。周廣業曰：「出招致篇。」

蠶合絲而商弦易，御覽八一四作「絶」。新穀登而舊穀缺，按子生而父母氣衰。意林。御覽引作「按子生而父氣衰，新絲既登，故體者自壞耳」。按：此似出亂龍篇「東風至，酒湛溢，鯨魚死，彗星出」數語之間。淮南子覽冥訓亦以酒湛、商弦、彗星並言。周廣業以爲招致篇佚文，疑非。

雷震百里，制以萬國，故雷聲爲諸侯之政教。白帖二。

孟嘗君叛出秦關，鷄未鳴，關不開。下座賤客鼓臂爲鷄鳴，而羣鷄和之，乃得出關。夫牛馬以同類相應，而鷄人亦以殊音相和，應和之驗，未足以效同類也。藝文類聚九一。亂龍篇、定賢篇文略同。

楊璇爲零陵太守時，桂陽賊起。璇乃制馬車數十乘，以囊盛石灰於車上。及會戰，從風揚灰向賊陳，因鳴鼓擊賊，大破之。藝文類聚九三。按：此事見後漢書本傳及謝承書，（書鈔一三九、御覽四四八引。）並爲靈帝時事，則王充不及見。類聚誤。

日月五星隨天而西移，行遲天耳。譬若磑石之上行蟻，蟻行遲，磑轉疾，内雖異行，外猶俱轉。御覽二、事類賦一。此疑出説日篇。

桀無道，兩日並照，在東者將起，在西者將滅。費昌問馮夷曰：「何者爲殷？

何者爲夏？」馮夷曰：「西，夏也；東，殷也。」於是費昌徙族歸殷。御覽四、事類賦日部。博物志七文略同，當即引此。路史後紀十三注引作「時日並出，東者焰，西者沉。費昌問，馮夷答云：『東者爲商，西爲夏。』乃徙族之商」。

周公時，雨不破塊，風不鳴條，旬而一雨，雨必以夜，丘陵高下皆熟。御覽十一。治期篇文略同。鹽鐵論水旱篇亦有此文。

子路感雷精而生，尚剛好勇，親涉衛難，結纓而死，孔子聞而覆醢。每聞雷鳴，乃中心惻怛，亦復如之。故後人忌焉，以爲常也。御覽十三、事類賦三。按：四諱篇有作醬惡聞雷語。

陽氣動于下，而陰氣應之也。御覽二七引風俗通注。

燧之取火於日，方諸取露於月。天地之間，巧歷所不能與其數乎！然以掌握之中，引類於太極之上，而水火可立致者，陰陽固相動也。御覽五九。淮南覽冥訓亦見此文。

世人固有身瘠而志立、體小而名高者。於聖則否。是以堯眉八采，舜目重瞳，禹耳參漏，文王四乳。然則世亦有四乳者，此則駑馬一毛似驥耳。御覽七三一。長短經卷一察相第六亦見此文。類聚七五引作陳王曹植相論。

宋臣有公孫吕者，長七尺，面長三尺，廣三尺，明天啓本、明鈔本、張刻本作「寸」。此從趙刻本。名震天下。若此之狀，蓋遠代而求，非一世之異也。使形殊於外，道合於中，名震天下，不亦宜乎？語云：「無憂而戚，憂必及之；無慶而歡，樂還之。」此心有先動，而神有先知，則色有先見也。故扁鵲見桓公，知其將亡；申叔見巫臣，知其竊妻而逃也。荀子以爲，天不知人事邪？則周公有風雷之災，宋景有三次之福；知人事乎？則楚昭有弗禜之應，郲文無延期之報。由是言之，則天道之與相占，可知而疑，不可無也。御覽七三二。

舂者以杵擣臼，杵臼鼓動地，動地二字疑衍。臨池水河水震蕩。御覽七六二。杵，木也。水與木、土，三者殊類而相應，首相叩動，其勢然也。御覽七六二。天啓本、張刻本「杵」上有「又曰」二字，與上條另爲一行。今從之。趙刻本「又曰」作「夫臼」二字，屬上合爲一條。

芝草一莖三葉，食之令人眉壽慶世，蓋仙人之所食。御覽八七三、合璧事類十。驗符篇：「芝草延年，仙者所食。」文略同。

儒者説麟爲聖王來，此言妄也。章帝之時，麒麟五十一至，章帝豈聖人哉？御覽八八九。「儒者」兩句，見指瑞篇。「章帝」云云，似其佚文。東觀漢記亦云章帝時麟五十一見。

雷二月出地，百八十日，雷出則萬物出；八月入地，百八十日，雷入則萬物入。入則除害，出則興利，人君之象也。古今事文類聚四、合璧事類三。

桓子新論曰：「關東語曰：『人聞長安樂，則出門西向而笑。』」古今事文類聚後集二一。

羿請不死藥於西王母，羿妻嫦娥竊以奔月。淮南覽冥訓亦有此文。託身於月，是爲蟾蜍。事類賦一。張衡靈憲（御覽四。）亦有此文。

拘夷國北山有石駞溺，水溺下，以金銀銅鐵瓦木等器盛之，皆漏；掌承之，亦透；唯瓢不漏。服之，令人身上毳毛落盡，得仙。酉陽雜俎卷十異物。

人五歲，以心爲主。心發智慧，而四藏從之。肝爲之喜，肺爲之怒，腎爲之哀，脾爲之樂。故聖人節之，恐傷性也。蕭吉曰：「論衡以四時論藏。」見五行大義卷四論情性。

三苗之亡，五穀變種，鬼哭于郊。路史後紀十二注。

幽居而靜處，恬澹自守。文選謝靈運酬從弟惠連詩注，又石門新營所住詩注。

呼於坑谷之中，響立應。文選頭陀寺碑文注。

武王伐紂，升舟，陽侯波起，疾風逆流。武王操黃鉞而麾之，風波畢除。中流白魚入于舟，燔以告天，與八百諸侯咸同此盟。尚書所謂「不謀同辭」也。故曰孟津，亦曰盟津。尚書所謂「東至于孟津」者也。水經注河水注卷五。後漢書明帝紀注引作「武王伐紂，八百諸侯同於此盟，故曰盟津」。按：感虚篇文略同。

芝英，紫色之芝也，其栽如豆。劉賡稽瑞。按：初禀篇有「紫芝之栽如豆」句。

# 論衡校釋附編二

## 王充年譜

光武建武三年　公元二七　充生於上虞

王充字仲任，會稽上虞人也，其先自魏郡元城徙焉。後漢書本傳。王充者，會稽上虞人也，字仲任。其先本魏郡元城一姓。孫一幾世嘗從軍有功，封會稽陽亭。一歲倉卒國絶，因家焉，以農桑爲業。世祖勇任氣，卒咸不揆於人。歲凶，横道傷殺，怨讎衆多。會世擾亂，恐爲怨讎所擒，祖父汎舉家擔載，就安會稽，留錢唐縣，以賈販爲事。生子二人，長曰蒙，少曰誦。誦即充父。祖世任氣，至蒙、誦滋甚，故蒙、誦在錢唐，勇勢凌人。末復與豪家丁伯等結怨，舉家徙處上虞。建武三年，充生。自紀篇。

按：漢書元后傳：「陳完犇齊，齊桓公以爲卿，姓田氏。十一世田和有齊國，三世稱王。至王建爲秦所滅。項羽起，封建孫安爲濟北王。至漢興，安失國，齊人謂之王家，因以爲氏。文、景間，安孫遂，字伯紀，處東平陵，生賀，字翁孺。爲武帝繡衣御史，以奉使不稱免。既免，而與東平陵終氏爲怨，迺徙魏郡元城。」王莽傳：「姚、嬀、陳、田、王氏，其令天下上此五姓名籍于秩宗，皆以爲宗室，世世復，無有〔一〕所與。其元城王氏勿令相嫁娶，以別族理親焉。」仲任特著「其先本魏郡元城」，其明爲王翁孺之支庶歟？「其先本魏郡元城一姓」，「一姓」疑爲「王姓」之譌。「元城王姓」，以別於其他族望也。

又按：諸子類函稱仲任爲「宛委子」，未見所據。蓋因會稽宛委山而名，然亦太肊造矣。書林清話稱明人刊書，喜改舊目，信然。

光武建武四年　公元二八　充二歲

光武建武五年　公元二九　充三歲

光武建武六年　公元三〇　充四歲

光武建武七年　公元三一　充五歲

光武建武八年　公元三二　充六歲

是歲大水。後漢書光武紀。

〔一〕「有」，原本作「所」，據漢書王莽傳改。

光武建武九年　公元三三　充七歲

六歲教書，恭愿仁順，禮敬具備，矜莊寂寥，有巨人之志。父未嘗笞，母未嘗非，閭里未嘗讓。自紀篇。

按：御覽三八五引會稽典録云：「七歲教書數。」與自紀篇差一年。

光武建武十年　公元三四　充八歲

八歲出於書館，書館小僮百人以上，皆以過失袒謫，或以書醜得鞭。充書日進，又無過失。自紀篇。

光武建武十一年　公元三五　充九歲

手書既成，辭師受論語、尚書，日諷千字。自紀篇。

按：八歲出於學館，手書之成，尚須時日。受論語、尚書，當爲隔年事，故誌於此。

光武建武十二年　公元三六　充十歲

光武建武十三年　公元三七　充十一歲

爲小兒，與儕倫遨戲，不好狎侮。儕倫好掩雀、捕蟬，戲錢、林熙，充獨不肯。誦奇之。自紀篇。

充少孤，鄉里稱孝。本傳。謝承書同。

按：充六歲時，父母尚存，則其父歿，當在此數年間，故誌於此。

光武建武十四年　公元三八　充十二歲

會稽大疫，死者萬數。後書光武紀、鍾離意傳。

光武建武十五年　公元三九　充十三歲

光武建武十六年　公元四〇　充十四歲

始行五銖錢。光武紀。

光武建武十七年　公元四一　充十五歲

道士劉春，熒惑楚王英。雷虛篇。

按：後書楚王英傳，建武十七年，英爲楚王。

光武建武十八年　公元四二　充十六歲

罷州牧，置刺史。光武紀。

光武建武十九年　公元四三　充十七歲

光武建武二十年　公元四四　充十八歲

班固年十三，王充見之，拊其背謂彪曰：「此兒必記漢事。」謝承書、（後漢書班固傳注。）司馬彪書。（書鈔六二引。）

王仲任撫班固背曰：「此兒必爲天下知名。」抱朴子。（意林引，今本挩。）

按：班固生於建武八年，（公元三十二。）固年十三，則爲建武二十年，時仲任十八歲，長孟堅五歲，據理，不得以「兒」稱固。且是時仲任仍在鄉里，未與彪晤，此不足信。

光武建武二十一年　公元四五　充十九歲

光武建武二十二年　公元四六　充二十歲

光禄大夫劉琨，前爲弘農太守。初禀篇。

按：後書儒林劉昆傳建武二十二年，昆爲光禄勳。

光武建武二十三年　公元四七　充二十一歲

光武建武二十四年　公元四八　充二十二歲

在縣，位至掾功曹。在都尉府，位亦掾功曹。在太守，爲列掾五官功曹行事。自紀篇。

按：許慎説文序：「尉律：學僮十七已上，始試。諷籀書九千字，乃得爲史。」後漢書百官志：「郡太守、郡丞、縣令若長、縣丞、縣尉，各置諸曹掾史。」是仲任爲掾功曹，當在十七歲以後，二十一二以前。因二十三四以後，已詣洛陽，則其得爲功曹，當在此數年中，故誌於此。

仕郡爲功曹，以數諫爭不合去。本傳。

按：此二句，敍在「後歸鄉里，屏居教授」後，蓋並前事言之，非歸鄉里後，才爲郡功曹也。論衡起草於明帝初年，據自紀篇，譏俗、政務之書作於論衡之前，而譏俗書又爲廢退窮居而作。其廢退窮居，當即指罷功曹也，故知爲功曹，必在此時。

廢退窮居，舊故叛去，故閑居作譏俗節義十二篇。既疾俗情，作譏俗之書。又閔人君之政，故作政務之書。自紀篇。

| | | |
|---|---|---|
| 光武建武二十五年 | 公元四九 | 充二十三歲 |
| 光武建武二十六年 | 公元五〇 | 充二十四歲 |
| 光武建武二十七年 | 公元五一 | 充二十五歲 |
| 光武建武二十八年 | 公元五二 | 充二十六歲 |
| 光武建武二十九年 | 公元五三 | 充二十七歲 |
| 光武建武三十年 | 公元五四 | 充二十八歲 |

後到京師，受業大學，師事扶風班彪。好博覽而不守章句。家貧無書，常遊洛陽市肆，閱所賣書，一見輒能誦憶，遂博通衆流百家之言。本傳。謝承書略同。

充幼聰明，詣太學。袁山松後漢書。

按：後漢書班彪傳：「光武雅聞彪才，因召入見，舉司隸茂才，拜徐令，以病免。後數應三公之命，輒去。彪復辟司徒王況府。」光武紀：「建武二十三年，王況爲司徒。」則叔皮于建武二十三年已在洛。但其時，仲任方二十一二，窮居鄉里。彪傳又云：「後察司徒廉，爲望都長，吏民愛之，建武三十年卒官。」是叔皮晚年，已離洛之官。則仲任師事叔皮，必在其二十三四以後，二十七八以前。

又按：水經穀水注：漢順帝陽嘉元年立碑，文云：「建武二十七年造太學。」則仲任入太學師事叔皮，必在此數年。但光武紀：「建武五年，初起太學，車駕還宮，幸太學，賜博士弟子各有差。」與陽嘉元年碑説異。存之俟考。

## 光武建武三十一年　公元五五　充二十九歲

蝗起太山郡，西南過陳留、河南。商蟲篇。

按：後書光武紀：「三十一年夏蝗。」古今注：「建武三十一年，郡國大蝗。」（後書五行志注。）

陳留雨穀，穀下蔽地。感虚篇。

## 光武中元元年　公元五六　充三十歲

光武皇帝升封，天晏然無雲。宣漢篇。

按：光武紀：「中元元年二月辛卯，柴望岱宗，登封太山。」袁山松書：「光武封泰山，雲氣成宮闕。」（初學記五、御覽三十九。）漢光武封禪儀曰：「建武三十二年，封泰山，時天清和無雲。」

光武中元二年　公元五七　充三十一歲

明帝永平元年　公元五八　充三十二歲

觀天子臨辟雍，作六儒論。袁山松後漢書。

按光武紀，中元元年冬，起明堂辟雍。明帝紀，永平元年，冬十月，幸辟雍。翟酺傳，酺上言：「光武初興，起太學，博士舍内外講堂，諸生横卷，爲海内所集。明帝時，辟雍始成，欲毀大學。太尉趙熹以爲，太學辟雍，皆宜兼存，故並傳至今。」據此，則辟雍起於光武，成於明帝，則此「觀天子臨辟雍」當爲明帝時事，故誌於此。

東海相宗叔庠廣召幽隱。程材篇。

按後書宗均（今誤「宋均」。）傳，永平元年，遷東海相。

明帝永平二年　公元五九　充三十三歲

後歸鄉里，屏居教授。充好論説，始若詭異，終有實理。以爲俗儒守文，多失其真，乃閉門潛思，絶慶弔之禮，户牖牆壁，各置刀筆，著論衡八十五篇，二十餘萬言。本傳。

王充於宅内門户牆柱，各置筆硯簡牘，見事而作，著論衡八十五篇。謝承書。（據汪文臺輯本。）

傷僞書俗文多不實誠，故爲論衡之書。自紀篇。

按：講瑞篇云：「此論草於永平之初。」會稽典録云：「論衡造於永平末，定於建初之年。」蓋永平初，已屬草，時輟時作，至永平末，方專精一志也。又須頌篇云：「論衡之人，在古荒流之地。」與本傳謂仲任歸鄉里作論衡相合。

明帝永平三年　公元六〇　充三十四歲

京師及郡國七，大水。明帝紀。

夏旱。後漢書鍾離意傳。

明帝永平四年　公元六一　充三十五歲

比來水旱饑饉，加有軍旅。司馬彪書（御覽九二〇。）載永平四年詔。

明帝永平五年　公元六二　充三十六歲

班固爲尚書郎。别通篇、超奇篇、案書篇。

按謝承書，（御覽四八四。）永平五年，班固被召詣校書。范書班超傳同。

明帝永平六年　公元六三　充三十七歲

鼎見。宣漢篇。

按明帝紀，永平六年二月，王雒山出寶鼎，廬江太守獻之。

明帝永平七年　公元六四　充三十八歲

明帝永平八年　公元六五　充三十九歲

虞延爲司徒公。吉驗篇。

按虞延傳，事在永平八年。

明帝永平九年　公元六六　充四十歲

明帝永平十年　公元六七　充四十一歲

廣陵王荆迷於蔓巫，孝明三宥，王吞藥。恢國篇。

按明帝紀，永平十年春二月，廣陵王荆有罪自殺，國除。

明帝永平十一年　公元六八　充四十二歲

廬江皖侯國際有湖出金。太守遣吏收取，遣門下掾奉獻。驗符篇。

明帝致麟、醴泉、白雉、嘉禾。金出。宣漢篇。

按明帝紀，永平十一年，漅湖出黄金。時麒麟、白雉、醴泉、嘉禾所在出焉。

明帝永平十二年　　公元六九　　充四十三歲

永昌郡有金。驗符篇。

按明帝紀，永昌郡，永平十二年置。郡國志注云：「二年。」誤。

楊子山爲上計吏，見三府作哀牢傳，不能成，歸郡作上，孝明奇之，徵在蘭臺。佚文篇。

按：明帝紀：「永平十二年，益州徼外夷哀牢王，相率内屬，於是置永昌郡。」西南夷傳曰：「罷益州西部所領六縣，合爲永昌郡，置哀牢、博南二縣。」郡國志：「永昌郡哀牢縣，永平中置，故牢王國。」

明帝永平十三年　　公元七〇　　充四十四歲

明帝永平十四年　　公元七一　　充四十五歲

帝立廣陵王荆子。恢國篇。

按明帝紀，永平十四年封故廣陵王荆子元壽爲廣陵侯。

楚王英惑於俠客，王呑藥。恢國篇。

按明帝紀，永平十四年四月，楚王英卒。

明帝永平十五年　　公元七二　　充四十六歲

蝗蟲起泰山郡，流徙郡國，薦食五穀，彌衍兖、豫，過陳留、壽張界，飛逝不集。謝承書。（後書虞延傳注、書鈔三十五。）

明帝永平十六年　公元七三　充四十七歲

明帝永平十七年　公元七四　充四十八歲

永平中，神雀羣集，百官頌上。佚文篇。

按：東觀漢記十八賈逵傳曰：「永平十七年，公卿以神雀五采，翔集京師，奉觴上壽。上召逵，敕蘭臺給筆札，使作神雀頌。」范書逵傳亦云：「永平中。」

明帝時，致甘露、神雀、紫芝，離木復合。宣漢篇。

按：明帝紀：「永平十七年正月，甘露降於甘陵。是歲，甘露仍降。樹枝内附，芝草生前殿。神雀五色，翔集京師。」東觀漢記：「明帝永平十七年正月，夜夢見先帝太后，覺悲不能寐。明日上陵，樹葉有甘露，上令百官採之。」（類聚九十八。）

明帝永平十八年　公元七五　充四十九歲

章帝建初元年　公元七六　充五十歲

建初孟年，北州連旱。明雩篇。

建初孟年，無妄氣至。恢國篇、須頌篇。

歲遭氣運，穀頗不登。宣漢篇。

按：章帝紀：「永平十八年，是歲牛疫，京師及三州大旱。詔勿收兗、豫、徐州田租芻稾。其以見穀賑給貧民。」又建初元年丙寅詔曰：「比年牛疫，墾田減少，穀價頗貴，人以流亡。」

地動。恢國篇。

按章帝紀，事在建初元年三月。

第五司空，股肱國維。恢國篇。

按章帝紀，永平十八年八月即帝位，十一月第五倫爲司空。

隱彊侯傅〔一〕，縣書市里，誹謗聖政，今上海恩，犯奪爵土。恢國篇。

按後漢紀十一云：「建初元年三月丙午，傅〔二〕坐驕溢，免爲庶人。」

## 章帝建初二年　公元七七　充五十一歲

元二之間，嘉德布流。恢國篇。

建初孟年，中州頗歉，潁川、汝南民流四散。聖主憂懷，詔書數至。論衡之

〔一〕「傅」，原本作「傳」，據恢國篇改。

〔二〕「傅」，原本作「博」，形近而誤，今改。

人，奏記郡守，宜禁奢侈，以備困乏。言不納用，退題記草，名曰備乏。酒縻五穀，生起盜賊，沉湎飲酒，盜賊不絶，奏記郡守，禁民酒。退題記草，名曰禁酒。對作篇。

按章帝紀，建初二年三月辛丑詔曰：「比年陰陽不調，饑饉屢臻。」後漢紀十一，建初二年夏四月太后詔曰：「今水旱連年，民流滿道，至有餓餒者。」

帝立楚王英子。恢國篇。

按楚王英傳，建初二年，封英子爲楚侯。

章帝建初三年　公元七八　充五十二歲

零陵生芝草五本。恢國篇、驗符篇。

按章帝紀，建初三年，零陵獻芝草。

章帝建初四年　公元七九　充五十三歲

夏六月，雷擊殺羊五頭，皆死。雷虚篇。

甘露降五縣。恢國篇、驗符篇。

按章帝紀，建初四年，甘露降泉陵、洮陽二縣。

章帝建初五年　公元八〇　充五十四歲

芝草復生泉陵六本。黃龍見，大小凡八。驗符篇、恢國篇。

按章帝紀，建初五年，零陵獻芝草。有八黃龍見於泉陵。

章帝建初六年　公元八一　充五十五歲

章帝建初七年　公元八二　充五十六歲

章帝建初八年　公元八三　充五十七歲

章帝元和元年　公元八四　充五十八歲

章帝元和二年　公元八五　充五十九歲

元和二年，始用四分麻，時待詔張盛、京房、志作「景房」。鮑業等以四分麻請，與待詔楊岑等共課歲餘。盛等所中多，四分之麻，始頗施行。見後漢書章帝紀及注引續漢書。後書律曆志云在永平五年。

章帝時，麒麟五十一至。御覽八八九引論衡佚文。

按東觀漢記，元和二年以來，至章和元年，麒麟五十一至。

元和、章和之際，此篇謂講瑞篇。已成。講瑞篇。

按：會稽典録云：「論衡造於永平末，定於建初之年。」故至元和、章和之際，講瑞篇稿已成。論衡各篇，據其徵引史實，而可推定其造作先後者：恢國篇、驗符篇言章帝建初六年事。（芝草生六本，黄龍見。）齊世篇云：「方今聖朝，承光武，襲孝明。」佚文篇云：「孝明文雄會聚，今上即命，詔求亡失。」又云：「楊子山見三府作哀牢傳不成，歸郡作上，孝明奇之。」哀牢内屬，在永平十二年。既云「孝明」，又稱「今上」、「聖朝」，則齊世篇、佚文篇亦於章帝時作。須頌篇言章帝建初元二年災。講瑞篇、指瑞篇、是應篇、治期篇、齊世篇、宣漢篇、恢國篇、驗符篇、須頌篇、佚文篇並爲宣漢恢國而作，故並定爲章帝時所撰。譴告篇避明帝諱，稱楚莊王爲嚴王；明雩篇言章帝建初元二年災；遭虎篇言楚王英死，按英死於永平十四年，則遭虎篇當作於明帝永平十四年以後；商蟲篇言蝗起太山郡，事在建武三十一年。自然、感類、寒温、譴告、變動、明雩、順鼓、亂龍、遭虎、商蟲等篇皆屬於爲漢應變論災之作，則可據譴告、明雩等篇定爲章帝時作品也。程材篇言宗均爲東海相，事在永平元年，則程材篇必作於永平以後；别通篇稱孝明；超奇篇言孟堅爲尚書郎，事在永平五年，則超奇篇必作於明帝永平五年以後；别通篇作於明帝後，章帝時也。答佞、程材、量知、謝短、效力、别通、超奇、狀留等篇，俱爲校量賢佞知操之作，當屬於一時，則並定爲章帝時作。實知篇避明帝諱稱莊襄王爲嚴襄王，則亦爲章帝時作。實知、知實、定賢三篇同一旨趣，當屬於一時之作。九虚、三增、談天、説日、問孔〔二〕、刺孟蓋屬一時。雷虚篇，雷擊殺羊五頭，事

〔二〕「問」，原本作「非」，據論衡改。

在建初四年，則諸篇同爲建初前後之作。正説、書解、案書、對作又屬一類。案書篇言班固爲尚書郎，事在明帝永平五年；對作篇載建初二年奏記郡守事，則此諸篇作於章帝建初前後。逢遇、初禀等篇蓋當爲一時之作。吉驗篇言虞延爲司徒，事在永平八年，則吉驗篇必作於明帝永平以後。初禀篇目見恢國篇，恢國篇作於章帝元和中，則知逢遇諸篇當作於永平以後，元和以前。唯論死、祭意等篇爲祛迷讖術之作，無以推定。通覽全書，可知其先後順序之例。如初禀、寒温、譴告等篇屬稿在先，則居於自然、恢國等篇之前。（初禀篇目見恢國篇，初禀第十二，恢國第五十八。寒温篇目見自然篇，寒温第四十一，自然第五十四。可證。）據此，則論死以下等篇，必成於宣漢、驗符諸篇之後。總上所考，則知論衡大半作於章帝時。講瑞篇云：「此論草於永平之初。」至和帝永元中，還改定舊稿。則仲任於此書致力前後凡三十年，亦云勤矣。

## 章帝元和三年　公元八六　充六十歲

**徙家辟難，詣揚州部丹陽、九江、廬江。**自紀篇。

**入州爲從事。**自紀篇。

**刺史董勤辟爲從事。**本傳。

按自紀篇「入州爲從事」句，次於「在縣，位至掾功曹。在都尉府，位亦掾功曹。在太守，爲列掾五官功曹行事」句下，乃通前後事言之，非爲從事、爲功曹並一時事也。「入州爲從事」，即本傳所云「刺史董勤辟爲從事」。自紀篇云「後入爲治中」，即本傳「轉治中」。王充明言「從家辟難，詣揚州部丹陽、九江、廬江，後入爲治中」，則「入州爲從事」當在此時也。

章帝章和元年　公元八七　充六十一歲

後入爲治中，材小任大，職在刺割，筆札之思，歷年寢廢。自紀篇。

轉治中。本傳。

按：云「歷年寢廢」，則「轉治中」與「爲州從事」當隔一年，故誌於此。

元和章和之際，嘉瑞奇物，同時俱應。鳳皇麒麟，連出並見。講瑞篇。

永平以來，訖於章和，甘露常降。講瑞篇。

按：後漢紀十二：「元和二年二月鳳皇集於肥。五月丙戌詔曰：『鳳皇、黄龍、鸞鳥比集七郡。神雀、甘露降自京都。』」東觀漢記：「元和二年以來，至章和元年，凡三年，鳳皇三十九見郡國，麒麟五十一，白虎二十九，黄龍三十四，青龍、黄鵠、鸞鳥、神馬、神雀、九尾狐、三足烏、赤烏、白兔、白鹿、白燕、白鵲、甘露、嘉瓜、秬秠、明珠、芝英、華苹、朱草、連理，實日月不絶，載於史官，不可勝紀。」古今注：「元和二年，甘露降河南，三足烏集沛國，麒麟見陳，一角，端如葱葉，色赤黄，芝生沛，如人冠。」

章帝章和二年　公元八八　充六十二歲

罷州家居。自紀篇。

自免還家。本傳。

友人同郡謝夷吾上書薦充才學。肅宗（章帝。）特詔公車徵，病不行。本傳。

謝夷吾薦充曰：「充之天才，非學所加。雖前世孟軻、孫卿，近世揚雄、劉向、司馬遷，不能過也。」謝承書。（范書本傳注。）

和帝永元元年　公元八九　充六十三歲

續講瑞篇稿。

按：講瑞篇云：「至元和、章和之際，孝章耀德。」則其續稿，已在章帝殁後，故誌於此。

和帝永元二年　公元九〇　充六十四歲

年漸七十，時可懸輿，乃作養性之書，凡十六篇。自紀篇。

年漸七十，志力衰耗，乃作養性書十六篇，裁節嗜欲，頤神自守。本傳。

按：臧琳經義雜記四曰：後漢書王充傳：「充年漸七十，志力衰耗，乃造性書十六篇，裁節嗜欲，頤神自守。」案充所著論衡八十五篇，今本無缺，而性書失傳，隋、唐志亦無著録。論衡末有自紀云：「章和二年，罷州家居，年漸七十，作養性之書十六篇。養氣自守，適食則酒，閉明塞聰，愛精自保，適輔服藥引導，（以上疑用十六篇之目。）庶冀性命可延，斯須不老。既晚無還，垂書示後。惟人性命，長短有期，人亦蟲物，生死一時。年歷但記，孰使留之？猶入黄泉，消爲土灰。上自黄、唐，下臻秦、漢而來，折衷以聖道，析理於通材，如衡之平，如鑑之開，幼老生死古今，罔不詳該。命以不延，吁歎悲哉！」讀此，可想見其書之彷彿。

年漸七十，乃作養生之書，凡十六篇。會稽典録。

昔王充著述，制養氣之篇，驗已而作，豈虚語哉？文心雕龍養氣篇。

年七十餘，乃作養性一十六篇。韓愈後漢三賢贊。

按：會稽典録作「養生」，「性」、「生」字通。文心雕龍養氣篇作「養氣」，蓋養氣篇爲養性書之目。「年漸七十」與「七十餘」義異，韓氏失之。

王充年在順耳，道窮望絶，懼聲名之偕滅，故自紀終篇。抱朴子自序。

按：六十耳順，云「六十」者，舉成數也。仲任六十二罷州家居，年漸七十，作養性書，而養性書目，已見自紀篇，則其自紀篇非六十歲時作也。

和帝永元三年　　公元九一　　充六十五歲

和帝永元四年　　公元九二　　充六十六歲

和帝永元五年　　公元九三　　充六十七歲

和帝永元六年　公元九四　充六十八歲

和帝永元七年　公元九五　充六十九歲

和帝永元八年　公元九六　充七十歲

永元中，病卒于家。本傳。

按：永元共十六年，其云「永元中」，故誌於此。吴榮光歷代名人年譜推定仲任爲八十歲，梁廷燦歷代名人生卒表因之，並未考也。

又按：清唐煦春上虞縣志二十五下：「漢郡功曹王充墓，在縣西南十四都烏石山。（據萬曆志。）嘉慶十二年，邑人林鑑修治。（據嘉慶志。）咸豐五年，林鼎臣、謝簡廷重修立石。」

# 論衡校釋附編三

## 論衡舊評

抱朴子：書鈔一百、御覽五九九。謝堯卿東南書士，説王充以爲一代英偉，御覽作「世説王充一代英偉」。漢興以來未有充比。若所著文，時有小疵，猶鄧林之枯枝，若滄海之流芥，未易貶也已。

謝承書：范書本傳注。夷吾薦充曰：充之天才，非學所加，雖前世孟軻、孫卿，近漢揚雄、劉向、司馬遷，不能過也。

會稽典録：三國志吴志虞翻傳注。山陰朱育曰：「王景興以淵妙之才，超遷臨郡，思賢嘉善，樂采名俊，問功曹虞翻曰：『曾聞士人歎美貴邦舊多英俊，功曹好古，寧識其人邪？』翻對曰：『有道山陰趙曄，徵士上虞王充，各洪才淵懿，學究道源，著書垂藻，絡繹百篇，釋經傳之宿疑，解當世之槃結，或上窮陰陽之奥祕，下據人情之歸極。』」

抱朴子：事文類聚别集二。王充好論説，始詭異，終有理。乃閉門潛思，絶慶弔之禮，户牖牆壁各置筆類，著論衡八十五篇。蔡邕入吴，始得之，祕玩以爲談助。後王朗得其書，時稱其才進。或曰：「不見異人，當得異書。」問之，果以論衡之益。

袁山松書：范書本傳注。充所作論衡，中土未有傳者。蔡邕入吴始得之，恒祕玩以爲談助。其後王朗爲會稽太守，又得其書，及還許下，時人稱其才進。或曰：「不見異人，當得異書。」問之，果以論衡之益。由是遂見傳焉。

抱朴子：書鈔九八、御覽六〇二。王充所著論衡，北方都未有得之者。蔡伯喈常到江東得之，嘆其文高，度越諸子。及還中國，諸儒覺其談論更遠，嫌得異書。或搜求至隱處，范書本傳注引作「或搜求其帳中隱處」。果得論衡，捉取數卷持去，伯喈曰：「惟吾與汝共之，弗廣也。」

抱朴子喻蔽篇：抱朴子曰：「余雅謂王仲任作論衡八十餘篇，爲冠倫大才。」有同門魯生難余曰：「夫瓊瑶以寡爲奇，磧礫以多爲賤，故庖犧卦不盈十，而彌綸二儀；老氏言不滿萬，而道德備舉。王充著書，兼箱累袠，而乍出乍入，或儒或墨，屬辭比義，又不盡美。所謂陂原之蒿莠，未若步武之黍稷也。」抱朴子答曰：「且夫作者之謂聖，述者之謂賢，徒見述作之品，未聞多少之限也。吾子所謂竄巢穴之沉昧，不知八紘之無外；守燈燭之霄曜，不識三光之熀朗；遊潢洿之淺狹，未覺南溟之浩汗；滯丘垤之位卑，不悟嵩、岱之峻極也。兩儀所以稱大者，以其涵括八荒，緬邈無表也；山海所以爲富者，以其包龍曠闊，含受雜錯也。若如雅論，貴少賤多，則穹隆無取乎宏燾，而旁魄不貴於厚載也。夫尺水之中，無吞舟之鱗；寸枝之上，無垂天之翼；蟻垤之巔，無扶桑之林；潢潦之源，無襄陵之流。巨鼇首冠瀛洲，飛波淩乎方丈，洪桃盤於度索，建木竦於都廣，沉鯤橫於天池，雲鵬戾乎玄象。且夫雷霆之駭，不能細其響；黄河之激，不能局其流；騏騄追風，不能近其迹；鴻鵠奮翅，不能卑其飛。雲厚者雨必猛，弓勁者箭必遠。王生學博才大，又安省乎？吾子云：『玉以少貴，石以多賤。』夫玄圃之下，荆、華之巔，九員之澤，折方之淵，琳琅積而成山，夜光焕而灼天，顧不善也？又引庖犧氏著作不多。若夫周公既繇大易，而加之禮樂；仲尼作春秋，而重之以十篇，過於庖犧，多於老氏，皆當貶也？言少則至理不備，辭寡則庶事不暢，是以必須篇累卷積，而綱領舉也。羲和昇光以啓旦，望舒曜景以灼夜，五材並生而異用，百藥雜秀而殊功。四時會而歲功成，五色聚而錦繡麗，八音諧而簫韶美，羣言合而道藝辨。積猗頓之財，而用之甚少，是何異於原憲也？懷無銓之量，而著述約陋，亦何别於瑣碌也？音爲知者珍，書爲識者傳，瞽曠之調鐘，未必求解於同世，格言高文，豈患莫賞而減之哉？且夫江海之穢物不可勝計，而不損其深也；五嶽之曲木不可訾量，而無虧其峻也。夏后之璜，雖有分毫之瑕，暉曜符彩，足相補也；數千萬言，雖有不豔之辭，事義高遠，足相掩也。故曰四瀆之濁，不方瓮水之清；巨象之瘦，不同羔羊之肥矣。子又譏之：『乍入乍出，或儒或墨。』夫發口爲言，著紙爲書，書者所以代言，言者所以書事，若用筆不宜雜載，是論議當常守一物。昔諸侯訪政，弟子問仁，仲尼答之，人人異辭。蓋因事託規，隨時所急。譬猶治疾之方千百，而針灸之處無常，卻寒以温，除熱以冷，期於救死存身而已，豈可諧者逐一道，如齊、楚而不改路乎？陶朱、白圭之財不一物者，豐也；雲夢、孟諸所生萬殊者，曠也。故淮南鴻烈，始於原道、俶真，而亦有兵略、主術；莊周之書，以死生爲一，亦有畏犧慕龜，請粟救饑。若以所言不純而棄其文，是治珠翳而剜眼，療濕痺而刖足，患荑莠而刈穀，憎枯枝而伐樹也。」

後漢書本傳：充好論説，始若詭異，終有理實。以爲俗儒守文，多失其真，乃閉門潛思，絶慶弔之禮，户牖牆壁各置刀筆，著論衡八十五篇，二十餘萬言。釋物類同異，正時俗嫌疑。

劉知幾史通自敍曰：儒者之書，博而寡要，得其糟粕，失其菁華。而流俗鄙夫，貴遠賤近，傳兹通釋曰：恐作「轉滋」。牴牾，自相欺惑，故王充論衡生焉。

晁公武郡齋讀書志卷十二子類雜家曰：論衡三十卷，王先謙曰：袁本無「十」字。後漢王充仲任撰。充好論説，始如詭異，終有實理。以俗儒守文，多失其真，乃閉門潛思，户牖牆壁各置刀筆，著論衡八十五篇。釋物類同異，正時俗嫌疑。後蔡邕得之，祕玩以爲談助云。漢世文章，温厚爾雅，及其東也，已衰。觀此書與潛夫論、風俗通義之類，比西京諸書，驟不及遠甚，乃知世人之言不誣。

高似孫子略卷四曰：論衡者，漢治中王充所論著也。書八十五篇，二十餘萬言。其爲言皆敍天證，敷人事，析物類，道古今，大略如仲舒玉杯、繁露，而其文詳，詳則禮義莫能覈，而精辭莫能肅而括，幾於蕪且雜矣。漢承滅學之後，文、景、武、宣以來，所以崇勵表章者，非一日之力矣。故學者向風承意，日趨於大雅多聞之習，凡所撰録，日益而歲有加，至後漢盛矣，往往規度如一律，體裁如一家，是足以雋美於一時，而不足以准的於來世。何則？事之鮮純，言之少擇也。劉向新序、説苑奇矣，亦復少探索之功，闕論定之密，其敍事有與史背者不一。二書尚爾，況他書乎！袁崧後漢書云：「充作論衡，中土未有傳者，蔡邕入吴始見之，以爲談助。」「談助」之言，可以了此書矣。客有難充書煩重者曰：「石多玉寡，寡者爲珍；龍少魚衆，少者爲神乎？」充曰：「文衆可以勝寡矣。人無一引，吾百篇；人無一字，吾萬言，爲可貴矣。」予所謂乏精覈而少肅括者，正此謂歟？

陳振孫直齋書録解題：論衡三十卷。漢上虞王充仲任撰。肅宗時人，仕爲州從事治中。初著書八十五篇，釋物類同異，正時俗嫌疑。蔡邕、王朗初傳之時，以爲不見異人，當見異書。自今觀之，亦未見其奇也。

王應麟困學紀聞十諸子曰：論衡蓋蔡中郎所祕玩，而劉氏史通序傳篇。譏之曰：「充自述其父祖不肖，爲州閭所鄙，而答以瞽頑舜神，鯀惡禹聖。盛矜於己，而厚辱其先，何異證父攘羊，學子名母？名教之罪人也。」葛文康公名勝仲，字魯卿。亦曰：「充刺孟子，猶之可也。至詆訾孔子，以繫而不食之言爲鄙，以從佛肸、公山之召爲濁；又非其脱驂舊館，而惜車於鯉；又謂道不行於中國，豈能行於九夷？具見問孔篇。若充者，豈足以語聖人之趣哉？」即二説觀之，此書非小疵也。呂南公謂：「充飾小辯以驚俗，蔡邕欲獨傳之，何其謬哉？」

呂南公題王充論衡後：事文類聚別集二。傳言蔡伯喈初得此書，常祕玩以助談。或搜其帳中，見之，輒抱以去。邕且叮嚀戒以勿廣也。嗟乎！邕不得爲賢儒，豈不宜哉！夫飾小辯以驚俗，充之二十萬言既自不足多道，邕則以欲獨傳爲過人之功，何謬如之？良金美玉，天下之公寶，爲其貴於可用耳。小夫下人，偶獲寸片，則卧握行懷，如恐人之弗知，又兢兢於或吾寇也。而金玉果非天下所無，信以充書爲果可用乎？孰禦天下之同貴？有如不然也，邕之志慮，曾小夫下人之及耶！

黄氏日鈔五七諸子三：王充嘗師班彪，博學有獨見。既仕不偶，退而作論衡二十餘萬言。蔡邕、王朗嘗得其書，皆祕之以爲己助。蓋充亦傑然以文學稱者。惜其初心發於怒憤，持論至於過激，失理之平，正與自名「論衡」之意相背耳。如謂窮達皆出於命，達者未必賢，窮者未必不肖，可矣。乃推而衍之，至以治和非堯、舜之功，敗亡非桀、紂之罪，亦歸之時命，焉可乎？義見治期篇。甚至譏孔、孟義見問孔篇、刺孟篇。而尊老子；義見自然篇。抑殷周而誇大漢；義見宣漢、恢國等篇。謂龍無靈；謂雷無威；義見龍虚、雷虚篇。謂天地無生育之恩，而譬之人身之生蟣蝨；義見物勢、自然等篇。欲以盡廢天地百神之祀，雖人生之父母骨肉，亦以人死無知，不能爲鬼，而忽蔑之。義見論死、訂鬼、祀義、祭意等篇。凡皆發於一念之怨憤，故不自知其輕重失平如此。至其隨事各主一説，彼此自相背馳，如以十五説主土龍必能致雨，見亂龍篇。他日又曰「仲舒言土龍難曉」。見案書篇。如以千餘言力辯虎狼食人非部吏之過矣，見遭虎篇。他日又曰「虎狼之來，應政失也」。見解除篇。凡皆以不平之念，盡欲更時俗之説，而時俗之説之通行者，終不可廢。矯枉過正，亦不自覺其衡決至此也。惟其辯訛正謬，有裨後學見聞。

胡應麟少室山房筆叢卷二十八九流緒論中：王充氏論衡八十四篇，其文猥冗薾沓，世所共輕，而東漢、晉、唐之間特爲貴重。蔡邕祕弗視人；葛洪贊弗容口；劉子玄椎提班、馬不遺餘力，而獨尊信是書。三子皆鴻生碩彦，目無古今，乃昌歜羊棗，異代同心，何哉？秦、漢以還，聖道陸沉，淫詞日熾，莊周、列禦、鄒衍、劉安之屬，捏怪興妖，不可勝紀。充生茅靡瀾倒之辰，而獨岌然自信，攘背其間，剗虚黜增，訂訛斮僞，詖淫之旨，遏截弗行，俾後世人人咸得藉爲口實，不可謂非特立之士也。故伯喈尚其新奇，稚川大其宏洽，子玄高其辯才。特其偏愎自是，放言不倫，稍不留心，上聖大賢，咸在訶斥。至於問孔、刺孟等篇，而闢邪之功，不足以贖其横議之罪矣。近世誚充太甚，若何氏、沈氏諸説，或未足以大服其衷，故余稍爲次其功罪，以折衷後之君子。

又曰：中郎以論衡爲談助，蓋目爲稗官野史之流；且此編驟出未行，而新奇可喜，故祕之帳中，如今人收録異書，文固非所論也。自論衡不甚稱後世，究竟舉主，多歸咎中郎者，余特爲一洒之。

又曰：漢王氏論衡煩猥瑣屑之狀，溢乎楮素之間，辯乎其所弗必辯，疑乎其所弗當疑。允矣！其詞之費也。至精見越識足以破戰國以來浮詭不根之習，則東、西京前，邈焉罕覯。當時以新特而過稱之，近世以宂庸而劇詆之，匪充書異昔也，驟出於秦、漢之間，習聞於伊、洛之後，遇則殊也。而宋人窮理之功，昭代上儒之效，亦著矣。

欽定四庫全書總目一二〇子部三〇雜家類四：論衡三十卷。漢王充撰。充字仲任，上虞人。自紀謂在縣爲掾功曹，在都尉府位亦掾功曹，在太守爲列掾五官功曹行事。又稱元和三年，徙家辟詣揚州部丹陽、九江、廬江，後爲治中。章和二年，罷州家居。其書凡八十五篇，而第四十四招致篇有録無書，實八十四篇。考其自紀曰：「書雖文重，所論百種。案古太公望、近董仲舒傳作書篇百有餘，吾書纔出百，而云太多。」然則原書實百餘篇，此本目録八十五篇，已非其舊矣。充書大旨，詳於自紀一篇，蓋内傷時命之坎坷，外疾世俗之虚僞，故發憤著書。其言多激，刺孟、問孔二篇，至於奮其筆端，以與聖賢相軋，可謂誖矣！又露才揚己，好爲物先，至於述其祖父頑很，以自表所長，傎亦甚焉！其他論辨，如日月不圓諸説，雖爲葛洪所駁，載在晉志，然大抵訂譌砭俗，中理者多，亦殊有裨於風教，儲泳祛疑説、謝應芳辯惑篇不是過也。至其文反覆詰難，頗傷詞費，則充所謂「宅舍多，土地不得小；户口衆，簿籍不得少；失實之事多，虛華之語衆，指實定宜，辨争之言，安得約徑」者，固已自言之矣。充所作别有譏俗書、政務書，晚年又作養性書，今皆不傳，惟此書存。儒者頗病其蕪雜，然終不能廢也。高似孫子略曰：「袁山松〔二〕後漢書載：『充作論衡，中土未有傳者，蔡邕入吴始見之，以爲談助。』談助之言，可以了此書矣。」其論可云允愜。此所以攻之者衆，而好之者終不絶歟。

四庫全書，乾隆讀王充論衡：向偶翻閲諸書，見有王充論衡，喜其識博而言辯，頗具出俗之識，其全書則未之覽也。兹因校四庫一書，始得其全卷而讀之，乃知其背經離道，好奇立異之人，而欲以言傳者也。夫欲以言傳者，不衷於聖賢，未有能傳者也。孔、孟爲千古聖賢，孟或可問，而不可刺，充則刺孟而且問孔矣。此與明末李贄之邪説何異？夫時命坎坷，當悔其所以自致坎坷耳，不宜怨天尤人，誣及聖賢。爲激語以自表，則己有犯非聖無法之誅。即有韙其言者，亦不過同其亂世惑民之流耳，君子必不爲也。且其死僞篇以杜伯之鬼爲無，而言毒篇又以杜伯之鬼爲有，似

〔二〕「山」字原本脱，據四庫全書總目補。

此矛盾處，不可屈指數，予故闢而訶之。讀論衡者，效其博辯，取其軼才，則可；效其非聖滅道，以爲正人篤論，則不可。乾隆戊戌孟秋。

學海堂四集譚宗浚論衡跋：論衡三十卷，後漢王充仲任撰。是書四庫全書已著録。其純駁不一處，經劉知幾、晁公武、高似孫、吕南公、黄東發、郎瑛諸人指摘外，固已無庸贅述。揆其闕謬，約有數端：一曰論人之失。如謂堯溷舜濁，見逢遇篇。謂老子、文子德似天地之類是也。見自然篇。一曰論事之失。如謂周公不當下白屋禮士，見語增篇。按：充謂此事非實，非謂周公不當。謂李斯、商鞅爲奉天行誅之類是也。見禍虚篇。一曰論理之失。如謂鬼神爲無憑，謂禍福不關於天命之類是也。見論死、訂鬼、禍虚、福虚等篇。一曰論物之失。如謂日月爲不圓，見説日篇。土龍不能致雨之類是也。見死僞篇、案書篇。其踳駁訛謬，自相矛盾者，猶不可枚舉。蓋文士發憤著書，立詞過激，大抵然矣。然充此書雖近於宂漫，而人品則頗高。當其時讖緯方盛，異説日興，而充獨能指駮偏謬，剖析源流，卓然不爲浮論所惑，其識見有過人者。又陰、竇擅權之際，明、章莅政之初，不聞藉學問以求知，託權門以進取，其淡然榮利，不逐時流，范史特爲取之，有以也。且其中議論甚詳，頗資證據。其足考古事者：如謂堯爲美謚，見須頌篇。則三代以前之謚法。引孔子云：「詩人疾之不能默，丘疾之不能伏。」見對作篇。則足見孔門之軼事。引公孫尼子、漆雕子、宓子諸家之言，見本性篇。按漢志，公孫尼子二十八篇，漆雕子十二篇，宓子十六篇，則足見古時之舊説。謂論語之篇但八寸尺，不二尺四寸者，取懷持之便，見正説篇。則足見古人書册之制。謂始皇未嘗至魯，見實知篇。謂孔子至不能十國，見儒增篇。則足訂太史公之誤。此皆足考古事者也。其足考當時之事者，如謂古人井田，民爲公家耕食，今量租芻何意？一歲〔一〕使民居更一月，何據？年二十三傅〔二〕，十五賦，七歲頭錢二十三，何緣？則足證當時之食貨。謂有尉史、令史，無承長史，何制？兩郡移書曰「敢告卒人」，兩縣不言，何解？郡言事二府曰「敢言之」，司空曰「上」，何狀？賜民爵八級，何法？名曰簪褭、上造，何謂？吏上功曰「伐閱」，名籍墨將，何指？皆足證當時之文案。吏衣黑衣，宫闕赤單，何慎？疑。服革於腰，佩刀於左，何人備？著絢於履，冠在於首，何象？並見謝短篇。則足證當時之儒服。以及所稱鄒伯奇、袁太伯、袁文術、周長生等，見案書篇。後漢文苑傳皆未載。所稱鬱林太守張孟

〔一〕「歲」，原本作「業」，據謝短篇改。
〔二〕「傅」，原本作「儒」，據謝短篇改。

嘗，見別通篇。近人廣東通志表皆未載。驗符篇言甘露降泉陵、零陵、洮陽、始安、泠道五縣，今後漢書僅稱零陵、洮陽二縣。吉驗篇言陳留東莞人虞延位至司徒，今後漢書實作「東昏人」。此皆足考當時之事者也。更有進者。史稱充不爲章句之學，疑其於訓詁必無所解。今觀是書所引，則經學宏深，迥非後人所及。如引康誥云：「冒聞於上帝，帝休，天乃大命文王。」見初禀篇。以「冒」字屬下爲句，則與趙岐孟子注合。「我舊云孩子。」見本性篇。「刻子」作「孩子」，則與今文尚書合。謂康王德缺於朝，故詩作，見謝短篇。則與魯詩説合。引尚書大傳曰：「烟氛郊社不脩，山川不祀，風雨不時，霜雪不降，責於天公。臣殺主，孽多殺宗，五品不訓，責於人公。城郭不繕，溝渠不脩，水泉不隆，水爲民害，責於地公。」見順鼓篇。則與韓詩外傳之説合。「東隣殺牛，不如西隣之礿祭。」見祀義篇。則與荀氏説合。按：孫堂漢魏二十一家易注輯荀爽易注無説。謂成王欲以禮葬周公，天爲感動。見感類篇。則與漢書梅福傳、後漢書寇榮傳合。他如引毛詩「彼姝者子」，傳云：「染之藍則青，染之丹則赤。」見率性篇、本性篇。按今毛傳不見此文。引詩云：「乃眷西顧，此爲予度。」見初禀篇。按此三家無此説。引禮記：「水潦降，不獻魚鼈。」謂水潦暴下，龍蛇化爲魚鼈，臣子敬其君父，故不敢獻。見無形篇。引論語：「浴乎沂，風乎舞雩。」爲雩祭之事。見明雩篇。皆與古義稍殊。知其説必有所本。夫以不爲章句之人，而經義深通尚如此，則當時專經之士，其淹博該洽可知矣。至劉勰文心雕龍養氣篇云：「昔王充著述，制養氣之篇，驗己而作，豈虚也哉？」按今書並無此篇名，此則或出於充他所著述之書，或即論衡中之一篇，而近時佚去，亦未可定。亦猶管、晏、吕覽諸書，經後人竄亂，往往與古本相殊也。若其意淺語宂，過於凡近，則充自紀篇〔一〕所稱「口則務在明言，筆則務在露文。言則無不可曉，旨則無不可睹」者，早已自知之，而自言之，兹不贅云。

黄式三儆居集四讀子集一讀王仲任論衡：後漢王仲任充、王節信符、仲長公理統同傳，范氏論此三子，多謬通方之訓，好申一隅之説，贊曰：「管視好偏，羣言難一，救樸雖文，矯遲必疾。」然則節信潛夫論、公理昌言，傳録其要略，而獨不録論衡，豈非以仲任之書矯枉過正之尤甚邪！讀其書，問孔、刺孟，謬矣。漢世以災異免三公，欲矯其説，而謂災變非政事所召，復謬矣。譏時之厚葬，遂申墨子薄葬之説，而謂人死無知，不能爲鬼，抑又謬矣。物之靈者蓍龜，皆死而有知，人獨無知乎？而仲任所詳言者天命，其説之遺誤後人，而不可不辯者，尤在此也。人之命有三：有

〔一〕「紀」，原本作「敍」，據論衡改。

定命，有遭命，有隨命。隨命者，隨行爲命，遏惡揚善之道也。人生初之所稟，壽有長短，遇有富貴貧賤，是爲定命，孟子所謂「正命」也。長平之坑，老少並陷，萬數之中，必有長命未當死之人；宋、衛、陳、鄭同日災，四國之民，必有禄盛未當衰之人，是謂遭命，遭天之變，天絶人民也。洪範言考終命，凶短折，非獨爲自觸禍者戒，抑亦慮皇極之不建也乎！以是知三命之説，雜見諸書，而白虎通言之已詳，蓋可信矣。仲任詳言命之一定不可易，遂申老子天道自然之説，而謂遏惡揚善，非天之道；且謂國祚之長短，不在政事之得失。其將以易、春秋所紀，詩、書所載，天人交格之義，皆爲虚語乎？仲任師事班叔皮，書中盛稱班孟堅，而孟堅所撰白虎通，辯駁固多，于命義篇既引傳之言三命，宜信而不信乎？書偁論衡，非衡之平也。君子之言，將以俟百世而不惑，不尚矯情以立論。

十七史商榷三六：後漢書應劭傳曰：「應劭〔一〕撰風俗通，以辯物類名號，識時俗嫌疑。文雖不典，後世服其洽聞。」又曰：「甄紀異知，雖云小道，亦有可觀。」按劭，漢俗儒也；風俗通，小説家也。蔚宗譏其不典，又云異知小道，可謂知言。王充

〔一〕「劭」，原本作「召」，據後漢書本傳改。

傳云：「著論衡八十五篇，釋物類同異，正時俗嫌疑。」此與風俗通品題略同，尤爲妙解。蓋兩書正是一類，皆摭拾謏聞，郢書燕説也。

劉熙載藝概：王充、王符、仲長統三家文，皆東京之矯矯者。分按之，大抵論衡奇創，略近淮南子；潛夫論醇厚，略近董廣川；昌言俊發，略近賈長沙。范史譏三子好申一隅之説，然無害爲各自成家。

又曰：王充論衡獨抒己見，思力絶人。雖時有激而近僻者，然不掩其卓詣。故不獨蔡中郎、劉子玄深重其書，即韓退之之性有三品之説，亦承藉於其本性篇也。

意林周廣業注：論衡之成，人固有嫌其太繁者，抱朴子辯之詳矣。漢末王景興、虞仲翔輩俱盛稱之。而蔡中郎〔一〕直祕爲談助，或取數卷去，亟戒勿廣，其珍重如此。宋儒乃以爲無奇，且訾其義乏精覈，詞少肅括。此又稚川所謂守燈燭之輝，遊潢汙之淺者也。夫論之爲體，所以辨正然否，故仲任自言論衡以一言蔽之曰：「疾虚妄。」雖間有過當，然如九虚、三增之類，皆經傳宿疑，當世槃結，其文不可得略，況門户櫨椽，各置筆硯，成之甚非易事。時會稽又有吴君高作越紐録，周長生作洞歷，

〔一〕「中」，原本作「仲」，形聲相近而誤，今改。

今越絶書，見後漢書趙曄傳。仲長統之昌言，自成一家之言，不愧三賢之目。說者謂即越紐，而二書皆佚不傳，可惜也。

陳鱣策對四：王符之潛夫論，王充之論衡，仲任極爲推服。趙長君作詩細，蔡中郎以爲長於論衡。

臧琳經義雜記十六：范書王充傳：「充字仲任，會稽上虞人，師事班彪，好博學而不守章句。論說始若詭異，終有理實。以爲俗儒守文，多失其真，乃閉門潛思，絶慶弔之禮，户牖牆壁各著刀筆，著論衡八十五篇，二十餘萬言。釋物類同異，正時俗嫌疑。」隋志雜家二十九卷，唐志三十卷，今本同。讀其書，好辨論，喜逞機鋒，蔡伯喈祕以爲談助，不虚矣。其友謝夷吾擬之揚、劉、司馬，非其倫也。九虚、三增以禍福感應皆不實，經傳之文多增飾，然則德不必修，惡不必戒，聖賢之言不足憑，此豈所謂信而好古者耶？非韓是矣。問孔、刺孟語多有得罪名教者。蓋充資性雖敏，學力未深，故據其臆見，肆其私言，而不自知其非也。其破往古之妖妄，訂時俗之忌諱，頗足取焉。可見世之陋習，自東漢已深矣。若明雩、順鼓、正說、書解，略得經子端緒，兼存漢儒舊義，又爲不可不讀之書。餘或揣摩秦、儀，文似小說，又每以詞華之士，爲優於章句之儒，見書解篇。皆其所蔽也。學者以此爲漢人著述中有古文故事，可節取爲考索之助，則頗有益。若論其本書大體，似遜於諸子。此書素名重，殆因蔡、王一時之珍祕耳。見本傳注引袁山松後漢書。范書載其著論衡，造性書外，無他表見，止當入文苑、儒林，而范氏特爲大傳，豈亦因論衡歟？

趙坦寶甓齋札記：王充論衡立説乖戾，不足道。其所引尚書，時有古解。

梁章鉅退庵隨筆卷十七：王充論衡，四庫亦列之雜家。紀文達師謂充生當漢季，憤世嫉俗，作此書以勸善黜邪，訂譌砭惑，大旨不爲不正，然激而過當，至於問孔刺孟，無所畏忌，轉至於不可以訓，瑕瑜不掩，當分別觀之。按昔人以論衡爲枕中祕，名流頗重其書，惟其議論支離，文筆冗漫，實不類漢人所爲，故余每竊疑其贋作。近閲杭大宗世駿集中有論王充一篇，直指其自譽而毁祖父爲不孝，又引陳際泰誡子書，至以村學究刻畫所生，其端實自王充發之云云。則所論尤爲嚴正，又不在區區文字之間矣。

章炳麟國故論衡原道上：斷神事而公孟言無鬼，尚裁制而公孫論堅白，貴期驗而王充作論衡，明齊物而儒、名、法不道天志。暉按：此明王充本道家。老子曰：「信言不美，美言不信。」文心雕龍情采篇：「老子疾僞，故稱美言不信。」

又論式篇：後漢諸子漸興，訖魏初幾百種。然深達理要者，辨事不過論衡，議政不過昌言，方人不過人物志，三家差可以攀晚周。其餘雖嫻雅，悉腐談耳。

又檢論卷三學變：漢、晉間學術則五變：董仲舒以陰陽定法令，垂則博士，神人大巫也。使學者人人碎義逃難，苟得利禄，而不識遠略，故揚雄變之以法言。法言持論至豈易，在諸生間峻矣。王逸因之爲正部論，以法言雜錯無主，然已亦無高論，正部論原書已亡，諸家援引，猶見大略。顧猥曰：「顏淵之簞瓢，則勝慶封之玉杯。」藝文類聚七十三、御覽七百五十九引。欲以何明？而比擬違其倫類，蓋忿悁之亢辭也。華言積而不足以昭事理，故王充始變其術曰：「夫筆著者，欲其易曉而難爲，不貴難知而易造；口論務解分而可聽，不務深迂而難睹也。」見自紀篇。作爲論衡，趣以正虚妄，審鄉背，懷疑之論，分析百耑，有所發擿，不避上聖，漢得一人焉，足以振耻，至于今亦尟有能逮者也。然善爲蠭芒摧陷，而無樞要足以持守，惟内心之不光熲，故言辯而無繼。

孫人和論衡舉正序：自嬴秦焚坑而後，古籍蕩然。漢代所收，十僅一二。加之讖緯紛作，殽亂羣經，尚論恢奇，標舉門户。或廢視而任聽，或改古以從今，卒致真僞雜糅，是非倒植。仲任生當兩漢之交，匡正謬傳，暢通鬱結。九虚、三增，啓蒙砭俗；自然所論，頗識道原。雖間逞胸臆，語有回穴，要皆推闡原始，不離於宗。至若徵引故實，轉述陳言，可以證經，可以考史，可以推尋百家。其遠知卓識，精深博雅，自漢以來，未之有也。

張九如與章士釗書：「論衡用客觀的眼光，批評史事，鞭辟入裏，實爲中國有數之作品，惟嫌其中多瑣碎處。公正校讀論衡，期蔚成本邦邏輯之宗，則公於此書，已下過明辨工夫，請即指示其中最精到者，俾便啓示學子。」章士釗答書：吾家太炎，曾盛稱論此書，謂其「正虚妄，審鄉背，懷疑之論，分析百端，有所發擿，不避上聖，漢得一人焉，足以振恥，至於今亦鮮有能逮之者也」。檢論學變篇。允哉斯言！或謂充之所爲，有破無立，「其釋物類也，好舉形似以相質正，而其理之一者，有所未明」。韓性論衡序。不知書以「衡」名，其職即於權物而止。至天人之際，政學之微，直攄己見而成一系統者。充別有一書曰政務，惜不傳矣。韓生所云，非能概充之全書也。此編看似碎細，然持論欲其密合，複語有時不可得避，一觀歐文名著，自悟此理。邦文求簡，往往並其不能簡者而亦去之，自矜義法，曾滌生謂古文不適於辨理，即此等處。充文布勢遣詞，胡乃頗中横文榘矱？殊不可解。釗既就此書而鉤稽者，乃是最要一點。清初湖北熊伯龍以讀八股文之法讀論衡，妄事割截，别爲編列，號無何集，即是未明此竅之故。君以瑣碎爲嫌，釗竊憂之。充書通體一律，難言孰最精到。若初學未能盡讀，則天、日、龍、虎等義，暫爲略去，而注重於九虚、三增也可。實知、知實二首，開東方邏輯之宗，尤未宜忽！甲寅週刊第一卷，第四十一號。以上總評。

文心雕龍論説篇：李康運命，同論衡而過之。

文選劉孝標辯命論：性命之道，窮通之數，夭閼紛綸，莫知其辯，仲任蔽其源，子長闡其惑。

舊唐書呂才傳，才敍禄命曰：謹案史記宋忠、賈誼譏司馬季主云：「夫卜筮者，高人禄命，以悦人心；矯言禍福，以盡人財。」又案王充論衡云：「見骨體而知命録，覩命禄而知骨體。」此即禄命之書行之久矣。多言或中，人乃信之；今更研尋，本非實録。但以積善餘慶，不假建禄之吉；積惡餘殃，豈由劫殺之災？皇天無親，常與善人，福禍之應，其猶影響。故有夏多罪，天命剿絶；宋景修德，妖孛夜移。學也禄在，豈待生當建學？文王勤憂損壽，不關月值空亡；長平坑卒，未聞共犯三刑；南陽貴士，何必俱當六合？歷陽成湖，非獨河魁之上；蜀郡炎燎，豈由災厄之下？今時亦有同年同禄，而貴賤懸殊；共命共胎，而夭壽更異。以上評命禄、命義等篇。

章炳麟國故論衡下辨性上：儒者言性有五家：無善無不善，是告子也；善，是孟子也；惡，是孫卿也；善惡混，是楊子也；善惡以人異殊上中下，是漆雕開、世碩、公孫尼、王充也。五家皆有是，而身不自明其故，又不明人之故，務相斬伐；調之者又兩可。獨有控名責實，臨觀其上，以析其辭之所謂，然後兩解。人有八識，其宗曰「如來臧」。以「如來臧」無所對奄，忽不自知，視若胡、越，則眩有萬物。物各有其分職，是之謂「阿羅耶」。「阿羅耶」者，「臧萬有」既分，即以起「末那」。「末那」者，此言「意根」。「意根」常執「阿羅耶」以爲我，二者若束蘆相依以立，「我愛」、「我慢」由之起。「意根」之動，謂之「意識」。物至而知接，謂之眼、耳、鼻、舌、身、識。彼六識者，或施或受，復歸於「阿羅耶」。「臧萬有」者，謂之「初種」；六識之所歸者，謂之「受熏之種」。諸言性者，或以「阿羅耶」當之，或以「受熏之種」當之，或以「意根」當之。漆雕諸家，亦以「受熏之種」爲性。我愛、我慢其在意根，分齊均也，而意識用之有偏勝，故受熏之種有强弱，復得後有即仁者鄙者殊矣。雖然人之生未有一用愛者，亦未有一用慢者。慢者不過欲盡制萬物，物皆盡，則慢無所施，故雖慢，猶不欲盪滅萬物也。愛者不過能近取，譬人搤我咽，猶奮以解之，故雖愛，猶不欲人之加我也。有偏勝，則從所勝以爲言，故曰有上中下也。去塵埃拂覆，則昏不見泰山；建絳帛萬耑，以圍尺素，則白者若赤。物固有相奪者，然其質不可奪。漆雕之徒不悟，而偏執其一，至以爲無餘，亦過也。以上評本性篇性有三品。

臨安志：事文類聚十一。王充論衡以爲水者地之血脈，隨氣進退。此未之盡。大抵天包水，水承天，而一元之氣，升降於太虛之中，地乘水力以自持，且與元氣升降。方其氣升而地沉，則海水溢上而爲潮；及其氣降而地浮，則海水縮而爲汐。以上評書虛篇「水者地之血脈」。

朱子曰：調燮類編。雷雖只是氣，必有形。據此則雷斧雷字之説，理或有之。必泥王充論衡，則非敬天之道也。

黄式三儆居集雜著三對王仲任雷虛問：雷果爲天怒乎？天之有雷，所以宣陽出滯，不得盡謂之天怒也。在易于豫言作樂，而其象爲雷出地奮。天有雷，人有鐘鼓，一而已矣。然禮言君子之道，遇有疾風、迅雷、甚雨則必變，雖夜必興。論語記聖人之事曰：「迅雷風烈，必變。」雷之迅，其戰陳之鐘鼓也耶？儒者敬天之怒，無敢戲豫游，雷震恐懼修省，心懍懍于此，而漢王仲任專輒發論，以明雷之非天怒。此説也，固非儒者所敢道，顧其言善詰辯，多端發難，不有以破之，疑于其義，而求敬天之誠，弗可得也。仲任之意曰：雷所擊人，問其辠，或甚小也，世有大辜，天胡不擊之？天不擊之，是天不怒也。式三曰：天之誅惡，不盡以雷，凡降災于不善者，皆天之怒矣，而雷尤顯者耳。傳曰：「有鐘鼓曰伐，無曰侵。」人之怒不盡用鐘鼓，天之怒，何獨用雷也？ 仲任之辯又曰：人君不空喜怒，雷之怒有時不殺人，不折敗物，是天有空怒也。空則妄，妄則失威，天胡若是耶？ 式三曰：天以好生爲心，而示之以變，所以冀人之反身省察，終于免譴而已，豈必主于殺傷哉？ 且天之怒，有人事之感焉，抑有陰陽之薄焉。陰薄陽而激爲雷，陰之錮者厚，陽之激者益力。激之益力，其發之也聲大以遠而急疾，因之有調燮之意者所當思也。仲任之辯又曰：雷爲天怒，雨之澍濡者，必爲天喜。喜怒不同時，雷起常與雨俱，曷知其爲怒也？ 式三曰：雷迅者雨必暴，雷既震怒，雨亦非甘霖。雨，陰也。雷，陽也。疾風、迅雷、甚雨，其陰陽相激之極也乎！ 今夫天烜之以日，照之以月，凡所以生物者，天之喜也。陰之氣盛，將害于生生之道，天因是而有怒，怒已而雷息，即天之喜也。當其震擊則怒耳。然而天之殺物以秋冬，而雷常怒于夏，仲任因是益疑焉。曰：以天統言之，一陽始于子，盛于巳，至午未之月陰生，而雷之鳴益迅，陽怒而敵陰也；仲秋而雷收聲者，力不能敵陰，則陽退而伏，以保其性也。若以人統言之，陽始寅終未，雷卯震而卯遯，其盛于六陽之未月，抑亦宜矣。孔子所謂「行夏之時」，非以人統之得天乎？ 仲任胡不思之也？ 仲任以雷爲虛，而福虛、禍虛大説誤亦類此，而其皋至于慢天。以上評雷虛篇。

廣弘明集二七樊孝謙答沙汰釋李詔表：劉向之信洪寶，歿有餘責。王充之非黄帝，此爲不朽。以上評道虛篇。

俞樾湖樓筆談七：古人文字喜爲已甚之辭，稱其早慧，則曰顔淵十八天下歸仁；語其晚成，則曰曾子七十乃學，名聞天下。王充有語增之篇，非無見也。以上評語增篇。

史通惑經篇：王充設論，有問孔之篇，論語羣經，多所指摘，而春秋雜義，曾未發明。

筆叢九流緒論：論衡之問孔，序意甚明，以仲尼大聖，其語言應迹有絶出常情者，當時門弟子不能極問，故設疑發難，以待後人之答。藉在孔門固好學之一事，第詞間傷直，旨或過求，此充罪也。劉子玄輩不能詳察，遽從而效之，以譏詆聖人，至堯、舜、禹、湯咸弗能免，猶李斯之學荀況也。

梁玉繩瞥記五：論衡問孔篇最無忌憚，王充之爲人，必傲愎不可近。他若説孔子畏陽虎，卻行流汗，見物勢篇。亦猶莊生稱孔子謁盜跖，尚得以寓言戲談置之。充又言夷、齊以庶兄奪國餓死，今本佚，見意林引。不知何據。以上評問孔篇。

邵博曰：經義考二百三十二。大賢若孟子，其可議乎？後漢王充乃有刺孟，近代何涉有删孟。刺孟出論衡，韓退之贊其閉門潛思，論衡以修矣，則退之於孟子醇乎醇之論，亦或不然也！以上評刺孟篇。

錢塘淮南天文訓補注：王充不信蓋天。不知天以辰極爲中，地以崐崙爲中，二中相值，俱當在人西北。人居崐崙東南，視辰極則在正北者，辰極在天，隨人所視，方位皆同，無遠近之殊，處高故也；崐崙在地，去人有遠近，則方位各異，處卑故也。不妨今天下在極南，自在地東南隅也。以上評談天篇「方今天下，以極言之，不在東南」。

晉書天文志：亦見隋志。渾天理妙，學者多疑。漢王仲任據蓋天之説，以駮渾儀云：「舊説『天轉從地下過』。今掘地一丈，輒有水，天何得從水中行乎？甚不然也。日隨天而轉，非入地。夫人目所望，不過十里，天地合矣。實非合也，遠使然耳。今視日入，非入也，亦遠耳。當日入西方之時，其下之人，亦將謂之爲中也。四方之人，各以其近者爲出，遠者爲入矣。何以明之？今試使一人把大炬火，夜半行於平地，去人十里，火光滅矣。非滅也，遠使然耳。今日西轉，不復見，是火滅之類也。日月不員也，望視之所以員者，去人遠也。夫日，火之精也；月，水之精也。水火在地不員，在天何故員？」故丹陽葛洪釋之曰：「渾天儀注云：『天如鷄子，地如鷄中黄，孤居於天内，天大而地小。天表裏有水，天地各乘氣而立，載水而行。周天三百六十五度四分度之一，又中分之，則半覆地上，半繞地下，故二十八宿半見半隱，天轉如車轂之運也。』諸論天者雖多，然精於陰陽者少。「少」字據隋志補。張平子、陸公紀之徒，咸以爲推步七曜之道，以度歷象昬明之證候，「以」字據隋志補。校以四八之氣，考以漏刻之分，占晷景之往來，求形驗於事情，莫密於渾象者也。張平子既作銅渾天儀，於密室中以漏水轉之，令伺之者閉户而唱之。其伺之者以告靈臺觀天者曰：『璇璣所加，某星始見，某星已中，某星今没。』皆如合符也。崔子玉爲其碑銘曰：『數術窮天地，制作侔造化，高才偉藝，與神合契。』蓋由於平子渾儀及地動儀之有驗故也。若天果如渾者，則天之出入，行於水中，爲的然矣。故黄帝書曰：『天在地外，水在天外，水浮天而載地者也。』又易曰：『時乘六龍。』夫陽爻稱龍，龍者居水之物，以喻天。天，陽物也，又出入水中，與龍相似，故以比龍也。聖人仰觀府察，審其如此，故晉卦坤下離上，以證日出於地也。又明夷之卦離下坤上，以證日入於地也。需卦乾下坎上，此亦天入水中之象也。天爲金，金水相生之物也。天出入水中，當有何損，而謂爲不可乎？故桓君山曰：『春分日出卯入酉，此乃人之卯酉。天之卯酉，常值斗極爲天中。今視之乃在北，不正在人上。而春秋分時，日出入乃在斗極之南。若如磨右轉，則北方道遠，而南方道近，晝夜漏刻之數，不應等也。』後奏事待報，坐西廊廡下，以寒故，暴背。有頃，日光出去，不復暴背。君山乃告信蓋天者曰：『天若如推磨右轉而日西行者，其光景當照此廊下稍而東耳，不當拔出去。拔出去，是應渾天法也。渾爲天之真形，於是可知矣。』然則天出入水中，無復疑矣。又今視諸星出於東者，初但去地小許耳。漸而西行，先經人上，後遂西轉而下焉，不旁旋也。其先在西之星，亦稍下而没，無北轉者。日之出入亦然。若謂天磨右轉者，日之出入亦然，隋志無此句，是。疑涉上文衍。衆星日月，宜隨天而迴，初在於東，次經於南，次到於西，次及於北，而復還於東，不應橫過去也。今日出於東，冉冉轉上，及其入西，亦復漸漸稍下，都不繞邊北去。了了如此，王生必固謂爲不然者，疏矣。今日徑千里，圍周三千里，中足以當小星之數十也。若日以轉遠之故，但當光曜，不能復來照及人耳，宜猶望見其體，不應都失其所在也。日光既盛，其體又大於星多矣。今見極北之小星，而不見日之在北者，明其不北行也。若日以轉遠之故，不復可見，其北入之間，隋志「北」作「比」，是。應當稍小，而日方入之時乃更大，此非轉遠之徵也。王生以火炬喻日，吾亦將借子之矛，以刺子之楯焉。把火之隋志「之」下有「人」字。去人轉遠，其光轉微，而日月自出至入，不漸小也。王生以火喻之，謬矣。又日之入西方，視之稍稍去，初尚有半，如横破鏡之狀，須臾淪没矣。若如王生之言，日轉北去有半者，隋志無「有半」二字，是。其北都没之頃，宜先如竪破鏡之狀，不應如横破鏡也。如此言之，日入西方，隋志作「北方」，是也。不亦孤子乎？又月之光微，不及日遠矣。月盛之時，雖有重雲蔽之，不見月體，而夕猶朗然，是月光猶從雲中而照外也。「月」字據隋志增。日若繞西及北者，其光故應如月在雲中之狀，不得夜便大暗也。又日入則星月出焉。明知天以日月分主晝夜，相代而照也。若日常出者，不應日亦入而星月亦出也。下「亦」字，隋志無。又按河、洛之文皆云：『水火者，陰陽之餘氣也。』夫言『餘氣』也，則不能生日月可知也，顧當言日陽精生火者可耳。隋志無「陽」字。若水火是日月所生，則亦何得盡如日月之員乎？今火出於陽燧，陽燧員而火不員也；水出於方諸，方諸方而水不方也。又陽燧可以取火於日，而無取日於火之理，此則日精之生火，明矣。方諸可以取水於月，而無取月於水之道，此則月精之生水，了矣。王生又云：『遠，故視之員。』若審然者，月初生之時，及既虧之後，何以視之不員乎？初學記天部月條引抱朴子曰：「王生云：『月不圓』者，月初生及既虧之後，視之宜如二寸鏡，稍稍轉大，不當如破環漸漸滿也。」而日食或上或下，從側而起，或如鉤至盡。若遠視見員，不宜見其殘缺左右所起也。此則渾天之理，信而有徵矣。」

賀道養渾天記：御覽二、事類賦一。近世有四術，一曰方天，興於王充；二曰軒夜，起於姚信；三曰穹天，聞於虞昺。皆臆斷浮説，不足觀也。

盧肇海湖賦前序：唐文粹五。日傅於天，天右旋，入海而日隨之。古人或以日如平地執燭，遠則不見。何甚謬乎？日之入海，其必然之理，自朔之後，月入不盡，晝常見焉，以至於望；自望之後，月出不盡，晝常見焉，以至於晦。見於晝者，未嘗有光，必待日入於海，隔以應之。

盧肇海潮賦後序：唐文粹五。自古説天有六：一曰渾天，張衡所述。二曰蓋天，周髀以爲法。三曰宣夜，無所法。四曰安天，虞喜作。五曰昕天，姚信作。六曰穹天。虞聳作。自蓋天以下，蓋好奇徇異之説。其增立渾天之術，自張平子始，言天包於地，周旋無端，其形渾渾，故曰渾天。言不及渾天而乖誕者，凡五家：莊子、逍遥篇。玄中記、王仲任論衡、言日不入地。山經、釋氏言四天。並無證驗，不可究尋。王仲任徒肆談天，失之極遠，桓君山攻之已破，此不復云。

楊炯渾天賦：唐文粹卷四。有爲宣夜之學者曰：天常安而不動，地極深而不測。有稱周髀之術者曰：陽動而陰静，天迴而地游，天如倚蓋，地若浮舟。太史公盱衡而告曰：言宣夜者，星辰不可以闊狭有常；言蓋天者，漏刻不可以春秋各半。周三徑一，遠近乖於辰極；東井南箕，曲直殊於河漢。明入於地，仲任言日不入地。葛稚川所以有辭；候應於天，桓君山由其發難。以上評説日篇。

章炳麟國故論衡文學總略：文德之論，發諸王充論衡，論衡佚文篇：「文德之操爲文。」又云：「上書陳便宜，奏記薦吏士，一則爲身，二則爲人。繁文麗辭，無文德之操，治身完行，徇利爲私，無爲主者。」楊遵彦依用之，魏書文苑傳：「楊遵彦作文德論，以爲古今辭人皆負才遺行，澆薄險忌。唯邢子才、王元景、温子昇彬彬有德素。」而章學誠竊焉。以上評佚文篇「文德之操」。書解篇〔一〕云：「夫文德，世服也。空書爲文，實行爲德，著之於衣爲服。故曰：德彌盛者文彌縟，德彌彰者文彌〔二〕明。大人德擴〔三〕其文炳，小人德熾其文斑。官尊而文繁，德高而文積。」亦發揮「文德」之義。

又檢論六原教：諸奉天神地祇物鬽者，皆上世之左道，愚陋下材之所擁樹。獨奉人鬼爲不誣耳。人之死，由浮屠之言，中陰不獨存，必生諸趣。莊生樂焉而説其傳薪。唯儒家公孟亦言無鬼，見墨子公孟篇。王充、阮瞻傳其説以爲典刑，獨未知變

〔一〕「書解」，原本作「案書」，據論衡改。
〔二〕「彌」字原本脱，據書解篇補。
〔三〕「擴」，原本作「廣」，據書解篇改。

化相嬗之道也。言有鬼則爲常見。徒言無鬼不知中陰流轉則爲斷見。以上評論死、死僞等篇。

杭世駿道古堂文集二十二論王充：范史之傳充曰：「充少孤，鄉里以孝稱。」杭子曰：夫孝者己有善不敢以爲善，己有能不敢以爲能，曰：「是吾先人之所留遺也。是吾祖若父之所培植而教誨也。」鄉人曰：「幸哉！有子如此，可謂孝已。」而吾所聞於充者有異焉。充細族孤門，世祖勇任氣，卒咸不揆於人。歲凶，横道傷殺，怨讎衆多。祖父汎，賈販爲事，生子蒙及誦，任氣滋甚，在錢塘勇勢凌人，誦即充父也。充作論衡，悉書不諱，而乃特創或人問答，揚己以醜其祖先。其尤甚之辭，則曰：「母驪犢騂，無害犧牲；祖濁裔清，不牓奇人。夫禹聖也，而鯀惡；舜神也，而叟頑。」使禹謂聖於鯀，舜謂神於叟，則禹與舜將不得爲神聖，矧復以鯀爲惡，以叟爲頑，而挂諸齒頰，著之心胸，筆之簡牘，即禹亦且不免於惡，舜亦且不免於頑，雖甚神聖，焉得稱孝？充知尚口以自譽而已。唐劉子玄氏謂「責以名教，斯三千之罪人」。旨哉言乎！吾取以實吾言矣。且夫言立將以垂教也，論衡之書雖奇，而不孝莫大，蔡邕、王朗、袁山松、葛洪之徒，皆一代作者，尋其書而不悟其失，殆不免於阿私所好。而范曄又不孝之尤者，隨而附和之，而特書之以孝。嗚呼！孝子固訐親以成名乎？

又曰：充之立論，固不可以訓，而吾特申申辨之不已者，豈以招其過也？蓋有所繩爾。臨川陳際泰，小慧人也，而闇於大道，作書誡子，而以村學究刻畫其所生，禾中無識之徒，刊其文以詔世，而以斯語冠諸首簡，承學之士，胥喜談而樂道之。嗟乎！人之無良，壹至於此乎！而其端實自王充發之。充自矜其論說，始若詭於衆，極聽其終，衆乃是之。審若斯談，匹如中風病易之夫，譫譪不已，不待聽其終而已莫不非而笑之者。不謂後世且有轉相倣效之徒，流傳觚翰，則此壞人心而害世道莫此爲甚也。且充不特敢於瘖疵先人，而亦欲誣蠛前哲，顏路譏其庸固，孔、墨謂其祖愚，始以解免其賤微，而既乃擠賢聖而扳之，此其弊，庸詎止詭於衆而已哉？以上評自紀篇。

# 論衡校釋附編四

## 王充的論衡 見現代學生第一卷，四、六、八、九期。

胡適

王充字仲任，是會稽上虞人。他生於建武三年。西曆二七。他的家世很微賤，他的祖父是做「賈販」的，故人笑他「宗祖無淑懿之基」。他後來到京師做太學的學生，跟班彪受業。他也曾做過本縣本郡的小官。元和三年，西曆八六。他已五十九歲了，到揚州做治中。章和二年，西曆八八。罷州家居，他從此不做官了。後漢書本傳説他「永元中病卒於家」。大概他死時在西曆一百年左右。他著書很多，有譏俗節義十二篇，不傳。是用俗話做的，又有政務一書，是談政治的書，不傳。又有論衡八十五篇。今存，但闕招致篇。他老年時做了養性書十六篇。不傳。論衡末卷有他的自敍一篇，可以參看。

王充的時代——西曆二七至一〇〇——是很可注意的，這個時代有兩種特别色彩。第一，那時代是迷信的儒教最盛行的時代。我們看漢代的歷史，從漢武帝提倡種種道士迷信以後，直到哀帝、平帝、王莽的時候，簡直是一個災異符瑞的迷信時代。西漢末年最特别是讖緯的書。讖字訓驗，是一種預言，驗在後來，故叫做讖。緯是對於經而言，織錦的縱絲爲經，横絲爲緯，圖讖之言都叫做緯書，以别於經書。王莽當國的時候，利用當時天人感應的迷信，造作了「麟鳳龜龍衆祥之瑞七百有餘」，還不够用。於是他叫人造作許多預言的「符命」。孺子嬰元年，（西曆六年）孟通浚井，得白石，上有丹書，文曰：「告安漢公莽爲皇帝。」自此以後，符命繁多，王莽一一拜受。初始元年，（西曆八年）有一個無賴少年，名叫哀章，造作銅匱，内藏圖書，言王莽爲真天子。到黄昏時候，哀章穿着黄衣，捧着銅匱，到高廟裏，交給守官。官聞奏，王莽遂親到高廟拜受金匱。明年，莽遂做皇帝。圖讖的起源很有政治和宗教的意味。漢初的儒生用天人感應的儒教來做那「屈民而伸君，屈君而伸天」的事業。後來儒教總算成功了，居然養成了皇帝的尊嚴，居然做到了「辯上下，定民志」的大功。王莽生在儒教已成功之後，想要做皇帝，很不是容易的事。他不能不利用這天人感應的宗教來打破人民迷信漢室的忠心。解鈴還須繫鈴人，儒教造成的忠君觀念，只有儒教可以打破。王莽、劉歆一班人拼命造假的經書和假的緯書，正是這個道理。王莽提倡經術，起明堂、靈臺、辟雍，求古逸書，即是叫人造假書。添設博士員——騙得四十八萬七千五百七十二人上書稱頌他的功德。這是儒教的第一步成功。他那七百多種的祥瑞——白雉，鳳皇，神爵，嘉禾，甘露，醴泉，禾長丈餘，一粟三米——騙得他的九錫。九錫是當時九百零二個大儒根據「六藝通義經文所見周官、禮記宜于今者」所定的古禮。這是儒教的第二步成功。平帝病了，王莽又模倣周公「作策請命於泰畤，載璧秉圭，願以身代，策金縢，置于前殿，敕諸公勿敢言」。不幸平帝没有成王的洪福，一病遂死了。王莽却因此做了周公，「居攝踐阼，如周公故事」。這是儒教第三步成功。但是儒教的周公究竟不曾敢做真皇帝。王莽没有法子，只好造作符命圖讖，表示天命已歸周公，成王用不着了。於是這個新周公乃下書曰：「予以不德，託於皇初祖考黄帝之後，皇始祖考虞帝之苗裔，而太皇太后之末屬。皇天上帝隆顯大佑，成命統序，符契圖文，金匱策書，神民詔告，屬予以天下兆民。赤帝漢氏高皇帝之靈，承天命，傳國金策之書。予甚祇畏，敢不欽受。」明年，遂「順符命，去漢號」。讀策的時候，王莽親執小皇帝的手，流涕歔欷，説道：「昔周公攝位，終得復於明辟，今予獨迫皇天威命，不得如意。」哀嘆良久。這齣戲遂唱完了。這是儒教的第四步大成功。

這是圖讖符命的起源。光武帝中興，也有許多圖讖。李通造讖曰：「劉氏復興，李氏爲輔。」又彊華奏赤伏符曰：「劉秀發兵捕不道，四七之際火爲主。」光武遂即帝位。故光武很相信這些説讖的人，甚至用圖讖來決定嫌疑。後漢書桓譚傳，又鄭興傳。光武末年，西曆五七。初起靈臺、明堂、辟雍，又宣佈圖讖於天下。明帝、西曆五八至七五。章帝七六至八八。繼續提倡這一類的書，遂使讖緯之書佈滿天下。漢人造的緯書，有河圖九篇，洛書六篇，都是説「自黃帝至周文王所受本文」。又別有三十篇，説是自初起到孔子九位聖人增演出來的。又有七經緯三十六篇，都説是孔子所作。七經緯是：易緯六種，書緯五種，詩緯三種，禮緯三種，樂緯三種，孝經緯二種，春秋緯十三種。詳見後漢書樊英傳註。這種書的作僞的痕跡，很容易看出。據尹敏光武時人。説：「其中多近鄙別字，頗類世俗之辭。」後漢書尹敏傳。其實單看那些緯書的書名——鉤命決，是類謀，元命苞，文耀鉤，考異郵等等——也就可以曉得那些書的鄙陋可笑了。又據張衡説：

春秋元命苞中有公輸班與墨翟事，見戰國，非春秋也。又言「別有益州」。益州之置，在於漢世。其名三輔諸陵，世數可知。……至於王莽篡位，漢世大禍，八十篇何爲不戒？則知圖讖成於哀、平之際也。後漢書張衡傳。

這四條證據都是作僞的鐵證。但是漢朝的君主和學者都是神迷了心竅，把這些書奉作神聖的經典，用來改元定曆，決定嫌疑。看律曆志中屢引圖讖之處可證。這種荒謬可笑的迷忌，自然要引起一般學者的反抗。桓譚、鄭興、尹敏在光武時已極力攻擊圖讖的迷信。尹敏最滑稽，他攻擊圖讖，光武不聽，他就也在讖書的闕文上補了一段，説：「君無口，爲漢輔。」光武問他，他説：「臣見前人增損圖書，敢不自量，竊幸萬一。」光武也無可如何。桓譚攻擊圖讖，光武大怒，説他「非聖無法」，要把他拿下去斬首。但是迷信已深，這幾個人又不能從根本上推翻當時的天人感應的儒教，鄭興、尹敏都是信災異之學的，桓譚略好。故不能發生效果。王充也是這種反抗運動的一個代表。不懂得這個時代荒謬迷忌的情形，便不能懂得王充的哲學。

上文説的讖緯符瑞等等的道士迷信，即是儒教迷信。是西曆一世紀的第一種特別色彩。但是那時代，又是一個天文學發展時代。劉歆的三統曆是儒教的天文學，是王莽時代的天文學。建武八年，西曆三二。已有朱浮、許淑等人請修改曆法。從永平五年六二。到元和二年，八五。是四分曆和三統曆競爭最烈的時代。四分曆最後戰勝，遂得頒行。八五。當兩派爭勝的時候，人人都盡力實地測候的工夫。誰的效驗最優，誰便占勝利。故楊岑候月食成績比官曆優，政府就派楊岑署理弦望月食官。六二。後來張盛、景防等用四分法與楊岑比課，一年之中，他們候月食的成績比楊岑多六事，政府就派他們代楊岑署理月食官。六九。四分曆所以能頒行，全靠他的效驗遠勝太初曆。後來賈逵與王充年歲略相同，死於西曆一〇一，年七十二。用這種實驗的方法，比較新舊兩曆，得結果如下：

以太初曆考漢元，前二〇六。盡太初元年，前一〇四。日朔二十三事，其十七得朔，四得晦，二得二日。新曆七得朔，十四得晦，二得三日。舊曆成績比新曆好。

以太初曆考太初元年，盡更始二年，二四。日朔二十四事，十得晦。以新曆，十六得朔，七得二日，一得晦。新曆成績比舊曆好。

以太初曆考建武元年，二五。盡永元元年，八九。二十三事，五得朔，十八得晦。以新曆，十七得朔，三得晦，二得二日。新曆成績比舊曆好。

又以新曆上考春秋中有日朔者，二十四事，失不中者二十三事。新曆成績很壞。

實測的結果指出一個大教訓：「求度數，取合日月星辰。有異世之術，太初曆不能下通於今，新曆不能上得漢元。」

這種實驗態度，是漢代天文學的基本精神。太初曆的成立，在於效驗；（見上章。）四分曆的成立，也在於效驗。這種效驗是真確可靠的，不比那些圖讖緯書的效驗是邈茫無稽的。這種科學的態度，在當時自然不能不發生一點影響。王充生在這個時代；他著書的時候，正當四分曆與太初曆爭論最烈的時期。論衡著作的時期很可研究。講瑞篇說：「此論草於永平之初……至元和、章和之際，孝章耀德天下。」又恢國篇記章帝六年事，稱今上；宣漢篇也稱章帝爲今上；齊世篇稱章帝爲方今聖明。據此可見論衡不是一個時代做的。大概這書初起在永平初年，當西曆六十餘年，正在四分法初通行的時候。後來隨時增添修改，大部分當是章帝時著作。直至和帝初年還在修改，故有稱孝章的地方。此書最後的修正，當在西曆九十年左右，四分曆已頒行了。此書的著作與修正，前後共需三十年。但此後還有後人加入的地方，如別通篇提及蔡伯喈。蔡邕生於西曆一三三年，王充已死了三十多年了。此外尚有許多加入的痕跡。但論衡大體是西曆六十年至九十年之間做的。這是大概可以無疑的。他又是很佩服賈逵的人，又很留心當時天文學上的問題，如說日篇可爲證。故不能不受當時天文學方法的影響。依我看來，王充的哲學，只是當時的科學精神應用到人生問題上去。故不懂得當時的科學情形，也不能了解王充的哲學。

王充的哲學的動機，只是對於當時種種虛妄和種種迷信的反抗。王充的哲學的方法，只是當時科學精神的表現。

先說王充著書的動機。他自己說：

詩三百，一言以蔽之，曰：「思無邪。」論衡篇以十數，亦一言也，曰：「疾虛妄。」佚文篇。

他又說：

充既疾俗情，作譏俗之書；又閔人君之政，徒欲治人，不得其宜，不曉其務，愁精苦思，不睹所趨，故作政務之書；又傷僞書俗文多不實誠，故爲論衡之書。自紀篇。

他又說：

是故論衡之造也，起衆書並失實，虛妄之言勝真美也。故虛妄之語不黜，則華文不見息；華文放流，則實事不見用。故論衡者，所以銓輕重之言，立真僞之平。……其本皆起人間有非，故盡思極心以譏世俗。世俗之性，好奇怪之語，悦虛妄之文。何則？事實不能快意，而華虛驚耳動心也。是故才能之士，好談論者，增益實事，爲美盛之語；用筆墨者，造生空文，爲虛妄之傳。……至或南面稱師，賦姦僞之説；典城佩紫，讀虛妄之書。……孟子曰：「予豈好辯哉？予不得已也。今吾不得已也。」虛妄顯於真，實誠亂於僞。世人不悟，是非不定，紫朱雜廁，瓦玉雜糅。以情言之，吾心豈能忍哉？……人君遭弊，改教於上；人臣愚惑，作論於下。實得，則上教從矣。冀悟迷惑之心，使知虛實之分；實虛之分定，而後華僞之文滅；華僞之文滅，則純誠之化日以孳矣。對作篇。

他又說：

論衡就世俗之書訂其真僞，辨其實虛。……俗傳蔽惑，僞書放流。……是反爲非，虛轉爲實，安能不言？俗傳既過，俗書又僞。若夫……淮南書言共工與顓頊争爲天子，不勝，怒而觸不周之山，使天柱折，地維絶。堯時，十日並出，堯上射九日。魯陽戰而日暮，援戈揮日，日爲卻還。世間書傳多若等類，浮妄虛僞，没奪正是。心潰涌，筆手擾，安能不論？同上。

這幾段都可寫出王充著書的動機。他的哲學的宗旨，只是要對於當時一切虛妄的迷信和僞造的假書，下一種嚴格的批評。凡是真有價值的思想，都是因爲社會有了病纔發生的。王充所謂「皆起人間有非」。漢代的大病就是「虛妄」。漢代是一個騙子時代。那二百多年之中，也不知造出了多少荒唐的神話，也不知造出了多少荒謬的假書。我們讀的古代史，自開闢至周朝，其中也不知道有多少部分是漢代一班騙子假造出來的。王莽、劉歆都是騙子中的國手。讖緯之學便是西漢騙子的自然産兒。王充對於這種虛妄的行爲，實在看不上眼。我們看他「心濆涌，筆手擾」，「吾不得已也」，「吾豈能忍哉」的語，便可想見他的精神。他的書名是「論衡」。他自己解釋道：「論衡，論之平也。」自紀。又説：「論衡者，所以銓輕重之言，立真僞之平。」衡即是度量權衡的衡。即是估量，即是評判。論衡現存八十四篇，幾乎没有一篇不是批評的文章。最重要的如：

書虛、第十六。道虛、二四。語增、二五。儒增、二六。藝增、二七。對作八四。等篇，都是批評當時的假書的。

問孔、二八。非韓、二九。刺孟三十。是批評古書的。

變虛、十六。異虛、十八。感虛、十九。福虛、二十。禍虛、二一。龍虛、二二。雷虛二三。是批評假書中紀載的天人感應的事的。

寒溫、四一。譴告、四二。變動、四三。招致第四四篇，今闕。四篇，是從根本上批評當時儒教的天人感應論的。

講瑞、五十。指瑞、五一。是應五二。是批評當時的祥瑞論的。

死僞、六三。紀妖、六四。訂鬼、六五。四諱、六八。調時、六九。譏日、七十。卜筮、七一。難歲、七三。詰術七四。等篇，是批評當時的許多迷信的。

論衡的精神只在「訂其真僞，辨其實虚」八個字。所以我説王充的哲學是批評的哲學，他的精神只是一種評判的精神。

現在且説王充的批評方法。上文我説王充的哲學只是當時科學的方法適用到天文學以外的問題上去。當時的天文學者最注重效驗，王充的批評方法也最注重效驗。他批評當時的災異學派説：

變復之家不推類驗之，空張法術惑人君。明雩。

他是屬於自然主義一派的道家的，説見下。但他嫌當時的自然學派也不注重效驗的方法。他説：

道家論自然，不知引物事以驗其言行，故自然之説未見信。自然。

他又説：

凡論事者，違實不引效驗，則雖甘義繁説，衆不見信。知實。

他的方法的根本觀念，只是這「效驗」兩字。他自己説：

事莫明於有效，論莫定於有證。空言虚語，雖得道心，人猶不信。……唯聖心賢意，方比物類，爲能實之。薄葬。

我們若要懂得王充説的「效驗」究竟是什麽，最好是先舉幾條例：

(例一)儒者曰：「日朝見，出陰中。暮不見，入陰中。陰氣晦冥，故没不見。」如實論之，不出入陰中。何以效之？夫夜，陰也，氣亦晦冥。或夜舉火者，光不滅焉。……火夜舉，光不滅，日暮入，獨不見，非氣驗也。夫觀冬日之入出，朝出東南，暮入西南。東南西南非陰，古以北方爲陰。何故謂出入陰中？

且夫星小猶見，日大反滅，世儒之論虚妄也。說日。

(例二)雷者，太陽之激氣也。……盛夏之時，太陽用事，陰氣承之。陰陽分争，則相較軫，較軫則激射。激射爲毒，中人，輒死；中木，木折；中屋，屋壞。人在木下屋間，偶中而死矣。何以驗之？試以一斗水灌冶鑄之火，氣激䃢裂，若雷之音矣。或近之，必灼人體。天地爲爐大矣，陽氣爲火猛矣，雲雨爲水多矣，分争激射，安得不迅？中傷人身，安得不死？……

雷者，火也。何以驗之？這兩句，今本倒置，今以意改正。以人中雷而死，即詢其身，中頭則鬚髮燒燋，中身則皮膚灼燌，臨其尸，上聞火氣，一驗也。道術之家以爲雷燒石色赤，投於井中，石焦井寒，激聲大鳴，若雷之狀，二驗也。人傷於寒，寒氣入腹，腹中素温，温寒分争，激氣雷鳴，三驗也。當雷之時，雷光時見，大若火之耀，四驗也。當雷擊時，或燔人室屋及地草木，五驗也。

夫論雷之爲火有五驗，言雷爲天怒無一效，然則雷爲天怒，虚妄之言。雷虚。

古文「效」與「驗」可以互訓。廣雅釋言：「效，驗也。」吕覽察傳篇注及淮南主術注，驗，效也。王充的效與驗也只是一件事。效驗只是實驗的左證。這種左證，大略可分爲兩種：（一）是從實地考察本物得來的。如雷打死人，有燒焦的痕跡，又有火氣，又如雷能燔燒房屋草木，都屬於這一種。（二）是本物無從考驗觀察，不能不用譬喻和類推的方法，如陰中氣可舉火，又可見星，可以推知日入不是入陰氣中；又如用水灌火能發大聲，激射中人能燒灼人，可以推知雷爲陰氣與陽氣的激射，這都屬於第二類。第一種效驗，因當時的科學情形，不容易做到。只有天文學在當時確能做到了。醫學上的驗方也是如此。王充的書裏，用這種實地試驗的地方，比較的很少。他用的效驗，大都是第二種類推的效驗。他説的「推類驗之」與「方比物類」都是這一類的效驗。這種方法，從箇體推知箇體，從這物推知那物，從名學上看來，是很容易錯過的。但是有時這種類推法也很有功效。王充的長處在此，他的短處也正在此。

這種重效驗的方法，依我看來，大概是當時的科學家的影響。但是科學家的方法固然注重證驗，不過我們要知道證驗是科學方法的最後一步。科學方法的第一步是要能疑問。第二步是要能提出假設的解決。第三步方纔是搜求證據來證明這種假設。王充的批評哲學的最大貢獻就是提倡這三種態度：疑問，假設，證據。他知道單有證驗是不够用的，證驗自身還須經過一番評判，方纔站得住。例如墨家説鬼是有的，又舉古代相傳杜伯一類的事爲證驗。墨子明鬼篇。王充駁道：

夫論不留精澄意，苟以外效立事是非，信聞見於外，不詮訂於内，是用耳目論，不以心意議也。夫以耳目論，則以虚象爲言；虚象效，則以實事爲非是。故是非者不徒耳目，必開心意。墨議不以心而原物，苟信聞見，則雖效驗章明，猶爲失實。失實之議難以教，雖得愚民之欲，不合智者之心。薄葬。

這一段説立論的方法，最痛快，最精彩。王充的批評哲學的精神，只是注重懷疑，注重心意的「詮訂於内」。詮訂就是疑問，就是評判。他自己説論衡的方法是：

論則考之以心，效之以事。浮虚之事，輒立證驗。對作。

看他先説「考之以心」，後説「效之以事」，可見他的方法最重心意的詮訂，效驗不過是用來幫助心意提出的假設，使他立脚得住。不曾詮訂過的證驗，王充説：

「雖效驗章明，猶爲失實。」有時詮訂已分明，便可不須再求證驗，也能成立。例如漢儒說上古聖王太平之世，廚房裏自生肉脯，像一種蒲扇摇動生風，寒涼食物，使他不腐敗，故名萐脯。王充駁道：

太平之氣……能使廚自生肉萐，何不使飯自蒸於甑，火自燃於竈乎？……何不使食物自不臭？何必生萐以風之乎？是應。

儒者又說堯時有蓂莢夾階而生，月朔生一莢，至十五日而十五莢；十六落一莢，至月晦落完。王充駁他道：

夫起視堂下之莢，孰與懸曆日於扆坐旁，顧輒見之也？天之生瑞，欲以娛王者，須起察乃知日數，是生煩物以累之也。且莢，草也。王者之堂，旦夕所坐。古者雖質，宮室之中，草生輒耘，安得生莢而人得經月數之乎？同上。

儒者又說堯時有草名屈軼，生於庭，見了佞人便能指出。王充駁道：

夫天能故生此物以指佞人，不使聖王性自知之，或佞人本不生出，必復更生一物以指明之，何天之不憚煩也？……經曰：「知人則哲，惟帝難之。」人含五常，音氣交通，且猶不能相知；屈軼，草也，安能知佞？如儒者之言是，則太平之時草木踰賢聖也。同上。

王充書裏這一類的懷疑的批評最多，往往不用證驗，已能使人心服。有時他的懷疑或假設，同普通的信仰相去太遠了，不容易使人領會信從，那時他方纔提出證驗來。如上文所引「日不入陰中」及「雷者火也」兩個假設。

總之，王充在哲學史上的絕大貢獻，只是這種評判的精神。這種精神的表現，便是他的懷疑的態度。懷疑的態度，便是不肯糊裏糊塗的信仰，凡事須要經我自己的心意「詮訂」一遍，「訂其真僞，辨其虛實」，然後可以信仰。若主觀的評判還不夠，必須尋出證據，提出效驗，然後可以信仰。這種懷疑的態度，並不全是破壞的，其實是建設的。因爲經過了一番詮訂批評，信仰方纔是真正可靠的信仰。凡是禁不起疑問的信仰，都是不可靠的。譬如房屋建在散沙上，當不住一陣風雨，就要倒了。

漢代的許多迷信都掛着「儒教」的招牌。許多極荒謬的書，都假託儒家所謂聖人做的。這種虛妄詐僞的行爲，和當時人迷信假書的奴性，引起了王充的懷疑態度。王充明明的說當時有許多書是假造的。他說：

世信虛妄之書，以爲載於竹帛上者，皆聖賢所傳，無不然之事，故信而是之，諷而讀之。睹真是之傳與虛妄之書相違，則謂短書不可信用。漢代的古書，長二尺四寸，後出新書篇幅減短，僅長一尺，故名短書。看論衡正篇說。……夫世間傳書諸子之語，多欲立奇造異，作驚目之論，以駭世俗之人；爲譎詭之書，以著殊略之名。書虛。

他又說：

才能之士好談論者，增益實事，爲盛溢之語；用筆墨者，造生空文，爲虛妄之傳。聽者以爲真然，說而不舍；覽者以爲實事，傳而不絕。對作。

他不但懷疑那些假造的書，並且攻擊當時儒生說經的種種荒謬。他說：

儒者說五經，多失其實。前儒不見本末，空生妄說。後儒信前師之言，隨舊述故，滑習辭語。苟名一師之學，趨爲師教授，及時早仕，汲汲競進。不暇留精用心，考實根核。故虛說傳而不絕，實事没而不見，五經并失其實。正說。

我們知道當時經師的荒謬，便知道王充說的「五經并失其實」，并非過當的責備。正說篇引當時說經家的話：「春秋二百四十年者，上壽九十，中壽八十，下壽七十，孔子據中壽三世而作，三八二十四，故二百四十年也。」又：「尚書二十九篇者，法北斗七宿也，四七二十八篇，其一曰斗矣，故二十九。」怪不得王充要痛罵。

王充不但攻擊當時的經師，就是古代的聖賢，也逃不了他的批評。他有問孔、非韓、刺孟三篇，我們可引他對於孔子的態度作例：

世儒學者好信師而是古，以爲賢聖所言皆無非，專精講習，不知難問。夫賢聖下筆造文，用意詳審，尚未可謂盡得實；況倉卒吐言，安能皆是？……案賢聖之言，上下多相違；其文，前後多相伐者，世之學者不能知也。……凡學問之法，不爲無才，難於距師，核道實義，證定是非也。……世之解説説人者，非必須聖人教告乃敢言也。苟有不曉解之問，造難孔子，何傷於義？誠有傳聖業之知，伐孔子之説，何逆於理？問孔。

我們雖不必都贊同他的批評，有許多批評是很精到的，例如他批孟子「王何必曰利」一節。但這種「距師」、「伐聖」的精神，是我們不能不佩服的。

王充生平最痛恨的就是當時的天人感應的儒教。從前天文學還在幼稚時代，把人類看作與天地并立的東西，把人看得太重要了，人類遂妄自尊大，以爲「人之所爲，其美惡之極，皆與天地流通而往來相應」，董仲舒語。善政可招致祥瑞，惡政必招致災異。漢書天文志説的「政失於此，則變見於彼，猶景之象形，響之應聲」，可以代表這種迷信。王充所以能打破這種迷信，大概是受了當時天文學進步的影響。天文家測候天象，漸漸的知道宇宙有無窮的大，人類在這個大宇宙之中，真算不得什麽東西。知道了人類的微細，便不會妄自尊大，妄想感動天地了。正如王充説的：

人在天地之間，猶蚤蝨之在衣裳之內，螻蟻之在穴隙之中。蚤蝨螻蟻爲逆順橫縱，能令衣裳穴隙之間氣變動乎？……天至高大，人至卑小。筳不能鳴鐘，而螢火不爨鼎者，何也？鐘長而筳短，鼎大而螢小也。以七尺之細形，感皇天之大氣，其無分銖之驗，必也。變動。

天文學的進步，不但打破人類妄自尊大的迷誤，又可使人知道天行是有常度的，是自然的，是不會受人事的影響的。王充說：

在天之變，日月薄蝕。四十二月，日一食。五六月，月亦一食。五六月，湖北局本作「五十六月」。按說日篇云：「大率四十二月日一食，百八十日月一蝕，蝕之皆有時。」故改正。西漢天文家測定五個月又二十三分之二十爲一個月食之限，故知「五十六月」必誤也。食有常數，不在政治。百變千災，皆同一狀，未必人君政教所致。治期。又寒溫篇：「水旱之至，自有期節，百災萬變，殆同一曲。」與此同。

這種議論，自然是天文學發達時代的產物。古代荀子也說：「天行有常，不爲堯存，不爲桀亡。」王充的話，竟可算是荀子的天論新得了科學的根據。

王充說：「日月食有常數，不在政治。百變千災，皆同一狀。」王充對於一切災異，都持這個態度。我們只能舉一條最痛快的駁論，不能徧舉了。他說：

世之聖君莫若堯、湯。堯遭洪水，湯遭大旱。如謂政治所致，則堯、湯惡君也。如非政治，是運氣也。運氣有時，安可請求？世之論者，猶謂「堯、湯水旱，水旱者時也。其小旱湛，皆政也」。假令審然，何用致湛？……世審稱堯、湯水旱，天之運氣，非政所致。夫天之運氣，時當自然，雖雩祭請求，終無補益。而世又稱湯以五過禱於桑林時，立得雨。夫言運氣，則桑林之說絀；稱桑林，則運氣之論消。世之說稱者，竟當何由？救水旱之術，審當何用？明雩。

以上所述，大半都是側重批評破壞一方面的。王充的絕大貢獻就在這一方面。中國的思想若不經過這一番破壞的批評，決不能有漢末與魏、晉的大解放。王充的哲學是中古思想的一大轉機。他不但在破壞的方面打倒迷信的儒教，掃除西漢的烏煙瘴氣，替東漢以後的思想打開一條大路，并且在建設的方面，提倡自然主義，恢復西漢初期的道家哲學，替後來魏、晉的自然派哲學打下一個偉大的新基礎。

我們且看王充哲學的建設方面。

自從淮南王失敗後，自然派的哲學被儒教的烏煙瘴氣遮住了，竟不能發展。祇有道家的一小支派——煉金煉丹的神仙家——居然與天人感應的儒教拉得攏來，合成漢代儒教的一部分。漢武帝與劉向便是絕好的例。但道家理論一方面的天道自然觀念，與天人感應的儒教根本上不能相容，故無人提倡。直到王充起來，他要推翻那天人感應的迷信，要打破那天人同類的天道觀念（Anthropomorphism），不能不用一種自然的天道觀念來代他。試看他的譴告篇說：

夫天道，自然也，無爲。如譴告人，是有爲，非自然也。黃、老之家論説天道，得其實矣。變復之家，損皇天之德，使自然無爲轉爲人事，故難聽之也。

看這寥寥的幾句，可見王充的天道論與他的反對迷信是有密切關係的，又可見他的天道論是從道家哲學裏面産生出來的。物勢篇説：

儒者論曰：「天地故生人。」此言妄也。夫天地〔一〕合氣，人偶自生也，猶夫婦合氣，子則自生也。夫婦合氣，非當時欲得生子，情欲動而合，合而生子矣。夫婦不故生子，以知天地不故生人也。然則人生於天地也，猶魚之於淵，蟣虱之于人也，因氣而生，種類相産。萬物生天地之間，皆一實也。……天地合氣，物偶自生矣〔二〕。……何以驗之？如天故生萬物，當令其相親愛，不當令之相賊

〔一〕「地」字原本脱，據物勢篇補。
〔二〕「矣」，原本作「也」，據物勢篇改。

害也。或曰：「五行之氣，天生萬物。以萬物含五行之氣，五行之氣更相賊害。」曰：「天自當以一行之氣生萬物，令之相親愛，不當令五行之氣反使相賊害也。」或曰：「欲爲之用，故令相賊害。賊害，相成也。……金不賊木，木不成用；火不爍金，金不成器，故諸物相賊相利，含血之蟲相勝服、相齧噬、相啖食者，皆五行氣使之然也。」曰：天生萬物欲令相爲用，不得不相賊害也，則生虎狼蝮蛇及蜂蠆之蟲皆賊害人，天又欲使人爲之用耶？……凡萬物相刻賊，含血之蟲則相服，至於相啖食者，自以齒牙頓利，筋力優劣，動作巧便，氣勢勇桀。若人之在世，勢不與適，力不均等，自相勝服。以力相服，則以刃相賊矣。夫人以刃相賊，猶物以角齒爪牙相觸刺也。力强，角利，勢烈，牙長，則能勝；氣微，爪短，則誅；膽小，距頓，則服畏也。人有勇怯，故戰有勝負。勝者未必受金氣，負者未必得木精也。物勢。

看這一大段的主意，只是要推翻當時天人同類的「目的論」（Teleology）。老子、莊子、愼到、淮南子一系的哲學，無論怎樣不同，却有一點相同之處，就是不承認天是有意志的，有目的的。王充也只是攻擊一箇「故」字。淮南子說的「智故」、「故曲」，現在俗話說的「故意」，即是故字的意義。天地是無意志的，是無目的的，故不會「故」生人，也不會「故」生萬物。一切物的生死變化，都是自然的。這是道家哲學的公同觀念。王充的自然哲學和古代的自然哲學不同之處，就在王充受了漢代思想的影響，加上了一箇「氣」的觀念。故說：「因氣而生，種類相產，萬物生天地之間，皆一實也。」故說：

> 試依道家論之。天者，普施氣。……夫天之不故生五穀絲麻以衣食人，由同猶。其有災變不欲以譴告人也。物自生而人衣食之，氣自變而人畏懼之。……如天瑞爲故，自然焉在？無爲何居？自然。

自然主義的天道觀解釋萬物的生長變化，比那目的論的天道觀滿意得多了。王充說：

> 草木之生，華葉青葱，皆有曲折，象類文章。謂天爲文章，復爲華葉乎？宋人或刻木爲楮葉者，三年乃成。孔子曰：「使地三年乃成一葉，則萬物之有葉者寡矣。」如孔子之言，萬物之葉自爲生也。自爲生也，故生并成。如天爲之，其遲當若宋人刻楮葉矣。觀鳥獸之毛羽，毛羽之采色，通可爲乎？……春觀萬物之生，秋觀其成，天地爲之乎？物自然也？如謂天地爲之，爲之必用手，天地安得萬萬千千手，并爲萬萬千千物乎？諸物之在天地之間也，猶子在母

腹中也。母懷子氣，十月而生，鼻、口、耳、目、髮、膚、毛理、血脈、脂腴、骨節、爪齒，自然成腹中乎？母爲之也？偶人千萬，不名爲人者，何也？鼻口耳目，非性自然也。自然。

這一段論自然主義和目的論的優劣，說得明白。我們試想一箇有意志的上帝，在這箇明媚的春光裏，忙著造作萬物，「已拼膩粉塗雙蝶，更著雌黃滴一蜂」，楊誠齋詩。請問這種宇宙觀能使我們滿意嗎？即使有人能承認這種目的論的天道觀，即使有人能承認這箇「無事忙」爲造化者，那麽，天地之間萬物互相殘殺，互相吞吃——大魚吃小魚，人又吃大魚，蚊蟲臭蝨又咬人——難道這都是這個造化者的意志嗎？

王充的自然論一方面要打破一個「故」字，一方面要提出一個「偶」字，故是目的論，偶是因緣論。故他再三說「人偶自生」，「物偶自生」，偶即是無意志的因緣湊合的。他說：

長數仞之竹，大連抱之木，工技之人裁而用之，或成器而見舉持，或遺材而遭廢棄。非工技之人有愛憎也，刀斧之加「之加」二字，湖北本作「加」字，今依下文改。有偶然也。蒸穀爲飯，釀飯爲酒。酒之成也，甘苦異味；飯之熟也，剛柔殊和。

非庖廚酒人有意異也，手指之調有偶適〔一〕也。調飯也，殊筐而居；甘酒也，異器而處。蟲墮一器，酒棄不飲；鼠涉一筐，飯捐不食。夫百草之類，皆有補益。遭醫人采掇，成爲良藥；或遺枯澤，爲火所爍。等之金也，或爲劍戟，或爲鋒銛。同之木也，或梁于宮，或柱于橋。……幸偶。

凡人操行有賢有愚，及遭禍福，有幸有不幸。舉事有是有非，及觸賞罰，有偶有不偶。并時遭兵，隱者不中。同日被霜，蔽者不傷。中傷未必惡，隱蔽未必善，隱蔽幸，中傷不幸。幸偶。

王充把天地間一切現象和一切變化都看作無意識的因緣偶合，這種幸偶論，一方面是他的自然主義的結果，一方面又是他的命定論的根據。道家本是信命定説的。儒家雖然注重人事，但孔子的天道觀念也是自然主義，如「天何言哉，四時行焉，百物生焉，天何言哉」。也信天道自然無爲，故儒家信「死生有命，富貴在天」。孟子也是信命定論的。儒家只有一個荀子不信命。看他的天論與非相篇。老、莊一系没有不信命的。莊子更説得詳細。墨家信仰一個有意志又能賞善罰惡的天，故不能不反對有

〔一〕「適」原本作「失」，據幸偶篇改。

命說。墨子說：

執有命者之言曰：「上之所賞，命固且賞，非賢故賞也。上之所罰，命固且罰，非暴固罰也。」……今用執有命者之言，則上不聽治，下不從事。上不聽治則政亂，下不從事則財用不足。墨子非命上。

漢代的儒生要造出一種天人感應的宗教來限制當時的君權，故不能不放棄「原始的儒教」的天命論，換上墨教的「天志」論。古代儒教的天命論，是如孟子說的「莫之爲而爲者，天也；莫之致而至〔一〕者，命也」。孟子萬章篇。孟子又說：「莫非命也，順受其正。」「殀壽不貳，修身以俟之，所以立命也。」盡心篇。這種命定主義與道家「化其萬物而不知其禪之者，焉知其所終，焉知其所始，正而待之而已耳」，正沒有一點分別。漢代的新儒教表面上也信天命，但他的天命已不是孟子「莫之致而至，殀壽不貳」的命，乃是孟子最反對的那個「諄諄然命之」的天命。這種「諄諄然命之」的天命論，并不是儒家的遺産，乃是墨家的信條。漢代一切春秋派、洪範派、詩派、易派的天人感應論，都含有這個有意志、能賞罰、能用祥瑞災異來表示喜怒的天帝

〔一〕「至」，原本作「致」，據孟子改。下同。

觀念。

王充因爲要推翻這「諄諄然命之」的天命，故極力主張那「莫之致而至」的命。他説命有兩種：（一）是稟氣厚薄之命，（二）是所當觸值的命。氣壽篇。分説如下：

第一，稟氣的命。「夫稟氣渥則其體强，體强則其命長，氣薄則其體弱，體弱則命短」。氣壽。「人稟元氣於天，各受壽夭之命，以立長短之形。……用氣爲性，性成命定。體氣與形骸相抱，生死與期節相須。形不可變化，命不可加減」。無形。這一種命，王充以爲就是「性」。故他説：「用氣爲性，性成命定。」他又解釋子夏「死生有命」一句道：「死生者，無象於天，以性爲主。稟得堅强之性，則氣渥厚而體堅强，堅强則壽命長，壽命長則不夭死。稟性軟弱者，氣少泊而性羸窳，羸窳則壽命短，短則夭死。故言有命，命即性也。」命義。這一種命，簡單説來，只是人受生的時候，稟氣偶然各有不同。人所受的氣，即是性，性即是命，這種命是不可加減的。

第二，觸值的命。這一種是從外面來的。人稟氣也許很强，本可長壽，但有時「遭逢外禍累害」，使他半途夭折。這種外來的累害，屬於觸值的命。王充説：「非唯人行，凡物皆然。生動之類，咸被累害。累害自外，不由其內。……物以春生，人保之；以秋成，人必不能保之。卒然牛馬踐根，刀鐮割莖，生者不育，至秋不成。不成之類，遇害不遂，不得生也。夫鼠涉飯中，捐而不食。捐飯之味與彼不污者鈞，以鼠爲害，棄而不御。君子之累害，與彼不育之物，不御之飯，同一實也。俱由外來，故爲累害。修身正行，不能來福；戰慄戒慎，不能避禍。福禍之至，幸不幸也。」累害。王充這樣説法，把禍福看作偶然的遭逢，本是很有理的。參看上文引的幸偶篇。可惜他終究不能完全脱離當時的迷信。他解説「富貴在天」一句話道：「至於富貴所稟，猶性所稟之氣，得衆星之精。衆星在天，天有其象，得富貴象則富貴，得貧賤象則貧賤，故曰在天。……貴或秩有高下，富或貲有多少，皆星位尊卑小大之所授也。」命義。這種説法，便遠不如觸值遭逢説的圓滿。富貴貧賤與兵燒壓溺，其實都應該歸到外物的遭逢偶合。王充受了當時星命骨相迷信的影響，他有骨相篇，很贊成骨相的迷信。故把富貴貧賤歸到星位的尊卑大小，却不知道這種説法和他的逢遇、幸偶、累害等篇是不相容的。既説富貴定於天象，何以又説福禍由於外物的累害呢？

王充的命定論，雖然有不能使人滿意的地方，但是我們都可以原諒他，因爲他的動機只是要打破「人事可以感動天道」的觀念，故他極力提倡這種「莫之致而至」的命定論，要人知道死生富貴貧賤兵燒壓溺都是有命的，是不能改變的。他要推翻天人感應的宗教，故不知不覺的走到極端，主張一種極端的有命論。

不但人有命，國也有命。王充這種主張，也是對於人天感應的災異祥瑞論而發的。他說：

世謂古人君賢則道德施行，施行則功成治安；人君不肖，則道德頓廢，頓廢則功敗治亂。……如實論之，命期自然，非德化也。……夫賢君能治當安之民，不能化當亂之世。良醫能行其針藥，使方術驗者，遇未死之人得未死之病也。如命窮病困，則雖扁鵲末如之何。……故世治非賢聖之功，衰亂非無道之致。國當衰亂，賢聖不能盛；時當治，惡人不能亂。世之治亂在時不在政，國之安危在數不在教。賢不賢之君，明不明之政，無能損益。治期。

這種極端的國命論，初看了似乎很可怪，其實只是王充的有命論的自然趨勢。王充痛恨當時的天人感應的政治學說，故提倡這種極端的議論。他的目的只是要人知道「禍變不足以明惡，福瑞不足以表善」。治期篇中的話。他這種學說，也有很精采的部分，例如他說：

夫世之所以爲亂者，不以賊盜衆多，兵革并起，民棄禮儀，負畔其上乎？若此者，由穀食乏絶，不能忍饑寒。夫饑寒并至而能無爲非者寡，然則温飽并至而能不爲善者希。……讓生於有餘，爭起於不足。穀足食多，禮義之心生。禮豐義重，平安之基立矣。故饑歲之春，不食親戚；穰歲之秋，召及四鄰。不食親戚，惡行也；召及四鄰，善義也。爲善惡之行，不在人質性，在於歲之饑穰。由此言之，禮義之行，在穀足也。案穀成敗自有年歲，年歲水旱，五穀不成，非政所致，時數然也。必謂水旱政治所致，不能爲政者莫過桀、紂，桀、紂之時宜常水旱。案桀、紂之時無饑耗之災。災至自有數，或時返在聖君之世。實事者説堯之洪水，湯之大旱，皆有遭遇，非政惡之所致；説百王之害，獨爲有惡之應，此見堯、湯德優，百王劣也。審一足以見百，明惡足以招善。堯、湯證百王，至百王遭變，非政所致。……五帝致太平非德所就，明矣。治期。

這是一種很明瞭的「唯物的歷史觀」。最有趣的就是，近世馬克思（Marx）的唯物史觀也是和他的「歷史的必然趨向説」是相關的；王充的唯物觀也是和他的「歷史的命定論」是在一處的。

這種國命論和班彪一流人的王命論大不相同。班彪生西曆三年，死四五年。生當王莽之後，眼見隗囂、公孫述一班人大家起兵想做皇帝，故他的王命論只是要人知道天命有歸，皇帝是妄想不到的。故他説：

帝王之祚，必有明聖顯懿之德，豐功厚利積累之業，然後精誠通於神明，流澤加於生民，故能爲神所福饗，天下所歸往。未見運世無本，功德不紀，而得崛起在此位者也。世俗見高祖興於布衣，不達其故，以爲適遭暴亂，得奮其劍，游説之士至比天下於逐鹿，幸捷而得之，不知神器有命，不可以智力求也。悲夫，此世之所以多亂臣賊子者也。……夫餓饉流隸……亦有命也。況乎天子之貴，四海之富，神明之祚，可得而妄處哉？故雖遭罹阸會，竊其權柄，勇如信、布，韓信、黥布。强如梁、籍，項梁、項籍。成如王莽，然卒潤鑊伏鑕，烹醢分裂，又況么麿尚不及數子，而欲闇于天位者乎？……英雄誠知覺悟，畏若禍戒……距逐鹿之瞽説，審神器之有授，毋貪不可幾……則福祚流於子孫，天禄其永終矣。班彪王命論。

這種王命論是哄騙那些野心的豪傑的。王充的國命論是規勸那些迷信災異祥瑞的君主的。我們知道他們當時的時勢，便可懂得他們的學説的用意。懂得他們的用意，便能原諒他們的錯謬了。

# 論衡校釋附編五

## 論衡版本卷帙考

〔日本島田翰古文舊書考卷二〕論衡二十五卷。殘。宋光宗時刻本。附明修本、通津草堂本、程榮本。今所通行明萬曆程榮刻三十八種漢魏叢書本，以嘉靖通津草堂本爲藍本；通津本根原於宋槧明成化修本；明修本則又基於是書。自宋槧明成化修本極多僞誤，後來諸本皆沿其謬。又加之以明人妄改增删，故有脱一張而强接上下者；有不可句者。諸子頗多粗本，論衡則其一也。是書左右雙邊，半頁十行，行十九、二十、二十一字。界高七寸一分五釐，横五寸。卷端題「論衡卷第幾」，「王充」。次行以下列篇目。版心記刻工氏名王永、王林、王政、王存中、王璽、徐顔、徐亮、徐彦、陳俊、陳明、李憲、李文、趙通、高俊、許中、方祐、楊昌、朱章、宋端、張謹、周彦、劉文、卓宥、卓宄、卓佑、潘亨、毛昌、洪新、洪悦、毛奇、梁濟等。卷中凡遇宋諱「完、慎、貞、桓、徵、懲、匡、筐、胤、朗、竟、境、恒、讓、墻、玄、鮌、弦、泫、殷、弘、眗、構、敬、驚、樹、豎」等字，皆闕末筆，蓋光宗時刻本也。後人遇宋諱闕畫，乃加朱圍，蓋王山僧徒之所爲也。論衡一書，以是書爲最善。乃如累害篇「汙爲江河」下，宋本有「矣，夫如是，市虎之訛……然而太山之惡，君子不得名，毛」四百字，此一張，今跳在命禄篇中，宜改裝也。宋槧明成化修本、嘉靖通津草堂本及程榮、何允中諸本俱闕，蓋明修本偶脱此一葉，通津本之所據，即佚茲一張，首尾文句不屬，淺人乃不得其意，妄改「毛」字爲「毫」字，以曲成其義耳。愛日精廬藏書志所載元刊明修本、元至元刊本并有，今據祕府宋本補録。是書紙刻鮮朗，字字員秀，脱胎於魯公，更覺有逸致，宋本之存于今日者，當奉是本爲泰、華矣。狩谷掖齋求古樓所收，後歸於況齋岡本縫殿之助。聞諸本村正辭氏，況齋之病將歿，屬之于門人本村正辭氏，且捺一小印以爲左券，卷首所捺小圓印即是也。後十洲細川潤次郎先生介書肆琳琅閣而獲之，是書遂升爲祕府之藏。惜闕第二十六以下。案宋槧明成化修本者，首有目録，體樣一與前記宋槧本同。半版十行，行二十字。界長六寸九分，幅四寸七分五釐，長短不齊。其出於明時修版者，縫心上方有「成化九年補刊」字。比宋槧高短三分，横減四分五釐。通津草堂本之稱，以其版心有「通津草堂」四字。起是嘉靖中袁褧所刻。首有嘉靖十年春三月吴郡袁褧引。體式行款，與明修本相同。但界長六寸四分，幅四寸七分，是爲異耳。卷末題曰：「周慈寫。」案嘉靖袁褧刻十一行本六家文選，世所稱以爲精絶，祕府收三通。亦有「周慈寫」三字。宜乎是書筆畫遒勁，可以接武於文選。程榮本者，萬曆中程榮所校，首有萬曆庚寅虞淳熙及戊子沈雲楫序。世多有之，故不詳説。

〔黄丕烈士禮居藏書題跋記卷四子類〕論衡三十卷，宋刻本。余聚書四十餘年，所見論衡，無逾此本。蓋此真宋刻元修明又增補殘損版片者，故中間每頁行款字形各異。至文字之勝於他本者特多。其最著者，卷首至元七年仲春安陽韓性書兩紙，第一卷多七下一葉。餘之佳處不可枚舉，近始于校程榮本知之。程本實本通津草堂本，通津草堂本乃出此本，故差勝於程榮本。其最佳者，斷推此爲第一本矣。通體評閱圈點出東澗翁手跡，「言里世家」，其即此老印記乎？俟與月霄二兄質之。宋廛一翁。

〔孫星衍平津館鑑藏記二〕明版論衡三十卷，題「王充」二字，末有慶曆五年楊文昌序，稱：「先得俗本七，率二十七卷。又得史館本二，各三十卷。然後互質疑謬。又爲改正塗注凡一萬一千二百五十九字。」此本即從楊本翻雕。每葉二十行，行二十字。版心下有「通津草堂」四字，末卷後有「周慈寫，陸奎刻」六字。收藏有「嘉靖己未進士夷齋沈瀚私印」朱文方印。

〔葉德輝郎園讀書記〕論衡三十卷，題「王充」二字，明嘉靖乙未蘇獻可通津草堂刻本。半頁十行，行二十字，版心下有「通津草堂」四字。後有「周慈寫，陸奎刻」。明本中之至佳者。卷一累害篇「垤成丘山，污爲江河」下缺一葉，約四百字。其他明刻如程榮漢魏叢書本、何鏜漢魏叢書本缺葉同。因南監補刊元至元本早缺此葉，無從校補也。元本爲紹興路儒學刊。孫星衍祠堂書目著録，平津館鑒藏書籍記亦詳載此本版式行字數目與此本恰合。余從歸安陸存齋心源皕宋樓所藏本鈔補之。行字，而不及缺葉，但未細閱耳。

〔莫友芝郘亭知見傳本書目卷十〕論衡三十卷，漢王充撰。明通津草堂仿宋本。正德辛巳南監補刊本。嘉靖乙未吴郡蘇獻可刊本。錢震瀧本。漢魏本。坊刊本。抱經有校宋本。張金吾云：論衡明刊元修本目録後有「正德辛巳四月吉日南京國子監補刊完本」記。卷一累害篇「垤成丘山，汙爲江河」下一頁，通津草堂以下諸本俱缺。又元至元刊本殘帙一卷，其書合兩卷爲一卷，凡十五卷，缺六至十五。半頁十二行，行二十四字。「垤成丘山，汙爲江河」下一頁不缺。

〔悼厂過録楊校宋本題記〕宜都楊惺吾氏所校論衡凡五册，册各六卷，係漢魏叢書程榮本，卷首有虞渲熙序，卷末爲楊文昌後序，用宋本與通津本互校，校文俱用朱墨書于眉端，間亦提及坊本及廣漢魏叢書本作某字者。通卷點讀，時有是正。卷首有楊氏印像，右角上端有長方陽文朱印，文曰：「星吾七十歲肖像。」左角下端有正方陰文朱印，文曰：「楊守敬印。」每册第一葉俱鈐有陰文「宜都楊氏藏書記」七字章，于眉端右角。

通卷無題跋，唯卷首目録之末，題「宋槧本每半葉十行，行或十九字，或二十或二十一字。版心有刻手姓名。缺筆慎宁貞桓徵匡朗筐竟恒讓弦朒弘弍玄鮌。明刊本版心有『通津草堂』四字，每半葉十行，行二十字。凡改正，皆係宋本，不悉出也」云云。今悉迻録于此本。

楊氏觀海堂書，收歸國務院。民七、十二月新會梁啓超致書大總統徐世昌，請將楊書捐贈松坡圖書館。徐贈二百七十六箱與之，餘者尚有書目四册，不下數千卷，仍存國務院圖書室。今歲經清室善後委員會索回，暫儲景山西街大高殿。因助教胡文玉先生之介紹，往迻録一過，凡四日始告竣事。

楊氏所校宋本，與予三年前在歷史博物館所校論衡殘本，行款缺筆，一一相符，更足證該館所藏者確係宋槧也。

十五年三月十二日，全書録竟，因題記焉。四月十六日，始書於此。悼厂自記。（朱宗萊校元至元本題記）七年夏，從硤石蔣氏借得元至元本校勘一過。其書合兩卷爲一卷，凡十五卷，每卷首標曰：「新刊王充論衡卷之幾。」半頁十二行，行二十四字。「垤成丘山，汙爲江河」下一頁不缺。然其中訛字甚多，疑是當時坊本。蔣氏藏本又多缺葉爛字。

蔣氏所藏元本論衡，其書合兩卷爲一卷，凡十五卷，半頁十二行，行二十四字。與獨山莫氏所稱元至元本行款合。後有某氏跋，首尾爛損。又有乾道丁亥五月二十八日番陽洪适景伯跋，亦破缺不完。意是元本而覆乾道本者與？篇中空缺訛脱之字，於行二十四字者，爲參差不齊，然合諸行二十四字乃多在同列，豈其所據宋本爲行二十字者與？（陸心源羣書校補云：元至元紹興路總管宋文瓚覆宋十五卷本，每頁二十行，行二十字，則蔣氏藏本爲覆至元本無疑。莫氏所言至元本行款殆誤也。十月十二日。）瑞安孫氏嘗據元本校程榮本，今觀其所謂元本作某者，雖十六七與此合，而訛脱之字，此尤爲多，豈元本本不止一本，而此又元本中之最下者與？七年七月二十三日校録竟，附識于此，以俟考定。

〔隋書經籍志雜家〕論衡二十九卷。後漢徵士王充撰。

〔舊唐書經籍志雜家〕論衡三十卷。王充撰。

〔唐書藝文志雜家〕王充論衡三十卷。

〔宋史藝文志雜家〕王充論衡三十卷。

〔唐馬總意林三〕論衡二十七卷。注：「王充。」周廣業注曰：「隋志二十九卷，唐志三十卷。今存卷如唐，惟闕招致一篇。此云『二十七卷』，未詳。」按：宋楊文昌曰：「俗本二十七卷。」與馬氏所見本合。

〔宋王堯臣崇文總目雜家〕論衡三十卷。王充撰。

〔宋尤袤遂初堂書目雜家〕王充論衡。

〔宋王應麟玉海六十二〕唐志雜家，王充論衡三十卷。隋志二十九卷。今本亦三十卷，八十五篇，逢遇第一至自紀八十五。

〔元馬端臨文獻通考經籍考子雜家〕論衡三十卷。

〔明楊士奇文淵閣書目子雜〕王充論衡。一部七册闕。一部十册殘闕。

〔明葉盛菉竹堂書目子雜〕王充論衡七册。

〔甯波范氏天一閣書目子部雜家類〕論衡三十卷，刊本。漢王充著，宋慶曆五年楊文昌後序，嘉靖乙未後學吴郡蘇獻可校刊。

〔天禄琳琅書目卷九明版子部〕論衡，二函，十二册。漢王充著。三十卷。後有宋楊文昌後序。文昌爵里無考，其序作於慶曆五年。稱「先得俗本七，率二十七卷，其一程氏西齋所貯。又得史館本，各三十卷。於是互質疑謬，沿造本源，又爲改正塗注凡一萬一千二百五十九字。募工刊印」云云。今考晁公武、陳振孫、馬端臨諸家著録卷目悉符，則文昌校刊之本爲可據矣。此本版心下方有「通津草堂」四字，紙質墨光，係爲明製。蓋取文昌定本而重加校刻者。

〔瞿鏞鐵琴銅劍樓宋金元本書影宋子部〕論衡三十卷，宋刊元、明補本。此爲慶曆中楊文昌刊本。迨元至元間紹興路總管宋文瓚重爲補刊，故有至元七年安陽韓性後序。目録後有墨圖記二行云：「正德辛巳四月吉旦南京國子監補刊。」通津草堂本即從此出。卷末有「汲古閣毛氏收藏子孫永保」朱記。

〔皕宋樓叢書子部雜家類三〕論衡，明通津草堂刊本。漢王充撰。載有楊文昌序。

〔孫氏宗祠書目諸子第三雜家〕論衡二十九卷。漢王充撰。一明通津草堂刊本。一明程榮本。

〔稽瑞樓書目〕論衡三十卷。校本十册。

〔世善堂書目子部各家傳世名書〕論衡三十卷。

〔述古堂藏書目子雜〕王充論衡三十卷六本。

〔錢謙益輯絳雲樓書目子雜〕論衡。三十卷。王充。

〔黄丕烈輯季滄葦書目〕王充論衡三十卷八本。

〔天一閣見存書目子部雜家類〕論衡三十卷，缺。漢王充撰。存卷一至二十一，卷二十五至末。

〔四庫全書總目子部雜家類〕論衡三十卷，漢王充撰。其書凡八十五篇，而第四十四招致篇有録無書，實八十四篇。考其自紀曰：「書雖文重，所論百種。案古太公望、近董仲舒傳作書篇百有餘，吾書纔出百，而云太多。」然則原書實百餘篇，此本目録八十五篇，已非其舊矣。

〔藤原佐世日本國見在書目録雜家〕論衡三十卷。後漢徵士王充撰。

〔劉盼遂王充論衡篇數殘佚考〕

（見古史辯第四册六九一頁。）

論衡一書，今存八十五篇，内惟招致一卷，有録無書。蓋實存八十四篇，從未有加以異議者。惟予嘗按考其實，則論衡篇數，應在一百以外，至今日佚失實多，最少亦應有十五六篇。今分三項，説明之如次：

一、以仲任自己之言爲證。

甲、自紀篇云：「按古太公望、近董仲舒傳作書篇百有餘。吾書亦纔出百，而云泰多。」

乙、佚文篇云：「故夫占跡以睹足，觀文以知情，詩三百，一言以蔽之，曰思無邪；論衡篇以百數，亦一言也，曰疾虛妄。」（按：百數各本皆誤作十數，今正。百數者，百許也，百所也，今山東言千之左右曰千數，百之左右曰百數，其遺語也。此本由後人誤仞八十四篇爲足本，故妄改百數爲十數，而不顧其欠通也。）

據以上二事，足證今之八十五篇，非完書矣。

二、以論衡本書之篇名爲證。

甲、覺佞篇　卷十一答佞篇云「故覺佞之篇曰，人生好辯，佞人言利，人主好文，佞人辭麗，心合意同，偶當人主」云云。盼遂按「覺佞」當是論衡篇名，與答佞篇爲姊妹篇，舊相比次，而今亡佚矣。猶之實知之後有知實，能聖之後有實聖也。

乙、能聖篇

丙、實聖篇　卷二十須頌篇云：「漢有實事，儒者不稱，古有虛美，誠心然之，信久遠之僞，忽近今之實，斯蓋三增、九虛所以成也，能聖、實聖所以興也。」盼遂按：三增者，語增、儒增、藝增。九虚者，書虚、變虚、異虚、感虚、福虚、禍虚、龍虚、雷虚、道虚。皆論衡篇名也。然則能聖與實聖，亦必爲論衡篇名，不知於何時失傳矣。

丁、盛褒篇 卷二十九對作篇云：「且凡造作之過，惡其言妄而誹謗也。「惡」字各本訛作「意」，今改正。論衡實事疾妄，齊世、宣漢、恢國、驗符、盛褒、須頌之言，無誹謗之辭，造作如此，可以免於罪矣。」盼遂按：齊世、宣漢、恢國、驗符、須頌五者，皆論衡篇名，所以張其實事疾妄之説也，則盛褒亦必爲論衡篇名，與須頌爲並蒂連理之文無疑，而後世亡失者也。據以上四事，由論衡本文中所載佚篇爲吾人所考明者，已有四篇之多；其本文所載篇名未爲吾人所甄明者，亦或佚去之篇；而本文中從未提及者，爲數當更不少，則論衡篇數過百之説，非無稽矣。

三、以各書所引佚文爲證。

馬總意林卷三引論衡云：「天門在西北，地門在東南，地最下者揚、兗二州，洪水之時，二土最被水害。」

同上又引論衡云：「伯夷、叔齊爲庶兄奪國，餓死于首陽山，非讓國於庶兄也，豈得稱賢人乎？」

同上又引論衡云：「天有日月星辰謂之文，地有山川陵谷謂之理。」段成式酉陽雜俎加十石駝溺條云：「拘夷國北山有石駝溺水，溺下以金銀銅鐵瓦木等器盛之皆漏，以掌盛之亦透，唯瓢不漏。服之令人身上臭毛盡落，得仙去。出論衡。」

據以上四事，舉不見于今本論衡，知論衡至今日殘缺者多矣。

由上列三項證明，則論衡百篇之説，蓋確有此見象，而未容奪易矣。

〔容肇祖論衡中無僞篇考〕

（見民國二十五年六月二十六日天津大公報史地週刊第九十一期。）

王充論衡一書的篇數，據范曄後漢書卷七九王充傳説：「著論衡八十五篇，二十餘萬言。」隋書經籍志子部雜家著録：「論衡二十九卷。」舊唐書經籍志子部雜家著録：「論衡三十卷。」新唐書藝文志同。宋晁公武郡齋讀書志卷十二著録論衡三十卷，説道：

充好論説，始如詭異，終有實理。以俗儒守文，多失其真，乃閉門潛思，户牖牆壁，各置刀筆，著論衡八十五篇，釋物類同異，正時俗嫌疑。後蔡邕得之，祕玩以爲談助云。

陳振孫直齋書録解題卷十亦著録「論衡三十卷」，説道：

初著書八十五篇，釋物類同異，正時俗嫌疑。蔡邕、王朗初傳之時，以爲不見異人，當得異書。自今觀之，亦未見其奇也。

今存本論衡三十卷，八十五篇，（内招致篇有目無篇。）疑唐、宋以來所傳如此。至隋志二十九卷，而唐志以下稱三十，或者後人求合整數之故，多分一卷，非必僞爲一卷以求增益的。

論衡中各篇，從内容看，最可疑的爲亂龍篇。胡適先生中國哲學史大綱卷上導言説道：

王充的論衡，是漢代一部奇書，但其中如亂龍篇極力爲董仲舒作土龍求雨一事辯護，與全書的宗旨恰相反。篇末又有「論衡終之，故曰亂龍。亂者，終也」的話，全無道理，明是後人假造的。此外重複的話極多。僞造的書定不止這一篇。（北京大學叢書本頁十二。）

如果亂龍爲僞篇，則亂龍前明雩、順鼓兩篇，後半亦爲董仲舒求雨的見解辯護的，兩篇的後半篇便爲後人附增。然而通觀論衡全書，説及土龍求雨的事頗不少，而都没有和亂龍篇的見解相反的。我覺得王充的思想，是反對天人感應的迷信，但于類感類應的想象，尚未澈底的清晰，故此他不免爲董仲舒土龍求雨的見解辯護了。茲立三證，證明亂龍、明雩、順鼓等篇絶非後人假造，略舉所見如下：

（1）亂龍所用辨證法純爲王充的辨證法，和全書各篇相一致的。王充對於「浮虚之事，輒立證驗」，（對作篇）這是他的好處。又以爲：「方比物類，爲能實之。」（薄葬篇。）方比物類，即是類推，這是不能没有毛病的。這是亂龍篇所謂「以象類説」。他承認類感類應的道理，以爲土龍可以致雨，他的亂龍篇説道：

夫以非真難，是也。不以象類説，非也。夫東風至，酒湛溢。鯨魚死，彗星出。天道自然，非人事也。事與彼雲龍相從，同一實也。

這些話以下，他列舉十五效驗及四義，又即説道：

夫以象類有十五驗，以禮示意有四義，仲舒覽見深鴻，立事不妄。設土龍之象，果有狀也。

這樣的詳細舉十五效驗及四義，的確是王充的辯證的方法。

（2）論衡中説土龍求雨的有好些篇，而都是承認土龍求雨，没有明顯反對董仲舒的。明雩篇舉出當雩（即是祭祀求雨。）的五種理由；順鼓篇説久雨擊鼓求晴的緣故，都爲董仲舒的見解辯護的。明雩、順鼓、亂龍三篇相連接，都爲董仲舒辯護，僞則全僞，真則全真，這三篇見解有姊妹相連屬的關係，姑且不引爲證。此外尚有一些篇説及土龍致雨的。龍虚篇説道：

實者，雷龍同類，感氣相致。故易曰：「雷從龍，風從虎。」又言：「虎嘯谷風至，龍與景雲起。」龍與雲相招，虎與風相致，故董仲舒之法，設土龍以爲感也。

又感類篇説道：

大旱，春秋雩祭。又董仲舒設土龍以類招氣。如天應雩龍，必爲雷雨。何則？夏秋之雨，與雷俱也。必從春秋仲舒之術，則大雩龍求怒天乎？

他反對雷爲天怒，而承認以類招氣是可能的。定賢篇説道：

夫陽燧刀劍鉤能取火於日。恒非賢聖，亦能動氣於天。若董仲舒信土龍之能致雲雨，蓋亦有以也。

他以爲董仲舒的信土龍是有緣故的。當然土龍是不能致雨，他亦知道，但是他爲董仲舒辯護，在死僞篇説道：

董仲舒請雨，設土龍以感氣。夫土龍非實，不能致雨。仲舒用之，致精誠，不顧物之僞真也。

又感類篇説道：

春秋大雩，董仲舒設土龍，皆爲一時間也。一時不雨，恐懼雩祭，求陰請福，憂念百姓也。

這可以見出王充爲董仲舒以土龍求雨辯護的理由，原來設土龍求雨是爲憂念百姓，只要致精誠，不顧物之真僞的。亂龍篇所説「以禮示意有四義」，便是這種的見解。亂龍篇的四義，説的如下：

立春東耕，爲土象人，男女各二人，秉耒把耡，或立土牛，未必能耕也，順氣應時，示率下也。今設土龍，雖知不能致雨，亦當夏時以類應變，與立土人土牛同義，一也。（「義一」原作「一義」，依劉盼遂校箋校改。）禮宗廟之主，以木爲之，長尺二寸，以象先祖。孝子入廟，主心事之，雖知木主非親，亦當盡敬，有所主事。土龍與木主同，雖知非真，示當感動，立意于象，二也。塗車芻靈，聖人知其無用，示象生存，不敢無也。夫設土龍知其不能動雨也，示若塗車芻靈而有致，三也。天子射熊，諸侯射麋，卿大夫射虎豹，士射鹿豕，示服猛也。名布爲侯，示射無道諸侯也。夫畫布爲熊麋之象，禮貴意象，示義取名也。土龍亦夫熊麋布侯之類，四也。

看這四義，即是死僞篇説的「致精誠，不顧物之真僞」和感類篇説的「憂念百姓」的表示，明知「土龍非實，不能致雨」，而却不肯抹去這精誠之念，憂念百姓之心。看論衡龍虛、感類、死僞、定賢諸篇所説，皆和亂龍所説四義相合，可知亂龍篇是不僞了。

（3）順鼓、明雩爲漢制度，故王充論衡順鼓、明雩篇，爲漢國家辯護。由此看去，自然亂龍一篇不是假造的。要明白這話，可先看論衡須頌篇，這篇説道：

皇帝執德，救備其災，故順鼓、明雩，爲漢應變。是故災變之至，或在聖世。時旱禍湛，爲漢論災。是故春秋爲漢制法，論衡爲漢平説。

順鼓、明雩的名稱，俱見這須頌篇。看「春秋爲漢制法，論衡爲漢平説」的話，可知王充論衡是會有明雩、順鼓的兩篇的。王充是很歌頌當代國家的人，論衡中有齊世、宣漢、恢國、驗符等篇。所謂瑞符如黄龍、鳳皇、麒麟、甘露、嘉穗、瑞芝等東西，王充並不反對其爲祥瑞之物，並承認爲漢世比隆古聖帝明王之效。又王充論衡案書篇説道：

仲舒之言，雩祭可以應天，土龍可以致雨，頗難曉也。

但是這篇又説道：

孔子終論，定於仲舒之言。其修雩治龍，必將有義，未可怪也。

他的思想在案書一篇之中已互相衝突，何況論衡一書爲多年中集合的作品呢？

至於胡先生以爲亂龍篇末有「論衡終之，故曰亂龍，亂者終也」的話，全無道理。這話的解釋亦見於案書篇。案書篇說道：

讖書云：「董仲舒亂我書。」蓋孔子言也。讀之者或爲亂我書者，煩亂孔子之書也；或以爲亂者，理也，理孔子之書也。……案仲舒之書，不違儒家，不及孔子。其言煩亂孔子之書者非也。孔子之書不亂，其言理孔子之書者亦非也。……孔子生周，始其本。仲舒在漢，終其末，盡也。……孔子終論，定於仲舒之言。其修雩治龍，必將有義，未可怪也。

論衡亂龍篇立十五效、四義，以盡仲舒土龍求雨的意義，這名亂龍，真是「亂者終也」了。

人們的思想真是奇怪的，王充極力反對董仲舒天人感應的見解，而却爲漢家政制要用土龍求雨的原故，或者自己一點類感類應的迷信，便承認讖書，並且以爲仲舒能盡孔子之言，而自己能盡仲舒之意，這是很有趣而且是不能索解的。

此外胡適先生在民國十年以前北京大學排印的中國哲學史講義第七章王充與評判的精神，（後來大東書局印的現代學生裏改題爲「王充的論衡」。大東書局印的論衡，放這篇在卷首。）在附注裏說道：

别通篇提及蔡伯喈。蔡邕生於西曆一三三年，王充已死了三十多年了。此外尚有許多後人加入的痕跡。

案四部叢刊影印明通津草堂本論衡别通篇説道：

將相長吏，不得若右扶風蔡伯偕、鬱林太守張孟嘗、東萊太守李季公之徒。心自通明，覽達古今，故其敬通人也，如見大賓。

然則明本作「蔡伯偕」，不作「蔡伯喈」，不得以爲蔡邕之字。「邕」通「雝」字，詩大雅「雝雝喈喈」，爲鳳皇鳴聲，故蔡邕字伯喈。若蔡伯偕當另爲一人，不得名「邕」。又案：後漢書卷九十下蔡邕傳説：「蔡邕字伯喈，陳留圉人也。」這右扶風蔡伯偕，自當與陳留蔡伯喈不同。又以下文「鬱林太守」、「東萊太守」例之，則蔡伯偕或爲右扶風太守；然蔡邕亦未嘗有任右扶風之事。别通篇所説張孟嘗、李季公二人，後漢書皆未著其名，然則蔡伯偕，王充所稱爲當代通人，絶非後來之蔡伯喈，而亦不能于後漢書中尋得他的名字出的。如此，則説别通篇爲後人加入，不免太無根據了。

論衡一書，内中不免有衝突的矛盾的見解，然而本于王充的個人的思想有矛盾、衝突之處。我覺得論衡中無僞篇，意即本此，全書各篇有交互説及的地方可證。胡先生早年所見，以亂龍、别通爲後人加入論衡中的，據胡先生最近的談話，知道他已改變了這種意見了。

二十五年五月十八日。

# 論衡校釋附編六

## 論衡舊序

### 宋慶曆楊刻本序通津本、天啓本、程本、鄭本並載。

王氏族姓行狀，於自紀篇述之詳矣。范曄東漢列傳云：「充字仲任，嘗受業太學，師事班彪，博覽而不守章句。家貧無書，嘗遊雒陽市肆，閱所賣書，一見輒能誦憶，遂博通衆流百家之言。充好論説，始若詭異，終有理實。以爲俗儒守文，多失其真，乃閉門潛思，禮絶慶弔，户牖牆壁各置刀筆，著論衡八十五篇，二十餘萬言。釋物類同異，正時俗嫌疑。」訂百氏之增虚，詰九流之拘誕，天人之際，悉所會通，性命之理，靡不窮盡，析理折衷，此書爲多。既作之後，中土未有傳者，蔡邕入吴會始得之，常祕玩以爲談助。故時人嫌伯喈得異書。或搜求其帳中隱處，果得論衡數卷持去。邕丁寧之曰：「惟我與爾共之，勿廣也。」其後王郎天啓本作「朗」。來守會稽，又得其書。及還許下，時人稱其才進。或曰：「不見異人，當得異書。」問之，果以論衡之益。繇是遂見傳焉。流行四方，今殆千載。撰六帖者，但摘而爲備用；作意林者，止鈔而同諸子。吾鄉好事者，往往自守書櫝爲家寶。然其篇卷脱漏，文字踳駮，魯魚甚衆，亥豕益訛，或有首尾顛躓而不聯，或句讀轉易而不紀，是以覽者不能通其讀焉。余幼好聚書，於論衡尤多購獲，自一紀中，得俗本七，率二十七卷。其一程氏西齋所貯，蓋今起居舍人彭公乘魯所對正者也。「乘」，天啓本作「家」。又得史館本二，各三十卷，乃庫部郎中李公秉前所校者也。余嘗廢寢食，討尋衆本，雖略經修改，尚互有闕疑遺意。據天啓本補「疑」字。其謄録者誤有推移，校勘者妄加删削，致條綱紊亂，旨趣乖違，儻遂傳行，必差理實。今研覈數本之内，率以少錯者爲主，然後互質疑謬，沿造本源，譌者譯之，散者聚之，亡者追之，俾斷者仍續，闕者復補。惟古今字有通用，稍存之。又爲改正塗注凡一萬一千二百五十九字。有如日星之麗天，順經躔而軌道；河海之紀地，自源委以安流。其文取譬連類，雄辯宏博，豈止爲「談助」、「才進」而已哉？信乃士君子之先覺者也！秉筆之士，能無祕玩乎？即募工刊印，庶傳不泯，有益學者，非矜己功。不敢同王、蔡之徒，待搜之然後得而共，天啓本無「待」字。問之然後言其益也。時聖宋慶曆五年二月二十六日，天啓本無此十字。前進士楊文昌題序。

## 宋刊元明補修本序

王充氏論衡，崇文總目三十卷。世所傳本，或爲二十七卷。史館本與崇文總目同。諸本繕寫互有同異。宋慶曆中進士楊文昌所定者，號稱完善。番陽洪公重刻於會稽蓬萊閣下。歲月既久，文字漫滅，不可復讀。江南諸道行御史臺經歷克莊公以所藏善本重加校正。紹興路總管宋公文瓚爲之補刻，而其本復完。充生會稽，而受業太學，閱書市肆，遂通衆流，其爲學博矣。閉門絶慶弔，著論衡六十一篇，當作「八十五」篇。凡二十餘萬言。其用功勤矣。書成，蔡邕得之，祕之帳中，以爲談助。王朗得之，及來許下，人稱其才進。故時人以爲異書，遂大行於世，傳之至今。蓋其爲學博，其用功勤，其著述誠有出於衆人之表者也。嘗試論之：天地之大，萬物之衆，無一定之形，而有一定之理。人由之而不能知，知之而不能名也。古昔聖人窮神知化，著之簡編，使天下之人皆知其所以然之故，而有以全其才，五三六經，爲萬世之准則者此也。先王之澤熄，家自爲學，人自爲書，紫朱雜廁，瓦玉集揉。羣經專門，猶失其實；諸子尺書，人人或誕，論説紛然，莫知所宗。充心不能忍，於是作論衡之書，以爲衡者論之平也。其爲九虚、三增，論死、訂鬼，以祛世俗之惑，使見者曉然知然否之分。論者之大旨如此，非所謂出於衆人之表者乎！然觀其爲書，其釋物類也，好舉形似以相質正，而其理之一者，有所未明；其辯訛謬也，或疑或決，或信其所聞，而任其所見，尚有不得其事實者。況乎天人之際，性命之理，微妙而難知者乎？故其爲書，可以謂之異書，而不可以爲經常之典。觀其書者，見謂才進，而實無以自成其才，終則以爲談助而已。充之爲書，或得或失，不得而不論也。雖然，自漢以來，操觚之士，焦心勞思，求一言之傳而不可得，論衡之書獨傳至今。譬之三代鼎彝之器，宜乎爲世之所寶也。且充之時，去三代未遠，文賢所傳，見於是書者多矣，其可使之無傳乎？今世刻本，會稽者最善，克莊公爲之校正而補刻之，傳之人人，其與帳中之書，戒人勿廣者，可謂遼絶矣。至元七年仲春安陽韓性書。

## 程本序一 錢、黄、王、崇文本誤合沈序上截爲虞序。

余覽東京永元之季，名能立言者，王節信、仲長公理及王仲任三君子，並振藻垂聲，范史類而品之。而迨數世後，獨仲任論衡八十餘篇，有祕玩爲談助，還許下見稱才進者，而節信、公理泬寥莫及若是何也？言貴考鏡於古昔，而尤不欲其虛竅靡當，要如持衡入實肆，酌昂抑，免譁衆爾已。潛夫一論，指訐時短，牴牾鹵略，罔所考鏡。而公理之昌言，好澶漫而澹宕，輒齟齬於世而不相入。彼二氏世且敝箒視之，奚其傳？仲任少宗扶風叔皮，而又腹笥洛陽之籍，其於衆流百氏，一一啓其扃而洞其竅。憤俗儒矜吊詭侈，曲學轉相訛贋而失真，迺創題鑄意，所著逢遇迄自紀，十餘萬言，大較旁引博證，釋同異，正嫌疑。事即絲棼複遝，而前後條委深密，矩矱精篤。漢世好虚辭異説，中爲辨虚凡九，其事𥳑，其法嚴，其旨務祛謬悠夸毗以近理實，而不憚與昔賢聚訟。上裨朝家彝憲，下淑詞壇聽覩，令人誦之泠然。斥吊詭而公平，開曲學而宏鉅。譬一鬨之市，一提衡者至，而貨直錙銖，率晝一無殊喙。以故中郎祕之帳中，丁寧示人勿廣；「郎」字以下，錢、黄、王、崇文本脱。而會稽守還許時，有異人異書之疑。邕與朗其綜覽博識，寧出仲任下？顧簡編充棟，匪衡曷平？得仲任之旨而廣之，它書不迎刃者鮮矣。然仲任當其時閉門潛思，絶慶弔，牆牖各置刀筆，數十星霜而就，何藭甚也！倘盡如中郎必竢求者搜得之，白屋寒俊得寓目者能幾？兹武林張君購得善本，鋟竣，丐序不佞。是書且揭兩曜而天行，僻壤流播，自今爲談助與才進者，奚帳中可隱？異人異書可疑？而仲任有神，必吒爲千載知音也已。余雅嗜仲任，又嘉張君剞劂以公秇苑，敢一言弁之，告當世博雅諸士，能論衡之精，而始不爲僞書僞儒之所溷；且窺仲任之所超節信、公理而不朽者，要在是乎哉！萬曆戊子孟冬西吴沈雲楫序。盼遂案：文中「邕與期」之「期」蓋「朗」之誤，謂王朗也。

# 序二

仲任以其志鰌，慕蘧，師彪，以雄之學，濬諛聞之竇，而牖薄社，耳目秇人，夐矣。故其紀曰：「口務明言，筆務露文。」曉然若盲之開目，冷然若聾之通耳，言不可旒纊也。洛陽之市，豈無縣黎莫難，而仲任以其神營魄藏心宅腹笥也者，望天下之乏而予之，天下仰掇焉。故其紀曰：「玉剖珠出。」玉剖則鳳璞莫隱，珠出則魚脊莫裹。言不可襲與韞而日中爲沽也。微歟，中郎匿之帷間，白傅匿之帖外，馬總匿之林表，而宋士匿之櫝中，珠沉玉瘗，耳目幾廢。政也燔竹，戎也鑽李，兹其埒耳。已讀衡八十五篇，竟十餘萬言，乃喟然稱曰：是何能匿哉？庭無胤子之跡，詩、禮並名異書；席無禽凡之咨，進趨皆登祕府，仲尼、伯魚猶匿，況其凡乎？且上物時茁，神物時茁，宛委、酉陽靈族，司馬安所禕天真之服，闚其名山而化妬婦吝夫耶？故漢之帷，梁之林，唐之帖，宋之櫝，衡之權也，量而出之，無多睎人，彼且以爲鎞利于翳，泰至則篇首至此，錢、黄、王、崇文本脱，誤將沈序自篇首至「以故中」合于虞序。塞。明月夜光，無因而至前，則匹士按劍；迺相與匿衡，而衡誠懸也。吾惡夫諸子之不平，平之於吾衡焉。若乃夫仲任之衡，其果帝之制乎！王之謹乎！累誅而不失，迨鎰而昏乎？有傳於肆曰：「一提而一流也。」一市人重聽矣。視衡星若垣次，而五權亂，喪一市之明矣。槭易圭，璣易瑲，尺爲輕，寸爲重，而一市人皆眩瞀無日矣。故衡仲任之衡，以平其平，是帝王之衡也，天君之謂也。新安程氏出仲任之衡，列之武林，天下以武林爲洛陽，將新衡多於舊衡，業不勝匿，而余有期于新衡焉。斥所謂離、曠者，以無足售，而罔象得之。斯養性之經，天君之職，平歟？「新安」以下六十六字，錢、黄、王、崇文本脱。史稱仲任年漸七十，志力衰耗，造養性書十六篇，不知誰何氏匿之，吾甚不平，行問之靈族，遺程氏矣。各本無「程氏」二字。時皇明萬曆庚寅七月七日，前進士虞淳熙題序。

## 明天啓本序一

一代著述之士，才具各異。才大者無小言，非但不屑，縱爲之，亦不工也。王仲任新書二十萬言，蓋嘗論之：漢代，劉肆其恢誕，董揚其質茂，揚鉤其沉[illegible]，才宜子。遷、固長於論世，其才史，故去而爲記事之書。馬、張詞賦，包舉六合，詩人之遺乎！仲任理醇辭辨，成一家言，當在荀、吕、公孫龍之際，而惡子風之駮。自紀篇筆老事析，使繼修東漢，較蔚宗弘瞻，而薄史法之拘。其述養性，以四言叶讀，亦自風致，足以齊于蔡、酈，開源魏鄴，而厭辭習之浮。古今天地人物百家迂怪之説，洞曉靡漏，彙而爲一，莫如論。論曰：「衡，平也。」不倚時尚，不任意氣，覽之悠然，歸於偶然。孔子曰：「四十不惑。」仲任庶幾焉。仲任家本會稽，徙錢唐，仍以上虞老。自古文人西北盛，東西寥寥，言游振藻，乃有仲任。履其生長流寓之土者，能不誦其遺書而慨然？故越司李晉陵訒韋劉公志之，而錢唐閻子儀成之。浙上傅巖野倩甫書。

## 序二

余好王仲任論衡，其亦文之昌歜，屈之芰，晳之羊棗與！凡人讀書，如遊名山，總此勝地，而或愛其峻巀，則取奇峰峭崿；或愛其幽深，則取邃谷荒嵓；或愛其紆折，則取迴谿仄徑。況春之豔冶，夏之森蔚，秋之踈秀，冬之峭勁，亦各有會心焉。故余自從事筆研來，雖攻者制舉義，而於古文詞獨深耆，雖所喜者古文詞，而於論衡獨深耆。論，論說而窮其旨之謂也。曷言乎衡？衡以持平，平則無偏低昂，重不能增錙銖，輕不可減毫毛。天下事理，於是乎取衷，故題之曰「論衡」。論衡成而理不必天地有者，若不可不有；語不必古人道者，若不容不道。宜乎閉門研思，至忘慶弔，即在籬溷，亦著槧鉛，而宇宙有形之外，風雲變態之中，俱蒐弗搜討也。伯喈逸才，子明尊宿，乃一則祕不分人，一則緣之才進。後世六帖采之，意林收之，有以哉！余喜其曠蕩似漆園，辨析似儀、秦，綜覈似史遷，練達似孟堅，博奥似子雲，而澤於理要，於是又似仲淹。是以居恒把玩，曾不去手。一編敝，輒易一編，幾於韋之三絶。然獨得固不敢驕，分人尤不敢吝。政苦世代久沿，爽鳩多誤，至有一句之謬，而義殊天壤；一言之錯，而理判徑庭。譌以傳譌，祇增乖舛。遂使作者苦心，漫患滅没；讀者亦爾，口噤心惢，展卷復掩，良可悲夫！何幸武林閻子子儀者，散黄金以收書，窮白日而問字。唐、虞已下，元、明已上，牙籤萬軸，鄴架同觀。檢之果得論衡善本，蓋宋進士楊文昌所刻也。余所評閲，不無紕漏，因并付子儀氏，託以精加印勘，大肆研綜，並覓良工鐫之，以廣其傳。子儀氏乃閉門屏迹，與一二友人翻覆讎校，一如仲任著書時。洎成，而棗梨楮墨之費，且不貲矣。顧魚魯之謬，既悉闡明；鷄林之求，亦將飽慰。子儀之效忠仲任，嘉惠來學，豈尠小哉？夫以余之癖好而珍之，不翅帳中之藏，更有子儀之同好，而共珍之，不殫目圍之竭。豈芰、昌歜、羊棗之外，又有耆痂者與？余因同門友傅野倩得子儀。余與子儀俱稱仲任知己可也，而野倩其媒也。則仲任尤當就九京之下，手加額而酬野倩。晉陵劉光斗暉吉父譔。

## 序三

友人閻子儀氏博雅自期，凡古文詞，及法書名畫，鼎彝寶玩，蔑不諳思考覈。客有持示者，真贋立剖。若予，則問道於盲矣。晉陵劉暉吉先生司李於於越，携所愛王仲任論衡來，且欲廣求善本，校讎刊印，以公天下後世，使人人才進，不容王、蔡私美於前。而傅野倩與先生同舉主，又與子儀稱密友，謂兹役無踰子儀。子儀搜笥中，果得宋進士楊文昌刻本；徧訪藏書家，皆出其下。因取先生所評定，校而付之剞劂，五閱月書成。蓋自是卷無譌篇，篇無譌句，句無譌字矣。噫！仲任著此書，殫精研思，至忘寢食，絶慶弔，而子儀訂此書亦然。自昔劉舍人書，得沈休文而重；韓昌黎文，得歐陽子而傳。仲任論衡，得王子明、蔡伯喈而重，得六帖、意林而傳，乃又得劉先生而傳且著，得閻子儀而著且廣。遂使東漢文心，迨斯際而猶昭昭虖揭若日月。仲任慧業文人，諒應未死，得無開卷時，輒有一上虞偉男子褒衣博帶，吐氣伸眉，與相晤對乎？則凡著是書，與讀是書者，拜劉先生賜多矣，拜閻子儀賜多矣。雖然，先生富有不必言；此自子儀一斑，政不足盡子儀也。皇明天啓六年歲在丙寅七月幾望，錢塘擁書人施莊康夫氏書於南郭草堂。

## 序四

夫黔界之大也，而求之蒼莽之間，雖殫智竭力，同夸父之槁耳。有八尺之衡以齊之，不特日月五行絫黍不失，而地之輪軸，亦放此而可準焉。人亦有衡，不執其衡而評隲往古之人物，如矮人觀場，於中無主，爲千古成案所汩没。匪蘚侵入膚理，烏能作豐城吐氣哉？無論其猥雜者，即如莊之弔詭，韓之深刻，安之駁雜，非不奇宕鴻麗，成一家言，各因其資之所得者近是，求之於衡，鮮有當者。仲任生於漢之孟世，抽思力學，積有歲時，著書十餘萬言，上而天文，下而地理，中而人數，旁至動植，幽至鬼神，莫不窮纖極微，抉奥剔隱。筆瀧漉而言溶瀶，如千葉寶蓮，層層開敷，而各有妙趣；如萬叠鯨浪，滚滚翻湧，而遞擅奇形。有短長之説縱横，而去其譎；有晉人之娟倩，而絀其虚；有唐人之華整，而芟其排；有宋人之名理，而削其腐。舉業家得之，尤可以掀翻疑窟，直躡天根，不但爲麈尾之禿而已也。晉陵劉先生漁獵百氏，深嗜此書，如廬陵之於昌黎者，故片語一出，而雞林争媾，紙價爲高。友人野倩氏，其同門友也，請付剞劂，隨珠趙璧，公諸藝林，千古一快事也。中郎而在，當自哂其爲鑽核之濬冲矣。時天啓丙寅孟秋朔，題於凝香閣，錢塘閻光表書。

## 王本跋

王充論衡三十卷，凡八十五篇，二十餘萬言。自周、秦、漢、魏以來，諸子文字之多，未有過于此書者也。其純駁互見，瑕瑜不揜，前人已備言之矣，故不具論。而謨於校刊是書，則不能無概焉。漢、魏以來，作者多矣，其書或傳或不傳，無足深怪，獨怪仲任推重劉子政、揚子雲、桓君山猶文、武、周公并出一時，又以君山所著新論爲甲於子長、子雲論説之徒。而新論十六篇，竟無一傳者。此書八十五篇，止缺招致一篇。不知論衡之書，果愈於新論歟？抑傳之者，獨得其人歟？昔蔡伯喈、王景興得是書，嘗欲祕而不傳矣；乃至今千餘年，卒與子長、子政、子雲諸書并傳於世。如君山書，仲任非不欲傳之，顧不能得。以是而知君山當時於子雲書決其必傳，亦幸而言中也。今何氏叢書，於兩漢諸子書，收采略備，謨亦已次第授梓。獨以論衡文繁，資斧不繼，慮難卒業。會移署南昌縣學篆，因以此事商之顧東田明府。東田故博雅，亦病此書不純。重惜叢書缺而不完，即出百金佐剞劂費，并以其本，屬次公校刊。則此書之得以復爲流布者，東田明府之力，而謨乃能相與有成。此雖事會適然，然以視蔡伯喈、王景興二人之用心，則有間已。汝上王謨識。

# 論衡集解附録

息縣劉盼遂集

（編者案：劉氏附録與黄氏附編重複二十七條，現已删去。）

謝承後漢書　王充，字仲任，會稽上虞人也。少孤，鄉里稱孝。到京師受業太學，博覽而不守章句。家貧無書，常遊洛陽市肆，閲所賣書，一見輒能誦憶，遂至博通衆流百家之言。於宅内門户墉柱各置筆硯簡牘，見事而作，著論衡八十五篇。藝文類聚五十八又三十五引。初學記二十四又二十一引。太平御覽四百三十二、又四百八十四、又六百十二引。

又　班固年十三，王充見之，拊其背，謂彪曰：「此兒必記漢事。」范曄後漢書班固傳注引。

袁山松後漢書　王充，字仲任，會稽上虞人。充幼聰明，詣太學，觀天子臨辟雍，作大儒論。范曄後漢書王充傳注引。

范曄後漢書王充傳　王充，字仲任，會稽上虞人也。其先自魏郡元城徙焉。充少孤，鄉里稱孝。後到京師受業太學，師事扶風班彪，好博覽而不守章句。家貧無書，常游洛陽市肆，閲所賣書，一見輒能誦憶，遂博通衆流百家之言。後歸鄉里，屏居教授。仕郡爲功曹，以數諫争不合，去。充好論説，始若詭異，終有理實。以爲俗儒守文，多失其真，乃閉門潛思，絶慶弔之禮，户牖牆壁各著刀筆，著論衡八十五篇，二十餘萬言，釋物類同異，正時俗嫌疑。刺史董勤辟爲從事，轉治中，自免還家。友人同郡謝夷吾上書薦充才學，肅宗特詔公車徵，病不行。年漸七十，志力衰耗，乃造性書十六篇，裁節嗜欲，頤神自守。永元中，病卒于家。

後漢書儒林傳趙曄傳　曄著吴越春秋、詩細歷神淵。蔡邕至會稽，讀詩細而歎息，以爲長於論衡。

會稽典録　王充年漸七十，乃作養生之書，凡十六篇。養氣自守，閉明塞聰，愛精自輔，服藥導引，庶幾獲道。太平御覽七百二十引。

又　孫亮時，有山陰朱育仕郡門下書仕，太守濮陽興問曰：「昔王景興問士於虞仲翔，書佐寧識之乎？」育對曰：「虞翻對王府君曰：『有道山陰趙曄，徵士上虞王充，各洪才淵懿，學究道源，著書垂藻，絡繹百篇，釋經傳之宿疑，解當世之盤結，上窮陰陽之奥祕，下據人情之歸極。』」三國志吴志虞翻傳注引。

太平御覽卷九百六十八任昉述異記引王充果賦　冬實之杏，春熟之甘。

吴淑事類賦天賦注引賀道養渾天記　近世有四術：一曰方天，興於王充。二曰軒天，起於姚信。三曰穹天，聞於虞昺。皆臆斷浮説，不足觀也。盼遂案：姚、虞皆三國時吴人。創方天之王充，殆即仲任，然無他證，姑從闕疑。

馬總意林卷四引抱朴子　王仲任撫班固背曰：「此兒必爲天下知名。」

劉勰文心雕龍論説篇第十八　至若李康運命，同論衡而過之；陸機辨亡，效過秦而不及，然亦其美矣。

劉知幾史通序傳第三十二　又王充論衡之自紀也，述其父祖不肖，爲州閭所鄙，而已答以瞽頑舜神，鯀惡禹聖。夫自敘而言家世，固當以揚名顯親爲主。苟無其人，闕之可也。至若盛矜於己，而厚辱其先，此何異證父攘羊，學子名母？必責以名教，實三千之罪人也。

韓文公集後漢三賢贊　（樊汝霖注曰：「後漢王充、王符、仲長統三人者同傳，公爲之贊，各不滿百言，而敍事略無遺者。」）王充者何？會稽上虞。本自元城，爰來徙居。師事班彪，家貧無書。閲書於肆，市肆是遊。一見誦憶，遂通衆流。閉門潛思，論衡（韓醇注曰：「王充所爲論衡，初中土未有傳者，蔡邕入吴始得之，常祕以爲談助。其後王朗爲會稽太守，亦得其書，及還許下，時人稱其才進。或曰：『不見異人，當得異書。』」）以修。爲州治中，自免歸歟。同郡友人，謝姓夷吾，上書薦之，待詔公車。以病不行，年七十餘，乃作養性，一十六篇。肅宗之時，終於永元。

晏殊列子有力命王充論衡有命禄極言必定之致覽之有感　大鈞播羣物，零茂歸自然。默定既有初，不爲智力遷。禦寇導其流，仲任派其源。智愚信自我，通塞當由天。宰世曰皋、伊，迷邦有顔、原。吾道誠一槩，彼塗鍾百端。卷之入纖豪，舒之盈八埏。進退得其宜，夸榮非所先。朝聞可夕隕，吾奉聖師言。宋文鑑卷十五。

難王充論衡三篇（今不傳。）　吳處厚青箱雜記卷六云：「近世釋子，多務吟詠。惟國初贊寧獨以著書立言，尊崇儒術爲佛事。故所著書，駁董仲舒繁露二篇，難王充論衡三篇，（中略。）爲王禹偁所激賞，與之書曰：『辱借通論，日殆三復，未詳指歸。徒觀其滌繁露之瑕，劘論衡之玷。……使聖人之道，無傷于明夷，儒家者流，不至于迷復。』」（下略。）

劉章刺刺孟（明時已佚。）　明郎瑛七修續稿卷四辨證類書名沿作條云：「王充有刺孟，宋劉章作刺刺孟。柳子厚有非國語，劉章作非非國語。此皆反而正之之意實難也。況王乃辭勝理者，因孟而矯之，時則可耳。柳以正理，而矯淫誣之辭，劉何能勝之耶？惜未見其書。」

洪适盤洲文集卷六十三論衡跋　右王充論衡三十卷。王君，是邦人也。帳中異書，漢儒之所争睹。轉寫既久，舛錯滋甚，殆有不可讀者。以數本俾寮屬參校，猶未能盡善也。刻之木，藏諸蓬萊閣，庸見避堂舍蓋之意。乾道丁亥五月十八日，會稽太守洪适景伯跋。

馬端臨文獻通考經籍考四十一子雜家　論衡三十卷。鼂氏曰：「後漢王充仲任撰。充好論説，始如詭異，終有實理。以俗儒守文，多失其真，乃閉門潛思，户牖牆壁各置刀筆，著論衡八十五篇，釋物類同異，正時俗嫌疑。後蔡邕得之，祕玩以爲談助云。（盼遂案：自此以下，宋袁州本讀書志無。）世爲漢文章温厚爾雅，及其東也已衰。觀此書與潛夫論、風俗通義之類，比西京諸書，驟不及遠甚。乃知世人之言不誣。」高氏子略曰：「書八十五篇，二十餘萬言。其爲言皆敍天證，敷人事，析物類，道古今，大略如仲舒玉杯、繁露。而其文詳，詳則禮義莫能覈而精，辭莫能肅而括，幾於蕪且雜矣。漢承滅學之後，文、景、武、宣以來，所以崇厲表章者，非一日之力矣。故學者向風承意，日趨於大雅多聞之習，凡所撰録，日益而歲有加，至後漢盛矣。往往規度如一律，體裁如一家，是足以雋美於一時，而不足以準的於來世。何則？事之鮮純，言之少擇也。劉向新序、説苑奇矣，亦復少探索之功，闕詮定之密，其敍事有與史背者不一。二書尚爾，況他書乎？袁崧後漢書云：『充作論衡，中土未有傳者。蔡邕入吴始見之，以爲談助。談助之言，可以了此書矣。』客有難充書煩重者，曰：『石多玉寡，寡者爲珍。龍少魚衆，少者爲神乎？』充曰：『文衆可以勝寡矣。人無一引，吾百篇，人無一字，吾萬言，爲可貴矣。』予所謂乏精覈而少肅括者，正此謂歟？」陳氏曰：「充，肅宗時人。仕爲州從事治中。初作此書，北方初未有得之者。王朗嘗詣蔡伯喈，搜求至隱處，果得論衡，捉取數卷將去。伯喈曰：『惟我與爾共，勿廣也。』然自今觀之，亦未爲奇。」

玉海六十二藝文門論類漢論衡　唐志雜家王充論衡三十卷。（自注：隋志二十九卷，今本亦三十卷，八十五篇。逢遇第一至自紀八十五。）崇文目有續論衡二十卷。（自注：「當考。」）盼遂案：續論衡不知誰作，崇文總目後亦不見著録。

明黄瑜雙槐歲鈔卷六　宋劉章嘗魁天下，有文名，病王充作刺孟，柳子厚作非國語，乃作刺刺孟、非非國語。

明謝肇淛文海披沙卷一論衡相背條　論衡一書，掊擊世儒怪誕之説，不遺餘力。雖詞蕪而俚，亦稱卓然自信矣。至驗符一篇，歷言瑞應奇異，黄金先爲酒尊，後爲盟盤，動行入淵；黄龍大於馬，舉頭顧望；鳳皇芝草，皆以爲實。前後之言，自相悖舛。此豈足爲帳中祕哉？盼遂案：充著驗符等篇，以頌東漢，佛家所謂順世論也。豈著三增、九虚之人，而信任此等事乎？

又漢時四諱條　漢時有四大諱：一曰，諱西益宅。西益宅，謂之不祥。今之住宅忌虎臂昂頭，是其遺意也。二曰，被刑爲徒，不上丘墓。此諱今人無之。但欲使子孫全歸，而非所論於無辜受刑也。三曰，諱婦人乳子，以爲不吉。將舉吉事，入山林，遠行度川澤者，皆不與之交通。乳子家亦忌惡之，丘墓廬道，踰月乃入。今但賽祀及道流上帝漁人下海，則忌之，餘不爾也。四曰，諱舉正月五月子，以爲殺父與母。今不諱也。盼遂案：論衡有四諱篇。

熊伯龍無何集敍録自述一　庚子初夏，燈窗讀荀子，有曰：「雩而雨，何也？曰：無何也，猶不雩而雨也。」世人不解斯言，遂疑天地如何報佑，善惡如何吉凶，鬼神如何靈，祈禳如何驗。精如仙佛，粗若果報諸般，以及山川草木之神，飛走昆蟲之怪，歷歷可指。一有歐陽之徒，不信祥瑞，即從而舉已往靈驗之事以詰之。士大夫沿習成風，牢不可破，正坐不知無何二字耳。余博覽古書，取釋疑解惑之説，以論衡爲最。特摘其尤者，參以他論，附以管見，名曰無何集。欲以醒世之惑於神怪禍福者。且神怪禍福之説而外，亦間録他説，如天地、古今、儒術、雜家、人事宜忌、百物器用之説，有關名教風化，亦備録焉。然俗儒守文失真，時俗嫌疑莫定，凡史書、文集、百家、諸子所傳記之文，其虚妄而不可信者，世已信之久矣，誰肯取斯編以正之哉！

又自述二　余友黄生敬渝謂余曰：「吾讀書數十年，欲覓異書不得。金陵肆中購得論衡一部，反覆讀之，如獲奇珍，但以篇過宂長，辭多重複，醇疵參半，未嘗深愜我心。及見先生鈔本，精萃簡要，分選編類，增廣美備，喜出望外，因口沫手胝，晝夜不倦。始信『玩楊子雲之篇，樂于居千石之官；挾桓君山之書，富於積猗頓之財』，非虚語也。仲任有知，必以先生爲千載知音矣。惜所選多闢神怪禍福之説，未綜全編而精選之也。」因囑余更註全集，刊以問世。余應之曰：「余以神怪禍福之説，時俗嫌疑，故鈔數帙，以明其妄。然才疏識淺，豈能註全集者？昔蔡中郎得論衡，丁寧示人勿廣。今吾亦將祕諸帳中，與吾子共讀之。」黄生喜而謝余曰：「是吾之幸也夫！是吾之幸也夫！」

又自述三　鍾陵自幼不信神仙鬼神、禍福報應之説，有言之者，輒舉聖經賢傳破之。人以中庸言前知，易言鬼神，書言禍福之説爲問，鍾陵不能對，然終疑而不決也。及讀史，見歐陽公不信祥瑞之説，反覆諷誦，深愜于心，思欲推類以廣其説，然以習舉業，爲時文，無暇及此。嘗作適逢説，言古今天下之事皆適逢耳。又嘗作鬼辨，言人死之後，如未生之前。作神論，言山神之形宜似山，水神之形宜似水。是時尚未讀論衡也。後越數年，京師購得論衡，讀之，喜曰：「予言有徵矣。」讀至幸偶篇，云「有幸有不幸，有偶有不偶，」與適逢説同意。又讀至論死篇，云「人未生無所知，其死歸無知之本」，與鬼辨同意。讀至紀妖篇，云「大山有神，宜象大山之形」，與神論同意。因欣然自喜，又爽然自失。自喜者，喜其言之竟合於古也。古人先得我心，其信然矣。自失者，恨其論之不逮於古也。古之爲文渾灝，今之爲文淺露，不可同日語也。因廢適逢、鬼辨諸篇，取論衡之闢虚妄者選爲一編，簡當精要，且廣集他説，以補其不足。嗟乎！昔楊子雲作太玄，猶有覆瓿之恐，余以白屋寒俊，妄欲修漢儒之書，補前賢之缺，不勝爲笑耳。然而藏諸名山，傳之百世，後之君子，其必有以處之矣。

又讀論衡説一段　仲尼曰：「詩三百，一言以蔽之曰，思無邪。」仲任曰：「論衡篇以十數，亦一言也，曰，疾虚妄。」夫曰思無邪，則邪不入矣；曰疾虚妄，則虚妄之説不載矣。仲任蓋宗仲尼者也。問孔、刺孟二篇，小儒僞作，斷非仲任之筆。何言之？論衡之宗孔子，顯而易見。其齊世篇，則稱孔子以斷堯、舜；其實知篇，則稱孔子以辨偶人；其知實篇，則稱孔子以論先知；其卜筮篇，則稱孔子以論蓍龜；其本性篇，則稱孔子以定性道。他篇之引孔子者，不可勝數。其宗孔子若是，焉有問孔者乎？孟子，學孔子者也。焉有宗孔而刺孟者乎？由此言之，二篇之爲僞作，無疑矣。

又二段　余友疑僞作之篇，不但問孔、刺孟、吉驗、骨相、宣漢、恢國、驗符諸篇，以及訂鬼後四段之言，恐皆屬僞作。余問何故，友曰：「以其言多虚妄，且自相矛盾，故知之也。仲任之言，前後一律，試略舉之。如偶會篇言象耕鳥佃之妄，書虚篇又深辨其非；龍虚篇言騎龍之謬，道虚篇又痛斥其虚，非前後一律乎？獨吉驗、骨相之言瑞應，謂命當如此，又謂相者之言果符，真世俗之見也。若驗符篇之言，又與吉驗篇相似；恢國篇之言，全與奇怪篇不合。至訂鬼篇後四段之言，與前相反，且語涉虚妄。故疑非仲任作也。」余曰：「非然也。仲任不言奇異，而諸篇皆云瑞應，子知其意之所在耶！仲任忠君愛國，尊重本朝，以高祖、光武比文王、武王，且謂文帝、武帝、宣帝、孝明帝遠邁周之成、康、宣王，俾後人知漢德隆盛，千古未有，其實非信瑞應也。」

又三段　友曰：「仲任之意，子何以知之？」曰：「以讀對作篇而知之。對作篇曰：『董仲舒作道術之書，言災異政治所失。主父偃嫉之，誣奏其書。仲舒當死，天子赦之。』苟非主上聖明，仲舒死矣。仲任特著須頌篇，又著諸篇以明己志。然則仲任極稱漢德，徵以祥瑞，多溢美之辭，褒增君德者，明哲保身，君子之道也。」

又四段　友曰：「仲任頌君德，其自言曰：『非以身生漢世，褒增頌歎以求媚稱。』觀仲任此言，則頌君德非褒增矣。子謂之褒增，何耶？」曰：「子未讀李陵書乎？李陵答蘇武書云：『足下云：漢與功臣不薄。子爲漢臣，安得不云爾乎？』仲任與蘇武同一意也。不知仲任著書之意，而謂仲任信瑞應，誤矣。」

又五段　友問曰：「著書以教後世。既不信瑞應，而又言之鑿鑿，智者或能察，愚者不將昧乎？」曰：「諸篇之語，非難知也。宣漢篇曰：『太平以治定爲效，百姓以安樂爲符。』亦非信瑞應之言也。且仲任之言瑞應，有深意也。譴告、變動二篇，言災異非天戒，亦非政所致。夫災異非天戒，則祥瑞非天祐；災異非政所致，則祥瑞亦非政所致矣。不信黃精益壽，但觀鉤吻殺人。讀災異可以悟祥瑞，仲任之意殆如此也。且死僞篇辨趙王如意爲祟之説，不信如意之爲祟，肯信盛德之致瑞乎？況講瑞篇亦謂鸜鵒非惡，鳳凰麒麟非善；指瑞篇又言麟鳳有道則來、無道則隱之妄；是應篇言蓂脯、蓂莢之非，又考景星、甘露之解。又況高祖之母夢與神遇，奇怪篇已辨其謬；高祖斬蛇，蛇爲白帝子，紀妖篇明其非實。仲任尊崇本朝，屢言祥瑞而不信祥瑞之實，已露其意於他篇，惟善讀者能會其意也。至齊世篇之言符瑞並至，卜筮篇之言天人並佑，不過與吉驗諸篇之言祥瑞者同意，不必辨也。」

又六段　如訂鬼後四段之言，此小疵耳。書虚篇言杜伯爲鬼之非，死僞篇又言杜伯不能爲鬼，而言毒篇又言杜伯爲鬼，凡此之類，皆小疵也。篇有小疵，則削而不録可也，何用疑乎？

又七段　友曰：「然則仲任之言無過乎？」曰：「亦有之。言命近于星家，如言忠臣見殺，子胥、屈原、箕子、比干輩命當自訖。果如此，則昏主無過矣。又言韓信、張良輔助漢王，高祖命當自立，韓信、張良之輩適相遭遇。信斯言也，則忠臣無補天之功矣。且言命當自立，是又信禄命之説也。又言世之所以亂者，不以盜賊兵革，由穀食乏絶。此言是矣。然又曰：『賢君偶在當治之時，無道之君偶生當亂之日，非惡所致也。』試問仲任，何爲當治之時？何爲當亂之日？是又信氣運之説矣。至言古人今人德無優劣，言雖合理，然其論堯、舜，則曰『以紂之不善，不如是之甚，知堯、舜之德，不若是其盛』，則又太過矣。又如信公牛哀化虎，以爲生物轉爲生類，亦未察也。夫牛哀病七日而化虎，語本淮南。淮南云：『方其爲虎，不知其常爲人。

方其爲人，不知其且爲虎。』夫淮南之言虎，猶莊周之言蝶也。不知爲虎爲人，猶言不知爲周爲蝶也。此不過寓言耳。仲任無形篇不信其説，而論死篇中又信以爲真，何哉？」

又八段　言少君之類，亦有語病。既不信卻老延年之説矣，又曰「少君年二百歲而死」，言亦太過。夫謂少君長壽可也，必曰二百歲，恐未必然也。又如言龍與魚無二，不能升天，是矣。然又曰：「存亡其形，變體自匿。」龍有形，能自亡乎？此亦太過之言也。至于言用術數能知一端，既曰「聖不能先知」，夫思慮之精，聰明之至，莫過於聖人，聖人尚不能知，術數能知之乎？夫謂術數能先知，猶言吉凶有先兆也。言事有吉凶則是矣；必謂吉有吉兆，凶有凶兆，則過矣。

又九段　又若言凶妖之氣，言亦太過。友曰：「論衡之言凶妖，實者空之。凡世間言凶有象，言妖有形，論衡悉謂之氣，所以破世俗之疑，何爲過？」曰：「所謂氣者，害人之氣也。氣能害人，安能成象？如謂毒氣中人輒病，則是矣，必謂太陽毒氣，有象如人，其言未免已甚。他如論宋、衛、陳、鄭之災，曰：『使子産聽梓慎言，四國亦有災。』此不信梓慎之説矣。然又曰：『氣變見天，梓慎知之。』是信天變之説矣。仲任之言，不能無弊，姑舉一二，以概其餘。」

又十段　至于每篇之中，有引俗論以駁俗論者。如熒惑徙舍，變虚篇已辨其妄，感虚篇取以證襄公麾日之事，此借俗論以駁俗論也。讀者須究心焉，勿以仲任爲信虚妄者。諸如此類，宜善讀之。

又十一段　友曰：「問孔一篇，斷非仲任所作，無疑矣。刺孟一篇，與非韓篇同意，子何以知非仲任之筆？」曰：「本性一篇，開口便稱孟子言性善。一篇之中，稱孟子者八，焉有稱之而刺之者乎？且仲任，博學之儒也，禹至湯四百四十餘年，湯至周六百四十餘年，而刺孟篇則曰『禹至湯且千歲，湯至周亦然』。夫漢代去古未遠，豈博如仲任，尚不知三代年數乎？此後世小儒僞作，不暇修飾，故有此弊也。」友乃歎服。

又讀論衡法　讀論衡有直讀、横讀二法。何謂直讀法？每言一事，如剥蕉抽繭，其理層出不窮，試略舉之。如雷罰陰過，先辨雷非天之怒，次辨雷不殺人。且從天體察天，知非天怒，更以地哭天笑，辨其不然。又以喜證怒，且以空怒證實怒。於是以春例夏，以物例人，以王者用刑例天發雷。然後言圖雷之非，指太陽之氣，俾人知殺人之由。又辨雷死之人，身有字迹之妄。篇終又歸到聖人敬天，聞雷必變。由淺而深，由粗而精。此直讀法也。（案：此段專就雷虚篇立説，以例其餘。）何謂横讀法？世間虛妄之説，不能盡闢，凡讀論衡者，觸類旁通可也。試就十事推之。如知白魚入舟之非，則知黄龍負舟不可信也。知負舟之妄，即知葉公好龍，真龍不降，不可信也。知龍降之虛，即知鰲化褒氏不可信也〔一〕。知鰲化之謬，龍鰲不能化人，人身未必化龍，李氏化龍不可信也。知化龍之誕，即知弔客化鶴不可信也。知化鶴之誕，即知橘皮畫鶴不可信也。知橘皮之謬，即知橘中圍棋不可信也。知圍棋之虛，即知壺公懸壺不可信也。知懸壺之妄，即知螺殼美女不可信也。知螺殼之非，即知樹生小兒不可信也。知小兒之非，即知人犬化石不可信也。知化石之妄，即知叱石成羊不可信也。知成羊之虛，即知牛溲成金不可信也。知成金之謬，即知藍田種玉不可信也。知種玉之誕，即知石中有璽不可信也。以類而推，莫可終窮。此横讀法也。直推則就其文而讀之，横推則在乎人之自思。直推、横推，格物致知之學也。知此，可與讀論衡矣。

又説一　論衡無一不宗孔子，即幸偶一篇，稱舜者一，稱孔子者九；至他篇之稱孔子者，不可勝紀。其宗孔子也明矣。問孔一篇，斷非仲任所作。或指論衡爲雜

〔一〕以上十五字原本脱，據無何集補。

家者流，其視仲任也淺矣。夫仲任，孔子之徒也。

又說二　或曰：「子取幸偶篇以冠全部，吾既聞其說矣。子又謂論衡無一不宗孔子，而指問孔、刺孟二篇，以爲斷屬僞作，願聞其詳。」曰：「開卷作逢遇篇，便稱孔、孟。其言曰：『或以賢聖之臣，遭欲爲治之君，而終有不遇，孔子、孟軻是也。』讀此則仲任之宗孔、孟可知矣。累害篇内言鄉愿曰：『孔子之所罪，孟軻之所愆。』又曰：『以方心偶俗之累，求益反損。蓋孔子所以憂心，孟軻所以惆悵也。』讀此，而仲任之宗孔、孟，更可知矣。他如命禄篇稱孔子者三，稱孟子者二；命義篇稱孟子者一；率性篇稱孔門者二，稱孔子者二；偶會篇引孔子稱命者二，引孟子言天者二；骨相篇稱孔子者九，歷敍骨相之驗，而篇終以『以貌取人，失於子羽』一語破之。仲任之宗孔子，益顯而易見。又若本性篇稱孔子者五，稱孟子者八；書虛篇稱孔子者十九；感虛篇稱孔子者三；福虛篇稱孔子者五；禍虛篇稱孔子者四；龍虛篇稱孔子者四；語增篇稱孔子者十一，稱孟子者二；儒增篇稱孔子者四；藝增篇稱孔子者七。又『黎民孑遺』之解，『血流浮杵』之辨，俱主孟子之說。仲任之宗孔、孟，益無疑矣。又如非韓篇稱孔子者二，說日篇稱孔子者七，答佞篇稱孔子者一，程材篇稱孔子者二，量知篇稱孔子者一，謝短篇稱孔子者六，效力篇稱孔子者三，別通篇稱孔子者六，超奇篇稱孔子者九，明雩篇稱孔子者十二，順鼓篇稱孔子者一，亂龍篇稱孔子者五，遭虎篇稱孔子者三，講瑞篇稱孔子者十九，指瑞篇稱孔子者十一，治期篇稱孔子者二，自然篇稱孔子者四，感類篇稱孔子者七，齊世篇稱孔子者六，宣漢篇稱孔子者六，恢國篇稱孔子者一，驗符篇稱孔子者一，須頌篇稱孔子者六，佚文篇稱孔子者七，稱孟子者一，論死篇稱孔子者二，紀妖篇稱孔子者四，言毒篇稱孔子者一，薄葬篇稱孔子者七，四諱篇稱孔子者一，譏日篇稱孔子者一，卜筮篇稱孔子者三，辨祟篇稱孔子者四，詰術篇稱孔子者一，祭意篇稱孔子者二，實知篇稱孔子者二十一，知實篇稱孔子者五十一，稱孟子者五，定賢篇稱孔子者二十七，稱孟子者一，正説篇稱孔子者十三，稱孟子者二，書解篇稱孔子者五，案書篇稱孔子者二十一，對作篇稱孔子者三，稱孟子者三，自紀篇稱孔子者十一，稱孟子者二。其言曰：『可效放者，莫過孔子。』夫以爲莫過，是稱孔子爲至聖矣。意欲效放，是以孔子爲師表矣。合論衡之全書而觀之，不但九虛、三增諸篇語本聖教，八十三篇何一非宗聖言者？夫孔子，萬世之師也。仲任每篇必宗孔子。孟子，學孔子者也，仲任亦間稱孟子。既以孔、孟爲宗，焉有宗之而問之刺之者乎？吾故謂問孔、刺孟二篇係小儒之僞作，斷非仲任之筆也。」

又或問二段　或問：「中郎得論衡，祕諸帳中。考中郎集八卷，曾無一語稱論衡。且答詔問災異與論衡相反，作王子喬碑與仲任之不信道教又大相縣絶。然則中郎果何所取歟？抑徒悦其議論之新奇疊出歟？」曰：「不然。自古聖王敬天之怒，迅雷風烈必變。苟中郎以論衡之説對，是有欺君之罪，不敬莫甚，王半山之徒也。其王子喬碑云：『秋八月，皇帝遣使者奉犧牲以致祀，祗懼之敬，肅如也。』只此一語，可以知中郎之意矣。天眷兹神，而臣子可指爲妄誕乎？昔者九章算術，六燕、五雀飛集衡，衡適平。論如衡之平，故曰論衡。中郎之疏議問答以及碑銘，語多平允，意極精詳，未必非得力於論衡也。夫何疑？」或問：「中郎以直言受禍。當詔問災變，公卿士庶括囊，莫肯盡心，中郎獨以皁囊封上。帝覽而歎息。曹節竊視，爲邕所裁黜者，皆側目思報。程璜飛章，誣邕害大臣，大不敬，詔下獄。夫使中郎言災異之不足信，則禍可免矣。何以中郎既信論衡，卒不能免於禍耶？」曰：「中郎之苦心，寧使人誣以害大臣之不敬，斷不肯言災異之不足信，使其君不敬上帝，不思己過，而謂天變之不足畏。此中郎之忠也，豈可議哉？觀答問災異八事，首言衽席，詩教也。次言皇極，次言貌恭，次言風雨，書教也。言熒惑則主乎禮，論蝗蟲則徵以易，論庫屋損壞之變則引易傳、洪範之言。答聞災恐懼之詔，則述春秋魯定之事。

此與仲任之開〔一〕口不離孔子者何異？」

王清作熊鍾陵無何集序：論衡一書，發明孔子之道者也。何以發明孔子之道？曰：不信妖異，不信鬼怪也。或聞而笑之曰：孔子之道，高矣大矣，僅僅不信妖異鬼怪而已，烏足以發明其道乎？曰：是非予之私言也，予蓋聞諸孔子也。昔楚有雲如赤鳥，夾日以飛，太史請禜，昭王弗許。又，王有疾，卜曰：「河爲祟。」昭王弗祭。夫弗禜，是不信妖異也；弗祭，是不信鬼怪也。不信妖異鬼怪，自世俗言之，方恐不免禍；自儒者言之，不過一智人而已。然而孔子曰：「楚昭王知大道矣，其不失國也宜哉！」大道者何？即不信妖異鬼怪之道也。昭王知之，故能常保其國。然則今人之不信妖異鬼怪者，其亦庶幾知道者哉！吾博覽羣書，見守孔子之道而鑿鑿言之者，莫若論衡一書。其奇怪篇深得孔子不語怪之道也，其卜筮篇深得孔子不語神之道也，其齊世篇深得孔子罕言命之道也，其變虚篇深得孔子請禱弗許之道也，其感類篇深得孔子遠鬼神之道也，其感虚篇深得孔子焉能事鬼之道也，其訂鬼篇深得孔子焉知死之道也。是發明孔子之道者，論衡也。然而純疵參半，未能一一

〔一〕「開」，原本作「問」，形近而誤，據無何集改。

悉合乎道。至問孔、刺孟諸篇，語尤顯悖於道，必不可以不删。昔韓子讀荀篇曰：「孔子删詩、書，筆削春秋，合於道者著之，離于道者黜之。」夫韓子欲削荀子之不合者附於聖人之籍，則曰：「亦孔子之志也。」今學士熊鍾陵削論衡之不合者附於聖人之籍，其亦韓子之志歟！夫而後論衡一書，蓋醇乎醇者矣，即謂爲大有功於聖門焉可。是不可以不序。盼遂案：無何集凡十四卷，專摘論衡釋虚觝妄之言，分臚類列，而附説以闡明之。卷首爲總論，不入數。餘分天地一、古今二、鬼神三、禍福四、災祥五、感格六、宜忌七、人事八、儒術九、道教十、雜家十一、百物十二。餘十三卷則伯龍闢佛隨筆之作，不盡限于仲任書者。十四卷係伯龍之子正笏作，雜取經史子集名人百家之言有合於仲任之道者而成，附於無何集之後，名之曰勿廣餘言集。（此用蔡伯喈語。）此書推爲論衡拂弼，誠不虚也。清乾隆五十九年，熊氏六世孫熊心畬付梓。今據湖北先正遺書本。

盧見曾贈馬秋玉詩　玲瓏山館辟疆儔，邱索搜羅苦未休。數卷論衡藏祕笈，多君慷慨借荆州。漁洋感舊集小傳附注。

錢大昕潛研堂文集卷二十七跋論衡　論衡八十五篇，作于漢永平間，自蔡伯喈、王景興、葛稚川之徒皆重其書。以予觀之，殆所謂小人而無忌憚者乎。觀其問孔之篇，掎摭至聖；自紀之作，訾毁先人，既已身蹈不韙，而宣漢、恢國諸作，諛而無實，亦爲公正所嗤。其尤紕繆者，謂國之存亡，在期之長短，不在政之得失，世治非賢聖之功，衰亂非無道之致，賢君之立偶在當治之世，無道之君偶生于當亂之時，善惡之證不在禍福。嗚呼！何其悖也？後世誤國之臣，是今而非古，動謂天變不足畏，詩、書不足信，先王之政不足法，其端蓋自充啟之。小人哉！

十駕齋養新録卷六王充　王充傳：「充少孤，鄉里稱孝。」案論衡自敍篇云：「六歲，教書，有巨人之志。父未嘗笞，母未嘗非。」不云少孤也。其答或人之啁，稱鯀惡禹聖，叟頑舜神，顏路庸固，回傑超倫，孔、墨祖愚，丘、翟聖賢。蓋自居于聖賢，而訾毁其親，可謂有文無行，名教之罪人也。充而稱孝，誰則非孝？

惲敬大雲山房集讀論衡　吾友張皋文嘗薄論衡，詆爲鄙亢。其問孔諸篇，益無理致。然亦有不可没者，其氣平，其思通，其義時歸于反身。蓋子任稟質卑薄，卑薄故迂退，迂退故言煩而意近。其爲文以荀卿子爲途軌，而無其才與學，所得遂止此。然視爲商、韓之説者，有逕庭焉。卑薄則易近于道，高强則易入于術，斯亦兼人者所宜知也。

章學誠文史通義卷三匡謬　問難之體，必屈問而申答，故非義理有至要，君子不欲著屈者之姓氏也。孟子拒楊、墨，必取楊、墨之説而闢之，則不惟其人，而惟其學。故引楊、墨之言，但明楊、墨之家學，而不必專指楊朱、墨翟之人也。是其拒之之深，欲痛盡其支裔也。蓋以彼我不兩立，不如是不足以明先王之大道也。彼異學之視吾儒，何獨不然哉！韓非治刑名之説，則儒、墨皆在所擯矣。墨者之言少，而儒則詩、書、六藝皆爲儒者所稱述，故其歷詆堯、舜、文、周之行事，必藉儒者之言以辨之，故諸難之篇，多標儒者以爲習射之的焉。此則在彼不得不然也，君子之所不屑較也。然而其文華而辨，其意刻而深，後世文章之士，多好觀之。惟其文而不惟其人，則亦未始不可參取也。王充論衡則效諸難之文而爲之。效其文者，非由其學也，乃亦標儒者而詰難之。且其所詰，傳記錯雜，亦不盡出儒者也。强坐儒説而爲誌射之的焉，王充與儒何仇乎？且其問孔、刺孟諸篇之辨難，以爲儒説之非也，其文有似韓非矣。韓非絀儒，將以申刑名也。王充之意，將亦何申乎？觀其深斥韓非鹿馬之喻以尊儒，且其自敍辨別流俗傳訛，欲正人心風俗，此則儒者之宗旨也。然則王充以儒者而拒儒者乎？韓非宗旨固有在矣，其文之雋不在能斥儒也。王充泥於其文，以爲不斥儒則文不雋乎？凡人相詬，多反其言以詬之，情也。斥名而詬，則反詬者必易其名，勢也。今王充之斥儒，是彼斥反詬，而仍用己之名也。

杭世駿道古堂文集卷二十二論王充

范史之傳充曰：「充少孤，鄉里以孝稱。」

杭子曰：「夫孝者，己有善不敢以爲善，己有能不敢以爲能，曰：『是吾先人之所留遺也，是吾祖若父之所培植而教誨也。』鄉人曰：『幸哉！有子如此，可謂孝已。』而吾所聞於充者有異焉。充細族孤門，世祖勇任氣，卒咸不揆於人。歲凶，橫道傷殺，怨讎衆多。祖父汎，賈販爲事。生子蒙及誦，任氣滋甚。在錢塘，勇勢凌人。誦即充父也。充作論衡，悉書不諱。而乃特創或人問答，揚己以醜其祖先。其尤甚之辭則曰：『母驪犢騂，無害犧牲。祖濁裔清，不牓奇人。』夫禹聖也而鯀惡，舜神也而叟頑。使禹謂聖於鯀，舜謂神於叟，則禹與舜將不得爲神聖。矧復以鯀爲惡，以叟爲頑，而挂諸齒頰，著之心胸，筆之簡牘，即禹亦且不免於惡，舜亦且不免於頑，雖甚神聖，焉得稱考？充知尚口以自譽而已。唐劉子玄氏謂：『責以名教，斯三千之罪人。』旨哉言乎！吾取以實吾言矣。且夫立言將以垂教也，論衡之書雖奇，而不孝莫大。蔡邕、王朗、袁山松、葛洪之徒，皆一代作者，尋其書而不悟其失，殆不免於阿私所好。而范曄又不孝之尤者，隨而附和之，而特書之以孝。嗚呼！孝子固訐親以成名乎？」

充之立論，固不可以訓，而吾特申申辨之不已者，豈以招其過也？蓋有所繩爾。臨川陳際泰，小慧人也，而闇於大道。作書誡子，而以村學究刻畫其所生。禾中無識之徒，刊其文以詔世，而以斯語冠諸首簡。承學之士，胥喜談而樂道之。嗟乎！人之無良，壹至於此乎？而其端實自王充發之。充自矜其論説，始若詭於衆，極聽其終，衆乃是之。審若斯談，匹如中風病易之夫，譫譪不已，不待聽其終，而已莫不非而笑之者。不謂後世且有轉相倣效之徒，流傳觚翰，則其壞人心而害世道，莫此爲甚也。且充不特敢於瘠疵先人，而亦欲誣蠛前哲。顔路譏其庸固，孔、墨謂其祖愚，始以解免其賤微，而既乃擠賢聖而抜之。此其弊，庸詎止詭於衆而已哉！黄東發先生讀論衡云：「王充謂天地無生育之恩，而譬之人身之生蟣虱，欲以盡廢百神之祀。雖人生之父母骨肉，亦以『人死無知，不能爲鬼』而忽蔑之。此與路粹數致孔融之説何異？」

汪璐藏書題識卷二子部王充論衡三十卷明程榮校　卷末墨筆序略曰：（其文已殘闕。）充字仲任，著論衡八十五篇，二十餘萬言。既作之後，中土未有傳者。蔡邕入吴會，始得之，恒祕玩以爲談助，故時人言伯喈得異書。或搜求其帳中隱處，果得論衡，抱數卷持去。邕丁寧之曰：「惟我與爾共之，勿廣也。」其後王朗來〔一〕守會

〔一〕「來」，原本作「太」，據楊文昌序改。

稽，又得其書。及還許下，時人稱其才進。或曰：「不見異人，當得異書。」問之，果以論衡之益。由是遂見傳焉。流行四方，今殆千歲。撰六帖者但摘而爲備用，作意林者止鈔而同諸子。吾鄉好事者，往往自手書牘，珍爲家寶。然其篇卷脱漏，文字踳駁，魯魚甚衆，豕亥益訛，或首尾顛躓而不聯，或句讀轉易而不紀，是以覽者不能通其讀焉。余幼好聚書，於論衡尤多購獲，自一紀中得俗本七，率二十七卷，其一程氏西齋所貯，蓋今起居舍人彭公秉曾所對正者也；又得史館本二，各三十卷，乃户部郎中李公秉前所校勘者也。余嘗廢寢食，討尋衆本，雖略經修改，尚有闕遺。意其謄録者誤有推移，校勘者妄加删削，致條綱紊亂，旨趣乖違，倘遂傳行，必差理實。今研覈數本之内，率以少錯者爲主，然後互質疑繆，沿造本源，譌者譯之，散者聚之，亡者追之，俾斷者仍續，闕者復補。惟古今字有通用者，稍存之。又爲改正塗注，凡一萬一千二百五十九字。盼遂案：汪氏殆全鈔楊文昌刻書序文，而中有不同數處，故録供參考。

趙坦保甓齋文録卷上書論衡後　王充，漢儒之愎戾者也，故所著論衡八十五篇，多與聖賢之旨悖。自古聖賢莫不畏天，畏天故朝夕兢惕以自閑其身心，禎祥見則不敢自矜，災異見則引以自責。自責則政修，政修則民心固，祈天保命之術，不外是也。充則以戔戔之智，而反其說。充之變虛篇云：「人不覺天所爲，天安能知人所行？」嗚呼！古之正心者，即隱微之地，尚不使稍留餘憾，曾謂明明上天，而可怠泄接之乎？使充之說行，則生人之理滅，而人將與禽獸無別。是驅昭昭之民而胥人於冥冥也，其害可勝言哉！妖孽之興，由人心生也，心動乎下，徵見乎天。修省而不弭，則必所失者多而所改者小也，所積者久而所改者暫也。充之異虛篇云：「見妖改政，安能除禍？」信如是言，則將任妖孽之見而不爲警省，吾恐害且迭起而莫可止矣。雨暘失其時，則必祈請於天，天高而精誠可通，且以安百姓也。古之人知之明，察之審，故水則伐鼓責羣陰，旱則雩祭祈蒼龍。祈之而不得，務爲禦災之政，理與勢宜然也。充之明雩篇則曰：「恬居安處，不求己過，天猶自雨，雨猶自暘。」嗚呼！一任天之雨暘，必且任人之自治自亂，可乎哉？夫人之所以爲萬物靈者，以其能自治也。極其至，則可以參天地之化育。如充之言，何其自處於無知而不自振拔乎？其他商蟲、治期等篇，皆悖政術，不足道。至死僞篇盡掃鬼神之說，壹似聖王之制爲祭祀，皆虛而無憑者。夫鬼神若有若無，聖王之不敢褻。鬼神所以厚人心而輔治道也，充烏能知之？周、秦而下，諸子百家雜出，以淆聖人之道。背仁義者莫如申、韓，至充之論衡則又甚焉。嗚呼！敢於問孔、刺孟，則無所不用其悍戾矣。

平步青安越堂外集卷四書論衡後　明虞德園淳熙序論衡（在萬曆十一年。）末云：「史稱仲任年漸七十，志力衰耗，造養性書十六篇，不知誰何氏匿之，吾甚不平，行問之靈族氏矣。」案本書卷三十自敍篇云：「章和二年，罷州家居。年漸七十，時可懸車，（案：充生建武三年丁亥，至章和二年戊子止，六十二。）乃作養性之書，凡十六篇。」即范史列傳所本。章懷注引袁山松書曰：「充幼聰明。詣太學，觀天子臨辟雍，作大儒論。」自序篇又云：「閒居作譏俗節義十二篇，冀俗人觀書而自覺。」又云：「充既疾俗情作譏俗之書，又閔人君之政，徒欲治人，不得其宜，不曉其務，愁情苦思，不睹所趨，故作政務之書。又傷僞書俗文，多不實誠，故爲論衡之書。」據自敍所言，仲任撰著篇籍，不僅論衡、養性。大儒論或以少作棄去。譏俗節義及政務之書，今亦不傳。不得偕論衡並垂天壤。與王汝麋之怪桓君山新論同恨。德園塵塵不平，不知誰何氏匿養性書。豈知仲任究當世失得，論衡百餘篇外，不知尚有若干萬言。論衡得中郎、景興先後傳播，盛行於世。蔚宗習見其言，故但云「釋物類同異，正時俗嫌疑」，略舉大恉，不著其篇。使譏俗、政務尚存，亦當如著潛夫之貴忠、浮侈、實貢、愛日、述赦五篇，録昌言之治亂、損益、法誡三篇，足觀當時風政。簡撮其略，載之本傳，而獨無之，蓋其亡佚久矣，不獨養性十六篇，初非有人祕玩以爲談助，匿之帳中隱處也。德園欲問之靈族氏，固哉！

陸心源皕宋樓藏書志卷五十七論衡三十卷（明通津草堂刊本。）王氏族姓行狀，於自紀篇述之詳矣。范曄東漢列傳云：「充字仲任，嘗受業太學，師事班彪，博覽而不守章句。家貧無書，嘗遊雒陽市肆，閱所賣書，一見輒能誦憶，遂博通衆流百家之言。充好論説，始若詭異，終有理實。以爲俗儒守文多失其真，乃閉門潛思，禮絶慶弔，户牖牆壁各置刀筆，著論衡八十五篇，二十餘萬言，釋物類同異，正時俗嫌疑。」訂百氏之增虚，詰九流之拘誕，天人之際悉所會通，性命之理靡不窮盡，析理折衷，此書爲多。既作之後，中土未有傳者。蔡邕入吴會始得之，常祕玩以爲談助，故時人嫌伯喈得異書。或搜求其帳中隱處，果得論衡，抱數卷持去。邕丁寧之曰：「惟我與爾共之，勿廣也。」其後王朗來守會稽，又得其書。及還許下，時人稱其才進。或曰：「不見異人，當得異書。」問之，果以論衡之益，繇是遂見傳焉。流行四方，今殆千載。撰六帖者但摘而爲備用，作意林者止鈔而同諸子。吾鄉好事者，往往自守書櫝爲家寶。然其篇卷脱漏，文字踳駁，魯魚甚衆，亥豕益訛，或首尾顛躓而不聯，或句讀轉易而不能通其讀焉。余幼好聚書，於論衡尤多購獲，自一紀中得俗本七，率二十七卷，其一程氏西齋所貯，蓋今起居舍人彭公乘曾所對正者也；又得史館本二，各三十卷，乃庫部郎中李公秉前所校者也。余嘗廢寢食，討尋衆本，雖略經修改，尚互有闕遺。意其謄録者誤有推移，校勘者妄加刪削，致條綱紊亂，旨趣乖違，儻遂傳行，必差理實。今研覈數本之内，率以少錯者爲主，然後互質疑謬，沿造本源，譌者譯之，散者聚之，亡者追之，俾斷者仍續，闕者復補。惟古今字有通用，稍存之。又爲改正塗注，凡一萬一千二百五十九字。有如日星之麗天，順經躔而軌道；河海之紀地，自源委以安流。其文取譬連類，雄辯宏博，豈止爲談助、才進而已哉！信乃士君子之先覺者也。秉筆之士，能無祕玩乎？即募工刊印，庶傳不泯，有益學者。非矜己功，不敢同王、蔡之徒，待搜之然後得而共，問之然後言其益也。時聖宋慶曆五年二月二十六日。前進士楊文昌題序。

丁丙善本書室藏書志論衡三十卷（明刊本盧抱經校藏。）前有虞淳熙序，卷六後盧召弓學士校正，間以墨筆録孫志祖、梁玉繩校語於卷眉。末記云：「乾隆五十八年八月二十八日七十七翁盧文弨細校竟。次年甲寅重細校，五月十九日訖功。」有抱經堂印、文弨校正兩印。案：是書以宋慶曆中楊文昌定本爲善。至元間，紹興路總管宋文瓚重刊楊本，明通津草堂所刻即出是本。此程氏叢書又出自通津者也。

譚獻復堂日記　閲論衡，王仲任文士之見，窮達橈其志趣，所言辨而不中。自名其書曰戒虚妄，而師心妄作，戾經訓者甚多。陰陽災異一歸於虚，而篤信命遇，以爲賢愚同囿于氣。蹇困之士，有激之言，不可爲典要。充訶墨詰儒，歷詆世論。若以聖賢流俗一概相量，持之雖有故，言之不甚成理。究不逮周末九流偏至振奇，可以自持其説。充於雜家爲第二流，吕覽、淮南未易企也。文體僿而不駁，西京之風未邈。獨其出入起落，鬥亂不亂，又揮之不斷，爲獨到耳。招致篇闕，大都亦言災祥，無關人事。閩陳氏有足本未録副，忘其大意矣。

蔣光煦東湖叢記卷六論衡　王氏論衡通行本，以通津草堂刊者爲勝，程榮本不及也。獨累害篇「汙爲江河」下脱四百字。張氏藏書志亦云「而所闕之文，莫能考見」以爲憾。偶從西吴書舫購得元刻十五卷本有之，亟録以餉讀是書者，不欲爲帳後之祕也。盼遂案：四部叢刊本已據宋本補入此四百字，今不再録。

朱學勤結一廬遺文卷下明鈔本論衡跋　王仲任論衡三十卷，自宋已無善本。慶曆五年，楊文昌合校諸本，改補一萬一千二百餘字，始爲完書。乾道乙亥，洪文惠重録諸會稽。至元間，劉氏又刊之。正德之初，板存南雍，今俱不可得見矣。世所通行者，通津草堂本爲最古，而脱誤無從是正。余得此本於京都書肆，尚是明人從宋槧本傳録，卷一累害篇增多四百餘字，其餘異同亦以鈔本爲長。然招致之缺，倉光之訛，則兩本俱同也。仲任自謂庶幾之才，正俗決疑，每多争辨，雖失之繁亢，而解頤者亦多。至謂孔壁中得尚書百篇，禮三百，左氏傳三十篇，又謂壁中論語得二十一篇，齊、魯、河間得九篇本三十篇，此與晉楊方所謂周官出自孔壁中者，皆疏舛之甚。恐學者以仲任漢人，言其可信，故附辨之，庶考古者不爲所惑焉。同治四年六月甲辰仁和朱學勤跋。

曹元忠箋經室所見宋元書題跋元修宋刊牘背紙印論衡殘本跋　宣統二年冬十月，偶游廠市，見論衡殘本，自第二十六至三十，都五卷，每半葉十行，行二十字，版心有刻工毛奇、梁濟、卓佑、許中、陳俊、趙通、潘亨、周彦、徐顔、李文等姓名，皆宋刊也。宋體方正渾厚，間有元時修補者，刀口極鋭，筆畫瘦挺，版心亦有楊字昌字良字記之，印以延祐五六年牘背紙，雖闕版亦以此紙畫版匡式樣釘入，成書兩册，首尾有鳳陽朱文陳氏家藏白文印。余乃知爲宋洪适會稽蓬萊本，元宋文瓚所補刻者也，遂以重值購歸。檢愛日精廬藏書志於論衡有元至元刊本，（小字十五卷本。）載乾道丁亥五月十八日，會稽太守洪适景伯跋云：「右王充論衡三十卷。轉寫既久，舛錯滋甚，殆有不可讀者。以數本俾寮屬參校，猶未能盡善也。刻之木，藏諸蓬萊閣，庸見避（疑有誤，蓋從此本傳寫所致。）堂舍蓋之意〔一〕。」又有元刊明修本，（當即此本，而有弘治、正德修版。）載至元七年仲春，安陽韓性序云：「番陽洪公重刻於會稽蓬萊閣下，歲月既久，文字漫漶，不可復讀。江南諸道行御史台經歷克莊公以所藏善本重加校正，紹興路總管宋公文瓚爲之補刻，而其本復完。」案性字可善，鄞人。見貝瓊清江集韓處士碣銘。據韓序，知元時洪本論衡，仍在會稽蓬萊閣，故由紹興路補刊。而性序其事，所署至元爲順帝後至元。其實六年之後已改至正，性猶云七年仲春，詎紹興僻處海隅，未及知耶？從至正元年辛巳，上推延祐五年戊午，六年己未，相去二十餘年。以當時牘背紙印書，由其紙亦紹興路總管物，背有縣尹何玉給由，縣尹趙好禮給由，並題延祐六年上半年可證。然則此殘宋刊本，尚是元修元印。鄉來藏書家，於此書每謂元時重刻慶曆五年楊文昌本，豈知元時補刻，而非重刻。且元時補刻乾道丁亥洪适本，而非重刻慶曆乙酉楊文昌本，皆可據此正之。又近時日本島田翰著古文舊書考稱其國祕府有宋本論衡二十五卷，其行款格式，並刻工姓名，與此悉合，而闕卷二十六已下。是彼之所闕，即此五卷，倘能牉合，豈非快事！

〔一〕「意」字原本缺，據前洪跋補。

因乞陳侍郎弢庵署檢，而自書其後，以諗將來。三年辛亥夏四，元忠，京邸凌波榭寫記。

日本澀江全善森立之經籍訪古志卷四論衡三十卷（宋槧本求古樓藏。）卷端題論衡卷第一，王充，次列書篇目。每半板十行，行十九字至二十一字。界長七寸一分，幅五寸，左右雙邊，板心記刻手名氏。文字遒勁，筆畫端正，絕有顏公筆法，加之鐫刻鮮朗，紙質凈緻，墨光煥發，若法帖然，實宋槧之絕佳者。卷中如完、慎、貞、桓、徵、匡、朗、竟、恒、讓、玄、殷、弘、照、構、敬、樹等字，皆闕末筆。累害篇「夫如是市虎之訛」云云一張，諸本並脱，唯此本巋然獨存，當補其闕，尤爲可珍。第二十六卷至終闕逸。

傅增湘藏園東游別録論衡二十五卷　宋刊本，半葉十行，每行二十一字，白口，左右雙闌，版心上記字數，中記論衡幾，下記刊工姓名。刊工可辨者，有李文、李憲、王政、王永、陳長、陳振、楊昌、趙通、童志、卓佑、潘亨、章宥諸人名。書名標論衡卷第幾，下空五格題王充。目録低二格，横列兩排，下接連正文。有細川潤次郎跋，言「此書本狩谷掖齋與本村正辭各藏其半，幸得全璧」。蓋久析而復完，然尚缺卷二十六至末五卷耳。

中大季刊一卷四號黄侃漢唐學論　東漢作者，斷推王充。論衡之作，取鬼神陰陽及一切虚言讕言，摧毁無餘。自西京而降，訖乎此時，乃有此作。正如久行荆棘，忽得康衢，誠歡忭已。然窺其淵源所自，大抵推衍楊雄、桓譚，則亦非獨創之解也。又善破敵而無自立之能，陳列衆言，加之評隲而已。其於玄理，究不可謂之無功矣。

孫人和論衡舉正自序　自嬴秦焚坑而後，古籍蕩然。漢代所收，十僅一二，加之讖緯紛作，殽亂羣經，尚論恢奇，標舉門户，或廢視而任聽，或改古以從今，卒致真僞雜糅，是非倒植。仲任生當兩漢之交，匡正謬傳，暢通鬱結。九虚、三增，啟蒙砭俗；自然所論，頗識道原。雖間逞胸臆，語有回穴，要皆推闡原始，不離於宗。至若徵引故實，轉述陳言，可以證經，可以考史，可以推尋百家。其遠知卓識，精深博雅，自漢以來，未之有也。惟世儒鮮通，以其所論，譎常心，逆俗耳，習焉而不察。更以鈔寫不慎，鉛槧屢譌，紕謬差池，幾難卒讀。輓近俞氏蔭甫、孫氏仲容始加考證，而闕陷尚多。余雅好是書，不能釋手，每獲一義，輒識簡耑，艾歷彌年，粗有是正。友人吴君檢齋、陳君匪石復有同好，頗獲新知。因以暇日，寫成四卷。此外疑難之處，正復不鮮。傳不云乎，於其所不知，蓋闕如也。甲子元月元日，鹽城孫人和。

國立歷史博物館叢刊第二册（民國十五年十二月出版。）館藏宋本論衡殘卷校

勘記小序　館藏宋版論衡殘本，民國十年，清理清内閣檔案所得。原書僅存第十四卷至第十七卷一册，版匡高六寸五分，每半葉寬五寸，爲十行，行二十字至二十五字，間有雙行夾寫，則三四字不等。書中樹缺作樹，殷缺作殷，徵缺作徵，恒缺作恒，而旭、煦等字皆不避，審爲熙寧以前刻本。爰取明通津草堂本校勘同異，其間脱誤補填，遂於通津本者所在多有。以其爲古本，聊復刊布，以俟好古君子詳之。

董康書舶庸談卷三，一九二六年三月十四日日記記日本圖書寮藏書　論衡二十五卷，宋槧本。書名題論衡卷第幾。（卷尾同。）下題王充。（低十字。）目録二排，與正文連。上排低二字，下排低十一字。亦有作一排者。篇名低四字。板高七寸，寬五寸二分。每半葉十行，每行廿字。魚尾標論衡幾，下有陳振、陳長、王政、□六、趙通、楊昌、李憲、童志、卓佑、王永、潘亨、李文、章宥等刻工姓名。存卷一至卷廿五。前有細川潤次郎和文跋，謂前十二卷爲狩谷掖齋求古樓藏書，餘爲木村正辭藏書。然長短紙色實爲一書，蓋失而復合也。盼遂案：宋本論衡行款，讀此可見。當時北京圖書館派人照像，擬付印，惜竟未成。

唐蘭讀論衡　十二月初五夕，校讀竟。仲任當習文勝實之世，奮其特見，以核實考證爲先，雖過信短説，語雜駁稚，在當時固已難能矣。然高祖非龍子與駁讖書之説，皆觸世諱，幸放言巖壑，祕書篋中，故未如禰衡、嵇康之被禍耳。漢之末年，横議蜂起，論政者仲長子、崔實之流是也，論經者許君、鄭君是也，論法者諸葛武侯是也，論理者此書及應劭是也。夫當世之隆，學者日力寬暇，性行醇篤，疑事不質，綱舉目疏。及其衰也，往往救死不暇，而邪説横起，則又不得不爲刻覈以矯之。始猶炫其新奇，終則流於偏宕矣。觀史言蔡邕祕此爲談助，王朗因而稱才進，知學者之喜誕異，實風氣使之也。應劭、孔融踵之，而孔猶跌蕩。至與荀侍中論食伴無嫌，謂伴非會友，猶鳥獸而能言耳。（見傅子。）又孔融傳路粹枉奏融有云：「父之與子，當有何親？論其本意，實爲情欲發耳。子之於母，亦復奚爲？譬如寄物瓶中，出則離矣。」雖忌者之言，揆孔生平，度當發此。且情欲之説，本於此書物勢篇。融與蔡邕友善，粹乃邕弟子，固當知其原出，乃反藉以爲罪，險人之長技，固不足論，而談理之蔽，遂至於此，殆亦充輩所不及料乎！然自是此風浸廣，嵇、阮而下，流爲清談。儒、釋、老、莊，辯議日滋，議經議禮議律，紛然莫可究詰。至唐而稍息。中葉以後，昌黎闢佛，啖助解經，又復繼起。至宋而析理愈精，然異説亦愈多。元以朱子爲宗，始略定。至明之中葉，則陽明出爲異議，楊慎、焦竑僞炫古籍。至清復崇朱子，乃少定。而康、乾以後，宋翔鳳、莊存與、龔自珍、魏源之類，又騰異説，以迄於今。然則，學者立言，每緣當世之風尚，言之平詖，亦繫世之盛衰。君子於此，必有以消息之，而擇其所處矣。

張宗祥論衡校訂三卷附記（摘録。）宗祥校此書，首得通津草堂本，半頁十行，行二十字。後得蔣氏五硯齋藏元刻本，半頁十二行，行二十四字，即莫郘亭所著録者。此書大黑口，脱譌至多，雖每行二十四字，然以缺字案之，則與每行二十字者同列，疑爲明初坊間覆元本，非真元本也。（書中所稱元本，即指此本。孫仲容先生所據校之元本，亦即此本，故誤字皆同。仍元刻之名者，莫氏已名之，故未改。）陸心源羣書校補云：「元至元紹興路總管宋文瓚覆宋十五卷本，每頁二十行，行二十字。」則知蔣氏之書與至元本行款不同矣。云覆元者，以其亦併兩卷爲一卷，易三十卷爲十五卷也。嗣復得三朝本，行款與通津同，恐即據洪刻之舊元、明遞修者，惜無序跋可據。最後得孫校本及過校宋本。過校宋本者，即日本澁江氏之本，止於二十五卷以下缺五卷之本也。宋刻本每半頁十行，行十九至二十一字不等。此書譌奪，各本不免。累害篇缺文，宋、元均有。明刻惟通津本不缺。至十五卷招致一篇，則宋、元本亦缺，不知慶曆本如何，恨未得見也。歲甲寅，與朱君蓬仙、單君不广同在故都同校此書，析疑問難，頗極友朋之樂。未幾，蓬仙先亡，今不广死亦數年矣。當時皆未卒業，不知二君校本尚在人間否？念之黯然。（盼遂案：朱校元本，曾藏馬幼漁裕藻處。馬書散後，不知所在。）居滬上時，曾取古書中注語以訂此書，纍然滿牘。然悉引諸書，未敢以己意擅注也。既而依洛陽伽藍記之例，寫定一部，付之商務印書館。值東省淪亡之後，海上亦遭兵燹，書燬於火。第二部寫定於癸酉，受書之人，遭罪下獄，竟不復返，此志遂隱。今節録校語，得此三卷，非敢居仲任之功臣，蓋欲留十餘年來校訂之跡也。充之著作，凡分四部，一譏俗之書，二政務之書，三論衡之書，四養性之書，皆見自紀。譏俗之書十二篇，養性之書十六篇。政務之書不悉篇數，所可考者，備乏、禁酒二篇耳。然諸書皆不傳，所傳者獨論衡之書八十五篇耳，則知古人著述湮没不彰者多矣。充之書，自史通後，非之者多矣。然當讖緯盛行之日，獨能發其幽思，證彼虚妄，才智過人遠矣，安可執儒家之言以繩之？此非爲鄉先哲辨誣，有識者自能知之。

莫伯驥五十萬卷樓羣書跋文子部一論衡三十卷（通津草堂本。）漢王充撰。充字仲任，上虞人。嘗受業太學，師事班彪，博覽而不守章句。家貧無書，嘗游雒陽市肆，閲所賣書，一見輒能誦憶，遂博通衆流百家之言。著論衡八十五篇，二十餘萬言。蔡邕入吴，始得之，恒祕玩以爲談助。後王朗爲會稽太守，又得其書，及還許，人時稱其才進。遂曰：「不見異人，當得異書。」問之，果以論衡之益，由是遂見傳。見范曄、袁山松所著書中。（郭氏登峯編歷代自敍傳文鈔一百四十篇，論衡自紀亦在其中，如司馬遷、班固等作，固是可誦。但金王若虛文辨第四云：「古人或作自傳，大抵姑以託興云爾。如五柳、醉吟、六一之類可也。子由著潁濱遺老傳，歷述平生出處言行之詳，且詆訾衆人之智以自見，始終萬數千言，可謂好名而不知體矣。既乃破之以空相之説，而以爲不必存，蓋亦自覺其失也歟？」案此可知自傳文有時固不甚可信也。）此書東瀛藏有宋刻殘本，半葉十行，行十九字至二十一字不等，板心記刻手名氏。謂其文字遒勁，筆畫端正，絶有顔魯公筆法。卷中如完、慎、貞、桓、徵、匡、朗、竟、恒、讓、玄、殷、弘、照、構、敬、樹等字皆闕末筆。累害篇「夫如是市虎之訛」云云一張，諸本並脱，唯此本獨存，當補其闕，尤爲可貴。虞山瞿氏則藏宋刊元、明補本，謂爲慶曆中楊文昌刊，迨元至元間，紹興路總管宋文瓚補之，故有至元七年安陽韓性後序。目録後有墨圖記二行云：「正德辛巳四月吉旦南京國子監補刊完。」則明補之證也。至平江黄氏所藏錢東澗評校本爲宋刻元、明修補者，蕘圃云：「以校程榮本，知其佳處不少。程本實據通津草堂本，通津本乃從此本出。」蓋此本文字之勝於他本者特多也。朱氏結一廬得明鈔本於京都書肆，謂「爲明人從宋槧本傳録，卷一累害篇增多四百餘字，其餘異同亦以鈔本爲長。然招致之缺，倉光之訛，則兩本俱同也。朱氏謂此書自宋已無善本，慶曆五年，楊氏合校諸本，改補一萬一千二百餘字，始爲完書。乾道乙亥，洪文惠始鋟諸會稽。至元間又刊之。正德之初，板存南雍，今俱不可得見矣。世所通行者，通津草堂本爲最古，而脱誤則無從是正」云。此本首有目録，卷端體式與宋本同，半板十行，行二十字，板心有通津草堂四字，卷末題曰周慈寫。考嘉靖中，袁褧刻宋本六家文選，亦題周慈寫，可證此本亦嘉靖刊。累害篇内一張脱去，蓋其所據本，亦偶佚也。文句不屬，增一毫字，以接前後。程榮以下諸本，沿而不改，貽誤後來，不可以讀。今特將此葉補録書中。朱氏稱仲任自謂庶幾之才，正俗決疑，每多争辨，雖失之煩宂，而解頤者亦多。至謂孔壁中得尚書百篇，禮三百，左氏傳三十篇。又謂壁中論語得二十一篇，齊、魯、河間得九篇，本三十篇。此與晉楊所言周官出自孔壁中者，皆疏舛之甚。恐學者以仲任爲漢人，其言可信，故附辨之。李氏慈銘謂論衡爲蔡中郎帳中物，理淺辭複，漢人之文，尠有拙宂至此者。中郎之事，顯出附會。惟言多警俗，不嫌俚直，以曉愚蒙，間亦有理解，故世争傳之。其雷虚、論死、紀妖三篇，最有名理，乃一書之警策。紀妖篇論鬼神會易之情狀，可作中庸義疏。朱氏士端謂論衡正説篇云：「堯老求禪，四岳舉舜。堯曰『我其試哉』，又曰『女於時觀厥刑於二女』，又曰『四門穆穆，入於大麓，烈風雷雨不迷』，又曰『舜知佞，堯知聖。堯聞舜賢，四岳舉之，心知其奇而未必知其能，故言我其試哉。試之於職，妻以二女，觀其夫婦職修而不廢，烈風疾雨終不迷惑，堯乃知其聖，授以天下』。」據此則王氏所見安國真古文，堯典本爲一篇，並無「曰若稽古帝舜」二十八字横亙於中。此條可補馮氏解舂集。江氏尚書集注音疏所未引。江氏之昌述示兒編引經誤條，立政曰「以乂我受民」，論衡明雩篇引之曰「以友我愛民」。案今論衡與尚書同，則非宋人所見之本矣。見青學齋集二十七。宋陳騤文則謂「王氏問孔篇中於論語多所指摘，未免桀犬吠堯之罪」。又有人謂論衡中如問孔、刺孟二篇，奮其筆端，以與聖賢相軋，論辨新穎，務求繁辭盡意。僉謂王氏不當如是。伯驥案：後來如金李純甫、明李卓吾著書，每與孔、孟爲難，當導源於此。言論解放，不爲古今人束縛，表現懷疑派哲學精神，王氏實開其端。吾國人奉前言爲偶象，界域心思，封蔀靈府，遂成爲一尊之學術。倘能如印度之龍樹提婆多所辨論，當日益昌明，其時彼中學派近百種，詰難既多，劣者敗退，優者長存，而哲理因之演進，固實例也。（王弇州曰：「余心服江陵之功，而口不敢言，以世所曹惡也；予心誹大函之文，而口又不敢言，以世所曹好也，無奈此二屈事何！蓋一時風氣已成偏宕，既寅畏於時賢，復蒙惑於古説，而自由淪胥以亡矣。」弇州之言殊痛。）歐洲中古，教會專制人羣。文藝復興後，大哲如卜魯諾、笛卡兒，皆以著述科學哲學之言，致蒙殺身焚書之酷。洎達爾文種源論、（達氏創進化説，生存競争之理互相傳導，人人能言之。其後俄人克魯泡特金因著互助論以資救濟，謂競争能使人類趨於滅亡。生物界之進步，與人類發達之真因，非互助不可。論者又以此説即爲無政府主義之來源。）雷能耶蘇基督傳兩書出，先後行世，全歐心靈始爲盪動。雄雞一聲天下白，大海迴風生紫瀾，思想界因之大揺，基督教尤受其影響。吾國幸無此種教例鉗抑，然帝王之力尤有加焉。吾嘗怪元太祖集諸方瑰異人材，以謀軍略之進行，政權之發展，而曾不以之教國人。吾尤怪清聖祖延諸方絶特學人，以求自身學藝之日新，知識之日益，而不以此設科開校，以智我漢、蒙諸族。馬哥孛羅反國，歐人遂連袂東漸，而我漢族之蒙陋如故。（法國史學家之主張，謂馬哥孛羅著遊記一書，其關係不讓哥侖布之西航美洲。歐人讀遊記，見所繪羅盤針圖，有謂此物作於中國，而歐洲述之，式樣已比馬圖爲精。意作始者歷數百年，進步當逾百倍。及遊中國，過市買之，則與書之圖無差焉，乃索然興歎而反。）數理精蘊，幾暇格物諸書流布而後，漢、蒙諸族之狉獉依然。當葛利略、李文厚望遠鏡顯微鏡以次研究有成之日，而我國顧氏音學五書、閻氏古文尚書疏證方在草創討論之年。顏習齋大聲呼：「生存一日，當爲生民辦事一日。」而戴東原方讀十三經，舉其辭無遺，且語其弟子段玉裁曰：「余於疏不能盡記，經注則無不能背誦也。」惠士奇則方闇念九經、四史，對客誦史記封禪書，終篇不失一字。而吴、皖二大學派，遂占斷我國百年。凡若此，皆君天下者愚民之果也。大凡真好讀古書者，鮮有不嗜新學新理者也。而御世宰物者，不導之研精新學新理，而別以一物焉衡其慮困其心，如此則其心不雜，心不雜則皆爲我用矣。開敏者式古訓以銷其意志，謹愿者用舉業以耗其神明，於是天下遂莫予毒，合政教而統一之策，寧有善於斯乎？此予往讀清帝卧碑，而悁悁然悲，後則讀王氏書而躍然以起也。宋黄東發讀論衡云：「王氏謂天地無生育之恩，而譬之人身生蟣虱，欲以盡廢百神之祀。雖人生之父母骨肉，亦以人生無知不能爲鬼而忽蔑之。清杭氏世駿謂范史之傳王氏也，曰王氏少孤貧，鄉里以孝稱。但吾所聞於王氏者有異焉。王氏世族孤門，父誦任氣滋甚，在錢塘以勢凌人，論衡不諱其事。臨川陳際泰，小慧人也，而闇於大道。作書戒子，而以村學究刻畫其所生，禾中無識之徒刊其文。以詔，而以斯語冠首簡，承學胥喜談而樂道之，而其端實發自王氏。（軍機處奏准全毁書目，有陳際泰撰已吾集、太乙山房文集。吾家所藏，則有已吾，而無太乙。）此皆後來掊擊仲任之意見也，因與朱、汪諸説並述於此，以待考論。梁任公先生謂論衡爲漢代批評哲學第一奇書，蓋就全體而言，諸君子則論其支節耳。任公稱俞蔭甫、孫仲容校此書只數十條。蔣生沐從元刊本校補今本脱文三百餘字。全書應加董治處尚不少，望學者任之。今孫氏人和、楊氏樹達均有校讀之本，或足慰厥所蘄矣。（論衡中有云：「廣漢楊偉能聽鳥獸之音，乘蹇馬之野，田間有放馬者，相去數里，鳴聲相聞。偉謂其御曰：『彼放馬目眇。』其御曰：『何以知之？』曰：『罵此轅中馬曰蹇，此馬亦罵之曰眇。』御往視之，目竟眇焉。」伯驥案：春秋左氏傳僖二十九年：「介葛盧聞牛鳴，曰：『是生三犧，皆用之矣。』其音云。』問之而信。」洪氏詁引周禮疏：「賈逵云：『言八律之音，聽鳥獸之鳴，則知其嗜欲生死。可知伯益明是術，故堯、舜使掌朕虞。周失其道，官在四夷矣。』」賈、王均爲漢人，豈鳥語獸鳴，古人果有解此者歟？公冶長辨鳥雀語，見論語疏。秦仲知百鳥之音，與之言，皆應，見史記。南美洲有新人種，所操土語有五百餘種區别。人類愈卑陋，語言愈複雜，固世界公例。此人種則美總統游南美時發見者也。鳥獸之聲，不審比新人種如何？謂能辨之，當非易易矣。又史記卷一百五扁鵲倉公列傳：「視見垣一方人。」索隱：「言能隔牆見彼邊之人，則眼通神也。」亦古軼聞。）」

朱駿聲著論衡簡端記如干卷　見石隱山人年譜朱師轍附識。案：書未見傳本。

劉師培著論衡校補四卷　甲寅雜志一卷三十七期劉申叔著書目所列。案：寧武南氏印劉申叔遺書未收，疑原稿仍爲某氏所扣，故未能取印。

美國加利佛尼亞大學東方學教授阜克澤論衡爲英文本　見賀昌羣悼洛佛爾氏文中。

學生國學叢書論衡　選三十篇截要録出，加以簡注。高蘇垣主撰，中華民國二十四年上海商務印書館出版。

標點本論衡上下二册　陶樂勤編，中華民國十四年三月上海梁溪圖書館出版，首有曹聚仁小引。

一九五五年一月三十一日光明日報標題：蘇聯出版關於我國古代哲學家王充的書籍。據塔斯社莫斯科二十九日訊，蘇聯科學院出版局出版了阿泊洛尼·彼得羅夫的新作王充——中國古代唯物主義者和啟蒙者。彼得羅夫在這本書中指出，王充的學説是古代中國唯物主義發展的高峰，這種學説是在同宗教神祕論和迷信的鬥争中形成和鞏固起來了的。彼得羅夫是蘇聯著名的中國哲學研究家，他曾經寫過中國哲學史概要、關於中國唯物主義者世界觀和介紹中國古代大哲學家之一王弼的論文。

# 後記

佩文韻府二冬韻，龍字下三龍條，注引王充論衡云：「蔡邕、崔寔號並鳳，又與許受號三龍。」按：王充卒於東漢和帝永元年間，烏能預知蔡邕及崔寔，而作詩詠之？決此條非論衡之文。

藝文類聚卷九十三馬類引論衡云：「楊璇爲零陵太守，時桂陽賊起。璇乃製馬車數十乘，以囊盛石灰於車上。及會戰，從車揚灰向賊陣，因鳴鼓擊賊，大破之。」按：後漢書卷六十八楊璇傳載此事，在漢靈帝時，王充烏能預知靈帝時事？其爲誤引，當與佩文韻府相同。